Immaterielle und materielle Leistungsanreize

Europäische Hochschulschriften
Publications Universitaires Européennes
European University Studies

Reihe V
Volks- und Betriebswirtschaft

Série V Series V
Sciences économiques, gestion d'entreprise
Economics and Management

Bd./Vol. 2924

PETER LANG
Frankfurt am Main · Berlin · Bern · Bruxelles · New York · Oxford · Wien

Beate Busse

Immaterielle und materielle Leistungsanreize

Leistungsanreize in der öffentlichen Verwaltung am Beispiel von Kommunalverwaltungen

PETER LANG
Europäischer Verlag der Wissenschaften

Bibliografische Information Der Deutschen Bibliothek
Die Deutsche Bibliothek verzeichnet diese Publikation in der Deutschen Nationalbibliografie; detaillierte bibliografische Daten sind im Internet über <http://dnb.ddb.de> abrufbar.

Zugl.: Speyer, Hochsch. für Verwaltungswiss., Diss., 1998

Gedruckt auf alterungsbeständigem,
säurefreiem Papier.

ISSN 0531-7339
ISBN 3-631-50164-1

Printed in Germany 1 2 3 4 5 7

www.peterlang.de

Geleitwort

Dem Thema „Leistungsanreize“ kommt bei der Modernisierung der öffentlichen Verwaltung ein besonderer Stellenwert zu. Der Grund liegt in der doppelten Bedeutung, die der Motivation der Beschäftigten als einem der strategischen Erfolgsfaktoren des Reformprozesses und gleichzeitig als einem seiner wesentlichen Zielbereiche zukommt.
Das Thema „Leistungsanreize“ ist zwar bereits seit längerem in der Diskussion. Dennoch kommt der vorliegenden Arbeit ein hoher Innovationswert zu. Der Grund ist darin zu suchen, dass das vorhandene Schriftgut verhältnismäßig fragmentiert und verstreut ist und systematische Brückenschläge zwischen theoretischen und empirischen Basisinformationen und handlungspraktischen Umsetzungsperspektiven noch weitgehend vermissen lässt. Die vorliegende Arbeit schließt diese Lücke, indem sie ein systematisches Rahmenkonzept erarbeitet und die immateriellen und materiellen Leistungsanreize in Einzeldarstellungen und in der Herausarbeitung ihrer gegenseitigen Bezüge ausführlich ausleuchtet.
Die praktisch lückenlose Vollständigkeit des Ansatzes ermöglicht Erkenntnisse, die bisher noch nicht möglich waren. So verdeutlicht die Arbeit die bisherigen Versäumnisse im Bereich der immateriellen Anreize. Dabei stößt sie zu demjenigen breiten und grundsätzlichen Verständnis immaterieller Leistungsanreize (wie z. B. Personalentwicklung, Personalführung, Mitarbeiterbeteiligung, Arbeitsatmosphäre) vor, das sich aus wissenschaftlicher Perspektive nahe legt, das aber bisher in der Praxis noch nicht „angekommen“ ist. Der Arbeit gelingt es dabei immer wieder, den Bogen von der Darstellung praktischer Erfordernisse über die Erörterung wissenschaftlicher Grundlagen und die Entwicklung von Lösungsmöglichkeiten bis zur Ausleuchtung von Wegen zur praktischen Situationsverbesserung zu schlagen.
In Verbindung mit dieser fundamental bedeutsamen Leistung liefert die vorliegende Arbeit wichtige Beiträge zu einer praxisorientierten wissenschaftlichen Weiterentwicklung des Personalmanagements und der Personalentwicklung in Organisationen. Das „Human Ressource Management“ wird als ein zentraler Erfolgsfaktor für Organisationen und insbesondere für die öffentliche Verwaltung herausgestellt.
In der vorliegenden Arbeit findet eine intensive und klärende Begegnung zwischen Wissenschaft und Praxis statt. Sie wird dadurch ermöglicht, dass es die Autorin vermocht hat, ihre besonderen wissenschaftlichen Fähigkeiten und die Erfahrungen aus ihren mehrjährigen praktischen Tätigkeiten in eine fruchtbare Verbindung zu bringen.
Es ist zu hoffen und zu erwarten, dass der Arbeit aufgrund ihrer wissenschaftlichen Qualifikation wie auch aufgrund ihrer praktischen Wegweisungen ungeteilte Anerkennung zuteil werden wird.

Speyer, im Juli 2002

Prof. Dr. Helmut Klages
Deutsche Hochschule für Verwaltungswissenschaften Speyer

Vorwort

Die wichtigste Ressource von Organisationen ist ihr Personal. Da derzeit viele Organisationen in besonderem Maß von Reformen geprägt sind, ist das Personalmanagement ebenfalls einem starken Wandel unterzogen. In meinem Wirken in Forschung und Lehre sowie in meinen praktischen und beraterischen Tätigkeiten haben mich Fragestellungen der Organisationsentwicklung, des Personalmanagements und der Personalentwicklung besonders fasziniert. Dabei nahm die Motivation des Personals und ihre Förderung einen zentralen Stellenwert ein. Dem Thema „Immaterielle und materielle Leistungsanreize" kommt in diesem Zusammenhang eine besondere Bedeutung zu. Daher habe ich diesen Komplex zum Thema meiner Dissertation gewählt. Die vorliegende Arbeit soll der Wissenschaft, aber auch der Praxis neue Zusammenhänge dieses Themenkomplexes erschließen sowie Hilfestellungen bieten. Dabei zielt die Arbeit sowohl auf Organisationen der öffentlichen Verwaltung, insbesondere Kommunalverwaltungen, als auch grundsätzlich auf Organisationen anderer Bereiche.

Sehr herzlich danken möchte ich Herrn Prof. Dr. Klages für die Erstellung des Erstgutachtens und die vielfältigen wissenschaftlichen Diskussionen zu diesen Themenbereichen. Danken möchte ich weiterhin Herrn Prof. Dr. Hill für die Erstellung des Zweitgutachtens.

Mein besonderer Dank gilt meiner Familie sowie meinen Freundinnen und Freunden für die ermutigende und praktische Unterstützung, die zum Durchhalten der berufsbegleitenden Erstellung der Dissertation beitrugen.

Mein Dank gilt außerdem der KGSt-Arbeitsgruppe „Immaterielle und materielle Leistungsanreize" für vielfältige Diskussionen zu diesem Thema sowie weitreichende Einblicke in die Praxis.

Danken möchte ich auch der Leitung und den Kolleginnen und Kollegen der Niedersächsischen Fachhochschule für Verwaltung und Rechtspflege, Fachbereich Allgemeine Verwaltung, für ihr Entgegenkommen, das zur Fertigstellung der Dissertation beitrug.

Köln, im Juli 2002

Beate Busse

Inhalt

1 Einleitung

Das Einleitungskapitel stellt den Anlass, die Zielsetzung und die Vorgehensweise der vorliegenden Untersuchung dar.

1.1 Anlass der Untersuchung

Das Thema „Leistungsanreize" beschäftigt den öffentlichen Dienst seit vielen Jahren oder sogar Jahrzehnten. Es gab eine Vielzahl von Untersuchungen und Abhandlungen zur Motivation der Beschäftigten; im Bereich der immateriellen Leistungsanreize haben z. B. Themen wie das selbstverantwortete Arbeiten, die Personalentwicklung und Qualifizierung an immenser Bedeutung gewonnen; materielle Leistungsanreize und leistungsorientierte Entlohnung werden gefordert und Erfahrungen wurden in einigen Pilotprojekten bereits gesammelt.[1]

Das Thema „Leistungsanreize" hat derzeit in der Diskussion der öffentlichen Verwaltung einen besonderen Stellenwert. Diese Bedeutung liegt in folgenden Ursachen begründet:

- In der Verwaltungsreform, die ihren Ausgangspunkt vor allem im kommunalen Bereich nahm, steht die Frage der Steuerung der Verwaltungsleistung im Mittelpunkt. Diese Verwaltungsleistung wird erbracht über die Leistung der Mitarbeiter/innen. Der Zusammenhang der Steuerung der Verwaltungsleistung und der Steuerung der Leistung der Beschäftigten wird zwar als notwendig erkannt, vielfach herrscht jedoch Ratlosigkeit vor, wie dies genau in der Praxis realisiert werden kann.[2]
- Nachdem in den ersten Jahren der Verwaltungsreform vor allem die Einführung betriebswirtschaftlicher Instrumente im Vordergrund stand, wird nun verstärkt die Bedeutung der Beschäftigten und ihrer Motivation sowohl für ein effektives Verwaltungshandeln als auch für die Verwaltungsreform erkannt. Themenbereiche, die die Motivation, die Personalentwicklung, die Qualifikation der Beschäftigten etc. betreffen, rücken zusehends in den Mittelpunkt auch der Verwaltungsreform.[3]
- In den letzten Jahren wurde der Ruf nach einer leistungsorientierten Entlohnung auch für die öffentliche Verwaltung zusehends lauter. Verschiedene Verwaltungen, insbesondere Kommunalverwaltungen, sammelten Erfahrungen in Pilotprojekten. Einen ersten rechtlichen Ausdruck fand diese Diskussion im dienstrechtlichen Bereich im Dienstrechtsreformgesetz vom 1.7.1997 und im tarifrechtlichen Bereich in einem ausgehandelten Rahmentarifvertrag, der die Gewährung von Leistungszulagen und Leistungsprämien ermöglicht.[4] Dabei grenzt sich die Dis-

---

[1] Vgl. ausführlich Kap. 2, 8, 9.
[2] Vgl. ausführlich Kap. 2, 4.
[3] Vgl. ausführlich Kap. 2.2.2.3.
[4] Rahmentarifvertrag vom 29. Oktober 1996 über die Grundsätze zur Gewährung von Leistungszulagen und Leistungsprämien.

kussion zum Thema „Leistungsanreize" derzeit stark ein auf die materiellen Anreize und hier insbesondere auf die leistungsorientierten Bezahlungselemente des Dienstrechts und Tarifrechts.[5]

Es ist jedoch gleichzeitig zu beobachten, dass in vielen Verwaltungen Ratlosigkeit darüber herrscht, ob immateriellen oder materiellen Leistungsanreize einen höheren Wert zuzumessen ist, wie der Zusammenhang zwischen beiden Anreizformen ist und wie und nach welchen Kriterien immaterielle und materielle Leistungsanreize motivations-, leistungssteigernd und -steuernd eingesetzt werden sollen. Es fehlen weithin ganzheitliche und systematische Konzeptionen. Weiterhin ist der Themenbereich der immateriellen und materiellen Leistungsanreize in der öffentlichen Verwaltung seitens der Wissenschaft zwar punktuell beleuchtet worden; systematische Gesamtuntersuchungen beziehen sich jedoch schwerpunktmäßig auf die materiellen Anreize und sind vor einigen Jahren durchgeführt worden,[6] so dass sie die neuesten Entwicklungen im Dienst- und Tarifrecht sowie in der Praxis noch nicht einbeziehen konnten.
In der gesamten Diskussion zu diesem Themenbereich übernehmen die Kommunalverwaltungen eine Vorreiterfunktion in der öffentlichen Verwaltung.[7] Die Entwicklungen dieses Themas in der öffentlichen Verwaltung und insbesondere im kommunalen Bereich sowie dessen wissenschaftliche Reflexion sind Anlass und Gegenstand der vorliegenden Untersuchung. Es werden in erster Linie Anreizmöglichkeiten für die Kernverwaltung von Kommunalverwaltungen untersucht. Soweit Erfahrungen und Konzepte weiterer zum „Konzern Kommunalverwaltung" gehörender Einrichtungen wie kommunale Eigenbetriebe, Eigengesellschaften etc. vorliegen, fließen diese ebenfalls ein. Kommunalverwaltungen sind zwar zunächst Gegenstand dieser Untersuchung. Sie dienen jedoch als Beispiel für die gesamte öffentliche Verwaltung. Eine Übertragung auf andere Bereiche der öffentlichen Verwaltung wäre daher wünschenswert und möglich.

1.2 Zielsetzung der Untersuchung

Ein erstes Ziel der Untersuchung ist eine wissenschaftliche Bestandsaufnahme der derzeitigen Diskussion des Themas „Immaterielle und materielle Leistungsanreize" sowie der Praxis in den Kommunalverwaltungen. Ein weiteres Ziel ist die Aufbereitung und systematische Darstellung der theoretischen und wissenschaftlichen Grundlagen zu diesem Thema. Dabei soll die derzeit verengte Diskussion hinsichtlich der materiellen Leistungsanreize erweitert werden um motivationale Aspekte und die Betrachtung immaterieller Leistungsanreize.

---

5 Vgl. ausführlich Kap. 2, 9.

6 Vgl. z. B. Reichert/Stöbe/Wohlfahrt, Leistungsanreizsysteme im öffentlichen Dienst, 1997; Schedler, Anreizsysteme in der öffentlichen Verwaltung, 1993; Tondorf, Leistungszulagen als Reforminstrument?, 1995; Tondorf, Leistung und Entgelt im öffentlichen Dienst, 1997.

7 Zum Bereich der materiellen Leistungsanreize vgl. Adamaschek, Innovative Vergütungssysteme in der öffentlichen Verwaltung, in: Adamaschek/Oechsler (Hrsg.), Leistungsabhängige Bezahlung im öffentlichen Dienst, 2001, S. 7 (7).

Des Weiteren sollen sowohl immaterielle als auch materielle Leistungsanreize in ihren Rahmenbedingungen sowie in ihren Gesamtzusammenhängen systematisch erfasst und die Wirkungsmöglichkeiten sowie Erfolgsfaktoren der einzelnen Anreize dargestellt werden.

Wird durch diese Abhandlung die wissenschaftliche Diskussion und die Praxis zu diesem Thema weiter vorangetrieben und Begegnungsmöglichkeiten zwischen beiden geschaffen, werden durch sie wissenschaftliche und praktische systematische Gesamtkonzepte ermöglicht und erleichtert, erhalten durch sie Verwaltungen weitere Möglichkeiten, die Motivation und Zufriedenheit der Mitarbeiter/innen zu stärken und die Leistung zu steuern und zu steigern, und werden so Kommunalverwaltungen und weitere Bereiche der öffentlichen Verwaltung dazu befähigt, effektiver ihre Aufgaben zu erfüllen, hätte diese Untersuchung ihre wichtigsten Ziele erreicht.

Die vorliegende Arbeit beansprucht nicht, vollständige Antworten auf die vielfältigen Fragen zum Thema „Leistungsanreize" zu geben. Es wäre jedoch bereits ein großer Gewinn, wenn die Problemstellungen des Einsatzes von Leistungsanreizen in der öffentlichen Verwaltung und darüber hinaus für Wissenschaft und Praxis klarer erkennbar wären und erste Problemlösungen sich abzeichnen würden.

1.3 Vorgehensweise

Im Anschluss an diese Einleitung (Kap. 1) wird die Ausgangssituation des Themas (Kap. 2) dargestellt. Die nachfolgenden Kapitel widmen sich den Grundlagen des Themas (Teil I). So werden zunächst Begriff, Bedeutung und Ziele von Leistungsanreizen erörtert (Kap. 3). Es folgen die Grundlagen der Verwaltungssteuerung als eine Zielrichtung (Kap. 4) sowie die Grundlagen der Motivation der Mitarbeiter/innen als andere Zielrichtung (Kap. 5) des Einsatzes von Leistungsanreizen. Die Untersuchung nähert sich den zentralen Aspekten des Themas, indem sie die Rahmenbedingungen des Einsatzes von Leistungsanreizen systematisch darstellt (Teil II). Zu diesen Rahmenbedingungen gehören die unmittelbaren Voraussetzungen des Einsatzes von Leistungsanreizen (Kap. 6) sowie die Leistungsermittlung und Potenzialermittlung als eine der entscheidenden Voraussetzungen (Kap. 7). Die Arbeit geht über zu den eigentlichen Formen zunächst der immateriellen und anschließend der materiellen Leistungsanreize (Teil III). Nach der Darstellung der Bedeutung der immateriellen sowie der materiellen Leistungsanreize wird jeweils eine Unterteilung in Anreizgruppen vorgenommen; es werden anschließend die einzelnen Leistungsanreize, ihre Erfolgsfaktoren sowie die derzeitige Praxis in Kommunalverwaltungen anhand von Beispielen beschrieben (Kap. 8 und 9). Verknüpfungen und Kombinationsmodelle runden die Darstellung verschiedener Einsatzmöglichkeiten von Anreizformen ab (Kap. 10). Die Einbindung von Leistungsanreizen in die Verwaltungsreform (Teil IV) verknüpft das Thema mit größeren Zusammenhängen. So werden Leistungsanreize im Rahmen des Neuen Steuerungsmodell erörtert (Kap. 11). Der praktischen Umsetzung von Leistungsanreizen ist der letzte Part dieser Arbeit gewidmet (Teil V). Es werden Wege des Aufbaus eines Anreizsystems in der kommunalen Praxis aufgezeigt (Kap. 12). Abschließend werden die Ergebnisse der Untersuchung zusammengefasst und ein Ausblick auf die zukünftigen Entwicklungen gegeben (Kap. 13).

Die vorliegende Untersuchung versucht, eine Begegnung zwischen Wissenschaft und Praxis zu ermöglichen. Die wissenschaftlichen Darstellungen basieren auf bereits vorliegenden Arbeiten sowie empirischen Untersuchungen verschiedener wissenschaftlicher Disziplinen in und außerhalb der öffentlichen Verwaltung. Die Untersuchung erhält damit einen interdisziplinären Charakter: Es werden verwaltungswissenschaftliche, sozialwissenschaftliche, rechtswissenschaftliche sowie betriebswirtschaftliche Ergebnisse und Erkenntnisse verarbeitet. Die Darstellung der praktischen Aspekte der Untersuchung bedient sich einerseits der empirischen Methode der Inhaltsanalyse:[8] Veröffentlichungen, Konzepte, Broschüren und Texte verschiedener Verwaltungen wurden ausgewertet. Mithilfe der empirischen Methode der Befragung wurden mit zahlreichen Vertretern/innen von Kommunalverwaltungen offene Interviews[9] zum Thema der vorliegenden Untersuchung geführt und ausgewertet. Darüber hinaus fließen Erfahrungen der langjährigen Arbeit der Verfasserin in der Beratung von Kommunalverwaltungen und anderen Organisationen der öffentlichen Verwaltung, in der Leitung von Projektgruppen und Arbeitskreisen sowie der Erarbeitung von Empfehlungen für Kommunalverwaltungen ein.

2 Ausgangssituation

In diesem Kapitel wird die Ausgangssituation zum Thema „Leistungsanreize" beschrieben. Sie wird geprägt von dem verstärkten betriebswirtschaftlichen Denken, der verstärkten Leistungsorientierung, der steigenden Bedeutung des Faktors Personals in der Verwaltungsreform sowie der derzeitigen Diskussion in Wissenschaft und Praxis zum Thema „Leistungsanreize". Abschließend folgt eine Beschreibung der Situation zum Thema „Leistungsanreize" in Kommunalverwaltungen.

---

8 Zur Inhaltsanalyse als Methode der empirischen Sozialforschung vgl. Atteslander, Methoden der empirischen Sozialforschung, 1995, S. 225 ff.; Diekmann, Empirische Sozialforschung, 1999, S. 481 ff.; Friedrichs, Methoden empirischer Sozialforschung, 1990, S. 314 ff.; Schnell/Hill/Esser, Methoden der empirischen Sozialforschung, 1999, S. 374 ff.

9 Zum offenen Interview als Methode der empirischen Sozialforschung vgl. Atteslander, Methoden der empirischen Sozialforschung, 1995, S. 178 ff.; Diekmann, Empirische Sozialforschung, 1999, S. 443 ff.; Friedrichs, Methoden empirischer Sozialforschung, 1990, S. 224 ff.; Schnell/Hill/Esser, Methoden der empirischen Sozialforschung, 1999, S. 354 ff.

2.1 Diskussionsstand in Wissenschaft und Praxis der öffentlichen Verwaltung

Hinsichtlich des Themas „Leistungsanreize“ sind in der öffentlichen Verwaltung in Deutschland in den letzten Jahren und Jahrzehnten zwei große Bewegungen zu verzeichnen: in den 70er/80er Jahren und in den 90er Jahren des 20. Jahrhunderts bis zu Beginn des 21. Jahrhunderts.

2.1.1 70er/80er Jahre

In den 70er/80er Jahren des 20. Jahrhunderts wurden hinsichtlich des Dienstrechts eine effektive Personalführung und in diesem Zusammenhang auch eine leistungsorientierte Entlohnung gefordert.[10] Ebenfalls wurden empirische Untersuchungen zu Leistungsmotivation und Leistungsanreizen im öffentlichen Dienst durchgeführt und Entwicklungsperspektiven herausgearbeitet.[11]
Die Gründe sind möglicherweise in dem Aufschwung in der öffentlichen Verwaltung in dieser Zeit zu sehen, der den Versuch unternommen hat, die personalwirtschaftlichen Personalführungsinstrumente der Privatwirtschaft auf den öffentlichen Sektor zu übertragen.[12] Ein weiterer Grund ist darin zu vermuten, dass bis Anfang der 90er hinein der öffentliche Dienst bemüht war, sich für Arbeitnehmer/innen neben der Privatwirtschaft attraktiv zu gestalten.[13]
Trotz des Aufschwungs und vielfältiger Forderungen fanden diese Ansätze zunächst kaum Widerhall in der Praxis des öffentlichen Dienstes.

2.1.2 90er Jahre/Beginn des 21. Jahrhunderts

Die 90er Jahre bis zum Beginn des 21. Jahrhunderts hinein waren vor allem geprägt von der Finanzkrise der öffentlichen Verwaltung sowie durch die Verwaltungsreform. Im Rahmen der Verwaltungsreform erhielten drei für das Thema „Leistungsanreize“ wichtige Aspekte eine herausragende Bedeutung: die wachsende Bedeutung betriebswirtschaftlichen Denkens und Handelns, die verstärkte Leistungsorientierung und die wachsende Bedeutung des Personals und seiner Motivation sowie des Personalmanagements.

---

10 Vgl. z. B. Studienkommission für die Reform des öffentlichen Dienstrechts, 1973, S. 290 ff.

11 Vgl. z. B. Klages/Franz/Haas/Hippler, Führung und Arbeitsmotivation in der Kommunalverwaltung, 1988; Klages/Schäfer (Hrsg.), Leistungsmotivation und Leistungsanreize im öffentlichen Dienst, 1985.

12 Vgl. Klages, Vorwort, in Klages/Schäfer (Hrsg.), Leistungsmotivation und Leistungsanreize im öffentlichen Dienst, 1985, S. I-VI.

13 Für den kommunalen Bereich vgl. z. B. KGSt-Bericht Nr. 11/1992: Chefbericht Marketing; KGSt-Bericht Nr. 12/1992: Arbeitshilfe Personalmarketing.

2.1.2.1 Verstärktes betriebswirtschaftliches Denken und Handeln

Die Reform der Verwaltung, insbesondere nach dem Neuen Steuerungsmodell, hat den Aufbau unternehmensähnlicher Strukturen in der öffentlichen Verwaltung zum Ziel. Betriebswirtschaftliches Denken wie die verstärkte Kundenorientierung, Output- und Produktsteuerung, Kostentransparenz, Management-Konzepte etc. stehen im Mittelpunkt dieser neuen Strukturen. Zur Umsetzung dieses betriebswirtschaftlichen Denkens wurden betriebswirtschaftliche Elemente wie Budgetierung, Controlling, Kosten- und Leistungsrechnung etc. eingeführt und umgesetzt.[14] Auch im Personalbereich hielten personalwirtschaftliches Denken und Handeln Einzug in die öffentliche Verwaltung. Personalarbeit wurde, wie in der Betriebswirtschaft, verstärkt als „Human Resource Management“[15], als Personalmanagement auch in der öffentlichen Verwaltung betrachtet. Konzepte, die in der Privatwirtschaft bereits erprobt wurden, wurden auch in der öffentlichen Verwaltung entwickelt und umgesetzt.[16] In diesem Zusammenhang gewannen ebenfalls immaterielle Leistungsanreize, wenn auch häufig unter anderer Bezeichnung, in der öffentlichen Verwaltung an Bedeutung. Personalentwicklungs- und Fortbildungskonzepte, Führungskonzepte, Modelle flexibler Arbeitszeiten, Sozialleistungen etc., mit denen bereits Erfahrungen in der Privatwirtschaft gesammelt wurden, wurden auf die Situation im öffentlichen Dienst übertragen und umgesetzt. Auch hinsichtlich der materiellen Anreize wurden eine verstärkte leistungsorientierte Entlohnung und Übertragung von Entlohnungssystemen von der Privatwirtschaft auf die öffentliche Verwaltung kontrovers diskutiert und teilweise gefordert.[17]

2.1.2.2 Verstärkte Leistungsorientierung

Im Mittelpunkt der Verwaltungsreform steht der verstärkte Blick auf die Verwaltungsleistung. Effektivität und Leistungsfähigkeit des Verwaltungshandelns sollen im Rahmen der Bürgerorientierung gesteigert werden. Infolgedessen rückt die Optimierung der Verwaltungsleistung und die Leistungserfassung in den Vordergrund. Es wurden leistungspolitische Strategien entwickelt und bereits teilweise umgesetzt. Zu dieser Leistungspolitik gehören folgende Elemente:[18]

---

[14] Zum Neue Steuerungsmodell vgl. KGSt-Bericht Nr. 5/1993: Das Neue Steuerungsmodell; KGSt-Bericht Nr. 8/1995: Das Neue Steuerungsmodell in kleineren und mittleren Gemeinden; ferner Damkowski/Precht, Neue Steuerungsmodelle für die Kommunalverwaltung, in: VOP 6/1994, S. 412-416; Hill, Einführung eines neuen Steuerungsmodells, in: Verwaltungsorganisation 1995, S. 6-11; Jann, Neues Steuerungsmodell, in: Bandemer/Blanke/Nullmeier/Wewer (Hrsg.), Handbuch zur Verwaltungsreform, 1998, S. 70-80.

[15] Vgl. Vaanholt, Human Resource Management in der öffentlichen Verwaltung, 1997.

[16] Vgl. Kap. 6.1.3.

[17] Vgl. Kap. 9.3.2.

[18] Vgl. Tondorf, Leistung und Entgelt im öffentlichen Dienst, 1997, S. 16 ff.

- **Leistungstransparenz**
Voraussetzung für die Haushaltkonsolidierung und die Verwaltungsreform ist die Erfassung der Leistungen, die von den Beschäftigten erbracht werden, nach Menge, Zeit, Qualitätsstandards etc. Die Zusammenfassung dieser Einzelleistungen zu Produkten orientiert sich an internen und externen Abnehmern/innen wie Bürgern/innen, Kunden/innen, interne Organisationseinheiten, Unternehmen etc. Durch die Zuordnung der erforderlichen Personal-, Sach- und kalkulatorischen Kosten zu den Produkten soll Kostentransparenz hergestellt werden.
- **Veränderung der Leistungstiefe**
Im Rahmen der Verwaltungsreform findet eine Überprüfung der Verwaltungsleistungen dahingehend statt, ob sie weiterhin generell, in demselben Umfang, in allen Prozessschritten und in der bisherigen Qualität von der Verwaltung selber erbracht werden sollen. Die Folge ist die Abnahme der Leistungstiefe auf der Grundlage der Verschlankung, bei der Aufgaben teilweise oder ganz auf Privatunternehmen, Wohlfahrtsverbände oder in die Gesellschaft hinein verlagert werden. Durch die Verteilung der Aufgaben innerhalb der Verwaltung durch die dezentrale Ressourcenverantwortung verändert sich auch die zu erbringende Leistung sowohl der Fachbereiche als auch der Querschnitteinheiten: Die Facheinheiten übernehmen zusätzlich zu ihren Fachaufgaben die Aufgaben Personal, Finanzen und Organisation, die Querschnittsämter geben diese Aufgaben ab, legen lediglich den Rahmen für diese Aufgaben fest und bieten den Fachbereichen Servicefunktionen an.
- **Leistungsvereinbarungen**
Die Steuerung der Verwaltungsleistung soll ermöglicht werden durch das Kontraktmanagement: Die Politik vereinbart mit der Verwaltungsleitung, welche Leistungen von der Verwaltung in welchem finanziellem Rahmen zu erbringen sind. Innerhalb der Verwaltung werden mit den Fachbereichen und mit weiteren Ebenen bis hinunter zu den Beschäftigten Kontrakte in Form von Zielvereinbarungen darüber geschlossen, welche Leistungen unter welchen Bedingungen erbracht werden.
- **Leistungsvergleiche und Wettbewerb**
Zur Steigerung der Wirtschaftlichkeit und der Leistungsqualität werden im Rahmen des „Quasi-Wettbewerbs" Leistungsvergleiche anhand von Kennzahlen zwischen den Verwaltungen durchgeführt, indem sich einzelne Facheinheiten zwischen den Verwaltungen miteinander vergleichen und durch Analysen Möglichkeiten von Produktionssteigerungen gefunden werden. Darüber hinaus werden Verwaltungsleistungen, die auch auf dem Markt angeboten werden, dem direkten Marktwettbewerb ausgesetzt und Kostenvergleiche angestellt.
- **Leistungshonorierung**
Bei dem Aufbau unternehmensähnlicher Strukturen im Rahmen der Verwaltungsreform werden im Rahmen eines leistungsorientierten Personalmanagements

neben immateriellen Anreizmöglichkeiten zur Stärkung der Leistungsorientierung auch monetäre Anreizsysteme diskutiert. Durch sie solle Reformziele positiv verstärkt werden, indem z. B. besondere Leistungsqualität, das Engagement im Reformprozess oder Verbesserungsvorschläge honoriert werden, die zur Einsparung von Sachkosten oder zu Mehreinnahmen führen.

2.1.2.3 Verstärkte Bedeutung des Personals und seiner Motivation

2.1.2.3.1 Zwischenbilanz zur Verwaltungsreform

Der Schwerpunkt der ersten Umsetzungsphase des Neuen Steuerungsmodells lag bei der Einführung betriebswirtschaftlicher Elemente wie der Budgetierung, dem Controlling, dem Berichtswesen und dem Rechnungswesen.[19] Es hat sich zunehmend gezeigt, das unter dem Neuen Steuerungsmodell kein „reiner Instrumentenkoffer" zu verstehen ist, sondern Einstellungsänderungen notwendig sind.[20] Die Forderungen des Neuen Steuerungsmodells bleiben „ohne die Mitwirkung und innere und äußere Unterstützung der Menschen . . . letztlich wirkungslos"[21]. Eine Fundierung des Neuen Steuerungsmodells benötigt eine enorme Aufwertung bislang vernachlässigter sozialwissenschaftlicher Erkenntnisse.[22]
Diese Einschätzungen wurden durch Befragungen von Kommunalverwaltungen bestätigt: Sowohl die zweite (1996) als auch die dritte (1998) Umfrage des Deutschen Städtetages bei seinen Mitgliedern (267 bzw. 266) mit einem Rücklauf 1996 von 86 % und 1998 mit 85% ergab konkrete Modernisierungsmaßnahmen bei 83% und 89% der antwortenden Städte. Somit betreiben mindestens drei Viertel aller 266 unmittelbaren Mitgliedstädte eine Modernisierung ihrer Verwaltungsstrukturen.[23] Vergleichbare Ergebnisse zeigte eine Mitgliederbefragung des Deutschen Landkreistages zum Modernisierungsstand der Landkreise.[24]
In der Befragung von 1996 zeigte sich die nachfolgend dargestellte Prioritätenbildung.

---

19 Vgl. Hill, Kompetenzentwicklung in der öffentlichen Verwaltung, 1997, S. 56; Hill, Modernes Management in Kommunalverwaltungen, in: Das Parlament, vom 6. März 1998, S. 6.

20 Vgl. KGSt-Bericht Nr. 10/1995: Das Neue Steuerungsmodell: Erste Zwischenbilanz, S. 10; zu verschiedenen Berichten aus Kommunalverwaltungen vgl. Bogumil/Kißler (Hrsg.), Stillstand auf der Baustelle?, 1998; Kißler/Bogumil/Greifenstein/Wiechmann, Moderne Zeiten im Rathaus?, 1997.

21 Hill, Personal als Schlüsselfaktor für Effizienzsteigerung, in: der Landkreis 7/1994, S. 310 (310).

22 Vgl. Klages, Grundsätze und Erfordernisse einer grundlegenden Erneuerung und Modernisierung der öffentlichen Verwaltung, in: Goller/Maack/Müller-Hedrich/Schad (Hrsg.), Verwaltungsmanagement, Stand: April 1992, B1.2, S. 9.

23 Vgl. Grömig/Gruner, Reform in den Rathäusern, in: der städtetag, 8/1998, S. 581-587.

24 Vgl. Klages, Zwischenbilanz zur Verwaltungsmodernisierung in Deutschland, in: VM 3/1997, S. 132 (133).

Von 210 in die Befragung einbezogenen Mitgliedsstätten des DST waren im Herbst 1996 mit folgenden Modernisierungsansätzen befaßt:	
Einführung von Kosten- und Leistungsrechnung	155 = 73.8 %
Budgetierung	152 = 72.4 %
Optimierung von Verwaltungsabläufen	149 = 71.0 %
Dezentrale Ressourcenverantwortung	140 = 66.7 %
Controlling, Berichtswesen	134 = 63.8 %
Beschreibung und Einführung von Produkten	121 = 57.6 %
Personalentwicklungsmaßnahmen	113 = 53.8 %
Abbau von Hierarchieebenen	88 = 41.9 %
Bürgerbefragungen	47 = 22.4 %

Tabelle 1: Befragungsergebnisse des Deutschen Städtetages 1996[25]

Die in den Befragungsergebnissen sichtbar werdenden Prioritäten- und Posterioritätenbildungen der Modernisierungsmaßnahmen der Städte können wie folgt hinsichtlich ihrer Ursachen interpretiert werden: Die Verwaltungen versuchten dort einen Einstieg, wo die deutlichsten und schnellsten Erfolge angestrebter Haushaltskonsolidierungsziele und damit auch überzeugender Außenwirkungen sichtbar wurden, wo bei den Modernisierungsbetroffenen die größte Akzeptanz und wo das größte Ausmaß motivierender Folgewirkungen und maximaler Einbeziehung der Mitarbeiter/innen in den Modernisierungsprozess zu erwarten waren und wo im Hinblick auf nachfolgende Modernisierungsabschnitte und -schritte besonders günstige Vorbedingungen und Lerneffekte geschaffen werden konnten.[26]
Aus dieser Übersicht geht hervor, dass bei den Modernisierungsansätzen eher "harte" Aspekte wie die Einführung betriebswirtschaftlicher Elemente (z. B. Kosten- und Leistungsrechnung, Budgetierung) im Vordergrund standen und "weiche" Aspekte wie Personalentwicklungsmaßnahmen erst sehr nachrangig durchgeführt wurden.[27]
Im Überblick bezogen auf die einzelnen Instrumente bzw. Schwerpunkte sehen die Ergebnisse der Städtetag-Umfrage – nach den eigenen Angaben und Einschätzungen der Städte - im Jahre 1998 wie nachfolgend dargestellt aus.

---

[25] Klages, Verwaltungsmodernisierung: "harte" und "weiche" Aspekte, 1997, S. 46.
[26] Vgl. Klages, Zwischenbilanz zur Verwaltungsmodernisierung in Deutschland, in: VM 3/1997, S. 132 (134).
[27] Vgl. Klages, Zwischenbilanz zur Verwaltungsmodernisierung in Deutschland, in: VM 3/1997, S. 132 (134).

Instrument Schwerpunkt	Verwirklicht	Im Aufbau/ in Planung mit hoher Priorität	Kein Schwerpunkt/ geringe Priorität
	Prozentualer Anteil der Städte in der jeweiligen Phase		
Kosten-und Leistungsrechnung	9%	79%	12%
Organisationsentwicklung	13%	68%	19%
Personalentwicklung	10%	71%	19%
Beteiligungssteuerung	11%	45%	44%
Neubestimmung Verhältnis Rat/Verwaltung	6%	44%	50%

Tabelle 2: Befragungsergebnisse des Deutschen Städtetages 1998[28]

Bei der ersten Umfrage des Deutschen Städtetages 1994/95 wurde auf die Frage nach "Problemen/Hindernissen bei der Modernisierung" von 70% der Befragten "Probleme mit den Mitarbeiter/innen" genannt. Bei der zweiten Befragung (also 1 ½ Jahre später) lag die Zahl nur noch bei 42%. Aus dem deutlichen Rückgang ist zu schließen, dass man die Probleme mit den Mitarbeiter/innen, die die Modernisierung aufwarf, inzwischen erkannt und man bereits Wege gefunden hat, diese in Angriff nehmen und zu bewältigen. Die Verwaltungen, die der Personalentwicklung eine hohe Priorität im Aufbau zuerkannten, bestätigten dies. Andererseits wurde jedoch in der Umfrage von 1998 als wesentlicher Trend herausgestellt: "Die Vorbehalte der Politik und bei den Beschäftigten ... haben wieder deutlich zugenommen."[29]
Weiterhin zeigten Befragungen des Deutschen Städtetages und in verschiedenen Stadtverwaltungen im Reformprozess: Ein Großteil der befragten Mitarbeiter/innen glaubt, dass sich für sie durch die Verwaltungsmodernisierung keine Verbesserungen oder sogar Verschlechterungen ihrer Arbeitsbedingungen ergeben. Fast alle befragten Mitarbeiter/innen gaben an, dass sie mit dem Begriff "Verwaltungsmodernisierung" vor allem "Stellenabbau" assoziieren. Demnach ist eine große Skepsis gegenüber der Verwaltungsmodernisierung zu erkennen.[30] Gleichzeitig sind jedoch zwischenzeitlich vieler-

---

[28] Zusammenfassung (Auswahl) auf der Grundlage der o. g. Befragung, vgl. Grömig/Gruner, Reform in den Rathäusern, in: der städtetag, 8/1998, S. 581-587.
[29] Grömig/Gruner, Reform in den Rathäusern, in: Der Städtetag, 8/1998, S. 581.
[30] Dargestellt in: Klages, Verwaltungsmodernisierung: "harte" und "weiche" Aspekte II, 1998, S. 29.

orts Vereinbarungen zur Verwaltungsmodernisierung wie Dienstvereinbarungen, Kooperationsverträge und Abkommen zwischen Verwaltungen, Gewerkschaften bzw. Berufsverbänden und Personalvertretungen geschlossen worden.[31]

2.1.2.3.2 Bedeutung für das Thema „Leistungsanreize"

Die bisherige weitgehende Vernachlässigung sowie die wachsende Bedeutung des Personals in der Verwaltungsreform haben weitreichende Konsequenzen für das Thema „Leistungsanreize": Im bisherigen Modernisierungsprozess wurden Menschen als bloße Produktionsfaktoren missverstanden bzw. missbraucht.[32] Das Personalmanagement, die Aktivierung der Motivation und Leistungsbereitschaft der Mitarbeiter/innen werden nun als eine bislang vernachlässigte Schwachstelle des Neuen Steuerungsmodells betrachtet.[33] Materielle Leistungsanreize jedoch, die durch das Dienstrechtsreformgesetz ermöglicht werden, haben kaum eine motivierende Wirkung, da der Erfolgsfaktor einer eindeutig aufgabenbezogenen Messbarkeit nicht gegeben ist und haushaltsbedingt eine künstliche Verknappung (durch die Quotierung) der Anreize vorgesehen ist.[34] Schlägt der Sparzwang auf die Gestaltung der Bedingungen der Anreizgewährung durch, haben materielle Anreize eine eher demotivierende und kontraproduktive Wirkung. Eine weitere Schwachstelle im Personalbereich liegt bei der Personalführung: Es fehlen Führungskräfte, die den erforderlichen kooperativen und aktivierenden Führungsstil praktizieren und den angestrebten Selbständigkeitschancen der Mitarbeiter/innen Rechnung tragen. [35] Die Gewährung von Leistungsanreizen setzt jedoch eine qualifizierte Personalführung voraus.
Die Darstellung dieser Schwachstellen der ersten Jahre des Neuen Steuerungsmodells zeigen die entscheidenden Ansatzpunkte für eine Verbesserung: Personal und Personalmanagement müssen entscheidend an Bedeutung gewinnen; die Aktivierung der Motivation und Leistungsbereitschaft der Mitarbeiter/innen muss als die hervorragendste Aufgabe der Verwaltungsreform begriffen werden. Das Personalmanagement wird zunehmend dahingehend reformiert, dass es das Erreichen der Reformziele unterstützt und zu einer Verbesserung der Verwaltungsleistung beiträgt. Diese Leistungsorientierung zeigt sich darin, dass im Idealfall das Gesamtkonzept des Personalmanagements, seine Aufgabenfelder und seine konkreten Maßnahmen leistungsorientiert, d. h. auf Erhalt und Verstärkung der Verwaltungsleistung ausgerichtet sind. Voraussetzung für die

---

[31] Vgl. Blanke, Verwaltungsmodernisierung, 1998, S. 79 ff.; ferner Mühge, Vereinbarungen zur kommunalen Verwaltungsreform, 1997

[32] Vgl. Hill, Neue Anforderungen an die Mitarbeiterinnen und Mitarbeiter, in: Drescher (Hrsg.), Handbuch zur Personalauswahl in der modernen Kommunalverwaltung, 2001, S. 23 (25); ferner Hill, Modernisieren im Mind Age, in: Fisch/Hill (Hrsg.), Personalmanagement der Zukunft, 2001, S. 5 (12).

[33] Vgl. Klages, Zwischenbilanz zur Verwaltungsmodernisierung in Deutschland, in: VM 3/1997, S. 132 (138).

[34] Vgl. Kap. 9.

[35] Vgl. Klages, Zwischenbilanz zur Verwaltungsmodernisierung in Deutschland, in: VM 3/1997, S. 132 (138); ferner KGSt-Bericht Nr. 10/1995: Das Neue Steuerungsmodell: Erste Zwischenbilanz; zur Beschreibung des aktivierenden Führungsstils vgl. Kap. 6.2.1.

leistungsorientierte Verwaltung ist motiviertes, leistungsbereites und leistungsfähiges Personal. Die Erhöhung von Motivation, Leistungsbereitschaft und Leistungsfähigkeit ist eine der hervorragendsten Aufgaben des Personalmanagements in einer reformierten Verwaltung: „Das Neue Steuerungsmodell verlangt motivierte und qualifizierte Mitarbeiter/innen. Dieser (wahre) Gemeinplatz hat aber noch kaum zu Konsequenzen in den Kommunen geführt“[36]. Um diese Aufgaben zu erfüllen, benötigen Verwaltung und Personalmanagement verstärkt immaterielle und materielle Leistungsanreize. Eine der Hauptaufgabe der zukünftigen Verwaltungsreform ist es, „Identifikationsangebote im öffentlichen Dienst, verankert in den gesetzlichen und tariflichen Grundlagen sowie in der gelebten Verwaltungskultur, als attraktive Optionen zu gestalten, die Mitarbeiter als Selbstmotivation anregen.“[37]

Durch Leistungsanreize sollen Motivation und Leistungsbereitschaft „gereizt“ und angeregt werden. In erster Linie ist jedoch nicht so sehr eine Anregung von außen, sondern eine Aktivierung bereits vorhandenen Motivations- und Leistungspotenzials gemeint. Dies Anregung ist insbesondere von denjenigen Leistungsanreizen zu erwarten, die die intrinsische Motivation betreffen. Zu nennen sind hier insbesondere Anreize wie Arbeitseinsätze und Formen der Arbeitsgestaltung, die die Interessen und Fähigkeiten der Mitarbeiter/innen berücksichtigen, aber auch eine Personalentwicklung, die die Fähigkeiten der Mitarbeiter/innen und deren Entwicklung unterstützt. Der Personalführung kommt in diesem Zusammenhang ein besonderer Stellenwert zu: Sie muss einerseits zielorientiert sein, d.h. die Ziele werden aus dem Gesamtsystem der Verwaltung bis auf die Ebene der Mitarbeiter/innen heruntergeführt. Andererseits muss sie die Interessen und Fähigkeiten der Beschäftigten im Blick haben und deren Realisierung und Entwicklung unterstützen. Hat die Personalführung beide Seiten gleichzeitig im Blick, übt sie auf die Beschäftigten eine starke Anreizwirkung aus. Hier wird deutlich, dass in immateriellen Leistungsanreizen vermutlich ein höheres Motivationspotenzial auch für die Verwaltungsmodernisierung vorhanden ist.[38] Materielle Leistungsanreize können nur dann ihr Anreizwirkung entfalten, wenn sie nicht unter den Sparzwang geraten, sondern mit immateriellen Leistungsanreizen verknüpft werden und bestimmte Bedingungen bei ihrer Gewährung beachtet werden.

Die Verbesserung dieser Schwachstellen im Personalbereich würde der Erkenntnis Rechnung tragen, dass das Personal ist die wichtigste Ressource der Verwaltung und damit zugleich auch der Schlüsselfaktor zum Gelingen der Verwaltungsreform ist.[39]

Im Zusammenhang dieser Diskussion hat das Thema „Leistungsanreize“ einen neuen Aufschwung erhalten, wobei der Schwerpunkt eindeutig auf den materiellen Leistungsanreizen lag. Viele Kommunalverwaltungen erarbeiteten Konzepte oder führten Pilotpro-

---

36 KGSt-Bericht Nr. 10/1995: Das Neue Steuerungsmodell: Erste Zwischenbilanz, S. 30.

37 Vgl. Hill/Frey, Motivationsinstrumente für eine Innovation der öffentlichen Verwaltung, in: Verwaltung und Management, 1/1997, S. 7 (13).

38 Vgl. Klages, Zwischenbilanz zur Verwaltungsmodernisierung in Deutschland, in: VM 3/1997, S. 132 (138); ferner Kap. 8, 11.

39 Vgl. Hill, Verwaltungsreform und öffentlicher Dienst, in: Ipsen (Hrsg.), Verwaltungsreform, 1996, S. 83 (84).

jekte durch.[40] Die Forderung nach einer leistungsorientierten Entlohnung fand auf dienstrechtlichem Gebiet ihren Ausdruck in dem „Rahmentarifvertrag über die Grundsätze zur Gewährung von Leistungszulagen und Leistungsprämien"[41] und den leistungsorientierten Bezahlungselementen im Dienstrechtsreformgesetz vom 1.7.1997.

2.2 Situation in Kommunalverwaltungen

In dem dargestellten Rahmen befindet sich auch das Thema „Leistungsanreize" in den Kommunalverwaltungen. Es wird seit einiger Zeit heftig und z. T. kontrovers diskutiert. Drei Aspekte geben derzeit Anlass zu dieser Diskussion:[42]

- Durch die Leistungsorientierung als zentralem Gedanken der Verwaltungsreform stellen die Kommunalverwaltungen Grundfragen in Bezug auf die Ressource Personal: Wie ist eine hohe Effektivität des Verwaltungshandelns durch die Motivierung der Mitarbeiter/innen zu erreichen? Welche Instrumente sind dafür geeignet?
- Personalmanagement, Personalführung und die Rolle der Führungskräfte haben in der Verwaltungsmodernisierung der Kommunalverwaltungen an Bedeutung gewonnen. In der Diskussion um die Einführung neuer Personalführungsinstrumente spielen Leistungsanreize eine zentrale Rolle.
- Der Rahmentarifvertrag und die Dienstrechtsreform haben die Vergabe leistungsorientierter Bezahlungselemente ermöglicht.[43] Dies hat eine breite Diskussion über die Sinnhaftigkeit und die Möglichkeiten der Vergabe materieller Leistungsanreize in den Kommunalverwaltungen in Gang gesetzt.

Die Situation von Leistungsanreizen in der kommunalen Praxis lässt sich wie folgt beschreiben:[44]

- Insgesamt konzentriert sich die Diskussion zum Thema „Leistungsanreize" auf die materiellen Anreize. Immaterielle Leistungsanreize sowie Kombinationen von immateriellen und materiellen Anreizen werden weitgehend außer Acht gelassen.
- Immaterielle Leistungsanreize (z. B. Personalentwicklung) werden zwar praktiziert, häufig wird jedoch der Anreizcharakter wenig berücksichtigt und eine systematische Verknüpfung mit den materiellen Anreizen findet kaum statt.
- Hinsichtlich der Praktizierung materieller Leistungsanreize ist die kommunale Praxis eher verhalten. Der derzeitige Stand in den Kommunalverwaltungen ist folgendermaßen zu beschreiben:

---

40 Vgl. Kap. 9.

41 Rahmentarifvertrag vom 29. Oktober 1996 über die Grundsätze zur Gewährung von Leistungszulagen und Leistungsprämien (TV-L).

42 Nach Erfahrungen der Verfasserin in der Beratung von Kommunalverwaltungen.

43 Die Konkretisierung des Rahmentarifvertrages in Bezirkstarifverträge sowie des Dienstrechtsreformgesetzes in Landesverordnungen ist bislang nur teilweise geschehen, vgl. Kap. 9.

44 Diese Einsschätzungen erfolgen auf der Basis von Aussagen von Vertreter/innen aus Kommunalverwaltungen, die der Verfasserin gegenüber in Diskussionen, Einzelgesprächen und Seminaren gemacht wurden.

- Die im Arbeiterbereich gängige Praxis der Vergabe von Zulagen und Prämien geschah oftmals nach dem „Gießkannenprinzip“. Sie basieren auf seit vielen Jahren bestehenden Regelungen. Eine echte leistungsorientierte Vergabe geschah eher selten. Inzwischen sind auch in diesem Bereich Veränderungen hinsichtlich einer verstärkten Leistungsorientierung zu erkennen: So versuchen einige Verwaltungen, im Arbeiterbereich Zulagen und Prämien auf der Basis von Zielvereinbarungen zu vergeben.
- Viele Verwaltungen gehen das Thema "Materielle Leistungsanreize“ zurzeit nicht an. Ein Grund dafür liegt in der schwierigen Finanzsituation vieler Kommunen. Ein anderer Teil legt bewusst den Schwerpunkt der Personalarbeit auf andere Bereiche (z. B. Personalentwicklung). Wieder andere entschließen sich, zunächst die in vielen Verwaltungen vorhandenen demotivierenden Elemente (z. B. wenig motivierendes Führungsverhalten) zu verändern. Weitere Gründe sind darin zu finden, dass die Auseinandersetzung mit Personalräten, Arbeitgeberverbänden und Gewerkschaften bei der Einführung von materiellen Leistungsanreizen gescheut wird. Darüber hinaus bezweifeln viele die Motivationswirkung materieller Leistungsanreize, insbesondere wenn sie an Einzelpersonen vergeben werden. Ein letzter, aber vielfach entscheidender Grund, liegt in der Hilflosigkeit vieler Verwaltungen, wie und nach welchen Kriterien materielle Leistungsanreize vergeben werden sollen.
- Viele Verwaltungen sind interessiert, materielle Anreize einzusetzen, sind aber unsicher, wie sie den Einsatz handhaben sollen. Zu Beginn der Auseinandersetzung mit dem Thema zeigten sich diese Verwaltungen zunächst euphorisch. Viele verbanden mit der Einführung die Hoffnung, die wirklichen Leistungsträger/innen in den Verwaltungen belohnen zu können. Sie erkannten jedoch nach einiger Zeit, dass sie für einen effektiven Einsatz Voraussetzungen wie z. B. klare und transparente Kriterien der Vergabe erfüllen müssen und scheuen diesen Aufwand.
- Einige Verwaltungen sind in der Konzeptionsphase eines Leistungsanreizsystems oder haben bereits ein Konzept entwickelt. Vielfach scheitert jedoch die Umsetzung an der ungleichen Grundlage im Beamten- und Angestelltenbereich. Zu diesen Konzepten finden derzeit oftmals Verhandlungen mit Arbeitgeberverbänden, Personalräten und Gewerkschaften über diese Konzepte in den Kommunalverwaltungen statt.
- Wenige Verwaltungen haben bereits Pilotprojekte durchgeführt mit unterschiedlich bewerteten Erfahrungen.[45]

Abschließend lässt sagen, dass die Situation zum Thema „Leistungsanreize“ in den Kommunalverwaltungen sehr schillernd ist: Immaterielle Leistungsanreize sind vorhanden, jedoch nur teilweise unter Beachtung des Anreizcharakters und von Verknüpfungsmöglichkeiten. Die Diskussion verengt sich vielfach auf die materiellen Leistungs-

[45] Vgl. Kap. 9.

anreize. Bislang liegen jedoch erst wenige Erfahrungen mit leistungsorientierten Bezahlungselementen in den Kommunalverwaltungen vor. Tendenziell zeigen diese Erfahrungen, dass das Thema „Materielle Leistungsanreize“ äußerst kontroverse Diskussionen in den Kommunalverwaltungen und darüber hinaus auslöst.

2.3 Zusammenfassung

Der gesellschaftlicher Wertewandel von Pflicht- und Akzeptanzwerten hin zu Selbstverwirklichungswerten auch im beruflichen Umfeld prägt die Beschäftigten der öffentlichen Verwaltung und deren Erwartungen. Leistungsanreize müssen so gestaltet sein, dass sie diese gewandelten Werte aktivieren. Themenbereiche der Motivation der Beschäftigten, der Leistungsorientierung und damit auch der Leistungsanreize wurden in den 70er/80er Jahren des 20. Jahrhunderts diskutiert und empirisch untersucht. Erste Ansätze der daraus entwickelten Forderungen wurden jedoch erst in den 90er Jahren bis zum Beginn des 21. Jahrhunderts konkretisiert. Anlass waren insbesondere die Finanzkrise und die Verwaltungsmodernisierung mit verstärktem betriebswirtschaftlichen Denken und Handeln, verstärkter Leistungsorientierung und der größeren Bedeutung des Personals und seiner Motivation. Diese Ansätze sind insbesondere in dem ausgehandelten Rahmentarifvertrag und im Dienstrechtsreformgesetz zu erkennen, die die Vergabe von materiellen Leistungsanreizen ermöglichen. Die Situation hinsichtlich der Gewährung von Leistungsanreizen ist in Kommunalverwaltungen insbesondere gekennzeichnet durch die einseitige Schwerpunktsetzung der Diskussion auf die materiellen und die Vernachlässigung immaterieller Anreize. Hinsichtlich der Gewährung materieller Leistungsanreize setzen die Kommunalverwaltungen entweder die dienst- und tarifrechtlichen Möglichkeiten nicht um, oder sie sind zwar interessiert, aber gleichzeitig unsicher hinsichtlich der Vergabekriterien. Einige wenige Verwaltungen haben Konzepte erarbeitet und/oder führen Pilotprojekte durch.

I Grundlagen

3 Leistungsanreize – Begriff, Bedeutung, Ziele

In diesem Kapitel werden die Grundlagen zum Thema „Leistungsanreize" dargelegt. Zunächst werden die Begriffe „Leistung", „Leistungsanreize" und „Anreizsystem" erläutert. Es folgen eine Darstellung der Bedeutung von Leistungsanreizen in Gesellschaft, Organisationen und der öffentlichen Verwaltung sowie die Erörterung der Ziele von Leistungsanreizen für Organisationen und für Kommunalverwaltungen.

3.1 Begriffe

3.1.1 Begriff „Leistung"

Der Begriff „Leistung" ist schillernd und uneinheitlich. Er wird in verschiedenen Bereichen häufig und mit unterschiedlichen Bedeutungen verwandt.[46] Zu diesen Bereichen gehören die Umgangssprache, verschiedene Wissenschaftsdisziplinen, der Gebrauch in privatwirtschaftlichen Betrieben und in der öffentlichen Verwaltung. Nachfolgend wird der Gebrauch des Begriffs in verschiedenen Bereichen nach Erläuterung der Etymologie des Begriffs dargestellt.

3.1.1.1 Etymologischer Bedeutungswandel

Sprachwissenschaftliche Untersuchungen zeigen einen Bedeutungswandel der Begriffe „Leistung" und „leisten":[47]

- Die Wurzel des Begriffs „leisten" kennzeichnet vor allem den Akt des Leistens. Erst im Laufe der Zeit wurde mit dem Begriff auch das Leistungsergebnis in Verbindung gebracht.
- Im Mittelalter erhielt der Begriff „Leistung" einen juristischen Charakter: „Leisten" bedeutete, einem Vertrag oder einer rechtlichen Verpflichtung nachzukommen. Diese Bedeutung ist in Redewendungen wie „Eid leisten", „Gehorsam leisten" o. ä., aber auch in Begriffen wie „Sachleistungen" oder „Dienstleistungen" in der Betriebswirtschaftslehre erhalten geblieben.
- Im späteren technischen Zeitalter erhielt der Begriff „Leistung" einen eher physikalisch-technischen Charakter. Der Leistungsbegriff wurde infolgedessen starrer, äußerlicher und war eher von der Quantität als von der Qualität geprägt.

---

[46] Zu den verschiedenen Definitionen des Leistungsbegriffs vgl. Schettgen, Arbeit, Leistung, Lohn, 1996, S. 174 f.

[47] Ausführlich dargestellt in: Becker, Grundlagen betrieblicher Leistungsbeurteilungen, 1992, S. 11 ff.

Diese unterschiedlichen Bedeutungen sind z. T. sowohl im umgangssprachlichen als auch im wissenschaftlichen Gebrauch erhalten geblieben.

3.1.1.2 Begriff „Leistung" in der Umgangssprache

Die Verwendung der Begriffe „Leistung" und „leisten" in der Umgangssprache ist überaus vielfältig.
Insbesondere zwei Bedeutungsrichtungen zeigen sich im alltäglichen Sprachgebrauch:[48]

- o Als „Leistung" wird das Geschehen, der Vorgang, d. h. der Leistungsprozess bezeichnet (z. B. die Ausdauer eines Läufers oder die Spielweise eines Teams beim Sport).
- o „Leistung" meint jedoch ebenfalls das Leistungsergebnis (z. B. der Sieg oder der erreichte Rangplatz im Sport).

Beide Bedeutungsstränge durchziehen nicht nur die Umgangssprache, sondern sind auch in der wissenschaftlichen Verwendung zu finden.

3.1.1.3 „Leistung" als wissenschaftlicher Begriff

Der Begriff „Leistung" wird in einer Reihe von Wissenschaften verwandt. Auffällig ist jedoch, zumindest in der deutschsprachigen wissenschaftlichen Literatur, dass der Leistungsbegriff zwar oft gebraucht, aber selten klar beschrieben wird: „Viele Autoren verwenden ihn, ohne sich um definitorische Fragen zu kümmern und behandeln ihn als eine Selbstverständlichkeit."[49]

Die verschiedenen wissenschaftlichen Disziplinen betonen jeweils einzelne Aspekte des Leistungsbegriffs.[50]

In der **Physik** wird Leistung bei einem physikalischen Vorgang als Arbeit (Kraft x Weg) pro Zeiteinheit definiert. Die Leistung ist klar in Skalen messbar.
Die **Soziologie** benutzt den Leistungsbegriff sehr häufig, definiert ihn aber kaum. Der Begriff „Leistung" und sein Inhalt wird als nicht definierbar, widersprüchlich und komplex betrachtet.[51] Begriffe wie „Leistungsprinzip" und „Leistungsgesellschaft" werden häufig in normativen Zusammenhängen gebraucht. In statischen soziologischen Modellen wird Leistung in einem gegebenen Werte- und Zielsystem definiert. In dynamischen Definitionsmodellen dagegen wird der gesellschaftliche Wandel in den Leistungsbegriff mit

---

48 Vgl. Becker, Grundlagen betrieblicher Leistungsbeurteilungen, 1992, S. 11 ff.
49 Becker, Grundlagen betrieblicher Leistungsbeurteilungen, 1992, S. 17.
50 Vgl. zum Folgenden Becker, Grundlagen betrieblicher Leistungsbeurteilungen, 1992, S. 16 ff.
51 Vgl. Braun, Leistung und Leistungsprinzip in der Industriegesellschaft, 1977, S. 190.

einbezogen. So zeigen z. B. empirische Untersuchungen zum Wertewandel in der Arbeitswelt, dass die wachsende Bedeutung von Selbstentfaltungswerten die Leistungsorientierung nicht verdrängt, jedoch ebenfalls wandelnde Arbeitsbedingungen erfordert, die diesen Selbstentfaltungswerten Entwicklungsmöglichkeiten bieten.[52]
Die **Psychologie** benutzt den Leistungsbegriff, jedoch ebenfalls ohne ihn genau zu definieren, insbesondere bei Abhandlungen zur Leistungsbereitschaft und -fähigkeit sowie in den verschiedenen Theorien zur Leistungsmotivation. So beschreibt z. B. Heckhausen Bedingungen, die zu einem Leistungshandeln notwendig sind. Dazu gehören die Durchführbarkeit des Handelns, die Einschätzung der Möglichkeit des Erreichens des Leistungsergebnisses sowie die bewusste Absicht des handelnden Individuums.[53]
In der **Pädagogik** wird der Leistungsbegriff oft verwendet, aber kaum näher erklärt. Hier stehen, insbesondere im schulischen Bereich, vor allem die individuellen Leistungsmöglichkeiten im Vordergrund. Leistung und Leistungsfähigkeit werden in Relation zu Subjekt, Gruppe und Objekt der Leistung gesetzt.
Die **Volkswirtschaftslehre** verwendet den Leistungsbegriff ergebnisorientiert hinsichtlich des Erfolgs von Tätigkeiten und betrachtet die Bewertung dieser Leistungserzeugnisse durch den Markt.
Auf **rechtswissenschaftlichem** Gebiet begründet das Grundgesetz die Leistungsorientierung des öffentlichen Dienstes (Art. 33 GG). Darüber hinaus wird der Leistungsbegriff im Zusammenhang mit Schuldverhältnissen gebraucht.
In der **Arbeitswissenschaft** wird der Begriff „Leistung“ vor allem naturwissenschaftlich betrachtet, so dass die menschliche Leistung weitgehend unberücksichtigt bleibt. In der weiterführenden Diskussion stehen folgende Aspekte im Mittelpunkt: Leistung wird insbesondere in ihrem Zeitbezug (Dauer einer Leistungsperiode) gesehen. Individuelle Fähigkeiten, die menschliche Belastbarkeit und psychologische Prozesse werden als Einflussgrößen zumindest diskutiert.
In der **Betriebswirtschaftslehre** wird der Leistungsbegriff sehr häufig, meist jedoch mit unterschiedlicher Bedeutung verwandt.[54] So kann Leistung meinen:

- die betriebliche Tätigkeit,
- das Ergebnis betrieblicher Tätigkeit,[55]
- die betriebliche Tätigkeit und das Ergebnis von betrieblicher Tätigkeit als Einheit,
- Leistung als rechnerisch bewertete betriebliche Güterentstehung als Gegenstück zu Kosten.

Leistung ist abhängig vom „organisatorischen und produktspezifischen Kontext, in dem sie gemessen wird“[56]. Es werden verschiedene Typologien von Leistungen und damit

---

[52] Vgl. Klages, Wertorientierung im Wandel, 1984, S. 57; ferner Kap. 2.1.2.
[53] Vgl. Heckhausen, Motivation und Handeln, 1989, S. 80.
[54] Vgl. Becker, Grundlagen betrieblicher Leistungsbeurteilungen, 1992, S. 38 ff.; Schettgen, Arbeit, Leistung, Lohn, 1996, S. 178 f.
[55] Als mengenmäßiger Output (z. B. Fallzahlen) oder als Wert eines Prozessergebnisses, vgl. Joswig-Kühl/Arentzen/Damerau, Gabler Wirtschaftslexikon, Bd. 4, 1988, S. 98.
[56] Reichert/Stöbe/Wohlfahrt, Leistungsanreizsysteme im öffentlichen Dienst, 1997, S. 5.

auch Unternehmen diskutiert. Hier spielt insbesondere die Unterscheidung zwischen Sach- und Dienstleistungen eine Rolle.[57] In der Managementliteratur wird der Begriff selten und vor allem im Zusammenhang mit der Leistungsmotivation erwähnt.[58] Auffällig ist die bereits die oben angesprochene duale Verwendung des Leistungsbegriffs: Leistung ist nicht nur „das Ergebnis eines Prozesses der Arbeitsverausgabung (Produkt), sondern die Operation der Hervorbringung eines Produkts, also die Leistungserstellung gleichermaßen (Tätigkeit).“[59]

Dieses vielfältige Verständnis des Begriffs „Leistung“ macht deutlich, dass „Leistung“ offensichtlich kein „monolithisches Erkenntnisobjekt“[60] darstellt, sondern „ein Ergebnis *sozialer Konvention*“[61] ist. Das bedeutet, dass auch die Bewertung und Beurteilung der Leistung nie nur die Leistung selber beurteilt, sondern auch die gesetzten Kriterien: Was jeweils als Leistung gilt, ist davon abhängig, was die Angehörigen einer Bezugsgruppe (Vorgesetze, Kollegen, Familie, Betriebsrat etc.) vor dem Hintergrund ihrer Kriterien und Maßstäbe als Leistung bezeichnen, anerkennen und durchsetzen.“[62]

Da es sich bei dem Begriff „Leistungsanreize“ als Titel dieser Arbeit um die von Menschen erbrachte Arbeitsleistung handelt, werden deren Grundlagen im Folgenden dargestellt.

3.1.1.4 Grundlagen menschlicher Arbeitsleistung

Ebenso facettenreich wie der Leistungsbegriff in den unterschiedlichen wissenschaftlichen Disziplinen definiert wird, hat er auch hinsichtlich der menschlichen Arbeitsleistung verschiedene Aspekte. Wissenschaften, die sich mit der menschlichen Arbeitsleistung befassen, sind vor allem die Arbeitswissenschaft, die Personalwirtschaftslehre als Teildisziplin der Betriebswirtschaftslehre und die Arbeitspsychologie.
Als menschliche Arbeitsleistung wird das „Arbeitsquantum pro Zeiteinheit“[63] definiert. Die qualitativen Elemente gewinnen dabei zunehmend an Bedeutung, je höher ein Arbeitsplatz in der Hierarchie angesiedelt ist.[64] Dabei charakterisieren folgende Bedingungen eine menschliche Handlung als Leistung:[65]

---

[57] Vgl. Benkenstein/Güthoff, Typologisierung von Dienstleistungen, in: ZfB 12/1996, S. 1493-1510; Satzger, Zur Komplexität von Leistungen als Basis von Marketing-Entscheidungen, in: ZfB 12/1996, S. 781-784.
[58] Vgl. z. B. Staehle, Management, 1999, S. 854.
[59] Reichert/Stöbe/Wohlfahrt, Leistungsanreizsysteme im öffentlichen Dienst, 1997, S. 5.
[60] Schettgen, Arbeit, Leistung, Lohn, 1996, S. 180.
[61] Schettgen, Arbeit, Leistung, Lohn, 1996, S. 180.
[62] Schettgen, Arbeit, Leistung, Lohn, 1996, S. 180.
[63] Hentze, Personalwirtschaftslehre, Bd. 1, 1994, S. 301.
[64] Vgl. Olfert/Steinbuch, Personalwirtschaft, 1998, S. 195.
[65] Vgl. Heckhausen, Leistung und Chancengleichheit, Göttingen 1994, S. 14 ff.

- o Das Ergebnis der Handlung muss über einen erkennbaren Maßstab beurteilbar sein, der die Schwierigkeit oder die Kraftanstrengung oder beides gemeinsam messen kann.
- o Die Handlung muss das Ergebnis besonders gut oder weniger gut erreichen können, also weder zu leicht noch zu schwierig sein.
- o Dieser Maßstab zur Beurteilung der Schwierigkeit oder der Kraftanstrengung muss von der/dem Handelnden als Indikator hinsichtlich seiner eigenen Fähigkeiten oder seines Kräfteaufwandes, d. h. seiner Anstrengung, akzeptiert sein.
- o Die handelnde Person selbst muss dieses Ergebnis beabsichtigen, bewirken und damit verursachen.

„Leistung“ kann sowohl den Arbeitsprozess als auch das Arbeitsergebnis meinen. „Leisten“ kann dementsprechend z. B. bedeuten: „Produzieren, Vermarkten, Verwalten, Gewinn erzielen, Verlust minimieren, Genauigkeit, Schnelligkeit, körperliche, geistige und nervliche Anstrengung, Arbeit(en) an sich“[66] etc.

Die menschliche Arbeitsleistung wird von verschiedenen Leistungsfaktoren beeinflusst. So hängt die inhaltliche und funktionelle Bestimmung der Leistung entscheidend von dem konkreten Arbeitsplatz und ggf. von dem/der Stelleninhaber/in ab. Bei den Determinanten der menschlichen Arbeitsleistung handelt es sich um innere Leistungsfaktoren, die in der Person selber begründet sind, und äußere Leistungsfaktoren, die in der äußeren Situation zu finden sind.[67]

Im Folgenden werden einige dieser Faktoren beispielhaft aufgeführt:[68]

- o **innere Leistungsfaktoren**
  - **Leistungsfähigkeit**
    physische Gesundheit,
    psychische Gesundheit,
    Ermüdung(sgrad),
    Belastbarkeit,
    Resistenz,
    Anpassungsfähigkeit,
    Teamfähigkeit,
    Koordinationsfähigkeit,
    Konfliktfähigkeit,
    Durchsetzungsfähigkeit,
    Ausbildung,
    Wissen,
    Fähigkeiten,

---

66 Becker, Grundlagen betrieblicher Leistungsbeurteilungen, 1992, S. 73.
67 Vgl. Olfert/Steinbuch, Personalwirtschaft, 1998, S. 196.
68 Vgl. Hentze, Personalwirtschaftslehre, Bd. 1, 1994, S. 301 f.; Olfert/Steinbuch, Personalwirtschaft, 1998, S. 196.

Fertigkeiten,
Erfahrungen,
- **Leistungsbereitschaft**
innere Motivation,
Leistungswille,
Grad der Selbstverpflichtung,
Initiative,
Engagement,

o **äußere Leistungsfaktoren**
- **Arbeitssituation**
Arbeitsanforderungen,
Betriebsmittel,
Arbeitsaufgaben,
Arbeitsverfahren,
Arbeitsplatz,
rechtliche Bedingungen,
sonstige Arbeitsbedingungen,
- **Gruppensituation**
Struktur der Gruppe,
Mitgliederzahl der Gruppe,
Bewusstsein der Gruppe,
Verhalten der Gruppe,
Zusammenhalt der Gruppe,
- **Unternehmenssituation**
Betriebsklima,
Auftragslage,
Organisationsstruktur,
finanzielle Situation,
Kostensituation,
Ertragssituation,
Stand der Technik,
Entlohnung,
- **Umfeldsituation**
Konjunktur,
Konkurrenz,
Preise,
Einkommen,
Stand der Technik.

Diese verschiedenen Faktoren stehen in Wechselwirkung zueinander. Ob z. B. die vorhandene Leistungsbereitschaft und Leistungsfähigkeit eines/einer Mitarbeiters/in zur Arbeitsleistung führt, hängt von den entsprechenden Stellenanforderungen ab. Liegen die Anforderungen unter den Fähigkeiten, wird ein Teil der Arbeitsfähigkeit bis zur Grenze der Anforderungen in Leistung umgesetzt. Liegen die Anforderungen weit darüber, kann dies Einfluss auf die Motivation der/des Beschäftigten haben.[69]

Nachsfolgende Abbildung stellt den Zusammenhang zwischen inneren und äußeren Leistungsfaktoren und der Leistung im Zusammenhang dar.

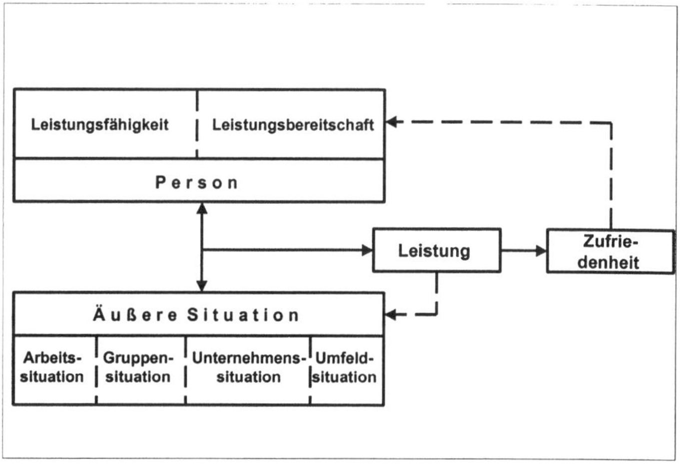

Abbildung 1: Die Determinanten menschlicher Leistung[70]

Die Leistungsfaktoren sind nicht in dem Sinne berechenbar, dass das Vorhandensein bestimmter Faktoren in jedem Fall eine bestimmte Arbeitsleistung zur Folge hat. Dennoch beeinflussen sie das menschliche Arbeitsverhalten und sollten bei allen Unternehmens- und Personalfragen Berücksichtigung finden.

Bei der Arbeitsleistung wird weiterhin unterschieden zwischen Grundleistung, Mehrleistung und Gesamtleistung. Die Grundleistung entspricht dem normalen Grad der Arbeitsleistung. Die Leistung, die über diesen normalen Grad der Aufgabenerfüllung hinausgeht, stellt die Mehrleistung dar. Grundleistung und Mehrleistung ergeben in der Summe die Gesamtleistung.[71]

---

[69] Vgl. Scholz, Personalmanagement, 2000, S. 332.
[70] In Anlehnung an: Engelhard, Leistungsdeterminanten, in: Gaugler/Weber (Hrsg.), Handwörterbuch des Personalwesens, 1992, Sp. 1254 (1258).
[71] Vgl. Haase/Stier/Avenarius, Bezahlung nach Leistung, Bergisch Gladbach 1978, S. 16.

3.1.1.5 „Leistung" als Begriff in der öffentlichen Verwaltung

Der Gebrauch des Leistungsbegriffs in der öffentlichen Verwaltung ist ebenso mehrdimensional, wie dies für die übrigen Bereiche aufgezeigt wurde.
Die Leistungsorientierung des öffentlichen Dienstes ist im Grundgesetz begründet: „Jeder Deutsche hat nach seiner Eignung, Befähigung und fachlichen Leistung gleichen Zugang zu jedem öffentlichen Amt." (Art. 33 GG).
Die oben beschriebene duale Bedeutung von Prozess und Ergebnis ist bedeutungsvoll in der öffentlichen Verwaltung, da „die Produkte der öffentlichen Verwaltung häufig immaterieller Art sind (Dienstleistungen), deren Qualität nicht nur vom Produzenten (den Mitarbeitern der Verwaltung) bestimmt ist, sondern von dem Zusammenwirken von Produzent und Konsument (Koproduktion). In der öffentlichen Verwaltung sind daher Leistungserstellung und Leistungsabgabe oftmals identische Prozesse"[72].
Der „Begriff" Leistung wird dabei in der öffentlichen Verwaltung in ähnlichen Bedeutungen wie in der Betriebswirtschaftslehre gebraucht.
So ist der Leistungsbegriff in unterschiedlichen Zusammenhängen zu finden:

- Leistung als Output der Gesamtverwaltung (Verwaltungsleistung),
- Leistung im Rahmen der Leistungserfassung und -rechnung,
- verwaltungsinterne Leistungen (z. B. Serviceleistungen, Steuerungsleistungen, Produktleistungen, allgemeine Leistungen),[73]
- das Produkt als Leistung oder eine Gruppe von Leistungen,[74]
- Leistungsorientierung im Rahmen des Personalmanagements,
- Leistung im Zusammenhang mit der Leistungsbeurteilung,
- Leistung im Zusammenhang mit Leistungsanreizen und leistungsorientierter Entlohnung.

Auffällig ist sowohl in der Theorie als auch in der Praxis, dass der Leistungsbegriff einerseits im Rahmen des Einsatzes betriebswirtschaftlicher Elemente gebraucht wird (Kosten- und Leistungsrechnung, Leistungserfassung, Leistungskennzahlen, Leistungsverrechnung). Hier ist die Leistung der Gesamtverwaltung gemeint. Andererseits wird der Begriff „Leistung" in vielfältiger Weise im Bereich des Personalmanagements verwandt (z. B. Leistungsbeurteilung, Leistungsermittlung, Leistungsanreize, Leistungsprämien, Leistungszulagen). Eher selten wird z. B. die von dem/der Mitarbeiter/in erbrachte Leistung in Verbindung mit der Gesamtleistung der Verwaltung gebracht.[75]
Im Rahmen der Verwaltungsreform hat die Leistungsorientierung erheblich an Bedeutung gewonnen. Leistungspolitische Strategien wie Transparenz der Leistungen, Outputorientierung der Verwaltungsleistung, Vereinbarung der Leistung, Leistungs-

---

[72] Reichert/Stöbe/Wohlfahrt, Leistungsanreizsysteme im öffentlichen Dienst, 1997, S. 5.
[73] Vgl. KGSt-Bericht Nr. 6/1998: Verwaltungsinterne Leistungsverrechnung, S. 18.
[74] Z. B. nach der Definition der KGSt, vgl. KGSt-Bericht Nr. 8/1994: Das Neue Steuerungsmodell: Definition und Beschreibung von Produkten, S. 12.
[75] Ausnahmen sind z. B. Busse, Leistungsmessung - Leistungsermittlung - Leistungsbeurteilung, in: VM 4/1999, S. 207-211; Schedler, Anreizsysteme in der öffentlichen Verwaltung, 1993, S. 45 ff.

vergleiche und Honorierung von Leistungen wurden insbesondere in dem von der KGSt angestoßenen Neuen Steuerungsmodell verfolgt.[76]

3.1.1.6 Begriff „Leistung" in dieser Untersuchung

Da es sich bei dem Titel dieser Untersuchung um einen Begriff handelt, der üblicherweise hinsichtlich der menschlichen Arbeitsleistung verwandt wird, wird dieser Aspekt des Begriffs „Leistung" dem Begriff „Leistungsanreize" zu Grunde gelegt.
Hinsichtlich des Untersuchungsgegenstands dieser Untersuchung kann die menschliche Arbeitsleistung wie folgt definiert werden:[77] Die Leistung einer/s Beschäftigten ist der persönliche Beitrag, den sie/er zur wirksamen Aufgabenerfüllung und Zielerreichung der Organisation, hier der Verwaltung, erbringt.
Dabei umfasst dieser Beitrag grundsätzlich

- das Leistungsprodukt, also das Leistungs**ergebnis** in seiner quantitativen und qualitativen Dimension
- sowie den Leistungsprozess, also das Leistungs**verhalten**.

Dabei kann diese Leistung sowohl von einem Individuum als auch von einer Gruppe/einem Team erbracht werden.

Im Laufe der Arbeit wird jedoch deutlich werden, dass die weiteren aufgezeigten Aspekte des Leistungsbegriffs immer wieder auftauchen und viele der Schwierigkeiten verdeutlichen, die mit Theorie und Praxis des Einsatzes von Leistungsanreizen in Kommunalverwaltungen verbunden sind. Dazu gehören z. B. die Fragen: Welcher Aspekt der menschlichen Leistung soll als Voraussetzung der Vergabe von Leistungsanreizen beurteilt und bewertet werden: der Leistungsprozess wie z. B. das Leistungsverhalten oder das Leistungsergebnis? Nach welchen Kriterien soll die Leistung beurteilt werden? Wer legt diese Maßstäbe fest? Welcher Aspekt der menschlichen Leistung soll mit dem Anreiz „gereizt" werden? Ist das Leistungsverhalten oder das Leistungsergebnis gemeint? Welche Elemente in den Beschäftigten selber sollen durch die Leistungsanreize angesprochen werden? Wie hängt die Leistung, die von den Beschäftigten erbracht wird, mit der Verwaltungsleistung im Sinne der Leistung der Gesamtverwaltung zusammen? Wie hängt die Bewertung der Leistung der Beschäftigten mit der der Verwaltungsleistung insgesamt zusammen? Wie hängt die Wirkung von Leistungsanreizen mit der Wirkung der Leistung der Gesamtverwaltung zusammen? Nach welchen Maßstäben kann die Wirkung von Leistungsanreizen gemessen werden?

Im Folgenden wird der Versuch unternommen, den in dieser Untersuchung verwandten Leistungsbegriff mit seinen verschiedenen Aspekten und Zusammenhängen systema-

---

[76] Vgl. Kap. 2.2.2.2.
[77] In Anlehnung an: Schedler, Anreizsysteme in der öffentlichen Verwaltung, 1993, S. 42.

tisch darzustellen. Dabei werden Parallelen und Verbindungsmöglichkeiten zwischen der individuell erbrachten menschlichen Leistung und der Verwaltungsleistung aufgezeigt. Dabei meint der Begriff „Verwaltungsleistung" sowohl die Leistung der Gesamtverwaltung als auch die Leistung der einzelnen Verwaltungseinheiten (z. B. Fachbereiche/Ämter).
Die Leistung der Verwaltung ist auf bestimmte Leistungsziele hin ausgerichtet, die in verschiedenen Zieldimensionen beschreibbar sind: In dem Zielfeld „Bürger/innen, Kunden/innen" stellen Ergebnisse/Wirkungen den Outcome und Programme/Produkte den Output dar. Prozesse & Strukturen sind der Throughput und der Ressourceneinsatz der Input.[78]

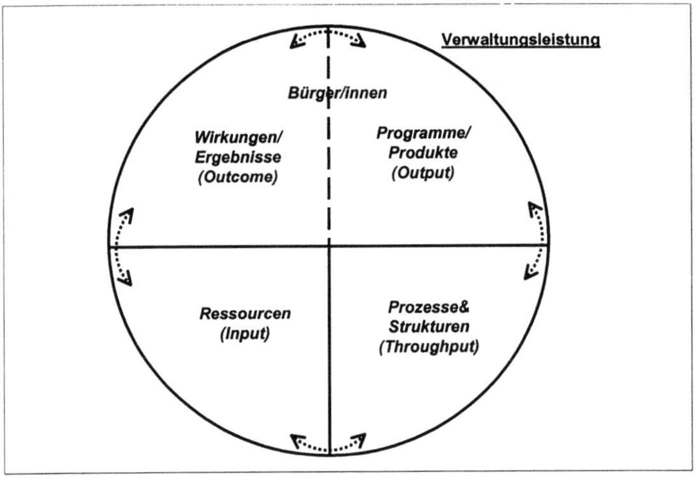

Abbildung 2: Dimensionen der Verwaltungsleistung

Jede/r Mitarbeiter/in trägt mit ihrer/seiner individuellen Leistung zum Erreichen der **Gesamtleistung** der Verwaltung in jeweils diesen aufgezeigten Dimensionen bei. So ist hinsichtlich der verschiedenen Dimensionen zu fragen: Welche Aspekte der individuellen Leistung tragen zum Erreichen der Ergebnisse und Wirkungen für die Bürger/innen direkt oder indirekt bei? Welche Leistung des/des Mitarbeiters/in trägt unmittelbar dazu bei, dass ein Verwaltungsprodukt (Output) erstellt werden kann? Welche Leistung des/des Mitarbeiters/in befasst sich mit den Prozessen (z. B. Ablaufprozesse) innerhalb der Verwaltung? In welchen Strukturen (z. B. Verwaltungsstrukturen) wird die individuelle Leistung erbracht und was trägt diese zu den Strukturen bei? Welche Anteile der

[78] Zu den Zielfeldern des kommunalen Managements vgl. Kap. 6.1.2.1.

Leistung des/des Mitarbeiters/in sind darauf ausgerichtet, dass z. B. der Ressourceneinsatz nach möglichst wirtschaftlichen Gesichtspunkten geschieht?
Die Einbindung der individuellen Leistung in die Leistung der Gesamtverwaltung geschieht formal und inhaltlich über die Zielvereinbarungen (im Rahmen des Kontraktmanagements), die von der Ebene der Verwaltungsleitung bis hin zur Ebene der einzelnen Mitarbeiter/innen getroffen werden, sowie über das Controlling, das von den verschiedenen Ebenen der Gesamtverwaltung bis zur Leistungsermittlung auf individueller Ebene im Rahmen der Personalführung durchgeführt wird.[79]

Diese Zieldimensionen sind jedoch auch Dimensionen, die die **Leistung des Individuums** selber betreffen: Welche Ergebnisse und Wirkungen hat die individuelle Leistung des/des Mitarbeiters/in? Was hat der/die Mitarbeiter/in dafür getan (d. h. welche konkreten Tätigkeiten hat sie/er vollzogen), dass die Ergebnisse und Wirkungen der Leistung erreicht werden konnten? Wie sah der Leistungsprozess, das Leistungsverhalten aus, das zu den Ergebnissen und Wirkungen geführt hat? Wie war der Prozess strukturiert? Welche Ressourcen (Motivation, Fähigkeiten, Anstrengung, Zeit) hat die/der Beschäftigte eingesetzt, um die Ergebnisse und Wirkungen zu erreichen?

Die Verwaltungsleistung und die individuelle Leistung stehen über diesen Dimensionen in einem unmittelbaren Zusammenhang, wie die nachfolgende Abbildung zeigt.

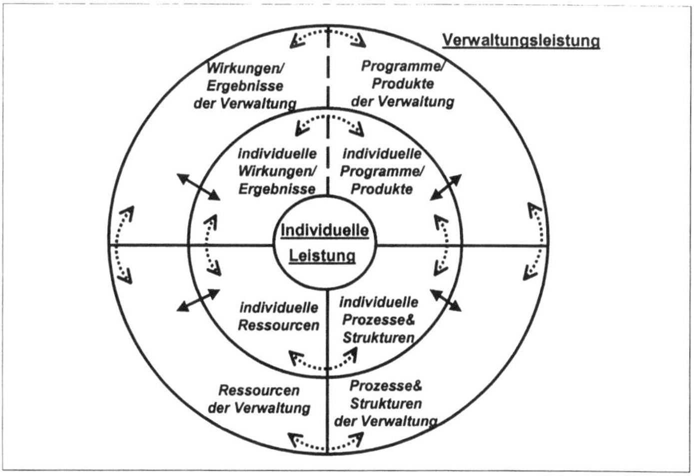

Abbildung 3: Verbindung zwischen individueller Leistung und Verwaltungsleistung

[79] Vgl. Kap. 4.2.4, 4.2.5.

Betrachtet man die individuelle Leistung isoliert, erkennt man folgende Zusammenhänge: Die Voraussetzung für eine individuelle Leistung ist das Vorhandensein individueller Ressourcen, d. h. Fähigkeiten und Fertigkeiten, und die Bereitschaft, d. h. die Motivation und Leistungsbereitschaft, diese einzusetzen. Ist diese Voraussetzung gegeben, folgt der Leistungsprozess, d. h. das Leistungsverhalten. Dessen Konsequenz sind konkrete Tätigkeiten der/der Mitarbeiters/in. Diese Tätigkeiten haben bestimmte Leistungsergebnisse und -wirkungen zur Folge, die wiederum Auswirkungen auf die Leistungsmotivation haben können. Die individuelle Leistung mit ihren verschiedenen Dimensionen stellt nachfolgende Abbildung dar.

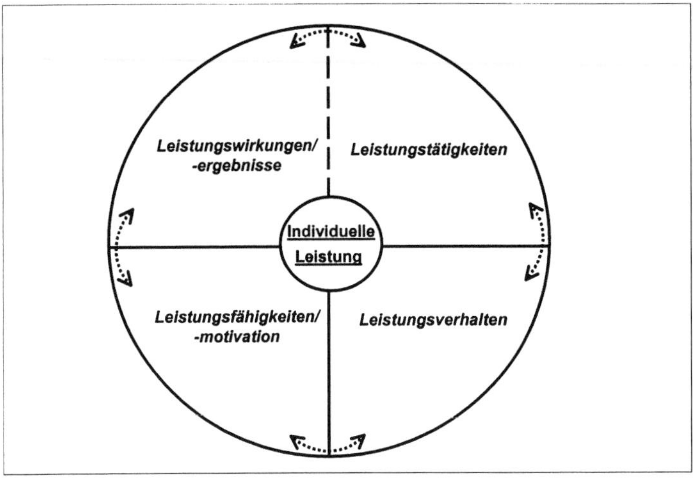

Abbildung 4: Dimensionen individueller Leistung

Leistungsanreize können sowohl an den verschiedenen Dimensionen der Verwaltungsleistung als auch der individuellen Leistung ansetzen und diese unterstützen.

3.1.2 Begriff „Leistungsanreize"

Die betriebswirtschaftliche und personalwirtschaftliche Literatur spricht überwiegend von „Anreizen"[80], „Anreizsystemen"[81] oder „Betrieblichen Anreizsystemen"[82]. Der Begriff „Anreiz" wird vor allem im motivationalen Zusammenhang gebraucht.

[80] Vgl. z. B. Hentze, Personalwirtschaftslehre, Bd. 1, 1994, S. 1905 f.
[81] Vgl. z. B. Scholz, Personalmanagement, 2000, S. 427.
[82] Vgl. z. B. Jung, Personalwirtschaft, 1999, S. 554 ff.

Leistungsanreize können wie folgt definiert werden: „Anreize sind monetäre und nicht-monetäre ‚Zahlungen' bzw. Versprechungen, mit denen das erwartete Verhalten der Adressaten nicht erzwungen, sondern z. B. durch Zuschüsse (positive A., incentives) attraktiver oder durch Abgaben (negative A., disincentives) unattraktiver gemacht wird. Die Entscheidungsfreiheit der Adressaten bleibt formell gewährleistet, sie können frei entscheiden, ob sie in Reaktion auf die gebotenen A. ihr Verhalten ändern wollen."[83] Fasst man den Begriff „Leistungsanreize" weiter, so kann man ihn verstehen als „die konkrete Ausgestaltung der Arbeitsbedingungen, die vom Arbeitenden wahrgenommen wird"[84]. Oder anders ausgedrückt, wird der Begriff „Leistungsanreize" „für alle diejenigen ‚positiven' Einwirkungsmittel verwendet, die ein auf Motivation abzielendes Handeln zur Verfügung hat"[85]. Neben diesen positiven Anreizen, die das Leistungsverhalten begünstigen, existieren jedoch auch negative Anreize als „negative Einwirkungsmittel" (z. B. Androhen von Strafen) bzw. als Anreizentzug, die tendenziell zu einem Meidungsverhalten führen.[86] In der vorliegenden Arbeit wird der Begriff „Leistungsanreize" in diesem weiteren Sinn verstanden, der jedoch die erstgenannte engere Definition einschließt.

Im Bereich der öffentlichen Verwaltung, insbesondere der Kommunalverwaltungen, wird vorwiegend der Begriff „Leistungsanreize"[87] gebraucht. Da die Bedeutung des Begriffs „Anreize" synonym ist mit dem Begriff „Leistungsanreize" und in Kommunalverwaltungen dieser Begriff üblich ist, wird in dieser Arbeit der Begriff „Leistungsanreize" verwandt. Jeder Leistungsanreiz birgt unterschiedliche Anreizmöglichkeiten, sog. Anreizpotenziale, in sich. Durch diese Anreizpotenziale können verschiedene Interessen eines Menschen durch unterschiedliche Aspekte eines Anreizes angesprochen werden. So kann z. B. der Anreizcharakter der Teilnahme an einem Qualitätszirkel sowohl in der Mitgestaltung des eigenen Arbeitsumfeldes als auch in der Übernahme bestimmter Positionen innerhalb der Gruppe des Qualitätszirkels liegen.[88]

Unter dem Begriff „Leistungsanreize" werden in Theorie und Praxis häufig lediglich materielle Anreize verstanden.[89] Auch die Diskussionen in der öffentlichen Verwaltung konzentrieren sich häufig auf materielle Leistungsanreize. Diese Diskussion ist verstärkt worden in ihrer Einseitigkeit durch das Dienstrechtsreformgesetz. Der Begriff „Leis-

83 Eichhorn/Böhret/Derlien/Friedrich/Püttner/Reinermann (Hrsg.), Verwaltungslexikon, 1991, S. 32; zum Zusammenhang zwischen Motivation und Leistungsanreizen vgl. Kap. 5.5.

84 Rosenstiel, Grundlagen der Organisationspsychologie, 1987, S. 66.

85 Klages, Motivierung von Mitarbeitern durch Anreize, in: Lüder (Hrsg.), Staat und Verwaltung, 1997, S. 455 (459).

86 Vgl. Reichard, Ist ein neues Leistungsanreizsystem erforderlich?, in: Hoefert/Reichard (Hrsg.), Leistungsprinzip und Leistungsverhalten im öffentlichen Dienst, 1979, S. 119 (119).

87 Vgl. z. B. Reichert/Stöbe/Wohlfahrt, Leistungsanreizsysteme im öffentlichen Dienst, 1997.

88 Vgl. Deppe, Anreizpotentiale von Qualitätszirkeln, in: Schanz (Hrsg.), Handbuch Anreizsysteme in Wirtschaft und Verwaltung, 1991, S. 637-666.

89 Vgl. Scheidl, Die Bedeutung der Entgeltgerechtigkeit für die Leistungsmotivation, in: Schanz (Hrsg.), Handbuch Anreizsysteme in Wirtschaft und Verwaltung, 1991, S. 257 (261 f.).

tungsanreize" ist jedoch viel weiter zu fassen. Im Folgenden werden Kriterien zur Unterscheidung verschiedener Leistungsanreize dargestellt.[90]

3.1.2.1 Immaterielle und materielle Leistungsanreize

Ein gängiges Unterscheidungskriterium ist das zwischen immateriellen und materiellen Leistungsanreizen.
Materielle Leistungsanreize sind monetäre oder an Gegenstände gebundene Belohnungen. Zu den materiellen Leistungsanreizen gehören z. B. die leistungsgerechte Bezahlung, Sachprämien, die private Nutzung von dienstlichen Einrichtungen, Leistungszulagen und Leistungsprämien.[91]
Zu den immateriellen Leistungsanreizen gehören diejenigen Anreize, die nicht monetär oder gegenständlich fassbar sind. Beispiele für immaterielle Leistungsanreize sind interessante Tätigkeiten, flexible Arbeitszeiten oder Lob durch Vorgesetzte.
Nicht immer ist die Grenze zwischen immateriellen und materiellen Leistungsanreizen eindeutig.[92] So haben z. B. Sozialleistungen neben den immateriellen auch materielle Aspekte (z. B. Betriebskindergarten) und die Öffnung beruflicher Perspektiven neben den materiellen auch die Selbstentfaltung betreffende und damit immaterielle Aspekte.[93]
In Wissenschaft und Praxis wird vielfach darüber diskutiert, ob immaterielle oder materielle Leistungsanreize eine größere Wirkung auf die Motivation der Beschäftigten haben. Bisweilen wird die Ansicht vertreten, dass materielle Anreize bei Beschäftigten in unteren Gehaltsgruppen, deren Interesse vor allem auf die Sicherung der finanziellen Existenz gerichtet ist, und immaterielle Anreize bei Beschäftigten in oberen Gehaltsgruppen, deren Bedürfnis sich eher nach Werten der Selbstverwirklichung ausgerichtet ist, eine größere Motivationswirkung haben.
Befragungen von Mitarbeiter/innen im öffentlichen Dienst zeigen, dass Beschäftigte auf allen Ebenen immaterielle Merkmale ihrer Tätigkeit den Vorrang vor materiellen geben. Diese Bevorzugung ist, mit nur leichter Gewichtsverschiebung, auch bei Mitarbeiter/innen unterer Hierarchieebenen zu erkennen.[94] Diese Befragungen machen jedoch

---

90 In der Literatur sind teilweise andere Unterscheidungskriterien zu finden wie z. B. existentielle Anreize, Karriereanreize, soziale Anreize, monetäre Anreize, vgl. Bosetzky/Heinrich, Mensch und Organisation, 1994,S. 194 f.; ferner die Unterscheidung des materiellen Anreizmotors, des Anreizmotors der subjektiv empfundenen Gerechtigkeit, des sozialen Anreizmotors, des Anreizmotors der selbständigen Entwicklung, vgl. Schedler, Anreizsysteme in der öffentlichen Verwaltung, 1993, S. 105 ff. Diese Unterscheidungskriterien berücksichtigen wenig den Einsatz von Leistungsanreizen zum Erreichen der Verwaltungsziele, der in der vorliegenden Arbeit neben dem Zweck der Bedürfnisbefriedigung der Beschäftigten betont wird.

91 Vgl. Kap. 9.

92 Vgl. Kühnlein, Beschäftigung in Bürgerämtern, 1998, S. 45.

93 Dennoch wird in Kap. 8 und 9 der Versuch unternommen, die verschiedenen Anreize der immateriellen oder der materiellen Form zuzuordnen.

94 Vgl. z. B. Klages, Verwaltungsmodernisierung: "harte" und "weiche" Aspekte, 1997, S. 151.

ebenfalls deutlich, dass die Verwirklichung auch materieller Aspekte eine nicht unbedeutende Rolle spielt.[95]

Man kann in jedem Fall von einer Wechselwirkung zwischen immateriellen und materiellen Leistungsanreizen ausgehen: Ist in einem Unternehmen die materielle Basis zufriedenstellend, fehlen aber immaterielle Aspekte wie z. B. eine die Persönlichkeit fördernde Personalentwicklung, wird die Motivation der Beschäftigten vermutlich auf Dauer sinken. Ist der immaterielle Bereich eines Unternehmens zufriedenstellend und die Beschäftigten erbringen eine ausgezeichnete Leistung, kann z. B. eine Entlohnung, die den Leistungen nicht gerecht wird, auf Dauer negative Auswirkungen auf die Motivation haben. Will eine Organisation effektiv und effizient arbeiten, müssen immaterielle und materielle Leistungsanreize berücksichtigt werden: „Beide Aspekte sind nicht voneinander zu trennen, und die Motivationswirkung eines Systems, das ausschließlich auf immaterielle Anreize setzt, wird auf Dauer ebenso in Frage zu stellen sein wie die einseitige Ausrichtung auf materielle Aspekte.“[96] Dennoch stellen immaterielle Leistungsanreize auf Grund ihrer hohen Anreizwirkung die Basis für weitere Anreize dar. Materielle Leistungsanreize sollten so eingesetzt werden, dass sie die immateriellen ergänzen und verstärken.[97]

Verknüpfungen zwischen immateriellen und materiellen Leistungsanreizen sowie Kombinationsmodelle sind sinnvoll. Insbesondere bieten sich sog. Cafeteria-Systeme an, deren Anwendung in der öffentlichen Verwaltung derzeit diskutiert wird.[98]

3.1.2.2 Geplante und ungeplante Leistungsanreize

In jeder Organisation und damit auch jeder Verwaltung sind Anreiz- sowie Sanktionsstrukturen vorhanden.[99] Es bestehen bestimmte Mechanismen von teils bewussten, teils unbewussten Belohnungen und Bestrafungen. Unbewusste Anreizstrukturen sind i. d. R. nicht bewusst geplant und eingesetzt und werden nicht unter dieser Begrifflichkeit geführt. Häufig sind unbewusste Anreize von der Organisation weder intendiert noch kann sie Einfluss auf diese Anreize nehmen.[100] Diese Anreizstruktur hängt eng mit der Organisationskultur zusammen. In ihr haben sich im Laufe der Zeit Verhaltensmechanismen entwickelt: Bestimmte Verhaltensweisen werden unbewusst (oder aber auch bewusst) belohnt, andere sanktioniert.

Ein Beispiel ist das jährliche „Dezemberfieber“ in den Verwaltungen: Da bei der Aufstellung des Haushaltsplans die Ist-Ausgaben der Vergangenheit zu Grunde gelegt werden, bietet dies für die Beschäftigten einen Anreiz, den Haushaltsansatz auf jeden Fall zum

---

95 Vgl. Klages, Verwaltungsmodernisierung: "harte" und "weiche" Aspekte, 1997, S. 155-157; Klages, Verwaltungsmodernisierung: "harte" und "weiche" Aspekte II, 1998, S. 104-107; ferner Kap. 8.1, 9.1.

96 Reichert/Stöbe/Wohlfahrt, Leistungsanreizsysteme im öffentlichen Dienst, 1997, S. 6.

97 Vgl. Klages, Verwaltungsmodernisierung: "harte" und "weiche" Aspekte, 1997, S. 157.

98 Vgl. Kap. 10.

99 Vgl. Schedler, Anreizsysteme in der öffentlichen Verwaltung, 1993, S. 7.

100 Vgl. Ridder, Materielle und immaterielle Leistungsanreize, in: Bandemer/Blanke/Nullmeier/Wewer (Hrsg.), Handbuch zur Verwaltungsreform, 1998, S. 191 (192).

Ende des Jahres hin auszuschöpfen, da ansonsten ein geringerer Etat für das nächste Jahr droht.[101] Beispiele für wenig beeinflussbare ungeplante Anreize sind Gruppenzugehörigkeit oder gute informelle Beziehungen.[102]
Neben diesen ungeplanten und oftmals unbewussten Anreizen gibt es bewusst geplante und eingesetzte Leistungsanreize. Beispiele sind Personalentwicklung, Beförderungen, Leistungsprämien und Leistungszulagen. Will eine Verwaltung diese geplanten Anreize wirkungsvoll vergeben, muss sie sich auch ihrer unbewussten und ungeplanten Anreize bewusst werden und entscheiden, ob sie aufrecht erhalten oder ob andere Leistungsanreize eingesetzt werden sollen.
Eine Umwandlung des oben dargestellten „Dezemberfiebers" würde z. B. bedeuten, dass für das zu erstellende Produkt ein Budget kalkuliert worden ist mit einer gleichzeitigen Übertragbarkeit in das nächste Jahr im Rahmen der Budgetierung.[103]
Zum Aufbau eines wirkungsvollen Anreizsystems ist die Verknüpfung bisher ungeplanter, nun aber gewollter und bewusst eingesetzter Anreize mit neu geplanten Leistungsanreizen sinnvoll.

3.1.2.3 Steuerungssichernde und steuerungsvariable Leistungsanreize

Leistungsanreize sind Steuerungsinstrumente, die dazu eingesetzt werden, die Verwaltungsziele zu erreichen.
Unter den Leistungsanreizen kann man hinsichtlich ihrer Funktion als Steuerungsinstrumente zwei Arten unterscheiden:

- **steuerungssichernde Leistungsanreize**
  Sie stellen sicher, dass die Verwaltungsleistung grundsätzlich erbracht wird und gesteuert werden kann. Diese Wirkung erreichen sie, indem sie dauerhaft auf Aufbau, Erhalt und Förderung der Motivation der Beschäftigten abzielen. Die steuerungssichernden Leistungsanreize können jedoch auch eine grundsätzliche langfristige Veränderung, z. B. Verbesserung der Verwaltungsleistung, bewirken, indem die auf Motivation, Leistungsverhalten und Leistungsergebnis der Beschäftigten dauerhaft einwirken. So kann z. B. eine zielorientierte Führung, die die Verbesserung des Outputs der Verwaltungsleistung zum Gegenstand von Zielvereinbarungen macht, bewirken, dass sich die Anstrengungen der Beschäftigten verstärkt auf die Verbesserung des Outputs konzentrieren und dieser schließlich tatsächlich verbessert wird.
- **steuerungsvariable Leistungsanreize**
  Diese Art der Leistungsanreize werden bei konkreten Anlässen eingesetzt. Sie eignen sich dazu, kurzfristig die Verwaltungsleistung zu steuern, indem z. B. umgesteuert wird, in Projekten oder bei regionalen Katastrophen die anfallende

---

[101] Vgl. Reichert/Stöbe/Wohlfahrt, Leistungsanreizsysteme im öffentlichen Dienst, 1997, S. 221 f.
[102] Vgl. Ridder, Materielle und immaterielle Leistungsanreize, in: Bandemer/Blanke/Nullmeier/Wewer (Hrsg.), Handbuch zur Verwaltungsreform, 1998, S. 191 (192).
[103] Vgl. KGSt-Bericht Nr. 9/1997: Steuerung kommunaler Haushalte.

Mehrarbeit sichergestellt wird oder Defizite (z. B. Arbeitsüberhänge) kurzfristig ausgeglichen werden. Hier sind vor allem variabel einsetzbare Leistungsanreize sinnvoll (z. B. Leistungsprämien).

Beide Arten von Leistungsanreizen sind nicht immer trennscharf abzugrenzen. So stellt z. B. die zielorientierte Führung einerseits die Gesamtsteuerung sicher; andererseits kann sie bei konkreten Anlässen bestimmten Steuerungszwecken dienen.

3.1.2.4 Motivationsbegründende, motivationsfördernde und belohnende Leistungsanreize

Unter dem Begriff „Leistungsanreize" werden zwar sehr unterschiedliche Formen betrachtet; hinsichtlich ihrer Bedeutung und Wirkung auf die Motivation der Beschäftigten werden sie jedoch selten unterschieden.
In dieser Arbeit werden Leistungsanreize nach den nachfolgend dargestellten Kategorien hinsichtlich der Motivationswirkung unterschieden.

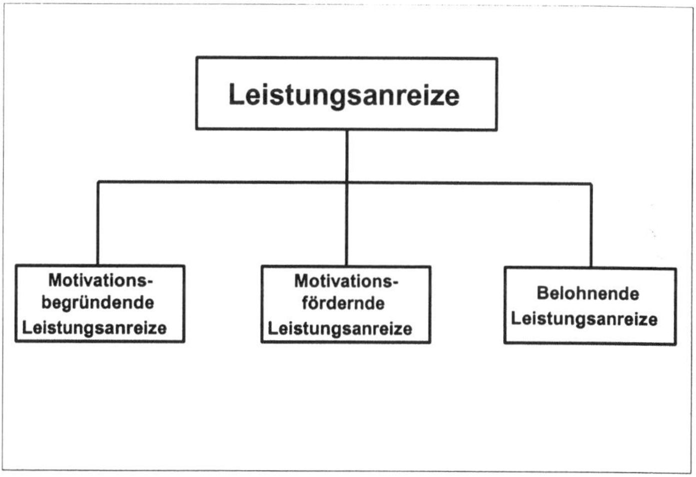

Abbildung 5: Motivationsbegründende, motivationsfördernde und belohnende Leistungsanreize

- **motivationsbegründende Leistungsanreize**
  Sie stellen die Grundlagen und Rahmenbedingungen für die Entfaltung der Motivation der Beschäftigten dar. Sie sind grundsätzlicher Natur, drücken sich aber durch konkrete Maßnahmen aus und werden von diesen unterstützt (z. B. Füh-

rungsverhalten, leistungsgerechte Bezahlung). Diese Leistungsanreize werden von der Organisation vorgegeben, müssen aber durch die einzelnen Führungskräfte konkretisiert werden. Für eine leistungsfähige Organisation müssen diese Leistungsanreize zumindest in einem bestimmten Maß vorhanden sein. Fehlen diese motivationsbegründenden Leistungsanreize oder sind sie zu wenig ausgeprägt, lässt die Motivation der Beschäftigten stark nach bzw. kann sich erst gar nicht entwickeln. Da diese Anreize die Grundlage der Entwicklung der Leistungsbereitschaft und Motivation der Beschäftigten sind, entfalten sie ihre Anreizwirkung vor der erbrachten Leistung.

- **motivationsfördernde Leistungsanreize**
  Sie dienen dem Erhalt und der Steigerung der allgemeinen Motivation in der Verwaltung. Sie bestehen aus konkreten Maßnahmen, die aber fortdauernd angeboten werden und allen Beschäftigten offen stehen. Diese Leistungsanreize werden unabhängig von der individuellen Leistung vergeben (z. B. Betriebskindergarten, private Nutzung von dienstlichen Einrichtungen). Motivationsfördernde Leistungsanreize spielen eine Rolle bei der Gewinnung und dem Halten von Personal. Durch den Gewöhnungseffekt lässt jedoch die Motivations- oder Leistungssteigerung i. d. R., falls sie überhaupt eingetreten ist, schnell nach. Die Motivationswirkung kann steigen, wenn den Beschäftigten diese Anreize von Zeit zu Zeit bewusst gemacht werden oder im Vergleich zu anderen Organisationen herausgestellt werden. Motivationsfördernde Leistungsanreize müssen für die Leistungsfähigkeit einer Verwaltung nicht zwingend vorhanden sein. I. d. R. haben die Verwaltungen jedoch einen gewissen Standard von motivationsfördernden Leistungsanreizen. Auch diese Anreize sind unabhängig von der individuellen Leistung und entfalten ihre Wirkung, bevor die einzelne Leistung erbracht wird.
- **belohnende Leistungsanreize**
  Sie honorieren die einzelne individuelle Leistung. Es handelt es sich um individuell vergebbare, variabel einsetzbare Steuerungsinstrumente, die eine konkrete Leistung eine/s Mitarbeiters/in oder einer Gruppe/eines Teams belohnen (z. B. Lob durch Vorgesetzte, Leistungsprämien). Belohnende Leistungsanreize werden i. d. R. nach erbrachter Leistung vergeben. Ihre Anreizwirkung entfalten sie dadurch, dass sie vor Erbringung der Leistung in Aussicht gestellt werden. Dies kann individuell oder für eine Gruppe/ein Team z. B. im Rahmen von Zielvereinbarungen geschehen oder indem mehreren Beschäftigten (z. B. in einem Fachbereich) erklärt wird, dass einige von ihnen die Anreize erhalten werden. Die Vergabe von belohnenden Leistungsanreizen ist Führungsaufgabe und daher der/dem direkten Vorgesetzten zugeordnet. Auch belohnende Leistungsanreize sind für eine leistungsfähige Verwaltung nicht zwingend notwendig. Ihr Einsatz bietet jedoch die Möglichkeit der Stärkung der Motivation eines Teils der Beschäftigten sowie die Möglichkeit, Leistung im Sinne der Verwaltungsziele zu steuern.

Alle drei Arten von Leistungsanreizen können ebenfalls unter dem Blickwinkel der Steuerung der Verwaltungsleistung betrachtet werden: Erhalt der Verwaltungsleistung durch Aufbau und Erhalt der Motivationsgrundlage (=motivationsbegründende Leistungsanreize), Erhalt der Verwaltungsleistung durch Förderung der Motivation (=motivationsfördernde Leistungsanreize), Steuerung der Verwaltungsleistung durch variable Belohnung besonders herausragender individuelle Leistung (=belohnende Leistungsanreize).

3.1.2.5 Leistungsanreize, die die intrinsische oder die extrinsische Motivation betreffen

Verschiedene Motivationstheorien gehen davon aus, dass der Mensch intrinsische und extrinsische Motive hat.[104] Die Unterscheidung von intrinsischen und extrinsischen Motiven wird insbesondere im Bereich von Beruf und Arbeit gemacht. Intrinsische Motive sind in der Tätigkeit selber angelegt. Zu ihnen gehören z. B. Freude und Interesse an der Arbeit sowie die Entfaltung der eigenen Fähigkeiten in den beruflichen Tätigkeiten. Die Befriedigung der extrinsischen Motive geschieht nicht nur durch die berufliche Tätigkeit selber, sondern vor allem durch deren Konsequenzen oder Begleitumstände. Geldverdienst, Sicherheit oder Einfluss sind z. B. extrinsische Motive.[105]
Sowohl immaterielle als auch materielle Leistungsanreize können intrinsische sowie extrinsische Motive ansprechen. So ist die interessante Aufgabe, an der die/der Beschäftigte Freude hat, ein immaterieller Anreiz, der die intrinsische Motivation anspricht. Ein materieller Anreiz, der sich auch auf die intrinsische Motivation bezieht, ist z. B. der berufliche Aufstieg. Er spricht extrinsische Motive an, z. B. das Motiv des Geldverdienstes durch die höhere Bezahlung. Die höhere Bezahlung hat aber gleichzeitig auch symbolischen Charakter dahingehend, dass sie die Bestätigung für erbrachte Leistung ist (oder zumindest optimalerweise sein sollte) und damit das Erfolgs- und Anerkennungsmotiv anspricht.
Die extrinsische Motivation kann durch materielle Leistungsanreize wie Leistungsprämien oder Leistungszulagen angesprochen werden. Aber auch immaterielle Leistungsanreize wie z. B. Freizeitangebote sprechen die extrinsische Motivation an, da sie nicht unmittelbar aus der Arbeit selber erwachsen.[106]
Einige Motivationstheorien sprechen auch von intrinsischen und extrinsischen Belohnungen.[107]

---

[104] Vgl. Bass, Organizational Psychology, 1965, S. 77; zur Unterscheidung zwischen Motivatoren und Hygienefaktoren vgl. Herzberg, Work and the Nature of Man, 1966; Herzberg/Mausner/Snydermann, The motivation to work, 1959; ferner Kap. 5.3.1.3
[105] Vgl. Withauer, Menschen führen, 1989, S. 43; ferner Kap. 5.1.4.3.
[106] Zu Möglichkeiten und Grenzen der verschiedenen Anreizarten vgl. Kap. 8.5.4.
[107] Z. B. die Zirkulationstheorie von Porter und Lawler, vgl. Kap. 5.3.2.1.4.

3.1.2.6 Dauerhafte, regelmäßige und punktuelle Leistungsanreize

Eine weitere Unterscheidungskategorie von Leistungsanreizen ist die zeitliche Dimension.[108] Diese Unterscheidung hängt mit der Unterscheidung zwischen steuerungssichernden und steuerungsrelevanten Leistungsanreizen und zwischen motivationsbegründenden, motivationsfördernden und belohnenden Leistungsanreizen eng zusammen.
Dauerhaft wirkende Leistungsanreize sind vor allem die motivationsbegründenden und wirkungsbezogenen Leistungsanreize: Sie wirken fortdauernd (z. B. Vertrauenskultur), da sie die Basis für die Entwicklung der Motivation der Beschäftigten darstellen. Jedoch sind auch unter den anderen Kategorien dauerhaft wirkende Leistungsanreize zu finden. So haben z. B. Beförderungen belohnenden Charakter, wirken aber dauerhaft.
Daneben gibt es regelmäßige Leistungsanreize: Sie werden in regelmäßigen zeitlichen Abständen eingesetzt. Zu ihnen gehören vor allem die motivationsfördernden (z. B. Gesundheitsangebote) und die belohnenden (z. B. Leistungszulagen) Leistungsanreize. Doch auch motivationsbegründende Leistungsanreize müssen sich in regelmäßigen konkreten Maßnahmen zeigen (z. B. das regelmäßige Mitarbeitergespräch als Ausdruck des Führungsverhaltens).
Punktuelle Leistungsanreize werden einmalig zu einem bestimmten Zeitpunkt aus einem bestimmten Anlass gewährt. Hierzu gehören vor allem die anlassbezogenen und belohnenden Leistungsanreize (z. B. Leistungsprämien). Bei punktuell vergebenen Leistungsanreizen kann man davon ausgehen, dass die Motivationswirkung am höchsten ist, je näher die Vergabe zeitlich an der erbrachten Leistung liegt.
Die Motivationswirkung der Leistungsanreize in den unterschiedlichen zeitlichen Kategorien wird kontrovers diskutiert. Während die zeitliche Fortdauer bei den motivationsbegründenden immateriellen Leistungsanreizen für die Motivationsentwicklung notwendig ist (z. B. kommunikative Verwaltungskultur), wird bei den materiellen Leistungsanreizen von einem Gewöhnungseffekt ausgegangen (z. B. Beförderung).[109] Im materiellen Bereich ist daher zu vermuten, dass zumindest bei den belohnenden Leistungsanreizen die punktuell gewährten Anreize die größte Anreizwirkung haben.[110]

3.1.2.7 Leistungsanreize für alle Beschäftigten, Gruppen oder Einzelne

Leistungsanreize beziehen sich sowohl auf alle Beschäftigten, einzelne Personen oder Gruppen bzw. Teams.
Die motivationsbegründenden Leistungsanreize beziehen die gesamte Belegschaft ein. Dabei kann die Belegschaft in ihrer Gesamtheit (z. B. bei der Arbeitsatmosphäre oder der leistungsgerechten Bezahlung), als einzelne Gruppen (z. B. Gruppen-/Teamarbeit

[108] Vgl. z. B. Reichert/Stöbe/Wohlfahrt, Leistungsanreizsysteme im öffentlichen Dienst, 1997, S. 7.
[109] Vgl. Sprenger, Mythos Motivation, 1997, S. 87 ff.
[110] Zum Zusammenhang zwischen Motivation und Leistungsanreizen vgl. Kap. 5.5.

als Form der Arbeitsgestaltung) oder als Individuen (z. B. bei der Personalentwicklung) betroffen sein.
Motivationsfördernde Leistungsanreize stellen i. d. R. ein Angebot an alle (z. B. Freizeitangebote wie Betriebsausflüge) oder spezifische Zielgruppen (z. B. Telearbeit) dar, werden aber von den einzelnen individuell wahrgenommen.
Belohnende Leistungsanreize können sowohl an einzelne Beschäftigte als auch an Gruppen oder Teams vergeben werden (z. B. Leistungsprämien). Insbesondere bei diesen Anreizen wird diskutiert, ob die Vergabe an Einzelne oder an Gruppen eine größere Motivationswirkung hat. Im Rahmen des derzeitigen verstärkten Kooperationsgedankens und des Aufbaus neuer Formen der Arbeitsorganisation, z. B. eigengesteuerte Teams, kann die Vergabe von Leistungsanreizen an Gruppen die Kooperation und das Zusammengehörigkeitsgefühl stärken.[111]

3.1.2.8 Eintrittsanreize und Bleibeanreize

Eintrittsanreize und Bleibeanreize haben zum Ziel, Personal zu gewinnen und zu halten. Eintrittanreize stellen die von einem/in (potenziellen) Bewerber/in erwarteten immateriellen und materiellen Belohnungen einer Organisation dar. Diejenige Organisation wird gewählt werden, deren Attraktivität der Leistungsanreize dem/der Bewerber/in am höchsten erscheint. Für den/den Berufseinsteiger/in sind materielle Anreize insbesondere durch das Anfangsgehalt entscheidend, da sie/er weitere Anreize des Unternehmens i. d. R. noch nicht abschätzen kann. Auch für zeitweilig arbeitslose Personen ist die Höhe des Gehalts von Bedeutung, da die Existenzsicherung zunächst vorrangig ist. Für Personen, die sich mit dem Gedanken des Stellenwechsels tragen, sind neben den materiellen insbesondere die immateriellen Anreize von Bedeutung. So können Möglichkeiten des selbstverantwortlichen Arbeitens, Entscheidungsspielräume etc. ausschlaggebend sein.[112]
Anwesenheits- und Bleibeanreize stellen diejenigen Anreize dar, die die Motivation des vorhandenen Personals erhalten und verbessern sollen. Ihre Gestaltung richtet sich vor allem nach den Bereichen, die mit der Arbeitszufriedenheit der Beschäftigten zusammenhängen.[113] Sie wirken der Fluktuationsproblematik entgegen und verhindern Kosten für Auswahl, Einstellung und Einarbeitung neuer Mitarbeiter/innen.[114]
Dies gilt auch für die Einschränkung von Fehlzeiten als Ziel von Leistungsanreizen: Man kann davon ausgehen, dass ein Teil der Fehlzeiten motivationale Gründe hat. Organisa-

---

[111] Vgl. Dejung/Moog, Team- und Gruppenarbeit, in: Personalführung 4/98, S. 50-53; Eyer, Vergütung von Teamarbeit in Dienstleistungsunternehmen, in: Personalführung 4/98, S. 34-37; zu Teamarbeit als immateriellen Leistungsanreiz vgl. Kap. 8.3.3.4; zur Vergabe von finanziellen Zuwendungen an Teams vgl. Kap. 9.5.3.3.

[112] Vgl. Schanz, Motivationale Grundlagen der Gestaltung von Anreizsystemen, in: Schanz (Hrsg.), Handbuch Anreizsysteme in Wirtschaft und Verwaltung, 1991, S. 3 (8 f.).

[113] Vgl. Schanz, Motivationale Grundlagen der Gestaltung von Anreizsystemen, in: Schanz (Hrsg.), Handbuch Anreizsysteme in Wirtschaft und Verwaltung, 1991, S. 3 (10 f.).

[114] Vgl. Nieder, Management von Absentismus und Fluktuation durch Anwesenheits- und Bleibeanreize, in: Schanz (Hrsg.), Handbuch Anreizsysteme in Wirtschaft und Verwaltung, 1991, S. 1048-1064.

tionseinheiten mit hohen Fehlzeiten unter ihren Beschäftigten sollten ein „Zufriedenheitsmanagement“[115] aufbauen, indem sie Unzufriedenheitsquellen erkunden und Anreize auf- oder ausbauen, die die Mitarbeiter/innen stärker zu ihrer Arbeit motivieren.[116]

3.1.2.9 Personenbezogene und institutionell bezogene Leistungsanreize

Leistungsanreize können personenbezogen oder institutionell bezogen vergeben werden. Der Mehrwert der personenbezogenen Leistungsanreize ist schwerpunktmäßig ausgerichtet auf die persönliche Verwendung durch die Beschäftigten. Die institutionell bezogenen Leistungsanreize kommen insbesondere der Verwaltungsarbeit einer einzelnen Person, Gruppe oder Organisationeinheit zugute. So hat eine Fortbildungsveranstaltung in erster Linie die Qualifikation für die Verwaltungsarbeit zum Ziel. Eine Fortbildungsveranstaltung, bei der die Entwicklung persönlicher Fähigkeiten im Mittelpunkt steht, kann aber auch belohnenden Charakter für eine hervorragende Leistung haben. Deutlich wird die Unterscheidung im materiellen Bereich: Ein/e Mitarbeiter/in erhält z. B. eine Leistungsprämie als personenbezogenen Leistungsanreiz zusätzlich zu seinem Gehalt zu seiner persönlichen Verwendung. Eine Gruppe, eine Abteilung oder ein Amt/Fachbereich erhält einen institutionell bezogenen Leistungsanreiz zur Verwendung in der eigenen Verwaltungsarbeit. Hat z. B. ein Fachbereich im Rahmen seines Budgets einen Überschuss erwirtschaftet, erhält er einen Teilbetrag für die verbesserte Technikausstattung in seinem Bereich.[117]
Die institutionell bezogenen Leistungsanreize spielen insbesondere im Rahmen der Budgetierung als Element des Neuen Steuerungsmodells eine zentrale Rolle: „Finanzwirtschaftliche Anreize gelten für die Budgetbereiche (institutionell bezogenes Anreizsystem). Sie sind in ihrer positiven Wirkung auf die Motivation der Budgetverantwortlichen und der Mitarbeiterinnen und Mitarbeiter nicht zu unterschätzen.“[118]

3.1.3 Begriff „Anreizsystem“

Der Wortbestandteil „System“ ist vom traditionellen Verständnis her technisch orientiert. Dieses Verständnis ist geprägt von dem Bild der Maschine, die von Menschenhand geschaffen wurde, in sich abgeschlossen und steuerbar ist. Diese Maschine ist ein Zusammenwirken von Einzelteilen, die automatisch und nach bestimmten Regeln funktionieren. So wird der Begriff „System“ auch im Zusammenhang mit Anreizen oftmals technisch verstanden: Ein mehr oder weniger technisch geprägtes Konstrukt, das aus

---

[115] Schanz, Motivationale Grundlagen der Gestaltung von Anreizsystemen, in: Schanz (Hrsg.), Handbuch Anreizsysteme in Wirtschaft und Verwaltung, 1991, S. 3 (11).
[116] Zu Möglichkeiten der Reduzierung des Krankenstandes vgl. Olesch, Schwerpunkte der Personalarbeit, 1997, S. 117
[117] Vgl. KGSt-Bericht Nr. 9/1997: Steuerung kommunaler Haushalte, S. 22 ff.
[118] KGSt-Bericht Nr. 9/1997: Steuerung kommunaler Haushalte, S. 26 f.; zur Anreizwirkung dezentraler Ressourcenverantwortung vgl. Kap. 11.1.2.

einzelnen Anreizen besteht und das von außen gesteuert wird, um bei Menschen bestimmte Verhaltensweisen zu bewirken.[119]
Der Begriff „Anreizsystem" legt daher zunächst ebenfalls ein technisches Verständnis nahe: Die Führungskräfte greifen auf bestimmte Instrumente aus diesem System und steuern die Beschäftigten. Mittlerweile ist der Begriff „System" erweitert und verändert worden. Unter „System" wird ein Gebilde verstanden, in dem die verschiedenen Elemente in vielfältigen Abhängigkeiten zueinander stehen und sich wechselseitig beeinflussen. Zu den beeinflussenden Faktoren gehören nicht nur die Elemente in dem System, sondern auch äußere Faktoren.[120]
Die oben dargestellte mechanische Sichtweise genügt auch zur Betrachtung von Anreizsystemen nicht. In jeder Organisation sind Anreize und Anreizstrukturen bereits vorhanden, die bestimmte Verhaltensweisen belohnen oder sanktionieren.[121] Aus diesen eher ungeplanten Strukturen entsteht dann ein System, wenn diese Anreize gesondert betrachtet und unterschiedliche Aspekte der Arbeitssituationen ausgewählt werden mit dem Zweck des Anreizens zum Erreichen der Organisationsziele: „Alle Anreize, die zielgerichtet eingesetzt werden, werden in einem Anreizsystem gebündelt."[122] Ein Anreizsystem fasst einzelne Anreize derart zusammen, dass sich zwischen ihnen Beziehungen bilden und eine Gesamtheit entsteht.[123] Hinsichtlich der öffentlichen Verwaltung versteht man unter einem Anreizsystem „ein System von Variablen, die dazu geeignet sind, in der Beamtenschaft (und bei den Arbeitnehmern/innen, Anm. d. Verf.) über motivationale Einflussnahme eine Leistungssteigerung zu bewirken."[124] Anreizsysteme müssen daher „auf das Individuum ausgerichtet, also individuell gestaltet werden."[125] Ein so verstandenes Anreizsystem umfasst nicht nur Entgeltsysteme, sondern weitere materielle sowie immaterielle Leistungsanreize, von denen es scheint, dass sie vordergründig „fremden" Systemen angehören.[126]
Ein Anreizsystem umfasst nicht nur die einzelnen immateriellen und materiellen Leistungsanreize und deren Verknüpfungen untereinander, sondern es umfasst weitere Elemente. Dazu gehören zunächst die Ziele, für die die Leistungsanreize eingesetzt wer-

---

[119] Vgl. Schedler, Anreizsysteme in der öffentlichen Verwaltung, 1993, S. 7.
[120] Hier ist insbesondere die systemische Betrachtungsweise zu nennen, vgl. z. B. Frieß/Schmidt, Organisations-Projektmanagement – Projekterfolg steigern mit systemischen Konzepten, in: FB/IE 6/1999, S. 281-286; Gester, Systemisches Coaching, in: Walsh/Papmehl (Hrsg.), Personalentwicklung im Wandel, 1991, S. 103-117; Gomez/Rüegg-Stürm, Teamfähigkeit aus systemischer Sicht, in: Klimecki/Remer (Hrsg.), Personal als Strategie, 1997, S. 136-157; Wimmer, Die Steuerung komplexer Organisationen, in: Sandner, Politische Prozesse in Unternehmen, 1992, S. 131-156.
[121] Vgl. Kap. 3.1.2.2.
[122] Schwalbach, Motivation, Kompensation und Performance, in: Bühler/Siegert (Hrsg.), Unternehmenssteuerung und Anreizsysteme, 1999, S. 169 (173).
[123] Vgl. Reichard, Ist ein neues Leistungsanreizsystem erforderlich?, in: Hoefert/Reichard (Hrsg.), Leistungsprinzip und Leistungsverhalten im öffentlichen Dienst, 1979, S. 119 (120).
[124] Schedler, Anreizsysteme in der öffentlichen Verwaltung, 1993, S. 7.
[125] Schwalbach, Motivation, Kompensation und Performance, in: Bühler/Siegert (Hrsg.), Unternehmenssteuerung und Anreizsysteme, 1999, S. 169 (174).
[126] Vgl. Schedler, Anreizsysteme in der öffentlichen Verwaltung, 1993, S. 7 f.; ferner Schwalbach, Motivation, Kompensation und Performance, in: Bühler/Siegert (Hrsg.), Unternehmenssteuerung und Anreizsysteme, 1999, S. 169 (173).

den, d.h. die Verwaltungssteuerung und die Mitarbeitermotivation.[127] Bestandteil eines Anreizsystems sind weiterhin die Rahmenbedingungen und Voraussetzungen, die für einen effektiven Einsatz von Leistungsanreizen notwendig sind. Hierzu zählen die Einbindung in Gesamtkonzepte wie die Verwaltungsreform, das kommunale Management und das Personalmanagement. Weitere Elemente stellen die Führung, die Ermittlung der Verwaltungsziele, die Motivations- und Bedürfnisermittlung, die Wahl der Leistungsanreize, die Ermittlung von Leistung und Potenzialen sowie das Anreizcontrolling dar.[128] Folgende Darstellung zeigt das Anreizsystem mit seinen verschiedenen Elementen.

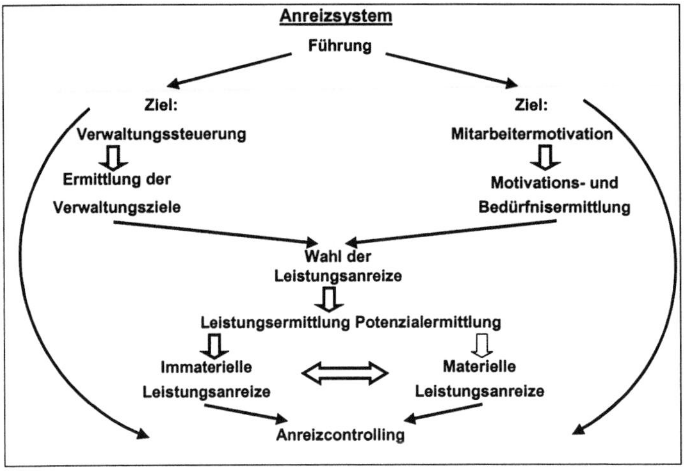

Abbildung 6: Das Anreizsystem und seine Elemente

3.2 Bedeutung

Das Thema „Leistungsanreize" hat in Wirtschaft und Verwaltung eine hohe Bedeutung. Man kann verschiedene Bedeutungsebenen unterscheiden:

- **soziologische** Bedeutungsebene
  Im Mittelpunkt der soziologischen Betrachtung steht die Bedeutung immaterieller und materieller Leistungsanreize vor dem gesellschaftlichen Hintergrund. Die immateriellen Leistungsanreize werden insbesondere von den vorherrschenden gesellschaftlichen Werten geprägt. So ist hinsichtlich der Werte und der Einstellungen zu Arbeit und Beruf ein Wandel von der Pflichterfüllung hin zu Selbstent-

[127] Vgl. Kap. 3.3; ferner Kap. 4, 5.
[128] Vgl. Kap. 6.

faltungswerten zu verzeichnen.[129] Damit immaterielle Leistungsanreize wirken, müssen sie auf die vorherrschenden Werte reagieren und diese in den Beschäftigten ansprechen.[130] Im Mittelpunkt der immateriellen Leistungsanreize stehen daher insbesondere interessen- und fähigkeitsbezogene Möglichkeiten der Arbeitsgestaltung, Personalentwicklung, Mitarbeiterbeteiligung etc.
Auch die materiellen Leistungsanreize sind vom gesellschaftlichen Wandel geprägt. So wird z. B. der gesellschaftliche Stellenwert einer gerechten und leistungsorientierten Entlohnung diskutiert. Hier sind besonders die Entwicklungen in der öffentlichen Verwaltung bedeutsam: Derzeit ist eine Entwicklung vom Alimentationsprinzip, das das Beamtentum und damit den gesamten öffentlichen Dienst prägt, hin zu einer leistungsorientierten Besoldung/Vergütung und damit zu in der Privatwirtschaft gängigen Entlohnungssystemen zu erkennen.

- **rechtliche** Bedeutungsebene
  Ihre rechtliche Grundlage finden Leistungsanreize insbesondere im Arbeitsrecht und im Tarifrecht. Die rechtliche Basis für Leistungsanreize in der öffentlichen Verwaltung ist das Dienstrecht für Beamte/innen und das Tarifrecht für Arbeitnehmer/innen. Die oben skizzierte Entwicklung der öffentlichen Verwaltung zu einer leistungsorientierten Besoldung/Vergütung fand auf der rechtlichen Ebene ihren Ausdruck im Dienstrechtsreformgesetz und im Rahmentarifvertrag zur Gewährung von Leistungszulagen und Leistungsprämien.[131]
- **funktionale** Bedeutungsebene
  Die Anreizstruktur übernimmt in einer Organisation eine wichtige Funktion. Das Anreizsystem hat entscheidenden Einfluss auf die Motivation der Beschäftigten, auf die Steuerbarkeit der Verwaltung und damit letztlich auf die Effektivität der Verwaltungsleistung.
  Die Gründe sind darin zu sehen, dass mit dem Thema „Leistungsanreize" die zwei zentralen Erfolgsfaktoren, quasi die „lebenswichtigen Organe" einer Organisation, miteinander verknüpft sind:
  - Die Steuerung eines Unternehmens oder einer Verwaltung richtet die ganze Organisation nach ihren Zielen aus und setzt diese mithilfe ihrer Ressourcen optimal um: „Die Unternehmenssteuerung ist damit vergleichbar dem Gehirn und dem Nervensystem einer Organisation."[132]
  - Die Motivation betrifft die Menschen in dem Unternehmen oder der Verwaltung, durch deren Leistung diese Ziele erreicht werden: „Die Motivation von Mitarbeitern und die Unternehmenskultur sind hingegen vergleichbar mit dem Herzstück, dem Pulsschlag eines Unternehmens. Sie geben das Tempo vor.

---

[129] Vgl. Klages, Wertorientierung im Wandel, 1984, S. 57 ff.; ferner Kap. 2.1.2.
[130] Vgl. Kap. 5.5.1.
[131] Rahmentarifvertrag vom 29. Oktober 1996 über die Grundsätze zur Gewährung von Leistungszulagen und Leistungsprämien (TV-L).
[132] Schmidt, Motivation und Unternehmenssteuerung, in: Bühler/Siegert (Hrsg.), Unternehmenssteuerung und Anreizsysteme, 1999, S. 3 (4).

Sie entscheiden letztlich darüber, ob Ziele und Ansprüche mit den tatsächlichen Möglichkeiten übereinstimmen."[133]

- **psychologische** Bedeutungsebene
  Das Anreizsystem hat, insbesondere wenn es in dieser Breite verstanden wird wie in der vorliegenden Arbeit, eine immense psychologische Bedeutung für die Beschäftigten einer Organisation. Es bildet die Grundlage für die Möglichkeit, dass sich die Motivation und Leistungsbereitschaft der Beschäftigten entfalten und damit die Leistungsfähigkeit der Organisation sichergestellt werden kann.

3.3 Ziele

3.3.1 Allgemeine Ziele

Jede Organisation verfolgt, unbewusst wirkend oder bewusst formuliert, verschiedene Ziele. Um diese Ziele zu erreichen, setzt die Organisation unterschiedliche Instrumente ein. Immaterielle oder materielle Leistungsanreize gehören zu diesen Instrumenten. Werden Leistungsanreize eingesetzt, ist grundsätzlich die Frage zu stellen, welche Ziele mit ihnen in der Organisation verfolgt werden sollen. Das grundsätzliche Ziel von Leistungsanreizen ist das der „Unternehmenssteuerung"[134]: Anreizsysteme sollen das Erreichen der Organisationsziele unterstützen. Dies geschieht, indem Anreizsysteme eine „leistungsorientierte Verhaltensbeeinflussung"[135] der Beschäftigten bewirken sollen. Genauer gesagt, soll diese Verhaltensbeeinflussung durch Einflussnahme auf die Motivation[136] und Leistungsbereitschaft[137] geschehen. Jedoch richtet sich das Interesse der Organisation nicht auf das ganze Spektrum der Verhaltensmöglichkeiten und Leistungspotenziale der Beschäftigten. Es bezieht sich gezielt auf diejenigen Verhaltensaspekte, „die geeignet sind, Beiträge zur Erreichung des Organisationsziels oder der Organisationsziele zu leisten."[138] Durch den Einsatz von Anreizen sollen diese Verhaltensmöglichkeiten aktiviert werden, oder es soll ein bestimmtes Verhalten verhindert werden.[139] Leistungsanreize wirken demnach als „Instrumente zur Steuerung des Leistungsverhaltens"[140].

---

[133] Schmidt, Motivation und Unternehmenssteuerung, in: Bühler/Siegert (Hrsg.), Unternehmenssteuerung und Anreizsysteme, 1999, S. 3 (4).

[134] Dies zeigen verschiedene Beispiele aus der Privatwirtschaft, vgl. Bühler/Siegert (Hrsg.), Unternehmenssteuerung und Anreizsysteme, 1999.

[135] Koch, Leistungsorientierte Mitarbeiterführung in der öffentlichen Verwaltung, in: Schanz (Hrsg.), Handbuch Anreizsysteme in Wirtschaft und Verwaltung, 1991, S. 1167 (1169).

[136] Vgl. Schwalbach, Motivation, Kompensation und Performance, in: Bühler/Siegert (Hrsg.), Unternehmenssteuerung und Anreizsysteme, 1999, S. 169 (173).

[137] Vgl. Schanz, Motivationale Grundlagen der Gestaltung von Anreizsystemen, in: Schanz (Hrsg.), Handbuch Anreizsysteme in Wirtschaft und Verwaltung, 1991, S. 3 (8 f.).

[138] Schanz, Motivationale Grundlagen der Gestaltung von Anreizsystemen, in: Schanz (Hrsg.), Handbuch Anreizsysteme in Wirtschaft und Verwaltung, 1991, S. 3 (8 f.).

[139] Vgl. Nagel/Schlegendal, Flexible Entgeltsysteme, 1998, S. 45

[140] Schanz, Motivationale Grundlagen der Gestaltung von Anreizsystemen, in: Schanz (Hrsg.), Handbuch Anreizsysteme in Wirtschaft und Verwaltung, 1991, S. 3 (8 f.).

Die Anreize erreichen jedoch nur dann ihr Ziel, „wenn sie in der Lage sind, individuenspezifische Motive zu aktivieren. Es bedarf also eines geeigneten ‚motivationalen Gegenstücks', damit ein Anreiz überhaupt die gewünschte verhaltenssteuernde Wirkung zu entfalten vermag"[141]. Bei dem Einsatz von Leistungsanreizen geht es darum, die Motivationsgestaltung an den Zielsetzungen der Institution zu orientieren, weil die Mitarbeiter zu einer koordinierten Leistung veranlasst werden sollen. „Nicht irgendwelche Motivationen sind zu erzeugen, sondern inhaltlich für diese Zielsetzung geeignete."[142]
Leistungsanreize wirken genau an der Schnittstelle zwischen Verwaltungszielen und Mitarbeitermotivation und -bedürfnissen, wie nachfolgende Abbildung verdeutlicht.

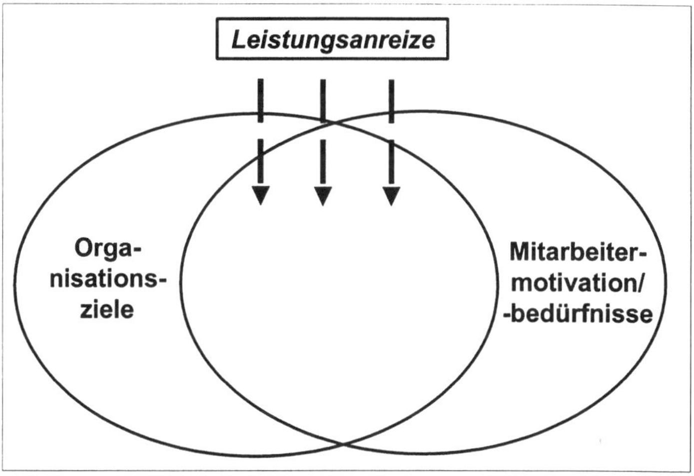

Abbildung 7: Leistungsanreize an der Schnittstelle von Organisationszielen und Mitarbeitermotivation/-bedürfnissen

Hinsichtlich der Organisationsziele dienen Leistungsanreize dabei „sowohl der *Steigerung* der Leistung als auch deren *Steuerung*."[143] Das grundlegende Ziel von Leistungsanreizen hinsichtlich der Beschäftigten ist die Steigerung der Leistungsmotivation: „Sie beeinflußt nicht nur den Entscheid, am Arbeitsplatz zu erscheinen, sondern auch jenen, ob und in welchem Ausmaß dort eine geforderte Leistung erstellt oder verweigert werden soll."[144]

141 Schanz, Motivationale Grundlagen der Gestaltung von Anreizsystemen, in: Schanz (Hrsg.), Handbuch Anreizsysteme in Wirtschaft und Verwaltung, 1991, S. 3 (8 f.).
142 Staehle, Management, 1999, S. 243.
143 Schedler, Anreizsysteme in der öffentlichen Verwaltung, 1993, S. 89.
144 Schedler, Anreizsysteme in der öffentlichen Verwaltung, 1993, S. 90; vgl. auch March/Simon, Organisation und Individuum, 1976, S. 49.

Über diese grundsätzlichen Ziele von Leistungsanreizen hinaus können noch weitere Ziele ausgemacht werden, die Organisationen mit Anreizsystemen verfolgen. Insbesondere ist hier die Nutzung der Ressource Personal und die Ausschöpfung ihres Leistungspotenzials zu nennen. Dies zeigt sich zum einen in der Personalgewinnung in den Eintrittsanreizen, die (potenzielle) Bewerber/innen motivieren sollen, sich für diese konkrete Organisation zu entscheiden. Anwesenheits- und Bleibeanreize haben zum Ziel, die vorhanden Beschäftigten in der Organisation zu halten der Fluktuation sowie motivationsbedingten Fehlzeiten entgegenzuwirken.[145] Zeigen diese Leistungsanreize langfristig ihre Wirkung, verhindern sie Kosten und bringen dem Unternehmen Wettbewerbsvorteile.[146]
Zu den Einzelzielen, die mit dem Einsatz von Leistungsanreizen erreicht werden sollen, gehören:[147]

- Erhalt, Steigerung und Steuerung der Leistung,
- Erhalt und Steigerung der Leistungsbereitschaft,
- Erhalt und Erhöhung der Arbeitszufriedenheit,
- Erhöhung des Engagements,
- Erhalt und Erhöhung der Motivation,
- Förderung der Identifikation mit der Arbeit und den Unternehmenszielen,
- Steigerung des Verantwortungsbewusstseins und der Bereitschaft, Verantwortung zu übernehmen,
- Steigerung der Veränderungsbereitschaft,
- Erhöhung der Bereitschaft zur Beteiligung an der Verwaltungsreform,
- Belohnung individuell erbrachter besonderer Leistung,
- Befriedigung des Bedürfnisses nach Gerechtigkeit,
- Befriedigung immaterieller und materieller Bedürfnisse,
- Verbesserung des Betriebsklimas.

Dabei muss jedoch beachtet werden, dass der Einsatz von Leistungsanreizen nicht automatisch und rein instrumentell geschieht nach dem Motto: Wird ein Leistungsanreiz eingesetzt, erzielt er automatisch die gewünschte Wirkung. Zum einen haben sich die Werte der Menschen und damit auch der Beschäftigten in öffentlichen Verwaltungen gewandelt von Pflicht- und Akzeptanzwerten hin zu Selbstentfaltungswerten.[148] Erkennen die Betroffenen, dass sie ausschließlich instrumentell gesteuert werden, wirkt dies „im höchsten Masse kontraproduktiv, weil sich der Mensch dagegen streubt, als Instrument betrachtet und behandelt zu werden."[149] Erst eine ganzheitliche Betrachtungsweise des Menschen ermöglicht einen wirkungsvollen Einsatz von Leistungsanreizen. Dar-

---

[145] Zu Eintrittsanreizen und Bleibeanreizen vgl. Kap. 3.1.2.8.
[146] Vgl. Nieder, Management von Absentismus und Fluktuation durch Anwesenheits- und Bleibeanreize, in: Schanz (Hrsg.), Handbuch Anreizsysteme in Wirtschaft und Verwaltung, 1991; S. 1048 (1055 f.); Schedler, Anreizsysteme in der öffentlichen Verwaltung, 1993, S. 90.
[147] Diese Ziele erarbeitete die Verfasserin mit Beratung der von ihr geleiteten KGSt-Arbeitsgruppe „Immaterielle und materielle Leistungsanreize".
[148] Vgl. Klages, Wertorientierung im Wandel, 1984, S. 39 ff.; ferner Kap. 2.1.2.
[149] Schedler, Anreizsysteme in der öffentlichen Verwaltung, 1993, S. 89.

über hinaus ist die Relativität von Leistungsanreizen und ihren Wirkungen zu beachten: „Über eines muß man sich jedoch klar sein: Über die zeitlich situative Bedingtheit der Anreizwirkung. Was heute noch als Erwartungen und Befürchtung motivieren konnte, kann schon morgen so selbstverständlich geworden sein, daß jegliche Anreizwirkung fehlt."[150]

3.3.2 Ziele in Kommunalverwaltungen

Die Frage nach dem Ziel des Einsatzes von Leistungsanreizen ist in der öffentlichen Verwaltung und insbesondere in Kommunalverwaltungen derzeit von Bedeutung. Nach Inkrafttreten des Dienstrechtsreformgesetzes wollen viele Verwaltungen „das Gesetz umsetzen", sind sich aber nicht darüber im Klaren, welche Ziele sie damit erreichen wollen.

Leistungsanreize haben in der öffentlichen Verwaltung grundsätzlich die gleichen Ziele wie oben beschrieben. Auch in der Verwaltung sind Leistungsanreize Instrumente der Verwaltungssteuerung und der Steigerung der Mitarbeitermotivation. Auf Grund der Besonderheiten des öffentlichen Dienstes sind die Verwaltungsziele nicht nur wirtschaftlicher Art wie z. B. bei Unternehmen der Privatwirtschaft, sondern sie sind grundsätzlich auf Wirkungen und Ergebnisse für die Bürger/innen ausgerichtet. Führt man sich die verschiedenen Zieldimensionen der Verwaltungsleistung[151] vor Augen, ist der Einsatz von Leistungsanreizen hinsichtlich der Verwaltungsziele in allen Dimensionen vorstellbar: Leistungsanreize können die Verwaltungssteuerung in diesen verschiedenen Dimensionen unterstützen.[152] Ebenso können Leistungsanreize die individuelle Leistung, Motivation, Leistungsfähigkeit und -bereitschaft in ihren verschiedenen Dimensionen fördern.[153]

Der Abgleich zwischen Verwaltungszielen und Mitarbeiterbedürfnissen geschieht nicht immer konfliktfrei. Um Leistungsanreize effektiv einzusetzen, ist eine möglichst große Schnittmenge zwischen den Verwaltungszielen und den Mitarbeiterbedürfnissen anzustreben. Dabei sollte auch die persönliche Situation der betroffenen Beschäftigten im Blick behalten werden. So ist z. B. der variable zeitliche Einsatz insbesondere von Beschäftigten mit Kindern begrenzt. Insgesamt gilt: Je mehr die zu erbringende Mehrleistung zwischen den Führungskräften und den Beschäftigten die Form einer Vereinbarung (Zielvereinbarungscharakter) erhält, um so mehr können i. d. R. Konflikte vermieden oder gelöst werden.

---

[150] Schwab, Führung und Motivation in der öffentlichen Verwaltung, 1988, S. 27.
[151] Vgl. Kap. 4.2.3.2.
[152] Zur Verwaltungssteuerung durch Leistungsanreize vgl. Kap. 4.3.
[153] Zum Zusammenhang zwischen Motivation und Leistungsanreizen vgl. Kap. 5.5.

Unter kommunalen Praktikern/innen[154] herrschen unterschiedliche Auffassungen vor, ob beide Zielrichtungen, d. h. Verwaltungsziele und Mitarbeiterbedürfnisse, gleichrangig zu werten seien. Die eine Position besagt, dass das Erreichen der Verwaltungsziele das höherwertige Ziel sei, dem sich auch Mitarbeitermotivation und -bedürfnisse unterzuordnen haben. Die andere Position vertritt die Meinung, dass beide Pole gleichrangig zu werten seien und dass die Mitarbeitermotivation und das Erfüllen der Mitarbeiterbedürfnisse auch einen Selbstzweck hätten. Zu bedenken ist, dass diese verschiedenen Positionen von jeweils verschiedenen Funktionsträgern/innen bzw. Interessensvertretungen geäußert werden. So betonen vor allem Leiter/innen von Verwaltungen und Verwaltungseinheiten sowie Vertretungen der Steuerungsunterstützung und des Personalservice bzw. der Personalämter die Verwaltungsziele. Personalräte, Gleichstellungsbeauftragte sowie Personalentwickler/innen legen darauf Wert, dass Erhalt und Förderung der Mitarbeitermotivation und das Erfüllen der Mitarbeiterbedürfnisse Ziele des Einsatzes von Leistungsanreizen sind.
Die weiteren Ausführungen in der vorliegenden Arbeit werden zeigen, dass beide Dimensionen bei dem Einsatz von Leistungsanreizen berücksichtigt werden müssen. Erst die Kombination beider Seiten stellt den entscheidenden Erfolgsfaktor für den wirkungsvollen Einsatz dar. Denn: Werden Leistungsanreize nicht für die Verwaltungsziele eingesetzt, erhalten sie einen Selbstzweck und die Verwaltung sieht sich dem Vorwurf ausgesetzt, dass sie eine Art „Selbstbedienungsladen" für die Beschäftigten darstellen. Leistungsanreize können allerdings auch nicht den Verwaltungszielen dienen, wenn sie nicht die Motivationslage und die Bedürfnisse der Beschäftigten treffen. Erst wenn sich ein/e Beschäftigte/r durch einen Leistungsanreiz in seinen Bedürfnissen angesprochen fühlt, ist sie/er bereit, in verstärktem Maß zum Erreichen der Verwaltungsziele beizutragen.

3.4 Zusammenfassung

Der Leistungsbegriff ist uneinheitlich und hat einen etymologischen Bedeutungswandel durchlaufen. Umgangssprachlich und in den verschiedenen wissenschaftlichen Disziplinen wird er kaum eindeutig beschrieben und definiert. Vergleichbares gilt für die menschliche Arbeitsleistung, die sich sowohl auf das Leistungsergebnis als auch auf den Leistungsprozess beziehen kann und die von verschiedenen Faktoren beeinflusst wird. Ebenso mehrdimensional ist der Leistungsbegriff in der öffentlichen Verwaltung; so kann er sich z. B. auf die Verwaltungsleistung als Gesamtleistung oder die Leistung einer/s einzelnen Beschäftigten beziehen. Grundsätzlich ist die Leistungsorientierung in der öffentlichen Verwaltung im Rahmen der Verwaltungsmodernisierung gestiegen. Die Mehrdimensionalität des Leistungsverständnisses ist Ursache vielfältiger Unklarheiten im Zusammenhang mit der Vergabe von Leistungsanreizen. Bei dem Versuch einer

[154] Diese Auffassungen sind in Gesprächen zwischen Kommunalpratikern/innen und der Verfasserin geäußert worden.

Systematisierung ergeben sich folgende Zusammenhänge: Die Verwaltungsleistung ist in den Zieldimensionen der Verwaltungsleistung „Bürger/innen, Kunden/innen“ mit den untergeordneten Dimensionen „Ergebnisse/Wirkungen“ und „Programme/Produkte“ und den Dimensionen „Prozesse & Strukturen“ und „Ressourcen“ beschreibbar. Die individuelle Leistung der einzelnen Beschäftigten trägt zum Erreichen der Ziele in den jeweiligen Zieldimensionen bei. Aber auch die individuelle Leistung ist in vergleichbaren Dimensionen beschreibbar. Leistungsanreize können sowohl an den verschiedenen Dimensionen der Verwaltungsleistung als auch der individuellen Leistung ansetzen und diese unterstützen. Der Begriff „Leistungsanreize“ meint im engeren Sinn Versprechungen, die ein Verhalten attraktiver oder unattraktiver machen, und im weiteren Sinn die Ausgestaltung von Arbeitsbedingungen. Der vorliegenden Arbeit liegt der weitere Sinn zu Grunde, der den engeren einschließt. Kriterien der Systematisierung von Leistungsanreizen ist die Unterscheidung zwischen immateriellen und materiellen, geplanten und ungeplanten, steuerungssichernden und steuerungsvariablen, motivationsbegründenden, motivationsfördernden und belohnenden Leistungsanreizen, Leistungsanreizen, die die intrinsische oder die extrinsische Motivation betreffen, dauerhaften, regelmäßigen und punktuellen Leistungsanreizen, Leistungsanreizen für alle Beschäftigten, Gruppen oder Einzelne, Eintrittsanreizen und Bleibeanreizen sowie personenbezogenen und institutionell bezogenen Leistungsanreizen. Zielgerichtet eingesetzt und in Beziehung zueinander gesetzt werden Leistungsanreize in einem Anreizsystem mit verschiedenen Elementen. Das Thema „Leistungsanreize“ hat in Wirtschaft und Verwaltung eine hohe Bedeutung und wird auf der soziologischen, rechtlichen, funktionalen und psychologischen Bedeutungsebene diskutiert.
Setzt eine Organisation Leistungsanreize ein, will sie Leistung und Leistungsverhalten der in ihr Beschäftigten steuern und damit das Erreichen ihrer Ziele unterstützen. Dies vermögen Leistungsanreize jedoch erst dann, wenn sie auf eine entsprechende Motivationslage und auf Bedürfnisse der Beschäftigten treffen. In Kommunalverwaltungen haben Leistungsanreize demnach zwei Ziele, die in Zusammenhang zueinander stehen: die Verwaltungssteuerung einerseits und die Erhöhung der Motivation, Zufriedenheit und damit Leistung der Mitarbeiter/innen andererseits.

4 Verwaltungssteuerung durch Leistungsanreize

Es ist herausgestellt worden, dass durch Leistungsanreize die Verwaltung und ihre Leistungen gesteuert werden sollen. Das folgende Kapitel stellt die Grundlagen der Verwaltungssteuerung dar. Nach Abgrenzung der Begriffe „Management“, „Steuerung“ und „Führung“ werden Grundlagen, Ziele und Instrumente der Verwaltungssteuerung in Kommunalverwaltungen dargestellt. In einem zweiten Teil werden Möglichkeiten des Einsatzes von Leistungsanreizen im Rahmen der Verwaltungssteuerung und ihrer verschiedenen Elemente beschrieben.

4.1 Begriffe

Die Begriffe „Management", „Steuerung" und „Führung" sind sowohl in der wissenschaftlichen Literatur als auch in der Verwaltungspraxis nicht klar voneinander abgegrenzt. Daher werden im Folgenden diese Begriffe beschrieben; gleichzeitig wird der Versuch einer Zuordnung unternommen.

4.1.1 Management

Der Begriff „Management" gründet im angloamerikanischen Raum und wird in der wissenschaftlichen Literatur in zwei Bedeutungsvarianten verwendet:[155]

- **Management im funktionalen Sinne**
  Es handelt sich um die Beschreibung der Prozesse und Funktionen, die in arbeitsteiligen Organisationen notwendig sind. Dazu gehören Planung, Organisation, Führung und Kontrolle.
- **Management im institutionalen Sinne**
  Es werden Personen bzw. Personengruppen beschrieben, die Managementaufgaben wahrnehmen, sowie deren Tätigkeiten und Rollen.

Die Übersetzung des Managementbegriffs geschieht je nach Theorieansatz sehr unterschiedlich, so dass keine Einheitlichkeit in der deutschen Management-Terminologie entstanden ist.[156] In der Betriebswirtschaftslehre wie auch im Bereich der öffentlichen Verwaltung wird der Begriff „Management" derzeit mit vielen verschiedenen Aspekten verbunden: Changemanagement, Organisationsmanagement, Personalmanagement, Informationsmanagement, Personalmanagement, Konfliktmanagement, Verwaltungsmanagement, Kontraktmanagement, Finanzmanagement, Qualitätsmanagement, Produktmanagement, Lean Management, Total-Quality-Management, strategisches Management, operatives Management, New Public Management. Bezugsrahmen des Managements kann dabei eine Gesamtkonzeption (z. B. Total-Quality-Management) oder einzelne Handlungsfelder sein (z. B. Finanzmanagement oder Personalmanagement).[157]

Grundsätzlich kann „Management" wie folgt definiert werden: „Management ist zielorientiertes Gestalten betrieblicher Prozesse"[158].

Im Management werden die Sachdimension und die Personaldimension unterschieden.[159] In der sachbezogenen Sicht beeinflussen die Managementträger/innen lenkend

---

[155] Vgl. Staehle, Management, 1999, S. 71.
[156] Vgl. Staehle, Management, 1999, S. 72.
[157] Vgl. Mauch, Zielorientiertes Führen, 1999, S. 27.
[158] Vgl. Schneck, Management-Techniken, 1996, S. 14; zum Managementbegriff und seiner Entwicklung vgl. Jann, Lernen vom privaten Sektor – Bedrohung oder Chance?, in: Edeling/Jann/Wagner (Hrsg.), Öffentliches und privates Management, 1998, S. 11-51; Schneck, Management-Techniken, S. 13 ff.
[159] Vgl. Laux, Verwaltungsmanagement, in: Chmielewicz/Eichhorn (Hrsg.), Handwörterbuch der Öffentlichen Betriebswirtschaft, 1989, Sp. 1678 (1680); Reichard, Betriebwirtschaftslehre der öffentlichen Verwaltung, 1987, S. 134 f.; ferner Steinmann/Schreyögg, Management, 1993, S. 33.

Entscheidungsprozesse. In verschiedenen Entscheidungsphasen wirken Managementfunktionen auf Entscheidungsobjekte ein. Zu den Managementfunktionen gehören die Initiierung von Entscheidungen, Zielsetzungen, Entschluss, Durchsetzung, Koordination und Kontrolle. Entscheidungsobjekte von besonderer Bedeutung sind das Leistungsprogramm, der wirtschaftliche Mitteleinsatz, die Organisationsstruktur und das Personalsystem. In der personenbezogenen Sicht wird auf die Beschäftigten und ihr Verhalten zielorientiert und sozio-emotionell eingewirkt. Personenbezogene Managementfunktionen sind insbesondere die Übertragung von Entschlusskompetenzen an die Mitarbeiter/innen bzw. Beteiligung der Beschäftigten an Entscheidungen, Gestaltung und Gewährung von Leistungsanreizen sowie Mitarbeiterförderung und –entwicklung. Diese personenbezogenen Managementfunktionen werden im sozialpsychologischen Sprachgebrauch bzw. in der Personalmanagementlehre „Führung" genannt.[160] Die Sachdimension und die Personaldimension gehören untrennbar zusammen; sie sind „zwei Seiten derselben Medaille"; die Trennung ist nur gedanklich-analytisch, nicht jedoch in der Realität möglich.[161]
Neuere Ansätze betrachten die verschiedenen Managementfunktionen integral.[162] Das integrierte Management unterscheidet drei Managementebenen: das normative, das strategische und das operative Management. Diese Ebenen stehen in vielfältigen Vor- und Rückkopplungsprozessen miteinander in Beziehung. Dem normativen und strategischen Management kommt Gestaltungsfunktion zu, Aufgabe des operativen Managements ist der konzept-geleitete Vollzug.[163]

„Verwaltungsmanagement" ist ein kombinierter Begriff, der aus zwei Praxis- und Theoriebereichen entnommen ist: der Lehre von der Verwaltung und der Betriebswirtschaftslehre.[164] Eine Betriebswirtschaftslehre der öffentlichen Verwaltung entwickelt sich erst langsam seit den 70er Jahren des 20. Jahrhunderts.[165] Noch Ende der 80er Jahre wurde die Einführung betriebswirtschaftlicher Methoden im Non-Profit-Bereich kontrovers diskutiert.[166] Wie der Managementbegriff generell so ist auch der Begriff des Verwaltungsmanagements uneinheitlich.[167] Betrachtet man den Begriff des Verwaltungsmanagements funktional, kann er als „Steuerung des öffentlichen Verwaltungsbetriebs"[168] bzw. als „Bündelung steuernder Aktivitäten"[169] verstanden werden. Verwaltungsmana-

[160] Vgl. Reichard, Betriebwirtschaftslehre der öffentlichen Verwaltung, 1987, S. 134.
[161] Vgl. Reichard, Betriebwirtschaftslehre der öffentlichen Verwaltung, 1987, S. 134.
[162] Vgl. Bleicher, Das Konzept Integriertes Management, 1999.
[163] Vgl. Bleicher, Das Konzept Integriertes Management, S. 74.
[164] Vgl. Laux, Verwaltungsmanagement, in: Chmielewicz/Eichhorn (Hrsg.), Handwörterbuch der Öffentlichen Betriebswirtschaft, 1989, Sp. 1678 (1679).
[165] Vgl. Reichard, Betriebwirtschaftslehre der öffentlichen Verwaltung, 1987; Steinebach, Verwaltungsbetriebslehre, 1998.
[166] Vgl. z. B. Burla, Rationales Management in Nonprofit-Organisationen, 1989, S. 170.
[167] Vgl. Laux, Verwaltungsmanagement, in: Chmielewicz/Eichhorn (Hrsg.), Handwörterbuch der Öffentlichen Betriebswirtschaft, 1989, Sp. 1678 (1680).
[168] Laux, Verwaltungsmanagement, in: Chmielewicz/Eichhorn (Hrsg.), Handwörterbuch der Öffentlichen Betriebswirtschaft, 1989, Sp. 1678 (1680).
[169] Laux, Verwaltungsmanagement, in: Chmielewicz/Eichhorn (Hrsg.), Handwörterbuch der Öffentlichen Betriebswirtschaft, 1989, Sp. 1678 (1681).

gement bezieht sich dabei auf einen öffentlichen Verwaltungsbetrieb als wirtschaftlicher Einheit mit der Kombination von Personal, Finanzen, Organisation, Sachmitteln und Infrastruktur.[170] Während die Politikbezogenheit der Verwaltung in früheren Jahren als „extreme Fremdbestimmung"[171] charakterisiert wurde, wird in einer Übertragung des integrierten Managements auf die öffentliche Verwaltung, zumindest auf die Kommunalverwaltung, ein Zusammenwirken von Politik, Verwaltungsleitung und Verwaltungseinheiten gefordert.[172]

4.1.2 Steuerung

Der Begriff „Steuerung" wird ab ca. Anfang der 90er Jahre des 20. Jahrhunderts häufig verwendet; eine genaue Begriffsdefinition wird jedoch i. d. R. nicht mitgeliefert. Sie hat sich möglicherweise bisher als entbehrlich erwiesen, da jede/r ein mehr oder weniger klares Grundverständnis hatte. Dieses basierte darauf, dass der Begriff „steuern" in der Alltagssprache in vielfältigen Zusammenhängen benutzt wird: So steuert man z. B. ein Auto, ein Schiff, ein Flugzeug oder in den Abgrund (symbolisch).[173]
Beschäftigt man sich jedoch näher mit diesem Begriff und will man ihn vor allem auf eine bestimmte Organisation wie die Kommunalverwaltung anwenden, zeigt sich, dass Klärungsbedarf besteht.
Sandner unterscheidet verschiedene Arten der Steuerung: die bürokratische Steuerung, die psychologische Steuerung, die kulturelle Steuerung, die systemische Steuerung oder die technologische Steuerung. Er definiert generell: „Unter Steuerung wird die intentionale Herbeiführung von Unterordnung verstanden."[174]
Wimmer definiert aus systemischer Sicht: „Denn Selbstreflektion bildet jenen Modus der Systemsteuerung, der gleichsam automatisch für den Einbau von Lernfähigkeit in komplexe soziale Systeme sorgt."[175] Und: „Versteht man Führung als die Beförderung der Selbststeuerung eines autopoietischen Systems, dann wird die Bereitstellung von Selbstreflektionsmöglichkeiten in diesem eine zentrale Systemleistung".[176]
Man kann „Steuerung" beschreiben als Beeinflussung von Prozessen in komplexen Systemen, um bestimmte Ziele zu erreichen. Dabei kann es sich um Produktions-, Entscheidungs- oder Kommunikationsprozesse handeln.[177]

---

[170] Vgl. Laux, Verwaltungsmanagement, in: Chmielewicz/Eichhorn (Hrsg.), Handwörterbuch der Öffentlichen Betriebswirtschaft, 1989, Sp. 1678 (1681).
[171] Heinz, Kommunales Management, 2000, S. 189.
[172] Vgl. Heinz, Kommunales Management, 2000, S. 189; zur Beschreibung eines integrierten kommunalen Managements vgl. Kap. 6.1.2.1.
[173] Teilweise wird dieser alltagssprachliche Gebrauch als Bild für die Verwaltungssteuerung benutzt, z. B. das Steuern eines Autos vgl. KGSt-Handbuch Organisationsmanagement, 1999, Kap. 8, S. 10, oder das Steuern eines Schiffes, vgl. KGSt (Hrsg.), Das Neue KGSt-Politikerhandbuch, 1999, S. 65.
[174] Sandner, Prozesse der Macht, 1990, S. 225.
[175] Wimmer, Die Steuerung komplexer Organisationen, in: Sandner, Politische Prozesse in Unternehmen, 1992, S. 131 (135).
[176] Wimmer, Die Steuerung komplexer Organisationen, in: Sandner, Politische Prozesse in Unternehmen, 1992, S. 131 (135).
[177] Vgl. KGSt-Handbuch Organisationsmanagement, 1999, Kap. 8, S. 9.

In der öffentlichen Verwaltung werden verschiedenen Steuerungsarten unterschieden. Nach Budäus und Oechsler[178] wird das Verwaltungshandeln gesteuert durch

- **rechtliche Regeln**
  Rechtliche Regelungen als Legitimationsgrundlage für das Verwaltungshandeln stellen organisatorische Instrumente zur formalen Strukturierung einzelner Handlungen und Handlungsspielräume der Verwaltung dar.
- **Sozialisierung und Wertsystem der Handlungsträger/innen in der Verwaltung**
  Diese nicht formal in Gesetzen und Verwaltungsvorschriften erfassten Einflussgrößen sind notwendiger Bestandteil jeder Organisation. Sie prägen die Organisationskultur und führen entsprechend der jeweiligen Ausprägung zu einer spezifischen Steuerungsleistung bzw. einem Steuerungsdefizit.
- **ökonomische Konditionierung**
  Ökonomische Kriterien als Bewertungsmaßstab des Verwaltungshandelns gewinnen zunehmend an Bedeutung.

Die Steuerung durch das Recht als besonders prägend für die öffentliche Verwaltung kann in drei Steuerungsarten differenziert werden:[179]

- **konditionale Steuerung**
  Bei einer im Vorhinein festgelegten Verhaltensweise der Verwaltung als Reaktion auf einen Umwelttatbestand besteht die Verwaltungsleistung darin, diejenigen Sachverhalte zu erfassen, die in den entsprechenden Rechtsvorschriften berücksichtigt werden. Entscheidungsspielraum besteht bei der Realisierung der Maßnahmen, die mit möglichst geringem Ressourceneinsatz durchzuführen sind. Voraussetzung für die konditionale Steuerung ist ein hoher Grad an Umweltstabilität. Beispiele für die konditionale Steuerung sind die Ordnungsverwaltung oder Teilbereiche der Leistungsverwaltung. Verfahren und Instrumente der konditionalen Steuerung sind Kostenrechnungssysteme, Instrumente der Wirtschaftlichkeitsanalyse, Indikatoren und Kennzahlensysteme.
- **finale Steuerung**
  Das Verwaltungshandeln soll durch eine systematische Planung auf vorgegebene Zwecke hin rationalisiert werden. Mittel und Maßnahmen sollen so eingesetzt werden, dass ein vage vorgegebener Zweck möglichst gut erreicht wird. Planung beinhaltet die aus der Zwecksetzung abgeleitete Planung konkreter Handlungsziele sowie die Mittel- und Maßnahmenplanung. Dabei entscheidet das Maß der Genauigkeit der Prognose über relevante Umweltzustände und über die Leistungsfähigkeit der Planung. Instrumente der finalen Steuerung sind outputorientierte Steuerungsverfahren, insbesondere die Steuerung nach Zielen, Koordinati-

---

[178] Vgl. Budäus/Oechsler, Die Steuerung von Verwaltungseinheiten, in: Lüder (Hrsg.), Betriebswirtschaftliche Organisationstheorie und öffentliche Verwaltung, 1985, S. 165 (170 ff.).
[179] Vgl. Budäus/Oechsler, Die Steuerung von Verwaltungseinheiten, in: Lüder (Hrsg.), Betriebswirtschaftliche Organisationstheorie und öffentliche Verwaltung, 1985, S. 165 (172 ff.).

onsinstrumente wie Organisationsmodelle und Führungsmodelle für öffentliche Verwaltungen. Bei den Führungsmodellen ist insbesondere die Führung durch Ziele (Management by Objectives) von Bedeutung. Sie stellt durch Entscheidungsspielräume und Leistungsrückmeldungen einen entscheidenden Leistungsanreiz dar.[180] Weitere Instrumente sind die Erfolgskontrolle und das Controlling.

- **reflexive Steuerung**
  Für ein allgemein als notwendig angesehenes Aufgabenfeld werden nur die organisatorischen und prozeduralen Voraussetzungen und Rahmenbedingungen festgelegt. Die Konkretisierung der Zwecksetzung sowie die Mittelfixierung entziehen sich dem unmittelbaren Verwaltungszugriff. Der organisatorische Rahmen für die reflexive Steuerung ist die Dezentralisierung.

Naschold unterscheidet vier Steuerungskonzepte und ordnet sie verschiedenen zeitlichen Phasen zu:[181]

- **administrative Regelsteuerung bürokratischer Organisationen**
  Sie baut auf der Logik der Konditionalprogrammierung auf.
- **Zielsteuerung der 70er Jahre**
  Das „Management by Objectives" orientiert sich am klassischen Konzept des linearen Managementprozesses mit plandeterminierter Zwecksetzung. Es betont dabei besonders den Zielaspekt.
- **Ergebnissteuerung des New Public Management der 80er/90er Jahre**
  Das „Management by Results" orientiert sich ebenfalls am linearen Managementprozess mit plandeterminierter Zwecksetzung. Es ist eine Weiterentwicklung der Zielsteuerung mit der Akzentuierung der Ergebniskontrolle.
- **direktive und dezentrale Kontextsteuerung**
  Sie beruht analytisch auf dem systemtheoretischen Konzept des Managementprozesses in der Dominanz von Überlebenszielen gegenüber Zweckzielen.

Das derzeit in der öffentlichen Verwaltung, insbesondere in den Kommunalverwaltungen, vorherrschende Konzept des Neuen Steuerungsmodells wird als ergebnisorientiert gekennzeichnet.[182]
Ziele und Ergebnisse stehen im Mittelpunkt der verschiedenen Aspekte des Neuen Steuerungsmodells wie der zielorientierten Steuerung, der Output-Orientierung, der dezentralen Ressourcenverantwortung, der produktorientierten Steuerung, des Kontrakt-

---

[180] Z. B. durch die Leistungsermittlung oder das Mitarbeitergespräch, vgl. Kap. 7.2, 9.3.6.4.
[181] Vgl. Naschold, Ergebnissteuerung, Wettbewerb, Qualitätspolitik, 1995, S. 94 ff.
[182] Vgl. Naschold/Oppen/Wegener, Kommunale Spitzeninnovationen, 1998, S. 16; Reichard, Deutsche Trends der kommunalen Verwaltungsmodernisierung, in: Naschold/Oppen/Wegener (Hrsg.), Innovative Kommunen, 1997, S. 49 (56); Schedler, Ansätze einer wirkungsorientierten Verwaltungsreform, 1995.

managements, des Controllings und der ziel- und ergebnisorientierten Personalführung.[183]

4.1.3 Führung

Der Begriff „Führung" wird im deutschen Sprachgebrauch einerseits im Sinne von „Unternehmensführung", andererseits im Sinne von Personalführung gebraucht.[184] Beide Bedeutungsvarianten sind nicht immer klar voneinander abzugrenzen, da sach- und personenbezogene Managementfunktionen eng miteinander verwoben sind. Zur Abgrenzung der verschiedenen Begriffe soll unter „Führung" in dieser Arbeit die personenbezogene Führung, d. h. die Personalführung verstanden werden.[185]

4.1.4 Zuordnung von Management, Steuerung und Führung

Die Zuordnung von Management, Steuerung und Führung soll mithilfe des Bildes des Menschen erläutert werden: Das Management einer Organisation ist mit dem Menschen in seiner Gesamtheit und mit der Gesamtheit seiner Funktionen vergleichbar. Die Steuerung einer Organisation ist vergleichbar mit dem Gehirn und Nervensystem des Menschen; es steuert die Vorgänge im Körper. Die Beschäftigten, deren Motivation und deren Führung durch die Führungskräfte ist dem Herzstück und dem Pulsschlag der Organisation gleichzusetzen.[186]

Management ist demnach die zielorientierte Gestaltung des gesamten Systems. Steuerung ist der Prozess, der die verschiedenen einzelnen Elemente des Gesamtsystems beeinflusst und sie immer wieder den Zielen entsprechend ausrichtet. Damit wird Steuerung zu einer „Grundfunktion von Management"[187]. Führung im Sinne der Personalführung beeinflusst und steuert Leistung und Verhalten der Menschen in diesem Gesamtsystem.

---

[183] Vgl. KGSt-Bericht Nr. 5/1993: Das Neue Steuerungsmodell; KGSt-Bericht Nr. 6/1993: Budgetierung; KGSt-Bericht Nr. 7/1994: Dezentrale Personalarbeit; KGSt-Bericht Nr. 15/1994, Verwaltungscontrolling im Neuen Steuerungsmodell; KGSt-Bericht Nr. 8/1995: Das Neue Steuerungsmodell in kleineren und mittleren Gemeinden; KGSt-Bericht Nr. 10/1995: Das Neue Steuerungsmodell: Erster Zwischenbericht; KGSt-Bericht Nr. 9/1997: Steuerung kommunaler Haushalte; KGSt-Bericht Nr. 12/1997: Zwischenbilanz zur produktbezogenen Steuerung; KGSt-Bericht Nr. 4/1998: Kontraktmanagement; KGSt-Bericht Nr. 3/1999: Personalführung Teil 1: Leistungsermittlung.

[184] Vgl. Reichard, Betriebwirtschaftslehre der öffentlichen Verwaltung, 1987, S. 136.

[185] Eine Ausnahme bildet der Begriff „Verwaltungsführung", der als terminus technicus üblicherweise für die Leitungsebene und die Führungskräfte auf dieser Ebene gebraucht wird; zur Personalführung vgl. Kap. 6.2.

[186] In Anlehnung an den Vergleich in: Schmidt, Motivation und Unternehmenssteuerung, in: Bühler/Siegert (Hrsg.), Unternehmenssteuerung und Anreizsysteme, 1999, S. 3 (4).

[187] KGSt-Handbuch Organisationsmanagement, 1999, Kap. 8, S. 10.

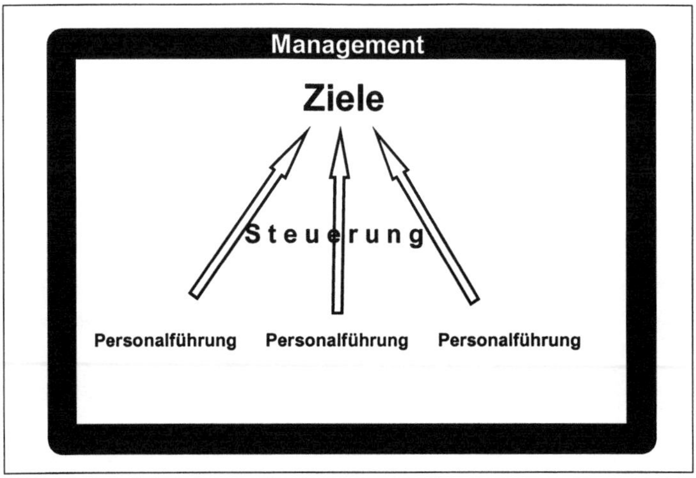

Abbildung 8: Management, Steuerung und Personalführung

4.2 Verwaltungssteuerung in der Kommunalverwaltung

Durch das Neue Steuerungsmodell ist der Begriff „Steuerung" in der kommunalen Praxis in aller Munde; konkret ist er jedoch oft nur schwer zu beschreiben. Vielen Kommunalpraktiker/innen fällt es dagegen leichter zu beschreiben, worauf sich die Verwaltungssteuerung bezieht: Arbeit mit Zielen, Haushalt, Budget, Nachfrage, Bedarf, Produkt, Leistung, Kosten, Wirtschaftlichkeit, Ressourceneinsatz, Qualität. Wirkung, Terminerfüllung, Bearbeitungszeiten, Prozesse, Projekte, Personal.
Im Folgenden sollen die Bedeutung der Steuerung, die zielorientierte Steuerung und der Zusammenhang mit den verschiedenen Elementen des Neuen Steuerungsmodells in Kommunalverwaltungen dargestellt werden.

4.2.1 Bedeutung

Die Kommunalverwaltung ist eine Organisation mit komplexen und dynamischen Beziehungszusammenhängen hinsichtlich ihrer Binnenorganisation wie ihrer Umwelt. Steuerung bedeutet, „diese Prozesse, d. h. das Verhalten und die Beziehungen im Innen- und Außenverhältnis systematisch zu regeln und auf bestimmte Ziele hinzuführen."[188] Die Verantwortung von Politik und Verwaltung den Bürger/innen gegenüber erfordert Information und Transparenz über Verwaltungsleistungen, Kosten etc. Die ziel- und ergeb-

[188] KGSt-Handbuch Organisationsmanagement, 1999, Kap. 8, S. 10.

nisorientierte Steuerung ermöglicht der Verwaltung, Schwachstellen und Verbesserungsmöglichkeiten frühzeitig aufzuspüren, die tatsächlichen Kosten der Dienstleistungen zu ermitteln sowie Alternativen unter fachlichen und wirtschaftlichen Aspekten abzuwägen und nachweisen zu können, welche Wirkungen z. B. Einsparungen auf die Bürgerzufriedenheit haben.[189]

4.2.2 Verwaltungssteuerung als Prozess

Verwaltungssteuerung im Neuen Steuerungsmodell geschieht über Ziele, die im Kontraktmanagement und in Zielvereinbarungen vereinbart werden. Diese Ziele werden in der Praxis umgesetzt. Das Controlling kann zu einer Zielkorrektur führen oder es werden wieder neue Ziele gebildet. Die Verwaltungsteuerung ist ein kontinuierlicher Prozess, wie die nachfolgende Abbildung zeigt.[190]

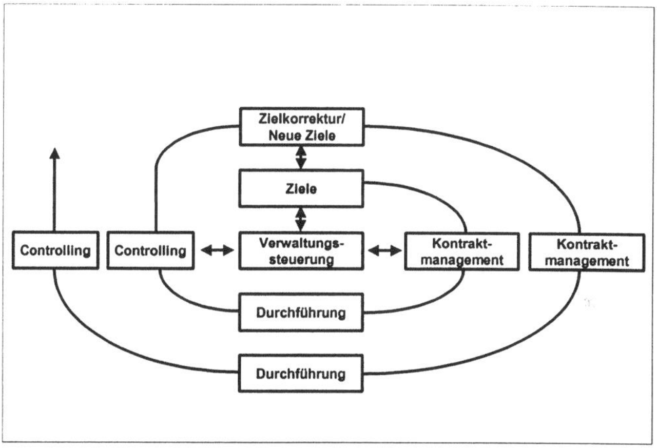

Abbildung 9: Verwaltungssteuerung als kontinuierlicher Prozess

4.2.3 Ziele

4.2.3.1 Funktionen von Zielen

Ziele sind der „Kristallisationspunkt des Neuen Steuerungsmodells".[191] Sie sind notwendig, um steuern zu können.
Ziele haben vier Funktionen:[192]

[189] Vgl. KGSt-Handbuch Organisationsmanagement, 1999, Kap. 8, S. 13.
[190] Vgl. auch Pröhl, Von der Binnenmodernisierung zur Politikreform, in: VOP-Sonderheft 1/2001, S. 6 (7).
[191] Vgl. Heinz, Kommunales Management, 2000, S. 11.

- Die **Orientierungsfunktion** liefert Hinweise über die Handlungsrichtung.
- Die **Selektionsfunktion** liefert Informationen, welche Aktivitäten geeignet und notwendig sind.
- Durch die **Koordinationsfunktion** wird erkannt, was zusammengehört.
- Die **Kontrollfunktion** liefert Auskunft über den erzielten Erfolg.

Damit Ziele steuerungswirksam sein können, müssen sie[193]

- steuerungsrelevant, d. h. sie müssen notwendig und geeignet für den Erfolg sein,
- operationalisierbar, d. h. in konkrete Handlungen umsetzbar sein,
- beeinflussbar sein,
- einerseits erreichbar sein, andererseits eine Herausforderung für die Verwaltung und die Beschäftigten darstellen,
- eindeutig und beständig sein, damit man die Zielerreichung überprüfen kann,
- messbar bzw. einschätzbar sein,
- bei Politik, Verwaltungsführung, Führungskräften sowie Beschäftigten Akzeptanz finden,
- leicht verständlich sein.

4.2.3.2 Zielsysteme

Das Arbeiten mit Zielen wird von vielen Kommunalverwaltungen als notwendig erkannt; vielen Verwaltungen fällt dies in der Praxis jedoch enorm schwer.[194] Einer der Gründe liegt in fehlenden brauchbaren Zielsystemen.

Damit die Arbeit mit Zielen ein sinnvolles Steuerungsinstrument darstellen kann, sind systematische Zielsysteme notwendig. Zielsysteme helfen, Ziele und Zielfelder zu systematisieren, um auf dieser Basis Ziele in unterschiedlichen Dimensionen bilden und nach der Umsetzung den Erfolg oder Nicht-Erfolg erkennen zu können. Durch Zielsysteme können Zusammenhänge zwischen den Zielen sichtbar gemacht, Zielordnungen bzw. -prioritäten transparent gemacht und in der Zielsystematik Lücken erkannt werden.[195]

In Wissenschaft und Praxis hat sich eine Vielzahl von Zielsystemen je nach Handlungs- und Steuerungszweck herausgebildet. Eines der bekanntesten ist das Konzept der „Balanced Scorecard".[196] Nach ihm sind vier Zielfelder zur Steuerung von Unternehmen

---

[193] Vgl. KGSt-Handbuch Organisationsmanagement, 1999, Kap. 8, S. 15.

[194] Vgl. Heinz, Kommunales Management, 2000, S. 11; KGSt-Handbuch Organisationsmanagement, 1999, Kap. 8, S. 16.

[195] Vgl. KGSt-Handbuch Organisationsmanagement, 1999, Kap. 8, S. 17; zur Entstehung von Zielsystemen vgl. Steinebach, Verwaltungsbetriebslehre, 1998, S. 94 ff.

[196] Vgl. Kaplan/Norton, Balanced Scorecard, 1997; ferner Hortmann, Der Balanced Scorecard-Ansatz als Instrument der Umsetzung von Unternehmensstrategien, in: Controlling April/Mai 1999, S. 193-199; Horváth, Balanced Scorecard: Wie Sie Strategien erfolgreich umsetzen, in: Gablers Magazin 6/1998, S. 22-25; Horváth/Kaufmann, Balanced Scorecard – ein Werkzeug zur Umsetzung von Strategien, in: Harvard Business manager 5/1998, S. 39-48; Schmidt, Balanced, in: Organisationsentwicklung 2/1998, S. 28-40.

notwendig: „Finanzen“, „Kunde“, „Interne Geschäftsprozesse“, „Lernen und Entwicklung“.[197] Ein anderes Zielsystem hat die Bertelmann-Stiftung im Rahmen ihrer interkommunalen Leistungsvergleiche entwickelt. Es besteht aus den vier Zielfeldern „Erfüllung des Auftrags“, „Effizienz“, „Kundenzufriedenheit“ und „Mitarbeiterzufriedenheit“.[198]
Die KGSt hat für die kommunale Praxis die drei Zielfelder „Bürger/Kunden“, „Strukturen und Prozesse“ und „Ressourcen“ entwickelt.[199] Diese Zielfelder können ausdifferenziert oder erweitert werden. Das KGSt-IKO-Netz sieht z. B. für interkommunale Vergleichsringe vor, dass jedes Zielfeld die Dimension „Zukunftsorientierung/Zukunftsfähigkeit“ beinhaltet, so dass sich ein viertes, querliegendes Zielfeld ergibt.[200]
Eine weitere Ausdifferenzierung liegt in dem Zielfeld „Bürger/Kunden“, dass in die weiteren Zielfelder „Ergebnisse/Wirkungen“ und „Programme/Produkte“ aufgeteilt werden kann. Folgt man dieser Differenzierung, entsteht folgende Zielsystematik:[201]

- Das Zielfeld **Bürger/Kunden** ist das übergeordnete Zielfeld und steht an der Spitze der Zielhierarchie. Es unterscheidet sich in zwei untergeordnete Zielfelder:
  - **Ergebnisse/Wirkungen**
    Die Leitfrage: „Was wollen wir erreichen?“ zielt auf die Frage nach den beabsichtigten und tatsächlichen Wirkungen kommunalen Handelns für die örtliche Gemeinschaft. Die Beantwortung dieser Frage stellt die Basis für die Klärung der Funktion von Kommunen in der Gesellschaft dar. Vielfach haben sich die Kommunen auf ihre Leistungen statt auf ihre Wirkungen konzentriert, was durch gesetzliche Vorgaben oftmals unterstützt wurde. In den Handlungsfeldern, in denen Wirkungen schwer messbar sind, können auch Ergebnisse des kommunalen Handelns beobachtet und bewertet werden.[202]
  - **Programme/Produkte**
    Im Zusammenhang mit der Outputsteuerung des Neuen Steuerungsmodells wurden in vielen Kommunalverwaltungen Produkte definiert und Produktpläne entwickelt. Diese haben sich jedoch oftmals als wenig wirksam für die Verwaltungssteuerung erwiesen. Mit der Leitfrage: „Was müssen wir dafür tun?“, d. h. welche Programme und Produkte müssen entwickelt werden, um die Ergebnisse und Wirkungen zu erreichen, wird das Produktkonzept an die Ergebnisse und Wirkungen des kommunalen Handelns geknüpft.
- **Prozesse & Strukturen**
  Bei der Frage „Wie müssen wir es tun?“ stehen Themen der Steuerung (z. B. Zusammenarbeit von Politik und Verwaltung, professioneller Einsatz von Planungs-,

---

[197] Vgl. Kaplan/Norton, Balanced Scorecard, 1997, S. 9 f.
[198] Vgl. KGSt-Handbuch Organisationsmanagement, 1999, Kap.8, S. 17; Oechsler, Die öffentliche Verwaltung im Wandel, in: Berthel (Hrsg.), Unternehmen im Wandel, 1998, S. 145 (145).
[199] Vgl. Heinz, Kommunales Management, 2000, S. 94; KGSt-Bericht Nr. 3/2001: Steuerung mit Zielen: Ziele entwicklen und präzisieren, Köln 2001.
[200] Vgl. KGSt-IKO-Netz, Ziele finden, Zahlen kennen, Handeln können, 1997, S. 6.
[201] Vgl. Heinz, Rainer, Kommunales Management, S. 94 ff.; Heinz, Mit Strategischem Management erfolgreich steuern, in: VOP-Sonderheft 1/2001, S. 9-11.
[202] So ist die gesellschaftliche Wirkung von Kulturangeboten kaum messbar, die Inanspruchnahme der Kulturangebote durch die Bevölkerung aber durchaus.

Steuerungs- und Controllinginstrumenten), des Personalmanagements (z. B. fähigkeitsbezogener Personaleinsatz, systematische Personalentwicklung), der Organisation (z. B. vertikale und horizontale Gliederung) und des Informations- und Wissensmanagements (z. B. innerbetriebliche Kommunikation, Technikunterstützung) im Vordergrund.

- **Ressourcen**
  Mit der Leitfrage: „Was müssen wir dafür einsetzen?" steht der effektive und effiziente Einsatz der Ressourcen wie Geld, Personal, Zeit, Gebäude und Liegenschaften im Vordergrund. Auch sie müssen eng mit den Zielfeldern „Ergebnisse/Wirkungen", „Programme/Produkte" und „Prozesse & Strukturen" verknüpft werden.

Diese Zielsystematik entspricht dem Prozessmodell der Kybernetik: Die Entwicklung verläuft vom Input (Ressourcen), über den Throughput (Prozesse & Strukturen) zum Output (Programme/Produkt) und Outcome (Ergebnisse/Wirkungen).[203]

4.2.3.3 Ziele auf verschiedenen Verwaltungsebenen

Die Ziele werden auf verschiedenen Ebenen gebildet. Die politische Vertretung, d. h. Rat oder Kreistag, hat Leitungs- und Kontrollaufgaben.[204] Auf der Ebene der Politik und Verwaltungsführung werden die strategischen[205] und operativen Ziele der Gesamtverwaltung, auf der Ebene der Fachbereichsleitungen die strategischen und operativen Ziele der Fachbereiche gebildet. Auf der Ebene der Produktverantwortlichen werden die operativen Ziele der Produkte, auf der Ebene der Teams oder der einzelnen Mitarbeiter/innen die operativen Ziele der Tätigkeiten des Teams oder der/des einzelnen Beschäftigten gebildet. Im Gegenstromverfahren werden Ziele von den unteren zu den oberen Ebenen vermittelt.[206]

4.2.4 Kontraktmanagement

Das Kontraktmanagement kann wie folgt beschrieben werden: „Kontraktmanagement ist die Steuerung der Kommunalverwaltung über Zielvereinbarungen und reicht von der Zielplanung bis zur Kontrolle der Zielerreichung."[207] Leistungs- und Finanzziele der zu erstellenden Produkte, insbesondere hinsichtlich der Kosten, Preise, Mengen, Zielgrup-

---

[203] Vgl. Heinz, Kommunales Management, 2000, S. 95.
[204] Vgl. KGSt (Hrsg.), Das Neue KGSt-Politikerhandbuch, S. 66.
[205] Zur Entwicklung von Strategien in Organisationen vgl. Schreyögg, Strategische Diskurse: Strategieentwicklung im organischen Prozess, in: Organisationsentwicklung 4/1998, S. 33-43.
[206] Vgl. Busse, Leistungsmessung - Leistungsermittlung - Leistungsbeurteilung, in: VM 4/1999, S. 207 (207); S. 20 f.; KGSt-Bericht Nr. 4/1998: Kontraktmanagement; KGSt-Bericht Nr. 3/1999: Personalführung Teil 1: Leistungsermittlung, S. 29 f.
[207] KGSt-Bericht Nr. 4/1998: Kontraktmanagement, S. 10.

pen, Qualität und Wirkungen, werden zwischen Politik und Verwaltung oder innerhalb der Verwaltung vereinbart und schriftlich fixiert. Die Steuerung und Kontrolle der Zielerreichung werden durch eine formalisierte Berichterstattung ermöglicht.

Durch das Kontraktmanagement wird die bisherige Steuerung der Verwaltungsleistung über Einzelanweisungen und hierarchische Eingriffe durch eine Steuerung über Zielvereinbarungen abgelöst. Dabei ist es Ziel des Kontraktmanagements, die Verantwortung dezentraler Verwaltungseinheiten zu stärken und gleichzeitig eine zentrale Steuerung sicherzustellen, so dass eine Balance zwischen dezentraler Verantwortung und zentraler Steuerung entsteht.[208]

Die Inhalte von Kontrakten sehen auf den verschiedenen Verwaltungsebenen unterschiedlich aus: Der produktorientierte Haushalt ist das Kernelement auf der Ebene des Rates bzw. Kreistages. Er enthält die produktorientierten Fachziele in Verknüpfung mit den Finanzzielen.[209] In den Fachbereichskontrakten, die zwischen Fachausschüssen, Verwaltungsführung oder Dezernenten/innen einerseits und den Fachbereichsleitungen andererseits abgeschlossen werden, werden die Strategien des Haushalts weiter konkretisiert. Die Fachbereichskontrakte enthalten die Fach- und Finanzziele der Produktgruppen bzw. -bereiche.[210] Auf der Ebene der Teams bzw. der einzelnen Beschäftigten werden die Ziele weiter operationalisiert und in Zielvereinbarungen,[211] Mitarbeitergesprächen[212] oder im Rahmen des Verfahrens der Leistungsermittlung[213] vereinbart.

Über die Leistungs- und Finanzziele hinaus enthalten sowohl Haushalt als auch Fachbereichskontrakte strategische Projekte. Bei den strategischen Projekten handelt es sich um „strategische Großprojekte zur Fortentwicklung der Gesamtorganisation oder wesentlicher Teile."[214] Derzeit sind diese Projekte vor allem Projekte der Verwaltungsreform. Um diese Projekte mit anderen strategischen Planungen der Verwaltung zu verknüpfen und damit wirksam zu machen, ist es sinnvoll, sie als Querschnittsprojekte in Haushalt und Fachbereichskontrakten zu vereinbaren. Es ist ihr beabsichtigter Erfolg darzustellen sowie ihre Verknüpfung mit dem Haushalt und den Fachbereichskontrakten. Auf der Ebene der Mitarbeiter/innen sollten auch Ziele im Rahmen der strategischen Projekte Gegenstand von Vereinbarungen sein, da sie zeitliche Ressourcen der

---

208 Vgl. KGSt-Bericht Nr. 4/1998: Kontraktmanagement, S. 10 f.

209 Vgl. Heinz, Kommunales Management, 2000, S. 146 ff.; KGSt-Bericht Nr. 4/1998: Kontraktmanagement, S. 17 f.; ferner Bals, Die zentrale Rolle des Haushalts- und Rechnungswesens für Verwaltungsreform und Haushaltskonsolidierung, in: der städtetag, 12/1998, S. 785-791.

210 Vgl. Heinz, Kommunales Management, 2000, S. 149 f.; KGSt-Bericht Nr. 4/1998: Kontraktmanagement, S. 19 ff.

211 Vgl. Netzwerk: Kommunen der Zukunft (Hrsg.), Mitarbeiterorientierte Zielvereinbarungen in der Kommunalverwaltung, o. J.

212 Vgl. KGSt-Bericht Nr. 13/1992: Das Mitarbeitergespräch, S. 15 ff.

213 Vgl. KGSt-Bericht Nr. 3/1999: Personalführung Teil 1: Leistungsermittlung; ferner Busse, Leistungsmessung - Leistungsermittlung - Leistungsbeurteilung, in: VM 4/1999, S. 207 (207); ferner Kap. 7.2.

214 Heinz, Kommunales Management, 2000, S. 150.

Beschäftigten in Anspruch nehmen.[215]
Das Kontraktmanagement reicht vom produktorientierten Haushalt als Hauptkontrakt zwischen Politik und Verwaltung über den Fachbereichskontrakt bis zu den Zielvereinbarungen/-festlegungen mit den Beschäftigten in Zielvereinbarungsgesprächen.

4.2.5 Controlling

Der Begriff „Controlling" ist in der Wissenschaft nicht eindeutig definiert, sondern umfasst viele Aspekte.[216] Bei den Controlling-Ansätzen ist zu unterscheiden zwischen dem Controlling als Philosophie und damit als Bestandteil der Organisationskultur, den rechnungswesenorientierten Ansätzen, den sachfunktionenorientierten Ansätzen und den managementprozessorientierten Ansätzen.[217]
Controlling ist „Informationsversorgung und Koordination

- in zukunftsorientierter Form,
- zur Unterstützung der Führung,
- bei der Entscheidungsfindung,
- in komplexen Systemen"[218].

Aufgabe des Controllings ist einerseits „doing the right things", d. h. aus vielfältigen möglichen Aufgaben die richtigen herauszufiltern, andererseits „doing the things right", d. h. die Unterstützung der Verwaltungsführung durch die Optimierung der durchgeführten Aufgaben und ihrer Ergebnisse.[219]
Verwaltungscontrolling als systematische und kontinuierliche Berichterstattung wird benötigt zur Verbesserung der Steuerung, d. h. zur Führungsunterstützung durch zukunftsorientierte Information und Koordination.[220] Vordringliche Aufgaben der Führung auf allen Leitungsebenen sind Zielsetzung, Planung, Realisation und Kontrolle. Hinsichtlich dieser Aufgaben besteht die besondere Leistung des Controllings darin, „die Phasen dieses Management-Prozesses durch Bereitstellung von Rückkopplungs-

---

[215] Bereits das Mitarbeitergespräch sieht das Element des Gesprächs über die Modernisierung der Verwaltung vor, in dem die Auswirkungen der Reform auf die Tätigkeiten der Beschäftigten sowie der Beitrag der Vorgesetzen wie der Mitarbeiter/innen zur Modernisierung Gesprächsgegenstand sind, vgl. KGSt-Bericht Nr. 13/1992: Das Mitarbeitergespräch, S. 23 f.

[216] Vgl. Horak, Controlling in Nonprofit-Organisationen, 1995.

[217] Vgl. Budäus, Konzeptionelle Grundlagen und strukturelle Bedingungen für die organisatorische Institutionalisierung, in: Weber/Tylkowski, Controlling, 1988, S. 101 (106 ff.).

[218] KGSt-Bericht Nr. 15/1994: Verwaltungscontrolling im Neuen Steuerungsmodell, S. 17; ferner Horváth, Controlling, 1991, S. 108 ff.

[219] Vgl. Kewenig, Chancen und Notwendigkeit des Controlling für die öffentliche Verwaltung, in: Weber/Tylkowski, Controlling, 1988, S. 15 (16 f.).

[220] Vgl. Lüder, Verwaltungscontrolling, in: DÖV 7/1993, S. 265-272; ferner Brixner, Leistungs- und Qualitätserfassung im Rahmen eines öffentlichen Dienstleistungsmanagements – Anforderungen und Perspektiven, in: Budäus (Hrsg.), Leistungserfassung und Leistungsmessung in öffentlichen Verwaltungen, 2000, S. 291 (301 ff.).

informationen zu unterstützen und insofern zukunftsorientiert Führungsunterstützung zu gewährleisten."[221]

Diese Leistung erbringt das Controlling, indem es

- „die Art der erforderlichen Führungsinformationen klärt
- Informationsgrundlagen klärt: Wird kontrolliert, was geplant und realisiert wurde? Wie geschieht das?
- Informationsgrundlagen verbessert bzw. dazu Anregungen gibt
- Planung, Kontrolle und Informationsversorgung koordiniert
- aussagefähige Soll-Größen (Zielinhalte) ermitteln lässt
- Soll-/Ist-Vergleiche bzw. Plan-/Ist-Vergleiche und Prognosen kommentiert
- Entscheidungsbedarfe feststellt
- alternative Lösungsmöglichkeiten aufzeigt
- Erkenntnisse rechtzeitig in den Entscheidungsprozeß einbringt
- die Adressatenorientierung, Relevanz und Zukunftsbezogenheit bei der Informationsversorgung streng beachtet
- selbständig, aber abgestimmt, Initiativen ergreift."[222]

Damit ist Controlling nicht Kontrolle, sondern der Blick ist nach vorn auf die Steuerung gerichtet.[223] Während die Kontrolle vergangenheitsorientiert ist, Fehler feststellt, Schuldige sucht, anklagt und bestraft, ist das Controlling zukunftsorientiert; es unterstützt das Management bei der Planung, Steuerung, Überwachung und Leitung.[224]

Es werden zwei Arten bzw. Reflexionsstufen des Controllings unterschieden:[225]

- **strategisches Controlling**
  Das strategische Controlling beobachtet die Veränderungen im Umfeld der Verwaltung und versetzt die Verwaltungsführung in die Lage, ihre Strategien diesen Veränderungen anzupassen. Dabei wird auf der Ebene der Gesamtverwaltung und/oder der Ebene der Fachbereiche nach der Strategie als Grundlage für die Zielsetzungen gefragt.[226] Dies geschieht durch Hinterfragen bereits bestehender Zielsetzungen und die Bereitstellung von notwendigen Informationen. Das Con-

---

221 KGSt-Bericht Nr. 15/1994: Verwaltungscontrolling im Neuen Steuerungsmodell, S. 17; vgl. ferner Schmidt, Betriebswirtschaftslehre für die Verwaltung, 1998, S. 158; Weber, Controlling in öffentlichen Unternehmen und Verwaltungen, in: Weber/Tylkowski, Controlling, 1988, S. 35 (41 ff.); zu konzeptionellen Grundlagen des Controllings in der öffentlichen Verwaltung vgl. Budäus/Buchholtz, Konzeptionelle Grundlagen des Controllings in öffentlichen Verwaltungen, in: DBW, 3/1997, S. 322-337.

222 KGSt-Bericht Nr. 15/1994: Verwaltungscontrolling im Neuen Steuerungsmodell, S. 16.

223 Vgl. Brückmann/Walther, Controlling, Kennzahlen und Berichtswesen, in: Goller/Maack/Müller-Hedrich/Schad (Hrsg.), Verwaltungsmanagement, 1992, B 2.9, S. 3.

224 Vgl. Hilbertz, Der Stuttgarter Weg aus der Finanz- und Funktionskrise, in: Goller/Maack/Müller-Hedrich/Schad (Hrsg.), Verwaltungsmanagement, Stand: April 1992, B 1.9, S. 47; Mayer, Überwindung der Kontrolle durch das Controlling-Führungskonzept, in: Weber/Tylkowski, Controlling, 1988, S. 21-34.

225 Vgl. Hopp/Göbel, Management in der öffentlichen Verwaltung, 1999, S. 62 ff.

226 Vgl. Heinz, Kommunales Management, 2000, S. 186; Hill, Strategisches Controlling in der Kommunalverwaltung, in: Controlling 4/1996, S. 232-237.

trolling überprüft weiterhin, ob aus den Zielen die richtigen Aufgaben abgeleitet werden bzw. ob zu den Aufgaben noch die entsprechenden Ziele existieren.[227]

- **operatives Controlling**
  Auf der Ebene der Fachbereiche und/oder Gesamtverwaltung wird nach den vereinbarten operativen Zielen und der Zielerreichung gefragt.[228] Hier wird beobachtet, ob und inwieweit die operativen Ziele, die sich aus den strategischen Zielen ableiten, realisiert worden sind. Aufgaben des operativen Controllings sind die Begleitung des Verwaltungsgeschehens unter Einbeziehung betriebswirtschaftlicher Instrumente, systematische Soll-Ist-Vergleiche, Analysen und ggf. Korrekturen von vereinbarten Zielsetzungen.[229]

Über diese zwei Reflexionsstufen des Controllings hinaus wird über der Ebene des strategischen Controllings noch eine weitere Stufe, die der programmatischen Evaluation, gesehen. Ihre Aufgabe ist die Beantwortung der Frage nach der grundlegenden Entwicklungsrichtung der Kommune im Zusammenhang mit der Situation und Entwicklung der örtlichen Gemeinschaft.[230]

Eine zentrale Controlling-Aufgabe ist das Berichtswesen.[231] Im Rahmen der dezentralen Fach- und Ressourcenverantwortung ist eine zentrale Steuerung nur möglich, wenn die teilautonomen Fachbereiche über alle steuerungsrelevanten Aspekte systematisch und kontinuierlich berichten.[232] Dies geschieht, indem auf den unterschiedlichen Verwaltungsebenen für die nächsthöhere Führungsebene bedeutsame Informationen für relevante Entscheidungen bereitgestellt und auf Grund von Soll-/Ist-Vergleichen das Aufzeigen von Entwicklungstrends ermöglichen.[233] Über das Berichtswesen als Controlling-Instrument wird überprüft, ob und inwieweit die Ziele erreicht wurden, ob eine Nachsteuerung notwendig ist, wo die Ursachen für eine mögliche Nicht-Erreichung liegen, ob Schadensbegrenzung notwendig ist etc. Auf der Ebene der Verwaltungsführung wird über den Haushalt bzw. das Budget Bericht erstattet. Auf der Ebene der Fachbereiche findet eine differenzierte Berichterstattung statt, auf der Ebene der Produktverantwortlichen vertiefende Berichte der Organisationseinheiten. Auf der Ebene der Teams bzw. der einzelnen Beschäftigten geht das Controlling in die Personalführung über: Über Zielerreichungsüberprüfungen bzw. Leistungsermittlungen wird der Grad der Zielerreichung überprüft.[234] Durch die Einbindung der handelnden Personen über das Berichts-

---

[227] Vgl. Hopp/Göbel, Management in der öffentlichen Verwaltung, 1999, S. 63.
[228] Vgl. Heinz, Kommunales Management, 2000, S. 186.
[229] Vgl. Hilbertz, Der Stuttgarter Weg aus der Finanz- und Funktionskrise, in: Goller/Maack/Müller-Hedrich/Schad (Hrsg.), Verwaltungsmanagement, Stand: April 1992, B 1.9, S. 46.
[230] Vgl. Heinz, Kommunales Management, 2000, S. 186.
[231] Vgl. Pook, Controlling, in: Adamaschek/Grymer/Meyer-Pries (Hrsg.), Managementhandbuch Kommunalverwaltung, Nr. 520, Stand: Oktober 1997, Rdnr. 31.
[232] Vgl. KGSt-Bericht Nr. 15/1994: Verwaltungscontrolling im Neuen Steuerungsmodell, S. 37.
[233] Vgl. Hopp/Göbel, Management in der öffentlichen Verwaltung, 1999, S. 71.
[234] Vgl. Busse, Leistungsmessung - Leistungsermittlung - Leistungsbeurteilung, in: VM 4/1999, S. 207 (207), S. 20 f.; KGSt-Bericht Nr. 15/1994: Verwaltungscontrolling im Neuen Steuerungsmodell, S. 41; KGSt-Bericht Nr. 3/1999: Personalführung Teil 1: Leistungsermittlung, S. 29 f.

wesen in einen dynamischen Steuerungskreislauf erhalten diese gleichzeitig einen Auftrag zur Selbstoptimierung.[235]

Nachfolgendes Schaubild verdeutlicht noch einmal die Zusammenhänge der verschiedenen Steuerungsinstrumente auf den Verwaltungsebenen.

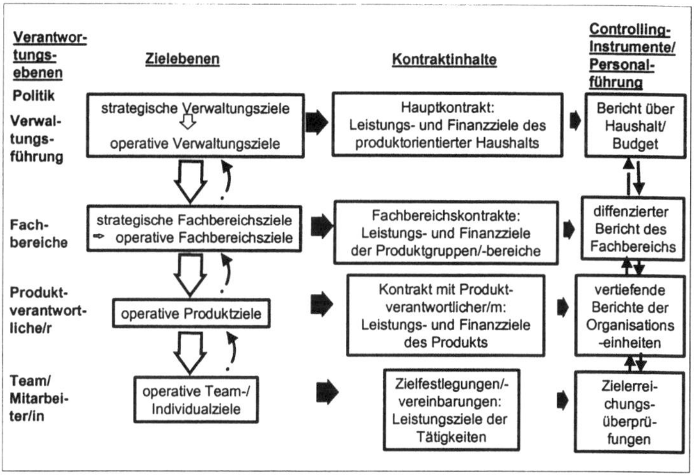

Abbildung 10: Ziele, Zielfestlegungen/-vereinbarungen und Controlling im Neuen Steuerungsmodell[236]

4.2.6 Die Bedeutung von Kennzahlen für die Verwaltungssteuerung

Kennzahlen und Indikatoren sind ein wichtiges Instrument zur Verwaltungssteuerung.[237] Sie sind dazu geeignet,

- „führungsgeeignete, komprimierte Informationen adressatengerecht zu präsentieren

[235] Vgl. Hill, Zur Veränderung von Handlungsspielräumen durch Kontraktmanagement, in: VM 2/1999, S. 75 (77).

[236] Busse, Leistungsmessung - Leistungsermittlung - Leistungsbeurteilung, in: VM 4/1999, S. 207 (208); KGSt-Bericht Nr. 3/1999: Personalführung Teil 1: Leistungsermittlung, S. 30.

[237] Vgl. KGSt-Bericht 4/2001: Arbeit mit Kennzahlen. Teil 1: Grundlagen; KGSt-Bericht 5/2001: Arbeit mit Kennzahlen. Teil 2: Empfehlungen für die Praxis; Tebbe, Kernkennzahlen in der Kommunalverwaltung, in: VOP-Sonderheft 1/2001, S. 20-21; zu Bedeutung und Voraussetzungen von Kennzahlen in der unternehmerischen Praxis vgl. Kienbaum/Schröder, Benchmarking in der Praxis, in: Kienbaum (Hrsg.), Benchmarking Personal, 1997, S. 3-16; Pichert, Voraussetzungen für wirksames Benchmarking, in: Kienbaum, Benchmarking Personal, 1997, S. 17-40; Fleschhut, Beschleunigung von Unternehmensprozessen, in: Kienbaum (Hrsg.), Benchmarking Personal, 1997, S. 147-157; Thienel, Innovatives Change Management auf der Basis von Benchmarking, in: Kienbaum, Benchmarking Personal, 1997, S. 77-89.

- o den Blickpunkt und die Aufmerksamkeit auf Besonderheiten, Schwerpunkte und Schwachstellen zu richten
- o zusätzliche, weiterführende und vertiefende Fragen hervorzurufen
- o eingehendere Analysen vorzubereiten."[238]

Die Bildung von Kennzahlen/Indikatoren ist sinnvoll in allen Zieldimensionen eines Zielsystems. In dem oben dargestellten Zielsystem bedeutet dies die Bildung von Kennzahlen/Indikatoren in den Dimensionen „Ergebnisse/Wirkungen", „Programme/Produkte", „Prozesse & Strukturen" und „Ressourcen".
Kennzahlen und Indikatoren sind an folgenden Stellen im Prozess der Verwaltungssteuerung angesiedelt:

- o Werden strategische Ziele in operative Ziele umgewandelt, ist der Einsatz von Kennzahlen/Indikatoren sinnvoll, denn durch sie kann die Operationalität, d. h. die Überprüfbarkeit der Ziele sichergestellt werden.
- o Im Kontraktmanagement können Zielfestlegungen/-vereinbarungen auf der Basis von Kennzahlen/Indikatoren geschlossen werden.
- o Kennzahlen/Indikatoren in entsprechenden Berichten im Rahmen des Berichtswesens können die Informationen für das Controlling liefern:[239] Sie machen deutlich, ob die Ziele erreicht, unter- oder überschritten worden sind.

Kennzahlen- und Indikatorenvergleiche stellen die Basis von intra- oder interkommunalen Wettbewerbs- und Konkurrenzsituationen dar insbesondere für kommunale Leistungsangebote, für die auf dem üblichen Weg der Marktwettbewerb nicht besteht und nicht geschaffen werden kann.[240] In zahlreichen Kommunalverwaltungen werden derzeit intra- und interkommunale Leistungsvergleiche über Kennzahlen durchgeführt.[241]
In einem Kooperationsprojekt zwischen der Bertelsmann-Stiftung und dem Deutschen Beamtenbund sind z. B. Indikatoren für das Einwohnermeldeamt entwickelt worden (z. B. Erhöhung der Produktivität, Qualität des Registers, Servicequalität), auf deren Basis interkommunale Leistungsvergleiche und in deren Folge Standortbestimmungen, Stärken- und Schwächen-Analysen sowie zukünftige Leistungsziele entwickelt werden konnten.[242]

[238] KGSt-Bericht Nr. 15/1994: Verwaltungscontrolling im Neuen Steuerungsmodell, S. 55.
[239] In einer Reihe von Verwaltungen werden Kennzahlenberichte vorgelegt, vgl. z. B. Hilbertz, Der Stuttgarter Weg aus der Finanz- und Funktionskrise, in: Goller/Maack/Müller-Hedrich/Schad (Hrsg.), Verwaltungsmanagement, Stand: April 1992, B 1.9.
[240] Vgl. KGSt-Bericht Nr. 5/1993: Das Neue Steuerungsmodell, S. 22 f.
[241] Vgl. KGSt-IKO-Netz, Ziele finden, Zahlen kennen, Handeln können, 1997.
[242] Vgl. KGSt-Handbuch Organisationsmanagement, 1999, Kap. 8, S. 17; Oechsler, Die öffentliche Verwaltung im Wandel, in: Berthel (Hrsg.), Unternehmen im Wandel, 1998, S. 145 (147 f.).

4.3 Verwaltungsteuerung durch Leistungsanreize

Neben der Mitarbeitermotivation ist das wichtigste Ziel des Einsatzes von Leistungsanreizen die Verwaltungssteuerung. Durch Leistungsanreize können die Leistungen der Mitarbeiter/innen und damit die Verwaltungsleistung im Sinne der Verwaltungsziele gesteuert werden. In dem Prozess der Verwaltungssteuerung können Leistungsanreize mit den zentralen Elementen verknüpft werden. Insbesondere steuerungsrelevante Leistungsanreize können an drei Stellen innerhalb des Prozesses der Verwaltungssteuerung angesiedelt werden.
Die nachfolgende Abbildung stellt die verschiedenen Ansatzpunkte von Leistungsanreizen im Prozess der Verwaltungssteuerung dar.

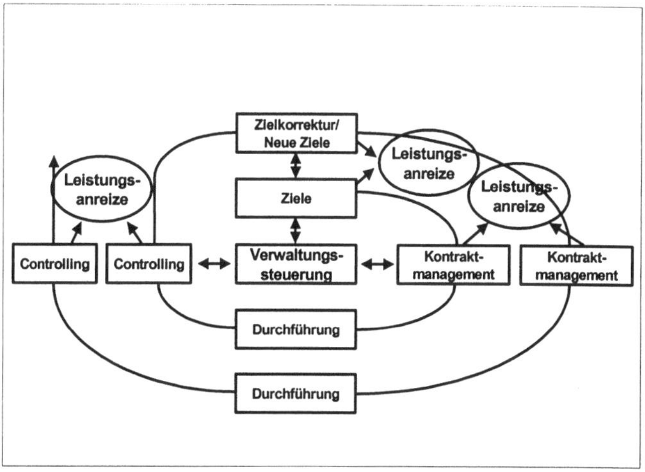

Abbildung 11: Leistungsanreize im Prozess der Verwaltungssteuerung

4.3.1 Verwaltungsziele und Leistungsanreize

Das Grundziel der Verwaltung ist die Orientierung am Gemeinwohl. Aus diesem Grundziel heraus entwickeln sich die weiteren Verwaltungsziele, die die Erfüllung des gesetzlichen Auftrages, die im Hinblick auf das Gemeinwohl erzielten Wirkungen sowie effektive und effiziente Dienstleistungen für die Bürger/innen beinhalten. Jedes Verwaltungshandeln muss sich an diesem Grundziel messen lassen. Dies gilt auch für den Einsatz von Leistungsanreizen. Es geht also nicht darum, Leistungsanreize unabhängig von diesen Verwaltungszielen einzuführen oder hinsichtlich der materiellen Leistungsanreize das Dienstrechtsreformgesetz formal umzusetzen. Vielmehr gilt es, Leistungsanreize so einzusetzen, dass die Ziele der Verwaltung effektiver und effizienter erreicht werden können. Das Anreizsystem in seiner Gesamtheit muss sich an den strategischen Zielen

der Verwaltung ausrichten und demnach selber strategisch orientiert sein.[243] Eine „effektivere und effizientere Zielerreichung“ meint dabei nicht nur ein „Mehr“ an Leistung (Leistungsverdichtung), sondern auch ein „Besser“ (Qualitätsverbesserung) oder ein „Anders“ (Flexibilität, Wirtschaftlichkeit, größere Verantwortung).
Auf die oben dargestellten Zielfelder bezogen können sich folgende konkrete Ziele des Einsatzes von Leistungsanreizen ergeben:[244]

- **Bürger/innen, Kunden/innen**
  z. B. Verbesserung der Wirkungen, optimale Zielerreichung, Ergebnisorientierung, Steuerung der Leistungsergebnisse (in der Gesamtverwaltung und in einzelnen Organisationseinheiten), Steigerung der Kundenzufriedenheit (im Sinne des Qualitätsmanagements),
- **Prozesse & Strukturen**
  z. B. Förderung von innovativem Denken und Handeln, Förderung der Zusammenarbeit der Beschäftigten, Verkürzung der Bearbeitungszeiten,
- **Ressourcen**
  z. B. Steigerung der Leistungsorientierung und Leistungsfähigkeit, Stärkung der Mitarbeiterzufriedenheit und -motivation, Verbreiterung der Personaleinsatzmöglichkeiten, Erhöhung der Wirtschaftlichkeit, Erhöhung der Produktivität, Stärkung des Wettbewerbs.

In dem dargestellten Zielsystem können Leistungsanreize die gesetzten oder vereinbarten Ziele unterstützen. Leistungsanreize können die Verwaltungsziele in den Dimensionen „Ergebnisse/Wirkungen“ unterstützen. So kann z. B. das Absinken der Jugendkriminalität in einem bestimmten Stadtteil in einem vereinbarten Zeitraum mit einem belohnenden Anreiz (z. B. einer Leistungsprämie, einem zusätzlichen freien Tag) honoriert werden. Hinsichtlich der Dimension „Programme/Produkte“ können Leistungsanreize vergeben werden, wenn ein bestimmtes Produkt in einem vereinbarten Zeitraum erstellt wurde. Auch in der Zieldimension „Prozesse & Strukturen“ können Leistungsanreize wirksam sein: In einer Verwaltungseinheit werden z. B. zur besseren Zielerreichung die Verwaltungsstrukturen dahingehend verändert, dass Teams eingesetzt werden. Bereits die Teamarbeit selber stellt einen immateriellen Leistungsanreiz dar. Die Teamarbeit kann zusätzlich unterstützt werden durch die Gewährung von Leistungsprämien, wenn die Teams die vereinbarten Ziele erreicht oder überschritten haben. Hinsichtlich der Zieldimension „Ressourcen“ ist es vorstellbar, dass bei einem wirtschaftlichen Handeln der Gesamtverwaltung ein Teil der Einsparungen in ein gemeinsames Budget eingeht, aus dem die bessere Ausstattung aller Arbeitsräume als motivationsfördernder Anreiz finanziert wird.

---

[243] Vgl. Becker, Strategisch-orientierte Anreizsysteme – beispielhaft dargestellt am „Incentive Compensation System“ der General Electric Company, in: Schanz (Hrsg.), Handbuch Anreizsysteme in Wirtschaft und Verwaltung, 1991, S. 753-776; Manstein, Perspektiven eines strategisch-orientierten Incentive Systems, in: Schanz (Hrsg.), Handbuch Anreizsysteme in Wirtschaft und Verwaltung, 1991, S. 777-793.

[244] Diese Ziele erarbeitete die Verfasserin mit Beratung der von ihr geleiteten KGSt-Arbeitsgruppe „Immaterielle und materielle Leistungsanreize“.

Es ist bereits zwischen steuerungssichernden und steuerungsvariablen Leistungsanreizen unterschieden worden.[245] Demnach stellen die steuerungssichernden Leistungsanreize die Basis dafür da, dass überhaupt gesteuert werden kann. So wird z. B. durch eine entsprechende Führungskultur und Arbeitsatmosphäre die Basis für das Erbringen der Verwaltungsleistung und deren Steuerung geschaffen. Auf dieser Basis können in verschiedenen Leistungsbereichen der Verwaltung steuerungsvariable Leistungsanreize angesetzt werden. An die Verwaltungsziele auf verschiedenen Verwaltungsebenen (z. B. auf Ebene der Gesamtverwaltung oder der Fachbereiche), werden verschiedene Leistungsanreize wie z. B. Leistungszulagen oder Leistungsprämien geknüpft, so dass die Leistung dort verstärkt oder verändert und damit gesteuert werden kann. Diese Leistungsanreize haben häufig belohnenden Charakter.

4.3.2 Kontraktmanagement und Leistungsanreize

Im Rahmen des Kontraktmanagements können in Kontrakten an die Festlegungen/Vereinbarungen von bestimmten Zielen immaterielle oder materielle Leistungsanreize geknüpft werden. Diese Verknüpfung kann entweder an eine Zielerreichung oder an eine Zielüberschreitung, die mit der Verwaltungseinheit, einem Team oder einer einzelnen Person vereinbart wird, geknüpft werden: Wird das Ziel erreicht oder überschritten, soll die Verwaltungseinheit, das Team oder die einzelne Person den Leistungsanreiz erhalten. Bei diesen Leistungsanreizen handelt es sich vor allem um steuerungsvariable Anreize wie z.B. Leistungszulagen oder Leistungsprämien, mit denen gezielt herausragende Leistungen belohnt werden können. Je nach Verwaltungsebene sollte zwischen personenbezogenen und institutionell bezogenen Leistungsanreizen[246] unterschieden werden: Bei Kontrakten z. B. auf der Ebene von Fachbereichen oder Teams sind institutionell bezogene Leistungsanreize, bei Zielfestlegungen/-vereinbarungen auf Beschäftigtenebene sind personenbezogene Leistungsanreize sinnvoll. Insbesondere institutionell bezogene Leistungsanreize, bei denen „eingesparte" Haushaltsmittel in das nächste Haushaltsjahr übertragen werden können, sind inzwischen verbreitet; mit ihnen wurden bislang positive Erfahrungen gemacht.[247]

4.3.3 Controlling und Leistungsanreize

Nachdem die Ziele festgelegt bzw. vereinbart und die Leistungsanreize mit ihnen verknüpft worden sind, wird die Leistung von dem Fachbereich, dem Team oder der einzelnen Person erbracht. Im Rahmen des Controllings bzw. der Zielerreichungsüberprüfung wird festgestellt, ob die vereinbarten Ziele oder Zielüberschreitungen erreicht wur-

---

[245] Vgl. Kap. 3.1.2.3.
[246] Vgl. Kap. 3.1.2.9.
[247] Vgl. KGSt-Bericht Nr. 4/1998: Kontraktmanagement, S. 14.

den und die Leistungsanreize gewährt werden können. Möglicherweise wurden jedoch auch besondere Leistungen erbracht, ohne dass diese vorher vereinbart wurden. Hier können im Nachhinein Leistungsanreize für diese besonderen erbrachten Leistungen ohne vorherige Festlegung bzw. Vereinbarung vergeben werden.

4.3.4 Kennzahlen und Leistungsanreize

Werden die Zielerreichungen überprüft, liefern Kennzahlen/Indikatoren die Basis für die Messung des Grades der Zielerreichung. Entsprechend können Leistungsanreize vergeben werden, ggfs. in ihrer Höhe entsprechend dem Grad der Zielerreichung. Kennzahlen/Indikatoren können dementsprechend eine gute Grundlage für die Vergabe von Leistungsanreizen sein, insbesondere für Leistungsanreize materieller Art in der Form von finanziellen Zuwendungen (Leistungszulagen, Leistungsprämien), aber auch für immaterielle Wahlmöglichkeiten im Rahmen von Kombinationsmodellen/Cafeteria-Systemen[248]. So wurden z. B. in dem bereits erwähnten Kooperationsprojekt zwischen der Bertelsmann-Stiftung und dem Deutschen Beamtenbund auf der Basis der für das Einwohnermeldeamt entwickelten Indikatoren in einer beteiligten Kommunalverwaltung Leistungsvereinbarungen getroffen und auf dieser Basis Leistungszulagen an Teams gezahlt.[249]

4.4 Zusammenfassung

In Wissenschaft und Praxis werden die Begriffe „Management", „Steuerung" und „Führung" nicht eindeutig voneinander abgegrenzt. Grundsätzlich lässt sich sagen, dass Management die Gesamtheit der Organisation und ihrer Funktionen meint, die Steuerung den Prozess der Beeinflussung ihrer einzelnen Elemente im Sinne der Organisationsziele und Führung die Beeinflussung von Leistung und Verhalten der in der Organisation arbeitenden Beschäftigten. Die ziel- und ergebnisorientierte Steuerung der Verwaltung ist insbesondere im Rahmen des Neuen Steuerungsmodells ins Blickfeld gerückt. Ziele und Zielsysteme auf allen Verwaltungsebenen spielen dabei eine zentrale Rolle. Besonders die Zielsystematik des kommunalen Managements (Bürger/Kunden (Ergebnisse/Wirkungen, Programme/Produkte), Prozesse & Strukturen, Ressourcen) ist für die Verwaltungssteuerung geeignet. Durch das Kontraktmanagement wird die Verwaltungsleistung über Zielvereinbarungen auf allen Ebenen der Verwaltung gesteuert. Durch das Controlling wird die Verwaltungsleitung bei der Steuerung unterstützt. Hilfreich können dazu Kennzahlen sowie Kennzahlenvergleiche im intra- oder interkommunalen Wettbewerb sein. Der Einsatz von Leistungsanreizen kann grundsätzlich das Erreichen der

---

[248] Vgl. Kap. 10.2.

[249] Vgl. Oechsler, Die öffentliche Verwaltung im Wandel, in: Berthel (Hrsg.), Unternehmen im Wandel, 1998, S. 145 (146).

Verwaltungsziele in ihren verschiedenen Dimensionen unterstützen. Insbesondere steuerungsvariable und belohnende Leistungsanreize können mit der Festlegung bestimmter Ziele verbunden, im Rahmen des Kontraktmanagements vereinbart und nach Feststellung der Zielerreichung durch das Controlling gewährt werden. Grundsätzlich sollten Leistungsanreize nicht um ihrer selbst willen, sondern gezielt zur Verwaltungssteuerung eingesetzt werden.

5 Motivation durch Leistungsanreize

Die Motivation der Mitarbeiter/innen stellt neben der Verwaltungssteuerung ein weiteres wichtiges Ziel des Einsatzes von Leistungsanreizen dar. Wenngleich die Motivation der Mitarbeiter/innen dem Erreichen der Verwaltungsziele grundsätzlich dient, hat sie dennoch einen eigenen Stellenwert. Der Grund ist vor allem darin zu sehen, dass es sich bei den Betroffenen um Menschen handelt: Menschen mit ihrem heutigen Selbst- und Arbeitsverständnis von selbstverantwortetem Handeln sind zum Einen nicht rein instrumentell und mechanistisch zu steuern. Zum anderen besteht der Mensch nicht nur aus dem Ausschnitt, den seine Arbeitsleistung darstellt, sondern er hat sowohl eine biografische Lebensgeschichte vor Beginn seines Stelleneintritts als auch Lebensbereiche im privaten und Freizeitbereich. Darum führt die Darstellung der motivationalen Grundlagen von Leistungsanreizen in die Disziplin der Psychologie, speziell der Arbeits- und Organisationspsychologie.
Nach einer Begriffsklärung werden die Grundlagen der Arbeitsmotivation dargestellt. Anschließend werden die verschiedenen Theorien der Motivationsforschung erläutert und bewertet. Es folgen Ausführungen zur Motivation in der öffentlichen Verwaltung. Nachfolgend wird der Zusammenhang zwischen Motivation und Leistungsanreizen erörtert. Abschließend werden die Möglichkeiten und Grenzen von Leistungsanreizen hinsichtlich der Mitarbeitermotivation dargelegt.

5.1 Begriffe

5.1.1 Motivation

Der Begriff „Motivation“ lässt sich ableiten von dem lateinischen Wort „movere“ in der Bedeutung von „bewegen“. Im umgangssprachlichen Gebrauch ist jemand „motiviert“, der alle Kräfte mobilisiert, um etwas Bestimmtes zu erreichen, der nur dieses Ziel vor Augen hat, der sich nicht davon abbringen lässt und nicht eher ruht, bis er es erreicht hat. Die einzelnen Merkmale der Motivation kann man wie folgt beschreiben:[250]
Ein motivierter Mensch

[250] Vgl. Rheinberg, Motivation, Grundriß der Psychologie, 1997, S. 12.

1. hat ein Ziel,
2. strengt sich an,
3. bleibt ablenkungsfrei bei der Sache.

"Motivation" können wir bei anderen Personen als Gegenstand nie unmittelbar wahrnehmen, sondern nur über die dargestellten Anzeichen erschließen. Motivation ist eine „gedankliche Konstruktion, eine Hilfsgröße (Fachterminus: *hypothetisches Konstrukt*)"[251]. Dennoch erscheint Motivation nicht als ein kognitives Kunstprodukt, sondern als eine reale Gegebenheit, die jeder Mensch aus dem Selbsterleben her kennt: Es sind die Zustände des Angezogenseins, des Gefesseltseins, des Verlangens, Wollens, Drängens, der Spannung, Aktivation und Ruhelosigkeit.
Dabei gibt es nicht *die* Motivation schlechthin, sondern es gibt immer nur bestimmte Motivationsphänomene in bestimmten Kontexten. Der Motivationsbegriff bezieht sich nicht auf eine fest umrissene Erlebens- oder Verhaltenseinheit, sondern ist eine Abstraktion. Mit ihm werden diejenigen Elemente des menschlichen Verhaltens beschrieben, die ausdauernd auf ein Ziel ausgerichtet sind.[252] Motivation ist demnach die "aktivierte Verhaltensbereitschaft eines Individuums im Hinblick auf die Erreichung bestimmter Ziele"[253]. An dieser Ausrichtung wirken Verhaltens- und Erlebensprozesse mit in gegenseitiger Beeinflussung.

Damit Motivation entstehen kann, muss ein Zusammenspiel zweier Elemente vorhanden sein:[254]

- eine durch Motive motivierte bzw. zu motivierende Person,
- eine motivierende Situation, die durch Anreize auf die Motive einwirkt.

5.1.2 Motiv

Zentrale Bausteine der Motivation sind die Motive. Motive sind nicht direkt beobachtbar oder fassbar. Man könnte sie beschreiben „als latente, für einen Menschen typische Verhaltensbereitschaften"[255]. Motive sind „personengebundene Eigenarten" bzw. „das Individuum charakterisierende Wertungsdispositionen"[256]. Sie werden „als relativ überdauernd angesehen und zur Erklärung von wiederkehrendem, über eine konkrete Situation hinausgreifendem Verhalten herangezogen."[257]

---

[251] Vgl. Rheinberg, Motivation, Grundriß der Psychologie, 1997, S. 12.
[252] Vgl. Heckhausen, Motivation und Handeln, 1989.
[253] Hentze, Personalwirtschaftslehre, Bd. 2, 1995, S. 28.
[254] Vgl. Nerdinger, Motivation und Handeln in Organisationen, 1995, S. 12; ferner Comelli/Rosenstiel, Führung durch Motivation, 1995, S. 7.
[255] Rosenstiel, Motivationale Grundlagen von Anreizsystemen, in: Bühler/Siegert (Hrsg.), Unternehmenssteuerung und Anreizsysteme, 1999, S. 47 (50).
[256] Heckhausen, Motivation und Handeln, 1989, S. 2.
[257] Mayrhofer, Motivation und Arbeitsverhalten, in: Kasper/Mayrhofer (Hrsg.), Personalmanagement, Führung, Organisation, 1996, S. 225 (227).

5.1.3 Anreiz

Ob der Mensch tatsächlich zu einer Aktion bewegt wird, hängt nicht nur von den psychischen Energien im Innern des Menschen, sondern auch von den Umweltanreizen ab. Denn die Motive werden durch Anreize in der Umwelt aktiviert; bereits bestehende Motive können intensiver und früher aktiviert werden.[258] Anreize sind „wahrgenommene Bestandteile der Situation, die thematisch mit dem jeweiligen Motiv korrespondieren."[259] Dabei können Anreize sowohl Positives (Realisierung von Wünschen und Zielen) als auch Negatives (Bedrohung) in Aussicht stellen, so dass bestimmte Handlungen ausgeführt oder unterlassen werden.[260] Das Zusammenwirken von Anreiz und Motiv wird an folgendem einfachen Beispiel deutlich: Ein Stück Brot auf einem Tisch wird erst dann verzehrt, wenn der Mensch, der an dem Tisch sitzt, Hunger hat. Andererseits wird dieser Mensch erst dann in seiner Umgebung nach Nahrung suchen, wenn er die Erwartung hat, dass dort etwas Essbares zu finden ist. Sitzt er in einem leeren Raum, wird er nicht motiviert sein, etwas Essbares zu suchen.

5.1.4 Differenzierung der Motive

Die Arbeits- und Organisationspsychologie teilt die Motive in drei Kategorien ein:[261]

- o physische, psychische und soziale Motive,
- o primäre und sekundäre Motive,
- o intrinsische und extrinsische Motive.

5.1.4.1 Physische, psychische und soziale Motive

Die biologischen Bedürfnisse sind Inhalt der physischen Motive. Hierzu zählen z. B. Hunger, Durst oder Schlaf.

Psychische Motive sind in der Psyche des Menschen angelegt. Beispiele sind Unabhängigkeit oder Selbstverwirklichung.

Kennzeichen sozialer Motive ist der Wunsch nach Anerkennung durch andere Menschen. Dieses Motiv konkretisiert sich in Freundschaft, Zugehörigkeit zu Gruppen etc.

---

[258] Vgl. Rosenstiel, Die motivationalen Grundlagen des Verhaltens in Organisationen, 1975.
[259] Rosenstiel, Motivationale Grundlagen von Anreizsystemen, in: Bühler/Siegert (Hrsg.), Unternehmenssteuerung und Anreizsysteme, 1999, S. 47 (50).
[260] Vgl. Nerdinger, Motivation und Handeln in Organisationen, 1995, S. 12.
[261] Dargestellt in: Jung, Personalwirtschaft, 1999, S. 361 f.

5.1.4.2 Primäre und sekundäre Motive

Primäre Motive haben ihren Ursprung in angeborenen Instinkten, zu denen z. B. Hunger, Durst oder Sexualität gehören.
Durch die sekundären Motive werden andere, z. B. primäre Motive befriedigt. So dient das Motiv des Geldgewinns dazu, eine Reihe primärer Bedürfnisse (z. B. Hunger) zu befriedigen.

5.1.4.3 Intrinsische und extrinsische Motive

Verschiedene Motivationstheorien gehen davon aus, dass der Mensch intrinsische und extrinsische Motive hat.[262] Die Unterscheidung von intrinsischen und extrinsischen Motiven wird insbesondere im Bereich von Beruf und Arbeit gemacht.[263]
Intrinsische Motive sind in der Tätigkeit selber angelegt. Zu ihnen gehören z. B. die Freude und das Interesse an der Arbeit sowie die Entfaltung der eigenen Fähigkeiten in den beruflichen Tätigkeiten. Ist ein Mensch vorrangig durch intrinsische Motive zu seiner Arbeit motiviert, engagiert er sich freiwillig und über die reine Pflichterfüllung hinaus. Die intrinsische Motivation steht in Zusammenhang mit den Bedürfnissen und Werten der Person.[264]
Die Befriedigung der extrinsischen Motive geschieht nicht nur durch die berufliche Tätigkeit selber, sondern vor allem durch deren Konsequenzen oder Begleitumstände. Geldverdienst, Sicherheit oder Einfluss sind z. B. extrinsische Motive.[265]
Die Grenzen zwischen intrinsischen und extrinsischen Motiven und der entsprechenden daraus resultierenden Motivation sind fließend.[266]
Sowohl immaterielle als auch materielle Leistungsanreize können intrinsische sowie extrinsische Motive ansprechen. So ist die interessante Aufgabe, an der die/der Beschäftigte Freude hat, ein immaterieller Anreiz, der die intrinsische Motivation anspricht. Ein materieller Anreiz, der sich auch auf die intrinsische Motivation bezieht, ist z. B. der berufliche Aufstieg. Er spricht extrinsiche Motive an, z. B. das Motiv des Geldverdienstes durch die höhere Bezahlung. Die höhere Bezahlung hat aber gleichzeitig auch symbolischen Charakter dahingehend, dass sie die Bestätigung für erbrachte Leistung ist und damit das Erfolgs- und Anerkennungsmotiv anspricht.

---

[262] Vgl. z. B. Bass, Organizational Psychology, 1965, S. 77, oder die Unterscheidung zwischen Motivatoren und Hygienefaktoren nach Herzberg, vgl. Herzberg, Work and the Nature of Man, 1966; Herzberg/Mausner/Snydermann, The motivation to work, 1959; ferner Kap. 5.3.1.3.
[263] Diese Unterscheidung wird auch durch Mitarbeiterbefragungen in verschiedenen Verwaltungen bestätigt, vgl. Klages, Erfolgreich führen und motivieren, in: Wagner (Hrsg.), Personal und Personalmanagement, 1998, S. 51-67; Klages, Verwaltungsmodernisierung: "harte" und "weiche" Aspekte, 1997, S. 143 ff.; Klages, Verwaltungsmodernisierung: "harte" und "weiche" Aspekte II., 1998, S. 79 ff.
[264] Vgl. Koch, Freiwilliges und unkonventionelles Arbeitsengagement – auch in der Verwaltung, in: Fisch/Hill (Hrsg.), Personalmanagement der Zukunft, 2001, S. 141 (157).
[265] Vgl. Withauer, Menschen führen: Mit praxisnahen Führungsaufgaben und Lösungswegen, 1989, S. 43.
[266] Vgl. Wagner, Personalmanagement in der Verwaltung, in: Personal 5/2000, S. 220 (221).

Die extrinsische Motivation kann durch materielle Leistungsanreize wie Leistungsprämien oder Leistungszulagen angesprochen werden. Aber auch immaterielle Leistungsanreize wie z. B. Freizeitangebote betreffen die extrinsische Motivation, da sie nicht unmittelbar aus der Arbeit selber erwachsen.
Einige Motivationstheorien sprechen auch von intrinsischen und extrinsichen Belohnungen.[267]

5.1.5 Motivationsprozess

Zunächst nur latent vorhandene Motive können durch Anreize der Umwelt aktiviert werden. Diese Anreize lösen Erwartungen aus, die sich auf die Eignung bestimmter Verhaltensweisen oder Handlungen zur Erreichung eines angestrebten Ziels beziehen.
Durch den Verstand werden Vergleiche mit ähnlichen Lebenssituationen angestellt (Reflexionen) und mögliche Folgen im Vorhinein überdacht. Sind die Folgen erstrebenswert, erfolgt ein zielgerichtetes Handeln, um das im Motiv angestrebte Ziel zu erreichen. Wird dieses Handeln ausgeführt, setzen zunächst die unmittelbaren Folgen ein: Der Mensch, der das Brot auf dem Tisch gegessen hat, braucht sich nicht mehr um seinen knurrenden Magen zu kümmern und kann sich einer anderen Tätigkeit widmen.

Der Motivationsprozess in seinen verschiedenen Phasen lässt sich wie folgt darstellen: In der Phase der Motivierung verbinden sich Motiv und Anreiz miteinander. Dabei werden die Folgen vorweg überdacht und beurteilt. Wenn sie der Person erstrebenswert und erreichbar erscheinen, entsteht der Entschluss, zu handeln. In der Phase der Ausführung wird der Entschluss in die Tat umgesetzt. Als unmittlbare Folge setzt sich der Zustand der Zufriedenheit ein. In einer anschließenden Phase setzen die weiteren Folgen der Handlung ein. Die nachfolgende Abbildung stellen die einzelnen Phasen des Motivationsprozesses dar.

---

[267] Vgl. z. B. die Zirkulationstheorie von Porter und Lawler, vgl. Porter/Lawler, Managerial attitudes and performance, 1968; ferner Kap. 5.3.2.1.4.

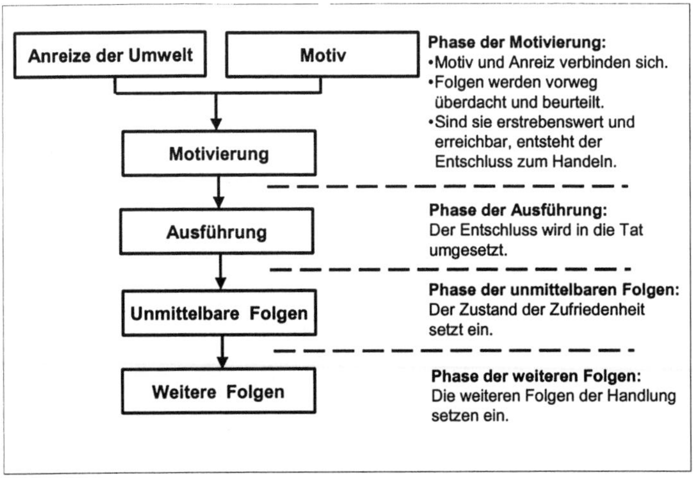

Abbildung 12: Phasen des Motivationsprozesses[268]

5.2 Grundlagen der Arbeitsmotivation

Die Arbeitsmotivation kann definiert werden als eine „Reihe von energetischen Kräften, die ihren Ursprung sowohl innerhalb als auch außerhalb einer Person haben, um arbeitsbezogenes Verhalten einzuleiten und dessen Form, Richtung, Stärke und Dauer zu bestimmen."[269]
Für die Effektivität und Effizienz der Organisationen stellt sich die Frage, welche Motive ihrer Beschäftigten für die Arbeitsleistung bedeutsam sind und wie diese Motive durch die Führungskräfte positiv beeinflusst werden können.[270]
Bedeutsam für die Arbeitsmotivation sind folgende Motive:[271]

- **Leistungsmotiv**
  Durch das Leistungsmotiv, das zu den intrinsischen Motiven zählt, erfährt der Mensch Befriedigung bei dem Erreichen selbstgesetzter Leistungsziele. Das Leistungsmotiv ist bei den Menschen unterschiedlich ausgeprägt. Ein leistungsorientierter Mensch zeichnet sich durch großen Arbeitseifer, große Anstrengungen und hohe Anforderung an sich selbst aus. Die Befriedigung erfährt der leistungsorientierte Mensch aus der Aufgabenstellung selber, deren Bewältigung er seinen persönlichen Fähigkeiten und Anstrengungen zuschreiben kann. Materielle Beloh-

268 In Anlehnung an: Jung, Personalwirtschaft, 1999, S. 361.
269 Weinert, Motivation, in: Gaugler/Weber (Hrsg.), Handwörterbuch des Personalwesens, 1992, Sp. 1430 (1430).
270 Vgl. Wunderer/Mittmann, Identifikationspolitik, 1995, S. 21.
271 Vgl. Jung, Personalwirtschaft, 1999, S. 363 ff.; ferner Dulisch, Leistungsprämien als Motivationsanreiz im öffentlichen Dienst, in: VR 2/1996, S. 50 (51 f.).

nung hat nur eine Anreizwirkung als Beurteilung der eigenen Leistungen im Vergleich zu den Kollegen/innen.

- **Kompetenzmotiv**
  Das Kompetenzmotiv zählt ebenfalls zu den intrinsischen Motiven. Es zeigt sich in dem Streben nach beruflicher Entfaltung, nach guten Leistungen und dem Wunsch der Einflussnahme auf zukünftige Entwicklungen. Das Kompetenzmotiv kommt insbesondere zur Geltung in den Bereichen, in denen Initiative und Kreativität gefordert sind. Bei Menschen mit einem stark ausgeprägten Kompetenzmotiv können Routinearbeiten oder stark beaufsichtigte Tätigkeiten zu Frustrationen führen.
- **Geselligkeitsmotiv**
  Das Geselligkeitsmotiv als weiteres intrinsisches Motiv gründet in dem Bedürfnis des Menschen nach sozialen Kontakten und der Integration in eine Gruppe. Weitere Ausprägungen dieses Motivs, das bei den einzelnen Menschen unterschiedlich stark ausgebildet ist, sind Bedürfnisse nach Schutz, Anerkennung oder Geselligkeit. Das Geselligkeitsmotiv korrespondiert mit der für die Aufgabenerfüllung notwendigen Zusammenarbeit mit anderen Beschäftigten. Das Geselligkeitsmotiv kann zusätzlich unterstützt werden durch Freizeiteinrichtungen der Organisation (z. B. Betriebsausflüge und -feiern, Sport- und Gesangsvereine).
- **Geldmotiv**
  Das Geldmotiv ist ein extrinsisches Motiv. Geld kann durch seinen Tauschwert für materielle Güter materielle Werte repräsentieren, es kann aber auch Maßstab für Leistung, Ansehen, Macht oder Sicherheit sein. Das Geldmotiv ist bei Menschen unterschiedlich stark ausgeprägt, je nach den verschiedenen Erwartungen. Generell hat Geld zu Beginn des Berufslebens eine starke Motivationskraft, da es die Befriedigung verschiedener materieller Bedürfnisse verspricht. Sind die materiellen Bedürfnisse befriedigt und wird das Einkommen als ausreichend empfunden, verliert das Geldmotiv an Wirkung, und andere, bisher sekundäre Motive gewinnen an Bedeutung.
- **Sicherheitsmotiv**
  Bei dem Sicherheitsmotiv als weiterem extrinsischen Motiv kann zwischen bewussten und unbewussten Motiven unterschieden werden. Ziel des bewussten Sicherheitsmotivs ist der Schutz des Menschen vor möglichen Gefahren. Hinsichtlich des Arbeitslebens gehört z. B. der Wunsch nach einem sicheren Arbeitsplatz zu den Sicherheitsmotiven. Das unbewusste Sicherheitsmotiv bestimmt Leben und Handeln und kann sich bei großer Ausprägung lähmend auf Initiative, Kreativität und Leistung der betroffenen Person auswirken. Zur Befriedigung des Sicherheitsbedürfnisses tragen z. B. Maßnahmen wie Sicherung des Arbeitsplatzes, Unkündbarkeit, allgemeine und betrieblich Altersversorgung und Sozialversicherungen bei.

- **Prestigemotiv**
  Durch das Prestigemotiv oder auch Statusmotiv als extrinsisches Motiv versucht sich der Mensch, von anderen zu unterscheiden. Es steht in unmittelbarer Abhängigkeit von den Verhaltenserwartungen der Gesellschaft und der Organisation. Werden diese Erwartungen erfüllt, können daraus Ansehen, Bedeutung, Achtung und Ruhm resultieren. Personen mit einem ausgeprägten Prestigemotiv bevorzugen berufliche Laufbahnen mit hohem Einkommen, angesehenen Positionen und Karrieremöglichkeiten. Da ältere Personen i. d. R. bereits einen befriedigenden Rang erreicht haben oder sich mit der gegenwärtigen Position abgefunden haben, ist das Prestigemotiv bei jüngeren Menschen dominierender.

Welche Motive jeweils für die Beschäftigten einer Organisation vorherrschend sind, d. h. welche das Denken und Verhalten überwiegend prägen, hängt unter anderem von dem jeweils vorherrschenden Anreiz- und Belohnungssystem ab.[272] Die für die Arbeitsmotivation relevanten Motive sind darüber hinaus in starkem Maße abhängig von der jeweiligen Kultur eines Landes.[273]

5.3 Motivationstheorien

Motivationstheorien haben das Ziel, die Gründe menschlichen Verhalten zu erklären. Zu diesem Zweck werden unterschiedliche Variablen als Einflussfaktoren herausgegriffen, und es wird der Versuch unternommen, Beziehungen zwischen diesen Variablen zu erkennen.[274] Trotz langjähriger Forschung über Motivation ist gegenwärtig keine einheitliche Motivationstheorie zu erkennen. In der populärwissenschaftlichen Literatur sind in den letzten Jahren immer wieder Aufsehen erregende Versuche zu erkennen gewesen, die Bedeutung der intrinsischen Motivation[275] und des Glücksgefühls auch in der Arbeit[276] herauszustellen.
Im Folgenden werden verschiedene Motivationstheorien dargestellt mit dem Schwerpunkt auf den Theorien, die sich mit der Motivation im Zusammenhang mit der Leistung in Organisationen befassen.

Die verschiedenen Motivationstheorien hinsichtlich der Leistung in Unternehmen sind in zwei Kategorien zu fassen:[277]

---

[272] Vgl. Hoefert, Leistungsverhalten im öffentlichen Dienst aus motivationspsychologischer Sicht, in: Hoefert/Reichard (Hrsg.), Leistungsprinzip und Leistungsverhalten im öffentlichen Dienst, 1979, S. 55 (75).
[273] Vgl. Kumar, Kulturabhängigkeit von Anreizsystemen, in: Schanz (Hrsg.), Handbuch Anreizsysteme in Wirtschaft und Verwaltung, 1991, S. 127 (136 ff.).
[274] Vgl. Mayrhofer, Motivation und Arbeitsverhalten, in: Kasper/Mayrhofer (Hrsg.), Personalmanagement, Führung, Organisation, 1996, S. 225 (227).
[275] Vgl. Sprenger, Mythos Motivation, 1997.
[276] Vgl. Csikszentmihalyi, Das flow-Erlebnis, 1996; Csikszentmihalyi, Flow, 1998, S. 191 ff.
[277] Vgl. Jung, Personalwirtschaft, 1999, S. 374; Scholz, Personalmanagement, 2000, S. 878 f.; Staehle, Management, 1999, S. 220 f. Die Einteilung der Motivationstheorien in verschiedene Kategorien ist in der Literatur teilweise unterschiedlich.

- **Inhaltstheorien**
  Sie zeigen auf, *was* und welche Faktoren in der Person oder in der Umwelt den Menschen zu seinem Verhalten oder seiner Arbeit motivieren.
- **Prozesstheorien**
  Sie versuchen zu erklären, *wie* ein bestimmtes Verhalten hervorgebracht wird und welche Faktoren diesen Prozess beeinflussen.

Im Folgenden werden die verschiedenen motivationstheoretischen Ansätze dargestellt. Im Anschluss an die Darstellung der jeweiligen Kategorien wird eine Bewertung vorgenommen, inwieweit diese Ansätze hilfreich zur Erklärung der Arbeitsmotivation sind.

5.3.1 Inhaltstheorien

Im Mittelpunkt der Inhaltstheorien stehen die Motiv**inhalte**. Unter den Motivinhalten werden die Faktoren verstanden, die den Menschen zur Arbeit motivieren und bestimmte Verhaltensweisen auslösen, wie z. B. Bedürfnisse, Belohnungen etc. Die Inhaltstheorien versuchen, diese Motivinhalte zu kategorisieren.[278]
Zu den wichtigsten Inhaltstheorien zählen:
- die Bedürfnistheorie von Maslow,
- die E-R-G-Theorie von Alderfer,
- die Zweifaktorentheorie von Herzberg,
- die Theorie der gelernten Bedürfnisse von Mc Clelland,
- die X-Y-Theorie von Mc Gregor.

5.3.1.1 Die Bedürfnistheorie von Maslow

Nach Maslow wird der Mensch motiviert durch verschiedene Bedürfnisse.[279] Maslow teilt die Bedürfnisse in verschiedene Kategorien ein. Eine erste Unterscheidung ist die in Defizitbedürfnisse und in Wachstumsbedürfnisse.
Kennzeichen der **Defizitbedürfnisse** ist das Hervorrufen von Krankheit, wenn sie nicht erfüllt sind.[280] Die Motivationskraft der Defizitbedürfnisse verliert sich mit zunehmender Befriedigung. Die Defizitbedürfnisse werden noch weiter unterteilt, so dass sich vier Kategorien ergeben:[281]

---

278 Vgl. Jung, Personalwirtschaft, 1999, S. 374.
279 Vgl. grundlegend Maslow, Motivation und Personality, 1954, in deutscher Übersetzung Maslow, Motivation und Persönlichkeit, 1977.
280 Vgl. Maslow, Psychologie des Seins, 1973, S. 37 f.
281 Vgl. Maslow, Motivation und Persönlichkeit, 1977, S. 74 ff.; ferner Comelli/Rosenstiel, Führung durch Motivation, 1995, S. 12 f.; Jung, Personalwirtschaft, 1999, S. 375 f.; Mayrhofer, Motivation und Arbeitsverhalten, in: Kasper/Mayrhofer (Hrsg.), Personalmanagement, Führung, Organisation, 1996, S. 225 (231 f.); Scholz, Personalmanagement, 2000, S. 878 ff.; Staehle, Management, 1999, S. 165 ff.; Weinert, Motivation, in: Gaugler/Weber (Hrsg.), Handwörterbuch des Personalwesens, Sp. 1430 (1432).

- **physiologische Bedürfnisse**
  Hierzu gehören die fundamentalen körperlichen Bedürfnisse, die auf die Selbsterhaltung ausgerichtet sind. Beispiele sind Hunger, Durst, Schlaf oder Atmung. Die existentielle Versorgung, die ausreichende Bezahlung oder der gesunde Arbeitsplatz sind z. B. fundamentale Bedürfnisse des arbeitenden Menschen.
- **Sicherheitsbedürfnisse**
  Diese Bedürfnisse streben nach Schutz vor Gefahren und nach Sicherheit. Gefahren können sowohl physischer, psychischer oder ökonomischer Art sein. Beispiele sind das Bedürfnis nach Geborgenheit, Ordnung, Gesetzen, im Arbeitsleben die Sicherheit des Arbeitsplatzes, der Kündigungsschutz oder die betriebliche Altersversorgung.
- **soziale Bedürfnisse**
  Wünsche nach Kontakt und menschlichen Beziehungen, Liebe, Gemeinschaft oder Zugehörigkeit zu bestimmten Gruppen stehen hier im Mittelpunkt. Für den arbeitenden Menschen sind es die Bedürfnisse nach Kommunikation mit den Kollegen/innen oder die Arbeit in Gruppen bzw. Teams.
- **Ich-Bedürfnisse**
  Die Ich-Bedürfnisse sind vorrangig Anerkennungsbedürfnisse. Sie sind in zwei Gruppen unterteilbar: Die eine Gruppe der Anerkennungsbedürfnisse kommt aus dem Innern des Menschen und meint das Streben nach Selbstbestätigung, Selbstachtung, eigener Stärke, Unabhängigkeit etc. Die andere Gruppe ist geprägt von dem Wunsch nach Fremdbestätigung, dem Streben nach Anerkennung durch andere Menschen, Status, Prestige, Anerkennung etc. Im Arbeitsleben zeigen sich diese Bedürfnisse in dem Wunsch nach beruflicher Kompetenz, Lob, Status und gutem Lohn.

Die **Wachstumsbedürfnisse** sind auf die Entfaltung der im Menschen liegenden Potenziale angelegt. Sie werden erst nach ausreichender Befriedigung der Defizitbedürfnisse wirksam und haben die fortschreitende Fähigkeitsverwirklichung zum Ziel. Nach Maslow sind die Wachstumsbedürfnisse nicht befriedigbar. Die zunehmende Befriedigung der Wachstumsbedürfnisse führt nicht zu einer Verringerung, sondern zu einer Erhöhung der Motivationskraft. Zu den Wachstumsbedürfnissen gehören insbesondere die Bedürfnisse nach Selbstverwirklichung. Ihr Kennzeichen ist der Wunsch nach optimaler Entfaltung der eigenen Anlagen. Selbstverwirklichung nach Maslow ist die „fortschreitende Verwirklichung der Möglichkeiten, Fähigkeiten und Talente, als Erfüllung einer Mission oder einer Berufung, eines Geschicks, eines Schicksals, eines Auftrags, als bessere Kenntnis und Aufnahme der eigenen inneren Natur, als eine ständige Tendenz zur Einheit, Integration oder Synergie innerhalb der Persönlichkeit“[282]. Der arbeitende Mensch hat das Bedürfnis nach der Realisierung der eigenen Pläne, nach Macht und Einfluss.

---

[282] Maslow, Psychologie des Seins, 1973, S. 41.

Maslow stellt die Bedürfnisse in eine hierarchische Stufenfolge. Diese Rangfolge ist mit einer Motivationsdynamik gekoppelt. Das bedeutet, dass die Motive der nächsthöheren Bedürfnisstufe erst erfüllt werden können, wenn die Bedürfnisse der unteren Stufen erfüllt sind. So entsteht die sog. „Maslow'sche Bedürfnispyramide".

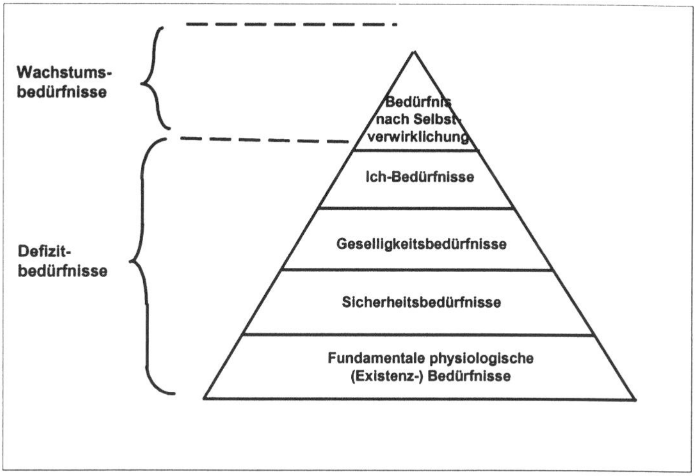

Abbildung 13: Die Bedürfnispyramide nach Maslow[283]

Maslows Theorie gewann viel an Bedeutung, wurde weiterentwickelt, aber auch kritisiert. Der Maslow'sche Ansatz ist einerseits sehr populär, andererseits sind wenige Versuche unternommen worden, diesen Ansatz mit empirischen Untersuchungen zu belegen.[284] Einer der Hauptgründe liegt darin, dass die Bedürfniskategorien kaum operationalisierbar sind.[285]

So wird z. B. die von Maslow erstellte Rangfolge der Bedürfnisse nicht als starres, unbewegliches Gefüge verstanden. Denn das Verhalten des Menschen wird i. d. R. von mehreren Bedürfnissen oder Motiven bestimmt, so dass Überlappungen möglich sind, wie nachfolgende Abbildung zeigt.

---

283 Jung, Personalwirtschaft, 1999, S. 374.

284 Vgl. Mayrhofer, Motivation und Arbeitsverhalten, in: Kasper/Mayrhofer (Hrsg.), Personalmanagement, Führung, Organisation, 1996, S. 225 (234).

285 Vgl. Marr/Stitzel, Personalwirtschaft, 1979, S. 48.

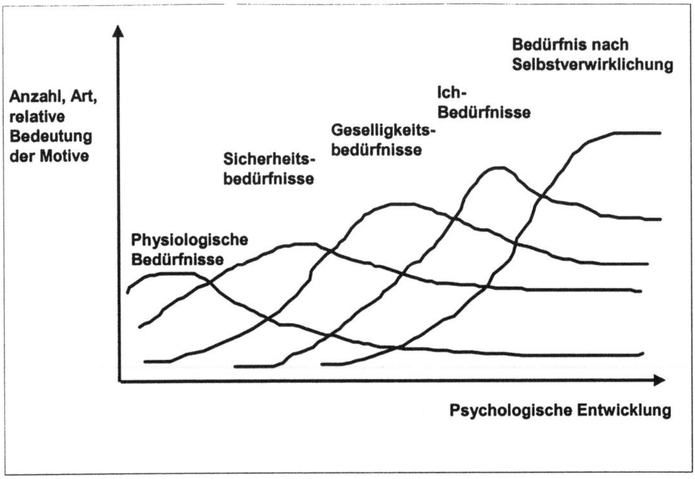

Abbildung 14: Dynamische Betrachtung der Bedürfnisstufen[286]

Ein anderer unklarer Punkt bei Maslow ist, dass nur Aussagen darüber gemacht werden, *was* motiviert, nicht aber, *wie* ein Mensch motiviert wird. Denn i. d. R. werden diese verschiedenen Motivationsebenen durch verschiedene Reize in der Umwelt ausgelöst, was schließlich den Motivationsprozess in Gang setzt. Welche Anreize zur Aktivierung der verschiedenen Motive notwendig sind, ist jedoch zentraler Grundgedanke der Motivation, der Führung und des Einsatzes von Leistungsanreizen im Arbeitsprozess.

5.3.1.2 Die E-R-G-Theorie von Alderfelder

Alderfelder entwickelte die E-R-G-Theorie als Fortführung des Maslow'schen Ansatzes. Während die Bedürfnistheorie von Maslow allgemeingültigen Anspruch hatte, bezog Alderfelder sein Modell auf arbeitende Menschen in Unternehmen.[287] Er unterscheidet nur noch drei Bedürfniskategorien:[288]

- **E**xistence needs: Existenzbedürfnisse,
- **R**elatedness needs: soziale Bedürfnisse,
- **G**rowth needs: Wachstumsbedürfnisse.

---

[286] Jung, Personalwirtschaft, 1999, S. 379.

[287] Vgl. grundlegend Alderfelder, An empirical test of a new theory of human needs, in: OBHP 4/1969, S. 142-175; Alderfelder, Existence, relatedness, and growth, 1972.

[288] Vgl. Jung, Personalwirtschaft, 1999, S. 380.

Diese Bedürfnisklassen sind nicht mehr in einer Hierarchie angeordnet. Dies hat zur Folge, dass nicht erst die Bedürfnisse auf den unteren Ebenen befriedigt werden müssen, damit die höheren Ebenen ihre Motivkraft erhalten. Alderfelder geht nicht nur von der Frustrationshypothese aus, die besagt, dass die Spannung unbefriedigter Bedürfnisse die Motivationskraft zur Befriedigung bewirkt. Alderfelder geht darüber hinaus von der Frustrations-Regressions-Hypothese aus, die besagt, dass bei Nicht-Befriedigung eines höheren Bedürfnisses niedrigere Bedürfniskategorien, deren Befriedigung leichter zu erreichen ist, aktiv werden. Nach Alderfelder können auch befriedigte Bedürfnisse weiterhin Motivationskraft haben.[289]
Die E-R-G-Theorie relativiert und erweitert damit den Maslow'schen Ansatz: Der Mensch kann nach Alderfelder sehr unterschiedlich auf die Befriedigung oder Nichtbefriedigung der Bedürfnisse reagieren: Sowohl Bedürfnisse in höheren Kategorien können befriedigt werden, wenn die unteren Bedürfnisse nicht befriedigt sind. Werden Bedürfnisse nicht befriedigt, kann gerade dieses Bedürfnis, aber stattdessen auch niedrigere oder höhere Bedürfnisse, aktiviert werden.[290]
Obwohl die E-R-G-Theorie durch die Erweiterung des Maslow'schen Ansatzes einen höheren Informationsgehalt bietet, hat sie dennoch in der Unternehmenspraxis vergleichsweise wenig Bedeutung erhalten.[291]

5.3.1.3 Die Zweifaktorentheorie von Herzberg

Im Mittelpunkt der „Zweifaktorentheorie" des amerikanischen Wissenschaftlers Herzberg stehen die menschlichen Motive und Bedürfnisse, die die Arbeitsmotivation und die Arbeitszufriedenheit auslösen.[292] Die Theorie wurde entwickelt auf der Basis von Befragungen von ca. 200 Ingenieuren und Büroangestellten in neun Betrieben im Raum Pittsburgh in den USA und wurde später durch weitere Befragungen gefestigt.[293] Die Befragten sollten Situationen oder Ereignisse benennen, in denen sie sich besonders gut oder besonders schlecht in ihrer Arbeitstätigkeit fühlten, sowie die für die Situation entscheidenden Ursachen. Die befragten Personen beschrieben jeweils andere ursächliche Faktoren für die positiven sowie die negativen Situationen.
Aus dem Ergebnis der Befragungen entwickelt Herzberg seine Theorie: Aus den Befragungen erkannte er Faktoren, die die Arbeitszufriedenheit beeinflussen. Dabei betrachtet er die Arbeitszufriedenheit zweidimensional: Die eine Dimension heißt „Unzufriedenheit – Nicht-Unzufriedenheit", die andere „Zufriedenheit – Nicht-Zufriedenheit". Je unterschiedliche Faktorengruppen beeinflussen diese beiden Dimensionen: Die Unzufriedenheit bzw. Nicht-Unzufriedenheit wird von den Hygienefaktoren beeinflusst, die Zu-

---

[289] Vgl. Weinert, Lehrbuch der Organisationspsychologie, 1992, S. 267.
[290] Vgl. Jung, Personalwirtschaft, 1999, S. 381 f.; Staehle, Management, 1999, S. 224.
[291] Vgl. Jung, Personalwirtschaft, 1999, S. 382.
[292] Vgl. grundlegend Herzberg, Work and the Nature of Man, 1966; Herzberg/Mausner/Snydermann, The motivation to work, 1959.
[293] Vgl. Herzberg/Mausner/Snydermann, The motivation to work, 1959.

friedenheit bzw. Nicht-Zufriedenheit von den Motivatoren, wie nachfolgende Abbildung zeigt.

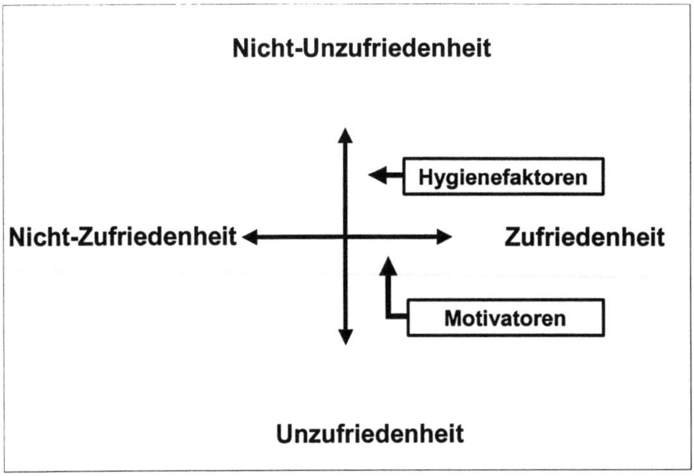

Abbildung 15: Dimensionen der Arbeitszufriedenheit und Einflussfaktoren[294]

Die zwei Faktorengruppen sind wie folgt zu charakterisieren:[295]

- **Hygienefaktoren**
  Ihr Mangel führt zu Arbeitsunzufriedenheit, ihre Sättigung aber nicht zu Motivation. Die Verbesserung von Hygienefaktoren bewirkt bestenfalls kurzfristig eine Leistungssteigerung mit einer relativ raschen Rückkehr zur Normal- oder Schlechtleistung. Werden diese „hygienischen" Verbesserungen zum Ritual oder zur Selbstverständlichkeit, dann stellt sich noch nicht einmal ein solch kurzfristiger Leistungsschub ein. Sie liegen schwerpunktmäßig entweder im Arbeitsumfeld oder in den Folgen des Tätigkeitsvollzugs, selten stehen sie in einem direkten sachlichen Zusammenhang mit der Leistung. Beispiele sind Bezahlung, Beziehungen zu Untergebenen, Vorgesetzen und Kollegen/innen, Status, Führungsverhalten der Vorgesetzten, Firmenpolitik und -organisation, Arbeitszeit, Arbeitsbedingungen, Arbeitsplatzsicherheit etc.
- **Motivatoren**
  Sie bewirken Arbeitszufriedenheit/Motivation und damit Leistungssteigerung. Sie liegen schwerpunktmäßig im Tätigkeitsvollzug, so dass eine Leistung um der Sache und des persönlichen Erfolgs willen erbracht wird. Beispiele sind Leistungser-

---

294 Mayrhofer, Motivation und Arbeitsverhalten, in: Kasper/Mayrhofer (Hrsg.), Personalmanagement, Führung, Organisation, 1996, S. 225 (236).

295 Vgl. Mayrhofer, Motivation und Arbeitsverhalten, in: Kasper/Mayrhofer (Hrsg.), Personalmanagement, Führung, Organisation, 1996, S. 225 (236 ff.).

folg, Anerkennung, Arbeitsaufgabe und -inhalt, Verantwortung, Aufstieg, Entfaltungsmöglichkeiten etc.

Zur Stärkung der Motivation durch Motivatoren macht Herzberg Vorschläge insbesondere zur Arbeitsbereicherung, bei denen die Stärkung der Selbstverantwortung der Mitarbeiter/innen im Mittelpunkt steht.[296]

Die Zweifaktorentheorie hat sich zu einem bedeutsamen Konzept entwickelt und große Verbreitung in der betrieblichen Praxis gefunden. Herzberg's Leistung liegt vor allem darin, unterschiedliche Motive mit verschiedenen Folgen herausgestellt zu haben.[297] Die dabei entstehende motivationstheoretische Wirkungskette zeigt die Beeinflussung von Faktoren auf, die Zufriedenheit und Nicht-Zufriedenheit, Unzufriedenheit und Nicht-Unzufriedenheit bewirken. Als Folge dieser Annahmen steht die Neustrukturierung von Arbeitsplätzen hinsichtlich einer stärkeren Berücksichtigung von Motivatoren im Mittelpunkt.[298] Hinsichtlich des Einsatzes von Anreizen stellte Herzberg heraus, dass bestimmte Anreize nur bis zu einer gewissen Grenze als Motivatoren einsetzbar sind, darüber hinaus aber nicht mehr wirken. Materielle Anreize scheinen eher den Hygienefaktoren als den Motivatoren zuzuordnen zu sein.
Bei Herzberg bleiben jedoch die individuellen Unterschiede der Bedürfnisstrukturen einzelner Personen eher im Hintergrund. Welche Faktoren bei der jeweils individuellen Person in einer konkreten Situation wirksam sind, bleibt unklar. So bedeutet z. B. mehr Selbstverantwortung und die Übernahme schwierigerer Aufgaben nicht für alle Beschäftigten unbedingt eine größere Motivation.[299]

5.3.1.4 Die Theorie der gelernten Bedürfnisse von Mc Clelland

Mc Clelland erklärt menschliches Verhalten als Zusammenwirken verschiedener Schlüsselbedürfnisse.[300] Dazu zählt er insbesondere folgende drei Grundmotive:[301]

- **Leistungsmotiv**
  Erkennbar ist das Leistungsmotiv in Zielsetzungen und Befriedigung durch Zielerreichung, Freude an der Arbeit selbst und Streben nach innovativen Aufgaben mit einem bestimmten Maß an Eigenverantwortung.
- **Machtstreben**
  Das Machtstreben zeigt sich in dem Versuch, eine Überlegenheitsposition gegenüber anderen Menschen zu erlangen. Dabei durchlaufen Menschen verschie-

[296] Vgl. Herzberg, Was Mitarbeiter wirklich in Schwung bringt, in: Harvard manager 2/88, S. 42 (47 ff.):
[297] Vgl. Scholz, Personalmanagement, 2000, S. 886.
[298] Vgl. Mayrhofer, Motivation und Arbeitsverhalten, in: Kasper/Mayrhofer (Hrsg.), Personalmanagement, Führung, Organisation, 1996, S. 225 (237 f.).
[299] Vgl. Jung, Personalwirtschaft, 1999, S. 385.
[300] Vgl. grundlegend Mc Clelland, Power, 1975; Mc Clelland, Human Motivation, 1985; Mc Clelland/Atkinson/Clark/Lowell, The Achievement Motive, 1953.
[301] Dargestellt in: Scholz, Personalmanagement, 2000, S. 887; Staehle, Management, 1999, S. 227.

dene Reifegrade in unterschiedlichen Phasen, die bei Personen in den verschiedenen Positionen einer Organisation zu finden sind.

- **Bedürfnis nach Zugehörigkeit**
  Zugehörigkeitsbedürfnisse drücken sich aus in dem Wunsch, Mitglied einer Gruppe zu sein. Sicherheit, Konfliktfreiheit und der Wunsch nach geringer Konkurrenz stehen im Mittelpunkt der Zugehörigkeitsbedürfnisse.

Darüber hinaus ist noch das Vermeidungsstreben zu erkennen. Es drückt sich aus in dem Streben, die Eintrittswahrscheinlichkeit für die Aspekte Versagen, Ablehnung, Erfolg und Macht zu reduzieren. Das Vermeidungsstreben kann dabei einem der anderen Grundbedürfnisse entgegengerichtet sein (z. B. Vermeidung von Macht versus Machtstreben).

Mc Clelland hat sich in seinen Untersuchungen insbesondere auf das Leistungsmotiv konzentriert. Leistungsmotivation findet dann statt, „wenn durch die Konstellation bestimmter Situationen dem Menschen ein Anreiz gegeben wird, durch spezifische Leistungen das Leistungsbedürfnis zu befriedigen.“[302] Im Laufe seiner Entwicklung lernt der Mensch, dass eine bestimmte Bedürfnisbefriedigung die Folge des Einsatzes einer entsprechenden Leistung ist. Damit der Mensch in seiner Entwicklung sein Leistungsmotiv entfalten und infolgedessen ein bestimmtes Arbeitsverhalten zeigen kann, ist das Zusammenspiel verschiedener Faktoren notwendig: „Die Neigung zur Bedürfnisbefriedigung (tendency) ist dabei abhängig von der Stärke der Anregung (motivate), der subjektiven Wahrscheinlichkeit des Erfolgs (probability) und dem Attraktivitätswert oder der Verlockung (incentive) eines Erfolges.“[303]

Mc Clelland geht davon aus, dass es erfolgsmotivierte Personen gibt, die durch die Hoffnung auf Erfolg motiviert werden, und misserfolgsmotivierte Personen, deren Motivation eher darin besteht, Misserfolg zu vermeiden.[304]

Folgende Merkmale charakterisieren die erfolgsorientierten Menschen:[305]

- Sie sind bestrebt, Probleme selbstverantwortlich in Identifikation mit der Aufgabe und ohne Hilfe anderer zu lösen.
- Ergebnisse mit schnellem sichtbaren Leistungserfolg nach dem Arbeitsvollzug werden von ihnen bevorzugt.
- Vorschläge zur Leistungssteigerung werden von ihnen berücksichtigt.
- Sie bevorzugen mittelschwere Aufgaben und Ziele, deren Erreichung wahrscheinlich erscheint, die aber gleichzeitig eine größere Befriedigung versprechen als leicht erreichbare Ziele.

Das Leistungsverhalten von Menschen mit geringer Leistungsmotivation lässt sich durch folgende Maßnahmen fördern:

- „klare Zielsetzungen,

---

302 Jung, Personalwirtschaft, 1999, S. 386.
303 Jung, Personalwirtschaft, 1999, S. 386.
304 Vgl. Staehle, Management, 1999, S. 228 f.
305 Vgl. Jung, Personalwirtschaft, 1999, S. 386.

- o relativ überschaubare Risiken,
- o kurzfristig formulierte Ziele bzw. situationsgerechte Anpassung langfristiger Ziele,
- o Förderung der Verantwortungsbereitschaft,
- o zielbezogene Kontrollen,
- o leistungsgerechte Be- und Entlohnung,
- o geringe Tadelungen und
- o besondere Ehrungen."[306]

Die Bedeutung des Ansatzes von Mc Clelland liegt in folgenden Aspekten:[307]

- o Mc Clelland zeigt, dass die verschiedenen Grundmotive sich mischen, je nach Situation, persönlicher Situation und Kultur.
- o Die Grundmotive können sich im Laufe der menschlichen Entwicklung verändern.
- o Die Motivstruktur lässt sich – in diesem Zusammenhang ist insbesondere das Leistungsmotiv entscheidend – gezielt beeinflussen. Hier ist die Bedeutung der Führungskräfte und der Führungsinstrumente wie Zielvereinbarung oder Mitarbeitergespräch wichtig.

5.3.1.5 Die X-Y-Theorie von Mc Gregor

Mc Gregor entwickelte zwei extrem unterschiedliche Bilder des Menschen in der Arbeitswelt und zeigte die entsprechenden Konsequenzen für das Führungsverhalten in seinen Theorien X und Y auf.[308] Mc Gregor geht davon aus, dass dem Führungsverhalten bestimmte Grundannahmen über das menschliche Wesen und Verhalten zu Grunde liegen. Mc Gregor sieht die Existenz beider Menschenbilder in Unternehmen gegeben. Die Realisierung von Menschenbildern im Führungsverhalten bewirkt, dass sich die Beschäftigten tatsächlich im Sinne einer „selbsterfüllenden Vorhersage"[309] verhalten, was der Führungskraft wiederum ihr Menschenbild bestätigt.
Die Annahmen der eher traditionellen Führungsgrundsätze fasst er in der Theorie X zusammen und stellt ihnen idealtypisch die Theorie Y gegenüber.
Die Grundannahmen der Theorie X stellen sich wie folgt dar:[310]

- o Der durchschnittliche Mensch hat eine angeborene Abneigung gegen Arbeit und versucht sie nach Möglichkeit zu vermeiden.
- o Auf Grund dieser Tatsache müssen die meisten Menschen gezwungen, kontrolliert, geführt und unter Strafandrohung dahin gebracht werden, einen produktiven Beitrag zur Erfüllung der Organisationsziele zu leisten.

---

[306] Jung, Personalwirtschaft, 1999, S. 387.
[307] Vgl. Scholz, Personalmanagement, 2000, S. 889.
[308] Vgl. grundlegend: Mc Gregor, Der Mensch im Unternehmen, 1970; Mc Gregor, The human Side of Enterprise, 1960.
[309] Scholz, Personalmanagement, 2000, S. 119.
[310] Vgl. Mc Gregor, Der Mensch im Unternehmen, 1970, S. 47 ff.; Mc Gregor, The human Side of Enterprise, 1960, S. 33 ff.

- Der durchschnittliche Mensch möchte geführt werden, vermeidet Verantwortung, hat wenig Ehrgeiz und strebt nach Sicherheit.

Diesem Menschenbild werden die Grundannahmen der Theorie Y gegenübergestellt:[311]

- Physische und psychische Verausgabung bei der Arbeit ist völlig natürlich. Der durchschnittliche Mensch lehnt daher Arbeit nicht ab, sondern sie stellt für ihn eine Quelle der Zufriedenheit dar.
- Überwachung und Strafandrohung stellen nicht die einzigen Möglichkeiten dar, Organisationsziele zu erreichen. Der durchschnittliche Mensch wird eine Selbstkontrolle zugunsten von Zielen entwickeln, denen er sich verpflichtet fühlt.
- Die Funktion der erreichbaren Belohnungen in einer Organisation ist die Identifikation des Individuums mit den Organisationszielen. Dabei stellen die wichtigsten Arbeitsanreize die Befriedigung der Ich-Bedürfnisse und des Strebens nach Selbstverwirklichung dar.
- Der durchschnittliche Mensch sucht unter speziellen Bedingungen und unter entsprechender Anleitung Verantwortung.
- Weite Teile der arbeitenden Bevölkerung verfügen über Kreativität und Einfallsreichtum. Dieses Potenzial wird jedoch in der industriellen Gesellschaft nur teilweise genutzt.

Mc Gregor stellt beide Theorien nicht nur dar, sondern bezieht eindeutig Position. Er fordert, ausschließlich vom Menschenbild der Theorie Y auszugehen und dieses zu realisieren, da seiner Meinung nach die Organisationsziele dadurch effektiver erreicht werden und die Mitarbeiterzufriedenheit steigt. Das bedeutet, dass nicht der Mensch der Organisation angepasst wird, sondern dass die Rahmenbedingungen der Organisation so gestaltet werden, dass die Bedürfnisse der einzelnen Mitglieder berücksichtigt werden. In der Konsequenz fordert Mc Gregor nicht die Abschaffung von Kontrolle oder materiellen Anreizen, sondern die möglichst breite Beachtung und den Einbau der Mitarbeiterbedürfnisse in die Organisationsstrategien und das Führungsverhalten. Dies bewegt die Beschäftigten einer Organisation nach Mc Gregor, sich besonders mit den Organisationszielen zu identifizieren und sich für sie einzusetzen. Zur Realisierung dieses Ansatzes schlägt Mc Gregor folgende Maßnahmen vor: Delegation und Dezentralisierung von Verantwortung, Partizipation, Aufgabenerweiterung, Beteiligung an Kontrolle und Beurteilung der eigenen Arbeit.[312]

Die X-Y-Theorie von Mc Gregor zeigt besonders deutlich auf, dass das Führungsverhalten von dem Menschenbild der Führungskräfte beeinflusst wird. Dennoch ist Mc Gregor vorzuwerfen, dass seine Annahmen nicht auf empirischen Untersuchungen basieren. Seine Theorie hat einen eher normativen Charakter.[313] Er vernachlässigt, dass die kon-

---

[311] Vgl. Mc Gregor, Der Mensch im Unternehmen, 1970, S. 61 ff.; Mc Gregor, The human Side of Enterprise, 1960, S. 47 f.

[312] Dargestellt in: Jung, Personalwirtschaft, 1999, S. 390.

[313] Vgl. Scholz, Personalmanagement, 2000, S. 119.

krete Situation entscheidend für das notwendige Führungsverhalten ist. So muss z. B. ein/e Beschäftigte/r nicht zwingend das Bedürfnis nach Verantwortung entwickeln, wenn ihr/ihm Gestaltungsspielräume eingeräumt werden.[314]

5.3.1.6 Bewertung der Inhaltstheorien

Die Inhaltstheorien liefern Theoriemodelle und Denkanstöße darüber, *was*, d. h. welches Motiv, Ursache eines bestimmten Verhaltens, insbesondere Arbeitsverhaltens, sein kann. Sie zeigen damit das Vorhandensein unterschiedlicher Motivstrukturen auf. Inhaltstheorien gehen von einem vorhersehbaren Leistungsverhalten aus, sobald ein entsprechendes Motivationsangebot vorliegt. Sie stellen insbesondere die Bedeutung immaterieller Anreize, z. B. von selbstständigem Arbeiten und erweiterter Verantwortung, heraus und begründen die Unzufriedenheit von Beschäftigten und die mangelnde Leistungssteigerung hinsichtlich bestimmter Anreize. So erhalten materielle Leistungsanreize lediglich die Bedeutung z. B. von Hygienefaktoren (nach Herzberg). Wenig Beachtung findet dabei die Tatsache, dass materielle Anreize z. B. in Form der Entlohnung auch immateriellen Charakter in Form von Anerkennung, Selbstachtung und Statuseinschätzung haben können.[315]

Inhaltstheorien generalisieren ihre Erkenntnisse und übertragen sie mehr oder weniger auf alle Menschen. Die individuelle Motivstruktur und ihr Zusammenwirken mit der jeweiligen Situation wird wenig beachtet.

Der „Schlüssel zum Verständnis motivierten Verhaltens“[316] liegt jedoch in der Erweiterung der Inhaltstheorien um die Prozesstheorien.

5.3.2 Prozesstheorien

Im Mittelpunkt von Prozesstheorien steht nicht das Was, sondern das *Wie* des motivierten Verhaltens. So versuchen Prozesstheorien zu erklären, wie die Verhaltensaktivierung auf Grund kognitiver Prozesse geschieht, welche Faktoren (z. B. Ziele, Anreize, Belohungen, Erwartungen) ihre Lenkung und Erhaltung beeinflussen und wie die verschiedenen Faktoren zusammenwirken. Prozesstheorien setzen daher „ein aktives zukunftsorientiertes Individuum voraus, das aufgrund von Erwartungen über Anstrengungs-Ergebnis-Verknüpfungen bewusst Entscheidungen trifft.“[317]

Zu den Prozesstheorien gehören die Erwartungsvalenztheorien und die Gleichgewichtstheorien. Darüber hinaus sind die in jüngster Zeit entwickelten attributionstheoretischen Motivationsmodelle zu nennen.

---

[314] Vgl. Scholz, Personalmanagement, 2000, S. 119.

[315] Vgl. Frey, Verwaltungs-Organisationskulturveränderung durch Personalentwicklung im Neuen Steuerungsmodell, 1998, S. 92.

[316] Staehle, Management, 1999, S. 231; vgl. ferner Wunderer, Führung und Zusammenarbeit, 1997, S. 46.

[317] Staehle, Management, 1999, S. 231.

5.3.2.1 Erwartungsvalenztheorien

Während die Inhaltstheorien die Wirkung der Motivation einem oder mehreren unbefriedigten Bedürfnissen zuschreiben, gehen die Erwartungsvalenztheorien grundsätzlich von dem Zusammenwirken mehrerer Faktoren als Ursache für die Arbeitsmotivation aus: Ein unbefriedigtes Bedürfnis verbindet sich mit der Bewertung eines speziellen Anreizes und der Einschätzung der Wahrscheinlichkeit, diesen Anreiz auch tatsächlich zu erhalten. Wird die Wahrscheinlichkeit umgekehrt als klein oder unmöglich eingeschätzt, stellt sich ein Verhalten nicht ein, auch wenn ein Anreiz auf ein unbefriedigtes Bedürfnis trifft.[318]

Die bedeutendsten Erwartungsvalenztheorien sind:
- der Path-Goal-Ansatz von Georgopoulus, Mahoney und Jones,
- die Zielsetzungstheorie von Locke,
- die VIE-Theorie von Vroom,
- die Zirkulationstheorie von Porter und Lawler.

5.3.2.1.1 Der Path-Goal-Ansatz von Georgopoulus, Mahoney und Jones

Den ersten erwartungstheoretischen Ansatz entwickelten Georgopoulus, Mahoney und Jones.[319] Ihre Grundannahme besteht darin, dass die Motivation von Mitarbeiter/innen darin besteht, dass sie ihre Arbeitsleistung als einen Weg (path) betrachten, der ihnen ermöglicht, persönliche Ziele (goal) zu erreichen. Haben die Beschäftigten diesen Weg im Arbeitsprozess erfahren, werden sie auch zukünftig versuchen, diesen Prozess zu wiederholen. Sehen jedoch die Mitarbeiter/innen in ihrer Arbeitsleistung kein Mittel zur Erreichung persönlicher Ziele, wird vermutlich die Arbeitsleistung gering sein.[320]
Der Path-Goal-Ansatzes sieht den Ablauf eines Prozesses mit einer Erwartung verknüpft. Der Prozess selber stellt somit ein Instrument zur Erreichung persönlicher Ziele dar.

5.3.2.1.2 Die Zielsetzungstheorie von Locke

Auch die Zielsetzungstheorie von Locke geht von den gesetzten Zielen als dem zentralen Impuls für Motivation und Leistungsverhalten des Menschen aus.[321] Sie basiert auf

---

318 Vgl. Jung, Personalwirtschaft, 1999, S. 390.
319 Vgl. grundlegend Georgopoulus/Mahoney/Jones, A path-goal approach to productivity, in: Journal of Applied Psychology, 1957, S. 345-353
320 Vgl. Jung, Personalwirtschaft, 1999, S. 390.
321 Vgl. grundlegend Locke, Toward a Theory of Task Motivation and Incentives, in: Organizational Behavior and Human Performance, 1968, S. 157-189; Smith/Locke, Goal Setting, Planing and Organizational Performance, in: Organizational Behavior and Human Performance 1968, S. 118-134. Die Zielsetzungstheorie wird auch als „Zieltheorie" bezeichnet, vgl. Staehle, Management, 1999, S. 236.

der biologischen Erfahrung und Alltagserfahrung, dass jedes Handeln seine Grundlage in gezielten Aktionen hat. Eine Zielsetzung führt zu Spannungen, die durch intensive Bewegung auf das Ziel hin und durch die Abwehr von Störungen und Unterbrechungen abgebaut werden. Das noch nicht erreichte Ziel bewirkt eine Kraft im Individuum (= Motivation), die abhängig ist von der Valenz des Ziels. Die Leistung ist nach Locke um so höher, je anspruchsvoller das Ziel ist.[322] Die Zielsetzung allein motiviert jedoch noch nicht zur Anstrengung bzw. Leistung. Folgende Aspekte beeinflussen nach der Zielsetzungstheorie die Wirkung des Ziels:[323]

- die Zielklarheit,
- die Identifikation der Person mit dem Ziel (gefördert durch materielle Anreize),
- die Akzeptanz des Ziels durch die Person (gefördert durch Partizipation),
- die Fähigkeiten der Person.

Der Zielsetzungstheorie liegt jedoch nicht ein mechanistisches Menschenbild zu Grunde, sondern der Mensch wird als Individuum betrachtet, das bewusst Ziele und Aktivitäten setzt.[324]

5.3.2.1.3 Die VIE-Theorie von Vroom

Der im Path-Goal-Ansatz dargestellte erwartete Prozessablauf wird durch die VIE-Theorie von Vroom konkretisiert.[325] Grundgedanke dieses Ansatzes ist die Annahme, dass die Leistungsmotivation situativ abhängig ist von der Wahrnehmung des relativen Nutzens der Leistung für die individuelle Zielerreichung des/der Beschäftigten. Der erwartete Prozessverlauf ist nach Vroom abhängig von folgenden Faktoren:[326]

- Valenz

  Die Valenz als Wertigkeit stellt die subjektive Belohnung dar, die mit der Zielerreichung, dem Ergebnis, verbunden ist. Sie wird beeinflusst durch die Motive der/des Beschäftigten und den Anreiz, der von einer Leistung ausgeht. Ein Ergebnis kann eine positive Valenz, d. h. das Streben nach diesem Ergebnis, eine negative Valenz, d. h. der Wunsch zur Vermeidung dieses Ergebnisses, oder eine Valenz von Null, d. h. die Indifferenz gegenüber diesem Ergebnis, haben. Es werden zwei Ergebnisebenen unterschieden: Die erste Ebene E 1 stellt die zur Verfügung stehenden Mittel dar, d. h. Belohnungen wie z. B. Bezahlung, die als Anreize gelten. Ergebnisse der zweiten Ebene E 2 sind Bedürfnisse oder Ziele, die das Individuum anstrebt.

---

[322] Vgl. Scholz, Personalmanagement, 2000, S. 891; Staehle, Management, 1999, S. 236 f.
[323] Vgl. Staehle, Management, 1999, S. 237.
[324] Vgl. Scholz, Personalmanagement, 2000, S. 891.
[325] Vgl. grundlegend Vroom, Work and Motivation, 1964; Vroom/Jago, Vom Vroom/Yetton- zum Vroom/Jago-Führungsmodell, in: Die Betriebswirtschaft 1989, S. 5-17; Vroom/Yetton, Leadership und Decision-Making, 1973.
[326] Vgl. Jung, Personalwirtschaft, 1999, S. 391; Oechsler, Personal und Arbeit, 2000, S. 161; Scholz, Personalmanagement, 2000, S. 895; Staehle, Management, 1999, S. 232.

- Instrumentalität
  Die Instrumentalität steht für die Erwartung des/der Mitarbeiters/in, inwieweit eine bestimmte Handlung und deren Ergebnis, also die Ergebnisse der ersten Ebene E 1, als geeignetes Mittel, als Instrument zur Zielerreichung, d. h. zur Erreichung der Ergebnisse der Ebene E 2, gehalten werden. Die Ergebnisse der ersten Ebene E 1 sind kein Selbstzweck, sondern haben Mittelcharakter, da durch sie positiv bewertete Ergebnisse der zweiten Ebene E 2 befriedigt werden können. Die Valenz von Ergebnissen von E 1 hängt ab von der Valenz der Ergebnisse von E 2 und der wahrgenommenen Instrumentalität von den Ergebnissen von E 1 für die Ergebnisse von E 2.
- Erwartung
  Die Erwartung steht für die subjektive Einschätzung der Wahrscheinlichkeit der/des Beschäftigten, dass mit einer bestimmten Anstrengung ein bestimmtes Ergebnis erreicht wird (Erwartung I), und dass die damit verknüpfte Belohnung erzielt wird (Erwartung II). Die Erwartung I wird beeinflusst von Persönlichkeitseigenschaften der/des Beschäftigten, z. B. inwieweit sie/er an den Erfolg seines Handelns glaubt. Die Erwartung II hängt von äußeren Faktoren, z. B. dem Vorgesetztenverhalten oder organisatorischen Regelungen über die Gewährung von Anreizen, ab.

Durch das multiplikative Zusammenwirken dieser drei Faktoren entsteht die Motivation. Die nachfolgende Abbildung zeigt die Verknüpfung der drei Faktoren untereinander.

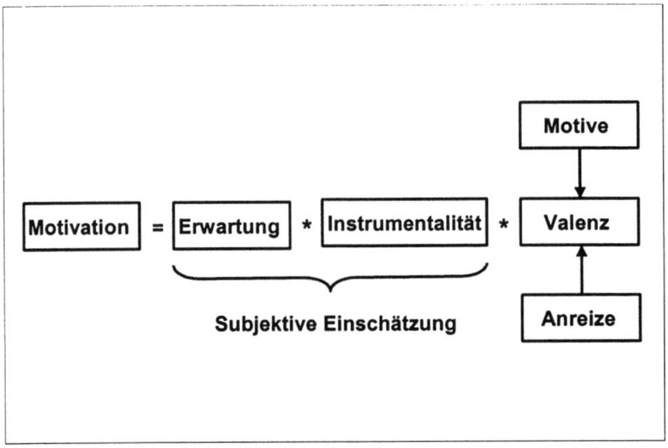

Abbildung 16: Bestimmungsfaktoren der Motivation[327]

[327] Nach Weis, dargestellt in: Jung, Personalwirtschaft, 1999, S. 392.

Ausgehend von dem angestrebten Endziel entwickelte Vroom folgende Modelle:[328]

- o **Valenzmodell**

  Die Valenz des Handlungsergebnisses oder Resultates j ist eine Funktion der subjektiven Bedeutung der verfolgten Ziele als Valenz des Zieles k und der wahrgenommenen Instrumentalität des Handlungsergebnisses j für das Erreichen des Resultates k. Die nachfolgende Abbildung zeigt diese Zusammenhänge.

$$V_j = f \sum_{k=1}^{n} \left[(V_k * I_{jk}) \right]$$

V_j : Valenz des Handlungsergebnisses oder des Handlungsaspektes j

V_k : Valenz des verfolgten Zieles K

I_{jk} : subjektiv wahrgenommene Instrumentalität des Handlungsergebnisses oder des Handlungsaspektes j für das Erreichen des Zieles k. Dieser Wert kann zwischen 1 (d.h. das Handlungsergebnis führt nicht zur Zielerreichung und ist sogar hinderlich) und +1 (d.h. das Handlungsergebnis führt zur Zielerreichung) liegen.

n : Anzahl der in Betracht gezogenen Ziele

Abbildung 17: Das Valenzmodell nach Vroom[329]

- o **Kraftmodell**

  Auf der Basis des Valenzmodells entwickelt Vroom das Kraftmodell, das die treibende Kraft, d. h. die Motivation, darstellt. Die treibende Kraft K_i stellt sich dar als eine Funktion der einzelnen Valenzen der Handlungsergebnisse V_j multipliziert mit der erwarteten Wahrscheinlichkeit E_{ij}, dass die Handlung i zum Handlungsergebnis j führt, wie die nachfolgende Abbildung zeigt.

---

[328] Dargestellt in: Jung, Personalwirtschaft, 1999, S. 391; Scholz, Personalmanagement, 2000, S. 896 f.

[329] Jung, Personalwirtschaft, 1999, S. 393.

$$K_i = f \sum_{j=1}^{n} \left[(E_{ij} * V_j) \right]$$

K_j : treibende Kraft (Motivation), die Handlung i auszuführen

E_{IJ}: erwartete Wahrscheinlichkeit, dass die Handlung i zum Ergebnis j führt. Dieser Wert kann zwischen 0 (d.h. die Handlung kann nicht erfolgreich durchgeführt werden) und 1 (d.h. das Individuum kann die Handlung erfolgreich durchführen) liegen

V_j : Valenz des Handlungsergebnisses oder des Aspektes j

n : Anzahl der in Betracht gezogenen Ziele

Abbildung 18: Das Kraftmodell nach Vroom[330]

Nach der VIE-Theorie Vrooms ist davon auszugehen, dass ein/e Mitarbeiter/in voraussichtlich eine hohe Motivation haben wird, wenn folgende Bedingungen erfüllt sind:[331]

- Die/der Beschäftigte glaubt, dass seine Bemühungen und Handlungen mit hoher Wahrscheinlichkeit zu den erwünschten Ergebnissen führen (Erwartung).
- Sie/er sieht eine hohe Wahrscheinlichkeit, dass die Handlungsergebnisse zum Erreichen der Anreize und zum Erlangen ihrer/seiner persönlichen Ziele führen (Instrumentalität).
- Die gebotenen Anreize werden von ihr/ihm als möglichst attraktiv und positiv empfunden, d. h. diese Bedürfnisse entsprechen ihren/seinen aktuellen Bedürfnissen (Valenz).

Die VIE-Theorie von Vroom wurde weiterentwickelt durch das Modell der Leistungsmotivation von Heckhausen,[332] in dem insbesondere der Prozessaspekt der Volition im Mittelpunkt steht.

5.3.2.1.4 Die Zirkulationstheorie von Porter und Lawler

Die Erwartungsvalenztheorie von Vroom wurde durch die von Porter und Lawler formulierte Zirkulationstheorie[333] weiterentwickelt. Die zentralen Variablen des Modells lauten:[334]

---

330 Jung, Personalwirtschaft, 1999, S. 393.
331 Vgl. Jung, Personalwirtschaft, 1999, S. 393 f.
332 Vgl. grundlegend Heckhausen, Motivation und Handeln, 1989.
333 Vgl. grundlegend Porter/Lawler, Managerial attitudes and performance, 1968. Diese Theorie wird auch als „Rückkopplungsmodell" bezeichnet, vgl. Scholz, Personalmanagement, 2000, S. 900.

- o **Anstrengung** (effort)
  Die Anstrengung stellt das Ausmaß der Energie dar, das von einer/m Beschäftigten für die Aufgabenerfüllung erbracht wird. Das Ausmaß steht in Abhängigkeit von der Wertigkeit der Belohnung und der wahrgenommenen Wahrscheinlichkeit, dass eine bestimmte Belohnung auf eine bestimmte Anstrengung erfolgt.
- o **Leistung** (performance)
  Die Leistung als der von der Organisation messbare Output einer Handlung muss nicht mit der Anstrengung identisch sein. Sie hängt vielmehr ab von den Fähigkeiten, Fertigkeiten und Persönlichkeitszügen sowie von der Rollenwahrnehmung der/des Beschäftigten in bestimmten Arbeitssituationen.
- o **Belohnung** (rewards)
  Bei den Belohnungen als Folgen des Leistungsverhaltens wird unterschieden zwischen intrinsischen Belohnungen (z. B. Erfolgserlebnis) und extrinsischen Belohnungen (z. B. Bezahlung). Die Vorstellung der/des Beschäftigten über die angemessene Belohnung hinsichtlich der erbrachten Leistung, d. h. die wahrgenommene Gerechtigkeit der Belohnung, beeinflusst maßgeblich das Ausmaß an empfundener Zufriedenheit.
- o **Zufriedenheit** (satisfaction)
  Zufriedenheit stellt sich ein, wenn die tatsächlichen Belohnungen den als angemessen erlebten bzw. erwarteten entsprechen oder sie übersteigen. Liegen diese unter den erwarteten, tritt Unzufriedenheit ein.

Den Zusammenhang zwischen den verschiedenen Variablen stellt die nachfolgende Abbildung dar.

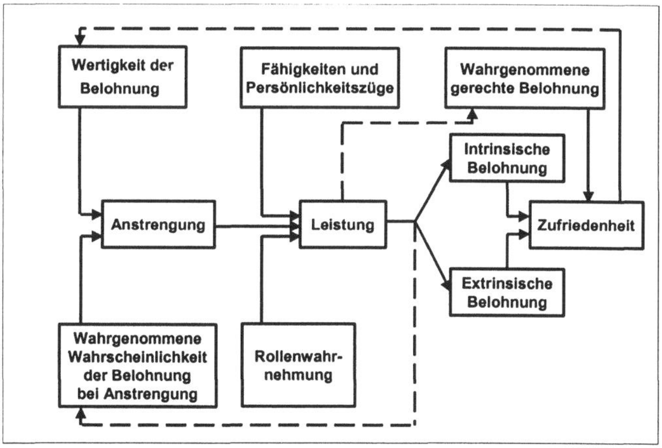

Abbildung 19: Die Zirkulationstheorie von Porter und Lawler[335]

[334] Vgl. Staehle, Management, 1999, S. 237 ff.
[335] Porter/Lawler, Managerial attitudes and performance, 1968, S. 165.

Das Modell von Porter und Lawler zeigt die unterschiedlichen Interdependenzen der menschlichen Motivation auf und weist daher einen hohen Grad an Komplexität auf.[336]

5.3.2.1.5 Bewertung der Erwartungsvalenztheorien

Im Gegensatz zu den Inhaltstheorien erkennen Erwartungsvalenztheorien, dass die Erhöhung der Motivation nicht nur durch die Verstärkung von Anreizwerten zur Deckung von Bedürfnissen möglich ist. Sie betrachten das menschliche Verhalten und die menschliche Motivation als das Resultat des Zusammenwirkens einer Vielzahl von Faktoren. Damit werden die Erwartungsvalenztheorien der Komplexität des menschlichen Verhaltens und der menschlichen Motivation eher gerecht als die Inhaltstheorien.[337] Erwartungsvalenztheorien sind jedoch in der Praxis wenig anwendbar. Ihre mathematischen Formeln, die die multiplikative Verknüpfung von Erwartungswerten und Valenz beinhalten, bedürfen genauer Wertangaben. Die Ermittlung dieser Werte ist jedoch bei komplexen, menschlichen Handlungen kaum möglich.[338] Darüber hinaus geben Erwartungsvalenztheorien keine Hinweise auf konkrete Bedürfnisse, wodurch Erwartungsvalenztheorien „zwar weniger angreifbar sind, sie besitzen jedoch eine geringere Aussagekraft."[339]

5.3.2.2 Gleichgewichtstheorien

Gleichgewichtstheorien[340] gehen von dem Grundsatz des Ausgleichs bzw. der Homöostase aus: Der menschliche Organismus strebt im physiologischen, kognitiven und sozialen Bereich Gleichgewichtszustände an. Besteht in einem der Bereiche ein Ungleichgewicht und damit eine Spannung (z. B. wird ein als zu niedrig empfundener Lohn als Ungleichgewicht von Leistung und Gegenleistung empfunden), versucht der Mensch diesen Mangel zu beheben, indem er einer Seite etwas zuführt (z. B. sich für einen höheren Lohn einsetzt) oder die andere Seite ebenfalls absenkt (z. B. Senkung der eigenen Leistungen).[341]

Die wichtigsten Gleichgewichtstheorien sind:
- die Balance-Theorie von Adams,
- die Anreiz-Beitrags-Theorie von March und Simons.

[336] Vgl. Scholz, Personalmanagement, 2000, S. 901.
[337] Vgl. Jung, Personalwirtschaft, 1999, S. 395; Mayrhofer, Motivation und Arbeitsverhalten, in: Kasper/Mayrhofer (Hrsg.), Personalmanagement, Führung, Organisation, 1996, S. 225 (249).
[338] Vgl. Mayrhofer, Motivation und Arbeitsverhalten, in: Kasper/Mayrhofer (Hrsg.), Personalmanagement, Führung, Organisation, 1996, S. 225 (249).
[339] Jung, Personalwirtschaft, 1999, S. 395.
[340] Gleichgewichtstheorien werden auch „Dissonanztheorien", „Diskrepanztheorien" oder „Ausgleichstheorien" genannt, vgl. Staehle, Management, 1999, S. 239.
[341] Vgl. Jung, Personalwirtschaft, 1999, S. 395 f.

5.3.2.2.1 Die Balance-Theorie von Adams

Die Balance-Theorie von Adams vergleicht soziale Beziehungen mit wirtschaftlichen Tauschaktionen.[342] Für die Arbeitsbeziehung bedeutet dies Folgendes: Die/die Beschäftigte bringt als Input Faktoren wie Arbeitseinsatz, Leistung, Erfahrung und Intelligenz ein und erwartet als Gegenleistung und damit Output Entlohnung, Status, Prestige, soziale Sicherheit und Sozialleistungen. Aus diesen Faktoren leitet der/die Mitarbeiter/in seine Arbeitszufriedenheit ab. Diese sieht sie/er nur gegeben, wenn sie/er Einsatz und Belohnung in einem Gleichgewicht sieht. Durch die unterschiedlichen Größen der Faktoren des Einsatzes und der Belohnung kann sie/er beide nicht direkt miteinander vergleichen. Daher vergleicht sie/er ihre/seine Austauschrelationen mit denen der Kollegen/innen. Bestehen keine Differenzen zwischen den eigenen Austauschrelationen und denen der Kollegen/innen, bleibt das Gleichgewicht erhalten. Werden die verglichenen Austauschrelationen als ungerecht empfunden, entstehen in dem/der Mitarbeiter/in innere Spannungen, die Anstrengungen (= Motivation) zur Reduktion dieser Spannungen und zur Wiederherstellung des Gleichgewichts auslösen.[343] Dabei bestehen als Handlungsalternativen im Falle des geringeren Lohns als der der Vergleichsperson die Forderung nach einem höheren Lohn oder die Anpassung der Leistung an die Leistung der Vergleichsperson. Stehen diese beiden Alternativen nicht zur Verfügung, z. B. durch mangelnden Einfluss auf diese Faktoren, kann dieser Zustand des Ungleichgewichts zur Frustration führen. Als Folge kann die/der Beschäftigte versuchen, die Tätigkeit oder das Unternehmen zu wechseln.[344]

Der Beitrag der Balance-Theorie von Adams stellt insbesondere zwei Aspekte heraus: die Relativität des Gerechtigkeitsgefühls, da eine Vergleichsperson gewählt wird, und die Subjektivität des Gerechtigkeitsgefühls, da sich dieses bei jeder Person anders entwickeln sein kann. In der Konsequenz sollten direkte Vergleiche zwischen Beschäftigten vermieden werden, da sie wahrscheinlich bei einer betroffenen Person Ungerechtigkeitsgefühle aufkommen lassen.[345] Ebenfalls wird das gezielte Herbeiführen von Ungerechtigkeitssituationen vermutlich nicht zu einem Anstieg der Arbeitsmotivation führen, da die betroffene Person ab einem bestimmten Zeitraum keine realistische Chance zur Verbesserung der Austauschsituation sehen und wohl eher die Organisation verlassen wird. Zur Erhöhung des Gerechtigkeitsgefühls können jedoch diejenigen Elemente des Outputs verändert werden, die von der/dem Beschäftigten beeinflusst werden können. Dafür bieten sich insbesondere Cafeteria-Systeme an, bei denen zwischen verschiedenen immateriellen und materiellen Leistungsanreizen entsprechend der Bedürfnisse der/des Mitarbeiters/in gewählt werden kann. Die auf diesem Weg ermöglichte große

---

[342] Vgl. grundlegend Adams, Toward An Understanding of Inequity, in: Journal of Abnormal and Social Psychology 1963, S. 422-436. Diese Theorie wird auch „Gerechtigkeitstheorie" oder „Gleichheitstheorie" genannt, vgl. Scholz, Personalmanagement, 2000, S. 891; Staehle, Management, 1999, S. 239.

[343] Vgl. Jung, Personalwirtschaft, 1999, S. 396; Scholz, Personalmanagement, 2000, S. 891 f.; Staehle, Management, 1999, S. 239 f.

[344] Vgl. Jung, Personalwirtschaft, 1999, S. 395.

[345] Dies ist ein Argument dafür, z. B. Gehaltsstrukturen grundsätzlich nicht offen zu legen, vgl. Scholz, Personalmanagement, 2000, S. 894.

Übereinstimmung zwischen Input und Output kann entsprechend der Balance-Theorie von Adams zu einer hohen Motivationswirkung, aber auch zu einer Effektivitätsverbesserung der Leistung der Organisation führen.[346]

5.3.2.2.2 Die Anreiz-Beitrags-Theorie von March und Simon

Die Anreiz-Beitrags-Theorie von March und Simon basiert auf der Grundannahme, dass ein Individuum die Anreize, die eine Organisation ihm bietet, danach bewertet, inwieweit sie den Beiträgen des Mitglieds zur Leistungserstellung der Organisation entsprechen.[347] Dabei enthalten diese Beiträge nicht nur die eigentliche Arbeitsleistung, sondern ebenfalls die Erfüllung der formalen Rollenerwartung und der sonstigen Verhaltensansprüche. Erkennt das Individuum darin ein Gleichgewicht, ist es bereit, in die Organisation einzutreten und seinen Beitrag zur Leistungserstellung zu liefern. Ist dies nicht der Fall, tritt es in das Unternehmen erst gar nicht ein oder es verlässt es. Es wird demnach unterschieden zwischen faktischen Anreizen und individuellen Nutzwerten, d. h. erst wenn die Anreize der Bedürfnisbefriedigung der/des Beschäftigten dienen, bewirken sie die Motivation zur Leistungserbringung.[348] Entsprechend der Bedürfnisstruktur der Beschäftigten können die Anreize einer Organisation vielfältig sein:[349]

- leistungsbezogene Beförderungen,
- eindeutig leistungsgerechte Bezahlung,
- Maßnahmen zur Förderung eines guten Betriebsklimas,
- mitarbeitergerechte Arbeitsplatzgestaltung,
- Einräumen von Entfaltungsspielräumen.

Der Anreiz-Beitrags-Theorie liegt die Annahme zu Grunde, dass auf einen Anreiz der Organisation unmittelbar eine Reaktion des Individuums erfolgt. Weitere Modelle erweitern die Theorie von March und Simon dahingehend, dass sie die Reaktion nicht nur abhängig sehen von dem Anreiz, sondern auch von weiteren Variablen wie z. B. dem Anspruchsniveau, der Antriebsstruktur und der Reaktionszeit des Individuums. Durch diese Variablen entstehen interne „Rückkopplungsschleifen“: Durch sie lernt das Individuum, seine Reaktionen in Abhängigkeit von den Anreizen zu steuern. Sie stellen ebenfalls die Basis für die Gestaltung von Anreizen für die Führungskräfte dar.[350]

---

346 Vgl. Scholz, Personalmanagement, 2000, S. 895; zu Cafeteria-Systemen vgl. Kap. 10.2.1.
347 Vgl. grundlegend March/Simon, Organizations, 1967; ferner March/Simon, Organisation und Individuum, 1976.
348 Vgl. Jung, Personalwirtschaft, 1999, S. 396 f.; Scholz, Personalmanagement, 2000, S. 122 f.
349 Vgl. Jung, Personalwirtschaft, 1999, S. 397 f.
350 Vgl. z. B. SIR- oder SOR-Modelle, dargestellt in: Scholz, Personalmanagement, 2000, S. 123 f.

5.3.2.2.3 Bewertung der Gleichgewichtstheorien

Gleichgewichtstheorien stellen die Vielzahl von Faktoren und deren Zusammenhänge untereinander heraus, die die Motivation und das Verhalten von Beschäftigten in Unternehmen beeinflussen. Gleichzeitig betonen sie das für die Motivation notwendige Gleichgewicht zwischen dem, was die/der Beschäftigte von der Organisation erhält, und dem, was sie/er leistet. Sollen Leistungsanreize wirken, müssen sie entsprechend eine Balance zwischen der erbrachten bzw. zu erbringenden Leistung und der versprochenen bzw. erteilten Belohnung herstellen.
Kritisch ist zu den Gleichgewichtstheorien jedoch anzumerken, dass der grundsätzliche Ansatz einen Teil der Verhaltensweisen von Mitarbeiter/innen nur unzureichend erklären kann (z. B. spontane Neugier). Ziehen diese Theorien Zusatzannahmen hinzu (z. B. die zeitliche Verschiebung des Strebens nach Gleichgewicht), werden sie unpräzise und verlieren an Aussagekraft.[351]

5.3.2.3 Attributionstheoretische Motivationsmodelle

Die Attributionstheorie liefert Erklärungen dafür, „wie Personen das eigene Verhalten und das anderer Personen rückblickend begründen, worin sie also die tieferliegenden Ursachen sehen. Die ‚Attribution' ist dann verhaltenssteuernd für die eigene Zukunft."[352] Die Elemente der Theorie von Heider[353] und Kelley[354] baute Weiner zum attributionstheoretischen Motivationsmodell aus.[355] Die Erklärungsfaktoren „Macht", „intentionales Verhalten" und „Umwelt", die Heider entwickelte, benannte Weiner um in „Fähigkeit" und „Anstrengung" als interne Attribution und „Aufgabenschwierigkeit" und „Glück" bzw. „Zufall" als externe Attribution. Ein Verhalten hängt demnach davon ab, inwieweit die Ursache für Erfolg oder Misserfolg eines früheren Verhaltens in den internen Faktoren der Fähigkeit und Anstrengung oder in den externen Faktoren der Aufgabenschwierigkeit und des Glücks bzw. Zufalls gesehen werden. Kriterien für das Erkennen der Fähigkeit ist z. B. die Anzahl der Erfolge, die Relation zwischen Erfolgen und Misserfolgen, die erbrachte Maximalleistung oder Erfolgsmuster. An dem erbrachten Ergebnis, dem Leistungsmuster oder der körperlichen Anspannung kann die Anstrengung erkannt werden. Informationsquellen für die Aufgabe und ihre Schwierigkeit sind objektive Aufgabenmerkmale und soziale Normen. An der Unabhängigkeit oder Zufälligkeit der Ergebnisse und Einzigartigkeit der Ereignisse ist das Ausmaß an Glück oder Zufall zu erkennen.[356] Weiner unterscheidet zwischen konstanten Faktoren, zu denen die Fähigkeit und die Aufgabenschwierigkeit zählen, und instabilen Faktoren wie die Anstrengung und

---

[351] Vgl. Jung, Personalwirtschaft, 1999, S. 398.
[352] Scholz, Personalmanagement, 2000, S. 912.
[353] Vgl. grundlegend Heider, The Psychology of Interpersonal Relations, 1958.
[354] Vgl. grundlegend Kelley, Causal schemata and the attribution process, in: Jones (Hrsg.), Attribution, 1972, S. 161-174.
[355] Vgl. grundlegend Weiner, Human motivation, 1980.
[356] Vgl. Weiner, Human motivation, 1980, S. 332.

das Glück bzw. der Zufall.[357] Je nach Menschentyp sehen Personen die Ursachen für Erfolg oder Misserfolg in unterschiedlichen Faktoren: Erfolgsorientierte Menschen sehen ihren Erfolg in den eigenen Fähigkeiten und ihren Misserfolg in zu geringer Anstrengung begründet. Misserfolgsorientierte Menschen betrachten die Ursachen für ihren Erfolg in geringer Aufgabenschwierigkeit oder im Zufall und für ihren Misserfolg in zu geringen Fähigkeiten. Da die Ursachen des Erfolgs erfolgsorientierter Menschen, die eigenen Fähigkeiten, stabil sind, und die Ursachen des Misserfolgs, die Anstrengung, beeinflussbar sind, werden diese Personen positiv verstärkt. Umgekehrt erleben misserfolgsorientierte Menschen die geringe Aufgabenschwierigkeit oder den Zufall als angebliche Ursache für ihren Erfolg sowie die eigenen Fähigkeiten als Ursache für den Misserfolg als wenig beeinflussbar.[358]

Die Attributionstheorie konkretisiert die geläufige Unterscheidung zwischen intrinsischer und extrinsischer Motivation dahingehend, dass bei intrinsischer Motivation das Verhalten auf interne Ursachen, bei extrinsischer Motivation das Verhalten auf externe Ursachen zurückgeführt wird.[359] In sozialpsychologischen Experimenten wurde der sog. „Untergrabungseffekt" oder „Korrumpierungseffekt" festgestellt: Versucht man Menschen, die in einer Arbeit eine hohe intrinsische Motivation haben, zusätzlich durch äußere Anreize (z. B. Geldprämien) zu motivieren, kann dies ggf. zu einer Verringerung der intrinsischen Motivation führen.[360] Der Grund kann darin liegen, dass den aus der Tätigkeit erwachsenen, also den inneren Anreizen, nicht mehr ungeteilte Aufmerksamkeit geschenkt wird, sondern ein Teil der Aufmerksamkeit sich auf die erwartete Belohnung konzentriert. So wandelt sich die intrinsische Motivation zumindest teilweise in eine extrinsische um. Dies gilt insbesondere, wenn diese äußeren Anreize nur einigen wenigen Beschäftigten in Aussicht gestellt werden. Dagegen können äußere Anreize bei wenig attraktiven Tätigkeiten, bei denen eine geringe intrinsische und große extrinsische Motivation besteht, von den unangenehmen Seiten der Arbeit ablenken und motivationssteigernd wirken.[361] Dieser Untergrabungseffekt trifft jedoch nicht auf alle Situationen zu. So müssen sich unerwartete Belohnungen oder immaterielle Verstärker (z. B. Lob oder Anerkennung) nicht unbedingt negativ auf die intrinsische Motivation auswirken.[362] Frey/Osterloh untersuchten den „Untergrabungseffekt", der von ihnen als „Verdrängungs-Effekt"[363] bezeichnet wird. Dabei stellten sie folgende Aspekte dar: Der Verdrängungs-Effekt ist durchaus in der Praxis festzustellen, er tritt jedoch unter bestimmten Bedingungen auf und muss nicht zwangsläufig schädlich sein. Zu diesen Bedingungen gehört, dass die/der durch den externen Eingriff Betroffene ein signifikantes Ausmaß an intrinsischer Arbeitsmotivation besessen haben muss, die dann verdrängt

---

[357] Vgl. Weiner, Human motivation, 1980, S. 346.
[358] Vgl. Scholz, Personalmanagement, 2000, S. 914.
[359] Vgl. Staehle, Management, 1999, S. 242.
[360] Vgl. Kuhl, Die Bedeutung materieller Leistungsanreize für die Arbeitsmotivation, in: Bertelsmann Stiftung/Institut für Wirtschaft und Gesellschaft Bonn e.V. (Hrsg.), Arbeitsmotivation und Führung, 1988, S. 69 (72 ff.); Ridder, Die Motivationskraft materieller Leistungsanreize, in: VOP 3/2000, S. 9 (11).
[361] Vgl. Dulisch, Leistungsprämien als Motivationsanreiz im öffentlichen Dienst, in: VR 2/1996, S. 50 (53 f.).
[362] Vgl. Staehle, Management, 1999, S. 242.
[363] Frey/Osterloh, Sanktionen oder Seelenmassage?, in: DBW 3/1997, S. 307 (307).

werden konnte. Weiterhin wird die intrinsische Motivation nur dann durch externe Intervention beeinflusst, wenn dadurch die Selbstbestimmung und Selbstachtung eingeschränkt wird.[364] Auch die intrinsische Motivation ist erst dann einer Organisation nützlich, wenn sie inhaltlich geeignet ist, den Organisationszielen zu dienen. Extrinsische Anreize, die die extrinsische Motivation stärken, können auch eine positive Wirkung auf eine Organisation haben, wenn sie eine zu stark ausgeprägte emotionale oder unerwünschte intrinsische Motivation kontrollieren, zur Zufriedenheit bei einer als uninteressant empfundenen Arbeit beitragen oder überhaupt erst intrinsische Motivation erzeugen (z. B. wenn zunächst unvertraute und als Überforderung empfundene Aufgabe überhaupt erst in Angriff genommen werden und sich später eine intrinsische Motivation einstellt). Bei der Gestaltung des Anreizsystems einer Organisation kommt es daher entscheidend auf die Beachtung der Austauschverhältnisse zwischen beiden Anreizarten an. Ziel der Gestaltung eines Anreizsystems ist die Erzeugung „inhaltlich geeigneter Motivation“[365] durch intrinsische Anreize und deren Disziplinierung und Koordination durch extrinsische Anreize.[366] Leistungsorientierte Entlohnung hat insbesondere eine Anreizwirkung bei einfachen Tätigkeiten, die nur deshalb ausgeführt werden, weil sie bezahlt werden, und bei Personen, die ihre Arbeitskraft ausschließlich aus Gründen des Gelderwerbs auf dem Markt anbieten und die daher nur wenig intrinsische Arbeitsmotivation besitzen, die verdrängt werden kann. Sie muss in jedem Fall ergänzt werden durch Instrumente der Mitarbeiterführung, die die intrinsische Motivation bewahren und erhöhen. Dazu gehören insbesondere Lob, unterstützende Kritik in Mitarbeitergesprächen, Möglichkeiten der Partizipation und ein eigenständiger Entscheidungsspielraum.[367]

Die Attributionstheorie, die tieferliegende Denkstrukturen des Menschen aufdeckt, ist durch verschiedene empirische Untersuchungen belegt worden.[368] Dieser Ansatz wird zunehmend „ein wichtiges Hilfsmittel zum Verständnis von langfristig rückgekoppelten Aktionsprozessen“[369]. Defizite zeigen sich jedoch in der instrumentellen Nutzung. So finden z. B. Veränderungsstrategien von Attributionsverhalten kaum Berücksichtigung.[370] Ein Verdienst der Attributionstheorie ist die Konkretisierung der Unterscheidung zwischen intrinsischer und extrinsischer Motivation und das Aufdecken der Wechselbeziehung zwischen beiden.

---

364 Vgl. Frey/Osterloh, Pay for Performance – Immer empfehlenswert?, in: zfo 2/2000, S. 64 (68).
365 Frey/Osterloh, Sanktionen oder Seelenmassage? Motivationale Grundlagen der Unternehmensführung, in: DBW 3/1997, S. 307 (308).
366 Vgl. Frey/Osterloh, Sanktionen oder Seelenmassage? Motivationale Grundlagen der Unternehmensführung, in: DBW 3/1997, S. 307 (308 ff.).
367 Vgl. Frey/Osterloh, Pay for Performance – Immer empfehlenswert?, in: zfo 2/2000, S. 64 (68 f.).
368 Dargestellt in: Scholz, Personalmanagement, 2000, S. 914 f.
369 Scholz, Personalmanagement, 2000, S. 915.
370 Vgl. Scholz, Personalmanagement, 2000, S. 915.

5.3.2.4 Bewertung der Prozesstheorien

Prozesstheorien gehen nicht wie die Inhaltstheorien davon aus, dass alle Menschen von denselben Motiven und Bedürfnissen geleitet werden. Ebenfalls sehen sie keine einfache Wenn-dann-Abfolge zwischen Anreiz und Motivation bzw. Leistungserbringung. Prozesstheorien stellen das Zusammenspiel verschiedener Faktoren heraus, die Motivation und in der Folge Leistungserstellung bewirken. Im Gegensatz zu den Inhaltstheorien betrachten die Prozesstheorien den Menschen als ein aktives, zukunftsorientiertes Wesen, das bewusste Entscheidungen trifft, indem es Anstrengung und Ergebnis miteinander verknüpft.[371] Eine hohe Motivationswirkung wird dann erzielt, wenn Aufgabenziele und Anreizsystem korrespondieren mit den individuellen Zielen der/des Beschäftigten. Voraussetzung ist demnach die Übereinstimmung zwischen Organisationszielen und der Motiv- und Bedürfnisstruktur des Individuums, die wiederum im Mittelpunkt der Inhaltstheorien steht. Prozesstheorien zählen zu den kognitiven Motivationsansätzen.[372] Sie gehen davon aus, dass das Individuum seine Entscheidungen zu jeder Zeit bewusst und rational trifft; ein Routinehandeln wird damit ausgeschlossen. Dies deckt sich jedoch nicht immer mit dem in der Praxis zu beobachtenden menschlichen Verhalten.[373] Darüber hinaus betrachten die Prozesstheorien nur einen Ausschnitt des gesamten Handlungsablaufs einer Person. Sie machen Aussagen zur Handlungsveranlassung, jedoch nicht zur Handlungsrealisation.[374]

5.3.3 Zusammenfassende Bewertung der Motivationstheorien

Die dargestellten Motivationstheorien liefern z. T. äußerst unterschiedliche Erklärungsmuster für die menschliche Motivation. Dabei ist die empirische Überprüfung der verschiedenen Motivationstheorien abhängig von der vorherigen Operationalisierung der Modellvariablen. Dies ist jedoch genau der Schwachpunkt der meisten Theorien. Daher lassen die unterschiedlichen theoretischen Ansätze zur Erklärung der Motivation teilweise konträre Konsequenzen in der praktischen Umsetzung zu. Oder Führungskräfte praktizieren isoliert nur diejenigen Aspekte, die für sie nachvollziehbar sind. Dabei fällt gerade bei den Motivationstheorien auf, dass „das nicht immer (fast nie) die unter wissenschaftlichen Aspekten ‚richtigen' Modelle sind"[375]. Tatsächlich ist unter den verschiedenen Ansätzen nirgendwo ein breit angelegtes Modell mit erschöpfenden Erklärungen für die verschiedenen Facetten menschlichen Verhaltens zu erkennen. Dennoch liefern die verschiedenen Konzepte ansprechende Erklärungen für enger definierte Ausschnitte des menschlichen Verhaltensspektrums, die als Basis für die Weiterent-

---

[371] Vgl. Staehle, Management, 1999, S. 231.
[372] Vgl. Staehle, Management, 1999, S. 231.
[373] Vgl. Semmer/Udris, Bedeutung und Wirkung von Arbeit, in: Schuler (Hrsg.), Lehrbuch Organisationspsychologie, 1993, S. 133 (142 f.); Wunderer, Führung und Zusammenarbeit, 1997, S. 149.
[374] Vgl. Staehle, Management, 1999, S. 244.
[375] Staehle, Management, 1999, S. 219.

wicklung der Motivationstheorien sowie als Orientierung für die praktische Arbeit in Organisationen dienen können.[376] Hinsichtlich der Leistungsanreize können Motivationstheorien fundiertes Hintergrundwissen für deren effektiven Einsatz liefern. Vor dem Hintergrund der Realitivität von Motivationstheorien sollte die Entwicklung neuer Anreizsysteme zunächst als Modell zur Erprobung implementiert werden, um schließlich die Wirkungen auf die Motivation der Beschäftigten systematisch zu kontrollieren.[377]

5.4 Motivation in der öffentlichen Verwaltung

Die menschliche Motivation ist nicht nur aus motivationstheoretischer Sicht bedeutsam, sondern auch in der Praxis von Organisationen und damit auch in der Praxis der öffentlichen Verwaltung.

5.4.1 Bedeutung der Motivation in Organisationen

Fragen und Problemstellungen der Leistungsmotivation haben in Organisationen seit einiger Zeit zunehmend an Bedeutung gewonnen. Die Gründe sind vor allem in den Veränderungen im Umfeld des Leistungshandelns zu suchen. Insbesondere sind folgende Aspekte zu nennen:[378]

- Der Wertewandel hat große Teile der Gesellschaft und damit auch der Arbeitswelt erfasst. In der Konsequenz machen Beschäftigte bislang nur wenig bedeutsame Bedürfnisse geltend.[379]
- Neue Fertigungs- und Informationstechnologien prägen das Leistungshandeln. Menschen sind neu und anders motivierbar. Als Folge verlieren bislang bewährte Leistungsanreize an Wirksamkeit und müssen durch neue ersetzt oder ergänzt werden.
- Die wachsende Komplexität und Dynamik des Leistungshandelns verändern auch die Motivation der Beschäftigten und die Anforderungen an Anreizsysteme.

Die Bedeutung der Motivation ist in den letzten Jahrzehnten in der Privatwirtschaft erkannt worden. Die Beschäftigten werden als eigentliche Ressource zum Erhalt und zur Steigerung der Produktivität betrachtet.[380] Es wurde jedoch auch erkannt, dass diese Motivation geweckt, erhalten und gefördert werden muss: „Mitarbeiter müssen in der Lage sein, den Wunsch zu entwickeln, gute Arbeitsergebnisse zu erzielen. Genauer ge-

---

[376] Vgl. Mayrhofer, Motivation und Arbeitsverhalten, in: Kasper/Mayrhofer (Hrsg.), Personalmanagement, Führung, Organisation, 1996, S. 225 (255).
[377] Vgl. Rosenstiel, Motivationale Grundlagen von Anreizsystemen, in: Bühler/Siegert (Hrsg.), Unternehmenssteuerung und Anreizsysteme, 1999, S. 47 (74 f.).
[378] Vgl. Schanz, Vorwort, in: Schanz (Hrsg.), Handbuch Anreizsysteme in Wirtschaft und Verwaltung, 1991, S. V.
[379] Zum Wertewandel zu Arbeit und Beruf vgl. Kap. 2.1.2.
[380] Vgl. Kleinbeck, Arbeitsmotivation, 1996, S. 95.

sagt, müssen sie in die Lage versetzt werden, diesen Wunsch zu besitzen und in die Tat umzusetzen."[381]
Bereits bei der Entscheidung für eine Stelle spielt die Deckungsgleichheit zwischen den Erwartungen des/der Bewerbers/in und den Chancen und Anforderungen einer Stelle eine zentrale Rolle. Dauerhafte Motivation entsteht dann, wenn zwischen den an eine Arbeitssituation herangetragenen motivationalen Erwartungen und den auf dieser Stelle gemachten Erfahrungen keine Diskrepanzen eintreten, die die Ursache für Enttäuschungen und Frustrationen sind. Das Eintreten dieser motivationszerstörenden Effekte hängt von subjektiven und objektiven Bedingungen ab wie z. B. von der persönlichkeitsbedingten Frustrationstoleranz des Individuums, von der Fähigkeit der/des Vorgesetzten, enttäuschende Beurteilungsergebnisse nachvollziehbar zu machen und Ursachen erkennbar werden zu lassen, die die/der Einzelne beeinflussen und beseitigen kann.[382]

5.4.2 Bedeutung der Motivation in der öffentlichen Verwaltung

Die Arbeitsverhältnisse der öffentlichen Verwaltung sind besonders geprägt als „Dienst- und Treueverhältnisse". Das bedeutet für beamtete Bedienstete, dass sie sich ihren Dienstpflichten mit andauernder hoher Leistungsmotivation hingeben. Als Gegenleistung und damit Sicherheitswert erhalten sie von ihrem Dienstherrn einen entsprechenden Unterhalt (Alimentationsprinzip). Damit liegt im öffentlichen Dienst ein von der Wurzel her anderes und historisch bedingt verschieden entwickeltes Motivationskonzept als in der Privatwirtschaft zu Grunde.[383] Oder aus einer anderen Sichtweise heraus betrachtet: „Man kann von einer bis hart an die Gegenwart heranreichenden traditionellen Abstinenz der deutschen Verwaltung bezüglich der Motivationsfrage sprechen, deren Ursache ohne Schwierigkeit aus dem bisher noch geltenden öffentlichen Dienstrecht abgelesen werden kann. ... Die herkömmliche Abstinenz der öffentlichen Verwaltung gegenüber der Motivationsthematik erklärt sich kurz gesagt daraus, daß – jedenfalls bisher – ein Maximum an Motivation schlicht als Erfüllung der unterschiedslos jedem Beamten obliegenden Dienstpflicht vorausgesetzt wurde."[384]
Man konnte jedoch bald feststellen, dass „unter den modernen gesellschaftlichen Bedingungen mit einer solchen Formel allein das Motivationspotential von Menschen nicht ausreichend aktiviert werden kann"[385]. Diese Prägung von hohem Pflichtbewusstsein

---

[381] Klages/Hippler, Mitarbeitermotivation als Modernisierungsperspektive, 1991, S. 9; vgl. ferner Kniehl, Motivation und Volition in Organisationen, 1998.
[382] Vgl. Klages, Motivierung von Mitarbeitern durch Anreize, in: Lüder (Hrsg.), Staat und Verwaltung, 1997, S. 455 (463).
[383] Vgl. Klages, Führung und Arbeitsmotivation in der öffentlichen Verwaltung, in: Klages (Hrsg.), Öffentliche Verwaltung im Umbruch, 1990, S. 7 (9); ferner Röber, Auf der Suche nach betriebswirtschaftlich orientierten Anreizsystemen in neueren Konzepten zur Verwaltungsreform, in: Schanz (Hrsg.), Handbuch Anreizsysteme in Wirtschaft und Verwaltung, Stuttgart 1991, S. 1103 (1106 f.)
[384] Klages, Motivierung von Mitarbeitern durch Anreize, in: Lüder (Hrsg.), Staat und Verwaltung, 1997, S. 455 (455 f.).
[385] Klages, Führung und Arbeitsmotivation in der öffentlichen Verwaltung, in: Klages (Hrsg.), Öffentliche Verwaltung im Umbruch 1990, S. 7 (9).

und Sicherheitsdenken der Arbeitsverhältnisse im öffentlichen Dienst verliert in unserer modernen Industriegesellschaft mit ihren Werten zunehmend an Bedeutung. In den letzten Jahrzehnten hat sich die soziale Situation von Beschäftigten des privaten und öffentlichen Sektors einander angeglichen. Das „Beamtenethos“[386] hat im öffentlichen Dienst seine beherrschende Stellung verloren insbesondere vor dem Hintergrund des gesellschaftlichen Wertewandels mit seiner Verschiebung von Pflicht- und Akzeptanzwerten zugunsten von Selbstverwirklichungswerten auch im Berufsleben.[387] Die Prägungen der Arbeitsverhältnisse der Angestellten in Privatwirtschaft und Verwaltung und der der beamteten Bediensteten nähern sich immer stärker einander an. Hinzu kommt, dass es in der öffentlichen Verwaltung kaum noch Stellen gibt, die ausschließlich für beamtete Bedienstete oder Angestellte zugeschnitten sind. Bei Stellenausschreibungen werden i. d. R. beide Möglichkeiten genannt.

Wenngleich es zahllose engagierte und hochmotivierte Beschäftigte im öffentlichen Dienst gibt, besteht dennoch die Gefahr, dass ihr Engagement im Laufe der Zeit erlahmt, da es „sich nicht in zweifelsfreien, für jedermann erkennbaren Erfolgsgrößen widerspiegelt und Eifer dementsprechend nicht belohnt wird.“[388]

Eine weitere Entwicklung prägt die öffentliche Verwaltung zunehmend: Es ist immer häufiger das Phänomen der inneren Kündigung zu beobachten. Dieses Phänomen zeigt sich in mangelndem Engagement und drückt sich im „Dienst nach Vorschrift“ aus. Das strikte Halten an Regelarbeitszeiten, das Vermeiden von informellen Besprechungen mit Vorgesetzten, das Erledigen von Routinearbeiten mit möglichst geringem Aufwand, das Nutzen von Freiräumen während der Dienstzeit für persönliche Interessen und eine überdurchschnittlich hohe Zahl an Krankheitstagen sind Kennzeichen dieser Entwicklungen.[389] Eine der Hauptursachen liegt in einer gestörten Führungsbeziehung zwischen Führungskräften und Beschäftigten. Weitere Gründe liegen in monotonen Routinearbeiten, uninteressanten Arbeitsinhalten, quantitativen und qualitativen Über- und Unterforderungen, Beförderungsstaus, unangemessener Bezahlung und der anfänglichen Vernachlässigung von Personalfragen in der Verwaltungsmodernisierung.[390] Aber auch der Ansehensverlust und das negative Image der öffentlichen Verwaltung sowie die „Beamtenschelte“ tragen zum Motivationsverlust und zur „inneren Kündigung“ von Beschäftigten im öffentlichen Dienst entschieden bei.[391]

Nicht zuletzt die knapper werdenden finanziellen Ressourcen, die mit ihnen verbundenen notwendigen Einsparungen, der Personalabbau und die Forderung von höheren

---

[386] Zum Beamtenethos vgl. Pippke, Berufsbeamtentum, in: Chmielewicz/Eichhorn (Hrsg.), Handwörterbuch der Öffentlichen Betriebswirtschaft, 1989, Sp. 86 (88), Sp. 88; ferner Balzereit, Personalwesen im öffentlichen Dienst, in: Gaugler/Weber (Hrsg.), Handwörterbuch des Personalwesens, 1992, Sp. 1839 (1845 f.)

[387] Zum Wertewandel zu Arbeit und Beruf vgl. Kap. 2.1.2.

[388] Brede, Grundzüge der Öffentlichen Betriebswirtschaftslehre, 2001, S. 162.

[389] Vgl. Hill/Frey, Motivationsinstrumente für eine Innovation der öffentlichen Verwaltung, in: VM, 1/1997, S. 7 (7).

[390] Vgl. Hill/Frey, Motivationsinstrumente für eine Innovation der öffentlichen Verwaltung, in: VM, 1/1997, S. 7 (7 f.).

[391] Vgl. Neumann, Zum Ansehensverlust der öffentlichen Verwaltung, in: Der Öffentliche Dienst 7/1999, S. 145-168.

Leistungen an die verbleibenden Beschäftigten haben Fragen aufwerfen lassen, wie erhöhtes Engagement und verstärkte Motivation der Mitarbeiter/innen erzielt werden können.[392] Die Mitarbeitermotivation wurde als eine unabdingbare Voraussetzung für die optimale Zielerreichung und Aufgabenerfüllung der Verwaltung erkannt.[393] Diese Entwicklungen haben zur Konsequenz, dass Erhalt und Förderung der Motivation auch in der öffentlichen Verwaltung zunehmend als entscheidende Aufgabe betrachtet wurde. Es wurde die Notwendigkeit einer zeitgemäßen Interpretation des Dienst- und Treueverhältnisses, eine entsprechende Personalführung und die Entwicklung unterschiedlicher Anreizkonzepte erkannt.[394] In der Folge bedeutet dies die Investition in Personalmanagementaktivitäten, die einerseits das Leistungsniveau und die Ergebnisqualität des Verwaltungshandelns verbessern, aber gleichzeitig auch einen Qualifikations- und Motivationsschub für die/den einzelnen Beschäftigten sowie für die ganze Belegschaft bedeuten.[395] Will eine Organisation die Motivationsbereitschaften ihrer Mitarbeiter/innen gezielt aktivieren, ist ein Motivationsmanagement notwendig.[396] Das Ziel des Motivationsmanagements ist letztlich die Identifikation der Beschäftigten mit der Verwaltung. Diese kann nicht verordnet werden, sondern kann nur erreicht werden, wenn die inhaltlichen Ziele der Verwaltung verknüpft werden mit den beruflichen und persönlichen Zielen der Beschäftigten.[397]

5.4.3 Bedeutung der Motivation in Kommunalverwaltungen

In den Kommunalverwaltungen hat die Motivation einen vergleichbaren Stellenwert wie oben beschrieben in der gesamten öffentlichen Verwaltung.
Dennoch sind in den Kommunalverwaltungen darüber hinaus einige Besonderheiten zu beobachten.[398]
Kommunalverwaltungen sind von ihrer Mitarbeiterzahl i. d. R. kleiner als viele andere Bereiche der öffentlichen Verwaltung (z. B. Landes- oder Bundesbehörden). Dies er-

---

[392] Vgl. Klages, Motivierung von Mitarbeitern durch Anreize, in: Lüder (Hrsg.), Staat und Verwaltung, 1997, S. 455 (456 f.).
[393] Vgl. Vaubel, Personalführung in der Verwaltung, in: Mattern (Hrsg.), Allgemeine Verwaltungslehre, 1994, S. 199 –210.
[394] Vgl. Klages, Personalentwicklung in der öffentlichen Verwaltung, in: Schanz (Hrsg.), Handbuch Anreizsysteme in Wirtschaft und Verwaltung, 1991, S. 1147 (1157); Klages/Hippler, Mitarbeitermotivation als Modernisierungsperspektive, 1991, S. 11; ferner Reichard, Motivationsförderungssysteme in der öffentlichen Verwaltung, in: Klages (Hrsg.), Öffentliche Verwaltung im Umbruch, 1990, S. 56 (60); Summer, Leistungsanreize/Unleistungssanktionen, in: ZBR 5/1995, S. 125 (128 f.); Fugmann-Heesing, Mitarbeitermotivation – ein Fremdwort für die öffentliche Verwaltung? (Teil 1), in: VM, 5/1995, S. 270 (271).
[395] Vgl. Hill/Frey, Motivationsinstrumente für eine Innovation der öffentlichen Verwaltung, in: VM, 1/1997, S. 7 (8).
[396] Vgl. Rosenstiel, Motivationale Grundlagen von Anreizsystemen, in: Bühler/Siegert (Hrsg.), Unternehmenssteuerung und Anreizsysteme, 1999, S. 47 (64).
[397] Vgl. Hill/Frey, Motivationsinstrumente für eine Innovation der öffentlichen Verwaltung, in: VM, 1/1997, S. 7 (12 f.).
[398] Diese Beobachtungen machte die Verfasserin während ihrer Tätigkeit als Referentin der KGSt in zahlreichen Gesprächen mit Kommunalbeschäftigten, in Arbeitsgruppen, Seminaren und Beratungsprojekten in Kommunalverwaltungen.

leichtert manche Wege durch die Verwaltungshierarchien und zeigt eine größere Beweglichkeit des gesamten Verwaltungsapparates. Mitarbeiterbefragungen zeigen, dass eine große Zahl der kommunalen Beschäftigten bereits durch den Reiz der kommunalen Aufgaben motiviert ist. Sie möchten z. B. gerne im sozialen Bereich oder im Umweltschutz arbeiten und finden in der Kommunalverwaltung ein geeignetes Betätigungsfeld.[399] Auch die größere regionale Nähe von Arbeitsplatz und Wohnort der meisten Beschäftigten wirkt sich auf eine höhere Zufriedenheit in den Kommunalverwaltungen aus. Innovationen in der öffentlichen Verwaltung gehen oft von der kommunalen Ebene aus.[400] Sie können eine größere Motivation der Beschäftigten bewirken; sie können jedoch bei Kommunalbeschäftigten auch Widerstände hervorrufen, die in der eigenen Person oder aber in Fehlern der Verwaltung bei Einführung und Umsetzung der Neuerungen begründet sind. Ein weiterer Grund für Widerstände ist in Ansätzen zur Verwaltungsmodernisierung zu erkennen, die häufig verknüpft sind mit Bemühungen um eine Haushaltskonsolidierung und die damit mit erheblichen Einsparungen auch im Personalbereich einhergehen.[401] Hier ist insbesondere der frühzeitige Einbezug der Mitarbeiter/innen sowie Motivierungsstrategien in Reformvorhaben notwendig.[402]
Eine weitere Besonderheit wird von Kommunalbeschäftigten oft als motivationsmindernd betrachtet: die Nähe zu den politischen Gremien (Rat, Kreistag). Insbesondere bei Stellenbesetzungen bei Führungskräften auf höheren Hierarchieebenen (mit Ausnahme der der kommunalen Wahlbeamten/innen) wird beklagt, dass die Parteipolitik einen stärkeren Ausschlag gibt als Leistung und Eignung.[403]
Darüber hinaus wird häufig berichtet, dass z. B. Sachbearbeiter/innen oder Projektgruppen in der Verwaltung in sich schlüssige Konzepte erarbeiten, die aber von den entsprechenden politischen Gremien nicht akzeptiert werden oder, je nach politischer Mehrheit, völlig anders entschieden werden. So erleben die Mitarbeiter/innen ihre Arbeit bisweilen als „umsonst“ oder erfolglos. Entscheidend ist in diesem Zusammenhang die Beachtung der verschiedenen mikropolitischen Systeme[404] und die frühzeitige und enge Zusammenarbeit zwischen Politik und Verwaltung[405].

---

[399] Vgl. Plamper, Leistungsprämien in Kommunen, in: der städtetag 12/1994, S. 797 (797).
[400] Z. B. das Neue Steuerungsmodell.
[401] Vgl. Löhr/Schöneich, Verwaltungsmodernisierung und notwendige Änderungen des Dienstrechtes, in: Verwaltungsrundschau 6/1995, S. 188 (190).
[402] Vgl. Klages/Hippler, Mitarbeitermotivation als Modernisierungsperspektive, 1991; Klages, Verwaltungsmodernisierung: "harte" und "weiche" Aspekte II., 1998, S. 27 ff.
[403] Vgl. Collisi, Auswahl von Führungskräften – ihre Bedeutung und ihr Stellenwert für die Veränderungsfähigkeit der öffentlichen Verwaltung, in: Drescher (Hrsg.), Handbuch zur Personalauswahl in der modernen Kommunalverwaltung, 2001, S. 170 (173); Lorig/Mayer-Schlöder, Die Parteipolitisierung des öffentlichen Dienstes, in: Verwaltungsrundschau 2/1992, S. 55-60; Scheuch/Scheuch, „Cliquen erkaufen sich Duldung, wenn sie Minderheiten fördern“, in: Frankfurter Rundschau Nr. 31, 6. Februar 1992, S. 14-15.
[404] Vgl. Neuberger, Mikropolitik, 1995; Neuberger, Vertrauen ist Mißtrauen!, in: Klimecki/Remer (Hrsg.), Personal als Strategie, 1997, S. 215-243; Quandt, Deformierte Verwaltungen und Verwaltungsreformen im Spannungsfeld mikropolitischer Aktivitäten, in: Verwaltungsrundschau 3/2000, S. 80-85.
[405] Vgl. KGSt (Hrsg.), Das Neue KGSt-Politikerhandbuch, S. 11, 63 f., 89 f.

5.5 Motivation und Leistungsanreize

Der Wertewandel prägt die Motive der Beschäftigten und damit die Anreizattraktivität von Leistungsanreizen. Diese grundlegende Beziehung wird zunächst erörtert. Die Basis aller Leistungsanreize stellt das Arbeitsverhältnis dar, deren motivationale Bedeutung nachfolgend dargestellt wird. Im Anschluss daran werden die motivationale Bedeutung von Leistungsanreizen sowie Möglichkeiten und Grenzen von Leistungsanreizen hinsichtlich der Mitarbeitermotivation erläutert.

5.5.1 Wertewandel und Anreizattraktivität

Werte als Persönlichkeitsmerkmale beeinflussen Einstellungen, Verhaltensweisen und Einschätzungen wahrgenommener Sachverhalte. Werte stellen, grundsätzlich und damit auch im Arbeitsprozess, eine Schlüsselstelle dar zwischen Situation und Person. Die Wahrnehmung bestimmter Situationsbedingungen (Anreize) kann Werte aktivieren. Diese aktivierten Werte wiederum motivieren zu einem spezifischen Arbeits- oder Leistungsverhalten.[406] Sollen Leistungsanreize demnach wirken, müssen sie an den spezifischen Werten des Individuums ansetzen. Die Werte der Individuen unterliegen dem gesellschaftlichen Wertewandel.

5.5.1.1 Gesellschaftlicher Wertewandel

Gesellschaftliche Werte und Normen verändern sich ständig. In diesem fortdauernden Wandel sind jedoch Entwicklungsstufen zu erkennen. Eine dieser Entwicklungsstufen ist seit den 60er Jahren des 20. Jahrhunderts zu verzeichnen:[407] Die Werthaltung der westlichen Welt hat sich, eindimensional betrachtet, von materialistischen zu postmaterialistischen Werten verschoben.[408] Dabei ist festzustellen, dass nicht nur ein Werteverlust, sondern auch ein Wertegewinn zu verzeichnen ist, so dass diese Entwicklung nicht ein Werteverfall, sondern ein mehrdimensionaler Wertewandel bedeutet.[409] Insbe-

---

[406] Vgl. Herbert, Wertewandel und Anreizattraktivität, in: Schanz (Hrsg.), Handbuch Anreizsysteme in Wirtschaft und Verwaltung, 1991, S. 53 (65).

[407] Vgl. Klages, Traditionsbruch als Herausforderung, 1993; S. 26; Klages, Wertewandel: Rückblick, Gegenwartsanalyse, Ausblick, in: Feix (Hrsg.), Personal 2000, 1991, S. 51 (59 ff); Klages/Hippler, Mitarbeitermotivation als Modernisierungsperspektive, 1991, S. 103; Rosenstiel, Wertewandel, in: Kieser (Hrsg.), Handwörterbuch der Führung, 1995, Sp. 2175 (2180).

[408] Vgl. Inglehart, Kultureller Umbruch, 1989, S. 90 ff.

[409] Vgl. Klages, Traditionsbruch als Herausforderung, 1993, S. 195; Klages, Zerfällt das Volk?, in: Klages/Gensicke (Hrsg.), Wertewandel und bürgerschaftliches Engagement an der Schwelle zum 21. Jahrhundert, 1999, S. 1 (1 ff.); zum Wertepluralismus vgl. Bickenbach/Sotwedel, Ordnung, Anreize und Moral, 1996, S. 15 ff.

sondere Klages hat den Wertewandel erforscht.[410] Er hat herausgestellt, dass sich der gesellschaftliche Wertewandel zeigt in einer Verschiebung von Pflicht- und Akzeptanzwerten wie Disziplin, Gehorsam, Pflichterfüllung, Selbstlosigkeit und Enthaltsamkeit zugunsten von Werten mit emanzipativ-idealistischem Gesellschaftsbezug und Selbstverwirklichungswerten.[411] Er hat verdeutlicht, dass gesellschaftliche Konformitätsansprüche ebenso wie Autoritätsansprüche, die lediglich durch Tradition, Brauch, Sitte oder gewohnheitsmäßig gewordene Übung begründet sind, als persönlichkeitseinengend und -beeinträchtigend erlebt und daher oftmals abgelehnt werden. Diese „Entnormativierung" des Denkens, Fühlens, Wertens und Verhaltens geht einher mit einem stark vermehrten Bedürfnis nach einer Lebensführung auf allen Gebieten, die nur der persönlichen Entscheidung und Gestaltung entspringt.[412]
Die nachfolgende Tabelle gibt die Wertgruppen wieder, die hauptsächlich am Wertewandel beteiligt sind.

	Selbstzwang und -kontrolle (Pflicht und Akzeptanz)	**Selbstentfaltung**
Bezug auf die Gesellschaft	„Disziplin" „Gehorsam" „Leistung" „Ordnung" „Pflichterfüllung" „Treue" „Unterordnung" „Fleiß"	*Idealistische Gesellschaftskritik* „Emanzipation" (von Autorität) „Gleichbehandlung" „Gleichheit" „Demokratie" „Partizipation" „Autonomie" (des Einzelnen)

410 Vgl. grundlegend Klages, Wertorientierung im Wandel, 1984; Klages, Traditionsbruch als Herausforderung, 1993.

411 Vgl. Klages, Wertorientierung im Wandel, 1984; Klages, Verwaltungsmodernisierung aus der Sicht der Wertewandelsforschung, in: König (Hrsg.), Verwaltung und Verwaltungsforschung, 2000, S. 89-115; Klages/Hippler, Führung und Arbeitsmotivation in Kommunalverwaltungen, 1989; ferner Bosetzky/Heinrich, Mensch und bürokratische Organisation, in: Hesse (Hrsg.), Politikwissenschaft und Verwaltungswissenschaft, 1982, S. 222-236; Herbert, Wertewandel und Anreizattraktivität, in: Schanz (Hrsg.), Handbuch Anreizsysteme in Wirtschaft und Verwaltung, 1991, S. 53-69; Hofmann, Psychopathologie der bürokratischen Organisations'kultur', in: Hofmann/Zapotoczky/Strunz (Hrsg.), Gestaltung öffentlicher Verwaltungen, 1993, S. 175 (179); Wyss, Der Einfluß veränderter Wertvorstellungen auf die Human Resources, in: io management Zeitschrift, 2/1990, S. 31-34.

412 Vgl. Klages, Wertorientierung im Wandel, 1984, S. 64; zu den Werten in Deutschland nach der Wiedervereinigung vgl. Gensike, Deutschland am Ausgang der neunziger Jahre, in: Klages/Gensicke (Hrsg.), Wertewandel und bürgerschaftliches Engagement an der Schwelle zum 21. Jahrhundert, 1999, S. 21-52.

	Selbstzwang und -kontrolle (Pflicht und Akzeptanz)	Selbstentfaltung
Bezug auf das individuelle Selbst	„Bescheidenheit“ „Selbstbeherrschung“ „Pünktlichkeit“ „Anpassungsbereitschaft“ „Fügsamkeit“ „Enthaltsamkeit“	*Hedonismus* „Genuß“ „Abenteuer“ „Spannung“ „Abwechslung“ „Ausleben emotionaler Bedürfnisse“ **Individualismus** „Kreativität“ „Spontanität“ „Selbstverwirklichung“ „Ungebundenheit“ „Eigenständigkeit“

Tabelle 3: Hauptsächlich am Wertewandel beteiligte Wertegruppen[413]

Folgende charakteristische Werttypen lassen sich unterscheiden:[414]

- **ordnungsliebende Konventionalisten**
  Diese Typen haben hohe Pflicht- und Akzeptanzwerte und niedrige Selbstentfaltungswerte. Für sie haben traditionelle Werte eine hohe Bedeutung; sie sind vom Wertewandel kaum erfasst worden.
- **perspektivlose Resignierte**
  Bei diesen Menschen sind sowohl geringe Pflicht- und Akzeptanzwerte als auch geringe Selbstentfaltungs- und Selbstentwicklungswerte zu erkennen. Bei ihnen ist ein Werteverlust festzustellen, d. h. sie haben die alten Werte verloren, ohne dass sich neue aufbauen konnten.

---

[413] Klages, Wertorientierung im Wandel, 1984, S. 18.

[414] Vgl. Franz/Herbert, Wertorientierte Arbeits- und Organisationsgestaltung als Motivierungskonzept, in: Personalwirtschaft 1/1987, S. 13 (13 ff.); Klages, Wertewandel in Deutschland in den 90er Jahren, in: Rosenstiel u. a. (Hrsg.), Wertewandel, 1993, S. 1 (12 f.); Klages, Wertewandel: Rückblick, Gegenwartsanalyse, Ausblick, in: Feix (Hrsg.), Personal 2000, 1991, S. 51 (36, 71 f.); Herbert, Wertewandel und Anreizattraktivität, in: Schanz (Hrsg.), Handbuch Anreizsysteme in Wirtschaft und Verwaltung, 1991, S. 53 (60 ff.).

- **aktive Realisten**
  Diese Menschen sind geprägt sowohl von hohen Pflicht- und Akzeptanzwerten als auch von hohen Selbstentfaltungswerten. Bei ihnen hat eine Wertsynthese stattgefunden, bei der alte und neue Werte gleichgewichtig vereint sind.
- **nonkonforme Idealisten**
  Diese Typen haben niedrige Pflicht- und Akzeptanzwerte und hohe Selbstentfaltungswerte. Sie sind vollkommen geprägt von dem Wertewandel in Form eines Werteumsturzes, in dem die alten Werte nicht mehr vorhanden und die neuen vollkommen verinnerlicht sind.
- **Hedomats**
  Diese Menschen haben ein starkes Interesse an materiellen Dingen, aber ein geringes Interesse an immateriellen und ideellen Zielen.

Der Wertewandel prägt die öffentliche Verwaltung insbesondere hinsichtlich der in ihr arbeitenden Beschäftigten in ihrer Einstellung zu Arbeit und Beruf.

5.5.1.2 Wertewandel zu Arbeit und Beruf

Werte befinden sich an der Schnittstelle zwischen der Organisation und dem Individuum. Für die Organisation bedeuten sie die Legitimationsgrundlage zum Handeln, für das Individuum die Identifikationsgrundlage. Ist die Schnittstelle beider Wertsysteme nicht oder nur in geringem Maß vorhanden, kann ein Spannungsverhältnis zwischen Organisation und dem Individuum entstehen. Diese vom Individuum erlebte Abweichung von den scheinbar objektivierten Werten der Organisation kann als Chance zu persönlichem Wachstum und zur Entwicklung oder als Beschränkung des eigenen Freiraums und der persönlichen Bedürfnisse erlebt werden.[415] Wertkonflikte können z. B. entstehen hinsichtlich des Selbstbestimmungsgrades der Aufgabenerledigung, des Grades der Arbeitsteilung, der Freiheit bzw. Unterordnung sowie der Übereinstimmung von Zielen der Organisation und des Individuums.[416] Sowohl die Organisation als auch das Individuum unterliegen dem Wertewandel, der nicht bei beiden parallel laufen muss. So besteht die Möglichkeit, dass sich beide Wertsysteme, dass sich nur das Wertsystem des Individuums oder nur das Wertsystem der Organisation verändern, jeweils so, dass sich die Diskrepanzen zwischen beiden Wertsystemen vergrößern.[417]
Das Verhältnis der Menschen zu Arbeit und Beruf hat sich dahingehend geändert, dass die Anforderungen an das Arbeitsumfeld gestiegen sind. Traditionelle Leistungswerte

---

[415] Vgl. Rosenstiel, Wandel in der Karrieremotivation, in: Rosenstiel (Hrsg.), Wertewandel, 1993, S. 47 (53 ff.).
[416] Vgl. Rosenstiel, Wandel in der Karrieremotivation, in: Rosenstiel (Hrsg.), Wertewandel, 1993, S. 47 (53).
[417] Vgl. Stengel, Wertewandel, in: Rosenstiel/Regnet/Domsch (Hrsg.), Führung von Mitarbeitern, 1995, S. 785 (791 f.).

wie Ordnungsliebe, Fleiß oder Einsatz haben an Bedeutung verloren.[418] Leistung wird nicht als moralischer Anspruch oder Selbstwert verstanden, sondern als Bestandteil der Lebensgestaltung. Die Unzufriedenheit mit monotonen Arbeitsinhalten und unzeitgemäßen Arbeitplatzausgestaltungen steigt ebenso wie der Wunsch, eine sinnvolle, verantwortungsvolle und herausfordernde Tätigkeit auszuüben.[419] Qualitative Veränderungen im Freizeitbereich hinsichtlich der Selbstbestimmung, des Spaß-Habens, des Selbst-Aktivseins und der sozialen Kontakte haben auch höhere Anforderungen an Anreize in der Arbeit zur Folge. Ebenso bewirken die Veränderungen der äußeren Arbeitsbedingungen und Maßnahmen zur Humanisierung des Arbeitsplatzes, dass die Identifikation mit und die Ansprüche an den Arbeitsplatz gestiegen sind.[420] Selbstentfaltungsmotive stellen daher eine wichtige Antriebsfeder für viele Beschäftigte dar. Empirische Untersuchungen zeigen, dass Menschen zunehmend ein Bedürfnis entwickelt haben, „Subjekt des eigenen Handelns“ zu sein. Die Folge dieses Bedürfnisses ist der Wunsch nach selbstbestimmten eigenverantwortlichen Tätigkeiten und der Mitwirkung in Tätigkeitszusammenhängen der Organisation, die individuelle Initiative und spontane Kommunikation ermöglichen.[421]

Mit dem Wertewandel einhergehend ist damit nicht zwingend eine Abnahme der Leistungsorientierung festzustellen, sondern durch das Angebot einer verstärkten intrinsischen Motivation einer Reihe von Mitarbeiter/innen bestehen große Leistungspotenziale. Damit diese Leistungspotenziale genutzt werden können, bedarf es eines Umfelds und entsprechender Führungskräfte, die vergleichbare Werte vertreten. Dies ist jedoch auch heute noch nicht selbstverständlich, so dass insbesondere in der öffentlichen Verwaltung Menschen mit völlig unterschiedlichen Werthaltungen aufeinander und auf unterschiedliche Strukturen treffen.[422]
Soll sich die Diskrepanz zwischen Individuum und Organisation nicht vergrößern, muss auch die Organisation einen entsprechenden Wertewandel vollziehen. Geschieht dies nicht, so sind unterschiedliche Reaktionen der Mitarbeiter/innen vorstellbar: Entweder die Beschäftigten leisten offenen Widerstand oder sie passen sich an, indem sie Selbstentfaltungswerte abbauen und gleichzeitig Pflicht- und Akzeptanzwerte reaktivieren oder indem sie Selbstentfaltungswerte vom Arbeitsbereich in den Freizeitbereich verlegen.[423] Mehrere Mitarbeiterbefragungen in der öffentlichen Verwaltung bestätigten die Tendenz auch bei Beschäftigten des öffentlichen Dienstes, dass Tätigkeitsmerkma-

---

418 Vgl. Klages, Traditionsbruch als Herausforderung, 1993, S. 26.
419 Vgl. Klages/Gensicke, Mit immateriellen Anreizen motivieren, in: Die innovative Verwaltung, 5/1997, S. 30 (31 f.).
420 Vgl. Opaschowski, Von der Geldkultur zur Zeitkultur, in: Schanz (Hrsg.), Handbuch Anreizsysteme in Wirtschaft und Verwaltung, 1991, S. 35 (37).
421 Vgl. Klages, Good Governance in entwickelten Ländern?, in: Hill/Klages (Hrsg.), Good Governance und Qualitätsmanagement, 2000, S. 1 (9).
422 Vgl. Klages, Traditionsbruch als Herausforderung, 1993, S. 267.
423 Vgl. Klages, Wertorientierung im Wandel, 1984, S. 28 ff.

le, die der Befriedigung des Bedürfnisses nach Selbstverwirklichung dienen, als die wichtigsten Merkmale gesehen werden.[424]

5.5.1.3 Wertewandel und Leistungsanreize

Der Wandel hinsichtlich der dargestellten Werte und Wertgruppen hat weitreichende Konsequenzen für das Thema „Leistungsanreize": Leistungsanreize können nur wirken, wenn sie an den zentralen Werten der Menschen ansetzen. In früheren Jahrzehnten setzten Leistungsanreize an Werten wie z. B. Gehorsam, Pflichterfüllung oder Anpassungsbereitschaft an. Entsprechend wurden die Leistungsanreize ausgestaltet: Verhielt sich jemand gehorsam, pflichtbewusst oder anpassungsbereit, wurde dieses Verhalten durch immaterielle Anreize wie Lob oder materielle Anreize wie zusätzliche Entlohnung belohnt. Menschen mit einem gewandelten Wertebewusstsein mit zentralen Werten wie Autonomie, Abwechslung oder Selbstverwirklichung sind nur durch Leistungsanreize ansprechbar, die an diesen gewandelten Werten ansetzen: Immaterielle Leistungsanreize wie die Erweiterung der Eigenverantwortung, verschiedene Formen der Arbeitsgestaltung oder eine Personalentwicklung, die die Entwicklung der Fähigkeiten unterstützt, erhalten eine hohe Anreizwirkung auf die einzelnen Beschäftigten.
Heutige arbeitende Menschen daher nicht mehr in erster Linie durch materielle Anreize, hierarchische Strukturen oder Pflichtbewusstsein zu beruflicher Leistung und engagiertem Arbeitsverhalten motivierbar. Sollen die Anreize einer Organisation ihre Wirkung erreichen, muss zwischen den Leistungen, die eine Organisation von den einzelnen Beschäftigten fordert, und Art und Umfang der Leistungsanreize, die sie bietet, eine Balance bestehen. Materielle Anreize verlieren an Bedeutung, Anreize wie Geselligkeit, Status und Organisationsziele, mit denen sich die Beschäftigten identifizieren können, gewinnen an Bedeutung.[425]
Auf der Basis von Untersuchungen bei Arbeitern/innen, Angestellten und Beamten/innen Ende der 80er Jahre des 20. Jahrhunderts sind fünf Hauptmerkmale gebildet worden, die eine Anreizwirkung auf Beschäftigte ausüben: Geld, Spaß, Zeit, Sinn, Status. Alle Faktoren sind letztlich auf ein Ziel des heutigen Menschen ausgerichtet: „Mehr vom Leben haben"[426]. Entsprechend wurden fünf Arbeitsformen gebildet, die heutige Beschäftigte an einem Arbeitsplatz als Anreiz erleben, wenn auch in individueller Form und mit unterschiedlicher Priorität:[427]

---

[424] Vgl. z. B. Klages, Erfolgreich führen und motivieren, in: Wagner (Hrsg.), Personal und Personalmanagement, 1998, S. 51 (57); Klages, Verwaltungsmodernisierung: "harte" und "weiche" Aspekte II., 1998, S. 79 (85); Klages/Gensicke, Mit immateriellen Anreizen motivieren, in: iv 5/1997, S. 30 (32); Klages/Gensicke/Haubner, Die Mitarbeiterbefragung, in: VOP 5/1994, S. 322 (325); ferner Kap. 8.1.

[425] Vgl. Herbert, Wertewandel und Anreizattraktivität, in: Schanz (Hrsg.), Handbuch Anreizsysteme in Wirtschaft und Verwaltung, 1991, S. 53 (63 f.).

[426] Opaschowski, Von der Geldkultur zur Zeitkultur, in: Schanz (Hrsg.), Handbuch Anreizsysteme in Wirtschaft und Verwaltung, 1991, S. 35 (37 f.).

[427] Vgl. Opaschowski, Von der Geldkultur zur Zeitkultur, in: Schanz (Hrsg.), Handbuch Anreizsysteme in Wirtschaft und Verwaltung, 1991, S. 35 (41 ff.).

- **Geld-Arbeit**
  Geld als Sicherung des Lebensunterhalts stellt insbesondere für Arbeiter/innen einen großen Anreiz zur Arbeitsleistung dar. Die Einkommenshöhe hat jedoch ebenfalls einen eigenen Stellenwert innerhalb einer Organisation und hat deshalb Statuscharakter.
- **Spaß-Arbeit**
  „Spaß an der Arbeit" löst immer mehr den Wert „Pflicht" ab. Zu einer Arbeit, die Freude macht, gehören persönliche Betätigungs- und Bestätigungsmöglichkeiten, Gruppen- und Erfolgserlebnisse.
- **Zeit-Arbeit**
  Arbeitzeit soll vereinbar sein mit der Frei-Zeit; Wünsche nach flexibleren Arbeitszeiten, kürzerer Tages- und Wochenarbeitszeit wie nach Teilzeit steigen.
- **Sinn-Arbeit**
  Der Faktor Sinn hat für arbeitende Menschen eine besonders hohe Relevanz: „Die künftige Leistungsmotivation der Mitarbeiter resultiert wesentlich aus dem Faktor Sinn."[428] Sinn lässt den Grund erkennen, warum man etwas macht. Zu beachten ist jedoch, dass zwar der Sinn-Faktor auf einigen, jedoch nicht allen Arbeitsplätzen ausgeweitet werden kann.
- **Status-Arbeit**
  Status oder Aufstiegsmöglichkeiten haben ihre Anreizwirkung für die Leistungsmotivation in den letzten Jahren zunehmend verloren. Ausnahmen stellen Leitende Angestellte und höhere Beamte dar, für die Karriere einen besonderen Stellenwert hat.[429] Aber auch Arbeiter/innen wünschen sich zumindest mehr Anerkennung und höheres Ansehen im Beruf.

Einen sehr hohen Anreiz stellen insbesondere die Möglichkeiten dar, Freizeit wie z. B. Partnerschaft, Familie, Freizeitinteressen oder Urlaubsaktivitäten mit dem Beruf zu verbinden. Auch der Standortfaktor, z. B. eine Stadt mit hohem Freizeitwert, stellt für viele Beschäftigte einen hohen Anreiz für berufliche Mobilität dar.[430]
Organisationen wandeln sich jedoch auf Grund erstarrter Strukturen langsamer als Individuen, so dass Diskrepanzen bestehen zwischen den Werten und Anreizen der Organisationen und den gewandelten Werten, den Leistungs- und Arbeitsmotiven der Beschäftigten. Insbesondere die Bedürfnisse nach Autonomie und Selbstentfaltungsbedürfnisse im Beruf müssen die Möglichkeit erhalten, durch organisatorische Entwicklungen aufgegriffen zu werden und sich entfalten zu können.[431] Folgende organisatorische

[428] Opaschowski, Von der Geldkultur zur Zeitkultur, in: Schanz (Hrsg.), Handbuch Anreizsysteme in Wirtschaft und Verwaltung, 1991, S. 35 (45).
[429] Vgl. auch Kuhl, Die Bedeutung materieller Leistungsanreize für die Arbeitsmotivation, in: Bertelsmann Stiftung/Institut für Wirtschaft und Gesellschaft Bonn e.V. (Hrsg.), Arbeitsmotivation und Führung, 1988, S. 69 (72).
[430] Vgl. Opaschowski, Von der Geldkultur zur Zeitkultur, in: Schanz (Hrsg.), Handbuch Anreizsysteme in Wirtschaft und Verwaltung, 1991, S. 35 (46 ff.).
[431] Vgl. Herbert, Wertewandel und Anreizattraktivität, in: Schanz (Hrsg.), Handbuch Anreizsysteme in Wirtschaft und Verwaltung, 1991, S. 53 (67).

strukturelle Bedingungen stellen Anreize dar, die diese Werte aufgreifen und aktivieren können:[432]

- o Beteiligung der Mitarbeiter/innen an Zielformulierungen zur Schaffung einer Organisationsidentität,
- o ganzheitliche Strukturierung von Arbeitsinhalten im Rahmen einer zielorientierten Grobplanung, die noch Spielräume für situative Flexibilität offen lässt, um auch einzelne Arbeitsinhalte als sinnvoll erleben zu können,
- o Flexibilisierung von Arbeitszeit und Arbeitsort,
- o Ermöglichung von horizontaler und vertikaler informeller Kommunikation durch eine weniger hierarchisierte Aufbauorganisation, durch den Abbau dysfunktionaler Hierarchien und der teilweisen Einrichtung teilautonomer Arbeitsgruppen,
- o offene Informationspolitik und Informationsfeedback,
- o stärkere Anpassung von Arbeitsplatzstrukturen und individuellen Arbeitsplatzbedürfnissen durch Erfassung der individuellen Bedürfnisse und Schaffung eines internen Arbeitsmarktes,
- o Entwicklung des individuellen Leistungspotenzials durch Vermeidung von Über-, aber auch von Unterforderung sowie durch Verteilung von Lob und Kritik,
- o Delegation von Verantwortungsübernahme durch Schaffung von individuellen Kompetenz- und Handlungsspielräumen,
- o neues Rollenverständnis der Führungskräfte, das sich von Personen mit detaillierter Fach- und Sachkompetenz zu Motivatoren/innen, Initiatoren/innen und Moderatoren/innen sozialer Prozesse der Selbststeuerung entwickelt.

Erst wenn sich die Mitarbeiter/innen durch die ihnen angebotenen Anreize in ihren Werten angesprochen fühlen, sind sie bereit, ihr Leistungs- und Fähigkeitspotenzial in die Arbeit zu investieren.
Die öffentliche Verwaltung hat dem Umstand Rechnung zu tragen, dass auch bei ihren Beschäftigten tendenziell Selbstentfaltungswerte eine vorrangige Rolle spielen. Beschäftigte des öffentlichen Dienstes sind an einer effektiven und effizienten Aufgabenerledigung mit hoher Eigenverantwortung interessiert Die öffentliche Verwaltung kann von heutigen Beschäftigten erst dann ein leistungsorientiertes Verhalten erwarten, wenn sie den Selbstentfaltungsbedürfnissen ihrer Beschäftigten entsprechende Angebote gegenüberstellt.[433]: Zu diesen Angeboten für die Beschäftigten in der öffentlichen Verwaltung mit einem gewandelten Werteverständnis gehören, wie diese Arbeit zeigen wird, die vielfältigen Leistungsanreize, die die Beschäftigten mit ihren unterschiedlichen Werten und Bedürfnissen ansprechen sollen.[434]

---

[432] Vgl. Herbert, Wertewandel und Anreizattraktivität, in: Schanz (Hrsg.), Handbuch Anreizsysteme in Wirtschaft und Verwaltung, 1991, S. 53 (68). Ein Teil der aufgeführten Bedingungen findet sich so oder vergleichbar in der Beschreibung der immateriellen Leistungsanreize in Kap. 8 wieder.

[433] Vgl. Klages, Chancen des Wertewandels, in: Teufel (Hrsg.), Was hält die moderne Gesellschaft zusammen?, 1996, S. 45-49; Klages, Die Situation des öffentlichen Dienstes, in: König/Siedentopf (Hrsg.), Öffentliche Verwaltung in Deutschland, 1997, S. 517 (525).

[434] Zu weiteren Ausführungen zur Beeinflussung der Anreizattraktivität durch den Wertewandel vgl. Kap. 5.5.1.

5.5.2 Motivationale Bedeutung des Arbeitsverhältnisses

Der grundlegende Anreiz zur Arbeit und zur Leistung basiert auf einem Tausch auf der Basis des Arbeitsvertrages. In dieser "Austauschbeziehung"[435] wird die geleistete Arbeit gegen die Vergütung getauscht. Diese Austauschbeziehung kann von unterschiedlichen Seiten her betrachtet werden:

Juristisch gesehen hat die Arbeitnehmerseite neben der Arbeitspflicht auch die Treuepflicht, die Arbeitgeberseite neben der Lohnzahlungspflicht die Fürsorgepflicht und die Gleichbehandlungspflicht.

Psychologisch, insbesondere **verhaltenswissenschaftlich** gesehen, handelt es sich über die Leistungs-Lohn-Beziehung um eine Art „psychologischen Vertrag"[436]. Gemeint sind damit die Erwartungen hinsichtlich Rechte, Privilegien und Pflichten, mit denen jeweils Individuum und Organisation sich gegenübertreten. Dazu gehören z. B. die Erwartung auf faire Behandlung seitens der Organisation, die der hohen Engagementbereitschaft seitens des/der Mitarbeiters/in. Diese Erwartungen sind i. d. R. nicht vertraglich im juristischen Sinne festgelegt.

Ursprünglich stellte die Leistungs-Lohn-Beziehung den einzigen Inhalt auch des psychologischen Vertrages dar. Das Arbeitsentgelt bedeutete demnach in früheren Zeiten den entscheidenden Leistungsanreiz. Anreize darüber hinaus bewegten sich im Rahmen der Inhalte des psychologischen Vertrags. Diese grundlegenden Erwartungen auf der Basis der Leistungs-Lohn-Beziehung haben sich verändert, weiterentwickelt und ausgebaut. Zwei Gründe werden für diese Veränderungen genannt:

Auf der **Mitarbeiterseite** prägte vor allem der dargestellte Wertewandel die Erwartungen der Beschäftigten hinsichtlich verstärkter Eigenverantwortung und autonomer Entscheidungsbereiche, verstärkter Zeitsouveränität, Arbeitsinhalten, die die eigenen Fähigkeiten herausfordern und Entwicklungsperspektiven über traditionelle Karrierevorstellungen hinaus.[437]

Seitens der **Organisation** veränderte insbesondere die Entwicklung der Technik die Erwartungen an die Beschäftigten im Rahmen des psychologischen Vertrages. Folgende Bereiche sind hier zu nennen:[438]

- Die Technologieentwicklung erfordert neben der traditionellen Arbeitsteilung verstärkt Zusammenarbeit und Kooperation, die durch Leistungsanreize unterstützt werden müssen.

---

435 Schanz, Motivationale Grundlagen der Gestaltung von Anreizsystemen, in: Schanz (Hrsg.), Handbuch Anreizsysteme in Wirtschaft und Verwaltung, 1991, S. 3 (5).

436 Dieser Begriff wurde geprägt durch Schein, dargestellt in: Schanz, Motivationale Grundlagen der Gestaltung von Anreizsystemen, in: Schanz (Hrsg.), Handbuch Anreizsysteme in Wirtschaft und Verwaltung, 1991, S. 3 (5). Bisweilen wird auch vom „impliziten Arbeitsvertrag" gesprochen, vgl. Benz, Partizipation und Kommunikation als Motivatoren, in: zfo 1/2000, S. 92-96.

437 Dargestellt und zusammengefasst in: Schanz, Motivationale Grundlagen der Gestaltung von Anreizsystemen, in: Schanz (Hrsg.), Handbuch Anreizsysteme in Wirtschaft und Verwaltung, 1991, S. 3 (6 f.); vgl. ferner Kap. 2.1.2, 5.5.1.

438 Dargestellt und zusammengefasst in: Schanz, Motivationale Grundlagen der Gestaltung von Anreizsystemen, in: Schanz (Hrsg.), Handbuch Anreizsysteme in Wirtschaft und Verwaltung, 1991, S. 3 (7 f.).

- Durch die Entwicklung neuer Techniken wird die Erwartung der Anpassungs- und Lernbereitschaft an die Beschäftigten gestellt, auf die sich Leistungsanreize beziehen müssen.
- Dienstleistungen und Produkte müssen im Rahmen der Wettbewerbsfähigkeit komplexen Problemlösungen entsprechen und kundenorientiert sein. Leistungsanreize müssen sich daran orientieren.
- Durch den Wandel von Technologien und Märkten müssen Organisationen und Unternehmen wandlungs- und zukunftsfähig sein. Die dafür notwendige Kreativität muss durch Leistungsanreize gefördert werden.
- Reformen können nur dann wirksam werden, wenn sie von den betroffenen Beschäftigten akzeptiert werden. Leistungsanreize können diese Reformbereitschaft fördern.
- Um die strategischen Ziele einer Organisation verfolgen zu können, muss ein Anreizsystem so gestaltet sein, dass es langfristig wirksames Verhalten im Sinne dieser strategischen Ausrichtung belohnt.
- Große Organisationen haben insbesondere Schwierigkeiten mit ihrer Flexibilität, denen durch entsprechende Anreize hinsichtlich des internen Unternehmertums entgegengewirkt werden kann.

Diese veränderten Inhalte des psychologischen Vertrages auf Arbeitgeber- wie auf Arbeitnehmerseite bieten entscheidende Ansatzpunkte für den Einsatz von Leistungsanreizen.

5.5.3 Motivationale Bedeutung von Leistungsanreizen

Die Wirkung von Leistungsanreizen auf die Motivation und Leistungsbereitschaft von Beschäftigten sowie deren Zusammenwirken wird, wie die Darstellung der verschiedenen Motivationstheorien gezeigt hat,[439] seitens der Wissenschaft, aber auch in der Praxis von Wirtschaft und Verwaltung äußerst kontrovers diskutiert.[440]

Zusammenfassend sind drei in der Diskussion der Praxis von Organisationen vertretene Positionen hinsichtlich der motivationalen Bedeutung von Leistungsanreizen erkennbar:

- Die eine Richtung misst den extrinsischen, i. d. R. materiellen Anreizen einen hohen Stellenwert zu. Sie geht davon aus, dass durch konkrete Motivierungsangebote vor allem extrinsischer Art die Beschäftigten einer Organisation zu bestimmtem Verhalten zu motivieren sind. So wird z. B. angenommen, dass die entscheidende Arbeitsmotivation des Menschen das Geldverdienen ist. Je geringer der Verdienst, um so höher wird diese Motivationswirkung vermutet. In dieser Richtung stehen die unzähligen Modelle für Anreizsysteme in der Privatwirtschaft, die

---

[439] Vgl. Kap. 5.

[440] Vgl. Jung, Personalwirtschaft, 1999, S. 374 ff.; Mayrhofer, Motivation und Arbeitsverhalten, in: Kasper/Mayrhofer (Hrsg.), Personalmanagement, Führung, Organisation, 1996, S. 225 ff.; Tondorf, Leistungszulagen als Reforminstrument?, 1995, S. 15 ff.

versuchen, vor allem über verschiedene Entgeltsysteme Motivation und Leistung der Beschäftigten zu beeinflussen.

- Die andere Richtung hinterfragt diese Motivationspolitik kritisch. In der populärwissenschaftlichen Diskussion vertritt insbesondere Sprenger in seinem Werk „Mythos Motivation“ die Auffassung, dass die Motivation von Beschäftigten bereits vorhanden ist und diese nicht „motiviert“ werden bräuchten; es müssten lediglich Motivationshemmnisse abgebaut werden. Sprenger unterscheidet zwischen der fremdgesteuerten Motivierung durch Vorgesetze oder Anreizsysteme und der Motivation als Selbststeuerung des Individuums.[441] Die Fremdmotivierung geht von Motivationslücken bei der/dem einzelnen Beschäftigten aus, bei denen der Beschäftigte etwas von sich heraus nicht tun will. Das Individuum kann jedoch manipuliert werden und zeigt bei bestimmten Anreizen bestimmte Reaktionen. Die Führungskraft setzt eine Kombination von Mitteln wie Bedrohung, Bestrafung, Bestechung, Belohnung und Belobigung ein, um diese Motivationslücke zu schließen und die erwünschten Verhaltensweisen zu erreichen.[442] Das Individuum konzentriert sich auf das Erreichen der Belohnung; Bedeutung und Ergebnis der Arbeit sowie die Identifikation mit ihr treten dahinter zurück.[443]
- Zwischen diesen beiden Polen sind Positionen zu erkennen, die besagen, dass der Mensch zwar in erster Linie intrinsisch motiviert ist. Werden bei hoher innerer Motivation äußere Anreize (z. B. finanzielle Zuwendungen) eingesetzt, wäre es sogar möglich, dass die innere Motivation sich verringert, da die Leistung weniger aus innerem Interesse als aus der Hoffnung auf die Belohnung erbracht wird. Datenanalysen im Zusammenhang mit Untersuchungen zu Ursachenfaktoren der bei Beschäftigten feststellbaren Bereitschaften zur „inneren Kündigung“, die vom Forschungsinstitut für öffentliche Verwaltung bei der Deutschen Hochschule für Verwaltungswissenschaften Speyer in verschiedenen Verwaltungen des öffentlichen Dienstes durchgeführt wurden, zeigten weiterhin folgende Ergebnisse: Die Bereitschaften zur inneren Kündigung traten insbesondere bei denjenigen Mitarbeiter/innen auf, die interessiert waren an materiellen Leistungsanreizen. Diejenigen Beschäftigten mit hohem Interesse an intrinsischen Tätigkeitskriterien zeigten eine geringe Neigung zur inneren Kündigung. Bestätigt wurden diese Ergebnisse durch eine Analyse der allgemeinen Arbeitszufriedenheit der Befragten, die eine hohe Abhängigkeit zwischen dem Grad der Arbeitszufriedenheit und der Realisierung intrinsischer Tätigkeitswünsche zeigten.[444]

In der Praxis wird zunehmend den immateriellen Leistungsanreizen, insbesondere den intrinsischen, d. h. den Anreizen, die mit der Tätigkeit selbst verknüpft sind, ein besonderer Stellenwert zugemessen. Auch in den Bereichen, in denen

---

441 Vgl. Sprenger, Mythos Motivation, 1997, S. 20; ferner Sprenger, Das Prinzip Selbstverantwortung, 1996; zu einer vergleichbaren Position vgl. Eberspächer, Ressource Ich, 1998, S. 131 ff..

442 Vgl. Sprenger, Mythos Motivation, 1997, S. 49 f.

443 Vgl. Sprenger, Mythos Motivation, 1997, S. 110 f.; zur Darstellung des sog. „Untergrabungseffektes“ vgl. auch Kap. 5.3.2.3

444 Vgl. Klages, Verwaltungsmodernisierung: "harte" und "weiche" Aspekte II., 1998, S. 106.

in den letzten Jahren materielle Leistungsanreize im Vordergrund standen, z. B. in der Großindustrie, gewinnen immaterielle Leistungsanreize zunehmend an Bedeutung.[445] Kernpunkt dieser intrinsischen Anreize auch in der öffentlichen Verwaltung sind vor allem Selbstständigkeit und Selbstverantwortung sowie der Eindruck einer sinnerfüllten und interessanten Arbeit: „Moderne Mitarbeiter, die einen an Boden gewinnenden neuen Typus repräsentieren, wollen ihren Arbeitsplatz als ‚ihre' Tätigkeitssphäre erleben."[446]
Auch wenn der Schwerpunkt dieser Position die Stärkung der intrinsischen Motivation ist, hält diese Position es für möglich, dass darüber hinaus auch äußere Anreize eine Wirkung auf die Motivation ausüben können. Diese Motivationswirkung hängt jedoch von zahlreichen Faktoren ab, unter anderem wie hoch die innere Motivation ist, von der Art des Anreizes und der Einschätzung der Wahrscheinlichkeit, ihn zu erhalten, inwieweit der Anreiz auf ein zentrales Bedürfnis der/des Beschäftigten trifft und von den konkreten Rahmenbedingungen.[447]

Erste Erfahrungen mit Leistungsanreizen in Kommunalverwaltungen lassen die dritte Position für Kommunalbeschäftigte als besonders zutreffend erscheinen.[448] Für die öffentliche Verwaltung kann es nicht darum gehen, immaterielle Leistungsanreize gegen materielle auszuspielen. Mitarbeitermotivation, immaterielle und materielle Leistungsanreize gehören untrennbar zusammen.[449] Dennoch zeigen Mitarbeiterbefragungen in der öffentlichen Verwaltung ein hohes Interesse an „intrinsischen" Merkmalen, die vorrangig mit immateriellen Leistungsanreizen anzusprechen sind, so dass die derzeitig einseitig auf die materiellen Leistungsanreize ausgerichtete Diskussion in ein anderes Licht gerückt wird: „Mit ‚materiellen' Leistungsanreizen, die in der aktuellen Diskussion um die Reform des öffentlichen Dienstrechts ins Scheinwerferlicht geraten sind, ist also offenbar ‚kein (schlanker) Staat zu machen'. Die Goldader ist vielmehr eindeutig bei den ‚nicht-materiellen Anreizen' zu suchen. In gewisser Weise erinnert die gegebene Diskrepanz zwischen den augenblicklichen Anstrengungen und den faktischen Erfolgschancen an den bekannten Witz über den Mann, der den im Dunkeln verlorenen Hausschlüssel wider besseren Wissens unter der Straßenlaterne sucht, weil das Suchen dort scheinbar leichter fällt."[450] Es ist davon auszugehen, dass bei dem Einsatz von Leistungsanreizen verschiedene Aspekte je unterschiedlich auf die Situation der Beschäftigten in der öffentlichen Verwaltung zutreffen. Die Wirksamkeit und Geltung dieser verschiedenen Aspekte ist abhängig von der Kultur der Verwaltung, den bewussten und unbewussten Anreizstrukturen der öffentlichen Verwaltung insgesamt und der der ein-

[445] Vgl. Hill/Frey, Motivationsinstrumente für eine Innovation der öffentlichen Verwaltung, in: Verwaltung und Management, 1/1997, S. 7 (9).
[446] Klages/Hippler, Mitarbeitermotivation als Modernisierungsperspektive, 1991, S. 12.
[447] Vgl. Klages, Notwendige Voraussetzungen für eine erfolgreiche Einführung von Leistungsprämien im öffentlichen Dienst, unveröffentlichtes Manuskript.
[448] Nach Informationen der Mitglieder der KGSt-Arbeitsgruppe „Immaterielle und materielle Leistungsanreize" sowie Erfahrungen der Verfasserin in der Beratung von Kommunalverwaltungen.
[449] Vgl. Klages, Vorwort, in: die innovative Verwaltung, 2/1995, S. 3.
[450] Klages, Erfolgreich führen und motivieren, in: Wagner (Hrsg.), Personal und Personalmanagement in der modernen Verwaltung, 1998, S. 51 (60 f.).

zelnen Verwaltung im besonderen, von dem jeweiligen Führungsstil der handelnden Führungskräfte und der individuellen Persönlichkeit der Mitarbeiter/innen.[451] In allen oben dargestellten Motivationstheorien[452] spielt die grundsätzliche Motivationslage des Menschen für die Möglichkeit, diese durch Anreize zu verstärken oder zu verringern, einer zentrale Rolle. Insbesondere die Motivationslage der Mitarbeiter/innen ist demnach entscheidend für die Wirkungsweise der verschiedenen Arten von Leistungsanreizen. Sollen Leistungsanreize, gleich welcher Art, wirken, müssen sie an der Motivationslage und den Bedürfnissen der einzelnen Beschäftigten ansetzen: „Nochmals vereinfacht ausgedrückt kann man bei motivierend gemeinten ‚*Anreizen'* . . . je nach der Bereitschaft der Adressaten, in der gewollten Richtung zu reagieren, entweder ‚richtig liegen' oder ‚daneben zielen' "[453]. Auswirkung auf die Wirksamkeit von Anreizen hat darüber hinaus das Ausmaß der Wünsche und Erwartungen, die das Individuum an die Situation bzw. konkret an die Tätigkeit bzw. Stelle in einer Verwaltung heranträgt.[454]
Unter Beachtung dieser verschiedenen Wirkfaktoren geht die vorliegende Arbeit daher von folgenden Grundannahmen hinsichtlich des Zusammenhangs zwischen Motivation und dem Einsatz von Leistungsanreizen aus:

- Bei dem Einsatz von immateriellen und materiellen Leistungsanreizen ist die Individualität jeder/s Beschäftigten zu beachten.
- Liegt eine hohe intrinsische Motivation vor, kann diese durch intrinsische Anreize (z. B. eine interessante Arbeit, die den Fähigkeiten der/des Beschäftigten entspricht) unterstützt werden.
- Bestimmte Anreize wirken zwar nicht motivationssteigernd; fehlen sie jedoch, wirkt dieser Zustand demotivierend (z. B. leistungsgerechte Bezahlung).
- Extrinsische Anreize (z. B. finanzielle Zuwendungen) können eine Motivationswirkung vor allem bei geringer innerer Motivation zeigen.
- Die Motivationswirkung ist sowohl bei intrinsischen als bei extrinsischen Anreizen dann besonders hoch, wenn der Anreiz auf ein zentrales Bedürfnis der/des Beschäftigten trifft und der Erhalt des Anreizes als wahrscheinlich erscheint. Jedes dieser Bedürfnisse kann durch unterschiedliche Formen immaterieller oder materieller Leistungsanreize angesprochen und gestillt werden.

Abschließend werden noch einige Anmerkungen zu dem Einsatz von Sanktionen hinsichtlich ihrer Motivationwirkung gemacht. Die oben dargestellten Voraussetzungen lassen ebenfalls auf die Wirkung von Sanktionen schließen. Unter Sanktionen sind zwei Formen zu unterscheiden: Sanktionen im Sinne von Bestrafungen, Sanktionen, die durch die Nicht-Vergabe von Anreizen entstehen. Sanktionen im Sinne von Bestrafungen können zwar ein bestimmtes Verhalten bewirken (z. B. Androhung von Disziplinar-

[451] Vgl. Kap. 6.
[452] Vgl. Kap. 5.
[453] Klages, Motivierung von Mitarbeitern durch Anreize, in: Lüder (Hrsg.), Staat und Verwaltung, 1997, S. 455 (459).
[454] Vgl. Klages, Motivierung von Mitarbeitern durch Anreize, in: Lüder (Hrsg.), Staat und Verwaltung, 1997, S. 455 (461).

maßnahmen); dieses resultiert jedoch i. d. R. aus der Angst vor der Bestrafung, nicht aus einer Motivationssteigerung.[455] Es scheint heute im öffentlichen Dienst wenig sinnvoll, schwache Leistungen mit Sanktionen zu belegen.[456] Sanktionen, die durch die Nicht-Vergabe von Anreizen entstehen (z. B. keine Übernahme bei der „Führung auf Zeit"), sind sozusagen die Kehrseite der Gewährung von Leistungsanreizen. Die Nicht-Vergabe kann lediglich als Bestrafung verstanden werden oder aber Auswirkungen auf die Motivation haben. Dies hängt z. B. davon ab, inwieweit der in Aussicht gestellte Leistungsanreiz eher die innere oder die äußere Motivation betrifft, Leistungsanreiz und Leistung in einem sachlichen und zeitlich engem Zusammenhang standen oder die Nicht-Vergabe des Leistungsanreizes der/dem Beschäftigten sachlich begründet wird (z. B. bei Minderleistungen). Das Festlegen von Sanktionen sollte zunächst Strategien beinhalten, mit denen zukünftig Schlechtleistungen überwunden werden können (z. B. die gemeinsame Suche nach Ursachen, keine Schuldzuweisung, Sanktion zunächst als Anreiz, zu ändern und zu verbessern und erst bei Misserfolg als Strafe).[457]
Bei allen Formen von Leistungsanreizen und Sanktionen muss beachtet werden, dass isoliert eingesetzte einzelne Leistungsanreize kaum eine motivationale Bedeutung haben, sondern dass dauerhaft die Motivation der Beschäftigten gefördert werden muss: „‚Motivation' ist etwas Unteilbares; sie lässt sich nicht mit kurzfristigen Kampagnen und isolierten Anreizen herbeiführen."[458]

5.5.4 Möglichkeiten und Grenzen von Leistungsanreizen hinsichtlich der Mitarbeitermotivation

Versteht man unter dem Begriff „Leistungsanreize" lediglich immaterielle und insbesondere materielle Anreize, die an der extrinsischen Motivation ansetzen, so sind die Wirkungsmöglichkeiten zum Erhalt und zur Erhöhung der Mitarbeitermotivation begrenzt.[459] Materielle Leistungsanreize haben „Mittelcharakter"[460]. Sie erhalten insbesondere dann eine Wirkung, wenn sie die Ausführung einer relativ unangenehmen Tätigkeit attraktiver machen sollen, so dass sogar das Interesse an der Arbeit selber geweckt werden kann. Die Höhe der Belohnung muss allerdings in einer angemessenen Relation zu der zu

455 Angst stellt in Organisationen einen Kostenfaktor und nicht einen Faktor zur Motivationssteigerung dar, vgl. Panse/Stegmann, Kostenfaktor Angst, 1996.
456 Vgl. Brede, Betriebswirtschaftslehre, 1997, S. 109.
457 Vgl. Plamper, Kontraktmanagement, in: VM 4/2000, S. 234 (238).
458 Wächter, Tendenzen der betrieblichen Lohnpolitik in motivationstheoretischer Sicht, in: Schanz (Hrsg.), Handbuch Anreizsysteme in Wirtschaft und Verwaltung, 1991, S. 195 (213).
459 Vgl. z. B. Borg/Bergmaier, Über die zweifelhafte Strategie, Leistung durch monetäre Anreize erhöhen zu wollen, in: Personalführung 8/1992, S. 640-649; Frey, Verwaltungs-Organisationskulturveränderung durch Personalentwicklung im Neuen Steuerungsmodell, 1998, S. 163 ff.; Grawert, Strategische Anreizsysteme – Grenzen extrinsicher Motivation, in: Knebel/Wagner (Hrsg.), Management by Zander, 1997, S. 39-54; Sprenger, Mythos Motivation, 1997; zur Unterscheidung zwischen Leistungsanreizen, die die intrinsische oder die extrinsische Motivation betreffen, vgl. Kap. 3.1.2.5.
460 Frey, Verwaltungs-Organisationskulturveränderung durch Personalentwicklung im Neuen Steuerungsmodell, 1998, S. 163.

erbringenden Leistung stehen.[461] Voraussetzung für einen wirkungsvollen Einsatz materieller Anreize ist das Geschick und Gespür der Verantwortlichen für die individuelle Bedürfnisstruktur der einzelnen Beschäftigten.[462] Dennoch haben materielle Leistungsanreize Grenzen hinsichtlich der Förderung der intrinsischen Motivation. Daher ist bei ihrem Einsatz besonders auf den Erhalt der intrinsischen Motivation zu achten: „Je mehr es darum geht, die intrinsische Motivation der Mitarbeiter für eine weitgehend intrinsisch befriedigende berufliche Tätigkeit aufrechtzuerhalten oder zu stärken, um so unauffälliger und beiläufiger sollten zusätzliche materielle Leistungsanreize eingesetzt werden."[463]

Bei dem Einsatz von materiellen Leistungsanreizen sind folgende Risikofaktoren zu beachten:[464]

- o Vorliegen eines besonders hohen Interesses für eine Tätigkeit,
- o Vorliegen eines Zustandes bei den betroffenen Beschäftigten, der schnell folgende Handlungen beeinträchtigen könnte (herbeigeführt z. B. durch monotone Arbeitsbelastung oder vorher erlebten Misserfolg),
- o Vorliegen von Manipulationsangst, z. B. bei Interpretation des Leistungsanreizes als Manipulationsinstrument.

Liegt einer oder mehrere dieser Risikofaktoren vor, ist es wichtig, motivationsbeeinträchtigende Auswirkungen materieller Leistungsanreize zu verhindern. Folgende Maßnahmen, die erfolgreiche Führungskräfte intuitiv einsetzen, sind dafür hilfreich:[465]

- o streng leistungskontingente Anreizkonfiguration, d. h. materielle Leistungsanreize werden nur gewährt, wenn klar definierte Leistungskriterien erfüllt sind,
- o Verzicht auf übermäßig starke Thematisierung des Leistungsanreizes,
- o „Selbstbeteiligung" bei der Verteilung des materiellen Leistungsanreizes, z. B. werden die Beschäftigten gebeten, ihre Erwartungen bzgl. einer angemessenen Verteilung der materiellen Anreize zu artikulieren.

Die wirkliche und andauernde Aktivierung und Steigerung von Motivation und Leistung sind nicht über immaterielle oder materielle Leistungsanreize zu erreichen, die die extrinsische Motivation betreffen, sondern über diejenigen Anreize, die den intrinsischen

---

[461] Vgl. Kuhl, Die Bedeutung materieller Leistungsanreize für die Arbeitsmotivation, in: Bertelsmann Stiftung/Institut für Wirtschaft und Gesellschaft Bonn e.V. (Hrsg.), Arbeitsmotivation und Führung, 1988, S. 69 (72 f.).

[462] Vgl. Kuhl, Die Bedeutung materieller Leistungsanreize für die Arbeitsmotivation, in: Bertelsmann Stiftung/Institut für Wirtschaft und Gesellschaft Bonn e.V. (Hrsg.), Arbeitsmotivation und Führung, 1988, S. 69 (77).

[463] Kuhl, Die Bedeutung materieller Leistungsanreize für die Arbeitsmotivation, in: Bertelsmann Stiftung/Institut für Wirtschaft und Gesellschaft Bonn e.V. (Hrsg.), Arbeitsmotivation und Führung, 1988, S. 69 (77).

[464] Vgl. Kuhl, Die Bedeutung materieller Leistungsanreize für die Arbeitsmotivation, in: Bertelsmann Stiftung/Institut für Wirtschaft und Gesellschaft Bonn e.V. (Hrsg.), Arbeitsmotivation und Führung, 1988, S. 69 (81).

[465] Vgl. Kuhl, Die Bedeutung materieller Leistungsanreize für die Arbeitsmotivation, in: Bertelsmann Stiftung/Institut für Wirtschaft und Gesellschaft Bonn e.V. (Hrsg.), Arbeitsmotivation und Führung, 1988, S. 69 (81).

Tätigkeitsinteressen und -bedürfnissen der Beschäftigten Möglichkeiten der Verwirklichung einräumen. Bei den immateriellen Anreizen handelt es sich dabei insbesondere um die Schaffung von Systembedingungen, die Motivation ermöglichen und fördern.[466] Dies wird erreicht durch den weitestgehenden Verzicht auf Belohnungs-Bestrafungs-Systeme und den Aufbau einer offenen, partnerschaftlichen, aber leistungsorientierten Atmosphäre mit der Vergrößerung des individuellen Freiraums innerhalb des eigenen Aufgabengebietes, der Übertragung ganzheitlicher Verantwortung und Entscheidung und die Schaffung von „Commitments": „Wenn mit einem Mitarbeiter als souveränem Akteur eine wirkliche Übereinkunft erzielt wird, dann benötigt man keine zusätzliche Motivation, weder zur Leistung noch zu Kreativität und Kritik."[467]
Dieser Art von Leistungsanreizen, die in dieser Arbeit ebenso unter dieser Begrifflichkeit gefasst wird, kommt eine wichtige und notwendige Bedeutung für Erhalt und Förderung der intrinsischen Motivation und damit letztlich der Leistung zu. Leistungsanreize, die an der extrinsischen Motivation ansetzen, können dort wirksam werden, wo intrinsische Motivation wenig oder gar nicht vorhanden ist und diese kaum gestärkt werden kann (z. B. bei Routinearbeiten oder wenig beliebten Arbeiten). Hier kann zumindest extrinsische Motivation aufgebaut werden.

5.6 Zusammenfassung

Motivation als solche ist nicht unmittelbar, sondern nur über erkennbare Anzeichen wahrzunehmen. Zur Entstehung von Motivation sind eine motivierte Person sowie eine motivierende Situation mit auf die Motive der Person einwirkenden Anreizen notwendig. Motive lassen sich in physische, psychische und soziale, primäre und sekundäre sowie intrinsische und extrinsische Motive differenzieren. Damit es zur Motivation und schließlich zur Handlung kommt, ist ein Motivationsprozess mit mehreren Phasen notwendig. Für die Arbeitsmotivation sind insbesondere das Leistungsmotiv, das Kompetenzmotiv, das Geselligkeitsmotiv, das Geldmotiv, das Sicherheitsmotiv und das Prestigemotiv bedeutsam. Wenngleich in der Motivationsforschung keine einheitliche Motivationstheorie zu erkennen ist, lassen sich die Motivationstheorien in zwei Grundkategorien einteilen: die Inhaltstheorien und die Prozesstheorien. Die Inhaltstheorien liefern Theoriemodelle und Denkanstöße darüber, *was*, d. h. welches Motiv, Ursache eines bestimmten Verhaltens sein kann. Sie beschreiben unterschiedliche Motivstrukturen, die den Menschen zur Arbeit motivieren und bestimmte Verhaltensweisen auslösen. Bedeutsame Inhaltstheorien sind die Bedürfnistheorie von Maslow, die E-R-G-Theorie von Alderfer, die Zweifaktorentheorie von Herzberg, die Theorie der gelernten Bedürfnisse von Mc Clelland und die X-Y-Theorie von Mc Gregor. Im Mittelpunkt von Prozesstheorien steht nicht

---

[466] Vgl. Klages, Die Situation des öffentlichen Dienstes, in: König/Siedentopf (Hrsg.), Öffentliche Verwaltung in Deutschland, 1997, S. 517 (528).

[467] Grawert, Strategische Anreizsysteme – Grenzen extrinsicher Motivation, in: Knebel/Wagner (Hrsg.), Management by Zander, 1997, S. 39 (53).

das Was, sondern das *Wie* des motivierten Verhaltens. Sie erforschen kognitive Prozesse der Verhaltensaktivierung, die Faktoren ihrer Lenkung und Erhaltung (z. B. Ziele, Anreize, Belohnungen, Erwartungen) und das Zusammenwirken der Faktoren. Zu den Prozesstheorien gehören die Erwartungsvalenztheorien, die Gleichgewichtstheorien und die in jüngster Zeit entwickelten attributionstheoretischen Motivationsmodelle. Wenngleich kein motivationstheoretischer Ansatz ein breit angelegtes Modell mit erschöpfenden Erklärungen für die menschliche Motivation und deren Möglichkeiten ihrer Beeinflussung darstellt, so liefern die verschiedenen Konzepte plausible Erklärungen für enger definierte Ausschnitte des menschlichen Verhaltensspektrums und geben damit Orientierung für die praktische Arbeit in Organisationen. Die Bedeutung der Motivation der Beschäftigten in Organisationen ist auf Grund des gesellschaftlichen Wandels gewachsen. Vor dem Hintergrund der Prägung der Arbeitsverhältnisse in der öffentlichen Verwaltung als „Dienst- und Treueverhältnisse" wird von den Beschäftigten eine andauernd hohe Leistungsmotivation erwartet. Dieses spezifische Motivationskonzept des öffentlichen Dienstes verliert jedoch vor dem Hintergrund des gesellschaftlichen Wertewandels mit seiner Verschiebung von Pflicht- und Akzeptanzwerten zugunsten von Selbstverwirklichungswerten auch im Berufsleben seine Wirkung. Vor dem Hintergrund des Phänomens der inneren Kündigung in der öffentlichen Verwaltung, der Finanzkrise, dem daraus resultierenden Personalabbau und der Leistungsverdichtung werden Erhalt und Förderung der Motivation der Beschäftigten in der öffentlichen Verwaltung zunehmend als entscheidende Aufgabe betrachtet. Dies gilt auch für Kommunalverwaltungen, in denen die Motivation der Mitarbeiter/innen noch einmal besonders geprägt ist durch den Reiz kommunaler Aufgaben, die Innovationsfreudigkeit von Kommunalverwaltungen und die Nähe zu den politischen Vertretungen. Der Wandel der Bedeutung der Motivation prägt auch den Zusammenhang zwischen Motivation und Leistungsanreizen. So wandelt sich auch die Anreizattraktivität: Während in früheren Jahren materielle Anreize, hierarchische Strukturen oder Pflichtbewusstsein zu beruflicher Leistung anspornten, spielen heute Selbstentfaltungsmotive und damit Anreize wie Geselligkeit, Status und Organisationsziele, mit denen sich die Beschäftigten identifizieren können, eine zentrale Rolle. Diesen Bedürfnissen der Beschäftigten müssen entsprechende Anreizangebote der Organisation entgegenstehen. Der grundlegende Anreiz zur Arbeit und zur Leistung basiert auf einem Tausch zwischen geleisteter Arbeit gegen Vergütung auf der Basis des Arbeitsvertrages. In dem darauf aufbauenden „psychologischen Vertrag" werden seitens der Organisation weitere Anforderungen an die Beschäftigten und seitens der Beschäftigten Erwartungen hinsichtlich Eigenverantwortung, Zeitsouveränität, fähigkeitsbezogener Arbeitsinhalten, Entwicklungsperspektiven etc. an die Organisation gestellt. Der Einsatz von Leistungsanreizen hat Möglichkeiten wie auch Grenzen: Sollen Leistungsanreize motivationsfördernd eingesetzt werden, müssen sie insbesondere an den intrinsischen Motiven der Beschäftigten ansetzen. Dies trifft vor allem auf diejenigen immateriellen Anreize zu, die motivationsfördernde Systembedingungen schaffen. Materielle Leistungsanreize können nur unter Beachtung bestimmter Risikofaktoren effektiv eingesetzt werden. Die Ziele, die mit dem Einsatz von Leistungsanreizen hinsichtlich der Beschäftigten verbunden werden, sind insbesondere Erhalt und Steigerung der Motivation und Arbeitszufriedenheit.

II Rahmenbedingungen

6 Voraussetzungen für den Einsatz von Leistungsanreizen

Leistungsanreize können nur sinnvoll eingesetzt werden, wenn bestimmte Voraussetzungen erfüllt sind. Als entscheidende Voraussetzungen werden nachfolgend die Einbindung von Leistungsanreizen in die Gesamtverwaltung, insbesondere in die Verwaltungsreform, das kommunale Management und das Personalmanagement, die Führung, die Ermittlung der Verwaltungsziele, die Motivations- und Bedürfnisermittlung, die Wahl der passenden Leistungsanreize, die Ermittlung von Leistung und Potenzialen und das Anreizcontrolling dargestellt.

6.1 Einbindung in die Gesamtverwaltung

Sowohl immaterielle als auch materielle Leistungsanreize sollten nie nur sporadisch, zufällig oder isoliert vom übrigen Verwaltungsgeschehen vergeben werden. Eine grundlegende Voraussetzung für den Erfolg des Einsatzes von Leistungsanreizen ist ihre Einbindung in die Gesamtverwaltung, ihre Reform und ihre Konzepte.

6.1.1 Verwaltungsreform

Leistungsanreize müssen in die Verwaltungsreform, die durch sie veränderten Strukturen und die veränderte Kultur eingebunden werden. Sie müssen als ein Teilelement der Modernisierung verstanden werden und konzeptionell und zeitlich mit anderen Reformmaßnahmen abgestimmt werden. Grundlegende Modernisierungsmaßnahmen wie die Neugestaltung der Fach- und Ressourcenverantwortung, die Vereinfachung von Zuständigkeits- und Verfahrensregeln, neue dienstleistungs- und produktorientierte Standards oder Personalentwicklungskonzepte sollten vor der Einführung neuer Leistungsanreize in den Verwaltungen geplant und eingeführt werden. Anreize sollten dabei die Reformelemente unterstützen; vorhandene Anreize sollten überprüft werden, inwieweit sie den Reformbestrebungen dienlich sind.[468] Die Gewährung von Leistungsanreizen benötigt reformorientierte betriebswirtschaftliche Instrumente wie die Einführung von Kostenrechnungen, Kennzahlensystemen und Controlling für die Messbarkeit von Verwaltungsleistungen und die Zurechnung auf einzelne Bedienstete oder Gruppen und Teams.[469] Die Ergebnisverantwortlichkeiten werden klar definiert, so dass eine Grundlage für Anreizsysteme geschaffen wird, um zielorientiertes Handeln honorieren zu kön-

---

[468] Vgl. Tondorf, Leistungszulagen im öffentlichen Dienst – ein Instrument gegen den Strukturkonservatismus?, in: WSI Mitteilungen 3/1996, S. 182 (188), ferner Kap. 11.

[469] Vgl. Fugmann-Heesing, Mitarbeitermotivation – ein Fremdwort für die öffentliche Verwaltung? (Teil 2), in: VM, 6/1995. S. 365 (369).

nen.[470] Das Produkt und der Beitrag des/der einzelnen Mitarbeiters/in zu seiner Erstellung bilden den Ausgangspunkt von Anreizsystemen.[471] Die dezentrale Fach- und Ressourcenverantwortung und die Definition produktorientierter Standards stellen weiterhin wichtige Voraussetzungen für den Erfolg von Anreizsystemen dar.[472] Was nachfolgend für materielle Leistungsanreize formuliert ist, ist auf alle Leistungsanreize übertragbar: „Als Motivationsanreiz sind Zulagen für sich allein genommen nur begrenzt wirksam, in Verbindung mit arbeitsorganisatorischen Reformen können sie jedoch nachhaltig wirken."[473] Entscheidend ist die Einbindung in eine veränderte Verwaltungskultur. So ist der Zusammenhang mit der grundsätzlichen Leistungsorientierung der Verwaltung zu überprüfen: „LAS (Leistungsanreizsysteme, Anm. d. V.) dürfen dann allerdings niemals verkürzt als ‚bloßes Instrument' mißverstanden werden, das einmal eingeführt, von sich aus Wirkungen entfaltet. LAS bieten nur eine Chance im Zusammenhang mit einer neuen ‚Unternehmensphilosophie', die Leistung ins Zentrum der Verbesserungsbemühungen stellt und dauernd thematisiert."[474] Bei der Einführung von Leistungsanreizsystemen geht es „um eine neue Unternehmenskultur und Bewußtseinsformung, um eine ‚Human Resource Management' "[475]. Da der Einsatz von Leistungsanreizen im Rahmen der Verwaltungsreform noch ausführlich erläutert wird,[476] wird an dieser Stelle auf weitere Ausführungen verzichtet.

6.1.2 Kommunales Management

Leistungsanreize müssen in das gesamte Management einer Verwaltung eingebunden werden und bestimmte Funktionen in ihm erfüllen. Hilfreich zum Verständnis dieser Ebenen ist das Konzept des kommunalen Managements.

6.1.2.1 Konzept des Kommunalen Managements

Kommunalverwaltungen, die in den Reformprozess gehen, entwickeln vielfach Leitbilder und/oder generelle Ziele. Sie tun sich jedoch oftmals schwer mit der Umsetzung auf die operative Ebene. Andere Verwaltungen entwickeln konkrete Aktivitäten und führen Maßnahmen durch, indem sie z. B. die einzelnen Elemente des Neuen Steuerungsmodells realisieren. Sie stellen jedoch bisweilen fest, dass die Gefahr groß ist, sich in die-

---

470 Vgl. Röber, Auf der Suche nach betriebswirtschaftlich orientierten Anreizsystemen in neueren Konzepten zur Verwaltungsreform, in: Schanz (Hrsg.), Handbuch Anreizsysteme in Wirtschaft und Verwaltung, 1991, S. 1103 (1117).

471 Vgl. Hein, Leistungszulagen: Ein Instrument der Verwaltungsreform?, in: VM 5/1995, S. 309 (309).

472 Vgl. Tondorf, Leistungszulagen als Reforminstrument?, 1995, S. 76 ff.; zu Leistungsanreizen in der Verwaltungsreform und im Neuen Steuerungsmodell vgl. Kap. 11.

473 Tondorf, Leistungszulagen im öffentlichen Dienst – ein Instrument gegen den Strukturkonservatismus?, in: WSI Mitteilungen 3/1996, S. 182 (188).

474 Vesper, Leistungsanreizsysteme und andere (auch nicht monetäre) Möglichkeiten der Mitarbeitermotivation, in: ZTR 4/1996, S. 150 (151).

475 Vesper, Leistungsanreizsysteme und andere (auch nicht monetäre) Möglichkeiten der Mitarbeitermotivation, in: ZTR 4/1996, S. 150 (1512).

476 Vgl. Kap. 11.

sen Aktivitäten zu „verzetteln". Oft entsteht der Eindruck eines „Bruchstückwerks", dessen Gesamtbild aus dem Blick geraten ist oder erst gar nicht erkannt wurde. Wie jede Organisationsentwicklung hat auch das Neue Steuerungsmodell Euphorie ausgelöst; es zeigen sich jedoch gleichzeitig auch Grenzen.[477] Als eine grundlegende Lücke des Neuen Steuerungsmodells wird das Theoriedefizit[478] sowie Defizite an strategischem Management[479] hervorgehoben. Inzwischen sind Entwicklungen zu verzeichnen, die die einzelnen Elemente des Neuen Steuerungsmodells in ein umfassendes und systematisches Gesamtkonzept des kommunalen Managements integrieren.[480]

In diesem Konzept werden drei verschiedene Managementebenen unterschieden:[481]

1. **normatives Management**

   Auf dieser Ebene stehen die generellen Ziele der Verwaltung, die Prinzipien, die Verwaltungskultur, die Normen, Spielregeln, Visionen und Programme, kurz: das Leitbild, im Vordergrund. Diese Elemente sind darauf ausgerichtet, die Lebens- und Entwicklungsfähigkeit der Verwaltung zu ermöglichen.

   Das kommunale normative Management muss sich auf dieser Ebene mit drei Entwicklungsfeldern beschäftigen:

   - **programmatischer** Entwicklungspfad = inhaltliche Begründung und Ausrichtung,
   - **konstitutioneller** Entwicklungspfad = strukturelle Begründung und Ausrichtung,
   - **kultureller** Entwicklungspfad = verhaltensbezogene Begründung und Ausrichtung.

2. **strategisches Management**

   Ziel des strategischen Managements ist der Aufbau, die Pflege und die Nutzung von Erfolgspotenzialen, für die Ressourcen eingesetzt werden müssen. Hier sind Strategien, strategische Ziele, Pläne, Potenziale, Ressourcenverteilung etc. anzusiedeln.[482]

---

477 Vgl. zu Euphorie und Grenzen der Organisationsentwicklung Rieckmann, Organisationsentwicklung – von der Euphorie zu den Grenzen, in: Sattelberger (Hrsg.), Die lernende Organisation, 1994, S. 125-143.

478 Vgl. Jann, Public Management in Germany, in: Kickert (Hrsg.), Public Management and Administrative Reform in Western Europe, 1997, S. 83-102; ferner Ast, Chancen und Grenzen des Neuen Steuerungsmodells im öffentlichen Bereich, in: VM 5/2000, S. 289-294; andere Stimmen fordern insbesondere den Praxisbezug und konkrete Handlungsanregungen bei der Verwaltungsmodernisierung, vgl. Werner, Die Phase der Konzeptionen ist vorbei, in: VOP 1-2/2000, S. 14-16.

479 Vgl. Oppen/Wegener, Kommunale Spitzeninnovationen, 1998, S. 28 ff.

480 Vgl. Heinz, Kommunales Management, 2000; ferner Braun, Konzept des integrierten Kommunalmanagements, in: Die Verwaltung 3/1999, S. 377-402; Heinz, Mit Strategischem Management erfolgreich steuern, in: VOP-Sonderheft 1/2001, S. 9-11; KGSt-Bericht Nr. 8/2000: Strategisches Management I; KGSt-Bericht Nr. 9/2000: Strategisches Management II; Luge, Anforderungen an ein neues Management, in: VOP 1-2/2001, S. 14-17; Schmidt/Beutel, Ganzheitliche Steuerung in den Kommunen. Lebensqualität im kommunalen Umfeld sicherstellen, in: VOP-Sonderheft 1/2001, S. 16-18.

481 Vgl. zum Folgenden Heinz, Kommunales Management, 2000, S. 11 ff.

482 Vgl. auch Heinz, Strategisches Management – ein Muss für Kommunen, in: VOP 11/2000, S. 13-16; Naschold (bearbeitet und gekürzt von Gohlke), Das strategische Management fehlt, in: Demokratische Gemeinde 12/1998, S. 6-7; ferner Kötzle (Hrsg.), Strategisches Management, 1997; Kreikebaum, Strategische Unternehmensplanung, 1989.

Auf dieser Ebene werden folgende Zielfelder unterschieden:

- **Bürger/Kunden**[483]

    Ergebnisse/Wirkungen kommunalen Handelns
    Leitfrage: Was wollen wir erreichen?
    Programme/Produkte der Kommune
    Leitfrage: Was müssen wir dafür tun?
- **Prozesse & Strukturen** der Kommune
  Leitfrage: Wie müssen wir es tun?
- **Ressourceneinsatz** der Kommune
  Leitfrage: Was müssen wir dafür einsetzen?

Die strategischen Ziele werden zusammengefasst und umgesetzt in dem produktorientierten Haushalt, mit dem Politik und Verwaltungsleitung die Verwaltung insgesamt steuern.

Die Steuerung der Fachbereiche geschieht durch den Haushalt ergänzende Fachbereichskontrakte bzw. analoge Zielvereinbarungen mit anderen Organisationseinheiten der Verwaltung. Auf diesem Übergang zur nächsten Managementebene sind ebenfalls strategische Projekte der Gesamtverwaltung (z. B. zur Verwaltungsreform) anzusiedeln.

3. **operatives Management**

Auf dieser Ebene werden die normativen und strategischen Vorgaben in operationalisierte Leistungsziele und zielgerichtete Aktivitäten umgesetzt. Hier sind operative Planungen und ihre Realisation, Produkte, Leistungen, Prozesse, Maßnahmen und Aktivitäten, Einnahmen und Ausgaben, Ressourcennutzung und -verbrauch angesiedelt.

Das kommunale operative Management hat die Verantwortung für das Produktmanagement zur Erreichung der strategischen Ziele.

Das Produktmanagement hat vier Dimensionen:

- Produkte/Leistungen,
- Preise –Kosten,
- Distribution,
- Kommunikation & Vertrieb.

Auf dieser Ebene ebenfalls angesiedelt ist das funktionale Management als Kernstück der dezentralen Ressourcenverantwortung. Es bezieht sich auf das Management einzelner Funktionen wie z. B. Personal, Organisation und Information und Finanzen.

Die verschiedenen Ebenen stehen in Wechselwirkung miteinander. Auch sind sie nicht statisch, sondern als ein Prozess zu verstehen.

Zusammenfassend stellt die nachfolgende Abbildung das Grundmodell für ein kommunales Management dar.

---

[483] Der Einfachheit halber werden zur Beschreibung dieses Zielfeldes die weiblichen Formen ausnahmsweise weggelassen.

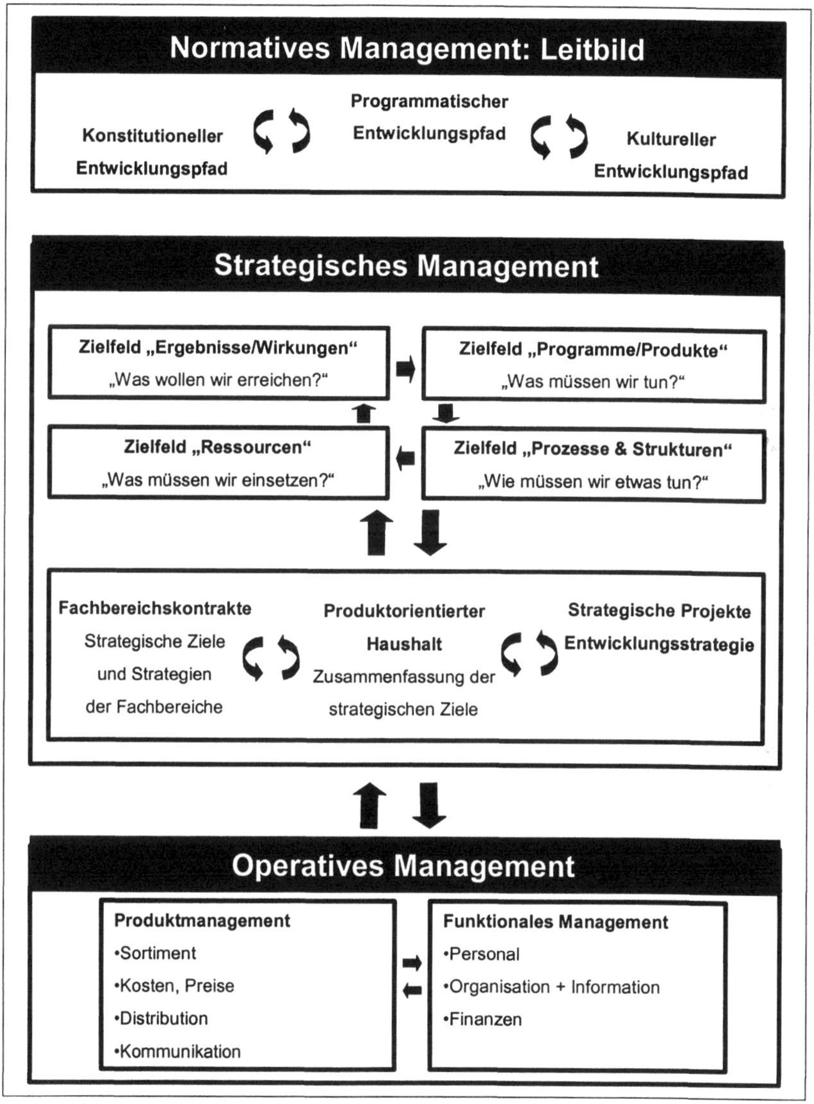

Abbildung 20: Grundmodell eines kommunalen Managementansatzes[484]

[484] Heinz, Kommunales Management, 2000, S. 23.

6.1.2.2 Einbindung von Leistungsanreizen in das Kommunale Management

Leistungsanreize müssen in die verschiedenen Managementebenen integriert werden. Diese Einbindung von Leistungsanreizen kann anhand folgender Fragen verdeutlicht werden:

1. **normatives Management**

   Wie sehen die generellen Ziele, Prinzipien, Visionen und Programme der Verwaltung aus? Wie ist die Verwaltungskultur mit ihren Normen und Spielregeln gestaltet? Wie sieht das Leitbild der Verwaltung aus? Soll die Leistungsorientierung ein zentrales Prinzip des Verwaltungshandelns sein? Sollen Leistungsanreize eingesetzt werden zum Erreichen der Verwaltungsziele? Welche Leistungsanreize mit welchen Grundideen passen zu diesen grundsätzlichen Aspekten?

   Sollen Leistungsanreize bedürfnisorientiert eingesetzt werden zur Stärkung der Motivation der Beschäftigten? Wie stehen vorhandene oder angestrebte Leistungsanreize im Zusammenhang mit der speziellen Kultur und dem Leitbild dieser Verwaltung? Wie stehen sie im Zusammenhang mit Gesamtkonzepten wie z. B. der Verwaltungsreform dieser Verwaltung?

   In Bezug auf materielle Leistungsanreize werden auf dieser Ebene darüber hinaus folgende Fragen gestellt: Soll die Verwaltung eine leistungsorientierte Bezahlung anstreben? Wenn ja, inwieweit ist dies mit derzeitigen dienst- und tarifrechtlichen Regelungen vereinbar? Sind die derzeit möglichen leistungsorientierten Bezahlungselemente als Steuerungs- und Motivationsinstrumente für diese Verwaltung brauchbar?

2. **strategisches Management**

   Welche strategischen Gesamt- und Teilkonzepte sind vorhanden hinsichtlich der Verwaltungsorganisation, der Verwaltungskultur, der Verwaltungsreform, des Personalmanagements, der Führungskultur, des Führungskonzepts und bestehender Anreize? Welche Leistungsanreize passen zu diesen Konzepten? Wie lassen sich mögliche Leistungsanreize in diese Konzepte integrieren? Welche immateriellen und materiellen Leistungsanreize über die bisherigen hinaus sollen eingesetzt werden? Sollen in dieser Verwaltung leistungsorientierte Bezahlungselemente einführt werden? Mit welchen Zielen sollen sie eingeführt werden (Motivation der Mitarbeiter/innen, Steuerung der Leistung etc.)? Nach welchen Kriterien sollen Leistungsanreize vergeben werden?

3. **operatives Management**

   Wie lassen sich Leistungsanreize integrieren in die operative Umsetzung der ermittelten strategischen Konzepte? Wie lassen sich Leistungsanreize darüber hinaus in das Management einzelner Funktionen der Verwaltung wie z. B. Personal, Organisation, Information und Finanzen integrieren? Sollen sich die leistungsorientierten Bezahlungselemente auf alle Bereiche der Verwaltung beziehen oder nur auf bestimmte, auf alle Beschäftigtengruppen oder auf bestimmte? Sollen zentrale oder dezentrale Konzepte erarbeitet werden? Woraus sollen leistungsorientierte Bezahlungselemente finanziert werden? Sollen leistungsorientierte Bezahlungselemente sofort flächendeckend oder zunächst in Pilotprojekten eingeführt werden?[485]

Durch die Beantwortung dieser Fragen und deren Umsetzung in die Praxis kann ein Anreizsystem aufgebaut werden, das in das Management der Gesamtverwaltung und ihrer verschiedenen Verantwortungsebenen integriert ist.

6.1.3 Personalmanagement

Für den wirkungsvollen Einsatz von Leistungsanreizen ist es weiterhin notwendig, das sie in das Personalmanagement einer Verwaltung integriert sind. Das Personalmanagement[486] dient, wie die anderen Managementbereiche auch, der Verwaltung zur Erreichung ihrer Ziele. Das Personalmanagement ist sozusagen ein "Instrument", das die Verwaltung bei ihrer Aufgabenerfüllung unterstützt. Andererseits hat jede Aktivität, jedes Handeln, jede Veränderung der Organisation unmittelbare Auswirkungen auf die in ihr tätigen Beschäftigten. Alle Strategien und Handlungen der Verwaltung müssen ebenfalls das Management des Humankapitals einbeziehen.[487] Aktivitäten des Personalmanagements müssen integrativ in Abstimmung mit der Strategie der Organisation geplant und durchgeführt werden, so dass die Grenzen zwischen Strategie und Personalmanagement beginnen, sich aufzulösen.[488] Personalmanagement bedeutet demnach "die Gestaltung, Implementierung und Weiterentwicklung aller auf die humanen Ressourcen eines Unternehmens gerichteten Aktivitäten. Diese werden in einem integrativen Ansatz unter der Berücksichtigung auch instrumenteller und institutioneller Aspekte so koordiniert, dass das geeignete Humanpotential unter Berücksichtigung unternehmensinterner und -externer Faktoren bereitgestellt, erhalten und entwickelt werden kann."[489]
Immaterielle und materielle Leistungsanreize müssen für einen erfolgreichen Einsatz entsprechend der Ausrichtung des Personalmanagements in der jeweiligen Verwaltung gestaltet und in das Personalmanagement integriert sein.[490] Sollen Leistungsanreize gewährt werden, muss gefragt werden, ob das Erreichen der Ziele der Verwaltung damit unterstützt werden kann.

---

[485] Vgl. hierzu auch Kap. 12.2.2.5.
[486] Zur Geschichte der Personallehre vgl. Klimecki/Gmür, Personalmanagement, 1998, S. 1 ff.
[487] Vgl. Böhm, Herausforderungen an ein unternehmerisches Personalmanagement, in: Knebel/Wagner (Hrsg.), Management by Zander, 1997, S. 3 (8).
[488] Vgl. Remer, Personal und Management im Wandel der Strategien, in: Klimecki/Remer (Hrsg.), Personal als Strategie, 1997, S. 399 (412 ff.).
[489] Schmidt, Personalmanagement-Konzepte für Dienstleistungsunternehmen, 1996, S. 24.
[490] Vgl. Knorr/Scheppach, Leistungsbezogene Entgeltsysteme, 1998, S. 134 ff.

6.1.3.1 Aufgabenfelder

Die Integration von Leistungsanreizen in das Personalmanagement erfolgt in dessen Aufgabenfeldern. Folgende neun Aufgabenfelder können im Personalmanagement unterschieden werden:[491]

- **Personalbedarfsplanung**
  Voraussetzung für die Personalbedarfsplanung ist die Personalbestandsanalyse als quantitative und qualitative Erfassung des bestehenden Mitarbeiterpotenzials und die Personalbedarfsbestimmung, die den Soll-Personalbestand ermittelt. Die darauf aufbauende Personalbedarfsplanung ist an den Zielen und Strategien der Gesamtverwaltung ausgerichtet.[492]
- **Personalbeschaffung**
  Die Personalbeschaffung passt den Personalbestand an den Personalbedarf an durch externe oder interne Stellenbesetzungen.[493]
- **Personaleinsatz**
  Durch Vergleich der Anforderungen der Stelle und der Qualifikationen und Fähigkeiten der Beschäftigten werden diese entsprechenden Stellen zugeordnet.
- **Personalerhaltung**
  Motivation, Leistungsbereitschaft und Fähigkeiten der Beschäftigten werden durch verschiedene Personalmaßnahmen erhalten.
- **Personalentwicklung**
  Unter Personalentwicklung sind systematisch gestaltete Prozesse zu verstehen, die es ermöglichen, Leistungs- und Lernpotenziale von Mitarbeiter/innen zu erkennen, zu erhalten und in Abstimmung mit dem Verwaltungsbedarf verwendungs- und entwicklungsbezogen zu fördern.[494]
- **Personalführung**
  Personalführung bezieht sich in erster Linie auf das Verhältnis zwischen Vorgesetzter/m und unterstelltem/r Mitarbeiter/in und dessen Konkretisierung im Rahmen der Verwaltungsziele. Personalführung verändert sich derzeitig jedoch im Rahmen neuer Organisationsstrukturen (z. B. dezentrale Ressourcenverantwortung, Teamstrukturen).
- **Personalfreisetzung**
  Liegt der Personalbedarf unter dem Personalbestand, muss Personal abgebaut werden. Dies geschieht durch sozialverträglichen Personalabbau, betriebsbedingte Kündigungen etc.

[491] Vgl. KGSt-Handbuch Organisationsmanagement, 1999, Kap. 6, S. 13; in Anlehnung an Scholz, Personalmanagement, 2000, S. 83 ff.; zu verschiedenen Systematiken des Personalmanagements vgl. Nentzel, Personalentwicklung, 1997, S. 35 ff.
[492] Zu einem konkreten Beispiel der Personalbedarfsplanung in einer Kommunalverwaltung vgl. KGSt-Bericht Nr. 2/1990: Personalbedarfsplanung bei der Stadt Bochum (Mitgliederbericht).
[493] Vgl. KGSt-Bericht Nr. 15/1992: Personalauswahl.
[494] Vgl. KGSt-Bericht Nr. 13/1994: Personalentwicklung.

o **Personalkostenmanagement**
Das Personalkostenmanagement verbindet die Managementbereiche Personalmanagement und Finanzmanagement.[495] Hier geht es um das Management der Gesamtpersonalkosten einer Verwaltung als auch das ihrer dezentralen Organisationseinheiten.[496]

Für den Bereich **Frauenförderung/Gleichstellungsarbeit** wird diskutiert, ob es sich um einen Querschnittsbereich handelt, der sich durch alle Aufgabenfelder zieht oder um ein eigenes Aufgabenfeld, in dem durch gezielte Maßnahmen die Gleichstellung angestrebt wird.[497]

Leistungsanreize müssen in die einzelnen Aufgabenfelder des Personalmanagements und deren Konzepte integriert werden.[498] Werden Leistungsanreize in der breiten Bedeutung wie in dieser Arbeit verstanden, haben sie Querschnittscharakter und durchziehen gleichzeitig alle Felder des Personalmanagements. Leistungsanreize können von ihrem Grundcharakter her bestimmten Feldern des Personalmanagements in besonderer Weise zugeordnet werden. Teilweise stellen einzelne Felder des Personalmanagements eine eigene Anreizgruppe dar.
Die Transparenz und Qualität von Auswahlverfahren im Rahmen der **Personalbeschaffung** sichern nicht nur die Qualität der Personalentscheidungen, sondern enthalten auch eine hohe Anreizwirkung für die angenommenen sowie für die abgelehnten Bewerber/innen als auch für die sonstigen Mitarbeiter/innen. Der **Personaleinsatz** an sich kann ein hohes Anreizpotenzial enthalten. Voraussetzung ist ein Personaleinsatz, der sowohl die Interessen als auch die Fähigkeiten der Mitarbeiter/innen berücksichtigt. Da Leistungsanreize die Motivation, Leistungsbereitschaft und Leistungsfähigkeit der Beschäftigten erhalten sollen, können sie ebenfalls dem Feld der **Personalerhaltung** zugerechnet werden. Immaterielle und materielle Leistungsanreize spielen im Rahmen der Personalerhaltung eine herausragende Rolle: Da sie an den Interessen und Bedürfnissen der Mitarbeiter/innen ansetzen und gerade die größere Motivation, Leistung und Leistungsbereitschaft zum Ziel haben, tragen sie in besonderer Weise zur Personalerhaltung bei.[499] Die **Personalentwicklung** selber stellt eine Anreizgruppe mit einzelnen immateriellen Anreizen wie Fortbildung, Karriereplanung, Parallelkarrieren oder Gleich-

---

[495] Vgl. Frey, Personalkosten-Management, 1997.
[496] Im Rahmen des Personalkostenmanagements wird immer wieder diskutiert, ob die Beschäftigtengruppe der Beamten/innen oder die der Arbeitnehmer/innen im öffentlichen Dienst kostengünstiger sind. Für die Verwendung von Beamten/innen und Arbeitnehmer/innen im Bundesdienst ist ermittelt worden, dass die Beschäftigung von Beamten/innen für den Bund kostengünstiger ist als die alternative Beschäftigung von Arbeitnehmer/innen, vgl. Bundesbeauftragte für Wirtschaftlichkeit in der Verwaltung (BWV), Beamte oder Arbeitnehmer, 1996. Aufgrund vergleichbarer Gegenüberstellungen haben bereits einige Kommunalverwaltungen vermehrt Beamte/innen beschäftigt.
[497] Vgl. KGSt-Handbuch Organisationsmanagement, 1999, Kap. 6, S. 16.
[498] Vgl. Ridder, Die Motivationskraft materieller Leistungsanreize, in: VOP 3/2000, S. 9 (11); Vesper, Leistungsanreizsysteme und andere (auch nicht monetäre) Möglichkeiten der Mitarbeitermotivation, in: ZTR 4/1996, S. 150 (151).
[499] Vgl. auch KGSt-Handbuch Organisationsmanagement, 1999, Kap. 6, S. 19.

stellungsarbeit/Frauenförderung dar. Da die Personalentwicklung insbesondere auf die Fähigkeiten der Beschäftigten abzielt und deren Entwicklung und Förderung unterstützt, kann die Anreizwirkung auf die Beschäftigten äußerst hoch sein.[500] Eine effektive **Personalführung** stellt einerseits die Voraussetzung für die Gewährung aller Leistungsanreize dar. Sie muss Leistungsanreize entsprechend der Verwaltungsziele und der Mitarbeiterbedürfnisse vergeben. Andererseits stellt die Führung eine eigene Anreizgruppe mit den Anreizen der mitarbeiter- und verwaltungsorientierten Führung, der Rückmeldung durch und der Rückmeldung an Vorgesetzte und dem Mitarbeitergespräch dar. Im Rahmen der **Personalfreisetzung** können z. B. Abfindungen, der vorzeitige Ruhestand etc. Anreize für Beschäftigten darstellen, die Organisation vorzeitig zu verlassen. Da immaterielle und materielle Leistungsanreize i.d.R. Kosten verursachen, müssen sie im **Personalkostenmanagement** Berücksichtigung finden. Der Bereich **Frauenförderung/Gleichstellungsarbeit** hat ein hohes Anreizpotenzial, so dass er als eigener Anreiz verstanden werden kann.

6.1.3.2 Erfolgsfaktoren

Die grundsätzlichen Erfolgsfaktoren des Personalmanagements müssen auch für die effektive Gewährung von Leistungsanreizen berücksichtigt werden. Andererseits können Leistungsanreize die Erfolgsfaktoren des Personalmanagements wirkungsvoll unterstützen.

Folgende Erfolgsfaktoren für ein effektives Personalmanagement können mit immateriellen und materiellen Leistungsanreizen verbunden werden:[501]

- **Kundenorientierung**

  Die Personalverantwortlichen müssen sich an den (legitimen) Wünschen und Erwartungen ihrer Kunden/innen orientieren. Die Kunden/innen des Personalbereichs sind, je nach Verantwortungsebene, z. B. eine jeweils andere Verantwortungsebene, zukünftige oder gegenwärtige Mitarbeiter/innen, Führungskräfte, die Personalvertretung oder Bürger/innen.[502] Für die Führungskräfte bedeutet dies, das sie die Wünsche und Bedürfnisse ihrer Mitarbeiter/innen berücksichtigen und in ihre Entscheidungen einbeziehen.

  Leistungsanreize als Personalführungsinstrumente können bei gezieltem Einsatz die Kundenorientierung der Verwaltung unterstützen. Sollen Leistungsanreize wirken, müssen sie die Sichtweise und die Interessen der unterschiedlichen Be-

---

[500] Vgl. auch Nentzel, Personalentwicklung, 1997, S. 43.

[501] Zu den Erfolgsfaktoren des Personalmanagements vgl. KGSt-Bericht Nr. 7/1994: Dezentrale Personalarbeit, S. 9 f.

[502] Die Kundenorientierung im Personalmanagement gewinnt zunehmend an Bedeutung, vgl. Ackermann, Kundenorientierung im Personalmanagement, in: Ackermann/Meyer/Mez (Hrsg.), Die kundenorientierte Personalabteilung, 1998, S. 3-28; Batsching, Kundenorientiertes Personalmanagement, in: Ackermann/Meyer/Mez (Hrsg.), Die kundenorientierte Personalabteilung, 1998, S. 29-43; Blumenstock/Lober, Ziel- und kundenorientiertes Personalmanagement in dezentralen Strukturen, in: Ackermann/Meyer/Mez (Hrsg.), Die kundenorientierte Personalabteilung, 1998, S. 47-73.

troffenen wie die der Bürger/innen, der Verwaltung und ihrer Fachbereiche, der Führungskräfte sowie der Beschäftigten berücksichtigen.

- **Individualisierung**
  Gemeint ist das Abrücken von kollektiven, formal gleichen und der Übergang zu gleichwertigen, mitarbeiterorientierten Regelungen. Ansatzpunkte sind die Interessen und Bedürfnisse der Mitarbeiter/innen mit dem Zweck der Motivationserhaltung und -steigerung. Die Individualisierung erstreckt sich z. B. auf Arbeitszeiten, Personalentwicklung, Führung oder Beurteilung. Immaterielle und materielle Leistungsanreize tragen insbesondere zur Individualisierung der Personalarbeit bei, da sie an dem einzelnen Individuum und seinen Interessen und Wünschen ansetzen und auch nur so wirken können. Im Bereich der monetären Anreize findet – als neuer Aspekt im öffentlichen Dienst – eine Individualisierung der Vergütung statt.
- **Flexibilisierung**
  Die Erkenntnis, dass sich die Verwaltung in einem permanenten Veränderungsprozess befindet, hat auch Konsequenzen für das Personalmanagement. Es muss flexibel sein und sich den Anforderungen der Verwaltung anpassen. Die wichtigsten Anwendungsfelder sind der eignungsorientierte Personaleinsatz, die Arbeitsorganisation, Arbeitszeitstrukturen, Vermittlung von Schlüsselqualifikationen und Personalmanagement als Dienstleistungsfunktion. Auch immaterielle und materielle Anreize tragen zur Flexibilisierung entscheidend bei, da sie sich dem Verwaltungsbedarf und den unterschiedlichen Interessen der Beschäftigten anpassen müssen, um wirksam zu werden.
- **Ganzheitlichkeit und Integration**
  Personalmanagement kann erst erfolgreich sein, wenn es in den gesamten Managementprozess der Verwaltung einbezogen ist. Das bedeutet, dass Problemlösungen nur ganzheitlich, d. h. unter Einbezug aller Managementbereiche gefunden werden. Ebenso müssen die verschiedenen Felder und Instrumente des Personalmanagements miteinander verknüpft und integriert sein, damit das Personalmanagement seine Ziele erreichen kann.[503]
  Leistungsanreize müssen sowohl durch Verknüpfungen untereinander zu einem ganzheitlichen Anreizsystem aufgebaut und in die Gesamtverwaltung integriert werden.
- **Professionalisierung**
  Die Professionalisierung der Personalarbeit zeichnet sich gerade durch die Verbindung zwischen Personalmanagement und strategischem Management der Gesamtverwaltung und dem Verständnis der Personalarbeit als Managementprozess aus. Den gestiegenen Anforderungen an die Personalarbeit entspricht eine Anhebung der Anforderungen an die Personalverantwortlichen.[504] Dazu gehören sowohl die Personalverantwortlichen in den Personaldiensten als auch die Füh-

---

[503] Vgl. Hilb, Integriertes Personal-Management, 1998.
[504] Vgl. Wächter/Metz (Hrsg.), Professionalisierte Personalarbeit?, 1995.

rungskräfte als direkte Personalverantwortliche. Die erhöhten Anforderungen an die Personalverantwortlichen liegen vor allem in den Fähigkeiten zur Konzeptentwicklung, zum strategisches Wissen und Denken, zur Verhaltensorientierung, zu Schlüsselqualifikationen, zur Kundenorientierung, zur Informationsorientierung und zur Kostenorientierung. Sie ergänzen die weiterhin wichtigen Anforderungen an die Gesetz- und Rechtmäßigkeit des Handelns einer Verwaltung.
Die Gewährung von Leistungsanreizen muss durch professionelle Personalverantwortliche geschehen. Die Personalverantwortlichen müssen in der Lage sein, ein professionelles Anreizwesen zu betreiben. Dazu gehört der Aufbau und das Instandhalten eines ganzheitlichen Anreizsystems mit Leistungsanreizen, die sowohl der Verwaltungssteuerung als auch der Mitarbeitermotivation dienen. Die Führungskräfte müssen Kenntnisse über die verschiedenen Anreize und Anreizarten haben; sie müssen die Fähigkeit haben, die Verwaltungsziele zu erkennen und Leistungsanreize entsprechend den Verwaltungszielen auszuwählen und einzusetzen; Führungskräfte müssen ebenfalls die Interessen und Wünsche der Beschäftigten ermitteln und für sie passenden Anreize auswählen und gewähren.

6.2 Führung

Die Vergabe von Leistungsanreizen ist ein Personalführungs- und Steuerungsinstrument und damit originäre Aufgabe der Führungskräfte.[505]

Ob Leistungsanreize ihre Wirkung entfalten können, hängt entschieden von der Qualität der Personalführung ab.[506] Führungskompetenz ist daher sowohl bei der Vorbereitung als auch bei der Vergabe von Leistungsanreizen notwendig.[507] Motivation und Personalführung stehen dabei in Wechselwirkung miteinander.

6.2.1 Führung und Motivation

Wie in der Privatwirtschaft so ist auch in der öffentlichen Verwaltung erkannt worden, dass zufriedene und motivierte Beschäftigte eine notwendige Voraussetzung für Zieler-

---

505 Vgl. Kap. 9.

506 Zu Führungstheorien, -stile, -prinzipien, -modelle und -grundsätze vgl. z. B. Hopp/Göbel, Management in der öffentlichen Verwaltung, 1999; Jung, Personalwirtschaft, 1999; Mauch, Zielorientiertes Führen, 1999, S. 83 ff.; Müller, Personalentwicklung in der öffentlichen Verwaltung, 1996, S. 50 ff.; Oechsler, Personal und Arbeit, 2000, S. 371 ff.; Rosenstiel, Grundlagen der Führung, in: Rosenstiel/Regnet/Domsch (Hrsg.), Führung von Mitarbeitern, 1995, S. 3-24; Scholz, Personalmanagement, 2000, S. 775 ff.; Staehle, Management, 1999, S. 838 ff.; Steyrer, Theorien der Führung, in: Kasper/Mayrhofer (Hrsg.), Personalmanagement, Führung, Organisation, 1996, S. 153-223.

507 Vgl. Göser, Möglichkeiten und Grenzen finanzieller Leistungsanreize in der öffentlichen Verwaltung, in: Bildungsdienst, Sozialwerk und Akademie des Deutschen Beamtenbundes (Hrsg.), Leistungsanreize in der öffentlichen Verwaltung, 1996, S. 46 (55).

reichung und Aufgabenerfüllung der Organisation darstellen.[508] Angesichts der stärker werdenden Selbstständigkeitstendenz der Beschäftigten ist zu erkennen, dass auch die Bedeutung der Personalführung für die Motivation der Beschäftigten zunimmt. Personalführung soll wahrgenommen werden vor allem aus zwei Gründen:

- „Nach wie vor braucht man den Vorgesetzten, der Ziele setzt, der informiert, unterstützt, anleitet, ermutigt, koordiniert, disponiert und organisiert."[509]
- Weiterhin braucht man „den Vorgesetzten, der motiviert oder der, genauer gesagt, die Voraussetzungen dafür gewährleistet, daß sich eine individuelle Arbeitsmotivation entfalten kann."[510]

Führung und Arbeitsmotivation greifen demnach stark ineinander.[511] Mehr noch: Führung bildet sozusagen den Rahmen, in dem sich Motivation entfalten kann; ein mitarbeiterorientiertes Führungsverhalten ist besonders wichtig für die Arbeitszufriedenheit.[512] Ist dieser Rahmen nicht gegeben oder wirkt er sogar kontraproduktiv der Motivation gegenüber, kann sich die Motivation der Beschäftigten nicht entfalten und wird zurückgedrängt.

Insbesondere Comelli und Rosenstiel haben den Zusammenhang zwischen Motivation und Führung untersucht. Ausgangsbasis für die Motivation ist die Analyse der Faktoren, die zur Motivation beitragen. Es werden sechs Quellen für die Motivation beschrieben:[513]

- die Motivation aus dem Ich als Selbstmotivation,
- die Motivation aus der Führung als Interaktion der Führungskraft mit ihren Mitarbeiter/innen,
- die Motivation aus der Aufgabe,
- die Motivation aus der Gruppe (z. B. im Team),
- die Motivation durch die Organisation (durch die organisationsstrukturellen Gegebenheiten und die Organisationskultur),
- die Motivation aus der Gesellschaft auf der Basis des Wertewandels, der Hinweise auf die Motivierbarkeit von Menschen gibt.

Demnach gehört die Führung zu einer der wichtigsten Quellen der Motivation. Die wesentliche Aufgabe von Führungskräften ist der Erhalt der Leistungsbereitschaft und Leistungsfähigkeit der Mitarbeiter/innen, deren Entwicklung und die Schaffung von Möglichkeiten zu ihrer Entfaltung.[514]

---

508 Vgl. Vaubel, Personalführung in der Verwaltung, in: Mattern (Hrsg.), Allgemeine Verwaltungslehre, 1994, S. 199 –210.

509 Klages/Hippler, Mitarbeitermotivation als Modernisierungsperspektive, 1991, S. 10.

510 Klages/Hippler, Mitarbeitermotivation als Modernisierungsperspektive, 1991, S. 10.

511 Die enge Verknüpfung zwischen Führung und Motivation zeigt sich z. B. darin, dass in der wissenschaftlichen Literatur Motivationstheorien häufig im Zusammenhang mit dem Thema „Personalführung" dargestellt werden, vgl. z. B. Mauch, Zielorientiertes Führen, 1999, S. 101 ff.; Scholz, Personalmanagement, 2000, S. 877 ff.

512 Vgl. Rosenstiel, Motivation von Mitarbeitern, in: Rosenstiel/Regnet/Domsch (Hrsg.), Führung von Mitarbeitern, 1995, S. 161 (176).

513 Vgl. Comelli/Rosenstiel, Führung durch Motivation, 1995.

514 Vgl. Nentzel, Personalentwicklung, 1997, S. 108.

Diese Aufgabe konkretisiert sich in verschiedenen Aspekten.
Die Motivation der Beschäftigten steht in engem Zusammenhang mit der Kultur und den Werten einer Organisation. Diese Kultur wird durch eine effektive Führung aufgebaut, stabilisiert und verbessert. Die Werte als Grundlage der Kultur werden bei der Ausübung der Führung konkret vermittelt. Entscheidend ist dabei, dass die Führungskraft diese Werte und Prinzipien konkret vorlebt: „Diese Vorbildfunktion ist entscheidender als alle Worte und Reden."[515]
Ein weiterer Aspekt der motivierenden Führung ist die Vermittlung eines Sinnbezuges in der Arbeit an die Mitarbeiter/innen durch die Führungskraft bzw. die Unterstützung eines bereits vorhandenen Sinnbezuges, da die Identifikation mit der eigenen Arbeit ein zentraler Motivationsfaktor ist.[516] Hier liegt eine zentrale Aufgabe von Führungskräften in der öffentlichen Verwaltung: „Aufgabe der Führungskräfte wird es in Zukunft verstärkt sein müssen, Werteverwirklichungsangebote für Mitarbeiter durch Identifikation ihrer eigenen Ziele mit denen der Organisation zu schaffen und vor allem Mitarbeiter zum Handeln im Sinne der Ziele des Ganzen zu ermutigen. Wir müssen es schaffen, in der öffentlichen Verwaltung zu einem Klima zu kommen, in dem es jedem Mitarbeiter persönlich wichtig ist, hervorragende Leistungen zu erbringen."[517] Notwendig sind klare Aufgabenstellungen, die den Fähigkeiten der Beschäftigten möglichst gut entsprechen sollten.[518]
Für eine motivierende Personalführung muss die Führungskraft in der Lage sein, sich in die Mitarbeiter/innen hineinzuversetzen, ihre Bedürfnisse zu erkennen und deren berufliches und privates Leben als Einheit zu verstehen: „Führen heißt immer motivieren – und motivieren heißt in erster Linie: von dem anderen her denken."[519] Diese Motivation durch Führung zeigt sich vor allem in der Gestaltung von individuellen Arbeitsbedingungen, die für jede/n Beteiligten eine sinnvolle Herausforderung darstellen.[520] Damit eine so ausgestaltete Führung ihre Wirkung entfalten kann, müssen die Betroffenen den Kommunikationsprozessen ausreichende Beachtung schenken.[521] Hierzu gehören Kritik- und Kontrollgespräche,[522] Informationen, Mitarbeitergespräche,[523] Konfliktgespräche[524] etc.
Eine Führungskraft kann die Motivation ihrer Mitarbeiter/innen insbesondere fördern, wenn die Führungskraft

- hohe, aber realistische Erwartungen an die Mitarbeiter/innen hat,

---

[515] Wald, Personalmanagement für die kommunale Praxis, 1996, Rdnr. 233.
[516] Vgl. Schwab, Führung und Motivation in der öffentlichen Verwaltung, 1988, S. 30.
[517] Hill, Kompetenzentwicklung in der öffentlichen Verwaltung, 1997, S. 57.
[518] Vgl. Schmidt, Praktische Personalführung und Führungstechnik, 1999, S. 45.
[519] Wald, Personalmanagement für die kommunale Praxis, 1996, Rdnr. 233; vgl. ferner Schmidt, Praktische Personalführung und Führungstechnik, 1999, S. 50; Volk, Führungsqualität als Mittel der Effizienz-Steigerung, in: VR 10/1998, S. 346 (347).
[520] Vgl. Wald, Personalmanagement für die kommunale Praxis, 1996, Rdnr. 233; ferner Sprenger, Aufstand des Individuums, 2000.
[521] Vgl. Wald, Personalmanagement für die kommunale Praxis, 1996, Rdnr. 233; zu verschiedenen Kommunikationsformen vgl. Jung, Personalwirtschaft, 1999, S. 458 ff.
[522] Zur Rückmeldung durch die Vorgesetzten als Leistungsanreiz vgl. Kap. 8.3.6.2; zur Rückmeldung an die Vorgesetzten als Leistungsanreiz vgl. Kap. 8.3.6.3.
[523] Zum Mitarbeitergespräch als Leistungsanreiz vgl. Kap. 8.3.6.4.
[524] Vgl. Jung, Personalwirtschaft, 1999, S. 454 ff.

- o den Mitarbeiter/innen den nötigen Entfaltungsfreiraum bei der Gestaltung der Arbeit gibt,
- o auf die individuellen Wünsche und Bedürfnisse der Mitarbeiter/innen eingeht,
- o Fehler erlaubt und Ansatzpunkte für Leistungsverbesserungen gibt,
- o als Führungskraft ein glaubwürdiges Vorbild der Mitarbeiter/innen gibt,
- o Leistungen anerkennt und die Mitarbeiter/innen lobt,
- o die innere Größe hat, auch andere gute Mitarbeiter/innen neben sich zu dulden.[525]

Zu einer motivierenden Führung gehört aber auch die Ziel- und Ergebnisorientierung. Die Aufgabe der Führungskräfte liegt darin, sowohl die Interessen der Verwaltung als auch die der Mitarbeiter/innen zu berücksichtigen: „Ohne motivierte Mitarbeiter ist die Handlungs- und Leistungsfähigkeit der Verwaltung langfristig gefährdet. Es gilt aber auch: der Mitarbeiter ist auf die Verwaltung angewiesen. Führung muß nun diese beiden Interessen, die der Verwaltung und die der Mitarbeiter, miteinander in Einklang bringen."[526]

In Mitarbeiterbefragungen, die in verschiedenen Verwaltungen durchgeführt wurden, kristallisierte sich ein Führungsstil als besonders effektiv und motivierend heraus: der aktivierende Führungsstil.[527]

Der aktivierende Führungsstil ist insbesondere von zwei Merkmalen geprägt, die gleichzeitig praktiziert werden:[528]

- o **Direktivität**

  Die/der Vorgesetzte ist "führungsstark". Das bedeutet: Sie/er kann sich, wenn notwendig, sowohl gegenüber den eigenen Beschäftigten als auch den übergeordneten Vorgesetzten durchsetzen. Sie/er wird als Autorität anerkannt, hat gute (Fach)-Kenntnisse und gibt klare Anweisungen.
- o **Kooperativität, d. h. Gewährung von Selbstständigkeit und Kollegialität**

  Die/der Vorgesetzte überlässt den eigenen Mitarbeitern/innen die Einteilung der Arbeit, gewährt Spielräume für eigenständiges Arbeiten und setzt auf die Eigeninitiative der Beschäftigten. Verbunden damit ist ein kollegiales Verhalten, das gekennzeichnet ist durch einen Vertrauensvorschuss und einen offenen, fairen und beratenden Umgang mit den Beschäftigten.

---

[525] Vgl. zum Folgenden Wald, Personalmanagement für die kommunale Praxis, 1996, Rdnr. 235.

[526] Wald, Personalmanagement für die kommunale Praxis, 1996, Rdnr. 233.

[527] Vgl. Klages, Erfolgreich führen und motivieren, in: Wagner (Hrsg.), Personal und Personalmanagement in der modernen Verwaltung, 1998, S. 51 (63 ff.); Klages, Verwaltungsmodernisierung: "harte" und "weiche" Aspekte, 1997, S. 198 ff.; Klages/Gensicke, Führungsstil der Verwaltung im Wandel, in: VOP 8/1996, S. 34 (38 f.); zu den verschiedenen Führungsstilen vgl. Jung, Personalwirtschaft, 1999, S. 413 ff.; Scholz, Personalmanagement, 2000, S. 923 ff; Staehle, Management., 1999, S. 334 ff.; zu den verschiedenen Führungsmodellen in der öffentlichen Verwaltung vgl. Laux, Führung und Führungsorganisation in der öffentlichen Verwaltung, 1975, S. 18 ff.; Mauch, Zielorientiertes Führen, 1999, S. 139 ff.; Oechsler, Personal und Arbeit, 2000, S. 428 f.

[528] Vgl. Klages, Verwaltungsmodernisierung: "harte" und "weiche" Aspekte, 1997, S. 202 f.

In diesem Führungsstil werden demnach sowohl "harte" Aspekte, die Leistungsorientierung und direktive Faktoren betreffen, als auch "weiche" Aspekte, die die soziale Kompetenz betreffen, miteinander verbunden. Eine motivierende Personalführung in der öffentlichen Verwaltung bedarf eines klaren Führungsstils, der diese beiden Elemente in sich vereint. Grundlage eines solchen Führungsstils ist die Autorität der Führungskraft, deren Ursprung der Mitte der Person entspringt.[529] Dieser veränderte Führungsstil stellt die Basis für die Potenzialverwirklichung der Mitarbeiter/innen dar: Durch die Gewährung von Spielräumen und Selbstständigkeit können die Beschäftigten ihre Fähigkeiten entwickeln. Bei der Umsetzung dieses Führungsstils ist die Partizipation der Betroffenen notwendig, damit dieser Stil sich nicht auf schriftlich fixierte Führungsgrundsätze beschränkt, sondern nachhaltig zu einer verbesserten Führungspraxis und in Folge vergrößerten Motivation der Beschäftigten führt.[530]

Der Zusammenhang zwischen Führung und Motivation erhält in der Verwaltungsmodernisierung einen besonderen Stellenwert. In dem personalpolitischen Leitbild, das das Neue Steuerungsmodell erfordert, kommt der Motivation der Mitarbeiter/innen und der mit ihr einhergehenden Steigerung des Leistungspotenzials und des Verwaltungspotenzials eine besondere Bedeutung zu.[531] Zur konkreten Umsetzung werden neue Führungsstrategien benötigt. Basis des neuen Führungskonzepts ist es, den einzelnen Beschäftigten wesentlich größere Handlungsfreiheiten und Spielräume für selbstständiges Handeln einzuräumen. Es werden selbstständige Arbeitsgebiete und die kontinuierliche Aushandlung persönlicher Zielvereinbarungen benötigt, in deren Rahmen die Beschäftigten Selbstverpflichtungen eingehen. Die Individualität und Selbstständigkeit der einzelnen Beschäftigten stehen weitaus stärker als bislang im Mittelpunkt von Modernisierungsstrategien: „Die Neue Selbständigkeit fördern heißt daher, Vertrauen in die Individualität, auch im öffentlichen Sektor, zu entwickeln, die Menschen zu stärken – und nicht zuzurichten."[532] Dies erfordert ein hohes Maß an Verantwortlichkeit aller Beteiligten. Zu diesen neuen Führungsstrategien gehören weiterhin leistungsorientierte Anreizsysteme, die unter anderem leistungsbezogene statt standesgemäße Bezahlungselemente und Karrieremuster beinhalten. Motivationsfördernde Führungsstrategien beinhalten darüber hinaus klare Erfolgsmaßstäbe, leistungsfähige Beurteilungssysteme und ein innovations- und wettbewerbsförderndes Umfeld.[533] Eine systematische und aktive Personalentwicklung gehört ebenfalls zu den zentralen Führungsaufgaben: „**Personale Führung** im NSM (Neuen Steuerungsmodell, Anm. d. Verf.) muss folglich auf die kontinuierliche Weiterentwicklung der **personalen Leistungs- und Wettbewerbsfähigkeit** der Verwaltungsmitarbeiter abzielen. **Personale Führung** bedeutet im NSM deshalb vor

529 Vgl. Fisch, Führungsautorität, in: Lüder (Hrsg.), Staat und Verwaltung, 1997, S. 447 (453).
530 Vgl. Oechsler, Personal und Arbeit, 2000, S. 429.
531 Vgl. Kap. 2.2.2.3.
532 Hill, Die Neue Selbständigkeit fördern: „Modernisierte" Mitarbeiter in der öffentlichen Verwaltung, in: Fisch/Hill (Hrsg.), Personalmanagement der Zukunft, 2001, S. 31 (42).
533 Vgl. Möller, Das gewandelte Führungsverständnis in der öffentlichen Verwaltung im Rahmen grundlegender Modernisierungsprozesse, in: VR 4/2000, S. 110 (112 f.).

allem den Aufbau und die systematische Weiterentwicklung der **Leistungspotenziale** der Verwaltungsmitarbeiter."[534]

6.2.2 Führung und Leistungsanreize

Das Thema „Führung und Leistungsanreize" beinhaltet folgende verschiedene Dimensionen:

- Leistungsanreize als Führungsinstrumente,
- Anreizpotenziale der Personalführung,
- Leistungsanreize für Führungskräfte.

Da das Führungsverhalten mit den einzelnen immateriellen Anreizen „Mitarbeiter- und zielorientierte Führung", „Rückmeldung durch Vorgesetzte", „Rückmeldung an Vorgesetzte" und „Mitarbeitergespräch" eine eigene Anreizgruppe darstellt,[535] wird an dieser Stelle auf eine Darstellung der Anreizpotenziale der Personalführung verzichtet. Nachfolgend werden Aspekte von Leistungsanreizen als Führungsinstrumente sowie von Leistungsanreizen für Führungskräfte erörtert.

6.2.2.1 Leistungsanreize als Führungsinstrumente

Führung stellt eine „erkennbare zielbezogene *Einwirkung* auf Handlungen von Mitarbeitern, deren Aktivitäten auf die Erfüllung von Aufgabenanforderungen gerichtet sind"[536], dar. Für eine effektive Personalführung ist die Motivation führungsbetroffener Mitarbeiter/innen zu aktivieren und zu beeinflussen. Eine notwendige Voraussetzung ist dafür „ein Eingehen auf Verhaltensgründe wie Motive, Bedürfnisse, Werte, auf Erfahrungen und Vorstellungen, auf Fähigkeiten und Qualifikationen von Mitarbeitern sowie ein entsprechendes Angebot und eine Strukturierung von Anreizen in bezug auf vorgenannte ‚Ursachenfaktoren'."[537] In dem Führungsprozess beeinflussen die Führungsperson und die/der Geführte gegenseitig. Grundsätzlich sind zwei Grundkategorien von Handlungszielen in der Führung zu erkennen:[538]

- die Erreichung bzw. Erfüllung einer vorgegebenen oder gemeinsam vereinbarten Aufgabe (Ergebnis, Effizienz, „Leistung"),
- die Erfüllung von Bedürfnissen oder Motiven (Gratifikation, „Zufriedenheit").

---

[534] Möller, Das gewandelte Führungsverständnis in der öffentlichen Verwaltung im Rahmen grundlegender Modernisierungsprozesse, in: VR 4/2000, S. 110 (113).
[535] Vgl. Kap. 8.3.6.
[536] Steinle, Anreizaspekte der Mitarbeiterführung, in: Schanz (Hrsg.), Handbuch Anreizsysteme in Wirtschaft und Verwaltung, 1991, S. 795 (797).
[537] Steinle, Anreizaspekte der Mitarbeiterführung, in: Schanz (Hrsg.), Handbuch Anreizsysteme in Wirtschaft und Verwaltung, 1991, S. 795 (797).
[538] Vgl. Steinle, Anreizaspekte der Mitarbeiterführung, in: Schanz (Hrsg.), Handbuch Anreizsysteme in Wirtschaft und Verwaltung, 1991, S. 795 (797).

An diesen beiden Handlungszielen setzen Leistungsanreize an. Es ist bereits in verschiedenen Ausführungen deutlich geworden, dass Leistungsanreize Führungsinstrumente sind in zweierlei Hinsicht: Durch Leistungsanreize ist einerseits die Verwaltungsleistung steuerbar; das Steuern der Verwaltungsleistung ist Führungsaufgabe. Durch Leistungsanreize wird aber auch Personalführung wahrgenommen: Die Führungskraft muss ihre Ziel- und Leistungserwartung an die Beschäftigten als Voraussetzung für die Gewährung von Leistungsanreizen benennen und eine Rückmeldung zur erbrachten Leistung geben können.[539] Sie muss ebenfalls auf die Bedürfnisse und Fähigkeiten ihrer Mitarbeiter/innen eingehen können; es ist ihre Aufgabe, die Verwaltungsziele und die Bedürfnisse der Beschäftigten miteinander in Verbindung zu bringen. Ohne eine effektive und mitarbeiterorientierte Personalführung bleiben die vielfältigen Leistungsanreize wirkungslos, da sie ihre Anreizwirkung erst entfalten, wenn sie an den Bedürfnissen und Interessen der Mitarbeiter/innen ansetzen. Der Einsatz sowohl immaterieller als auch materieller Leistungsanreize benötigt Führungskompetenz: „Führungsverantwortlichen, die nicht in der Lage sind, zu motivieren, Ziele zu setzen und den Teamgeist zu fördern, wird es auch mit der Einführung von leistungsbezogenen Entgeltsystemen nicht gelingen, Mitarbeiter zu höherer Leistung zu motivieren."[540]
Es ist bereits dargestellt worden, dass ein Anreizsystem gerade im Rahmen der Verwaltungsmodernisierung ein zentraler Bestandteil einer motivierenden Personalführung ist.[541] Damit die Führungskräfte ihre Aufgabe erfüllen können, müssen sie vorbereitet werden. Insbesondere Schulungen können diese Vorbereitung unterstützen. So können Leistungsanreize zum „Antriebsrad in der Maschinerie stärkerer Motivation, Produktivität und Output-Steuerung des Personals"[542] werden.

6.2.2.2 Leistungsanreize für Führungskräfte

Das Thema „Leistungsanreize für Führungskräfte" ist in der Privatwirtschaft ein zentrales Thema.[543] Oftmals werden darunter jedoch lediglich Entgeltsysteme für Führungskräfte verstanden. Leistungsanreize für Führungskräfte sind jedoch grundsätzlich so vielfältig wie die unterschiedlichen Anreize für alle Beschäftigten.[544] Wie für alle Mitarbeiter/innen ist eine systematische, ganzheitliche Gestaltung von Anreizangeboten auch

539 Vgl. Göser, Möglichkeiten und Grenzen finanzieller Leistungsanreize in der öffentlichen Verwaltung, in: Bildungsdienst, Sozialwerk und Akademie des Deutschen Beamtenbundes (Hrsg.), Leistungsanreize in der öffentlichen Verwaltung, 1996, S. 46 (48).
540 Knorr/Scheppach, Leistungsbezogene Entgeltsysteme, 1998, S. 92; vgl. ferner Kap. 6.2.
541 Vgl. Kap. 6.2.1.
542 Vesper, Leistungsanreizsysteme und andere (auch nicht monetäre) Möglichkeiten der Mitarbeitermotivation, in: ZTR 4/1996, S. 150 (153).
543 Vgl. z. B. Evers, Leistungsanreize für Führungskräfte, in: Schanz (Hrsg.), Handbuch Anreizsysteme in Wirtschaft und Verwaltung, 1991, S. 737-751; Kaschube/Rosenstiel, Motivation von Führungskräften durch leistungsorientierte Bezahlung, in: zfo 2/2000, S. 70-76; zu strategischen Verhaltensanreizen für Führungskräfte bei der Entlohnung vgl. Schnabel, Wertorientierte Vergütung von Führungskräften, 1998.
544 Vgl. Evers, Leistungsanreize für Führungskräfte, in: Schanz (Hrsg.), Handbuch Anreizsysteme in Wirtschaft und Verwaltung, 1991, S. 737 (739 ff.).

für Führungskräfte im Sinne einer umfassenden Motivationsstrategie notwendig.[545] Dennoch kommen Leistungsanreizen für Führungskräfte eine besondere Bedeutung zu aus folgenden Gründen:

- Von der Führungsqualität der Führungskräfte hängen Motivation, Leistungsbereitschaft und Leistungsfähigkeit der Beschäftigten und damit die Verwaltungsleistung in besonderem Maße ab.
- Demotivierte Führungskräfte werden selten die Motivation ihrer Beschäftigten positiv verstärken können.
- Die Führungskräfte und deren Führungskompetenz prägen in besonderem Maße Ziele, Strategien und Kultur einer Organisation.[546]
- Führungskräfte stellen Multiplikatoren/innen für Motivations- und Anreizstrategien der Gesamtverwaltung dar.

Eine Verwaltung sollte daher bei der Ausgestaltung ihres Anreizsystems für Führungskräfte besonderen Wert auf diejenigen Anreize legen, die die Führungskompetenzen und Qualität der Personalführung in besonderem Maße fördern. Wichtige Anreizpotenziale können z. B. in der Verwaltungskultur liegen, in der insbesondere eine positive Führungskultur herrscht. Organisationsstrukturen, die einen Verantwortungs- und Handlungsspielraum ermöglichen (z. B. dezentrale Ressourcenverantwortung), Führungsgrundsätze, die praktiziert werden (z. B. Delegation), sowie effektiv angewandte Personalführungsinstrumente stellen weitere Anreizelemente für Führungskräfte dar. Maßnahmen zur Verbesserung der Personalführung stellen ebenfalls Anreize dar oder können zu Anreizen für Führungskräfte ausgebaut werden (z. B. Qualifizierungsmaßnahmen). Insbesondere Anreize mit belohnendem Charakter können gezielt eingesetzt werden zur Unterstützung der Führungsqualität. Vorstellbar ist z. B., dass die/der Vorgesetzte einer Führungskraft mit dieser im Rahmen einer Zielvereinbarung vereinbart, dass sie regelmäßig Mitarbeitergespräche mit ihren Beschäftigten durchführt. Steigt die Zufriedenheit der betroffenen Mitarbeiter/innen mit der Führungsqualität der Führungskraft um einen vereinbarten Prozentsatz (überprüfbar z. B. durch Mitarbeiterbefragungen), kann ein immaterieller oder materieller belohnender Anreiz (z. B. eine Prämie) gewährt werden. Empirische Studien zeigen, dass eine leistungsabhängige Bezahlung bei Führungskräften vor allem für hoch leistungsorientierte Individualisten mit positiver Selbsteinschätzung der Kompetenzen attraktiv ist.[547]

---

[545] Vgl. Evers, Leistungsanreize für Führungskräfte, in: Schanz (Hrsg.), Handbuch Anreizsysteme in Wirtschaft und Verwaltung, 1991, S. 737 (741).

[546] Vgl. Becker, Strategisch-orientierte Anreizsysteme, in: Schanz (Hrsg.), Handbuch Anreizsysteme in Wirtschaft und Verwaltung, 1991, S. 753 (755); Evers, Leistungsanreize für Führungskräfte, in: Schanz (Hrsg.), Handbuch Anreizsysteme in Wirtschaft und Verwaltung, 1991, S. 737 (750 f.); Manstein, Perspektiven eines strategisch-orientierten Incentive Systems, in: Schanz (Hrsg.), Handbuch Anreizsysteme in Wirtschaft und Verwaltung, 1991, S. 777 (779).

[547] Vgl. Kaschube/Rosenstiel, Motivation von Führungskräften durch leistungsorientierte Bezahlung, in: zfo 2/2000, S. 70-76.

Voraussetzung für ein effektives Anreizsystem für Führungskräfte sind grundlegende Analysen über die Motivations- und Bedürfnislage der Führungskräfte sowie die Zufriedenheit der Mitarbeiter/innen über die Führungsqualität der Führungskräfte.[548]

Wie bereits dargestellt müssen bei der Vergabe der Leistungsanreize sowohl die Verwaltungsziele als auch die Motivation und die Bedürfnisse der Beschäftigten als Voraussetzung ermittelt werden. Beide Elemente sind originäre Führungsaufgaben. Die Führungskraft muss demnach sowohl die Verwaltungsziele und die Wirkungen und Ergebnisse des Verwaltungshandelns als auch die Interessen und Bedürfnisse ihrer Mitarbeiter/innen erkennen und miteinander verbinden können.
Die nachfolgenden Ausführungen beschreiben diese beiden Hauptaufgaben der Führungskräfte.

6.3 Ermittlung der Verwaltungsziele

Zur Entscheidung, in welchem Leistungsbereich der Verwaltung Leistungsanreize eingesetzt werden sollen, müssen Ziele innerhalb der Verwaltung gebildet und Schwerpunkte gesetzt werden. Die Ermittlung der Verwaltungsziele als Basis der Vergabe von Leistungsanreizen ist die Aufgabe der Verwaltungsführung, der Fachbereichsleitungen, der Verantwortlichen für Produktbereiche und Produkte und der sonstigen Führungskräfte.[549]
Die Bedeutung von Zielen, die Entwicklung von Zielsystemen und die Zielbildung auf unterschiedlichen Verwaltungsebenen sind bereits dargestellt worden.[550] Die Ziele auf der Ebene der Beschäftigten sollten unter Mitarbeiterbeteiligung formuliert werden.[551]
Der Einsatz von Leistungsanreizen soll die verschiedenen Zieldimensionen der Verwaltungsleistung berücksichtigen.[552]
Auf der Basis der so gebildeten Schwerpunkte können in bestimmten Leistungsbereichen der Verwaltung Leistungsanreize eingesetzt werden, so dass die Leistung dort verstärkt oder verändert (z. B. in Bezug auf Menge, Qualität oder Zielgruppen) und damit gesteuert werden kann.

---

548 Vgl. Evers, Leistungsanreize für Führungskräfte, in: Schanz (Hrsg.), Handbuch Anreizsysteme in Wirtschaft und Verwaltung, 1991, S. 737 (741).
549 Zu den Planungsverfahren der strategischen und der operativen Zielbildung vgl. Heinz, Kommunales Management, 2000, S. 71 ff., 144 ff.; KGSt-Bericht Nr. 4/1998: Kontraktmanagement; KGSt-Bericht Nr. 3/1999: Personalführung Teil 1: Leistungsermittlung, S. 19 ff.
550 Vgl. Kap. 4.2.3.
551 Vgl. Kap. 7.2.
552 Vgl. Kap. 4.3.1.

6.4 Motivations- und Bedürfnisermittlung

Zum wirkungsvollen Einsatz von Leistungsanreizen müssen Motivation und Bedürfnisse der Beschäftigten ermittelt werden.[553]
Der effektive Einsatz von Leistungsanreizen muss zunächst berücksichtigen, um welchen Werttyp es sich handelt bei dem Menschen, der durch den Anreiz zu einer bestimmten Leistung oder einem bestimmten Verhalten bewegt werden soll.[554] **Ordnungsliebende Konventionalisten** halten an traditionellen Werten fest. Sie sind daher kaum durch Leistungsanreize motivierbar, die auf größere Selbstverwirklichung abzielen. Einen Anreiz üben auf sie z. B. Aufgaben aus, die Gesetzestreue und rechtlich korrektes Handeln beinhalten. Bei den **perspektivlosen Resignierten** sind weder traditionelle noch gewandelte Werte vorhanden. Sie sind kaum über Anreize motivierbar, die auf innere Werte abzielen. Möglicherweise sprechen sie auf Anreize an, die auf eine extrinsische Motivation abzielen. Da die **aktiven Realisten** sowohl hohe Pflicht- und Akzeptanzwerten als auch hohe Selbstentfaltungswerte haben, sind sie durch vielseitige Leistungsanreize ansprechbar. Die **nonkonformen Idealisten** mit hohen Selbstentfaltungswerten sind vor allem durch Anreize motivierbar, die Selbstentfaltungswerte ansprechen. Eine die Fähigkeiten der/des Betroffenen fördernde Personalentwicklung oder Tätigkeiten mit hoher Eigenverantwortung gehören zu diesen Anreizen. **Hedomats** mit ihrem vorrangigen Interesse an materiellen Dingen sind insbesondere durch materielle Anreize ansprechbar. Je nachdem, um welchen Werttyp es sich bei den einzelnen Beschäftigten handelt, können verschiedene Führungsstile diese verschiedenen Werte aktivieren oder nicht.[555]
Weiterhin muss die Motivationslage erkannt werden, die darüber Auskunft gibt, ob ein/e Beschäftigte/r eine hohe intrinsische Motivation hat oder eher extrinsisch motiviert ist. Wenngleich in der Praxis Kombinationen beider Motivationstypen zu finden sind,[556] ist bei Beschäftigten doch die eine oder andere Tendenz eher ausgeprägt. Darüber hinaus müssen die einzelnen Bedürfnisse und Interessen der Beschäftigten für eine effektive Gewährung von Leistungsanreizen ermittelt werden.

---

[553] Vgl. Siegert, Humankapital: Erfolgsmessung und Partizipation, in: Bühler/Siegert (Hrsg.), Unternehmenssteuerung und Anreizsysteme, 1999, S. 17 (27); Schwalbach, Motivation, Kompensation und Performance, in: Bühler/Siegert (Hrsg.), Unternehmenssteuerung und Anreizsysteme, 1999, S. 169 (174); Ridder, Materielle und immaterielle Leistungsanreize, in: Bandemer/Blanke/Nullmeier/Wewer (Hrsg.), Handbuch zur Verwaltungsreform, 1998, S. 191 (199).

[554] Zu den unterschiedlichen Werttypen vgl. Kap. 5.5.1.1.

[555] Vgl. z. B. die Untersuchungen zum Ende der 80er Jahre in 20. Jahrhundert in Kommunalverwaltungen, dargestellt in: Klages/Franz/Haas/Hippler, Führung und Arbeitsmotivation in der Kommunalverwaltung, 1988; Klages/Hippler, Führung und Arbeitsmotivation in Kommunalverwaltungen, 1989.

[556] Vgl. Siegert, Humankapital: Erfolgsmessung und Partizipation, in: Bühler/Siegert (Hrsg.), Unternehmenssteuerung und Anreizsysteme, 1999, S. 17 (27).

Die Ermittlung der Motivation und der Bedürfnisse der Beschäftigten kann auf verschiedene Weise geschehen. In der Literatur zum Personalmanagement werden meist drei Wege aufgezeigt, die Motivation und Bedürfnisse von Beschäftigten zu ermitteln:[557]

- **Introspektion**
  Hierzu zählt die Innenschau bzw. die Selbstbeobachtung, die sich auf die Beweggründe des eigenen Verhaltens richtet. Diese Möglichkeit hat den Nachteil, dass die Ursachen nur subjektiv ermittelbar und nicht objektiv nachprüfbar sind. In betrieblichen Zusammenhängen ist die Introspektion daher nur im Zusammenhang mit Gesprächen oder Befragungen sinnvoll.
- **Fremdbeobachtung**
  Ein/e oder mehrere Beobachter/innen erfassen das beobachtbare Verhalten und schließen auf die zu Grunde liegenden Motive oder die Motivstruktur. Die Interpretation wird jedoch dadurch erschwert, dass dasselbe Motiv unterschiedliche Verhaltensweisen zur Folge haben kann. Während das Verhalten in einigen Fällen die Motivation leicht erkennen lässt, ist in anderen Fällen ein Vergleich von mehreren Beobachtungen durch verschiedene Personen notwendig. Problematisch ist weiterhin die Beeinflussbarkeit des/der Beobachters/in durch die eigene Motivation oder die Beobachtung lediglich zufälligen Verhaltens. Genauere Ergebnisse lassen sich durch mehrere Beobachtungsphasen von verschiedenen Beobachter/innen gewinnen. Eine anschließende Befragung kann die Ergebnisse zusätzlich sichern.
- **Mitarbeiterbefragung**
  Eine Mitarbeiterbefragung liefert relativ genaue Informationen über Motivation und Bedürfnisse der Beschäftigten. Für die anonyme schriftliche oder mündliche Befragung ist die Sicherung der Anonymität, für die mündliche Befragung durch die Führungskräfte das Vertrauensverhältnis der Beschäftigten zu diesen von hoher Bedeutung.

In der Verwaltung ist die Ermittlung von Motivation und Bedürfnissen eine unmittelbare Aufgabe der Führungskräfte auf den unterschiedlichen Verwaltungsebenen. Sie ist weitaus weniger mit Instrumenten und Verfahren möglich als die Ermittlung der Verwaltungsziele, da es sich hier um Menschen und deren Bedürfnisse handelt. Für diese Ermittlung benötigt die Führungskraft Beobachtungsgabe und soziale Kompetenzen wie Einfühlungsvermögen, Kommunikationsfähigkeit etc.
Folgende Möglichkeiten haben sich für die Motivations- und Bedürfnisermittlung durch die Führungskräfte im Alltag von Kommunalverwaltungen bewährt:[558]

---

[557] Vgl. Jung, Personalwirtschaft, 1999, S. 366 f. Bereits Rosenstil unterschied zur Messung der Motivation die Introspektion (Selbstbeobachtung), die Verhaltensbeobachtung (Fremdbeobachtung), die Analyse der Verhaltensergebnisse (z. B. Leistung, Arbeitsergebnisse) und physiologische Methoden (Analyse physiologischer Daten wie z. B. Blutdruck, Herzfrequenz), vgl. Rosenstiel, Die motivationalen Grundlagen des Verhaltens in Organisationen, 1975, S. 80 ff.

[558] Nach Erfahrungen der Verfasserin in der Beratung von Kommunalverwaltungen.

- o Durch Beobachtung des Verhaltens und der Äußerungen der Beschäftigten im Arbeitsalltag erfährt jede Führungskraft viel über Motivation und Bedürfnisse.
- o Kommunikation und Gespräche, sei es der „Small Talk" am Rande, Arbeitsbesprechungen sowie persönliche Gespräche geben der/dem Vorgesetzten Auskunft über die Interessenlagen der Mitarbeiter/innen.
- o Das Personalführungsinstrument, das sich insbesondere eignet, ist das Mitarbeitergespräch mit seinen Elementen Zielvereinbarungsgespräch, Kooperationsgespräch, Personalentwicklungsgespräch und dem Gespräch über den persönlichen Beitrag zur Modernisierung der Verwaltung.[559] In diesem regelmäßig (z. B. jährlich) stattfindenden Gespräch können insbesondere Motivation, Interessen und Bedürfnisse des/der Mitarbeiters/in zur Sprache kommen.
- o Die Leistungsermittlung auf der Basis der Zielfestlegung/-vereinbarung ist insbesondere dafür geeignet, das Leistungsbedürfnis der Beschäftigten zu erkennen.[560]
- o Die Potenzialermittlung, insbesondere im Rahmen der Personalentwicklung, bietet sich an, die Fähigkeiten und das Selbstentfaltungsbedürfnis der Beschäftigten zum Vorschein zu bringen.[561]
- o Mitarbeiterbefragungen können Auskunft über die Interessen und Bedürfnisse sowie die Wünsche zu Leistungsanreizen in der Gesamtverwaltung oder in einzelnen Organisationseinheiten geben.[562]

Bei diesen verschiedenen Möglichkeiten, die Motivation und Bedürfnisse der Beschäftigten zu erkennen, ist Folgendes zu beachten: Es gibt Mitarbeiter/innen, die ihre Motivation und ihre Bedürfnisse direkt und unmittelbar äußern (können). Anderen Beschäftigten fällt dies eher schwer. Bei diesen Mitarbeiter/innen ist es Aufgabe der Führungskraft, diese Bedürfnisse gemeinsam mit der/dem Beschäftigten zu erkennen und Möglichkeiten der Befriedigung zu finden. Hilfreich dafür sind die verschiedenen Möglichkeiten der Gesprächsführung.[563]

6.5 Wahl der Leistungsanreize

Nachdem die Verwaltungsziele ermittelt und die Motivations- und Bedürfnislage erkannt worden sind, müssen die entsprechenden Anreize gewählt werden.

---

559 Vgl. KGSt-Bericht Nr. 13/1992: Das Mitarbeitergespräch, S. 14 ff.

560 Vgl. KGSt-Bericht Nr. 3/1999: Personalführung Teil 1: Leistungsermittlung; ferner Kap. 7.2.

561 Vgl. KGSt-Bericht Nr. 4/1999: Personalführung Teil 2: Potentialermittlung; ferner Kap. 7.3.

562 Mitarbeiterbefragungen zu Motivation und Leistungsanreizen haben z. B. die Stadtverwaltungen Bochum, Duisburg, Nürnberg, Landkreis Osnabrück durchgeführt (nach Informationen dieser Stadtverwaltungen im Jahr 2000); vgl. auch die Mitarbeiterbefragungen der Deutschen Hochschule für Verwaltungswissenschaften Speyer: Klages, Erfolgreich führen und motivieren, in: Wagner (Hrsg.), Personal und Personalmanagement, 1998, S. 51-67; Klages, Verwaltungsmodernisierung: "harte" und "weiche" Aspekte II., 1998, S. 79-108; vgl. ferner Klages, Funktionswert von Mitarbeiterbefragungen, in: VOP 1-2/1997, S. 34-38; Klages/Gensicke/Haubner, Die Mitarbeiterbefragung, in: VOP 5/1994, S. 322-327.

563 Vgl. KGSt-Bericht Nr. 10/1992: Gespräche führen.

Dabei ist zunächst zu beachten, dass in jeder Verwaltung bereits Anreizstrukturen vorhanden sind, die oft weder geplant noch bewusst gestaltet sind.[564] Es ist notwendig, sich diese Anreizstrukturen bewusst zu machen, um zu entscheiden, ob sie den Verwaltungszielen und den Beschäftigtenbedürfnissen dienen und ob sie aufrecht erhalten werden sollen. So stellt sich z. B. die Frage, welches Verhalten in einer Verwaltung besonders gelobt und gefördert und welches Verhalten sanktioniert wird. Wird z. B. das eigenverantwortliche und selbstständige Verhalten von Mitarbeiter/innen gefördert oder eher ein Verhalten, das sich ausschließlich nach Anweisungen ausrichtet. Werden diejenigen Führungskräfte positiv beurteilt, die die Mitarbeiter/innen in ihre Entscheidungen einbeziehen oder erhalten diejenigen Führungskräfte Anerkennung, die einen autoritären Führungsstil praktizieren. Sind die vorhandenen Anreizstrukturen bewusst gemacht, kann die Verwaltung entscheiden, welche Anreizstrukturen sie bewusst im Sinne ihrer Verwaltungsziele fördern will.

Die ermittelten und gesetzten Verwaltungsziele geben darüber Auskunft, in welchem Verwaltungsbereich welche Leistungsanreize möglich und sinnvoll sind. Immaterielle Leistungsanreize wie Personalentwicklung oder die Arbeitsatmosphäre können eher zu einer längerfristig orientierten Verhaltensänderung in der gesamten Verwaltung beitragen. Materielle Leistungsanreize eignen sich i. d. R. besser dazu, bei kurzfristigen Arbeitsüberhängen in bestimmten Verwaltungsbereichen etc. die anfallende Mehrarbeit zu honorieren. Weiterhin sind in Fachbereichen/Ämtern mit Einnahmen z. B. eher materielle Leistungsanreize möglich als in Bereichen ohne Einnahmen.

Die Motivationslage, insbesondere das Verhältnis von intrinsischer und extrinsischer Motivation, gibt Auskunft darüber, welche Art des Anreizes gewählt wird, d. h. ob ein Leistungsanreiz gewährt wird, der eher die intrinsische oder eher die extrinsische Motivation betrifft.[565] So kann eine hohe intrinsische Motivation durch einen (häufig immateriellen) Leistungsanreiz verstärkt werden. Setzt z. B. ein Mitarbeiter in hohem Maß seine Fähigkeiten in seiner Arbeit ein, können Personalentwicklungsmaßnahmen, die seine Fähigkeiten fördern, eine hohe Anreizwirkung auf den Mitarbeiter haben. Herrscht dagegen eine geringe intrinsische Motivation vor, kann dieser Mangel durch einen (häufig materiellen) Leistungsanreiz ausgeglichen werden. Soll z. B. eine Mitarbeiterin eine notwendige Arbeit erledigen, an der sie wenig Interesse hat, kann durch eine finanzielle Zuwendung zumindest die extrinsische Motivation zur Erledigung der Arbeit verstärkt werden.

Die Bedürfnislage lässt erkennen, welche Form des Anreizes bei den einzelnen Beschäftigten eine Anreizwirkung erzielen kann. Je nachdem, ob die Bedürfnisse des/der Mitarbeiters/in eher immaterieller oder eher materieller Natur sind, hat auch ein entsprechender immaterieller oder materieller Anreiz eine stärkere Motivationswirkung. Ist z. B. das Selbstentfaltungsbedürfnis (immateriell) bei einer/m Beschäftigten besonders ausgeprägt, haben Personalentwicklungsmaßnahmen (immateriell) bei dieser Person eine Anreizwirkung.

---

[564] Zu geplanten und ungeplanten Leistungsanreizen vgl. Kap. 3.1.2.2.

[565] Zu Leistungsanreizen, die die intrinsische oder extrinsische Motivation betreffen, vgl. Kap. 3.1.2.1.5.

Des Weiteren ist zu überprüfen, ob Verknüpfungen zwischen einzelnen Leistungsanreizen und der Einsatz von Kombinationsmodellen wie z. B. Cafeteria-Systemen möglich und sinnvoll sind.[566]
Die Motivation und die Bedürfnisse, aber auch die gewünschte Leistung geben ebenfalls Hinweise auf die zeitliche Dimension von Leistungsanreizen. Je näher ein Leistungsanreiz zeitlich mit der erbrachten oder zu erbringenden Leistung in Verbindung gebracht wird, um so größer ist i. d. R. seine Wirkung.[567] Dies gilt insbesondere für belohnende Leistungsanreize: Werden z. B. Leistungsprämien in engem zeitlichen Zusammenhang zu der erbrachten Leistung, die sie belohnen sollen, bezahlt, steigt voraussichtlich nicht nur seine belohnende Wirkung, sondern auch seine Wirkung hinsichtlich der Bereitschaft der betroffenen Person zu weiteren vergleichbaren Leistungen.
Zur Wahl des Leistungsanreizes gehört ebenfalls die Entscheidung über den Adressatenkreis, d. h. ob der Anreiz individuell an eine Person oder an eine Gruppe oder ein Team vergeben werden soll. Kriterien können dabei die Motivation und Bedürfnisse der Beschäftigten (z. B. das Bedürfnis nach Teamarbeit), die Erwartung an die zu erbringende Leistung (in Einzel- oder Gruppenarbeit zu erstellen) oder das mit dem Leistungsanreiz verfolgte Ziel (z. B. Stärkung der Teamarbeit) sein.[568] Während bestimmte Leistungsanreize wie der personenbezogene Arbeitseinsatz oder die Personalentwicklung sich vorrangig auf das Individuum beziehen, können sich andere Anreize wie Teamarbeit oder Leistungsprämien auch auf Gruppen beziehen.
Die Art und Höhe der Anreize müssen in einem angemessenen Verhältnis zu der erbrachten Leistung stehen. Das hat die Notwendigkeit bei den meisten, insbesondere den materiellen Leistungsanreizen, zur Folge, das Leistungsergebnis in Geld zu bewerten auf der Basis der Grundgleichung jedes Anreizsystems, bei der der Wert der Belohnungen und die Kosten für die Anwendung des Anreizsystems unter dem Wert des Nutzeffekts zu halten sind.[569] Wird z. B. eine Leistungszulage gezahlt, so sollte der Nutzen der Tätigkeit, für die die Zulage gezahlt wird, höher sein als die Kosten der Zulage.

Es ist die Aufgabe der Führungskräfte, die unterschiedlichen Anforderungen „unter einen Hut" zu bringen und die Anreize entsprechend zu gestalten.[570] Hierbei ist jedoch zu beachten, dass es sich nicht um mechanische Wenn-dann-Abfolgen handelt. Eine ganzheitliche Betrachtung von Leistung und Verhalten des Menschen bezieht immer die Möglichkeit ein, dass Leistungsanreize auch ganz anders als vorhergesehen wirken und andere innere und äußere Faktoren ebenfalls auf Leistung und Verhalten der Beschäftigten wirken.
Der Abgleich zwischen Verwaltungszielen und Mitarbeiterbedürfnissen geschieht nicht immer konfliktfrei. Konflikte im organisatorischen Alltag können jedoch die Eigenschaft

---

[566] Vgl. Kap. 10.
[567] Zu dauerhaften, regelmäßigen und punktuellen Leistungsanreizen vgl. Kap. 3.1.2.6.
[568] Zu Leistungsanreizen für alle Beschäftigten, für Gruppen oder Einzelne vgl. Kap. 3.1.2.7.
[569] Vgl. Brede, Grundzüge der Öffentlichen Betriebswirtschaftslehre, 2001, S. 164.
[570] Vgl. Schanz, Motivationale Grundlagen der Gestaltung von Anreizsystemen, in: Schanz (Hrsg.), Handbuch Anreizsysteme in Wirtschaft und Verwaltung, 1991, S. 3 (13).

in sich tragen, Anpassungsnotwendigkeiten zu signalisieren.[571] Um Leistungsanreize effektiv einzusetzen, ist eine möglichst große Schnittmenge zwischen den Verwaltungszielen und den Mitarbeiterbedürfnissen anzustreben. Dabei sollte auch die persönliche Situation der betroffenen Beschäftigten im Blick behalten werden. So ist z. B. der variable zeitliche Einsatz insbesondere von Beschäftigten mit Kindern begrenzt.

6.6 Ermittlung von Leistung und Potenzialen

Nach der Ermittlung der Verwaltungsziele, der Motivations- und Bedürfnislage und der Wahl des Leistungsanreizes ist die Leistung von der/dem Beschäftigten zu erbringen. Auf der Basis dieser erbrachten Leistung soll der Leistungsanreiz vergeben werden. Notwendig ist die Ermittlung der erbrachten Leistung.

Diese klare Wenn-dann-Reihenfolge (Wenn Leistung, dann Leistungsanreiz) ist jedoch nur bei einigen Leistungsanreizen gegeben. Sinnvoll und notwendig ist sie bei vielen materiellen Anreizen (z. B. finanzielle Zuwendungen, Sachzuwendungen). Bei vielen immateriellen Anreizen (z. B. Arbeitsatmosphäre, Qualifizierung) sind diese Anreize motivationsstärkend und die Bedingung und Voraussetzung zur Erbringung guter Leistung. Dennoch ist es auch in diesen Fällen notwendig, dem/der Mitarbeiter/in eine Rückmeldung zur erbrachten Leistung zu geben. Viele insbesondere immaterielle Leistungsanreize (z. B. Personalentwicklung) beziehen sich auf die Fähigkeiten der Beschäftigten. Sie setzen notwendigerweise eine Potenzialermittlung voraus.

Da Leistungsermittlung und Potenzialermittlung zu den grundlegenden Voraussetzungen der Gewährung von Leistungsanreizen gehören, werden sie in dieser Arbeit in einem eigenen Kapitel dargestellt.[572]

6.7 Anreizcontrolling

Aufgabe des Verwaltungscontrollings ist die systematische und kontinuierliche Berichterstattung zur Verbesserung der Steuerung, d. h. zur Führungsunterstützung durch zukunftsorientierte Information und Koordination.[573] Das Controlling von Leistungsanreizen sollte eingebunden sein in das gesamte Controlling der Verwaltung sowie in das Personalcontrolling.[574] Ein Controlling des Einsatzes von Leistungsanreizen ist notwendig, da

---

[571] Vgl. Schanz, Motivationale Grundlagen der Gestaltung von Anreizsystemen, in: Schanz (Hrsg.), Handbuch Anreizsysteme in Wirtschaft und Verwaltung, 1991, S. 3 (13).

[572] Vgl. Kap. 7.

[573] Vgl. Kap. 4.2.5.

[574] Vgl. Schedler, Anreizsysteme in der öffentlichen Verwaltung, 1993, S. 294 ff.; zum Personalcontrolling. Das Anreizcontrolling wird in der Literatur zum Personalcontrolling nicht explizit mit ins Personalcontrolling aufgenommen, vgl. z. B. Gmelin, Effizientes Personalmanagement durch Personalcontrolling, 1995; Haunschild, Koordination und Steuerung der Personalarbeit, 1995; Lichtsteiner, Meßgrößen zur strategischen Führung im Personalmanagement, in: Klimecki/Remer (Hrsg.), Personal als Strategie, 1997, S. 319-337; Papmehl, Personal-Controlling, 1999; Tonnesen, Kundenorientiertes Personalcontrolling, in: Ackermann/Meyer/Mez (Hrsg.), Die kundenorientierte Personalabteilung, 1998, S. 236-282.

so eingeschätzt werden kann, inwieweit der Einsatz von Leistungsanreizen seine Ziele erreicht hat, wo bei dem gegenwärtigen Einsatz Veränderungen vorgenommen werden müssen und welche Leistungsanreize zukünftig auf welche Art einzusetzen sind.
Voraussetzung für das Anreizcontrolling ist das generelle Verwaltungscontrolling, das auf den verschiedenen Verwaltungsebenen überprüft, inwieweit die festlegten Ziele und die entsprechenden Maßnahmen die richtigen waren und inwieweit die Ziele erreicht worden sind. Je operationaler (z. B. über Kennzahlen, Indikatoren) die Ziele formuliert worden sind, um so leichter und konkreter ist das Controlling möglich. Das Anreizcontrolling benötigt ein Controlling, das „abteilungs- und fachübergreifend die systematische Gegenüberstellung von Plan- und Ist-Größen individualleistungsrelevanter Sachverhalte“[575] ermöglicht und operationell verwirklicht. Notwendig ist dazu eine anreizkompatible Gestaltung des Rechnungswesens.[576] Auf der Ebene der einzelnen Beschäftigten kann die Leistungsermittlung ein hilfreiches Instrumentarium zur Überprüfung der Zielerreichung sein, da sie in das Kontraktmanagement und Controlling der Gesamtverwaltung eingebunden ist.[577]
Hinsichtlich der Verwaltungsziele ist auf den drei Zielfeldern des kommunalen Managements, die die Basis der Bildung von Zielen für Leistungsanreize darstellen,[578] im Rahmen des Anreizcontrollings zu fragen:[579]

- **Bürger/innen, Kunden/innen**
  Ist die Kundenzufriedenheit im beabsichtigten Maße durch den Einsatz von Leistungsanreizen gesteigert worden (überprüfbar z. B. durch Bürgerbefragungen, Beschwerdehäufigkeit)? Ist das Leistungsergebnis in der bestimmten Organisationseinheit durch den Einsatz von Leistungsanreizen gesteigert worden (qualitativ, quantitativ)?
- **Prozesse & Strukturen**
  Ist die Zufriedenheit und Motivation der Beschäftigten gesteigert worden (überprüfbar durch Mitarbeiterbefragungen, Mitarbeitergespräche, Fluktuationsrate)? Sind das innovative Denken und Handeln durch den Einsatz von Leistungsanreizen gefördert worden (z. B. gestiegene Anzahl effektiver Verbesserungsvorschläge)? Ist die Zusammenarbeit der Beschäftigten durch den Einsatz von Leistungsanreizen gestärkt worden (z. B. gesunkene Anzahl von Konfliktfällen)?
- **Ressourcen**
  Ist die Wirtschaftlichkeit in der bestimmten Organisationseinheit durch den Einsatz von Leistungsanreizen gesteigert worden (z. B. durch Kostenreduktion bei gleich bleibender Leistung oder gesteigerte Leistung hinsichtlich Qualität/Quantität bei gleich bleibenden Kosten)? Ist der Wettbewerb in einer Organi-

[575] Schedler, Anreizsysteme in der öffentlichen Verwaltung, 1993, S. 294.
[576] Vgl. Wagenhofer, Anreizkompatible Gestaltung des Rechnungswesens, in: Bühler/Siegert (Hrsg.), Unternehmenssteuerung und Anreizsysteme, 1999, S. 183-205.
[577] Vgl. Kap. 7.2.4.1.
[578] Vgl. Kap. 6.1.2.2.
[579] Die folgende Darstellung erarbeitete die Verfasserin mit Beratung der von ihr geleiteten KGSt-Arbeitsgruppe „Immaterielle und materielle Leistungsanreize“.

sationseinheit durch den Einsatz von Leistungsanreizen gestärkt worden (z. B. kostengünstigeres Erstellen eines Produktes im Vergleich zu einer anderen Verwaltung)?

Sind diese Fragen hinsichtlich des Erreichens der Verwaltungsziele durch Leistungsanreize beantwortet, sind auch Form und Einsatz von Leistungsanreizen zu überprüfen anhand folgender Fragen:

- War der Leistungsanreiz das richtige Instrument zur Leistungssteuerung und/oder -steigerung, Erhöhung der Motivation oder Befriedigung der Bedürfnisse der Beschäftigten?
- War die Form des Leistungsanreizes richtig, z. B. materiell oder immateriell?
- Waren die Anreizempfänger/innen die richtigen, z. B. Individuum oder Team?
- Waren die Voraussetzungen erfüllt wie z. B. Zielfestlegungen/-vereinbarungen, Führung, Einbindung in Gesamtkonzepte etc.?
- Hat eine Evaluation des Einsatzes stattgefunden (z. B. mithilfe einer Befragung der Mitarbeiter/innen, der Führungskräfte)?

Die Schwierigkeit bei der Beantwortung der Fragen liegt darin, dass rein „mathematisch-logische“ Schlussfolgerungen nicht möglich sind. Denn die Isolierung der Wirkung von Leistungsanreizen von anderen Einflussfaktoren stellt ein Problem dar, da diese Wirkung oftmals nicht eindeutig zu erkennen ist. Da es sich um Wirkungen bei Menschen handelt, können immer auch andere Ursachen für eine positive oder negative Leistungs- oder Verhaltensänderung eine Rolle spielen (Veränderungen in den Arbeitsbeziehungen, im privaten Bereich etc.). Darüber hinaus neigen Menschen bisweilen dazu, Günstiges eigenen Anstrengungen, Ungünstiges äußeren Faktoren zuzuschreiben.[580] Insbesondere in den Fällen, in denen die Ziele, die durch den Einsatz von Leistungsanreizen unterstützt werden sollten, nicht oder nicht vollständig erreicht wurden, ist eine verpflichtende Ursachenanalyse für die Führungskräfte sinnvoll, auch wenn Ursachenanalysen nur selten zweifelsfrei offenbaren, welche Ursachen mit welchen Anteilen an der Zielerreichung beteiligt waren. Führungskräfte sind dabei auf Schätzungen angewiesen, die jedoch insbesondere hinsichtlich ihrer Transparenz, Begründung und Angemessenheit deutlich von Willkür zu unterscheiden sind.[581]
Das Anreizcontrolling sollte in regelmäßigen Abständen (z. B. jährlich bei dauerhaften Leistungsanreizen oder in einem bestimmten Zeitraum nach einer einmaligen Vergabe) durchgeführt werden.

---

[580] Vgl. Brede, Grundzüge der Öffentlichen Betriebswirtschaftslehre, 2001, S. 164.

[581] Brede liefert dazu ein Beispiel: „Erhöhen sich die Teilnehmerzahlen von Volkshochschulkursen in einem bestimmten Maße, sind sich die Fachleute ziemlich sicher, daß ein bestimmter, durch Schätzung bezifferter Anteil der Zunahme auf Anstrengungen der Volkshochschule und der Rest auf sonstige Umstände, z. B. ein gewandeltes Freizeitverhalten u. ä., zurückzuführen ist.“, in: Brede, Grundzüge der Öffentlichen Betriebswirtschaftslehre, 2001, S. 164.

Da sowohl der Aufbau eines Personalcontrollings als auch eines Anreizsystems erst am Beginn in den Kommunalverwaltungen stehen, ist auch ein systematisches Anreizcontrolling kaum vorhanden. Die Personalcontrollingkonzepte einiger weniger Verwaltungen berücksichtigen vor allem immaterielle Leistungsanreize (z. B. Personalentwicklung, Frauenförderung), wenngleich diese nicht als solche gekennzeichnet sind.[582]

6.8 Zusammenfassung und Bewertung

Für den effektiven Einsatz von Leistungsanreizen müssen bestimmte Voraussetzungen beachtet werden. Dazu gehört in erster Linie die Einbindung in die Gesamtverwaltung. Im Rahmen der Verwaltungsmodernisierung können Leistungsanreize die Reform unterstützen, wenn sie mit Modernisierungsmaßnahmen, mit veränderten Strukturen und der gewandelten Kultur abgestimmt und in diese integriert sind. Ebenfalls notwendig ist eine Integration auf der normativen, strategischen und operativen Ebene des kommunalen Managements sowie in das Personalmanagement, seine Aufgabenfelder und Einzelkonzepte. Voraussetzung für den effektiven Einsatz von Leistungsanreizen ist eine Führung, die die Motivation der Beschäftigten erkennt und fördert. Motivierend wird insbesondere der aktivierende Führungsstil von den Beschäftigten erlebt. Leistungsanreize sollten bewusst als Führungsinstrumente eingesetzt werden. Leistungsanreize für Führungskräfte können die Führungsqualität unterstützen. Die Ermittlung der Verwaltungsziele als auch der Motivation und der Bedürfnisse der Beschäftigten stellt eine weitere Voraussetzung dar. Für die Ermittlung der Leistungsziele sind ein in der Verwaltung vorhandenes Zielsystem sowie die Zielermittlung auf allen Ebenen der Verwaltung notwendig. Die Ermittlung der Motivation und der Bedürfnisse der Beschäftigten kann durch Beobachtung, Gespräche (insbesondere Mitarbeitergespräche), Leistungs- und Potenzialermittlung sowie Mitarbeiterbefragungen geschehen. Sind diese Voraussetzungen gegeben, müssen die passenden Leistungsanreize gewählt werden. Kriterien sind die Verwaltungsziele, die Motivationslage und die Bedürfnisse der Beschäftigten, der Adressatenkreis (Einzelne oder Gruppe) sowie die zu erbringende oder die erbrachte Leistung. Ein in das Personalcontrolling und schließlich Gesamtcontrolling eingebundene Anreizcontrolling, das den Beitrag von Leistungsanreizen zum Erreichen der Verwaltungsziele überprüft, stellt eine weitere Voraussetzung für einen effektiven Einsatz dar. Dabei ist zu beachten, dass die Wirkung von Leistungsanreizen kaum isoliert von anderen Einflussfaktoren betrachtet werden kann.

Wenngleich nicht alle Voraussetzungen vollständig für den Einsatz von Leistungsanreizen gegeben sein müssen, ist eine Beachtung dieser verschiedenen Rahmenbedingungen und eine fortdauernde Verbesserung vonnöten, wenn Leistungsanreize die mit ihnen verfolgten Ziele erreichen sollen.

---

[582] Z. B. das Personalcontrolling der Freien Hansestadt Bremen, vgl. Freie Hansestadt Bremen, Senatskommission für das Personalwesen (Hrsg.), Projekt „Personalcontrolling in der Freien Hansestadt Bremen“, 1998.

7 Leistungsermittlung und Potenzialermittlung

Eine der wesentlichen Fragen bei der Gewährung von Leistungsanreizen ist die Entscheidung, nach welchen Kriterien Leistungsanreize vergeben werden sollen. Diese Diskussion entzündet sich insbesondere an den Kriterien zur Gewährung leistungsorientierter Bezahlungselemente. Die Anforderungen an eine Beurteilung als Voraussetzung der Vergabe werden häufig diskutiert.[583] Leistungsabhängige Lohn- und andere Anreizsysteme werden oftmals besonders hinsichtlich der zu Grunde liegenden Beurteilung kritisiert.[584] Im Folgenden werden daher die Grundlagen der Personalbeurteilung in der öffentlichen Verwaltung, deren Mängel und neue Formen der Beurteilung, insbesondere die Leistungsermittlung und die Potenzialermittlung, als Basis der Gewährung von Leistungsanreizen dargestellt.

7.1 Personalbeurteilung

7.1.1 Begriff

Beurteilungen und Einschätzungen finden grundsätzlich in allen sozialen Interaktionen statt.[585] In Organisationen haben sich darüber hinaus formalisierte Formen von Beurteilungen entwickelt.
Die Beurteilung[586] meint „eine regelmäßig und unter Verwendung eines standardisierten, vorher festgelegten Verfahrens erfolgende zweckbezogene Bewertung der Persönlichkeit und/oder der Leistung und/oder des Verhaltens und/oder des Führungsverhaltens des Beschäftigten durch den jeweils nächsthöheren Vorgesetzten."[587]

Unter dem Begriff "Personalbeurteilung" werden in den gängigen Beurteilungssystemen zwei Arten von Verfahren verstanden:[588]

---

583 Vgl. Oechsler, Neue Anreizsysteme im öffentlichen Dienst, in: VM, 1/1999, S. 11-14.
584 Vgl. Röber, Auf der Suche nach betriebswirtschaftlich orientierten Anreizsystemen in neueren Konzepten zur Verwaltungsreform, in: Schanz, Handbuch Anreizsysteme in Wirtschaft und Verwaltung, 1991, S. 1103 (1112).
585 Vgl. Preiser, Beurteilungen in sozialen Interaktionen, in: Selbach/Pullig (Hrsg.), Handbuch Mitarbeiterbeurteilung, 1992, S. 3-38.
586 Neben dem Begriff „Beurteilung" werden auch Begriffe wie „Mitarbeiterbeurteilung", „Personalbeurteilung", „Persönlichkeitsbeurteilung", „Leistungsbeurteilung", „Verhaltensbeurteilung", „Eignungsbeurteilung", „Potenzialbeurteilung", „Befähigungsbeurteilung", „persönliche Beurteilung", „dienstliche Beurteilung" etc. verwandt, vgl. Breisig, Personalbeurteilung als Führungsinstrument, 1989, S. 19.
587 Breisig, Personalbeurteilung als Führungsinstrument, 1989, S. 20.
588 Vgl. Oechsler, Personalführung durch tätigkeitsbezogene Leistungsbewertung, in: Liebel/Oechsler, Personalbeurteilung, 1992, S. 11 (17 f.). Die Beurteilungsforschung wandelte sich bereits vor einigen Jahren von einer psychometrisch orientierten Forschung hin zu kognitiv orientierten Ansätzen, vgl. Hampp, Perspektivenwechsel in der Personalbeurteilungsforschung, in: Hampp/Hilgenfeld (Hrsg.), Beurteilungspersonal, 1985, S. 7-21; Hilgenfeld, Controlling, Kontrolle ist gut – Vertrauen ist besser, in: Hampp/Hilgenfeld (Hrsg.), Beurteilungspersonal, 1985, S. 119-152.

- Verfahren der **Leistungsbeurteilung**, mit deren Hilfe in der Vergangenheit gezeigte Arbeitsleistungen und gezeigtes Arbeitsverhalten bewertet werden,
- Verfahren der **Potenzialbeurteilung**, die das für Gegenwart und Zukunft zu erwartende Fähigkeitspotenzial beurteilen.

7.1.2 Rechtliche Grundlagen

Die Betrachtung der Rechtsgrundlagen der Personalbeurteilung muss die unterschiedliche rechtliche Gestaltung der Beschäftigungsverhältnisse im öffentlichen Bereich berücksichtigen.

7.1.2.1 Beurteilung von Beamten/innen

Die Notwendigkeit zur Beurteilung wird abgeleitet aus Art. 33 Abs. 2 GG, wonach der Zugang zu öffentlichen Ämtern von der Eignung, Befähigung und der fachlichen Leistung abhängig gemacht wird. Dieser Grundsatz gilt sowohl für die Einstellung des Personals in den öffentlichen Dienst als auch für die weitere Laufbahn.[589] Die dienstliche Beurteilung wird dementsprechend verstanden als eine Äußerung der/des Dienstvorgesetzten über Eignung, Befähigung und fachliche Leistung im entsprechenden Beurteilungszeitraum.[590] Die Zuständigkeit für die Beurteilung liegt bei dem/der jeweiligen Dienstvorgesetzten; z. T. werden auf einer übergeordneten Ebene Zweitbeurteiler/innen mit der Aufgabe der Einhaltung einheitlicher Maßstäbe und der Vergleichbarkeit der Beurteilungen eingesetzt.[591]

In der öffentlichen Verwaltung werden zwei Arten von Beurteilungen unterschieden: die periodisch (z. B. alle drei oder fünf Jahre) wiederkehrende Regelbeurteilung und die anlassbezogene Bedarfsbeurteilung. Insbesondere bei Anlassbeurteilungen besteht die Gefahr, dass der Anlass die Bewertung beeinflussen kann; dennoch werden die Beurteilungsergebnisse unter anderem für Beförderungsentscheidungen herangezogen.[592] Dienstliche Beurteilungen gehören zum Minimalinhalt einer Personalakte.[593] Für Kommunalverwaltungen besteht auf der Basis der verschiedenen Landesverordnungen die Pflicht zur Personalbeurteilung.[594]

---

[589] Vgl. Schnellenbach, Die dienstliche Beurteilung der Beamten und Richter, 2000, Rdnr. 76 ff.
[590] Vgl. Scheerbarth/Höffken/Bauschke/Schmidt, Beamtenrecht, 1992, S. 467; Schnellenbach, Beamtenrecht in der Praxis, 1994, S. 181.
[591] Vgl. Breisig, Personalbeurteilung – Mitarbeitergespräch – Zielvereinbarungen, 1998, S. 103.
[592] Vgl. Mungenast, Grenzen merkmalsorientierter Einstufungsverfahren und ihre mögliche Überwindung durch zielorientierte Leistungsbeurteilungsverfahren, 1990, S. 80. Bereits die Studienkommission hatte die Empfehlung abgegeben, von der Anlassbeurteilung aufgrund mangelnder Objektivität Abstand zu nehmen, vgl. Studienkommission für die Reform des öffentlichen Dienstrechts, 1973, S. 215.
[593] Vgl. Kessler, Personalaktenrecht, 1997, S. 14; Weiß/Steinmeier, Arbeitsrecht für den öffentlichen Dienst, 1996, Rdnr. 110.,
[594] Vgl. Schnellenbach, Die dienstliche Beurteilung der Beamten und Richter, 2000, Teil B, I, Rdnr. 94 ff.

7.1.2.2 Beurteilung von Arbeitnehmern/innen

Die Berteilung von Angestellten und Arbeiter/innen ist weder gesetzlich noch tariflich geregelt.[595] Das Recht der Arbeitgeberseite zur Beurteilung der beschäftigten Arbeitnehmer/innen wird vom Bundesarbeitsgericht unter anderem aus dem Mitbestimmungsrecht der Personalvertretung bei der Aufstellung von Beurteilungsrichtlinien für Angestellte und Arbeiter/innen abgeleitet.[596]
Verfahren und Vorgehen bei der Beurteilung von Angestellten und Arbeiter/innen werden i. d. R. denen der Beamten/innen angepasst.[597] Insbesondere die Vergleichbarkeit von personalwirtschaftlichen Entscheidungen über Beamte/innen und Arbeitnehmern/innen kann einer Beurteilung auch für Angestellte und Arbeiter/innen einen Sinn verleihen.[598]

7.1.3 Bisherige Beurteilungspraxis

Die hohe Bedeutung, die der Beurteilung auf rechtlichem Gebiet zugesprochen wird,[599] steht in krassem Gegensatz zur kommunalen Praxis. Die gängige Beurteilungspraxis im öffentlichen Dienst gibt häufig Anlass zu großer Unzufriedenheit.[600] Die Beurteilungsergebnisse sind kaum brauchbar, da sie oftmals eine „Mildetendenz"[601] zeigen. Die Praxis der Personalbeurteilung wird überwiegend als lästige Erfüllung der Gesetzespflicht zumindest im Beamtenbereich gesehen. Es wird jedoch kein Zusammenhang zu dem übrigen Verwaltungshandeln hergestellt; der Nutzen zur Erfüllung der Verwaltungsaufgaben bleibt zweifelhaft.[602]

---

[595] Vgl. Bieler, Die dienstliche Beurteilung, 1998, Rdnr. 320.

[596] Vgl. Rothländer, Rechtliche Grundlagen von Beurteilungen, in: Loewenfeld (Hrsg.), Die Beurteilung, 1993, S. 81 (85).

[597] Vgl. Bieler, Die dienstliche Beurteilung, 1998, Rdnr. 140; Müller, Arbeitsrecht im öffentlichen Dienst, 1995, S. 251.

[598] Vgl. Bieler, Die dienstliche Beurteilung, 1998, Rdnr. 320.

[599] Vgl. Findeisen/Gustmann, Rechtliche Fragen und Rechtsprechung bei der Vorbereitung des Auswahlverfahrens, in: Drescher (Hrsg.), Handbuch zur Personalauswahl in der modernen Kommunalverwaltung, 2001, S. 103 (105 f.).

[600] Nach einer Befragung der Deutschen Hochschule für Verwaltungswissenschaften Speyer in der öffentlichen deutschen Verwaltung Ende der achtziger Jahre des 20. Jahrhunderts hielten nur 16 % der befragten Führungskräfte das Beurteilungswesen für ein brauchbares Instrument, vgl. Klages, Neue Herausforderungen und Möglichkeiten der Leistungsmessung und –beurteilung, in: Reinermann/Unland (Hrsg.), Die Beurteilung – Vom Ritual zum Personalmanagement, 1997, S. 21 (21); ferner Diergarten, Lob und Anerkennung verbessern die Arbeitseffektivität, in: Beamte Heute 1/1991, S. 6-7; Klages, Möglichkeiten der Qualitätsmessung und -bewertung in der öffentlichen Verwaltung, in: Hill/Klages, (Hrsg.), Qualitäts- und erfolgsorientiertes Verwaltungsmanagement, 1993, S. 37 (51).

[601] Bei der "Mildetendenz" befinden sich die Mehrzahl der Beurteilungsnoten in den oberen Bereichen.

[602] Vgl. KGSt-Bericht Nr. 3/1999: Personalführung Teil 1: Leistungsermittlung, S. 34; Wagner, Personalmanagement in der Verwaltung, in: Personal 5/2000, S. 220 (222).

Insbesondere im Rahmen der Verwaltungsmodernisierung wird der Widerspruch zwischen dem wachsenden Bedarf an Kontroll- und Steuerungsinstrumenten und der sinnlos erlebten Beurteilungspraxis deutlich.[603]

Die Kernproblematiken des Beurteilungswesens wurden zunehmend als „zu einem Großteil Management-Probleme und nicht allein Probleme der Durchführungs- und Skalierungstechnik, als die sie in der psychologischen Forschung über lange Jahre behandelt wurden"[604], erkannt.

Die Kommunalverwaltungen haben daraus vielerorts verschiedene Konsequenzen gezogen:[605]

- Eine Reihe von Kommunalverwaltungen führen standardisierte Beurteilungen durch und versuchen, die Beurteilungspraxis zu verbessern durch Systemveränderungen, Richtlinien, Quotierung, Zweitbeurteilende, Schulungen etc.[606]
- Bei vielen Kommunalverwaltungen, die Beurteilungen durchführen, bleiben diese ohne Konsequenzen. Bedeutung bekommen Beurteilungen höchstens – unfreiwillig – bei Beförderungsentscheidungen im Rahmen von Konkurrentenklagen.
- Einige Verwaltungen führen keine Beurteilungen durch. Im Rahmen von Konkurrentenklagen können sie jedoch ggf. dazu verpflichtet werden.
- Andere Verwaltungen entwickeln alternative oder ergänzende Lösungen wie z. B. individualisierte Beurteilungsgespräche[607] oder das Mitarbeitergespräch[608].

Diese Versuche haben jedoch kaum zu einer wirklichen Verbesserung der Beurteilungspraxis geführt.[609] Die Gründe liegen in dem überkommenen Führungsverständnis vieler Vorgesetzter, dienstrechtlichen Beschränkungen und in der aktuellen Rechtsprechung.[610] Trotz dieser unzufriedenstellenden Beurteilungspraxis „erweist sich der öffentliche Dienst als wahre Trutzburg hochstandardisierter Einstufungsverfahren mit Objektivitäts- und Vergleichbarkeitsanspruch"[611].

Die dargestellte Unzufriedenheit mit der Beurteilungspraxis sowie die Einführung leistungsorientierter Bezahlungselemente durch die Dienstrechtsreform haben in vielen

---

603 Vgl. Loewenfeld, Die Beurteilung – Zwischen Motivationsförderung und Disziplinierung, in Reinermann/Unland, Die Beurteilung – Vom Ritual zum Personalmanagement, 1997, S. 63 (65); Steinort/Unland, Perspektiven für eine Reform des Beurteilungswesens im öffentlichen Dienst, in: VM 3/1998, S. 166 (166 f.).

604 Schuler, Leistungsbeurteilung – Funktionen, Formen und Wirkungen, in: Schuler (Hrsg.), Beurteilung und Förderung beruflicher Leistung, 1991, S. 11-40, S. 11.

605 Vgl. KGSt-Bericht Nr. 3/1999: Personalführung Teil 1: Leistungsermittlung, 34 f.

606 Vgl. Klages, Neue Herausforderungen und Möglichkeiten der Leistungsmessung und –beurteilung, in: Reinermann/Unland (Hrsg.), Die Beurteilung – Vom Ritual zum Personalmanagement, 1997, S. 21 (25).

607 Z. B. das Modell der ÖTV, vgl. ÖTV (Hrsg.), Reform des Beurteilungswesens, 1993.

608 Vgl. KGSt-Bericht Nr. 13/1992.Das Mitarbeitergespräch; Leonhardt, Das Mitarbeitergespräch als Alternative zu formalisierten Beurteilungssystemen, in: Schuler (Hrsg.), Beurteilung und Förderung beruflicher Leistung, 1991, S. 91-104.

609 Vgl. Breisig, Personalbeurteilung – Mitarbeitergespräch – Zielvereinbarungen, 1998, S. 97; Klages, Neue Herausforderungen und Möglichkeiten der Leistungsmessung und –beurteilung, in: Reinermann/Unland (Hrsg.), Die Beurteilung – Vom Ritual zum Personalmanagement, 1997, S. 21 (25 f.).

610 Vgl. Steinort/Unland, Perspektiven für eine Reform des Beurteilungswesens im öffentlichen Dienst, in: VM 3/1998, S. 166 (171).

611 Breisig, Personalbeurteilung – Mitarbeitergespräch – Zielvereinbarungen, 1998, S. 102.

Verwaltungen ein erneutes Nachdenken über das Beurteilungswesen in Gang gesetzt.[612]
Nachfolgend werden die Mängel der gebräuchlichen Beurteilungen sowie Reformansätze dargestellt.

7.1.4 Mängel gängiger Beurteilungen

Diese zeigen Mängel vor allem in zwei Bereichen:[613]
1. Ziele und Funktionen,
2. Methoden und Verfahren.

7.1.4.1 Ziele und Funktionen

Der ursprüngliche, rechtlich vorgesehene Zweck der Beurteilung der Beamten/innen, an die sich die Beurteilung der Arbeitnehmern/innen angelehnt hat, ist die den Umständen nach optimale Verwendung des/der Beamten/innen und der Beitrag zur Auslese, wie sie Art. 33 Abs. 2 GG und im Anschluss daran § 8 Abs. 1 Satz 2 BBG und § 7 BRRG verlangen.[614] Die Personalbeurteilung wurde und wird demnach verwendet für jede Form der Personalentscheidung und letztlich zur Karrieresteuerung.
Eine Konsequenz dieser nicht kalkulierbaren Relevanz der Beurteilungsergebnisse ist die bereits erwähnte "Mildetendenz": Viele Vorgesetzte fürchten auf Grund der möglichen enormen Auswirkung der Beurteilungsergebnisse auf den weiteren beruflichen Weg ihres/r Mitarbeiters/in etwaige Konflikte mit diesem/r. In der Folge werden die Ergebnisse „geschönt", d. h. die Beurteilungsergebnisse sind nicht mehr realistisch, sondern zeigen gute und sehr gute Benotungen.
Inzwischen sind Entwicklungen eingetreten, die diese eindeutige Funktionsbestimmung der Beurteilung in der Praxis unklar werden ließen:[615]

- o Es wurden effektivere Auswahlinstrumente, z. B. Personalauswahlverfahren, angewandt, die insbesondere die Vergleichbarkeit bei für alle Beschäftigtengruppen ausgeschriebenen Stellen ermöglichen sollen.
- o Es hat sich gezeigt, dass Karriereplanungen im Rahmen der Personalführung andere Instrumente als die Beurteilung benötigen (z. B. das Mitarbeitergespräch).

---

[612] Vgl. KGSt-Bericht Nr. 3/1999: KGSt-Bericht Nr. 3/1999: Personalführung Teil 1: Leistungsermittlung, S. 35; ferner Ott, Sind Beurteilungen für die Vergabe von Leistungszulagen geeignet?, in: Reinermann/Unland (Hrsg.), Die Beurteilung – Vom Ritual zum Personalmanagement, 1997, S. 93-97.

[613] Insbesondere die ÖTV hat Kritik an den bisherigen Beurteilungen im öffentlichen Dienst geübt, vgl. Loewenfeld (Hrsg.), Die Beurteilung, 1993; ÖTV (Hrsg.), Reform des Beurteilungswesens, 1993; ÖTV (Hrsg.), Reform des Beurteilungswesens – Workshop, 1998; Reinermann/Unland (Hrsg.), Die Beurteilung – Vom Ritual zum Personalmanagement, 1997; Steinort, Soll die Personalbeurteilung gerecht sein?, in: VOP 1/1995, S. 32-37.

[614] Vgl. Schnellenbach, Die dienstliche Beurteilung der Beamten und Richter, 2000, Teil B, I, Rdnr. 190 ff.

[615] Vgl. Busse, Bedeutung der Beurteilung im Auswahlverfahren, in: Drescher (Hrsg.), Handbuch zur Personalauswahl in der modernen Kommunalverwaltung, 2001, S. 97 (98 f.).

- In der Verwaltungspraxis erhalten Beurteilungen unterschiedliche Funktionen, entweder bewusst artikuliert oder unausgesprochen. Als Funktionen sind vor allem zu nennen: weiterhin als Auswahl- und Beförderungsinstrument, als Basis des Personaleinsatzes, als Personalführungsinstrument, als Basis der Personalentwicklung,[616] als Leistungskontrollinstrument und – derzeit – als Basis zur Vergabe von materiellen Leistungsanreizen.[617]

Die Personalbeurteilung hat entweder keine Funktion mehr, oder aber sie wird mit unterschiedlichen Funktionen überfrachtet.

7.1.4.2 Methoden und Verfahren

Unter den verschiedenen Beurteilungsmethoden sind die merkmalsorientierten Einstufungsverfahren in der öffentlichen Verwaltung die gebräuchlichsten.[618]
Die gängigen Beurteilungen liefern ungenügende Informationen sowohl über die erbrachte Leistung als auch über die Fähigkeiten aus folgenden Gründen:[619]

- Die bisherigen Beurteilungssysteme enthalten insbesondere Eigenschaftsmerkmale, die sich auf Persönlichkeit und/oder Qualifikation der zu beurteilenden Person beziehen. Nur wenige Merkmale haben die Leistungsergebnisse oder das Leistungsverhalten zum Inhalt. Beide Merkmalsarten werden meist vermischt, mit denselben Stufungen gemessen und z. T. in einer Gesamtnote zusammengefasst.[620]
- Zu den **Leistungsmerkmalen**:
  Die gebräuchlichen Beurteilungen legen nicht fest, wie die zu erbringende Leistung auszusehen hat. Damit erhalten die gängigen Beurteilungssysteme auch keine Kriterien zur Beurteilung der erbrachten Leistung hinsichtlich der spezifischen Tätigkeiten auf dieser Stelle, sondern nur abstrakte, allgemein gehaltene

---

[616] Vgl. auch Barthel/Hein/Römer, Mitarbeiterbeurteilung als Instrument der Personalentwicklung, in: Schuler (Hrsg.), Beurteilung und Förderung beruflicher Leistung, 1991, S. 81-89.

[617] Zu den verschiedenen Funktionen der Beurteilung vgl. Grieger/Bartölke, Beurteilungen als Systembestandteil wirtschaftlicher Organisationen, in: Selbach/Pullig (Hrsg.), Handbuch Mitarbeiterbeurteilung, 1992, S. 67 (74 ff.); Klaus, Leistungsbeurteilung bei Beamten, in: Goller/Maack/Müller-Hedrich/Schad (Hrsg.), Verwaltungsmanagement, Stand: April 1992, C 7.2; Knebel, Taschenbuch Personalbeurteilung, 1999, S. 13 ff.; Lattmann, Die Leistungsbeurteilung als Führungsmittel, 1994; S. 3 ff.; Preiser, Anforderungen an Beurteilungsverfahren, in: Reinermann/Unland (Hrsg.), Die Beurteilung – Vom Ritual zum Personalmanagement, 1997, S. 53 (53 ff.); Unland, Modernisierungsfall Personalbeurteilung, in: Akademie 4/1999, S. 133 (133 f.); zu den latenten Funktionen der Beurteilung vgl. Schettgen, Über den Hinter-Sinn der Mitarbeiterbeurteilung, in: Selbach/Pullig (Hrsg.), Handbuch Mitarbeiterbeurteilung, 1992, S. 107 (129 ff.).

[618] Zu den verschiedenen Beurteilungsmethoden vgl. Breisig, Personalbeurteilung – Mitarbeitergespräch – Zielvereinbarungen, 1998; Schedler, Anreizsysteme in der öffentlichen Verwaltung, 1993, S. 63 ff.; Oechsler, Personalführung durch tätigkeitsbezogene Leistungsbewertung, in: Liebel/Oechsler, Personalbeurteilung, 1992, S. 11 (22).

[619] Vgl. Busse, Bedeutung der Beurteilung im Auswahlverfahren, in: Drescher (Hrsg.), Handbuch zur Personalauswahl in der modernen Kommunalverwaltung, 2001, S. 97 (100 f.); KGSt-Bericht Nr. 3/1999: Personalführung Teil 1: Leistungsermittlung, S. 37 f.

[620] Vgl. Klages, Leistungsmessung und Leistungsbeurteilung, in: VM 4/1999, S. 204 (204).

Kriterien. Sie lassen nur eine subjektive Einschätzung zu. Als Konsequenz ergeben sich unklare, für keine Beteiligten transparente Beurteilungskriterien: „Das Beurteilungssystem erscheint in diesem Zusammenhang als ein Musterbeispiel der Herstellung von Pseudo-Transparenz, die im Ergebnis schlimmer ist als Intransparenz"[621]. Eine weitere Folge ist die Nichtvergleichbarkeit der Beurteilungsergebnisse, da dieselben, nicht nachprüfbaren Kriterien an unterschiedliche Tätigkeiten mit unterschiedlichen Anforderungen angelegt werden.
Die Leistung der/des Einzelnen als eine Output-Größe wird nicht in Verbindung gesetzt zur Verwaltungsleistung als solcher, d. h. dem Produkt als Output. Diese Tatsache kennzeichnet die bisherigen Beurteilungen als input-orientiert.[622]

- Zu den **Eigenschafts- bzw. Persönlichkeitsmerkmalen**:
  Die Ermittlung von Potenzialen ist nur sinnvoll, wenn diese den notwendigen Anforderungen[623] gegenübergestellt werden können, entweder der gegenwärtigen Stelle oder der künftigen Stelle bei Personalentscheidungen. Die Anforderungen der gegenwärtigen Stelle werden aber selten ermittelt, i. d. R. nicht im Zusammenhang mit Beurteilungen. Die Anforderungen von künftigen Stellen liegen dagegen nicht zum Beurteilungszeitpunkt vor, da noch nicht klar ist, welche Stelle(n) die/der Beschäftigte einnehmen wird. Mehr als eine Eignungsprognose ins Ungewisse wird zum Beurteilungszeitpunkt i. d. R. nicht möglich sein.
  Die Persönlichkeitsmerkmale auf den Beurteilungsbögen sind abstrakt und selten näher erläutert oder in Verhaltensweisen konkretisiert; bei der Einstufung bleibt die/der Beurteilende in ihrer/seiner Einschätzung relativ frei und muss diese nicht weiter begründen oder nachweisen.
  Weiterhin werden die Eigenschaftsmerkmale mit einer Notenskala gemessen und zu einer Note zusammengefasst. Es stellt sich die Frage, ob sich Eigenschaften und Fähigkeiten "benoten" lassen. Noch zweifelhafter ist die Aussagefähigkeit solcher Noten im Hinblick auf Personalentscheidungen, insbesondere da sich diese Noten meist mit den Leistungsmerkmalen mischen.

Die entscheidende Ursache für den Mangel der bisherigen Beurteilungen liegt darin, dass Leistungsbeurteilung und Fähigkeitsbeurteilung in einem Beurteilungssystem und -vorgang durchgeführt werden, in Wahrheit aber verschiedene Inhalte haben, in unterschiedlichen Funktionsbereichen stehen und mit verschiedenen Methoden durchgeführt werden müssen. Daher zählen „die in der öffentlichen Verwaltung benutzten Leistungsbeurteilungsverfahren zu den methodisch schwächsten Verfahrenstypen"[624]. Damit bleibt in der Praxis im Allgemeinen unklar, ob eine schlechte Beurteilung auf ungenü-

---

[621] Mehde, Das dienstliche Beurteilungswesen vor der Herausforderung des administrativen Modernisierungsprozesses, in: ZBR 7/1998, S. 229 (235).
[622] Vgl. Klages, Leistungsmessung und Leistungsbeurteilung, in: VM 4/1999, S. 204 (204); ferner Mehde, Das dienstliche Beurteilungswesen vor der Herausforderung des administrativen Modernisierungsprozesses, in: ZBR 7/1998, S. 229 (234).
[623] Z. B. auf der Basis eines Anforderungsprofils.
[624] Oechsler, Dienstrechtsreform und leistungsorientiertes Personalmanagement, in: Mundhenke/Kreft (Hrsg.), Modernisierung der Bundesverwaltung, S. 43 (48).

gende Leistungen hinweist oder darauf, dass die Fähigkeiten nicht den Anforderungen der Stelle entsprechen. Oder aber jemandem wird eine höherwertige Stelle übertragen, weil er in der Vergangenheit gute Leistungen gebracht hat. Es wird jedoch nicht geprüft, ob seine Fähigkeiten dieser neuen Stelle entsprechen.[625] Durch diese mangelnde Differenzierung ist die gängige Beurteilung für kaum eine ihrer Funktionen, d. h auch nicht für die Gewährung von Leistungsanreizen, brauchbar.[626]

7.1.4.3 Mängel im Hinblick auf Leistungsanreize

Der effektive Einsatz von Leistungsanreizen benötigt die Beurteilung der Leistung und Fähigkeiten der Beschäftigten. Erst wenn diese ermittelt wurden, können Leistungsanreize, die zur Leistung „anreizen" und die Fähigkeiten der Beschäftigten weiterentwickeln sollen, wirkungsvoll gewährt werden.
Leistungsanreize wie die Leistungsstufe, Leistungszulagen oder Leistungsprämien, die vor allem belohnenden Charakter für eine erbrachte Leistung haben, benötigen, bevor sie vergeben werden können, die Ermittlung dieser Leistung. Die gängigen Beurteilungen liefern diese Ermittlung durch Mängel wie die mangelnde Konkretisierung hinsichtlich der konkreten Tätigkeiten der einzelnen Arbeitsplätze, unklare und kaum auf den Output bezogene Kriterien und in Folge einem hohen Maß an Beurteilungswillkür in unzureichender Weise. Leistungsanreize, die eine erbrachte Leistung belohnen, benötigen klare und eindeutige Kriterien, nach denen die erbrachte Leistung beurteilt werden und ermittelt werden kann, ob der/dem Betroffenen ein Leistungsanreiz gewährt werden kann.
Leistungsanreize wie der fähigkeitsbezogene Arbeitseinsatz oder die Personalentwicklung, die vor allem auf die Entwicklung der Fähigkeiten der Beschäftigten ausgerichtet sind, benötigen, bevor sie wirken können, die Ermittlung dieser Fähigkeiten. Durch die oben dargestellten Mängel der gängigen Beurteilungen hinsichtlich des fehlenden Anforderungsprofils, der Abstraktheit der Persönlichkeitsmerkmale und dem Benotungszwang ist die bisherige Beurteilungspraxis hinsichtlich der Fähigkeitsermittlung als Grundlage für die Gewährung von Leistungsanreizen nicht brauchbar. Notwendig ist die Ermittlung der Fähigkeiten, die sowohl die Anforderungen auf dem Arbeitsplatz als auch die gezeigten Fähigkeiten der/des Beschäftigten im Blick hat.

---

[625] Vgl. Klages, Neue Herausforderungen und Möglichkeiten der Leistungsmessung und –beurteilung, in: Reinermann/Unland (Hrsg.), Die Beurteilung – Vom Ritual zum Personalmanagement, 1997, S. 21 (24).

[626] Vgl. KGSt-Bericht Nr. 3/1999: Personalführung Teil 1: Leistungsermittlung, S. 39; Mehde, Das dienstliche Beurteilungswesen vor der Herausforderung des administrativen Modernisierungsprozesses, in: ZBR 7/1998, S. 229 (236).

7.1.5 Reformansätze

Wenngleich die Beurteilungspraxis höchst problematisch ist, ist dennoch eine Einschätzung der Leistung und der Fähigkeiten der Beschäftigten für eine leistungsfähige Verwaltung dringend erforderlich: „Die Leistungsfähigkeit der öffentlichen Verwaltung wird aber wesentlich davon abhängen, ob es gelingt, für den öffentlichen Dienst geeignete und leistungsfähige Mitarbeiter zu gewinnen, sie entsprechend zu führen und zu fördern. Es wird also darauf ankommen, die Mitarbeiter in den verschiedenen Arbeitsbereichen des öffentlichen Dienstes nach richtiger Einschätzung ihres Leistungsvermögens zweckdienlich zu beschäftigen, um so eine hohe Effektivität in der Aufgabenerfüllung zu erreichen."[627]

Das derzeitige Beurteilungswesen gehört zu den wichtigen Reformaufgaben der öffentlichen Verwaltung: „Der laufende Wandel der Rahmenbedingungen, die nicht zuletzt durch die jeweilige Beschaffenheit des öffentlichen Dienstes bestimmt werden, wie auch die in der Sache selbst angelegten, prinzipiell nicht aufhebbaren Ziel- und Mittelkonflikte erzeugen einen *permanenten Reformbedarf* mindestens im Sinne einer immerwährenden Optimierungsaufgabe."[628] Dieser Reformbedarf zeigt sich insbesondere, wenn eine Verwaltung Leistungsanreize effektiv gewähren will und die Ermittlung der Leistung und Fähigkeiten benötigt.

7.1.5.1 Ziele und Funktionen

Die oben dargestellten Mängel stellen Ansatzpunkte zur Reform des Beurteilungswesens dar. Der entscheidende Reformansatz besteht in der Frage: Welche Informationen sind notwendig, um in welchen Funktionsbereichen welche Funktionen zu übernehmen?[629]

Die nachfolgende Tabelle stellt die verschiedenen Informationen und Funktionsbereiche dar.

---

[627] Adrian/Albert/Riedel, Die Mitarbeiterbeurteilung, 1994, S. 9 f.

[628] Schnellenbach, Die dienstliche Beurteilung der Beamten und Richter, 2000, Rdnr. 91.

[629] Vgl. Klages, Neue Herausforderungen und Möglichkeiten der Leistungsmessung und –beurteilung, in: Reinermann/Unland (Hrsg.), Die Beurteilung – Vom Ritual zum Personalmanagement, 1997, S. 21 (27 f.).

Funktionsbereiche	notwendige Information
• Leistungsüberprüfung, insbesondere im Rahmen der Verwaltungssteuerung/ Controlling • Leistungsrückmeldung im Rahmen der Personalführung • Vergabe von leistungsorientierten Bezahlungsinstrumenten	Ermittlung der in der Vergangenheit erbrachten **Leistung** der/des Beschäftigten im Vergleich zur Leistungsanforderung der Stelle
• Personalauswahl • Potenzialermittlung im Rahmen der Personalführung • Personalentwicklung • Personalbedarfsplanung/Personaleinsatz	Ermittlung der in der Gegenwart gezeigten und in der Zukunft zu erwartenden **Fähigkeiten** der/des Beschäftigten im Vergleich zur Fähigkeitsanforderung der Stelle (die Ermittlung der erbrachten Leistung spielt hier nur eine untergeordnete Rolle)

Tabelle 4: Funktionsbereiche und notwendige Informationen[630]

Die Trennung der verschiedenen Funktionsbereiche und die jeweils in ihnen unterschiedlich benötigten Informationsermittlungen stellen den entscheidenden Reformansatz dar:[631] Die eine Funktion und die dazu gehörende Informationsermittlung ist rückwärtsgewandt und bezieht sich auf die Leistung (Leistungsermittlung); die andere ist vorwärtsgerichtet und bezieht sich auf die Fähigkeiten (Potenzialermittlung). Die Ergebnisse dieser Ermittlungen werden demnach in unterschiedlichen Bereichen zu unterschiedlichen Zwecken verwendet: „Leistungsmessung und Potentialanalyse sind zwar gleichermaßen unverzichtbare Instrumente eines entwickelten Personalmanagements, die sich gegenseitig ergänzen, deren fundamentale Unterschiedlichkeit man aber nichtsdestoweniger sehr deutlich sehen muss."[632]

7.1.5.2 Methoden und Verfahren

Der unterschiedliche Gegenstand der Ermittlungen (Leistung oder Potenziale) sowie die Verwendung der Ergebnisse in unterschiedlichen Funktionszusammenhängen machen

---

630 Vgl. KGSt-Bericht Nr. 3/1999: Personalführung Teil 1: Leistungsermittlung, 36 f.

631 Vgl. hierzu auch Breisig, Personalbeurteilung – Mitarbeitergespräch – Zielvereinbarungen, 1998, S. 262 ff.; Oechsler, Ist Leistung objektiv meßbar?, in: Bildungsdienst, Sozialwerk und Akademie des Deutschen Beamtenbundes (Hrsg.), Leistungsanreize in der öffentlichen Verwaltung, S. 8 (14 f.).

632 Klages, Leistungsmessung und Leistungsbeurteilung, in: VM 4/1999, S. 204 (204).

eine Trennung der Methoden und Verfahren der Leistungsermittlung und der Potenzialermittlung notwendig.[633] Bereits die „Studienkommission für die Reform des öffentlichen Dienstrechts“ hat im Jahr 1973 eine Trennung zwischen der Verwendungsbeurteilung und der Leistungsbewertung und deren verfahrensmäßige Sicherungen gefordert.[634] Betrachtet man die Veränderungen des Beurteilungswesens in der öffentlichen Verwaltung nach dieser Trennungsforderung, sind diese Ansätze nur sehr oberflächlich umgesetzt worden. Beide Beurteilungsformen werden noch immer vermischt: „Gewöhnlich schließt sich an einen beides unterschiedslos übergreifenden Kriterienkatalog nur noch die Aufforderung zur Abgabe einer Gesamtbewertung, wie auch zur Nennung möglicher zukünftiger Verwendungen an.“[635]

Eine methodische Trennung muss folgende Aspekte beachten:
Die **Leistungsermittlung** muss die auf der Stelle zu erbringende konkrete Leistung und Kriterien zur Ermittlung der erbrachten Leistung der/des Beschäftigten herausstellen können. Hier bieten sich Verfahren an auf der Basis von aufgaben- und ergebnisorientierten Leistungszielen, die sich an den Erfolgsfaktoren der Tätigkeiten des/der Stelleninhabers/in orientieren.[636]
Die **Potenzialermittlung** muss dagegen die Ermittlung der auf der Stelle notwendigen konkreten Fähigkeitsanforderungen und die Bildung von Kriterien zur Ermittlung der gezeigten und zu erwartenden Fähigkeiten der/des Beschäftigten leisten. Je nachdem, in welchem Bereich der Personalarbeit die Potenzialermittlung eingesetzt wird, bieten sich unterschiedliche Methoden und Verfahren an, die einen Abgleich zwischen Stellenanforderungen und den Potenzialen einer Person ermöglichen.[637]
Eine “Beurteilung” im engeren Sinne weist nur die Leistungsermittlung auf, da die Festlegung vorher vereinbarter Kriterien zumindest in einem gewissen Maße Objektivität bewirkt. Die Potenzialermittlung dagegen ist eine mehr oder weniger subjektive Einschätzung der Führungskraft, deren Nutzung als “Beurteilung” nicht sinnvoll ist.[638]
Möglichkeiten zur Reform der Beurteilungswesen bestehen durchaus: Das bisherige Beurteilungswesen im öffentlichen Dienst ist „kein unumstößliches Dogma, das etwa vom Gesetzgeber den zuständigen Stellen von Bund, Ländern und Gemeinden zwin-

[633] Vgl. Klages, Leistungsmessung und Leistungsbeurteilung, in: VM 4/1999, S. 204 (204); N. N., Transparente Kriterien für Beurteilungen erforderlich, in: VOP 10-11/1996, S. 15 (16).
[634] Vgl. Studienkommission für die Reform des öffentlichen Dienstrechts, 1973, Rdnr. 443 ff.
[635] Klages, Neue Herausforderungen und Möglichkeiten der Leistungsmessung und –beurteilung, in: Reinermann/Unland (Hrsg.), Die Beurteilung – Vom Ritual zum Personalmanagement, 1997, S. 21 (24).
[636] Vgl. Hill/Frey, Motivationsinstrumente für eine Innovation der öffentlichen Verwaltung, in: VM, 1/1997, S. 7 (12); Mehde, Das dienstliche Beurteilungswesen vor der Herausforderung des administrativen Modernisierungsprozesses, in: ZBR 7/1998, S. 229 (236); Mungenast, Grenzen merkmalsorientierter Einstufungsverfahren und ihre mögliche Überwindung durch zielorientierte Leistungsbeurteilungsverfahren, 1990.
[637] Vgl. KGSt-Bericht Nr. 4/1999: Personalführung Teil 2: Potentialermittlung, S. 22.
[638] Eine Reduzierung der Beurteilung auf individuelle aufgaben- und –zielorientierte Merkmale wurde auch im privatwirtschaftlichen Bereich in den vergangenen Jahren mehrfach gefordert, vgl. z. B. Breisig, Personalbeurteilung als Führungsinstrument, 1989, S. 185 ff.; Mungenast, Grenzen merkmalsorientierter Einstufungsverfahren und ihre mögliche Überwindung durch zielorientierte Leistungsbeurteilungsverfahren, 1990.

gend auferlegt worden wäre. Es ist vielmehr Ausdruck einer so gewollten Akzentsetzung."[639] Eine Reform des Beurteilungswesens muss jedoch an den grundlegenden Mängeln ansetzen: „Daß dies am Ende zu einem Modell führt, das mit der gegenwärtigen Praxis praktisch nichts mehr zu tun hat, ist dabei nicht auszuschließen."[640]

Nachfolgend werden sowohl neue Verfahren der Leistungsermittlung als auch der Potenzialermittlung vorgestellt.

7.2 Leistungsermittlung

Im Folgenden wird ein Verfahren der Leistungsermittlung vorgestellt, das für Kommunalverwaltungen entwickelt worden ist. Es ist dafür geeignet, verschiedene Funktionen miteinander zu verbinden, die im Anschluss erörtert werden.

7.2.1 Merkmale einer effektiven Leistungsermittlung

Das Ziel der Leistungsermittlung ist die Ermittlung einer bereits erbrachten Leistung einer Person.
Damit die Leistungsermittlung ihr Ziel erreicht, muss sie folgende Merkmale aufweisen:[641]
Sie muss

- o den Anforderungen des speziellen Arbeitsplatzes entsprechen,
- o transparente und nachvollziehbare Kriterien der Überprüfung der Leistung liefern,
- o zeitnahe Leistungsermittlungen ermöglichen,
- o dauerhaft herausragende Leistungen bzw. Leistungen, die dauerhaft unter den Anforderungen liegen, ermitteln,
- o herausragende besondere Einzelleistungen einer/s Einzelnen oder einer Gruppe und den Grad der herausragenden Leistung ermitteln,

---

639 Breisig, Personalbeurteilung – Mitarbeitergespräch – Zielvereinbarungen, 1998, S. 103 f.

640 Mehde, Das dienstliche Beurteilungswesen vor der Herausforderung des administrativen Modernisierungsprozesses, in: ZBR 7/1998, S. 229 (236).

641 Vgl. Busse, Leistungserfassung als Grundlage leistungsorientierter Entlohnung - Notwendigkeiten und praktische Grenzen, in: Budäus (Hrsg.), Leistungserfassung und Leistungsmessung in öffentlichen Verwaltungen, 2000, S. 267 (274); KGSt-Bericht Nr. 3/1999: Personalführung Teil 1: Leistungsermittlung, S. 17; Klages, Leistungsmessung und Leistungsbeurteilung, in: VM 4/1999, S. 204 (204 f.); Klages, Neue Herausforderungen und Möglichkeiten der Leistungsmessung und –beurteilung, in: Reinermann/Unland (Hrsg.), Die Beurteilung – Vom Ritual zum Personalmanagement, 1997, S. 21 (29 f.); Oechsler, Ist Leistung objektiv meßbar?, in: Bildungsdienst, Sozialwerk und Akademie des Deutschen Beamtenbundes (Hrsg.), Leistungsanreize in der öffentlichen Verwaltung, S. 8 (10, 15 f.); Oechsler, Leistungsanreize im Dienstrechtsreformgesetz, in: ZfPR 5/1999, S. 170 (172); Oechsler, Neue Anreizsysteme im öffentlichen Dienst, in: VM 1/1999, S. 11 (12 f.); ferner Friedrich, Motivation durch eine neue Personalbeurteilung, in: VOP 3/1998, S. 32-34; N. N., Transparente Kriterien für Beurteilungen erforderlich, in: VOP 10-11/1996, S. 15-19.

- eine (wenngleich nicht völlig objektive) Vergleichbarkeit zwischen den Beurteilungsergebnissen durch Ermittlung der Leistungsanforderung auf der jeweiligen Stelle ermöglichen,
- die Subjektivität verringern und die Objektivität erhöhen (auch wenn diese nie vollständig erreicht werden kann),
- von allen Beteiligten akzeptiert sein,[642]
- die Verbindungen mit anderen Funktionen (z. B. die Leistungserfassung im Rahmen des Kontraktmanagements) ermöglichen,
- der Ziel- und Ergebnisorientierung als Grundgedanken einer ziel- und ergebnisorientierten Verwaltung entsprechen und in ein System der Output-Steuerung eingebettet sein.

7.2.2 Methodische Schritte

Kein Verfahren entspricht diesen Anforderungen vollständig. Im Folgenden wird ein Verfahren vorgestellt, das diesen Anforderungen zumindest nahe kommt. Dieses Verfahren ist als ein idealtypischer Weg entwickelt worden, der zukunftsweisend ist und vielfach gefordert wird.[643] Er wird jedoch bislang in letzter Konsequenz noch kaum in den Kommunalverwaltungen oder der sonstigen öffentlichen Verwaltung umgesetzt.[644]

---

[642] Vgl. hierzu auch Schettgen, Die Akzeptanzproblematik von Beurteilungssystemen, in: Reinermann/Unland (Hrsg.), Die Beurteilung – Vom Ritual zum Personalmanagement, 1997, S. 121-130.

[643] Vgl. Busse, Leistungserfassung als Grundlage leistungsorientierter Entlohnung - Notwendigkeiten und praktische Grenzen, in: Budäus (Hrsg.), Leistungserfassung und Leistungsmessung in öffentlichen Verwaltungen, 2000, S. 267-290; Busse, Leistungsmessung - Leistungsermittlung - Leistungsbeurteilung, in: VM 4/1999, S. 207-211; Busse, Moderne Steuerungskonzepte – Zielvereinbarungen – Beurteilungen, in: ÖTV (Hrsg.), Reform des Beurteilungswesens – Workshop, 1998, S. 1-4; Dulisch, Sozialwissenschaftliche Aspekte der Personalbeurteilung, in: VM 1/1999, S. 15-20; KGSt-Bericht Nr. 3/1999: Personalführung Teil 1: Leistungsermittlung; N. N., Expertengespräch, in: ÖTV-Argumente 1/1998, S. 19 (19); Klages, Leistungsmessung und Leistungsbeurteilung, in: VM 4/1999, S. 204-206; Klages, Neue Herausforderungen und Möglichkeiten der Leistungsmessung und –beurteilung, in: Reinermann/Unland (Hrsg.), Die Beurteilung – Vom Ritual zum Personalmanagement, 1997, S. 21 (33 f.); Klages, Verwaltungsmodernisierung: "harte" und "weiche" Aspekte, 1997, S. 159-174; Mungenast, Grenzen merkmalsorientierter Einstufungsverfahren und ihre mögliche Überwindung durch zielorientierte Leistungsbeurteilungsverfahren, 1990; Mungenast, Leistungsbeurteilung und Ziele, in: Personal 2/1994, S. 56-59; N. N., Wie sind Leistungen im öffentlichen Dienst zu messen?, in: Bayerischer Städtetag, Informationsbrief 7/1999, S. 15-16; Oechsler, Leistungsanreize im Dienstrechtsreformgesetz, in: ZfPR 5/1999, S. 170 (172); Oechsler, Methodische Grundlagen der Leistungsbeurteilung unter Einbeziehung von interkommunalen Leistungsvergleichen, in: Adamaschek/Oechsler (Hrsg.), Leistungsabhängige Bezahlung im öffentlichen Dienst, 2001, S. 29-41;.Oechsler, Neue Anreizsysteme im öffentlichen Dienst, in: VM 1/1999, S. 11-14; Steinort/Unland, Perspektiven für eine Reform des Beurteilungswesens, in: VM 3/1998, S. 166-171; Steinort, Leistungsabhängige Bezahlung aus der Sicht der Gewerkschaft ötv, in: Adamaschek/Oechsler (Hrsg.), Leistungsabhängige Bezahlung im öffentlichen Dienst, 2001, S. 15-20; Vesper, Leistungsanreizsysteme und andere (auch nicht monetäre) Möglichkeiten der Mitarbeitermotivation, in: ZTR 4/1996, S. 150 (152); Weller, Die neue Finalität in der Beurteilung, in: VM 5/2000, S. 269-274.

[644] Ansätze sind z. B. in der Kreisverwaltung Soest und in der Stadtverwaltung Willich zu erkennen, vgl. KGSt-Bericht Nr. 3/1999: Personalführung Teil 1: Leistungsermittlung, S. 41.

Das vorgestellte System beinhaltet Elemente des Zielsetzungs-/Zielvereinbarungsverfahrens, des aufgaben- und ergebnisorientierten Einstufungsverfahrens und des Verfahrens der kritischen Ereignisse, insbesondere der kritischen Arbeitsinhalte.[645] In der Privatwirtschaft werden Zielvereinbarungen im Rahmen des „Managements by Objectives" als Motivationsinstrument eingesetzt und mit der Auswertung der Ergebnisse einer Leistungsbeurteilung verbunden.[646] Die positive Wirkung von Zielen, Zielsetzungen und Zielvereinbarungen auf die Motivation und Leistung der Beschäftigten wurde vielfach nachgewiesen.[647] Dies gilt besonders, wenn die Mitarbeiter/innen in die Festlegung der Ziele einbezogen werden, da dies die Akzeptanz und Erreichung positiv fördert.[648]
In diesem Verfahren orientieren sich Vorgesetzte/r und Mitarbeiter/in an Zielen als „Steuerungskomponenten des Beurteilens"[649]. Es handelt sich hier um aufgaben- und ergebnisorientierte **Leistungs**ziele (im Gegensatz zu anderen möglichen Zielen im Rahmen der Personalentwicklung, Kooperation zwischen Vorgesetzter/m und Mitarbeiter/in etc., die eher soziale oder Verhaltensziele sind). Diese Leistungsziele orientieren sich dabei an den Erfolgsfaktoren der Tätigkeit des/der Stelleninhabers/in.[650]
Beide Beteiligten legen Ziele fest (Soll-Leistung) für einen bestimmten Zeitraum, z. B. jährlich, und vereinbaren gleichzeitig Kriterien zur Messung. Am Ende des vereinbarten Zeitraums wird die erbrachte Leistung des/der Mitarbeiters/in (Ist-Leistung) mit der Soll-Leistung verglichen. Dieses Verfahren ist auch geeignet für die Ermittlung der Leistung von Gruppen oder Teams.
Die Leistungsermittlung besteht demnach aus zwei Phasen, die sich jeweils in drei Schritten vollziehen.

---

[645] Vgl. Horváth, Die Methode der Kritischen Tätigkeitsmerkmale, in: Goller/Maack/Müller-Hedrich/Schad (Hrsg.), Verwaltungsmanagement, Stand: April 1992, C 7.7; Horváth, Die Methode der Kritischen Tätigkeitsmerkmale als Führungsinstrument für die öffentliche Verwaltung, in: Weber/Tylkowski, Controlling, 1988, S. 139-159; vgl. Oechsler, Ist Leistung objektiv meßbar?, in: Bildungsdienst, Sozialwerk und Akademie des Deutschen Beamtenbundes (Hrsg.), Leistungsanreize in der öffentlichen Verwaltung, S. 8 (11); Oechsler, Leistungsorientiertes Personalmanagement in der Kommunalverwaltung, in: Voitel (Hrsg.), New Public Management, 1996, S. 125 (132 f.); Oechsler, Neue Anreizsysteme im öffentlichen Dienst, in: VM 1/1999, S. 11 (13); vgl. auch die Darstellung eines amerikanischen Beispiels mit einer stärker individuellen und aufgabenbezogenen Komponente, bei der Vorgesetzte und Beschäftigte gemeinsam die Beurteilungskriterien festlegen, in: Oechsler, Personalführung durch tätigkeitsbezogene Leistungsbewertung, in: Liebel/Oechsler, Personalbeurteilung, 1992, S. 11-102.

[646] Vgl. Zander/Knebel, Praxis der Leistungsbeurteilung, 1993, S. 90.

[647] Vgl. Kleinbeck, Die Wirkung von Zielsetzungen auf die Leistung, in: Schuler (Hrsg.), Beurteilung und Förderung beruflicher Leistung, 1991, S. 41-56; zu Anwendungsproblemen mit Zielvereinbarungen im öffentlichen Dienst vgl. Tondorf, Zielvereinbarungsgespräche – Probleme der Anwendung an Beispielen aus dem öffentlichen Dienst, in: Busch (Hrsg.), Mitarbeitergespräch – Führungskräftefeedback, 2000, S. 64-73.

[648] Vgl. Farr, Leistungsfeedback und Arbeitsverhalten, in: Schuler (Hrsg.), Beurteilung und Förderung beruflicher Leistung, 1991, S. 57 (77).

[649] Schuler, Der Funktionskreis „Leistungsförderung" – eine Skizze, in: Schuler (Hrsg.), Beurteilung und Förderung beruflicher Leistung, 1991, S. 171 (171).

[650] Vgl. zum Folgenden KGSt-Bericht Nr. 3/1999: Personalführung Teil 1: Leistungsermittlung, S. 18 ff.; ferner Busse, Leistungserfassung als Grundlage leistungsorientierter Entlohnung - Notwendigkeiten und praktische Grenzen, in: Budäus (Hrsg.), Leistungserfassung und Leistungsmessung in öffentlichen Verwaltungen, 2000, S. 267 (275 ff.); Busse, Leistungsmessung - Leistungsermittlung - Leistungsbeurteilung, in: VM 4/1999, S. 207 (208 ff.); Busse, Moderne Steuerungskonzepte – Zielvereinbarungen – Beurteilungen, in: ÖTV (Hrsg.), Reform des Beurteilungswesens – Workshop, 1998, S. 1 (2 ff.).

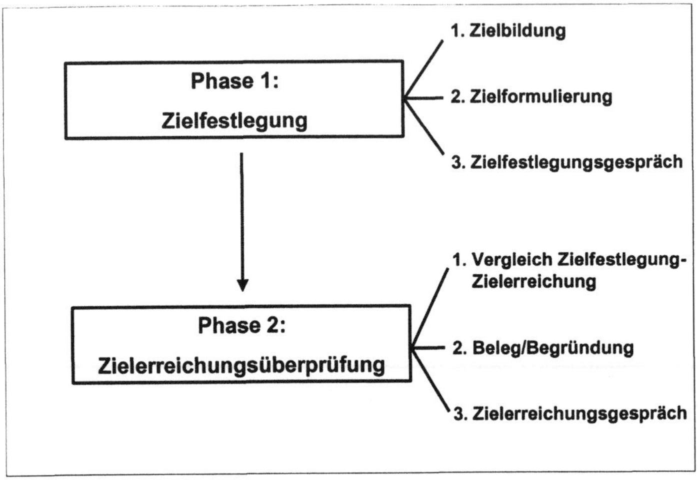

Abbildung 21: Phasen der Leistungsermittlung[651]

Phase 1: Zielfestlegung

1. Schritt: Zielbildung

Um Ziele festlegen zu können, müssen diese zunächst gebildet werden. Grundlage für die Zielbildung ist die Tatsache, dass bereits jeder Stelle bestimmte Ziele zu Grunde liegen.
Diese Ziele sind abgeleitet von übergeordneten Zielen, die

a. entweder mehr oder weniger latent, d. h. unausgesprochen, das Verwaltungshandeln leiten
b. oder bewusst formuliert sind (z. B. in Zielsystemen im Rahmen des Neuen Steuerungsmodells).

Sind im ersten Fall (a) die Ziele der Verwaltung nicht bewusst formuliert, lassen sich die Stellenziele anhand folgender Fragen ermitteln:

- Auf welche Tätigkeiten dieser Stelle kommt es besonders an?
- Warum/wozu sind sie besonders wichtig bzw. dringlich?

651 KGSt-Bericht Nr. 3/1999: Personalführung Teil 1: Leistungsermittlung, S. 18 ff; vgl. ferner Busse, Leistungserfassung als Grundlage leistungsorientierter Entlohnung - Notwendigkeiten und praktische Grenzen, in: Budäus (Hrsg.), Leistungserfassung und Leistungsmessung in öffentlichen Verwaltungen, 2000, S. 267 (275 ff.); Busse, Leistungsmessung - Leistungsermittlung - Leistungsbeurteilung, in: VM 4/1999, S. 207 (209); Busse, Moderne Steuerungskonzepte – Zielvereinbarungen – Beurteilungen, in: ÖTV (Hrsg.), Reform des Beurteilungswesens – Workshop, 1998, S. 1 (2 ff.).

o Warum/wozu werden diese Tätigkeiten ausgeführt? Welche Ziele sollen mithilfe dieser Tätigkeiten erreicht werden?[652]

Hilfreich ist die Methode der kritischen Arbeitsinhalte:[653] Auf der Grundlage von Stellenbeschreibungen, Bewertungen von Tätigkeiten im Rahmen der analytischen Stellenbewertung, Arbeitsplänen, Geschäftsverteilungsplänen, Projektbeschreibungen etc. werden die entscheidenden, wichtigen Arbeitsinhalte zusammengefasst bzw. aussortiert. Hilfestellung kann folgende Frage geben: Was führt nachweislich zum Erfolg oder Misserfolg dieser Tätigkeit der Stelle? Als Antwort kristallisieren sich die kritischen Arbeitsinhalte heraus: Es handelt sich um die Tätigkeiten, die die Stelle entscheidend prägen und von denen der Erfolg der Tätigkeit abhängt. Die nachfolgende Frage-Checkliste kann für die Herausbildung der kritischen Arbeitsinhalte hilfreich sein.

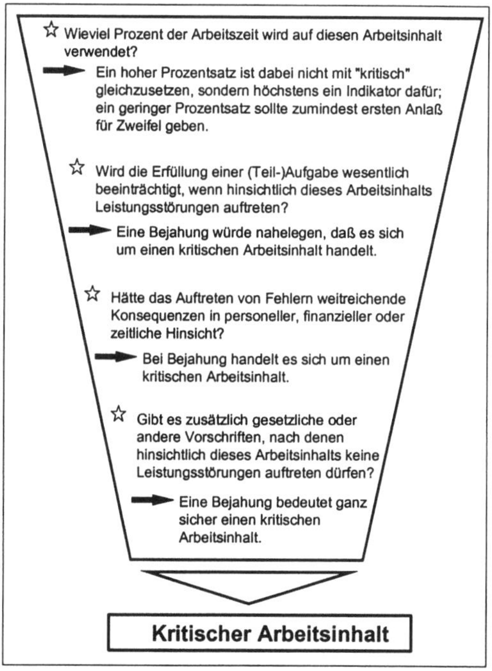

Abbildung 22: Frage-Checkliste für die Herausbildung der kritischen Arbeitsinhalte[654]

[652] Vgl. auch KGSt-Bericht Nr. 13/1992: Das Mitarbeitergespräch, S. 16.

[653] Vgl. Liebel/Oechsler, Personalbeurteilung, 1992, S. 66 ff; ferner Horváth, Die Methode der Kritischen Tätigkeitsmerkmale als Führungsinstrument für die öffentliche Verwaltung, in: Weber/Tylkowski, Controlling, 1988, S. 139-159.

[654] KGSt-Bericht Nr. 3/1999: Personalführung Teil 1: Leistungsermittlung, S. 85.

Im zweiten Fall (b) als Idealfall ist ein bewusst formuliertes outputorientiertes mit Ober- und daraus abgeleiteten Unterzielen vorhanden.[655] So werden aus den politischen Zielen bzw. Zielen der Gesamtverwaltung über die Ziele der Facheinheit die Produktziele gebildet. Zur Bildung der Stellenziele muss die Erstellung des Produkts in die verschiedenen Beiträge der einzelnen Mitarbeiter/innen aufgegliedert werden.[656] Entweder sind die Produktziele identisch mit den Stellenzielen, d. h. ein/e Stelleninhaber/in erarbeitet ein Produkt.[657] Oder aber eine Gruppe Beschäftigter erstellt gemeinsam ein Produkt.[658] Hier können die Produktziele in mehrere Teilziele aufgeteilt und den einzelnen Stellen zugeordnet werden. Eine andere Möglichkeit besteht darin, nur die Ziele der Gruppe[659] oder einen Mix aus Gruppen- und Stellenzielen festzulegen.
Auch im Falle eines bewusst vorhandenen Zielsystems kann die beschriebene Methode der kritischen Arbeitsinhalte hilfreich sein: Die entscheidenden Tätigkeiten im Sinne des Neuen Steuerungsmodells sind die, die ein Produkt erstellen bzw. die zur Produkterstellung beitragen. Informationsquellen können hier zusätzlich zu den oben genannten Produktvereinbarungen über die ermittelten Tätigkeiten als Beitrag zur Produkterstellung sein. Die nachfolgende Abbildung stellt die einzelnen Schritte und Möglichkeiten der Ableitung der Stellenziele aus dem Zielsystem der Verwaltung dar.

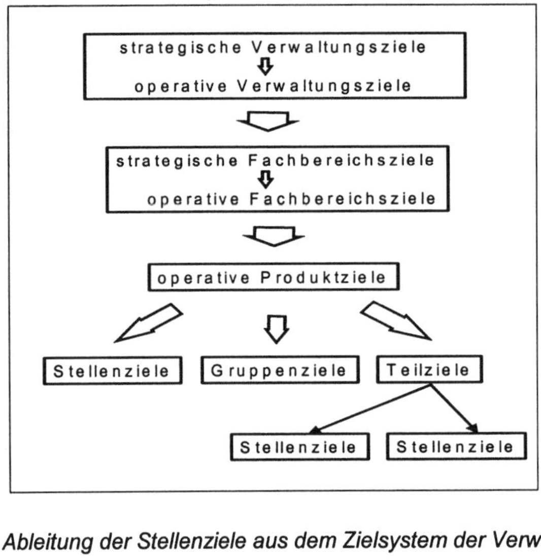

Abbildung 23: Ableitung der Stellenziele aus dem Zielsystem der Verwaltung[660]

---

[655] Vgl. Oechsler, Ist Leistung objektiv meßbar?, in: Bildungsdienst, Sozialwerk und Akademie des Deutschen Beamtenbundes (Hrsg.), Leistungsanreize in der öffentlichen Verwaltung, S. 8 (9).
[656] Eine Hilfe bietet die Definition des Produkts als "Leistung oder eine Gruppe von Leistungen", vgl. KGSt-Bericht Nr. 8/1994: Das Neue Steuerungsmodell: Definition und Beschreibung von Produkten, S. 12. Mit „Leistung" ist hier die Verwaltungsleistung gemeint.
[657] Z. B. das Produkt "Rechtsberatung" des Rechtsamtes einer kleineren Verwaltung.
[658] Z. B. das Produkt "Fortbildung" des Service Personal.
[659] Offen bleibt bei dieser Möglichkeit die Frage der Ermittlung der Leistung der/des Einzelnen.
[660] KGSt-Bericht Nr. 3/1999: Personalführung Teil 1: Leistungsermittlung, S. 87.

2. Schritt: Zielformulierung

Aus den kritischen Arbeitsinhalten werden nun konkrete Ziele formuliert, die sich in überprüfbaren Zielsetzungen, Arbeitsergebnissen etc. abbilden lassen. Hilfreich sind Maßeinheiten bzw. Messkriterien, anhand derer nach einem bestimmten Zeitraum (z. B. einem Jahr) überprüft werden kann, ob das Ziel erreicht wurde. Diese Zielfestlegungen und Messkriterien sollten konkret formuliert sein und sich, wenn möglich, in Zahlen (z. B. Kennzahlen) ausdrücken lassen. Sie sollten beobachtbar, messbar, verständlich und möglichst positiv formuliert sein und im Kompetenzbereich des/der Stelleninhabers/in liegen. Ist ein Leistungsergebnis nicht direkt erkennbar, können Indikatoren hilfreich sein, die auf einen nicht messbaren Sachverhalt hinweisen. Indikatoren lassen sich sowohl in Zahlen ausdrücken[661] als auch als Anhaltspunkte beschreiben[662]. Kennzahlen oder Indikatoren können über intra- oder interkommunale Leistungvergleiche Orientierungen über das Leistungsniveau geben und stellen damit eine Grundlage für die Leistungsermittlung dar.[663]

Die Messkriterien sollten nicht nur quantitative, sondern auch qualitative Aspekte enthalten.

Für die Bildung von Messkriterien bieten sich die bereits dargestellten Ziel- und Messdimensionen an:[664]

- **Bürger/Kunden**
  - **Ergebnisse/Wirkungen**

    Optimalerweise stehen im Mittelpunkt von Zielfestlegungen/-vereinbarungen Wirkungsziele wie z. B. der Rückgang an Verkehrstoten, die Zunahme an neuangesiedelten Unternehmen oder der Rückgang der Sozialhilfedichte. Für viele Verwaltungsbereiche sind aber deren Wirkungen jedoch nicht eindeutig bestimmbar. Dies gilt z. B. weitgehend für das Einwohnermeldewesen aber auch für ein Theater. Deshalb werden hier ersatzweise die Ergebnisse des Verwaltungshandelns, also die Zahl der ausgestellten Dokumente, die Zahl der Theaterbesucher/innen etc. beschrieben.

---

661 Z. B. weist der bei einer Kundenbefragung ermittelte Anteil an zufriedenen Kunden/innen auf eine kundenfreundlich erbrachte Leistung hin.

662 Z. B. die Einschätzung mehrerer Mitarbeiter/innen, dass die Kunden/innen zufriedener sind.

663 Vgl. Oechsler, Methodische Grundlagen der Leistungsbeurteilung unter Einbeziehung von interkommunalen Leistungsvergleichen, in: Adamaschek/Oechsler (Hrsg.), Leistungsabhängige Bezahlung im öffentlichen Dienst, 2001, S. 29 (35 ff.).

664 Vgl. Kap. 4.2.3.2; ferner KGSt-Bericht Nr. 3/1999: Personalführung Teil 1: Leistungsermittlung, S. 88. Eine andere Systematik benennt die Leistungsdimensionen Qualität, Quantität, Zeit, Art und Weise, Methoden und Kosten als Grundlage von Leistungsbeurteilungen, vgl. Oechsler, Methodische Grundlagen der Leistungsbeurteilung unter Einbeziehung von interkommunalen Leistungsvergleichen, in: Adamaschek/Oechsler (Hrsg.), Leistungsabhängige Bezahlung im öffentlichen Dienst, 2001, S. 29 (35).

- **Programme/Produkte**
  Hier stellt sich die Frage, wie die Programme oder Produkte aussehen sollen, um die Ergebnisse oder Wirkungen zu erreichen (z. B. das Produkt „Hallenbad" oder „Theater"). Es sind folgende Optionen vorstellbar:[665]
  - neue Leistungen aufbauen,
  - Leistungen beibehalten,
  - Leistungen ausbauen,
  - Leistungen diversifizieren,
  - Leistungen einschränken (rückbauen).
- **Prozesse & Strukturen**
  Dazu gehören Öffnungszeiten, Bearbeitungsdauer, Erreichbarkeit (räumlich/telefonisch), Zeitverhalten, Freundlichkeit im Rahmen der Kundenzufriedenheit sowie Qualifizierung und Zufriedenheit der Mitarbeiter/innen, gezeigtes Arbeitsverhalten, Rechtmäßigkeit etc.
- **Ressourcen**
  Finanzfaktoren sollten sich vor allem auf die Budgetentwicklung bzw. -einhaltung und zum anderen auf den wirtschaftlichen Einsatz von Ressourcen beziehen.

Bei jeder Zielfestlegung sollten diese Ziel- und Messdimensionen überprüft werden. Je nach Arbeitsinhalt bzw. Ziel können alle Ziel- und Messdimensionen zur Geltung kommen oder aber nur einige von ihnen.

In der öffentlichen Verwaltung ist es nicht einfach, Ziele zu operationalisieren, da sie auf das Gemeinwohl, eine schwer fassbare Größe, ausgerichtet sind.[666] Der Schwierigkeitsgrad, Ziele formulieren zu können, ist vermutlich in den verschiedenen Verwaltungsbereichen unterschiedlich hoch.
Besondere Schwierigkeiten der Operationalisierung bestehen in Arbeitsbereichen, in denen die Wirkung im Vordergrund steht, diese aber besonders schwer festzulegen und zu messen ist (z. B. Beratung, Betreuung). Hier kann der Blick auf die Leistung als Prozess hilfreich sein, der aus der Vorbereitung, der Durchführung und dem Ergebnis besteht. Für jede dieser Phasen können Ziele vereinbart werden. Die folgende Darstellung enthält Orientierungspunkte für die verschiedenen Phasen, die auf der jeweiligen Stelle konkretisiert werden müssen.

[665] Vgl. Heinz, Kommunales Management, 2000, S. 115.
[666] Vgl. Brede, Grundzüge der Öffentlichen Betriebswirtschaftslehre, 2001, S. 163 f.

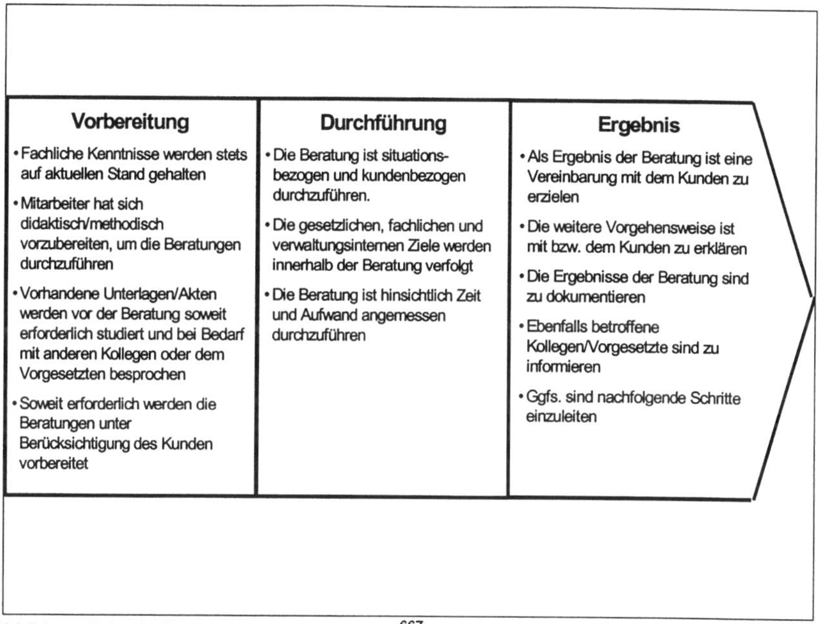

Abbildung 24: Leistungsprozess Beratung[667]

Eine generelle Begrenzung der Anzahl von Zielen zwischen drei und sechs ist sinnvoll: Die wirklich grundlegenden Ziele einer Stelle sind in drei bis sechs Zielen zu beschreiben. Außerdem werden dadurch sowohl der/die Mitarbeiter/in als auch die/der Vorgesetzte weder über- noch unterfordert.
Es besteht zusätzlich die Möglichkeit, die verschiedenen Ziele entsprechend ihrer Wertigkeit mit unterschiedlichen Gewichten zu versehen.[668]

In dem Verfahren der Leistungsermittlung wird bewusst der Ausdruck „Ziel**festlegung**" anstelle des gebräuchlichen Begriffs der „Ziel**vereinbarung**" verwandt, da die Stellenziele sich aus den Aufgaben bzw. dem Zielsystem der Verwaltung ableiten.[669] Dennoch ergeben sich innerhalb dieser Zielfestlegungen noch Gestaltungsspielräume ~~für Vereinbarungen, die~~ sich aus den unterschiedlichen Rahmenbedingungen und

667 KGSt-Bericht Nr. 3/1999: Personalführung Teil 1: Leistungsermittlung, S. 24.
668 Dies sieht das Zielvereinbarungsverfahren der Stadtwerke Solingen vor, vgl. Hören/Osenroth, Einführung variabler Vergütung bei den Stadtwerken Solingen, in: Personalführung 7/1999, S. 26 (28); zur Einführung von Leistungsanreizen bei den Stadtwerken Solingen vgl. Kap. 12.3.3.
669 Vgl. KGSt-Bericht Nr. 3/1999: Personalführung Teil 1: Leistungsermittlung, S. 24. Zu verschiedenen Typen von Zielvereinbarungen vgl. Tondorf, Zielvereinbarungen, in: WSI Mitteilungen 6/1998, S. 386 (388 f.); zum Unterschied zwischen der Führung durch Zielvorgabe und der Führung durch Zielvereinbarung vgl. Eckardstein, Personalmanagement in NPOs, in: Badelt, Handbuch der Nonprofit Organisation, 1999, S. 257 (268); zur Problematik von Zielvorgabe statt Zielvereinbarung vgl. Tondorf, Zielver-

barungen, die sich aus den unterschiedlichen Rahmenbedingungen und Wegen ergeben, diese Ziele zu erreichen.[670] Grundsätzlich sollte ein Verhandlungsspielraum für Vereinbarungen vorhanden sein.[671] Elemente mit Ziel**vereinbarungs**charakter gewährleisten, dass die Beschäftigten mit ihren Interessen, Gerechtigkeitsvorstellungen, Erfahrungen und Fachkenntnissen einbezogen werden. Darüber hinaus können sich die Beschäftigten stärker mit den Leistungszielen identifizieren.[672] Es ist sinnvoll, mit den Mitarbeiter/innen der Stelle entsprechende und erreichbare Ziele zu vereinbaren, die sie zwar anspornen, aber nicht über- oder unterfordern. Die Ziele können den Erhalt, die Verbesserung des bisherigen Leistungsniveaus oder neue Bereiche beinhalten.[673]

3. Schritt: Zielfestlegungsgespräch

In dem Zielfestlegungsgespräch zwischen Vorgesetzter/m und Mitarbeiter/in werden die Ziele mit den Messkriterien und der Zeitraum zur Zielerreichung (z. B. ein Jahr) festgelegt, schriftlich festgehalten und unterschrieben. Sinnvoll können getrennte Vorüberlegungen von Vorgesetzter/m und Mitarbeiter/in sein, die in dem Gespräch zusammengeführt werden. Vorüberlegungen können auch im Team, falls vorhanden, angestellt werden. Ebenfalls zu bedenken und ggf. schriftlich niederzulegen sind die Rahmenbedingungen der zu erbringenden Leistung sowie mögliche absehbare künftige Veränderungen der Rahmenbedingungen (z. B. finanzieller oder gesetzlicher Art, Kompetenzbereich der/des Mitarbeiters/in). Bei wiederholter Zielfestlegung ist die Frage sinnvoll, welche Ziele, Projekte etc. vom Vorjahr noch nicht abgeschlossen sind und weitergeführt werden müssen. Es wird auf vielen Stellen auch Ziele geben, die nach Ablauf eines Jahres lediglich überprüft und in ihren Messkriterien aktualisiert werden müssen.

Nach einiger Zeit kann ein Zwischengespräch hilfreich sein, z. B. zur Halbzeit, um ggf. eine Zielrevision bei Veränderung der Rahmenbedingungen etc. vorzunehmen. Die Zielfestlegungen sollten in diesem Fall erneut überprüft werden und ggf. neue abgeschlossen werden.

Phase 2: Zielerreichungsüberprüfung

1. Schritt: Vergleich Zielfestlegung – Zielerreichung

Nach Ablauf der vereinbarten Zeit werden die tatsächlich erbrachten Leistungen (des/der Mitarbeiters/in oder der Gruppe/des Teams) anhand der vorher festgelegten

---

einbarungsgespräche – Probleme der Anwendung an Beispielen aus dem öffentlichen Dienst, in: Busch (Hrsg.), Mitarbeitergespräch – Führungskräftefeedback, 2000, S. 64 (70 f.).

[670] Vgl. KGSt-Bericht Nr. 3/1999: Personalführung Teil 1: Leistungsermittlung, S. 24.

[671] Vgl. Tondorf, Zielvereinbarungen, in: WSI Mitteilungen 6/1998, S. 386 (390).

[672] Vgl. Tondorf, Leistungspolitik und Leistungsbezahlung im öffentlichen Dienst, in: WSI Mitteilungen 4/1997, S. 241 (243).

Messkriterien mit den festgelegten Zielen verglichen. Die/der Vorgesetzte kann nun feststellen, ob die vorher festgelegten Ziele erreicht, unterschritten oder überschritten worden sind.
Je nach Funktionsbereich, in dem die Leistungsermittlung eingesetzt wird, kann das Ergebnis unterschiedlich verwertet werden, z. B. als Leistungsrückmeldung im Rahmen des Mitarbeitergesprächs, als Leistungsbeurteilung oder als Basis für die Vergabe materieller Leistungsanreize. Ein Gespräch zwischen Führungskraft und Mitarbeiter/in bzw. eine Ursachenanalyse bei Unter- oder Überschreitung sollte immer folgen.
Wird die Leistungsermittlung eingesetzt z. B. als reformierte Form der Beurteilung oder als Grundlage zur Vergabe von leistungsorientierten Bezahlungselementen, können die erbrachten Leistungen in verschiedenen Kategorien eingeordnet werden, z. B.:

- Nichterreichung der einzelnen Zielfestlegung,
- vollständige Erreichung der Zielfestlegung,
- Übererfüllung der Zielfestlegung.

So ergibt sich eine dreistufige Skala, die mit Punkten (1 bis 3) versehen werden kann. Eine fünfstufige Skala (1 bis 5 Punkte) lässt eine größere Differenzierung zu.[674]

Anlage 1 enthält ein Musterformular für die Zielfestlegung und Zielerreichungsüberprüfung.

2. Schritt: Beleg/Begründung

Sollen die Ergebnisse der Leistungsermittlung dokumentiert werden (z. B. bei der Leistungsbeurteilung, der Vergabe von leistungsorientierten Bezahlungselementen oder bei der Beförderung auf derselben Stelle bzw. dem Bewährungsaufstieg) ist ein Beleg bzw. eine Begründung sinnvoll, um zu realistischen und nachvollziehbaren Ergebnissen zu kommen. Aber auch bei einem Verbleiben der Ergebnisse der Leistungsermittlung zwischen Vorgesetzter/m und Mitarbeiter/in (z. B. bei der Leistungsermittlung als alleiniges Personalführungsinstrument oder im Rahmen des Mitarbeitergesprächs) ist folgendes Vorgehen wegen der Transparenz und Akzeptanz der Ergebnisse sinnvoll: Sind die Ziele erreicht, ist keine ausführliche Begründung durch die/den Vorgesetzte/n notwendig, sondern lediglich ein Beleg durch gesammelte Fakten. Im Laufe des vereinbarten Zeitraums ist es Aufgabe der Führungskraft, Hilfsmittel und Fakten für den späteren Beleg der Zielerreichung zusammenzustellen. Hierbei kann es sich um Unterlagen, Notizen, Arbeitsproben, Zwischenergebnisse, angeforderte Unterlagen, Befragungen (z. B. Kundenbefragungen) etc. handeln. Es ist im Sinne der Personalführung, des kooperativen Führungsstils und der späteren Akzeptanz der Ergebnisse der Leistungsermittlung, diese Hilfsmittel dem/der Mitarbeiter/in zur Kenntnis zu geben. Sind die Ziele nicht erreicht

---

[673] Vgl. KGSt-Bericht Nr. 13/1992: Das Mitarbeitergespräch, S. 16.
[674] Eine weitere Ausdifferenzierung ist jedoch nicht sinnvoll, da dadurch die Präzisierung verringert würde.

oder übererreicht worden, ist ebenfalls ein Beleg notwendig. Gleichzeitig sind die Gründe gemeinsam herauszufinden. Dabei sollten unvorhergesehene Unwägbarkeiten, negative und positive Auswirkungen situativer Einflüsse, Störungen, die nicht im Verantwortungsbereich der/des Beschäftigten liegen, und mögliche führungsbedingte Einflüsse berücksichtigt werden. Hier bieten sich ebenfalls Ansatzpunkte für Personalentwicklung, Kooperationsgespräche etc. an.[675] Sinnvoll ist anschließend eine ausführliche schriftliche Begründung, die die Gründe der Leistungsermittlung anhand von Beispielen, gesammelten Fakten etc. darlegt.

3. Schritt: Zielerreichungsgespräch

Auch wenn die Zielerreichungsüberprüfung von ihrem Grunde her ein Akt der/des Vorgesetzten ist, so lässt sich doch der Anteil der Mitwirkungsmöglichkeit der/des Mitarbeiters/in bis zu einem gewissen Grad gestalten. Dies sollte darin seinen Ausdruck finden, dass diese Phase ein gemeinsames Gespräch, das Zielerreichungsgespräch, enthält.[676] Ist in dem Gespräch keine Einigung der Bewertung der Zielerreichung zwischen beiden Gesprächspartnern/innen möglich, hat die/der Beschäftigte die Möglichkeit einer Gegendarstellung.[677]
Zielerreichungsgespräch (rückblickend) und Zielfestlegungsgespräch (vorausschauend) lassen sich gut miteinander verbinden, z. B. zu Anfang des Jahres. Zwischen diesen Gesprächen sind sog. Zwischen- oder Coachinggespräche sinnvoll, in denen die Führungskraft den/die Mitarbeiter/in während des Prozesses der Zielerarbeitung unterstützt.[678] In ihnen kann festgestellt werden, ob die Zielfestlegung/-vereinbarung die richtige war, ob sich die/der Beschäftigte „auf dem richtigen Kurs" befindet, ob nachgesteuert werden muss, ob sich Rahmenbedingungen verändert haben, ob Unterstützung notwendig ist etc.

7.2.3 Leistungsermittlung mit dem Team

Durch die Trennung von Leistungsermittlung und Potenzialermittlung ist die Möglichkeit für die Leistungsermittlung gegeben, auch Gruppenleistungen zu messen und zu bewerten.[679] Leistungsermittlungen mit dem Team sind sinnvoll, wenn folgende Voraussetzungen gegeben sind:[680]

---

[675] Vgl. auch KGSt-Bericht Nr. 13/1992: Das Mitarbeitergespräch, S. 18 ff.
[676] Vgl. auch Hager-van der Laan/van der Laan, Beurteilungsverfahren in kooperativen Arbeitsbeziehungen, in: Selbach/Pullig (Hrsg.), Handbuch Mitarbeiterbeurteilung, 1992, S. 165-194.
[677] Auch bei der gesetzlich vorgeschriebenen Beurteilung der Beamten/innen besteht die Möglichkeit der Gegenvdarstellung, vgl. Schnellenbach, Die dienstliche Beurteilung der Beamten und Richter, 2000, Rdnr. 429 ff.
[678] Vgl. Innerhofer/Innerhofer/Lang, Leadership Coaching, 1999, S. 62 ff.
[679] Vgl. Klages, Leistungsmessung und Leistungsbeurteilung, in: VM 4/1999, S. 204 (205).
[680] Nach Boerger, dargestellt in: Schneider/Knebel, Team und Teambeurteilung, 1995, S. 93.

- o Die Teamleistung entsteht aus der Zusammenarbeit des Teams als Gemeinschaft und nicht nur aus der Summe der Einzelleistungen.
- o Zwischen den einzelnen Teammitgliedern bestehen keine zu großen und langandauernden Leistungsunterschiede.
- o Das teaminterne Konfliktpotenzial bleibt auf Grund der Persönlichkeitsstrukturen der Teammitglieder gering bzw. lässt eine sinnvolle Konflikthandhabung erwarten.
- o Die Struktur der Teammitglieder lässt die Entwicklung einer hohen Leistungsnorm erwarten.

Bei Leistungsermittlungen mit dem Team sind folgende Fragen zu klären:[681]
- o Wozu wird die Teamleistung ermittelt?
- o Soll die Teamleistung als Gesamtergebnis ermittelt werden? Nach welchen Kriterien wird sie ermittelt?
- o Wird der Beitrag jedes Mitglieds des Teams zur Erreichung der Teamleistung ermittelt? Wird der fachliche und/oder der soziale Beitrag zur Erstellung der Teamleistung ermittelt? Nach welchen Kriterien wird die Einzelleistung ermittelt?
- o Wer ermittelt die Teamleistung: der/die Teamleiter/in, der/die Vorgesetzte der einzelnen Teammitglieder oder die Teammitglieder untereinander?

Die Ermittlung der Teamleistung dient den gleichen Funktionen wie die Ermittlung der Einzelleistung. Teamarbeit gewinnt im Rahmen der Verwaltungsreform zunehmend an Bedeutung, da Kontrakte/Zielvereinbarungen auch mit Teams geschlossen werden. Darüber hinaus dient die Ermittlung der Teamleistung der Führung und Leitung eines Teams, kann Bestandteil des Mitarbeitergesprächs sein, übernimmt die Funktion der Beurteilung der Teamleistung und stellt die Grundlage der Vergabe von Leistungsanreizen an Teams dar. Die letztgenannte Bedeutung, insbesondere als Grundlage der Gewährung von materiellen Leistungsanreizen in der Form von Leistungszulagen und Leistungsprämien, wird vermutlich in den Verwaltungen zukünftig an Bedeutung gewinnen, da die Landesverordnungen zur Gewährung von Leistungszulagen und Leistungsprämien sowie der Rahmentarifvertrag die Vergabe auch an Gruppen vorsehen. Bei der Vergabe an Gruppen stellt sich derzeit jedoch noch ein Problem: Gruppen setzen sich i. d. R. aus Angehörigen mehrerer Beschäftigtengruppen, d. h. aus Beamten/innen und Arbeitnehmer/innen, zusammen. Während die dienstrechtlichen Voraussetzungen in den Ländern mit den entsprechenden Landesverordnungen eindeutig sind, trifft diese Eindeutigkeit auf den tarifrechtlichen Bereich nicht zu.[682] Weiterhin sieht der Rahmentarifvertrag zwar die Vergabe von Leistungsprämien an Gruppen, aber nicht von Leistungszulagen vor.[683] Hier besteht die dringende Notwendigkeit, aus Gründen des Arbeitsfriedens, der Gleichbehandlung, der Erhöhung des Teamgeistes und der Erhöhung

---

[681] Vgl. KGSt-Bericht Nr. 3/1999: Personalführung Teil 1: Leistungsermittlung, S. 66.
[682] Vgl. Kap. 9.5.3.3.
[683] § 4 des Rahmentarifvertrags vom 29. Oktober 1996 über die Grundsätze zur Gewährung von Leistungszulagen und Leistungsprämien (TV-L).

der Leistungsfähigkeit der Verwaltung gleiche Bedingungen zwischen Dienstrecht und Tarifrecht zu schaffen.[684]

Zur Ermittlung von Teamleistungen bietet sich methodisch ebenfalls das dargestellte Verfahren der Leistungsermittlung auf der Basis von Zielfestlegungen/-vereinbarungen und Zielerreichungsüberprüfungen an.[685] Schwierig ist die Ermittlung des Beitrags der einzelnen Mitglieder des Teams oder der Gruppe an der Gesamtleistung.[686]
Drei Möglichkeiten sind vorstellbar:[687]

- Auf die Ermittlung der Einzelleistung wird verzichtet. Dieser Weg entspricht zwar dem Teamgeist, verzichtet aber auf Elemente wie das der individuellen Personalführung oder der individuellen Leistungsbeurteilung.[688]
- Das Team schließt Zielvereinbarungen für sich selber ab und überprüft die Zielerreichung nach einem bestimmten Zeitraum. Da die Mitglieder eines Teams i. d. R. den Beitrag der einzelnen Mitglieder zur Erstellung der Gesamtleistung sehr genau einschätzen können, schließen sie die Zielvereinbarungen untereinander ab und überprüfen die Zielerreichungen gegenseitig.
- Mit den einzelnen Teammitgliedern werden Zielvereinbarungen über deren Beiträge zur Gesamtleistung geschlossen. Dies ist insbesondere in den Fällen möglich, wenn klare Teamstrukturen mit segmentierten Stellentätigkeiten vorhanden sind. Eine weitere Möglichkeit ist die Unterscheidung von funktionalen Arbeitsleistungen. Bei diesem Verfahren werden allerdings z. B. soziale Beiträge, die zur Erstellung der Gesamtleistung beitragen, außer Acht gelassen.

7.2.4 Funktionen der Leistungsermittlung

In unterschiedlichen Bereichen der Verwaltung besteht die Notwendigkeit, die Leistung zu ermitteln. Dazu gehören folgende Gebiete:

- **Verwaltungssteuerung**
  Um die Leistung der Gesamtverwaltung zu steuern, muss diese in Teilleistungen bis hin zu den Einzelleistungen der Beschäftigten (oder einzelner Teams) aufgegliedert werden.
- **Personalführung**
  Zu einer effektiven Personalführung gehört das Erfassen der Leistung der einzelnen Beschäftigten sowie eine Leistungsrückmeldung an diese. Dies kann im Rahmen von Zielvereinbarungen innerhalb oder außerhalb des Mitarbeiterge-

---

[684] Vgl. KGSt-Bericht Nr. 3/1999: Personalführung Teil 1: Leistungsermittlung, S. 67 f.
[685] Vgl. hierzu auch Knorr, Personalbeurteilung in der öffentlichen Verwaltung und in Nonprofit-Organisationen, 1999, S. 122; Ochs, Zielvereinbarung mit dem Team, 1998.
[686] Vgl. Mehde, Das dienstliche Beurteilungswesen vor der Herausforderung des administrativen Modernisierungsprozesses, in: ZBR 7/1998, S. 229 (234).
[687] Vgl. KGSt-Bericht Nr. 3/1999: Personalführung Teil 1: Leistungsermittlung, S. 67.
[688] Für die im Team mitarbeitenden Beamte/innen, für die eine Beurteilung rechtlicherseits vorgeschrieben ist, muss ein anderer Weg zur Ermittlung der Einzelleistung gefunden werden.

sprächs geschehen. Diese benötigen eine Überprüfung der erreichten Ziele und der geleisteten Arbeit.

- o **reformierte Leistungsbeurteilung**
  Die Beurteilung der erbrachten Leistung der/der Beschäftigten benötigt Burteilungskriterien, anhand derer die erbrachte Leistung bewertet werden kann.
- o **Gewährung von Leistungsanreizen**
  Die Gewährung immaterieller und materieller Leistungsanreize, insbesondere der leistungsorientierten Bezahlungselemente, benötigt eine Feststellung der dauerhaft erbrachten Leistung oder herausragender Einzelleistungen.

In einer Reihe von Verwaltungen wird die erbrachte Leistung der Beschäftigten in diesen verschiedenen Bereichen nicht oder nur mangelhaft ermittelt. In anderen Verwaltungen wird die erbrachte Leistung in verschiedenen Bereichen erfasst, diese verschiedenen Leistungserfassungen werden aber nicht miteinander in Zusammenhang gebracht. So werden z. B. im Mitarbeitergespräch die erreichten Ziele überprüft, die Leistung in der herkömmlichen Personalbeurteilung bewertet und Leistungsfeststellungen für die Gewährung von materiellen Leistungsanreizen erstellt. Schlimmstenfalls fallen die Bewertungen dieser verschiedenen Leistungserfassungen auseinander. Notwendig ist ein Instrumentarium, das in allen Bereichen sinnvoll eingesetzt werden kann und die erbrachte Leistung adäquat erfassen kann.[689]

Die oben dargestellte Form der Leistungsermittlung ermöglicht die Erfassung der Leistung in allen erwähnten Bereichen, die nachfolgend erörtert werden.

7.2.4.1 Verwaltungssteuerung

Die Leistungsermittlung kann als Steuerungsinstrument eingesetzt werden.[690] Die Leistungsziele werden im Rahmen eines Zielsystems der Gesamtverwaltung von der Ebene der Politik und Verwaltungsleitung über die Fachbereiche/Ämter über die Produktverantwortlichen/Produktzentren bis auf die Ebene der Mitarbeiter/innen bzw. eines Teams heruntergebrochen. Die Kontrakte bestehen aus den Zielvereinbarungen, die sich in Zielfestlegungen/-vereinbarungen der Leistungsziele der Tätigkeiten der Beschäftigten konkretisieren. Im Rahmen von Controlling und Berichtswesen wird durch die damit verbundene Personalführung auf der Ebene der einzelnen Beschäftigten oder Teams die Zielerreichung mit Hilfe der Leistungsermittlung überprüft. So kann ersichtlich werden, ob die Ziele erreicht worden sind, warum dies nicht der Fall ist und wo nachgesteuert

---

[689] Vgl. Klages, Leistungsmessung und Leistungsbeurteilung, in: VM 4/1999, S. 204 (206); ferner Blödorn, Professionalisierung der Personalführung notwendig, in: VOP 1-2/2000, S. 38 (39 f.).
[690] Vgl. Klages, Leistungsmessung und Leistungsbeurteilung, in: VM 4/1999, S. 204 (205).

werden muss. Somit wird das Ziel- und Steuerungssystem konsequent bis auf die Ebene der Mitarbeiter/innen weitergeführt.[691]

7.2.4.2 Personalführung

Die Leistungsermittlung stellt ebenfalls ein wichtiges Personalführungsinstrument dar: Durch Zielfestlegung/-vereinbarung und Zielerreichungsüberprüfung kommen Führungskräfte und Beschäftigte ins Gespräch über Leistungserwartungen, Verantwortlichkeiten, Verknüpfung von individuellen Zielen und Zielen der Gesamtverwaltung. Durch die auf der Basis des Abgleichs zwischen Soll- und Ist-Leistung gewonnenen Informationen über Qualität und Quantität der erbrachten Leistung kann die Führungskraft dem/der Mitarbeiter/in eine Leistungsrückmeldung geben. Bei Leistungsmängeln oder überdurchschnittlichen Leistungen bietet die Leistungsermittlung die Basis für eine Ursachenanalyse. Sie kann Ausgangspunkt sein für Karriereplanungen, Personalentwicklung etc. Die Leistungsermittlung kann ein zentrales Element weiterer Personalführungsinstrumente sein wie z. B. dem Mitarbeitergespräch, dem Personalentwicklungsgespräch oder dem Kooperationsgespräch zwischen Vorgesetzter/m und Mitarbeiter/in.[692] Das Mitarbeitergespräch enthält das Zielvereinbarungsgespräch als ein Element (neben den weiteren Typen/Elementen Kooperationsgespräch, Personalentwicklungsgespräch und dem Gespräch über den persönlichen Beitrag zur Modernisierung der Verwaltung).[693] Die Leistungsermittlung gibt Hilfen zur Zielfestlegung durch die Erläuterungen der einzelnen Phasen der Zielfestlegung/-vereinbarung, den Hinweis auf die Methode der kritischen Arbeitsinhalte, die Ableitung von Stellenzielen aus dem Zielsystem der Verwaltung, die Darstellung von möglichen Ziel- und Messkriterien und den Hinweis auf eine sinnvolle Begrenzung der Anzahl von Zielen. Die Leistungsermittlung gibt ebenfalls Hilfen für die Zielerreichungsüberprüfung durch den Vergleich zwischen Zielfestlegung/-vereinbarung und Zielerreichung, den Beleg und/oder die Begründung der Ergebnisse der Zielerreichungsüberprüfung und das Zielüberprüfungsgespräch.[694] Mitarbeitergespräche können so die Funktion von Kontrollgesprächen, Feed-back-

---

[691] Vgl. KGSt-Bericht Nr. 3/1999: Personalführung Teil 1: Leistungsermittlung, S. 29 f.; ferner KGSt-Bericht Nr. 4/1998: Kontraktmanagement; Klages, Neue Herausforderungen und Möglichkeiten der Leistungsmessung und –beurteilung, in: Reinermann/Unland (Hrsg.), Die Beurteilung – Vom Ritual zum Personalmanagement, 1997, S. 21 (32 f); Mehde, Das dienstliche Beurteilungswesen vor der Herausforderung des administrativen Modernisierungsprozesses, in: ZBR 7/1998, S. 229 (232); zum Einsatz von Zielvereinbarungen als Instrument der Verwaltungssteuerung im Rahmen des Kontraktmanagements vgl. Tondorf, Zielvereinbarungsgespräche – Probleme der Anwendung an Beispielen aus dem öffentlichen Dienst, in: Busch (Hrsg.), Mitarbeitergespräch – Führungskräftefeedback, 2000, S. 64 (66).

[692] Vgl. KGSt-Bericht Nr. 3/1999: Personalführung Teil 1: Leistungsermittlung, S. 30 f.; zu Zielvereinbarungen als Instrument der Personalentwicklung und als Bestandteil des Mitarbeitergesprächs vgl. Tondorf, Zielvereinbarungsgespräche – Probleme der Anwendung an Beispielen aus dem öffentlichen Dienst, in: Busch (Hrsg.), Mitarbeitergespräch – Führungskräftefeedback, 2000, S. 64 (66).

[693] Vgl. KGSt-Bericht Nr. 13/1992: Das Mitarbeitergespräch, S. 14 ff.

[694] Vgl. KGSt-Bericht Nr. 3/1999: Personalführung Teil 1: Leistungsermittlung, S. 30 ff.

Gesprächen o. ä. übernehmen.[695] In Mitarbeitergesprächen kann erörtert werden, warum bestimmte Leistungserwartungen nicht erreicht wurden, worauf dies zurückzuführen ist und wer dafür die Verantwortung trägt.[696] Durch die oben dargestellte Form der Leistungsermittlung kann nachhaltig eine Personalführung auf der Basis von Zielvereinbarungen (Management by Objectives) unterstützt werden.[697]

7.2.4.3 Reformierte Leistungsbeurteilung

Reformbestrebungen des gegenwärtigen Beurteilungswesens können an folgenden Aspekten ansetzen:[698]

- in Richtung auf mögliche Verbesserungen im Rahmen des geltenden Rechts,
- in Sicht auf gebotene Änderungen des normativen Rahmens,
- hinsichtlich einer Prüfung, ob auf das Instrument der (förmlichen) Beurteilung gänzlich verzichtet werden sollte.

Letztgenannter Fall kann „nur in Erwägung gezogen werden, wenn ein Instrumentarium entwickelt und nutzbar gemacht wird, das tauglich erscheint, die herkömmlichen und etwaige künftige Beurteilungszwecke im öffentlichen Dienst auf Wegen zu erreichen, die sich im Vergleich zum – durchgängig optimierten – Instrument der dienstlichen Beurteilung als vorzugswürdig erweisen."[699]
Die Anforderungen an ein Instrument, das vorzugswürdiger erscheint als die bisherigen Verfahren, ergeben sich aus den oben dargestellten Mängeln und Reformansätzen. Diese Anforderungen an eine effektive Leistungsbeurteilung in einer modernisierten Verwaltung lassen sich wie folgt beschreiben:[700]

- Wirksamkeit sowohl für die Steuerung der Verwaltungsleistung als auch für die Personalführung,
- Unterstützung der Ziel- und Ergebnisorientierung als Grundgedanken des Neuen Steuerungsmodells,
- Anstreben einer Objektivierung der Bewertung individueller Leistung,
- Entgegenwirken der Mildetendenz,
- Ermöglichung zeitnaher Beurteilungen,
- Akzeptanz aller Beteiligten.

---

695 Vgl. Becker, Leistungsbeurteilung versus Mitarbeitergespräch in der öffentlichen Verwaltung, in: VM 5/1998, S. 270 (271); Mauch, Mitarbeitergespräch versus Beurteilung, in: VM 4/1998, S. 216-217; Schettgen, Personalbeurteilung und Mitarbeitergespräch als Disziplinierungsverfahren, in: VOP 4/1998, S. 218-222.
696 Vgl. Oechsler, Neue Anreizsysteme im öffentlichen Dienst, in: VM 1/1999, S. 11 (13).
697 Vgl. KGSt-Bericht Nr. 3/1999: Personalführung Teil 1: Leistungsermittlung, S. 30.
698 Vgl. Schnellenbach, Die dienstliche Beurteilung der Beamten und Richter, 2000, Rdnr. 92.
699 Schnellenbach, Die dienstliche Beurteilung der Beamten und Richter, 2000, Rdnr. 92.
700 Vgl. Busse, Leistungsmessung - Leistungsermittlung - Leistungsbeurteilung, in: VM 4/1999, S. 207 (211); KGSt-Bericht Nr. 3/1999: Personalführung Teil 1: Leistungsermittlung, S. 40.

Methodisch bedeutet dies, dass die Leistungsbeurteilung

- o sich auf die Anforderungen des speziellen Arbeitsplatzes bezieht,
- o die tatsächlich erbrachten Leistungen der spezifischen Tätigkeiten des entsprechenden Arbeitsplatzes beurteilt,
- o transparente und nachvollziehbare Kriterien der Überprüfung der Zielerreichung liefert.

Die dargestellte Form der Leistungsermittlung stellt eine effektive reformierte Form der Leistungsbeurteilung dar, da sie den Anforderungen einer effektiven Beurteilung entspricht.[701] Soll das Beurteilungsverfahren mit einer Note abschließen, bietet sich das vorgeschlagene Verfahren der Vergabe von Punkten an. Die erwähnte Belegung bei der Zielerreichung und die zusätzliche Begründung bei Zielüber- oder -unterschreitung tragen zur Transparenz der Beurteilungsergebnisse bei, wirken dadurch der Mildetendenz entgegen und leisten einen Beitrag zur Erhöhung der Akzeptanz der Beurteilungsergebnisse. Bei der Festlegung von Zielen bietet sich ein vereinbarter Zeitraum von ca. einem Jahr an, nach dem die Zielerreichung überprüft wird. Wird die Leistungsermittlung als Regelbeurteilung angewandt, ist dieser Beurteilungszeitraum empfehlenswert, der kürzer ist als die je nach Bundesland unterschiedlich vorgeschriebenen Zeiträume. I. d. R. ist es schwierig und nicht sinnvoll, Ziele über einen Zeitraum von z. B. drei oder fünf Jahren festzulegen und das Erreichen von Zielen nach diesem Zeitraum festzustellen.[702]
Bei der Anlassbeurteilung ist zu unterscheiden, ob die erbrachte Leistung oder die gegenwärtigen bzw. zukünftigen Fähigkeiten beurteilt werden sollen. Während z. B. bei der Beendigung der Probezeit oder bei der Beförderung auf derselben Stelle bzw. dem Bewährungsaufstieg vorrangig die erbrachten Leistungen bewertet werden sollen, steht bei Beförderungen mit gleichzeitigen Stellenneubesetzungen die Frage im Vordergrund, ob die Fähigkeiten des/der Bewerbers/in mit den gewünschten Anforderungen übereinstimmen. Während in den erstgenannten Fällen die Leistungsermittlung angemessen ist,[703] ist im letzteren Fall das Erstellen von Potenzialprofilen im Rahmen von Auswahlverfahren angebracht. Eine Quotierung der Beurteilungsergebnisse[704] als Zwangsvorgabe, die in manchen Kommunalverwaltungen üblich ist, widerspricht der vorgestellten Form der Leistungsermittlung: Bei dem dargestellten Verfahren, das ja gerade leistungsorientiert bewerten will, „macht eine Quotierung der Ergebnisse der Leistungsermittlung keinen Sinn und ist eher als **leistungsfeindlich** zu betrachten."[705]

---

[701] Vgl. KGSt-Bericht Nr. 3/1999: Personalführung Teil 1: Leistungsermittlung, S. 40, ferner Bosbach, Die Mitarbeiter fundiert beurteilen können, in: VOP 7-8/2000, S. 42-46.

[702] Vgl. KGSt-Bericht Nr. 3/1999: Personalführung Teil 1: Leistungsermittlung, S. 41.

[703] Im beamtenrechtlichen Bereich wird von den auf dem jeweiligen Dienstposten gezeigten Leistungen ausgegangen. Der Beurteilungsmaßstab hat sich aber bzgl. der Höhe der Anforderungen nicht am Dienstposten, sondern am statusrechtlichen Amt zu orientieren, vgl. Urteil des Verwaltungsgerichts Gelsenkirchen vom 5. November 1996, Az.: 12 k 5951/93.

[704] Z. B. nach der Gauß'schen Normalverteilungskurve: wenig sehr gute, wenig sehr schlechte, viele mittlere Benotungen.

[705] KGSt-Bericht Nr. 3/1999: Personalführung Teil 1: Leistungsermittlung, S. 65 f.

Bei der vorgestellten Form der Leistungsermittlung handelt es sich nicht um eine Reform des bisher gängigen Beurteilungssystems, sondern um neue Wege, die von ihrer Ausrichtung her zukunftsweisend und aus personalwirtschaftlicher Sicht sinnvoll sind. Unklar ist, inwiefern sie konform mit der derzeitigen Rechtsprechung sind.[706]

7.2.4.4 Gewährung von Leistungsanreizen

Bei der Gewährung aller Arten von Leistungsanreizen ist die Ermittlung der Leistung notwendig. Dies gilt bei den immateriellen Anreizen z. B. für die ziel- und mitarbeiterorientierte Führung,[707] die Rückmeldung durch die/den Vorgesetzte/n an den/die Mitarbeiter/in[708] oder das Mitarbeitergespräch[709].

Bei den materiellen Leistungsanreizen setzen insbesondere Personalentscheidungen wie z. B. eine Beförderung auf derselben Stelle und eine leistungsorientierte Entlohnung eine konsequente Leistungsermittlung voraus. So soll die dienstliche Beurteilung zu einer Auslese nach Eignung, Befähigung und fachlicher Leistung z. B. bei der Übertragung von Beförderungsdienstposten beitragen.[710] Die Leistungsermittlung in der dargestellten Form kann anhand vorher festgelegter Kriterien ermitteln, inwieweit die erbrachte Leistung auf einer Stelle den Leistungsanforderungen entsprach, sie unter- oder überschritten hat.

Die Gewährung leistungsorientierter Bezahlungselemente benötigt ebenfalls eine Leistungsfeststellung.[711]

Das Dienstrechtsreformgesetz selber enthält keine Regelungen für die Leistungsbeurteilung. Die Landesverordnungen sehen zur Gewährung der Leistungsstufe und zum Ver-

---

[706] Je strikter die Vorgaben durch Gesetze und Verordnungen des jeweiligen Landes sind, um so schwerer lassen sich diese Empfehlungen unter rechtlichen Gesichtspunkten in den Kommunalverwaltungen umsetzen, vgl. KGSt-Bericht Nr. 3/1999: Personalführung Teil 1: Leistungsermittlung, S. 41; vgl. Tondorf, Zielvereinbarungsgespräche – Probleme der Anwendung an Beispielen aus dem öffentlichen Dienst, in: Busch (Hrsg.), Mitarbeitergespräch – Führungskräftefeedback, 2000, S. 64 (66).

[707] Vgl. Kap. 8.3.6.1.

[708] Vgl. Kap. 8.3.6.2.

[709] Vgl. Kap. 8.3.6.4.

[710] Vgl. Schnellenbach, Die dienstliche Beurteilung der Beamten und Richter, 2000, Rdnr. 87.

[711] Vgl. Bieler, Die dienstliche Beurteilung, 1998, Rdnr. 18; Oechsler, Leistungsanreize im Dienstrechtsreformgesetz, in: ZfPR 5/1999, S. 170 (170 f.); Oechsler, Neue Anreizsysteme im öffentlichen Dienst, in: VM 1/1999, S. 11 (11).

bleiben in der Stufe als Grundlage die letzte dienstliche Beurteilung oder eine aktuelle Leistungsfeststellung vor, die die dauerhaft herausragenden Gesamtleistungen darstellt.[712]

In diesem Zusammenhang wird eine Rückbindung an die dienstliche Beurteilung gefordert, da ansonsten ein durchgängig weiteres Leistungsbewertungsverfahren notwendig sei, das aber wiederum zusätzliche Arbeitskraft binden würde.[713] Darüber hinaus ist die Leistungsbewertungsaufgabe ganzheitlich zu sehen, da ansonsten Irritationen bei unterschiedlichen Leistungsbewertungen entstehen könnten: „Den Leistungsbegriff jeweils unterschiedlich zu definieren oder zu verwässern, ist sicher kein überzeugender Ausweg."[714]

Das Dienstrechtsreformgesetz gibt jedoch keinen Hinweis auf eine Verbesserung der Beurteilungspraxis. So wurde gewissermaßen „das Pferd von hinten aufgezäumt": „Es wurden Anreizsysteme eingeführt, ohne den erforderlichen Unterbau in Form von Beurteilungsverfahren und dafür wiederum erforderlichen Mitarbeitergesprächen zu schaffen."[715]

Der Blick in die Privatwirtschaft zeigt, dass in einigen Tarifverträgen eine analytische oder summarische Leistungsbeurteilung für die Verteilung individueller Leistungszulagen notwendig ist.[716]

Die Verknüpfung von Beurteilung mit der Vergabe von materiellen Leistungsanreizen wird jedoch in der Privatwirtschaft kontrovers diskutiert:[717] Für eine Verknüpfung von Beurteilung und Entgelt spricht, dass die Bedeutung der Beurteilungen dadurch gesteigert wird und dass sich die Beschäftigten aktiv bei ihren Vorgesetzen dafür einsetzen, dass diese die Voraussetzungen wie Informationen und Zusammenarbeit mit anderen Abteilungen für gute Arbeitsergebnisse und damit auch gute Beurteilungen schaffen. Gegen eine Verknüpfung von Beurteilung und Entgelt spricht, dass die Gerechtigkeitsprobleme, die bereits Beurteilungen aufwerfen, durch die Kopplung mit der Verteilung

---

[712] § 5 der Verordnung über das leistungsabhängige Aufsteigen in den Grundgehaltsstufen (Leistungsstufenverordnung - LSTuVO) vom 10. März 1998, in: Gesetz- und Verordnungsblatt für das Land Nordrhein-Westfalen 16/1998, S. 205; § 4 der Verordnung der Landesregierung über das leistungsabhängige Aufsteigen in den Grundgehaltsstufen (Leistungsstufenverordnung - LStuVO) des Landes Baden-Württemberg vom 30. März 1998, in: Gesetzblatt für Baden-Württemberg 7/1998, S. 214; § 4 der Verordnung über das leistungsabhängige Aufsteigen in den Grundgehaltsstufen (Leistungsstufenverordnung – LStuV) vom 20. Februar 1998, in: Bayerisches Gesetz- und Verordnungsblatt 5/1998, S. 62; §§ 2-3 der Hessischen Verordnung über das leistungsabhängige Aufsteigen in den Grundgehaltsstufen (Hessische Leistungsstufenverordnung – HLStVO –) vom 4. November 1998, in: Gesetz- und Verordnungsblatt für das Land Hessen 23/1998, S. 470; §§ 2-3 der Landesverordnung über das leistungsabhängige Aufsteigen in den Grundgehaltsstufen (Leistungsstufenverordnung – LstuVO), vom 15. Juli 1999, in: Gesetz- und Verordnungsblatt Schleswig-Holstein 23/1999, S. 231; § 5 der Verordnung der Sächsischen Staatsregierung über das leistungsabhängige Aufsteigen in den Grundgehaltsstufen (Leistungsstufenverordnung – LStVO), vom 27. Oktober 1998, in: Sächsisches Gesetz- und Verordnungsblatt 21/1998, S. 596; vgl. ferner Kap. 9.5.1.2.

[713] Vgl. Schnellenbach, Die dienstliche Beurteilung der Beamten und Richter, 2000, Rdnr. 205.

[714] Schnellenbach, Die dienstliche Beurteilung der Beamten und Richter, 2000, Rdnr. 205; vgl. ferner Vgl. Bönders, Neue Leistungselemente in der Besoldung – Anreiz oder Flop?, in: ZBR 1/1999, S. 11 (13).

[715] Oechsler, Neue Anreizsysteme im öffentlichen Dienst, in: VM 1/1999, S. 11 (13).

[716] Dargestellt in: Breisig, Personalbeurteilung – Mitarbeitergespräch – Zielvereinbarungen, 1998, S. 107 ff.

[717] Vgl. Breisig, Personalbeurteilung – Mitarbeitergespräch – Zielvereinbarungen, 1998, S. 29 ff.

von Geld verstärkt werden. Darüber hinaus verhindert möglicherweise die Diskussion um die Höhe des Gehalts die Offenheit der Beschäftigten, die jedoch bei Gesprächen der Leistungsrückmeldung notwendig ist. Beurteilungsergebnisse haben nicht nur Auswirkungen auf rückwirkende Zusatzzahlungen, sondern indirekt auch auf die Höhe der zukünftigen Zahlungen. Da Beurteilungen subjektiv und manipulierbar sind, ist es letztlich die Festlegung des Entgelts auch. Eine Verknüpfung zwischen Beurteilung und Entgelt fördert außerdem das Einzelkämpfertum und die Konkurrenz der Beschäftigten untereinander. Die Beurteilungen werden daher in der betrieblichen Praxis heftig kritisiert, da sie vielfache Probleme aufwerfen.[718] Sie können in keinster Weise eine auch nur annähernd leistungsgerechte Zulagenverteilung sicherstellen.[719]

Dies gilt auch für die herkömmliche Personalbeurteilung in der öffentlichen Verwaltung: „Vom traditionellen Beurteilungswesen kann kein sinnvoller Beitrag zur Ausgestaltung der Leistungsvergütung erwartet werden. Angesichts der grundsätzlichen methodischen Mängel und der wenig motivierenden Beurteilungspraxis ist die Akzeptanz der standardisierten Beurteilungssysteme gering – und zwar bei Vorgesetzten sowie Mitarbeiterinnen und Mitarbeiter."[720] Mehr noch: „Mit der Beibehaltung des klassischen Beurteilungsansatzes wird die traditionelle top-down-Führung verstärkt. Alle modernen Vorstellungen von kooperativer und zielorientierter Führung werden von diesem nunmehr monetär aufgewerteten und damit dominierenden Führungsinstrument verlagert. Kooperatives Verhalten wird damit zum Etikett der letztlich bestimmenden Überordnung."[721]

Die dargestellte Form der Leistungsermittlung stellt als Leistungsfeststellung zur Gewährung der Leistungsstufe und das Verbleiben in der Stufe daher eine sinnvolle Alternative zur herkömmlichen Personalbeurteilung dar.[722]

[718] Vgl. Becker, Die Leistungsbeurteilung: Instrument für die Vergabe von Leistungszulagen?, in: Reinermann/Unland, (Hrsg.), Die Beurteilung – Vom Ritual zum Personalmanagement, 1997, S. 73-86; Breisig, Personalbeurteilung – Mitarbeitergespräch – Zielvereinbarungen, 1998, S. 155 ff.

[719] Vgl. Breisig, Personalbeurteilung – Mitarbeitergespräch – Zielvereinbarungen, 1998, S. 110.

[720] Ott, Sind Beurteilungen für die Vergabe von Leistungszulagen geeignet?, in: Reinermann/Unland (Hrsg.), Die Beurteilung – Vom Ritual zum Personalmanagement, 1997, S. 93 (95); vgl. ferner Bonorden/Rieger, Dienstrechtsreform, in: Bandemer/Blanke/Nullmeier/Wewer (Hrsg.), Handbuch zur Verwaltungsreform, 1998, S. 209 (214).

[721] Mauch, Leistungsanreize, in: iv 1/1996, S. 25 (26)

[722] Vgl. KGSt-Bericht Nr. 3/1999: Personalführung Teil 1: Leistungsermittlung, S. 46; ferner zum Verfahren bei der Gewährung der Leistungsstufe bzw. des Verbleibens in den Stufen Kap. 9.5.1.2.

Für die Gewährung von Leistungszulagen und Leistungsprämien sieht das Dienstrecht vor, dass die Entscheidungsberechtigten (aktenkundig) darlegen, was sie im Einzelnen als herausragende besondere Leistungen ansehen.[723]

Die Landesverordnung Nordrhein-Westfalen fordert als Grundlage eine aktuelle Leistungsfeststellung außerhalb eines geregelten Beurteilungsverfahrens.[724] Im Tarifrecht verweist der Rahmentarifvertrag hinsichtlich der Bewertung des Arbeitserfolges und des Verfahrens auf die bezirklichen Tarifverträge.[725] Bei der Umsetzung zeichnen sich ziel- und ergebnisorientierte Verfahren ab.[726]

In vielen Verwaltungen herrscht große Unsicherheit, nach welchen Kriterien diese leistungsorientierten Bezahlungselemente vergeben werden sollen.
Es werden zurzeit verschiedene Modelle der Vergabe diskutiert:[727]

- o auf der Basis der bisher üblichen Regelbeurteilung,
- o auf der Basis einer gesonderten Leistungsfeststellung,
- o auf Vorschlag der/des Vorgesetzten,

---

723 § 2 Abs. 4 der Verordnung über die Gewährung von Prämien und Zulagen für besondere Leistungen (Leistungsprämien - und -zulagenverordnung - LPZVO), in: Gesetz- und Verordnungsblatt für das Land Nordrhein-Westfalen 16/1998, S. 204; § 3 Abs.1, § 4 Abs. 1 der Verordnung der Landesregierung über die Gewährung von Prämien und Zulagen für besondere Leistungen (Leistungsprämien- und -zulagenverordnung - LPZVO) des Landes Baden-Württemberg vom 30. März 1998, in: Gesetzblatt für Baden-Württemberg 7/1998, S. 215; § 3 Abs. 2, § 4 Abs. 2 der Hessischen Verordnung über die Gewährung von Prämien und Zulagen für besondere Leistungen (Hessische Leistungsprämien- und zulagenverordnung – HLPZVO –), vom 4. November 1998, in: Gesetz- und Verordnungsblatt für das Land Hessen 23/1998, S. 472; § 6 der Landesverordnung über die Gewährung von Prämien für besondere Leistungen (Leistungsprämienverordnung – LPVO –), vom 8. Februar 2000, in: Gesetz- und Verordnungsblatt Schleswig-Holstein 3/2000, S. 163; § 2 Abs. 1, § 3 Abs. 1 der Niedersächsischen Verordnung über die Gewährung von Prämien und Zulagen für besondere Leistungen (Leistungsprämien- und -zulagenverordnung – NDS-VO –), vom 5. Februar 1999, in: Gesetz- und Verordnungsblatt für das Land Niedersachsen 19/1999, S. 359; § 3 Abs. 2 der Verordnung der Sächsischen Staatsregierung über die Gewährung von Prämien für besondere Leistungen (Leistungsprämienverordnung – LPVO), vom 27. Oktober 1998, in: Sächsisches Gesetz- und Verordnungsblatt 21/1998, S. 597; § 6 Abs. 2 der Verordnung über die Gewährung von Prämien und Zulagen für herausragende besondere Leistungen (Bayerische Leistungsprämien- und Leistungszulagenverordnung – BayLPZV) vom 15. Dezember 1998, in: Bayerisches Gesetz- und Verordnungsblatt 27/1998, S. 1020; § 6 Abs. 2 der Bremische Verordnung über die Gewährung von Prämien und Zulagen für besondere Leistungen (Bremische Leistungsprämien- und -zulagenverordnung – BremLPZV –) vom 7. Juli 1998, in: Gesetzblatt der Freien Hansestadt Bremen 36/1998, S. 201; vgl. ferner Kap. 9.5.3.3.

724 § 5 der Verordnung über das leistungsabhängige Aufsteigen in den Grundgehaltsstufen (Leistungsstufenverordnung - LSTuVO) vom 10. März 1998, in: Gesetz- und Verordnungsblatt für das Land Nordrhein-Westfalen 16/1998, S. 205.

725 § 5 des Rahmentarifvertrags vom 29. Oktober 1996 über die Grundsätze zur Gewährung von Leistungszulagen und Leistungsprämien (TV-L).

726 Vgl. Städtetag Nordrhein-Westfalen (Hrsg.), Hinweise zur Gewährung von Leistungszulagen und Leistungsprämien für Beamtinnen und Beamte in den Städten vom 18.11.1998; Tarifvertrag zur Gewährung von Leistungszulagen und Leistungsprämien in kommunalen Verwaltungen und Betrieben im Lande Sachsen-Anhalt (TV-LZ/LP-LSA kommunal) vom 30. Juni 1997.

727 Vgl. KGSt-Bericht Nr. 3/1999: Personalführung Teil 1: Leistungsermittlung, S. 44 f.

- auf eigene Bewerbung des/der Mitarbeiters/in bzw. der Gruppe/des Teams hin,
- auf der Basis von Zielfestlegungen/-vereinbarungen und Zielerreichungsüberprüfungen.[728]

Es gibt derzeit noch wenig Erfahrungen mit der Vergabe von materiellen Leistungsanreizen in Kommunalverwaltungen. Die bisherigen Diskussionen zeigen, dass transparente Kriterien der Vergabe ein entscheidender Punkt dafür sind, ob materielle Leistungsanreize ihre Wirkung erzielen.

Die dargestellte Form der Leistungsermittlung bietet sich für das letztgenannte Modell an, da sie[729]

- dauerhaft herausragende Leistungen bzw. Leistungen, die dauerhaft unter den Anforderungen liegen, ermitteln kann,
- herausragende besondere Einzelleistungen einer/s Einzelnen oder einer Gruppe und den Grad der herausragenden Leistung ermitteln kann,
- eine (wenngleich nicht völlig objektive) Vergleichbarkeit zwischen den Beurteilungsergebnissen ermöglicht durch Ermittlung der Leistungsanforderung auf der jeweiligen Stelle,
- transparente Kriterien zur Vergabe liefert,
- durch Zielvereinbarungselemente die Akzeptanz der Vergabe von materiellen Leistungsanreizen erhöhen kann,
- die Verbindungen mit anderen Funktionen (z. B. Leistungsbeurteilung) ermöglicht.

[728] Im öffentlichen Dienst existieren hierzu bislang nur wenige Modelle, vgl. Tondorf, Zielvereinbarungsgespräche – Probleme der Anwendung an Beispielen aus dem öffentlichen Dienst, in: Busch (Hrsg.), Mitarbeitergespräch – Führungskräftefeedback, 2000, S. 64 (66). Dieses Verfahren zeichnet sich in der Praxis insbesondere in dem bereits bestehenden Bezirkstarifvertrag im Land Sachsen-Anhalt, in dem regionalen Tarifvertrag mit der Stadt Saarbrücken, in der Stadtverwaltung Nürnberg, in den Stadtwerken Solingen sowie in dem Hinweispapier des Städtetages Nordrhein-Westfalen zur Gewährung von Leistungszulagen und Leistungsprämien für Beamt/innen ab, vgl. Tarifvertrag zur Gewährung von Leistungszulagen und Leistungsprämien in kommunalen Verwaltungen und Betrieben im Lande Sachsen-Anhalt (TV-LZ/LP-LSA kommunal) vom 30. Juni 1997; Tarifvertrag über leistungsbezogene Entgeltbestandteile zwischen der Landeshauptstadt Saarbrücken (LHS) und der Gewerkschaft Öffentliche Dienste, Transport und Verkehr – Bezirk Saar – (ÖTV) vom 29.6.1995; Hören/Osenroth, Einführung variabler Vergütung bei den Stadtwerken Solingen, in: Personalführung 7/1999, S. 26-30; Städtetag Nordrhein-Westfalen (Hrsg.), Hinweise zur Gewährung von Leistungszulagen und Leistungsprämien für Beamtinnen und Beamte in den Städten vom 18.11.1998. Die Vergabe von leistungs- und erfolgsabhängigen Zulagen erfolgt bei der AOK ebenfalls auf der Grundlage von Zielvereinbarungen, für die eine paritättisch besetzte Kriterienkommission Grundsätze erarbeiten soll, vgl. Tarifvertrag (4 N – An/Ar IV – 1) zur Zahlung leistungs- und erfolgsorientierter Zulagen an Beschäftigte der AOK und ihrer Verbände vom 13. Oktober 1995.

[729] Vgl. KGSt-Bericht Nr. 3/1999: Personalführung Teil 1: Leistungsermittlung, S. 45; ferner Hausen, Leistung – nur mit Zulage?, in: Der Landkreis 7/1995, S. 317 (318); Knorr, Personalbeurteilung in der öffentlichen Verwaltung und in Nonprofit-Organisationen, 1999, S. 118; Mauch, Leistungsanreize, in: iv 1/1996, S. 25 (26 ff.); Tietze, Planbarkeit des Faktors „Mensch" im Arbeitssystem, in: VOP 12/1998, S. 30-32; Tondorf, Leistungspolitik und Leistungsbezahlung im öffentlichen Dienst, in: WSI Mitteilungen 4/1997, S. 241 (243); Weller, Die neue Finalität in der Beurteilung, in: VM 5/2000, S. 269-274.

Auch bei der Darstellung der herausragenden Einzelleistung durch den Entscheidungsberechtigten ist die Einheit mit der Person, die auch die übliche Beurteilung erstellt, sinnvoll.[730] Die Leistungsermittlung kann dies gewährleisten: Die Feststellung der herausragenden Einzelleistung kann sich zwar in den Inhalten von der Bewertung der sonstigen Leistungen unterscheiden; sie kann aber dennoch von einer Person und parallel zum durchgängigen Verfahren durchgeführt wird. So können neben den Zielfestlegungen der üblichen Arbeit zu besonderen Tätigkeiten Ziele vereinbart werden und nach der entsprechenden Zeit der Grad der Zielerreichung überprüft werden.[731]

Nicht vereinbar mit dieser Art der Leistungsermittlung ist die im Dienstrechtsreformgesetz vorgesehene Quotierung der Gewährung von materiellen Leistungsanreizen von 10 %: „Weiterhin ist durch nichts zu rechtfertigen, weshalb eine Quotierung auf 10 % vorgenommen wurde, da Leistungsniveaus ganz unterschiedlich verteilt sein können. Die Quotierung stellt durch die subjektive Vorgabe einer Leistungsverteilung einen Verstoß gegen die Objektivität bei der Beurteilung dar."[732]
Die Quotierung kann weitreichende Konsequenzen für die Motivation der Beschäftigten haben: „Jeder Mensch muss die Chance haben, materielle Anreize zu erhalten. Das Zuteilungssystem wird von der Einkommensseite her als zum Arbeitsplatz gehörender Lohnbestandteil gesehen. Ein Ausschluß von Teilen der Belegschaft führt unmittelbar zur Demotivation der Ausgeschlossenen. Auch hier wäre die Wirkung fatal: Neunzig Demotivierte bei zehn Motivierten würden das Gesamtsystem diskreditieren. In einem wirksamen Leistungslohnsystem muß jeder die Chance auf monetäre Aufbesserung haben. Wenn alle Mitarbeiter die Leistungsstandards erreichen, müssen alle die materielle Belohnung erhalten können."[733]

Abschließend ist zu bemerken, dass die Definition der Leistung, insbesondere in qualitativer Hinsicht, und ihre Orientierung an vereinbarten Zielen eine wesentliche Zukunftsaufgabe im Zusammenhang mit dem Einsatz von Leistungsanreizen darstellt.[734]

---

[730] Vgl. Schnellenbach, Die dienstliche Beurteilung der Beamten und Richter, 2000, Rdnr. 209.
[731] Vgl. KGSt-Bericht Nr. 3/1999: Personalführung Teil 1: Leistungsermittlung, S. 46 ff.; ferner zum Verfahren bei der Gewährung von Leistungszulagen und Leistungsprämien Kap. 9.5.3.3.
[732] Oechsler, Leistungsanreize im Dienstrechtsreformgesetz, in: ZfPR 5/1999, S. 170 (171); ferner Mauch, Leistungsanreize, in: iv 1/1996, S. 25 (26).
[733] Hein, Leistungszulagen: Ein Instrument der Verwaltungsreform?, in: VM 5/1995, S. 309 (310).
[734] Vgl. Hill/Frey, Motivationsinstrumente für eine Innovation der öffentlichen Verwaltung, in: Verwaltung und Management, 1/1997, S. 7 (9).

7.2.4.5 Zusammenführung der verschiedenen Funktionen

Im optimalen Fall werden alle diese Funktionen miteinander verknüpft.[735] Eine Leistungsbeurteilung in der Form der oben dargestellten Leistungsermittlung erhält damit eine völlig neue Bedeutung: „Die reformierte Leistungsbeurteilung auf der Basis von Zielfestlegungen und Zielerreichungsüberprüfungen verliert damit den Charakter der zusammenhanglosen Einzelveranstaltung, in der die Verwaltung sich ausschließlich mit sich selber beschäftigt. Die Leistungsbeurteilung steht vielmehr im Zusammenhang aller entscheidenden Funktionen, die in einer effektiven Verwaltung wahrgenommen werden: der Output- und Ergebnisorientierung des Verwaltungshandelns, der Messung und Steuerung der Verwaltungsleistung über Zielbestimmung, Kontraktmanagement und Controlling sowie der ziel- und leistungsorientierten Personalführung."[736]
Auch die Vergabe von Leistungsanreizen, sei es immaterieller oder materieller Art, geschieht nicht mehr als „Einzelveranstaltung", losgelöst von dem restlichen Verwaltungshandeln. Sie kann ebenfalls verbunden werden mit der Verwaltungssteuerung, der Personalführung, dem Mitarbeitergespräch und der Leistungsbeurteilung.[737]
Darüber hinaus kann die Leistungsermittlung Indikatorfunktion in den Bereichen der Personalentwicklung, der Personalbedarfsplanung, des Personaleinsatzes und der Personalauswahl übernehmen, da sie Leistungsstärken und Leistungsschwächen anzeigt.[738]
Durch die Zusammenführung dieser verschiedenen Funktionen stellt sich die Frage, wie oft die Leistungsermittlung durchgeführt werden soll. Die Leistungsermittlung im Rahmen von Verwaltungssteuerung, Personalführung und Mitarbeitergespräch legt einen jährlichen Rhythmus nahe.[739]

---

[735] Vgl. Busse, Leistungsmessung - Leistungsermittlung - Leistungsbeurteilung, in: VM 4/1999, S. 207 (211); KGSt-Bericht Nr. 3/1999: Personalführung Teil 1: Leistungsermittlung, S. 28; ferner Oechsler, Ist Leistung objektiv meßbar?, in: Bildungsdienst, Sozialwerk und Akademie des Deutschen Beamtenbundes (Hrsg.), Leistungsanreize in der öffentlichen Verwaltung, S. 8 (16).Oechsler, Leistungsanreize im Dienstrechtsreformgesetz, in: ZfPR 5/1999, S. 170 (171); Oechsler, Neue Anreizsysteme im öffentlichen Dienst, in: VM 1/1999, S. 11 (12); zu Konflikten und deren Lösungsmöglichkeiten bei der Verbindung der Funktion des Mitarbeitergesprächs und der Leistungsbeurteilung vgl. KGSt-Bericht Nr. 3/1999: Personalführung Teil 1: Leistungsermittlung, S. 51 ff.; zur Problematik der Zwecküberfrachtung und Funktionsvermischung der Zielvereinbarungen vgl. Tondorf, Zielvereinbarungsgespräche – Probleme der Anwendung an Beispielen aus dem öffentlichen Dienst, in: Busch (Hrsg.), Mitarbeitergespräch – Führungskräftefeedback, 2000, S. 64 (68 f.).

[736] Busse, Leistungsmessung - Leistungsermittlung - Leistungsbeurteilung, in: VM 4/1999, S. 207 (211).

[737] So enthält der Erfahrungsbericht der Stadtwerke Solingen, die Zielvereinbarungen als Führungsinstrument und als Basis der Vergabe leistungsorientierter Bezahlungselemente eingeführt haben, folgende Anmerkung: „Die Beurteilung erfolgt also nicht in erster Linie nachträglich zum Zwecke der Festlegung von leistungsabhängigen Zahlungen, sondern dient vor allem als Führungsinstrument, das durch die daran gekoppelten Zulagen beziehungsweise Zuschläge in seiner Wirkung verstärkt wird." In: Hören/Osenroth, Einführung variabler Vergütung bei den Stadtwerken Solingen, in: Personalführung 7/1999, S. 26 (30), zum Erfahrungsbericht der Stadtwerke Solingen vgl. Kap. 12.3.3.

[738] Vgl. KGSt-Bericht Nr. 3/1999: Personalführung Teil 1: Leistungsermittlung, S. 55 ff.

[739] Vgl. KGSt-Bericht Nr. 3/1999: Personalführung Teil 1: Leistungsermittlung, S. 62; ferner KGSt-Bericht Nr. 13/1992: Das Mitarbeitergespräch. In der Privatwirtschaft wird i. d. R. ein einjähriger Zeitraum für die Leistungsbeurteilung herangezogen, vgl. Oechsler, Ist Leistung objektiv meßbar?, in: Bildungsdienst, Sozialwerk und Akademie des Deutschen Beamtenbundes (Hrsg.), Leistungsanreize in der öffentlichen Verwaltung, S. 8 (9).

Hinsichtlich der Leistungsbeurteilung und der Gewährung von leistungsorientierten Bezahlungselementen bestehen derzeitig folgende rechtliche Anforderungen für beamtete Beschäftigte:[740]

- Die gesetzlich vorgeschriebene Regelbeurteilung erfordert eine periodisch wiederkehrende Beurteilung, i. d. R. zwischen drei und fünf Jahren (unterschiedlich je nach Bundesland).
- Bei der Gewährung von Leistungsstufen als Grundgehalt: Die Erfordernis einer zeitnahen Beurteilung ergibt sich jeweils zum Ablauf der hälftigen Stufenzeit von zwei, drei oder vier Jahren. Geschieht die Gewährung nach z. B. ¾ der Zeit, ist ggf. eine neue Beurteilung notwendig.
- Bei der Hemmung des Aufstiegs in den Stufen im Rahmen der Dienstrechtsreform: Bei jedem turnusmäßigen Erreichen des Zeitpunktes, zu dem bei einem/r Mitarbeiter/in eine höhere Stufe vergeben werden kann, muss Klarheit darüber herrschen, ob mindestens anforderungsgerechte Leistungen erbracht worden sind oder ob die Leistungen deutlich darunter liegen. Eine aktualisierte Beurteilung ist auf jeden Fall nötig, wenn die letzte (Regel-) Beurteilung älter als ein Jahr ist oder durch sie festgestellt wurde, dass die Leistungen des/der Mitarbeiters/in nicht den Anforderungen entsprechen.
- Leistungsprämien und -zulagen: Herausragende Einzelleistungen müssen aktuell festgestellt werden.

Für Beamte/innen sind damit nicht nur ständige Beurteilungen und/oder Leistungsfeststellungen notwendig, sondern auch ein umfangreiches System der Ermittlung, wer aktuell zu beurteilen ist.
§ 5 des Rahmentarifvertrags verweist hinsichtlich der Bewertung und des Arbeitserfolges der erbrachten Leistung der Arbeitnehmer/innen lediglich auf die Konkretisierung in den bezirklichen Tarifverträgen.

Werden die Leistungen in einem Rhythmus von z. B. einem Jahr ermittelt, hat dies folgende Vorteile:

- Ein System zur Ermittlung, wer bei der Beurteilung oder Leistungsfeststellung gerade „dran" ist, entfällt.
- Es liegt immer eine aktuelle Leistungsermittlung mit Ermittlung der Gesamtleistung und der Möglichkeit zur Ermittlung von Einzelleistungen für alle notwendigen Anlässe vor.

Für jede einzelne Funktion, die die Leistungsermittlung übernehmen kann, aber insbesondere bei der Zusammenführung der verschiedenen Funktionen, ist es sinnvoll, bei jedem/r Mitarbeiter/in eine Leistungsermittlung jährlich durchzuführen.[741]

---

[740] Vgl. KGSt-Bericht Nr. 3/1999: Personalführung Teil 1: Leistungsermittlung, S. 62 f.
[741] Vgl. KGSt-Bericht Nr. 3/1999: Personalführung Teil 1: Leistungsermittlung, S. 63.

7.2.5 Möglichkeiten und Grenzen der Leistungsermittlung

Auch die Leistungsermittlung in der dargestellten Form ist kein perfektes Verfahren. Sie hat folgende Grenzen und Nachteile:[742]

- Sie ist (vor allem in der Einführungsphase) aufwendig und kostenintensiv.[743]
- Sie ist niemals vollständig objektiv. Wo immer Einschätzungen von Menschen in Sprache, Schrift, Skalen etc. ausgedrückt werden, unterliegen sie der Gefahr, dass etwas objektiv scheint, was eigentlich subjektiv ist.[744]
- Die Zurechenbarkeit von Ergebnissen zu Zielen damit der Verantwortung für die Leistungsergebnisse ist oft schwierig.
- Werden die Zielfestlegungen/-vereinbarungen statisch verstanden, werden möglicherweise Veränderungen der Rahmenbedingungen nicht berücksichtigt.
- Schwierig ist auch die Festlegung der jeweiligen Standards und des Leistungsniveaus bei der Zielformulierung; hier liegen „nennenswerte Risiken von Zielvereinbarungen“[745].
- In der Konzentration auf die Ergebnisziele liegt die Gefahr der Überbetonung der Quantität und der Vernachlässigung der Qualität der Ziele.
- Das dargestellte Verfahren kann bürokratisch als Vorschrift statt als Hilfsmittel missverstanden werden.
- Die Vergleichbarkeit ist nicht vollkommen herzustellen.

Die Leistungsermittlung hat aber auch klare Möglichkeiten und Vorteile:[746]

- Sie orientiert sich an den Tätigkeiten der konkreten Stelle.

---

[742] Vgl. Becker, Grundlagen betrieblicher Leistungsbeurteilungen, 1992, S. 294 ff.; Busse, Leistungserfassung als Grundlage leistungsorientierter Entlohnung - Notwendigkeiten und praktische Grenzen, in: Budäus (Hrsg.), Leistungserfassung und Leistungsmessung in öffentlichen Verwaltungen, 2000, S. 267 (288); KGSt-Bericht Nr. 3/1999: Personalführung Teil 1: Leistungsermittlung, S. 73; zu den Fehlern bei der Leistungsermittlung und Möglichkeiten ihrer Beeinflussung vgl. KGSt-Bericht Nr. 3/1999: Personalführung Teil 1: Leistungsermittlung, S. 68.

[743] Die Anforderung der Wirtschaftlichkeit kann dabei in Konkurrenz stehen zu den Anforderungen nach methodischer Güte, vgl. Oechsler, Leistungsanreize im Dienstrechtsreformgesetz, in: ZfPR 5/1999, S. 170 (172).

[744] Vgl. auch Oechsler, Neue Anreizsysteme im öffentlichen Dienst, in: VM 1/1999, S. 11 (13).

[745] Tondorf, Zielvereinbarungen, in: WSI Mitteilungen 6/1998, S. 386 (392); zur Problematik der Normalleistung vgl. Mauch, Leistungsanreize, in: iv 1/1996, S. 25 (26). Insbesondere aus Erfahrungen mit der industriellen Akkord- und Prämienentlohnung ist bekannt, dass auch bei quantifizierbaren Leistungsprinzipien häufig Konflikte bei der Bestimmung der Normalleistung als Basis von Prämien entstehen, vgl. Ridder, Die Motivationskraft materieller Leistungsanreize, in: VOP 3/2000, S. 9 (9).

[746] Vgl. Busse, Leistungserfassung als Grundlage leistungsorientierter Entlohnung - Notwendigkeiten und praktische Grenzen, in: Budäus (Hrsg.), Leistungserfassung und Leistungsmessung in öffentlichen Verwaltungen, 2000, S. 267 (288); KGSt-Bericht Nr. 3/1999: Personalführung Teil 1: Leistungsermittlung, S. 73 f.

- o Durch die Zielfestlegungen werden die Leistungsziele sowie die Kriterien zur Zielerreichungsüberprüfung transparent für alle Beteiligten.[747]
- o Sie lässt sich in das Steuerungssystem einer leistungsorientierten Verwaltung einfügen. Leistung wird transparent und kann gezielt gesteuert werden.
- o Sie setzt ein Gespräch über die Leistung in Gang und zwingt die Vorgesetzten, sich mit der zu erbringenden und der erbrachten Leistung ihrer Beschäftigten und damit mit der Personalführung auseinander zu setzen. Personalführung wird wahrgenommen; dies stellt einen Beitrag zur Effektivität des Verwaltungshandelns und damit zur Kostensenkung dar. Die Leistungsermittlung erhält dadurch selber Anreizpotenziale.[748]
- o Die Leistungsermittlung entspricht den notwendigen Merkmalen, die eine Leistungserfassung als Grundlage der leistungsorientierten Entlohnung haben muss.
- o Die Leistungsermittlung spielt in den entscheidenden Feldern des Personalmanagements eine zentrale Rolle. Damit trägt sie zu einem leistungsorientierten und effektiven Verwaltungshandeln bei.

Durch den Einsatz der Leistungsermittlung kann die Ziel-, Ergebnis- und Leistungsorientierung in den Verwaltungen entschieden unterstützt werden. Der eigentliche Wert der Leistungsermittlung liegt darum nicht in der analytischen Genauigkeit, sondern in der dialogischen Analyse von Leistungsbedingungen, Leistungsverhalten und Leistungsperspektiven.[749] Auch wenn eine vollständige Objektivität niemals erreicht werden wird, wird dennoch auf diese Weise das Fundament einer leistungsorientierten Gewährung von Leistungsanreizen gelegt. Dieses Fundament ist die wesentliche Grundlage für ein funktionierendes Anreizsystem und damit die Herstellung einer nachvollziehbaren Bewertungsbasis.[750]

7.3 Potenzialermittlung

Es wurde bereits verdeutlicht, dass die Potenzialermittlung eine mehr oder weniger subjektive Einschätzung der Fähigkeiten eines/r Mitarbeiters/in ist, die daher kaum als Beurteilung im herkömmlichen Sinn genutzt werden kann. Im Folgenden werden Möglich-

---

[747] So enthält der Erfahrungsbericht der Stadtwerke Solingen, die Zielvereinbarungen als Führungsinstrument und als Basis der Vergabe leistungsorientierter Bezahlungselemente eingeführt haben, folgende Anmerkung: „Das Entscheidende an dieser Vorgehensweise ist, daß jeder Mitarbeiter vorab weiß, auf was es bei seiner Tätigkeit besonders ankommt und sich in seinem Arbeitsverhalten danach richten kann." In: Hören/Osenroth, Einführung variabler Vergütung bei den Stadtwerken Solingen, in: Personalführung 7/1999, S. 26 (30), zum Erfahrungsbericht der Sadtwerke Solingen vgl. Kap. 12.3.3.

[748] Vgl. Lattmann, Anreizaspekte der Leistungsbeurteilung, in: Schanz (Hrsg.), Handbuch Anreizsysteme in Wirtschaft und Verwaltung, 1991, S. 853-876; Ridder, Materielle und immaterielle Leistungsanreize, in: Bandemer/Blanke/Nullmeier/Wewer (Hrsg.), Handbuch zur Verwaltungsreform, 1998, S. 191 (199); ferner Kap. 8.3.6.2.

[749] Vgl. Ridder, Materielle und immaterielle Leistungsanreize, in: Bandemer/Blanke/Nullmeier/Wewer (Hrsg.), Handbuch zur Verwaltungsreform, 1998, S. 191 (199).

[750] Vgl. Ridder, Materielle und immaterielle Leistungsanreize, in: Bandemer/Blanke/Nullmeier/Wewer (Hrsg.), Handbuch zur Verwaltungsreform, 1998, S. 191 (198 f.).

keiten der Potenzialermittlung vorgestellt, die als Voraussetzung für den Einsatz von Leistungsanreizen, insbesondere immateriellen Leistungsanreizen, in Kommunalverwaltungen sinnvoll sind. Im Besonderen wird das Verfahren des Abgleichs zwischen dem Anforderungsprofil und dem Potenzialprofil dargestellt.

7.3.1 Merkmale einer effektiven Potenzialermittlung

Das Ziel der Potenzialermittlung ist die Ermittlung der Fähigkeiten eines/r Stelleninhabers/in oder eines/r Bewerbers/in für eine zukünftig zu besetzende Stelle.
Damit die Potenzialermittlung ihr Ziel erreichen kann, muss sie folgende Merkmale aufweisen:[751] Sie muss

- über die gezeigten Verhaltensweisen auf die vorhandenen entfalteten oder noch zu entfaltenden Fähigkeiten einer Person rückschließen können,
- die Fähigkeiten entweder bestimmten (z. B. der gegenwärtigen oder der zu besetzenden Stelle im Rahmen der Personalauswahl) oder unbestimmten (bei einer Prognose der künftigen Eignung) Anforderungen gegenüberstellen können,
- einen Abgleich zwischen Anforderungen und ermittelten Potenzialen leisten können,
- Informationen liefern können, ob und welche der Fähigkeiten eines/r Mitarbeiters/in den Anforderungen, die eine Stelle an die Fähigkeit des/der Stelleninhabers/in gegenwärtig oder zukünftig stellt, entsprechen,
- Hilfestellung für Personal- und Personalentwicklungsentscheidungen geben können.

Bevor die Potenzialermittlung die Potenziale einer Person ermittelt, müssen die Anforderungen ermittelt werden, die den Potenzialen gegenübergestellt werden sollen.[752]

7.3.2 Anforderungsermittlung

Das Erreichen der Verwaltungsziele kann nur gewährleistet werden, wenn die Verwaltung und die in ihr arbeitenden Menschen mit ihren Fähigkeiten den an sie gestellten Anforderungen entsprechen. Daher müssen die Anforderungen an die Verwaltung als Ganzes, an die unterschiedlichen Organisationseinheiten, an die verschiedenen Gruppen von Beschäftigten (z. B. Führungskräfte) in ihr und an die einzelnen Mitarbeiter/innen ermittelt werden.

---

[751] Vgl. KGSt-Bericht Nr. 4/1999: Personalführung Teil 2: Potentialermittlung, S. 10.
[752] Vgl. Klages, Leistungsmessung und Leistungsbeurteilung, in: VM 4/1999, S. 204 (204).

Da sich die Anforderungen ständig wandeln (insbesondere in Reformzeiten), ist es notwendig, nicht nur die gegenwärtigen, sondern auch die zukünftigen Anforderungen zu ermitteln.[753]

7.3.2.1 Methoden der Anforderungsermittlung

Je nach Ebene der Verwaltung sind unterschiedliche Methoden der Anforderungsermittlung zu unterscheiden:[754]

Gesamtverwaltung:	Strategieklausuren, Szenario-Technik, Experten-Befragung,
verschiedene Beschäftigtengruppen:	moderierte, bereichsbezogene Workshops, Mitarbeiterbefragungen, Bürgerbefragungen, Szenario-Technik,
individuell:	Mitarbeitergespräch, individuelle Befragung (schriftlich oder mündlich), Erstellen eines Anforderungsprofils der Stelle.

Die Ergebnisse der Anforderungsermittlung auf allen Verwaltungsebenen fließen letztlich in die Anforderungsermittlung der einzelnen Stelle als kleinster Organisationseinheit ein.

Da Leistungsanreize überwiegend individuell vergeben werden, wird nachfolgend das Erstellen eines Anforderungsprofils als eine der wichtigsten Methoden zur Ermittlung der individuellen Anforderungen dargestellt.

7.3.2.2 Erstellen eines Anforderungsprofils

Ein Anforderungsprofil ist ein relativ aufwendig erstelltes Profilbild mit Rangordnungen zwischen den Anforderungsmerkmalen, Ausprägungsgraden und oftmals grafischer Darstellung.[755] Grundelemente eines Anforderungsprofils sind die Anforderungsmerkmale. Da der Aufwand der Erstellung eines Anforderungsprofils relativ groß ist, kann es sinnvoll sein, sich zunächst auf die Erstellung von Anforderungsmerkmalen zu beschränken.

---

[753] Vgl. KGSt-Bericht Nr. 15/1992: Personalauswahl, S. 16 f.

[754] Vgl. KGSt-Bericht Nr. 4/1999: Personalführung Teil 2: Potentialermittlung, S. 10; ferner KGSt-Bericht Nr. 13/1994: Personalentwicklung, S. 23 f.

[755] Vgl. KGSt-Bericht Nr. 15/1992: Personalauswahl, S. 16.

7.3.2.2.1 Anforderungsmerkmale

Die Anforderungsmerkmale umschreiben die Kompetenzen, über die eine Person verfügen muss, um die Aufgaben auf einer Stelle zu erfüllen.[756] Anforderungsmerkmale stellen damit die Verbindung her zwischen den funktionellen Merkmalen der Stelle und den personenbezogenen Merkmalen des/der Stelleninhabers/in.
Grundlage für die Entwicklung von Anforderungsmerkmalen ist die Stellenbeschreibung. Stellenbeschreibungen in Verwaltungen sind allerdings oftmals veraltet und müssen daher neu erstellt oder aktualisiert werden. Die Stellenbeschreibung gibt nur Auskunft über die Tätigkeiten auf der zu besetzenden Stelle. Allerdings sagt diese Auflistung nichts darüber aus, was der/die Stelleninhaber/in können müssen, um erfolgreich zu sein. Dazu ist eine Art „Übersetzungsprozess" nötig mit dem Ergebnis der Festlegung der Anforderungsmerkmale bzw. des Anforderungsprofils.[757] Anforderungsmerkmale beziehen sich auf formale Voraussetzungen wie Vor- und Ausbildung sowie auf Kenntnisse, Fertigkeiten und Fähigkeiten. Anforderungen schließen dabei einerseits berufliche Qualifikationen und Vorerfahrungen, andererseits Persönlichkeits- und Verhaltensmerkmale ein. Hinzu können die sog. Schlüsselqualifikationen kommen, die sich aus den langfristigen Verwaltungszielen und den Umfeldveränderungen ergeben.[758] Die Anforderungsmerkmale beziehen sich auf die Fach-, Methoden-, Sozial- und Persönlichkeitskompetenz.[759] Im Rahmen der Verwaltungsreform und des Neuen Steuerungsmodells werden besondere Anforderungen an die derzeitigen und zukünftigen Beschäftigten gestellt. Diese beziehen sich insbesondere auf die Ergebnis- und Outputorientierung des Verwaltungshandelns, die Übernahme größerer Verantwortung im Zusammenhang mit der dezentralen Fach- und Ressourcenverantwortung, das zielorientierte Arbeiten im Rahmen von Zielvereinbarungen und des Kontraktmanagements und die Qualitäts- und Kundenorientierung des Verwaltungshandelns.[760]

Anforderungsmerkmale sollten folgende Voraussetzungen erfüllen:[761]

- Anforderungsmerkmale sollten für alle Beteiligten eindeutig sein. Es sollte sich nicht um globale Beschreibungen, sondern um eindeutig abgrenzbare Merkmale handeln. Die Eindeutigkeit kann durch die Klärung der Frage hergestellt werden, wie sich das gewünschte Verhalten bezogen auf das jeweilige Anforderungsmerkmal im beruflichen Alltag äußern soll und wie es z. B. im Auswahlverfahren überprüft werden soll. Anforderungsmerkmale müssen daher operationalisiert, d. h. in konkreten Verhaltensweisen beschrieben werden.

---

756 Vgl. KGSt-Bericht Nr. 4/1999: Personalführung Teil 2: Potentialermittlung, S. 13.
757 Vgl. KGSt-Bericht Nr. 4/1999: Personalführung Teil 2: Potentialermittlung, S. 13.
758 Vgl. KGSt-Bericht Nr. 15/1992: Personalauswahl, S. 16.
759 Vgl. Zimmer/Brake, Ganzheitliche Personalauswahl, 1993, S. 35 f.
760 Vgl. Kap. 4.2.
761 Vgl. KGSt-Bericht Nr. 15/1992: Personalauswahl, S. 16 f.; KGSt-Bericht Nr. 4/1999: Personalführung Teil 2: Potentialermittlung, S. 13 f.

- o Es sollten nur solche Anforderungsmerkmale ausgewählt werden, die in der täglichen Arbeit bzw. bei der Beantwortung von entsprechenden Fragen in Auswahlverfahren tatsächlich feststellbar sind.
- o Anforderungsmerkmale sollten sowohl die interne Verwaltungssicht als auch die externe Sicht z. B. der Bürger/innen (bei Stellen mit Bürgerkontakt) berücksichtigen.
- o Anforderungsmerkmale sollten schriftlich festgehalten werden, um zeitaufwendige sich wiederholende Diskussionen z. B. in Auswahlverfahren zu vermeiden.

7.3.2.2.2 Methoden der Erstellung des Anforderungsprofils

Die Erarbeitung eines Anforderungsprofils kann in folgenden Schritten erfolgen:[762]

1. Die Beschreibung von Aufgaben und Tätigkeiten der Stelle als Voraussetzung ist optimalerweise in der Stellenbeschreibung enthalten. Liegt keine Stellenbeschreibung vor, sind die Aufgaben und Tätigkeiten, die auf der Stelle zu erledigen sind, zunächst zu ermitteln.
2. Auf der Basis der Beschreibung der Aufgaben und Tätigkeiten werden die entscheidenden beobachtbare Verhaltensweisen genannt, die notwendig sind, um diese Aufgaben und Tätigkeiten erfolgreich auszufüllen.
3. Die Verhaltensweisen werden in gleichartigen Gruppen zusammengefasst. Es werden zu diesen Gruppen passende Anforderungsmerkmale gesucht und den vier Kompetenzbereichen zugeordnet.
4. Diese Anforderungsmerkmale können anschließend je nach ihrem Stellenwert auf dieser Stelle gewichtet werden. Durch die optische Darstellung dieser Gewichtung entsteht das Anforderungsprofil.

Die nachfolgende Abbildung stellt ein Anforderungsprofil dar, das die veränderten Anforderungen an die Beschäftigten durch das Neue Steuerungsmodell konkretisiert.

[762] Vgl. KGSt-Bericht Nr. 4/1999: Personalführung Teil 2: Potentialermittlung, S. 13 f.

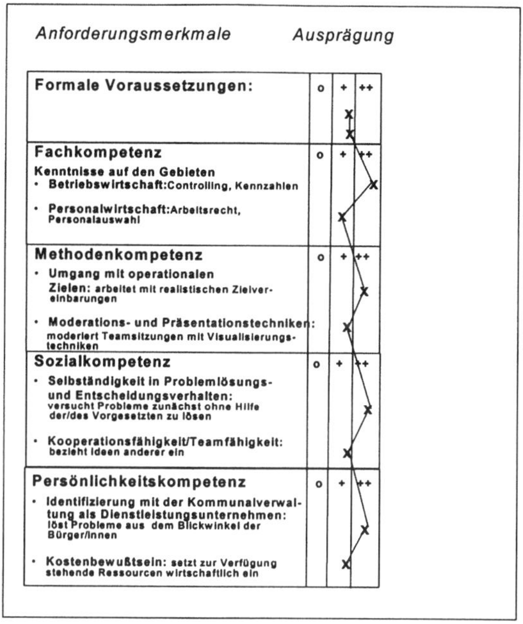

Abbildung 25: Beispiel eines Anforderungsprofils[763]

Ein Musterformular für die Erstellung eines Anforderungsprofils enthält Anlage 3.

Das Anforderungsprofil wird optimalerweise gemeinsam mit der/dem Vorgesetzten und der/dem Stelleninhaber/in erarbeitet.

Sollen für die ganze Verwaltung zentral methodische Schritte, Vordrucke etc. vorgegeben werden, kann die Erarbeitung bei Verantwortlichen der Steuerungsunterstützung oder des Service Personal liegen; geschieht die Erarbeitung dezentral, können die Verantwortlichkeiten bei dem Service Personal (als Dienstleistung für die dezentralen Einheiten) oder der jeweiligen Facheinheit liegen.[764]

---

[763] KGSt-Bericht Nr. 4/1999: Personalführung Teil 2: Potentialermittlung, S. 19.
[764] Vgl. KGSt-Bericht Nr. 4/1999: Personalführung Teil 2: Potentialermittlung, S. 17.

7.3.3 Methoden der Potenzialermittlung

7.3.3.1 Voraussetzungen

Bei der Potenzialermittlung sind bestimmte Voraussetzungen zu beachten. So sind Potenziale nicht direkt, sondern nur indirekt zu erkennen an gezeigten Arbeits- und Verhaltensweisen der Beschäftigten. Das Verhalten eines Menschen wird nicht nur von seinen Fähigkeiten und Eigenschaften, sondern auch von Situationseinflüssen und Wechselwirkungen zwischen den Personen geprägt. Pauschale Rückschlüsse von gezeigten Arbeits- und Verhaltensweisen auf die Fähigkeiten eines Menschen sind daher nie vollständig möglich. Zur Einschätzung von Potenzialen müssen diese und die durch sie geprägten Verhaltensweisen an Anforderungen gemessen werden. Die gezeigte Leistung einer/s Beschäftigten bzw. die Leistungsermittlung kann dabei höchstens ein Hinweis neben anderen auf eine Übereinstimmung oder Nicht-Übereinstimmung zwischen Anforderungen und Potenzialen sein. Es ist nur sehr schwer möglich, (bislang) nicht geforderte, aber vorhandene Potenziale einzuschätzen. Eine „Berechnung" der Potenzialermittlung mit einer Gesamtnote ist nicht sinnvoll. Es ist ebenfalls nicht sinnvoll, die Ergebnisse der Leistungsermittlung oder der Leistungsbeurteilung mit den Ergebnissen der Potenzialermittlung zu vermischen und eine Gesamtbenotung o. ä. zu bilden.[765] Die Ergebnisse der Potenzialermittlung hängen stark von der ermittelnden Person, ihren eigenen Fähigkeiten, Wertvorstellungen etc. ab.[766]

7.3.3.2 Funktionsbereiche und Methoden

Im Hinblick auf diese Voraussetzungen müssen sich die Methoden an folgenden Kriterien messen lassen:[767]

- Die Methode muss einen Abgleich der Potenziale mit den Anforderungen ermöglichen.
- Die Verwendung der Ergebnisse einer Potenzialermittlung, die von einer Person, i. d. R. der/dem Vorgesetzten, erstellt wird, ist über den Handlungsradius dieser Person hinaus (z. B. Aufbewahren in einer zentral geführten Personalakte) nicht sinnvoll aus folgenden Gründen:
  - Die Potenzialermittlung durch eine einzige Person (die/der Vorgesetzte) ist stark subjektiv gefärbt.
  - Werden die Ergebnisse der Potenzialermittlung aktenkundig gemacht und für Personalentscheidungen genutzt, treten die oben dargestellten Phänomene der bisherigen Personalbeurteilung zutage: Aus Konfliktscheu und mit Blick auf

[765] Dies ist die Problematik der Gesamtnote für Personalbeurteilungen, wie sie von verschiedenen Landesverordnungen vorgeschrieben ist, vgl. Kap. 7.1.4.2.

[766] Vgl. KGSt-Bericht Nr. 4/1999: Personalführung Teil 2: Potentialermittlung, S. 19 f.

[767] Vgl. KGSt-Bericht Nr. 4/1999: Personalführung Teil 2: Potentialermittlung, S. 20 f.

die beabsichtigten Verwendungen des/der Mitarbeiters/in sind die Ergebnisse kaum realistisch.

- Die Methode ist abhängig von der Funktion, für sie genutzt wird.
- Werden die Ergebnisse für weitreichende Personalentscheidungen genutzt, sollten entweder Methoden zur Steigerung der Objektivität (z. B. ein Gremium von mehreren Personen bei der Personalauswahl) oder die Ergebnisse nur in anonymer und aggregierter Form (z. B. bei der Personalbedarfsplanung oder der systematischen Personalentwicklungsplanung) verwandt werden.

Zur Ermittlung der Fähigkeiten bieten sich je nach Aufgabenfeld des Personalmanagements verschiedene Methoden der Potenzialermittlung an:[768]

Personalauswahl:	Auswahlgespräch, Assessment-Center, psychologische Tests, Erstellen eines Potenzialprofils,
Personalführung:	ständige Beobachtung des/der Mitarbeiters/in, Leistungsbeurteilung als Indikator, Gespräch, Personalentwicklungsgespräch (innerhalb oder außerhalb des Mitarbeitergesprächs), Erstellen eines Potenzialprofils,
individuelle Personalentwicklung:	Personalentwicklungsgespräch (innerhalb oder außerhalb des Mitarbeitergesprächs), feedback-orientierte Potenzialermittlung auf der Basis von Selbsteinschätzung, Erstellen eines Potenzialprofils,
kollektive Personalentwicklung:	Mitarbeiterbefragung (schriftlich oder in moderierten Workshops), Befragung der Führungskräfte (unter Wahrung der Anonymität der Mitarbeiter/innen), Assessment-Center, Erstellen von Potenzialprofilen,

[768] Vgl. KGSt-Bericht Nr. 4/1999: Personalführung Teil 2: Potentialermittlung, S. 22.

Personalbedarfsplanung/
Personaleinsatz: Mitarbeiterbefragung (schriftlich oder in moderierten Workshops),
Befragung der Führungskräfte (unter Wahrung der Anonymität der Mitarbeiter/innen),
Mitarbeiterportfolio,[769]
Erstellen eines Potenzialprofils.

Leistungsanreize, die sich auf die Fähigkeit der Beschäftigten beziehen, durchziehen alle genannten Aufgabenfelder des Personalmanagements. Sowohl transparente Auswahlentscheidungen, Personalführung, Personalentwicklung sowie der interessen- und fähigkeitsbezogene Arbeitseinsatz stellen Leistungsanreize dar.
Das Erstellen eines Potenzialprofils ist eine Methode, die sich in allen Aufgabenfeldern anbietet. Sie wird daher im folgenden Kapitel vorgestellt.

7.3.3.2.1 Erstellen eines Potenzialprofils

Die Voraussetzung für das Erstellen eines Potenzialprofils als optische Darstellung der Fähigkeiten und Potenziale eines/r Mitarbeiters/in ist ein Anforderungsprofil. Durch den Abgleich kann ermittelt werden, wie die Anforderungen von den Stelleninhaber/innen ausgefüllt werden. Konkret wird die Beschreibung der Verhaltensweisen der Anforderungsmerkmale mit den gezeigten Verhaltensweisen des/der Mitarbeiters/in verglichen. Auf diese Weise kann ein Abgleich zwischen Anforderungsprofil und Potenzialprofil ermöglicht werden. Er stellt die Basis für Gespräche von Vorgesetzten und Mitarbeiter/innen über Potenziale und Entwicklungsmöglichkeiten des/der Mitarbeiter/in dar. Die Bildung einer mathematischen Note sowie die Zusammenfassung einer solchen Note mit einer Note der Leistungsermittlung zu einer Gesamtnote für die Potenzialermittlung ist aus Sicht des Personalmanagements nicht sinnvoll.[770]

Die nachfolgende Abbildung enthält den Abgleich zwischen einem Anforderungsprofil und einem Potenzialprofil.

---

[769] Vgl. Knorr, Personalbeurteilung in der öffentlichen Verwaltung und in Nonprofit-Organisationen, 1999, S. 118.

[770] Hier sind die Landesverordnungen, die eine Gesamtnote für Leistung, Eignung und Befähigung verlangen, nicht mit den methodischen Anforderungen aus Sicht des Personalmanagements in Übereinstimmung zu bringen, vgl. KGSt-Bericht Nr. 4/1999: Personalführung Teil 2: Potentialermittlung, S. 32.

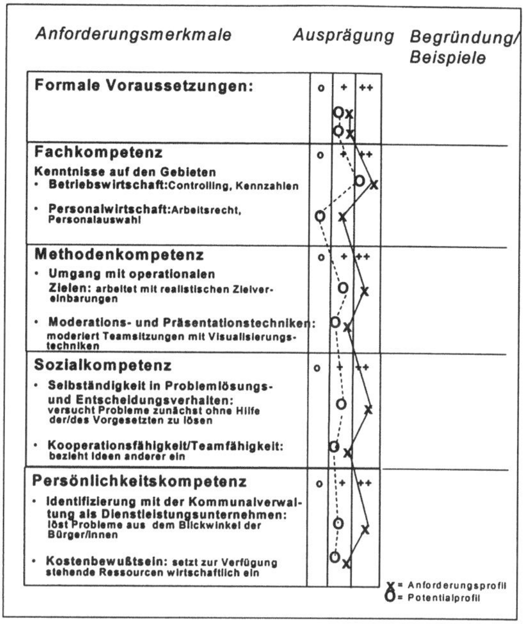

Abbildung 26: Beispiel eines Abgleichs zwischen Anforderungsprofil und Potenzialprofil[771]

Ein Musterformular für den Abgleich zwischen Anforderungsprofil und Potenzialprofil befindet sich in Anlage 4.

Im folgenden Kapitel werden die einzelnen Funktionsbereiche und die notwendigen Methoden der Potenzialermittlung dargestellt. Für die Vergabe von Leistungsanreizen, insbesondere von immateriellen Leistungsanreizen, sind diese Funktionsbereiche relevant, da einzelne immaterielle Leistungsanreize in diese Funktionsbereiche hineinreichen oder mit ihnen identisch sind. Die Potenzialermittlung als Voraussetzung für die Gewährung von Leistungsanreizen wird daher nicht gesondert aufgeführt.

7.3.3.2.2 Personalauswahl

In der Personalauswahl müssen Potenziale ermittelt werden, die zwar vorhanden sind, sich aber noch nicht oder nur ansatzweise in der Vergangenheit entfalten konnten. Daher ist es kaum möglich zu beurteilen, ob die/der Beschäftigte Potenziale besitzt, die den Anforderungen eines anderen Arbeitsplatzes als des bisherigen entsprechen.

---

[771] KGSt-Bericht Nr. 4/1999: Personalführung Teil 2: Potentialermittlung, S. 32

Eine Möglichkeit, bisher nicht entfaltete Fähigkeiten im Vorfeld einer Personalentscheidung zu erproben, besteht in dem gezielten Einsatz von Personalentwicklungsmaßnahmen wie Rotation, Vertretungen, Sonderaufgaben, Projektarbeit etc.[772] Bei zu besetzenden Stellen, deren Anforderungen in etwa denen der bisherigen Stelle des/der Mitarbeiters/in entsprechen, kann ein Vergleich beider Anforderungsmerkmale bzw. Anforderungsprofile und ggf. die Zuhilfenahme bisheriger Potenzialermittlungen sinnvoll sein.[773]
Bei Neubesetzung einer Stelle sind immer Personalauswahlverfahren sinnvoll.[774] Im Rahmen der dezentralen Ressourcenverantwortung des Neuen Steuerungsmodells sollte das Auswahlverfahren von der aufnehmenden Stelle, z. B. dem Fachbereich, durchgeführt werden. Auf der Basis der Anforderungsmerkmale bzw. des Anforderungsprofils werden Fragen, Fallbeispiele, Rollenspiele etc. entwickelt, um zu prüfen, ob der/die Bewerber/in den Anforderungen entspricht.[775]
Als Verfahren bieten sich insbesondere an:[776]

- **Auswahlgespräch**
  Ein Auswahlgremium aus mehreren Personen überprüft, ob die erkennbaren Fähigkeiten des/der Bewerbers/in den Anforderungen der zu besetzenden Stelle entsprechen. Ein Abgleich zwischen Anforderungsprofilen und Potenzialprofilen der Bewerber/innen kann dazu hilfreich sein.
- **Assessment-Center**
  Assessment-Center beinhalten systematische Verfahren zur Feststellung von Potenzialen in praxisbezogenen Aufgaben, Fallstudien, Rollenspiele etc. durch mehrere geschulte Beobachter/innen.

- **psychologische Tests**
  Psychologische Tests überprüfen vor allem kognitive Fähigkeiten.
- **Erstellen eines Potenzialprofils**
  Bei allen Verfahren ist das Erstellen von Potenzialprofilen sinnvoll, die mit den Anforderungsprofilen abgeglichen werden.

Transparente leistungs- und fähigkeitsbezogene Personalauswahlentscheidungen stellen einen wichtigen Leistungsanreiz dar, der sowohl materielle als auch immaterielle Aspekte umfasst.[777] Damit dieser Anreiz seine Wirkung erzielen kann, sind Potenzialermittlungen unabdingbar.

---

[772] Vgl. KGSt-Bericht Nr. 13/1994: Personalentwicklung, S. 14 ff.
[773] Vgl. Busse, Bedeutung der Beurteilung im Auswahlverfahren, in: Drescher (Hrsg.), Handbuch zur Personalauswahl in der modernen Kommunalverwaltung, 2001, S. 97 (103 f.).
[774] Vgl. KGSt-Bericht Nr. 15/1992: Personalauswahl.
[775] Vgl. KGSt-Bericht Nr. 4/1999: Personalführung Teil 2: Potentialermittlung, S. 23 f.
[776] Vgl. KGSt-Bericht Nr. 4/1999: Personalführung Teil 2: Potentialermittlung, S. 24; vgl. ferner Kap. 9.5.2.2.
[777] Vgl. Kap. 9.5.2.2.

7.3.3.2.3 Personalführung

Eine wichtige Aufgabe der Personalführung ist die Einschätzung der/des Vorgesetzten, ob die Fähigkeiten der/des Beschäftigten den Anforderungen der Stelle entsprechen, sowie die Entwicklung dieser Potenziale. Orientierungshilfen können die formale Qualifikation, die Berufserfahrung, regelmäßige Beobachtungen des Arbeitsverhaltens des/der Mitarbeiter/in sowie die Interessen und die Gebiete sein, auf denen sich ein/e Mitarbeiter/in darüber hinaus engagiert. Hilfreich sind ebenfalls Personalführungs-, Personalentwicklungs- und Mitarbeitergespräche. Die Leistungsermittlung kann Indikatorfunktionen übernehmen: Bei durchschnittlichen Leistungen ist davon auszugehen, dass sich Anforderungen und Potenziale entsprechen. Bei unterdurchschnittlichen Leistungen kann die Ursachenanalyse die Ursache der mangelnden Übereinstimmung von Anforderungen und Potenzialen erkennen lassen. Bei überdurchschnittlichen Leistungen kann die Ursache in weiteren, noch nicht erkannten Potenzialen liegen. Die Ursachenanalyse kann jedoch auch ganz andere Ursachen wie günstige oder ungünstige Rahmenbedingungen, unrealistische Zielvereinbarungen, Führungsmängel, Konflikte am Arbeitsplatz, schlechtes Betriebsklima etc. erkennen lassen. Die Ergebnisse der Potenzialermittlungen im Rahmen der Personalführung werden vertraulich behandelt; sie verbleiben zwischen Vorgesetztem/r und Mitarbeiter/in. Ausnahmen bilden lediglich Entscheidungen mit externer Relevanz wie z. B. Umsetzungen.[778]

Die Personalführung stellt einen zentralen immateriellen Leistungsanreiz dar, der die Potenzialermittlung als ein wichtiges Führungsinstrument benötigt.[779]

7.3.3.2.4 Personalentwicklung

Die Unterscheidung zwischen individueller und systematischer Personalentwicklung ist bedeutsam für die jeweiige Verwendung der Ergebnisse der Potenzialermittlung. Für die individuelle Personalentwicklung des/der einzelnen Mitarbeiters/in ist der/die Mitarbeiter/in selber und die/der Vorgesetzte verantwortlich. Ein hilfreiches Instrumentarium für die Ermittlung der Fähigkeiten als Voraussetzung für die Personalentwicklung ist das Personalentwicklungsgespräch z. B. im Rahmen des Mitarbeitergesprächs, in dem Vorgesetzte/r und Mitarbeiter/in die Anforderungen der Stelle den Verhaltensweisen bzw. Potenzialen der/des Beschäftigten gegenüberstellen. Das Erstellen von Anforderungsprofilen und Potenzialprofilen und deren Abgleich können Hilfestellungen bieten.

Die Ergebnisse der Potenzialermittlungen im Rahmen der individuellen Personalentwicklung werden vertraulich behandelt; sie verbleiben zwischen Vorgesetztem/r und Mitarbeiter/in. Ausnahmen bilden Entscheidungen, die externe Relevanz haben wie z. B. die Teilnahme an Fortbildungsmaßnahmen. Auf der Basis der Potenzialermittlung kön-

---

[778] Vgl. KGSt-Bericht Nr. 4/1999: Personalführung Teil 2: Potentialermittlung, S. 24 f.

[779] Vgl. Kap. 8.3.4.1.

nen notwendige und sinnvolle Personalentwicklungsmaßnahmen geplant und durchgeführt werden.
Bei der systematischen Personalentwicklung als fortdauernd fortgeschriebene oder als aktuell und anlassbezogene Personalentwicklungsplanung und -durchführung (z. B. als zielgruppenspezifische Personalentwicklung oder bei der Auflösung einer Organisationseinheit) bieten sich als Methoden vor allem die Mitarbeiterbefragung, die Befragung der Führungskräfte, entwicklungsorientierte Assessment-Center und das Erstellen von Potenzialprofilen an. Auf Grund der oben dargestellten Subjektivität von Potenzialermittlungen sollte bei dem Einsatz der Methoden beachtet werden, dass die Teilname freiwillig ist (z. B. bei zielgruppenspezifischer Personalentwicklung) oder die Ergebnisse nur in anonymisierter, aggregierter Form verwandt werden und die Verwendungszwecke im Vorhinein bekannt gegeben werden.[780]
Die Personalentwicklung, die sowohl die Fähigkeiten und Bedürfnisse der Beschäftigten als auch die Interessen der Verwaltung einbezieht, stellt einen bedeutsamen immateriellen Leistungsanreiz dar. Die Voraussetzung einer effektiven Personalentwicklung ist die Ermittlung der Potenziale der Beschäftigten im Rahmen der Bestandsaufnahme der vorhandenen Fähigkeiten.[781]

7.3.3.2.5 Personalbedarfsplanung/Personaleinsatz

Auch in der Personalbedarfsplanung bzw. im Personaleinsatz, die fortdauernd fortgeschrieben werden, werden die strategischen Zielsetzungen der Verwaltung oder der Organisationseinheit und die sich daraus ergebenden Anforderungen an die Beschäftigten verglichen mit den tatsächlich in der Verwaltung vorhandenen Potenzialen. Bei der aktuellen und anlassbezogenen Personalbedarfsplanung bzw. des Personaleinsatzes z. B. bei Auflösung oder Neubildung einer Organisationseinheit oder der Umstrukturierung von mehreren Organisationseinheiten auf Grund einer Neuverteilung von Aufgaben müssen die sich aus den neuen Aufgaben und Strukturen ergebenden neuen Anforderungen mit den Potenzialen der vorhandenen Mitarbeiter/innen verglichen werden. Der Abgleich von Anforderungen und vorhandenen Potenzialen verdeutlicht, wo gegenwärtige und künftige Personalbedarfe, Schwächen des derzeitigen Personaleinsatzes und Potenziale für den künftigen Einsatz liegen.[782] Als Methoden für diesen Funktionsbereich bieten sich Mitarbeiterbefragungen, moderierte Workshops, Befragungen der Führungskräfte und das Erstellen von Potenzialprofilen in anonymisierter, aggregierter Form an.[783]

---

780 Vgl. KGSt-Bericht Nr. 4/1999: Personalführung Teil 2: Potentialermittlung, S. 27 f.
781 Vgl. Kap. 8.3.2.1.
782 Vgl. KGSt-Bericht Nr. 2/1990: Personalbedarfsplanung bei der Stadt Bochum (Mitgliederbericht).
783 Vgl. KGSt-Bericht Nr. 4/1999: Personalführung Teil 2: Potentialermittlung, S. 28 f.

Ein Personaleinsatz, der die Fähigkeiten der Beschäftigten berücksichtigt, ist als immaterieller Leistungsanreiz zu betrachten. Er benötigt die Potenzialermittlung als Voraussetzung.[784]

7.3.3.2.6 Beurteilung von Befähigung und Eignung

Durch die oben dargestellten Nachteile der Bewertung von Befähigung und Eignung und die mangelnde Trennung zwischen Leistungsbeurteilung und Fähigkeitsbeurteilung in der herkömmlichen Personalbeurteilung wird diese für die Potenzialermittlung weitgehend unbrauchbar.[785] Andererseits ist die dargestellte Form der Potenzialermittlung auf Grund ihrer spezifischen Prägung ungeeignet für eine Beurteilung gängiger Art.[786] Lediglich die Potenzialermittlungen und ihr Einsatz in den dargestellten Funktionsbereichen sind aus Sicht des Personalmanagements sinnvoll. Dies trifft auch auf die Vergabe von Leistungsanreizen zu. Insbesondere diejenigen immateriellen Leistungsanreize, die sich auf die Fähigkeiten der Mitarbeiter/innen und deren Weiterentwicklung beziehen, benötigen die Potenzialermittlung als Voraussetzung.

7.3.4 Möglichkeiten und Grenzen der Potenzialermittlung

Auch die Potenzialermittlung in der dargestellten Form hat wie die Leistungsermittlung Grenzen und Nachteile:[787]

- Sie ist (vor allem in der Einführungsphase) aufwendig und kostenintensiv.
- Sie ist kaum in Messkriterien fassbar.
- Sie ist niemals vollständig objektiv, sondern immer abhängig von der Subjektivität der Ermittelnden.
- Das Verfahren kann bürokratisch als Vorschrift anstatt als Hilfsmittel missverstanden werden.

Die Potenzialermittlung hat aber auch Vorteile:[788]

- Auf der Basis der Anforderungen der Stelle werden konkrete Verhaltensweisen beschrieben, in denen sich die Anforderungen ausdrücken.
- Die Potenzialermittlung stellt diesen Anforderungen tatsächlich gezeigte Verhaltensweisen und die Potenziale der Beschäftigten gegenüber.

---

[784] Vgl. Kap. 8.3.1.2.
[785] Vgl. auch Mehde, Das dienstliche Beurteilungswesen vor der Herausforderung des administrativen Modernisierungsprozesses, in: ZBR 7/1998, S. 229 (233).
[786] Vgl. KGSt-Bericht Nr. 4/1999: Personalführung Teil 2: Potentialermittlung, S. 31; ferner Dulisch, Sozialwissenschaftliche Aspekte der Personalbeurteilung, in: VM 1/1999, S. 15 (15); ferner Tietze, Planbarkeit des Faktors „Mensch" im Arbeitssystem, in: VOP 12/1998, S. 30-32.
[787] Vgl. KGSt-Bericht Nr. 4/1999: Personalführung Teil 2: Potentialermittlung, S. 42.
[788] Vgl. KGSt-Bericht Nr. 4/1999: Personalführung Teil 2: Potentialermittlung, S. 43.

- o Sie stellt Systematisierungshilfen bereit (z. B. die Systematisierung der verschiedenen Kompetenzbereiche).
- o Sie kann das Gespräch über die Anforderungen und Potenziale der Beschäftigten zwischen Vorgesetzten und Mitarbeiter/innen fördern.
- o Die dadurch verstärkt wahrgenommene Personalführung stellt einen Beitrag zur Effektivität des Verwaltungshandelns und damit zur Kostensenkung dar.
- o Die Potenzialermittlung ermöglicht eine systematische Vorbereitung von Auswahlverfahren.
- o Sie ermöglicht eine effektive Personalentwicklungsplanung sowie deren Evaluation.
- o Sie stellt die Basis für eine effektive Personalbedarfsplanung bzw. einen effektiven Personaleinsatz dar sowie eine Evaluation der durchgeführten Maßnahmen.
- o Die Potenzialermittlung auf der Basis des ständigen Abgleichs von Anforderungen und Potenzialen stellt das Fundament für die zentralen Handlungsfelder des Personalmanagements dar.

Die Potenzialermittlung bedeutet damit die Grundlage des Personalmanagements einer Verwaltung: „Sie ermöglicht die Wahrnehmung und Weiterentwicklung der Potenziale der Beschäftigten zur optimalen Nutzung der humanen Ressourcen im Rahmen eines effektiven Verwaltungshandelns."[789] Die Potenzialermittlung stellt gleichzeitig die Grundlage für die Potenzialverwirklichung der Beschäftigten dar. Diese Potenzialverwirklichung geschieht insbesondere durch diejenigen Leistungsanreize wie z.B. die Personalentwicklung oder mitarbeiterorientierte Führung, die sich auf die Fähigkeiten der Beschäftigten beziehen und deren Entwicklung fördern.

7.4 Weitere Beurteilungsformen

In Literatur und Praxis existieren weitere Formen von Beurteilungen. Bei diesen Formen wird, wie auch bei der bisherigen Personalbeurteilung, selten zwischen der Ermittlung und Bewertung der Leistungen und der der Potenziale unterschieden. Im Folgenden sollen diese Beurteilungsformen kurz vorgestellt werden. Sie sind grundsätzlich dazu geeignet, die Leistungsermittlung und Potenzialermittlung durch die/den Vorgesetzte/n als Voraussetzung zur Gewährung von immateriellen und materiellen Leistungsanreizen zu ergänzen.

7.4.1 Selbstbeurteilung

Jede/r Mitarbeiter/in hat einen Eindruck der eigenen Fähigkeiten und Leistungen. Insbesondere bei der Potenzialermittlung liefert die Einschätzung der eigenen Potenziale ne-

---

[789] KGSt-Bericht Nr. 4/1999: Personalführung Teil 2: Potentialermittlung, S. 43.

ben dem Eindruck der/des Vorgesetzten wichtige Hinweise z. B. für die Personalentwicklung und die Karriereplanung.[790] So kann eine feedback-orientierte Potenzialermittlung auf einer Selbsteinschätzung basieren. Die/der Beschäftigte holt Rückmeldungen von den unmittelbaren Kollegen/innen sowie von der/dem Vorgesetzten ein, die sie/er mit dem Selbstbild abgleicht und eine Art Selbstgutachten erstellt. Dieses Selbstgutachten stellt die Basis für das Gespräch mit der/dem Vorgesetzten dar. Voraussetzung sind relativ reflektierte und offene Mitarbeiter/innen.[791] Bei der Leistungsermittlung kann die/der Beschäftigte vor dem gemeinsamen Gespräch mit der/dem Vorgesetzte/n anhand der zuvor vereinbarten Kriterien den Zielerreichungsgrad seiner Leistungsergebnisse ermitteln. Vorstellbar ist auch eine Kombination aus Selbst- und Fremdbeurteilung.[792] Als Ergänzung zur Ermittlung der Fähigkeiten und der Leistung durch die/den Vorgesetzen liefert die Selbsteinschätzung einen wichtigen Beitrag,[793] der zu einem angemessenen Einsatz immaterieller und materieller Leistungsanreize beiträgt.

7.4.2 Gleichgestelltenbeurteilung

Durch die Gleichgestellten- oder Kollegenbeurteilung wird den einzelnen Beschäftigten von Mitarbeitern/innen mit gleichen oder ähnlichen Tätigkeiten eine Rückmeldung sowohl zu den Leistungsergebnissen als auch zum Leistungsverhalten gegeben. Dadurch sollen akzeptable Lerneffekte und Möglichkeiten der Verhaltenssteuerung gegeben werden.[794] Häufig werden die Einschätzungen von Gleichgestellten nicht in dem Maße akzeptiert wie die von Vorgesetzten. Bei innovativen und komplexen Aufgaben und Projekten im Rahmen der Teamarbeit gewinnen sie jedoch zusätzlich an Bedeutung.[795]

7.4.3 Vorgesetztenbeurteilung

Bei der Vorgesetztenbeurteilung, die i. d. R. anonymisiert mithilfe von Beurteilungsbögen oder in Gesprächen durchgeführt wird, schätzen die Beschäftigten Leistung, Verhalten und Potenziale der/des direkten Vorgesetzten hinsichtlich Informationsfluss, Kritik-

---

[790] Vgl. Donat, Selbstbeurteilung, in: Schuler (Hrsg.), Beurteilung und Förderung beruflicher Leistung, S. 135 (143).

[791] Vgl. Taubert/Piorr, Feedback-orientierte Potentialerhebung, in: Personalführung 4/1999, S. 46-53.

[792] Vgl. Eyer/Webers, Leistungsbeurteilung bei der Gruppenarbeit: Kombination aus Selbst- und Fremdbeurteilung, in: Personal 2/2000, S. 74-79.

[793] Vgl. Donat, Selbstbeurteilung, in: Schuler (Hrsg.), Beurteilung und Förderung beruflicher Leistung, S.135 (143); Pullig, Selbstbeurteilung im Rahmen der Personalentwicklung, in: Selbach/Pullig (Hrsg.), Handbuch Mitarbeiterbeurteilung, 1992, S. 145-164.

[794] Vgl. Jochum, Gleichgestelltenbeurteilung – ein Instrument zur Personalführung und Teamentwicklung, in: Schuler (Hrsg.), Beurteilung und Förderung beruflicher Leistung, 1991, S. 107 (143). Auch bei der Durchführung von Assessment-Centern wird das Zusammenwirken von Selbst- und Fremdbeurteilung diskutiert, vgl. Maukisch/Schmidt/Strunz., Selbst- und Fremdbeurteilung im Assessment Center, in: Schuler (Hrsg.), Beurteilung und Förderung beruflicher Leistung, 1991, S. 147-169

[795] Vgl. Jochum, Gleichgestelltenbeurteilung – ein Instrument zur Personalführung und Teamentwicklung, S. 132 ff., 144.

fähigkeit, Kundenorientierung, Delegationsfähigkeit etc. ein.[796] Die/der Vorgesetzte und später die Beschäftigten werden über die Ergebnisse informiert. Die Ergebnisse sind gleichzeitig Inhalt späterer Gespräche.[797] Weitere Formen der Ermittlung von Leistung und Fähigkeiten von Vorgesetzten sind Mitarbeiterbefragungen, in denen ein Bestandteil Befragungen zu den Führungskräften ist, sowie Feedback-Gespräche, in denen die Gruppe der unterstellten Mitarbeiter/innen i. d. R. unter externer Moderation der Führungskraft Rückmeldungen gibt.[798] Ebenfalls effektiv sind Leistungsermittlungen und Potenzialermittlungen der Vorgesetzten durch die nächsthöhere Ebene, die als Kriterien Führung, Führungsverhalten und Führungskompetenz beinhalten sollten.[799]

7.4.4 Beurteilung durch Kunden/innen

Die Leistungsempfänger/innen, d. h. interne oder externe Kunden/innen, werden befragt, inwieweit sie mit den Leistungen und dem Leistungsverhalten des Verwaltungsbereichs, von dem sie die Leistung erhalten haben, zufrieden sind. In den meisten Fällen wird nicht die Bewertung über einzelne Personen, sondern über Beschäftigte einer Verwaltungseinheit oder einer Gruppe bzw. eines Teams (z. B. im Einwohnermeldeamt) eingeholt. Kundenbefragungen sollten bestimmten Qualitätsanforderungen entsprechen.[800]

7.4.5 360°-Beurteilung

Bei 360°-Beurteilungen ist jede/r Beschäftigte aufgefordert, von bestimmten, vorher festgelegten Personen (Kollegen/innen, Mitarbeiter/innen, Vorgesetzte, Kunden/innen) der verschiedenen Hierarchieebenen Beurteilungen einzuholen und diese evtl. mit einer Selbsteinschätzung der/dem Vorgesetzten bis zu einem bestimmten Zeitpunkt vorzulegen. Diese stellen die Grundlage dar für die Einschätzung durch die/den Vorgesetzte/n.[801] Der Vorteil von 360°-Beurteilungen liegt in der Angleichung von Selbstbild und Fremdwahrnehmung sowie in einer Verbesserung der offenen Kommunikation in einer Organisation. Als Nachteil ist der hohe Zeit- und Kostenaufwand zu betrachten.[802]

---

[796] Vgl. Weibler, Die Vorgesetztenbeurteilung, in: Verwaltungsmanagement, in: Goller/Maack/Müller-Hedrich/Schad (Hrsg.), Verwaltungsmanagement, 1989 ff., C 7.7, S. 1. Die Vorgesetztenbeurteilung wird seit einigen Jahren in der Industrie und in Dienstleistungsunternehmen praktiziert, vgl. Friedrich, Motivation durch eine neue Personalbeurteilung, in: VOP 3/1998, S. 32 (34); Voigt, Führungskräftebeurteilung, in: Busch (Hrsg.), Mitarbeitergespräch – Führungskräftefeedback, 2000, S. 153-158; Westermayer/Wellendorf, Führungskräftefeedback bei der AOK Berlin, in: Busch (Hrsg.), Mitarbeitergespräch – Führungskräftefeedback, 2000, S. 159- 173.

[797] Vgl. Friedrich, Motivation durch eine neue Personalbeurteilung, in: VOP 3/1998, S. 32 (34).

[798] Vgl. Kap. 8.3.6.3.

[799] Vgl. KGSt-Bericht Nr. 4/1999: Personalführung Teil 2: Potentialermittlung, S. 35.

[800] Vgl. KGSt-Bericht Nr. 13/1997: Kundenbefragungen.

[801] Vgl. Doerken, Teambeurteilung und Teamvergütung, in: Personal 4/1996, S. 208 (210).

[802] Vgl. Friedrich, Motivation durch eine neue Personalbeurteilung, in: VOP 3/1998, S. 32 (34).

7.5 Zusammenfassung und Bewertung

Eine wesentliche Voraussetzung für die Gewährung von Leistungsanreizen ist die Ermittlung der Leistungen und Potenziale der Beschäftigten. Auf Grund der Vermischung von Leistungs- und Befähigungsbeurteilung, der daraus resultierenden gravierenden Mängel hinsichtlich der Ziele und Funktionen, Methoden und Verfahren sowie der in der Praxis sich zeigenden Mildetendenz ist die herkömmliche Personalbeurteilung in der öffentlichen Verwaltung nicht geeignet. Die Trennung der Ermittlung der Leistung und der Potenziale stellt den entscheidenden Reformansatz dar. Ein Verfahren der Leistungsermittlung, bei dem Ziele festgelegt bzw. mit Einzelnen oder einem Team vereinbart und diese Ziele nach vorher vereinbarten Kriterien überprüft werden, kann als Steuerungsinstrument, als Personalführungsinstrument, als reformierte Leistungsbeurteilung oder als Grundlage der Gewährung von Leistungsanreizen dienen. Im optimalen Fall werden diese verschiedenen Funktionen miteinander verbunden. Die Methoden der Potenzialermittlung richten sich je nach Funktionsbereich. Eine effektive Methode ist insbesondere die Ermittlung von Anforderungsmerkmalen und die Erstellung eines Anforderungsprofils. Auf dieser Basis werden die Potenziale ermittelt. Eine effektive Methode ist die Erstellung eines Potenzialprofils, mit dessen Hilfe die Anforderungsmerkmale mit den gezeigten Verhaltensweisen des/der Mitarbeiters/in verglichen werden. Die Potenzialermittlung kann in der Personalauswahl, der Personalführung, der Personalentwicklung, der Personalbedarfsplanung/dem Personaleinsatz sowie der Beurteilung von Befähigung und Eignung eingesetzt werden. Sie stellt damit die Grundlage des Einsatzes vieler materieller Leistungsanreize dar. Weitere Beurteilungsformen wie die Selbstbeurteilung, die Gleichgestelltenbeurteilung, die Vorgesetztenbeurteilung, die Beurteilung durch Kunden/innen und die 360°-Beurteilung können die Leistungs- und Potenzialermittlung ergänzen.

Die hier dargestellten Grundlagen der Vergabe von Leistungsanreizen stellen ein Zukunftsbild dar. Der derzeitige Stand in den Kommunalverwaltungen ist eher von Ratlosigkeit und Unsicherheit geprägt. Viele Verwaltungen hält die Frage nach den Vergabekriterien davon ab, ein Anreizsystem aufzubauen und zu gestalten. Will eine Verwaltung ein Anreizsystem entwickeln, liegt der erste und zentrale Schritt darin, die grundlegenden Fragen der Leistungsermittlung und Potenzialermittlung zu klären, bestehende Systeme zu reformieren und neue Verfahren einzuführen.[803]

---

[803] Vgl. auch Kap. 12.

III Immaterielle und materielle Leistungsanreize

8 Immaterielle Leistungsanreize

Nachdem die Bedeutung immaterieller Leistungsanreize in der öffentlichen Verwaltung in diesem Kapitel zunächst dargestellt wird, wird anschließend ein Überblick über die Anreizgruppen und die einzelnen Formen immaterieller Leistungsanreize gegeben. Weiterhin werden die Formen im Einzelnen mit praktischen Beispielen aus Kommunalverwaltungen erörtert. Eine abschließende Zusammenfassung enthält zugleich eine Bewertung der kommunalen Praxis hinsichtlich der immateriellen Leistungsanreize.

8.1 Bedeutung immaterieller Leistungsanreize

Auf Grund der Erkenntnisse vieler Motivationstheorien[804] haben besonders immaterielle Leistungsanreize einen hohen Anreizeffekt. Dies gilt insbesondere für die immateriellen Leistungsanreize, die die intrinsische Motivation stärken und gleichzeitig einen engen inhaltlichen Zusammenhang zu den Organisationszielen darstellen.
Zur Ermittlung der Bedeutung, die immaterielle Leistungsanreize bei den Beschäftigten der öffentlichen Verwaltung haben, ist ein Blick auf Ergebnisse von Mitarbeiterbefragungen hilfreich, wie sie vom Forschungsinstitut für öffentliche Verwaltung bei der Deutschen Hochschule für Verwaltungswissenschaften Speyer in verschiedenen Verwaltungen des öffentlichen Dienstes, unter anderem in Kommunalverwaltungen, durchgeführt worden sind.[805] Die Ergebnisse zeigen über alle untersuchten Organisationen hinweg einen hohen Grad von Übereinstimmung auch hinsichtlich der Angehörigen der verschiedenen Laufbahn- und Vergütungsgruppen, so dass daraus auf typische Erwartungs- und Bereitschaftslagen der Beschäftigten im öffentlichen Dienst zu schließen ist.[806] Die Ergebnisse zeigen tendenziell die gleichen Trends. Nachfolgend werden exemplarisch die Befragungsergebnisse einer Kommunalverwaltung wiedergegeben.
Die Mehrheit der Befragten nimmt eine verhältnismäßig hohe Arbeitsbelastung in ihrer beruflichen Tätigkeit wahr. Gleichzeitig zeigen jedoch viele Befragte ein Unterforderungsgefühl; mehr als 50 % äußern den Wunsch nach Mehrbelastung, wie die nachfolgende Grafik zeigt.

---
[804] Vgl. Kap. 5.
[805] Vgl. Klages, Motivierung von Mitarbeitern durch Anreize?, in: Lüder (Hrsg.), Staat und Verwaltung, 1997, S. 455 (464 ff.); Klages, Verwaltungsmodernisierung: "harte" und "weiche" Aspekte, 1997, S. 144 ff.
[806] Vgl. Klages, Motivierung von Mitarbeitern durch Anreize?, in: Lüder (Hrsg.), Staat und Verwaltung, 1997, S. 455 (464).

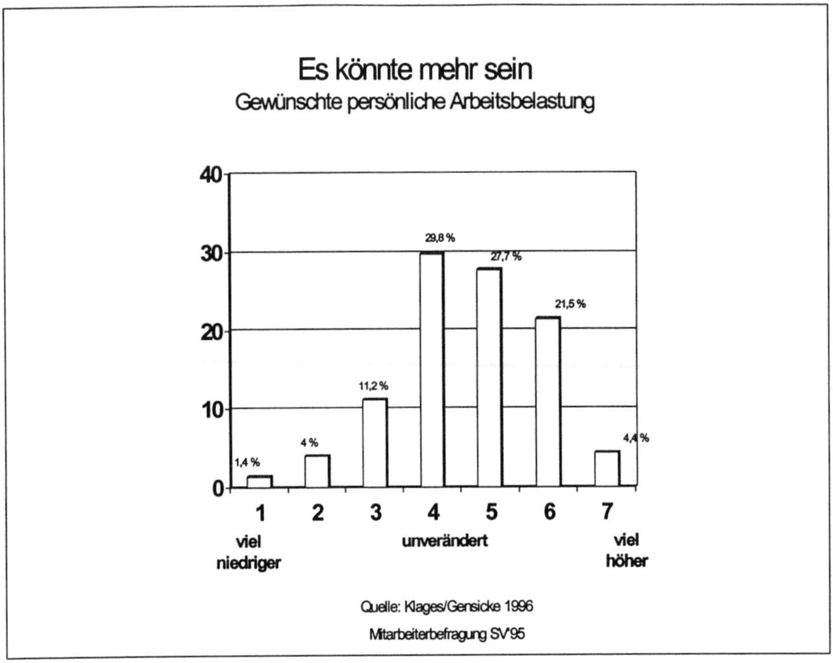

Abbildung 27: Befragungsergebnisse hinsichtlich der gewünschten persönlichen Arbeitsbelastung[807]

Da diese Befragungsergebnisse auf einer freiwilligen Selbsteinschätzung und Situationsbewertung der Beschäftigten basieren, ist zu vermuten, dass es sich bei diesen Reserven um Motivations- und Bereitschaftspotenziale handelt, die vorhanden sind, bislang jedoch noch kam genutzt wurden.[808] Insbesondere hinsichtlich der Fähigkeiten und Kenntnisse werden laut der Befragungen nur ein Teil in der täglichen Arbeit ausgeschöpft, wie die nachfolgende Grafik zeigt.

[807] Klages, Motivierung von Mitarbeitern durch Anreize?, in: Lüder (Hrsg.), Staat und Verwaltung, 1997, S. 455 (466); Klages, Verwaltungsmodernisierung: "harte" und "weiche" Aspekte, 1997, S. 145.

[808] Vgl. Klages, Motivierung von Mitarbeitern durch Anreize?, in: Lüder (Hrsg.), Staat und Verwaltung, 1997, S. 455 (465).

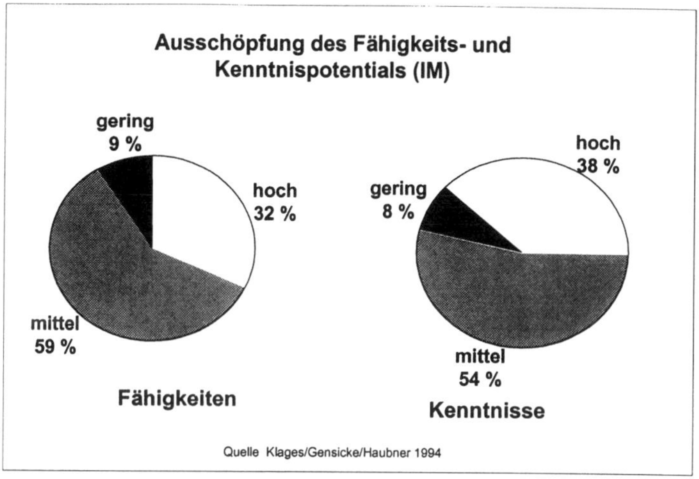

Abbildung 28: Befragungsergebnisse hinsichtlich der Ausschöpfung des Fähigkeits- und Kenntnispotenzials[809]

Es liegt der Schluss nahe, dass in den meisten Verwaltungen ein großes Maß an unausgeschöpfter Leistungsbereitschaft vorhanden ist.
Hinsichtlich der Frage, um welche Art von Leistungspotenzialen es sich handelt, geben weitere Befragungsergebnisse eine Antwort. In den Befragungen wurde die Frage gestellt, welche Merkmale der ausgeübten Tätigkeit den Beschäftigten wichtig sind. Die nächste Frage erkundete, inwieweit diese Tätigkeitsmerkmale auch in der Realität verwirklicht werden können. Das Ergebnis zeigt die nachfolgende Darstellung.

[809] Klages, Motivieren Leistungsanreize unsere MitarbeiterInnen?, Vortrag auf dem KGSt-Forum in Leipzig am 3.11.2000.

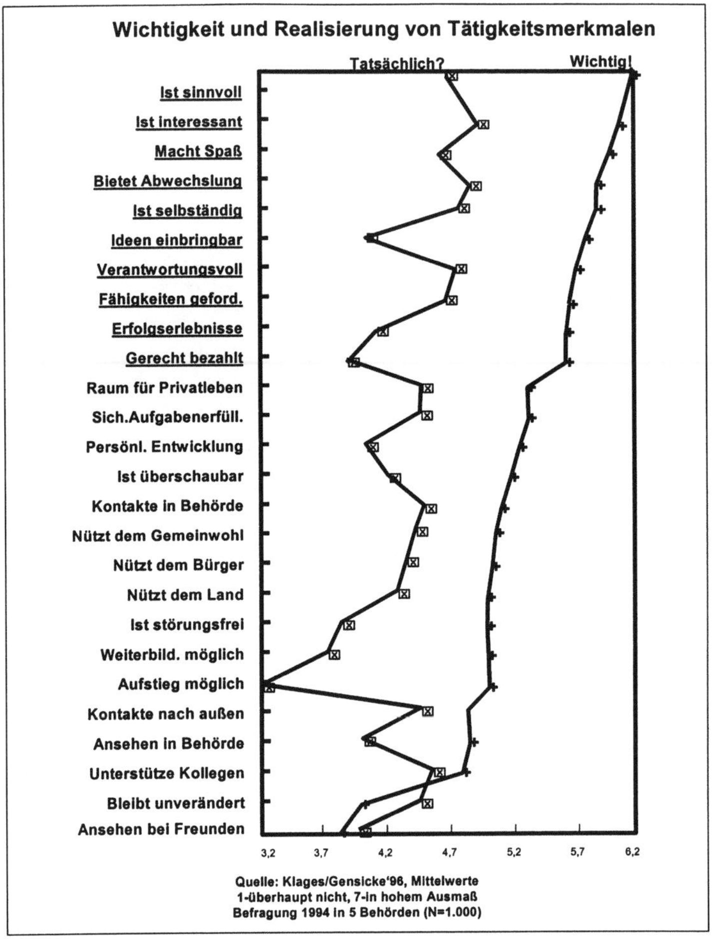

Abbildung 29: Wichtigkeit und Realisierung von Tätigkeitsmerkmalen[810]

Die Abbildung zeigt, dass die Befragten Tätigkeitsmerkmale ihrer Arbeit wie „sinnvoll", „macht Spaß", „interessant", „selbstständig" etc. als besonders wichtig für ihre Arbeit erachten. In der Konsequenz bedeutet dies: Das bisher nicht ausreichend abgerufene Leistungspotenzial der Mitarbeiter/innen der gegenwärtigen deutschen Verwaltung hat demnach „sein Zentrum in nicht-materiellen Tätigkeitsbedürfnissen, die an die Arbeit he-

[810] Klages, Motivierung von Mitarbeitern durch Anreize?, in: Lüder (Hrsg.), Staat und Verwaltung, 1997, S. 455 (469); Klages, Verwaltungsmodernisierung: "harte" und "weiche" Aspekte, 1997, S. 150.

rangetragen werden und die insgesamt gesehen ein Reservoir an Motivation verkörpern, das verhältnismäßig unabhängig von dem Ausmaß der faktisch vorhandenen Belastung zur Verfügung steht."[811] Die Befragungsergebnisse zeigen jedoch gleichzeitig, dass der Abstand zwischen denjenigen Tätigkeitsmerkmalen, die als wichtig erachtet werden, und der tatsächlichen Realisierung besonders groß ist. Die Befragung macht deutlich, dass diese Tätigkeitsmerkmale, die die innere Motivation betreffen, Ansatzpunkte für Leistungsanreize bei der Mehrzahl der Beschäftigten im öffentlichen Dienst bieten. Sollen die oben dargestellten unausgeschöpften Leistungsreserven aktiviert werden, müssen entsprechend Leistungsanreize eingesetzt werden, die diese intrinsische Motivation ansprechen. Diese Möglichkeit haben insbesondere immaterielle Leistungsanreize.

Bereits im Jahr 1973 schlug die "Studienkommission für die Reform des öffentlichen Dienstrechts" des Bundes vor, das Motivationssystem der Verwaltung entsprechend den Fähigkeiten und Interessen der Beschäftigten aufzubauen. Als Anreize zur Motivation wurden hier vor allem die Förderung von Initiative, Risikobereitschaft und innovatorischem Verhalten genannt.[812] Im Zuge der knappen finanziellen Ressourcen, der Verwaltungsmodernisierung und der Betonung der Bedeutung der humanen Ressourcen werden vergleichbare Stimmen erneut laut: „Nicht-monetäre Anreize sind in ihrer Gesamtheit viel bedeutsamer."[813] „Immateriellen Leistungsanreizen sollte daher in jedem Fall der Vorrang vor materiellen gegeben werden."[814] Dabei werden als bedeutsame immaterielle Leistungsanreize z. B. interessante Arbeit, selbstständiges Arbeiten, Erweiterung der Verantwortung, Lob und Anerkennung durch Vorgesetzte genannt.[815] Auch bei Anreizen, die einen Zuwachs an Prestige, Entfaltungsmöglichkeiten, Macht und Einfluss versprechen, ist eine hohe Anreizwirkung zu vermuten.[816]

Dabei gilt für die immateriellen Leistungsanreize, was für Leistungsanreize im Allgemeinen gilt: Die verschiedenen immateriellen Leistungsanreize wirken bei den Beschäftigten unterschiedlich. Es ist Aufgabe der Führungskraft, die immateriellen Leistungsanreize entsprechend den Mitarbeiterbedürfnissen einzusetzen. Die dargestellten Grundsätze der Verbindung zwischen Verwaltungszielen und Mitarbeiterinteressen gelten auch für die immateriellen Leistungsanreize. So ist bei den einzelnen immateriellen Leistungsanreizen grundsätzlich zu fragen, welches Verwaltungsziel durch sie erreicht werden soll.

---

811 Klages, Verwaltungsmodernisierung: "harte" und "weiche" Aspekte, 1997, S. 151. Vergleichbare Ergebnisse zeigen andere empirische Untersuchungen, vgl. z. B. Ackermann, Leistungszulagen bei der Deutschen Bundespost, 1993; Schedler, Anreizsysteme in der öffentlichen Verwaltung, 1993, S. 92 ff.

812 Vgl. Studienkommission für die Reform des öffentlichen Dienstrechts, 1973, S. 105

813 Vesper, Leistungsanreizsysteme und andere (auch nicht monetäre) Möglichkeiten der Mitarbeitermotivation, in: ZTR 4/1996, S. 150 (151); vgl. ferner Löhr/Schöneich, Verwaltungsmodernisierung und notwendige Änderungen des Dienstrechtes, in: Verwaltungsrundschau 6/1995, S. 188 (190). Auch der Innovationsring „Kreisverwaltung der Zukunft" hat sich dafür ausgesprochen, dass bei der Gestaltung von Leistungsanreizsystemen das Schwergewicht auf den nicht-monetären Anreizen zu legen ist, vgl. Henneke, Leistungsanreizsysteme und interkommunale Leistungsvergleiche, in: Die Neue Verwaltung 4/1997, S. 8 (9).

814 Busse, Leitbild Lernende Verwaltung, in: Personalwirtschaft 1/2000, S. 21 (26).

815 Vgl. Klages, Verwaltungsmodernisierung: "harte" und "weiche" Aspekte, 1997, S. 157.

816 Vgl. Brede, Grundzüge der Öffentlichen Betriebswirtschaftslehre, 2001, S. 163.

8.2 Immaterielle Leistungsanreize im Überblick

Unter den immateriellen Leistungsanreizen sind Anreize, die sich verstärkt im zwischenmenschlichen und atmosphärischen Bereich befinden und die lediglich durch konkrete Maßnahmen unterstützt werden (z. B. Führungsverhalten, Arbeitsatmosphäre). Es handelt sich vorrangig um motivationsbegründende und steuerungssichernde Leistungsanreize. Daneben gibt es Anreize, die aus konkreten, dauerhaft gewährten motivationsfördernden Maßnahmen bestehen (z. B. Gesundheitsförderung) sowie Anreize, die belohnend und steuerungsvariabel sind (z. B. freie Arbeitstage auf Grund besonderer erbrachter Leistungen).[817] Diese Kategorien sind nicht immer eindeutig zu unterscheiden, so dass ein Leistungsanreiz in verschiedenen Kategorien einsetzbar ist.

Das folgende Schaubild gibt einen Überblick über verschiedene Anreizgruppen und die einzelnen immateriellen Leistungsanreize.

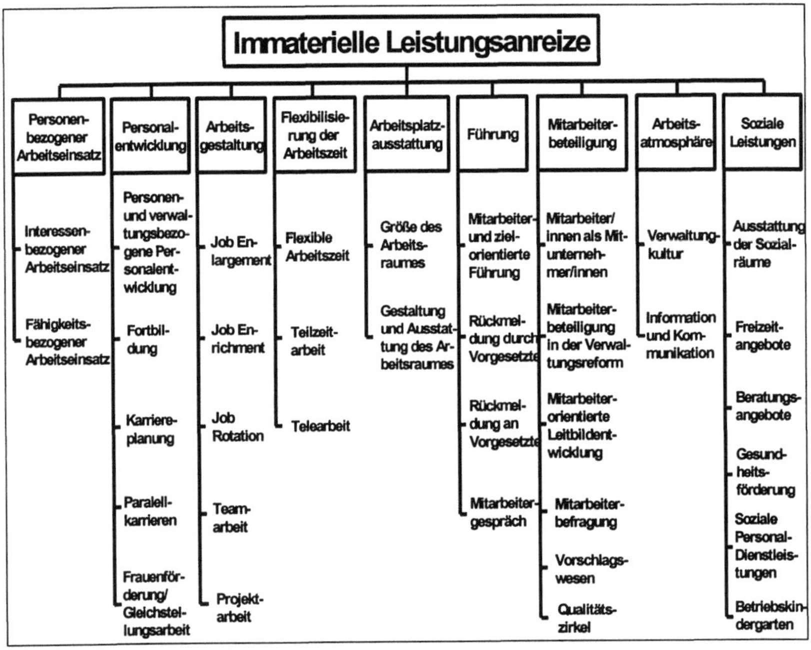

Abbildung 30: Immaterielle Leistungsanreize im Überblick[818]

[817] Zu den Unterscheidungskriterien von Leistungsanreizen vgl. Kap. 5.

[818] In Anlehnung an: Stadt Nürnberg (Hrsg.), Projektgruppe Führung-Motivation, Erster Schwerpunkt: Leistungsanreize, Zwischenbericht, Teil II: Ausführungen, A. Überblick: Materielle und immaterielle Leistungsanreize, Stand: 1996.

8.3 Formen immaterieller Leistungsanreize

Nachfolgend werden die einzelnen immateriellen Leistungsanreize dargestellt. Die Darstellung gliedert sich nach folgenden Gesichtspunkten:

a. **Beschreibung**
Hier werden zunächst die einzelnen immateriellen Leistungsanreize in ihrem Grundansatz, ihren Einsatzmöglichkeiten und ihrem möglichen Anreizpotenzial beschrieben. Die Erläuterungen stellen, wenn möglich, den Einsatz der einzelnen Leistungsanreize in ihrer Besonderheit in der kommunalen Praxis dar. Über viele der dargestellten Leistungsanreize sind lange Abhandlungen möglich bzw. liegen bereits in anderen Untersuchungen vor. Daher soll die Beschreibung zusammenfassend geschehen, wobei insbesondere die Verwaltungsziele, zur deren Erreichung der Leistungsanreiz geeignet ist, sowie die Mitarbeitermotivation und -bedürfnisse, die durch den Leistungsanreiz angesprochen werden, herausgestellt werden.

b. **Erfolgsfaktoren**
Es werden die Erfolgsfaktoren beschrieben, die für einen effektiven Einsatz des Leistungsanreizes notwendig sind. Diese Erfolgsfaktoren können sich auf die Verwaltung, auf bestimmte Beschäftigtengruppen (z. B. Führungskräfte) als auch auf die Mitarbeiter/innen oder bestimmte notwendige Rahmenbedingungen, Vorgehensweisen, Instrumentarien und Materialien beziehen.

c. **Praxis in Kommunalverwaltungen**
Abschließend wird der Einsatz des Leistungsanreizes und mit ihm verbundene Erfahrungen in der kommunalen Praxis beschrieben. Dabei ist zu beachten, dass viele immaterielle Leistungsanreize häufig nicht unter dieser Begrifflichkeit gefasst werden. Einzelne Beispiele aus Kommunalverwaltungen sind insbesondere dann erwähnt, wenn zu dem dargestellten Leistungsanreiz besondere Projekte durchgeführt worden sind. Sind diese Beispiele nicht durch Veröffentlichungen in der Literatur oder aus den Kommunalverwaltungen selber belegt, basieren sie auf Informationen und Erfahrungen, die Kommunalpraktiker/innen der Verfasserin in Gesprächen, Seminaren, Arbeitsgruppen etc. mitgeteilt haben.

8.3.1 Personenbezogener Arbeitseinsatz

Der personenbezogene Arbeitseinsatz stellt die Grundlage der Motivation und Leistungsfähigkeit der Beschäftigten und damit der gesamten Verwaltung dar. Der personenbezogene Arbeitseinsatz ist damit die Basis für weitere immaterielle wie materielle Leistungsanreize. Zu ihm gehören insbesondere der interessenbezogene Arbeitseinsatz und der fähigkeitsbezogene Arbeitseinsatz.

8.3.1.1 Interessenbezogener Arbeitseinsatz

a. Beschreibung

In den oben dargestellten Mitarbeiterbefragungen erachteten die Befragten die Tätigkeitsmerkmale ihrer Arbeit wie „sinnvoll", „interessant", „macht Spaß" als für ihre Arbeit besonders wichtig.[819] Der Einsatz der Beschäftigten nach Interessen und Neigungen stellt eine wichtige Voraussetzung des Ausschöpfens des Leistungspotenzials der Mitarbeiter/innen dar. Er erhält damit ein hohes Anreizpotenzial und stellt einen zentralen immateriellen Leistungsanreiz dar: „Die Berücksichtigung der Entwicklungsinteressen der Mitarbeiter und ihre gezielte individuelle Förderung hat . . . eine hohe Anreizfunktion."[820]

Dieser Leistungsanreiz hat eine zentrale Funktion ebenfalls für das Erreichen der Verwaltungsziele: Der interessenbezogene Arbeitseinsatz stellt eine wichtige Voraussetzung dafür dar, dass die Motivation der Beschäftigten und damit deren Identifikation mit der Arbeit und der Verwaltung erhalten bleiben und gefördert werden. Dadurch wird gewährleistet, dass die Verwaltung ihre Aufgaben erfüllen und ihre Ziele erreichen kann.

Interessen und Fähigkeiten des/der Mitarbeiters/in können, müssen aber nicht identisch sein. Die Interessen können über die Fähigkeiten hinaus verschiedene Motive und Bedürfnisse betreffen.[821] Dabei sind jedoch nur diejenigen Interessen zu berücksichtigen, deren Verwirklichung in der Verwaltung möglich und sinnvoll sind und die den Verwaltungszielen dienen.

b. Erfolgsfaktoren

Ein wichtiger Erfolgsfaktor seitens des/der Mitarbeiters/in für den interessenbezogenen Arbeitseinsatz ist die Äußerung und Kommunikation der eigenen Interessen. Dies kann in Gesprächen wie z. B. dem Mitarbeitergespräch[822] geschehen.

Der interessenbezogene Arbeitseinsatz erfordert ebenfalls ein hohes Maß an Führungskompetenz, um die Interessen der Beschäftigten zu erkennen. Insbesondere Einfühlungsvermögen und Kommunikationsfähigkeit sind notwendig bei Beschäftigten, die ihre Interessen nicht direkt äußern (können). Methoden, die Interessen der Beschäftigten zu ermitteln, stellen z. B. Beobachtungen, Gespräche[823] oder das Mitarbeitergespräch[824]

[819] Vgl. Kap. 9.1.
[820] Nentzel, Personalentwicklung, 1997, S. 108.
[821] Zu den für die Arbeitsmotivation bedeutsamen Motiven vgl. Kap. 5.2
[822] Vgl. KGSt-Bericht Nr. 13/1992: Das Mitarbeitergespräch.
[823] Vgl. KGSt-Bericht Nr. 10/1992: Gespräche führen.
[824] Vgl. KGSt-Bericht Nr. 13/1992: Das Mitarbeitergespräch, ferner Kap. 9.3.6.4.

dar.[825] Auf der Ebene der Gesamtverwaltung oder einzelner Organisationseinheiten bieten sich Workshops oder Mitarbeiterbefragungen[826] an.

c. Praxis in Kommunalverwaltungen

Wie jedes menschliche Verhalten ist auch das Verhalten der Beschäftigten in Kommunalverwaltungen vom Grunde her immer interessengeleitet. Diese Interessen werden jedoch oftmals nicht direkt kommuniziert, sondern die verschiedenen mikropolitischen Systeme (Politik, Interessenvertretungen verschiedener Beschäftigtengruppen, Führungskräfte, Mitarbeiter/innen etc.) verfolgen mehr oder weniger erkennbar ihre jeweils eigenen Interessen.[827] Ein Offenlegen der Interessen bei Zielkonflikten und ein offenes Austragen dieser Konflikte[828] könnte nicht nur zu einer Vertrauenskultur und zu größerer Zufriedenheit der Beschäftigten in der Verwaltung, sondern auch zur Effektivität und Effizienz des Verwaltungshandelns beitragen.
In vielen Verwaltungen ist dahingehend ein Bewusstseinswandel notwendig, dass ein interessenbezogener Arbeitseinsatz, bei dem die Interessen der Beschäftigten offen kommuniziert und in Abstimmung mit den Verwaltungszielen berücksichtigt werden, nicht einer „Selbstbedienungsmentalität" dient, sondern letztlich der besseren Aufgabenerfüllung der Verwaltung.

8.3.1.2 Fähigkeitsbezogener Arbeitseinsatz

a. Beschreibung

Im Bereich der Privatwirtschaft wird zunehmend erkannt, dass zum Erreichen der Organisationsziele nicht nur klare Führungsstrategien notwendig sind, sondern insbesondere auch der Arbeitseinsatz der Beschäftigten nach Eignung und Fähigkeiten.[829] In der öffentlichen Verwaltung ist die Besetzung eines öffentlichen Amtes nach „Eignung, Befähigung und fachlicher Leistung" bereits in Art. 32 Abs. 2 GG grundgelegt.
Durch den fähigkeitsbezogenen Arbeitseinsatz stellt die Verwaltung sicher, dass die Fähigkeiten der Beschäftigten den notwendigen Anforderungen entsprechen. Dadurch gewährleistet sie, dass sie ihre Aufgaben in ihrer Gesamtheit erfüllen und ihre Ziele erreichen kann. Der fähigkeitsbezogene Einsatz der Mitarbeiter/innen hat zwei Dimensionen: Auf der **kollektiven** Ebene werden die Anforderungen der Stellen der Verwaltung ins-

---

[825] Vgl. auch Kap. 6.4.
[826] Vgl. z. B. Klages, Funktionswert von Mitarbeiterbefragungen, in: VOP 1-2/1997, S. 34-38; Klages/Gensicke/Haubner, Die Mitarbeiterbefragung, in: VOP 5/1994, S. 322-327; ferner Kap. 9.3.7.4.
[827] Vgl. Neuberger, Mikropolitik, 1995; Neuberger, Vertrauen ist Mißtrauen!, in: Klimecki/Remer (Hrsg.), Personal als Strategie, 1997, S. 215-243; ferner Kap. 5.4.3.
[828] Vgl. Berkel, Konflikttraining, 1999.
[829] Vgl. Fröhlich, Personalmanagement und Führung, in: Klimecki/Remer (Hrsg.), Personal als Strategie, 1997, S. 301 (303 ff.).

gesamt in Gegenwart und Zukunft ermittelt und dem Mitarbeiterpotenzial als Ganzem gegenübergestellt. Daraus folgen die Gesamtstrategien des Personalmanagements der Verwaltung zum fähigkeitsbezogenem Arbeitseinsatz. Auf der **individuellen** Ebene werden, vom Beginn bis zum Ende des Arbeitsverhältnisses, verschiedene Maßnahmen durchgeführt, den Abgleich von Anforderungen und Fähigkeiten durch Erhalt und Förderung optimal zu gestalten.[830]

Der Arbeitseinsatz entsprechend der Fähigkeiten der Beschäftigten in diesen beiden Dimensionen ist die Basis der grundlegenden Aufgabenfelder des Personalmanagements: In der Personalbedarfsplanung werden die Anforderungen an die Fähigkeiten der Beschäftigten der gegenwärtigen und zukünftigen Arbeitsplätze verglichen mit den vorhandenen Fähigkeiten der Beschäftigten. In der Personalbeschaffung werden in Auswahlverfahren die Fähigkeiten der Bewerber/innen mit den Anforderungen der zu besetzenden Stellen verglichen. Der Personaleinsatz ordnet die Beschäftigten entsprechend ihrer Fähigkeiten den entsprechenden Stellen zu. Die Personalerhaltung führt Maßnahmen zum Erhalt von Motivation und Fähigkeiten der Beschäftigten durch. Die Personalentwicklung fördert die Fähigkeiten der Beschäftigten entsprechend den Anforderungen der Verwaltung. Beständige Aufgabe der Personalführung ist die Gewährleistung des fähigkeitsbezogenen Einsatzes der Mitarbeiter/innen.

Neben dem Nutzen für die Verwaltung hat der fähigkeitsbezogene Arbeitseinsatz jedoch auch eine hohe Anreizwirkung für die Beschäftigten: Er spricht insbesondere intrinsische Motive wie das Selbstentfaltungs- und das Selbstverwirklichungsbedürfnis an. Deren Befriedigung stellt die Basis der grundsätzlichen Arbeitsmotivation und Arbeitszufriedenheit dar. Denn ein/e Mitarbeiter/in kann erst ihr/sein Motivations- und Leistungspotenzial entfalten, wenn Fähigkeiten und Neigungen den Anforderungen der Tätigkeiten der Stelle entsprechen. In den oben dargestellten Mitarbeiterbefragungen erhielten die Tätigkeitsmerkmale „Ideen einbringbar" und „Fähigkeiten gefordert" obere Rangplätze.[831] Damit stellt der persönlichkeitsbezogene Arbeitseinsatz einen Leistungsanreiz von besonderer Wichtigkeit, aber auch Notwendigkeit dar. Er macht das Eigenhandeln des Menschen auch im beruflichen Bereich möglich: „Eigenhandeln ist wesentliches Moment beruflicher Leistung. Im Eigenhandeln erst bildet sich das Selbst und die Person. ... Eigenaktivität, Eigenhandeln ist unverwechselbares Kennzeichen der Person."[832]

b. Erfolgsfaktoren

Ein entscheidender Erfolgsfaktor für den Einsatz entsprechend der Fähigkeiten der Beschäftigten ist die Ermittlung der Anforderungen an die Verwaltung und ihre Beschäftigten. Diese Anforderungen müssen hinsichtlich der Verwaltung in ihrer Gesamtheit, hin-

---

[830] Zur Unterscheidung zwischen der kollektiven und der individuellen Ebene in der Personalplanung vgl. Wald, Personalmanagement für die kommunale Praxis, 1996, Rdnr. 49 ff.

[831] Vgl. Kap. 9.1.

[832] Lenk, Eigenleistung in Beruf und Gesellschaft, in: Schuler (Hrsg.), Beurteilung und Förderung beruflicher Leistung, 1991, S. 1 (1).

sichtlich der unterschiedlichen Organisationseinheiten, der verschiedenen Gruppen von Beschäftigten und der einzelnen Mitarbeiter/innen ermittelt werden. Sie müssen nicht nur in Bezug auf die Gegenwart, sondern auch auf die Zukunft hin betrachtet werden, da sich die Anforderungen ständig verändern.[833] Für die verschiedenen Verwaltungsebenen sind unterschiedliche Methoden der Anforderungsermittlung sinnvoll.[834] Als Methode für die Anforderungsermittlung der einzelnen Beschäftigten sind das Mitarbeitergespräch, die individuelle Befragung (schriftlich oder mündlich) sowie insbesondere das Erstellen eines Anforderungsprofils geeignet.[835]
Sind die Anforderungen ermittelt, müssen sie den tatsächlich vorhandenen Fähigkeiten (Potenzialen) gegenübergestellt werden. Zur Ermittlung der Fähigkeiten der einzelnen Beschäftigten als Voraussetzung für einen fähigkeitsbezogenen Arbeitseinsatz bieten sich Mitarbeitergespräche, Personalentwicklungsgespräche, Mitarbeiterbefragungen (schriftlich oder in moderierten Workshops), Potenzialermittlungen oder die Befragung von Führungskräften an.[836]
Voraussetzungen zur effektiven Durchführung der Potenzialermittlung und damit des fähigkeitsbezogenen Arbeitseinsatzes sind ein strategisches Personalmanagement und die Führungskompetenz der Vorgesetzten.

c. Praxis in Kommunalverwaltungen

Die Fähigkeiten der Beschäftigten sind bislang bei dem Arbeitseinsatz in Kommunalverwaltungen je nach Aufgabenfeld des Personalmanagements unterschiedlich bedeutsam.
Bei der bisherigen Personalbedarfsplanung spielte der fähigkeitsbezogene Arbeitseinsatz kaum eine explizite Rolle.[837]
Bei der Personalauswahl steht er in vielen Verwaltungen im Vordergrund.[838] Zu beachten ist jedoch, dass in einer Reihe von Kommunalverwaltungen, insbesondere in höheren Hierarchieebenen, der politische Einfluss bei Stellenbesetzungen häufig maßgebend ist.[839]

Das Landratsamt Enzkreis betont, dass die Optimierung des Personaleinsatzes ein entscheidender Bestandteil der Schaffung von motivationsfördernden Rahmenbedingungen ist: „Nur wer entsprechend seinen Fähigkeiten und Talenten eingesetzt ist, kann op-

---

[833] Vgl. KGSt-Bericht Nr. 4/1999: Personalführung Teil 2: Potentialermittlung, S. 11; KGSt-Bericht Nr. 15/1992: Personalauswahl, S. 16 f.
[834] Vgl. Kap. 7.3.2.1.
[835] Vgl. KGSt-Bericht Nr. 4/1999: Personalführung Teil 2: Potentialermittlung, S. 12; KGSt-Bericht Nr. 13/1994: Personalentwicklung, S. 23 f.; ferner Kap. 11.3.2.1.
[836] Vgl. KGSt-Bericht Nr. 4/1999: Personalführung Teil 2: Potentialermittlung, S. 22.
[837] Vgl. z. B. KGSt-Bericht Nr. 2/1990: Personalbedarfsplanung bei der Stadt Bochum (Mitgliederbericht).
[838] Vgl. KGSt-Bericht Nr. 15/1992: Personalauswahl.
[839] Vgl. Kap. 5.4.3.

timale Leistung erbringen."[840] Der Enzkreis räumt diesem immateriellen Leistungsanreiz den Vorrang vor materiellen Leistungsanreizen ein. Den Führungskräften kommt bei dem Personaleinsatz eine besondere Bedeutung zu.[841]

Im Kreis Aachen werden Beförderungen nach einem bestimmten Ablaufschema und nach Handlungsempfehlungen durchgeführt, bei denen auch die Befähigung eine Rolle spielt.[842]

Auch bei der Personalentwicklung in Kommunalverwaltungen spielen die Fähigkeiten der Beschäftigten und ihre Förderung eine zentrale Rolle.[843]

Zusammenfassend lässt sich zum fähigkeitsbezogenen Arbeitseinsatz in Kommunalverwaltungen sagen, dass er auf individueller Ebene, d. h. z. B. bei der Personalauswahl oder in der Personalentwicklung, große Beachtung findet. Auf kollektiver Ebene (Gesamtverwaltung, einzelne Organisationseinheiten) wird er jedoch bislang wenig systematisch geplant und durchgeführt.

8.3.2 Personalentwicklung

Die Personalentwicklung stellt einen zentralen immateriellen Leistungsanreiz da,[844] da sie die Förderung der Motivation und der Fähigkeiten der Mitarbeiter/innen zum Ziel hat. Besonders für Kommunalverwaltungen in Reformprozessen ist auf Grund der veränderten Anforderungen an die Beschäftigten eine systematische Personalentwicklung von großer Bedeutung.[845] Die Mitarbeiter/innen sind das wichtigste Leistungspotenzial für eine effektive Verwaltung.[846]

---

[840] Marqués Berger/Seeger, Leistung lohnt sich, wenn die Bedingungen stimmen, in: VOP 3/2000, S. 28 (28).

[841] Vgl. Landratsamt Enzkreis (Hrsg.), Richtlinien für die Gewährung von Leistungsanreizen für die Beschäftigten im Landratsamt Enzkreis, Stand: 1.2.1999, Punkt 1.

[842] Vgl. Kreis Aachen (Hrsg.), Ablaufschema zur Erarbeitung der Beförderungsvorschläge zum Stellenplan 2000, 1999; Kreis Aachen (Hrsg.), Handlungsempfehlungen für das Verfahren bei Beförderungen, Stand: 1999; ferner Kap. 9.5.2.1.

[843] Vgl. KGSt-Bericht Nr. 13/1994, Personalentwicklung; KGSt-Bericht Nr. 6/1996: Personalentwicklung im Neuen Steuerungsmodell; Vaanholt, Human Resource Management in der öffentlichen Verwaltung, 1997, S. 193 ff.; Wald, Personalmanagement für die kommunale Praxis, 1996, Rdnr. 165 ff.; ferner Kap. 8.3.2.1.

[844] Vgl. Klages, Personalentwicklung in der öffentlichen Verwaltung, in: Schanz (Hrsg.), Handbuch Anreizsysteme in Wirtschaft und Verwaltung, 1991, S. 1147-1166; Koetz, Motivation im öffentlichen Dienst, in: Schückhaus (Hrsg.), Kommunen in Not, 1996, S. 205 (220 f.); Reichard, Personalentwicklung, in: Hoefert/Reichard (Hrsg.), Leistungsprinzip und Leistungsverhalten im öffentlichen Dienst, 1979, S. 174-197. Andererseits werden Leistungsanreize als Instrument der Personalentwicklung betrachtet, vgl. z. B. KGSt-Bericht Nr. 3/2000: Personalentwicklung im Veränderungsprozess, S. 81; Nentzel, Personalentwicklung, 1997, S. 43.

[845] Vgl. KGSt-Bericht Nr. 6/1996: Personalentwicklung im Neuen Steuerungsmodell; KGSt-Bericht Nr. 3/2000: Personalentwicklung im Veränderungsprozess.

[846] Vgl. Damkowski/Precht, Public Management, 1995, S. 220.

Die einzelnen Elemente und Instrumente der Personalentwicklung sind sehr umfangreich; ihre vollständige Darstellung würde den Rahmen dieser Darstellung sprengen. Daher beschränken sich die nachfolgenden Ausführungen auf die Grundlagen der personen- und verwaltungsbezogenen Personalentwicklung. Weiterhin werden einzelne Instrumente beispielhaft dargestellt, die besonders im Reformprozess von Bedeutung sind. Dazu gehören Karriereplanung, Fortbildung, Parallelkarrieren und Frauenförderung/Gleichstellungsarbeit.

8.3.2.1 Personen- und verwaltungsbezogene Personalentwicklung

a. Beschreibung

Während Personalentwicklung in der öffentlichen Verwaltung in früheren Jahrzehnten ein Fremdwort war, hat sie seit den 70er Jahren und insbesondere im Zuge der Reform in den 90er Jahren des 20. Jahrhunderts Einzug in die Verwaltungen gehalten.[847] Während vielerorts Personalentwicklungskonzepte erstellt werden, gibt es jedoch kaum spezifische Theorien der Personalentwicklung.[848]
Personalentwicklung wurde in der klassischen Personalwirtschaftslehre[849] und wird oftmals noch immer mit der Aus-, Fort- und Weiterbildung gleichgesetzt.[850] Eine strategische Personalentwicklung hat jedoch die Aufgabe, ganzheitliche Problemlösungsangebote für komplexe Fragestellungen der Entwicklung der Organisation zu erstellen. Wird Personalentwicklung so verstanden, stellt sie einen entscheidenden strategischen Erfolgsfaktor für die Wettbewerbsfähigkeit nicht nur jedes Unternehmens der Privatwirtschaft,[851] sondern jeder Organisation der öffentlichen Verwaltung dar.[852] In der öffentlichen Verwaltung, insbesondere in den Kommunalverwaltungen, steht eine effektive Personalentwicklung in Wechselwirkung mit der Politikentwicklung und der Organisationsentwicklung.[853] Personalentwicklung kann wie folgt definiert werden: "Personalentwicklung sind systematisch gestaltete Prozesse, die es ermöglichen, das Leistungs- und Lernpotential von Mitarbeiterinnen und Mitarbeitern zu erkennen, zu erhalten und in Abstimmung mit dem Verwaltungsbedarf verwendungs- und entwicklungsbezogen zu för-

---

[847] Vgl. Klages, Personalentwicklung in der öffentlichen Verwaltung, in: Schanz (Hrsg.), Handbuch Anreizsysteme in Wirtschaft und Verwaltung, 1991, S. 1147 (1150 ff.).
[848] Vgl. Oechsler, Personal und Arbeit, 2000, S. 552 ff.
[849] Vgl. Staehle, Management, 1999, S. 872.
[850] Vgl. Hopp/Göbel, Management in der öffentlichen Verwaltung, 1999, S. 248. Ein Beispiel ist Waskewitz, Personalwirtschaft, 1980, S. 319 ff.
[851] Vgl. Walsh/Papmehl, Personalentwicklung: Strategischer Faktor für die Wettbewerbsfähigkeit der Unternehmung, in: Walsh/Papmehl (Hrsg.), Personalentwicklung im Wandel, 1991, S. 13-17.
[852] Bereits zu Beginn der 90er Jahre des 20. Jahrhunderts forderte Klages eine breit angelegte Personalentwicklung, vgl. Klages, Personalentwicklung in der öffentlichen Verwaltung, in: Schanz (Hrsg.), Handbuch Anreizsysteme in Wirtschaft und Verwaltung, 1991, S. 1147 (1160 ff.).
[853] Vgl. Müller, Personalentwicklung in der öffentlichen Verwaltung, 1996, S. 42.

dern."[854] An dieser Definition wird deutlich, was die charakteristischen Merkmale der Personalentwicklung sind:
Es handelt sich um systematisch gestaltete Prozesse, d. h. diese Prozesse sind nicht beliebig, sondern bewusst, geplant und systematisch gestaltet. Gegenstand der Personalentwicklung ist das Leistungs- und Lernpotenzial der Mitarbeiter/innen, d. h. ihre Fähigkeiten, Neues zu lernen und dies in Leistung umzusetzen. Dieses Potenzial soll zunächst einmal erkannt werden, d. h. die Fähigkeiten der Beschäftigten müssen ermittelt werden. Diese Fähigkeiten sollen erhalten und voll zum Einsatz gebracht werden. Um jedoch alle Ressourcen nutzen und die Fähigkeiten der Mitarbeiter/innen entwickeln zu können, muss das Potenzial nicht nur erhalten, sondern auch gefördert werden.
Hier wird deutlich, dass die Personalentwicklung von einem grundlegenden Menschenbild ausgeht: In jedem Menschen befinden sich Lern- und Leistungspotenziale, die erkannt, erhalten und gefördert werden können. Der Mensch wird als ein grundlegend lernfähiger betrachtet, ohne altersbedingte Einschränkung, d. h. von seinem Eintritt in die Organisation über verschiedene Karrierestufen bis zu seinem Austritt.[855] Die Personalentwicklung stellt demnach dann einen Leistungsanreiz dar, wenn sie auf die Person der/des Beschäftigten und seine Fähigkeiten und Bereitschaften abzielt.[856]

Die oben zitierte Definition geht jedoch gleichzeitig davon aus, dass es möglich und notwendig ist, die Potenziale der Mitarbeiter/innen mit dem Verwaltungsbedarf abzustimmen. Das bedeutet, dass die Förderung einerseits geschieht mit Blick auf die Entwicklung der einzelnen Beschäftigten, andererseits aber auch in Abhängigkeit und in Abstimmung mit dem Verwaltungsbedarf. Personalentwicklung verfolgt demnach zwei Zielrichtungen: Einerseits mit Blick auf die Mitarbeiter/innen und deren Qualifizierung, Persönlichkeitsentwicklung und Motivation, andererseits mit Blick auf die Verwaltung, die maximale Nutzung der Personalressource und einen sachgerechten Personaleinsatz.

Die jeweiligen Interessen beider Seiten werden nachfolgend im Einzelnen dargestellt.

---

[854] KGSt-Bericht Nr. 13/1994, Personalentwicklung, S.9; vgl. auch Fischer, Thesen: Personalentwicklung, in: Wagner (Hrsg.), Personal und Personalmanagement, 1998, S. 121 (122); zu den verschiedenen Definitionen der Personalentwicklung vgl. Nentzel, Personalentwicklung, 1997, S. 20 f.; Neuberger, Personalentwicklung, 1991, S. 1 ff.

[855] Vgl. Olesch, Personalentwicklung vom Berufseinstieg zur Führungskraft, in: Personal 2/1992, S. 78-82.

[856] Vgl. Bieker, Von der Personal- zur Persönlichkeitsentwicklung, in: Walsh/Papmehl (Hrsg.), Personalentwicklung im Wandel, 1991, S. 44-54; Streich, Persönlichkeitsentwicklung, in: Scholz/Djarrahzadeh, Strategisches Personalmanagement, 1995, S. 247-262; Zürn, Persönlichkeitsbildung als Personalentwicklung, in: Kayser/Uepping (Hrsg.), Kompetenz der Erfahrung. Personalmanagement im Zeichen des demographischen Wandels, 1997, S. 229-244.

Interessen der Verwaltung	Interessen der Beschäftigten
Verbesserung der Leistungsfähigkeit und Wirtschaftlichkeit,	Erhalt und Verbesserung der Leistungsfähigkeit im eigenen Arbeitsbereich,
Erhöhung der Flexibilität hinsichtlich neuer Anforderungen,	Erhalt und Verbesserung des vorhandenen Wissens und der vorhandenen Fähigkeiten,
Verstärkung der Dienstleistungs- und Bürgerorientierung,	Ausübung unterschiedlicher und vielfältiger Tätigkeiten,
Steigerung der Attraktivität der Verwaltung und Sicherung des Nachwuchses,	Verbesserung der individuellen Entwicklungs- und Karrierechancen,
Erhalt und Förderung der Motivation und Arbeitszufriedenheit der Mitarbeiter/innen,	Erhalt und Förderung der eigenen Motivation und Arbeitszufriedenheit,
Optimierung des Verwaltungshandelns durch die Einführung des Neuen Steuerungsmodells,	Neudefinition des beruflichen Selbstverständnisses im Neuen Steuerungsmodell,
Verbesserung der Kooperation und Kommunikation innerhalb der Verwaltung,	Verbesserung der Kooperation und Kommunikation im eigenen Arbeitsbereich,
Angebot von Hilfe bei auftretenden Konflikten.	gezielte Unterstützung beim Auftreten von Konflikten.

Tabelle 5: Interessen der Verwaltung und Interessen der Beschäftigten[857]

Beide Aspekte sind notwendig, damit die Personalentwicklung eine Anreizwirkung für die Beschäftigten hat: Die Mitarbeiter/innen müssen den Eindruck haben, dass ihre eigenen Fähigkeiten gefördert werden, und sie müssen erkennen können, dass diese Förderung nicht um der Förderung willen geschieht, sondern dass ihre Fähigkeiten sinnvoll in der Verwaltung eingesetzt werden und zur Leistungserstellung beitragen.

---

[857] In Anlehnung an: KGSt-Bericht Nr. 13/1994, Personalentwicklung, S. 9 f.; vgl. ferner Nentzel, Personalentwicklung, 1997, S. 25; Staehle, Management, 1999, S. 875; Strombach, Personalentwicklung, 1992, S. 16, 875; Vaanholt, Human Resource Management in der öffentlichen Verwaltung, 1997, S. 193; Wald, Personalmanagement für die kommunale Praxis, 1996, Rdnr. 179.

b. Erfolgsfaktoren

Die strategische Ausrichtung ist ein zentraler Erfolgsfaktor für eine effektive Personalentwicklung.[858] Die neuen Herausforderungen, die an die Kommunen gestellt werden, verändern die Anforderungen an die Beschäftigten. Eine strategisch ausgerichtete Personalentwicklung orientiert sich an den strategischen Zielen der Gesamtverwaltung. Während die strategische Ausrichtung der Gesamtverwaltung nach den Ergebnis- und Wirkungszielen und den dazu notwendigen Leistungen fragt, leitet sich aus den Antworten auf diese Fragen die Grundfrage der Personalentwicklung ab: „Welche Potenziale sind bei den Mitarbeiterinnen und Mitarbeitern, den Mitarbeitergruppen und Organisationseinheiten (bis wann) zu entwickeln?“[859] Aus der Antwort auf diese Frage leiten sich die strategischen Ziele der Personalentwicklung ab, die bereits oben als Interessen der Verwaltung in der Personalentwicklung beschrieben wurden.[860] Personalentwicklung wird damit in das generelle Verwaltungsmanagement einbezogen.[861]
Die strategische Planung wird bisher in vielen Verwaltungen bei zunehmender Komplexität und Dynamik nur unsystematisch oder nur für einzelne Handlungsfelder betrieben. Eine erfolgreiche Auswegmöglichkeit kann darin bestehen, Teilstrategien für einzelne Handlungsfelder zu entwickeln und in allen Entwicklungsphasen mit den Betroffenen abzustimmen.[862] Dies kann z. B. für die Entwicklung eines Führungskräftequalifikationskonzeptes bedeuten, dass Führungsleitlinien für die Verwaltung aus dem Leitbild einer Kommune abgeleitet werden.[863] Auf dieser Basis können die Anforderungen an die Führungskräfte entwickelt werden, die im Abgleich mit dem Bestand und Bedarf die konkreten Maßnahmen der Führungskräftequalifikation ergeben.
Eine weitere wichtige Voraussetzung für eine effektive Personalentwicklung ist die Wahrnehmung von verschiedenen Personalentwicklungsaufgaben auf unterschiedlichen Verantwortungsebenen innerhalb der Verwaltung. Die bzw. der erste Verantwortliche für die Personalentwicklung ist der/die Mitarbeiter/in selber: „Dabei kann es nicht ausreichen, abzuwarten, bis der Vorgesetzte zum Lernen auffordert oder anhält. Lernen ist vielmehr eine Holschuld jeden einzelnen Mitarbeiters und entscheidet über seine Beschäftigungsfähigkeit (employability) in der Zukunft. *Jeder* hat Personalverantwortung – für sich selbst! Aus „New Public Management“ muss in Zukunft „New Personal Mana-

[858] Vgl. Hübbe, Personalentwicklung in der öffentlichen Verwaltung, in: Personal 5/2000, S. 242 (242); Mayrhofer, Personalentwicklung, in: Kasper/Mayrhofer (Hrsg.), Personalmanagement, Führung, Organisation, 1996, S. 451 (490 f.); Rother, Personalentwicklung und Strategisches Management, 1996; Scholz, Strategische Personalentwicklung (Überblick), in: Scholz/Djarrahzadeh, Strategisches Personalmanagement, 1995, S. 231-245; Scholz, Strategisches Personalmanagement und ein Ausblick auf ein neues Rollenbewußtsein, in: Scholz/Djarrahzadeh, Strategisches Personalmanagement, 1995, S. 297-300; Schröder, Personalentwicklung: Strategische Grundlagen und praktische Umsetzungen, in: Walsh/Papmehl (Hrsg.), Personalentwicklung im Wandel, 1991, S. 225-239.
[859] KGSt-Bericht Nr. 3/2000: Personalentwicklung im Veränderungsprozess, S. 21.
[860] Vgl. auch KGSt-Bericht Nr. 3/2000: Personalentwicklung im Veränderungsprozess, S. 23.
[861] Vgl. Korintenberg, Strategisches Personalmanagement für die öffentliche Verwaltung, 1997, S. 129.
[862] Vgl. Heinz, Kommunales Management, 2000.
[863] Vgl. KGSt-Bericht Nr. 3/2000: Personalentwicklung im Veränderungsprozess, S. 21.

gement" werden."[864] Sie/er kann ihre/seine Interessen und Potenziale am besten einschätzen. Das der Personalentwicklung zu Grunde liegende Menschenbild besagt demnach, dass der Mensch nicht nur in der Lage ist, bei der Erfüllung seiner Aufgaben mehr Verantwortung als bisher zu übernehmen, sondern auch bei seiner eigenen Entwicklung. In zweiter Linie liegt die Verantwortung bei der/dem Vorgesetzten: Es ist eine Aufgabe der Personalführung, die Potenziale der Beschäftigten zu erkennen und weiterzuentwickeln.[865] Im Rahmen der dezentralen Personalverantwortung ist es weiterhin Aufgabe der Fachbereichsleitung/Amtsleitung, die Personalentwicklung im Fachbereich/Amt sicherzustellen.[866] Dazu kann sie sich der Angebote des Service Personal bzw. des Personalamtes bedienen (z. B. zur Erstellung eines Fortbildungsprogramms).[867] Auf der Ebene der Gesamtverwaltung ist es sinnvoll, mit Personalentwicklungsmaßnahmen nicht nur ad hoc zu reagieren, wo sozusagen "der Schuh drückt" (z. B. beim Wegfall von Stellen), sondern ein umfassendes Personalentwicklungskonzept zu erstellen.

Die nachfolgende Übersicht führt die einzelnen Aufgaben der verschiedenen Verantwortlichen und Betroffenen in der Personalentwicklung aus.

Verantwortung für Personalentwicklungsaufgaben[868]	
Verantwortliche	*Aufgabenstellung*
Verwaltungsspitze	o Leitziele der Kommune bestimmen o über PE-Leitlinien und -Ziele bzw. PE-Konzept entscheiden o Ressourcenbereitstellung o Controlling sicherstellen o Vorbildfunktion

[864] Hill, Jetzt die Beschäftigten „modernisieren", in: Fisch/Hill (Hrsg.), Personalmanagement der Zukunft, 2001, S. 1 (3).

[865] Vgl. Oechsler, Tendenzen der Personalentwicklung in der öffentlichen Verwaltung aus internationaler Sicht, in: VOP 4/1991, S. 200 (204).

[866] So führte z. B. das Berliner Institut für Verwaltungsmanagement dezentrale Personalentwickler/innen ein, vgl. Chowdhuri, Kooperation mit dezentralen Personalentwicklern, in: VOP 4/2000, S. 25-27. Aufgabe der Personalentwickler/innen ist es, Veränderungsprozesse in der Organisation zu unterstützen, vgl. Papmehl/Walsh, Vom Monopolisten zum Intrapreneur, in: Walsh/Papmehl (Hrsg.), Personalentwicklung im Wandel, 1991, S. 57-61.

[867] In der Privatwirtschaft werden dezentrale Modelle der Organisation der Personalentwicklung diskutiert und praktiziert, in denen sich die Personalentwicklungsabteilung zu einem wettbewerbsfähigen Profit-Center entwickelt und die Führungskräfte selbst weitgehend die Rolle der Personalentwickler/innen übernehmen, vgl. Fiedler, Dezentrale Organisation und marktorientierte Steuerung der Personalentwicklung, 1994; Schneider, Profit-Center-Orientierung in der Personalentwicklung, in: Walsh/Papmehl (Hrsg.), Personalentwicklung im Wandel, 1991, S. 62-80; ferner Arx, Das Wertschöpfungs-Center-Konzept als Strukturansatz zur unternehmerischen Gestaltung der Personarbeit, in: Wunderer/Kuhn, Innovatives Personalmanagement, 1995, S. 424-441; Borszcz, Profit-Center-Ergebnisrechung in der Personalentwicklung, in: Walsh/Papmehl (Hrsg.), Personalentwicklung im Wandel, 1991, S. 81-89.

[868] Personalentwicklung wird im folgenden Schaubild mit „PE", Mitarbeiter/innen mit „MA" abgekürzt.

Verantwortung für Personalentwicklungsaufgaben[868]	
Verantwortliche	*Aufgabenstellung*
Fachbereichs- /Amtsleitung	o Bereichs- bzw. Ämterbedarfe bestimmen o Bereichs- bzw. ämterbezogene Daten für ein PE-Controlling ermitteln o Rahmenbedingungen für PE gestalten
Personalentwicklung o als Steuerungsfunktion	o Mitwirkung an strategischen Klausuren o Formulierung von PE-Leitlinien und -zielen bzw. eines PE-Konzepts
o als Serviceeinheit/Stelle	o PE-Bedarfe der MA erfassen bzw. zusammenführen o Planung, Durchführung und Evaluation von PE- bzw. Qualifizierungsmaßnahmen o Beratung von Führungskräften und MA
Führungskräfte als unmittelbare Vorgesetzte	o PE-Bedarfe der MA erfassen o Sich selbst qualifizieren (Vorbildfunktion) o Leitlinien umsetzen o Lernförderliches Umfeld schaffen
Personalvertretung	o Mitgestaltung und Mitwirkung bei PE-Aktivitäten o Interessenwahrung aller Mitarbeiter/innen
Gleichstellungs- bzw. Frauenbeauftragte	o Sicherstellung einer angemessenen Berücksichtigung von Fraueninteressen
Mitarbeiterinnen und Mitarbeiter	o Teilnahme an PE-Maßnahmen o Bereitschaft zu lernen und eigenes Engagement

Tabelle 6: Ebenen der Personalentwicklungsverantwortung[869]

Sehr sinnvoll für eine effektive Personalentwicklung ist die systematische Erarbeitung eines Personalentwicklungskonzeptes. Im folgenden werden die verschiedenen Schritte der Erarbeitung eines Personalentwicklungskonzeptes dargestellt.[870]

Zur Erarbeitung des Konzepts sollten bestimmte Voraussetzungen gegeben sein:

Damit die Personalentwicklung sich strategisch ausrichten kann, müssen die strategischen Verwaltungsziele bekannt sein. Erst wenn eine Verwaltung weiß, wohin sie sich entwickeln will, kann sie auch sagen, wohin sich ihre Beschäftigten entwickeln sollen, d. h. was diese lernen müssen, damit die Vision, das Leitbild erreicht werden kann. Seit

[869] KGSt-Bericht Nr. 3/2000: Personalentwicklung im Veränderungsprozess, S.28.

[870] In Anlehnung an KGSt-Bericht Nr. 13/1994, Personalentwicklung, S. 12 ff; vgl. ferner Stiefel, Personalentwicklung in Klein- und Mittelbetrieben, 1999, S. 11 f.; Wald, Personalmanagement für die kommunale Praxis, 1996, Rdnr. 186 ff. Ebenfalls fließen hier die Erfahrungen der Verfasserin ein, die sie in Seminaren und Beratungen zum Thema „Personalentwicklung“ in Kommunalverwaltungen gewonnen hat.

der Einführung des Neuen Steuerungsmodells und seinem Leitbild des modernen Dienstleistungsunternehmens ist es für viele Verwaltungen leichter geworden, Leitbilder und strategische Ziele zu entwickeln. Die Entscheidung zur Erarbeitung eines Personalentwicklungskonzeptes sollte politisch, d. h. durch den Rat oder Kreistag abgesichert sein. Die Personalentwicklung sollte von der Verwaltungsleitung unterstützt werden. Sie muss dies bekunden durch einen Auftrag und die Entscheidung, den Prozess der Konzepterarbeitung und -umsetzung aktiv zu unterstützen, d. h. sie muss Entscheidungen in Grundsatzfragen treffen und die für die Konzepterarbeitung erforderlichen personellen und finanziellen Ressourcen bereitstellen. Die Kosten für die Konzepterarbeitung und -umsetzung sollten ebenfalls abgestimmt sein mit der Kosten- und Finanzentwicklung sowohl hinsichtlich des aktuellen als auch zukünftigen Personalbestandes. Die aktuellen und geplanten Personalentwicklungsmaßnahmen müssen in Bezug gesetzt werden zu den hierfür voraussichtlich zur Verfügung stehenden Mitteln. Personalentwicklung bewegt sich ständig im Spannungsfeld zwischen Haushaltskonsolidierung und erforderlichen Kosten. Selbst bei defizitären Haushalten sollte jedoch Konsens bestehen, dass Personalentwicklung eine unabweisbare Investition für Gegenwart und Zukunft ist. Die Erfahrungen zeigen, dass insbesondere Kommunalverwaltungen im Reformprozess finanzielle Ressourcen für die Personalentwicklung zur Verfügung stellen.
Der Auftrag zur Konzepterarbeitung ergeht an eine Person oder Projektgruppe, ggf. unter Einbezug externer Beratung.[871] Der frühzeitige Einbezug des Personalrates, der Gleichstellungsbeauftragten, der Schwerbehindertenvertretung, der Service- und Fachbereiche/Ämter, der Führungskräfte sowie der verschiedenen Zielgruppen erhöht die Akzeptanz eines Konzeptes.
Eine weitere Voraussetzung für die spätere Akzeptanz des Personalentwicklungskonzeptes ist die Beteiligung der Betroffenen. Das bedeutet, dass die Beschäftigten über die Ziele eines Personalentwicklungskonzeptes von Beginn an informiert und bei der Erarbeitung und Umsetzung kontinuierlich beteiligt werden (z. B. durch gemeinsame Workshops, Informationen auf Personalversammlungen, Mitarbeiterzeitungen, Informationen am „Schwarzen Brett" etc.). Sinnvoll ist eine Diskussion des ersten Entwurfs mit den Mitarbeiter/innen, z. B. in Form einer Broschüre, die allen Beschäftigten zur Verfügung gestellt wird und zu der sie Stellung nehmen können.
Diese Voraussetzungen sind nicht in allen Verwaltungen vollständig erreicht, wenn sie mit der Konzepterarbeitung beginnen. Es ist jedoch auch eine Politik „der kleinen Schritte" möglich, d. h. der Einstieg über einzelne Elemente. Auch wenn die Voraussetzungen noch nicht ideal sind, steigen viele Verwaltungen über einzelne Bereiche (z. B. Fortbildung) in die Personalentwicklung ein und verknüpfen nach und nach weitere Elemente der Personalentwicklung.

[871] Externe Personalentwickler/innen sollten problem- und projektorientiert an den Stärken und Schwächen der jeweiligen Verwaltung arbeiten, vgl. Heibutzki, Die Pragmatiker der Fiktion, in: ManagerSeminare, 1/1994, S. 26 (32).

Bei der Erarbeitung eines Personalentwicklungskonzeptes sind folgende einzelne Schritte sinnvoll:

1. **Anforderungsanalyse**

   Die Anforderungen, die sich aus dem Leitbild und den strategischen Zielen ergeben, werden auf drei Ebenen konkretisiert:

   Auf der Ebene der Gesamtverwaltung wird ermittelt (z. B. durch Strategieklausuren, Szenario-Technik), wie sich die Anforderungen aus den Zielsetzungen konkret auf die Organisationsstrukturen, die Kultur und den quantitativen und qualitativen Personalbestand der Verwaltung niederschlagen werden.

   Zielgruppenorientiert können sich diese Anforderungen jeweils unterschiedlich zeigen. Zielgruppen können z. B. Führungskräfte, Projektleiter/innen, von Aufgabenwegfall betroffene Beschäftigte etc., aber auch Gruppen und Teams sein.[872] Ermittelt werden können diese Anforderungen durch moderierte, bereichsbezogene Workshops, Mitarbeiter- und Bürgerbefragungen.

   Auf der Ebene des/der einzelne/n Mitarbeiters/in zeigen sich die Anforderungen konkret in den Anforderungen der Stelle und der Tätigkeiten. Diese Anforderungen können in Mitarbeitergesprächen, individuellen Befragungen und Anforderungsprofilen[873] der Stelle zum Ausdruck gebracht werden.

2. **Bestandsaufnahme**

   Personalentwicklung muss ansetzen an der jeweiligen Situation vor Ort. Diese muss den ermittelten Anforderungen gegenübergestellt werden. Dazu gehören

   - Informationen zum **quantitativen** Personalbestand: Daten zur Altersstruktur, zu den Berufsgruppen, zum Verhältnis Frauen/Männer,
   - Informationen zum **qualitativen** Personalbestand: Qualifikationen und Potenziale der Mitarbeiter/innen,
   - Einschätzung der **bisherigen Personalentwicklungsansätze** im Hinblick auf:
     - Berücksichtigung der Potenziale der Mitarbeiter/innen,
     - Qualifizierung für zukünftige Aufgaben,
     - Integration und Koordination einzelner Bausteine.

   Methoden können Mitarbeitergespräche, Karriereplanungen, Einzelinterviews, Mitarbeiterbefragungen, moderierte Workshops, Assessment-Center,[874] Audit-Center,[875] Potenzialermittlung,[876] Personalportfolios[877] etc. sein.[878]

---

[872] Vgl. KGSt-Bericht Nr. 6/1996: Personalentwicklung im Neuen Steuerungsmodell; Sattelberger, Lernen in der Organisationsfamilie, in: Sattelberger (Hrsg.), Innovative Personalentwicklung, 1991, S. 175-185.

[873] Vgl. KGSt-Bericht Nr. 4/1999: Personalführung Teil 2: Potentialermittlung, S. 11 ff.; ferner Kap. 7.3.2.

[874] Vgl. Schuler/Stehle (Hrsg.), Assessment Center als Methode der Personalentwicklung, 1987.

[875] In einem Audit-Center werden Elemente des Assessment-Center-Verfahrens und herkömmlicher Berwerberinterviews miteinander verknüpft, vgl. Dotzauer/Eigner, Modernisierungsprozeß mit qualifizierter Personalentwicklung, in: Der Landkreis 4/1997, S. 12-14.

[876] Vgl. KGSt-Bericht Nr. 4/1999: Personalführung Teil 2: Potentialermittlung, S. 19 ff., ferner Kap. 7.3.

[877] Vgl. Geilhardt, Assessment-Center und Mitarbeiterportfolios als Bausteine einer strategischen Personalentwicklung, in: Walsh/Papmehl (Hrsg.), Personalentwicklung im Wandel, 1991, S. 252-261; Witt, Personalentwicklung mit Personalportfolios, in: Walsh/Papmehl (Hrsg.), Personalentwicklung im Wandel, 1991, S. 240-251.

[878] Eine Checkliste zur Personalentwicklungsanalyse ist dargestellt in: Waskewitz, Verfahren und Formulare zur arbeitswirtschaftlichen Personalarbeit, 1998, S. 36 f.

3. Formulierung der Personalentwicklungsziele

Die Formulierung der Ziele für die Personalentwicklung der Gesamtverwaltung, der verschiedenen Zielgruppen und der einzelnen Mitarbeiter/innen ist eine notwendige Voraussetzung für ein effektives Konzept.[879] Daraus leiten sich die operativen Ziele für die verschiedenen Verwaltungsbereiche ab.

Die Ziele der Personalentwicklung ergeben sich aus zwei Bereichen:

- aus den strategischen Zielen der Verwaltungsentwicklung und den aus ihnen ermittelten Anforderungen,
- aus den Ergebnissen der Bestandsanalyse.

Legt man die Ergebnisse beider Zielermittlungen übereinander, zeigen sich Bereiche, die nicht deckungsgleich sind. Hieraus können Ziele der Personalentwicklung gebildet werden, die eine möglichst große Deckungsgleichheit anstreben. Auf der Basis strategischer Ziele der Personalentwicklung sollten die operativen Ziele der Personalentwicklung für die Gesamtverwaltung, für Zielgruppen als auch für die einzelnen Beschäftigten formuliert werden. Die operativen Ziele sollten immer eindeutig, konkret formuliert und überprüfbar sein.

Auch wenn es das Ziel der Personalentwicklung sein sollte, alle Mitarbeiter/innen einbeziehen, so ist dieses Ziel besonders in Zeiten knapper finanzieller Ressourcen oftmals nicht umzusetzen. Darum ist es notwendig, Prioritäten zu setzen und Kriterien zu entwickeln für eine Auswahl der vorrangig zu fördernden Personengruppen z. B. anhand folgender Kriterien:

- **dringender Bedarf**

  Dies kann z. B. der Fall sein bei der Schaffung neuer Organisationsstrukturen, die i. d. R. neue Qualifikationen für die Mitarbeiter/innen erfordern. Dringender Bedarf besteht weiterhin bei von Aufgabenwegfall bedrohten Gruppen oder Beschäftigten, deren Aufgabenschwerpunkte sich ändern.
- **sofortiger Beginn möglich**

  Z . B. kann bei Einrichtung von Projektgruppen mit der Qualifizierung der Projektleitung sofort begonnen werden.
- **größte Aussicht auf Erfolg von Personalentwicklungsmaßnahmen**

  Dies kann z. B. bei Zielgruppen oder Einzelpersonen der Fall sein, die großes Interesse an der Mitwirkung im Reformprozess haben.
- **Qualifizierung von Schlüsselpersonen**

  Schlüsselpersonen sind Mitarbeiter/innen, die auf Grund ihrer Funktion am meisten bewirken können für die Verwaltung im Umbauprozess (z. B. Ausbilder/innen, Projektleiter/innen, Mitarbeiter/innen im zentralen Steuerungsdienst oder im Servicedienst).[880]

---

[879] Vgl. KGSt-Bericht Nr. 3/2000: Personalentwicklung im Veränderungsprozess, S. 23 f.

[880] Vgl. KGSt-Bericht Nr. 6/1996: Personalentwicklung im Neuen Steuerungsmodell.

4. **Bedarfsanalyse**
Hier wird ermittelt, welche Personalentwicklungsmaßnahmen notwendig sind, um die gesetzten Ziele entsprechend der ermittelten Anforderungen zu erreichen.[881] Es ist wichtig, zunächst einmal den gesamten Bedarf zu ermitteln[882] und zu benennen, um dann Kriterien zur Auswahl der tatsächlich durchgeführten Maßnahmen festzulegen (z. B. Durchführbarkeit auf Grund personeller oder finanzieller Ressourcen). Nach Durchführung der Maßnahmen kann überprüft werden, ob die anderen ermittelten Maßnahmen notwendig, sinnvoll und durchführbar sind. Als hilfreiches Instrument neben Mitarbeitergesprächen und Karriereplanungen ist hier vor allem die Mitarbeiterbefragung zu nennen.
Der Abgleich von Anforderungen und Bestand und die Ermittlung des Bedarfs kann durch EDV-gestützte Personalinformationssysteme erleichtert werden. Zur Verhinderung der Gefahr des/der „gläsernen Mitarbeiters/in" ist jedoch eine frühzeitige Beteiligung des Personalrates, der Vertretungen der verschiedenen Beschäftigtengruppen (Gleichstellungsbeauftragte, Schwerbehindertenvertretung etc.), der betroffenen Beschäftigten und sonstigen Anwender/innen angeraten.[883]
5. **Durchführung von Personalentwicklungsmaßnahmen**
In diesem Schritt steht die Durchführung konkreter Maßnahmen im Mittelpunkt.[884] Die verschiedenen Bereiche der Personalentwicklung werden in der Literatur sehr unterschiedlich systematisiert.[885] Orientierungspunkte sind dabei z. B. die Adressaten, d. h. Beschäftigtengruppen wie etwa Führungskräfte, kaufmännische Angestellte, technische Angestellte, Facharbeiter/innen, An- und Ungelernte.[886] Oder die Systematisierung geschieht nach dem Ziel der Personalentwicklungsmaßnahmen wie z. B. die Erhaltungsentwicklung, die Anpassungsentwicklung und die Aufstiegsentwicklung.[887] Eine andere Systematisierung unterscheidet informatorische, bildungsbezogene und stellenbezogene Elemente der Personalentwicklung.[888] Die räumliche und zeitliche Nähe zum Arbeitsplatz stellt einen

[881] Vgl. Stiefel, Erarbeitung von Vorgaben und Bedarfen im Rahmen strategieumsetzender Personalentwicklung, in: Sattelberger (Hrsg.), Innovative Personalentwicklung, 1991, S. 54-58; Beutel/Fischer, Fragestellungen für Führungskräfte zur PE-Bedarfserfassung, in: Sattelberger (Hrsg.), Innovative Personalentwicklung, 1991, S. 59-65.
[882] Vgl. Sauer, Die Ermittlung des betrieblichen Bildungsbedarfs als Voraussetzung einer systematischen Personalentwicklung, 1995.
[883] Vgl. Welsing, Neue Anforderungen an die Personalentwicklung, in: VOP 10-11/1996, S. 38 (42).
[884] Vgl. hierzu auch Brinkmann, Techniken der Personalentwicklung, 1999; Heeg/Meyer-Dohm (Hrsg.), Methoden der Organisationsgestaltung und Personalentwicklung, 1994.
[885] So werden z. B. die Bereiche Bedarfsermittlung, Personalförderung, Arbeitsstrukturierung, Aus- und Weiterbildung genannt, vgl. Nentzel, Personalentwicklung, 1997, S. 43 ff. Eine andere Systematisierung findet sich in Ausbildung, Fort-/Weiterbildung, systematischer Arbeitsplatzwechsel, Führungskräfteentwicklung, vgl. Vaanholt, Human Resource Management in der öffentlichen Verwaltung, 1997, S. 194 ff. Oechsler nennt die Personalentwicklungsplanung, die Personalförderung, die Laufbahnplanung, die Qualifikationsermittlung und die Erfolgskontrolle, vgl. Oechsler, Personal und Arbeit, 2000, S. 571 ff. Staehle legt die praktischen Hauptanwendungsgebiete der Personalentwicklung Weiterbildung, Karriereplanung und Arbeitsstrukturierung seinen Ausführungen zu Grunde, vgl. Staehle, Management, 1999, S. 880 ff.
[886] Nach Bardeleben/Böll/Kühn, dargestellt in: Staehle, Management, 1999, S. 879.
[887] Vgl. Heymann/Müller, Betriebliche Personalentwicklung, in: WiSt 4/1982, S. 151 (152).
[888] Vgl. Thom, Personalentwicklung als Instrument der Unternehmensführung, 1987, S. 168 ff.

weiteren Orientierungsrahmen dar und unterscheidet die Personalentwicklung into-the-job, die Personalentwicklung on-the-job, die Personalentwicklung near-the-job, die Personalentwicklung off-the-job, die laufbahnbezogene Personalentwicklung und die Personalentwicklung out-of-the-job.[889].

In dieser Arbeit wird die letztgenannte Systematisierung in einer Modifizierung von Scholz zu Grunde gelegt.[890] Danach ergeben sich folgende vier Gruppen von Personalentwicklungsmaßnahmen:[891]

- **Personalentwicklung into-the-job**
  Diese Gruppe umfasst diejenigen Maßnahmen, die auf einen neuen Beruf vorbereiten oder zu einer neuen Tätigkeit hinführen. Konkrete Instrumente sind Ausbildung, Trainee-Programme, Heranbildung der Nachwuchskräfte und Einführung neuer Mitarbeiter/innen.
- **Personalentwicklung on-the-job/along-the-job**
  Personalentwicklung on-the-job beinhaltet direkte Maßnahmen am Arbeitsplatz, z. B. Mitarbeitergespräch, Sonderaufgaben, Job-Enrichment/Job-Enlargement, Job-Rotation, Teamarbeit, Projektarbeit/-leitung, Qualitätszirkel, Strategie-Workshops, Arbeitszeitflexibilisierung[892]. Zur Personalentwicklung along-the-job gehören die laufbahnbezogene Entwicklung und die Karriereplanung; hierzu zählen ebenfalls Parallelkarrieren[893].
- **Personalentwicklung near-the-job/off-the-job**
  Diese Kategorie stellt diejenigen arbeitsplatznahen Personalentwicklungsmaßnahmen dar, die während und außerhalb der Arbeitszeit stattfinden, aber nicht örtlich an einen bestimmten Arbeitsplatz gebunden sind. Zur Personalentwicklung near-the-job gehören als Maßnahmen während der Arbeitszeit z. B. das arbeitsplatznahe Training und die Stellvertretung, Supervision/Coaching, kollegiale Beratung, Lernpartnerschaften,[894] zur Personalentwicklung off-the-job Maßnahmen außerhalb der Arbeitszeit wie Selbststudium, Fortbildungsseminare, Training, Abordnung/Praktikum/Hospitation, Vortrag, Lehrgespräch, Fallstudie, Planspiel, Rollenspiel.
- **Personalentwicklung out-of-the-job**
  In dieser Kategorie bereiten Maßnahmen auf das Verlassen des Unternehmens vor, z. B. Ruhestandsvorbereitung oder gleitender Ruhestand.

---

889 Vgl. Conradi, Personalentwicklung, 1983, S. 22 ff.

890 Vgl. Scholz, Personalmanagement, 2000, S. 510 ff.

891 In Anlehnung an Scholz, Personalmanagement, 2000, S. 513 ff.; vgl. ferner Hopp/Göbel, Management in der öffentlichen Verwaltung, 1999, S. 259 ff.

892 Die Arbeitzeitflexibilisierung dient in erster Linie der Bürger- und Dienstleistungsorientierung, dem Personaleinsatz sowie den Arbeitszeitbedürfnissen der Beschäftigten. Die Arbeitzeitflexibilisierung kann jedoch auch als ein Instrument der Personalentwicklung gesehen werden, da sie einen teamfördernden Charakter hat, wenn z. B. ein Team gemeinsam die Anwesenheitszeiten in seiner Verwaltungseinheit sicherstellt, vgl. KGSt-Bericht Nr. 3/2000: Personalentwicklung im Veränderungsprozess, S. 68; ferner KGSt-Bericht Nr. 2/1999: Flexible Arbeitszeiten in der Praxis.

893 Zu Parallelkarrieren vgl. Kap. 8.3.2.4.

894 Vgl. Sattelberger, Personalentwicklung neuer Qualität durch Renaissance helfender Beziehungen, in: Sattelberger (Hrsg.), Die lernende Organisation, 1994, S. 207-227.

Einige Instrumente der Personalentwicklung sind sowohl geeignet für die Schritte zur Erarbeitung eines Personalentwicklungskonzeptes und stellen gleichzeitig selber Instrumente der Personalentwicklung dar. So gibt z. B. das Mitarbeitergespräch Aufschluss über Anforderungen, Bestand an Potenzialen und Personalentwicklungsbedarfen. Gleichzeitig werden durch das Mitarbeitergespräch Reflektions- und Kommunikationsfähigkeiten der Betroffenen geschult und trainiert. Vergleichbares gilt für Workshops, Sonderaufträge, Vertretungen, Teamarbeit, Ausbildungs- und Traineeprogramme etc.

6. **Verknüpfung der verschiedenen Instrumente**

Eine effektive Personalentwicklung vernetzt sich mit anderen Maßnahmen und Planungen der Verwaltung und verknüpft die einzelnen Instrumente und Maßnahmen der Personalentwicklung miteinander. Dabei gilt es, die Instrumente als Bausteine aufeinander aufzubauen. Die Vernetzung ist ein entscheidendes Qualitätsmerkmal der Personalentwicklung.[895]

Neben der bereits oben dargestellten Systematisierung der verschiedenen Bereiche der Personalentwicklung wird im Folgenden der Versuch unternommen, Verknüpfungsmöglichkeiten der verschiedenen Instrumente darzustellen, die quer zur dargestellten Systematisierung liegen. So gibt es Instrumente, durch die Wissen zu einem bestimmten Thema vermittelt wird (z. B. Fortbildung). Andere vermitteln dazu die entsprechenden Fähigkeiten (z. B. Training). Weitere Maßnahmen ermöglichen es, das Gelernte zu üben und in der Praxis anzuwenden (z. B. Sonderaufträge oder Vertretungen).

Die folgende Abbildung zeigt eine mögliche Einordnung der verschiedenen Instrumente.

Wissensvermittlung	Fortbildung Heranbildung Nachwuchskräfte Trainee-Programme Selbststudium Abordnung/Praktikum/Hospitation Ausbildung Einführung neuer Mitarbeiter/innen	➡	**Übung**	Training Rotation Job Enrichment/ Job Enlargement Projektarbeit/-leitung Qualitätszirkel Sonderaufgaben Stellvertetung Mitarbeitergespräch Teamarbeit Parallelkarrieren Strategie-Workshops
Fähigkeitsvermittlung	Mitarbeitergespräch Training Supervision/Coaching kollegiale Beratung Sonderaufträge/Vertretungen Projektarbeit/-leitung Job Enrichment/Job Enlargement Teamarbeit Heranbildung Nachwuchskräfte Trainee-Programme Parallelkarrieren Abordnung/Praktikum/Hospitation Strategie-Workshops Ruhestandsvorbereitung			

Abbildung 31: Verknüpfung der Personalentwicklungsinstrumente

[895] Vgl. Klages, Vernetzung als Qualitätsmerkmal der Personalentwicklung, in: VOP 4/1992, S. 206-210.

7. Controlling/Evaluation

Die Evaluierung von Personalentwicklungsmaßnahmen ist schwierig, da die Wirkungen von Lernprozessen nur schwer gemessen werden können. Wie im Controlling generell wird auch in der Personalentwicklung zwischen strategischem und operativem Controlling unterschieden: Das strategische Personalentwicklungscontrolling „zielt auf die ständige Überprüfung der aus den strategischen Verwaltungszielen abgeleiteten Personalentwicklungsziele."[896] Das operative Personalentwicklungscontrolling bezieht sich auf fünf Dimensionen:[897]

- **Zielüberprüfung**
  Waren die Ziele richtig gesetzt?
- **Maßnahmenüberprüfung**
  Waren die Maßnahmen die richtigen?
- **Durchführungsüberprüfung**
  War die Form der Durchführung geeignet?
- **Wirkungsüberprüfung**
  Was haben die Maßnahmen bewirkt?
- **Kostenüberprüfung**
  Stimmte das Preis-/Leistungsverhältnis?

Dies ist der Idealweg einer Konzepterarbeitung. In "Reinform" werden ihn vor allem große Verwaltungen und Institutionen gehen. Kleinere Verwaltungen werden zunächst dort beginnen, wo Maßnahmen aus bestimmten Anlässen am dringendsten sind, und nach und nach ein Personalentwicklungskonzept erstellen. Die Anlässe können z. B. die Einführung der dezentralen Ressourcenverantwortung, die Einführung des Mitarbeitergesprächs, die Weiterentwicklung der Fortbildung o. ä. sein.[898]

c. Praxis in Kommunalverwaltungen

Im Jahr 1999 hat die KGSt eine Bestandsaufnahme zum Stand der Personalentwicklung unter ihren Mitgliedskommunen durchgeführt. Eine schriftliche Umfrage und zwei Werkstattgespräche zeigten folgende Entwicklungen:[899]

o In vielen Verwaltungen ist ein Personalentwicklungskonzept erarbeitet und erste Schritte daraus sind umgesetzt worden.

o In einer Reihe von Verwaltungen ist eine Stelle „Personalentwicklung" eingerichtet worden oder Anteile einer Stelle sind dafür vorgesehen.[900]

---

[896] KGSt-Bericht Nr. 3/2000: Personalentwicklung im Veränderungsprozess, S. 44; vgl. ferner Neuberger, Personalentwicklung, 1991, S. 273 ff.

[897] In Anlehung an KGSt-Bericht Nr. 3/2000: Personalentwicklung im Veränderungsprozess, S. 44.

[898] Vgl. KGSt-Bericht Nr. 13/1994, Personalentwicklung, S. 20.

[899] Vgl. KGSt-Bericht Nr. 3/2000: Personalentwicklung im Veränderungsprozess, S. 15.

[900] Vgl. auch Fortmann, Aufgabe und Stellung von Personalentwicklern, in: VOP 6/2000, S. 30-33.

- o Ein Zusammenwachsen von Organisations- und Personalentwicklung ist in einzelnen Fällen zu erkennen.
- o Im Mittelpunkt derzeitiger Fragen der Personalentwicklung steht die strategische Ausrichtung, die Vernetzung zwischen den einzelnen Personalentwicklungsmaßnahmen und das Personalentwicklungscontrolling.
- o Das verbreitetste Instrument der Personalentwicklung ist das Mitarbeitergespräch (ca. zwei Drittel haben es eingeführt).

Die Bestandsaufnahme zeigte gleichzeitig weitere Entwicklungen, die die Umsetzung der Personalentwicklung in den Kommunalverwaltungen erschweren oder zumindest vor neue Herausforderungen stellen:[901]

- o Die Verwaltungsreform befindet sich in einer schwierigen Phase, die sich in folgenden Tendenzen zeigt:
  - Die finanzielle Situation ist kritischer geworden.
  - Der Leistungsdruck hat sich insgesamt verschärft.
  - Der Legitimationsdruck auf die Personalentwicklung steigt, da zunehmend Fragen nach der Überprüfung der Wirksamkeit der Personalentwicklung gestellt werden.
  - Der Versuch, die Personalentwicklung mit der Verwaltungsreform zu verbinden, ist durch die Gleichzeitigkeit verschiedener Reformaktivitäten und die Komplexität des Reformprozesses schwierig.
- o Die leitenden Themen der Personalentwicklung mit daraus folgenden Anforderungen und Prioritäten verändern sich rapide. Insbesondere steigen die Anforderungen an die soziale und persönliche Kompetenz der Beschäftigten.
- o Vielfach fehlt eine Vernetzung verschiedener Bereiche untereinander:
  - Die Bausteine der Reform sind wenig miteinander verknüpft; die Verknüpfung zwischen den Elementen der Verwaltungsmodernisierung und der Personalentwicklung ist zu gering; die einzelnen Bausteine der Personalentwicklung sind zu wenig miteinander verknüpft.
  - Führungskräfte sind zu wenig in die Personalentwicklung eingebunden.
  - Die Beteiligung der Mitarbeiter/innen ist bislang zu gering.
  - Die Frauenförderung und Gleichstellungsarbeit sind zu wenig in die Personalentwicklung integriert.
- o Politische Wechsel beeinflussen die strategischen Personalentwicklungsziele und die Rahmenbedingungen. Dies hat in einigen Verwaltungen die Folge, dass Personalentwickler/innen ohne die Unterstützung der Verwaltungsleitung arbeiten müssen.

[901] Vgl. KGSt-Bericht Nr. 3/2000: Personalentwicklung im Veränderungsprozess, S. 15 f.

Der Verlauf der Einführung und Umsetzung von Personalentwicklungskonzepten verläuft in den meisten Verwaltungen in vier Phasen:

- **Phase 1**
  Die Personalentwicklung wird überwiegend mit Fortbildung gleichgesetzt.
- **Phase 2**
  Es wird eine Arbeitsgruppe oder Projektgruppe installiert, um Vorschläge oder ein Konzept zu entwickeln.
- **Phase 3**
  Das Thema Personalentwicklung wird als Daueraufgabe „institutionalisiert" z. B. durch eine neue Stelle oder Stellenanteile.
- **Phase 4**
  In dieser Phase werden neben der zentralen Aktivität der Stelle eine gleichzeitige Dezentralisierung und strategische Vernetzung angestrebt.

Die weiteren Entwicklungen sind derzeit noch offen, d. h. wie eine weitere Phase 5 aussehen wird, wird sich in der Zukunft zeigen.

Nachfolgende Abbildung zeigt die Einschätzung der Verwaltungen, die an dem ersten Werkstattgespräch der KGSt im April 1999 teilnahmen.

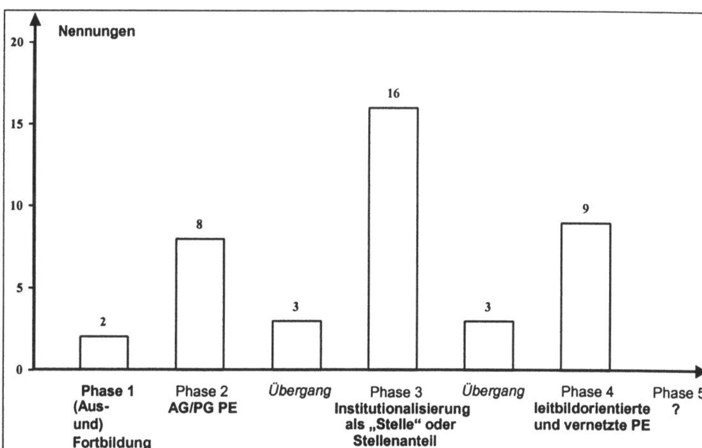

Abbildung 32: Standortbestimmung zur Personalentwicklung nach dem Werkstattgespräch der KGSt im April 1999[902]

[902] KGSt-Bericht Nr. 3/2000: Personalentwicklung im Veränderungsprozess, S. 14.

Beispielhaft wird nachfolgend das Personalentwicklungskonzept der Stadt Essen dargestellt.[903] Die Notwendigkeit der Personalentwicklung wird in der Essener Verwaltung vor allem darin gesehen, dass der Reformprozess von dem Wissen, der Erfahrung und dem Engagement des strategischen „Erfolgsfaktors“ Personal abhängt.[904] Bereits seit 1993 ist ein Handlungskonzept für eine mitarbeiterorientierte Personalarbeit vorhanden. Es wurde aber erkannt, dass eine strategische Personalentwicklung als Grundlage für die zentrale Steuerung der Personalentwicklung sowie die konkrete Umsetzung der verschiedenen Bereiche der Personalentwicklung notwendig ist. Daher enthält das Konzept Aussagen über Ziele, Verantwortlichkeiten, Umsetzung, Controlling und Integration der verschiedenen Bereiche der Personalentwicklung.[905]
Als strategische und operative Ziele der Personalentwicklung werden genannt:[906]

- die zur Erledigung der übertragenen Aufgaben benötigten Qualifikationen im Hinblick auf Veränderungen anpassen,
- Qualifikationen der Mitarbeiter/innen für neue Aufgaben verbessern,
- Qualitäts-/Dienstleistungs- und Kundenorientierung verbessern,
- Problemlösungsfähigkeit der Mitarbeiter/innen fördern,
- individuelle Fähigkeiten der Mitarbeiter/innen stärker nutzen,
- Leistungsvermögen, -bereitschaft und -bewusstsein auf allen Hierarchieebenen erhöhen,
- Kommunikation und Kooperation innerhalb der Verwaltung verbessern,
- Gleichstellung der Frauen verstärkt umsetzen,
- Arbeitszufriedenheit erhöhen,
- Mobilität der Mitarbeiter/innen fördern.

Die Stadtverwaltung Essen betrachtet die Personalentwicklung als einen Prozess und unterteilt ihn in drei Teilprozesse, denen jeweils bestimmte Instrumente zugeordnet werden:[907]

- Der **Auswahlprozess** bestimmt die Qualität der Auswahlentscheidung. Ihm sind die Personalauswahl und Ausschreibungsverfahren zugeordnet.
- Der **Abstimmungsprozess** bezieht sich auf die Kommunikation zwischen der/dem direkten Vorgesetzten und dem/der Mitarbeiter/in. Zu diesem Bereich gehören das Orientierungsgespräch,[908] die Personalbeurteilung und die Personalberatung.

---

[903] Vgl. Stadt Essen (Hrsg.), Personalentwicklungskonzept für alle Beschäftigten der Stadtverwaltung Essen, Stand: 2000.
[904] Vgl. Stadt Essen (Hrsg.), Personalentwicklungskonzept für alle Beschäftigten der Stadtverwaltung Essen, Stand: 2000, S. 1.
[905] Vgl. Stadt Essen (Hrsg.), Personalentwicklungskonzept für alle Beschäftigten der Stadtverwaltung Essen, Stand: 2000, S. 2 f.
[906] Vgl. Stadt Essen (Hrsg.), Personalentwicklungskonzept für alle Beschäftigten der Stadtverwaltung Essen, Stand: 2000, S. 9.
[907] Vgl. Stadt Essen (Hrsg.), Personalentwicklungskonzept für alle Beschäftigten der Stadtverwaltung Essen, Stand: 2000, S. 11 ff.
[908] Diese Form des Gesprächs wird in dieser Arbeit „Mitarbeitergespräch“ genannt, vgl. Kap. 8.3.6.4.

- Im **Entwicklungsprozess** werden die Mitarbeiter/innen qualifiziert, um gegenwärtige oder zukünftige Anforderungen erfüllen zu können. Hier sind folgende Instrumente angesiedelt: Arbeitszeitmodelle, Gesundheitsprävention,[909] Frauenförderung, Leistungsanreize,[910] Suchtprävention und –beratung[911]. Der Prozess wird in einem Regelkreis gesehen, der über die Definition von Entwicklungszielen, die mit Messgrößen bzw. Indikatoren versehen werden, über individuelle Programme zur Verwirklichung und Umsetzung von Entwicklungsmaßnahmen bis zur Überprüfung der Zielerreichung im Orientierungsgespräch und Gegensteuerung bei Bedarf verläuft.

Das vorliegende Personalentwicklungskonzept wurde und wird auf unterschiedlichen Verwaltungsebenen diskutiert. Für das Controlling der Personalentwicklung werden Daten und Informationen in aggregierter Form hinsichtlich der Beschäftigtenstruktur (tatsächlich eingesetztes Personal differenziert nach unterschiedlichen Beschäftigungsverhältnissen), der Personaleinsatzquote (tatsächlich vorhandene Kapazität), der Gesundheitsquote (Anwesenheitstage in Soll-Arbeitstage), der Personalfluktuation (Anteil der ausgeschiedenen Beschäftigten) und der Fortbildungsquote (Anteil der Fortbildungsstunden an der tatsächlichen Arbeitszeit) zu Grunde gelegt. Qualitative Informationen zum Personalentwicklungscontrolling liefern Einschätzungen der Beschäftigten zu den verschiedenen Personalentwicklungsinstrumenten. Mitarbeiterbefragungen sind dazu ein hilfreiches Instrument.[912]
Die Prioritäten der konkreten Umsetzung im Jahr 2000 lagen für die Stadtverwaltung Essen in den Themen „Wahrnehmung der Führungsverantwortung“[913] und „Führen von Orientierungsgesprächen“[914]. Weiterhin bildete der Aufbau einer Personalstrukturplanung und eines Personalcontrollings einen Schwerpunkt im Jahr 2000. Darüber hinaus werden die bereits laufenden Themen „Personalbeurteilung“ und „Leistungsanreize“ weiter fortgeführt.[915]

---

909 Die Gesundheitsförderung wird in dieser Arbeit nicht als Bereich der Personalentwicklung betrachtet, sondern als eigener Leistungsanreiz, vgl. Kap. 8.3.9.4.

910 Unter Leistungsanreizen werden in dem Essener Personalentwicklungskonzept materielle Leistungsanreize verstanden, vgl. Stadt Essen (Hrsg.), Personalentwicklungskonzept für alle Beschäftigten der Stadtverwaltung Essen, Stand: 2000, S. 57. In dieser Arbeit werden Leistungsanreize nicht als Teil der Personalentwicklung betrachtet, sondern als Querschnittsfunktion, vgl. Kap. 6.1.3.1.

911 Suchtprävention und -beratung werden in dieser Arbeit nicht als Bereich der Personalentwicklung betrachtet, sondern als Teil des Leistungsanreizes „Gesundheitsförderung“, vgl. Kap. 8.3.9.4.

912 Vgl. Stadt Essen (Hrsg.), Personalentwicklungskonzept für alle Beschäftigten der Stadtverwaltung Essen, Stand: 2000, S. 23 f.

913 Vgl. Stadt Essen (Hrsg.), Personalentwicklungskonzept für alle Beschäftigten der Stadtverwaltung Essen, Stand: 2000, S. 41.

914 Vgl. Stadt Essen (Hrsg.), Personalentwicklungskonzept für alle Beschäftigten der Stadtverwaltung Essen, Stand: 2000, S. 40.

915 Vgl. Stadt Essen (Hrsg.), Personalentwicklungskonzept für alle Beschäftigten der Stadtverwaltung Essen, Stand: 2000, S. 27.

8.3.2.2 Fortbildung

a. Beschreibung

Fortbildung[916] stellt einen Schwerpunkt der Personalentwicklung dar.[917] Fortbildung meint die Vermittlung von Kenntnissen und Fähigkeiten, die nach einer ersten berufsbezogenen Ausbildung dazu beitragen, die Qualifikationen eines/r Mitarbeiters/in dauerhaft zu gewährleisten oder bisherige Qualifikationen zu ergänzen oder zu vertiefen.[918]
In diesem Zusammenhang handelt es sich um die berufliche Fortbildung, die von der allgemeinen Fortbildung im Sinne der Förderung der Allgemeinbildung abzugrenzen ist.[919]

Mit der Fortbildung in Kommunalverwaltungen werden verschiedene Ziele verfolgt:[920]

- Sicherstellung der Aufgabenerfüllung und Zielerreichung der Verwaltung,
- Sicherstellung der Übereinstimmung der Anforderungen der Stelle und der Fähigkeiten der Beschäftigten,
- vertikale und horizontale Mobilität und Flexibilität der Einsetzbarkeit der Beschäftigten,
- Verbesserung der fachlichen, methodischen, sozialen und persönlichen Kompetenzen der Beschäftigten,
- Verbesserung der Karrieremöglichkeiten für die Beschäftigten,
- Erhalt und Steigerung der Motivation der Mitarbeiter/innen.

Insbesondere hinsichtlich des letztgenannten Ziels „fungieren Bildungsmaßnahmen als Anreizinstrumente"[921].

---

916 In der Literatur werden die Begriffe „Bildung", „Fortbildung", „Weiterbildung" teils mit unterschiedlichen Akzenten, teils mit gleicher Bedeutung gebraucht, vgl. Berthel, Fort- und Weiterbildung, in: Gaugler/Weber (Hrsg.), Handwörterbuch des Personalwesens, 1992, Sp. 883 (883 f.); Hopp/Göbel, Management in der öffentlichen Verwaltung, 1999, S. 251 ff.; Mayrhofer, Personalentwicklung, in: Kasper/Mayrhofer (Hrsg.), Personalmanagement, Führung, Organisation, 1996, S. 451 (466 ff.); Oechsler, Personal und Arbeit, 2000, S. 589 ff.; Scholz, Personalmanagement, 2000, S. 541; Staehle, Management, 1999, S. 880 ff. In dieser Arbeit wird der Begriff Fortbildung benutzt, der die verschiedenen Aspekte einschließt.

917 Vgl. KGSt-Bericht Nr. 13/1994, Personalentwicklung, S. 16.

918 Vgl. Berthel, Personalmanagement, 1997, S. 263.

919 Vgl. Staehle, Management, 1999, S. 881.

920 Vgl. auch KGSt-Bericht Nr. 3/2000: Personalentwicklung im Veränderungsprozess, S. 75.

921 Vgl. Hill/Frey, Motivationsinstrumente für eine Innovation der öffentlichen Verwaltung, in: Verwaltung und Management, 1/1997, S. 7 (9); Oechsler, Personal und Arbeit, 2000, S. 590; ferner Carstensen, Die Anreizwirkungen betrieblicher Qualitfizierungspolitik, in: Frick/Neubäumer/Sesselmeier (Hrsg.), Die Anreizwirkungen betrieblicher Zusatzleistungen, 1999, S. 147-170. Während in den letzten Jahrzehnten Lernen und lebenslanges Lernen als „Allheilmittel" propagiert wurde, werden zunehmend Zweifel an dieser Auffassung laut, vgl Geißler/Orthey, Lebenslanges Lernen: Die große Illusion, in: Psychologie Heute 3/2000, S. 36-41; Simon, Lernen – und wie man sich davor schützt, in: Personalführung 7/1998, S. 12-13.

Fortbildung baut auf eine berufliche Ausbildung auf. Zu der beruflichen Ausbildung zählen:[922]

- **Erstausbildung**
  Hier werden erstmalig und systematisch berufliche Kenntnisse und Fähigkeiten vermittelt. In der öffentlichen Verwaltung werden für die jeweils verschiedenen Laufbahngruppen (einfacher, mittlerer, gehobener und höherer Dienst) spezifische Ausbildungen durchgeführt. An spezifischen Fachhochschulen und in Studiengängen in den Bundesländern werden Beamte/innen des gehobenen Dienstes ausgebildet.
- **Traineeausbildung**
  In speziellen, vor allem in der Privatwirtschaft üblichen Einarbeitungsprogrammen beginnen Hochschulabsolventen/innen ihre berufliche Laufbahn, indem sie systematisch in den gesamten Betrieb eingeführt und mit ihm vertraut gemacht werden. Im öffentlichen Dienst werden Absolventen/innen von wissenschaftlichen Hochschulen für die Laufbahn des höheren Dienstes in einem Vorbereitungsdienst auf ihre zukünftigen Tätigkeiten herangeführt.
- **Anlernausbildung**
  Beschäftigte in Betrieben oder Organisationseinheiten, die unmittelbar eingesetzt werden sollen, werden ohne längerfristige Ausbildung für ihre Tätigkeiten angelernt.

Folgende Maßnahmen können in der beruflichen Fortbildung differenziert werden:[923]

- **Anpassungsfortbildung**
  Durch Qualifizierungsmaßnahmen wird dem/der Mitarbeiter/in ermöglicht, sich den veränderten Anforderungen an den Arbeitsplatz anzupassen und ihnen zu entsprechen, so dass ein Verbleiben auf dem Arbeitsplatz ermöglicht wird.
- **Ergänzungsfortbildung**[924]
  Zusätzliche Qualifizierungen gehen über den eigentlichen Stellenbezug und über bestimmte Stellenanforderungen hinaus.
- **Aufstiegsfortbildung**
  Durch Qualifizierungsmaßnahmen wird die/der Beschäftigte auf die Übernahme einer höherwertigen Tätigkeit im Rahmen des beruflichen Aufstiegs vorbereitet.
- **berufliche Umschulung**
  Sie stellt eine nachgeholte Ausbildung zum Erwerb neuer Kenntnisse und Fähigkeiten dar.

---

[922] Vgl. Müller, Personalentwicklung in der öffentlichen Verwaltung, 1996, S. 123 f..; Oechsler, Personal und Arbeit, 2000, S. 587 ff.

[923] Vgl. Hopp/Göbel, Management in der öffentlichen Verwaltung, 1999, S. 251 f.; Müller, Personalentwicklung in der öffentlichen Verwaltung, 1996, S. 123 f.; Oechsler, Personal und Arbeit, 2000, S. 589 ff.; Staehle, Management, 1999, S. 881.

[924] Die Ergänzungsfortbildung wird auch mit der Anpassungsfortbildung gleichgesetzt, vgl. Staehle, Management, 1999, S. 881.

- **Maßnahmen der beruflichen Wiedereingliederung**
  Sie bestehen aus der beruflichen Rehabilitation (körperlich, geistig, seelisch Behinderter).

Zur Fortbildung gehören sowohl interne und externe Bildungsmaßnahmen als auch Angebote der Erwachsenenbildungsträger wie Volkshochschulen, Einrichtungen der Industrie- und Handelskammern, der Gewerkschaften etc. Fortbildung kann Einzelbildung oder Gruppenbildung meinen. In der **Einzelbildung** findet der Lernprozess ohne Interaktion zu anderen Lernenden statt. Lernstoff und Lerntempo können zwar individuell gestaltet werden, jedoch kann die Verringerung der Motivation auf Grund der Isolation eine Folge sein. Basis der **Gruppenbildung** sind systematische Interaktionen zwischen den Beteiligten. Folgen sind die Mitwirkung an Lerninhalten und -zielen, soziale Kontakte, Erfahrungsaustausch sowie die Schulung von Kooperation, Selbstdisziplin und Teamfähigkeit.[925]
Es wird zwischen verschiedenen Bildungsmethoden und -konzepten unterschieden: **Aktive** Bildungskonzepte beziehen die Teilnehmer/innen und ihre Interessen aktiv in den Bildungsprozess ein. Konkrete Bildungsmethoden sind Diskussionen, Gruppenarbeit, Rollenspiele etc. Das problemorientierte Lernen steht dabei im Mittelpunkt.[926] Vorteile der aktiven Bildungskonzepte sind die Berücksichtigung von Teilnehmerinteressen, die Förderung der Kooperation und der gute Lerntransfer. Nachteile sind kleine Teilnehmerzahlen, zeit- und kostenaufwendige Vorbereitungen. **Passive** Bildungsmethoden und -konzepte nutzen Frontalunterricht, Vorträge, Referate etc. Der Vorteil ist schnelle Informationsvermittlung an viele Teilnehmer/innen, die Nachteile sind die mangelnde Eigenaktivierung der Teilnehmer/innen, die Abhängigkeit der Arbeitsinhalte und des Arbeitstempos von dem/der Bildungsverantwortlichen und die Entstehung von Transferproblemen.[927]
Bei der Systematisierung von Fortbildungsmaßnahmen wird unterschieden zwischen Maßnahmen außerhalb des Arbeitsplatzes (Training off the Job) und am Arbeitsplatz (Training on the Job). Die klassische Form der Fortbildung ist das Seminar (Training off the Job). In Seminaren werden Kompetenzen in Gruppen vermittelt und können dort erprobt werden. Probleme entstehen jedoch bei dem Transfer des Gelernten in den Berufsalltag. Diese Probleme sowie die geringen finanziellen Fortbildungsetats haben das „Lernen am Arbeitsplatz“ (Training on the job) verstärkt in das Blickfeld gerückt.[928] Be-

---

[925] Vgl. Meier, Handwörterbuch der Aus- und Weiterbildung, 1995, S. 9; Oechsler, Personal und Arbeit, 2000, S. 592.
[926] Vgl. Gräsel/Mandl, Problemorientiertes Lernen: Anwendbares Wissen fördern, in: Personalführung 6/1999, S. 54-62.
[927] Vgl. Meier, Handwörterbuch der Aus- und Weiterbildung, 1995, S. 8.
[928] Vgl. Dohmen, Einleitung: Das selbstgesteuerte Lernen als unterstütztes Selbstlernen, in: Bundesministerium für Bildung und Forschung (Hrsg.), Weiterbildungsinstitutionen, Medien, Lernumwelten, 1999, S. 16-38; Gewerkschaft Öffentliche Dienste, Transport und Verkehr (ÖTV) (Hrsg.), Qualifizierungsstrategien und Personalentwicklungskonzepte in der „modernen Verwaltung“, o. J., S. 19 ff. Die KGSt hat bereits 1984 auf diese Lernform aufmerksam gemacht, vgl. KGSt-Bericht Nr. 4/1984: Lernen am Arbeitsplatz.

reits in früheren Jahren wurden Projektarbeit,[929] Übernahme von Sonderaufgaben und Stellvertretung als Lernformen am Arbeitsplatz erkannt.[930] Weitere Lernformen am Arbeitsplatz sind Teamentwicklung,[931] Coaching/Supervision, Job Enlargement,[932] Job Enrichment,[933] Job Rotation,[934] Hospitation, Einarbeitungsprogramme, Lernstatt, Übungsfirmen, Qualitätszirkel,[935] Inhouse-Veranstaltungen oder Formen des selbst organisierten Lernens (z. B. computer-gestützter Lernprogramme[936]).[937] Lernformen am Arbeitsplatz sind i. d. R. kosten- und zeitsparender und ermöglichen einen besseren Lerntransfer. In Zeiten knapper finanzieller Ressourcen gewinnen auch Multiplikatorenschulungen zunehmend an Bedeutung: In externen Fortbildungsmaßnahmen erworbenes Wissen wird in organisierten Lernformen an andere Beschäftigte innerhalb der Verwaltung weitergegeben.[938]

Die Fortbildung, die einerseits selber einen Leistungsanreiz darstellt, kann durch weitere Anreize unterstützt werden, die die Mitarbeiter/innen motivieren, an Fortbildungsveranstaltungen teilzunehmen. Die Übernahme von interessanten bzw. attraktiveren Aufgaben oder sogar der Wechsel der Beruftätigkeit stellen einen Anreiz für die Inanspruchnahme von Fortbildungen dar. Die individuelle Förderung und Entwicklung und ein damit oftmals verbundener Aufstieg bedeuten für viele Beschäftigte einen weiteren zentralen Anreiz für die Fortbildungsteilnahme. Finanzielle Anreize in Form von finanziellen Verbesserungen werden weiterhin als Folge der Teilnahme in Aussicht gestellt. Insbesondere in Veränderungsprozessen kann der Erwerb von Qualifikationen mit größerer Arbeitsplatzsicherheit verbunden sein.[939]

---

929 Vgl. auch Kap. 8.3.3.5.
930 Vgl. KGSt-Bericht Nr. 4/1984: Lernen am Arbeitsplatz; KGSt-Bericht 1/1993: Organisation der Fortbildung in den Neuen Bundesländern, S. 22.
931 Vgl. auch Kap. 8.3.3.4.
932 Vgl. auch Kap. 8.3.3.1.
933 Vgl. auch Kap. 8.3.3.2.
934 Vgl. auch Kap. 8.3.3.3.
935 Vgl. auch Kap. 8.3.7.6.
936 Vgl. Erpenbeck, Die Kompetenzbiographie, 1999; Fischer, Möglichkeiten und Grenzen Moderner Technologien zur Unterstützung des Selbstgesteuerten und Lebenslangen Lernens, in: Bundesministerium für Bildung und Forschung (Hrsg.), Weiterbildungsinstitutionen, Medien, Lernumwelten, 1999, S. 95-146; Meier/Edel, Alternative Lernwege, in: VuF, 3/4/1998, S. 189-205; Meier, Lernmedien und Selbstlernen in der Fortbildung von Führungskräften, in: VuF 1/2000, S. 3-15; Schreuder/Elert/Weber, Einsatz rechnergestützter Lernmedien am Arbeitsplatz, 1997; Stadelhofer, Selbstgesteuertes Lernen und Neue Kommunikationstechnologien, in: Bundesministerium für Bildung und Forschung (Hrsg.), Weiterbildungsinstitutionen, Medien, Lernumwelten, 1999, S. 147-208.
937 Der Übergang zur allgemeinen Personalentwicklung ist hier fließend; zur Verbindung arbeitsplatzbezogener Lernformen und Aufgabenanalysen vgl. Schaper/Sonntag, Aufgabenanalysen und arbeitsplatzbezogene Lernprozesse, in: Zeitschrift für Arbeitswissenschaft 3/1998, S. 132-143.
938 Vgl. Dulisch, Multiplikatorenschulungen in der öffentlichen Verwaltung, in: VuF 1/2000, S. 16-24; KGSt-Bericht 1/1993: Organisation der Fortbildung in den Neuen Bundesländern, S. 22 f.
939 Vgl. Weber, Anreize für Mitarbeiter zur Weiterbildung, in: Schanz (Hrsg.), Handbuch Anreizsysteme in Wirtschaft und Verwaltung, 1991, S. 331 (347).

b. Erfolgsfaktoren

Ein entscheidender Erfogsfaktor für eine effektive kommunale Fortbildung ist ein systematisches Fortbildungskonzept. Zu seiner Erarbeitung gehören verschiedene Schritte, die bereits vergleichbar zur Erstellung eines Personalentwicklungskonzeptes dargestellt worden sind.[940] Anforderungsanalyse, Bestandsaufnahme, Formulierung der Fortbildungsziele, Bedarfsermittlung, Durchführung von Fortbildungsmaßnahmen, Verknüpfung der verschiedenen Fortbildungsmaßnahmen untereinander sowie mit anderen Maßnahmen der Personalentwicklung,[941] des Fortbildungsmarketings[942] und des Controllings/der Evaluation[943].
Die Einbeziehung der Mitarbeiter/innen sowie des Personalrates,[944] der Gleichstellungsbeauftragten und der Schwerbehindertenvertretung in die Erarbeitung des Fortbildungskonzepts, insbesondere an der Festlegung der Weiterbildungsziele und –inhalte, ist eine wesentliche Voraussetzung für eine effektive Fortbildung und die Wirkung der Fortbildung als Leistungsanreiz.[945] Voraussetzung bei den Beschäftigten ist das Vorhandensein von Entwicklungspotenzialen, Belastbarkeit und Lern- und Fortbildungsbereitschaft.
Wie im gesamten Personalmanagement und in der Personalentwicklung haben im Rahmen der dezentralen Ressourcenverantwortung auch in der Fortbildung die verschiedenen Verwaltungsebenen[946] verschiedene Verantwortungen:
Auf der Ebene der **Steuerung** hat die Verwaltungsleitung die Aufgabe, die strategischen Verwaltungsziele und die daraus resultierenden strategischen Ziele für die Personalentwicklung und die Fortbildung, die wichtigsten Lernfelder und Zielgruppen sowie die finanziellen Mittel festzulegen. Aufgabe der **Steuerungsunterstützung** ist die Entwicklung von Konzepten der internen und externen Fortbildung, der Lernziele, Zielgruppen, Rahmenbedingungen, des Lernens am Arbeitsplatz, des Controllings/der Evaluation. Auf der Ebene des **Service Personal** werden konkrete Lehrveranstaltungen und Maßnahmen im Auftrag der Facheinheiten oder der Steuerungsebene geplant und durchgeführt. Auf der Ebene der **direkten Personalarbeit** wird der Lernbedarf festgestellt (z. B.

---

940 Vgl. Kap. 8.3.2.1.

941 Vgl. Gewerkschaft Öffentliche Dienste, Transport und Verkehr (ÖTV) (Hrsg.), Qualifizierungsstrategien und Personalentwicklungskonzepte in der „modernen Verwaltung", o. J., S. 17 ff.

942 Vgl. Piber, Bildungsmarketing, in: Biehal, Lean Service. 1994, S. 76-96.

943 Vgl. Baldin, Bildungscontrolling in der Weiterbildung, in: Walsh/Papmehl (Hrsg.), Personalentwicklung im Wandel, 1991, S. 161-172; Börsch/Mathy, Controllingsystem für die Aus- und Weiterbildung, in: VOP 6/2000, S. 17-19; Hummel, Erfolgreiches Bildungscontrolling, 1999; Jäckering, Methoden der Evaluierung von Fortbildung, in: VuF 3/4/1998, S. 206-217; Keßler, Bildungserfolg transparent machen, in: Walsh/Papmehl (Hrsg.), Personalentwicklung im Wandel, 1991, S. 143-149; Weber, L. & C. Steinmüller GmbH, Zur Evaluation von Weiterbildungsmaßnahmen, in: Personalführung 11/1992, S. 944-947; Weskamp, Die Dimension „Ertrag" im betriebswirtschaftlichen Bildungscontrolling und in der pädagogischen Evaluation – eine Abgrenzung, in: VuF, 3/4/1998, S. 218-235.

944 Vgl. Kühnlein, Neue Typen betrieblicher Weiterbildung, 1999. Untersuchungen in der Privatwirtschaft haben gezeigt, dass die Betriebsräte Probleme bei der Mitwirkung der strategischen Ausrichtung der Aus- und Fortbildung haben, vgl. Grass, Die Rolle der Betriebsräte in der Aus- und Weiterbildung, in: ZfP 2/1997, S. 140-160.

945 Vgl. Oechsler, Personal und Arbeit, 2000, S. 590.

946 Vgl. KGSt-Bericht Nr. 7/1994: Dezentrale Personalarbeit, S. 20 ff.

in Mitarbeitergesprächen). Auf dieser Ebene werden die Veranstaltungen und die Teilnehmer/innen ausgewählt sowie der Lerntransfer gesichert. Diese Ebene wirkt mit an der Konzeptentwicklung durch den Steuerungsdienst und führt ggf. eigene Fortbildungsveranstaltungen durch. Hier wird ebenfalls das Lernen am Arbeitsplatz ermöglicht und unterstützt.[947] Zentrale Aufgaben haben die unmittelbaren Vorgesetzten, da vor allem sie für die Schaffung eines lernfördernden Klimas Verantwortung tragen.[948] Die in vielen Verwaltung vorhandenen Fortbildungsbeauftragten stellen eine Vermittlungs-, Informations- und Koordinationsstelle zwischen externen Anbietern und internen Nachfragenden dar. Sie erarbeiten Grundlagen für eine systematische Fortbildungsplanung. Sie unterstützen die Facheinheiten bei der Bedarfsermittlung, der Prioritätensetzung und Mittelverteilung und der Zusammenstellung der Fortbildungsprogramme.[949] Die Verantwortung der Mitarbeiter/innen besteht in der grundsätzlichen Bereitschaft, die eigenen Fortbildungsbedarfe zu erkennen und zu benennen, sowie in der Bereitschaft, sich auf Lernprozesse einzulassen.

Besonders bei Dezentralisierung ist ein gutes Fortbildungsmarketing notwendig, da die dezentralen Verwaltungseinheiten Kunden sind und das interne Fortbildungsangebot im Wettbewerb zu externen Anbietern steht.

Um den Lerntransfer zu sichern, ist bereits in der Planungsphase die Umsetzung des Gelernten am Arbeitsplatz zu berücksichtigen. Hilfreich sind Vor- und Nachbereitungsgespräche zu den einzelnen Fortbildungsmaßnahmen, z. B. im Rahmen des Mitarbeitergesprächs. Die Auswirkungen von Fortbildungsmaßnahmen sind i. d. R. erst nach längerer Zeit feststellbar; daher sollte ein zweites Nachbereitungsgespräch in einem größeren zeitlichen Abstand stattfinden.[950] Die Aufgabe des Fortbildungscontrollings ist die Bereitstellung von Informationen für Planungs-, Steuerungs- und Kontrollaufgaben in der Fortbildung. Das strategische Fortbildungscontrolling bezieht sich auf das Setzen und die Kontrolle der strategischen Ziele und Schwerpunkte der Fortbildung, das operative Fortbildungscontrolling auf die konkreten Fortbildungsmaßnahmen und deren effektiven und effizienten Einsatz.

c. Praxis in Kommunalverwaltungen

Die kommunale Fortbildung steht derzeit vor verschiedenen Herausforderungen:[951]

- o Das Wissensmanagement stellt erhöhte Anforderungen an die Fortbildung.
- o Das Leitbild der „Lernenden Verwaltung“ stellt die Fortbildung in den Mittelpunkt seiner praktischen Umsetzung.

---

947 Vgl. KGSt-Bericht Nr. 7/1994: Dezentrale Personalarbeit, S. 18.

948 Vgl. Bonarius, Statt Allmachtsphantasie viel Überzeugungsarbeit in den Vorstandsetagen, in: Management & Seminar 6/1992, S. 18-21; Reinhardt, Lerntransfer in die Praxis, in: Deutscher Genossenschafts- und Raiffeisenverband e.V. (Hrsg.), Sonderdruck aus Genossenschaftsforum. Raiffeisenrundschau & Blätter für Genossenschaftswesen 6/1990, S. 48-56.

949 Vgl. KGSt-Bericht 1/1993: Organisation der Fortbildung in den Neuen Bundesländern, S. 9.

950 Vgl. KGSt-Bericht Nr. 13/1994, Personalentwicklung, S. 16.

951 Vgl. KGSt-Bericht Nr. 5/2000: Fortbildung im Wandel, 2000.

- o Neue Techniken und Medien haben veränderte Lern- und Lehrformen zur Konsequenz.[952]
- o Internationale und transnationale Zusammenarbeit gewinnt zunehmend an Bedeutung.[953]
- o Der Wertewandel, der eine Aufwertung von Selbstentfaltungswerten gegenüber Pflicht- und Akzeptanzwerten zur Folge hat, verändert auch die Ansprüche der Beschäftigten an die Fortbildung.[954]
- o Den veränderten Anforderungen an die Beschäftigten durch die Verwaltungsmodernisierung muss die Fortbildung Rechnung tragen.
- o Durch die veränderten Verwaltungsstrukturen wird auch die Fortbildung im Rahmen der dezentralen Ressourcenverantwortung dezentralisiert. Eine Folge ist die verstärkte Verantwortung der Führungskräfte für die Fortbildung ihrer Mitarbeiter/innen.
- o Eine weitere Konsequenz ist die Fortbildung als Dienstleistung des Personalservice. Diese Dienstleistung des Personalservice steht im Wettbewerb mit externen Fortbildungsanbietern.
- o Durch die knappen finanziellen Ressourcen steht die Fortbildung unter Rechtfertigungsdruck. Das Fortbildungscontrolling gewinnt zunehmend an Bedeutung.

Durch diese Veränderungen im Umfeld unterliegt die Fortbildung selbst einem Veränderungsprozess: In den 70er Jahren des 20. Jahrhunderts herrschte das sog. Lückenkonzept vor, in dem die Fortbildung vorrangig die Aufgabe hatte, Qualifikationsdefizite abzubauen.[955] In der Folge war der durchschnittliche Fortbildungsaufwand der öffentlichen Verwaltung im Vergleich zur Privatwirtschaft sehr gering.[956] Die Kosten für Fortbildung liegen in der Privatwirtschaft bei ca. 2 bis 3 % der Personalkosten, der Anteil in der öffentlichen Verwaltung bei knapp einem Prozent.[957] 1993 gaben die führenden Kommunalverwaltungen ca. 1,5 % aus, der Durchschnitt lag bei 1,5 %.[958] Besondere Defizite bestanden und bestehen bis heute im Bereich der Bedarfsorientierung, die sich pointiert wie folgt beschreiben lassen: „Herumreichung diffuser ‚Speisekarten‘; Dominieren des Zugriffsprinzips mit den Entscheidungskriterien Abkömmlichkeit, Belohnung, psycholo-

---

952 Vgl. z. B. Anwander/Fleck, Planspiele und Lernprogramme als Beitrag zur Personalentwicklung, in: Walsh/Papmehl (Hrsg.), Personalentwicklung im Wandel, 1991, S. 186-195; Meifert/Piehl, Integrierte Vermittlung von Fach- und Sozialkompetenz durch multimedial unterstütztes Training, in: Personal 1/2000, S. 18-21; Plumeier, Bildungs-Informations-Systeme, in: Walsh/Papmehl (Hrsg.), Personalentwicklung im Wandel, 1991, S. 175-185.

953 Vgl. Braun, Qualitative Personalentwicklung, in: io Management-Zeitschrift 1/1991, S. 74 (77 f.); Drewello, Die neue Methode der Personalentwicklung, in: der städtetag 1/1999, S. 5-9.

954 Vgl. Klages, Personalentwicklung in der öffentlichen Verwaltung, in: Schanz (Hrsg.), Handbuch Anreizsysteme in Wirtschaft und Verwaltung, 1991, S. 1147 (1157); zum Wertewandel zu Arbeit und Beruf vgl. Kap. 5.5.1.

955 Vgl. Hopp/Göbel, Management in der öffentlichen Verwaltung, 1999, S. 252.

956 Vgl. Klages, Verwaltungsmodernisierung: "harte" und "weiche" Aspekte, 1997, S. 127.

957 Vgl. Nentzel, Personalentwicklung, 1997, S. 162.

958 Vgl. KGSt-Bericht Nr. 5/1993: Das Neue Steuerungsmodell, S. 29; ferner Kühnlein/Wohlfahrt, Leitbild lernende Verwaltung?, 1995, S. 14.

gisch gemeinte Auffrischungskur für Burnouts"[959]. Die mangelnde Qualifikation des öffentlichen Dienstes bedeutete in der Vergangenheit und bedeutet bis heute eine „enorme Verschwendung von brachliegendem Humankapital"[960].
Seit den 90er Jahren, insbesondere im Rahmen der Verwaltungsreform, wandelt sich die Fortbildung mehr und mehr zu einem eigenen „Modernisierungsinstrument", das die Veränderungsprozesse aktiv unterstützt. Voraussetzung ist ein Qualifikationsverständnis, das „**Qualifikationen als innovative Potentiale** zur Gestaltung organisationaler Veränderungen begreift"[961]. Die Mitarbeiter/innen werden aktiv auf gegenwärtige und zukünftige Veränderungen der Anforderungen vorbereitet. Eine zentrale Rolle spielt dabei das sog. E-Lerning, das die neue Selbstständigkeit der Beschäftigten durch moderne Informationstechniken unterstützt.[962] Die veränderten Anforderungen hinsichtlich der ziel- und ergebnisorientierten Führung erfordern insbesondere eine zielgerichtete Führungskräftequalifizierung.

Eine empirische Untersuchung zur Fortbildungssituation in ausgewählten westdeutschen Kommunalverwaltungen, die 1992 bis 1994 von der Sozialforschungsstelle Düsseldorf durchgeführt wurde, zeigte, dass 60 % der befragten Kommunalverwaltungen über Fortbildungsprogramme verfügten, die sich an geänderte Anforderungen angepasst haben.[963] Fortbildungen zur Verwaltungsreform, insbesondere zum Neuen Steuerungsmodell, wurden erst allmählich zum Fortbildungsthema.[964] Die Untersuchung zeigte weiterhin eine Teilnahme an Fortbildungsveranstaltungen von Beamten/innen und Angestellten, die ungefähr ihrem Beschäftigtenanteil entsprach.[965] Darüber hinaus war erkennbar, dass der gehobene Dienst im Vergleich zum mittleren Dienst überproportional an der beruflichen Fortbildung beteiligt war.[966] Weiterhin zeigte sich, dass Frauen seltener Fortbildungsangebote, insbesondere Angebote der Aufstiegsfortbildung, wahrnehmen.[967] Berufsbegleitende, nicht-zertifizierte Fortbildungsmaßnahmen, d. h. Maßnahmen der Anpassungsfortbildung, wurden am meisten wahrgenommen.[968] Inzwischen betreiben mehr oder weniger alle Kommunalverwaltungen Fortbildung. Die zunehmend knapper werdenden Mittel, aber auch die raschen Veränderungsprozesse, führten dazu, dass die Notwendigkeit und der Nutzen von Fortbildung stärker in das Blickfeld gerückt sind.
Im Laufe der Reformprozesse änderten sich die Fortbildungsthemen: Zu Beginn der Verwaltungsmodernisierung standen vor allem fachliche Themen wie z. B. betriebswirt-

[959] Klages, Verwaltungsmodernisierung: "harte" und "weiche" Aspekte, 1997, S. 127.
[960] Klages, Verwaltungsmodernisierung: "harte" und "weiche" Aspekte, 1997, S. 127.
[961] Nentzel, Personalentwicklung, 1997, S. 165.
[962] Vgl. Hill, Die Neue Selbständigkeit fördern, in: Fisch/Hill (Hrsg.), Personalmanagement der Zukunft, 2001, S. 47-49.
[963] Vgl. Kühnlein/Wohlfahrt, Leitbild lernende Verwaltung?, 1995, S. 58.
[964] Vgl. Kühnlein/Wohlfahrt, Leitbild lernende Verwaltung?, 1995, S. 69 f., 76 f.
[965] Vgl. Kühnlein/Wohlfahrt, Leitbild lernende Verwaltung?, 1995, S. 58.
[966] Vgl. Kühnlein/Wohlfahrt, Leitbild lernende Verwaltung?, 1995, S. 53 f., 63 f.
[967] Vgl. Kühnlein/Wohlfahrt, Leitbild lernende Verwaltung?, 1995, S. 61.
[968] Vgl. Kühnlein/Wohlfahrt, Leitbild lernende Verwaltung?, 1995, S. 54 f.

schaftliche Fragestellungen im Vordergrund.[969] Mit Zunahme der Erkenntnis, dass die Beschäftigten, die Zusammenarbeit unter ihnen und die Qualität der Führung entscheidende Erfolgsfaktoren im Modernisierungsprozess sind, gewann die Vermittlung von sozialen und Schlüsselkompetenzen sowie Managementkompetenzen[970] an Bedeutung und stellten die Themen von Fortbildungsveranstaltungen dar. Die Fortbildung hat dadurch die Aufgabe der Unterstützung des Reformprozesses erhalten. Dennoch steht sie ständig in der Gefahr, an den Widersprüchen zwischen der Sichtweise des Personals als strategischer Ressource und den Zwängen der Personalkostenreduzierung zu scheitern.[971] Versteht sich die Verwaltung als lernende Verwaltung, die sich ständig wandelt und sich in Strukturen und Prozessen den Anforderungen anpasst, erhält die Fortbildung die Rolle der Unterstützung dieser Wandlungs- und Reformprozesse durch die vorbereitende und begleitende Qualifizierung der Beschäftigten.[972]

Beispielhaft werden im Folgenden die einzelnen Elemente der Fortbildung der Stadt Köln und die Führungsqualifizierung der Stadt Duisburg vorgestellt.

Die Stadt Köln gibt jährlich ein Fortbildungsprogramm heraus. Die Schwerpunkte gliedern sich wie folgt:[973]

- allgemeine Fortbildung (z. B. Führungslehre, Führungstechniken, Stressmanagement, Gesprächs-/Präsentationstechniken, Einführung in die PC-Textverarbeitung etc.),
- fachbezogene Fortbildung (Wirtschaft u. Finanzen, Personalrecht, Korruptionsvorbeugung, Organisation, Bau-/Planungsrecht, Arbeitsschutz/Gesundheit),
- gruppenbezogene Fortbildung (z. B. für Frauen, Beurlaubte, Ausbilder/innen etc.),
- neue Verwaltungsstruktur.

Das Fortbildungsprogramm enthält unter anderem spezielle Fortbildungsangebote des Frauenamtes, der Informationsverarbeitung und des Jugendamtes.

Die Führungsqualifizierung der Stadt Duisburg richtet folgende Angebote an unterschiedliche Zielgruppen:[974]

- An die Amtsleitungen bzw. stellvertretenden Amtleitungen richtet sich die Fortbildung „Verwaltungsmanagement", die sich über zwei bis drei Jahre erstreckt. Die Fortbildung besteht aus den Elementen Mitarbeiterführung, Dienst- und Mitar-

[969] Vgl. Kap. 2.1.2.3; ferner KGSt-Bericht Nr. 1/1998: Führungsunterstützung.
[970] Vgl. Eichhorn, Aus- und Weiterbildung im öffentlichen Dienst, in: VuF, 1/2000, S. 25(31).
[971] Vgl. Kühnlein/Wohlfahrt, Leitbild lernende Verwaltung?, 1995, S. 216.
[972] Vgl. Wimmer, Was können selbstreflexive Lernformen in der öffentlichen Verwaltung bewirken?, in: Gruppendynamik, 1/1988, S. 7-27.
[973] Nach Informationen der Stadtverwaltung Köln im Jahr 2000.
[974] Vgl. zum Folgenden Stadt Duisburg (Hrsg.), Duisburg 2000, o. J.; ferner Nentzel, Personalentwicklung, 1997, S. 192 ff.

beiterbesprechung, Delegation und Kontrolle, Mitarbeiterbeurteilung, Vortrags-/Organisationstechniken, Arbeits-/Argumentationstechniken, Personalwesen, Finanzwesen, Organisationswesen, Kommunalpolitik/Kommunalverwaltung.

- Für Mitarbeiter/innen mit abgeschlossener Fachhochschulausbildung oder gleichwertiger Ausbildung und Einstufung in den Besoldungsgruppen A 12 bzw. A 11 bzw. entsprechender BAT-Eingruppierung und mindestens zweijähriger Verwaltungserfahrung ist die Fortbildungsreihe „Führungspraxis" konzipiert. Sie besteht aus Trainingseinheiten, Transferaufgaben, Durchführung einer Zwischenbilanz und abschließender Erfolgskontrolle.
- Für die Leitungen von Kindertageseinrichtungen wird ebenfalls eine Reihe „Führungspraxis" angeboten. Elemente dieser Reihe sind Selbst- und Zeitmanagement, Arbeits- und Organisationstechniken, Personalführung, Konfliktmanagement, Konzeptentwicklung, Elternarbeit.

8.3.2.3 Karriereplanung

a. Beschreibung

Ein wichtiger Leistungsanreiz im Rahmen der Personalentwicklung ist die Planung von Karrieren, da mit ihr sowohl den Fähigkeiten und Neigungen als auch dem Verwaltungsbedarf entsprochen werden kann.[975] Der Begriff „Karriere" meint „jede beliebige Stellenfolge einer Person im betrieblichen Stellengefüge"[976], so dass sowohl vertikale Beförderungen als auch horizontale Versetzungen gemeint sein können. Über den beruflichen Bezug hinaus ist Karriere in der Gesellschaft mit Selbstachtung und sozialer Anerkennung der Person verknüpft.[977]
Karriere**planung**[978] meint „die gedankliche Vorwegnahme einer Stellenfolge sowohl aus Sicht der Unternehmung als auch aus der des Mitarbeiters."[979] Ziel der Karriereplanung ist damit die möglichst große Schnittmenge zwischen den Karrieremöglichkeiten der Organisation und den Karrierewünschen der Beschäftigten.[980] Die Organisation will mit der Karriereplanung das Mitarbeiterpotenzial transparent machen und zufällige oder improvisierte Beförderungs- oder Versetzungsentscheidungen verhindern. Hinsichtlich der/des Beschäftigten können Karriereplanungen Fähigkeiten und Bereitschaften, Inte-

---

[975] Vgl. Berthel, Laufbahn- und Nachfolgeplanung, in: Gaugler/Weber (Hrsg.), Handwörterbuch des Personalwesens, 1992, Sp. 203 (1203).
[976] Berthel/Koch, Karriereplanung und Mitarbeiterförderung, 1985, S. 11; vgl. ferner Berthel, Karriereanreize für Mitarbeiter, in: Schanz (Hrsg.), Handbuch Anreizsysteme in Wirtschaft und Verwaltung, 1991, S. 481 (488).
[977] Vgl. Staehle, Management, 1999, S. 888.
[978] Gebräuchlich sind auch die Begriffe „Laufbahnplanung", „Nachfolgeplanung", „Aufstiegsplanung", „Förderplanung" und „Entwicklungsplanung", vgl. Thom, Personalentwicklung als Instrument der Unternehmensführung, 1987, S. 50; ferner Nentzel, Personalentwicklung, 1997, S. 96.
[979] Staehle, Management, 1999, S. 888.
[980] Vgl. Berthel, Karriereanreize für Mitarbeiter, in: Schanz (Hrsg.), Handbuch Anreizsysteme in Wirtschaft und Verwaltung, 1991, S. 481 (496).

ressen und Wünsche systematisch in die Karriere einbeziehen und tragen somit entscheidend zu Motivationserhalt und Personalförderung bei. Die Karriereplanung ist eine wichtige Aufgabe der Personalentwicklung;[981] sie trägt zu einer effektiven Personalentwicklung bei, da durch gezielte Personalentwicklungsmaßnahmen auf die neuen Anforderungen auf einer neuen Stelle vorbereitet werden kann bzw. diese Maßnahmen die Einführung auf einer neuen Position begleiten können. Darüber hinaus können in der Karriereplanung den Beschäftigten Aufstiegswege, -hemmnisse und -kriterien offen gelegt werden.[982] Hauptziel der Karriereplanung ist demnach nicht primär der Aufstieg der Beschäftigten, „sondern es treten vielmehr Ziele wie die personelle Vorsorge, die Transparenz und die Motivation der Mitarbeiter in den Vordergrund."[983] Die Karriereorientierung als langfristige Planung von individueller Karriere und qualifikationsbezogenem Personaleinsatz ist in empirischen Studien als nachhaltig motivationsfördernder Faktor nachgewiesen worden.[984] Die Karriereplanung hat somit die Funktion eines Leistungsanreizes.[985] Beinhaltet die Karriere den beruflichen Aufstieg in Verbindung mit einem höheren Entgelt, wird hier die Verbindung zwischen immateriellen und materiellen Leistungsanreizen deutlich.

Im öffentlichen Dienst wurde bislang die Karriere weitgehend mit der Laufbahn, dem normierten Werdegang der Beamten/innen und damit der Beförderung, gleichgesetzt.[986] Im Zuge der Verwaltungsreform und des Lean Managements auch in Kommunalverwaltungen[987] wurden Hierarchieebenen abgebaut und in der Folge die Aufstiegsmöglichkeiten begrenzt.[988] Dementsprechend müssen neue Anreizsysteme neben dem hierarchischen Aufstieg gefunden werden:[989]

- Delegation von Aufgaben und Verantwortung auf tiefere Hierarchieebenen, unternehmerische Führung von einzelnen Organisationseinheiten,[990]
- Einrichtung von Parallelkarrieren, d. h. Fachkarrieren neben Führungskarrieren,[991]
- Ermöglichung von horizontalen Personalbewegungen, d. h. Rotation in andere Stellen mit gleicher Bewertung[992].

---

981 Vgl. Mayrhofer, Personalentwicklung, in: Kasper/Mayrhofer (Hrsg.), Personalmanagement, Führung, Organisation, 1996, S. 451 (458 f.).
982 Vgl. Mentzel, Unternehmenssicherung durch Personalentwicklung, 1997, S. 133 ff.
983 Oechsler, Personal und Arbeit, 2000, S. 582.
984 Vgl. Klages, Führung und Arbeitsmotivation in der öffentlichen Verwaltung, in: Klages (Hrsg.), Öffentliche Verwaltung im Umbruch – neue Anforderungen an Führung und Arbeitsmotivation, 1990, S. 7 (16 ff.); Klages/Hippler, Mitarbeitermotivation als Modernisierungsperspektive, 1991, S. 98 f.
985 Vgl. Tönnesmann/Coers, Systematische Laufbahnplanung, 1982, S. 6.
986 Vgl. Oechsler, Personal und Arbeit, 2000, S. 581; ferner Kap. 9.5.2.1.
987 Vgl. Hill, Lean Management in der Kommunalverwaltung, in: Der Bayerische Bürgermeister 1/1994, S. 13-14.
988 Vgl. Biehal, Dienstleistungsmanagement und die schlanke Organisation, in: Biehal, Lean Service, 1994, S. 50 (53 ff.); Jähler, Folgen der „geleanten" Hierarchie, in: REFA-Nachrichten 2/1999, S. 17-21.
989 Vgl. Staehle, Management, 1999, S. 889.
990 Vgl. Kap. 8.3.3.2.
991 Vgl. Kap. 8.3.2.4.
992 Vgl. Kap. 8.3.3.3.

b. Erfolgsfaktoren

Ein entscheidender Erfolgsfaktor für systematische, effektive und langfristige Karriereplanungen ist das Vorhandensein einer Personalbedarfsplanung[993] bzw. Personalstrukturplanung[994]. Die Personalbedarfsplanung muss sowohl die Nachfolgeplanung (bei gleichbleibender Belegschaftsstärke) als auch die Einstellungsplanung (bei neugeschaffenen Positionen) sowie die Nachwuchsplanung (bei fehlendem Nachwuchspotenzial) beinhalten.[995] Hilfreich sind ebenfalls Organisations- und Stellenpläne, Laufbahnpläne[996] sowie Nachfolgepläne[997]. Basis für diese Planungen sind informatorische Grundlagen über gegenwärtige und zukünftige Arbeitsplatzanforderungen. Diese können für die Gesamtverwaltung ermittelt werden z. B. durch Strategieklausuren oder die Szenario-Technik, für Zielgruppen durch moderierte, bereichsbezogene Workshops sowie Mitarbeiter- und Bürgerbefragungen und für den/die einzelne/n Mitarbeiters/in durch Mitarbeitergespräche, individuelle Befragungen und Anforderungsprofile.[998] Ebenfalls notwendig sind Informationen über Potenziale und Qualifikationen der Mitarbeiter/innen, die über Mitarbeitergespräche, Einzelinterviews, Mitarbeiterbefragungen, moderierte Workshops, Assessment-Center, Potenzialanalysen etc. ermittelbar sind.[999]
Für die Karriereplanung selber stehen verschiedene Instrumente zur Verfügung:

- **Selbstanalyse**
  Die Betroffenen ermitteln selbst ihre eigene Karrieresituation, ihre Ziele, Prioritäten, Qualifikationen und Möglichkeiten der Umsetzung unter Einbeziehung der persönlichen Lebenssituation. Hilfreich sind dazu z. B. Karrierehandbücher, die die Betroffenen durch die verschiedenen relevanten Bereiche und Fragen führen.[1000]
- **Information und Beratung**
  Ein zentrales Instrument der Karriereplanung sind individuelle Karrieregespräche zwischen den Vorgesetzten und den Beschäftigten z. B. im Rahmen von Mitarbeitergesprächen.[1001] Hier kann die/der Vorgesetzte Rückmeldungen über Leistungen und Fähigkeiten sowie Informationen über Karrieremöglichkeiten in der Organisation geben und den/die Mitarbeiter/in beraten.

---

993 Vgl. Oechsler, Personal und Arbeit, 2000, S. 170 ff.; Scholz, Personalmanagement, 2000, S. 251 ff.; Staehle, Management, 1999, S. 891.

994 Vgl. Meixner, Personalstrukturplanung, Teil 1, 1987; Meixner, Personalstrukturplanung, Teil 2, 1987.

995 Vgl. Oechsler, Personal und Arbeit, 2000, S. 170 ff.; Staehle, Management, 1999, S. 891; ferner Berthel, Karriereanreize für Mitarbeiter, in: Schanz (Hrsg.), Handbuch Anreizsysteme in Wirtschaft und Verwaltung, 1991, S. 481 (491 f.).

996 Vgl. Staehle, Management, 1999, S. 890.

997 Vgl. Meixner, Personalstrukturplanung, Teil 1, 1987, S. 246 f.

998 Vgl. KGSt-Bericht Nr. 4/1999: Personalführung Teil 2: Potentialermittlung, S. 11 ff.; ferner Kap. 7.3.2.

999 Vgl. KGSt-Bericht Nr. 4/1999: Personalführung Teil 2: Potentialermittlung, S. 19 ff.; ferner Kap. 7.3.3.

1000 Vgl. Berthel, Karriereanreize für Mitarbeiter, in: Schanz (Hrsg.), Handbuch Anreizsysteme in Wirtschaft und Verwaltung, 1991, S. 481 (494); Mayrhofer, Personalentwicklung, in: Kasper/Mayrhofer (Hrsg.), Personalmanagement, Führung, Organisation, 1996, S. 451 (462 f.).

1001 Vgl. KGSt-Bericht Nr. 13/1992: Das Mitarbeitergespräch.

Für eine wirkungsvolle Karriereplanung notwendig sind Kenntnisse über mögliche Karriereorientierungen der Beschäftigten. Grundlage sind Kenntnisse über die unterschiedlichen Typen des arbeitenden Menschen:[1002]

- die Aufwärtsorientierten, die nach hierarchisch höheren Positionen streben,
- die Sicherheitsorientierten, die das erreichte Karriereniveau zu stabilisieren suchen und bei denen die Sicherheit des Arbeitsplatzes und des Einkommens Priorität hat,
- die Kreativen, die in ihrer Arbeit vorrangig Neues entwickeln wollen,
- die Technisch-Funktionalen, die die Nutzung ihrer Fähigkeiten in ihrem speziellen Arbeitsgebiet in den Mittelpunkt stellen,
- die Autonomen und Unabhängigen, die nach möglichst großer Freiheit und Unabhängigkeit in ihrem Arbeitsbereich trachten.

Weiterhin sind Kenntnisse typischer Karrierephasen notwendig:[1003]

- **frühe Karrierephase**

  Der/die Berufsanfänger/in muss den Praxisschock auf Grund der subjektiv wahrgenommenen Diskrepanz zwischen Anspruch und Wirklichkeit überwinden. Die ersten beruflichen Spezialisierungen beginnen und erste Karrierepläne werden geschmiedet. Karriereplanung hat in dieser Phase vor allem die Aufgabe der systematischen Personaleinführung mit Informationen zu Arbeitsplatz und Organisation und der Betreuung.
- **mittlere Karrierephase**

  In dieser Phase erfolgen wichtige Weichenstellungen hinsichtlich der weiteren Karriereentwicklung. Einige forcieren ihre Karriere und übernehmen zunehmend Managementaufgaben. Andere Beschäftigte hindern Erfolgsangst oder private Krisen an einer weiteren Karriere. Sie verbleiben auf ihrem bisherigen Karrierestand, steigen aus oder beginnen eine zweite Karriere.

  Je nach Situation hat die Karriereberatung unterschiedliche Funktionen: Klafft eine Lücke zwischen Anforderung der Stelle und Fähigkeiten der/des Beschäftigten, sind entsprechende Personalentwicklungsmaßnahmen angebracht. Kann die Lücke nicht geschlossen werden, ist ein Positionswechsel (Versetzung) in Erwägung zu ziehen.[1004]

  Zur Motivationsstärkung und –förderung gehört besonders in dieser Phase auch, dass Vorgesetzte und Mitarbeiter/innen gemeinsam erkennen, wo Karriere und Karriereplanung ihre Grenzen haben. Eine kompetente Führungs-

---

[1002] Nach Schein, dargestellt in: Berthel, Karriereanreize für Mitarbeiter, in: Schanz (Hrsg.), Handbuch Anreizsysteme in Wirtschaft und Verwaltung, 1991, S. 481 (485).

[1003] Vgl. Berthel, Karriereanreize für Mitarbeiter, in: Schanz (Hrsg.), Handbuch Anreizsysteme in Wirtschaft und Verwaltung, 1991, S. 481 (496), S. 495; Staehle, Management, 1999, S. 892. Hall unterscheidet fünf Abschnitte der beruflichen Karriere, dargestellt in: Mayrhofer, Personalentwicklung, in: Kasper/Mayrhofer (Hrsg.), Personalmanagement, Führung, Organisation, 1996, S. 451 (459 f.); vgl. ferner Sattelberger, Lebenszyklusorientierte Personalentwicklung, in: Sattelberger (Hrsg.), Die lernende Organisation, 1994, S. 287-305.

[1004] Die in der Privatwirtschaft in diesen Fällen auch übliche Kündigung (vgl. Staehle, Management, 1999, S. 893) ist in der öffentlichen Verwaltung aus dienst- und tarifrechtichen Gründen nicht möglich.

kraft berücksichtigt bei der Karriereplanung daher immer auch die persönliche und familiäre Situation der/des Beschäftigten[1005] und plant vor diesem Hintergrund gemeinsam mit der/dem Beschäftigten die Karrieremöglichkeiten.[1006]

- **späte Karrierephase**
  Je nach Situation und Person wird der Karriereweg weiter fortgesetzt oder aber der bisherige Karrierestand erhalten. Das Erfahrungswissen älterer Mitarbeiter/innen wird einerseits geschätzt, andererseits fällt ihnen die Einarbeitung in betriebliche (z. B. technische Neuerungen) schwer. Dem Näherrücken des Ruhestandes, das viele Betroffene als bedrohlich empfinden, kann die Karriereplanung mit Beratung, dem Hinweis auf Seminare zu diesem Themenbereich und dem Aufzeigen von Möglichkeiten des gleitenden Übergangs vom Erwerbsleben in den Ruhestand begegnen.[1007]

Die Vorgesetzten müssen damit rechnen, dass die Beschäftigten auf Grund ihres Karriereweges möglicherweise die Arbeitseinheit verlassen. Daher stehen sie vor dem Dilemma, einerseits die Beschäftigten gut zu beraten, andererseits sie gerne im eigenen Arbeitsbereich halten zu wollen. Dieses Dilemma ist nicht zu lösen. Es ist an dieser Stelle lediglich darauf hinzuweisen, dass sich Mitarbeiter/innen erst recht nach neuen Tätigkeiten umsehen, wenn sie merken, dass sie nicht gefördert werden. Darüber hinaus bieten personelle Erneuerungen auch positive Chancen der Veränderung für Verwaltungseinheiten.[1008]

o **Karriere-Workshops**
In einer Gruppe werden Karrierefragen bearbeitet; die Teilnehmer/innen können sich gegenseitig beraten. Finden organisationsinterne Karriere-Workshops mit Experten/innen aus der Verwaltung statt, können Karrieremöglichkeiten innerhalb des Hauses, offizielle und inoffizielle Aufstiegskriterien etc. thematisiert werden.[1009]

Im Rahmen der dezentralen Personalverantwortung kann der Service Personal in diesem Zusammenhang verschiedene Dienstleistungsfunktionen übernehmen: Es kann als

---

[1005] Vgl. N. N., Mit der Familie zum Unternehmenserfolg, in: Personalführung 4/1998, S. 89; zu den negativen Folgen von Karrieren vgl. Gross, Schöne neue Arbeitswelt, in: Gross (Hrsg.), Karriere(n) in der Krise, 1997, S. 15-40; Poppelreuter, „Arbeit ist das Ganze leben“, 1997, S. 68-83; Gusy/Kleiber, Ist Burnout ein Karriereleiden?, in: Gross (Hrsg.), Karriere(n) in der Krise, 1997, S. 84-104; Berger, Psychotherapie von Karriereleiden, in: Gross (Hrsg.), Karriere(n) in der Krise, 1997, S. 174-193.

[1006] Vgl. N. N., Leistung und Lebensgenuß, in: UnicumBeruf 1/1999, S. 28.

[1007] Zu den besonderen Aufgaben des Personalmanagements im Rahmen des demographischen Wandels vgl. Böhm, Unsere Unternehmen brauchen die Potenziale der Älteren!, in: Kayser/Uepping (Hrsg.), Kompetenz der Erfahrung, 1997; S. 219-221; Dostal, Wandel der Generationen – Alterung der Gesellschaft und die Perspektiven, in: Kayser/Uepping (Hrsg.), Kompetenz der Erfahrung, 1997; S. 15-31; Ridder, Erfahrungen als Kapital verstehen, in: Kayser/Uepping (Hrsg.), Kompetenz der Erfahrung, 1997, S. 42-50; Schulz, Kompetenz und Erfahrung älterer Erwerbspersonen, in: Kayser/Uepping (Hrsg.), Kompetenz der Erfahrung. Personalmanagement im Zeichen des demographischen Wandels, 1997, S. 222-225; Ueping, Die Leistung der Erfahrung, in: Kayser/Uepping (Hrsg.), Kompetenz der Erfahrung, 1997, S. 166-185.

[1008] Vgl. KGSt-Bericht Nr. 13/1992: Das Mitarbeitergespräch, S. 23.

[1009] Vgl. Mayrhofer, Personalentwicklung, in: Kasper/Mayrhofer (Hrsg.), Personalmanagement, Führung, Organisation, 1996, S. 451 (464 f.).

„internes Arbeitsamt" fungieren, d. h. Ansprech- und Vermittlungsstelle auf freiwilliger Basis sowohl für stellensuchende Beschäftigte wie für stellenanbietende Ämter sein. Der Service Personal kann ebenfalls eine zur/m Vorgesetzten zusätzliche Funktion der Karriereberatung übernehmen, indem die Beschäftigten zu ihren Chancen auf dem (internen) Arbeitsmarkt, zu Entwicklungs-, Qualifizierungs- und Verwendungswünschen etc. beraten werden.[1010]

c. Praxis in Kommunalverwaltungen

Karriereplanungen werden mehr oder weniger in allen Kommunalverwaltungen durchgeführt, da sich viele Mitarbeiter/innen und viele Vorgesetzte mit Karrieremöglichkeiten befassen. Allerdings finden systematische Karriereplanungen auf der Basis von Personalbedarfsplanungen[1011] und systematischer Beratung in den Kommunalverwaltungen kaum statt.[1012] In einigen Verwaltungen bleibt die Form einer systematischen Karriereplanung auf die Führungs- und Führungsnachwuchskräfte beschränkt. Individuelle Karriereplanungen werden insbesondere im Rahmen von Mitarbeitergesprächen oder Personalentwicklungsgesprächen durchgeführt.[1013] Allerdings schränken Vorgesetzte oftmals ihre Beratungen ein, da sie keine verbindlichen Zusagen machen dürfen. Die Karriereberatung muss jedoch nicht unbedingt die Entscheidung über den Aufstieg einschließen.[1014] Im Rahmen der dezentralen Personalverantwortung kann die Leitung der dezentralen Verwaltungseinheiten auch über den beruflichen Aufstieg ihrer Beschäftigten entscheiden.

Ein Hindernis für Karriereplanungen ist die Tatsache, dass, wie in der Privatwirtschaft, auch in der öffentlichen Verwaltung Aufstiegsentscheidungen offiziell mit dem Leistungs- und oder Senioritätsprinzip begründet werden. In Wirklichkeit aber erfolgen Beförderungen „häufig aufgrund von *Loyalität* (Anpassung an Normen und Werte der Unternehmung oder des Vorgesetzten) oder *Beziehungen* (Kooptation, Cliquen, Koalitionen, Seilschaften)."[1015] In der öffentlichen Verwaltung, insbesondere in Kommunalverwaltungen, kommt hinzu, dass Ämter, zumindest in höheren Hierarchieebenen, oftmals parteipolitisch besetzt werden und Leistung und Eignung eine eher nachrangige Rolle spielen.[1016]

[1010] Vgl. KGSt-Bericht Nr. 13/1995: Personalkostenmanagement, S. 62; ferner KGSt-Bericht Nr. 7/1994: Dezentrale Personalarbeit, S. 24 ff.

[1011] Eine detaillierte Personalbedarfsplanung wird in der Stadt Bochum durchgeführt, vgl. KGSt-Bericht Nr. 2/1990: Personalbedarfsplanung bei der Stadt Bochum (Mitgliederbericht).

[1012] Vgl. Nentzel, Personalentwicklung, 1997, S. 98.

[1013] Vgl. KGSt-Bericht Nr. 13/1992: Das Mitarbeitergespräch, S. 20 ff.

[1014] Vgl. KGSt-Bericht Nr. 13/1992: Das Mitarbeitergespräch, S. 22.

[1015] Staehle, Management, 1999, S. 888.

[1016] Vgl. Lorig/Mayer-Schlöder, Die Parteipolitisierung des öffentlichen Dienstes, in: Verwaltungsrundschau 2/1992, S. 55-60; Scheuch/Scheuch, „Cliquen erkaufen sich Duldung, wenn sie Minderheiten fördern", in: Frankfurter Rundschau Nr. 31, 6. Februar 1992, S. 14-15; ferner Kap. 5.4.3.

8.3.2.4 Parallelkarrieren

a. Beschreibung

Parallelkarrieren, auch bezeichnet als Fachkarrieren oder Spezialistenlaufbahn, wurden ursprünglich im industriellen Forschungs- und Entwicklungsbereich eingerichtet, sind aber heute im Vertriebs-, Organisations- und EDV-Bereich zu finden.[1017] Parallelkarrieren bedeuten die Möglichkeit des Aufstiegs in parallelen Laufbahnen, die grundsätzlich gleichwertig sind, d. h. in jeder Laufbahn können das gleiche Gehalt und der gleiche Status erreicht werden.

Parallelkarrieren beinhalten grundsätzlich drei verschiedene Laufbahnformen: Führungslaufbahn, Fachlaufbahn und Projektlaufbahn.[1018]

Die einzelnen Laufbahnen lassen sich wie folgt beschreiben:

- **Führungslaufbahn**

  Die bisher übliche Form der beruflichen Karriere insbesondere in der öffentlichen Verwaltung ist der Aufstieg in der Linienorganisation. Durch das Besoldungssystem der Beamten/innen wird ein Erreichen einer höheren Besoldungsgruppe nur durch ein Aufsteigen in der Hierarchie ermöglicht. Eine Folge dieser Automatik sind übertriebene Hierarchien mit geringen Leitungsspannen.[1019] Eine weitere Folge ist das Aufsteigen von Beschäftigten in Führungspositionen, die viel Fachkompetenz, aber wenig Führungskompetenz besitzen. Im Rahmen des Lean Managements[1020] verflachen sich auch in Kommunalverwaltungen die Organisationsstrukturen; Führungsebenen und –positionen werden abgebaut und als eine Konsequenz sind die Aufstiegsmöglichkeiten sind begrenzt.[1021]

[1017] Vgl. Berthel, Karriereanreize für Mitarbeiter, in: Schanz (Hrsg.), Handbuch Anreizsysteme in Wirtschaft und Verwaltung, 1991, S. 481 (490); Gerpott/Domsch, Anreize im Bereich der industriellen Forschung und Entwicklung, in: Schanz (Hrsg.), Handbuch Anreizsysteme in Wirtschaft und Verwaltung, 1991, S. 999 (1017). Parallelkarrieren werden z. B. bei IBM praktiziert: Den Beschäftigten wird neben der „normalen" Führungslaufbahn eine Fachlaufbahn ohne Personalverantwortung angeboten sowie, als Mischform, die sog. Fach-Führungskraft, die zwar Mitarbeiterteams leitet, aber nur begrenzte Personalverantwortung hat; zwischen den verschiedenen Laufbahnen besteht völlige Durchlässigkeit, vgl. Kurz/Kuhn, Arbeitsplatzflexibilisierung, in: Wunderer/Kuhn, Innovatives Personalmanagement, 1995, S. 244 (249). Weitere Beispiele sind Siemens, vgl. Bürger/Polte, Instrumente einer integrierten und umfassenden Personalentwicklung, in: Personalführung 4/2000, S. 20-25; ferner Phoenix Contact GmbH & Co, vgl. Olesch, Gestaltung von Laufbahnen in Zeiten flacher Hierarchien, in: Personalführung 4/2000, S. 26-28; ferner Ingenieure in Industriebetrieben, vgl. Friehling/Grote, Fachlaufbahnen durch konkrete Entwicklungschancen gestalten, in: Personalführung 4/2000, S. 30-37.

[1018] Vgl. Berthel, Personalmanagement, 1997, S. 293 ff; Hopp/Göbel, Management in der öffentlichen Verwaltung, 1999, S. 257 ff; Krieg/Ehrlich, Personal, 1998, S. 230 f.; Müller, Personalentwicklung in der öffentlichen Verwaltung, 1996, S. 159 f Sattelberger, Die lernende Organisation im Spannungsfeld von Strategie, Struktur und Kultur, in: Sattelberger (Hrsg.), Die lernende Organisation, 1994, S. 11 (45 ff.).

[1019] Vgl. Hopp/Göbel, Management in der öffentlichen Verwaltung, 1999, S. 258.

[1020] Vgl. Hill, Lean Management in der Kommunalverwaltung, in: Der Bayerische Bürgermeister 1/1994, S. 13-14.

[1021] Vgl. Biehal, Dienstleistungsmanagement und die schlanke Organisation, in: Biehal, Lean Service, 1994, S. 50 (53 ff.).

- **Fachlaufbahn**
  Fachlaufbahnen sind als Experten- bzw. Spezialistenlaufbahnen zunächst eingerichtet worden für Beschäftigte, die keine Fähigkeit oder Bereitschaft für die Führungslaufbahn zeigten.[1022] Durch die steigende Notwendigkeit des Einsatzes von Fachexperten/innen sowie der Umsetzung des Lean Managements gewinnen Stellen mit besonderen Fachfunktionen mit entsprechenden Fachlaufbahnen zunehmend eine eigene Bedeutung.[1023] Fachlaufbahnen ermöglichen Experten/innen das Aufsteigen in Besoldungs-/Vergütungsgruppen, die bislang nur der Führungslaufbahn vorbehalten waren. Merkmal dieser Laufbahn ist nicht, wie bei der Führungslaufbahn, die wachsende Anzahl von untergeordneten Mitarbeiter/innen, sondern die steigende Fähigkeit, zunehmend komplexere Aufgaben zu bewältigen und Fachprobleme zu lösen.[1024] Neben der Entsprechung des Verwaltungsbedarfs an Fachexperten/innen hat die Fachlaufbahn eine wichtige Motivationsfunktion, da sie zunehmend an die Stelle der Führungslaufbahn tritt. Wäre das nicht der Fall, würde „eine Motivationslücke entstehen, die dazu führt, daß das bereitliegende Potential ungenutzt bleibt."[1025]
  Stellen mit besonderen Fachfunktionen sind z. B. Stellen von Controllern/innen, Referenten/innen (z. B. persönliche Referenten/innen, Stadt-, Kreisentwicklungs-, Umweltreferenten/innen)[1026] sowie Gleichstellungsbeauftragten.
- **Projektmanagement**
  Im Rahmen der Verwaltungsreform sowie fortdauernd in der modernisierten Verwaltung werden Projektgruppen eingerichtet, die konkrete, zeitlich begrenzte Aufgaben bearbeiten. Durch die Leitung und das Management dieser Projektgruppen können Beschäftigte besondere Verantwortung übernehmen, so dass eine weitere Alternative zur Führungslaufbahn entsteht.[1027]

Die Einrichtung von Parallelkarrieren verfolgt verschiedene Ziele sowohl hinsichtlich des Verwaltungsbedarfs als auch der Interessen und Bedürfnisse der Mitarbeiter/innen:

- **Verwaltungsziele**
  Die Verwaltung stellt sicher, dass ihre Führungsaufgaben, ihre Fachaufgaben sowie ihre Projektaufgaben von kompetenten Mitarbeiter/innen erfüllt werden. Im Rahmen des Personalabbaus können Mitarbeiter/innen konkret für bestimmte Aufgaben (weiter)qualifiziert werden. Im Rahmen der Führungslaufbahn kann die Verwaltung einen „Pool" schaffen, aus dem jederzeit qualifizierte eigene Führungskräfte rekrutiert werden können. Im Rahmen der Fachkarriere kann die Verwaltung auf Stellen, die wegen ihrer besonderen Schwierigkeit Spezialwissen und Kontinuität erfordern, sicherstellen, dass sich die Beschäftigten nicht kurzfris-

[1022] Vgl. Berthel, Personalmanagement, 1997, S. 294.
[1023] Vgl. KGSt-Bericht Nr. 2/1998: Bewertung von Beamtenstellen im Neuen Steuerungsmodell, S. 17.
[1024] Vgl. Fuchs, Die neue Art Karriere im schlanken Unternehmen, in: Harvard Business Manager 4/1998, S. 83 (83).
[1025] Hopp/Göbel, Management in der öffentlichen Verwaltung, 1999, S. 258.
[1026] Vgl. KGSt-Bericht Nr. 2/1998: Bewertung von Beamtenstellen im Neuen Steuerungsmodell, S. 17.
[1027] Vgl. Hopp/Göbel, Management in der öffentlichen Verwaltung, 1999, S. 259.

tig wegen besserer Beförderungsaussichten intern oder extern wegbewerben. Durch die Eröffnung neuer und größerer Aufstiegschancen kann so die Fluktuation verringert werden.

o **Mitarbeitermotivation und -bedürfnisse**
Die Mitarbeiter/innen können entsprechend ihren Neigungen und Fähigkeiten eingesetzt werden. Es werden nicht nur Führungsleistungen, sondern auch herausragende fachliche Leistungen oder Leistungen im Projektmanagement anerkannt, gefördert und belohnt. Trotz Wegfall von Hierarchieebenen im Rahmen der Umstrukturierung der Organisation werden Aufstiegschancen ermöglicht. Hinsichtlich der Führungskarriere müssen Mitarbeiter/innen nicht erst durch Negativerfahrungen feststellen, ob sie außer qualifizierter Sachbearbeitung auch Führungsverantwortung übernehmen können. Durch Führungsqualifizierungen mit praktischen Übungen kann die Führungsfähigkeit getestet werden. Liegt diese nicht vor, ist ohne „Gesichtsverlust" der dauerhafte Einsatz in der Fachlaufbahn möglich; die/der Beschäftigte wird sich später erst gar nicht für Führungsaufgaben bewerben. Mitarbeiter/innen, die ihre Stärken in der Arbeit in Spezialsachbereichen oder im Projektmanagement sehen, werden angespornt, diese Stärken im Rahmen einer Laufbahn auszubauen und gezielte Qualifizierungsmaßnahmen wahrzunehmen.

b. Erfolgsfaktoren

Ein entscheidender Erfolgsfaktor für die Einrichtung von Parallelkarrieren ist eine Verwaltungskultur, die nicht nur Positionen mit Führungsverantwortung, sondern auch mit Fach- oder Projektverantwortung als höherwertig anerkennt.
Voraussetzung ist die Bewertung auch der Stellen der Fachlaufbahn und des Projektmanagements neben der bisher üblichen Bewertung der Führungspositionen. Mit der in Kommunalverwaltungen üblichen analytischen Stellenbewertung für Beamtenstellen sind diese Stellen bewertbar. Hinsichtlich der Stellen mit besonderen Fachfunktionen hat sich die analytische Stellenbewertung „als geeignet erwiesen, auch die Anforderungen solcher Stellen zu erfassen und zu bewerten, die keine Managementaufgaben wahrnehmen und überwiegend fachlich ausgerichtet sind."[1028] Eine Veränderung der Bewertungsmerkmale ist nicht erforderlich, wie Testbewertungen gezeigt haben.[1029] Da Projektgruppen nur für ein bestimmtes Projekt eingerichtet werden und nach Projekterfüllung wieder aufgelöst werden, ergeben sich keine Auswirkungen auf die Stellenbewertung. Sind Projektgruppenarbeit oder -leitung jedoch für eine Stelle typisch, lassen sich diese nach den Bestimmungsgrößen und Stufenbeschreibungen der Bewertungs-

---

[1028] KGSt-Bericht Nr. 2/1998: Bewertung von Beamtenstellen im Neuen Steuerungsmodell, S. 17.
[1029] Dies zeigt z. B. eine beispielhafte Bewertung der Stelle eines/r Referenten/in „Umweltwissen, Umweltrecht" einer größeren Stadtverwaltung, vgl. KGSt-Bericht Nr. 2/1998: Bewertung von Beamtenstellen im Neuen Steuerungsmodell, S. 18.

merkmale erfassen.[1030] Eine weitere Möglichkeit wäre die Vergabe von materiellen Leistungsanreizen z. B. in Form einer Leistungszulage bei erheblicher Mehrbelastung und Mehrverantwortung.[1031] Im Angestelltenbereich ist bei der Eingruppierung in eine bestimmte Vergütungsgruppe die Erfüllung von Tätigkeitsmerkmalen nach den Bewertungsvorschriften des nach § 22 BAT zu beachten.[1032] Werden im Rahmen der Fachlaufbahn oder des Projektmanagements höherwertige Tätigkeiten übertragen oder verändern sich die Tätigkeitsmerkmale entsprechend, sind §§ 23 und 24 BAT zu beachten.[1033]

Die Stellen der verschiedenen Laufbahnen sollten im Stellenplan festgeschrieben sein. Die Stellen sollten jeweils (intern und/oder extern) ausgeschrieben und entsprechend der Laufbahn gekennzeichnet sein. Die Grundvoraussetzungen der verschiedenen Laufbahnen sollten klar definiert sein. Für jede Laufbahn sollten spezielle Personalentwicklungs- und Fortbildungsmaßnahmen konzipiert und durchgeführt werden. Diese sollten die individuellen Fähigkeiten und Interessen der einzelnen Betroffenen ebenfalls berücksichtigen. Mit den einzelnen Interessenten/innen sollten je nach Laufbahn Personalauswahlverfahren entsprechend der Anforderungen an Fach-, Methoden-, Sozial-, Führungs- und Persönlichkeitskompetenzen durchgeführt werden.

Die Kriterien für die Beförderungen/Höhergruppierungen in den Laufbahnen sollten transparent sein. Bei entsprechender erfolgreicher Leistung auf den Stellen in den einzelnen Laufbahnen sollten Beförderungen/Höhergruppierungen auf Grund der Motivationswirkung in zeitlich nahem Abstand erfolgen.

c. Praxis in Kommunalverwaltungen

In den Anfangsphasen der Einführung hatten Parallelkarrieren auch in der Privatwirtschaft um Glaubwürdigkeit und Anreizwirkung zu kämpfen. Inzwischen haben sie sich jedoch zumindest in einigen Bereichen etabliert und werden in z. T. modifizierter Weise eingesetzt. In der öffentlichen Verwaltung mit ihrer sehr auf die Führung konzentrierten Laufbahnen halten Parallelkarrieren erst sehr langsam Einzug und müssen noch um Anerkennung kämpfen. In der öffentlichen Verwaltung besteht hier noch ein „immenser Nachholbedarf“[1034]. In früheren Jahren waren in Kommunalverwaltungen bereits Stellen in höheren Besoldungs-/Vergütungsstufen möglich, die keine Führungspositionen waren. Zu nennen wären hier z. B. Gleichstellungsbeauftragte/Frauenbeauftragte oder Umweltbeauftragte. Hierbei handelte es sich jedoch um einzelne Positionen und i. d. R. nicht um spezielle Laufbahnen. Das Interesse an Parallelkarrieren steigt in denjenigen Kommunalverwaltungen, die im Zuge der Verwaltungsreform Hierarchien abbauen mussten, und in denen ein Teil der Führungskräfte ohne Führungsposition war. In die-

[1030] Vgl. KGSt-Bericht Nr. 2/1998: Bewertung von Beamtenstellen im Neuen Steuerungsmodell, S. 17.
[1031] Vgl. auch Kap. 9.5.3.3.
[1032] Vgl. KGSt-Handbuch Organisationsmanagement, 1999, Kap. 18, S. 14 ff.
[1033] Vgl. KGSt-Handbuch Organisationsmanagement, 1999, Kap. 18, S. 23 ff.
[1034] Wagner, Personalmanagement in der Verwaltung, in: Personal 5/2000, S. 220 (222).

sen Verwaltungen wird jedoch gleichzeitig erkannt, dass insbesondere in Projekten der Verwaltungsreform Fachexperten/innen sowie Projektleiter/innen notwendig sind. So übernehmen z. B. einige frühere Führungskräfte beratende Funktionen für die Organisationsentwicklung verschiedener dezentraler Verwaltungseinheiten. Oder andere Beschäftigte in der Fachlaufbahn sind in der zentralen Steuerungsunterstützung im Rahmen der Umstrukturierung nach dem Neuen Steuerungsmodell tätig.[1035]

Im Zusammenhang mit ihrem Reformprozess hat die Stadt Wuppertal erkannt, dass sich der Umbau der Verwaltung nicht nur auf die Veränderung von Prozessen und Strukturen beziehen kann, sondern die Ressource Personal einbezogen werden muss. Ein wichtiger Eckpfeiler war in diesem Zusammenhang die Schaffung von Parallelkarrieren.[1036] Die Basis und die Leistungsträger sind die Fachkräfte, die 90 % der Gesamtbeschäftigtenzahl ausmachen. Sie haben berufliche Entwicklungsmöglichkeiten durch Übertragung schwierigerer Tätigkeiten, durch Berufung in wichtige Teams oder durch vergrößerte Selbstständigkeit mit entsprechenden Gehaltssteigerungen.[1037] Die Parallelkarrieren in der Stadtverwaltung Wuppertal bestehen aus drei parallelen Berufsbildern:[1038]

o **Expertenkraft**
  Die Expertenkraft ist eine Fachkraft mit besonderen Qualifikationen. Sie betreut ein wichtiges Wissensgebiet, das sie pflegt, aktualisiert und in dem sie Wissen vermittelt. Die Expertenkraft sorgt für Standards und Richtlinien und deren Anwendung und Einführung in der Praxis. Die Schwierigkeit und Wertigkeit der Tätigkeiten der Expertenkraft hängt von der Bedeutung des Wissensgebietes für die Unternehmensziele und den Unternehmenserfolg sowie von der Schwierigkeit und Komplexität des Wissensgebietes und von der wahrgenommenen Funktion innerhalb der Wissensorganisation ab. Beispiele für Expertenaufgaben sind die Kulturentwicklung, das Steuerwesen, Baurecht, Umweltrecht und Umweltwissen. Die Berufslaufbahn der Expertenkraft hat drei Stufen:
  - Referent/in,
  - Fachreferent/in,
  - Hauptreferent/in.

1035 Vgl. Hopp/Göbel, Management in der öffentlichen Verwaltung, 1999, S. 258.

1036 Vgl. Stadt Wuppertal (Hrsg.), Thema: Personalentwicklung, Kap. „Die neuen Berufsbilder im Unternehmen“, Stand: 1996, S. 1.

1037 Vgl. Rothgang, Parallelkarrieren, Parallelkarrieren – Aufstiegsalternativen für den Nachwuchs, Vortrag auf dem KGSt-Forum 1996 am 17.10.1996.

1038 Vgl. Stadt Wuppertal (Hrsg.), Thema: Personalentwicklung, Kap. „Die neuen Berufsbilder im Unternehmen, Stand: 1996, S. 2 f.; ferner Becker-Melching/Vorsteher, Verwaltungsumbau durch „Business Reengineering“, in: das rathaus 11/1994, S. 648 (659); Eckermann, Kommunale Reform in Wuppertal als Gemeinschaftsaufgabe, in: Hill/Klages (Hrsg.), Modernisierungserfolge von Spitzenverwaltungen, 1997, S. 285 (294); Nentzel, Personalentwicklung, 1997, S. 101 f.; Rothgang, Parallelkarrieren – Aufstiegsalternativen für den Nachwuchs, Vortrag auf dem KGSt-Forum 1996 am 17.10.1996.

- o **Managementkraft**
  Die Managementkraft ist verantwortlich für die Abwicklung und die Beherrschung von Prozessen. Sie verantwortet die konkrete Umsetzung von Zielen in Ergebnisse. Aufgabe von Managementkräften ist die Leitung von Projekten und wichtigen Teams. Die Schwierigkeit und Komplexität der Managementaufgaben variieren. Sie hängen von Größe und Kosten eines Projektes ab. Darüber hinaus sind Kriterien für schwierigere und damit auch höherwertigere Managementaufgaben die Beherrschung komplexer und verzahnter Prozesse, das Managen von Programmen und von komplexen Managementsystemen. Beispiele für Managementaufgaben sind das Flächenmanagement, im internen Bereich das Ressort- und Ressourcenmanagement, das Management von Gemeinschaftsaufgaben und das Management von Projekten und Prozessen im Unternehmen.
  Die Berufslaufbahn der Managementkraft hat drei Stufen:
  - Teammanager/in,
  - Projektmanager/in,
  - Seniormanager/in.
- o **Führungskraft**
  Die Führungskraft hat folgende Aufgaben: Ziele setzen, entwickeln und verfolgen, Ressourceneinsatz und Ressourcenverantwortung, Personalentwicklung und -förderung, Treffen von Zielvereinbarungen, Dienstaufsicht über die unterstellten Mitarbeiter/innen. Durch den Wegfall bisher wahrgenommener Fach- und Managementaufgaben soll die Konzentration auf die Kerngeschäfte des Führens und eine hohe Qualität der Führung ermöglicht und unterstützt werden. Die Berufslaufbahn der Führungskraft hat vier Stufen:
  - Abteilungsleiter/in,
  - Ressort-/Stadtbetriebsleiter/in,
  - Geschäftsbereichsleiter/in (Beigeordnete),
  - Geschäftsführer/in (Oberbürgermeister/in).

Für die unterschiedlichen Berufsbilder und Laufbahnen wurden jeweils Qualifikationsprofile erstellt. Für die Experten- und Managementlaufbahn wurden Tätigkeitsmerkmale als Grundlage der Stellenbewertung entwickelt. Auch in der Stadtverwaltung Wuppertal gehörten Akzeptanzprobleme zu den Anfangsschwierigkeiten der neuen Laufbahnen. Dennoch stellen sie interessante neue Perspektiven in Zeiten des Abbaus von Hierarchien dar.

Im Kreis Aachen können sich Mitarbeiter/innen zu Beginn ihrer Karriere entweder auf den Zweig „Führungskarriere" oder auf den Zweig „Fachkarriere" spezialisieren. Diese Möglichkeiten stehen jungen Mitarbeiter/innen des gehobenen Dienstes sowie entsprechenden Angestellten sowohl der allgemeinen Verwaltung als auch anderer Fachrichtungen (Technik, Betriebswirtschaft, Sozialarbeit etc.) offen. Während Führungskarrieren in der Gesamtverwaltung möglich sind, bezieht sich die Einrichtung von Fachkarrie-

ren auf bestimmte Verwaltungsbereiche wie z. B. Standesamtsaufsicht, Kommunikationswesen (EDV-Abteilung), Rechnungsprüfung, Controllingstellen, Widerspruchs- und Regressbearbeitung und Sozialamt. In der Führungskarriere werden an Führungsaufgaben interessierten Mitarbeiter/innen mit Führungskompetenzen frühzeitig Perspektiven zur späteren Übertragung von Führungsverantwortung eröffnet. Durch umfassende Qualifizierungsmaßnahmen werden die Mitarbeiter/innen geschult. Bei erfolgreichem Abschluss erhöht sich die Möglichkeit zur späteren Übernahme von Führungsaufgaben. In der Fachkarriere können sich Mitarbeiter/innen rechtzeitig auf im Stellenplan als „Fachkarrieren" ausgewiesenen Stellen zusätzlich spezialisieren und ausbilden lassen mit der Aussicht einer Beförderungspriorität.
Zu den Voraussetzungen der Führungskarriere gehören die klare Definition der Grundvoraussetzungen, des Auswahlverfahrens, des Qualifikationsumfanges, der Begleiterscheinungen (z. B. Teilnahme an Seminaren auch in der Freizeit), des Abschlusses (Assessment-Center in Form eines Entwicklungs-Assessment-Centers), der späteren Weiterverwendung der Ergebnisse (z. B. Aufbewahrungsort, -dauer, Rückgriffsmöglichkeiten) und die Chancendarstellung (hinsichtlich einer Fachkarriere oder nach erneuter Qualifikation im Führungsbereich) bei Scheitern der Maßnahme. Voraussetzungen der Fachkarriere ist die Festschreibung der Stellen für die Fachkarriere im Stellenplan, eine Ausschreibung der Stelle als „Fachkarrierenstelle", die gezielte Fortbildung der Stelleninhaber/innen, für die Beteiligten nachvollziehbare Vergabe von Beförderungsprioritäten und zeitangemessene Beförderung/Höhergruppierung bei Erfolg.
Mit der Einrichtung von Parallelkarrieren wurden bislang äußerst positive Erfahrungen im Kreis Aachen gemacht, insbesondere hinsichtlich der Übereinstimmung von Verwaltungszielen und der Motivation und der Bedürfnisse der Mitarbeiter/innen. Beschäftigte, die sich für die Führungskarriere interessieren, werden ermutigt, diese auch einzuschlagen und sich auf Führungspositionen zu bewerben. Bei Auswahlverfahren haben interne Bewerber/innen oftmals größere Chancen als externe Bewerber/innen. Mitarbeiter/innen mit Interesse an Fachaufgaben streben nicht mehr unbedingt Führungsaufgaben an, sondern bewerben sich gezielt auf Fachkarrierestellen.[1039]

Durch die Trennung von Teamverantwortung und Produktverantwortung sind ebenfalls in der Stadt Detmold getrennte Verantwortungen und Laufbahnen entstanden, die mit Parallelkarrieren vergleichbar sind.[1040]

[1039] Nach Informationen der Kreisverwaltung Aachen im Jahr 2000.

[1040] Vgl. Horstmann, Weniger Hierarchie und mehr Verantwortung, in: Schückhaus (Hrsg.), Kommunen in Not, 1996, S. 163-174; vgl. auch Kap. 8.3.3.4, 8.3.7.1.

8.3.2.5 Frauenförderung/Gleichstellungsarbeit

a. Beschreibung

Geschlechterverhältnisse spielen in Organisationen und ihrem Management eine bedeutende, doch oft verkannte Rolle.[1041]
In Kommunalverwaltungen sind mehr als die Hälfte der Beschäftigten Frauen. Erlebt sich diese große Zahl der Beschäftigten als benachteiligt, hat dies entscheidende Auswirkungen auf die Motivation der Belegschaft einer Verwaltung als erfolgskritischem Faktor: „Eine Personalpolitik, die im Ergebnis die Mehrheit der Beschäftigten benachteiligt, ist keinesfalls als motivationsförderlich zu bewerten."[1042]

Empirische Untersuchungen auf der Basis von Mitarbeiterbefragungen in verschiedenen Verwaltungen zeigen, dass viele Mitarbeiterinnen die vollständige Gleichstellung der Geschlechter in ihrem Arbeitsbereich nicht verwirklicht sehen.[1043] Diese Sichtweise variiert je nach „Teilwelt" der Verwaltung wie die klassische Verwaltung, die Verwaltung im Modernisierungsaufbruch und ostdeutsche Verwaltungen.[1044] Die Benachteiligungen finden sich besonders in den Bereichen Personalabbau, Übernahme von Führungspositionen, Beurteilung,[1045] Weiterbildung und Personalauswahl.[1046] Die negativen Auswirkungen dieser Benachteiligungen auf die Motivation der weiblichen Beschäftigten sind ernorm; ebenso können Maßnahmen zu ihrer Überwindung weitreichende Folgen haben: „Umgekehrt kann der Abbau von Benachteiligungen aufgrund des Geschlechts, des Familienstands oder anderer Merkmale ein wichtiger Faktor zur Förderung der Leistungsfähigkeit und Leistungsbereitschaft sein."[1047]
Frauenförderung und Gleichstellungsarbeit sind Leistungsanreize mit Querschnittscharakter, da bei der Gewährung aller immateriellen und materiellen Anreize der geschlechtsspezifischen Benachteiligung entgegengewirkt werden sollte. Er ist jedoch in dieser Arbeit der Anreizgruppe „Personalentwicklung" zugeordnet worden, da viele Aspekte der Frauenförderung und Gleichstellungsarbeit die Personalentwicklung betreffen.

[1041] Vgl. Lange, Geschlechterverhältnisse im Management von Organisationen, 1998.

[1042] Krell/Leutner, Kommunale Verwaltungsmodernisierung und Gleichstellungspolitik, in: Krell (Hrsg.), Chancengleichheit durch Personalpolitik, 1997, S. 37 (38).

[1043] Vgl. Klages, Verwaltungsmodernisierung: "harte" und "weiche" Aspekte II., 1998, S. 109-120; Krell/Leutner, Kommunale Verwaltungsmodernisierung und Gleichstellungspolitik, in: Krell (Hrsg.), Chancengleichheit durch Personalpolitik, 1997, S. 37 (38 f.).

[1044] Vgl. Klages, Verwaltungsmodernisierung: "harte" und "weiche" Aspekte II., 1998, S. 109-120.

[1045] Vgl. hierzu auch Fried/Wetzel/Baitsch, Wenn zwei das Gleiche tun..., 2000; Krell, Gleichstellungspolitische Aspekte der Personalbeurteilung, in: ÖTV (Hrsg.), Reform des Beurteilungswesens, 1998, S. 1-11; Krell/Tondorf, Leistungsabhängige Entgeltdifferenzierung: Leistungslohn, Leistungszulagen, Leistungsbeurteilung auf dem gleichstellungspolitischen Prüfstand, in: Krell (Hrsg.), Chancengleichheit durch Personalpolitik, 1997, S. 263-277; Schreyögg, Reform des Beurteilungswesens – gleichstellungspolitische Aspekte, in: ÖTV (Hrsg.), Reform des Beurteilungswesens, 1998, S. 1-10.

[1046] Vgl. Krell/Leutner, Kommunale Verwaltungsmodernisierung und Gleichstellungspolitik, in: Krell (Hrsg.), Chancengleichheit durch Personalpolitik, 1997, S. 37 (39).

[1047] Krell/Leutner, Kommunale Verwaltungsmodernisierung und Gleichstellungspolitik, in: Krell (Hrsg.), Chancengleichheit durch Personalpolitik, 1997, S. 37 (39).

Wenngleich die Vereinbarkeit von Beruf und Familie einen Leistungsanreiz sowohl für Frauen und Männer darstellt, bildet sie noch immer einen Schwerpunkt der Frauenförderung. Dieser Schwerpunkt beinhaltet folgende Aspekte:

- **Kontakthalteangebote**
  Die sich in der Familienpause befindenden Beschäftigten werden über Mitarbeiterzeitschriften oder Weiterbildungsprogramme fortlaufend über die Verwaltung informiert. Urlaubs- und Krankheitsvertretungen können für die Beschäftigten wie für die Organisation hilfreich sein.[1048]
- **Wiedereinstiegsprogramme**
  Die Wiedereinstiegsprogramme sollten mit der individuellen Personalentwicklung der/des Beurlaubten abgestimmt sein. Bestandteil der Programme sind meist „trainings on the job" und spezielle Weiterbildungsangebote, die auf die geplanten zukünftigen Tätigkeiten ausgerichtet sind.[1049]
- **Flexibilisierung der Arbeitszeit**
  Die Gestaltung der Arbeitszeit stellt einen zentralen Aspekt der Vereinbarkeit von Beruf und Familie dar.[1050] Mit der Arbeitszeitform der Teilzeitarbeit können Beruf und Familie am besten in Einklang gebracht werden:[1051] „Notwendig ist ein geschlechtsspezifisch akzentuiertes *Zeitmanagement*, genauer gesagt eine sehr weitgehende *Arbeitszeitflexibilisierung* in Verbindung mit *Teilzeitangeboten* – allerdings, das ist die Bedingung, bei Sicherstellung geschlechts*un*spezifischer individueller *Entwicklungschancen*."[1052]
- **Kinderbetreuung**
  Die Beteiligung des Arbeitgebers bzw. Dienstherrn kann sich in der Einrichtung eines Betriebskindergartens[1053] oder in Belegplätzen in bestehenden Kinderbetreuungseinrichtungen zeigen. Bei letzteren werden die Kosten teilweise vom Arbeitgeber bzw. Dienstherrn übernommen. Berufstätige Eltern können ebenfalls bei der Suche und Finanzierung von Tagesmüttern oder –vätern, Kinderbetreuungskreisen oder einer qualifizierten Hausaufgabenbetreuung unterstützt werden.[1054]

Die Vereinbarkeit von Beruf und Familie stellt ebenfalls einen zentralen Kernpunkt für die Möglichkeit von Frauen dar, Führungspositionen zu erreichen. Doch auf Grund männlicher „Seilschaften" gelingt Frauen, ob mit oder ohne Kindern, nur schwer der Sprung in Führungspositionen.[1055] Insbesondere die Unterrepräsentanz von Frauen in

[1048] Vgl. Jung, Personalwirtschaft, München, 1999, S. 629.
[1049] Vgl. Kaldewey/Küpper, Den Wiedereinstieg planen, 1994.
[1050] Vgl. Kap. 8.3.4.1.
[1051] Vgl. Jung, Personalwirtschaft, 1999, S. 630; ferner Kap. 8.3.4.2.
[1052] Klages, Verwaltungsmodernisierung: "harte" und "weiche" Aspekte II., 1998, S. 120.
[1053] Vgl. Kap. 8.3.9.6.
[1054] Vgl. Jung, Personalwirtschaft, München, 1999, S. 630 ff.
[1055] Dies zeigt der geringe Anteil von Frauen in Führungspositionen, wie ihn Befragungen des Deutschen Städtetages ermittelt haben, vgl. Spieß, Frauen in Führungspositionen, in: der städtetag 3/1999, S. 113 (113).

Führungspositionen ist für viele Frauen wenig Anreiz, sich in höhere Hierarchieebenen „vorzukämpfen". Die gezielte Förderung von Frauen, wie sie die verschiedenen Landesgleichstellungsgesezte vorsehen, sowie das Wirken von kommunalen Frauen- und Gleichstellungsbeauftragten insbesondere bei Stellenbesetzungsverfahren können einen entscheidenden Anreiz für Frauen darstellen, Führungspositionen zu erreichen. Frauenförderpläne und Richtlinien in den Kommunalverwaltungen enthalten i. d. R. entsprechende Regelungen.

Die kommunale Verwaltungsreform kann positive wie negative Auswirkungen auf die Frauenförderung haben.[1056] Frauen- und Gleichstellungsarbeit weisen viele Parallelen zur Verwaltungsmodernisierung auf und können diese nachhaltig unterstützen: Sowohl die Gleichstellungsarbeit als auch die Verwaltungsreform haben die Veränderung verhärteter Strukturen und überkommener Verhaltensweisen zum Ziel. Ausgangspunkt der kommunalen Verwaltungsmodernisierung ist die Gestaltung von Wirkungen, Produkten und Prozessen, die an den Bedürfnissen der Bürger/innen ausgerichtet sind. Darüber hinaus soll die Verwaltungsreform die Bedürfnisse der Beschäftigten berücksichtigen. Auch in der Frauenförderung und Gleichstellungsarbeit stehen die vielfältigen Lebenslagen und Bedürfnisse von Bürgerinnen und Mitarbeiterinnen im Mittelpunkt. Eine transparente und faire Personalpolitik stellt für eine effektive Verwaltungsreform eine notwendige Voraussetzung dar. Auch das Anliegen der Gleichstellungspolitik ist „mehr Transparenz und weniger Parteiengeklüngel und Seilschaften"[1057]. Wird jedoch Wirtschaftlichkeit zum allein ausschlaggebenden Kriterium des Verwaltungshandelns und führt dies zu Ungerechtigkeiten und sozialen Härten, stellen Frauenförderung und Gleichstellungsarbeit die Aufgabe des Staates als Arbeitgeber in den Vordergrund, den Abbau von strukturellen Benachteiligungen abzubauen und Chancengleichheit zu gewährleisten.[1058]

Die Frauenförderung und Gleichstellungsarbeit der öffentlichen Verwaltung kann Eintrittsanreize für qualifizierte Arbeitskräfte darstellen, da der öffentlichen Dienst zwar nicht in der Höhe der Entgelte, aber in der systematischen Gleichstellungspolitik und in verschiedenen Möglichkeiten der Vereinbarkeit von Beruf und Familie mit der privaten Wirtschaft konkurrieren kann.[1059]

b. Erfolgsfaktoren

Damit Frauenförderung und Gleichstellungsarbeit als Anreize wirken können, ist eine Veränderung in allen Bereichen und auf allen Ebenen der Verwaltung notwendig. Dies

[1056] Vgl. Krell, Neues Steuerungsmodell und kommunale Gleichstellungsarbeit, in: Zeitschrift für Frauenforschung, 1-2/1995, S. 28-38.

[1057] Krell/Leutner, Kommunale Verwaltungsmodernisierung und Gleichstellungspolitik, in: Krell (Hrsg.), Chancengleichheit durch Personalpolitik, 1997, S. 37 (40).

[1058] Vgl. Krell/Leutner, Kommunale Verwaltungsmodernisierung und Gleichstellungspolitik, in: Krell (Hrsg.), Chancengleichheit durch Personalpolitik, 1997, S. 37 (40).

[1059] Vgl. Krell/Leutner, Kommunale Verwaltungsmodernisierung und Gleichstellungspolitik, in: Krell (Hrsg.), Chancengleichheit durch Personalpolitik, 1997, S. 37 (39).

bedeutet einerseits strukturelle Veränderungen. So muss der Rat frauen- und gleichstellungspolititsche Leitlinien in den allgemeinen Verwaltungsgrundsätzen, den Richtlinien zur Verwaltungsmodernisierung und in personalpolitischen Leitlinien verankern. Diese Leitlinien müssen konkretisiert werden und in spezifische Handlungsprogramme der Facheinheiten umgesetzt werden. Die Überprüfung der Umsetzung frauen- und gleichstellungspolitischer Maßnahmen in Form der Berichterstattung der Facheinheiten sollte im Rahmen eines Gleichstellungscontrollings stattfinden.[1060] Dieses Gleichstellungscontrolling sollte in das Personalcontrolling eingebunden sein, das wiederum Bestandteil des allgemeinen Controllings der Verwaltung ist. Die Einbindung von Frauen- und Gleichstellungsbeauftragten bzw. Frauenbüros und Frauenämtern in zentrale Verwaltungsangelegenheiten und das Vorhandensein von Frauenförderplänen unterstützen ebenfalls die Frauenförderung und Gleichstellungsarbeit als Motivations- und Leistungsanreiz.

Grundsätzlich ist eine Veränderung des Bewusstseins der Verantwortlichen, insbesondere der Personalverantwortlichen, und der Führungskräfte,[1061] aber auch der Personalvertretungen notwendig.[1062] Hierzu gehört entscheidend ein Wandel der Verwaltungskultur und des Personalmanagements. Dieser Wandel schließt sowohl die Differenzierung als auch die Integration in der Personalarbeit ein.[1063] Da Vorgesetzte häufig (noch) männlich sind, bildet die Veränderung ihres Bewusstseins einen entscheidenden Erfolgsfaktor für die Gleichstellungsarbeit.[1064] Die Veränderung dieses Bewusstseins kann z.B. durch die Behandlung von Themen der Chancengleichheit und Gleichstellung in der Aus- und Weiterbildung sowie die Umsetzung gleichstellungspolitischer Vorgaben als Beurteilungskriterium erreicht werden.[1065] Darüber hinaus müssen ergänzend Anreize für gleichstellungsförderliches Verhalten geschaffen werden.[1066]

Die nachfolgend dargestellten Bereiche der Verwaltungsmodernisierung sollten insbesondere dahingehend überprüft werden, inwieweit sie durch die Benachteiligung die Motivation, Leistungsbereitschaft und –fähigkeit von Frauen einschränken oder aber als Ansatzpunkt der Verbesserung der Voraussetzungen der Frauenförderung und Gleichstellungsarbeit dienen können.

Die Privatisierung von Aufgaben betrifft häufig den Reinigungsdienst. Der Wegfall von relativ gesicherten und geschützten Arbeitsplätzen von zumeist Frauen im öffentlichen Dienst und die Beschäftigung von nicht sozialversicherungspflichtig beschäftigten Mitarbeiter/innen in der Fremdreinigung stellt nicht nur eine Verschlechterung der Arbeitsbedingungen für Frauen, sondern auch für den Sozialhilfeträger einen nicht unerheblichen

---

[1060] Vgl. Krell/Leutner, Kommunale Verwaltungsmodernisierung und Gleichstellungspolitik, in: Krell (Hrsg.), Chancengleichheit durch Personalpolitik, 1997, S. 37 (45).

[1061] Vgl. Tondorf/Krell, „An den Führungskräften führt kein Weg vorbei!“, 1999.

[1062] Vgl. Oechsler/Kühne/Kneissler, Traditionelle Frauenförderung – ein Weg zum Erfolg?, 1994, S. 76.

[1063] Vgl. Autenrieth, Wandel im Personalmanagement, 1996, S. 279 ff.

[1064] Vgl. Krell, Ecksteine einer erfolgsversprechenden Gleichstellungspolitik, in: Personal, 3/1997, S. 143-145.

[1065] Vgl. Krell/Leutner, Kommunale Verwaltungsmodernisierung und Gleichstellungspolitik, in: Krell (Hrsg.), Chancengleichheit durch Personalpolitik, 1997, S. 37 (44).

[1066] Vgl. Krell/Leutner, Kommunale Verwaltungsmodernisierung und Gleichstellungspolitik, in: Krell (Hrsg.), Chancengleichheit durch Personalpolitik, 1997, S. 37 (45).

Kostenfaktor hinsichtlich der Existenzsicherung im Fall der Arbeitslosigkeit oder im Alter dar.[1067]

Der Abbau von Hierarchieebenen betrifft vor allem die unteren und mittleren Hierarchieebenen, auf denen weibliche Führungskräfte besonders häufig anzutreffen sind.[1068] Die bisherigen Forderungen der Frauenförderung zur Erhöhung des Frauenanteils in Führungspositionen gewinnen in diesem Zusammenhang noch einmal eine besondere Brisanz. Zur Umsetzung dieser Forderungen sind einerseits Zielvorgaben oder Zielvereinbarungen z. B. im Rahmen des Kontraktmanagements notwendig. Solange die Vereinbarkeit von Beruf und Familie einseitig als Aufgabe allein der Frauen betrachtet wird, sind weiterhin Regelungen zur Teilzeitbeschäftigung auch in Führungspositionen notwendig.[1069]

Wie internationale Erfahrungen zeigen, können materielle Leistungsanreize wie Leistungszulagen und Leistungsprämien[1070] vorhandene strukturelle Entgeltdiskriminierungen noch verstärken. Dies ist z. B. dann der Fall, wenn Teilzeitbeschäftigte durch Regelungen in der Organisation von der Möglichkeit des Erhalts von Leistungszulagen und Leistungsprämien ausgeschlossen sind. Sollen diese Leistungsanreize einen wirklichen Anreizcharakter haben, müssen auch Teilzeitbeschäftigte in die Regelungen einbezogen werden. Eine Benachteiligung liegt weiterhin dann vor, wenn finanzielle Zuwendungen schwerpunktmäßig für Bereiche vorgesehen ist, in denen vorwiegend Männer arbeiten. Soll einer Diskriminierung entgegengewirkt werden, muss die Auswahl des räumlichen und personellen Geltungsbereichs der Regelungen rational begründet werden. Werden Zielvereinbarungen als Basis der Vergabe von materiellen Leistungsanreizen geschlossen, darf dies nicht nur einzelne Beschäftigte oder Beschäftigtengruppen eines Geschlechts ohne objektive Erfordernisse betreffen. Auch hinsichtlich der Vergabekriterien sind Benachteiligungen möglich: Werden finanzielle Zuwendungen auf der Basis des freien Ermessens von Vorgesetzten vergeben, ist nicht auszuschließen, dass das Merkmal „Geschlecht" ein „heimliches Kriterium"[1071] für die Vergabe darstellt. Die Durchschaubarkeit von Kriterien und klare Regelungen können diesen Tendenzen entgegenwirken. Ein weiteres Problem stellen Kriterien dar, die direkt oder indirekt einen hohen zeitlichen Aufwand außerhalb der regulären Arbeitszeit voraussetzen. Dazu gehören Merkmale wie „zusätzliches zeitliches Engagement", „hohe zeitliche Flexibilität", „Einsatzflexibilität", „erfolgreiche Teilnahme an Weiterbildungsmaßnahmen", die in der Freizeit stattfinden, oder ggf. „Arbeitsmenge", wenn Mehrarbeit vorausgesetzt wird. Diese Merkmale können Frauen, die Beruf und Familie vereinbaren müssen, insbesondere alleinerziehende Frauen, nicht in gleichem Maße erfüllen wie Männer in der traditionel-

---

[1067] Vgl. Krell/Leutner, Kommunale Verwaltungsmodernisierung und Gleichstellungspolitik, in: Krell (Hrsg.), Chancengleichheit durch Personalpolitik, 1997, S. 37 (42).

[1068] Vgl. Leutner, Führungspositionen in den Stadtverwaltungen, 1994.

[1069] Vgl. Krell/Leutner, Kommunale Verwaltungsmodernisierung und Gleichstellungspolitik, in: Krell (Hrsg.), Chancengleichheit durch Personalpolitik, 1997, S. 37 (43).

[1070] Zu Leistungszulagen und Leistungsprämien vgl. Kap. 9.5.3.3.

[1071] Krell/Tondorf, Leistungsabhängige Entgeltdifferenzierung: Leistungslohn, Leistungszulagen, Leistungsbeurteilung auf dem gleichstellungspolitischen Prüfstand, in: Krell (Hrsg.), Chancengleichheit durch Personalpolitik, 1997, S. 263 (271).

len Rollenaufteilung. Die Grundelegung dieser Kriterien als Basis der Gewährung von materiellen Leistungsanreize ist unter gleichstellungspolitischen Gesichtspunkten kritisch zu überprüfen. Insbesondere Kriterien, die sich auf Charaktereigenschaften, Motive oder Fähigkeiten beziehen, sind ungeeignet, da sie die Gefahr in sich bergen, durch subjektive einseitige Einschätzungen männlicher Vorgesetzter Benachteiligungen zu bewirken. Auch bei der unterschiedlichen Gewichtung verschiedener Bewertungskriterien ist darauf zu achten, dass die Kriterien, die eine Benachteiligung von Frauen in sich bergen, nicht den Ausschlag für die Vergabe geben.[1072] Eine Vergabe von materiellen Leistungsanreizen, die sich streng an der zu erbringenden Leistung (nicht an Persönlichkeitsmerkmalen) orientiert, die im Rahmen der Normalleistung zu erbringen ist, kann den dargestellten möglichen Benachteiligungen entgegenwirken. Die Ermittlung von Kriterien auf der Basis von Zielvereinbarungen bietet zusätzlich die Chance, dass die Beschäftigten ihre Belange einbringen können. Die Bewertung der Leistungsergebnisse durch objektive Verfahren (z. B. Messen oder Zählen) mit möglichst geringen subjektiven Entscheidungsspielräumen von Vorgesetzten stellt ebenfalls eine wirkungsvolle Basis für eine Vergabe von materiellen Leistungsanreizen ohne Benachteiligungen dar.[1073] Die Präsenz von Frauen in Entscheidungsgremien auf tariflicher wie auf betrieblicher Ebene, die Mitwirkung von Frauen an der Ausgestaltung der Verfahren, der Überprüfung ihrer diskriminierungsfreien Anwendung und der Kontrolle der erzielten Ergebnisse und die Beteiligung von Frauen- und Gleichstellungsbeauftragten an Gremien und Verfahren können einer Benachteiligung von Frauen bei der Vergabe von materiellen Leistungsanreizen und damit einer Demotivierung der weiblichen Beschäftigten entgegenwirken.[1074]

Bei der leistungsabhängigen Vergütung für Führungskräfte ist auf eine Verhinderung von Diskriminierungen auf Grund des Geschlechts derer, deren Leistungen bewertet werden, zu achten. Andererseits kann die leistungsabhängige Vergütung von Führungskräften als Leistungsanreize für Erfolge in der Frauenförderung und Gleichstellung dienen.[1075]

Zusammenfassend ist anzumerken, dass trotz Gefahren die Verwaltungsreform Vorteile und Chancen für die Frauenförderung und Gleichstellungsarbeit bietet gegenüber der herkömmlichen Verwaltung.[1076]

1072 Vgl. Krell/Tondorf, Leistungsabhängige Entgeltdifferenzierung: Leistungslohn, Leistungszulagen, Leistungsbeurteilung auf dem gleichstellungspolitischen Prüfstand, in: Krell (Hrsg.), Chancengleichheit durch Personalpolitik, 1997, S. 263 (271 f.).

1073 Vgl. Krell/Tondorf, Leistungsabhängige Entgeltdifferenzierung: Leistungslohn, Leistungszulagen, Leistungsbeurteilung auf dem gleichstellungspolitischen Prüfstand, in: Krell (Hrsg.), Chancengleichheit durch Personalpolitik, 1997, S. 263 (273 f.). Ein solches Verfahren ist in Kap. 7.2 und Kap. 9.5.3.3 dargestellt.

1074 Vgl. Krell/Tondorf, Leistungsabhängige Entgeltdifferenzierung: Leistungslohn, Leistungszulagen, Leistungsbeurteilung auf dem gleichstellungspolitischen Prüfstand, in: Krell (Hrsg.), Chancengleichheit durch Personalpolitik, 1997, S. 263 (276).

1075 Vgl. Krell/Tondorf, Leistungsabhängige Entgeltdifferenzierung: Leistungslohn, Leistungszulagen, Leistungsbeurteilung auf dem gleichstellungspolitischen Prüfstand, in: Krell (Hrsg.), Chancengleichheit durch Personalpolitik, 1997, S. 263 (266).

1076 Vgl. Scheer, Frauenpolitik: ein Prüfstein für die Städte, in: der städtetag 11/1999, S. 6-9; Steckmeister, Verwaltungsreform als Hebel für eine neue Geschlechterpolitik? 1997, S. 19.

c. Praxis in Kommunalverwaltungen

Befragungen des Deutschen Städtetages in den 90er Jahren des 20. Jahrhunderts zeigten folgende Ergebnisse hinsichtlich des Frauenanteils an der Gesamtzahl der Beschäftigten und an den Führungspositionen:[1077]

- Der Anteil der weiblichen Beschäftigten in den Kommunalverwaltungen der alten Bundesländer betrug 54 %, in den Kommunalverwaltungen der neuen Bundesländer 73,8 %.
- Im höheren Dienst lag der Frauenanteil in den Verwaltungen der alten Bundesländer bei 13,4 %, der neuen Bundesländer bei 13,5 %.
- In den alten Bundesländern wurden nur 9 von 139 befragten Verwaltungen von einer Frau als Verwaltungschefin geführt; dabei handelte es sich vorwiegend um kleinere Verwaltungen.
- 1991 waren 97 % der Hauptverwaltungsbeamten/innen und 93 % der Beigeordneten männlich.
- Auf Ebene der Verwaltungsleitung wurde 1995 in den Verwaltungen der neuen Bundesländer ein leicht abnehmender Männeranteil von 93,6 % und bei den Dezernenten/innen von 91 % festgestellt.
- Zwei Drittel der geringen Anzahl an Dezernenten/innen verteilten sich auf die Dezernate „Soziales, Jugend und Gesundheit“ sowie „Schule und Kultur“.
- In den neuen Bundesländern wurden das Dezernat „Allgemeine Verwaltung“ von fast 20 %, das Dezernat „Finanzen“ von 9,4 % und das Dezernat „Recht, Sicherheit und Ordnung“ von 8,7 % der Frauen geführt.

Eine daran anknüpfende Untersuchung in den Jahren 1997/1998 in den Kommunalverwaltungen der alten und neuen Bundesländer zeigte, dass Bewegung und Verhaltensänderungen in den Führungsebenen überwiegend von den wenigen Frauen ausgeht; Männer dagegen zeigen sich „eher veränderungsresistent“[1078].
Als Schlussfolgerung aus diesen Untersuchungsergebnissen wird deutlich, dass der Leistungsanreiz für weibliche Beschäftigte nicht nur in einer konsequenten und systematischen Frauenförderung und Gleichstellungsarbeit liegt, sondern auch in dem Veränderungswillen und in der Veränderungsbereitschaft der männlichen Beschäftigten, insbesondere derer in Führungspositionen. Diese kann sich in der Anerkennung von Frauen als Führungskräfte sowie in der Bereitschaft zeigen, die Vereinbarkeit von Beruf und Familie auch als eigene zu bewältigende Aufgabe zu betrachten.
Im Rahmen der Verwaltungsmodernisierung gehören Frauenförderung und Gleichstellungsarbeit auf Grund der desolaten Haushaltssituation der Kommunen zu den häufig vorgeschlagenen Quellen für Einsparungen. Es wird jedoch übersehen, dass eine effektive Verwaltungsmodernisierung ohne diese Elemente nicht möglich ist: „Ohne eine konsequent und systematisch betriebene Gleichstellungspolitik bleibt die Reform der öf-

---

[1077] Dargestellt in: Spieß, Frauen in Führungspositionen, in: der städtetag 3/1999, S. 113 (113).
[1078] Spieß, Frauen in Führungspositionen, in: der städtetag 3/1999, S. 113 (117).

fentlichen Verwaltung bloßes Stückwerk."[1079] Frauenförderung und Gleichstellungsarbeit stellen einen integralen Bestandteil der Verwaltungsmodernisierung dar; sie tragen zu Leistungssteigerungen und Qualitätsverbesserungen und richtungsweisend zu einem effektiven Reformprozess bei.[1080] Die Frauenförderung ist zu einem wichtigen Bestandteil der Personalpolitik sowie des Personalmanagements geworden.[1081]

Empirische Untersuchungen in der Stadt Dortmund haben gezeigt, dass in den ausgeübten Funktionen Frauen auf der Ebene der Sachbearbeitung überwiegen, während Männer eher höhere Positionen einnehmen.[1082] Frauen haben trotz guter und im Vergleich zu Männern sogar besseren beruflichen Qualifikation noch nicht die gleichen Karrierestufen erreicht.[1083] Eine Ursache ist in der geringeren Beschäftigungsdauer von Frauen im Vergleich zu Männern zu sehen.[1084] Der Großteil der Teilzeitbeschäftigten findet sich unter den Frauen.[1085] Berufsunterbrechungen mit negativen Konsequenzen für Karrieremöglichkeiten sind vor allem bei Frauen zu verzeichnen.[1086] Hinsichtlich des beruflichen Werdegangs zeigt sich, dass Frauen, trotz vielfältiger Fortbildungen, weniger häufig aufsteigen als Männer.[1087]

Das Einbeziehen der aus Familiengründen beurlaubten Mitarbeiter/innen konkretisiert sich in der Stadtverwaltung Köln unter anderem in der Zusendung der Mitarbeiterzeitung „stadt-intern" auf Wunsch der/des Beurlaubten gegen geringes Entgelt für die Druck- und Versandkosten; diese enthält Mitteilungen über wichtige Neuregelungen (z. B. im Kindergeldrecht) und in Fortbildungsangeboten für Beurlaubte zur Erleichterung der Reintegration ins Berufsleben.[1088]

Die Richtlinien zur Gleichstellung von Frauen und Männern des Landratsamtes Enzkreis beinhalten folgende Regelungen:[1089]

[1079] Krell/Leutner, Kommunale Verwaltungsmodernisierung und Gleichstellungspolitik, in: Krell (Hrsg.), Chancengleichheit durch Personalpolitik, 1997, S. 37 (38).

[1080] Vgl. Krell/Leutner, Kommunale Verwaltungsmodernisierung und Gleichstellungspolitik, in: Krell (Hrsg.), Chancengleichheit durch Personalpolitik, 1997, S. 37 (38); ferner Kißler/Wiechmann (Hrsg.), Gleichstellungspolitik und kommunale Verwaltungsreform, 1999.

[1081] Vgl. Kißler/Wiechmann (Hrsg.), Gleichstellungspolitik und kommunale Verwaltungsreform, 1999; Krell (Hrsg.), Chancengleichheit durch Personalpolitik, 1997.

[1082] Vgl. Stadt Dortmund, Frauenbüro (Hrsg.), Berufliche Perspektiven von Frauen und Männern, 1996, S. 39 ff.; 280.

[1083] Vgl. Stadt Dortmund, Frauenbüro (Hrsg.), Berufliche Perspektiven von Frauen und Männern, 1996, S. 41 ff., 280 f.

[1084] Vgl. Stadt Dortmund, Frauenbüro (Hrsg.), Berufliche Perspektiven von Frauen und Männern, 1996, S. 49 ff., 281.

[1085] Vgl. Stadt Dortmund, Frauenbüro (Hrsg.), Berufliche Perspektiven von Frauen und Männern, 1996, S. 53 ff., 281.

[1086] Vgl. Stadt Dortmund, Frauenbüro (Hrsg.), Berufliche Perspektiven von Frauen und Männern, 1996, S. 63 ff., 282.

[1087] Vgl. Stadt Dortmund, Frauenbüro (Hrsg.), Berufliche Perspektiven von Frauen und Männern, 1996, S. 75 ff., 283.

[1088] Nach Informationen der Stadtverwaltung Köln im Jahr 2000.

[1089] Vgl. Landratsamt Enzkreis (Hrsg.), Richtlinien zur Förderung der Gleichstellung von Frauen und Männern im Landratsamt Enzkreis, Stand: 7.10.1996.

- **Stellenausschreibung**
  Alle Stellen sollen grundsätzlich intern und extern ausgeschrieben werden. In von Frauen unterrepräsentierten Bereichen sollen Frauen durch den Zusatz „Bewerbungen von Frauen sind besonders erwünscht" zur Bewerbung motiviert werden. Generell sollen Frauen aktiv zu Bewerbungen motiviert und interessierte Beurlaubte einbezogen werden. Die Frauenbeauftragte soll über alle offenen Stellen und die jeweiligen Stellenausschreibungen frühzeitig informiert werden.
- **Besetzung von Stellen**
  Als Ziel bei der Stellenbesetzung wird die Erhöhung des Anteils von Frauen auf allen Funktionsebenen und in allen Besoldungs-, Vergütungs- und Lohngruppen, in denen Männer überrepräsentiert sind, bis zur Herstellung der Parität festgelegt. Dazu ist das Bestreben der Verwaltung notwendig, bei der Beurteilung der Qualifikation keine Maßstäbe anzusetzen, die Frauen benachteiligen. Zur Erarbeitung eines realistischen Zeitrahmens für die Erreichung einer paritätischen Beschäftigung ermitteln die einzelnen Dezernate für ihren Zuständigkeitsbereich die Hierarchieebenen und Beschäftigungsbereiche, in denen Frauen unterrepräsentiert sind. In Zusammenarbeit mit dem Personalrat und der Frauenbeauftragten entwickeln sie innerhalb eines Jahres Zielvorgaben, wie die Chancengleichheit von Frauen und Männern im Landratsamt Enzkreis erreicht werden kann. Unter der Voraussetzung der Bewerbung von genügend geeigneten Frauen sollen in Bereichen, in denen Frauen unterrepräsentiert sind, mindestens gleich viele Frauen wie Männer in das Auswahlverfahren einbezogen werden. In die Bewertung der Qualifikation sollen Erfahrungen in den Bereichen Familienarbeit, Hausarbeit, ehrenamtliche Arbeit, Zivildienst, Wehrdienst und soziale Arbeit mit einbezogen werden; Zeiten familienbedingter Arbeitsunterbrechung und Teilzeitarbeit dürfen nicht nachteilig gewertet werden. Es sollen Vorschläge zur verstärkten Übernahme von Frauen in Führungspositionen vom Hauptamt gemeinsam mit dem Personalrat entwickelt werden.
- **Ausbildung**
  Alle angebotenen Ausbildungswege stehen Frauen und Männern in gleicher Weise offen, worauf in den Ausschreibungsunterlagen ausdrücklich hingewiesen wird. In allen Ausbildungsbereichen, in denen Frauen unterrepräsentiert sind, soll auf die Erhöhung ihres Anteils hingewirkt werden. Themen wie „Gleichstellung von Frauen und Männern" und „Sexuelle Belästigung am Arbeitsplatz" werden in die Ausbildungspläne aufgenommen; zu diesen Themen werden vom Hauptamt regelmäßige Fortbildungen organisiert.
- **Stellenbewertung, Organisation**
  Die Gestaltung von Arbeitsplätzen, der unteren Vergütungsgruppen, die typischerweise von Frauen besetzt sind, wird mit dem Ziel einer strukturellen Verbesserung überprüft. Die Stellenbewertungskommission soll paritätisch besetzt sein und die Frauenbeauftragte als Mitglied haben. Bei Verwaltungsreformmaß-

nahmen und organisatorischen Veränderungen ist die Frauenbeauftragte frühzeitig zu beteiligen.

- **Fortbildung, Weiterbildung**
  Alle Beschäftigten werden fortlaufend und rechtzeitig informiert über interne und externe Fortbildungsveranstaltungen einschließlich persönlichkeitsbildender Schulungen, die ihren jeweiligen Bereich betreffen. Bei persönlichkeitsbildenden und für Leitungspositionen qualifizierenden Fortbildungsmaßnahmen sollen Frauen besonders zur Teilnahme aufgefordert werden. Die Fortbildungsveranstaltungen sollten möglichst so gestaltet sein, dass auch Teilzeitbeschäftigte sowie Beschäftigte mit betreuungsbedürftigen Kindern und Angehörigen daran teilnehmen können. Bei externen Lehrgängen weist das Landratsamt auf ein entsprechendes Angebot hin. Es soll bei hausinternen Fortbildungen und Lehrgängen darauf geachtet werden, dass Männer und Frauen referieren. Die Kosten für die Fortbildung beurlaubter Beschäftigter werden vom Landratsamt getragen unter der Verpflichtung, innerhalb eines Jahres wieder an den Arbeitsplatz zurückzukehren (ansonsten müssen die entstandenen Fortbildungskosten zurückgezahlt werden); es wird für die Beurlaubten eine Unfallversicherung für die Dauer der Fortbildung und die An- und Abfahrt abgeschlossen.
- **Arbeitszeit, Teilzeitarbeit**
  Die Gestaltung der Arbeitzeit aller Beschäftigten soll unter Beachtung der dienstlichen Belange so gestaltet sein, dass Familie und Beruf miteinander vereinbart werden können; in Härtefällen können Ausnahmen von der Regelarbeitszeit vereinbart werden. Teilzeitarbeit wird Frauen und Männern unter Einbezug der Möglichkeiten zur Teilung eines Arbeitsplatzes oder zur Arbeit an bestimmten Wochentagen angeboten. Teilzeitbeschäftigte, die wieder eine Vollzeitstelle anstreben, werden bei der Neubesetzung von Stellen im Rahmen des Stellenplans bei entsprechender Qualifikation bevorzugt berücksichtigt. Sozialversicherungsfreie Arbeitsverhältnisse werden grundsätzlich nicht abgeschlossen. Teilzeitbeschäftigte sollen hinsichtlich der Arbeits- und Arbeitsplatzbedingungen und der beruflichen Entwicklungs- und Fortbildungsmöglichkeiten nicht benachteiligt werden. Auf Anfrage und bei Ausschreibung einer Stelle überprüft das Hauptamt diese auf ihre Teilbarkeit und zieht dabei auch die Frauenbeauftragte hinzu. Wird ein Antrag auf Reduzierung der wöchentlichen Arbeitszeit gestellt, ist diesem möglichst innerhalb von drei, längstens sechs Monaten zu entsprechen.
- **Beurlaubung/Erziehungsurlaub**
  Die gesetzlichen und tariflichen Vorschriften zur Beurlaubung und zum Erziehungsurlaub und die bereits bestehenden Vereinbarungen sind unter besonderer Berücksichtigung der Belange der Beschäftigten anzuwenden. Soweit gewünscht, erfolgt während der Beurlaubung eine Absprache mit der/dem Beurlaubten darüber, wie die berufliche Qualifikation erhalten und verbessert sowie der Einstieg unterstützt werden kann. Ein Anreiz, die Verbindung zum Beruf aufrecht zu erhalten, besteht in der Möglichkeit von Urlaubs- und Krankheitsvertretungen. Beur-

laubte Beschäftigte werden bei Interesse weiterhin in die Informationsstrukturen der Ämter einbezogen. Die Verwaltung bemüht sich, zurückkehrende Beschäftigte auf Wunsch wieder an ihrem früheren Arbeitsplatz einzusetzen. Durch Erziehungsurlaub freiwerdende Stellen dürfen nicht in eine Stellenbesetzungssperre einbezogen werden.

- **Kinderbetreuung**
  Der Landkreis unterstützt die Beschäftigten bei Bedarf bei der Realisierung von Selbsthilfeeinrichtungen und bei der Suche nach Kinderbetreuungsmöglichkeiten. Kindern von Beschäftigten wird die Teilnahme am Kantinenessen zum Preis der Bediensteten gestattet.
- **sexuelle Belästigung am Arbeitsplatz**
  Es besteht die Verpflichtung der Ämter, sexuellen Belästigungen vorzubeugen und bekannt gewordene sexuelle Belästigungen als Dienstvergehen zum Schutz der Beschäftigten vor sexueller Belästigung am Arbeitsplatz (Beschäftigungsschutzgesetz), der Landesdisziplinarordnung oder der entsprechenden arbeitsrechtlichen Regelungen zu verfolgen. Vorgesetzte sind verpflichtet, bekannt gewordene sexuelle Belästigungen der Dienststellenleitung zu melden. Persönliche oder berufliche Nachteile haben Betroffene, die sich gegen eine sexuelle Belästigung wehren und sie anzeigen, nicht zu befürchten. Die Verwaltung muss sicherstellen, dass auf allen Hierarchieebenen die arbeits- und dienstrechtlichen Folgen der Belästigung die Person zu tragen hat, von der die Belästigung ausging. Insbesondere die sexuelle Belästigung von Auszubildenden wird ernstgenommen und geahndet. Das Thema „Sexuelle Belästigung am Arbeitsplatz" wird in Seminare für Führungskräfte, Personalverantwortliche und Mitglieder der Personalvertretung einbezogen.
- **Umsetzung/Berichterstattung**
  Persönliche Dokumente, dienstliche Mitteilungen, Formulare u. ä. sollen sprachlich der Gleichstellung von Frauen und Männern Rechung tragen. Es ist Aufgabe der Leitungen der Dezernate, Ämter und Sachgebiete, in ihren Bereichen darauf hinzuwirken, dass die Richtlinien zur Förderung der Gleichstellung von Frauen und Männern umgesetzt werden. Bei Verstößen gegen die Grundsätze der Gleichstellung können das Hauptamt, die Frauenbeauftragte und der Personalrat angesprochen werden. Mindestens einmal im Jahr oder bei Bedarf beraten die Kreisverwaltung, die Frauenbeauftragte und der Personalrat über den Stand der Gleichstellung von Frau und Mann sowie der Durchführung der Richtlinien und erstatten dem Kreistag einen umfassenden schriftlichen Bericht. Dieser Bericht soll, getrennt nach Geschlecht, Zahlen und Angaben enthalten zu der Gesamtheit der Beschäftigten im Landratsamt, den Beschäftigten in Führungspositionen, den Beschäftigten in Teilzeitarbeit, den Beurlaubten, besonderen Vorkommnissen und besonderen Maßnahmen zur Steigerung des Frauenanteils in unterrepräsentierten Bereichen.

Im Rahmen der Verwaltungsreform der Stadt Wuppertal wurde die Herstellung der Chancengleichheit von Frauen und Männern per Ratsbeschluss als eine alle Fachbereiche betreffende Gemeinschaftsaufgabe festgeschrieben. Als Qualitätskennzeichen städtischen Handelns wurden Standards, Messgrößen und Handlungsprogramme für die Erreichung von Zielen der Frauenförderung im Rahmen eines Managementsystems installiert. Die dezentralen Leistungseinheiten wie Geschäftsbereiche, Stadtbetriebe und Ressorts hatten die Aufgabe, für ihre Bereiche Ziele, Programme und Maßnahmen zu entwickeln, auf Wunsch mit Unterstützung des Managementteams der Frauenförderung, und in regelmäßigen Abständen über die Umsetzung zu berichten. Zur Überprüfung der Zielerreichung wurden Schlüsselmessgrößen gebildet.[1090]

In der Freien Hansestadt Bremen ist das frauenpolitische Controllingverfahren Bestandteil des Personalcontrollings. So werden Gleichstellungsfragen in den Regelkreis aus Zielen, Maßnahmen, Soll-Ist-Abgleichen und Gegensteuerungen einbezogen. Die Aspekte der Frauenförderung werden in Form von Personalstrukturdaten ermittelt. Die Daten enthalten eine Gliederung der Beschäftigten nach Entlohnungsgruppen, Personalgruppen, Status-Laufbahngruppen, Geschlecht, Voll- und Teilzeitbeschäftigten sowie eine zusätzliche Auswertung nach Beurlaubungsgründen.[1091] Die differenzierten Angaben der Dienststellen zu den Beschäftigten in Leitungsfunktionen, Anträgen auf Arbeitszeitänderungen, bei Wiederbesetzungen Angaben zur bisherigen Besetzung, zur Ausschreibung, zur Zahl der Bewerber/innen sowie zur neuen Besetzung, die Anzahl der Auszubildenden (Bewerbungen und Einstellungen), die Anzahl der Beförderungen und Höhergruppierungen, die Anzahl der gestellten und abgelehnten Anträge an Fort- und Weiterbildungsmaßnahmen und die Entsendung in Gremien werden in der Senatskommission für das Personalwesen zusammengetragen und stehen für eine systematische Auswertung im Rahmen des Personalcontrollings zur Verfügung.[1092]

8.3.3 Arbeitsgestaltung

Die Arbeitsgestaltung kann eine Anreizwirkung auf die Beschäftigten sowohl hinsichtlich des Arbeitsinhaltes als auch hinsichtlich der Arbeitsorganisation haben. Die hohe Anreizwirkung der inhaltlichen Gestaltung der Arbeit ergibt sich aus dem Zusammenhang der Arbeitsinhalte mit den Interessen und Fähigkeiten der Beschäftigten, der bereits dargestellt worden ist.[1093] Die folgenden Ausführungen beziehen sich auf die Anreizwirkung einzelner Aspekte der inhaltlichen sowie der organisatorischen Arbeitsgestaltung.

[1090] Vgl. Dmuß, Gemeinschaftsaufgabe Frauenförderung, in: Wrangel, So arbeiten Frauenbüros, 1996, S. 73-79.

[1091] Vgl. Freie Hansestadt Bremen, Senatskommission für das Personalwesen (Hrsg.), Projekt „Personalcontrolling in der Freien Hansestadt Bremen“, 1998, S. 116.

[1092] Vgl. Freie Hansestadt Bremen, Senatskommission für das Personalwesen (Hrsg.), Projekt „Personalcontrolling in der Freien Hansestadt Bremen“, 1998, S. 117.

[1093] Vgl. Kap. 8.3.1.

Die Gestaltung der eigenen Tätigkeit ist ein zentraler immaterieller Leistungsanreiz.[1094] Insbesondere Arbeitsplatzanreicherungen haben eine Anreizfunktion als Formen der Arbeitsgestaltung. Gleichzeitig entfalten sie ihre Anreizfunktion als Instrumente der Personalentwicklung. Bei Arbeitsplatzanreicherungen handelt es sich um die Gestaltung der Arbeitsinhalte und der Handlungsspielräume durch Arbeitsfeldvergrößerungen.[1095] Jeder Arbeitsinhalt ist mit einem Handlungsspielraum verbunden, der aus zwei Dimensionen besteht:[1096]

- **Tätigkeitsspielraum**
  Die horizontale Dimension wird erweitert durch quantitative Arbeitsinhaltsvergrößerungen wie Arbeitserweiterung (Job Enlargement) und Arbeitsplatzwechsel (Rotation).
- **Entscheidungs- und Kontrollspielraum**
  Die vertikale Dimension betrifft die qualitative Arbeitsinhaltsvergrößerung wie z. B. die Arbeitsbereicherung (Job Enrichment).

Darüber hinaus kann es Veränderungen der organisatorischen Arbeitsgestaltung geben, die gleichzeitig eine Veränderung der kommunikativen Gestaltung der Tätigkeiten bedeuten. Zu nennen sind hier besonders Teamarbeit und Projektarbeit.

8.3.3.1 Job Enlargement

a. Beschreibung

Job Enlargement bedeutet eine horizontale Arbeitsplatzanreicherung.[1097] Es werden zu dem aktuellen Arbeitsfeld der/des Beschäftigten strukturell gleichartige und qualitativ gleichwertige Aufgaben hinzugefügt, so dass sich der Tätigkeiten auf einer Stelle vergrößern.[1098] Job Enlargement kann für die Mitarbeitermotivation eine hohe Bedeutung haben.[1099] Job Enlargement soll insbesondere bewirken, dass Tätigkeiten, die durch Arbeitsteilung auf verschiedene Arbeitsplätze und Personen verteilt wurden, wieder auf einen Arbeitsplatz und eine Person zusammengeführt werden.[1100]

[1094] Vgl. Schierenbeck, Tätigkeitsgestaltung, in: Hoefert/Reichard (Hrsg.), Leistungsprinzip und Leistungsverhalten im öffentlichen Dienst, 1979, S. 127-158; ferner Peters/Watermann, Auf der Suche nach Spitzenleistungen, 1993, S. 149 ff., 235 ff.

[1095] Vgl. Berthel, Personalmanagement, 1997, S. 274.

[1096] Vgl. Staehle, Management, 1999, S. 691.

[1097] Bereits in der 40er Jahren des 20. Jahrhunderts wurden erste Erfahrungen mit Job Enlargement in der industriellen Arbeit gemacht, vgl. Müller, Organisation und Entlohnung industrieller Arbeit, in: Kasper/Mayrhofer (Hrsg.), Personalmanagement, Führung, Organisation, 1996, S. 493 (505).

[1098] Vgl. Müller, Personalentwicklung in der öffentlichen Verwaltung, 1996, S. 162 ff.; Müller, Organisation und Entlohnung industrieller Arbeit, in: Kasper/Mayrhofer (Hrsg.), Personalmanagement, Führung, Organisation, 1996, S. 493 (505 f.).; Oechsler, Personal und Arbeit, 2000, S. 343; Scholz, Personalmanagement, 2000, S. 515; Staehle, Management, 1999, S. 692.

[1099] Vgl. Schwab, Führung und Motivation in der öffentlichen Verwaltung, 1988, S. 31.

[1100] Vgl. Steinmann/Schreyögg, Management, 1993, S. 491; Ulich/Conrad-Betschart, Anreizwirkungen von neuen Formen der Arbeitsgestaltung, in: Schanz (Hrsg.), Handbuch Anreizsysteme, 1991, S. 73 (75).

In Bezug auf die Beschäftigten soll damit der Monotonie und der einseitigen Belastung mit den daraus folgenden Ermüdungserscheinungen entgegengewirkt werden. Hinsichtlich der Verwaltungsleistung wird der Arbeitszyklus sinnvoll mit strukturell ähnlichen Arbeitsaufgaben verlängert, so dass sich ein ganzheitlicher Produktionsprozess ergibt.[1101] Die/der einzelne Beschäftigte ist für diesen Produktionsprozess verantwortlich wie ein/e Subunternehmer/in.[1102]
Der Anreiz für die/den Beschäftigte/n im Hinblick auf die Personalentwicklung liegt darin, dass sich über das Job Enlargement spezifische Kernkompetenzen in bestimmten Bereichen aufbauen können.[1103] Die Vergrößerung des Handlungsspielraums, die insbesondere im Rahmen der dezentralen Ressourcenverantwortung und der Produktorientierung des Neuen Steuerungsmodells im Mittelpunkt steht, stellt einen zentralen Aspekt des Job Enlargements und einen wichtigen immateriellen Leistungsanreiz dar.[1104]

b. Erfolgsfaktoren

Hinsichtlich der Verwaltungsbedarfe muss überprüft werden, wo Job Enlargement sinnvoll ist. Ebenfalls müssen bei den betroffenen Beschäftigten die Bereitschaft und die Fähigkeit vorhanden sein, weitere Aufgaben zu übernehmen.
Soll Job Enlargement tatsächlich nicht nur eine Anhäufung von Arbeit bedeuten, sondern einen Leistungsanreiz darstellen, ist es sinnvoll, statt einzelne Tätigkeiten einen festumrissenen Aufgabenbereich auf Dauer zu übertragen.[1105]
Job Enlargement verlangt von den unmittelbaren Vorgesetzten Flexibilität sowie die Fähigkeit zu Delegation, Partizipation und ziel- und ergebnisorientierter Führung.[1106]

c. Praxis in Kommunalverwaltungen

In vielen Kommunalverwaltungen werden zu den bisherigen Stellentätigkeiten neue hinzugefügt. Die Gründe liegen vielfach in dem Anwachsen von Aufgaben bei gleichzeitigem Stellen- und Personalabbau. Dieses Hinzufügen von Tätigkeiten geschieht oftmals wenig systematisch und kaum im Sinne eines ganzheitlichen Produktionsprozesses.
Im Zuge der Verwaltungsreform werden jedoch im Rahmen der Geschäftsprozessoptimierung[1107] oder des Kontinuierlichen Verbesserungsprozesses (KVP)[1108] die Prozesse

---

[1101] Vgl. Jung, Personalwirtschaft, 1999, S. 207.
[1102] Vgl. Wolf/Draf, Leiten und Führen in der öffentlichen Verwaltung, 1999, S. 237.
[1103] Vgl. Scholz, Personalmanagement, 2000, S. 515.
[1104] Vgl. Eichhorn, Immaterielle Leistungsanreize im öffentlichen Dienst, in: VOP 3/1991, S. 152-156; ferner Kap. 1511.2.
[1105] Vgl. Wolf/Draf, Leiten und Führen in der öffentlichen Verwaltung, 1999, S. 237.
[1106] Vgl. KGSt-Bericht Nr. 13/1994, Personalentwicklung, S. 17.
[1107] Vgl. KGSt-Bericht Nr. 8/1998: Geschäftsprozeßoptimierung; KGSt-Handbuch Organisationsmanagement, 1999, Kap. 13, S. 24 ff.
[1108] Vgl. KGSt-Handbuch Organisationsmanagement, 1999, Kap. 13, S. 24 ff.

analysiert, produktorientiert gestaltet und optimiert. In diesem Zusammenhang gestalten sich auch die Tätigkeiten der einzelnen Beschäftigten als ganzheitliche Produktionsprozesse. Job Enlargement im Sinne eines ganzheitlichen Produktionsprozesses bedeutet z. B. für das Funktionsbild eines/r kommunalen Sachbearbeiters/in die Bearbeitung aller Einzelfälle und Aufgaben des Fachgebietes, das Führen erforderlicher Verhandlungen, die Zusammenarbeit mit anderen Funktionsträgern/innen sowie die Sammlung und Auswertung von Informationen.[1109] So bieten etwa Beschäftigte in kommunalen Bürgerbüros als umfassende Serviceeinrichtungen ganzheitliche Dienstleistungen der Verwaltung an.[1110]
Das Hinzufügen von Tätigkeiten wird in einigen Kommunalverwaltungen mit materiellen Leistungsanreizen, z. B. Leistungsprämien oder Leistungszulagen, verbunden. So werden z. B. Leistungsprämien für Mehrarbeit gezahlt.[1111]

8.3.3.2 Job Enrichment

a. Beschreibung

Job Enrichment bedeutet eine vertikale, qualitative Arbeitsplatzanreicherung.[1112] Der Entscheidungs- und Kontrollspielraum wird durch die Übertragung höherwertiger Tätigkeiten ausgeweitet.
Job Enlargement ist für die Mitarbeitermotivation bedeutsam.[1113] Job Enrichment soll insbesondere bewirken, dass die traditionelle Trennung von dispositiv-planender, ausführender und kontrollierender Tätigkeiten ansatzweise aufgehoben wird und diese Tätigkeiten wieder auf einen Arbeitsplatz und eine Person zusammengeführt werden.[1114]
Ein weiteres Charakteristikum stellt der Ganzheitscharakter der Aufgabe, die Aufgabenvielfalt sowie die Rückmeldung über die geleistete Arbeit dar,[1115] wodurch eine persönlichkeitsfördernde Arbeitsgestaltung erreicht werden soll.[1116]
Entsprechend der Motivationstheorie von Herzberg hat die Übertragung von Verantwortung und Entscheidungskompetenzen eine hohe Wirkung auf die Motivation der Beschäftigten.[1117] Die meisten Menschen wünschen sich möglichst viel Selbstbestimmung

---

1109 Vgl. Wolf/Draf, Leiten und Führen in der öffentlichen Verwaltung, 1999, S. 237 f.
1110 Vgl. Müller, Einrichtung von Bürgerbüros/Verbesserung der Dienstleistungsorientierung, in: VuF 1/2000, S. 33-49; 35.
1111 Vgl. Kap. 9.5.3.3.
1112 Vgl. Müller, Personalentwicklung in der öffentlichen Verwaltung, 1996, S. 164; Müller, Organisation und Entlohnung industrieller Arbeit, in: Kasper/Mayrhofer (Hrsg.), Personalmanagement, Führung, Organisation, 1996, S. 493-593, S. 506; Oechsler, Personal und Arbeit, 2000, S. 344; Scholz, Personalmanagement, 2000, S. 515; Staehle, Management, 1999, S. 693.
1113 Vgl. Schwab, Führung und Motivation in der öffentlichen Verwaltung, 1988, S. 31.
1114 Vgl. Müller, Personalentwicklung in der öffentlichen Verwaltung, 1996, S. 164; Oechsler, Personal und Arbeit, 2000, S. 344.
1115 Vgl. Steinmann/Schreyögg, Management, 1993, S. 492.
1116 Vgl. Ulich, Arbeitspsychologie, 1998, S. 184 ff.
1117 Vgl. Kap. 5.3.1.3; ferner Berthel, Personalmanagement, 1997, S. 283; Weinert, Lehrbuch der Organisationspsychologie, 1992, S. 409 ff.

und möglichst wenig Fremdbestimmung oder zumindest die Beteiligung an Entscheidungen. Daher ist das Maß an Gestaltungsmöglichkeiten ein entscheidendes Kriterium nicht nur für Qualität und Quantität der Arbeitsergebnisse, sondern auch für Arbeitszufriedenheit, Wohlbefinden und Gesundheit der arbeitenden Menschen: „Hauptansatzpunkt arbeitsorganisatorischer Motivationskonzepte ist immer ein ‚Job enrichment', also die qualitative Anreicherung von Aufgaben und damit i. d. R. die Reduzierung von Arbeitsteilung zwischen einzelnen Stellen."[1118] Job Enlargement und insbesondere Job Enrichment gelten „als die am meisten erfolgversprechenden Maßnahmen, um eine menschengerechte Organisation zu erreichen."[1119] Gleichzeitig sollen die Verwaltungsziele effektiver und effizienter erreicht werden.
Der Anreiz für die/den Beschäftigte/n im Hinblick auf die Personalentwicklung liegt darin, dass über das Job Enrichment spezifische Kernkompetenzen hinsichtlich höherwertiger Tätigkeiten und Verantwortung entwickelt und eingeübt werden können.

b. Erfolgsfaktoren

In der öffentlichen Verwaltung ergibt sich eine Arbeitsplatzanreicherung nicht nur durch ein Hinzufügen von höherwertigen Aufgaben. Bereits die Zurücknahme von strengen Dienstanweisungen, Verfügungen und ablauforganisatorischen Richtlinien stellt eine Ausweitung der Gestaltungsmöglichkeiten dar.[1120]
Job Enrichment erfordert ein Verwaltungssystem und eine Verwaltungskultur, die eine Delegation von Verantwortung der höheren Hierarchieebenen und eine Wahrnehmung von größerer Verantwortung auf unteren Hierarchieebenen zulässt. Zentraler Gedanke des Neuen Steuerungsmodells ist die Dezentralisierung der Verantwortung. Im Rahmen der dezentralen Ressourcenverantwortung werden auf allen Ebenen der Verwaltung höherwertige Aufgaben den bisherigen Tätigkeiten hinzugefügt.[1121] Auf der Ebene der Sachbearbeitung bedeutet Job Enrichment z. B., dass den Beschäftigten auch die Verantwortung über das Ergebnis ihrer Tätigkeiten übertragen wird, d. h. es wird darauf verzichtet, dass die Amts- oder Sachgebietsleitung die letzte Entscheidung fällt.[1122] Auf der Ebene der Produktverantwortlichen bzw. der Amts- bzw. Fachbereichsleitungen ist die Verantwortung für die Produkte und die entsprechenden Ressourcen (Sachmittel, Personal) angesiedelt.[1123]
Job Enrichment verlangt von den Führungskräften Flexibilität sowie die Fähigkeit zu Delegation, Partizipation und ziel- und ergebnisorientierter Führung.[1124] Zur Steuerung der

---

[1118] Klinkenberg, Anreizsysteme im Angestelltenbereich des öffentlichen Dienstes, in: Personal 1/1996, S. 23 (26).
[1119] Wolf/Draf, Leiten und Führen in der öffentlichen Verwaltung, 1999, S. 239.
[1120] Vgl. Klinkenberg, Organisatorische Gestaltung und Stellenbewertung, in: Personal, Heft 3/1993, S. 120 (122).
[1121] Vgl. KGSt-Bericht Nr. 12/1991: Dezentrale Ressourcenverantwortung; ferner Kap. 11.1.2.
[1122] Vgl. Hopp/Göbel, Management in der öffentlichen Verwaltung, 1999, S. 256.
[1123] Vgl. KGSt-Bericht Nr. 9/1997: Steuerung kommunaler Haushalte; KGSt-Bericht Nr. 13/1995: Personalkostenmanagement, S. 12 ff.
[1124] Vgl. KGSt-Bericht Nr. 13/1994, Personalentwicklung, S. 17.

Leistung der einzelnen Verwaltungseinheiten und der Gesamtverwaltung ist bei der Delegation von Verantwortung und damit Job Enrichment ein funktionierendes Kontraktmanagement[1125] mit Zielvereinbarungen[1126] und Controlling[1127] notwendig.
Eine weitere Voraussetzung des Job Enrichments ist die Klärung der Stellenbewertung bei der Übertragung höherwertiger Tätigkeiten. Hinsichtlich der Bewertung der Beamtenstellen ist zu überprüfen, ob z. B. in der analytischen Stellenbewertung sich das Merkmal „Grad der Verantwortung" durch die größere Verantwortung verändert hat.[1128]
Im Angestelltenbereich regelt § 23 BAT die Eingruppierung für den Fall des Hineinwachsens in eine höherwertige Tätigkeit. Hat sich die übertragene Tätigkeit ohne Zuweisung des Arbeitgebers nicht nur vorübergehend derart geändert, dass sie den Tätigkeitsmerkmalen einer höheren als der bisherigen Vergütungsgruppe entspricht, und wurde diese Tätigkeit ununterbrochen sechs Monate lang ausgeübt, wird die/der Angestellte in eine höhere Vergütungsgruppe eingruppiert.[1129] Übernimmt ein/e Angestellte/r vorübergehend eine höherwertige Tätigkeit für mindestens einen Monat, die die Tätigkeitsmerkmale einer höheren Vergütungsgruppe aufweist, erhält die Person eine persönliche Zulage. Diese vorübergehende Ausübung einer höherwertigen Tätigkeit, die aus einem sachlichen Grund und nicht als Daueraufgabe übertragen wird, stellt eine Ausnahmeregelung dar und darf nicht zur Umgehung der tarifrechtlichen Vergütung benutzt werden.[1130] Übernimmt ein/e Angestellte/r eine höherwertige Tätigkeit für länger als drei Monate, erhält sie/er nach Ablauf des dritten Monats eine persönliche Zulage.[1131]
Da Job Enrichment einen unmittelbaren Höhergruppierungsanspruch für Angestellte begründet, ist eine Umsetzung in der Praxis nicht kostenneutral möglich. Es ist jedoch davon auszugehen, dass durch die Abflachung von Hierarchien im Rahmen der Verwaltungsreform und des Lean Managements[1132] die horizontalen Aufstiegsmöglichkeiten geringer werden. Job Enrichment kann daher einen Anreiz für die Beschäftigten auch bei geringeren Aufstiegsmöglichkeiten darstellen. Eine Flexibilisierung des Tarifrechts und der Abbau tarifrechtlicher Hindernisse ist eine notwendige Voraussetzung, diesen Anreiz in der öffentlichen Verwaltung praktikabel zu machen.[1133]

[1125] Vgl. KGSt-Bericht Nr. 4/1998: Kontraktmanagement; ferner Kap. 4.2.4.
[1126] Vgl. KGSt-Bericht Nr. 3/1999: Personalführung Teil 1: Leistungsermittlung; Netzwerk: Kommunen der Zukunft (Hrsg.), Mitarbeiterorientierte Zielvereinbarungen in der Kommunalverwaltung, o. J.
[1127] Vgl. KGSt-Bericht Nr. 15/1994, Verwaltungscontrolling im Neuen Steuerungsmodell; ferner Kap. 4.2.5.
[1128] Vgl. KGSt-Bericht Nr. 2/1998: Bewertung von Beamtenstellen im Neuen Steuerungsmodell, S. 13 ff.; KGSt-Handbuch Organisationsmanagement, 1999, Kap. 19, S. 43.
[1129] Vgl. Bruse u. a., BAT und BAT-Ost, 1993, S. 431 f.; ferner KGSt-Handbuch Organisationsmanagement, 1999, Kap. 18, S. 23.
[1130] Vgl. Bruse u. a., BAT und BAT-Ost, 1993, S. 455 f.; ferner KGSt-Handbuch Organisationsmanagement, 1999, Kap. 18, S. 23 f.
[1131] Vgl. Bruse u. a., BAT und BAT-Ost, 1993, S. 457 f.; ferner KGSt-Handbuch Organisationsmanagement, 1999, Kap. 18, S. 23 f.
[1132] Vgl. Hill, Lean Management in der Kommunalverwaltung, in: Der Bayerische Bürgermeister 1/1994, S. 13-14.
[1133] Vgl. Vaanholt, Human Resource Management in der öffentlichen Verwaltung, 1997, S. 226.

c. Praxis in Kommunalverwaltungen

Im Rahmen der Verwaltungsmodernisierung und der dezentralen Ressourcenverantwortung des Neuen Steuerungsmodells praktizieren viele Kommunalverwaltungen Job Enrichment, ohne es häufig so zu benennen.
Die Erfahrungen in der kommunalen Praxis sind zwiespältig: Einerseits zeigen Mitarbeiterbefragungen, dass eine selbstständige Arbeit mit verantwortungsvollen Aufgaben von vielen Beschäftigten gewünscht wird.[1134] Andererseits sind Widerstände und Ängste zu erkennen hinsichtlich dieser teilweise neuen und größeren Verantwortung. Diese Widerstände und Ängste sind einerseits darin begründet, dass der Zuwachs an Verantwortung gleichzeitig das Verlassen von bewährten Arbeitsstrukturen bedeutet. Andererseits findet Arbeitsplatzanreicherung mit höherwertigen Tätigkeiten zeitlich mit erheblichen Veränderungen der Verwaltungsstruktur und damit verbundenen Unsicherheiten hinsichtlich der einzelnen Arbeitsplätze statt.[1135] Notwendig sind daher Formen des Job Enrichments, die sich für die Beschäftigten als lohnend darstellen. Eine Verbindung mit den Interessen und Fähigkeiten der Beschäftigten[1136] sowie mit verschiedenen Elementen der Personalentwicklung[1137] ist daher für das Job Enrichment notwendig. Eine weitere Möglichkeit stellt die Verbindung von Job Enrichment mit materiellen Leistungsanreizen wie z. B. Leistungsprämien oder Leistungszulagen dar.[1138]
Ein Beispiel für die Ausweitung der Verantwortung findet sich in der Kreisverwaltung Pinneberg: Die Beschäftigten haben mehr Freiheiten bei Entscheidungen und mehr Einflussnahme auf wichtige Entscheidungen in ihrem Fachbereich.[1139]

8.3.3.3 Job Rotation

a. Beschreibung

Job Rotation meint den systematischen und geplanten Wechsel zwischen Arbeitsplätzen mit unterschiedlichen Arbeitsinhalten in der horizontalen Ebene nach vorgeschriebenen oder selbstgewählten Zeit- und Reihenfolgen.[1140] Dieser Arbeitsplatztausch kann sowohl innerhalb der Verwaltung als auch behördenübergreifend (z. B. Entsendung zu

---

[1134] Vgl. Klages, Erfolgreich führen und motivieren, in: Wagner (Hrsg.), Personal und Personalmanagement, 1998, S. 57; Klages, Verwaltungsmodernisierung: "harte" und "weiche" Aspekte, 1997, S. 150; Klages, Verwaltungsmodernisierung: "harte" und "weiche" Aspekte II., 1998, S. 85.
[1135] Vgl. Bogumil, Implementationsprobleme in fortgeschrittenen Modernisierungsstädten und Schritte zu ihrer Überwindung, in: Bogumil/Kißler (Hrsg.), Stillstand auf der „Baustelle"?, S. 131 (140).
[1136] Vgl. Kap. 8.3.1
[1137] Vgl. Kap. 8.3.2.
[1138] Vgl. Kap. 9.5.3.3.
[1139] Vgl. Harms, Die Verwaltung auf dem Weg zum Unternehmen, in: VOP 12/1998, S. 12 (12).
[1140] Vgl. Weber/Mayrhofer/Nienhüser, Grundbegriffe der Personalwirtschaft, 1993, S. 140; ferner KGSt-Bericht Nr. 13/1994, Personalentwicklung, S. 16; KGSt-Bericht Nr. 3/2000: Personalentwicklung im Veränderungsprozess, S. 85.

anderen Kommunalverwaltungen, in Ministerien, in Unternehmen der Privatwirtschaft) erfolgen.[1141]

Job Rotation verfolgt folgende Ziele hinsichtlich der Interessen der Verwaltung sowie der Mitarbeiterbedürfnisse:[1142]

- Förderung von kontinuierlichem Lernen in der Verwaltung,
- Erhalt der Innovationsfähigkeit und –bereitschaft sowie Flexibilität der Verwaltung und der Verwaltungseinheiten durch neue Mitarbeiter/innen und neue Ideen,
- Aufhebung von Verkrustungen durch zu lange Verweildauer,
- flexible Einsetzbarkeit der vielseitig qualifizierten Beschäftigten,
- bessere fachliche und altersmäßige Strukturierbarkeit des Personalkörpers durch Mehrfachverwendungsmöglichkeiten des Personals,
- Aufbau einer „qualitativen" Personalreserve durch den flexiblen Einsatz von Beschäftigten an mehreren Arbeitsplätzen,
- Vermeidung von Fehlbesetzungen, da verschiedene Personen auf verschiedenen Stellen erprobt werden können,
- Auflockerung des durch eine stark vertikale Arbeitsteilung eingeschränkten Tätigkeitsspielraums,
- Erhalt der Lernfähigkeit der Mitarbeiter/innen,
- Bewältigung jeweils neuer Problemstellungen durch die betroffenen Beschäftigten,
- individuelle Qualifizierung durch neu hinzugewonnene Fach- und Führungserfahrung und Sammlung von vielseitiger Berufserfahrung,
- Aneignung von sozialen Kompetenzen durch Kontakte mit jeweils anderen Kollegen/innen und Vorgesetzten,
- Steigerung der Motivation der Mitarbeiter/innen durch unterschiedliche Erfahrungen,
- Verbesserung des Betriebsklimas durch Vermeidung oder Lösung unüberwindbarer Konflikte durch einen Arbeitsplatzwechsel,
- Verhinderung von Betriebsblindheit und Überspezialisierung bei den Beschäftigten,
- Förderung der Fähigkeit, in größeren Zusammenhängen zu denken,
- Verbesserung der Karrierechancen durch Qualifikationen in unterschiedlichen Bereichen.

Job Rotation ist durch die dargestellten Eigenschaften und Ziele besonders geeignet als ein Instrument der lernenden Verwaltung.[1143] Dennoch kann Job Rotation wie für jede Organisation auch für die Verwaltung Nachteile haben: Durch Einarbeitsphasen kommt

[1141]Vgl. Wald, Personalmanagement für die kommunale Praxis, 1996, Rdnr. 214.

[1142]Vgl. Berthel, Personalmanagement, 1997, S. 280; Hopp/Göbel, Management in der öffentlichen Verwaltung, 1999, S. 255; KGSt-Bericht Nr. 13/1994, Personalentwicklung, S. 16; KGSt-Bericht Nr. 3/2000: Personalentwicklung im Veränderungsprozess, S. 85; Oechsler, Personal und Arbeit, 2000, S. 343 f.; Wolf/Draf, Leiten und Führen in der öffentlichen Verwaltung, 1999, S. 239 ff.

[1143]Vgl. KGSt-Bericht Nr. 13/1994, Personalentwicklung, S. 16.

es zu Störungen im Arbeitsprozess; Führungskräfte verzichten ungern auf qualifizierte Beschäftigte.[1144] Der Unruhe, die durch häufigen Arbeitsplatzwechsel entstehen kann, kann durch „eine transparente Personalentwicklung auf weite Sicht“[1145] vorgebeugt werden.

b. Erfolgsfaktoren

Die oben dargestellten Ziele der Job Rotation für die Verwaltung und die Beschäftigten müssen mit den Zielen und Bedürfnissen der einzelnen Verwaltungseinheiten nach einer ordnungsgemäßen Aufgabenerledigung und Ergebniserreichung koordiniert werden. Es muss genau geprüft werden, welche Stellen sich für Job Rotation eignen.
Die Führungskräfte akzeptieren die Nachteile einer möglichen Störung des Arbeitsprozesses in der Einarbeitungsphase nur, wenn ihnen die Betroffenen bei vollem Leistungserhalt für eine gewisse Zeit erhalten bleiben. Eine vereinbarte Verweildauer von mindestens zwei bis drei Jahren ist daher angebracht.[1146] Zu unterscheiden ist der Einsatz des Instruments je nach Berufsphase der/des Betroffenen: In der ersten Hälfte des Berufslebens ist ein Arbeitsplatzwechsel ca. alle vier bis fünf Jahre, in der zweiten Hälfte nur noch aus gegebenem Anlass (z. B. Übertragung einer höherwertigen Funktion) oder nach ca. sieben bis neun Jahren angebracht.[1147] Job Rotation sollte zu geplanten Zeitpunkten stattfinden; hilfreich ist ebenfalls die Planung von Versetzungsketten.[1148]
Bei Planung und Entwicklung des Instruments der Job Rotation sollten die Betroffenen, d. h. Führungskräfte und Mitarbeiter/innen, beteiligt werden. Der Einsatz dieses Instruments sollte auf allen Ebenen der Verwaltung akzeptiert sein. Die Verwaltung sollte insgesamt Innovationsbereitschaft zeigen, „lebenslange Lernprozesse“ akzeptieren und die Fähigkeit haben, ressortübergreifend zu denken. Die Einbindung in ein Personalentwicklungskonzept und die Verknüpfung mit anderen Personalentwicklungsinstrumenten ist sinnvoll. Eine federführende Stelle, die die Tauschprozesse regelmäßig organisiert, kann auch bei eventuellen Problemen moderieren.[1149]

c. Praxis in Kommunalverwaltungen

In den Kommunalverwaltungen wird relativ wenig Job Rotation praktiziert. Dabei werden folgende Nachteile genannt:[1150]

- Betrachtung der jeweiligen Stellen als reine Zwischenstationen,
- mangelnde langfristige Orientierung und mangelhafte Aufgabenerfüllung,

---

[1144] Vgl. Berthel, Personalmanagement, 1997, S. 281.
[1145] Wolf/Draf, Leiten und Führen in der öffentlichen Verwaltung, 1999, S. 241.
[1146] Vgl. KGSt-Bericht Nr. 13/1994, Personalentwicklung, S. 17.
[1147] Vgl. Wolf/Draf, Leiten und Führen in der öffentlichen Verwaltung, 1999, S. 241 f.
[1148] Vgl. KGSt-Bericht Nr. 13/1994, Personalentwicklung, S. 16 f.
[1149] Vgl. KGSt-Bericht Nr. 3/2000: Personalentwicklung im Veränderungsprozess, S. 85.
[1150] Vgl. Wald, Personalmanagement für die kommunale Praxis, 1996, Rdnr. 214.

- mangelndes Verantwortungsgefühl auf Grund der Befristung der Stellenbesetzung.

Erst in einigen wenigen Kommunalverwaltungen wird Job Rotation als Arbeitsgestaltungs- und Personalentwicklungsinstrument eingesetzt. Die oben beschriebenen Vor- und Nachteile spiegeln auch die Erfahrungen in Kommunalverwaltungen wieder.
In vielen Kommunalverwaltungen ist darüber hinaus Job Rotation Bestandteil von Ausbildungs- und Führungsnachwuchsqualifizierungen.[1151] Durch die breite Einsetzbarkeit der ausgebildeten Personen werden hier sehr positive Erfahrungen gemacht.

8.3.3.4 Teamarbeit

a. Beschreibung

In Literatur und Praxis werden die Begriffe „Teamarbeit" und „Gruppenarbeit" mit teilweise unterschiedlichen Bedeutungen verwendet. Gruppenarbeit meint vor allem die in Gruppen organisierte Arbeit im Produktionsbereich wie in der Fertigung oder Montage.[1152] Umgangssprachlich ist mit „Team" der „arbeitsbedingte Zusammenschluß mehrerer Personen zu einer Mannschaft, die effektiv, harmonisch und wechselseitig Hand in Hand arbeitende Gruppe gemeint."[1153] Im wissenschaftlichen Sinn versteht man unter Team „eine kleine, überschaubare Gruppe, in der etwas gründlich überlegt, eingehend untersucht, analysierend besprochen und in abstrahierender Form beschlossen wird, und welche – bei vergleichsweise höherem Grad der Selbststeuerung – Tätigkeiten vom Typ Informationsbeschaffung, Informationsverarbeitung, Urteilsbildung, Planung und Problemlösung ausübt."[1154] Im Bereich der öffentlichen Verwaltung wird häufig der Teambegriff gebraucht.[1155] Die folgenden Ausführungen verwenden daher den Teambegriff.
Man spricht von Teamarbeit, wenn mehrere Beschäftigte in gemeinsamer Arbeit eine weitgehend in sich geschlossene Aufgabe erarbeiten, die Ausführung der Aufgabe selbstständig steuern und das Aufgabenergebnis selbst kontrollieren im Rahmen von Vorgaben.[1156]

[1151] Vgl. KGSt-Bericht Nr. 7/1990: Heranbildung von Führungskräften, S. 25; Wolf/Draf, Leiten und Führen in der öffentlichen Verwaltung, 1999, S. 239; ferner Breisig/Krone, Job Rotation bei der Führungskräfteentwicklung, in: Personal 8/1999, S. 410-414.
[1152] Vgl. Nentzel, Personalentwicklung, 1997, S. 111.
[1153] Schneider/Knebel, Team und Teambeurteilung, 1995, S. 10.
[1154] Schneider/Knebel, Team und Teambeurteilung, 1995, S. 10 f.; zum Teambegriff vgl. ferner Wiendieck, Teamarbeit, in: Frese (Hrsg.), Handwörterbuch der Organisation, 1992, S. 2375-2377.
[1155] Vgl. Nentzel, Personalentwicklung, 1997, S. 111.
[1156] Vgl. Becker/Eyer/Fremmer/Hofmann, Einführung von Gruppenarbeit, 1995, S. 14.

Bereits vor einigen Jahrzehnten etablierte sich Teamarbeit in privatwirtschaftlichen Unternehmen. Folgendende Merkmale kennzeichneten und kennzeichnen bis heute ein Team:[1157]

- funktionsgegliederte Arbeitsgruppe,
- gemeinsame Zielsetzungen,
- relativ intensive wechselseitige Beziehungen,
- spezifische Arbeitsform,
- ausgeprägter Gemeinschaftsgeist,
- relativ starke Gruppenkohäsion.

Inzwischen gehört Teamarbeit in der Privatwirtschaft insbesondere im Zusammenhang mit dem Lean Management „zum guten Ton zeitgemäßer Unternehmensführung"[1158]. Untersuchungen zur Effektivität von Teamarbeit in der Privatwirtschaft zeigen, dass Unternehmen mit Teamstrukturen mehr Erfolg, zufriedenere Kunden/innen und zufriedenere Mitarbeiter/innen haben.[1159]

Die Organisation erwartet von Teamarbeit mehr Effektivität und Effizienz. Der Anreiz für die Mitarbeiter/innen besteht in der Erzielung von mehr Verantwortung, besserer und effizienterer Zusammenarbeit, Beteiligung an Entscheidungen, persönlicher Weiterentwicklung, Arbeitszufriedenheit und Motivation.[1160] Insbesondere soziale Bedürfnisse werden von diesem Anreiz angesprochen. Zwischen der sozialen Einbindung und der Leistungsmotivation besteht ein positiver Zusammenhang.[1161] Dieser Zusammenhang ist jedoch abhängig von der Gruppenkohäsion.[1162] Die Steuerung auf Abstand ermöglicht den Teammitgliedern größere Freiräume und mehr Möglichkeiten zur Entfaltung eigener Kreativität als hierarchische Organisationsformen. Werden flexible Arbeitszeiten alleinverantwortlich von einem Team gestaltet, hat dies ebenfalls einen hohen Anreizwert, da betriebliche und individuelle Bedürfnisse gemeinsam ausgelotet werden können.[1163]

Einen Anreizcharakter hat nicht nur die Mitgliedschaft in formellen Teams der Verwaltung, sondern auch die freiwillige Mitgliedschaft in informellen Gruppen. Diese informellen Gruppen, die nicht hierarchisch diktiert werden, können von der Verwaltung durch geeignete Freiräume und eine entsprechende Verwaltungskultur unterstützt werden.[1164]

[1157] Vgl. Forster, Teams und Teamarbeit in der Unternehmung, 1978.

[1158] Jung, Personalwirtschaft, 1999, S. 890.

[1159] Vgl. z. B. Nagel/Rasner, Einführung: Organisation und Personalmanagement, in: Nagel/Rasner (Hrsg.), Organisations-Management, 1994, S. 9 f.

[1160] Vgl. Feuerstein/Fischer, Teamarbeit – Chancen und Schwierigkeiten in der öffentlichen Verwaltung, in: Klartext – das Magazin der Fachhochschule Kehl, 2000, S. 26 (26 ff.); Meyer, Was kann Gruppenarbeit leisten?, in: Personalführung, 5/1994, S. 426 (426 ff.).

[1161] Vgl. Schedler, Anreizsysteme in der öffentlichen Verwaltung, 1993, S. 171.

[1162] Vgl. Schedler, Anreizsysteme in der öffentlichen Verwaltung, 1993, S. 172 f.; 179.

[1163] Vgl. auch Kap. 8.3.4.

[1164] Hier ist zu unterscheiden zwischen positiven informellen Gruppen, in denen Gruppennormen bestehen, die in Einklang mit den Verwaltungszielen stehen, und negativen informellen Gruppen, bei denen dies nicht der Fall ist. Letztere wirken der effizienten Erfüllung der Verwaltungsaufgaben entgegen, vgl. Schedler, Anreizsysteme in der öffentlichen Verwaltung, 1993, S. 179.

b. Erfolgsfaktoren

Damit Teamarbeit eine Anreizfunktion erhalten kann, müssen einerseits bestimmte Anforderungen an die Mitglieder der Teams und ihre Teamfähigkeit gestellt werden. Andererseits werden jedoch auch Anforderungen an die Verwaltung gestellt, sozusagen an deren Teamfähigkeit.

Folgende Erfolgsfaktoren kennzeichnen ein gut funktionierendes Team:[1165]

- hohe Identifikation der Mitglieder mit dem Team,
- Kenntnis des gemeinsamen Ziels,
- Kenntnis des einzelnen Beitrags zur Erreichung des Ziels,
- Einschätzung, Bewertung und Beurteilung des Erfolgs des Teams,
- Gemeinsame Überwindung der Hindernisse,
- Bewertung von Konflikten und Meinungsverschiedenheiten nicht als Bedrohung, sondern als Chance,[1166]
- Einbringen der Stärken der Mitglieder in die Teamarbeit,
- Akzeptieren der individuellen Schwächen, Aufhebung der Schwächen durch die Ergänzung der anderen Teammitglieder.

Zu der Teamfähigkeit der Beschäftigten sowie der Organisation gehören darüber hinaus folgende Voraussetzungen:[1167]

Das Team muss innerhalb des geschlossenen Aufgabenbereichs sowohl dispositive, operative als auch planende und kontrollierende Arbeiten selbstständig steuern können. Dafür sind Entscheidungskompetenzen für das Team unter der Berücksichtigung der Interessen sowohl der Verwaltung als auch der einzelnen Beschäftigten notwendig. Diese Entscheidungskompetenzen beziehen sich auf die Mittelverwendung (Finanzen, Technik, Material), die Gestaltung des Arbeitsablaufs, die Arbeitsmethoden, die Arbeitsverteilung, die Arbeitszeitgestaltung und den Personaleinsatz (Urlaub, Vertretung, Arbeitszeit). Die gemeinsame Erfüllung der Arbeitsaufgaben hinsichtlich Qualität und Quantität erfordert eine entsprechende Bereitschaft und Fähigkeit der Teammitglieder. Optimalerweise kann jedes Teammitglied jede Aufgabe erfüllen. Zur Erlangung der dazu notwendigen Mehrfachqualifikationen sind Personalentwicklungsmaßnahmen on-the-job und off-the-job sinnvoll.[1168] Die Anwendung dieser multifunktionalen Qualifikationen kann durch Rotation oder ganzheitliche Aufgabengestaltung sichergestellt werden. Zur Erhaltung der Arbeits- und Kooperationsfähigkeit von Teams ist eine übersichtliche Teamgröße notwendig, die höchstens zwölf Mitglieder betragen sollte. In Teamstrukturen sind häufig keine Vorgesetzten vorhanden, sondern deren Funktion wird von den Teammitgliedern übernommen. In vielen Teams werden Teamleitungen oder Team-

---

[1165] Vgl. Clausen/Jung, Teamentwicklung, in: Fröhlich (Hrsg.), Effiziente Personalarbeit, 1998, S. 168 (168).

[1166] Vgl. auch Fisch, Ein Ekel in der Arbeitsgruppe?, in: VM 4/1999, S. 196-203.

[1167] Vgl. Nentzel, Personalentwicklung, 1997, S. 112; ferner Meixner, Lust statt Frust in der öffentlichen Verwaltung, 1998, S. 313 ff.; Schneider, Lexikon zu Team und Teamarbeit, 1996, S. 26 f.; Schneider/Knebel, Team und Teambeurteilung, 1995, S. 74 ff.

[1168] Zur Unterscheidung der verschiedenen Formen der Personalentwicklung vgl. Kap. 8.3.2.1.

sprecher/innen von den Teams gewählt mit koordinierenden und moderierenden Funktionen sowie Vertretungsfunktionen nach außen. Sinnvoll ist die Übernahme dieser Funktion von den verschiedenen Teammitgliedern in einem rollierenden Verfahren. Bei der Teamleitung ist ständig die Balance zwischen Leitung und Selbststeuerung zu finden.[1169]

Wird ein Team aufgebaut, sind oftmals gezielte Qualifizierungs- und Entwicklungsprozesse für das gesamte Team angebracht. In der Anfangsphase ist eine Verständigung über Arbeitsziele, Arbeitsbedingungen und Verteilung der Arbeitsaufgaben (ggf. unter Anleitung oder Moderation) sowie das Erlernen von Moderations- und Präsentationstechniken notwendig. Zur Förderung eines offenen Kommunikationsstils und zur Thematisierung von Erfahrungen und Problemen sind Moderation, Unterstützung und Begleitung sinnvoll.[1170]

Will eine Verwaltung Teamarbeit einführen, sollte sie behutsam sowie situationsbezogen vorgehen und folgende Voraussetzungen erfüllen:[1171]

- Akzeptanz der Beschäftigten für die Umorganisation,
- Vermeidung von Überforderung,
- Intensivierung von Qualifizierung,
- Entwicklung von Spezialisten/innen und bisherige Leistungsträger/innen,
- Beteiligung bei Konzeptentwicklung und Einführung[1172].

Als Honorierung erbrachter und Motivation für weitere überdurchschnittliche Leistungen werden ebenfalls besondere Leistungsgruppen für die leistungsstarke Beschäftigte eingerichtet. Diese können mit speziellen Aufgaben und Projekten betraut werden, die mit direkteren Kommunikationswegen, vergrößerten Kompetenzen und Freiräumen als üblicherweise verknüpft sein müssen. Positiven Anreiz auf Motivation und Leistung hat dabei sowohl der ausgeprägte Leistungswille der einzelnen Beschäftigten als auch das Bewusstsein, Mitglied einer solchen Gruppe zu sein. Probleme könnten sich allerdings durch die Wiedereingliederung in die bestehenden hierarchischen Strukturen ergeben, denen jedoch mit der Übergabe von verantwortungsvollen Führungsaufgaben entgegengewirkt werden kann.[1173]

Positive Wirkung auf den Anreizcharakter von Teamarbeit kann weiterhin die Vergütung bei klaren und gerechten Regelungen innerhalb des Teams haben.[1174]

[1169] Vgl. Meixner, Lust statt Frust in der öffentlichen Verwaltung, 1998, S. 308 f.; Meixner, Personalpolitik und -führung (Teil 1), 1993, S. 95.

[1170] Vgl. Nentzel, Personalentwicklung, 1997, S. 112; ferner Gomez/Rüegg-Stürm, Teamfähigkeit aus systemischer Sicht, in: Klimecki/Remer (Hrsg.), Personal als Strategie, 1997, S. 136-157.

[1171] Vgl. Jung, Personalwirtschaft, 1999, S. 890.

[1172] Vgl. auch Baumgartner/Bricio, Beteiligung mit Verantwortung, in: io management 3/2000, S. 60-65.

[1173] Vgl. Schedler, Anreizsysteme in der öffentlichen Verwaltung, 1993, S. 180.

[1174] Zur Vergabe von materiellen Leistungsanreizen an Teams vgl. Kap. 9.5.3.3.

c. Praxis in Kommunalverwaltungen

Teamarbeit ist eine Form der Arbeitsgestaltung, die sich auch in der öffentlichen Verwaltung[1175] und insbesondere in Kommunalverwaltungen verstärkt durchsetzt.
Vor allem im Rahmen der dezentralen Ressourcenverantwortung werden Teams über Zielvereinbarungen gesteuert. So bestehen in einigen Verwaltungen die Teams aus den Beschäftigten, die gemeinsam ein Produkt erstellen. Andere Verwaltungen bilden Teams auf der Ebene früherer Sachgebiete, Abteilungen etc. nach der Umstrukturierung im Rahmen der Verwaltungsreform und der Abflachung der Hierarchie.[1176] Dabei kann Produktverantwortung oder Teamleitung in einer Hand liegen oder aber zwei Personen übertragen werden. Die Erkennbarkeit von Verantwortlichkeiten der einzelnen Teammitglieder zur Erstellung des gemeinsamen Produkts ist je nach Produkt sehr unterschiedlich. Eine Notwendigkeit zumindest für eine gewisse Erkennbarkeit entsteht im Rahmen von Personalführung, Mitarbeitergesprächen, Leistungsermittlung, Beurteilung etc.[1177]

Die Stadt Detmold hat Teamarbeit als zentrale Form der Verwaltungsorganisation eingeführt. Im Rahmen der Organisationsreform sind in der Binnenorganisation der Fachbereiche Teams eingerichtet worden. In einem bereits früher durchgeführten Pilotversuch mit drei sich selbst organisierenden Arbeitsgruppen, in denen alle Beschäftigte identische Produktverantwortung trugen, wurden erste Erfahrungen gesammelt. Diese Arbeitsgruppen lösten Fragen der Arbeitsorganisation einschließlich einer kundenfrequenz-orientierten Steuerung des Arbeitseinsatzes bei erheblich ausgeweiteten Öffnungszeiten. Interkommunale Leistungsvergleiche bescheinigten diesen Arbeitsgruppen gute Leistungsergebnisse. Die Entscheidung über die Leitungen der jetzigen Teams in den Fachbereichen in Form von Teamverantwortlichen wurde stark von den Beschäftigten mit bestimmt. Die Wahl fiel entweder auf die bisherigen Führungskräfte oder auf Mitarbeiter/innen, die bis dahin noch keine Personalverantwortung hatten. Hier wird deutlich, dass die Teamverantwortung nicht als einfache Fortführung der bisherigen Führungsrolle verstanden wird, sondern als neu verstandene Rolle. Dies wird auch dadurch unterstützt, dass z. T. Beschäftigte mit niedrigeren Besoldungs- bzw. Vergütungsgruppen als andere Teammitglieder Teamverantwortung haben.[1178]
In Pilotprojekten hat die Stadtverwaltung Düsseldorf Teamarbeit mit materiellen Leistungsanreizen unterstützt: Es wurden Prämien an das gesamte Team ausgeschüttet, die dann entweder vom Team selber verteilt oder aber von der/dem Vorgesetzten auf die einzelnen Mitarbeiter/innen umgelegt wurden.[1179]

[1175] Vgl. Meixner, Lust statt Frust in der öffentlichen Verwaltung, 1998, S. 312.
[1176] Vgl. KGSt-Handbuch Organisationsmanagement, 1999, Kap. 6, S. 41 f.
[1177] Vgl. KGSt-Handbuch Organisationsmanagement, 1999, Kap. 6, S. 42.
[1178] Vgl. Horstmann, Weniger Hierarchie und mehr Verantwortung, in: Schückhaus (Hrsg.), Kommunen in Not, 1996, S. 163 (173).
[1179] Vgl. Hausen, Leistung – nur mit Zulage?, in: Der Landkreis 7/1995, S. 317 (318).

8.3.3.5 Projektarbeit

a. Beschreibung

Projektarbeit ist ein verbreitetes Instrument der Organisationsentwicklung und dient der Planung, Durchführung und Steuerung von betrieblichen Veränderungsprozessen.[1180] Projektarbeit hat sich auch im Bereich der öffentlichen Verwaltung, insbesondere im Rahmen der Verwaltungsreform, zu einer wichtigen Form der Arbeitsgestaltung entwickelt.[1181] Im Rahmen der öffentlichen Verwaltung ist ein Projekt „eine sachlich und zeitlich begrenzte Aufgabe, die durch Zusammenarbeit mehrerer Funktionsbereiche einer Verwaltungsinstitution gelöst werden muss."[1182] Ein Projekt weist folgendende Merkmale auf:[1183]

- Es ist zeitlich begrenzt.
- Es hat ein definiertes Ziel.
- Es weist eine gewisse Einmaligkeit auf.
- Es muss i. d. R. noch in Teilprojekte untergliedert werden.
- Es ist i. d. R. mit einem Risiko behaftet.
- Es erfordert die Zusammenarbeit mehrerer Spezialisten/innen aus unterschiedlichen Bereichen.
- Es erfordert eine Projektleitung.

Projektarbeit in der öffentlichen Verwaltung ist vor allem geeignet bei der Durchführung von Reform- und Veränderungsvorhaben und Aufgaben, bei denen es auf die Selbstbestimmung in der Arbeit, Flexibilität, Schnelligkeit, Termingenauigkeit, Kundennähe und Kostengünstigkeit ankommt.[1184] Ein Projekt kann aus verschiedenen Gründen initiiert werden. Den Anstoß können Reformprozesse, ein Auftrag durch politische Gremien, Bürgerinteressen, Erledigung von Querschnittsaufgaben, aus Programmen abgeleitete Projekte, Koalitionsvereinbarungen, Gebot zum wirtschaftlichen Handeln, Folgeprojekte aus beendeten Projekten o. ä. sein. Es sollte ein klarer Projektauftrag vorliegen.[1185]

[1180] Vgl. Nieder, Erfolg durch Vertrauen, 1997.

[1181] Vgl. Englich/Fisch, Projektgruppen in der öffentlichen Verwaltung, 1999, S. 21 ff.; Ewert/Janßen/Kirschnick-Janssen/Papenheim-Tockhorn/Schwellach, Handbuch Projektmanagement Öffentliche Dienste, 1996, S. 3; Fisch, Projektgruppen in Behörden, in: Fisch/Hill (Hrsg.), Personalmanagement der Zukunft, 2001, S. 83 (83 ff.).

[1182] Mehrmann, Projektmanagement, in: Adamaschek/Grymer/Meyer-Pries (Hrsg.), Managementhandbuch Kommunalverwaltung, Nr. 1360, Stand: Oktober 1997, Rdnr. 3.

[1183] Vgl. Mehrmann, Projektmanagement, in: Adamaschek/Grymer/Meyer-Pries (Hrsg.), Managementhandbuch Kommunalverwaltung, Nr. 1360, Stand: Oktober 1997, Rdnr. 2; ferner Ewert/Janßen/Kirschnick-Janssen/Papenheim-Tockhorn/Schwellach, Handbuch Projektmanagement Öffentliche Dienste, 1996, S. 12 ff.

[1184] Vgl. Dworatschek/Griesche/Meyer, Projektmanagement als wirksames Instrument für ein erfolgreiches Verwaltungsmanagement, in: VOP 17/1995, S.277 (280).

[1185] Vgl. Ewert/Janßen/Kirschnick-Janssen/Papenheim-Tockhorn/Schwellach, Handbuch Projektmanagement Öffentliche Dienste, 1996, S. 56 ff.

Projektgruppen sind „mehrere Personen, die sich für eine bestimmte Aufgabe zusammensetzen, um diese Aufgabe gemeinsam zu erledigen."[1186] Projektgruppen werden eigens zur Erledigung der Projektaufgabe zusammengestellt. Sie setzen sich aus Experten/innen verschiedener Arbeitsbereiche zusammen, die normalerweise nicht zusammenarbeiten. Die Projektgruppenmitglieder werden häufig teilweise oder vollständig von ihrer regulären Arbeit freigestellt. Durch die Terminierung der Aufgabenerfüllung sind auch Projektgruppen zeitlich befristet. Projektgruppen haben hinsichtlich der Gestaltung der Arbeitsprozesse ein relativ hohes Maß an Autonomie; sie sind jedoch gleichzeitig abhängig von der auftraggebenden Stelle.[1187]
Projektarbeit hat einen hohen Anreizcharakter, da sie die intrinsische Motivation unterstützt. Hierarchische Strukturen aktivieren vor allem extrinsische Motivationsstrukturen. So leisten die Beschäftigten z. B. in erster Linie etwas, weil sie Karriere machen wollen. In der Projektarbeit und in Projektgruppen können sich die Mitarbeiter/innen viel stärker mit der Arbeit identifizieren: „Wenn eine Projektgruppe nämlich gut arbeitet, werden in ihr Bedingungen geschaffen, die imstande sind, die hierarchischen Motivationshemmnisse abzubauen oder aufzulösen: Alle Mitglieder sind am Prozess der Problembearbeitung beteiligt, und das Ergebnis ist deren Entscheidung; sie wissen, wie dieses zustande gekommen ist, warum es so aussieht, und können sich selbst darin wiederfinden; Maßnahmen, die die Durchführung betreffen, fallen nicht mehr einzelnen schicksalhaft von außen auf den Kopf, niemand kann sich darüber wundern, was ‚die da oben' am ‚grünen Tisch' (also wirklichkeitsfern) wieder ausgedacht haben. Der Prozeß der Problembewältigung und die Mühsal von Streit und Einigung schaffen sowohl sachbezogene Primärmotivation als auch eine (sekundär motivierende) unterstützende Gruppensolidarität, die beide die Durchführungsenergie erheblich steigern. ... Im synthetischen Ergebnis bekommt jeder (erarbeitete, Anm. d. Verf.) Teil einen höheren Wert, der eigene Beitrag wird plausibler, die eigene Leistung erhält Sinn, das Rädchengefühl wird minimiert."[1188] Selbst bei nicht „idealen" Entwicklungsprozessen einer Projektgruppe wurde eine stärkere Motiviertheit, größeres Engagement und höhere Ergebnis- und Durchführungsidentifikation bereits durch die Einrichtung des Organisationselements Projektgruppe beobachtet.[1189] Auch wenn die Arbeit in Projektgruppen für viele eine zunächst gewöhnungsbedürftige Arbeitsform darstellt, werden Projektgruppen häufig zu „‚Oasen der Motivation' in sonst öden Hierarchien"[1190].

b. Erfolgsfaktoren

Für eine gut funktionierende Projektarbeit ist die Beachtung folgender Erfolgsfaktoren Voraussetzung:

[1186] Englich/Fisch, Projektgruppen in der öffentlichen Verwaltung, 1999, S. 6.
[1187] Vgl. Englich/Fisch, Projektgruppen in der öffentlichen Verwaltung, 1999, S. 9.
[1188] Heintel/Krainz, Projektmanagement, 1988, S. 90.
[1189] Vgl. Heintel/Krainz, Projektmanagement, 1988, S. 91.
[1190] Heintel/Krainz, Projektmanagement, 1988, S. 91.

- **Passung zur Organisationskultur**
  Bedeutsam für die Motivation der Projektgruppenmitglieder sowie für die Effektivität der Zusammenarbeit in Projektgruppen ist die Passung zwischen der Projektidee und der in der Verwaltung vorherrschenden Kultur. Eine positive Einschätzung der Projektarbeit und der Bedeutsamkeit von Projektgruppen stellen einen entscheiden Erfolgsfaktor für eine erfolgreiche und motivierende Projektarbeit dar.[1191] Da die Rahmenbedingungen in Verwaltungen derzeit noch eher schwierig sind, ist hier „besondere Entwicklungsarbeit notwendig"[1192].
- **Auswahl der Projektaufgabe**
  Bei der Auswahl der Projektaufgabe ist darauf zu achten, dass deren Bewältigung die Kommunikation und Kooperation mit anderen Kollegen/innen erfordert und dazu geeignet ist, das Zusammengehörigkeitsgefühl in der Organisation oder den Organisationseinheiten zu stärken.[1193]
- **Projektmanagement**
  Projektarbeit benötigt Projektmanagement als „systematische Vorgehensweise zur Koordination aller Prozesse innerhalb eines Projektes"[1194]. Zu diesen Prozessen gehören Maßnahmen der Aufbau- und Ablauforganisation, Führung, Teamarbeit und Konfliktsteuerung.[1195] Ggf. kann eine externe Projektberatung und -begleitung in Anspruch genommen werden.[1196]
- **Projektleitung**
  Für das konkrete Projekt wird eine Projektleitung festgelegt. Das Kriterium für die Auswahl sollte nicht die Position in der Hierarchie, sondern die projektrelevanten Qualifikationen einer Person sein. Die Projektleitung ist verantwortlich für das Erreichen der Projektziele und die Projektabwicklung.[1197] Zu den Aufgaben der Projektleitung gehören das Abgrenzen des Projektgegenstandes, die Koordination der Projektzieldefinitionen, die Zerlegung der Gesamtaufgaben in Teilaufgaben, die Festlegung der zeitlichen Aufeinanderfolge der Teilaufgaben, die Schätzung des Ressourcenbedarfs, der Aufbau und die Weiterentwicklung der Projektorganisation, die Festlegung des Projekt- und Informationssystems, die Zuordnung und Anweisung von Aufgaben, die Sammlung und Auswertung relevanter Informationen, das Vorschlagen und Einleiten von Korrekturmaßnahmen, die Berichterstattung und das Vorlegen von Dokumentationen und das Herbeiführen aller im

[1191] Vgl. Englich/Fisch, Projektgruppen in der öffentlichen Verwaltung, 1999, S. 181 ff.
[1192] Englich/Fisch, Projektgruppen in der öffentlichen Verwaltung, 1999, S. 182.
[1193] Vgl. Straka/Nieder, Selbstgesteuertes Lernen, Motivation und Lernen in der Projektgruppe, in: Personalführung 2/1999, S. 56 (58).
[1194] Mehrmann, Projektmanagement, in: Adamaschek/Grymer/Meyer-Pries (Hrsg.), Managementhandbuch Kommunalverwaltung, Nr. 1360, Stand: Oktober 1997, Rdnr. 15.
[1195] Vgl. Mehrmann, Projektmanagement, in: Adamaschek/Grymer/Meyer-Pries (Hrsg.), Managementhandbuch Kommunalverwaltung, Nr. 1360, Stand: Oktober 1997, Rdnr. 15.
[1196] Vgl. KGSt-Bericht Nr. 3/1994: Externe Organisationsberatung.
[1197] Vgl. Ewert/Janßen/Kirschnick-Janssen/Papenheim-Tockhorn/Schwellach, Handbuch Projektmanagement Öffentliche Dienste, 1996, S. 75 f.

Projektablauf erforderlichen Entscheidungen.[1198] Die Projektgruppe sollte eine Leitung und/oder eine Moderation haben, die die Sitzungen vorbereitet, Redebeiträge koordiniert und auf das soziale Klima in der Gruppe achtet.[1199]

- **Zusammensetzung der Projektgruppe**
  Die Zusammensetzung der Projektgruppe sollte aufgaben- und qualifikationsabhängig erfolgen. Neben Fachqualifikationen sollten auch Team-, Kommunikations- und Integrationsfähigkeiten Beachtung finden.[1200] Jedes Mitglied der Projektgruppe, gleich welcher Hierarchieebene in der Organisation, wird als Experte/in für seinen Kompetenzbereich betrachtet: Es bringt sein Wissen bei der Entwicklung und Realisierung von Maßnahmen ein.[1201] I. d. R. arbeiten in Projekten Menschen verschiedener Bereiche, unterschiedlicher Fachdisziplinen und verschiedener Hierarchiestufen zusammen, so dass von einer „Integrationsfunktion von Projekten"[1202] gesprochen werden kann. Im Laufe des Projektverlaufes ist dem Prozess der Team- und Gruppenentwicklung sowie dem Umgang mit Konflikten besondere Beachtung zu schenken.[1203]
- **Gruppengröße**
  Die Größe der Projektgruppe hängt von Umfang und Komplexität des Projekts ab.[1204] Sie sollte so gewählt werden, dass jedes Mitglied seine Beiträge einbringen kann.[1205]
- **Motivation der Projektgruppenmitglieder**
  Engagierte Projektgruppenmitglieder mit hoher intrinsischer Motivation stellen einen weiteren wichtigen Erfolgsfaktor dar, da die leistungsorientierte Zusammenarbeit eine zentrale Voraussetzung für eine effektive Projektarbeit ist.[1206] Die intrinsische Motivation kann durch die Durchführung einer interessanten Tätigkeit, die Erweiterung des Wissens, die erfolgreiche Bearbeitung von Teil- und Gesamtaufgaben, die Erreichung des Projektziels und die Umsetzung der Projektergebnisse in der Organisation angesprochen werden.[1207] Die Steigerung der extrinsischen Motivation kann durch die Anerkennung durch Vorgesetzte und Kol-

---

[1198] Vgl. Mehrmann, Projektmanagement, in: Adamaschek/Grymer/Meyer-Pries (Hrsg.), Managementhandbuch Kommunalverwaltung, Nr. 1360, Stand: Oktober 1997, Rdnr. 123.

[1199] Vgl. Straka/Nieder, Selbstgesteuertes Lernen, Motivation und Lernen in der Projektgruppe, in: Personalführung 2/1999, S. 56 (58).

[1200] Vgl. Ewert/Janßen/Kirschnick-Janssen/Papenheim-Tockhorn/Schwellach, Handbuch Projektmanagement Öffentliche Dienste, 1996, S. 83.

[1201] Vgl. Straka/Nieder, Selbstgesteuertes Lernen, Motivation und Lernen in der Projektgruppe, in: Personalführung 2/1999, S. 56 (58).

[1202] Vgl. Mehrmann, Projektmanagement, in: Adamaschek/Grymer/Meyer-Pries (Hrsg.), Managementhandbuch Kommunalverwaltung, Nr. 1360, Stand: Oktober 1997, Rdnr. 138.

[1203] Vgl. Mehrmann, Projektmanagement, in: Adamaschek/Grymer/Meyer-Pries (Hrsg.), Managementhandbuch Kommunalverwaltung, Nr. 1360, Stand: Oktober 1997, Rdnr. 145 ff.

[1204] Vgl. Ewert/Janßen/Kirschnick-Janssen/Papenheim-Tockhorn/Schwellach, Handbuch Projektmanagement Öffentliche Dienste, 1996, S. 85.

[1205] Vgl. Straka/Nieder, Selbstgesteuertes Lernen, Motivation und Lernen in der Projektgruppe, in: Personalführung 2/1999, S. 56 (58).

[1206] Vgl. Dworatschek/Griesche/Meyer, Projektmanagement als wirksames Instrument für ein erfolgreiches Verwaltungsmanagement, in: VOP 17/1995, S.277 (279).

[1207] Vgl. Erkens/Bruns/Seibt/Mader, Integration einer Projektkultur in eine starre Organisation, in: VM 5/1999, S. 289 (293); Englich/Fisch, Projektgruppen in der öffentlichen Verwaltung, 1999, S. 83 ff.

legen/innen, die Anerkennung der Projekterfahrung als karrierefördernd und als Zusatzqualifikation mit Beförderungsrelevanz, durch eine verbesserte finanzielle Situation, durch besondere Dotierungen in Form von Sonderangestelltenverträgen oder funktionsbedingten Zulagen gesteigert werden.[1208] Diese „Belohnungen" und ihre Auswirkungen sollten durch die Projektmitarbeiter/innen, aber darüber hinaus auch von den nicht an Projekten beteiligten Beschäftigten wahrgenommen werden, um diese zur Mitarbeit an zukünftigen Projekten zu motivieren.[1209]

- **Abschied vom „Management des Misstrauens"**
  Auf der Grundlage der vertrauensvollen Mitarbeiterführung werden den Projektgruppenmitgliedern Entscheidungsspielräume z. B. hinsichtlich der Einteilung der Arbeitszeit oder der Abfolge der Bewältigung der Aufgaben zur Verfügung gestellt.[1210]
- **Zielklärung und Projektplanung**
  Ein Projekt muss klare Ziele haben. Die Projektgruppe sollte eine bewertete hierarchische Struktur von inhaltlichen, zeitlichen und finanziellen Zielen festlegen. Diese Ziele müssen transparent und akzeptiert sein sowie mitgetragen werden von den Hauptverantwortlichen, den Beschäftigten, der Personalvertretung und anderen Betroffenen.[1211] Die Projektplanung sollte einen Projektstrukturplan mit einer Zerlegung des Projekts in überschaubare Teilaufgaben, eine Zeitplanung sowie eine Kostenanalyse und –planung beinhalten. Das Projektmanagement sollte durch ein Projekt-Controlling begleitet werden.[1212]
- **Umsetzung der Projektergebnisse in der Organisation**
  Die Umsetzung der Projektergebnisse in der Organisation trägt entscheidend zum Erfolg des Projekts und der Motivation der Projektgruppenmitglieder bei.[1213] Hilfreich kann ein internes Projektmarketing sein, das während des Projektes über den aktuellen Stand und nach Beendigung über die Projektergebnisse informiert und für diese „wirbt".[1214] Die Arbeit in der Projektgruppe kann gleichzeitig als Weiterbildung in der Organisation gesehen werden. Jedes Mitglied in der Projektgruppe stellt eine/n Multiplikator/in für seine Kollegen/innen dar.[1215]

[1208] Vgl. Erkens/Bruns/Seibt/Mader, Integration einer Projektkultur in eine starre Organisation, in: VM 5/1999, S. 289 (293); Reuß, Aufgabenerledigung durch Projekte in der Verwaltung, in: VOP 14/1992, S. 94-100; ferner Erkens/Bruns/Seibt/Mader, Integration einer Projektkultur in eine starre Organisation, in: VM 5/1999, S. 289 (293); Englich/Fisch, Projektgruppen in der öffentlichen Verwaltung, 1999, S. 85 f.
[1209] Vgl. Bitzer, Innovationshemnisse in Unternehmen, 1990, S. 266
[1210] Vgl. Straka/Nieder, Selbstgesteuertes Lernen, Motivation und Lernen in der Projektgruppe, in: Personalführung 2/1999, S. 56 (58).
[1211] Vgl. Reuß, Aufgabenerledigung durch Projekte in der Verwaltung, in: VOP 14/1992, S. 94-100.
[1212] Vgl. Mehrmann, Projektmanagement, in: Adamaschek/Grymer/Meyer-Pries (Hrsg.), Managementhandbuch Kommunalverwaltung, Nr. 1360, Stand: Oktober 1997, Rdnr. 41 ff.
[1213] Vgl. Erkens/Bruns/Seibt/Mader, Integration einer Projektkultur in eine starre Organisation, in: VM 5/1999, S. 289 (293).
[1214] Vgl. Frieß/Schmidt, Organisations-Projektmanagement – Projekterfolg steigern mit systemischen Konzepten, in: FB/IE 6/1999, S. 281 (282).
[1215] Vgl. Straka/Nieder, Selbstgesteuertes Lernen, Motivation und Lernen in der Projektgruppe, in: Personalführung 2/1999, S. 56 (58).

c. Praxis in Kommunalverwaltungen

Empirische Studien in der öffentlichen Verwaltung haben gezeigt, dass Projektgruppen zu einem wichtigen Instrument der Verwaltungsmodernisierung geworden sind: In ihnen werden oft Themen der Verwaltungsreform bearbeitet und ihnen wird ein hohes Veränderungspotenzial hinsichtlich der Verwaltungsreform zugesprochen.[1216]

Im Sozialamt der Stadt Herten wurde ein Projekt gemeinsam mit der Fachhochschule für öffentliche Verwaltung Nordrhein-Westfalen mit dem Ziel der Organisationsentwicklung und der Einführung einer computergestützten Sachbearbeitung durchgeführt. Die Erfahrungen zeigten ein großes Engagement der Mitarbeiter/innen, die Motivation der Beschäftigten zum Überdenken der derzeitigen Situation und zur Mitgestaltung von Veränderungen, eine große Lernbereitschaft sowie fachliche und psychosoziale Qualifizierung der Beschäftigten, die Offenlegung, Diskussion und teilweise die Konfliktbewältigung und die Nutzung der Kompetenz der Beschäftigten für die Softwareentwicklung. Als negative Auswirkungen wurden nur hohe Kosten insbesondere durch die Freistellung der beteiligten Beschäftigten und den Einsatz externer Moderatoren/innen betrachtet.[1217]

Als eine der ersten Verwaltungen stellte Hamburg Arbeitsgrundsätze zur Organisation von Projekten auf.[1218] Zur Erledigung folgender Aufgaben wurden Projekte eingesetzt: im Rahmen der Verwaltungshilfe beim Aufbau rechtsstaatlicher Verwaltungsstrukturen in den neuen Bundesländern, bei der Einführung moderner Informations- und Kommunikationstechnik z. B. in der Sozialhilfe, in der Personalverwaltung, bei Baugenehmigungsverfahren oder gerichtlichen Mahnverfahren und als Organisationsprojekte zur Reorganisation oder Weiterentwicklung einzelner Verwaltungsbereiche (z. B. der Hochbauverwaltung oder der Landesbetriebskrankenhäuser).[1219]

In der Verwaltung der Freien Hansestadt Bremen wurden verschiedene Projekte in Kooperation zwischen der Senatskommission für das Personalwesen als Querschnittsbehörde für Reformmaßnahmen und dem Institut für Projektmanagement und Wirtschaftsinformatik der Universität Bremen durchgeführt.[1220]

[1216] Vgl. Englich/Fisch, Projektgruppen in der öffentlichen Verwaltung, 1999, S. 175.

[1217] Vgl. Hasenritter, Organisationsentwicklung als Entwicklungsstrategie für ADV-Lösungen – Das PROSOZ-Projekt, in: VR 7/1991, S. 220 (220 f.).

[1218] Vgl. Dworatschek/Griesche/Meyer, Projektmanagement als wirksames Instrument für ein erfolgreiches Verwaltungsmanagement, in: VOP 17/1995, S.277-288.

[1219] Vgl. Reuß, Aufgabenerledigung durch Projekte in der Verwaltung, in: VOP 14/1992, S. 94-100.

[1220] Vgl. Griesche, Verwaltungsmanagement by Projects – das Führungskonzept des Wandels für die öffentliche Verwaltung, in: Schleiken/Winkelhofer (Hrsg.), Unternehmenswandel mit Projektmanagement, 1997, S. 78-97; Griesche, Verwaltungsmanagement by Projects, in: VM 4/1998, S. 119-123.

Letztgenanntes Institut unterstützte ebenfalls ein dreijähriges Reformprojekt im Landkreis Ludwigslust, durch das ein Ansteigen der Akzeptanz von Projektmanagementmethoden festgestellt wurde.[1221]

Die Stadtverwaltung Stuttgart hat für das Haushaltsjahr 1992 ein Projekt zur Haushaltskonsolidierung „Nachhaltige Entlastung des Verwaltungshaushalts um mindestens 200 Mio. DM" durchgeführt, das die Erarbeitung von Einsparmaßnahmen beinhaltete und dauerhafte Verbesserungsmaßnahmen zum Ergebnis hatte.[1222]

In der Landeshauptstadt Hannover wurden Reformprojekte unter externer Beratung durchgeführt. Wichtige Themen im Reformprozess waren das Verhältnis von Projekt- und Linienorganisation, die Rolle der Interessenvertretungen, die Vorbildfunktion der obersten Führungsebene, die Notwendigkeit eines stringenten und einheitlichen Handelns auf der Leitungsebene und die gravierenden Kompetenz- und Rollenveränderungen im Rahmen der Verwaltungsmodernisierung. Inhalte der externen Beratung waren vor allem Beratung bei der Entwicklung und Anpassung der Projektentwicklung, Konzeption und Moderation von Workshops zur Projektentwicklung, Coaching der Projektleitungen und Begleitung der Prozessreflektion des Projektleitungsteams.[1223]

In der ersten Phase der systematischen Modernisierung der Landeshauptstadt Saarbrücken wurde die Entwicklung der Ablauforganisation als Modernisierung und Qualitätsverbesserung des Serviceangebotes mit teilautonomen Projekten erarbeitet. Die Aufgabe der Projektgruppen bestand inhaltlich darin, quantitative und qualitative Outputsteigerungen durch Verbesserung von Motivation und Qualifikation des Personals, durch weniger aber anspruchsvollere Arbeitsplätze sowie durch bessere Technikunterstützung und effektivere Organisation zu erreichen. Methodisch hatten die Projektgruppen die Aufgabe, Organisationsprojekte konzeptionell zu entwickeln, im Detail zu realisieren und nach Abschluss der Umsetzung die Ergebnisse zu kontrollieren.[1224] Als Vorteile dieser Form der Projektarbeit wurden die weitgehende Autonomie der Projektgruppen hinsichtlich des Lösungsweges und in den kompletten Arbeitssystemen als Gegenstandsbereiche der Veränderung gesehen. Die Lösungen wurden als angemessener, praxisnäher und leichter akzeptiert betrachtet im Vergleich zur traditionellen Methode der Organisationsuntersuchung.[1225] Als ein Schwachpunkt wurde die Effizienz der Gruppenarbeit gesehen, die durch eine zu große Anzahl von Mitgliedern und dem fehlenden Einsatz von Problemlösungs- und Moderationsmethoden beeinträchtigt wurde. Ein weiterer Schwachpunkt lag in der unzureichenden Gestaltung des Projektumfeldes: „Es fehlten klare Spielregeln, vor allem im Zusammenspiel mit der Linienorganisation.

[1221]Vgl. Griesche, Verwaltungsmanagement by Projects, in: VM 4/1998, S. 119 (122).
[1222]Vgl. KGSt-Bericht Nr. 6/1994: Haushaltskonsolidierung und Aufgabenkritik, S. 10, 24 ff.
[1223]Vgl. Bösterling, Interne und externe Promotion von Verwaltungsreformprojekten – Ein produktives Zusammenspiel?, in: Steinle/Bruch/Lawa (Hrsg.), Projektmanagement – Instrument moderner Dienstleistung, 1995, S. 199-214.
[1224]Vgl. Hoffmann und ein Autorenteam der Stadt Saarbrücken, „Motor Qualität", 1996, S. 21 ff.
[1225]Vgl. Hoffmann und ein Autorenteam der Stadt Saarbrücken, „Motor Qualität", 1996, S. 26.

Die teilautonomen Projekte blieben gewissermaßen Außenseiter und Einzelkämpfer, Fortschritte und Erfolge wurden mit Mißtrauen betrachtet, und es hing ebenfalls sehr vom Geschick des einzelnen Projektleiters ab, ob das Schiff im stürmischen Wasser Kurs hielt."[1226] Die Methode der teilautonomen Projekte erfuhr eine Erweiterung im Rahmen des Total Quality Management (TQM)-Programms. Ein wesentlicher Bestandteil des Programms ist ein Steuerprojekt, bei dem das zentrale Management des Modernisierungsprozesses angesiedelt ist. Personell besteht das Steuerprojekt aus einer Planungsgruppe, aus einer Gruppe von Prozessberatern/innen und dem Personalrat. Die Aufgaben des Steuerprojekts bestehen in Informationsbereitstellung und –transfer nach innen und außen über den Modernisierungsprozess, den Aufbau von Motivation, Einstellungen und Qualifikationen der Beschäftigten, die Entwicklung und Implementierung von Methoden und Spielregeln, die Schaffung und Unterhaltung von arbeitsfähigen Teamstrukturen, die Entwurfsplanung zur Schrittfolge des Veränderungsprozesses, die Entwicklung von Messverfahren für alle Anwendungsfelder und die Dokumentation des Gesamtprozesses.[1227] Das TQM-Programm beinhaltet weiterhin die Einrichtung von Qualitätsprojekten und Qualitätsteams zur Qualitätsverbesserung. Kennzeichen dieser Qualitätsprojekte und Qualitätsteams sind Kontraktmanagement, Moderation, Berichtswesen, systematische Nutzung von Problemarbeitsmethoden und Qualitätsmessung.[1228] Beispiele für Qualitätsprojekte sind folgende Themenbereiche: Kundenberatung, flexible Arbeitszeiten, Kinder in der Stadt, Arbeitslosigkeit, Abfalltrennung, TOP-Management-Service, Kunden-Lieferantenbeziehungen zwischen dem Informations- und Kommunikationsinstitut Saarbrücken (IKS) und den anderen Organisationseinheiten der Stadtverwaltung und Zusammenarbeit von Rat und Verwaltung.[1229] Die neuen Gestaltungsspielräume der Mitglieder von Qualitätsprojekten bzw. Qualitätsteams zur Qualitätsverbesserung des eigenen Arbeitsbereichs im Rahmen der Maßgabe des vereinbarten Handlungsauftrags werden ausdrücklich als immaterieller Anreiz betrachtet.[1230] Die Mitarbeit in Qualitätsprojekten bzw. Qualitätsteams wird darüber hinaus mit weiteren immateriellen und materiellen Leistungsanreizen verbunden.[1231] Die Implementierung des Wandels als ständige Aufgabe der Verwaltung, die Bildung einer Modernisierungskultur sowie die positive Einstellung der Beschäftigten zum Modernisierungsprozess sind zentrale positive Auswirkungen der neuen Arbeitsweisen und –formen: „Wir sind überzeugt, daß diese (die Mitarbeiter/innen, Anm. d. Verf.) den vor uns liegenden Veränderungsphasen eher mit Neugier und Selbstvertrauen als mit Besorgnis entgegensehen. ... Die mit TQM etablierten neuen Kooperationsstrukturen zwischen Qualitätsteams und –projekten einerseits und den als Führungspartnern fungierenden Steuerkreisen oder Amtsleitungen andererseits schaffen für Mitarbeiter und Vorgesetzte neue Erlebnisse eines auf festen Vereinbarungen begründeten hierarchiefreien Arbei-

---

[1226] Hoffmann und ein Autorenteam der Stadt Saarbrücken, „Motor Qualität", 1996, S. 26.
[1227] Vgl. Hoffmann und ein Autorenteam der Stadt Saarbrücken, „Motor Qualität", 1996, S. 32.
[1228] Vgl. Hoffmann und ein Autorenteam der Stadt Saarbrücken, „Motor Qualität", 1996, S. 40 ff.
[1229] Vgl. Hoffmann und ein Autorenteam der Stadt Saarbrücken, „Motor Qualität", 1996, S. 70 ff.
[1230] Vgl. Hoffmann und ein Autorenteam der Stadt Saarbrücken, „Motor Qualität", 1996, S. 122.
[1231] Vgl. Kap. 10.3.

tens."[1232] Das im Rahmen des TQM-Qualifizierungskonzeptes stattfindende Mitarbeitertraining wird als langfristige Bildungsinvestition betrachtet: „Sie ermöglicht es dem Mitarbeiter, seine eigene Persönlichkeit zu entfalten, erfolgreiche, zwischenmenschliche Kommunikation zu erleben, Möglichkeiten zur kreativen Ausnutzung von Ermessensspielräumen zugunsten des Kunden zu erproben und die eigenständige Bewältigung von Problemsituationen einzuüben. Unter diesen Bedingungen bestehen die besten Chancen, dass die Mitarbeiter die Ausbildung nicht nur als betriebliche Qualifizierung sondern auch im Sinne einer Persönlichkeitsentwicklung betrachten."[1233]

8.3.4 Flexibilisierung der Arbeitszeit

Das Thema Arbeitszeitflexibilisierung wird vielfach im Zusammenhang mit immateriellen Leistungsanreizen diskutiert. Dieser Charakter entsteht insbesondere durch die Steigerung der Zufriedenheit der Beschäftigten durch die Erhöhung der eigenen zeitlichen Gestaltungsfreiräume.[1234] Unter dem Begriff „Arbeitszeitflexibilisierung" werden in Wissenschaft und Praxis unterschiedliche Konzepte und Modelle verstanden.[1235] Flexible Arbeitszeitmodelle existieren in vielfältiger Form. Sie reichen von Modellen zur Büro- und Heimarbeit über Altersteilzeit, variabler Jahresarbeitszeit, geteilter Arbeitszeit (job-sharing), variabler Ermäßigung der Wochenarbeitszeit und Errichtung individueller Arbeitszeitkonten bis zu der weit verbreiteten gleitenden Arbeitzeit.[1236] Die folgende Darstellung berücksichtigt die in Kommunalverwaltungen gebräuchlichsten Modelle der flexiblen Arbeitszeit, der Teilzeitarbeit sowie der Telearbeit.

8.3.4.1 Flexible Arbeitszeit

a. Beschreibung

Die flexible Arbeitszeit stellt eine wichtige „Leistungsmotivation durch Zeit"[1237] dar, die „Leben und Leistung verbessern"[1238] kann. Sie ist ein zentraler immaterieller Leistungsanreiz.[1239] Flexible Arbeitszeit bedeutet, „daß stets eine kurzfristige ‚Andersverteilung'

[1232] Hoffmann und ein Autorenteam der Stadt Saarbrücken, „Motor Qualität", 1996, S. 131.
[1233] Göbel, Nachtrag: Vom Ende der Mißtrauensorganisation: Modernisierungsbestrebungen in Saarbrücken, in: Hoffmann und ein Autorenteam der Stadt Saarbrücken, „Motor Qualität", 1996, S. 139 (144).
[1234] Vgl. Hill/Frey, Motivationsinstrumente für eine Innovation der öffentlichen Verwaltung, in: Verwaltung und Management, 1/1997, S. 7 (8); KGSt-Bericht Nr. 2/1999: Flexible Arbeitszeiten in der Praxis, S. 34.
[1235] Zu einem Überblick vgl. Scholz, Personalmanagement, 2000, S. 672 ff.; zu den rechtlichen Grundlagen in der öffentlichen Verwaltung vgl. Hanau, Arbeitszeitflexibilisierung im öffentlichen Dienst, in: ZBR 7/1996, S. 199-202.
[1236] Vgl. Kühnlein, Beschäftigung in Bürgerämtern, 1998, S. 54 ff.
[1237] Hill/Frey, Motivationsinstrumente für eine Innovation der öffentlichen Verwaltung, in: Verwaltung und Management, 1/1997, S. 7 (8).
[1238] Fiedler-Winter, Unsere Arbeit bestimmt die Zukunft , in: Knebel/Wagner (Hrsg.), Management by Zander, 1997, S. 79 (79).
[1239] Vgl. Busse, Leitbild Lernende Verwaltung, in: Personalwirtschaft 1/2000, S. 21 (26).

der vertraglichen Arbeitszeit innerhalb vorab festzulegender Bandbreiten bzw. unter Beachtung vorab festgelegter Spielregeln möglich ist."[1240] Die Beschäftigten können die Wochenarbeitszeit auf mehrere Tage mit beliebiger Stundenzahl in Abstimmung mit den Verwaltungszielen weitgehend frei verteilen.[1241]
Hinsichtlich der Flexibilisierung der Arbeitszeit ist der öffentliche Dienst im Vergleich zur Privatwirtschaft führend.[1242] Eine Umfrage bei Städten und Gemeinden ergab, dass viele Verwaltungen das wichtigste Ziel der Einführung in einem erfolgreichen Ausgleich zwischen Bürger- und Mitarbeiterinteressen unter Beachtung der Wirtschaftlichkeit sehen.[1243] Die drei Hauptzielsetzungen flexibler Arbeitszeiten sind demnach die Dienstleistungs- oder Kundenorientierung, die Wirtschaftlichkeit und die Mitarbeiterorientierung, wie die nachfolgende Abbildung verdeutlicht.

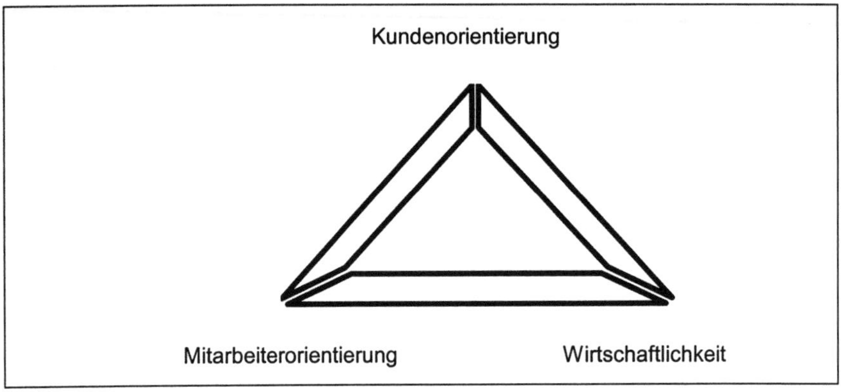

Abbildung 33: Die Hauptzielsetzungen flexibler Arbeitszeiten[1244]

Als weitere Ziele flexibler Arbeitszeiten wurden in der Befragung die Angleichung von Dienstvereinbarungen an bereits gelebte und bewährte Praktiken flexibler Arbeitszeiten, Personalentwicklung hinsichtlich Teamentwicklung und Selbststeuerung im Team, Unterstützung der dezentralen Ressourcenverantwortung, Arbeitsplatzsicherung durch Ausweitung von Teilzeitmöglichkeiten, Motivierung der Mitarbeiter/innen durch Schaffung größerer Gestaltungsspielräume und stärkerer Identifikation mit der Aufgabe, die Nutzung als Personalmarketinginstrument im Sinne der Steigerung der Attraktivität der Arbeitsplätze und als Beitrag zur Vereinbarkeit von Beruf und Familie gesehen.[1245] Hin-

[1240]KGSt-Bericht Nr. 2/1999: Flexible Arbeitszeiten in der Praxis, S. 8.
[1241]Vgl. Scholz, Personalmanagement, 2000, S. 673.
[1242]Vgl. Grawert, Thesen: Individuelle und flexible Vergütung – Leistungsanreize in der öffentlichen Verwaltung, in: Wagner (Hrsg.), Personal und Personalmanagement in der modernen Verwaltung, 1998, S. 107 (115).
[1243]Vgl. KGSt-Bericht Nr. 2/1999: Flexible Arbeitszeiten in der Praxis, S. 10.
[1244]KGSt-Bericht Nr. 2/1999: Flexible Arbeitszeiten in der Praxis, S. 10, ferner Kühnlein, Beschäftigung in Bürgerämtern, 1998, S. 53.
[1245]Vgl. KGSt-Bericht Nr. 2/1999: Flexible Arbeitszeiten in der Praxis, S. 9.

sichtlich der Motivation der Beschäftigten „ist damit zu rechnen, daß die Übereinstimmung von persönlichen Vorstellungen und tatsächlicher Arbeitszeit für die Arbeitszufriedenheit überproportional große Bedeutung hat.“[1246]
Der erste Schritt von festen zu flexiblen Arbeitszeiten besteht in der Einrichtung von Gleitzeitsystemen.[1247] In diesen Modellen kann innerhalb eines Arbeitszeitrahmens die regelmäßige Arbeitszeit geleistet werden; während der Kernzeit besteht Anwesenheitspflicht; es gibt nur enge Zeitübertragungsmöglichkeiten (mit Kappung der Zeiten, die darüber liegen) und die Zeitausgleichsoptionen sind gering. Diese Modelle haben sich jedoch sowohl als bürger- als auch als mitarbeiterunfreundlich erwiesen, da durch die Kernzeiten i. d. R. Sprechzeiten in die Kernzeiten gelegt wurden und die Mitarbeiter/innen in den Kernzeiten auch bei geringem Arbeitsanfall anwesend sein müssen.[1248]
Der nächste Schritt hin zu flexibleren Arbeitszeiten besteht darin, Kernzeiten zu ersetzen durch Service-, Ansprech- oder Funktionszeiten. Diese Zeiten beziehen sich auf den tatsächlichen Bedarf der internen oder externen Kunden/innen und der Beschäftigten als Team oder Arbeitsgruppe. Funktionszeiten können identisch sein mit Öffnungszeiten, können aber auch darüber hinausgehen z. B. bei Sicherstellung der telefonischen Erreichbarkeit.[1249] Eine längere Servicezeit als die bisherige Kernzeit bedeutet nicht automatisch auch eine längere Tagesarbeitszeit für die einzelnen Mitarbeiter/innen, denn es kann z. B. durch versetzte Arbeitszeiten die Gesamtbesetzungszeit eines Bereichs ausgeweitet werden; ebenfalls ist gegenseitige Vertretung möglich. Bei der Gestaltung der Servicezeiten ist die tägliche und wöchentliche Zeit zu beachten, die eine Organisationseinheit bietet, sowie die Mindestbesetzungsstärke zu den verschiedenen Zeiten und die Servicequalität (z. B. schnellstmögliche, qualifizierte Erledigung von Kundenwünschen). Der Anreiz, aber auch die Herausforderung bei diesem Modell liegt darin, dass die Einhaltung der jeweiligen Servicezeiten in der Verantwortung der Beschäftigten selber, d. h. bei den Teams liegt. Ihre Aufgabe ist die regelmäßige Überprüfung und ggf. Neuvereinbarung der kundengerechten „Servicezeiten“. Die Führungskraft sollte nur dann beratend und moderierend eingreifen, wenn die Einhaltung der vereinbarten Standards gefährdet ist oder innerhalb des Teams ein Konflikt besteht. Auch bei Servicezeiten werden i. d. R. Arbeitszeitrahmen festgelegt, innerhalb dessen die vertragliche Arbeitszeit erbracht werden kann. Der Trend in den Kommunalverwaltungen geht zu einer Ausweitung des Arbeitszeitrahmens (z. B. von 6.00–20.00 Uhr), zu dem zusätzlich individuelle Termine mit den Kunden/innen vereinbart werden können.[1250] Eine weitere Tendenz bei Servicezeiten besteht in flexiblen Arbeitskonten, bei denen auf eine automatische Kappung von Plusstunden über eine gewisse Grenze verzichtet wird, und die damit der Demotivation engagierter Mitarbeiter/innen entgegenwirkt. Aus finan-

---

[1246] Grawert, Thesen: Individuelle und flexible Vergütung – Leistungsanreize in der öffentlichen Verwaltung, in: Wagner (Hrsg.), Personal und Personalmanagement in der modernen Verwaltung, 1998, S. 107 (115).
[1247] Vgl. Hill/Frey, Motivationsinstrumente für eine Innovation der öffentlichen Verwaltung, in: Verwaltung und Management, 1/1997, S. 7 (8).
[1248] Vgl. KGSt-Bericht Nr. 2/1999: Flexible Arbeitszeiten in der Praxis, S. 12.
[1249] Vgl. KGSt-Bericht Nr. 2/1999: Flexible Arbeitszeiten in der Praxis, S. 9.
[1250] Vgl. KGSt-Bericht Nr. 2/1999: Flexible Arbeitszeiten in der Praxis, S. 15.

zieller Sicht kann hierfür die Bildung von Rückstellungen hilfreich sein.[1251] Eine Form der flexiblen Zeitkonten besteht in Zeitkonten-Systemen, bei denen bei erhöhtem Arbeitsanfall Plusstunden oberhalb einer bestimmten Grenze auf ein Zeitkonto übertragen werden, die über individuelle freie Tage, zusammenhängend und/oder in Verbindung mit Urlaubstagen, ausgeglichen werden können. Eine weitere Form stellt das sog. Ampelkonten-Modell dar, dass nicht mit Kappungsgrenzen, sondern mit dem Grundsatz der Gegensteuerung operiert: Über die grüne Zone (z. B. bei +/- 20 Stunden) kann die/der Beschäftigte selbstverantwortlich disponieren; in der gelben Zone (z. B. bei +/- 30 Stunden) muss die/der Vorgesetzte Maßnahmen ergreifen zur Verhinderung eines weiteren Anwachsens von Zeitguthaben bzw. –schulden; die rote Zone (z. B. bei +/- 40 Stunden) darf nur ausnahmsweise bzw. vorübergehend erreicht werden und muss so bald wie möglich wieder verlassen werden.[1252] Folgende Abbildung steht das Modell in seiner Gesamtheit dar.

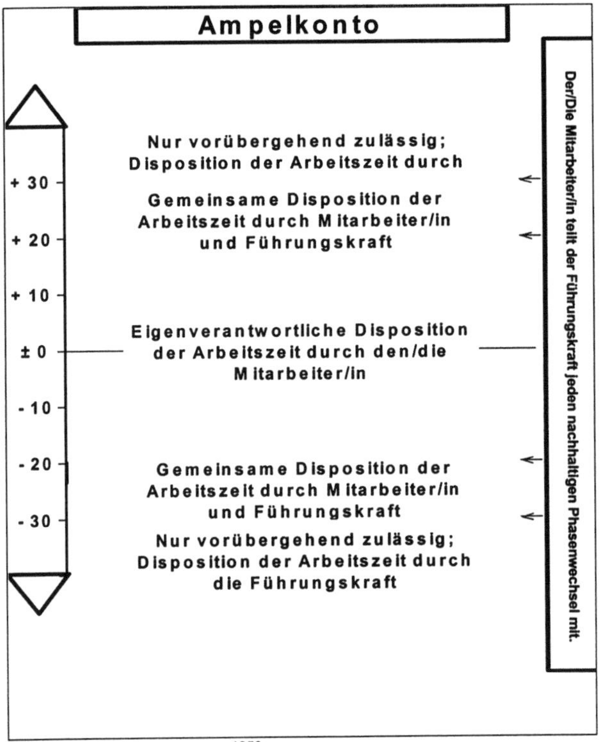

Abbildung 34: Ampelkonten-Modell[1253]

[1251] Vgl. KGSt-Bericht Nr. 7/1997: Auf dem Weg in das Ressourcenverbrauchskonzept, S. 55.
[1252] Vgl. KGSt-Bericht Nr. 2/1999: Flexible Arbeitszeiten in der Praxis, S. 19 ff.
[1253] Kutscher/Weidinger/Hoff, Flexible Arbeitszeitgestaltung, 1996, S. 158.

Als „Frühwarnsystem" zielt das Ampelkonten-Modell darauf ab, das Kappen von Zeitguthaben zu verhindern durch die rechtzeitige Abstimmung zwischen Mitarbeiter/in und Führungskraft und auf die Förderung des Aufbaus von Zeitschulden in Zeiten geringerer Auslastung.[1254]

Ein weiterer sich abzeichnender Trend ist die Entwicklung weg von der Anwesenheitsorientierung hin zur Ergebnisorientierung. Hier ist besonders das Konzept der Vertrauensarbeitszeit zu nennen:[1255] Bei diesem Konzept entfällt die systematische arbeitgeberseitige Zeiterfassung und -kontrolle und wird durch Zielvereinbarungen, Qualitäts- und Ergebnisabsprachen ersetzt. Kernzeiten mit Anwesenheitspflicht des Einzelnen sind aufgehoben; sie finden ihre Fortsetzung in den Servicezeiten des jeweiligen Arbeitsteams. Die Steuerung der Vertragsarbeitszeiten soll grundsätzlich eigenverantwortlich im Team erfolgen entsprechend den jeweiligen Anforderungen und unter Beachtung von Gesetz und Tarifvertrag. In diesem Rahmen können auch persönliche Belange Berücksichtigung finden. Die Beschäftigten sollen an der laufenden Aktualisierung der Standards ihrer Arbeit wie Servicezeiten, garantierte Bearbeitungszeiten, Qualitätsstandards etc. beteiligt werden. Basis sind regelmäßige Gespräche und Zielvereinbarungen.

Bei der Vertrauensarbeitszeit besteht ein besonderer Anreiz zur Übernahme von eigenständiger Verantwortung, aber auch zur Zusammenarbeit im Team: Das Team legt Besetzungsstärken, Dienstplan und Terminmanagement grundsätzlich eigenverantwortlich fest. Maßstab des Handelns ist der Anspruch der externen oder internen Kunden/innen sowie die Erfüllung der Vertragsarbeitszeit. Bei der Vertrauensarbeitszeit werden verschiedene immaterielle Leistungsanreize miteinander sowie diese mit Organisationsentwicklungsprozessen verbunden: Die Vertrauensarbeitszeit ist ebenso eine Personalentwicklungsmaßnahme (absoluter Kundenbezug, Selbststeuerung, Disziplin, Kooperationsfähigkeit, Denken in Prozessen) wie eine Organisationsentwicklungsmaßnahme (Teambildung, Technik, Vertretung, Arbeitsabläufe, Anlaufstellen).[1256]

Eine weitere Form des Trends von der Anwesenheits- zur Ergebnisorientierung stellt die Telearbeit dar.[1257]

Variable Arbeitszeitmodelle haben den Aufbau und die Nutzung von längerfristig orientierten „Arbeitszeitkonten" zum Ziel. Zu unterscheiden sind individuelle „persönliche Zeitkonten", die kurzfristige Arbeitszeitschwankungen ausgleichen, und „Langzeitkonten", bei denen kein kurzfristiger Zeitausgleich vorgesehen ist.[1258] Bei Langzeitkonten legen Verwaltung und Beschäftigte/r eine individuelle Gesamtarbeitszeit fest, die anschließend nach Absprache abgeleistet wird. Mögliche Modelle sind Jahre mit reduzierter Arbeitsleistung, Sabbaticals oder auch ein fließender Übergang zum Ruhestand.[1259]

Die persönlichen Zeitkonten stellen einen Anreiz einerseits für die einzelnen Beschäftig-

---

[1254] Vgl. KGSt-Bericht Nr. 2/1999: Flexible Arbeitszeiten in der Praxis, S. 22.

[1255] Vgl. grundsätzlich Hoff/Weidinger, Erfolgsfaktoren der Vertrauensarbeitszeit, in: Personal 8/1999, S. 380-384.

[1256] Vgl. KGSt-Bericht Nr. 2/1999: Flexible Arbeitszeiten in der Praxis, S. 27 ff.

[1257] Vgl. Kap. 8.3.4.3.

[1258] Vgl. Kühnlein, Beschäftigung in Bürgerämtern, 1998, S. 53.

[1259] Vgl. Hill/Frey, Motivationsinstrumente für eine Innovation der öffentlichen Verwaltung, in: Verwaltung und Management, 1/1997, S. 7 (8).

ten dar, persönliche Bedürfnisse und die Interessen der Verwaltung miteinander zu verbinden. Andererseits stellen sie auch einen Anreiz für die Verwaltung dar für einen flexibleren Personaleinsatz. Langzeitkonten können darüber hinaus beschäftigungspolitische Relevanz haben, da sie als potenzieller Einstieg in die gesellschaftliche Arbeitszeitumverteilung gesehen werden.[1260] Diese Arbeitszeitmodelle sind als Motivationsanreiz für die Mitarbeiter/innen nicht unumstritten, da dem Zugewinn von mehr Zeitsouveränität oftmals eine materielle Verschlechterung gegenübersteht durch den Einsatz eines vermehrten Freizeitausgleich an Stelle von Mehrarbeits- oder Überstundenzuschlägen.[1261]

b. Erfolgsfaktoren

Die Einführung erfolgreicher Arbeitszeitmodelle ist an bestimmte Erfolgsfaktoren gebunden.[1262]

Die Einführung von flexiblen Arbeitszeiten ist abhängig von der spezifischen Verwaltungskultur. So variieren z. B. die Aufgeschlossenheit der Beschäftigten, der Führungskräfte und des Personalrates gegenüber organisatorischen Veränderungen, die Art und Intensität der internen Information und Kommunikation, die Fähigkeit, Konflikte frühzeitig zu erkennen und konstruktiv auszutragen sowie das Zusammengehörigkeitsgefühl von Verwaltung zu Verwaltung.

Günstige Voraussetzungen für eine erfolgreiche Einführung von flexiblen Arbeitszeiten bestehen unter anderem bei folgenden Gegebenheiten:[1263]

- Offenheit gegenüber Neuem,
- Beginn von Prozessen der Verwaltungsreform,
- Führen über Zielvereinbarungen,
- Vorhandensein von Teamstrukturen,
- offene Informations- und Kommunikationskultur,
- Vorhandensein eines Fach- oder Machtpromotors mit Interesse am Fortschreiben dieses Themas,
- vergleichbare Ziele von Verwaltungsführung und Personalrat.

Vor Einführung flexibler Arbeitszeiten ist eine Bestandsaufnahme der gelebten Zeitpraxis sinnvoll, die oft flexibler ist als die ihr zu Grunde liegenden Regelungen. Eine Bestandsaufnahme ermittelt mithilfe von Befragungen, Workshops oder Messungen von Kundenströmen die Wünsche der Kunden/innen, die Wünsche der Mitarbeiter/innen und die Zeiten, in denen Engpässe entstehen.[1264] Eine Mitwirkung der Betroffenen be-

[1260] Vgl. Kühnlein, Beschäftigung in Bürgerämtern, 1998, S. 53.
[1261] Vgl. Kühnlein, Beschäftigung in Bürgerämtern, 1998, S. 53 f.
[1262] Vgl. zum Folgenden KGSt-Bericht Nr. 2/1999: Flexible Arbeitszeiten in der Praxis, S. 29 ff.; Meixner, Lust statt Frust in der öffentlichen Verwaltung, 1998, S. 116 ff.
[1263] Vgl. KGSt-Bericht Nr. 2/1999: Flexible Arbeitszeiten in der Praxis, S. 29.
[1264] Vgl. Hill/Frey, Motivationsinstrumente für eine Innovation der öffentlichen Verwaltung, in: Verwaltung und Management, 1/1997, S. 7 (10).

reits bei der Bestands- bzw. Problemaufnahme (z. B. durch „Arbeitszeit-Workshops") gehört ebenfalls zu den Erfolgsfaktoren von wirkungsvollen flexiblen Arbeitszeiten. So können Informationen über die Probleme mit der gegenwärtigen Arbeitszeitregelung aus Sicht sowohl der Mitarbeiter/innen als auch aus Sicht der Vorgesetzten gewonnen und diskutiert sowie Lösungsvorschläge erarbeitet werden. Zur Einführung flexibler Arbeitszeiten gehört weiterhin die Klärung der Fragen, welche Zielsetzungen verfolgt werden sollen, wie bei der Erarbeitung und Einführung vorgegangen werden und wer an der Erarbeitung des Konzepts beteiligt werden soll. Im Idealfall wird ein neues Arbeitszeitsystem von einer Projektgruppe erarbeitet, in der neben dem Personalrat, der Frauen- bzw. Gleichstellungsbeauftragten, Mitarbeitern/innen aus den Querschnittsämtern bzw. Steuerungs- oder Servicebereichen auch Führungskräfte und Mitarbeiter/innen aus den Umsetzungsbereichen mitwirken. Sinnvoll ist der Einstieg in flexible Arbeitszeiten mit zwei oder drei Pilotbereichen mit unterschiedlichen Anforderungen, z. B. ein Bereich mit überwiegender Bürger- und ein Bereich mit interner Kundenorientierung (z. B. interner Service). Außerdem sollten die Voraussetzungen für das Gelingen der Pilotprojekte relativ günstig sein. Dazu gehören ein hohes Eigeninteresse der Beteiligten sowie die Bereitschaft und Fähigkeit der Führungskräfte, diesen Prozess positiv zu unterstützen. Es liegt in der Verantwortung der Führungskräfte, dass die Beschäftigten von den Selbststeuerungsmöglichkeiten so Gebrauch machen, dass die Verwaltungsziele erreicht werden können. Dies wird in den Verwaltungen nicht mittels direktiver Steuerung erreicht, sondern nur sehr indirekt und im Wesentlichen darüber, dass die Beschäftigten für die Aufgaben interessiert und die zu verfolgenden Zielsetzungen immer wieder neu vermittelt und gemeinsam erarbeitet werden. Aus der Auswertung einzelner Pilotprojekte kann ein Konzept für die Gesamtverwaltung erarbeitet werden. Durch Information und Beteiligung der Beschäftigten können die Grundlagen dafür geschaffen werden, dass diese ein neues Arbeitszeitsystem mittragen und Widerstände gegen Veränderungen vermindert werden. Ebenso sollten die Bürger/innen bzw. internen wie externen Kund/innen informiert und einbezogen werden. Insbesondere ist eine rechtzeitige Information der Öffentlichkeit Voraussetzung für die Annahme neuer Öffnungszeiten von den Bürgern/innen.[1265]

Damit flexible Arbeitszeiten ihren Anreizcharakter entfalten können, ist die Qualifikation der Mitarbeiter/innen und der Führungskräfte notwendig insbesondere hinsichtlich der Förderung der Teamstruktur und –fähigkeit mit gegenseitiger Unterstützung und Vertretung. Ziel der Qualifizierung ist daher die Förderung von Eigenverantwortlichkeit und Vertretungsfähigkeit, Kooperations- und Kommunikationsfähigkeit sowie des sparsamen Umgangs mit der kostbaren Ressource Arbeitszeit. Hilfreich kann auch eine beratende (externe) Unterstützung bei der Teamentwicklung sowie in Fragen der Arbeitsorganisation bzw. der Arbeitstechniken sein. Ziel der Qualifikation für Führungskräfte ist die Fähigkeit zur Delegation der Verantwortung an die Mitarbeiter/innen, zur ziel- und ergebnisorientierten Führung, zur verstärkten Arbeitszeit-Vorausplanung und zur Moderation und Beratung in Konfliktsituationen.[1266]

[1265] Vgl. KGSt-Bericht Nr. 2/1999: Flexible Arbeitszeiten in der Praxis, S. 29 ff.
[1266] Vgl. KGSt-Bericht Nr. 2/1999: Flexible Arbeitszeiten in der Praxis, S. 33 f.

Für die meisten Beschäftigten bedeutet ein freiere Zeiteinteilung einen Motivationszugewinn. Selbst bei denjenigen Mitarbeiter/innen, die die zeitlichen Freiheiten einseitig zu ihren Gunsten ausnutzen, können flexible Arbeitszeitmodelle „die notwendige Transparenz in die oft defizitäre Motivationslage bringen"[1267], da diese Beschäftigten in Teamgesprächen oft wenig Interesse an Abstimmungen und der angestrebten Kundenzufriedenheit zeigen. Sie können durch Personalführung und Mitarbeitergespräche auf die Defizite aufmerksam gemacht werden.[1268]
Erfolgreiche Modelle der Arbeitszeitflexibilisierung werden mit anderen Konzepten, insbesondere Personalmanagementkonzepten, verknüpft. Neben den dargestellten Personalentwicklungs- und Personalführungskonzepten ist das Ziel der Personaleinsatzplanung, eine möglichst große Übereinstimmung zwischen Arbeitsaufkommen und dem hierfür benötigten Personal herzustellen. Modelle flexibler Arbeitszeiten können hierfür sinnvoll sein. Darüber hinaus stellen flexible Anreizmodelle ein Personalmarketinginstrument dar insbesondere bei hochqualifizierten Spezialisten/innen in Konkurrenz zur Privatwirtschaft.[1269] Da das Thema Arbeitszeitflexibilisierung erhebliche Auswirkungen auf die Motivation der Beschäftigten hat, ist die Einbindung in ein ganzheitliches Anreizkonzept, in dem die verschiedenen immateriellen und materiellen Anreize miteinander verknüpft werden, von besonderer Bedeutung.[1270]

c. Praxis in Kommunalverwaltungen

Flexible Arbeitszeiten waren in früheren Jahren in der öffentlichen Verwaltung ein „weitgehend noch unerschlossenes ökonomisches Potential"[1271]. Viele Kommunalverwaltungen setzten sich mit flexiblen Arbeitszeiten erst dann auseinander, wenn ein/e Beschäftigte/r dies beantragte.[1272] Befragungen im Jahr 1997 zeigten jedoch, dass viele Kommunalverwaltungen inzwischen das Angebot flexibler Arbeitszeitmodelle als besonders wichtiges Element immaterieller Leistungsanreiz-Systeme sehen.[1273]
In den Kommunalverwaltungen sind die oben dargestellten Trends der Arbeitszeitflexibilisierung zu beobachten.

So praktiziert z. B. die Stadtverwaltung Bochum die Erweiterung des Zeitkontos als Form flexibler Zeitkonten: Es können bei erhöhtem Arbeitsanfall Plus-Stunden über der Grenze von 10 Stunden auf ein Zeitkonto übertragen werden. Auf diesem Zeitkonto

---

[1267] Hill/Frey, Motivationsinstrumente für eine Innovation der öffentlichen Verwaltung, in: Verwaltung und Management, 1/1997, S. 7 (8).
[1268] Vgl. Hill/Frey, Motivationsinstrumente für eine Innovation der öffentlichen Verwaltung, in: Verwaltung und Management, 1/1997, S. 7 (9).
[1269] Vgl. Hill/Frey, Motivationsinstrumente für eine Innovation der öffentlichen Verwaltung, in: Verwaltung und Management, 1/1997, S. 7 (9).
[1270] Vgl. KGSt-Bericht Nr. 2/1999: Flexible Arbeitszeiten in der Praxis, S. 34 f.; ferner Kap. 10.
[1271] Vgl. Drescher/Hoff, Flexible Arbeitszeiten in der Kommunalverwaltung, in: Der Städtetag, 7/1995, S. 498 (498).
[1272] Vgl. KGSt-Bericht Nr. 6/1991: Flexible Arbeitszeiten, S. 3.
[1273] Vgl. Kühnlein, Beschäftigung in Bürgerämtern, 1998, S. 51.

können Zeitguthaben nach vorheriger, frühzeitiger Information der/des Vorgesetzten und Vereinbarung mit ihr/ihm bis höchstens 15 Arbeitstagen angesammelt werden. Zum Ausgleich des Zeitguthabens können unter Wahrung der Aufgabenerledigung verschiedene Möglichkeiten gewählt werden, vor allem der Ausgleich durch individuelle freie Tage, die auch zusammenhängend und in Verbindung mit Urlaubstagen genommen werden können.[1274]

In der Stadtverwaltung Hannover[1275] und im Landkreis Göttingen[1276] wird das Ampelkonten-Modell in zweistufiger Form praktiziert. Beim Landkreis Göttingen muss die/der Beschäftigte bei Überschreiten des Zeitkontos nach oben (20 Arbeitsstunden Zeitguthaben) oder nach unten (20 Stunden Zeitschulden) die Arbeitszeitgruppe sowie die zuständige Führungskraft umgehend informieren und eine entsprechende Rücksteuerung ggf. schriftlich vereinbaren.[1277]

In der Stadtverwaltung Wolfsburg wurde unter intensiver Mitarbeiterbeteiligung und dem Personalrat eine Dienstvereinbarung zur Vertrauensarbeitszeit geschlossen. Diese besagt, dass Teams eigenverantwortlich die Vertragsarbeitszeiten steuern; der Arbeitgeber verzichtet auf die Kontrolle der Einhaltung der Vertragsarbeitszeit. Der Arbeitszeitrahmen besteht von 7.00 bis 19.00 Uhr. Den Kunden/innen steht statt der bisher unterschiedlichen Öffnungszeiten nunmehr eine einheitliche, von 8.30 bis 16.30 bzw. 17.30 Uhr durchgängige Ansprechzeit zur Verfügung. In Überlastungssituationen gelten folgende Regelungen: Reicht das vertragliche Gesamt-Arbeitszeitvolumen im Team unter Berücksichtigung des planmäßigen Zeitausgleichs auf Sicht nicht aus, zeigen die Beschäftigten dies der Führungskraft an. Diese ist für die Entlastung der Mitarbeiter/innen verantwortlich insbesondere durch Reduzierung des Arbeitsumfanges oder durch vorab vereinbarte und vergütete Mehrarbeit bzw. Überstunden. Im Konfliktfall kann eine Clearingstelle angerufen werden, die aus zwei Vertretern/innen der jeweiligen Geschäftsbereichsleitung und des Personalrates besteht; im Streitfall soll eine einvernehmliche Entscheidung erzielt werden.[1278]

Befragungen in Zusammenhang mit der Beschäftigung in Bürgerämtern im Jahr 1997 ergaben, dass die Jahresarbeitszeit bei bisher nur 39 Städten flexibel gestaltet werden kann und individuelle Langzeitkonten in 28 Fällen bis zu einem Monat betrugen, in 4 Fällen bis zu einem Vierteljahr und in 7 Kommunen mehr als drei Monate. In über 50 % der Städte kann der Ausgleichszeitraum auf über ein Jahr ausgedehnt werden, bei ei-

---

[1274] Vgl. Stadt Bochum (Hrsg.), Flexible Arbeitszeiten – Dienstvereinbarung – Dienstanweisung, Stand: 1.8.1995.

[1275] Vgl. Stadt Hannover (Hrsg.), Dienstvereinbarung. Leitlinien für eine flexible Arbeitszeitgestaltung in Einstiegsbereichen bei der Stadtverwaltung Hannover, Stand: 1998.

[1276] Vgl. Landkreis Göttingen (Hrsg.), Dienstvereinbarung über flexible Arbeitszeiten für die Beschäftigten beim Landkreis Göttingen, Stand: 1998.

[1277] Vgl. Landkreis Göttingen (Hrsg.), Dienstvereinbarung über flexible Arbeitszeiten für die Beschäftigten beim Landkreis Göttingen, Stand: 1998.

[1278] Vgl. Stadt Wolfsburg (Hrsg.), Dienstvereinbarung über die „Vertrauensarbeitszeit“, Stand: 24.11.1998.

nem Viertel beträgt er drei Monate oder weniger; oft reicht er nur bis zum nächstfolgenden Monat.[1279]

Über den generellen Anreizcharakter, den flexible Arbeitszeiten grundsätzlich haben, setzen einige wenige Verwaltungen freie Zeit gezielt als immateriellen Leistungsanreiz ein. So werden in der Stadt Köln im Bereich der Bauanträge, Prüfvermerke, Auskunftserteilung im Rahmen des Baugenehmigungsverfahrens, überbaurechtliche Festsetzungen, Rechte, Beschränkungen etc. immaterielle Leistungsanreize in Form von Freizeit gewährt: Bei Überschreiten von 946 Fällen pro Jahr als Sollzahl um 10 % werden 10 Tage Sonderurlaub bewilligt. Entsprechendes gilt bei einer Leistungssteigerung von plus 5 %. Zurzeit wird noch die Richtigkeit der Sollzahl überprüft.[1280]

8.3.4.2 Teilzeitarbeit

a. Beschreibung

Teilzeitarbeit zählt zu den chronometrischen Arbeitszeitmodellen.[1281] Teilzeitarbeit bedeutet eine Verkürzung der regelmäßigen Wochenarbeitszeit vergleichbarer vollzeitbeschäftigter Arbeitnehmer/innen eines Betriebes (nach § 4 BeschFG).[1282]
Teilzeitarbeit ist nicht gleichbedeutend mit einer Halbtagsbeschäftigung am Vormittag, sondern alle dargestellten Möglichkeiten der flexiblen Arbeitszeiten sind auch für Teilzeitarbeit denkbar.[1283] Zur Teilzeitarbeit gehören folgende Formen:[1284]

- täglich gleichmäßig verkürzte Arbeitszeit,
- täglich ungleichmäßig verkürzte Arbeitszeit,
- täglich ungleichmäßig und unregelmäßig verkürzte Arbeitszeit,
- Verteilung der Arbeitszeit auf einige Tage in der Woche,
- Job-Sharing, bei dem ein Vollzeitarbeitsplatz zwischen zwei oder mehreren Personen geteilt wird; die Arbeit kann funktional nach unterschiedlichen Aufgaben und Anforderungen oder temporal nach dem zeitlichen Rahmen geteilt werden,[1285]
- die noch nicht sehr verbreitete Form des „Sabbaticals“: Über einen bestimmten Zeitraum wird voll zu reduzierten Bezügen gearbeitet, womit der Anspruch auf einen längeren „bezahlten Urlaub“ erworben wird (z. B. nach 4 1/2 Jahren Arbeit

---

[1279] Vgl. Kühnlein, Beschäftigung in Bürgerämtern, 1998, S. 55 f.
[1280] Vgl. KAV NW (Hrsg.), Übersicht: beim KAV NW angemeldete „Pilotprojekte“ Leistungsanreizsysteme in der Verwaltung, Stand: 10.April 2000, S. 6.
[1281] Vgl. Jung, Personalwirtschaft, 1999, S. 222; Scholz, Personalmanagement, 2000, S. 672 f.
[1282] Zu den verschiedenen Möglichkeiten von Teilzeit vgl. Bundesministerium für Arbeit und Sozialordnung, Mobilzeit, 1997.
[1283] Vgl. Hill/Frey, Motivationsinstrumente für eine Innovation der öffentlichen Verwaltung, in: Verwaltung und Management, 1/1997, S. 7 (8).
[1284] Vgl. KGSt-Bericht Nr. 2/1999: Flexible Arbeitszeiten in der Praxis, S. 13.
[1285] Vgl. Nentzel, Personalentwicklung, 1997, S. 114.

mit um 10 % reduzierten Bezügen folgen 6 Monate bezahlte Freistellung).[1286] Die Vorteile des Sabbaticals gegenüber dem unbezahlten Urlaub sind zu sehen in der bestehenden Krankenversicherung, in der Anrechnung des Freizeitraumes auf die Beschäftigungs- und Dienstzeit, in der Abführung von Sozialversicherungsbeiträgen und in dem Fortbestand von Beihilfeanspruch und Unfallfürsorge[1287].

Der Anreizcharakter der Teilzeitarbeit besteht darin, dass persönliche und familiäre Interessen der Beschäftigten mit beruflichen gut miteinander zu verbinden sind. Teilzeitarbeit stellt die Arbeitszeitform dar, mit der insbesondere Beruf und Familie am besten in Einklang zu bringen sind.[1288]
Die Arbeitszeit für Beamte/innen wird durch Rechtsverordnungen des Bundes und der Länder geregelt.[1289] Die Möglichkeiten der Teilzeitbeschäftigung erweiterten sich ständig seit der Einführung der Teilzeit im Jahr 1969 in das Beamtenverhältnis aus familienpolitischen Gründen.[1290] Bereits in früheren Jahren wurde diskutiert, inwieweit die Einführung der Teilzeitbeschäftigung mit dem Grundsatz der Hauptberuflichkeit als hergebrachtem Grundsatz des Berufsbeamtentums zu vereinbaren ist. Es können nur besondere Gründe z. B. familienpolitischer Art oder in Form einer arbeitsmarktpolitischen Ausnahmesituation die Teilzeitbeschäftigung als Abweichung von dem Grundsatz der lebenslangen Vollzeitbeschäftigung des/der Beamten/in rechtfertigen.[1291] Die Arbeitszeit kann nach § 48 a BRRG im Rahmen der familienpolitischen Teilzeitbeschäftigung auf Antrag des/der Beamten/in bis auf die Hälfte der regelmäßigen Arbeitszeit reduziert werden, wenn keine dienstlichen Belange entgegen stehen und der/die Beamte/in mindestens ein Kind unter 18 Jahren oder eine pflegebedürftige Person betreut. Die bisher in §§ 44 a, 44 b und 44 c BRRG enthaltenen Rahmenregelungen über die Teilzeitbeschäftigung der Beamten/innen bei Bewerberüberhang und bei Bewerbermangel sowie über die Hinweispflicht, die gegenüber Dienstkräften, die eine Reduzierung der Arbeitszeit oder eine langfristige Beurlaubung beantragen, besteht, gelten nach dem Dienstrechtsreformgesetz nicht mehr. Ungeachtet seiner Verantwortung für ein einheitliches Dienstrecht macht der Rahmengesetzgeber im Bereich der Teilzeitbeschäftigung von seiner aus Art. 75 Nr. 1 GG folgenden Gesetzgebungskompetenz zur Rahmengesetzgebung keinen Gebrauch, da er keinen Rahmen für die Gesetzgebung der Länder vorgibt.[1292]
In § 15 b Abs. 1 BAT wird die für Beamte/innen geltende familienpolitische Teilzeitbeschäftigung auf die Angestellten übertragen.

[1286] Vgl. Hill/Frey, Motivationsinstrumente für eine Innovation der öffentlichen Verwaltung, in: Verwaltung und Management, 1/1997, S. 7 (9).
[1287] Vgl. Hill/Frey, Motivationsinstrumente für eine Innovation der öffentlichen Verwaltung, in: Verwaltung und Management, 1/1997, S. 7 (9).
[1288] Vgl. Jung, Personalwirtschaft, 1999, S. 630; ferner Kap. 8.3.2.5.
[1289] Vgl. Baßlsperger/Gerhard, Lexikon des öffentlichen Dienstrechts, 1993, S. 43.
[1290] Vgl. Erhardt, Gesetz zur Reform des öffentlichen Dienstrechts, 1997, S. 68.
[1291] Vgl. Erhardt, Gesetz zur Reform des öffentlichen Dienstrechts, 1997, S. 69 f.
[1292] Vgl. Erhardt, Gesetz zur Reform des öffentlichen Dienstrechts, 1997, S. 54 f.

b. Erfolgsfaktoren

Der erste und wichtigste Erfolgsfakor ist der erklärte Wille der Verwaltungsleitung, Teilzeitarbeit in allen möglichen Verwaltungsbereichen und Hierarchieebenen zu ermöglichen. Es ist zu prüfen, welche Stellen, darunter auch Führungspositionen, für Teilzeitarbeit geeignet sind. Dieser Wille findet z. B. seinen Ausdruck in Stellenausschreibungen, in denen auf die Möglichkeit der Teilzeitarbeit aufmerksam gemacht wird.
Ein weiterer Erfolgsfaktor für ein wirkungsvollen Einsatz der Teilzeit und die Annahme durch die Beschäftigten ist weiterhin ein Angebot von qualifizierten Teilzeitarbeitsplätzen.[1293]
Voraussetzung für Praxis und Ausweitung von Teilzeitarbeit ist ein flexibles Arbeitszeitsystem in der einzelnen Verwaltung, das verschiedene Arbeitszeitformen ermöglicht.

c. Praxis in Kommunalverwaltungen

In vielen Kommunalverwaltungen wird Teilzeitarbeit in unterschiedlichen Bereichen angeboten und praktiziert. Lediglich in höheren Hierarchieebenen tun sich die Verwaltungen mit Teilzeitmodellen schwer.

Beispielhaft werden die Teilzeitmöglichkeiten in der Stadtverwaltung Mannheim im Folgenden dargestellt:[1294]

- **Modell 1**
  täglich gleichmäßig verkürzte Arbeitszeit,
- **Modell 2**
  täglich ungleichmäßig verkürzte Arbeitszeit (z. B. interessant für Wochenendheimfahrer),
- **Modell 3**
  tageweise Teilzeit (Tage gleichbleibend oder im wöchentlichen Wechsel),
- **Modell 4**
  durchschnittliche Teilzeit (z. B. drei Wochen volle Arbeitzeit, eine Woche frei),
- **Modell 5**
  Teilzeit mit längeren Freizeitperioden,
- **Modell 6**
  Arbeit mit ca. 90 % der Regelarbeitszeit und Ansparen von freien Tagen.

Bei der Stadt München ist das Sabbatical eine Form der Teilzeitarbeit, bei dem für die Beschäftigten im Erziehungsdienst die durchschnittliche regelmäßige Wochenarbeitszeit über einen Zeitraum von sechzig Wochen auf achtzig Prozent reduziert wird. Der ange-

---

[1293] Vgl. Jung, Personalwirtschaft, 1999, S. 630.
[1294] Dargestellt in: Hill/Frey, Motivationsinstrumente für eine Innovation der öffentlichen Verwaltung, in: Verwaltung und Management, 1/1997, S. 7 (10).

sparte zusammenhängende Freizeitraum von zwölf Wochen kann unter der Berücksichtigung dienstlicher Erfordernisse in Anspruch genommen werden. Auch in Berlin können Beamte/innen und Angestellte ein Sabbatical in Anspruch nehmen: Variationen des Gesamtrahmens bestehen von vier bis sieben Jahren mit verschiedenen Freistellungsmöglichkeiten für die Freizeitphase.[1295]

8.3.4.3 Telearbeit

a. Beschreibung

Durch die Entwicklung der Informationstechnik gewinnt Telearbeit zunehmend an Bedeutung.[1296] Auch in Kommunalverwaltungen werden zunehmend Telearbeitsplätze eingerichtet und diese als Leistungsanreiz betrachtet.[1297]
Unter Telearbeit werden vier Arbeitsformen verstanden:[1298]

- **home-based**
  Beschäftigte arbeiten einen Teil ihrer Arbeitszeit an einem speziell eingerichteten Arbeitsplatz.
- **center-based**
  Mehrere Beschäftigte arbeiten in einem eigenen Zentrum, das von der Zentralorganisation örtlich entfernt ist.
- **on-site**
  Beschäftigten arbeiten vor Ort bei oder in der Nähe eines/r Kunden/in.
- **mobil**
  Die Tätigkeit findet ortsunabhängig, jedoch unter starker Nutzung moderner Telekommunikation statt.

In Kommunalverwaltungen ist vor allem die erstgenannte Form üblich, d. h. ein Arbeitsplatz wird ganz oder teilweise zu einer/m Beschäftigten nach Hause verlegt. I. d. R. wird ihr/ihm dort ein Computer zur Verfügung gestellt, der im optimalen Fall mit der Verwaltung elektronisch vernetzt ist. Entweder die/der Beschäftigte arbeitet dauerhaft zu Hause oder sie/er ist an bestimmten Arbeitstagen im Büro anwesend.
Oftmals werden Mitarbeiter/innen aufwendig ausgebildet; durch Unterbrechungszeiten z. B. auf Grund von Erziehungsurlaub steht ein Teil von ihnen jedoch für einen bestimmten Zeitraum mit der Arbeitskraft der Verwaltung nicht mehr zur Verfügung. Telearbeit erzielt durch die räumliche Möglichkeit der Arbeit in der häuslichen Umgebung eine

[1295] Dargestellt in: Hill/Frey, Motivationsinstrumente für eine Innovation der öffentlichen Verwaltung, in: Verwaltung und Management, 1/1997, S. 7 (9).
[1296] Bereits 1992 ist der Anteil an Telearbeitsplätzen auf 1,5 bis 1,7 Millionen geschätzt worden; 1996 ging man davon aus, dass es sich bei jedem zehnten Arbeitsplatz um einen Heimarbeitsplatz handelt, vgl. Wulff-Nienhüser, Telearbeit – mehr als eine alternative Arbeitsform, in: VOP 5/1997, S. 36 (36); ferner Wedde, Telearbeit, in: Arbeitsrecht im Betrieb 3/1992, S. 125 (126 ff.).
[1297] Vgl. Wulff-Nienhüser, Telearbeit – mehr als eine alternative Arbeitsform, in: VOP 5/1997, S. 36 (37).
[1298] Vgl. Großmann/Trümper, Telearbeit: Arbeitsform der Zukunft, in: REFA-Nachrichten 3/1998, S. 8 (8).

bessere Vereinbarkeit von Beruf und Familie für weibliche wie männliche Beschäftigte. Diese stehen mit ihrer Arbeitskraft ohne längerfristige Unterbrechungszeiten der Verwaltung zur Verfügung; Fluktuationen werden verhindert. Durch selbstgewählte Arbeitszeiten ohne Beeinträchtigung durch andere Verpflichtungen und die daraus folgende mögliche höhere Konzentration kann die Kontinuität in der Aufgabenwahrnehmung gewährleistet, die Ausfallzeiten durch Krankheit oder private Verpflichtungen gesenkt und damit die Effektivität der Verwaltungsleistung gesteigert werden. Des Weiteren reduziert sich der Raumbedarf durch Telearbeit in der Verwaltung deutlich; Mietkosten werden gespart.[1299]

Neben diesen Vorteilen für die Verwaltung kommt Telearbeit auch zentralen Bedürfnissen der Beschäftigten entgegen. Für Mitarbeiter/innen mit familiären Verpflichtungen (Versorgung von Kindern oder sonstigen Familienangehörigen) lassen sich berufliche Perspektiven und Familienplanung gut miteinander kombinieren. Dadurch können sich die betreffenden Mitarbeiter/innen mit ihrer Arbeit und der Verwaltung stärker identifizieren, ohne familiäre Verpflichtungen vernachlässigen zu müssen. Eine weitere Folge ist die Erhöhung der Arbeitszufriedenheit und der Motivation junger Beschäftigter mit familiären Verpflichtungen durch die Verknüpfung dienstlicher und privater Interessen. Eine weiterer Vorteil der Telearbeit ist die hohe Zeitsouveränität und –flexibilität, die dem Bedürfnis nach eigenständiger Arbeit der Beschäftigten entgegenkommt. Der Wegfall der belastenden täglichen Anreise zum Arbeitsplatz stellt für viele Telearbeitenden einen zusätzlichen Vorteil dar, der ihre Arbeitszufriedenheit erhöhen kann.

b. Erfolgsfaktoren

Telearbeit ist möglich bei Arbeitsplätzen, die nicht die tägliche Anwesenheit am Arbeitplatz in der Verwaltung erforderlich machen (z. B. intensive Außenbereiche). Während in früheren Zeiten vorrangig Arbeitsplätze mit Assistenzfunktionen zu Heimarbeitsplätzen wurden, werden Telearbeitsplätze zunehmend für hochqualifizierte Tätigkeiten diskutiert.[1300]

Voraussetzungen für den Einsatz von Telekommunikation sind eine entsprechende technische Ausstattung (z. B. zusätzliche Computer, die an den Heimarbeitsplätzen installiert werden, Vernetzungsmöglichkeiten mit der Verwaltung etc.) sowie die Klärung und Festlegung sonstiger Regularien (z. B. Versicherungsschutz, Datenschutz, Erstattung der Telefonaufwendungen, Bereitstellung der Arbeitsmittel etc.).[1301]

[1299] Vgl. Wulff-Nienhüser, Telearbeit – mehr als eine alternative Arbeitsform, in: VOP 5/1997, S. 36 (36).

[1300] Vgl. Wulff-Nienhüser, Telearbeit – mehr als eine alternative Arbeitsform, in: VOP 5/1997, S. 36 (38).

[1301] Berechnungen ergaben, dass die Kosten für Telearbeit schon kurzfristig durch Einsparungen (Mietkosten etc.) aufgehoben werden, vgl. Wulff-Nienhüser, Telearbeit – mehr als eine alternative Arbeitsform, in: VOP 5/1997, S. 36 (40).

Für Beschäftigte, die Telearbeit praktizieren, ist die Steuerung der über Ergebnisse und Ziele z. B. durch Zielvereinbarungen,[1302] Mitarbeitergespräche[1303] oder die Leistungsermittlung[1304] besonders sinnvoll.
Voraussetzung für Telearbeit ist seitens der/der Beschäftigten Engagement, Selbstdisziplin, Eigenverantwortlichkeit, Eigenmotivation, Vertrauenswürdigkeit, Team- und Kommunikationsfähigkeit, Berufserfahrung und Technikverständnis.[1305] Ebenfalls sollte die/der Beschäftigte zwischen Arbeit und Freizeit gut trennen können.
Eine notwendige Voraussetzung seitens der Verwaltung ist Vertrauen insbesondere der/des Vorgesetzten zu der/dem Beschäftigten, die Telearbeit in Anspruch nehmen, da Kontrollen, die sich sonst auf die Anwesenheit am Arbeitsplatz beziehen (z. B. bzgl. der Arbeitszeit), wegfallen. Ebenso sollte die/der Vorgesetzte Flexibilität, Kommunikationsfähigkeit sowie die Fähigkeit zur ziel- und ergebnisorientierten Führung haben.[1306]
Die Telearbeit birgt die Gefahr der ungenügenden Kommunikation mit der Verwaltung, dem Fachbereich/Amt, der/dem Vorgesetzten und den Kollegen/innen in sich. Das Festlegen der Zeiten der telefonischen Erreichbarkeit, regelmäßiges Aufsuchen der Dienststelle (z. B. zweimal wöchentlich), regelmäßige Gespräche mit der/dem Vorgesetzten und den Kollegen/innen sowie die verpflichtende Teilnahme an Dienstbesprechungen etc. können dieser Gefahr vorbeugen.
Für effektive Telearbeit ist die Überwindung besonders im öffentlichen Sektor bestehender Vorbehalte notwendig.[1307]

c. Praxis in Kommunalverwaltungen

Bislang haben Kommunalverwaltungen positive Erfahrungen mit Telearbeitsplätzen gemacht. Mitarbeiter/innen, die Telearbeit in Anspruch nehmen, berichten, dass sich Verwaltungsziele und Mitarbeitermotivation sehr gut kombinieren lassen. Die Nachfrage nach Telearbeit in den Verwaltungen steigt ständig. Junge Mitarbeiter/innen streben gezielt Bereiche mit Telearbeit an, um aus familiären Gründen in ihrer weiteren beruflichen Entwicklung nicht im beruflichen Fortkommen Unterbrechungen in Kauf nehmen zu müssen. Die Erfahrungen zeigen, dass es bei der Einführung von Telearbeit sinnvoll ist, zunächst einen Rahmen von Regelungen zwischen Verwaltung und Telearbeitender/m in Pilotprojekten zu schaffen, erste Erfahrungen zu sammeln und die Regelungen nach einiger Zeit (z. B. einem Jahr) zu überprüfen. Anschließend kann eine Rahmendienstvereinbarung abgeschlossen werden.[1308]

[1302] Vgl. Hager/Stary/Totter, Management-by-Objectives als Führungskonzept in der betrieblichen Praxis bei Telearbeit, in: Zeitschrift für Arbeitswissenschaft 1/2000, S. 25-36.
[1303] Vgl. KGSt-Bericht Nr. 13/1992: Das Mitarbeitergespräch; ferner Kap. 8.3.6.4.
[1304] Vgl. KGSt-Bericht Nr. 3/1999: Personalführung Teil 1: Leistungsermittlung; ferner Kap. 17.2.
[1305] Vgl. Oldenburg/Wakiel, Telearbeit (Teil 3), in: Verwaltung und Management, 1/2000, S. 57 (57 f.).
[1306] Vgl. Oldenburg/Wakiel, Telearbeit (Teil 3), in: Verwaltung und Management, 1/2000, S. 57 (58 f.).
[1307] Vgl. Kruppe, Viele Möglichkeiten der Telearbeit noch unbekannt, in: VOP 9/2000, S. 41-43.
[1308] Vgl. Falldorf, Telearbeit – eine Arbeitsform der Zukunft?, in: VOP 1-2/2000, S. 41-43.

In der Hamburger Verwaltung wurde ein Modellversuch zur Erprobung der alternierenden Telearbeit durchgeführt.[1309] In diesem Modellversuch wurden 13 Telearbeitsplätze für Mitarbeiter/innen aus unterschiedlichen Bereichen eingerichtet. Nach anfänglichen Schwierigkeiten, die vor allem in technischen Problemen und Abgrenzungsschwierigkeiten zu den Familienangehörigen bestanden, wurde die Telearbeit als sehr zufriedenstellend betrachtet.[1310]

Auch der Modellversuch in einem Bremer Eigenbetrieb, der Informations- und Datentechnik Bremen, zeigte ähnliche Erfahrungen.[1311] Hier wurde darüber hinaus ein wirtschaftlicher Nutzen erkennbar: Durch die Telearbeit wurde die Einrichtung ansonsten notwendiger zusätzlicher Arbeitsplätze überflüssig, so dass weitere Kosten entfielen.[1312] Eine Schwierigkeit, die sich hier jedoch einstellte, war die Reaktion der Kunden/innen auf die Telearbeit ihrer Ansprechpartner/innen. Die Zufriedenheit der Kunden/innen konnte jedoch durch deren Einbindung sichergestellt werden.[1313]

Gute Erfahrungen mit Telearbeit machte auch das Landratsamt Sigmaringen. Neben der Zufriedenheit der am Projekt beteiligten Mitarbeiter/innen ermittelte eine Kostengegenüberstellung zwischen einem Telearbeitsplatz und einem vergleichbaren Büroarbeitsplatz, dass der Telearbeitsplatz wirtschaftlich günstiger ist.[1314]

Dienstvereinbarungen zur Telearbeit haben inzwischen mehrere Kommunalverwaltungen abgeschlossen wie z. B. die Städte Arnsberg[1315] und Köln[1316].

8.3.5 Arbeitsplatzausstattung

Der Arbeitsraum, in dem sich die/der Beschäftigte i. d. R. während der Arbeit und damit zu einem großen Teil seiner gesamten Zeit aufhält, hat einen wichtigen Einfluss auf Arbeitszufriedenheit, Motivation, Leistungsbereitschaft und –fähigkeit der Beschäftigten.

1309 Vgl. N. N., Modellversuch zur Erprobung der alternierenden Telearbeit in der Hamburger Verwaltung, in: Freie und Hansestadt Hamburg, Finanzbehörde, Projekt Verwaltungsinnovation – ProVi (Hrsg.), Verwaltungsmodernisierung in Hamburg, 1999, S. 140-142.

1310 Vgl. N. N., Modellversuch zur Erprobung der alternierenden Telearbeit in der Hamburger Verwaltung, in: Freie und Hansestadt Hamburg, Finanzbehörde, Projekt Verwaltungsinnovation – ProVi (Hrsg.), Verwaltungsmodernisierung in Hamburg, 1999, S. 113.

1311 Vgl. Falldorf, Telearbeit – eine Arbeitsform der Zukunft?, in: VOP 1-2/2000, S. 41-43.

1312 Vgl. Falldorf, Telearbeit – eine Arbeitsform der Zukunft?, in: VOP 1-2/2000, S. 41 (43).

1313 Vgl. Falldorf, Telearbeit – eine Arbeitsform der Zukunft?, in: VOP 1-2/2000, S. 41 (43).

1314 Vgl. Schönbucher, Telearbeit: Eine neue Arbeitsform, in: Landkreisnachrichten aus Baden-Württemberg, 1/1999, S. 23 (28).

1315 Vgl. Stadt Arnsberg (Hrsg.), Dienstvereinbarung über Telearbeitsplätze bei der Stadt Arnsberg, Stand: 1998.

1316 Vgl. Stadt Köln (Hrsg.), Dienstvereinbarung zur Pilotierung von Heim-/Telearbeit bei der Stadtverwaltung Köln, in: stadt intern. Mitteilungen für die Beschäftigten der Stadt Köln, Ausgabe 32 vom 21. Juli 1998, S. 155-159.

Größe, Gestaltung und Ausstattung des Arbeitsraumes müssen den Interessen und Bedürfnissen der Beschäftigten entgegenkommen.

8.3.5.1 Größe des Arbeitsraumes

a. Beschreibung

Die Größe des Arbeitsraumes sollte in erster Linie abhängig gemacht werden von der zu verrichtenden Arbeit. Weitere Kriterien sind die Anzahl der in dem Raum arbeitenden Mitarbeiter/innen, die Hierarchieebene und der persönliche Bedarf.

b. Erfolgsfaktoren

Verwaltungen sollten regelmäßig die Zufriedenheit der Beschäftigten mit der Größe ihrer Arbeitsräume ermitteln durch Mitarbeiterbefragungen, Interviews, Mitarbeitergespräche etc. Bei Unzufriedenheit sollten möglichst einvernehmliche Lösungen gefunden werden.

c. Praxis in Kommunalverwaltungen

Die Größe der Arbeitsräume ist in vielen Verwaltungen vor allem durch die Stellung in der Hierarchie bestimmt. Veränderungen sind oft schwer zu erreichen.

8.3.5.2 Gestaltung und Ausstattung des Arbeitsraumes

a. Beschreibung

Zur Gestaltung und Ausstattung des Arbeitsplatzes gehören:

- die Farbe der Wände,
- die Gestaltung der Wände durch Bilder etc.,
- die Schallbeschaffenheit (im Raum und zu den Nachbarräumen),
- das Mobiliar (Schreibtisch, Stuhl, Schränke, Regale, evtl. Mobiliar für Besuche, Gespräche etc.),
- die Arbeitsutensilien (Stifte, Schere etc.),
- die technische Ausstattung (Telefon, PC, Fax-Gerät).

Da sich die/der Beschäftigte i. d. R. einen großen Zeitraum in der Woche in seinem Arbeitsraum aufhält und jeder Raum und seine Gestaltung Einfluss auf die in ihm verrichteten Tätigkeit hat, haben Gestaltung und Ausstattung des Arbeitsraumes eine wichtige

Wirkung auf Arbeitszufriedenheit, Motivation, Leistungsbereitschaft und -fähigkeit der/des Beschäftigten.[1317] Die Arbeitsräume der Beschäftigten sollten entsprechend den Tätigkeiten und den Wünschen der Beschäftigten gestaltet sein. Besonders die freie Gestaltung des Arbeitsplatzes stellt einen wichtigen immateriellen, motivationsfördernden Leistungsanreiz dar.[1318]
Die Gestaltung und Ausstattung des Arbeitsraumes sollten allen sicherheitstechnischen und gesundheitlichen Standards entsprechen. Insbesondere das Mobiliar sollte ergonomisch ausgerichtet sein und den gesundheitlichen Gegebenheiten und Bedürfnissen der/des Beschäftigten angepasst sein.

b. Erfolgsfaktoren

Verwaltungen sollten regelmäßig die Zufriedenheit der Beschäftigten mit der Gestaltung und Ausstattung ihrer Arbeitsräume ermitteln durch Mitarbeiterbefragungen, Interviews, Mitarbeitergespräche etc. Insbesondere Fehlzeiten sind dahingehend zu untersuchen, inwieweit gesundheitliche Beeinträchtigungen (z. B. Rückenbeschwerden bei PC-Arbeitsplätzen) ihre Ursachen in einer ungünstigen Ausstattung des Arbeitsraumes haben. Wird ein Arbeitsraum neu eingerichtet (z. B. bei einer/m neu Eingestellten), sollten die Interessen und Wünsche der/des Beschäftigten in die Gestaltung und Ausstattung mit einfließen, da sich zu diesem Zeitpunkt noch besondere Gestaltungsmöglichkeiten bieten.

c. Praxis in Kommunalverwaltungen

Die Mitwirkungsmöglichkeiten bei der Ausstattung und Gestaltung des Arbeitsraumes sind in den Kommunalverwaltungen äußerst unterschiedlich. Insbesondere Verwaltungen, die die Beteiligung der Mitarbeiter/innen in vielen unterschiedlichen Bereichen praktizieren, legen auch bei der Gestaltung und Ausstattung ihrer Arbeitsplätze darauf Wert, die Wünsche und Interessen ihrer Beschäftigten einzubeziehen.

8.3.6 Führung

Führung, Führungsverhalten und die Zusammenarbeit mit den Beschäftigten stellen einen wesentlichen immateriellen Leistungsanreiz dar, der maßgeblich zur Mitarbeitermotivation und damit auch zur optimalen Zielerreichung und Aufgabenerfüllung der Verwal-

---

[1317] Zum Einfluss der Farbgestaltung vgl. Geising/Schanz, Farbgestaltung in der Arbeitswelt, in: Schanz (Hrsg.), Handbuch Anreizsysteme in Wirtschaft und Verwaltung, 1991, S. 1065-1082.

[1318] Vgl. Hill/Frey, Motivationsinstrumente für eine Innovation der öffentlichen Verwaltung, in: Verwaltung und Management, 1/1997, S. 7 (9).

tung beiträgt.[1319] Nachfolgend werden die mitarbeiter- und zielorientierte Führung, die Rückmeldung durch und die Rückmeldung an Vorgesetzte sowie das Mitarbeitergespräch als zentrale Anreizformen in der Anreizgruppe der Führung dargestellt.

8.3.6.1 Mitarbeiter- und zielorientierte Führung

a. Beschreibung

Eine zentrale Aufgabe der Personalführung ist, „das Verhalten von Mitarbeitern mittels verschiedener Kommunikationsprozesse zielorientiert zu steuern."[1320] Führung bewegt sich dabei in einem „Spannungsfeld zwischen Verwaltungs- und Mitarbeiterzielen"[1321], sie muss sowohl Verwaltungs- als auch Mitarbeiterinteressen in Einklang bringen.[1322]
In dem sich in Mitarbeiterbefragungen als besonders effektiv und motivierend gezeigten aktivierenden Führungsstil werden sowohl "harte" Aspekte, die die Leistungsorientierung und direktive Faktoren betreffen, als auch "weiche" Aspekte, die die soziale Kompetenz betreffen, miteinander verbunden.[1323] Eine Führungskraft, die diesen aktivierenden Führungsstil praktiziert, hat eine klare Linie, informiert umfassend, motiviert durch eigenes Engagement, gibt Rückmeldung über das erreichte Leistungsniveau der Beschäftigten, gibt Anerkennung bei guter Leistung und vereinbart Arbeitsziele.[1324] Die Stärken dieses Führungsstils und die motivierende Wirkung auf die Beschäftigten ergeben sich daraus, dass „harte" und "weiche" Faktoren so miteinander kombiniert werden, dass die Potenziale (Fähigkeiten) der Mitarbeiter/innen genutzt werden und ein gutes soziales Arbeitsklima geschaffen wird. Gleichzeitig ist die Arbeit geprägt von Ziel- und Leistungsorientierung, hohem Arbeitseinsatz, Interesse und Identifikation mit der eigenen Arbeit.
Mitarbeiterorientierte Führung meint die Aufgabe der Führungskraft, dafür Sorge zu tragen, dass die Mitarbeiter/innen ihre persönlichen Ziele z. B. hinsichtlich der Selbstbestätigung und Selbstentfaltung bei der Erfüllung der jeweiligen Aufgaben erreichen können. Die Führungskraft unterstützt die Selbstentwicklung der Mitarbeiter/innen.[1325] Dies zeigt sich z. B. in dem Einsatz der Vorgesetzten für die Personalentwicklung oder in der Ausweitung der Verantwortung der Beschäftigten.[1326] Die mitarbeiterorientierte Führung sieht den Menschen als eine Ganzheit, indem sie das berufliche und private

---

[1319] Vgl. Gebert, Mitarbeiterführung, in: Hoefert/Reichard (Hrsg.), Leistungsprinzip und Leistungsverhalten im öffentlichen Dienst, 1979, S. 159-173; Nentzel, Personalentwicklung, 1997, S. 108; Vaubel, Personalführung in der Verwaltung, in: Mattern (Hrsg.), Allgemeine Verwaltungslehre, 1994, S. 199 –210; zu den verschiedenen Bedeutungen von „Führung" vgl. Kap. 4.1.3. Der Begriff „Führung" wird hier im Sinne von „Personalführung" gebraucht.
[1320] Wald, Personalmanagement für die kommunale Praxis, 1996, Rdnr. 233.
[1321] Wald, Personalmanagement für die kommunale Praxis, 1996, Rdnr. 233.
[1322] Vgl. Wald, Personalmanagement für die kommunale Praxis, 1996, S. 222.
[1323] Zur Beschreibung des aktivierenden Führungsstils vgl. Kap. 6.2.1.
[1324] Vgl. Klages, Erfolgreich führen und motivieren, in: Wagner (Hrsg.), Personal und Personalmanagement in der modernen Verwaltung, 1998, S. 51 (66).
[1325] Vgl. Malik, Führen. Leisten. Leben, 2000, S. 248.
[1326] Vgl. Wald, Personalmanagement für die kommunale Praxis, 1996, Rdnr. 249; ferner Blanchard/Carlos/Randolph, Kursbuch Selbstverantwortung, 2000.

Leben als eine Einheit betrachtet.[1327] Die wesentliche, nicht delegierbare Aufgabe der Führungskräfte liegt darin, „die Leistungsbereitschaft und Leistungsfähigkeit der Mitarbeiter zu erhalten, zu entwickeln und die Möglichkeiten zu ihrer Entfaltung zu schaffen“[1328]. Maßstab ist jedoch nicht das „Lustprinzip“, sondern der Einsatz von Fähigkeiten und Interessen der Beschäftigten im Sinne der Verwaltungsziele. Effektive Personalführung schenkt den Kommunikationsprozessen zwischen Vorgesetzter/m und Mitarbeiter/in besondere Aufmerksamkeit. Dies zeigt sich in der positiven und negativen Rückmeldung (Lob und Kritik) an den/die Mitarbeiter/in, in Information, Führen von Zielvereinbarungs- und Mitarbeitergesprächen und Kontrolle.[1329]

Die **zielorientierte Führung**, die auf dem Führungsmodell „Management by Objectives“ basiert,[1330] stellt das andere Element einer effektiven Personalführung dar:[1331] „Aufgabenorientierte Führung heißt, dass sich jede Führungskraft an den spezifischen Aufgaben der Kommunalverwaltung bzw. des eigenen Kompetenzbereiches zu orientieren hat. Sie muß die ihr gesetzten Ziele verfolgen und alle notwendigen Maßnahmen ergreifen, um mithilfe der verfügbaren Ressourcen (Mitarbeiter, Sachmittel, Finanzen) die richtigen Entscheidungen und Maßnahmen zu treffen. Dies wird als ‚Lokomotionsfunktion‘ zur Zielerreichung bezeichnet.“[1332] Das Führen durch Ziele und Zielvereinbarungen ist ein entscheidender Motivations- und Leistungsanreiz: „Motivation wird positiv beeinflußt, wenn klare Ziele formuliert und den Beschäftigten damit die Wege gewiesen werden, wie die Leistungsfähigkeit der Verwaltung verbessert werden kann bzw. welcher Beitrag dazu von den Mitarbeitern erwartet wird.“[1333] Durch die zielorientierte Führung erfahren und vereinbaren die Mitarbeiter/innen gemeinsam mit ihren Vorgesetzten die von ihnen erwartete Leistung; durch die Zielerreichungsüberprüfung erhalten sie eine Leistungsrückmeldung. Beides ist motivationsfördernd und leistungssteigernd: „Vorausgesetzt, es fand eine ‚echte‘ Zielvereinbarung mit der Folge von Zielakzeptanz durch die Betroffenen statt, können bislang verborgene Potentiale an *Motivation, Identifikation, Eigeninitiative und Verantwortungsbereitschaft* seitens der Mitarbeiter/innen erschlossen werden. Die Mitarbeiter/innen verinnerlichen ‚ihre‘ Ziele; damit kann das vielbeschworene, aber selten wirklich erreichte unternehmerische Denken und Handeln der Beschäftigten (‚Mitunternehmertum‘) nachhaltig gestärkt werden.“[1334]

[1327] Vgl. Wald, Personalmanagement für die kommunale Praxis, 1996, Rdnr. 233.

[1328] Nentzel, Personalentwicklung, 1997, S. 108.

[1329] Vgl. Wald, Personalmanagement für die kommunale Praxis, 1996, Rdnr. 233.

[1330] Zum Führungsmodell „Management by Objectives“ vgl. z. B. Jung, Personalwirtschaft, 1999, S. 491 ff.; Mauch, Zielorientiertes Führen, 1999, S. 170 f.; Müller, Personalentwicklung in der öffentlichen Verwaltung, 1996, S. 60 ff.; Reichard, Betriebwirtschaftslehre der öffentlichen Verwaltung,1987, S. 153; Scholz, Personalmanagement, 2000, S. 867; Staehle, Management, 1999, S. 852 ff.

[1331] Ein Umsetzungsmodell der zielorientierten Führung ist dargestellt in: Mauch, Zielorientiertes Führen, 1999.

[1332] Wald, Personalmanagement für die kommunale Praxis, 1996, Rdnr. 248.

[1333] Wald, Personalmanagement für die kommunale Praxis, 1996, Rdnr. 235; vgl. ferner Mattern, Anforderungen an die öffentliche Verwaltung, 1991, S. 70 ff. Empirische Studien wiesen die Motivations- und Leistungssteigerung der zielorientierten Führung nach, vgl. Galberg, Leistungssteigerung von Mitarbeitern durch Zielvorgaben, in: zfo 2/2000, S. 97-101.

[1334] Breisig, Entlohnen und Führen mit Zielvereinbarungen, 2000, S. 48.

b. Erfolgsfaktoren

Wichtige Eckpunkte für eine mitarbeiter- und zielorientierte Führung sind zwar Richtlinien und Dienstvereinbarungen in der Verwaltung, dennoch ist die Umsetzung in die Praxis aufgrund von Regelgebundenheit und arbeitsteiligem Aufgabenerledigungsprozessen schwierig, so dass „Alleinentscheidung und uneingeschränkte Weisungsbefugnis des Vorgesetzten [. . .] für manche Führungskraft in der bestehenden Umgebung häufig das einfachste und schnellste Mittel zur Zielerreichung zu sein“[1335] scheint. Insbesondere auf unteren Hierarchieebenen besteht die Tendenz, Mitarbeiterbedürfnisse zu vernachlässigen und die Kontrolle von Arbeitsabläufen und -ergebnissen in den Vordergrund zu stellen.[1336]

Ein wesentlicher Erfolgsfaktor für eine **mitarbeiterorientierte Führung** ist die Kenntnis der individuellen Fähigkeiten, Werte und Erwatungen an die Arbeitsplatzgestaltung und Aufgabenerfüllung der Beschäftigten sowie ein entsprechender Einsatz der Mitarbeiter/innen.[1337] Erreichbar ist dies nicht durch das Beherrschen bestimmter Führungstechniken, denn sie bergen die Gefahr der „Mathematisierung menschlichen Verhaltens“[1338]. Eine mitarbeiterorientierte Führung benötigt vielmehr eine menschliche Grundhaltung und ein Menschenbild der Führungskraft, das aufbaut auf die in der Verwaltung vorherrschenden Normen, Wertvorstellungen und Denkhaltungen.[1339] Darüber hinaus sind soziale Kompetenzen wie Kooperations-, Kommunikations- und Konfliktfähigkeit für eine mitarbeiterorientierte Personalführung notwendig.

Voraussetzung für die **zielorientierte Führung** ist das Vorhandensein von Zielen und eines Zielsystems in der Verwaltung.[1340] Die Führungskraft muss sich über die Ziele der eigenen Arbeit als auch über die Ziele ihrer Beschäftigten, d. h. ihre Erwartungen an deren Arbeit, im Klaren sein. Weiterhin werden wieder Kommunikationsfähigkeiten zur Vermittlung und Vereinbarung der Ziele mit den Beschäftigten notwendig. In Konfliktsituationen, die dabei entstehen können, sind Konfliktfähigkeit, Durchsetzungsstärke sowie Einfühlungsvermögen notwendig.

Effektive Personalführungsinstrumente sind z. B. Zielvereinbarungs- und Mitarbeitergespräche.[1341]

Der Weg, wie eine Verwaltung einen möglichst optimalen Führungsstil erreicht, kann je nach Verwaltung sehr unterschiedlich sein. Insbesondere bei Vorgesetzten, die seit langer Zeit „suboptimal“ führen, sind Überzeugungs- und Einwirkkraft sowie die „Mobilisierung von Anreiz- und Sanktionsenergien“[1342] notwendig, um eine Veränderung des Füh-

[1335] Oechsler, Personal und Arbeit, 2000, S. 426.
[1336] Vgl. Klages/Hippler, Mitarbeitermotivation als Modernisierungsperspektive, 1991, S. 53 ff.
[1337] Vgl. Nentzel, Personalentwicklung, 1997, S. 108.
[1338] Wald, Personalmanagement für die kommunale Praxis, 1996, Rdnr. 233.
[1339] Vgl. Wald, Personalmanagement für die kommunale Praxis, 1996, Rdnr. 233.
[1340] Vgl. Kap. 4.2.3.
[1341] Vgl. Kap. 8.3.6.4.
[1342] Klages, Erfolgreich führen und motivieren, in: Wagner (Hrsg.), Personal und Personalmanagement in der modernen Verwaltung, 1998, S. 51 (66).

rungsverhaltens zu bewirken. Die Einbeziehung aller Betroffenen stellt einen entscheidenden Erfolgsfaktor für eine veränderte Führungskultur dar.[1343]

Ein idealtypisches „Grobgerüst" der Verfahrensschritte zur kooperativen Verwirklichung eines optimal angemessenen Führungsstils kann wie folgt aussehen:[1344]

1. Einrichtung einer Steuerungsgruppe; Gewährleistung eines leistungsfähigen Veränderungsmanagements,
2. Diagnose des Vorgesetztenverhaltens z. B. durch eine Mitarbeiterbefragung,
3. Ermittlungen der Erfolgswirkungen der von den Führungskräften im Hause praktizierten Führungsstile; Bestimmung des erfolgreichsten (d. h. des unter den gegebenen Umständen relativ optimalen) Führungsstils „X" durch eine Projektgruppe,
4. Umsetzung des Eigenschaftsprofils des vorhandenen Führungsstils „X" in ein Anforderungsprofil und Rollenkonzept des gemeinsam gewollten Führungsstils „Y"; Entwicklung eines komplementären Anforderungsprofils durch die Projektgruppe,
5. Weitergabe der Ergebnisse der Projektgruppenarbeit an die Gesamtheit der Führungskräfte und Mitarbeiter/innen z. B. durch einen Informationsmarkt, die Hauszeitung, eine Personalversammlung oder spontane Erörterungsgruppen; Sicherstellung der Rückkopplung von Stellungnahmen in die Projektgruppe und die Steuerungsgruppe,
6. Verpflichtung der Führungskräfte auf das Anforderungsprofil und Rollenkonzept des Führungsstils „Y", ggf. in Verbindung mit der Einführung der „Führung auf Zeit",
7. Formulierung von Meilensteinen zur Umsetzung,
8. Beginn der Umsetzung mit der Inangriffnahme des ersten Meilensteins, z. B. des Mitarbeitergesprächs mit Zielvereinbarung als einem unverzichtbaren Element der modernen Führungspraxis.

Weitere Maßnahmen zur Verbesserung der Personalführung bestehen aus einer gezielten Auswahl von Führungskräften, in der generellen Verbesserung der Ziel- und Ergebnisorientierung in der Verwaltung und in der Verbesserung der Sozialkompetenz.[1345]

c. Praxis in Kommunalverwaltungen

Viele Kommunalverwaltungen haben Richtlinien zur Personalführung, Führungsleitlinien oder ein Führungs(nachwuchs)qualifizierungsprogramm entwickelt.

[1343] Vgl. Vaubel, Personalführung in der Verwaltung, in: Mattern (Hrsg.), Allgemeine Verwaltungslehre, 1994, S. 199 (207 ff.)

[1344] Vgl. Klages, Erfolgreich führen und motivieren, in: Wagner (Hrsg.), Personal und Personalmanagement in der modernen Verwaltung, 1998, S. 51 (66 f.).

[1345] Vgl. Nentzel, Personalentwicklung, 1997, S. 109.

Beispielhaft werden hier die „Leitlinien für Führung und Zusammenarbeit im Landratsamt Enzkreis“[1346] vorgestellt. Darin wird betont, dass die Grundlage der Personalführung vereinbarte Ziele sind, die sich an den Zielen des Hauses in Form des Leitbildes und an den Zielen der einzelnen Dezernate und Ämter orientieren.
Die Vereinbarung von Zielen und die Überprüfung der Zielvereinbarungen geschieht in regelmäßigen Mitarbeitergesprächen. Die partnerschaftliche, kollegiale und vertrauensvolle Zusammenarbeit zeigt sich in der Kommunikations- und Kritikfähigkeit, der Fähigkeit zur Anerkennung (z. B. Lob) und der Einarbeitung neuer Beschäftigter. Der Erfolg dieser Arbeit ist zu ermitteln in Mitarbeiterbefragungen, Stimmungsbarometern (z. B. Punktabfrage in den Ämtern, Vorgesetztenbeurteilungen, Selbsteinschätzungen der Führungskräfte, Mitarbeiterbeurteilungssystemen (Fähigkeit, Leistung, System), Quoten der Verbesserungsvorschläge pro Amt, Gesprächen vor dem Ausscheiden Beschäftigter, begründeten Beschwerden (Art, Inhalt, Anzahl), Schlichtungstätigkeiten Dritter, Ausfallzeiten, Gesprächen nach auffällig hohen Ausfallzeiten, Fluktuationen, Bewerbungen auf interne Stellenausschreibungen in oder aus bestimmten Ämtern. Die Richtlinien verdeutlichen weiterhin, dass Entscheidungsbefugnisse und Verantwortung soweit wie möglich sachgerecht delegiert werden, welches in Mitarbeiterbefragungen, dem Stand der Zeichnungsregelungen, der Geschäftsverteilungspläne sowie der Stellenbeschreibungen und -bewertungen ablesbar sein soll. Die gegenseitige Information zeigt sich in vereinbarten klaren Informationswegen sowie Informationen über Aufgabenbereiche, Gesamtzusammenhänge und Hintergründe. Die Richtlinie betont weiterhin, dass sich wirtschaftliches Handeln in der Erzielung optimaler Ergebnisse durch den effektiven Einsatz von Finanz- und Sachmitteln und möglichst in der Kostendeckung zeigt. Finanz- und Qualitätskennzahlen, Ergebnisse aus der Kostenrechnung sowie Daten aus interkommunalen Vergleichsringen können diesen wirtschaftlichen Einsatz sichtbar machen. Die kontinuierliche Weiterentwicklung, die als gemeinsame Aufgabe verstanden wird, orientiert sich am gesetzlichen Auftrag, den Bedürfnissen der Menschen im Enzkreis, den Bedürfnissen der Beschäftigten der Verwaltung und dem Stand der Technik. Diese Entwicklung zeigt sich in der Organisations-, Personal- und EDV-Entwicklung. In diesem Zusammenhang wird auch die Schaffung eines leistungsgerechten Anreizsystems im Rahmen der gesetzlichen und finanziellen Möglichkeiten betont.[1347]
Darüber hinaus betont das Landratsamt Enzkreis die Anreizwirkung von Zielvereinbarungen und deren Bedeutung für die Motivation der Beschäftigten: „Für Mitarbeiter muss klar sein, was auf ihrer Stelle von ihnen erwartet wird.“[1348]

[1346] Vgl. Landratsamt Enzkreis (Hrsg.), Leitlinien für Führung und Zusammenarbeit im Landratsamt Enzkreis, o. J.

[1347] Vgl. Landratsamt Enzkreis (Hrsg.), Leitlinien für Führung und Zusammenarbeit im Landratsamt Enzkreis, o. J., Punkte 1-6.

[1348] Vgl. Marqués Berger/Seeger, Leistung lohnt sich, wenn die Bedingungen stimmen, in: VOP 3/2000, S. 28 (28).

8.3.6.2 Rückmeldung durch Vorgesetzte

a. Beschreibung

Mitarbeiterbefragungen in der öffentlichen Verwaltung zeigen, dass dem Tätigkeitsmerkmal „Erfolgserlebnis“ eine nicht unbeachtliche Wichtigkeit für die eigene Arbeit zugesprochen wird. Auffällig ist jedoch, dass die Differenz zur Verwirklichung als relativ groß eingestuft wird.[1349] Hier wird deutlich, dass die Beschäftigten in der öffentlichen Verwaltung wie alle Menschen das Bedürfnis nach Achtung und Wertschätzung haben.[1350] Das Anerkennungsbedürfnis ist in der Maslow'schen Bedürfnispyramide direkt unterhalb des Bedürfnisses nach Anerkennung eingeordnet.[1351] Erhalten die Beschäftigten Rückmeldungen zu Person, Verhalten und Leistungen in angemessener Form, können diese Rückmeldungen einen entscheidenden Leistungsanreiz und eine Motivationsförderung darstellen.
Rückmeldungen zu Person, Verhalten und Leistungen können die Beschäftigten an den Reaktionen von Vorgesetzten, Kollegen/innen, Kunden/innen; Bürger/innen und der sonstigen Umwelt erkennen. Insbesondere die Rückmeldung der Arbeitsergebnisse durch Vorgesetzte als wichtige Bezugspersonen hat eine zentrale Bedeutung.[1352]
Häufig erleben die Beschäftigten jedoch keine Reaktionen oder Schweigen von den Vorgesetzten. Vielen Mitarbeiter/innen ist aber eine Kritik z. B. bei Fehlverhalten lieber als Ungewissheit.[1353] Erfolgt eine Rückmeldung durch Vorgesetzte, ist ein interessantes Phänomen zu beobachten: Einerseits wird eher und öfter kritisiert als gelobt. Die Ursache liegt möglicherweise darin, dass die angemessene Leistung als selbstverständlich angesehen wird, schlechte Leistungen jedoch Ärger bei den Vorgesetzten auslöst, der häufig emotional und wenig konstruktiv an den Beschäftigten abreagiert wird.[1354] Soll die Kritik jedoch „offiziell“ werden z. B. in den herkömmlichen Personalbeurteilungen, schrecken viele Vorgesetzte vor realistischen Bewertungen zurück, so dass die meisten Beschäftigten ausgesprochen gute bis sehr gute Beurteilungsergebnisse erhalten.[1355]
Die Rückmeldung von Führungskräften an die Beschäftigten kann in positiver Form als Anerkennung oder in negativer Form als Kritik oder Beanstandung geschehen.
Die hohe Anreizwirkung der Anerkennung liegt in dem Bedürfnis eines jeden Menschen nach Achtung und Akzeptanz seiner Leistungen, aber auch seiner Person begründet. Anerkennung bedeutet eine Bestätigung des Erfolgs. Erfolgserlebnisse stärken das

---

[1349] Vgl. Klages, Erfolgreich führen und motivieren, in: Wagner (Hrsg.), Personal und Personalmanagement, 1998, S. 51 (57); Klages, Verwaltungsmodernisierung: "harte" und "weiche" Aspekte II., 1998, S. 85.
[1350] Vgl. Wald, Personalmanagement für die kommunale Praxis, 1996, Rdnr. 252; Wolf/Draf, Leiten und Führen in der öffentlichen Verwaltung, 1999, S. 110.
[1351] Vgl. Kirstein/Kirstein, Money Can't Buy Me Love: Soziale Anerkennung als Motivationsfaktor, in: Backes-Gellner/Kräkel/Grund (Hrsg.), Entlohnung und Arbeitszeitgestaltung im Rahmen betrieblicher Personalpolitik, 1999, S. 185-203; ferner Kap. 5.3.1.1.
[1352] Vgl. Wolf/Draf, Leiten und Führen in der öffentlichen Verwaltung, 1999, S. 111.
[1353] Vgl. Wolf/Draf, Leiten und Führen in der öffentlichen Verwaltung, 1999, S. 111.
[1354] Vgl. Wolf/Draf, Leiten und Führen in der öffentlichen Verwaltung, 1999, S. 111.
[1355] Vgl. Kap. 7.1.3.

Selbstbewusstsein. In der Konsequenz wagen sich die Beschäftigten eher an schwierige Arbeitsaufgaben heran und geben bei Schwierigkeiten nicht so schnell auf.[1356] Wenn dieses wichtige Bedürfnis über längere Zeit unbefriedigt bleibt, stellt sich ein Zustand der Frustration ein. Es gilt in der Psychologie als nachgewiesen, dass Frustrationserlebnisse die Neigung zu Aggression und Opposition, insbesondere aber zur Resignation, Uninteressiertheit und Teilnahmslosigkeit am Geschehen der Organisation, kurz zur „inneren Kündigung" verstärken. Anerkennung dagegen fördert die Arbeitszufriedenheit und die zwischenmenschlichen Beziehungen.[1357] Anerkennung kann weiterhin Lernprozesse unterstützen, indem sie als Führungsmittel eingesetzt wird, wenn ein Lernerfolg erzielt wurde und so Erreichtes positiv unterstützt wird. Anerkennung ist ein zentraler Motivator zur Unterstützung der Leistungsmotivation. Insbesondere in den Fällen, in denen die Rückmeldung über das Arbeitsergebnis aus der Realität die/den Beschäftigte/n nicht erreicht (z. B. bei Rückmeldungen über Kunden/innen, Bürger/innen), ist es die Aufgabe der Führungskraft, durch Anerkennung oder Kritik dem/der Mitarbeiter/in über die Qualität der Arbeitsergebnisse zu berichten. Vor allem die Rückmeldung und Anerkennung von erbrachten Leistungen im Rahmen von Zielvereinbarungen gibt der/dem Beschäftigten Orientierung, ob die vereinbarten Ziele erreicht worden sind. Diese Rückmeldung ist besonders für die Beschäftigten wichtig, deren Arbeit keine rein quantitative Zielbeschreibung zulässt.[1358] Die Rückmeldung im Rahmen der Zielvereinbarung spricht in besonderem Maß das Bedürfnis der/des Beschäftigten an, einen positiven Sinn in der eigenen Arbeit zu sehen.[1359]

Anerkennung kann in verschiedenen Formen zum Ausdruck kommen:[1360]

- als non-verbale Anerkennung (z. B. Blickkontakt, Nicken),
- als verbale Anerkennung,
- in der Übertragung anspruchsvoller Aufgaben, die der/dem Beschäftigten die Möglichkeit geben, fachlich zu wachsen,
- im Einholen eines Rates und damit der Anerkennung der fachlichen Kompetenz des/der Mitarbeiters/in durch die/den Vorgesetzten,
- in der Übertragung größerer Kompetenz und Verantwortung,
- im Angebot von Weiterbildungsmöglichkeiten,
- im Heranziehen von wichtigen Sonderaufgaben,
- in Vertrauensbeweisen (z. B. bewusste Reduzierung von Kontrollen),
- im Rahmen von Zielerreichungsüberprüfungen und Zielerreichungsgesprächen,
- durch eine Leistungsbeurteilung z. B. in Form der Leistungsermittlung,[1361]
- im Rahmen von Mitarbeitergesprächen,
- durch öffentliche Anerkennung herausragender Leistungen (z. B. Zertifikat, „Mitarbeiter/in des Monats/Jahres"),

---

1356 Vgl. Schmidt, Praktische Personalführung und Führungstechnik, 1999, S. 116.
1357 Vgl. Schmidt, Praktische Personalführung und Führungstechnik, 1999, S. 118 f.
1358 Vgl. Schmidt, Praktische Personalführung und Führungstechnik, 1999, S. 115 ff.
1359 Vgl. Klages, Verwaltungsmodernisierung: "harte" und "weiche" Aspekte, 1997, S. 134.
1360 In Anlehnung an: Schmidt, Praktische Personalführung und Führungstechnik, 1999, S. 116.
1361 Vgl. Kap. 7.2; ferner Lattmann, Anreizaspekte der Leistungsbeurteilung, in: Schanz (Hrsg.), Handbuch Anreizsysteme in Wirtschaft und Verwaltung, 1991, S. 853-876.

- in einer Beförderung oder Höhergruppierung,
- in leistungsbezogenen finanziellen Zuwendungen wie Zulagen oder Prämien.

Kritik oder Beanstandung ist ebenfalls ein wichtiges, wenn auch schwieriges Führungsmittel. Ziel dieses Führungsmittels ist das Abstellen von Mängeln und die Vermeidung künftiger Fehler, nicht etwa Strafen oder Abreagieren des eigenen Ärgers.[1362] Eine konstruktive Form der Äußerung von Kritik besteht in Kritikgesprächen.[1363]
Anerkennung und Kritik von Leistung und Arbeitsergebnissen finden im optimalen Fall im Rahmen der Überprüfung der Zielerreichung auf der Basis von Zielvereinbarungen statt.[1364] Im Zielerreichungsgespräch werden nach Ablauf der vereinbarten Zeit die tatsächlich erbrachten Leistungen anhand der vorher festgelegten Messkriterien mit den festgelegten Zielen verglichen. Die/der Vorgesetzte kann feststellen, ob die festgelegten Ziele erreicht, unterschritten oder überschritten worden sind und dies in einem gemeinsamen Gespräch der/dem Beschäftigten mitteilen und insbesondere bei Unter- oder Überschreitung der Ziele eine gemeinsame Ursachenanalyse durchführen.[1365]

b. Erfolgsfaktoren

Ein Erfolgsfaktor für die Rückmeldung durch die Vorgesetzten ist die Formulierung der Erwartungen, die an die Beschäftigten insbesondere hinsichtlich der zu erbringenden Leistungen gestellt werden. Hilfreich sind hier insbesondere Zielvereinbarungen, bei denen die zu erreichenden Leistungsziele sowie die Kriterien zur Überprüfung der Zielerreichung festgelegt werden. Bei der Rückmeldung zur Zielerreichung genügt nicht ein Feedback in der Art, dass und in welchem Umfang das Ziel erreicht oder nicht erreicht wurde. Um die Zufriedenheit der Beschäftigten und darüber hinaus eine Leistungssteigerung zu erreichen, ist die Bewertung der Arbeitsleistung notwendig, z. B. in Form der Anerkennung der erbrachten Leistungen.[1366] Die Wahl der Form der Anerkennung oder Kritik trägt entscheidend dazu bei, ob die Rückmeldung der Vorgesetzten als Anreiz und damit motivationsfördernd wirkt. Die Rückmeldung in Form von Lob und Anerkennung muss angemessen, verdient und ehrlich sein und sich an der tatsächlichen, in der Realität nachweisbaren Leistung orientieren.[1367] Dabei sollten sich die Anerkennung und Kritik nicht auf die Charaktereigenschaften des/der Mitarbeiters/in beziehen, sondern auf Arbeitsergebnisse, Verhalten und Leistung.[1368]

[1362] Vgl. Wolf/Draf, Leiten und Führen in der öffentlichen Verwaltung, 1999, S. 117 f.
[1363] Vgl. Wolf/Draf, Leiten und Führen in der öffentlichen Verwaltung, 1999, S. 117 f.
[1364] Vgl. König/Haßelmann, Kooperativ führen mit Kritik?, in: VR 10/1999, S. 351 (353); Wolf/Draf, Leiten und Führen in der öffentlichen Verwaltung, 1999, S. 118 ff.
[1365] Vgl. Kap. 7.2.2.
[1366] Vgl. Wald, Personalmanagement für die kommunale Praxis, 1996, Rdnr. 252.
[1367] Vgl. Schmidt, Praktische Personalführung und Führungstechnik, 1999, S. 118; Wolf/Draf, Leiten und Führen in der öffentlichen Verwaltung, 1999, S. 112.
[1368] Vgl. Wolf/Draf, Leiten und Führen in der öffentlichen Verwaltung, 1999, S. 112 f.

Voraussetzung für eine konstruktive Kritik eines Fehlverhaltens durch die/den Vorgesetzte/n ist die Prüfung, ob überhaupt ein Fehlverhalten vorlag, wo und bei wem die Ursache lag. Eine Ursache in einem Mangel an Wissen, z. B. in der Folge von Informationsmängel, fehlender Befähigung oder Erfahrung, ist ggf. nicht der/dem Beschäftigten, sondern der Führungskraft selber anzulasten. Bei tatsächlich vorliegendem Fehlverhalten ist das Äußern von Kritik oder einer Beanstandung in Form eines Kritikgesprächs sinnvoll. Im Gegensatz zum Kritikgespräch in der traditionellen Führung, das vor allem aus Maßregelungen oder Zurechtweisungen bestand, ist die Kritik in einer mitarbeiterorientierten Führung ein auch von den Beschäftigten gewolltes Controlling ihrer Arbeit.[1369] Das Kritikgespräch sollte zeitlich so terminiert werden, dass ein Zusammenhang mit dem Fehlverhalten für die/den Beschäftigte/n zu erkennen ist, aber mögliche Emotionen der Führungskraft ebenfalls abgebaut sind. Inhalt eines solchen Gesprächs sollten Klärung, Bereinigung und künftige Vermeidung des Fehlverhaltens sein. Voraussetzung für eine konstruktive Kritik ist strenge Sachlichkeit und Bezugnahme auf den konkreten Sachverhalt. Vor- und Nachbereitung durch die/den Vorgesetzte/n stellen ebenfalls einen wichtigen Erfolgsfaktor für ein Kritikgespräch dar.[1370]

Eine Rückmeldung in Form von Anerkennung oder Kritik erzielt dann ihre größte Wirkung, wenn die Rückmeldung in unmittelbarer zeitlicher Nähe zur erbrachten Leistung oder zum gezeigten Verhalten erfolgt. Erst dadurch kann bestimmtes Verhalten verstärkt oder nicht gewünschtes korrigiert werden. Anerkennung und Kritik müssen gezielt und individuell erfolgen, indem sie das Positive oder Negative einer Leistung oder eines Verhaltens eines/einer bestimmten Mitarbeiters/in konkret benennen.[1371]

Voraussetzung für konstruktive Anerkennung und Kritik ist die soziale Kompetenz der Führungskräfte. Schulungen, Trainings, Supervision, Coaching und kollegiale Besprechungen unter den Führungskräften können diese fördern.

c. Praxis in Kommunalverwaltungen

Das Erteilen von Anerkennung und Kritik erfolgt in den Kommunalverwaltungen auf vielfältige Weise. Vielen Führungskräften fallen diese Rückmeldungen (noch) ausgesprochen schwer.

Rückmeldungen geben Vorgesetzte häufig im Rahmen von Mitarbeitergesprächen.[1372]

Personalbeurteilungen haben sich auf Grund der Mildetendenz als nicht hilfreich erwiesen.[1373]

Einige Verwaltungen drücken ihre Anerkennung in Wertschätzungsbekundungen aus. So erhalten die einzelnen Mitarbeiter/innen erfolgreicher Projektgruppen oder Projektteams ein Zertifikat über die erfolgreiche Teilnahme. Dieses Zertifikat wird auf Wunsch

[1369] Vgl. König/Haßelmann, Kooperativ führen mit Kritik?, in: VR 10/1999, S. 351 (353).
[1370] Vgl. Wolf/Draf, Leiten und Führen in der öffentlichen Verwaltung, 1999, S. 117 f.
[1371] Vgl. Schmidt, Praktische Personalführung und Führungstechnik, 1999, S. 118.
[1372] Vgl. Kap. 8.3.6.4.
[1373] Vgl. Kap. 7.1.3.

in die Personalakte aufgenommen und soll bei Beförderungs- und Aufstiegsverfahren sowie bei Bewerbungen um Leitungsfunktionen berücksichtigt werden.[1374]

8.3.6.3 Rückmeldung an Vorgesetzte

a. Beschreibung

Nicht nur die Rückmeldung von Vorgesetzten, sondern auch die Möglichkeit, Vorgesetzten eine Rückmeldung zu geben, kann eine hohe Anreizwirkung sowohl für die Mitarbeiter/innen als auch für die Führungskräfte sowie für die Verwaltung insgesamt haben. Rückmeldungen an Vorgesetzte können verschiedene Funktionen haben, die gleichzeitig Anreizpotenziale in sich bergen:[1375]

- **Beteiligungsfunktion**
  der Grundgedanke der partizipativen und kooperativen Führung im Verwaltungsalltag als Basis,
- **Leistungsverbesserungsfunktion**
  Leistungssteigerung im unmittelbaren Verhältnis zwischen Vorgesetzten und Beschäftigten, aber auch der Qualität und Quantität der Leistung insgesamt,
- **Motivationsfunktion**
  Erhöhung der Arbeitszufriedenheit und Leistungsbereitschaft aller Beteiligten,
- **Personalentwicklungsfunktion**
  Entwicklung und Verbesserung von Führungskompetenz,
- **Erkennungsfunktion**
  Information darüber, ob und inwieweit die Mitarbeiter/innen mit dem Leitungs- und Führungsverhalten der Vorgesetzten zufrieden sind, es akzeptieren oder sich Verhaltensänderungen wünschen,
- **Kontrollfunktion**
  Überprüfung des anschließenden Führungsverhaltens, ob und inwieweit Veränderungen von den betroffenen Beschäftigten erlebt, gespürt und anerkannt werden und ob weiterer Veränderungsbedarf besteht.

Grundsätzlich sind verschiedene Formen der Rückmeldung an Vorgesetzte möglich. Vorgesetzte können in alltäglichen Gesprächen mit den Mitarbeiter/innen Rückmeldungen zu ihrem Führungsverhalten einholen. Umgekehrt besteht für die Beschäftigten die

---

[1374] Vgl. z. B. Landeshauptstadt Saarbrücken (Hrsg.), Das Anreizkonzept im TQM-Programm der LHS, Stand: Juli 1997; Hoffmann und ein Autorenteam der Stadt Saarbrücken, „Motor Qualität“: Verwaltungsmodernisierung der Landeshauptstadt Saarbrücken, 1996, S. 125; ferner Kap. 10.3.

[1375] Vgl. Wolf/Draf, Leiten und Führen in der öffentlichen Verwaltung, 1999, S. 184 f.; ferner Steinhoff, Vorgesetztenbeurteilung: Grundlagen – Philosophie – Anwendung, in: Hoffmann/Köhler/Steinhoff, Vorgesetztenbeurteilung in der Praxis, 1995, S. 7 (10); diese Funktionen sind hier jeweils auf die Vorgesetztenbeurteilung bezogen, können aber auf alle Formen der Rückmeldung an Vorgesetzte angewandt werden.

Möglichkeit, den Führungskräften Rückmeldungen in Alltagssituationen zu geben. Auch Besprechungen in Fachbereichen, Ämtern oder Abteilungen können bei konstruktiven Bedingungen ein Raum für Rückmeldungen darstellen.[1376]

In dem Modul „Kooperationsgespräch" des Mitarbeitergesprächs besteht die Möglichkeit, der/dem Vorgesetzten eine Rückmeldung zur gemeinsamen Arbeit zu geben sowie positive als auch negative Aspekte zu thematisieren.[1377]

Die Vorgesetztenbeurteilung ist "die systematische Einschätzung der Leistung, des Verhaltens und des Potentials des direkten Vorgesetzten durch die ihm unmittelbar unterstellten Mitarbeiter mithilfe hierfür geeigneter Methoden."[1378] Vorgesetztenbeurteilungen werden anonymisiert mithilfe von Beurteilungsbögen oder in Gesprächen durchgeführt. Die Einschätzung des Nutzens von Vorgesetztenbeurteilungen ist sehr unterschiedlich: Man vermutet einerseits, dass Vorgesetztenbeurteilungen auf Grund von Befürchtungen der Mitarbeiter/innen der Nichtwahrung der Anonymität, auf Grund von Rache- und Trotzreaktionen und Sanktionen durch die Vorgesetzten keine realistischen Aussagen enthalten.[1379] Andererseits können Vorgesetztenbeurteilungen als Orientierung für das Handeln der/des Vorgesetzten dienen, da Führungskräfte auf Grund ihrer Position wenig direkte Rückmeldungen erhalten, so dass ihr Selbst- und Fremdbild oftmals auseinanderklafft.[1380]

Eine weitere Möglichkeit stellen Mitarbeiterbefragungen dar, in deren Rahmen die Beschäftigten anonym den Führungskräften Rückmeldungen zu verschiedenen Aspekten der Führung und Zusammenarbeit geben können. Mitarbeiterbefragungen können hinsichtlich der o. g. Befürchtungen gegenüber Vorgesetztenbeurteilungen eine günstigere Methode sein, da auf Grund des breiteren inhaltlichen Spektrums der Befragung Beschäftigte eher realistisch antworten.[1381]

Effektiv ist ein Vorgesetzten-Feedback, das dialogische Formen wie Workshops, Interviews, Feedback-Gespräche u. ä. annehmen kann.[1382] Insbesondere Feedback-Gespräche können sehr wirkungsvoll sein: In diesen Gesprächen gibt die Gruppe der unterstellten Mitarbeiter/innen bzw. das Team der Führungskraft Rückmeldungen.[1383]

Ebenfalls effektiv sind Leistungsermittlungen und Potenzialermittlungen der Vorgesetzten durch die nächsthöhere Ebene, die eine Rückmeldung zu Führung, Führungsverhalten und Führungskompetenz beinhalten sollten.[1384]

[1376] Vgl. Wolf/Draf, Leiten und Führen in der öffentlichen Verwaltung, 1999, S. 186.
[1377] Vgl. Kap. 8.3.6.4; ferner Wolf/Draf, Leiten und Führen in der öffentlichen Verwaltung, 1999, S. 186.
[1378] Weibler, Die Vorgesetztenbeurteilung, in: Verwaltungsmanagement, C 7.7, Stand: April 1992, S. 1.
[1379] Vgl. Doerken, Teambeurteilung und Teamvergütung, in: Personal 4/1996, S. 208-211.
[1380] Vgl. KGSt-Bericht Nr. 4/1999: Personalführung Teil 2: Potentialermittlung, S. 34.
[1381] Zu Mitarbeiterbefragungen vgl. Kap. 8.3.7.4.
[1382] Vgl. Brinkmann, Vorgesetzten-Feedback, 1998.
[1383] Vgl. KGSt-Bericht Nr. 4/1999: Personalführung Teil 2: Potentialermittlung, S. 35.
[1384] Vgl. KGSt-Bericht Nr. 4/1999: Personalführung Teil 2: Potentialermittlung, S. 35.

b. Erfolgsfaktoren

Der wichtigste Erfolgsfaktor für eine effektive Rückmeldung an Vorgesetzte ist das gemeinsame Bedürfnis aller Beteiligten danach. Eine weitere Notwendigkeit besteht in dem Willen, der Identifikation und Unterstützung der Rückmeldung an Vorgesetzte durch die Verwaltungsleitung. Es muss eindeutig sein, welche Ziele mit der Rückmeldung an die Vorgesetzten verfolgt werden und in welcher Weise sie in die Gesamtverwaltung und ihre verschiedenen Konzepte eingebunden ist: „Das Ziel und die intendierten Funktionen müssen klar umrissen sein, ebenso die Einbettung des Führungsfeedbacks in bestehende und prägende Wertdimensionen und die daraus abgeleitenden Führungs- und Personalleitlinien."[1385]

Ein weiterer zentraler Erfolgsfaktor stellt eine Vertrauenskultur dar, die Offenheit und die die Bereitschaft zu offener Kommunikation fördert.[1386]

Eine Rückmeldung an Vorgesetzte kann nur dann Wirkung zeigen, wenn Führungskräfte und Mitarbeiter/innen Veränderungsbereitschaft zeigen und den Leitgedanken einer „Bring- und Holschuld" der Rückmeldung als gemeinsame Verpflichtung akzeptieren.[1387] Dabei sollte der Schwerpunkt auf der Einsichts- und Veränderungsfähigkeit der Vorgesetzten liegen: „unter den gegebenen Macht- und Hierarchiestrukturen liegt die Hauptverantwortung eindeutig bei den Führungskräften selbst, denn sie sind letztlich die Promotoren oder Boykotteure einer Verbesserung der Zusammenarbeit."[1388]

Die Einführung jeder Form einer organisierten Rückmeldung[1389] muss sorgfältig vorbereitet sowie von Informationen und Fortbildungsmaßnahmen begleitet sein. Sinnvoll zur Konzepterarbeitung ist die Bildung einer Projektgruppe. In jedem Fall sollte die Konzepterarbeitung mit dem Personalrat abgestimmt sein. Die zu gewinnenden Informationen müssen bedeutsam für das Leitungs- und Führungsverhalten sein, und die Führungskräfte müssen die Möglichkeit haben, das angesprochene Verhalten zu beeinflussen und ggf. zu ändern. Die Meinungsäußerungen und Aussagen der Mitarbeiter/innen müssen belegbar und nachprüfbar sein. Bei Vorgesetztenbeurteilungen muss die Anonymität theoretisch und praktisch möglich und gesichert sein.[1390] Damit Feedback-Gespräche mit einer Gruppe oder einem Team eine konstruktive Wirkung haben, ist unbedingt eine psychologisch geschulte (möglichst externe) Begleitung und Gesprächsführung notwendig.[1391] Die Meinungsäußerungen der Beschäftigten dürfen die persönliche Integrität der Vorgesetzten nicht verletzen. Die Ergebnisse der verschiedenen For-

[1385] Steinhoff, Vorgesetztenbeurteilung: Grundlagen – Philosophie – Anwendung, in: Hoffmann/Köhler/Steinhoff, Vorgesetztenbeurteilung in der Praxis, 1995, S. 7 (14).

[1386] Zur Verwaltungskultur vgl. Kap. 8.3.8.1.

[1387] Vgl. Steinhoff, Vorgesetztenbeurteilung: Grundlagen – Philosophie – Anwendung, in: Hoffmann/Köhler/Steinhoff, Vorgesetztenbeurteilung in der Praxis, 1995, S. 7 (14).

[1388] Steinhoff, Vorgesetztenbeurteilung: Grundlagen – Philosophie – Anwendung, in: Hoffmann/Köhler/Steinhoff, Vorgesetztenbeurteilung in der Praxis, 1995, S. 7 (14).

[1389] Zur Einführung von Vorgesetztenbeurteilungen vgl. Domsch/Ladwig, Zielbildungs- und Konzeptionsphase, in: Hoffmann/Köhler/Steinhoff, Vorgesetztenbeurteilung in der Praxis – Konzepte, Analyse, Erfahrungen, 1995, S. 23-35.

[1390] Vgl. Wolf/Draf, Leiten und Führen in der öffentlichen Verwaltung, 1999, S. 186.

[1391] Vgl. KGSt-Bericht Nr. 4/1999: Personalführung Teil 2: Potentialermittlung, S. 35.

men der Rückmeldung dürfen nicht zum Zweck der Öffentlichkeits- und Pressearbeit verwendet werden. Organisierte Formen der Rückmeldung an Vorgesetzte sollten regelmäßig stattfinden.[1392]

c. Praxis in Kommunalverwaltungen

In vielen Kommunalverwaltungen, die Mitarbeitergespräche eingeführt haben, werden Rückmeldungen an Vorgesetzte in diesem Rahmen durch die Beschäftigten gegeben.[1393] Fragen zum Führungsverhalten enthalten weiterhin viele Mitarbeiterbefragungen, die in einer Reihe von Verwaltungen durchgeführt werden.[1394]
Erst wenige Verwaltungen führen Vorgesetztenbeurteilungen durch. Beispielhaft wird hier der Kreis Aachen genannt.[1395] Vorgesetzten-Feedbacks sind bislang in der öffentlichen Verwaltung höchst selten.

8.3.6.4 Mitarbeitergespräch

a. Beschreibung

Das Mitarbeitergespräch[1396] stellt ein zentrales Personalführungsinstrument dar.[1397] Es kann zur Verbesserung der Kommunikation zwischen Vorgesetzten und Beschäftigten, zur Zielorientierung, zur Personalentwicklung, zur Konfliktbewältigung, zur Verwaltungsreform und letztlich zur Mitarbeitermotivation beitragen.[1398] Das Mitarbeitergespräch kann der zunehmenden Abwanderung von Beschäftigten auf Grund von Schwierigkeiten mit Vorgesetzten, der Zunahme des Anteils von Mitarbeiter/innen, die ihre Leistung zurückhalten und eine „innere Kündigung“ vollzogen haben, der Unzufriedenheit von Vorgesetzten über die Fortbildungspraxis, insbesondere das Desinteresse am Fortbildungserfolg, dem unzureichenden Überblick über den Kreis der Bediensteten, die sich für Führungspositionen eignen, und den zunehmenden Klagen über die abnehmende Qualität der Leistung der Beschäftigten entgegenwirken.[1399] Durch das Mitarbeitergespräch (insbesondere durch das Element des Zielvereinbarungsgesprächs) wird darüber hinaus das „Sinn“-Bedürfnis der Beschäftigten hinsichtlich ihrer Arbeit befriedigt

---

[1392] Vgl. Wolf/Draf, Leiten und Führen in der öffentlichen Verwaltung, 1999, S. 186; hier nur bezogen auf die Vorgesetztenbeurteilung.
[1393] Vgl. Kap. 8.3.6.4.
[1394] Vgl. Kap. 8.3.7.4.
[1395] Vgl. Hill/Klages i. V. m. dem Deutschen Landkreistag (Hrsg.), Kreisverwaltung der Zukunft, 1995, S. 58.
[1396] In der Literatur werden auch die Bezeichnungen „Mitarbeiter-Vorgesetzten-Gespräch“, „Beratungs- und Fördergespräch“ oder „Orientierungsgespräch“ gebraucht.
[1397] Vgl. Schmidt, Praktische Personalführung und Führungstechnik, 1999, S. 119; Wald, Personalmanagement für die kommunale Praxis, 1996, Rdnr. 267.
[1398] Vgl. KGSt-Bericht Nr. 13/1992: Das Mitarbeitergespräch, S. 7 f.; Wewer, Mitarbeitergespräche, in: Bandemer/Blanke/Nullmeier/Wewer (Hrsg.), Handbuch zur Verwaltungsreform, 1998, S. 160 (160).
[1399] Vgl. KGSt-Bericht Nr. 13/1992: Das Mitarbeitergespräch, S. 31.

durch Einbindung in das Zielsystem der Verwaltung, Anerkennung der erfolgten Zielerreichung und Ausweitung des Gestaltungsspielraums der Tätigkeiten. Das Mitarbeitergespräch kann demnach „ein gerade ideales Instrument der Sinnvermittlung sein“[1400]. Mitarbeitergespräche meinen grundsätzlich „alle Gespräche zwischen Vorgesetzten und ihren Mitarbeitern, die über die routinemäßige Alltagskommunikation hinausgehen.“[1401] Mitarbeitergespräche kennzeichnen folgende Eigenschaften:[1402]

- Sie finden zu regelmäßigen, geplanten Terminen (z. B. Fördergespräche) oder anlassbezogen (z. B. Feedback-Gespräche) statt.
- Sie werden i. d. R. von der/dem direkten Vorgesetzten durchgeführt.
- Sie finden meistens (bis auf Ausnahmefälle) unter vier Augen statt. Die Gesprächsinhalte werden vertraulich behandelt. Einvernehmlich können Informationen (z. B. Wunsch nach Fortbildungsmaßnahmen) weitergegeben werden.
- Sie haben einen bestimmten Sachverhalt zum Inhalt und eine Zielsetzung.

Das Mitarbeitergespräch kann vier verschiedene Typen annehmen, die sich als Module zu einem Ganzen verbinden lassen. Es handelt sich um folgende Elemente:[1403]

- **Zielvereinbarungsgespräch**
  Als Instrument der ziel- und ergebnisorientierten Führung hat das Zielvereinbarungsgespräch eine zentrale Bedeutung für das Mitarbeitergespräch.[1404] Vorgesetze/r und Mitarbeiter/in vereinbaren Leistungsziele der Tätigkeit der/des Beschäftigten. Diese Ziele können alternativ das Leistungsniveau erhalten, das Leistungsniveau verbessern oder etwas völlig Neues erreichen.[1405] Die Ziele sollten operationalisiert werden durch die Bildung von konkreten Messkriterien. Hilfreich für die Bildung von operationalisierten Zielen und Messkriterien kann die Methode der kritischen Tätigkeitsmerkmale sein. Die Zielerreichung sollte nach einer festgelegten Zeit, z. B. einem Jahr, anhand der Kriterien überprüft werden.[1406]
- **Kooperationsgespräch**
  In diesem Gesprächstyp wird die persönliche Seite der Zusammenarbeit zwischen Vorgesetzter/m und Mitarbeiter/in thematisiert. Fragen der Zusammenarbeit, nach positiven Seiten und Missverständnissen stehen im Mittelpunkt.[1407]
- **Personalentwicklungsgespräch**
  Im Rahmen der Personalentwicklung als Vorgesetztenaufgabe sollen die Entwicklungspotenziale der Beschäftigten erkannt und die Leistungsfähigkeit erhalten werden. Dazu gehören auch das Erkennen von drohenden oder bereits vorhandenen Leistungseinbußen, das Schaffen von günstigen Rahmenbedingungen

[1400] Klages, Verwaltungsmodernisierung: "harte" und "weiche" Aspekte, 1997, S. 134.
[1401] Mentzel/Grotzfeld/Dürr, Mitarbeitergespräche, 1998 S. 13.
[1402] Vgl. Mentzel/Grotzfeld/Dürr, Mitarbeitergespräche, 1998, S. 13.
[1403] Vgl. KGSt-Bericht Nr. 13/1992: Das Mitarbeitergespräch, S. 14 ff.
[1404] Vgl. KGSt-Bericht Nr. 3/1999: Personalführung Teil 1: Leistungsermittlung, S. 32.
[1405] Vgl. KGSt-Bericht Nr. 13/1992: Das Mitarbeitergespräch, S. 16.
[1406] Vgl. KGSt-Bericht Nr. 3/1999: Personalführung Teil 1: Leistungsermittlung, S. 32; ferner Kap. 7.2.2.
[1407] Vgl. KGSt-Bericht Nr. 13/1992: Das Mitarbeitergespräch, S. 18 ff.

für Lernprozesse und das Aufstellen eines individuellen Entwicklungs- und Karriereplans.[1408]

o **Gespräch über die Modernisierung der Verwaltung**
Der Reformprozess der Verwaltung und der Beitrag und die Rolle der Betroffenen an diesem Prozess stehen im Zentrum dieses Gesprächsmoduls. Die Veränderungen sowie die Perspektiven, die die Verwaltungsmodernisierung für den speziellen Arbeitsplatz bedeuten, sollen thematisiert werden.[1409]

b. Erfolgsfaktoren

Das Mitarbeitergespräch setzt bei Führungskräften und Beschäftigten die Bereitschaft zum Gespräch voraus. Besonders von den Führungskräften wird Persönlichkeitsstärke und soziale Kompetenz gefordert: „Von Vorgesetzten in der öffentlichen Verwaltung wird erwartet, daß sie ihre Identität entwickeln, d. h. offen und mit Rückgrat ihre Meinung vertreten. Voraussetzungen sind Lernbereitschaft und menschliche Reife der Betroffenen.“[1410]
Eine weiterer notwendiger Erfolgsfaktor für ein effektives Mitarbeitergespräch ist eine Verwaltungskultur, die Offenheit fördert: „Wenn viele Mitarbeiter nicht offen reden, ist dies Zeichen einer Verwaltungskultur, in der Sanktionen befürchtet werden. Es genügt dann nicht, zu Offenheit aufzufordern. Vertrauen wächst, wenn sich die Betroffenen ihrer Verletzlichkeit bewußt werden und dies gegenseitig respektieren lernen.“[1411] Dabei sind die Grenzen, die die Betroffenen selber setzen, zu achten und zu respektieren. Sind vor der Einführung von Mitarbeitergesprächen zu viele Hindernisse in der Verwaltungskultur festzustellen, können zunächst andere vertrauensbildende Maßnahmen hilfreich sein.[1412]
Zur Einführung des Mitarbeitergesprächs in einer Verwaltung ist die Entwicklung eines Konzeptes sinnvoll. Grundlage für die Entwicklung eines Konzeptentwurfs sollte der eindeutige Auftrag der Verwaltungsleitung sein. Mit der Konzeptentwicklung sollte der Service Personal/das Personalamt oder optimalerweise eine Projektgruppe (bestehend z. B. aus Personalrat, Gleichstellungsbeauftragter, betroffenen Vorgesetzten und Mitarbeiter/innen) betraut werden. Ggf. können interne oder externe Beratungen in Anspruch genommen werden. Vor Beginn der Konzeptentwicklung sollte eine Bedarfs- und Machbarkeitsanalyse mithilfe von Interviews oder einer Mitarbeiterbefragung durchgeführt werden, die die Zufriedenheit, die Schwachstellen und den Veränderungswillen auf dem Gebiet der Kommunikation zwischen Vorgesetzten und Beschäftigten untersucht. Die Konzeptentwicklung sollte die Erarbeitung eines Gesprächsleitfadens zum Führen des Mitarbeitergesprächs einschließen. Während des gesamten Verfahrens sollten die Be-

[1408] Vgl. KGSt-Bericht Nr. 13/1992: Das Mitarbeitergespräch, S. 20 ff.
[1409] Vgl. KGSt-Bericht Nr. 13/1992: Das Mitarbeitergespräch, S. 23 f.
[1410] Vgl. KGSt-Bericht Nr. 13/1992: Das Mitarbeitergespräch, S. 19.
[1411] KGSt-Bericht Nr. 13/1992: Das Mitarbeitergespräch, S. 19.
[1412] Vgl. KGSt-Bericht Nr. 13/1992: Das Mitarbeitergespräch, S. 20.

schäftigten über Ziele und Inhalte des Prozesses informiert werden z. B. mithilfe der hausinternen Mitarbeiterzeitung, Personalversammlungen, Amtsleitungs- und amtsinterne Besprechungen, und ihre Meinung sollte entsprechend eingeholt werden. Bei der Einführung kann die Erprobung in Pilotprojekten in ausgewählten Verwaltungsbereichen sinnvoll sein, mit deren Hilfe sich Erfahrungen für eine spätere flächendeckende Einführung sammeln lassen. Da sich viele Bedienstete mit dem Führen dieser Art von Gesprächen schwer tun, können Schulungen und Kommunikationstrainings vor dem Führen der ersten Mitarbeitergespräche hilfreich sein. Nach der Pilotphase und der flächendeckenden Einführung sollte überprüft werden, inwieweit die Mitarbeitergespräche die mit ihnen verfolgten Zielsetzungen erreicht haben.[1413]

c. Praxis in Kommunalverwaltungen

Mitarbeitergespräche werden bereits in vielen Kommunalverwaltungen durchgeführt. Dabei sind verschiedene Formen erkennbar:[1414]

- Das Mitarbeitergespräch wird mit allen vier oben beschriebenen Modulen durchgeführt.
- Das Mitarbeitergespräch wird nur als Zielvereinbarungsgespräch durchgeführt.
- Das Mitarbeitergespräch wird mit allen Modulen mit Ausnahme des Zielvereinbarungsgesprächs durchgeführt. Zielvereinbarungen werden in diesem Verwaltungen häufig gesondert zusätzlich durchgeführt.

Beispielhaft wird im Folgenden der Ansatz zum Mitarbeitergespräch der Stadt Düsseldorf vorgestellt.[1415] Die Stadtverwaltung stellt das „Förder- und Beratungsgespräch zur Zusammenarbeit und Zukunftsplanung“ bewusst in den Rahmen der Umgestaltung der Verwaltung zu einem kunden- und nachfrageorientierten Dienstleistungsunternehmen mit veränderten Anforderungen an die Beschäftigten. Das Förder- und Beratungsgespräch soll die im Leitbild verankerte partnerschaftliche Zusammenarbeit fördern.
Die Gesprächsinhalte, deren Ziele sowie weitere Aspekte des Förder- und Beratungsgesprächs sind:[1416]

- **Zusammenarbeit**
  Die Vereinbarung von Verhaltenszielen beihaltet die Verbesserung der Kommunikation, die Verstärkung des Informationsaustausches, die Erhöhung der Arbeitszufriedenheit und die Verringerung von Reibungsverlusten.

[1413] Vgl. KGSt-Bericht Nr. 13/1992: Das Mitarbeitergespräch, S. 25 ff.
[1414] Nach Erfahrungen der Verfasserin in der Beratung von Kommunalverwaltungen.
[1415] Vgl. Stadt Düsseldorf (Hrsg.), Gesprächsleitfaden Förder- und Beratungsgespräch zur Zusammenarbeit und Zukunftsplanung, Stand: 31.12.1997.
[1416] Vgl. Stadt Düsseldorf (Hrsg.), Gesprächsleitfaden Förder- und Beratungsgespräch zur Zusammenarbeit und Zukunftsplanung, Stand: 31.12.1997.

- **Aufgabe und Aufgabenerfüllung**
  Durch die Vereinbarung sollen Leistungsziele – bezogen auf Menge, Zeit und Qualität – transparent und verbindlich gemacht werden.
- **Veränderung in der Organisation**
  Durch die Vereinbarung zur Ausgestaltung der Unternehmensziele sollen die Mitarbeiter/innen an der Umsetzung des Leitbildes beteiligt und in den Reformprozess des Neuen Steuerungsmodells einbezogen werden.
- **Persönliche Qualifikation**
  Die Vereinbarung von Entwicklungszielen soll durch Veränderungsprozesse ausgelöste Qualifizierungsbedarfe berücksichtigen und die persönliche Förderung und Entwicklung individuell gestalten.

8.3.7 Mitarbeiterbeteiligung

Aufgrund der gewandelten Werte der Beschäftigten[1417] ist deren Beteiligung an zentralen Verwaltungsaktivitäten für die Mitarbeitermotivation notwendig. Ein Verwaltungshandeln, das Mitarbeiter/innen als „Mitunternehmer/innen" versteht, in dem Mitarbeiter/innen an der Verwaltungsreform und der Leitbildentwicklung beteiligt werden und in dem Elemente wie Mitarbeiterbefragung, Vorschlagswesen und Qualitätszirkel eingesetzt werden, trägt entschieden zu Motivation und Leistungserhalt der Beschäftigten bei.

8.3.7.1 Mitarbeiter/innen als „Mitunternehmer/innen"

a. Beschreibung

Das Konzept, Mitarbeiter/innen als „Mitunternehmer/innen" zu betrachten, enthält insbesondere die Elemente der mitverantwortungsbezogenen Partizipation der Mitarbeiter/innen an für die Organisation relevanten Entscheidungen und die Beteiligung der Beschäftigten am ökonomischen Erfolg der Organisation. Ansätze dieser Überlegungen reichen bis in das 19. Jahrhundert zurück. Nach dem zweiten Weltkrieg im 20. Jahrhundert wurden diese Ansätze von innovativen Unternehmen zu einem eigenständigen Konzept entwickelt.[1418]
Mitarbeiter/innen werden dann zu Mitunternehmer/innen, wenn sie „über Mitwissen, Mitdenken, Mitfühlen, Mitentscheiden, Mithandeln und Mitverantwortung ihren Beitrag zur Wertschöpfung der Gesamtorganisation leisten wollen und können"[1419]. Die Identifikati-

---

[1417] Zum Wertewandel zu Arbeit und Beruf vgl. Kap. 5.5.1.2.
[1418] Vgl. Gaugler, Mitarbeiter als Mitunternehmer, in: Klimecki/Remer (Hrsg.), Personal als Strategie, 1997, S. 507 (511 ff.); zur geschichtlichen Darstellung des Konzeptes vgl. Gaugler, Neue Herausforderungen an das Konzept der betrieblichen Partnerschaft, in: Personal 10/2000, S. 511-513; zu Praxisbeispielen vgl. Wunderer (Hrsg.), Mitarbeiter als Mitunternehmer, 1998.
[1419] Wunderer/Mittmann, Identifikationspolitik, 1995, S. 7.

on der Beschäftigten mit der Organisation wird zu einem wesentlichen Erfolgsfaktor: „Durch rasante Veränderungen in den Organisationswelten und -umwelten wird Diskontinuität zur einzig berechenbaren Konstante, und diese erfordert bei den Mitarbeitern stabile Einstellungen zur Organisation, die wegen der Dynamik des Wandels immer weniger im Detail über strukturelle Vorgaben geregelt werden können, sondern die vielmehr eine Art psychologischen Kontrakt erfordern."[1420] Das unternehmerische Verhalten soll sich auf möglichst viele Beschäftigten einer Organisation beziehen. Das Personalmanagement und seine verschiedenen Aufgabenfelder haben die Funktion, das unternehmerische Denken und Handeln zu unterstützen.[1421] Die Aufgabe der Personalentwicklung besteht darin, drei Kernkompetenzen zu entwickeln: die Fähigkeit und Bereitschaft zu strategieorientierter Innovation, die kooperative Selbstorganisation und die effiziente Ideenumsetzung.[1422]

In der öffentlichen Verwaltung hat sich die Partizipation der Mitarbeiter/innen an für die Organisation relevanten Entscheidungen erst in den letzten Jahrzehnten entwickelt. Die Ursachen liegen einerseits im Wertewandel, durch den Selbstentfaltungs- und Mitbestimmungswerte in den Mittelpunkt auch von Arbeit und Beruf gerückt sind.[1423] Andererseits zeigten die Verwaltungsreformen der letzten Jahre, dass eine Neuorientierung der Verwaltung nur unter Einbezug der Mitarbeiter/innen gelingen kann.[1424] Mit dem Einzug unternehmensähnlicher Strukturen kann auch das Konzept „Mitarbeiter/innen als Mitunternehmer/innen" zunehmend in der öffentlichen Verwaltung verwirklicht werden. Die Realisierung eines solchen Konzepts erhält und fördert die Motivation der Beschäftigten und damit deren Identifikation mit der Arbeit und der Verwaltung. Dadurch wird gewährleistet, dass die Verwaltung ihre Aufgaben erfüllen und ihre Ziele erreichen kann.

Die Partizipation der Mitarbeiter/innen geschieht im optimalen Fall zunächst auf der Ebene des normativen Managements, das das Selbstverständnis der Kommune und die darauf aufbauenden Prinzipien und Regeln beinhaltet.[1425] Diese zentralen Leitpunkte werden formal z. B. in dem Leitbild festgehalten. Durch die Partizipation an der Entste-

---

[1420] Hill/Frey, Motivationsinstrumente für eine Innovation der öffentlichen Verwaltung, in: Verwaltung und Management, 1/1997, S. 7 (13).

[1421] Vgl. Wunderer/Kuhn, Unternehmerisches Personalmanagement, in: Wunderer/Kuhn, Innovatives Personalmanagement, 1995, S. 3-20; ferner Dick, Frauenförderung als Ansatzpunkt zur unternehmerischen Gestaltung der Personarbeit, in: Wunderer/Kuhn, Innovatives Personalmanagement, 1995, S. 333-351; Fröhlich, Personalentwicklung als Ansatzpunkt zur unternehmerischen Gestaltung der Personalarbeit, in: Wunderer/Kuhn, Innovatives Personalmanagement, 1995, S. 117-131; Kuhn, Lean Production und Gruppenarbeit als Ansatzpunkte zur unternehmerischen Gestaltung der Personarbeit, in: Wunderer/Kuhn, Innovatives Personalmanagement, 1995, S. 383-393; Schlagenhaufer, Personal-Controlling als Ansatzpunkt zur unternehmerischen Gestaltung der Personalarbeit, in: Wunderer/Kuhn, Innovatives Personalmanagement, 1995, S. 173-186; Wunderer/Kuhn, Unternehmerisches Personalmanagement, in: Wunderer/Kuhn, Innovatives Personalmanagement, 1995, S. 3-20.

[1422] Vgl. Wunderer, Entwicklung von Arbeitnehmern zu Mitunternehmern, in: Elschen (Hrsg.), Unternehmenssicherung und Unternehmensentwicklung, 1995, S. 32 (33 ff.).

[1423] Vgl. Klages, Wertorientierung im Wandel, 1984, S. 57 ff.; zum Wertewandel zu Arbeit und Beruf vgl. Kap. 5.5.1.2.

[1424] Vgl. Hill, Wir müssen zuerst die Köpfe und Herzen der Mitarbeiter gewinnen, in: Kommunalpolitische Blätter 4/1995, S. 233-235.

[1425] Vgl. Heinz, Kommunales Management, 2000, S. 14.

hung wird die Identifikation der Beschäftigten mit den Inhalten des Leitbildes sowie dessen Umsetzung entscheidend erhöht.[1426]
Einer der Grundgedanken des Neuen Steuerungsmodells ist die dezentrale Ressourcenverantwortung einschließlich der Budgetierung, in denen Fachlichkeit und Ressourcenverantwortung vereint werden.[1427] Durch dieses Element der Verwaltungsreform werden die Leitungen dezentraler Verwaltungseinheiten quasi zu „Manager/innen" eines „Unternehmens", des Fachbereichs, innerhalb der Verwaltung mit ganzheitlicher Verantwortung sowohl für die Produkte als auch für die Ressourcen. Durch diese Zusammenführung entsteht eine Gesamtverantwortung für die Geschäftsprozesse in den fachlichen Verwaltungseinheiten. Unterstützt wird die dezentrale Verantwortung durch die Beteiligung der Mitarbeiter/innen z. B. in Form von Wertanalysen,[1428] Qualitätszirkeln[1429] und dem betrieblichen Vorschlagswesen[1430]. Dadurch werden die Mitarbeiter/innen „unmittelbar in die Optimierung der Geschäftsprozesse und der Produkte eingebunden und können sich besser mit ihrer Arbeit und den Ergebnissen identifizieren"[1431]. Das Konzept „Mitarbeiter/innen als Mitunternehmer/innen" kann weiterhin dadurch konkretisiert werden, dass die grundlegenden Managementfunktionen wie Planen, Entscheiden, Rechenschaft legen und Kontrolle ausüben zusätzlich eine Motivationsfunktion durch die materielle Mitarbeiterbeteiligung[1432] erhalten. Eine Möglichkeit besteht in institutionell bezogenen materiellen Leistungsanreizen: Die durch Managementleistungen eingesparten Ausgaben bzw. zusätzlich erwirtschafteten Einnahmen verbleiben ganz oder teilweise in der dezentralen Verwaltungseinheit nach der Maxime „Gutes Management soll belohnt werden"[1433]. Weiterhin unterstützen personenbezogene materielle Leistungsanreize die Managementfunktionen. So können die Mitarbeiter/innen der dezentralen Verwaltungseinheit z. B. durch erfolgsorientierte Prämien oder Zulagen an den Einsparungen oder erwirtschafteten Einnahmen beteiligt werden.[1434] Hier wird deutlich, wie immaterielle und materielle Leistungsanreize ineinander greifen und für ein effektives Verwaltungshandeln auch verknüpft werden müssen.[1435]

b. Erfolgsfaktoren

Sollen sich Mitarbeiter/innen als „Mitunternehmer/innen" in der Verwaltung verstehen, müssen sie an den relevanten Entscheidungen beteiligt werden.
Diese Partizipation der Beschäftigten kann sich z. B. in folgenden Maßnahmen zeigen:

[1426] Vgl. Kap. 8.3.7.3; ferner Bleicher, Leitbilder, 1992, S. 55 ff.
[1427] Vgl. Kap. 4.2.4.
[1428] Vgl. KGSt-Bericht Nr. 12/1986: Wertanalyse nach DIN 69910.
[1429] Vgl. Kap. 8.3.7.6.
[1430] Vgl. Kap. 8.3.7.5.
[1431] KGSt-Bericht Nr. 9/1997: Steuerung kommunaler Haushalte, S. 22.
[1432] Vgl. Kap. 9.5.5.
[1433] KGSt-Bericht Nr. 9/1997: Steuerung kommunaler Haushalte, S. 26 f.; vgl. ferner Kap. 11.1.2.
[1434] Zur Unterscheidung von personenbezogenen und institutionell bezogenen Leistungsanreizen vgl. Kap. 3.1.2.9.
[1435] Vgl. auch Kap. 10.

- o Information und Beteiligung der Mitarbeiter/innen an Reformmaßnahmen,[1436]
- o Beteiligung der Mitarbeiter/innen an der Leitbildentwicklung,[1437]
- o Beteiligung der Mitarbeiter/innen an strategischen und operativen Verwaltungszielen auf unterschiedlichen Verwaltungsebenen,
- o Durchführung von Mitarbeiterbefragungen,[1438]
- o Qualitätszirkel,[1439]
- o Kommunikationsworkshops und –märkte,[1440]
- o Rückmeldungen und Vorschläge in Vorgesetzten- und Mitarbeitergesprächen,[1441]
- o Möglichkeit der direkten Kommunikation mit der Verwaltungsführung,[1442]
- o Mitarbeiterzeitungen, Informations- und Kommunikationstafeln („Schwarzes Brett"),
- o Information und Kommunikation über das verwaltungsinterne Intranet,[1443]
- o Mitbestimmung der Beschäftigten durch die Personalvertretungen[1444].

Ein weiterer Erfolgsfaktor zur Übernahme von größerer Verantwortung durch die Beschäftigten sind veränderte Verwaltungsstrukturen, die die Erweiterung der Verantwortung ermöglichen. Zu den Maßnahmen der Veränderung der Verwaltungsstrukturen gehören Delegation,[1445] dezentrale Ressourcenverantwortung,[1446] Abflachung der Hierarchien, Einführung von Teamarbeit[1447] etc. In Verbindung mit den veränderten Verwaltungsstrukturen ist eine Verwaltungskultur notwendig, deren Werte und Normen das Konzept „Mitarbeiter/innen als Mitunternehmer/innen" fördert.[1448] Unterstützt werden sollte diese Kultur durch weitere immaterielle und materielle Leistungsanreize, die Partizipation, eigenverantwortliches Handeln und Erfolgsbeteiligung der Beschäftigten unterstützen.
Eine wichtige Voraussetzung ist die Kompetenz der Führungskräfte. Hinsichtlich der Personalführung wird den Führungskräften in repräsentativen Mitarbeiterbefragungen durchaus bestätigt, dass sie die Beschäftigten „gewähren" lassen. Dennoch werden den

---

[1436] Vgl. Kap. 9.3.7.2.
[1437] Vgl. Kap. 9.3.7.3.
[1438] Vgl. Kap. 9.3.7.4.
[1439] Vgl. Kap. 9.3.7.6.
[1440] Vgl. Riese, Schlüssel zum Erfolg liegt bei den Mitarbeitern, in: VMimpulse. Informationen zur Verwaltungsmodernisierung, 1/2000, S. 2 (2 f.).
[1441] Vgl. Kap. 8.3.6.4.
[1442] Der „direkte Draht" zum Vorstandssprecher nach der Devise „Veränderungen sind Chefsache" ist z. B. eine Maßnahme der Deutschen Bank, vgl. Riese, Schlüssel zum Erfolg liegt bei den Mitarbeitern, in: VMimpulse. Informationen zur Verwaltungsmodernisierung, 1/2000, S. 2 (3).
[1443] Vgl. Riese, Ängste und Vorbehalte müssen abgebaut werden, in: VMimpulse. Informationen zur Verwaltungsmodernisierung, 1/2000, S. 2 (3).
[1444] Vgl. Briam, Unternehmenskultur, Partizipation und Mitbestimmung, in: Bontrup/Hansen u. a. (Hrsg.), Problemfelder eines zukunftsorientierten Personalmanagements, 1998, S. 183 (185 ff.); Frick/Speckbacher/Wentges, Arbeitnehmermitbestimmung und moderne Theorie der Unternehmung, in: ZfB 7/1999, S. 745-763; Wald, Personalmanagement für die kommunale Praxis, 1996, Rdnr. 338.
[1445] Vgl. Ellwein, Grundfragen einer Verwaltungsreform, in: Ipsen, Verwaltungsreform – Herausforderung für Staat und Kommunen, 1996, S. 55-67, S. 60.
[1446] Vgl. KGSt-Bericht Nr. 12/1991: Dezentrale Ressourcenverantwortung, ferner Kap. 11.1.2.
[1447] Vgl. Kap. 8.3.3.4.
[1448] Zur Verwaltungskultur vgl. Kap. 8.3.8.1.

Führungskräften wesentliche Defizite bescheinigt. Diese liegen vor allem in der mangelnden Ziel- und Ergebnisorientierung. Der aktivierende Führungsstil, der sowohl das Führen auf Abstand sowie die dazu notwendige Ziel- und Ergebnisorientierung in sich vereint, ist ein wichtiger Erfolgsfaktor dafür, dass Mitarbeiter/innen Verantwortung übernehmen wollen und können.[1449] Für die Entwicklung der Führungskompetenz spielt die Personalentwicklung und insbesondere die Führungskräftequalifizierung sowie die Qualifizierung des Führungskräftenachwuchses eine zentrale Rolle.[1450]

Doch auch an die Mitarbeiter/innen werden Voraussetzungen gestellt: Sie müssen die Bereitschaft zeigen, sich an den Verwaltungsentscheidungen durch die aufgezeigten Möglichkeiten zu beteiligen und größere Verantwortung zu übernehmen.

Das Konzept „Mitarbeiter/innen als Mitunternehmer/innen“ entspricht den Werten und Bedürfnissen des heutigen Menschen nach Erweiterung der Autonomie, des selbstverantworteten Handelns auch in seinem Beruf, nach Selbstentfaltung und nach Identifikation mit seiner Arbeit und der Organisation.[1451] Mitarbeiterbefragungen in Verwaltungen bestätigen, dass die Befragten Tätigkeitsmerkmale wie selbstständiges und verantwortungsvolles Handeln in ihrer Arbeit als besonders wichtig erachten. Sie sehen diese Tätigkeitsmerkmale jedoch als noch nicht vollständig realisiert an. Besonders gravierend ist die Kluft zwischen der Einschätzung der Wichtigkeit des Tätigkeitsmerkmals „Ideen einbringbar“ und der Einschätzung seiner Realisierung.[1452]

Eine größere Verantwortung wird jedoch von den Betroffenen als durchaus zwiespältig erlebt: Da sie in der Vergangenheit auf Grund der hierarchischen Strukturen eher wenig Gestaltungsspielräume hatten, lösen neue Formen der Mitverantwortung oftmals Ängste und Widerstände aus. Bereitschaft und Fähigkeit zur Übernahme größerer Verantwortung sind individuell sehr unterschiedlich ausgeprägt und müssen vielfach erst gelernt werden. Die neuen Rollen müssen oftmals erst erlernt und erprobt werden.[1453]

Die Entwicklung der dazu notwendigen Fähigkeit ist Aufgabe der Personalentwicklung, durch die die Fach-, Methoden-, Sozial- und die persönliche Kompetenz zur Übernahme der Mitverantwortung gestärkt werden soll.[1454]

1449 Vgl. Klages, Erfolgreich führen und motivieren, in: Wagner (Hrsg.), Personal und Personalmanagement, 1998, S. 61 ff.; Klages, Verwaltungsmodernisierung: "harte" und "weiche" Aspekte, 1997, S. 198 ff.; Klages, Verwaltungsmodernisierung: "harte" und "weiche" Aspekte II., 1998, S. 89 ff.; zur Beschreibung des aktivierenden Führungsstils vgl. Kap. 9.3.3.

1450 Vgl. KGSt-Bericht Nr. 7/1990: Heranbildung von Führungskräften; KGSt-Bericht Nr. 13/1994, Personalentwicklung, S. 25 f.; KGSt-Bericht Nr. 6/1996: Personalentwicklung im Neuen Steuerungsmodell, S. 12 ff.; KGSt-Bericht Nr. 3/2000: Personalentwicklung im Veränderungsprozess, S. 37 f.; Wald, Personalmanagement für die kommunale Praxis, 1996, Rdnr. 185; ferner Kap. 9.4.

1451 Zum Wertewandel zu Arbeit und Beruf vgl. Kap. 5.5.1.2.

1452 Vgl. Klages, Erfolgreich führen und motivieren, in: Wagner (Hrsg.), Personal und Personalmanagement, 1998, S. 57; Klages, Verwaltungsmodernisierung: "harte" und "weiche" Aspekte, 1997, S. 150; Klages, Verwaltungsmodernisierung: "harte" und "weiche" Aspekte II., 1998, S. 85.

1453 Vgl. Horstmann, Weniger Hierarchie und mehr Verantwortung, in: Schückhaus (Hrsg.), Kommunen in Not, 1996, S. 163 (171 ff.).

1454 Vgl. Hopp/Göbel, Management in der öffentlichen Verwaltung, 1999, S. 262 ff.; KGSt-Bericht Nr. 13/1994, Personalentwicklung, S. 25 f.; KGSt-Bericht Nr. 6/1996: Personalentwicklung im Neuen Steuerungsmodell, S. 8 ff.

c. Praxis in Kommunalverwaltungen

Bislang ist das Konzept „Mitarbeiter/innen als Mitunternehmer/innen“ in Kommunalverwaltungen unter diesem Namen kaum bekannt. Dennoch werden die Grundgedanken im Zuge der Verwaltungsreform zunehmend realisiert.
So wird in vielen Kommunalverwaltungen die Mitarbeiterbeteiligung an verschiedenen Maßnahmen der Verwaltung praktiziert. Insbesondere im Rahmen der Verwaltungsmodernisierung werden die Mitarbeiter/innen an den Projekten beteiligt.[1455]
Viele Kommunalverwaltungen führen veränderte Verwaltungsstrukturen ein, die eine größere Verantwortung der Beschäftigten beinhalten. Insbesondere an der dezentralen Ressourcenverantwortung als Element des Neuen Steuerungsmodells wird deutlich, wie das Konzept „Mitarbeiter/innen als Mitunternehmer/innen“ auch in der öffentlichen Verwaltung mit einer verwaltungsspezifischen Ausprägung zunehmend realisiert wird.

Beispielhaft wird hier der Prozess der Stadtverwaltung Detmold beschrieben.[1456] Der umfassende strukturelle Umbau in der Stadtverwaltung beinhaltete die Dezentralisierung von Verantwortung und den Abbau von Hierarchie. Im Leistungserstellungsprozess werden nach der Reform drei Verantwortungsebenen unterschieden: Verwaltungsvorstand, Fachbereichsleitungen, Produktverantwortliche. Der Verwaltungsvorstand als vierköpfiges Dezernentenkollegium ist für die strategische Planung und Steuerung verantwortlich.[1457] Den Leitungen der neun Fachbereiche, die befristet bestellt werden, wurden haushalts- und personalwirtschaftliche sowie organisatorische Befugnisse übertragen. Steuerungsrelevante Aufgaben der bisherigen Querschnittsämter wurden in einem Steuerungsdienst zusammengefasst und als Stabstelle dem Verwaltungsvorstand zugeordnet.[1458] Nicht steuerungsrelevante Funktionen wurden in einem Fachbereich „Zentrale Dienste“ zusammengefasst, dessen Dienstleistungen, bis auf gesetzlich vorgeschriebene Ausnahmen, im Wettbewerb mit externen Anbietern stehen. In den einzelnen Fachbereichen sind Teams von acht bis zehn Personen gebildet worden. Die Teamverantwortlichen, die auf Vorschlag der Teammitglieder bestellt werden, unterstützen die Fachbereichsleitung bei der Personalförderung und -entwicklung. Die Produktverantwortung wird so weit wie möglich nach unten, oft bis zu dem/der unmittelbar ausführenden Mitarbeiter/in, delegiert. Ggf. kann die Produktverantwortung auch von einer Gruppe übernommen werden. Der Leistungserstellungsprozess wird gesteuert durch Zielvereinbarungen und Zielerreichungskontrolle. Die Erfahrungen in Detmold zeigen, dass die Verwaltung auch mit geringerem personellen Leitungsaufwand führbar ist. Die Verantwortungszuwächse insbesondere der Fachbereichsleitungen werden angenommen und vorwiegend in vollem Umfang genutzt. Es hat sich jedoch auch gezeigt, dass „die neuen Rollen erlernt werden müssen“ und dass „selbstverständlich Wille und Ver-

---

[1455] Vgl. Kap. 8.3.7.2.
[1456] Dargestellt in: Horstmann, Weniger Hierarchie und mehr Verantwortung, in: Schückhaus (Hrsg.), Kommunen in Not, 1996, S. 163-174.
[1457] Vgl. hierzu auch KGSt-Bericht Nr. 9/1998: Führungsstrukturen im Neuen Steuerungsmodell.
[1458] Vgl. hierzu auch KGSt-Bericht Nr. 11/1996: Zentrale Steuerungsunterstützung.

mögen dazu individuell verschieden ausgeprägt sind“[1459]. Unterstützung und Förderung insbesondere der Managementkompetenz haben sich als erforderlich erwiesen. Damit die Erweiterung der Verantwortung tatsächlich einen Anreizcharakter erhalten konnte, war es notwendig, dass im Gegenzug zum Abbau von Führungspositionen Karrieremöglichkeiten in Fachlaufbahnen, d. h. in der Produktverantwortung, eingerichtet wurden.[1460] Die Delegation der Produktverantwortung in den Fachbereichen wird sehr unterschiedlich wahrgenommen. Entscheidend für die Motivation zur Übernahme waren die Willensbekundungen der Betroffenen selbst. Die Motivation zur Übernahme von zusätzlicher Verantwortung wurde in Detmold besonders gefördert. Ein zentrales Element war dabei die Unterstützung von dezentralen Qualitätszirkeln in den Fachbereichen. Insgesamt hat sich gezeigt, dass die Bereitschaft zur Übernahme von mehr Verantwortung durch die neuen Verwaltungsstrukturen gestiegen ist. Eine weitere Folge der größeren Verantwortung, insbesondere der integralen Produktverantwortung, ist die größere Kundenorientierung, die sich in sinkender Kundenkritik bemerkbar gemacht hat.[1461]

In einer Reihe von Verwaltungen stellt die Verselbstständigung von Verwaltungseinheiten eine weitere Form der Delegation von Verantwortung dar. So werden Verwaltungseinheiten zu Eigen- oder Regiebetrieben oder juristischen Personen (GmbH-Gründungen). Beispielhaft wird hier die Stadt Bremen genannt. Die bisherigen Erfahrungen zeigen, dass die Verselbstständigung zu Effizienzsteigerungen in den einzelnen Bereichen geführt hat.[1462]

Das zweite zentrale Element des Konzepts „Mitarbeiter/innen als Mitunternehmer/innen“, die materielle Beteiligung der Beschäftigten am ökonomischen Erfolg der Organisation, wird in dezentralen Verwaltungseinheiten in Anfängen bereits praktiziert, ist jedoch für die Kernverwaltung derzeit (noch) schwierig. Sie wird aber bereits in einigen kommunalen Eigenbetrieben praktiziert.[1463]

8.3.7.2 Mitarbeiterbeteiligung in der Verwaltungsreform

a. Beschreibung

In der Verwaltungsreform stand bislang die Einführung finanz- und betriebswirtschaftlicher Elemente im Vordergrund. Insgesamt wurden die psychologischen, sozialpsychologischen, gruppendynamischen, normativen und kulturellen Prozesse und Fakten nicht oder zu wenig berücksichtigt. Insbesondere die Beteiligung des Personals an den Mo-

---

[1459] Horstmann, Weniger Hierarchie und mehr Verantwortung, in: Schückhaus (Hrsg.), Kommunen in Not, 1996, S. 163 (172).
[1460] Zu Parallelkarrieren vgl. Kap. 8.3.2.4.
[1461] Vgl. Horstmann, Weniger Hierarchie und mehr Verantwortung, in: Schückhaus (Hrsg.), Kommunen in Not, 1996, S. 163-174.
[1462] Vgl. Scherf, Dezentral und selbständig – Ziele der Bremer Reform, in: VOP 12/1998, S. 8 (9).
[1463] Vgl. Kap. 9.5.5.

dernisierungsprozessen wurde zu wenig beachtet.[1464] So fand in einer Reihe von Verwaltungen die Reform überwiegend als Top-down-Umsetzung statt. Die Rolle des Personalrates wurde teilweise nicht definiert, seine Beteiligung nicht geplant oder Rollenkonflikte des Personalrats wurden nicht erkannt. Wurden die Mitarbeiter/innen beteiligt, wurden sie häufig enttäuscht durch zögerliche oder zentralistische Abarbeitung ihrer Reformvorschläge; mögliche Reform-Anreize wurden nicht bedacht und/oder nicht geschaffen. So wurden die Mitarbeiter/innen häufig nicht gefragt, welchen Gewinn oder welchen Verlust ihnen die Reform kurz-, mittel- und langfristig bringen soll.[1465] Oder aber die Mitarbeiter/innen wurden gefragt, aus den Ergebnissen wurden jedoch keine Konsequenzen gezogen.
Mitarbeiter/innen in Verwaltungen, die sich in den Reformprozess begeben haben, zeigen oft Veränderungswiderstände. Man kann die Wurzel dieser Widerstände in tiefgreifenden Ängsten vermuten. Zu diesen Ängsten, die durch die Reformprozesse ausgelöst werden, gehören z. B.:[1466]

- Angst vor Unbekanntem,
- Angst vor dem Verlust von (Routine-)Sicherheiten,
- Angst vor unkalkulierbaren weiteren Belastungen wie Mehrleistungen, neuer Einarbeitung, Erwerb neuer Erkenntnisse,
- Angst, eine unangenehmere Arbeit als die bisherige übernehmen zu müssen,
- Angst vor Macht- und Statusverlusten, insbesondere bei Führungskräften,
- Angst vor einer/m unangenehmeren Vorgesetzten,
- Angst vor dem Verlust, das vertraute soziale Netz zu verlieren,
- Angst, den eigenen Arbeitsplatz zu verlieren,
- Enttäuschungs- und Unterlegenheitsgefühle.

Dem Faktor Angst wurde bislang als Hauptursache von Reformwiderständen zu wenig Bedeutung zugemessen. Reformprozesse berühren insbesondere das Bedürfnis der Beschäftigten nach Sicherheit hinsichtlich des Arbeitsplatzes, der vertrauten Arbeits- und sozialen Umgebung sowie der eigenen Machtposition. Um die Reformwiderstände nicht nur zu verhindern oder zu überwinden, sondern darüber hinaus das in den Beschäftigten vorhandene Innovationspotenzial zu nutzen, muss der Reformprozess das Entstehen von Ängsten verhindern helfen und an den Interessen und Bedürfnissen der Beteiligten ansetzen.[1467] Dies kann ermöglicht werden durch die Mitarbeiterorientierung und -beteiligung der Verwaltungsreform.
Erfahrungen in Verwaltung und Privatwirtschaft zeigen, dass eine Reform erst erfolgreich sein kann, wenn sie durch die am Reformprozess Beteiligten getragen wird.[1468] Deren Motivierung ist entscheidend für die Wirksamkeit von Modernisierungen: „Viel-

[1464]Vgl. Kap. 2.1.2.3.1.
[1465]Vgl. die zusammenfassende Darstellung von Ergebnissen von Mitarbeiterbefragungen in Kommunalverwaltungen in: Klages, Verwaltungsmodernisierung: "harte" und "weiche" Aspekte II., 1998, S. 29.
[1466]In Anlehnung an: Klages, Verwaltungsmodernisierung: "harte" und "weiche" Aspekte II, 1998, S. 32.
[1467]Vgl. auch Kemnitzer, Die menschliche Gefühlswelt im Veränderungsprozess, in: VOP 11/1999, S. 35-38.
[1468]Vgl. Klages, Verwaltungsmodernisierung: "harte" und "weiche" Aspekte II., 1998, S. 29.

mehr bedarf es vielfältiger Formen der Motivierung und Aktivierung der unterschiedlichen betroffenen und beteiligten Akteure, um eine Veränderung in Richtung einer leistungsfähigeren, bürgerorientierten und flexiblen Verwaltungsorganisation prozeßhaft anzustreben und zu realisieren. Erst aus dem Zusammenwirken der verschiedenen Ebenen und Akteure erschließen sich in der Praxis die Dynamik und die Ergebnisse der Modernisierungsprozesse."[1469] Der Einbezug der Mitarbeiter/innen stellt einen entscheidenden Erfolgsfaktor des Modernisierungsprozesses dar: „Erfolgreiche Modernisierungsvorhaben können nicht von innen oder von außen verordnet werden. Es reicht nicht, dass ein Parlament eine Reform beschließt, ein Verwaltungschef sie anordnet oder ein Berater von außen eine Sonde an die Organisation anlegt. Vielmehr müssen Reformen, wenn sie wirksam sein sollen, einen Veränderungsprozess im Innern in Gang setzen. Wie jede Veränderung ist dies mit Bedenken, Unsicherheit und Widerständen verbunden. Die Reform kann daher nur gelingen, wenn die Mitarbeiter von Anfang an in den Reformprozeß eingebunden werden."[1470] Erst durch die Einbindung kann eine Akzeptanz von Veränderungen entstehen: „Insofern ist deutlich zu bemerken, dass ein Neues Steuerungsmodell nur dann erfolgreich funktionieren kann, wenn alle handelnden Personen das Gefühl haben, es sei ihnen nichts übergestülpt worden – noch besser – sie hätten die faire Chance gehabt, an seinem organisationsadäquaten Zuschnitt und an seiner Implementierung beteiligt gewesen zu sein."[1471] In einem erfolgreichen Reformprozess können sich die Beschäftigten mit der Modernisierung identifizieren: „Nur wenn der einzelne Beschäftigte den Veränderungsprozess als seinen Prozess begreift, wird er sich aktiv und gestaltend einbringen."[1472] Insofern stellt die Mitarbeiterbeteiligung nicht nur einen Vorteil für den Reformprozess, sondern auch einen Anreiz für die Beschäftigten dar.

Bei der Umsetzung von Reformstrategien aller Art wird die Beschäftigtenbeteiligung betont: „Kaum ein Veränderungsprozeß bezeichnet sich heutzutage nicht als beteiligungsorientiert. Gleichermaßen scheint auf keiner Dimension Schein und Sein soweit auseinander zu klaffen wie bei dieser Frage"[1473].

Man kann im Umsetzungsprozess verschiedene Beteiligungs- und Motivierungsstrategien erkennen. Diese werden von den Verwaltungen jedoch kaum dokumentiert. Die folgende Systematik beruht auf Einschätzungen.[1474]

Die **Bombenwurfstrategie** wird zur Zeit vertreten und praktiziert sowohl von einer Reihe von Verwaltungsvertretern/innen als auch von einigen Beratungsunternehmen. Strategie für den Reformprozess (Linie b) ist es, die Reform in einem möglichst kurzen Zeit-

---

1469 Sperling, Verwaltungsmodernisierung und Partizipation, 1999, S. 30.
1470 Hill, Kompetenzentwicklung in der öffentlichen Verwaltung, 1997, S. 57.
1471 Wagner, Personalmanagement in der Verwaltung, in: Personal 5/2000, S. 220 (222 f.).
1472 Rienaß, Die Vielseitigkeit von Führungskräften fördern, in: VOP 11/2000, S. 31 (32).
1473 Vgl. Reichwein, Erfahrungen mit dem Modernisierungsprozeß – Anforderungen an zukünftiges Prozeßmanagement, in: Hill/Klages (Hrsg.), Erfahrungen mit dem Modernisierungsprozeß, 1997, S. 23 (38).
1474 Vgl. zum Folgenden: Klages, Verwaltungsmodernisierung: "harte" und "weiche" Aspekte II, 1998, S. 32 ff.

raum möglichst vollständig zu erreichen bei möglichst niedrigem Motivationsbedarf (Linie a). Die zu Grunde liegende Einstellung bzgl. der Motivation ist: Menschen sind wenig motivierbar, man muss sie vor vollendete Tatsachen stellen, damit sie diese annehmen und sich fügen. Die nachfolgende Abbildung verdeutlicht diese Strategie.

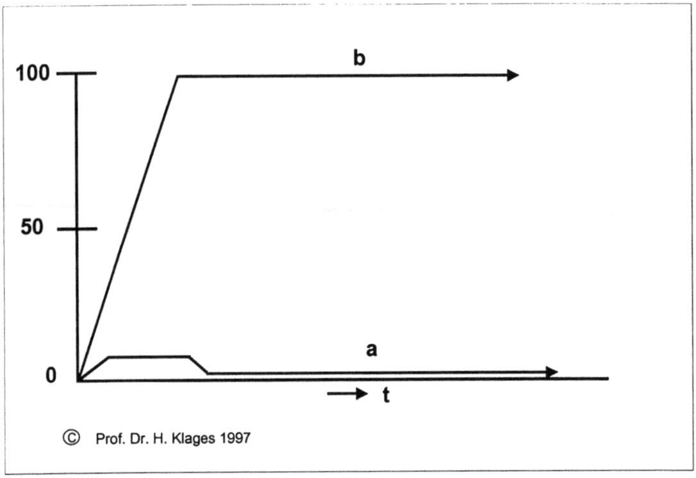

Abbildung 35: Die Bombenwurfstrategie[1475]

Der Vorteil dieser Strategie ist ein kurzfristiger hoher Erfolg von Reformmaßnahmen ohne größere offensichtliche Widerstände. Der Nachteil ist, dass sich Reformwiderstände später zeigen und die Modernisierung von den Beschäftigten wenig getragen wird. Ein besonders entscheidender Nachteil ist, dass das Ziel der Verwaltungsreform, die Bildung eines ziel- und ergebnisbezogenen kundenorientierten Dienstleistungsunternehmens, Menschen mit Verantwortungsbewusstsein, Eigeninitiative, Engagement und Identifikation mit der eigenen Aufgabe erfordert. Die Bombenwurfstrategie setzt jedoch fügsame und passive Menschen voraus.
Bei den folgenden Strategien dagegen handelt es sich um Beteiligungsstrategien oder partizipative Strategien, die auf den Grundsatz aufgebaut sind: "Betroffene zu Beteiligten machen!".
Bei der **Mobilisierungsstrategie** wird zu Beginn dieses Prozesses eine allgemeine Aufbruchstimmung erzeugt (Linie a). Dieser Reformwille wird Träger der Modernisierung, die unter großer Mitarbeiterbeteiligung kurzfristig auf 100 % gebracht werden soll (Linie b). Bei dieser Strategie rechnet man damit, dass diese Aufbruchstimmung nach Reformabschluss wieder absinkt. Man versucht sie daher, auf einem mittleren Niveau

[1475]Klages, Verwaltungsmodernisierung: "harte" und "weiche" Aspekte II, 1998, S. 34.

stabil zu halten, um permanente Veränderungsbereitschaft als Basis einer lernenden Verwaltung zu erhalten. Diese Entwicklung zeigt die nachfolgende Abbildung.

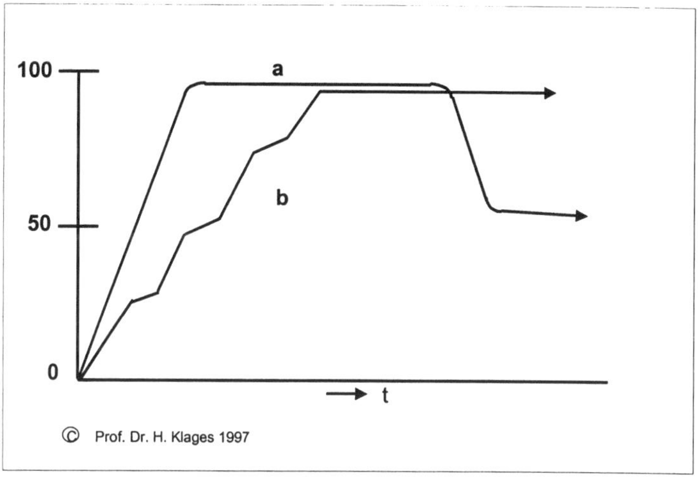

Abbildung 36: Die Mobilisierungsstrategie[1476]

Nachteile dieser Strategie können sich in folgenden Fällen zeigen:

- o Wenn sich der Reformablauf aus verschiednen Gründen verzögert, wird die hochgepeitschte Aufbruchstimmung durch Störungen und Enttäuschungen sehr beeinflusst und kann ebenso schnell wieder absinken.
- o Diese Aufbruchstimmung kann nur dann empor schnellen, wenn die konkreten Veränderungsfolgen (z. B. Abbau von Führungspositionen) nicht allzu deutlich werden. Werden diese bekannt, verbreiten die Betroffenen eine Negativstimmung hinsichtlich der Reform.
- o Die Aufbruchstimmung kann Engagement und spontane Initiativen der Beschäftigten bewirken. Diese führen jedoch zu Frustrationen und Enttäuschungen, wenn sie aus Kapazitätsgründen nicht aufgenommen und weiterentwickelt werden können.

Bei der **Ölfleckstrategie** werden die Mitarbeiter/innen in Projektgruppen etc. auf freiwilliger Basis am Reformprozess beteiligt. Die "natürliche Neigung zum Änderungswiderstand" soll jedoch nicht sofort überwunden und eine Aufbruchstimmung erzeugt werden. Die Akteure/innen gehen eher davon aus, dass die positiven Erfahrungen der am Reformprozess Beteiligten sich unter der Belegschaft verbreiten und langfristig eine Re-

[1476]Klages, Verwaltungsmodernisierung: "harte" und "weiche" Aspekte II, 1998, S. 36.

formmotivation aufbauen (Linie a), die sich in einer wachsenden Zahl von Projektgruppen, Qualitätszirkel etc. bemerkbar macht. Beim Reformprozess wird ohne festen Zeitplan vorgegangen, da man davon ausgeht, dass es sich um einen offenen Prozess handelt, der in die "Lernende Verwaltung" mündet (Linie b). Man nimmt an, dass auch Motivation und Mitarbeiterbeteiligung steigen und sich beide Linien auf Dauer auf 100% einpendeln. Diese Strategie verdeutlicht folgende Abbildung.

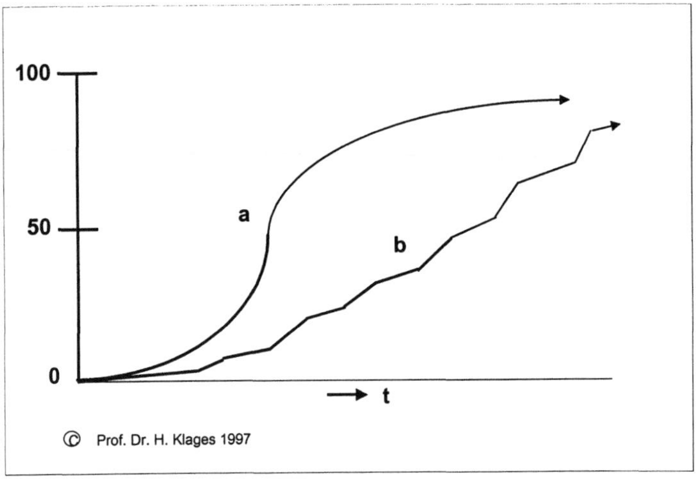

Abbildung 37: Die Ölfleckstrategie[1477]

Der Nachteile dieser Strategie sind folgendermaßen zu beschreiben:

- In der Modernisierung ist zu wenig Dynamik zu finden, Reformveränderungen werden zu wenig erlebbar.
- Die Prämisse, dass sich die Motivation der Engagierten zwingend auf die anderen überträgt, hängt von Rahmenbedingungen ab, die örtlich nicht unbedingt gegeben sein müssen.
- Die Reform nach dieser Strategie beginnt nicht systematisch dort, wo der Veränderungsbedarf am größten ist, sondern wo sich spontanes Engagement der Mitarbeiter/innen zeigt. Beide Bereiche müssen nicht deckungsgleich sein.

Grundlegender Ansatz der **realistischen Strategie** ist die Herstellung eines unmittelbaren Zusammenhangs zwischen Reformerwartungen und -erfordernissen. Diese Strategie geht von mehreren Motivationssträngen aus: Das Reformengagement der Leitung (Linie c) ist ein entscheidender Faktor im Modernisierungsprozess. Es hat Vorreiterfunk-

[1477]Klages, Verwaltungsmodernisierung: "harte" und "weiche" Aspekte II, 1998, S. 38.

tion für die Beschäftigten und ist gleichzeitig konstanter Träger für die weitere Reform. Eine Kerngruppe, bestehend aus der Lenkungsgruppe (zusammengesetzt aus Verwaltungsleitung, Personalrat, Gleichstellungs-/Frauenbeauftragte, Fachbereichsvertreter/innen), einem zentralen Arbeitsteam, Moderatoren/innen, Modernisierungsbeauftragte in den einzelnen Fachbereichen etc., unterstützt das Reformengagement der Leitung (Linie d). Dem Reformprozess (Linie b) wird die Zeit eingeräumt, die er realistischerweise braucht. Es wird aber ein realistischer Abschlusszeitpunkt festgelegt, der Aussicht, aber auch leichten motivationssteigernden Druck ausübt. Der Reformprozess besteht aus verschiedenen eindeutig voneinander abgrenzbaren Schritten, die die Voraussetzung für konkrete Erfolgserlebnisse darstellen. Die Beteiligung der Beschäftigten (Linie a) geschieht früh in einem hohen Maße. Sie erreicht allerdings nicht 100%, da es immer Nicht-Motivierbare geben wird.
Die Mitarbeiterbeteiligung zeigt sich in folgenden Schritten:

- breite Information über den geplanten und jeweils erreichten Reformprozess,
- symbolische Beteiligung z. B.
  - bei der Leitbildentwicklung, die bei einer breiten Beteiligung eine Auseinandersetzung mit der Reform bewirkt,[1478]
  - als Mitarbeiterbefragung[1479] zu Beginn des Prozesses,
- arbeitende Beteiligung der Beschäftigten in Projektgruppen, Arbeitsgruppen und Teams zur Bewältigung von Reformaufgaben.

Die Beteiligungs- und Motivationskurve ist nicht gradlinig, sondern unterliegt Schwankungen. Die Gefahr von Schwankungen ist insbesondere bei strukturellen Veränderungen mit Einsparungen von Leitungsstellen gegeben. Diese Gefahr besteht zumindest bei Strukturveränderungen zu Beginn des Prozesses. Der Reformprozess sollte so gestaltet sein, dass er Verlierende vermeidet (z. B. durch den Einsatz von bisherigen Führungskräften in der Leitung von Reformprojekten oder strategischen Aufgaben oder durch das Einrichten von Parallelkarrieren[1480]). Die Zusammenhänge der verschiedenen Linien zeigt die nachfolgende Abbildung.

[1478] Vgl. Kap. 8.3.7.3.
[1479] Zu Mitarbeiterbefragungen vgl. Kap. 8.3.7.4.
[1480] Zu Parallelkarrieren vgl. Kap. 8.3.2.3.

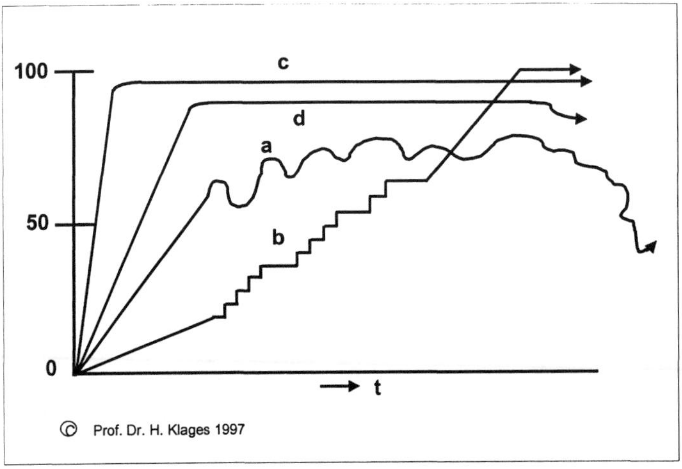

Abbildung 38: Die realistische Strategie[1481]

Für einen erfolgreichen Reformprozess und die Wahl der Reform- und Motivationsstrategie kommt es grundsätzlich auf die Kultur der jeweiligen Verwaltung an. In einer Verwaltung, in der ein eher autoritär geprägter Führungsstil herrscht, sind vermutlich (zunächst) eher Top-down-Verfahren wirksam. In Verwaltungen mit einem stärker kooperativen Führungsstil gehen die Mitarbeiter/innen vermutlich auf Distanz, wenn sie bei Veränderungen nicht einbezogen werden; hier bieten sich vor allem Bottom-up-Verfahren an. Eine grundsätzliche Verschränkung der Top-down-Strukturierung mit einer Bottom-up-Orientierung stellt jedoch einen wichtigen Erfolgsfaktor der Verwaltungsreform dar: „Der strategische Top-down-Ansatz betont den Veränderungswillen der Führungsspitze und die Bereitschaft, diesen Prozeß nicht nur zu initiieren, sondern auch nach Kräften zu unterstützen. Der Bottom-up-Ansatz setzt dagegen auf eine umfassende Einbeziehung der Mitarbeiter, ihr Wissen um vorhandene Strukturen und deren Schwächen, aber auch Ideen bezüglich möglicher Verbesserungen."[1482]
Die Verwaltungsmodernisierung und die gewählten Strategien hängen weiterhin ab von den unterschiedlichen Ausgangslagen, z. B. der Größe der Verwaltung, von den strukturellen Bedingungen, von den bisherigen Reformen und nicht zuletzt von den handelnden Personen. Verwaltungsreform ohne Promotoren/innen oder gegen den Willen der Akteure/innen ist kaum unmöglich. Grundsätzlich besteht ein zentraler Erfolgsfaktor sowohl für das Gelingen der Verwaltungsreform, der Ziele, die die Verwaltung durch sie erreichen will, sowie für die Mitarbeitermotivation in diesem Prozess darin, die Mitarbei-

[1481]Klages, Verwaltungsmodernisierung: "harte" und "weiche" Aspekte II, 1998, S. 41.
[1482]Hill, Reengineering hinterfragt bisherige Strukturen, in: VOP 10-11/1996, S. 10 (13).

ter/innen grundsätzlich in einem gewissen Maß zu beteiligen.[1483] Partizipation muss sozusagen zur Strategie der Verwaltungsreform werden.[1484]

b. Erfolgsfaktoren

Folgende Erfolgsfaktoren stellen die Voraussetzung für den Reformprozess hinsichtlich der Mitarbeiterbeteiligung dar:
Das Engagement der Verwaltungsleitung ist einer der Schlüssel für den Gesamterfolg.[1485] Durch klare Zeichen der Verwaltungsleitung kann die Notwendigkeit der Veränderung und die Bereitschaft und Unterstützung des Reformprozesses durch die Leitung verdeutlicht werden, um in der Folge Vertrauen, Zuversicht und eine entsprechende Aufbruchstimmung zu wecken.[1486]
Ein schlüssiges Gesamtkonzept ist für die Orientierung aller Beteiligten notwendig, schafft Transparenz und bietet Kontrollmöglichkeiten. Gleichzeitig muss der Prozess offen gestaltet sein, d. h. ohne Festlegung der Ergebnisse im Detail.[1487] Promotoren/innen sind frühzeitig zu identifizieren, zu fördern und zu unterstützen. Offene und offensive Informationen von Beginn an für alle Interessierten schaffen Vertrauen: „Jede Verwaltungsreform muß so gestaltet sein, daß die Mitarbeiterinnen und Mitarbeiter den Grund für die Veränderungen verstehen, Ängste soweit möglich vermieden werden und sie die Veränderung mitgestalten. Die Einführung des Neuen Steuerungsmodells ist nur mit den Mitarbeiter/innen möglich."[1488] Die Beschäftigten müssen wissen, warum die Reform durchgeführt wird, d. h. Informationen müssen vermittelt und der Nutzen muss formuliert werden. Kommunikation stellt dabei einen wichtigen Erfolgsfaktor dar.[1489] Methoden der Organisationsentwicklung wie Workshops, Qualitätszirkel, Diskussionsforen sind hilfreiche Instrumentarien, um die Beschäftigten einzubeziehen. Eine frühzeitige Einbeziehung der Gewerkschaft und des Personalrats schafft Vertrauen und vermeidet unnötige Konflikte. Durch die Bildung einer Lenkungsgruppe können die verschiedenen Beschäftigtengruppen vertreten sein (durch Beteiligung des Personalrats, der Gleichstellungs-/Frauenbeauftragten, der Schwerbehindertenvertretung, einer Vertretung der Führungskräfte etc.).[1490] Regelmäßige Mitarbeiterbefragungen binden die Mitarbeiter/innen ein und liefern Informationen für den gesamten Prozess.[1491] Die Ergeb-

---

[1483] Vgl. Hill, Wir müssen zuerst die Köpfe und Herzen der Mitarbeiter gewinnen, in: Kommunalpolitische Blätter 4/1995, S. 233-235.
[1484] Vgl. Adamaschek, Partizipation, in: VOP-Sonderheft 1/2001, S. 37 (37).
[1485] Vgl. Stratemann/Wottawa, Bürger als Kunden, 1995, S. 112 ff.
[1486] Vgl. Hill, Kompetenzentwicklung in der öffentlichen Verwaltung, 1997, S. 58.
[1487] Vgl. Stratemann/Wottawa, Bürger als Kunden, 1995, S. 121 ff.
[1488] KGSt-Bericht Nr. 8/1995: Das neue Steuerungsmodell in kleineren und mittleren Gemeinden, S. 41.
[1489] Vgl. Hill, Die kommunikative Organisation, in: Hill (Hrsg.), Die kommunikative Organisation, 1997, S. 11 (11).
[1490] Vgl. Sperling, Verwaltungsmodernisierung und Partizipation, 1999, S. 303.
[1491] Vgl. Klages/Gensicke/Haubner, Die Mitarbeiterbefragung, in: VOP 5/1994, S. 322-327; Stratemann/Wottawa, Bürger als Kunden, 1995, S. 118 ff.; Wagner/Dominik, Mitarbeiterbefragung als Reformbarometer, in: VOP 11/1997, S. 35-37.

nisse der Befragungen müssen jedoch ernstgenommen werden und zu Konsequenzen führen.[1492] Eine weitere Einbindung der Beschäftigten kann durch die Teilnahme an Projekten zu unterschiedlichen Reformthemen geschehen.[1493] Die dezentrale Ressourcenverantwortung etabliert die Partizipation und Eigenverantwortung der Beschäftigten auf Dauer in das Verwaltungsgeschehen.[1494] Gegenüber den Mitarbeiter/innen sind Vorleistungen in Form "vertrauensbildender Maßnahmen" sinnvoll wie z. B. der Verzicht auf betriebsbedingte Kündigungen, Offenlegung aller Ergebnisse von Mitarbeiterbefragungen etc.
Anspruchsvolle, aber erreichbare Ziele sind zu definieren und die aktuelle Zielerreichung jeweils zu reflektieren. Für alle Aktiven und Interessierten ist ein realistischer Zeitplan zu erstellen. Teillösungen sind anzustreben und das Erreichen von Zwischenzielen zu konstatieren. Kurzfristige Ergebnisse und regelmäßige Erfolge fördern die Reform und die Integration der Mitarbeiter/innen in den Prozess. Vereinbarte Prozessregeln (z. B. der Verzicht auf Entlassungen auf Grund von Modernisierungserfolgen) können den Beschäftigten Sicherheit vermitteln.[1495]
Die Beteiligten müssen mit all ihren Dimensionen einbezogen werden: „Diese Einbeziehung des ganzen Menschen in den Arbeits- und Modernisierungsprozess bedingt, dass man nicht nur seine kognitiven Fähigkeiten verbessern muss, sondern auch seine emotionalen Bezüge zur Arbeit, sowohl Blockaden und Ängste als auch Interessen und Motivationsfaktoren."[1496] Besonders zu beachten sind die durch Übertragung von mehr Verantwortung, mehr Selbstständigkeit und größeren Handlungsspielraum ausgelösten Ängste vor Überforderung, da viele diese größere Verantwortung bislang nicht gewohnt waren. Die Übernahme von Verantwortung auf jeder Ebene muss positiv besetzt und als erstrebenswert propagiert werden.
Erst wenn diese grundsätzliche Beteiligung gewährleistet ist, zeigen die Beschäftigten die Bereitschaft, die Reform und auch die mit ihr verbundenen Mehrbelastungen mitzutragen. Ein entscheidender Erfolgsfaktor für die Verwaltungsmodernisierung liegt in einem Maßstab für die Reform, der sich an dem "menschlichen Maß" orientiert, wie es für sich die niederländische Stadt Delft definiert hat.[1497] Das bedeutet: "Sobald Dinge in Bezug auf Menge, Komplexität oder Lückenhaftigkeit das menschliche Maß übersteigen, können destruktive Mechanismen in Gang kommen."[1498]
Ein weiterer Erfolgsfaktor für eine erfolgreiche Partizipation der Beschäftigten im Reformprozess stellen Führungskräfte dar, die die Aktivitäten der Beschäftigten anerken-

[1492] Vgl. Kap. 8.3.7.4.
[1493] Vgl. Palm, Verwaltungsreform und Mitbestimmung, in: Bandemer/Blanke/Nullmeier/Wewer (Hrsg.), Handbuch zur Verwaltungsreform, 1998, S. 216-221.
[1494] Vgl. Stöbe, Mitarbeiterbeteiligung, in: Bandemer/Blanke/Nullmeier/Wewer (Hrsg.), Handbuch zur Verwaltungsreform, 1998, S. 150 (156 f.).
[1495] Vgl. Hill, Kompetenzentwicklung in der öffentlichen Verwaltung, 1997, S. 58.
[1496] Hill, Neue Anforderungen an die Mitarbeiterinnen und Mitarbeiter, in: Drescher (Hrsg.), Handbuch zur Personalauswahl in der modernen Kommunalverwaltung, 2001, S. 23 (25).
[1497] Vgl. Braak, Delft: Organisationserneuerung nach menschlichem Maß, in: Banner/Reichard (Hrsg.), Kommunale Managementkonzepte in Europa, 1993, 131-141.
[1498] Braak, Delft: Organisationserneuerung nach menschlichem Maß, in: Banner/Reichard (Hrsg.), Kommunale Managementkonzepte in Europa, 1993, 131 (132).

nen und den Mitarbeiter/innen Eigenverantwortung einräumen. Bei den Beschäftigten selber wird die Bereitschaft zur Teilnahme an Reformaktivitäten und zu größerer Verantwortung vorausgesetzt.[1499]
Eine effektive Mitarbeiterbeteiligung muss mit anderen Modernisierungsmaßnahmen verknüpft werden. Dazu gehören die Personalentwicklung, die Personalführung, die Frauenförderung sowie Leistungsanreizsysteme.[1500] Während die Mitarbeiterbeteiligung selber einen Leistungsanreiz darstellt, kann sie durch weitere, z. B. materielle Leistungsanreize, unterstützt werden.[1501]
Ein Partizipationscontrolling stellt die Basis für eine systematische Erfassung, Bewertung und mögliche Korrektur partizipativer Prozesse dar. Hilfreich kann hier ein Beteiligungsmarketing bzw. Benchmarking sein. Konkrete Maßnahmen können Informations- und Öffentlichkeitsarbeit sein sowie die Prämierung erfolgreicher Beteiligungsarbeit in einem verwaltungsinternen Vergleich.[1502]

c. Praxis in Kommunalverwaltungen

Zahlreiche Kommunalverwaltungen führen eine Verwaltungreform mit Mitarbeiterorientierung und -beteiligung durch.

Eines der entscheidenden Charakteristika der Verwaltungsreform bei der Stadt Krefeld ist die Mitarbeiterorientierung.[1503] Das Grundziel aller Beteiligungsmethoden ist die Suche nach Möglichkeiten, die Verwaltung wirtschaftlicher und kundenfreundlicher zu gestalten. Zu den verschiedenen Beteiligungsmethoden gehören z. B.:[1504]

- o Informationsschriften zur Verwaltungsmodernisierung mit Berichten aus den verschiedenen Reformprojekten, über Meilensteine der Modernisierung und den Möglichkeiten der Mitarbeiterbeteiligung,
- o persönliche Interviews mit einzelnen Mitarbeiter/innen in Pilotprojekten zu Innovationsbereitschaft, Erwartungen und Befürchtungen sowie den Schwachstellen in den Ämtern,
- o repräsentative Befragung der Mitarbeiterschaft zunächst in den Pilotprojekten mithilfe eines standardisierten Fragebogens zu den Themenbereichen „Arbeitszufriedenheit und berufliche Einstellungen", „Arbeitsbelastung, Arbeitsabläufe", „Mitarbeiterinformation", „Führungsstil" und „Kundenorientierung"; die Ergebnisse

[1499] Vgl. Stöbe, Mitarbeiterbeteiligung, in: Bandemer/Blanke/Nullmeier/Wewer (Hrsg.), Handbuch zur Verwaltungsreform, 1998, S. 150 (156 ff.).
[1500] Vgl. Kißler/Graf/Wiechmann, Nachhaltige Partizipation, 2000, S. 207.
[1501] So versucht z. B. die Stadt Wuppertal, in die Beteiligungsdiskussion materielle Leistungsanreize einzubeziehen und beide Elemente miteinander zu verbinden, vgl. Kißler/Graf/Wiechmann, Nachhaltige Partizipation, 2000, S. 128.
[1502] Vgl. Kißler/Graf/Wiechmann, Nachhaltige Partizipation, 2000, S. 207 f.
[1503] Vgl. Esser, Chancen und Formen der Mitarbeiterbeteiligung, in: VOP 11/1997, S. 31 (31).
[1504] Vgl. Esser, Chancen und Formen der Mitarbeiterbeteiligung, in: VOP 11/1997, S. 31-34.

wurden den entsprechenden Bereichen zur Erarbeitung von Ergänzungsvorschlägen vorgelegt,

o Qualifizierungsmaßnahmen, die für die Projektgruppenmitglieder obligatorisch und für alle anderen Mitarbeiter/innen ein offenes Angebot sind, mit folgenden Bausteinen:
  - Rahmenbedingungen und Ziele der Reform,
  - Organisationsentwicklungsprozesse und Projektmanagement,
  - Methodik und Phasen der Projektarbeit am Beispiel der Pilotprojekte,
  - Elemente des Neuen Steuerungsmodells,
  - Produktbeschreibungen,
  - Budgetierung,
  - Kosten- und Leistungsrechnung/Controlling,
o Informationsmärkte mit Informationen über die Reform, offenen Diskussionen und Anregung der Betroffenen für die Umgestaltung ihres Bereichs,
o frühzeitige Beteiligung möglichst vieler Mitarbeiter/innen an der Definition und Beschreibung von Produkten,
o Vorschlagswesen und Qualitätszirkel für Verbesserungsvorschläge mit raschen Umsetzungsmöglichkeiten,
o frühzeitige Beteiligung des Personalrates bei der Formulierung von Rahmenbedingungen der Reform, in den Lenkungsgremien der Modernisierung sowie in der Arbeit der Pilotprojekte selber.

Die Vielfalt der Methoden der Mitarbeiterbeteiligung hat sich bewährt und ihr Ziel der Aktivierung möglichst vieler Mitarbeiter/innen erreicht. Somit konnte in der Stadtverwaltung Krefeld „ein Klima der **Initiative von unten** im Sinne eines Organisationsentwicklungsprozesses“[1505] erreicht werden.

Ein weiteres Beispiel der Mitarbeiterbeteiligung ist in dem Pilotprojekt des Bürgerladens Hagens zu finden. Hier wurden die Beschäftigten in die Konzeptionierung und Realisierung des Projekts einbezogen und haben z. B. Arbeitszeiten flexibel eigenverantwortlich geregelt.[1506]

Von 1997 bis 1999 führten fünf nordrhein-westfälische Kommunen, die Städte Brühl, Jülich, Kerpen, Zülpich und die Gemeinde Elsdorf unter externer Beratung das Verbundprojekt „Neue Steuerung und Mitarbeiterbeteiligung als Gestaltungsinstrumente für Kommunalverwaltungen kleiner und mittlerer Größenordnung“ durch. Grundlage der

[1505]Esser, Chancen und Formen der Mitarbeiterbeteiligung, in: VOP 11/1997, S. 31 (34).
[1506]Vgl. Kißler/Bogumil/Wiechmann, Moderne Zeiten im Rathaus, 1997, S. 70 ff.; vgl. Kißler/Bogumil/Wiechmann, Das kleine Rathaus, 1994, S. 74ff.; König/Schuhmacher, Beschäftigtenbeteiligung als Kernpunkt bürgerfreundlicher Verwaltung, in: Kißler/Bogumil/Wiechmann (Hrsg.), Anders verwalten, Marburg 1993, S. 73-77.

Modernisierung in den Verwaltungen war die breite Beteiligung der Mitarbeiter/innen und eine verstärkte Personalentwicklung.[1507]

8.3.7.3 Mitarbeiterorientierte Leitbildentwicklung

Die mitarbeiterorientierte Leitbildentwicklung stellt zwar einerseits nur einen Aspekt der Mitarbeiterbeteiligung neben anderen dar, allerdings handelt es sich hier um einen äußerst zentralen Aspekt, da im Leitbild die Strategien, die Struktur und Kultur der Verwaltung integriert werden. Das Vorhandensein eines Leitbildes und die Mitarbeiterorientierung bei seiner Entwicklung stellen daher einen nicht-monetären Leistungsanreiz dar.[1508]

a. Beschreibung

Der Begriff „Leitbild" wird in zweierlei Hinsicht benutzt: Zum einen als normative Vision, die das Denken und Handeln einer Organisation leitet, die aber i. d. R. nicht schriftlich festgehalten wird. So wird z. B. vom „Leitbild Lernende Verwaltung"[1509] gesprochen. Zum anderen handelt sich um einen schriftlich fixierten Text, der die grundsätzliche Ausrichtung einer Organisation darstellt. Im folgendenden wird das letztgenannte Verständnis zu Grunde gelegt.

„Verwaltungsleitbilder sind ausgestaltete Zukunftsentwürfe, die einen von allen Akteuren (Bürger und Institutionen, Gemeinderat, Verwaltungsführung, Mitarbeiter) getragenen Sollzustand einer bestimmten Verwaltung darstellen. Es werden dabei wesentliche Ziele aufgezeigt und Maßnahmen abgesteckt, mit denen die Ziele erreicht werden sollen. Leitbilder wirken sowohl nach innen als auch nach außen."[1510] Damit sind Leitbilder „Abbilder einer noch nicht Organisationsstruktur gewordenen Zukunft."[1511]

Betrachtet man die verschiedenen Managementebenen der Kommunalverwaltung,[1512] so ist das Leitbild auf der Ebene des normativen Managements angesiedelt. Dabei umfasst es „als fundamentaler, interpretationsbedürftiger und offener Orientierungsrahmen *allgemeine Aussagen* über die Zwecke und Ziele, wie die angestrebten Verhaltensweisen der Unternehmung für die *Mitarbeiter* und die interessierte *Öffentlichkeit*"[1513].

Diese Grundsätze der Kommunalverwaltung werden in einem Leitbild schriftlich niedergelegt. Die schriftliche Fixierung hat den Vorteil, dass sie präzises Denken sowie Prob-

---

1507 Vgl. Liesenfeld, Vom Steuern und Gesteuert-Werden, in: VOP 9/2000, S. 34-37.

1508 Vgl. Koetz, Motivation im öffentlichen Dienst, in: Schückhaus (Hrsg.), Kommunen in Not, 1996, S. 205 (219).

1509 Vgl. z. B. Busse, Leitbild Lernende Verwaltung, in: Personalwirtschaft 1/2000, S. 21-26; Kühnlein/Wohlfahrt, Leitbild lernende Verwaltung?, 1995.

1510 Hopp/Göbel, Management in der öffentlichen Verwaltung, 1999, S. 42.

1511 Hill/Frey, Motivationsinstrumente für eine Innovation der öffentlichen Verwaltung, in: Verwaltung und Management, 1/1997, S. 7 (13).

1512 Zu den verschiedenen Managementebenen einer Kommunalverwaltung vgl. Kap. 6.1.2.1.

1513 Bleicher, Leitbilder, 1992, S. 21.

lembewusstsein aktiviert; die schriftlich niedergelegten Normen haben eine höhere Verbindlichkeit und Beständigkeit und die Kommunikation über sie wird erleichtert. Der Nachteil der Verschriftlichung ist die Tendenz zur Formalisierung, der Verlust an Flexibilität gegenüber abweichenden Entwicklungen und die Dominanz von Formulierungsproblemen gegenüber den Inhalten.[1514]

Inhaltlich enthält ein Leitbild folgende Elemente:[1515]

- **Werte und Normen**
  Hier werden Aussagen über die spezifische Verwaltungskultur getroffen. Sie bilden die Grundlage für das Verhalten in der Verwaltung und seine Bewertung. Dazu gehört z. B. der Führungs- und Kommunikationsstil, der Umgang mit guter und schlechter Leistung, mit Fehlern und Konflikten und die Kriterien für Karrieren in der Verwaltung. Diese Werte und Normen werden dann von den Beschäftigten akzeptiert, wenn sie für die Verwaltung als zutreffend und gut betrachtet werden.
- **Sinn und Zweck**
  Aussagen zum Stand der Verwaltung in der Gesellschaft, zu sinnstiftender Grundidee, Aufgabenbereich und Strategien der Verwaltung stehen hier im Mittelpunkt.
- **Ziele und Visionen**
  Der angestrebte Optimalzustand in der Zukunft wird hier beschrieben. Die daraus folgenden strategischen Ziele für die Gesamtverwaltung werden hier formuliert mit der Absicht, „motivationale **Antriebskräfte** für ein koordiniertes Handeln der Bediensteten"[1516] auszulösen.
- **Ziele und Visionen**
  In dem Leitbild werden die tatsächlichen sowie die angestrebten Verhaltensgrundsätze formuliert. Sie prägen das Image einer Verwaltung. Sie beziehen sich auf das Verhalten der Beschäftigten untereinander, auf das Verhalten der Führungskräfte, auf das Verhalten gegenüber den Bürger/innen, der Öffentlichkeit und anderen Verwaltungen.

Leitbilder haben folgende Funktionen:[1517]

- **Orientierungshilfe**
  In einer Zeit der Arbeitsteilung und Spezialisierung in Unternehmen und Verwaltungen stehen alle sozialen Systeme vor der Herauforderung, die „Sinnhaftigkeit und Ganzheitlichkeit von Missionen, Programmen und Aktionen von Unterneh-

---

[1514] Vgl. Bleicher, Das Konzept Integriertes Management, 1999, S. 265.

[1515] Vgl. Hopp/Göbel, Management in der öffentlichen Verwaltung, 1999, S. 40 f.; Radtke, Entwicklung des Leitbildes parallel zur Reform, in: VOP 5/1998, S. 16 (18 f.).

[1516] Radtke, Entwicklung des Leitbildes parallel zur Reform, in: VOP 5/1998, S. 16 (18).

[1517] Vgl. Hopp/Göbel, Management in der öffentlichen Verwaltung, 1999, S. 43 f.; Radtke, Entwicklung des Leitbildes parallel zur Reform, in: VOP 5/1998, S. 16 (17 f.).

men und Verwaltungen"[1518] zu verdeutlichen. Zu den gesellschaftlichen Herausforderungen von Kommunalverwaltungen gehören die veränderten Erwartungen und Forderungen der Bürger, die gewandelten Werteinstellungen der Mitarbeiter/innen sowie die finanziell knappen Ressourcen. Leitbilder stellen ein Vermittlungsmedium zwischen Absichten und Prinzipien der Organisation und der gelebten Praxis dar. Sie bieten einen Orientierungsrahmen für geplante und durchgeführte Maßnahmen.[1519]

- **Integrationsfunktion**

  Das effektive Management einer Organisation kann die drei Komponenten Strategie, Struktur und Kultur miteinander integrativ vereinen.[1520] Durch Veränderungen des Umfelds einer Organisation bedarf es einer ständigen Anpassung dieser drei Komponenten an diese Veränderungen. Oftmals werden Strategien und Strukturen rasch verändert; die Kultur und die mit ihr einhergehenden Verhaltensmuster bleiben jedoch weitgehend unverändernd. Leitbilder können die drei Komponenten vereinen und auch die Kultur einer Organisation prägen: „es bedarf eines *Leitbildes,* das Denken und Handeln beeinflusst."[1521]

- **Legitimations- und Transparenzfunktion**

  Durch Leitbilder als Bestandteil des kommunalen Marketings kann sich die Verwaltung gegenüber der Bürgerschaft und den kommunalpolitisch relevanten Akteuren wie Betrieben, Unternehmen und Verbänden präsentieren. Sie kann ihre Aufgaben, Ziele und Strategien nach außen transparent machen und legitimieren.[1522]

- **Identifikations- und Motivationsfunktion**

  Die Identifikationsfunktion besteht darin, dass das Leitbild die Entstehung des „Wir-Gefühls" und damit die Identifikation mit der Verwaltung und der eigenen Arbeit der Mitarbeiter/innen unterstützen soll. Die Motivationsfunktion erhält das Leitbild dadurch, das Ziele des Verwaltungshandelns den Mitarbeiter/innen transparent werden.[1523] Darüber hinaus kann das Leitbild den eigenen Stellenwert der Beschäftigten im wirtschaftlichen und gesellschaftlichen Leben bewusst machen und so das Selbstbewusstsein stärken. Die im Leitbild entwickelte Zukunftsvision hat motivierenden und anspornenden Charakter für die Mitgestaltung durch die Beschäftigten. Von einem verinnerlichten und lebendig gelebten Leitbild kann folgende motivierende Wirkungen auf die Beschäftigten ausgehen:

  - „Sie werden sensitiver für relevante Informationen,
  - sie setzen Prioritäten besser und arbeiten zielorientierter,

---

[1518] Bleicher, Leitbilder, 1992, S. 11.

[1519] Vgl. Hopp/Göbel, Management in der öffentlichen Verwaltung, 1999, S. 43.

[1520] Vgl. Benölken/Greipel, Strategische Organisationsentwicklung, in: zfo 1/1989, S. 15 (16); Bleicher, Das Konzept Integriertes Management, 1999, S. 77; Bleicher, Leitbilder, 1992, S. 13; Wald, Personalmanagement für die kommunale Praxis, 1996, Rdnr. 37.

[1521] Bleicher, Leitbilder, 1992, S. 14.

[1522] Vgl. Jourdan, Ein Verwaltungsleitbild für die Kommunalverwaltung, in: Goller/Maack/Müller-Hedrich/Schad (Hrsg.), Verwaltungsmanagement, Stand: April 1992, G 5.6, S. 6 f.; 15.

[1523] Vgl. Hopp/Göbel, Management in der öffentlichen Verwaltung, 1999, S. 43.

- sie arbeiten kreativer,
- sie suchen nach Problemlösungen,
- sie können Kollegen besser mitreißen"[1524].

Damit Leitbilder diese Funktionen erfüllen können, dürfen sie nicht „vom grünen Tisch" erlassen werden, sondern müssen „die Werte und Normen der von ihnen Betroffenen, die ja letztlich ihren Gehalt in die Wirklichkeit umsetzen, im Inhalt und der Form der Leitbildgestaltung einfangen."[1525] Somit trägt die mitarbeiterorientierte Leitbildentwicklung nicht nur zur Qualität des Leitbildes und seiner Umsetzung bei, sondern stellt auch einen Anreiz für die Beschäftigten dar, der ihre Motivation, Identifikation und Leistung steigern kann.

b. Erfolgsfaktoren

Verschiedene Erfolgsfaktoren tragen dazu bei, dass die Beteiligung an der Entwicklung des Leitbildes als Anreiz verstanden und das Leitbild akzeptiert und gelebt wird. Dazu gehören die Rahmenvorgabe durch die Verwaltungsleitung,[1526] die Aussagekräftigkeit des Leitbildes, die Realisierbarkeit, die Widerspruchsfreiheit und der dynamische Prozess, der sich nicht nur in der Leitbildentwicklung zeigt, sondern nach der Entstehung in der regelmäßigen Überprüfung der beabsichtigten Wirkungen und der Anpassung an geänderte Rahmenbedingungen.[1527]

Eine zentrale Voraussetzung für ein gelebtes und motivierendes Leitbild ist die frühzeitige und breite Beteiligung möglichst aller Mitarbeiter/innen einer Verwaltung an der Entwicklung des Leitbildes und seiner Inhalte.[1528] „Als sehr indikativ für den Wert, den Leitbildern zur Verhaltensentwicklung von Mitarbeitern der Unternehmung zukommt, kann die Art ihres Entstehens gelten."[1529] Das Leitbild sollte von Anfang an von den Beschäftigten selber erarbeitet werden. Sinnvoll ist der Einsatz einer Projektgruppe und mehrerer Arbeitsgruppen, in denen die Beschäftigten aus allen Verwaltungseinheiten und aller Zielgruppen vertreten sind. In diesen Gruppen wird in einem moderierten Prozess ein Entwurf des Gesamtleitbildes erarbeitet. Bei dieser Entwicklung spielen sowohl Bottom-up-Verfahren als auch Top-down-Verfahren eine Rolle.[1530] Häufig werden zusätzlich weitere Akteure/innen wie Politiker/innen, Bürger/innen etc. an der Entwicklung beteiligt.

[1524] Radtke, Entwicklung des Leitbildes parallel zur Reform, in: VOP 5/1998, S. 16 (17 f.).
[1525] Bleicher, Leitbilder, 1992, S. 11.
[1526] Vgl. Klimecki, Auf dem Weg zu einer lernenden Verwaltung, in: Wagner (Hrsg.), Personal und Personalmanagement, 1998, S. 69 (71).
[1527] Vgl. Radtke, Entwicklung des Leitbildes parallel zur Reform, in: VOP 5/1998, S. 16 (19).
[1528] Vgl. Frey, Wege einer neuen Verwaltungskultur, in: VOP 12/1997, S. 12-14; Hopp/Göbel, Management in der öffentlichen Verwaltung, 1999, S. 43 f.; Jourdan, R., Ein Verwaltungsleitbild für die Kommunalverwaltung; S. 6 f.; Radtke, Entwicklung des Leitbildes parallel zur Reform, in: VOP 5/1998, S. 16 (19).
[1529] Bleicher, Leitbilder, 1992, S. 55.
[1530] Vgl. Radtke, Entwicklung des Leitbildes parallel zur Reform, in: VOP 5/1998, S. 16 (19).

Trotz aller Beratungsangebote sowie vorgeschlagenen Verfahrensweisen der Leitbildentwicklung in der Literatur[1531] und positiven Erfahrungen bei der Leitbildentwicklung wird jedoch oftmals im Anschluss an die Verabschiedung der geringe Einfluss des Leitbildes auf die tägliche Praxis, insbesondere auf die Verwaltungskultur, bemängelt. Zentrale Voraussetzungen für ein gelebtes Leitbild sind daher ebenfalls das Offenlegen und die Bearbeitung der bisherigen Verwaltungskultur sowie die Einbindung in das Gesamtmanagement der Verwaltung.[1532]
Die Kommunikation des Leitbildes ist vor allem Führungsaufgabe. Die Beachtung folgender Grundsätze ist dabei notwendig:[1533]

- Bezug auf das Leitbild bei jeder Gelegenheit (z. B. Sitzungen, Führungsgespräche etc.),
- Konkretisierung des Leitbildes anhand gedachter oder erlebter Ereignisse,
- Hinweis auf Vorkommnisse, die dem Leitbild widersprechen (ohne die Betroffenen bloßzustellen),
- Honorierung und Zelebration von vorbildlichem und leitbildgerechtem Verhalten.

c. Praxis in Kommunalverwaltungen

In zahlreichen Kommunalverwaltungen, insbesondere in denjenigen, die sich im Reformprozess befinden, sind Leitbilder entwickelt worden. Dies geschah überwiegend unter der Beteiligung der Mitarbeiter/innen sowie weiterer Akteure/innen.

Beispielhaft wird die Leitbildentwicklung der Stadt Passau dargestellt. Das Leitbild ist unter großer Beteiligung der Bürgerschaft, der Politik sowie der Beschäftigten der Verwaltung entwickelt worden. In mehr als 30 moderierten Workshops haben Bürger/innen, Arbeitskreise (bestehend aus Interessenvertretungen aller Bereiche), Stadträte und Verwaltungspersonal mehr als 10.000 Äußerungen zu den Bereichen Lebensraum, Politik und Verwaltung erarbeitet.[1534] Das Verwaltungspersonal hat sich intensiv mit dem eigenen Arbeitsumfeld auseinander gesetzt. Es identifiziert sich mit seiner Stadt als leistungsfähigem und bürgerorientiertem Dienstleistungsunternehmen. Es wünscht sich dazu ein geeignetes Personalmanagement, ein geeignetes Führungssystem, konkrete

---

[1531] Vgl. z. B. Bertelsmann Stiftung/Hans-Böckler-Stiftung (Hrsg.), Fortschreibung der Unternehmenskultur, 1996; Bertelsmann Stiftung/Hans-Böckler-Stiftung (Hrsg.), Unternehmensleitbild und Unternehmensverfassung, 1996; Bleicher, Leitbilder, 1992; Kleingarn, Change Management. Instrumentarium zur Gestaltung und Lenkung einer lernenden Organisation, 1997; Radtke, Entwicklung des Leitbildes parallel zur Reform, in: VOP 5/1998, S. 16-19; Reichwein/Möltgen/Padberg, Leitbild, in: Adamaschek/Grymer/Meyer-Pries (Hrsg.), Managementhandbuch Kommunalverwaltung, Nr. 1080, Stand: Oktober 1997, Rdnr. 45.

[1532] Vgl. Bleicher, Leitbilder, 1992, S. 13; Heinz, Kommunales Management, 2000, S. 27.

[1533] Vgl. Lombriser/Abplanalp, Strategisches Management, 1998; S. 228.

[1534] Vgl. Unternehmen Stadt Passau/MarketingPartner-Unternehmensberatung, Erläuterungen zur Leitbildarbeit in der Stadt Passau, 1993, S. 1 (2 ff.).

Zielsetzungen, verbesserte Kommunikation und Information.[1535] Das Leitbild wurde auf der Basis der erarbeiteten Ergebnisse 1994 vom Stadtrat verabschiedet. Die Ergebnisse der Leitbildentwicklung wurden in unterschiedlichen Bereichen umgesetzt. So sind die Bürgerorientierung und Bürgernähe sowie die Zusammenarbeit von Politik und Verwaltung wesentlich verbessert worden. Instrumente des Neuen Steuerungsmodells wie die Produktbildung und -beschreibung oder die Kosten- und Leistungsrechnung sind eingeführt worden. Hinsichtlich der Beschäftigten konnten die Gestaltungs- und Entscheidungsspielräume sowie die Mitwirkungsmöglichkeiten bei relevanten Entscheidungen vergrößert werden. Verbesserungen durch das Leitbild erfuhren ebenfalls das Führungsverhalten, Arbeitszeitregelungen und die Büroausstattungen.[1536]

Die Stadtverwaltung Leverkusen entwickelte ihr Leitbild unter anderem auf der Basis der Ergebnisse einer 1995 durchgeführten Befragung ihrer Mitarbeiter/innen, die nach ihrer Ansicht zu zuvor formulierten Zielvorstellungen befragt wurden.[1537]

Workshops, Gespräche und eine Mitarbeiterbefragung waren auch zentrale Maßnahmen bei der Leitbildentwicklung der Kreisverwaltung Düren.[1538]

Die Leitbilder der Kommunalverwaltungen, die sich im Reformprozess befinden, zeichnet aus, dass sie den Stellenwert der Bürger/innen sowie die Bürgerorientierung des Verwaltungshandelns besonders herausstellen.[1539] Es wird verdeutlicht, dass zur Verwirklichung dieser Bürgernähe die Mitarbeiter/innen eine zentrale Rolle spielen.

So stellt das Leitbild der Stadt Neuss das Selbstverständnis der Beschäftigten sowie den Umgang miteinander als zentrale Bausteine heraus.[1540]

Die Förderung und Personalentwicklung der Mitarbeiter/innen stehen besonders im Mittelpunkt des Leitbildes der Kreisverwaltung Pinneberg.[1541]

[1535] Vgl. Unternehmen Stadt Passau/MarketingPartner-Unternehmensberatung, Erläuterungen zur Leitbildarbeit in der Stadt Passau, 1993, S. 1 (6).

[1536] Vgl. Schmöller, Drei Jahre Leitbild Unternehmen der Stadt Passau, in: VOP 5/1997, S. 14 (14 ff.).

[1537] Vgl. Stadt Leverkusen (Hrsg.), Das Leitbild der Stadt Leverkusen, o. J.

[1538] Vgl. Kreis Düren (Hrsg.), Kreisverwaltung 2000, Stand: 1997, S. 22.

[1539] Vgl. z. B. Kreis Düren (Hrsg.), Kreisverwaltung 2000, Stand: 1997; Kreisverwaltung Pinneberg (Hrsg.), Unser Leitbild, Stand: 1996; Stadt Leverkusen (Hrsg.), Das Leitbild der Stadt Leverkusen, o. J.; Stadt Neuss (Hrsg.), Wir kümmern uns um Neuss. Leitbild der Stadtverwaltung, o. J. Ein Vorschlag für ein „Leitbild Bürgernähe" befindet sich in: KGSt-Bericht Nr. 2/1992: Bürgernahe Verwaltung in den neuen Bundesländern. Leitbild, S. 14-19; KGSt-Bericht Nr. 6/1995: Qualitätsmanagement, S. 55-59.

[1540] Vgl. Stadt Neuss (Hrsg.), Wir kümmern uns um Neuss. Leitbild der Stadtverwaltung, o. J.

[1541] Vgl. Kreisverwaltung Pinneberg (Hrsg.), Unser Leitbild, Stand: 1996.

8.3.7.4 Mitarbeiterbefragung

Die Mitarbeiterbefragung ist einerseits „nur" ein Instrumentarium. Andererseits stellt sie eine zentrale Möglichkeit der Mitarbeiterbeteiligung in einer Verwaltung dar. Insbesondere Verwaltungen im Reformprozess nutzen diesen motivationsbegründenden Leistungsanreiz als „kraftvolles Instrument der Verwaltungsmodernisierung", das „in der gegenwärtigen Situation eines umfassenden Modernisierungsschubs in Verwaltung und Wirtschaft eigentlich unverzichtbar ist, wenn Konflikte und Enttäuschungen vermieden werden sollen."[1542] Daher wird die Mitarbeiterbefragung als Möglichkeit der Mitarbeiterbeteiligung herausgegriffen und gesondert dargestellt, da sie durch kein anderes Instrument der Mitarbeiterbeteiligung ersetzt werden kann.[1543]

a. Beschreibung

Die Mitarbeiterbefragung kann beschrieben werden als „ein Verfahren der Unternehmensanalyse, mit dem Ansichten, Einstellungen und Wünsche von Mitarbeitern im Unternehmen erhoben werden."[1544]
Viele Kommunalverwaltungen führen Mitarbeiterbefragungen auf der Basis sozialwissenschaftlicher Methoden durch und nutzen sie als „Instrument der Personal- und Organisationsentwicklung"[1545]. Mitarbeiterbefragungen können zur allgemeinen Bestandsanalyse oder auf Grund eines anlassspezifischen Auslösers eingesetzt werden. Diese Anlässe können z. B. die Verwaltungsmodernisierung, die Erarbeitung eines Personalentwicklungskonzeptes oder die Rückmeldung an Führungskräfte sein.
Mitarbeiterbefragungen können von der Verwaltung selber oder von externen Unternehmen oder Institutionen durchgeführt werden. So führen Universitäten wie z. B. die Deutsche Hochschule für Verwaltungswissenschaften Speyer,[1546] Institutionen wie das Deutsche Institut für Urbanistik,[1547] die Sozialforschungsstelle Dortmund,[1548] der Deutsche Städtetag, die KGSt sowie zahlreiche Unternehmensberatungen Mitarbeiterbefragungen durch.

Die Funktionen von Mitarbeiterbefragungen lassen sich in zwei Gruppen einteilen, die Analyse- und Diagnosefunktion und die gestalterische Funktion:[1549]

[1542]Vgl. Klages/Gensicke/Haubner, Die Mitarbeiterbefragung, in: VOP 5/1994, S. 322 (322).
[1543]Vgl. Klages/Gensicke/Haubner, Die Mitarbeiterbefragung, in: VOP 5/1994, S. 322 (324).
[1544]Scholz, Personalmanagement, 2000, S. 433.
[1545]Bretschneider, Die Mitarbeiterbefragung in der Kommunalverwaltung, 1997, S. 5.
[1546]Vgl. Klages/Gensicke/Haubner, Die Mitarbeiterbefragung, in: VOP 5/1994, S. 322 (324 ff.).
[1547]Vgl. Bretschneider, Die Mitarbeiterbefragung in der Kommunalverwaltung, 1997.
[1548]Vgl. Sozialforschungsstelle Dortmund Landesinstitut (Hrsg.), Beschäftigtenbefragung bei der Stadt Gütersloh, 1995.
[1549]Vgl. Scholz, Personalmanagement, 2000, S. 433.

- **Analyse- und Diagnosefunktion**
  Mitarbeiterbefragungen als Analyse- und Diagnoseinstrumente können Ausgangspunkt für eine mögliche organisatorische Neugestaltung der Verwaltung sein. Mitarbeiter/innen liefern folgende Informationen:[1550]
  - Mitarbeiterbefragungen zeigen im Rahmen von Zufriedenheitsabfragen den Grad der Arbeitszufriedenheit an und geben Hinweise, wo Unzufriedenheiten vorliegen.
  - Innovativ gestaltete Mitarbeiterbefragungen drücken weiterhin aus, welche subjektiven Werte und Bedürfnisse die Beschäftigten an ihre Arbeit und an die Verwaltung stellen. Gleichzeitig kann man an den Ergebnissen ablesen, wo bislang noch nicht genutzte Bereitschaften und Möglichkeiten bei den Mitarbeiter/innen liegen, wenn ihren Bedürfnissen stärker entsprochen wird. Dadurch kann die Verwaltung „eine personalbezogene *Potentialermittlung* allgemeinster Natur vornehmen und ihren Blick für Spielräume einer verstärkten Nutzung brachliegender Motivationsbereitschaften des Personals und einer Verbesserung der Organisationskultur schärfen."[1551]
  - Derart gestaltete Mitarbeiterbefragungen lassen innovative Möglichkeiten erkennen und liefern daher Grundlageninformationen sowie daraus zu entwickelnde Sollgrößen für viele Verwaltungsbereiche insbesondere im Reformprozess wie z. B. die Entwicklung von Leitbildern und strategischen Zielen oder die Personalentwicklung.
  - Mitarbeiterbefragungen liefern gleichzeitig Hinweise darüber, wie praktisch die brachliegenden Potenziale ausgeschöpft werden können. Dies gilt nicht nur im Hinblick auf Maßnahmen des Personalmanagements, die die Bedürfnisse der Beschäftigten stärker entfalten lassen. Mithilfe geeigneter Verfahren der Datenanalyse kann man den Zusammenhang von Leistungsmotivation, Engagement und Verantwortungsbereitschaft mit den organisationalen Rahmenbedingungen erkennen. Auf der Basis der Ergebnisse von Mitarbeiterbefragungen lassen sich daher „*Schwach- und Starkstellenkataloge* wie auch *Strategien der Optimierung organisationaler Bedingungen* aufstellen"[1552].
  - Befindet sich eine Verwaltung im Reformprozess, kann sie durch eine Mitarbeiterbefragung die verschiedenen Felder der Modernisierung von den Beschäftigten im Sinne einer Selbstbewertung überprüfen lassen. Dazu gehören z. B. das Leitbild, die Bürgerorientierung der Verwaltung, die Verwaltungsstruktur sowie die Verwaltungskultur, das Personalmanagement, insbesondere die Personalentwicklung, das Führungsverhalten, die Kommunikationsstrukturen etc.

[1550] Vgl. zum Folgenden Klages/Gensicke/Haubner, Die Mitarbeiterbefragung, in: VOP 5/1994, S. 322 (322 ff.).
[1551] Klages/Gensicke/Haubner, Die Mitarbeiterbefragung, in: VOP 5/1994, S. 322 (323).
[1552] Klages/Gensicke/Haubner, Die Mitarbeiterbefragung, in: VOP 5/1994, S. 322 (323).

- Ergebnisse von Mitarbeiterbefragungen lassen sich in verschiedenen Zielbereichen der Verwaltungsreform einsetzen wie z. B. intra- und interkommunale Leistungsvergleiche.

o **Gestalterische Funktion**

Mitarbeiterbefragungen an sich stellen bereits einen „gestalterischen Eingriff"[1553] in die Verwaltung insbesondere hinsichtlich der Verbesserung der Partizipation der Beschäftigten dar. Vor allem für Verwaltungen im Reformprozess stellt die Mitarbeiterbefragung „ein konkretes und sachhaltiges Partizipationsangebot" an die Gesamtheit der Beschäftigten dar, „das breit ausgreifende Akzeptanzbereitschaften hinsichtlich zukünftiger Änderungsmaßnahmen zu mobilisieren vermag."[1554] In diesem Zusammenhang kann man Mitarbeiterbefragungen als „symbolische Politik" begreifen.[1555] Dadurch erhalten die Beschäftigten einen Stellenwert, der sie nicht als passive Objekte der Reform versteht, sondern als Subjekte, die aktiv mitwirken und Einfluss auf den Modernisierungsprozess nehmen. Die Hinweise und Vorschläge aus Mitarbeiterbefragungen können aufgenommen, diskutiert und wieder in die Belegschaft in einer weiteren Befragung gebracht werden. Als „kommunikatives Transportmedium mit *Gegenstrom-Wirkung*" wird die Mitarbeiterbefragung zu einem „Instrument derjenigen *aktiven* und *dialogischen* Einbeziehung der Beschäftigten in Entwicklungsprozesse, welche nach neueren Einsichten die Voraussetzung für die Entstehung von Engagement und Änderungsbereitschaft ist."[1556] Dadurch wird gleichzeitig die soziale Distanz zwischen der Verwaltungsleitung und den Beschäftigten verringert, die Kommunikation innerhalb der Verwaltung verbessert und die Arbeitszufriedenheit erhöht. Darüber hinaus wird die Mitarbeiterbefragung zu einem strategischen Führungsinstrument.[1557]

b. Erfolgsfaktoren

Da Mitarbeiterbefragungen Erwartungen in der Belegschaft bewirken, ist eine notwendige Voraussetzung von Mitarbeiterbefragungen der erklärte Wille der Verwaltungsleitung, die erfragten Ergebnisse aufzugreifen und Verbesserungen einzuleiten. Ansonsten verkümmert die Mitarbeiterbefragung zur „Aktion der ‚symbolischen Politik' ohne realen Handlungswert"[1558]. Erfahrungen aus Kommunalverwaltungen zeigen, dass bei einer durchgeführten Mitarbeiterbefragung, deren Ergebnisse nicht ernstgenommen wurden, die Chancen für eine effektive Mitarbeiterbefragung in späteren Zeiten rapide sinken. Die Mitarbeiterbefragung sollte von der Verwaltungsleitung und den Führungskräften

---

[1553] Scholz, Personalmanagement, 2000, S. 434.
[1554] Klages/Gensicke/Haubner, Die Mitarbeiterbefragung, in: VOP 5/1994, S. 322 (324).
[1555] Vgl. Neuberger, Mitarbeiterbefragungen als symbolische Politik, in: Bungard/Jöns (Hrsg.), Mitarbeiterbefragungen, 1997, S. 423-434.
[1556] Klages/Gensicke/Haubner, Die Mitarbeiterbefragung, in: VOP 5/1994, S. 322 (324).
[1557] Vgl. Neumeier, Mehr als nur Statistik, in: Personalführung 3/1995, S. 214-218.
[1558] Klages/Gensicke/Haubner, Die Mitarbeiterbefragung, in: VOP 5/1994, S. 322 (324).

sichtbar unterstützt werden.[1559] Eine begleitende Projektgruppe (zusammengesetzt aus Vertretungen der Verwaltungsleitung, des Service Personal/Personalamtes, der verschiedenen Beschäftigtengruppen und der Verwaltungseinheiten, der Gleichstellungs-/Frauenbeauftragten, der Schwerbehindertenvertretung etc.), die die Mitarbeiterbefragung vor- und nachbereitet, ist sinnvoll. Sehr wichtig ist die glaubwürdige Zusicherung der Anonymität der Befragungsergebnisse. Die Durchführung der Mitarbeiterbefragung durch Externe kann hier unterstützend wirken. Die externen Angebote sollten jedoch anhand von Qualitätskriterien überprüft werden.[1560]

Auch methodisch sollte die Durchführung einer Mitarbeiterbefragung bestimmte Qualitätsmerkmale aufweisen. Die Grundstruktur der Mitarbeiterbefragung ist inzwischen weitgehend standardisiert worden.[1561]

Folgende Qualitätsmerkmale und Erfolgsfaktoren sind für eine effektive Mitarbeiterbefragung zu beachten:[1562]

- Die Rücklaufquote sollte nicht unter 50 % liegen; zur Verwirklichung der Partizipations- und Impulsgebungsfunktion sind mindestens 70 % erforderlich. Repräsentativitätskontrollen (Vergleich der Zusammensetzung der Befragten nach soziodemografischen Merkmalen wie Alter, Geschlecht, Laufbahngruppenzugehörigkeit mit den entsprechenden Merkmalen der Gesamtheit der Belegschaft sowie Kontrolle der Rücklaufquoten der einzelnen Verwaltungseinheiten) sind zu empfehlen.
- Defizite bei den Fragestellungen wie das Stellen von Suggestivfragen, Skalierungsmängel etc. sollten vermieden werden.
- Die Fragebogenlänge sollte so kurz sein, dass die Beschäftigten zum Ausfüllen der Fragen motiviert sind, und so lang, dass genügend Informationen erfragt werden können.
- Die inhaltliche Gestaltung der Fragen sollte sich auf output- sowie inputorientierte Kriterien beziehen. Die output-orientierten Kriterien beziehen sich vorrangig auf die Leistungsfähigkeit der Gesamtverwaltung und einzelner Verwaltungseinheiten, die inputorientierten auf Kultur, Führungsqualität, Abläufe etc. innerhalb der Verwaltung.[1563] Die Fragen sollten inhaltlich der Tatsache Rechnung tragen, dass es unterschiedliche Qualitäten verschiedener Sachverhalte, z. B. der Zufriedenheit, gibt. Sie sollten das brachliegende Bereitschafts- und Fähigkeitspotenzial der Beschäftigten ermitteln. Mitarbeiterbefragungen sollten Befindlichkeitsfragen hinsichtlich der Identifikation mit der eigenen Arbeit und der Arbeitsmotivation,

---

[1559] Vgl. Ridder/Bruns, Zur Rolle von Führungskräften bei der Konzeption und Durchführung von Mitarbeiterbefragungen, in: ZfP 1/2000, S. 28-51.

[1560] Vgl. Klages, Qualitätsfaktoren bei Mitarbeiterbefragungen, in: der städtetag 2/1999, S. 67-71.

[1561] Vgl. z. B. Bögel/Rosenstiel und eine interministerielle Arbeitsgruppe unter Leitung des Staatsministerium des Innern, Mitarbeiterbefragung im öffentlichen Dienst, 1999; Domsch/Schneble, Mitarbeiterbefragungen, in: Gaugler/Weber (Hrsg.), Handwörterbuch des Personalwesens, 1992, Sp. 1375-1387 Kellner/Lange/Töpfer, Mitarbeiterbefragungen in der öffentlichen Verwaltung, in: Töpfer/Zander (Hrsg.), Mitarbeiterbefragungen, 1985, S. 344-385 Töpfer/Zander (Hrsg.), Mitarbeiterbefragungen, 1985.

[1562] Vgl. Klages, Funktionswert von Mitarbeiterbefragungen, in: VOP 1-2/1997, S. 34 (34 ff.); ferner Bretschneider, Die Mitarbeiterbefragung in der Kommunalverwaltung, 1997, S. 17 ff.

[1563] Vgl. Klages/Gensicke/Haubner, Die Mitarbeiterbefragung, in: VOP 5/1994, S. 322 (324).

Fragen nach vorhandenen Bereitschaften und der faktischen Realisierung, Fragen nach der Erfüllung von Tätigkeitserwartungen und der wahrgenommenen Ausschöpfung von Fähigkeiten und Bereitschaften, Fragen nach der subjektiven Bewertung der Organisationsqualität wie Qualität des Personalmanagements, Führungsqualität, Qualität der Verwaltungskultur etc. und Fragen nach Verbesserungsvorschlägen enthalten.

- Zur Ermöglichung einer tiefergreifenden Fragequalität sind Fragebatterien für gewichtige komplexe Sachverhalte (z. B. Führungsqualität) notwendig, die ein differenziertes Bild dieses Sachverhalts geben können.
- Die Datenverarbeitung und -auswertung sollte neben der Grundauszählung die Daten aufgliedern nach Ergebnissen der Verwaltungseinheiten und nach Merkmalen der Befragten (Alter, Geschlecht, Laufbahnzugehörigkeit, Funktionsgruppen etc.).
- Statistische Methoden, die es erlauben, die zwischen den einzelnen Antwortstrukturen bestehenden Beziehungen zu entschlüsseln, sind unverzichtbar für die Datenverarbeitung und -auswertung von Mitarbeiterbefragungen.
- Statistische Zusammenhangsanalysen vermitteln Aufschlüsse über das relative Gewicht problemverursachender Einwirkungsfaktoren.
- Als Zielgrößen formulierte Erwartungen (z. B. der Prozentsatz der Zufriedenheit der Mitarbeiter/innen mit der Führungsqualität) ermöglichen eine Bewertung der Befragungsergebnisse. Eine weitere Bewertungsmöglichkeit ergibt sich aus intra- und interkommunalen Kennzahlenvergleichen im Rahmen eines Benchmarking.

c. Praxis in Kommunalverwaltungen

Mitarbeiterbefragungen sind in zahlreichen Verwaltungen, insbesondere in Reformverwaltungen durchgeführt worden. Genannt werden können z. B. die Städte Ansbach,[1564] Bad Kreuznach,[1565] Berlin,[1566] Bielefeld,[1567] Bocholt,[1568] Detmold,[1569] Duisburg,[1570] Emden,[1571] Frankfurt a. M.,[1572] Göttingen,[1573] Gütersloh,[1574] Hagen,[1575] Halberstadt,[1576] Hat-

---

[1564] Eine Mitarbeiterbefragung wurde in der städtischen Wirtschaftsschule durchgeführt, vgl. Lang, Selbstreflexion durch Mitarbeiterbefragungen, in: VOP 5/1998, S. 36-38.
[1565] Vgl. Bretschneider, Die Mitarbeiterbefragung in der Kommunalverwaltung, 1997, S. 42 ff.
[1566] Vgl. Bretschneider, Die Mitarbeiterbefragung in der Kommunalverwaltung, 1997, S. 47 ff.
[1567] Vgl. Bretschneider, Die Mitarbeiterbefragung in der Kommunalverwaltung, 1997, S. 58 ff.
[1568] Vgl. Bretschneider, Die Mitarbeiterbefragung in der Kommunalverwaltung, 1997, S. 63 f.
[1569] Nach Angaben der Stadtverwaltung Detmold im Jahr 2000.
[1570] Vgl. Bretschneider, Die Mitarbeiterbefragung in der Kommunalverwaltung, 1997, S. 65 ff.
[1571] Vgl. Bretschneider, Die Mitarbeiterbefragung in der Kommunalverwaltung, 1997, S. 69 ff.
[1572] Vgl. Bretschneider, Die Mitarbeiterbefragung in der Kommunalverwaltung, 1997, S. 72 f.
[1573] Vgl. Bretschneider, Die Mitarbeiterbefragung in der Kommunalverwaltung, 1997, S. 74 ff.
[1574] Vgl. Bretschneider, Die Mitarbeiterbefragung in der Kommunalverwaltung, 1997, S. 77 ff.; Sozialforschungsstelle Dortmund Landesinstitut (Hrsg.), Beschäftigtenbefragung bei der Stadt Gütersloh, 1995.
[1575] Vgl. Bretschneider, Die Mitarbeiterbefragung in der Kommunalverwaltung, 1997, S. 80 f.
[1576] Vgl. Bretschneider, Die Mitarbeiterbefragung in der Kommunalverwaltung, 1997, S. 83 ff.

tingen,[1577] Kassel,[1578] Köln,[1579] Lünen,[1580] Nürnberg,[1581] Passau,[1582] Schwalmtal,[1583] Suhl,[1584] Unna,[1585] Wuppertal,[1586] sowie die Kreise Aachen,[1587] Anhalt-Zerbst,[1588] Landratsamt Enzkreis,[1589] Osnabrück,[1590] Potsdam-Mittelmark[1591] und Soest[1592].

Beispielhaft werden hier die Ergebnisse von Mitarbeiterbefragungen einer westdeutschen sowie einer ostdeutschen Kommunalverwaltung kurz dargestellt.

In der Stadt Köln wurden die Ergebnisse einer Mitarbeiterbefragung im Schulverwaltungsamt und im Schulamt sowohl für den intrakommunalen Vergleich zwischen den beiden Ämtern als auch für den interkommunalen Vergleich mit den Befragungsergebnissen der Stadt Nürnberg verwandt.[1593] Insgesamt zeigten die Befragungen folgende Ergebnisse: Zwei Drittel der Beschäftigten sind mit ihrer Arbeit zufrieden; ein Teil von ihnen vermisst jedoch die Bürgerfreundlichkeit ihres Amtes, die Delegation von Verantwortung, unbürokratisches Handeln und eine zeitgemäße Fortbildung. Besonders wichtig erachten die Mitarbeiter/innen realistische Aussichten auf Beförderung, eine gute Führung durch die Vorgesetzten und Entscheidungsbefugnis mit entsprechender Verantwortung. Bei der Bewertung von immateriellen und materiellen Leistungsanreizen wurde die Teamarbeit zwischen Vorgesetzten und Mitarbeiter/innen sowie die Anerkennung guter Leistungen durch die Vorgesetzten als positiv verwirklicht beurteilt. Die Arbeitsbedingungen wurden in den Ämtern unterschiedlich bewertet. Unzufriedenheit wurde vor allem mit der Bezahlung, den Angeboten der Fortbildung und besonders mit der gängigen Beförderungspraxis geäußert. Bei Korrelationsanalysen der Meinungen zeigte sich: Je höher die Laufbahngruppe, die Qualifikation und die Ausstattung des Arbeitsplatzes, um so geringer die Zufriedenheit und Motivation. Die Bediensteten zeigten sich der Verwaltungsreform gegenüber zwar aufgeschlossen, zeigten aber eher eine negative Einstellung und beachtliche Informationsdefizite zu einzelnen Reformthemen.[1594] Aus den Ergebnissen kann der Schluss gezogen werden, dass der volle Einsatz bislang

---

[1577] Vgl. Bretschneider, Die Mitarbeiterbefragung in der Kommunalverwaltung, 1997, S. 86 ff.
[1578] Vgl. Bretschneider, Die Mitarbeiterbefragung in der Kommunalverwaltung, 1997, S. 89 f.
[1579] Vgl. Rickards, Ungeschminkte Meinungen der Mitarbeiter abfragen, in: VOP 6/1998, S. 36 (37).
[1580] Vgl. Bretschneider, Die Mitarbeiterbefragung in der Kommunalverwaltung, 1997, S. 91 ff.
[1581] Vgl. Bretschneider, Die Mitarbeiterbefragung in der Kommunalverwaltung, 1997, S. 94 ff.
[1582] Vgl. Bretschneider, Die Mitarbeiterbefragung in der Kommunalverwaltung, 1997, S. 100 ff.
[1583] Vgl. Bretschneider, Die Mitarbeiterbefragung in der Kommunalverwaltung, 1997, S. 103 f.
[1584] Vgl. Bretschneider, Die Mitarbeiterbefragung in der Kommunalverwaltung, 1997, S. 108 f.
[1585] Vgl. Bretschneider, Die Mitarbeiterbefragung in der Kommunalverwaltung, 1997, S. 110 f.
[1586] Vgl. Bretschneider, Die Mitarbeiterbefragung in der Kommunalverwaltung, 1997, S. 112 ff.
[1587] Nach Angaben der Kreisverwaltung Aachen im Jahr 2000.
[1588] Vgl. Bretschneider, Die Mitarbeiterbefragung in der Kommunalverwaltung, 1997, S. 37 ff.
[1589] Nach Angaben der Verwaltung des Landratsamtes Enzkreis im Jahr 2000.
[1590] Nach Angaben der Verwaltung der Stadtverwaltung Osnabrück im Jahr 2000
[1591] Vgl. Wagner/Dominik, Mitarbeiterbefragung als Reformbarometer, in: VOP 11/1997, S. 35 ff.
[1592] Vgl. Bretschneider, Die Mitarbeiterbefragung in der Kommunalverwaltung, 1997, S. 105 ff.
[1593] Vgl. Rickards, Ungeschminkte Meinungen der Mitarbeiter abfragen, in: VOP 6/1998, S. 36 (36 ff.).
[1594] Vgl. Rickards, Ungeschminkte Meinungen der Mitarbeiter abfragen, in: VOP 6/1998, S. 36 (36 ff.).

brachliegender Mitarbeiterpotenziale zu „dramatischen **Produktionssteigerungen**"[1595] führen könnte.

Im Landkreis Potsdam-Mittelmark führte das Kommunalwissenschaftliche Institut der Universität Potsdam eine Mitarbeiterbefragung im Jahr 1996 insbesondere im Hinblick auf die Verwaltungsreform durch.[1596] Bereits zu Beginn der Reformbemühungen wurden die Beschäftigten befragt. Die Rücklaufquote betrug 30,4 %; Repräsentationsprüfungen ergaben deutliche Unterschiede zwischen den verschiedenen Ämtern. Die Mitarbeiterbefragung zeigte folgende Ergebnisse: Die Beschäftigten können gut eigenes Wissen und Können in ihrer Arbeit einsetzen, haben aber zu wenig Erfolgserlebnisse. Probleme wurden vor allem in den Kommunikations- und Informationsstrukturen innerhalb und zwischen den Ämtern gesehen. Die Vermittlung von Aufgaben und Zielen durch die Vorgesetzten wurde als überwiegend positiv betrachtet. Mangelnde Beförderungs- und Aufstiegsmöglichkeiten bei abgeflachten Hierarchien wurden als besonders großes Motivationshindernis betrachtet. Hinsichtlich der Verwaltungsreform und ihrer Themen zeigten die Mitarbeiter/innen große Informationsdefizite, aber auch eine durchweg negative Haltung.[1597] Die Mitarbeiterbefragung zeigte insgesamt, „daß die Reformbewegung noch lange nicht beendet ist, ja, daß sie vielleicht noch gar nicht einmal richtig begonnen hat."[1598]

Der Verfasserin sind keine Untersuchungen bekannt, inwieweit Mitarbeiterbefragungen neben ihrer Analyse- und Diagnosefunktion auch ihre gestalterische Funktion erfüllen. Insbesondere in denjenigen Verwaltungen, die mehrere Mitarbeiterbefragungen in größeren zeitlichen Abständen durchführen, wäre es äußerst interessant, die Mitarbeiter/innen danach zu befragen, inwieweit sie die vergangenen Mitarbeiterbefragungen als Instrument der Mitarbeiterbeteiligung in der Verwaltung erlebt haben.

8.3.7.5 Vorschlagswesen

a. Beschreibung

Das ursprünglich aus dem industriellen Bereich stammende Vorschlagswesen wird auch in einer Reihe von Organisationen der öffentlichen Verwaltung praktiziert. Der Grundgedanke des Vorschlagswesens basiert auf der Erkenntnis, dass das Einbinden der Belegschaft auf Grund ihrer Nähe zur Praxis für den Veränderungs- und Verbesserungsprozesses einer Organisation von großer Wichtigkeit ist.[1599] Im Vorschlagswesen werden Verbesserungsvorschläge eingebracht und systematisch ausgewertet. Ein Verbes-

---

[1595] Rickards, Ungeschminkte Meinungen der Mitarbeiter abfragen, in: VOP 6/1998, S. 36 (37).
[1596] Vgl. Wagner/Dominik, Mitarbeiterbefragung als Reformbarometer, in: VOP 11/1997, S. 35-37.
[1597] Vgl. Wagner/Dominik, Mitarbeiterbefragung als Reformbarometer, in: VOP 11/1997, S. 35 (36 ff.).
[1598] Vgl. Wagner/Dominik, Mitarbeiterbefragung als Reformbarometer, in: VOP 11/1997, S. 35 (37).
[1599] Vgl. Wald, Personalmanagement für die kommunale Praxis, 1996, Rdnr. 162.

serungsvorschlag ist das „Beschreiben einer organisatorischen, technischen und wirtschaftlichen oder sozialen Veränderung mit dem Ziel, bisherige Systeme zu vereinfachen, verbilligen, beschleunigen oder sie in ihrer Qualität zu steigern."[1600] Das primäre Ziel ist demnach das Verbessern der Organisation und der Verwaltungsabläufe. Ein weiteres Ziel ist die Stärkung der Motivation der Mitarbeiter/innen durch die Möglichkeit, eigene Ideen zur Verbesserung der Verwaltungstätigkeit beizutragen, aber auch durch immaterielle und materielle Anreize wie z. B. Honorierungen, wenn der Vorschlag bewertet und umgesetzt wird.[1601] Durch das Vorschlagswesen soll Mitarbeiterkreativität gefördert und belohnt werden. Das Vorschlagswesen ist damit „nicht nur ein Motivationsmittel, sondern gleichzeitig ein Führungsinstrument"[1602]. Das Vorschlagswesen fördert darüber hinaus die Identifikation der Beschäftigten mit der Organisation sowie deren Bewusstsein für betriebliche Probleme und Erfordernisse, deren Aufgeschlossenheit für notwendige technische und organisatorische Entwicklungen und die Möglichkeiten, bisher nicht erkannte Fähigkeiten bestimmter Mitarbeiter/innen zu entdecken und zu fördern.[1603]

Zu den Elementen des Vorschlagswesens gehören der eigentliche Sammlungsprozess der Ideen, das Auswahl- und Bewertungsverfahren der eingegangenen Ideen und das Prämienschema, anhand dessen die Höhe der Prämie festgelegt wird.[1604]
Das Verfahren verläuft in folgenden Phasen:[1605]

- Information der Mitarbeiter/innen über die Einführung des Vorschlagswesens (über Rundschreiben, Passus in der Allgemeinen Dienstanweisung etc.),
- Information der Mitarbeiter/innen über das Verfahren des Vorschlagswesens (Einreichen des Verbesserungsvorschlags, Bewertung, Prämierung, Umsetzung) sowie über die Strukturierung der eingereichten Vorschläge (Beschreibung des Ist-Zustandes, des Problems und der Lösung),
- Einreichen des Verbesserungsvorschlags durch den/die Mitarbeiters/in und sofortiger Erhalt einer ersten Rückmeldung,
- Bewertung des Vorschlags durch einen „Ausschuss für das Vorschlagswesen" und ggf. Prämierung, Würdigung auch abgelehnter Vorschläge, damit die/der betroffenen Beschäftigte nicht demotiviert wird,
- Veröffentlichung der Prämierung in geeigneter Form (z. B. Mitarbeiterzeitschrift, „Schwarzes Brett"),
- Umsetzung des Vorschlags,
- Erfolgskontrolle, ob der erwartete Erfolg eingetreten ist oder ob es Ansätze für weitere Optimierungen gibt.

[1600] Wald, Personalmanagement für die kommunale Praxis, 1996, Rdnr. 163.
[1601] Vgl. Müller, Personalentwicklung in der öffentlichen Verwaltung, 1996, S. 111.
[1602] Jung, Personalwirtschaft, 1999, S. 606.
[1603] Vgl. Jung, Personalwirtschaft, 1999, S. 606.
[1604] Vgl. Wald, Personalmanagement für die kommunale Praxis, 1996, Rdnr. 163.
[1605] Vgl. Wald, Personalmanagement für die kommunale Praxis, 1996, Rdnr. 164.

Das Vorschlagswesen kann immaterielle Anreize wie Urkunden, Veröffentlichungen, berufliche Förderung und materielle Anreize wie Geldprämien enthalten. Das Anreizsystem des Vorschlagswesens kann auch in Form eines Cafeteria-Systems gestaltet sein.[1606]

b. Erfolgsfaktoren

Voraussetzung für gute Ideen innerhalb des Vorschlagswesens ist ein positives Innovationsklima innerhalb der Organisation. Das bedeutet, dass gute Ideen nicht als Störung der gewohnten Arbeitsabläufe, sondern als Herausforderung für die Verbesserung verwaltungsinterner Strukturen und Abläufe betrachtet werden.[1607] Die Basis stellt eine Verwaltungskultur dar, die Kreativität bewusst fördert und Anreize zur Entfaltung von Kreativität schafft.[1608]

Ein weiterer Erfolgsfaktor des Vorschlagswesens besteht darin, dass nicht nur „große Vorschläge, sondern auch kleinere beachtet und honoriert werden. Die Verfahren zur Bewertung der Vorschläge sollten wenig bürokratisch und langwierig sein, damit der/die betroffenen Beschäftigte eine möglichst baldige Rückmeldung bekommt. Die Vorschläge sollten, wenn sie als gut bewertet werden, baldmöglichst umgesetzt werden.[1609]

Das Einbeziehen der Vorgesetzten zu einer ersten Bewertung der Vorschläge würde ebenfalls die Effektivität des Vorschlagswesens, die Dauer der Bearbeitung und die Kommunikation zwischen Vorgesetzer/m und Beschäftigtem/r fördern.[1610]

Verbesserungsvorschläge, die von Teams oder Gruppen eingereicht werden, sind vermutlich nicht nur besser ausgereift, sondern deren besondere Beachtung fördert auch den Teamgeist als Bestandteil der Organisationsentwicklung.[1611]

c. Praxis in Kommunalverwaltungen

Das Vorschlagswesen wird in einer Reihe von Kommunalverwaltungen eingesetzt.

[1606] Vgl. Thom, Anreizaspekte im Betrieblichen Vorschlagswesen, in: Schanz (Hrsg.), Handbuch Anreizsysteme in Wirtschaft und Verwaltung, 1991, S. 595 (599 ff.); zu Cafeteria-Systemen vgl. Kap. 10.2.1.

[1607] Vgl. Wald, Personalmanagement für die kommunale Praxis, 1996, Rdnr. 162.

[1608] Vgl. Becker, Innovationsfördernde Anreizsysteme, in: Schanz (Hrsg.), Handbuch Anreizsysteme in Wirtschaft und Verwaltung, 1991, S. 567-593; Böhnisch, Anreize für passiv Innovierende, in: Schanz (Hrsg.), Handbuch Anreizsysteme in Wirtschaft und Verwaltung, 1991, S. 705-731; Riekhof, Anreize im Innovationsprozeß, in: Schanz (Hrsg.), Handbuch Anreizsysteme in Wirtschaft und Verwaltung, 1991, S. 685-703; Schlicksupp, Anreize zur Entfaltung von Kreativität, in: Schanz (Hrsg.), Handbuch Anreizsysteme in Wirtschaft und Verwaltung, 1991, S. 525-545.

[1609] Vgl. Wald, Personalmanagement für die kommunale Praxis, 1996, Rdnr. 164.

[1610] Vgl. Urban, Das Vorschlagswesen und seine Weiterentwicklung zum europäischen Kaizen, 1993.

[1611] Vgl. Heidack, Vorschlagswesen, Betriebliches, in: Gaugler/Weber (Hrsg.), Handwörterbuch des Personalwesens, 1992, Sp. 2299 (2311).

Beispielhaft wird hier die Betriebsvereinbarung zwischen dem Gemeindevorstand der Gemeinde Biblis und dem Personalrat über die Einführung eines Vorschlagswesens dargestellt.[1612]

Als beabsichtigte Ziele des Vorschlagswesens in der Gemeinde Biblis werden folgende genannt:

- „Innovation fördern
- Förderung von Ideen gewährleisten
- Bürokratismus abbauen
- Bearbeitungszeiten beschleunigen
- Gewinn – Gewinn – Szenarien entwickeln
- Qualität integrieren
- Vorgesetzte einbeziehen
- Mitwirkung ermöglichen
- Verfahrensabläufe vereinfachen
- Teilnehmer anerkennen“[1613].

Durch das Vorschlagwesen sollen Verhaltensweisen gefördert werden, die die Verwaltungsreform unterstützen insbesondere hinsichtlich effektiver Teamarbeit, Erhöhung der Effektivität und Effizienz der Dienstleistung, Reduzierung der Kosten zur Zufriedenstellung der externen und internen Kunden/innen, effektiven und effizienten Einsatzes führender Technologien, Kreativität am Arbeitsplatz, innovativer Problemlösungen und „unternehmerischer“ Lösungen für bürokratische Probleme.[1614]
Die Anerkennung von Verbesserungsvorschlagen ist nicht nur durch finanzielle Zuwendungen[1615] möglich, sondern durch zusätzliche Sachpreise, Dienstbefreiung, Verleihung einer Urkunde etc.[1616]

8.3.7.6 Qualitätszirkel

a. Beschreibung

Qualitätszirkel existieren in Wirtschaft und Verwaltung. Sie sind in den letzten zwei Jahrzehnten in vielen Organisationen eingerichtet und ausgebaut worden.

[1612] Vgl. Gemeinde Biblis (Hrsg.), Betriebsvereinbarung zwischen dem Gemeindevorstand der Gemeinde Biblis und dem Personalrat über die Einführung eines Vorschlagwesens, Stand: 1.12.1998, Teil IV.

[1613] Gemeinde Biblis (Hrsg.), Betriebsvereinbarung zwischen dem Gemeindevorstand der Gemeinde Biblis und dem Personalrat über die Einführung eines Vorschlagwesens, Stand: 1.12.1998, Teil II.

[1614] Vgl. Gemeinde Biblis (Hrsg.), Betriebsvereinbarung zwischen dem Gemeindevorstand der Gemeinde Biblis und dem Personalrat über die Einführung eines Vorschlagwesens, Stand: 1.12.1998, Teil II.

[1615] Vgl. Kap. 9.5.3.3.

[1616] Vgl. Gemeinde Biblis (Hrsg.), Betriebsvereinbarung zwischen dem Gemeindevorstand der Gemeinde Biblis und dem Personalrat über die Einführung eines Vorschlagwesens, Stand: 1.12.1998, Teil V, ferner Kap. 9.5.4.4.

Sie haben dabei zunehmend an Bedeutung gewonnen.[1617] Ursprünglich wurde die Qualitätszirkelarbeit im Bereich der Produktion angewandt; inzwischen hat sie sich auf organisatorische und soziale Qualitätsverbesserungen ausgeweitet.[1618] Während die Verbesserungsideen im Vorschlagswesen meist eher zufällig und unsystematisch entstehen, so versuchen Qualitätszirkel durch den Prozess der Ideengewinnung Lösungsvorschläge zu erarbeiten.[1619] Qualitätszirkel sind „kleine moderierte Gruppen von Mitarbeitern der unteren Hierarchieebene, die sich regelmäßig auf freiwilliger Grundlage treffen, um selbstgewählte Probleme aus ihrem Arbeitsbereich zu bearbeiten."[1620]
Folgende Merkmale kennzeichnen einen Qualitätszirkel:[1621]

- (meist) auf Dauer angelegte Kleingruppe,
- regelmäßiges Zusammentreffen mit freiwilliger Teilnahme,
- Analyse von Themen und Problemen des eigenen Arbeitsbereichs,
- Erarbeitung und Präsentation von Verbesserungsvorschlägen,
- Anwendung erlernter Problemlösungs- und Kreativitätstechniken,
- Mitwirkung bei der Umsetzung der Vorschläge,
- Leitung durch geschulte (externe oder interne) Moderatoren/innen.

Die Ziele von Qualitätszirkeln lassen sich wie folgt beschreiben:[1622]

- Erhöhung der Leistungspotenziale der Verwaltung als übergeordnetes Ziel,
- leistungswirtschaftliche Ziele, z. B. Erhöhung der Produktivität, Kostensenkung, Bürgerzufriedenheit,
- personalpolitische Ziele, z. B. Mitarbeitermotivation, Identifikation mit der Arbeit, Verbesserung der Kommunikation und Zusammenarbeit.

Bei den Beteiligten der Qualitätszirkel handelt es sich um die Problemlösegruppe, die aus ca. sechs bis acht Mitarbeiter/innen der unteren Hierarchieebene in einem Arbeits-

---

[1617] Vgl. z. B. Domsch, Qualitätszirkel – Baustein einer mitarbeiterorientierten Führung und Zusammenarbeit, in: ZfbF 37, 1985, S. 428-441; Domsch, Qualitätszirkel – Bausteine einer mitarbeiterorientierten Führung und Zusammenarbeit, in: Rosenstiel/Einsiedler/Streich/Rau (Hrsg.), Motivation durch Mitwirkung, 1987, S. 126-137; KGSt-Bericht Nr. 11/1984: Verbesserung der Arbeitsergebnisse durch die Mitarbeiter; Mauch, Werkstattzirkel heißt: vor Ort lernen und Probleme lösen, in: Sattelberger (Hrsg.), Innovative Personalentwicklung, 1991, S. 201-210; Müller-Stewens/Pautzke, Führungskräfteentwicklung und organisationales Lernen, in: Sattelberger, Die lernende Organisation, 1994, S. 183-205; Scholz, Personalmanagement, 2000, S. 619. Eine Alternative zum Qualitätszirkel stellt die Lernstatt dar, vgl. Baumbach/Kretschmann, Personalentwicklung durch Kleingruppenarbeit, in: Schanz (Hrsg.), Handbuch Anreizsysteme in Wirtschaft und Verwaltung, 1991, S. 465-480.

[1618] Vgl. Schanz, Personalwirtschaftslehre, 1993, S. 535; zur geschichtlichen Entwicklung vgl. Deppe, Anreizpotentiale von Qualitätszirkeln, in: Schanz (Hrsg.), Handbuch Anreizsysteme in Wirtschaft und Verwaltung, 1991, S. 637 (639).

[1619] Vgl. Steinmann/Schreyögg, Management, 1993, S. 622.

[1620] Antoni, Gruppenarbeit: mehr als ein Ansatz zur betrieblichen Flexibilisierung, in: Antoni/Eyer/Kutscher, Das flexible Unternehmen, 2000, S. 1 (35).

[1621] Vgl. Deppe, Anreizpotentiale von Qualitätszirkeln, in: Schanz (Hrsg.), Handbuch Anreizsysteme in Wirtschaft und Verwaltung, 1991, S. 637 (641); Deppe, Quality Circle und Lernstatt, 1990, S. 42; ferner Antoni, Gruppenarbeit: mehr als ein Ansatz zur betrieblichen Flexibilisierung, in: Antoni/Eyer/Kutscher, Das flexible Unternehmen, 2000, S. 1 (35).

[1622] Vgl. Wald, Personalmanagement für die kommunale Praxis, 1996, Rdnr. 141; ferner Jung, Personalwirtschaft, 1999, S. 602.

bereich besteht, die freiwillig und regelmäßig eine eigenständig erarbeitete Problemlösung suchen. Die Gesprächsführung wird i. d. R. von einem/r geschulten Moderator/in aus der unteren Führungsebene übernommen. Das Steuerungs- oder Koordinationsteam besteht aus jeweils einer Vertretung der Verwaltungsleitung, des Personrates, der Leitung der entsprechenden Facheinheit und des entsprechenden Aufgabenbereichs. Es dient als Präsentationsforum für die Ergebnisse der Gruppenarbeit. Hier werden Entscheidungen getroffen über die Durchsetzung weiterführender Lösungsvorschläge. Das Steuerungs- oder Koordinationsteam steuert darüber hinaus die Arbeit verschiedener Qualitätszirkel. Bei Bedarf können Experten/innen bei detaillierten Sachfragen hinzugezogen werden. Die Benennung und Bearbeitung von Problemen, die sich „vor Ort" ergeben, gehören zu den Aufgaben von Qualitätszirkeln. Durch die moderierte Gruppenarbeit und deren gruppendynamische und interaktive Prozesse, derer sich die Qualitätszirkel bedienen, entsteht eine intensive Auseinandersetzung mit dem Themenbereich. Die daraus gewonnenen Lösungsvorschläge können dem/der jeweiligen Vorgesetzten oder dem Koordinations- bzw. Steuerteam vorgelegt werden.[1623]
Die Gruppenarbeit als Instrumentarium hat für die Qualitätszirkel folgende Vorteile gegenüber herkömmlichen Problemlösungsverfahren, bei denen die Lösung und entsprechende Maßnahmen von übergeordneten Hierarchieebenen angeordnet werden:[1624]

- Probleme werden von den direkt Betroffenen erörtert und bearbeitet.
- Durch die Beteiligung mehrerer Beschäftigter können Problemlösungen ideenreicher sein.
- Das spezielle Fachwissen und die jeweilige Methodenkompetenz der einzelnen Mitarbeiter/innen kann genutzt werden.
- Das einzelne Mitglied erfährt in der Gruppe mehr über sich, seine Arbeit und die Arbeit der anderen Mitglieder.
- Die Chancen einer effektiven Umsetzung von Lösungen steigen, da die Lösungen von vielen mitgetragen werden.

Die positiven Auswirkungen der Qualitätszirkelarbeit können sich in folgenden Bereichen zeigen:[1625]

- mehr Wissen über betriebliche Hintergründe,
- besserer Informationsfluss,
- sachlichere und engagiertere Diskussionen,
- vielfältigere Lösungsvorschläge,
- offenere Behandlung von Konflikten,
- Abbau von Vorurteilen,
- besseres Betriebsklima,
- stärkeres Engagement der Mitarbeiter/innen,
- mehr Selbstständigkeit der Mitarbeiter/innen,

[1623] Vgl. Wald, Personalmanagement für die kommunale Praxis, 1996, Rdnr. 145 ff.
[1624] Vgl. Wald, Personalmanagement für die kommunale Praxis, 1996, Rdnr. 143.
[1625] Vgl. Wald, Personalmanagement für die kommunale Praxis, 1996, Rdnr. 144.

- o größere Verantwortungsbereitschaft,
- o offenerer Umgang mit Vorgesetzen.

Die Basis für Qualitätszirkel als immaterielle Leistungsanreize liegt zunächst in der Freiwilligkeit der Teilnahme für die Beschäftigten. Die Anreizpotenziale liegen weiterhin in Selbstentfaltungsanreizen. So bergen Qualitätszirkel die Chance zur Erweiterung der Kenntnisse hinsichtlich neuer Arbeits- und Problemlösungstechniken, ablauforganisatorischer Verfahrensfragen, der Gestaltung des eigenen Arbeitsplatzes, Fragen der Zusammenarbeit und Kommunikation etc. in sich. Soziale Bedürfnisse könne vor allem durch den im Vergleich zum Alltagshandeln zwangloseren Umgang mit Kollegen/innen und Vorgesetzten angesprochen werden. Das zentrale Anreizpotenzial von Qualitätszirkeln liegt in der Partizipation an Entscheidungsprozessen in der Organisation und in der konkreten Mitbestimmung am Arbeitsplatz. Eine Mitwirkung an der Verbesserung der Alltagsumwelt und des Leistungsergebnisses sowie der Mitgestaltung des eigenen Arbeitsumfeldes entspricht dem Leistungsbedürfnis eines arbeitenden Menschen. Aber auch die Möglichkeit, bestimmte Positionen innerhalb der Gruppe von Qualitätszirkeln einzunehmen (z. B. Moderator/in, Gruppenleiter/in), kann für verschiedene Beschäftigte Anreizcharakter haben.[1626]

b. Erfolgsfaktoren

Ein Erfolgsfaktor effektiver Qualitätszirkelarbeit liegt darin, dass die Verwaltungsleitung die Idee und das Konzept dauerhaft unterstützt. Bei den Führungskräften auf allen Hierarchieebenen sollte das Bewusstsein vorhanden sein, dass nicht nur sie, sondern auch Mitarbeiter/innen der unteren Hierarchieebenen konstruktiv zu Problemlösungen beitragen können. Die Qualitätszirkelarbeit muss bei den Beschäftigten einer Verwaltung akzeptiert sein. Hierzu kann es hilfreich sein, die Anreizpotenziale, die Qualitätszirkel bieten, auf allen hierarchischen Ebenen sichtbar zu machen. Die Akzeptanz von Qualitätszirkeln innerhalb der Verwaltung kann durch Werbung und Publizität, z. B. mit gezieltem Medieneinsatz, erhöht werden.[1627] Ein weiterer Erfolgsfaktor für eine effektive Qualitätszirkelarbeit stellt eine Verwaltungskultur dar, die Kreativität und Innovation bewusst fördert und Anreize zur Entfaltung von Kreativität schafft.[1628]

[1626] Vgl. Deppe, Anreizpotentiale von Qualitätszirkeln, in: Schanz (Hrsg.), Handbuch Anreizsysteme in Wirtschaft und Verwaltung, 1991, S. 637 (653 ff.).

[1627] Vgl. Deppe, Anreizpotentiale von Qualitätszirkeln, in: Schanz (Hrsg.), Handbuch Anreizsysteme in Wirtschaft und Verwaltung, 1991, S. 637 (661 f.).

[1628] Vgl. Becker, Innovationsfördernde Anreizsysteme, in: Schanz (Hrsg.), Handbuch Anreizsysteme in Wirtschaft und Verwaltung, 1991, S. 567-593; Böhnisch, Anreize für passiv Innovierende, in: Schanz (Hrsg.), Handbuch Anreizsysteme in Wirtschaft und Verwaltung, 1991, S. 705-731; Riekhof, Anreize im Innovationsprozeß, in: Schanz (Hrsg.), Handbuch Anreizsysteme in Wirtschaft und Verwaltung, 1991, S. 685-703; Schlicksupp, Anreize zur Entfaltung von Kreativität, in: Schanz (Hrsg.), Handbuch Anreizsysteme in Wirtschaft und Verwaltung, 1991, S. 525-545.

Der Einführung von Qualitätszirkeln sollte eine der einzelnen Verwaltung und ihrer Kultur angepasste Implementierungsstrategie vorangehen.[1629] Die Einführung kann im Rahmen von Projekten, z. B. Pilotprojekten in ausgesuchten Bereichen, geschehen. Die Qualitätszirkelarbeit sollte mit anderen Konzepten und Maßnahmen (z. B. dem Vorschlagswesen) koordiniert werden. Die Erfolgserwartungen sind insbesondere zu Beginn der Qualitätszirkelarbeit sehr hoch. Vermeidbaren Frustrationen können positive Rückmeldungen und ein rasches Umsetzen der Lösungsvorschläge durch die Entscheidungsträger/innen entgegenwirken. Die Finanzierung muss geklärt werden, insbesondere wenn externe Moderatoren/innen hinzugezogen werden und wenn die Mehrbelastungen der Beschäftigten nicht verwaltungsintern durch Mehrarbeit aufgefangen werden können.[1630] Weitere Rahmenbedingungen wie Material, Raum, Zeit etc. sollten geklärt sein.

Qualitätszirkel sind von ihrer Idee her parallel zur laufenden Arbeit geplant. Dennoch werden sie nur dann auf Dauer erfolgreich arbeiten, wenn sie zu einem integrativen Bestandteil der regulären Arbeit werden.[1631]

c. Praxis in Kommunalverwaltungen

Qualitätszirkel werden in der öffentlichen Verwaltung, ähnlich wie in der privatwirtschaftlichen Praxis,[1632] häufig eingesetzt, um qualitätsorientierte Konzepte wie das Qualitätsmanagement oder das Total Quality Management zu realisieren.[1633]

In der öffentlichen Verwaltung werden Qualitätszirkel z. B. im Bereich der EDV eingesetzt etwa zur Entwicklung eines abteilungsinternen Informations- und Kommunikationssystems.[1634]

Der Stadtverband Saarbrücken setzt Qualitätszirkel ein und fasst sie unter die Kategorie „Immaterielle Leistungsanreize/Motivierende Maßnahmen“. Unter Qualitätszirkel werden Arbeitsgruppen verstanden, „in denen sich Mitarbeiterinnen und Mitarbeiter eines Fachbereichs auf gleicher Hierarchieebene regelmäßig treffen, um Probleme ihres Arbeitsbereiches zu besprechen sowie Lösungen zu erarbeiten, umzusetzen und das Ergebnis zu kontrollieren.“[1635] Angesprochen werden soll insbesondere die Sachbearbeiterebene mit geringen Schnittstellen. Die Teilnahme an den Qualitätszirkeln soll mit der entsprechenden Führungskraft abgesprochen werden.[1636]

[1629] Vgl. Deppe, Anreizpotentiale von Qualitätszirkeln, in: Schanz (Hrsg.), Handbuch Anreizsysteme in Wirtschaft und Verwaltung, 1991, S. 637 (662).
[1630] Vgl. Wald, Personalmanagement für die kommunale Praxis, 1996, Rdnr. 144.
[1631] Vgl. Müller, Personalentwicklung in der öffentlichen Verwaltung, 1996, S. 113 f.
[1632] Vgl. Scholz, Personalmanagement, 2000, S. 618.
[1633] Vgl. KGSt-Bericht Nr. 6/1995: Qualitätsmanagement, S. 47.
[1634] Vgl. Müller, Personalentwicklung in der öffentlichen Verwaltung, 1996, S. 114 f.
[1635] Stadtverband Saarbrücken (Hrsg.), Bausteine eines modernen Personal-Managements, Stand: 1998, S. 11.
[1636] Vgl. Stadtverband Saarbrücken (Hrsg.), Bausteine eines modernen Personal-Managements, Stand: 1998, S. 11.

In der Landeshauptstadt Saarbrücken wurden arbeitseinheitsbezogene als auch vorgangsbezogene Qualitätsteams sowie Qualitätsprojekte eingerichtet. Deren Arbeitsergebnisse wurden im Rahmen des TQM-Programms, das die Weiterentwicklung der Verwaltung zu einem outputorientierten Dienstleistungsunternehmen zum Ziel hat, nach einem vorher festgelegten Kriterienkatalog bewertet und mit materiellen Leistungsanreizen wie Prämien belohnt. So wurden z. B. die Arbeitsergebnisse der Qualitätsteams „Druckerei" und „Sozialamt" sowie das Qualitätsprojekt „Abfalltrennung" prämiert.[1637]

In der Stadtverwaltung Detmold wurde die Motivation zur Übernahme von zusätzlicher Verantwortung besonders gefördert. Ein zentrales Element war dabei die Unterstützung von dezentralen Qualitätszirkeln in den Fachbereichen.[1638]

8.3.8 Arbeitsatmosphäre

Die Arbeitsatmosphäre stellt eine zentrale Anreizgruppe dar, die maßgeblich ist für die Motivation der Beschäftigten. Sie wird konkret in der Verwaltungskultur sowie in Information und Kommunikation.

8.3.8.1 Verwaltungskultur

a. Beschreibung

Ein wesentlicher Faktor für die Motivation der Beschäftigten und die gesamte Arbeitsatmosphäre ist die Kultur einer Organisation.[1639] Jede Organisation entwickelt eine je eigene Kultur im Sinne einer eigenständigen Gemeinschaft mit unverwechselbaren Vorstellungs-, Orientierungs- und Wertmustern, die das Verhalten der Mitglieder nach innen und außen nachhaltig prägen.[1640] Bereits vor der Verwaltungsreform wurde die Verwaltungskultur[1641] als entscheidender Faktor für eine erfolgreiche Verwaltung und der Zusammenhang zum Personal und Personalmanagement gesehen.[1642] Der Bürokultur als Bestandteil der Verwaltungskultur wurde eine integrierende Funktion und ein Beitrag zur emotionalen Stabilisierung für die häufig unter der Bürokratie leidenden Beschäftigten zugesprochen.[1643] Durch die Verwaltungsreform und insbesondere durch

---

[1637]Vgl. Hirschfelder, Ziele vereinbaren, Zielerreichung messen und belohnen, in: VM 5/1998, S. 272 (273 f.); ferner Kap. 9.5.3.3, 10.3.

[1638]Vgl. Horstmann, Weniger Hierarchie und mehr Verantwortung – Innovation folgt aus Mitarbeiterkompetenz, in: Schückhaus (Hrsg.), Kommunen in Not, 1996, S. 163 (172).

[1639]Zu verschiedenen Aspekten und Beispielen zur Organisationskultur vgl. Empter/Kluge (Hrsg.), Unternehmenskultur in der Praxis, 1995.

[1640]Vgl. Reichwein/Möltgen/Padberg, Leitbild, in: Adamaschek/Grymer/Meyer-Pries (Hrsg.), Managementhandbuch Kommunalverwaltung, Nr. 1080, Stand: Oktober 1997, Rdnr. 10.

[1641]In der öffentlichen Verwaltung wird von der Verwaltungskultur als Organisationskultur gesprochen.

[1642]Vgl. Banner, Der menschliche Faktor, in: Böhret u. a. (Hrsg.), Planung in öffentlicher Hand, 1977, S. 79-92.

schäftigten zugesprochen.[1643] Durch die Verwaltungsreform und insbesondere durch das Neue Steuerungsmodell wurde eine Veränderung der Verwaltungskultur gefordert.[1644] Die an die öffentliche Verwaltung gestellten Anforderungen erfordern eine „Veränderung der Verwaltungskultur im engeren Sinn als die Summe der Werte, Einstellungen, Normen und Symbole, die das zwischenmenschliche Verhalten in der Verwaltung bestimmen“[1645]. Der Reformprozess zielt vor allem auf eine „Veränderung der Einstellungen, Verhaltens- und Denkweisen und somit der Verwaltungskultur als Gesamtheit der gelebten Werte, Einstellungen, Normen und Leitbilder“[1646]. Die Vertrauenskultur ist einer der zentralen motivationsbegründenden und damit auch leistungsfördernden Leistungsanreize. Sie ist ein immaterieller Leistungsanreiz mit extrem hohem Anreizcharakter. Oder umgekehrt ausgedrückt: Fehlt die Vertrauenskultur, kann Motivation sich kaum entfalten, die volle Ausschöpfung des Leistungspotenzials der Beschäftigten wird behindert.[1647] Aber auch der Erfolg der Verwaltung und ihrer Reform können an einer „verwaltungskulturellen Immunisierung“[1648] scheitern. Verantwortlich für die Verwaltungskultur sind nicht allein die einzelnen Beschäftigten, sondern „vielmehr die strukturellen Rahmenbedingungen im öffentlichen Dienst, die immer noch auf der Vorstellung einer Regel-, Kontroll- und Mißtrauenskultur aufbauen.“[1649] Um eine Vertrauens- und Verantwortungskultur zu erreichen, „muß die öffentliche Verwaltung sowohl in den Köpfen der Mitarbeiter als auch in den Köpfen der Gesetzgeber, Tarifparteien und Führungskräfte neu gedacht und entwickelt werden.“[1650]

Die Verwaltungskultur konkretisiert sich z. B. in der Kultur der Zusammenarbeit,[1651] in der Führungskultur,[1652] der Informations- und Kommunikationskultur,[1653] der Personalentwicklung[1654] oder in der Arbeitsgestaltung[1655].

1643 Vgl. Bosetzky/Heinrich, Bürokultur, in: VR 2/1986, S. 37-41.

1644 Vgl. z. B. Frey, Hergebrachte Verwaltungskultur und Neues Steuerungsmodell, in: iv 1/1996, S. 32-37; Frey, Wege einer neuen Verwaltungskultur, in: VOP 12/1997, S. 12-14; Küpper, Moderne Verwaltungskultur, in: VM 2/1997, S. 72-75; Schedler, Die Kultur der wirkungsorientierten Verwaltung, in: VM 1/1996, S. 14-18; Wallerath, Verwaltungserneuerung, in: Verwaltungsarchiv 1/1997, S. 1-22.

1645 Hill, Verwaltung neu denken, in: VOP 1/1993, S. 15 (19).

1646 KGSt-Bericht Nr. 6/1996: Personalentwicklung im Neuen Steuerungsmodell, S. 10.

1647 Die weitere Konsequenz einer fehlenden Vertrauenskultur ist die Angst, die in Unternehmen einen erheblichen wirtschaftlichen Schaden entstehen lassen kann, vgl. Panse/Stegmann, Kostenfaktor Angst 1996.

1648 Frey, Hergebrachte Verwaltungskultur und Neues Steuerungsmodell, in: iv 1/1996, S. 32 (37)

1649 Hill/Frey, Motivationsinstrumente für eine Innovation der öffentlichen Verwaltung, in: Verwaltung und Management, 1/1997, S. 7 (13).

1650 Hill/Frey, Motivationsinstrumente für eine Innovation der öffentlichen Verwaltung, in: Verwaltung und Management, 1/1997, S. 7 (13); vgl. ferner Hill, Kompetenzentwicklung in der öffentlichen Verwaltung, 1997, S. 57.

1651 Vgl. Fisch, Eine neue Kultur der Zusammenarbeit für Organisationen, in: Fisch/Hill (Hrsg.), Personalmanagement der Zukunft, 2001, S. 115-139.

1652 Vgl. Kap. 8.3.6.

1653 Vgl. Kap. 8.3.8.2.

1654 Vgl. Kap. 8.3.2.

1655 Vgl. Kap. 8.3.3.

b. Erfolgsfaktoren

Die Diagnose der Kultur einer Verwaltung kann wichtige Hinweise liefern, ob eine Vertrauenskultur in einer Verwaltung vorhanden ist und wie sie beschaffen ist.[1656] Als Diagnoseinstrumente haben sich in Kommunalverwaltungen vor allem Mitarbeiterbefragungen, Workshops, Auswertung von Fehlzeiten und Fluktuation in den einzelnen Verwaltungseinheiten bewährt.
Erfolgsfaktor einer motivierenden Verwaltungskultur ist eine Vorstellung von dem Idealbild der Kultur im eigenen Haus. Viele Kommunalverwaltungen sehen die Bildung eines Leitbildes als Voraussetzung einer Veränderung ihrer Verwaltungskultur.[1657] In dem Leitbild werden Zustände oder Verhaltensweisen in ihrem Idealzustand beschrieben, um die Aktivitäten der Verwaltung nach diesem Idealzustand auszurichten: „Gelingt es, die Ziele mit den Mitgliedern einer Organisation gemeinsam zu fixieren und beinhalten die Zielformulierungen **Verhaltensnormen**, ist damit der Grundstein für eine bewußte Prägungen der Organisationskultur gelegt."[1658]
Zu einer Vertrauenskultur gehört zentral die Verknüpfung zwischen Vertrauen und Führung:[1659] „Führung und Unternehmenskultur sind eng miteinander verbunden. Einerseits wird Führung maßgeblich durch die Unternehmenskultur beeinflußt; andererseits wirkt Führung auf die Unternehmenskultur ein. Sie wird durch richtige Führung aufgebaut, stabilisiert und verbessert. Ihre Werte werden bei der Ausübung von Führung konkret vermittelt und führen dazu, daß sich Mitarbeiter in der Unternehmenskultur heimisch und angenommen fühlen."[1660] Erst wenn Führungskräfte Vertrauen zu ihren Mitarbeiter/innen haben und z. B. Verantwortung delegieren können, aber auch wenn Beschäftigte ihren Vorgesetzten Vertrauen entgegenbringen, kann eine Kultur des gegenseitigen Vertrauens entstehen.
Personalentwicklung und Verwaltungskultur beeinflussen sich gegenseitig.[1661] Da die Personalentwicklung nicht nur Einfluss nimmt auf die Fähigkeiten, Fertigkeiten und Kenntnisse der Beschäftigten, sondern auch auf deren Einstellungen, Werte und motivationalen Orientierungen,[1662] leistet die Personalentwicklung einen entscheidenden Beitrag zur Erhaltung oder Veränderung der Verwaltungskultur. Die Verwaltungskultur prägt jedoch auch die Personalentwicklung, da die Verhaltensnormen als Bestandteile

---

[1656] Vgl. Marré, Die Bedeutung der Unternehmenskultur für die Personalentwicklung, 1997, S. 24 ff.
[1657] Zur mitarbeiterorientierten Leitbildentwicklung vgl. Kap. 8.3.7.3; zum grundlegenden Zusammenhang zwischen Verwaltungskultur und Leitbild vgl. Wewer, Leitbilder und Verwaltungskultur, in: Bandemer/Blanke/Nullmeier/Wewer (Hrsg.), Handbuch zur Verwaltungsreform, 1998, S. 141-150.
[1658] Reichwein/Möltgen/Padberg, Leitbild, in: Adamaschek/Grymer/Meyer-Pries (Hrsg.), Managementhandbuch Kommunalverwaltung, Nr. 1080, Stand: Oktober 1997, Rdnr. 11.
[1659] Vgl. grundlegend Weibler, Vertrauen und Führung, in: Klimecki/Remer (Hrsg.), Personal als Strategie, 1997, S. 185-214.
[1660] Wald, Personalmanagement für die kommunale Praxis, 1996, Rdnr. 233.
[1661] Vgl. Elsik, Strategisches Personalmanagement, 1992, S. 171 ff.; Frey, Verwaltungs-Organisationskulturveränderung durch Personalentwicklung im Neuen Steuerungsmodell, 1998, S. 94 f.; KGSt-Bericht Nr. 6/1996: Personalentwicklung im Neuen Steuerungsmodell, S. 10.
[1662] Vgl. Rosenstiel/Molt/Rüttinger, Organisationspsychologie, 1995, S. 331.

der Verwaltungskultur die Personalentwicklung entweder unterstützen oder auch konterkarieren können.[1663]

c. Praxis in Kommunalverwaltungen

Viele Kommunalverwaltungen haben das angestrebte Idealbild ihrer Verwaltungskultur in einem Leitbild dargestellt.[1664] In den Kreisverwaltungen des Innovationsrings „Kreisverwaltung der Zukunft" ist die Veränderung der Verwaltungskultur ein zentraler Bestandteil des Modernisierungsprozesses.[1665]

Auch in interkommunalen Vergleichen wird die Veränderung der Verwaltungskultur thematisiert. So wird in dem Projekt „Interkommunaler Leistungsvergleich" des Deutschen Beamtenbundes und der Bertelsmann-Stiftung als Ziel der Verwaltungsreform das Entstehen einer neuen Verwaltungskultur benannt, in der Leistung und Arbeitszufriedenheit keine Gegensätze sind, sondern sich gegenseitig bedingen und zu einem Qualitätsgewinn der Arbeitsplätze führen.[1666] Auch in Qualitätswettbewerben wie z. B. dem 3. Speyerer Qualitätswettbewerb 1996 wird die Qualität der Verwaltungskultur hinsichtlich Definition, Erfassung und Verbesserungsmaßnahmen als ein Kriterium berücksichtigt.[1667] In internationalen Untersuchungen und Vergleichen von Kommunalverwaltungen ist die Verwaltungskultur ebenfalls ein Thema.[1668]

Trotz aller Betonung der Bedeutung der Verwaltungskultur zeigt sich, dass sich die Verwaltungen mit Maßnahmen zu ihrer Verbesserung noch immer schwer tun.[1669] Die Verwaltungskultur hat noch nicht die notwendige Beachtung erlangt, die ihr im Zusammenhang mit einem modernen Verwaltungsmanagement zukommen müsste.[1670]

8.3.8.2 Information und Kommunikation

a. Beschreibung

Ausdruck der Kultur einer Verwaltung sind insbesondere Information und Kommunikation: „Sie tragen zu einer positiven Arbeitsstimmung und einem verbesserten betriebli-

---

[1663] Vgl. Elsik, Strategisches Personalmanagement, 1992, S. 171 f.

[1664] Vgl. den Überblick in Reichwein/Möltgen/Padberg, Leitbild, in: Adamaschek/Grymer/Meyer-Pries (Hrsg.), Managementhandbuch Kommunalverwaltung, Nr. 1080, Stand: Oktober 1997, Rdnr. 31.

[1665] Vgl. die Angaben jeweils unter Punkt F der Befragungsergebnisse in den Kreisverwaltungen des Innovationsringes „Kreisverwaltung der Zukunft", dargestellt in: Hill/Klages i. V. m. dem Deutschen Landkreistag (Hrsg.), Kreisverwaltung der Zukunft, 1995, S. 153 ff.

[1666] Vgl. Adamascheck, Interkommunaler Leistungsvergleich, 1997, S. 101.

[1667] Vgl. Hill/Klages, Bewerber-Information für die Interessenten am 3. Speyerer Qualitätswettbewerb 1996 mit Anleitung zur Selbstbewertung und Kriterienliste, 1996, S. 29.

[1668] Vgl. Pröhl (Hrsg.), Die lernende Organisation – Vertrauensbildung in der Kommunalverwaltung, 1998.

[1669] Vgl. Klages, Zwischenbilanz zur Verwaltungsmodernisierung in Deutschland, in: VM 3/1997, S. 132 (138).

[1670] Vgl. Schedler, Die Kultur der wirkungsorientierten Verwaltung, in: VM 1/1996, S. 14 (14).

chen Lebensgefühl auf der Seite der Mitarbeiter bei."[1671] Die rechtzeitige und ausreichende Information bewirkt bei den Beschäftigten, dass sie sich geachtet und ernstgenommen fühlen; sie sind motiviert, haben Kenntnisse über Zweck und Ziele ihrer Arbeit, sie zeigen Mitverantwortung und die Fehlerhäufigkeit sinkt.[1672]

Information und Kommunikation können auf folgenden Wegen erfolgen:[1673]

- informelle Gespräche mit Vorgesetzten und Kollegen/innen,
- Mitarbeitergespräche,
- Dienstbesprechungen,
- Mitarbeiterversammlungen,
- Betriebsversammlungen,
- Mitarbeiterzeitung,
- Rundschreiben,
- Flugblätter,
- Anschläge an das „Schwarze Bretter",
- Intranet und Internet,
- Tag der offenen Tür,
- Pressedienst (Zeitungsausschnitte),
- Informationsschrift für neu Eingestellte,
- Personalbericht, Sozialbilanz und -statistiken,
- schriftliche oder mündliche Lageberichte,
- allgemeine Vorträge,
- Ausstellungen in der Verwaltung.

Information und Kommunikation ist insbesondere ein zentraler Bestandteil der Führung. Die Vereinbarkeit von Verwaltungszielen und den Zielen der Beschäftigten als Führungsaufgabe ist ohne Information und Kommunikation nicht vorstellbar.[1674]

b. Erfolgsfaktoren

Information und Kommunikation müssen folgende qualitative und quantitative Bedingungen erfüllen:[1675]

- Offenheit und Ehrlichkeit,
- umfassende und zeitnahe Information,
- argumentierende und begründende Informationsvermittlung,
- Glaubwürdigkeit.

[1671] Wald, Personalmanagement für die kommunale Praxis, 1996, Rdnr. 234.
[1672] Vgl. Wald, Personalmanagement für die kommunale Praxis, 1996, Rdnr. 234.
[1673] Vgl. Wald, Personalmanagement für die kommunale Praxis, 1996, Rdnr. 234; ferner Wolf/Draf, Leiten und Führen in der öffentlichen Verwaltung, 1999, S. 97 ff.
[1674] Vgl. Wald, Personalmanagement für die kommunale Praxis, 1996, Rdnr. 233.
[1675] Vgl. Wald, Personalmanagement für die kommunale Praxis, 1996, Rdnr. 234.

Notwendige Voraussetzung für eine effektive Information und Kommunikation in einer Verwaltung ist ein Informations- und Kommunikationsmanagement mit der Aufgabe, „verwaltungsübergreifend und gezielt Organisation, Planung, Durchsetzung und Kontrolle der Informationshandhabung, der Informationsversorgung und des Einsatzes von Informations- und Kommunikationstechnik zu sichern."[1676]
Den Führungskräften kommt in einer informativen und kommunikativen Verwaltungskultur eine tragende Rolle zu. Für eine erfolgreiche Kommunikation mit den Beschäftigten sind sowohl Sozialkompetenzen als auch kommunikationspsychologische Grundkenntnisse notwendig.[1677]
Ein weiterer Bestandteil einer Informations- und Kommunikationskultur ist ein Wissensmanagement, das das vorhandene Wissen aufbereitet und kommunizierbar macht.[1678]
Informationstechnik kann die Informations- und Kommunikationskultur sinnvoll unterstützen.[1679]
Ein weiterer Erfolgsfaktor für ein gutes Kommunikationsklima in einer Verwaltung stellen vernetzte informelle Kommunikationsstrukturen dar, in denen die Beschäftigten über die bestehenden formellen Strukturen hinaus freundschaftliche soziale Beziehungen knüpfen.
Hilfreich zur Erlangung von Kommunikationskompetenz sind Kommunikationstrainings, wie sie vielfach von Fortbildungsinstituten und Unternehmensberatungen angeboten und in der Literatur aufbereitet werden.[1680]

c. Praxis in Kommunalverwaltungen

Organisationsuntersuchungen in der öffentlichen Verwaltung haben gezeigt, dass Beschäftigte insbesondere in Reformzeiten ein starkes Bedürfnis nach klaren, ehrlichen und sachlichen Informationen haben.[1681]
Einige Kommunalverwaltungen haben Richtlinien zur Informations- und Kommunikationskultur in ihrem Haus entwickelt. Teilweise sind Aussagen zur Information und Kommunikation Bestandteile von anderen Konzepten wie z. B. Führungsleitlinien.

[1676] Wald, Personalmanagement für die kommunale Praxis, 1996, Rdnr. 234.
[1677] Vgl. Wolf/Draf, Leiten und Führen in der öffentlichen Verwaltung, 1999, S. 95.
[1678] Vgl. Hill, Von der Einbeziehung der Mitarbeiter zum Wissens- und Energiemanagement, in: Hill/Klages, Innovationen durch Spitzenverwaltungen, 1999, S. 49-56; ferner Ehlers, Die Organisation und ihr Gehirn, in: VM 5/2000, S. 306-311; Hill, Wie Erfahrungsschätze geborgen werden, in: Stadt und Gemeinde 4/1999, S. 130-133.
[1679] Vgl. Bonin, Informationstechnik als Erfolgsfaktor der lernenden Organisation, in: VM 3/1997, S. 155-158; Ehlers, Die innovative Bürokratie, in: VM 4/1995, S. 240-243.
[1680] Vgl. z. B. Birkenbihl, Kommunikationstraining, 1992; Vopel/Kirsten, Kommunikation und Kooperation, 1988.
[1681] Vgl. Gasch/Antoine/Köpperschmidt-Bau, Psychologische Organisationsentwicklung im öffentlichen Dienst, 1998, S. 332.

Beispielhaft werden hier die Aussagen zur Information und Kommunikation der „Leitlinien für Führung und Zusammenarbeit im Landratsamt Enzkreis“[1682] vorgestellt. Die Leitlinien betonen eine umfassende und rechtzeitige gegenseitige Information, die eine Hol- und Bringschuld ist. Führungskräfte und Mitarbeiter/innen sollen klare Kommunikations- und Informationswege vereinbaren und für einen reibungslosen Informationsaustausch sorgen.
Zu den Maßnahmen, die diesen Anspruch verwirklichen, gehören folgende Elemente:
„Wir erfragen unseren gegenseitigen Informationsbedarf und treffen eine zweckentsprechende Auswahl.
Wir informieren möglichst direkt (z. B. auch in hierarchiefreien Gesprächen auf allen Führungsebenen).
Wir machen Entscheidungswege transparent.
Der Informationsaustausch erfolgt unter anderem in regelmäßigen Dienstbesprechungen (Gruppe) und im Mitarbeiterjahresgespräch (einzeln).
Die Führungskräfte steuern den Informationsfluß.
Die Führungskräfte informieren vor allem über

- den Aufgabenbereich,
- Gesamtzusammenhänge,
- Hintergründe

und gewährleisten, daß alle Mitarbeiterinnen und Mitarbeiter die notwendigen Informationen erhalten.
Die Mitarbeiterinnen und Mitarbeiter informieren die Führungskräfte insbesondere über positive und negative Entwicklungen im eigenen Aufgabenbereich.“[1683]

Erkennbar soll der Erfolg dieser Maßnahmen sein durch Mitarbeiterbefragungen (im Gesamthaus oder in den Ämtern) zum Informationsstand, Analysen des Informationsflusses in Form einer Kommunikationsanalyse und Protokolle der Mitarbeiterjahresgespräche.[1684]

8.3.9 Soziale Leistungen

Soziale Leistungen sind den motivationsfördernden Leistungsanreizen zuzurechnen, da sie unabhängig von der individuellen Leistung vergeben werden, allen Beschäftigten offen stehen und dem Erhalt und der Steigerung der allgemeinen Motivation in der Ver-

[1682] Vgl. Landratsamt Enzkreis (Hrsg.), Leitlinien für Führung und Zusammenarbeit im Landratsamt Enzkreis, o. J.
[1683] Landratsamt Enzkreis (Hrsg.), Leitlinien für Führung und Zusammenarbeit im Landratsamt Enzkreis, o. J., Punkt 4.
[1684] Vgl. Landratsamt Enzkreis (Hrsg.), Leitlinien für Führung und Zusammenarbeit im Landratsamt Enzkreis, o. J., Punkt 4.

waltung dienen.[1685] Sie entfalten ihre Wirkung vor allem als Eintritts- und Bleibeanreize, da sie dazu motivieren können, in eine Organisation einzutreten und dort zu bleiben.[1686]

8.3.9.1 Ausstattung der Sozialräume

a. Beschreibung

Zu den Sozialräumen gehören z. B. die Aufenthaltsräume, Kaffee-/Teeküchen, Ruheräume und Kantine. Die Ausstattung der Sozialräume hat dann Anreizcharakter, wenn sie freundlich und einladend ist. Dies kann sich z. B. zeigen in hellen Wandfarben, hellem Licht, freundlichem Mobiliar, guter Erreichbarkeit. Dieser Anreiz als offenes Angebot für alle Beschäftigten hat eine relativ hohe Wirkung auf den allgemeinen Motivationserhalt und die Kommunikation in der Verwaltung. Gleichzeitig wird die Leistungsfähigkeit der Beschäftigten durch zur Pause einladende Sozialräume erhalten und die Kooperation und Kommunikation unter den Beschäftigten gefördert. Insbesondere die informelle Kommunikationsstruktur wird durch diesen Leistungsanreiz gestärkt.

b. Erfolgsfaktoren

Verwaltungen, die Sozialräume einrichten wollen, sollten zunächst die Wünsche der Beschäftigten erfragen (z. B. durch Mitarbeiterbefragungen). Regelmäßig durchgeführte Mitarbeiterbefragungen oder „Kummerkästen" in den Sozialräumen können Aufschluss über die Zufriedenheit der Mitarbeiter/innen mit den Sozialräumen geben.
Der Gefahr, dass sich Mitarbeiter/innen auch über die Pausen hinweg in den Sozialräumen aufhalten und der Gefahr des Missbrauchs kann durch klare Pausenzeitregelungen vorgebeugt werden.

c. Praxis in Kommunalverwaltungen

In vielen Kommunalverwaltungen sind Sozialräume eingerichtet. Teilweise können die Beschäftigten an ihrer Gestaltung mitwirken.

[1685] Zur Unterscheidung zwischen motivationsbegründenden, motivationsfördernden und belohnenden Leistungsanreizen vgl. Kap. 3.1.2.4.
[1686] Zu Eintritts- und Bleibeanreizen vgl. Kap. 3.1.2.8.

8.3.9.2 Freizeitangebote

a. Beschreibung

Es werden von der Verwaltung oder auf Initiative einzelner Beschäftigter verschiedene Freizeitangebote gemacht, z. B. Betriebsausflug, Ausbildungsfahrten, Sportangebote, regelmäßiger Stammtisch, kulturelle Angebote (z. B. Chor). Diese Anreize können eine relativ hohe Wirkung auf den allgemeinen Motivationserhalt und die Kommunikation in der Verwaltung haben. Sie fördern die Kooperation und Kommunikation unter den Beschäftigten und binden die Beschäftigten an die Verwaltung durch Motivationserhalt. Insbesondere die informelle Kommunikationsstruktur kann durch diesen Leistungsanreiz gestärkt und die Verwaltungskultur[1687] verbessert werden.

b. Erfolgsfaktoren

Als Voraussetzung angemessener Freizeitangebote sollten die Interessen und Wünsche der Beschäftigten ermittelt werden (z. B. durch Mitarbeiterbefragungen). Regelmäßig durchgeführte Mitarbeiterbefragungen oder Befragungen im Anschluss an die durchgeführten Freizeitangebote können Aufschluss über die Zufriedenheit der Mitarbeiter/innen mit diesen Veranstaltungen geben.

c. Praxis in Kommunalverwaltungen

In fast allen Verwaltungen werden Betriebsausflüge durchgeführt. Darüber hinaus veranstaltet z. B. der Landkreis Osnabrück Ausbildungsfahrten.[1688]

In der Stadtverwaltung Köln existiert eine Betriebssportgemeinschaft. Diese bietet den Beschäftigten der Stadt Köln unterschiedliche Möglichkeiten der sportlichen Betätigung durch ein vielfältiges Sportprogramm an.[1689]

8.3.9.3 Beratungsangebote

a. Beschreibung

Es werden den Beschäftigten in verschiedenen Bereichen Beratungsangebote gemacht, z. B.:

[1687] Zur Verwaltungskultur vgl. Kap. 8.3.8.1.
[1688] Nach Informationen der Kreisverwaltung Osnabrück im Jahr 2000.
[1689] Nach Informationen der Stadtverwaltung Köln im Jahr 2000.

- medizinische Beratung,
- Gesundheitsberatung,
- Rechtsberatung,
- Steuerberatung,
- Finanzberatung,
- Schuldnerberatung.

Grundsätzlich sind zwei Formen des Angebots durch den Arbeitgeber bzw. Dienstherrn vorstellbar: Die/der Beschäftigte nimmt die Beratungsangebote wahr; von der Arbeitgeberseite wird ein finanzieller Zuschuss gewährt. Oder die Beratungen werden von der Arbeitgeberseite selber durchgeführt (z. B. in Form einer Zusammenarbeit mit Ärzten/innen, Anwälten/innen, Steuerberatern/innen etc.).
Eine Wirkung dieses Anreizes ist insbesondere auf den allgemeinen Motivationserhalt und die Identifikation mit der Verwaltung durch Belohnungscharakter und Bindung der Beschäftigten an die Verwaltung zu erwarten. Beratungsangebote können ein offenes Angebot für alle Beschäftigten sein. Da Beratungsangebote in ihren Wahlmöglichkeiten sehr vielfältig sind, eignen sie sich auch als Wahlmöglichkeiten im Rahmen von Kombinationsmodellen oder Cafeteriasystemen.[1690]

b. Erfolgsfaktoren

Bei der Einführung dieses Leistungsanreizes ist eine Ermittlung des Bedarfs bei den Beschäftigten sinnvoll (z. B. durch Mitarbeiterbefragungen) sowie eine regelmäßige Überprüfung, inwieweit das Angebot noch der Bedürfnislage der Beschäftigten entspricht (z. B. durch weitere Mitarbeiterbefragungen, Mitarbeitergespräche, Ermittlung der Inanspruchnahme und Nachfrage durch die Mitarbeiter/innen). Bei der Zusammenarbeit mit externen Anbietern/innen müssen vergabe- und wettbewerbsrechtliche Gesichtspunkte beachtet werden (z. B. durch vorherige Ausschreibung).[1691]

c. Praxis in Kommunalverwaltungen

Während in der Privatwirtschaft Beratungsangebote Elemente von Cafeteria-Systemen sein können,[1692] sind diese Anreize bislang in der öffentlichen Verwaltung noch unüblich. Einige wenige Verwaltungen bieten medizinische Beratungen im Rahmen der Gesundheitsförderung an.[1693]

[1690] Vgl. Kap. 10.2.
[1691] Vgl. KGSt-Bericht Nr. 1/1997: Organisation des Einkaufs.
[1692] Vgl. Kap. 10.2.1.
[1693] Vgl. Kap. 8.3.9.4.

8.3.9.4 Gesundheitsförderung

a. Beschreibung

Die Betriebliche Gesundheitsförderung umfasst ein Bündel von Maßnahmen. Hierzu zählen z. B.:[1694]

- leistungsfähigkeitadäquater Personaleinsatz,
- ergonomische Büroausstattung,
- medizinische Beratung,
- medizinische Betreuung,
- Früherkennung,
- Gesundheitscoaching (z. B. regelmäßiger Gesundheits-Check-up, individueller Gesundheitsplan, Bewegungs-, Ernährungsplan),
- Ernährungsberatung,
- Stressprävention/-bewältigung,
- Entspannungsangebote,
- Rückenschulung,
- Sportprogramme,
- Reintegration und Rückfallverhütung (Wiedereingliederung z. B. nach Unfällen, Suchtkrankheiten),
- Suchtprävention/-beratung,
- Analyse von Fehlzeiten,
- Rückkehr-/Gesundheitsgespräche,
- Einrichtung von Gesundheitszirkeln,
- betriebliche Gesundheitsberichterstattung.

Bei den Gesundheitsangeboten sind grundsätzlich sind zwei Formen des Angebots durch den Arbeitgeber bzw. Dienstherrn vorstellbar: Die/der Beschäftigte nimmt die Beratungsangebote wahr; von der Arbeitgeberseite wird ein finanzieller Zuschuss gewährt. Oder die Beratungen werden von der Arbeitgeberseite selber gemacht (z. B. in Form einer Zusammenarbeit mit Ärzten/innen, Krankenhäusern, Gesundheitszentren, Sportschulen etc.).
Dieser Anreiz stellt eine gute Verbindungsmöglichkeit zwischen dem Verwaltungsziel des Erhalts der Leistungsfähigkeit durch Gesundheitsförderung und dem Mitarbeiterbedürfnis des Erhalts der eigenen Gesundheit dar. Eine weitere mögliche Wirkung der Gesundheitsförderung liegt in der Reduzierung von Fehlzeiten.[1695]

[1694] Vgl. auch Haßelmann, Krankenstand, Führungsverhalten und Gesundheitsförderung, in: VR 8/1999, S. 275 (277).
[1695] Vgl. Fürstenberg, Fehlzeitenreduzierung in der öffentlichen Verwaltung, in: VuF 3/4/1997, S. 220-238.

b. Erfolgsfaktoren

Der Aufbau der betrieblichen Gesundheitsförderung und die Erarbeitung umfassender Konzepte müssen in die Kultur der Organisation passen[1696] und mit der Organisationsentwicklung verzahnt werden.[1697]
Zu Beginn der Erarbeitung von Konzepten für die Gesundheitsförderung ist eine Bestandsaufnahme vorhandener Maßnahmen sowie der Mängel der bisherigen Gesundheitsförderung in der Organisation sinnvoll. Eine Mitarbeiterbefragung kann hierzu wichtige Informationen liefern. Eine Projektgruppe, ggf. unter Moderation eines/r externen Beraters/in, sollte die Konzepterarbeitung begleiten. Bei der Entwicklung und Umsetzung von Maßnahmen ist zu unterscheiden zwischen abteilungsbezogenen Maßnahmen (z. B. Umverteilung von Arbeit), personenbezogenen Maßnahmen (z. B. ergonomische Büromöbel), Maßnahmen für Vorgesetzte (z. B. Gesundheits- und Rückkehrgespräche), betriebsbezogenen Maßnahmen (z. B. neue Pausenstruktur) und gesundheitsbezogenen Maßnahmen (z. B. Rückenschule).[1698] Eine regelmäßige Überprüfung (z. B. durch weitere Mitarbeiterbefragungen, Mitarbeitergespräche, Ermittlung der Inanspruchnahme und Nachfrage durch die Mitarbeiter/innen) gibt Aufschluss darüber, inwieweit das Angebot noch der Bedürfnislage der Beschäftigten entspricht.

c. Praxis in Kommunalverwaltungen

In der Stadtverwaltung Köln wurde ein Pilotprojekt „Betriebliche Gesundheitsförderung" im Personalamt durchgeführt mit dem Ziel, ein gesamtstädtisches Konzept zu erarbeiten. Auf Grund der Sensibilität des Themas wurden in der ersten Phase (erstes Jahr) nur Maßnahmen angeboten, die das Gesundheitsbewusstsein und das persönliche Wohlbefinden der Beschäftigten am Arbeitsplatz fördern sollten. Die Vorgehensweise „step by step" wurde bewusst gewählt. Eine tiefergehende Gesundheitsförderung (Analyse der Fehlzeiten, umfassende Beschäftigtenbefragung mit anschließender Umsetzung der Ergebnisse wie z. B. Analyse von Arbeitsabläufen, Beseitigung von Störungen im Verhältnis zwischen Vorgesetzten und Beschäftigten) war für einen späteren Zeitpunkt geplant. Die Beschäftigten erhalten regelmäßige Infos zu den Ergebnissen und dem Stand des Pilotprojektes.[1699]
Einzelmaßnahmen zur Erhöhung des Gesundheitsbewusstseins waren:[1700]

- ergonomische Einstellung von Bürostühlen und ergonomische Aufstellung der Monitore,

[1696] Vgl. Badura/Münch/Ritter, Partnerschaftliche Unternehmenskultur und betriebliche Gesundheitspolitik, 1997.
[1697] Vgl. Schlüter/Bögmann, Erst innere Kündigung, dann vorzeitiger Ruhestand, in: VOP 4/2000, S. 36-38.
[1698] In Anlehnung an: Fürstenberg, Fehlzeitenreduzierung in der öffentlichen Verwaltung, in: VuF 3/4/1997, S. 220 (234 f.).
[1699] Nach Informationen der Stadtverwaltung Köln im Jahr 2000.
[1700] Nach Informationen der Stadtverwaltung Köln im Jahr 2000.

- o Durchführung einer Vitalwoche für 3000 Beschäftigte des Stadthauses (gesunde Ernährung mit Ernährungshinweisen, Ernährungsberatung, Cholesterinmessung, Aktionsstand der Betriebssportgemeinschaft, Beratung durch den arbeitsmedizinischen und arbeitssicherheitstechnischen Dienst an einem Musterbildschirmarbeitsplatz),
- o Ernährungsberatung,
- o Seminar „Stressbewältigung" (Inhalt: „Zeitmanagement"),
- o Kurs „Autogenes Training" und Kurs „Entspannung durch Atemtherapie",
- o wöchentliche Verteilung von Informationen zu Gesundheitsthemen über das Intranet (Beispiele: notwendige Impfungen, Grippe und Erkältungen, Kopfschmerzen, Migräne, Husten, Fitnesscocktails),
- o Hinweis auf externe Veranstaltungen (Beispiele: Infoabende, Meditationskurse, Kurse der Betriebssportgemeinschaft),
- o Verteilung von Freikarten für Schwimmbäder und Verlosung von Gutscheinen für eine Therme,
- o Prüfung, welche Beschäftigte des Personalamtes noch für die Augenuntersuchung nach dem Arbeitsschutzgesetz in Verbindung mit der EU-Bildschirmrichtlinie in Frage kommen und Durchführung der Untersuchung in einem Sammeltermin im Haus.

Zu Beginn der Maßnahme wurden die Bedürfnisse mittels einer schriftlichen Befragung ermittelt. Die Ergebnisse waren Basis für die Ausgestaltung der Einzelmaßnahmen. Nach Durchführung dieser Maßnahmen wurde nochmals eine Befragung durchgeführt, um die Akzeptanz des Projektes zu bewerten sowie eine Grundlage für die Entscheidung über die gesamtstädtische Einführung zu erlangen. Die Fragen wurden überwiegend mit „sehr gut" und „gut" bewertet. Die meisten haben sich für eine Weiterführung der Betrieblichen Gesundheitsförderung ausgesprochen.[1701]

8.3.9.5 Soziale Personaldienstleistungen

a. Beschreibung

Die KGSt beschreibt die Sozialen Personaldienstleistungen, die auch als „Betriebliche Sozialarbeit" bezeichnet werden, wie folgt: „Soziale Personaldienstleistungen umfassen Beratungsleistungen für Arbeitsgruppen, Führungskräfte und Einzelne zu Fragen von Gesundheitsförderung, Konflikten am Arbeitsplatz, sozialen, psychischen und/oder Suchtproblemen. Soziale Personaldienstleistungen umfassen auch die Mitwirkung bei der Entwicklung und Umsetzung von Konzepten und Strategien zur Personalentwick-

---

[1701] Nach Informationen der Stadtverwaltung Köln im Jahr 2000.

lung, Gesundheitsförderung etc."[1702] Soziale Personaldienstleistungen wollen helfen, Probleme wie Ausfallzeiten, gesundheitliche Beeinträchtigungen, Leistungsmängel, Motivationsdefizite, ungelöste Konflikte am Arbeitsplatz und Führungsprobleme zu bewältigen.[1703]

Ihre Ziele können wie folgt beschrieben werden:[1704]

- Verringerung des (organisatorischen und finanziellen) Aufwandes bei der Lösung schwieriger Personalprobleme,
- Erhalt und Erhöhung der Arbeitzufriedenheit und Motivation,
- Verbesserung der Konfliktlösungsfähigkeit bei Einzelnen und Gruppen innerhalb der Organisation,
- Erweiterung der sozialen und kommunikativen Kompetenzen bei Führungskräften und Mitarbeiter/innen,
- Erhalt und Förderung der Gesundheit und Leistungsfähigkeit der Beschäftigten,
- Unterstützung der Arbeitssicherheit und des Gesundheitsschutzes,
- Veränderung der Verwaltungskultur.

Bei den Zielgruppen der Sozialen Personaldienstleistungen handelt es sich um einzelne Betroffene, Kollegen/innen, Vorgesetzte und Führungskräfte sowie Multiplikatoren/innen (Personalrat, Ausbilder/innen, Frauenbeauftragte etc.). Darüber hinaus arbeiten die Sozialen Personaldienstleistungen mit Externen, Verbänden, anderen Beratungsinstitutionen etc. zusammen.[1705]

Die Aufgabenfelder, die an die einzelne Organisation und deren betriebliche und soziale Erfordernisse angepasst werden müssen, lassen sich in folgende Bereiche aufteilen:[1706]

- **Beratung** z. B. bei
  - Problemen am Arbeitsplatz,
  - Führungsfragen,
  - persönlichen, familiären, sozialen und psychischen Problemen,
  - Suchtproblemen,[1707]
  - der Erschließung inner- und außerbetrieblicher Hilfen,
  - der Wiedereingliederung nach Rehabilitationsmaßnahmen,
  - Überschuldungsfragen,
  - der Vorbereitung auf den Ruhestand,
- **Information, Aufklärung** und **Schulung** z. B.

[1702] KGSt-Bericht Nr. 1/1996: Produktpläne und Produktbeschreibungen für die Kommunalverwaltung, S. 159

[1703] Vgl. Feurer/Gehlenborg, Coaching und Co – Soziale Personaldienstleistungen in kleinen und mittleren Kommunen, in: Kommunalpraxis 9/1996 S. 12-14.

[1704] Vgl. Bundesfachverband Betriebliche Sozialarbeit e.V. (Hrsg.), Rahmenkonzeption für das Arbeitsfeld Betriebliche Sozialarbeit, 1995, S. 9; KGSt-Bericht Nr. 1/1996: Produktpläne und Produktbeschreibungen für die Kommunalverwaltung, S. 159.

[1705] Vgl. KGSt-Bericht Nr. 1/1996: Produktpläne und Produktbeschreibungen für die Kommunalverwaltung, S. 159.

[1706] Vgl. Bundesfachverband Betriebliche Sozialarbeit e.V. (Hrsg.), Rahmenkonzeption für das Arbeitsfeld Betriebliche Sozialarbeit, 1995, S. 10 f.

[1707] Vgl. auch KGSt-Bericht Nr. 8/1988: Alkohol und Arbeitsplatz.

- Schulung von Führungskräften zu fachbezogenen Themen,
- Suchtprävention,[1708]
- Stressbewältigungsseminare,

o **organisationsbezogene Maßnahmen** z. B.
- Aufbau einer innerbetrieblichen Hilfsstruktur,
- Beratung von Organisationseinheiten bei fachspezifischen Fragestellungen,
- Prozessbegleitung (z. B. bei der Einführung neuer Technologien und Umstrukturierungen) in Hinsicht auf soziale Aspekte,
- Mitwirkung in Gremien bezogen auf soziale und gesundheitliche Prozesse am Arbeitsplatz,
- Initiierung und Durchführung gesundheitspräventiver Maßnahmen,
- Beteiligung an der Organisationsentwicklung (z. B. Teamentwicklung unter Aspekten von Kooperation, Kommunikation und Arbeitsklima),
- Moderation von betriebsinternen Arbeitsgruppen,

o **Öffentlichkeitsarbeit**
- interne Öffentlichkeitsarbeit (z. B. Darstellung der Aufgaben und Arbeit betrieblicher Sozialarbeit bzw. Sozialer Personaldienstleistungen),
- externe Öffentlichkeitsarbeit und Imagepflege für die Organisation (z. B. Kooperation mit externen Stellen, Fachveröffentlichungen, Vorträge, Pressearbeit, Aktionstage).

Bei den Aufgabenfeldern der Sozialen Personaldienstleistungen sind sowohl fließende Grenzen zu denen der Personalentwicklung[1709] als auch denen der Gesundheitsförderung[1710] zu erkennen.
Die Sozialen Personaldienstleistungen tragen entscheidend zum Erhalt der Motivation, Leistungsbereitschaft und –fähigkeit der Beschäftigten bei durch die Unterstützung bei der Bewältigung sozialer Probleme, die Förderung physischer, psychischer und sozialer Gesundheit und dem Erhalt eines positiven Betriebsklimas. Im Ergebnis tragen damit die Sozialen Personaldienstleistungen zur Wirtschaftlichkeit des Unternehmens bzw. der Dienstleistungsfähigkeit der Verwaltung bei.[1711]

b. Erfolgsfaktoren

Die Sozialen Personaldienstleistungen verstehen sich als Service für die Verwaltungsleitung, die Facheinheiten und die Personalvertretung. Auftragsgrundlage sind Dienstver-

---

[1708] Vgl. auch KGSt-Bericht Nr. 8/1988: Alkohol und Arbeitsplatz.
[1709] Zur Personalentwicklung vgl. Kap. 8.3.2.
[1710] Zur Gesundheitsförderung vgl. Kap. 8.3.9.4. Die KGSt hat das Produkt „Soziale Personaldienstleistungen" der Produktgruppe „Personalentwicklung" zugeordnet, vgl. KGSt-Bericht Nr. 1/1996: Produktpläne und Produktbeschreibungen für die Kommunalverwaltung, S. 21.
[1711] Vgl. Bundesfachverband Betriebliche Sozialarbeit e.V. (Hrsg.), Rahmenkonzeption für das Arbeitsfeld Betriebliche Sozialarbeit, 1995, S. 9; ferner Feurer/Gehlenborg, Coaching und Co – Soziale Personaldienstleistungen in kleinen und mittleren Kommunen, in: Kommunalpraxis 9/1996, S. 12-14.

einbarungen, Kontrakte mit der Verwaltungsleitung und den Fachbereichen, Dienstanweisungen, Konzepte (Personalentwicklungskonzept, Einzelkonzepte wie z. B. Suchtkonzept, Gesundheitsförderungskonzept).[1712] Die Sozialen Personaldienstleistungen sollten als fachlich unabhängige Organisationseinheit bestehen. Möglich ist ebenfalls eine an die Verwaltungsleitung angebundene Stabstelle. Das eigenständige Arbeiten muss durch Ausstattung und Organisation der Stelle ermöglicht werden. Im Rahmen ihrer Beratungstätigkeit sind die Sozialen Personaldienstleistungen an keine Dienstwege gebunden. Die Inanspruchnahme durch Beschäftigte ist grundsätzlich freiwillig.[1713] Die Sozialen Personaldienstleistungen haben keine Kontrollfunktionen und unterstehen keiner fachfremden Weisung. Die Mitarbeiter/innen der Sozialen Personaldienstleistungen unterliegen gemäß § 203 StGB der Schweigepflicht.[1714]
Bei den Qualifikationsvoraussetzungen der Fachkräfte der Sozialen Personaldienstleistungen handelt es sich um ein Studium der Diplom-Sozialarbeit/-pädagogik oder eines anderen sozialwissenschaftlichen Faches.[1715] Eine weitere wichtige Voraussetzung ist die Akzeptanz des Handelns und Wirkens der Fachkräfte der Sozialen Personaldienstleistungen sowohl durch die Verwaltungsleitung als auch durch die Beschäftigten.

c. Praxis in Kommunalverwaltungen

Als Beispiel für ein konkretes Projekt der Sozialen Personaldienstleistungen wird im Folgenden der Arbeitskreis „Gesundheit und Soziales" (ARGUS) der Verwaltung der Landeshauptstadt Stuttgart vorgestellt. Dieser Arbeitskreis besteht aus Vertretungen des Betrieblichen Sozialdienstes, der Arbeitsmedizin/Arbeitssicherheit, der Schwerbehindertenvertretung, der Führungskräfte, des Personalwesens, der Beschäftigten, des Personalrates sowie externen Experten/innen. Seiner Aufgaben bestehen in der Entwicklung einzelfallbezogener Konfliktlösungsstrategien sowie in der Entwicklung von Strategien und Projekten zu amts-/eigenbetriebsbezogenen Problemen wie z. B. Suchtprävention, Fehlzeitenreduktion, berufsgruppenspezifische Probleme und die Implementierung von Gesundheitszirkeln. Mitglieder der Gesundheitszirkel sind Arbeitsmedizinern/innen, Vorgesetzte, Dienststellenleitern/innen, einzelne Beschäftigte, ein Personalratsmitglied, eine Fachkraft für Arbeitssicherheit und ein/e Moderator/in z. B. des Betrieblichen Sozialdienstes. Die Gesundheitszirkel ermitteln Belastungen für die Beschäftigten in der Verwaltung und erarbeiten Lösungen für gesundheitsförderliche Maßnahmen.[1716]

[1712]Vgl. KGSt-Bericht Nr. 1/1996: Produktpläne und Produktbeschreibungen für die Kommunalverwaltung, S. 159.
[1713]Vgl. Bundesfachverband Betriebliche Sozialarbeit e.V. (Hrsg.), Rahmenkonzeption für das Arbeitsfeld Betriebliche Sozialarbeit, 1995, S. 13.
[1714]Vgl. Bundesfachverband Betriebliche Sozialarbeit e.V. (Hrsg.), Rahmenkonzeption für das Arbeitsfeld Betriebliche Sozialarbeit, 1995, S. 13.
[1715]Vgl. Bundesfachverband Betriebliche Sozialarbeit e.V. (Hrsg.), Rahmenkonzeption für das Arbeitsfeld Betriebliche Sozialarbeit, 1995, S. 12.
[1716]Vgl. Gehlenborg, Leistungsminderungen: Vorbeugung, Früherkennung und Umgang, Vortrag auf dem KGSt-Forum 99 in Leipzig am 5.11.2000.

8.3.9.6 Betriebskindergarten

a. Beschreibung

Eine Verwaltung oder mehrere Verwaltungen im Verbund richten gemeinsam einen ortsnahen Kindergarten für Kinder von Beschäftigten ein. Realisierbar ist ein Betriebskindergarten in den Verwaltungsgebäuden, die die räumlichen Möglichkeiten für einen Betrieskindergarten bieten (z. B. im Zentralgebäude).
Betriebskindergärten entsprechen den Bedürfnissen besonders junger Beschäftigter. Junge Eltern können in räumlich kurzer Entfernung zu ihren Säuglingen und Kleinkindern arbeiten. Beruf und Familie, berufliche Perspektiven und Familienplanung lassen sich optimal miteinander kombinieren.[1717] Dies fördert die Identifikation mit der Verwaltung und der eigenen Arbeit, ohne die Familie vernachlässigen zu müssen. Arbeitszufriedenheit und Motivation können gestärkt werden. Betriebskindergärten entsprechen aber auch die Interessen der Verwaltung: Aufwendig ausgebildete Mitarbeiter/innen stehen ohne längerfristige Unterbrechungszeiten durch Erziehungsurlaub etc. zur Verfügung. Durch ortsnahe und gute Betreuung ihrer Kinder können sich die Mitarbeiter/innen „unbelastet" ihrer Arbeit widmen; es findet eine kontinuierliche Aufgabenwahrnehmung statt.

b. Erfolgsfaktoren

Eine notwendige Voraussetzung für einen Betriebskindergarten ist die Ermittlung der erforderlichen Alterstruktur. So ist zu ermitteln, wie viele Säuglinge, einjährige etc. Kinder aufgenommen werden dürfen. Die Aufnahmekriterien sollten transparent sein; erforderlichenfalls sollten nachvollziehbare Wartelisten erstellt werden.
Die Finanzierung eines Betriebskindergartens muss gesichert sein. Sie kann über ein eigenes dafür vorgesehenes Budget, über Umlage der beteiligten Facheinheiten oder Verwaltungen und/oder anteilig von den betroffenen Beschäftigten geschehen.
Geeignete Räume und Spielflächen sollten vorhanden sein.
Verwaltungen, die über die Schaffung eines Betriebskindergartes nachdenken, sollten zunächst den unmittelbaren und möglichen weiteren Bedarf ermitteln. Hierbei ist die Struktur des Einzugsbereichs, aus dem die Beschäftigten kommen, von Bedeutung. So streben z. B. Beschäftigte aus ländlichen Bereichen, die ihren Arbeitsplatz in der Stadt haben, eher eine Unterbringung ihrer Kinder am Heimatort an, um deren Integration in das Dorfleben so früh wie möglich sicherzustellen. In diesen Fällen erfolgt oftmals mit Vollendung des dritten Lebensjahres eine Abmeldung vom Betriebskindergarten, so dass sich bei einer überwiegenden Zahl von Säuglingen/Kleinkindern die vorgegebene Altersstruktur eines Betriebskindergartens nur schwer erfüllen lässt.

[1717] Zur Frauenförderung/Gleichstellungsarbeit vgl. Kap. 8.3.2.5.

c. Praxis in Kommunalverwaltungen

In einigen Kommunalverwaltungen wurden Betriebskindergärten eingerichtet.

Seit April 1999 bietet das Jugendamt der Stadt Köln Kindertagesstättenplätze für Kinder städtischer Mitarbeiter/innen des Stadthauses an. Die Einrichtung besteht aus drei Tagesstättengruppen für Kinder im Alter zwischen vier Monaten und zehn Jahren. Mit dieser Alterszusammensetzung unterscheidet sich die Einrichtung gegenüber den normalen Kindertagesstätten mit Regelplätzen für Kinder zwischen drei bis sechs Jahren. Die Nachfrage seitens der städtischen Mitarbeiter/innen auf die Kindertagesstättenplätze war bereits zu Beginn der Maßnahme sehr hoch. Über die Aufnahme entscheiden – unter Berücksichtigung der Aufnahmeordnung – die Leiterin des Betriebskindergartens und das Jugendamt. Im Jahr 2000 wurden 54 Kinder in der Einrichtung betreut mit einer Gruppenstärke von 18 Kindern. Auf Grund der Zahl der vorliegenden Anmeldungen auf der Warteliste könnten zwei weitere Gruppen eingerichtet werden. Positiv bewertet wurde von den Eltern unter anderem die erweiterte Altersstruktur, die Anpassung an die Arbeitsbedingungen durch die erweiterten Öffnungszeiten von 7.30 bis 18.00 Uhr sowie die Tatsache, dass die Ferienzeiten nicht statisch festgelegt sind.[1718]

In der Kreisverwaltung Aachen wurden bis auf kurze Zeiten mit sinkendem Bedarf oder Nichterfüllbarkeit der Altersstruktur positive Erfahrungen mit dem Betriebskindergarten gemacht. Verwaltungsziele und Mitarbeitermotivation haben sich sehr gut kombinieren lassen. Junge Mitarbeiter/innen fragten gezielt nach der Auslastung des Betriebskindergartens, um bei der Realisierung der Familienplanung im beruflichen Fortkommen keine Unterbrechungen in Kauf nehmen zu müssen.[1719]

8.4 Zusammenfassung und Bewertung

Abschließend werden die Bedeutung und die Darstellungen der einzelnen immateriellen Leistungsanreize zusammengefasst und ihr gegenwärtiger Stand in den Kommunalverwaltungen bewertet.
Die grundlegenden Aussagen der Motivationstheorien besagen, dass immaterielle Leistungsanreize, insbesondere diejenigen, die die intrinsische Motivation betreffen, die entscheidenden Faktoren zur Motivation der Beschäftigten darstellen.[1720] Diese Aussagen werden durch empirische Untersuchungen in der öffentlichen Verwaltung bestätigt. Mitarbeiterbefragungen zeigen, dass bei den Beschäftigten nicht nur ein hohes, bisher noch ungenutztes Leistungspotenzial vorhanden ist, sondern dass Tätigkeitsmerkmale, die die intrinsische Motivation betreffen, einen hohen Stellenwert haben, gleichzeitig a-

[1718]Nach Informationen der Stadtverwaltung Köln im Jahr 2000.
[1719]Nach Informationen der Kreisverwaltung Aachen im Jahr 2000.
[1720]Vgl. Kap. 5.

ber auch als noch wenig verwirklicht erlebt werden. Diese Diskrepanz zwischen Soll und Ist der intrinsischen Tätigkeitsmerkmale zeigt „mit unübersehbarer Dramatik"[1721] ein großes Defizit in der öffentlichen Verwaltung. Dieses Defizit lässt einerseits auf ein großes Ausmaß „ ‚ungehobener Schätze' an Mitarbeitermotivation"[1722] schließen. Andererseits macht es die Dringlichkeit deutlich, entschlossen auf die vorhandenen Möglichkeiten zuzugreifen. Denn: „das Liegenlassen von Motivation bedeutet buchstäblich eine Verschwendung von Ressourcen. Diese muß um so schwerwiegender erscheinen, als es sich um ‚Humanressourcen' handelt, die nach einem gegenwärtig oft zitierten Slogan (‚Der Mensch – die wichtigste Ressource!') die allerbedeutsamsten sind, über welche die Verwaltung überhaupt verfügt."[1723]
Diese brachliegende vorhandene Motivation stellt den entscheidenden Ansatzpunkt für immaterielle Leistungsanreize dar, die dieses unausgeschöpfte Leistungspotenzial aktivieren können.
In den Kommunalverwaltungen sind bereits vielfältige Formen immaterieller Leistungsanreize vorhanden; Bedeutung und Ausgestaltung werden jedoch nur teilweise genügend berücksichtigt. Häufig werden diese Formen nicht unter dem Begriff „Leistungsanreize" gefasst. Die Zahl derjenigen Verwaltungen, die diese Bezeichnung durchaus verwenden, wächst jedoch mit zunehmender Erkenntnis der Bedeutung des Personals und Personalmanagements. Diese Verwaltungen legen ihren Schwerpunkt auf den Ausbau der immateriellen Leistungsanreize, deren Bandbreite und Realisierung nachfolgend noch einmal zusammengefasst wird.
Die Anreizgruppe des **persönlichkeitsbezogenen Arbeitseinsatzes** stellt die Basis aller Anreize dar. Der interessenbezogene und der fähigkeitsbezogene Arbeitseinsatz beziehen die einzelne Person, ihre Interessen und Fähigkeiten in die einzelnen Felder des Personalmanagements ein. In den Kommunalverwaltungen geschieht dies teilweise bereits systematisch und wirkungsvoll, teilweise werden Interessen und Fähigkeiten (noch) zu wenig ermittelt und berücksichtigt.
Die Anreizgruppe der **Personalentwicklung** birgt ein hohes Anreizpotenzial in sich. Insbesondere eine personen- und verwaltungsbezogene Personalentwicklung hat die Förderung der Fähigkeiten der Beschäftigten in Abstimmung mit dem Verwaltungsbedarf zum Ziel. In den Kommunalverwaltungen sind vielfach Konzepte erarbeitet worden; die Personalentwicklung hat sich „institutionalisiert". Eine Vernetzung der einzelnen Elemente untereinander und mit den strategischen Verwaltungszielen ist jedoch erst in einigen Verwaltungen realisiert. Die Fortbildung als zentrales Element der Personalentwicklung steht angesichts der Herausforderungen an die Verwaltung und der Verwaltungsmodernisierung vor hohen Anforderungen. Sie übernimmt die Rolle der Unterstützung der Wandlungs- und Reformprozesse durch die vorbereitende und begleitende

[1721] Klages, Motivierung von Mitarbeitern durch Anreize?, in: Lüder (Hrsg.), Staat und Verwaltung, 1997, S. 455 (472).
[1722] Klages, Motivierung von Mitarbeitern durch Anreize?, in: Lüder (Hrsg.), Staat und Verwaltung, 1997, S. 455 (473).
[1723] Klages, Motivierung von Mitarbeitern durch Anreize?, in: Lüder (Hrsg.), Staat und Verwaltung, 1997, S. 455 (473).

Qualifizierung, aber auch durch die gezielte Weiterentwicklung der Kenntnisse und Fähigkeiten der Beschäftigten. Die Fortbildungsausgaben sind in den Kommunalverwaltungen in den letzten Jahren gestiegen, Fortbildung wird zunehmend als ein zentraler immaterieller Leistungsanreiz verstanden. Karriereplanungen finden zwar in den Verwaltungen statt; dies geschieht jedoch häufig unsystematisch und ist stark abhängig von der Führungsqualität der Vorgesetzten. Einschränkungen erleben Karriereplanungen durch mangelnde Karrieremöglichkeiten und durch Beförderungsentscheidungen, die sich nicht ausschließlich an Leistung, Eignung und Befähigung orientieren. Eine wichtige Karrieremöglichkeit stellen Parallelkarrieren dar. Insbesondere die Einrichtung von Fachlaufbahnen und das Projektmanagement sind bislang kaum genutzte Alternativen zur Führungslaufbahn. Frauenförderung und Gleichstellungsarbeit bergen ein Anreizpotenzial vor allem für weibliche Beschäftigte in sich. Während Frauenförderung und Gleichstellungsarbeit vielfach auf Grund gesetzlicher Regelungen durch Frauen- und Gleichstellungsbeauftragte institutionalisiert sind, ist der Anteil von Frauen in oberen Hierarchieebenen noch immer gering.

Auch die **Arbeitsgestaltung** ist für die Arbeitszufriedenheit der Beschäftigten von zentraler Bedeutung. Job Enlargement als horizontale und Job Enrichment als vertikale Arbeitsplatzanreicherung gewinnen in der Verwaltungsmodernisierung an Bedeutung. Im Rahmen der dezentralen Ressourcenverantwortung spielt insbesondere Job Enrichment als Übernahme von größerer Verantwortung eine zentrale Rolle. Die Anreizform Job Rotation birgt Anreizpotenziale in sich, wird aber außer in Ausbildungs- und Führungsnachwuchsqualifizierungen bislang wenig praktiziert. Teamarbeit und Projektarbeit dagegen sind in der Verwaltungsmodernisierung sehr bedeutsam geworden. Beide Anreizformen treffen insbesondere die sozialen Bedürfnisse der Beschäftigten, können aber auch unter Beachtung verschiedener Erfolgsfaktoren ein effektiveres Erreichen der Verwaltungsziele bewirken.

Die **Flexibilisierung der Arbeitszeit** bedeutet eine weitere Möglichkeit der Gestaltung der eigenen Arbeit. Flexible Arbeitszeiten von Gleitzeitsystemen bis hin zur Vertrauensarbeitszeit bergen hohe Anreizpotenziale in sich, da private und berufliche Interessen in Einklang gebracht werden können. Während Modelle wie die Vertrauensarbeitszeit erst in wenigen Kommunalverwaltungen praktiziert werden, werden zu anderen Modellen zunehmend Dienstvereinbarungen geschlossen. Durch Teilzeitarbeit, die bereits häufig in Kommunalverwaltungen praktiziert wird, lassen sich insbesondere familiäre und berufliche Interessen verbinden. Einen ähnlichen Effekt hat die Telearbeit; durch den Ausbau technischer Möglichkeit erfreut sich diese flexible Arbeitsform zunehmender Beliebtheit.

Die **Arbeitsplatzausstattung** hinsichtlich Größe, Gestaltung und Raumausstattung trägt ebenfalls zur Zufriedenheit der Beschäftigten bei. Die Mitwirkungsmöglichkeiten der Beschäftigten sind in den Verwaltungen äußerst unterschiedlich und tendenziell eher als gering einzustufen.

Die Qualität der **Führung** trägt entschieden zur Mitarbeitermotivation bei. Insbesondere die mitarbeiter- und zielorientierte Führung enthält sehr hohe Anreizpotenziale. Viele

Verwaltungen haben Führungsrichtlinien erarbeitet. Die Umsetzung in die Praxis fällt jedoch häufig schwer. Viele Beschäftigte haben ein großes Bedürfnis nach Rückmeldung zu ihrer erbrachten Leistung, sei es in Form von Lob oder konstruktiver Kritik. Diese Rückmeldung durch die Führungskräfte auf unterschiedliche Art und Weise stellt einen hohen Anreizfaktor für Beschäftigte dar. Aber auch die Möglichkeit, Vorgesetzten eine Rückmeldung zu geben, sei es durch Mitarbeitergespräche, Vorgesetztenbeurteilungen oder Vorgesetzten-Feedbacks hat eine hohe Anreizwirkung. Erst wenige Verwaltungen führen Vorgesetztenbeurteilungen oder Vorgesetzten-Feedbacks durch; Rückmeldungen im Rahmen von Mitarbeitergesprächen und Mitarbeiterbefragungen sind häufiger. Ein zentrales Führungsinstrument ist das Mitarbeitergespräch. Unter Beachtung seiner Erfolgsfaktoren enthält es hohe Anreizpotenziale. Konzepte für Mitarbeitergespräche sowie ihre Durchführung sind vielerorts anzutreffen.

Die **Mitarbeiterbeteiligung** hat für heutige Beschäftigte mit einem gewandelten Wertebewusstsein eine hohe Anreizwirkung. Das in der Privatwirtschaft bekannte Konzept „Mitarbeiter/innen als Mitunternehmer/innen" kann zwar nicht in gleicher, aber doch in vergleichbarer Weise in die öffentliche Verwaltung übertragen werden. Je mehr unternehmensähnliche Strukturen in die Verwaltung Einzug halten und insbesondere Fach- und Ressourcenverantwortung dezentralisiert werden, um so mehr können sich die Beschäftigten als „Mitunternehmer/innen" verstehen. Die Mitarbeiterbeteiligung in der Verwaltungsreform bedeutet einen wichtigen Erfolgsfaktor für die Modernisierung, aber auch für die Mitarbeiterzufriedenheit. Sie wird in den meisten Kommunalverwaltungen im Reformprozess, wenngleich auch in unterschiedlichen Formen und mit unterschiedlicher Wirksamkeit praktiziert. Auch in die Entwicklung des Leitbildes als Festlegung grundsätzlicher Verwaltungsstrategien fließen vielerorts die Interessen und Vorstellungen der Beschäftigten ein. Ein wichtiges Instrument der Mitarbeiterbeteiligung ist die Mitarbeiterbefragung, die bereits in vielen Kommunalverwaltungen durchgeführt wird. Auch das Vorschlagswesen und Qualitätszirkel sind Formen der Mitarbeiterbeteiligung. Sie tragen nicht nur zur Verbesserung der Effektivität und Effizienz der Verwaltungsleistung, sondern auch zur Erhöhung der Mitarbeiterzufriedenheit und -motivation bei. Beide werden bereits häufig in Kommunalverwaltungen eingesetzt.

Die **Arbeitsatmosphäre** hat einen maßgeblichen Einfluss auf Motivation und Leistungsfähigkeit der Beschäftigten. Die Verwaltungskultur stellt einen zentralen Bestandteil der Arbeitsatmosphäre dar. Wenngleich die Verwaltungskultur im Rahmen der Verwaltungsmodernisierung eine wachsende Bedeutung erhalten hat, tun sich viele Verwaltungen mit Maßnahmen zu ihrer Verbesserung noch immer schwer. Die Weitergabe von Informationen und der Auf- und Ausbau von Kommunikation sind ebenfalls motivations- und damit leistungsfördernd. Wenngleich in einigen Verwaltungen bereits Richtlinien dazu erlassen wurden, stellt die Weiterentwicklung von Information und Kommunikation die Verwaltungen vor wichtige Herausforderungen.

Immaterielle **soziale Leistungen** können potenzielle Bewerber/innen dazu bewegen, in die Verwaltung einzutreten; sie können jedoch auch die Motivation der bereits in der Verwaltung arbeitenden Menschen unterstützen. Zu den sozialen Leistungen gehören die Ausstattung der Sozialräume, Freizeitangebote (z. B. Betriebsausflüge), verschiedene Formen von Beratungsangeboten, die Gesundheitsförderung, die sozialen Personaldienstleistungen und der Betriebskindergarten. Während einige soziale Leistungen wie z. B. Betriebsausflüge bereits traditionell vorhanden sind, wurde die Bedeutung anderer wie z. B. die Gesundheitsförderung und die Sozialen Personaldienstleistungen in den letzten Jahrzehnten erkannt und ausgebaut.

Will man den gegenwärtigen Stand hinsichtlich der immateriellen Leistungsanreize in den Kommunalverwaltungen bewerten, so zeigt sich Folgendes: Die Fokussierung auf die materiellen Leistungsanreize durch die dienstrechtlichen und tarifrechtlichen Möglichkeiten hat den Blick zeitweise verengt und die immateriellen Leistungsanreize aus dem Blick verlieren lassen.[1724] Sollen die vorhanden Leistungsreserven der Beschäftigten jedoch für die Verwaltung nutzbar gemacht werden – entsprechend dem Ziel von Leistungsanreizen – müssen sich Verantwortliche von traditionellen Standpunkten verabschieden und den Standpunkt des „Human Resource Management" einnehmen. Dazu gehört die Bereitschaft, die vorrangige Bedeutung immaterieller Leistungsanreize anzuerkennen, um der hohen Priorität nicht-materieller Bedürfnisse entsprechen zu können.[1725] Eine einseitige Betonung materieller Anreize, wie sie z. B. im Dienstrechtsreformgesetz vorhanden ist, kann ggf. nicht nur keine Wirkung, sondern schlimmstenfalls eine negative Wirkung, d. h. eine Verringerung der intrinsischen Motivation zur Folge haben: „Menschen, die mehrheitlich eine hohe Leistungsmotivation besitzen, welche sich mit dem Wunsch nach aktiver und kreativer Mitwirkung und mit der Bereitschaft zur Übernahme verantwortungsvoller Aufgaben verbindet, werden sich zurückgesetzt fühlen und u. U. geradezu beleidigt reagieren, wenn man sie mit einem sogenannten ‚Belohnungssystem' konfrontiert, das mit relativ kleinen Geldprämien arbeitet, welche womöglich nur wenigen von ihnen aufgrund einer sog. ‚Bestenauslese' zuerkannt werden, deren Objektivitätsanspruch angesichts einer nur sehr eingeschränkt leistungsfähigen Beurteilungspraxis auf wackeligen Beinen steht. Anstelle der angezielten Motivation wird man dann u. U. das Gegenteil, nämlich Demotivation erreichen und Motivationszerstörung betreiben."[1726]

Stattdessen gilt: „Vielmehr soll die Möglichkeit materielle Leistungsanreize vergeben zu können, gleichzeitig durch die damit einhergehende intensivere Personalführung die Anwendung immaterieller Leistungsanreize verstärken. Materielle Leistungsanreize können Personalführung nur unterstützen, sie aber nicht ersetzen."[1727]

Die eigentlichen Motivationschancen liegen in den immateriellen Leistungsanreizen, die vielfältiger und grundlegender Natur sind: „Die Steigerung von Arbeitszufriedenheit und Leistungsbereitschaft setzt das stete Bemühen der Vorgesetzten voraus, den Mitarbei-

---

[1724]Vgl. Kap. 2.

[1725]Vgl. Klages, Motivierung von Mitarbeitern durch Anreize?, in: Lüder (Hrsg.), Staat und Verwaltung, 1997, S. 455 (470 ff.).

[1726]Klages, Motivierung von Mitarbeitern durch Anreize?, in: Lüder (Hrsg.), Staat und Verwaltung, 1997, S. 455 (472).

[1727]Göser/Schlatmann, Neue Leistungsbezahlungselemente in der deutschen Beamtenbesoldung, in: VuF 2/1998, S. 133 (136).

tern durch Anerkennung Erfolgserlebnisse zu vermitteln, die Aufgaben so zu gestalten, dass dabei Selbständigkeit erlebt wird, in angemessenem Ausmaß Verantwortung zu delegieren, Entwicklungsperspektiven zu eröffnen und die Chance zu geben, Neues zu lernen."[1728] Darin liegt der eigentliche Wert und die Chance immaterieller Leistungsanreize.

9 Materielle Leistungsanreize

Nachdem die Bedeutung materieller Leistungsanreize in der öffentlichen Verwaltung in diesem Kapitel zunächst herausgestellt wird, werden anschließend die allgemeinen Grundlagen der Entgeltgestaltung, die Besonderheiten der Besoldungs- und Bezahlungsstruktur und Entgeltformen in der öffentlichen Verwaltung dargestellt. Die leistungsorientierte Entlohnung in der Privatwirtschaft, in der vergangenen und gegenwärtigen Diskussion der öffentlichen Verwaltung, in internationalen Erfahrungen sowie im Umfeld von Kommunalverwaltungen werden beschrieben. Im Anschluss wird ein Überblick über die Anreizgruppen und die einzelnen Formen materieller Leistungsanreize gegeben. Weiterhin werden die Formen im Einzelnen mit praktischen Beispielen aus Kommunalverwaltungen erörtert. Eine abschließende Zusammenfassung enthält zugleich eine Bewertung der kommunalen Praxis hinsichtlich der materiellen Leistungsanreize.

9.1 Bedeutung materieller Leistungsanreize

Zu den materiellen Leistungsanreizen ist grundsätzlich zu bemerken, dass diese wesentlich zur Befriedigung menschlicher Grundbedürfnisse beitragen. Sie stellen die Basis dafür dar, dass Selbstachtungs-, Leistungs- und Selbstverwirklichungsbedürfnisse als Quellen intrinsischer Arbeitsmotivation überhaupt erst entstehen können.[1729] Dennoch haben arbeitspsychologische Forschungen gezeigt, dass materielle Anreize gegenüber immateriellen Anreizen nur sehr bedingt Leistung und Motivation der Beschäftigten steuern und erhöhen können.[1730]

Für die Ermittlung der Bedeutung materieller Anreize in der öffentlichen Verwaltung sind die bei der Darstellung der Bedeutung der immateriellen Leistungsanreize erwähnten Mitarbeiterbefragungen in der öffentlichen Verwaltung[1731] wiederum hilfreich. Sie zeigen hinsichtlich der materiellen Leistungsanreize folgende Ergebnisse: Dem Tätigkeitsmerkmal „Leistungsgerecht bezahlt" kommt bei der Einschätzung der Wichtigkeit kein

[1728] Bönders, Neue Leistungselemente in der Besoldung – Anreiz oder Flop?, in: ZBR 1/1999, S. 11 (21).
[1729] Vgl. Kuhl, Die Bedeutung materieller Leistungsanreize für die Arbeitsmotivation, in: Bertelsmann Stiftung/Institut für Wirtschaft und Gesellschaft Bonn e.V. (Hrsg.), Arbeitsmotivation und Führung, 1988, S. 69 (72 f.).
[1730] Vgl. Kap. 5.5.
[1731] Vgl. Kap. 8.1.

vorderer, dennoch ein beachtenswerter Rangplatz zu (in dargestelltem Schaubild Platz 7).[1732] Dieser Rangplatz verschiebt sich auch bei weiter unten in der Hierarchie arbeitenden Beschäftigten nur unwesentlich nach oben.[1733] Auffällig ist jedoch, dass bei dem Soll-Ist-Vergleich, d. h. dem Vergleich zwischen Wunsch und Wirklichkeit, bei diesem Merkmal ein im Vergleich zu den anderen Merkmalen fast höchster Abstand erreicht wird.

Das bedeutet, dass die leistungsgerechte Bezahlung zunächst für die Beschäftigten keine herausragende Bedeutung hat. Dies lässt auf die grundlegende Relevanz materieller Leistungsanreize schließen: „Materielle Anreize stellen nur einen kleinen Ausschnitt aus der Klasse der Motivationsmöglichkeiten dar. Sie unterliegen der Tendenz, schnell Befriedigungswerte erzeugen und damit weitere Motivation zu verhindern. Der Gewöhnungseffekt gilt als hoch."[1734] Die Befragungsergebnisse machen aber gleichzeitig deutlich, dass die leistungsgerechte Bezahlung in der öffentlichen Verwaltung in der Realität sehr vermisst wird. Hier wird die bereits dargestellte Zweifaktorentheorie von Herzberg[1735] bestätigt: Die Vergütung gehört zu den Hygienefaktoren, die notwendig sind, damit keine Unzufriedenheit entsteht, die aber dann motivationshemmend wirken, wenn sie nicht gewährleistet werden.[1736]

Will eine Verwaltung materielle Leistungsanreize einführen, muss sie ihren Blick als erstes auf die Leistungsgerechtigkeit der Bezahlung ihrer Beschäftigten insgesamt richten.[1737]

Die durchgeführten Mitarbeiterbefragungen gaben Hinweise auf folgende Problempunkte bei der Leistungsgerechtigkeit der Bezahlung:[1738]

- mangelnde Entsprechung zwischen der am Arbeitsplatz abgeforderten Leistung und der Bewertung der Stelle (z. T. in Verbindung mit dem Fehlen der analytischen Stellenbewertung),
- unterschiedliche Stelleneinstufungen bei gleichen Anforderungen oder gleiche Stelleneinstufungen bei unterschiedlichen Anforderungen,
- Nebeneinander von überlasteten und unausgelasteten Ämtern,
- unterschiedlich ausfallende Mehrarbeitsbelastung durch Personaleinsparungen im Rahmen der Wiederbesetzungssperre,
- ungeregelte inoffizielle Umverteilung von Arbeit unter Inkaufnahme von Abweichungen von vorhandenen Stellenbewertungen,

---

1732 Vgl. Kap. 8.1.
1733 Vgl. Klages, Verwaltungsmodernisierung: "harte" und "weiche" Aspekte, 1997, S. 151.
1734 Ridder, Die Motivationskraft materieller Leistungsanreize, in: VOP 3/2000, S. 9 (11).
1735 Vgl. Kap. 5.3.1.3.
1736 Vgl. Busse, Leitbild Lernende Verwaltung, in: Personalwirtschaft 1/2000, S. 21 (26).
1737 Zum Problem der subjektiv empfundenen Gerechtigkeit vgl. auch Schedler, Anreizsysteme in der öffentlichen Verwaltung, 1993, S. 149 ff.
1738 Diese Hinweise sind Zusammenfassungen typischer verbaler Äußerungen, die befragte Mitarbeiter/innen einer größeren Stadtverwaltung einem Kummerkasten anvertrauten, die den Fragebögen beigefügt waren, vgl. Klages, Motivierung von Mitarbeitern durch Anreize?, in: Lüder (Hrsg.), Staat und Verwaltung, 1997, S. 455 (474); Klages, Verwaltungsmodernisierung: "harte" und "weiche" Aspekte II., 1998, S. 105.

- zu geringe Berücksichtigung von Leistungsgesichtspunkten bei Höhergruppierungen/Beförderungen,
- keine Ausschreibungen von Stellen des gehobenen Dienstes für Angestellte,
- fehlende Berücksichtigung der Leistung/Arbeitsmenge in der Bezahlung (leistungsorientierte Bezahlungselemente).

Diese Problempunkte machen deutlich: Das eigentliche Problem materieller Anreize liegt in einer in vielen Verwaltungen vorherrschenden Bezahlungsungerechtigkeit.[1739] Ihr kommt „eine sehr große und grundsätzliche Bedeutung“[1740] zu. Werden in diese „Schieflage“[1741] hinein leistungsorientierte Bezahlungselemente eingeführt, die grundsätzlich Gerechtigkeitsfragen aufwerfen, wird die Leistungsungerechtigkeit in der Bezahlung von vielen Beschäftigten als noch gravierender empfunden.[1742] Die entscheidenden materiellen Anreize liegen demnach in der Erhöhung der Bezahlungsgerechtigkeit und der Öffnung beruflicher leistungsorientierter Perspektiven. Die Höhe der Bezahlung steht häufig im Zusammenhang mit der Arbeitszufriedenheit. Abhängig ist die Zufriedenheit nicht mit der absoluten, sondern mit der relativen Höhe der Entlohnung im Vergleich zu den Kollegen/innen.[1743] Erst wenn die Arbeitszufriedenheit hinsichtlich der Entlohnung erreicht ist, gewinnen auch leistungsorientierte Bezahlungselemente und andere materielle Leistungsanreize ihre Relevanz. Diese Relevanz wird insbesondere erkennbar im Zusammenhang mit der Verwaltungsmodernisierung, die von den Beschäftigten besondere Leistungen abverlangt: „Erfolgreiches dauerndes Erschließen von Leistungsreserven und tatsächlichen ‚Mehrleistungen‘ verlangen auch nach ‚Mehr-Entgelten‘, sonst besteht die Gefahr, daß die Motivation schnell wieder erlischt.“[1744]
Die Wirkung punktueller materieller Leistungsanreize wie z. B. Leistungszulagen oder Leistungsprämien ist umstritten. Sind diese Anreize pauschal und orientieren sie sich nicht an den Mitarbeiterbedürfnissen, verfehlen sie ihre Wirkung. Der Gewöhnungseffekt, durch den z. B. Leistungszulagen als Gehaltsbestandteil betrachtet werden und durch den der ursprüngliche Auslöser in Vergessenheit gerät, trägt dazu bei, dass die Motivationswirkung meist nur von kurzer Dauer ist.[1745]
Die bereits dargestellten Grundsätze der Verbindung zwischen Verwaltungs- und Mitarbeiterinteressen gelten auch für die materiellen Leistungsanreize.[1746] Dies ist insbesondere bedeutsam, da sich viele Verwaltungen auf die Frage konzentrieren, wie die ge-

---

1739 Vgl. Busse, Leitbild Lernende Verwaltung, in: Personalwirtschaft 1/2000, S. 21 (26).
1740 Klages, Motivierung von Mitarbeitern durch Anreize?, in: Lüder (Hrsg.), Staat und Verwaltung, 1997, S. 455 (473).
1741 Klages, Verwaltungsmodernisierung: "harte" und "weiche" Aspekte, 1997, S. 157.
1742 Vgl. Klages, Motivierung von Mitarbeitern durch Anreize?, in: Lüder (Hrsg.), Staat und Verwaltung, 1997, S. 455 (475); Klages, Verwaltungsmodernisierung: "harte" und "weiche" Aspekte, 1997, S. 157.
1743 Vgl. Rosenstiel, Motivation von Mitarbeitern, in: Rosenstiel/Regnet/Domsch, (Hrsg.), Führung von Mitarbeitern, 1995, S. 161 (177); ferner Scheidl, Die Bedeutung der Entgeltgerechtigkeit für die Leistungsmotivation, in: Schanz (Hrsg.), Handbuch Anreizsysteme in Wirtschaft und Verwaltung, 1991, S. 257-273.
1744 Löhr/Schöneich, Verwaltungsmodernisierung und notwendige Änderungen des Dienstrechtes, in: Verwaltungsrundschau 6/1995, S. 188 (190).
1745 Vgl. Ridder, Materielle und immaterielle Leistungsanreize, in: Bandemer/Blanke/Nullmeier/Wewer (Hrsg.), Handbuch zur Verwaltungsreform, 1998, S. 191 (196).
1746 Vgl. Kap. 3.3.

setzlichen Grundlagen im Dienstrechtsreformgesetz in die Praxis umgesetzt werden können. So ist bei den einzelnen materiellen Leistungsanreizen grundsätzlich zu fragen, welches Verwaltungsziel durch sie erreicht werden soll und an welchen Mitarbeiterbedürfnissen sie ansetzen.

9.2 Entgeltgestaltung

Bevor die materiellen Leistungsanreize im Einzelnen dargestellt werden, werden zunächst die Grundlagen der Gestaltung des Arbeitsentgelts sowie die Entgeltgestaltung in der öffentlichen Verwaltung erörtert, da sie sozusagen den grundlegenden materiellen Anreiz und damit die Basis der materiellen Leistungsanreize in Kommunalverwaltungen insgesamt bilden.

9.2.1 Grundlagen der Gestaltung des Arbeitsentgelts

9.2.1.1 Begriff und Ziele

Unter dem Begriff „Arbeitsentgelt“ werden in einer Sammelbezeichnung alle Einkünfte bezeichnet, die aus nicht-selbstständiger Arbeit erzielt werden.[1747] Juristisch betrachtet stellt das Arbeitsentgelt eine vereinbarte Vergütung für die Arbeitsleistung als Ableistung versprochener Dienste einer/r abhängig Beschäftigten gemäß BGB §§ 611 und 612 dar.[1748]

Das Arbeitsentgelt kann in unterschiedlichen Formen erbracht werden:[1749]

- o Lohn für gewerblich Tätige (Lohngruppe),
- o Gehalt für Angestellte (Gehaltsgruppe),
- o Bezüge für Beamte/innen (Besoldungsgruppe),
- o Gage für Künstler/innen.

Die Lohnpolitik eines Betriebes muss ständig die Balance herstellen zwischen dem Gewinnstreben der Unternehmenseigentümer und den Einkommenszielen der Beschäftigten. Versteht man das Personalmanagement als auf die Strategie der Gesamtorganisation ausgerichtet, so will das Entgeltsystem die Beschäftigten für die Erreichung strategischer Ziele belohnen.[1750] Die Entgeltgestaltung hat aber auch zum Ziel, die Beschäftigten für die Erfüllung kurzfristiger Ziele auf der operativen Ebene zu entlohnen. Die Entgeltpolitik eines Unternehmens zielt auf die Steigerung der Arbeitsproduktivität und

---

[1747] Vgl. Luczak, Arbeitswissenschaft, 1998, S. 677.
[1748] Vgl. Becker, Formen des Arbeitsentgelts, in: Luczak (Hrsg.), Handbuch der Arbeitswissenschaft, 1997, S. 988 (990).
[1749] Vgl. Luczak, Arbeitswissenschaft, 1998, S. 677.
[1750] Vgl. Liebel/Oechsler, Handbuch Human Resource Management, 1994, S. 257.

die Verringerung der Beschäftigtenfluktuation ab. Sie stellt damit ein „Motivationsinstrument der Unternehmensleitung"[1751] dar.

9.2.1.2 Bestandteile

Grundsätzlich setzt sich das Arbeitsentgelt aus Lohn- und Gehaltszahlungen und aus betrieblichen Sozialleistungen und Erfolgsbeteiligungen zusammen, wie folgende Abbildung zeigt.

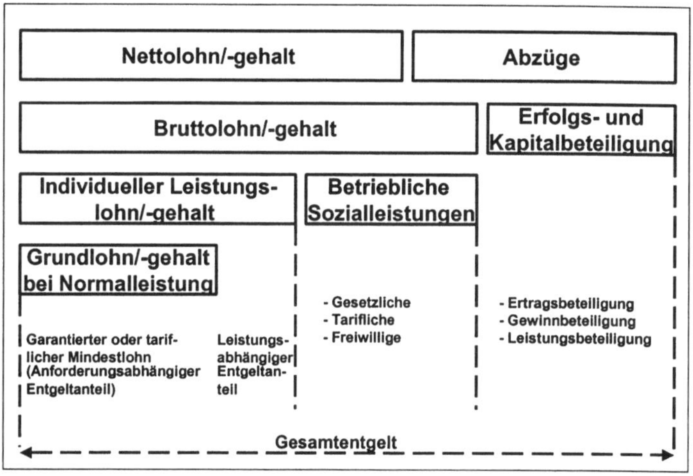

Abbildung 39: Bestandteile des Arbeitsentgelts[1752]

Das Grundgehalt besteht aus dem garantierten bzw. tariflichen Mindestlohn. Dieser sichert die Existenz der/des Beschäftigten und ist unabhängig von der individuellen Arbeitsleistung. Dieser Grundlohn bemisst sich entsprechend den Anforderungen an die Stelle bei Normalleistung. Individuelle Leistungen, die über der Normalleistung liegen, können durch leistungsabhängige Entgeltanteile entlohnt werden. Weitere Bestandteile des Arbeitsentgelts sind betriebliche (gesetzliche, tarifliche oder freiwillige) Sozialleistungen und ggf. Erfolgs- und Kapitalbeteiligungen.[1753]
Damit die Entgeltgestaltung, wie oben dargestellt, als Motivationsinstrument und damit leistungsfördernd wirken kann, sollte sie möglichst gerecht sein und als gerecht von den

[1751] Jung, Personalwirtschaft, 1999, S. 555.
[1752] Jung, Personalwirtschaft, 1999, S. 554.
[1753] Vgl. Jung, Personalwirtschaft, 1999, S. 554 f.

Beschäftigten empfunden werden. Die Beachtung folgender Kriterien kann zur Lohngerechtigkeit eines Unternehmens beitragen:[1754]

- Die **marktgerechte Entlohnung** entspricht Angebot und Nachfrage nach bestimmten Qualifikationen auf dem Markt und gleichzeitig der konjunkturellen Lage.
- Bei der **anforderungsgerechten Entlohnung** entspricht der Lohn der Arbeitsschwierigkeit der einzelnen Stelle. Diese wird z. B. durch die Arbeitsbewertung ermittelt.
- Die **leistungsgerechte Entlohnung** bezieht sich auf die individuelle Leistung der/des einzelnen Beschäftigten hinsichtlich Arbeitsmenge und Arbeitsgüte.
- Die **qualifikationsgerechte Entlohnung** berücksichtigt die Qualifikationen und die Möglichkeit der vielseitigen Einsetzbarkeit des/der Arbeitsnehmers/in.
- Die **sozialgerechte Entlohnung** bezieht den Bedarf bzw. soziale Kriterien mit ein. In derzeitigen Lohntarifen werden folgende soziale Aspekte berücksichtigt:
  - Entgeltstaffelung nach dem Lebensalter,
  - Entgeltstaffelung nach dem Familienstand,
  - Anspruch auf bezahlten Urlaub,
  - Anspruch auf Krankengeld,
  - Garantie auf Mindestlohn bei Akkordarbeit,
  - Anspruch auf Lohnzulagen bei Mehrarbeit, Überstunden, Nachtarbeit, Sonn- und Feiertagsarbeit.

Soll in einem Unternehmen eine motivations- und leistungsfördernde Entgeltgestaltung erzielt werden, sind diese verschiedenen Kriterien zu berücksichtigen.

9.2.1.3 Lohnformen

Lohnformen sind „Verfahren zur Berechnung des Arbeitsentgeltes für eine Arbeitsleistung bei gleicher Arbeitsschwierigkeit."[1755] Dieses Verfahren muss Leistungsunterschiede im Arbeitsentgelt berücksichtigen, wobei tariflich festgelegte soziale Komponenten insoweit berücksichtigt werden müssen, dass ein tariflich garantierter Mindestlohn gezahlt werden muss.
Es werden drei Hauptlohnformen unterschieden:[1756]

- Zeitlohn,
- Akkordlohn,
- Prämienlohn.

[1754] Vgl. zum Folgenden Jung, Personalwirtschaft, 1999, S. 556.
[1755] Jung, Personalwirtschaft, 1999, S. 576.
[1756] Vgl. Jung, Personalwirtschaft, 1999, S. 577.

Diese Lohnformen haben jeweils unterschiedliche Bemessungsgrundlagen: Es kann sich dabei um die Leistungszeit oder die Leistungsmenge handeln. Orientiert sich eine Lohnform ausschließlich an einer Bemessungsgrundlage, handelt es sich um eine reine Lohnform; stützt sie sich auf mehrere Bemessungsgrundlagen, spricht man von zusammengesetzten Lohnformen.[1757]

Bemessungsgrundlage des **Zeitlohns** ist die Dauer der Arbeitszeit, die der/die Arbeitnehmer/in dem Arbeitgeber zur Verfügung steht. Für eine bestimmte Zeiteinheit wird ein Lohnsatz festgelegt. Die während dieser Zeit geleistete Arbeit bleibt dabei unberücksichtigt. Dennoch wird bei der Bemessung des Zeitlohns eine Durchschnittsleistung, die Normalleistung, vorausgesetzt. Die Erbringung der Leistung liegt somit nicht im freien Ermessen des/der Arbeitnehmers/in. Bei der Vergütung für Angestellte und der Besoldung für Beamte/innen handelt es sich um Zeitlöhne. Während die Zeiteinheit bei Arbeitern/innen ursprünglich die Zeitstunde war, wird im Zuge der Gleichbehandlung mit Angestellten der Monatslohn als festes Entgelt für die Normalarbeitszeit zzgl. eventueller Zulagen, Zuschläge etc. gezahlt. Zeitlöhne können ebenfalls Schicht-, Tages-, Wochen-, Dekaden und Jahreslöhne sein.[1758] Der Einsatz des Zeitlohns ist in folgenden Situationen sinnvoll:[1759]

- Ein Anreiz ist aus wirtschaftlichen Gründen nicht zweckmäßig, z. B. bei Tätigkeiten, die sorgfältig, gewissenhaft und präzise erledigt werde müssen.
- Die Leistung ist nicht messbar oder die Leistungsmessung ist sehr kostenintensiv.
- Ein überhöhtes Arbeitstempo würde Gesundheitsschäden, Unfälle oder Schäden an Arbeitsmitteln hervorrufen.
- Die Arbeit erfordert nur wenige Verrichtungen mit längeren Wartezeiten zwischen den einzelnen Verrichtungen.
- Eine Leistungslohnform bietet sich aus arbeitsrechtlicher oder psychologischer Sicht nicht an.
- Für Arbeitsvorbereitung und Zeitwirtschaft steht nicht genügend qualifiziertes Personal zur Verfügung.

Der Vorteil für den/die Arbeitnehmer/in ist die Einfachheit der Abrechung und die Schonung der Menschen und der Maschinen. Darüber hinaus werden Qualitätseinbußen durch Unruhe und überhastetem Arbeitstempo vermieden. Vorteil für den/die Arbeitnehmer/in ist das sichere und regelmäßige Einkommen. Der Zeitlohn hat jedoch auch Nachteile: Bei Minderleistungen liegt das Risiko vollständig beim Arbeitgeber. Bei einem reinen Zeitlohn besteht für die Beschäftigten ein Leistungsanreiz lediglich durch die

---

[1757] Vgl. Jung, Personalwirtschaft, 1999, S. 577; Akkordlohn und Prämienlohn werden häufig auch als Leistungslohnsystem oder Lohnanreizsystem bezeichnet.

[1758] Vgl. Jung, Personalwirtschaft, 1999, S. 577 f.; Scholz, Personalmanagement, 2000, S. 743 ff.

[1759] Nach Oberhoff, dargestellt in: Jung, Personalwirtschaft, 1999, S. 578.

Lohnsatzdifferenzierung auf der Grundlage der Arbeitsbewertung; darüber hinaus wird den Beschäftigten kein Anreiz zur Leistungssteigerung geboten.[1760]
Der reine Zeitlohn kann daher mit einer Leistungszulage kombiniert werden. Hierbei handelt es sich um ein Entgelt für persönliche Leistungen zusätzlich zum Grundlohn, um einen direkten Lohnanreiz zu schaffen. Die Gewährung von Leistungszulagen basiert auf betrieblichen oder tariflichen Vereinbarungen. Voraussetzung für den Zeitlohn mit Leistungszulage ist eine Leistungsbewertung und damit die Beurteilung der Beschäftigten hinsichtlich ihres Arbeitsverhaltens, ihrer Arbeitsbereitschaft oder anderer Leistungen. Im Unterschied zur Arbeitsbewertung wird nicht die Arbeitstelle, sondern die Person beurteilt, die bestimmte Arbeitsverrichtungen ausübt. Die Bemessungsgrundlagen für Leistungszulagen sind in der Praxis sehr variabel; meist wird die/der Beschäftigte von der/dem Vorgesetzten nach vorgegebenen Merkmalen beurteit. Kriterien können z. B. Arbeitsgüte, Arbeitszielerreichung, Auftreten, Führungsverhalten, Pünktlichkeit, Sorgfalt, Arbeitsmenge, Betriebszugehörigkeit, Belastbarkeit, Kostenverantwortung, Organisation, Termintreue, Arbeitssicherheit, Fachkenntnisse, Erfahrungen, Ordnung, Planung oder Flexibilität sein. Der Anreizcharakter der Leistungszulage wird auf Grund üblicher langer Beurteilungszeiträume von einem Monat bis zu mehreren Jahren stark eingeschränkt. Die Leistungszulage kann daher nur ein zusätzliches Hilfsmittel zur Leistungsmotivation darstellen.[1761]
Der **Akkordlohn** besteht aus einer anforderungs- und leistungsabhängigen Lohndifferenzierung. Die Leistungskennzahl für die Bemessung ist die von den Beschäftigten beeinflussbare Mengenleistung bzw. der daraus abgeleitete Zeitgrad. Da der Akkordlohn für die öffentliche Verwaltung keine Bedeutung hat, wird an dieser Stelle auf weiterführende Literatur verwiesen.[1762]
Der **Prämienlohn** wird anforderungs- und leistungsabhängig gezahlt.[1763] Auf der Basis des vereinbarten leistungsunabhängigen Grundlohns wird eine planmäßige und regelmäßige, zusätzliche und leistungsabhängige Prämie für eine bestimmte Mehrleistung gezahlt. Bemessungsgrundlage sind neben der reinen Mengenleistung auch andere Bezugsgrößen oder Kombinationen. Der Prämienlohn ist daher insbesondere in Arbeitsbereichen relevant, in denen qualitative Aspekte eine Rolle spielen. Das Arbeitsergebnis als Bemessungsgrundlage wird beim Prämienlohn in jeder Periode objektiv neu festgestellt und an objektiv messbare Arbeitsergebnisse geknüpft. Die Prämienarten lassen sich nach den Bezugsgrößen der Prämienberechnung einteilen:[1764]

[1760] Vgl. Jung, Personalwirtschaft, 1999, S. 584 ff.
[1761] Vgl. Jung, Personalwirtschaft, 1999, S. 588; Scholz, Personalmanagement, 2000, S. 744 f.
[1762] Vgl. Jung, Personalwirtschaft, 1999, S. 580 ff.; Scholz, Personalmanagement, 2000, S. 749 ff.; zu den rechtlichen Rahmenbedingungen des Akkordlohns vgl. Coester, Rechtliche Rahmenbedingungen der Gestaltung von Entgeltsystemen, in: Schanz (Hrsg.), Handbuch Anreizsysteme in Wirtschaft und Verwaltung, 1991, S. 305 (308 ff.).
[1763] Zu Grundlagen und Formen des Prämienlohns vgl. Fremmer, Zeitgemäße Entgeltformen, 1996, S. 27 ff.; zu den rechtlichen Rahmenbedingungen des Prämienlohns vgl. Coester, Rechtliche Rahmenbedingungen der Gestaltung von Entgeltsystemen, in: Schanz (Hrsg.), Handbuch Anreizsysteme in Wirtschaft und Verwaltung, 1991, S. 305 (310 ff.).
[1764] Vgl. Jung, Personalwirtschaft, 1999, S. 584 ff.

- o Mengenleistungsprämien für die Steigerung quantitativer Produktionsergebnisse,
- o Qualitätsprämien für die Steigerung qualitativer Produktionsergebnisse,
- o Ersparnisprämien mit dem Ziel von Einsparungen an Produktionsfaktoren (z. B. Rohstoffersparnisse, Energieverbrauch),
- o Nutzungsgradprämien für die optimale Ausnutzung der Betriebsmittel (z. B. teure Maschinen),
- o kombinierte Prämien mit Kombinationen mehrerer Bezugsgrößen.

Voraussetzung für Leistungszulage und Leistungsprämie stellen Zielfestlegungen bzw. Zielvereinbarungen dar.[1765]

Neben diesen Hauptlohnformen bestehen noch weitere Lohnformen.
Der **Pensumlohn** als eine Lohnform zwischen Akkord- und Prämienlohn besteht aus dem Grundlohn und dem periodenfixierten Pensumentgelt. Während Akkord- und Prämienlohn die tatsächliche Leistung nach Abschluss der Abrechnungsperiode entlohnen, bezieht sich der Pensumlohn auf die zu erwartende Leistung. Zu Beginn der Abrechnungsperiode wird mit dem vereinbarten Arbeitsergebnis auch der Pensumlohn festgelegt. Wird die Soll-Leistung über- oder unterschritten, hat dies keine unmittelbaren Auswirkungen auf die Entlohnung, sondern allenfalls auf den Lohn der künftigen Periode. Daher fehlt dem Pensumslohn ein direkter Leistungsanreiz.[1766]
Die **Provision** stellt eine Form der Erfolgsvergütung dar. Die Vermittlungsprovision stellt die prozentuale Beteiligung des/der Arbeitnehmers/in oder des/der freien Vertreters/in am Wert der von ihm/ihr vermittelten oder abgeschlossenen Geschäfte dar. Die Bezirksprovision knüpft an den Wert solcher Geschäfte an, die mit Kunden/innen eines bestimmten Bezirks oder aus einem vorbehaltenen Kundenstamm abgeschlossen werden. Eine weitere Form stellt die Umsatzprovision als eine Beteiligung am Wert sämtlicher Geschäfte eines Unternehmens oder eines Unternehmensteiles dar.[1767]
Die **Gewinnbeteiligung** oder **Tantieme** wird an leitende Angestellte vergeben mit der Absicht, sie für die Geschäftsergebnisse zu interessieren. Gemeint sind Formen der Gewinnbeteiligung, die in den Bereich des Arbeitnehmermiteigentums am Produktivkapital und der Vermögensbildung der Arbeitnehmer/innen führen. Eine weitere Art der Gewinnbeteiligung stellt die Jahresabschlussvergütung dar; sie wird der gesamten Belegschaft gewährt zur Anerkennung geleisteter Dienste. Die Ergebnisbeteiligung wird ebenfalls an alle Beschäftigten gezahlt aus sozialpolitischen Gründen mit dem Ziel einer stärkeren Identifizierung mit dem Unternehmen. Berechnet wird die Gewinnbeteiligung als prozentualer Anteil vom jährlichen Reingewinn oder Rohgewinn des Unternehmens

---

[1765] Vgl. Zander/Femppel, Leistungsorientierte Vergütung, 2000, S. 97 ff.
[1766] Vgl. Jung, Personalwirtschaft, 1999, S. 583; Scholz, Personalmanagement, 2000, S. 744, 753.
[1767] Vgl. Coester, Rechtliche Rahmenbedingungen der Gestaltung von Entgeltsystemen, in: Schanz (Hrsg.), Handbuch Anreizsysteme in Wirtschaft und Verwaltung, 1991, S. 305 (313); zu den rechtlichen Rahmenbedingungen der Provision vgl. Coester, Rechtliche Rahmenbedingungen der Gestaltung von Entgeltsystemen, in: Schanz (Hrsg.), Handbuch Anreizsysteme in Wirtschaft und Verwaltung, 1991, S. 305 (313 f.).

oder eines Unternehmensteils. Die Gewinnbeteiligung kann jedoch auch als prozentualer Anteil vom Umsatz berechnet werden und hat damit eher Provisionscharakter.[1768]
Die **Gratifikation** meint eine Sonderzuwendung, die der/dem Beschäftigten aus besonderen Anlässen wie z. B. Weihnachten, Urlaub oder Jubiläum gewährt wird. Die Gratifikation verfolgt zwei Ziele: Zusätzlich zum regulären Arbeitsentgelt sollen die in der Vergangenheit geleisteten Dienste belohnt werden. Darüber hinaus stellt sie einen Anreiz für fortdauernde künftige Leistungen dar.[1769]

9.2.2 Besonderheiten der Entgeltstrukturstruktur in der öffentlichen Verwaltung

Neben der Belohnung der Erreichung strategischer und operativer Ziele der einzelnen Verwaltung steht das Ziel einer relativen Lohngerechtigkeit[1770] der Entgeltgestaltung im öffentlichen Dienst im Mittelpunkt, bei der die Beschäftigten mit vergleichbaren Qualifikationen und Anforderungen eine entsprechende Entlohnung enthalten.
Die öffentliche Verwaltung in der Bundesrepublik Deutschland ist gekennzeichnet durch verschiedene Beschäftigungsverhältnisse: Bei dem Beschäftigungsverhältnis der Beamten/innen handelt es sich um ein öffentlich-rechtliches Dienst- und Treueverhältnis, bei dem der Angestellten und Arbeitern/innen um ein besonderes privatrechtliches Arbeitsverhältnis. Das Berufsbeamtentum hat traditionell eine starke Stellung in der öffentlichen Verwaltung: Bis vor wenigen Jahrzehnten waren im öffentlichen Dienst fast ausschließlich Beamte/innen tätig. Infolgedessen stellte das Dienstrecht der Beamten/innen vielfach den Orientierungsmaßstab für das Tarifrecht dar, das sich dem Dienstrecht in vielen Bereichen angeglichen hat. Seit den 60er Jahren des 20. Jahrhunderts nahm der Beschäftigtenanteil insbesondere der Angestellten ständig zu. Einen besonders deutlichen Anstieg des Angestelltenanteils war in den Gemeinden und Gemeindeverbänden der alten Bundesländer der Bundesrepublik Deutschland zu verzeichnen, so dass die Zahl der Angestellten die der Beamten/innen bei weitem überstieg.[1771] Noch gravierender sind die Verhältnisse in den Städten und Gemeinden der neuen Bundesländer; bisweilen sind dort nur einige wenige Beamte/innen tätig.[1772]

[1768] Vgl. Coester, Rechtliche Rahmenbedingungen der Gestaltung von Entgeltsystemen, in: Schanz (Hrsg.), Handbuch Anreizsysteme in Wirtschaft und Verwaltung, 1991, S. 305 (315); zu den rechtlichen Rahmenbedingungen von Tantiemen vgl. Coester, Rechtliche Rahmenbedingungen der Gestaltung von Entgeltsystemen, in: Schanz (Hrsg.), Handbuch Anreizsysteme in Wirtschaft und Verwaltung, 1991, S. 305 (315 f.); zu verschiedenen Formen von Tantiemen vgl. Hofmann-Becking, Gestaltungsmöglichkeiten bei Anreizsystemen, in: Bühler/Siegert (Hrsg.), Unternehmenssteuerung und Anreizsysteme, 1999, S. 109 (114 ff.).

[1769] Vgl. Coester, Rechtliche Rahmenbedingungen der Gestaltung von Entgeltsystemen, in: Schanz (Hrsg.), Handbuch Anreizsysteme in Wirtschaft und Verwaltung, 1991, S. 305 (316 f.); zu den rechtlichen Rahmenbedingungen der Gratifikation vgl. Coester, Rechtliche Rahmenbedingungen der Gestaltung von Entgeltsystemen, in: Schanz (Hrsg.), Handbuch Anreizsysteme in Wirtschaft und Verwaltung, 1991, S. 305 (317 ff.).

[1770] Vgl. Steinmann,/Löhr, Lohngerechtigkeit, in: Gaugler/Weber (Hrsg.), Handwörterbuch des Personalwesens, 1992, Sp. 1284 (1284 ff.).

[1771] Vgl. Reichert/Stöbe/Wohlfahrt, Leistungsanreize im öffentlichen Dienst, 1995, S. 9.

[1772] Nach Informationen, die die Verfasserin in Gesprächen mit Beschäftigten aus Städten und Gemeinden der neuen Bundesländer erhalten hat.

Trotz dieser Angleichungen prägen dennoch die Unterschiede der zweigeteilten Beschäftigtenstruktur den öffentlichen Dienst.

9.2.3 Entgeltformen in der öffentlichen Verwaltung

Grundlage für die Entgeltgestaltung in der öffentlichen Verwaltung ist die Arbeits- bzw. Dienstpostenbewertung, mit deren Hilfe das Entgelt festgelegt wird.[1773]
Bestandteile des Arbeitsentgelts im öffentlichen Dienst[1774] können das Grundentgelt, das (falls vorhanden) leistungsbezogene Entgelt, Zuschläge für besondere Arbeitsbedingungen, die Marktzulage und der Sozialzuschlag sein.
Die Höhe des Grundentgelts richtet sich nach der Eingangsqualifikation, den Anforderungen und der Verantwortung, die personenunabhängig an den/die Stelleninhaber/in gestellt werden. Kriterium für die Vergabe leistungsbezogener Entgeltbestandteile ist die Einzel- oder Gruppenleistung.[1775] Sonstige Zuschläge beziehen sich auf besondere Belastungen durch Schichtarbeit, Nachtschichten, Sonn-/Feiertagsarbeit, Erschwernisse etc. Sind bestimmte Berufsgruppen auf dem Arbeitsmarkt schwer rekrutierbar, wird zum tariflich bzw. vertraglich vereinbarten Entgelt eine Marktzulage hinzugezahlt. Der Sozialzuschlag richtet sich nach der Bedürftigkeit der Beschäftigten. Im öffentlichen Dienst wird er in Form des Ortszuschlages gezahlt. Der Zuschlag richtet sich nach dem Familienstand, z. B. ob die Beschäftigten verheiratet oder ledig sind oder wie viele Kinder sie haben. Grundlage für die Beamtenbesoldung stellt das Bundesbesoldungsgesetz dar; die Gehälter der Angestellten werden auf der Basis tarifrechtlicher Vereinbarungen des Bundesangestelltentarifvertrages festgelegt. Diese jeweiligen Grundlagen prägen den unterschiedlichen Charakter der Entgeltformen der jeweiligen Beschäftigtengruppen.[1776]

Die **Beamtenbesoldung** stellt eine dem Amt entsprechende Alimentation dar. Sie richtet sich nicht nach der wahrgenommenen Funktion oder der erbrachten Leistung, sondern nach dem dem/der Beamten/in verliehenen Amt. Nach dem Alimentationsprinzip hat der/die Beamte/in seine Arbeitskraft für den Dienstherrn einzusetzen; der Dienstherr unterhält dafür lebenslang den/die Beamten/in und seine/ihre Familie.[1777]
Zum Alimentationsprinzip zählen folgende weitere Prinzipien:[1778]

[1773] Vgl. Kap. 9.5.1.1.
[1774] Der Begriff „Entgelt" wird im Folgenden übergreifend für die Besoldung der Beamten/innen und Vergütung der Angestellten gebraucht.
[1775] Zu leistungsbezogenen Entgeltbestandteilen vgl. Kap. 9.5.1.2, 9.5.3.3.
[1776] Vgl. Reichert/Stöbe/Wohlfahrt, Leistungsanreize im öffentlichen Dienst, 1995, S. 9 ff.
[1777] Vgl. Oechsler, BWL der öffentlichen Verwaltung, in: Mutius/Friauf/Westermann (Hrsg.), Handbuch für die öffentliche Verwaltung, 1984, S. 871 (921); ferner Balzereit, Personalwesen im öffentlichen Dienst, in: Gaugler/Weber (Hrsg.), Handwörterbuch des Personalwesens, 1992, Sp. 1839 (1844); Scheerbarth/Höffken/Bauschke/Schmidt, Beamtenrecht, 1992, S. 90.
[1778] Vgl. Summer/Rometsch, Alimentationsprinzip gestern und heute, in: ZBR 1/1981, S. 1 (2).

- Die Alimentationspflicht des Dienstherrn bezieht sich auf die volle Lebenszeit des/der Beamten/in und über dessen Tod hinaus auf unterhaltsbedürftige Angehörige.
- Die Unterhaltspflicht obliegt dem Dienstherrn selber; sie kann nicht durch andere Leistungen ersetzt werden.
- Maßstab für das Alimentationsniveau ist der allgemeine Lebensstandard.
- Je nach verliehenem Amt müssen Besoldung und Versorgung angemessen differenziert werden.

Bestandteile der Beamtenbesoldung sind entsprechend § 1 Abs. 2 BBesG das Grundgehalt, der Ortszuschlag, Zulagen und sonstige Vergütungsbestandteile (z. B. Amts- und Stellenzulagen für herausgehobene Funktionen, Zulagen für besondere Erschwernisse).[1779]
Kriterium für die Höhe des Entgelts ist die Zuordnung zu den Besoldungsgruppen und das Dienstalter der Beschäftigten (§§ 18-28 BBesG). Während das Grundgehalt vor der Reform des Dienstrechts alle zwei Jahre anstieg, steigt das Grundgehalt nun entsprechend § 27 Abs. 2 BBesG bis zur fünften Stufe alle zwei Jahre, bis zur neunten Stufe alle drei Jahre und ab der neunten Stufe alle vier Jahre. Nach dem Dienstrechtsreformgesetz kann nach § 27 Abs. 3 BBesG die nächsthöhere Stufe frühestens nach Ablauf der Hälfte des regulär vorgesehenen Zeitraums bei dauerhaft herausragenden Leistungen vergeben werden. Bei unterdurchschnittlichen Leistungen kann das reguläre Aufsteigen in den Stufen jedoch auch bis zur Rechtfertigung des Aufstiegs durch die anforderungsgerechte Leistung gehemmt werden.[1780]
Nach dem Dienstrechtsreformgesetz besteht zusätzlich die Möglichkeit entsprechend § 42 a BBesG Leistungszulagen als befristete monatliche Zahlungen bis zu einem Jahr und Leistungsprämien als einmalige Zahlungen für herausragende besondere Leistungen zu zahlen.[1781]
Nach § 48 BBesG besteht die Möglichkeit zur Gewährung einer nach Besoldungsgruppen gestaffelten Mehrarbeitsvergütung.
Ein weiteres grundlegendes Prinzip der Beamtenbesoldung ist das Laufbahnprinzip, das durch das Laufbahnrecht des Bundes und der Länder geregelt wird.[1782] In den verschiedenen Fachrichtungen gibt es jeweils vier Laufbahngruppen: einfacher, mittlerer, gehobener und höherer Dienst. Diese Laufbahngruppen weisen jeweils die gleiche formale Struktur auf: Nach dem Eingangsamt folgen drei Beförderungsämter, denen jeweils eine Besoldungsgruppe zugeordnet ist. Der einfache, mittlere und gehobene Dienst enthält zusätzlich eine Endamt, dessen Besoldungsgruppe mit dem Eingangsamt der nächsten Laufbahngruppe identisch ist. Jede Laufbahn muss vom Eingangsamt durchlaufen wer-

---

[1779] Vgl. Scheerbarth/Höffken/Bauschke/Schmidt, Beamtenrecht, 1992, Schaubild 22.
[1780] Vgl. Kap. 9.5.1.2.
[1781] Vgl. Kap. 9.5.3.3.
[1782] Die nachfolgenden Ausführungen beziehen sich auf die für Kommunalverwaltungen maßgebliche Besoldungsordnung A. Darüber hinaus ist Kommunalverwaltungen noch die Besoldungsgruppe B zu finden, die ausschließlich für den höheren Dienst vorgesehen ist.

den; ein Überspringen von Beförderungsämtern ist nicht möglich. Eine vertikale Ämterstufung kann nur auf der Basis einer jeweils gleichen Vor- und Ausbildung durchlaufen werden. Voraussetzung für den Aufstieg in die nächsthöhere Laufbahngruppe (vom einfachen in den mittleren Dienst und vom mittleren Dienst in den gehobenen Dienst) ist eine Ausbildung mit einer Laufbahnprüfung. Die Zulassung für die Ausbildung ist ebenfalls mit bestimmten Voraussetzungen verknüpft (z. B. das Absolvieren bestimmter Dienstzeiten, positive Beurteilungsergebnisse, positive Ergebnisse von Eignungstests oder Auswahlverfahren). Unter bestimmten Voraussetzungen besteht für Beamte/innen jedoch auch die Möglichkeit nach § 29 und § 33 a BLV eines erleichterten, prüfungsfreien Aufstiegs.

Das **Angestelltenentgelt** basiert auf dem Prinzip von Leistung und Gegenleistung. Der/die Arbeitsnehmer/in ist zur Erbringung der Arbeitsleistung, der Arbeitgeber gemäß § 611 Abs. 1 zur Entgeltzahlung verpflichtet.[1783] Das Gehalt für Angestellte besteht nach § 26 Abs. 1 BAT aus der Grundvergütung, dem Ortszuschlag, Zulagen und Zuschlägen (z. B. Mehraufwandszulage, Zulagen für besonders gefährliche Tätigkeiten und für Schichtdienst, Zulage bei der Übertragung höherwertiger Tätigkeiten). Die Grundvergütung richtet sich nach Vergütungsgruppen, die sich an den Tätigkeitsmerkmalen der auszuübenden Tätigkeit orientieren. Diese Vergütungsgruppen sind mit den Besoldungsgruppen der Beamten/innen vergleichbar. Mit den Lebensaltersstufen erhöht sich die Grundvergütung der Angestellten: Nach § 27 BAT steigt die Grundvergütung von der Anfangsvergütung alle zwei Jahre bis zur Endgrundvergütung; diese stellt die über das Lebensalter maximal erreichbare Steigerungsmöglichkeit in einer Vergütungsgruppe dar.[1784] Die Höhe des Ortszuschlags richtet sich entsprechend § 28 BAT nach den Tarifklassen, andererseits nach den Stufen, die den Familienverhältnissen der/des Angestellten angepasst sind.[1785] Bei Angestellten werden angeordnete Überstunden grundsätzlich durch Überstundenvergütung oder Freizeitausgleich ausgeglichen.
Da bei Angestellten keine Laufbahnen existieren, bestehen auch keine formellen Zugangsbestimmungen. Der Aufstieg für Angestellte hängt vor allem von den Tätigkeitsmerkmalen der übertragenen Funktion ab (sofern es sich nicht um eine nur vorübergehend auszuübende Tätigkeit entsprechend § 22 Abs. 2 BAT handelt), da sich die Eingruppierung nach der auszuübenden Tätigkeit richtet. Z. T. werden auch bei Angestellten (z. B. im kommunalen Verwaltungs- und Kassendienst) den Laufbahnprüfungen der Beamten/innen vergleichbare Prüfungen als Leistungsnachweis für die Übernahme höherwertiger Tätigkeiten verlangt.
Für den kommunalen Bereich können seit dem 1.1.1996 Leistungszulagen und Leistungsprämien gezahlt werden. Grundlage ist die von der VKA erlassenen Richtlinien,[1786]

[1783] Vgl. Bruse u. a., BAT und BAT-Ost, 1993, S. 467 f.; Müller, Arbeitsrecht im öffentlichen Dienst, 1995, S. 213 ff.
[1784] Vgl. Bruse u. a., BAT und BAT-Ost, 1993, S. 488.
[1785] Vgl. Müller, Arbeitsrecht im öffentlichen Dienst, 1995, S. 225.
[1786] Vgl. Vereinigung der kommunalen Arbeitgeberverbände (VKA), Richtlinien der Vereinigung der kommunalen Arbeitgeberverbände zur Gewährung von Leistungszulagen und Leistungsprämien vom 17. November 1995.

die die Gewährung von Zulagen und Prämien ermöglichen, bzw. der Rahmentarifvertrag,[1787] der die Umsetzung in Bezirkstarifverträge vorsieht.[1788]

Neben der anforderungsgerechten Entlohnung, Ortszuschlägen und sonstigen Entgeltbestandteilen ist demnach für die verschiedenen Beschäftigtengruppen die Möglichkeit der Gewährung leistungsbezogener Entgeltbestandteile eingerichtet worden. Damit enthält die Entlohnung im öffentlichen Dienst zusätzliche leistungsorientierte Komponenten. Nachfolgend werden grundsätzliche Aspekte, die geschichtliche Entwicklung sowie der derzeitige Diskussionsstand der leistungsorientierten Entlohnung erörtert.

9.3 Leistungsorientierte Entlohnung

9.3.1 Leistungsorientierte Entlohnung in der Privatwirtschaft

Im Rahmen der Verwaltungsreform nehmen betriebswirtschaftliche Instrumente aus der Privatwirtschaft Einzug in die öffentliche Verwaltung. Auch im Bereich der Entlohnung prägen Denken und Handeln der Privatwirtschaft zunehmend auch den öffentlichen Dienst. Daher soll zunächst ein Blick auf leistungsorientierte Anreizsysteme in der Privatwirtschaft geworfen werden. Auf der Basis der Einsicht, dass die Mitarbeiter/innen nicht in erster Linie kostenverursachende Faktoren, sondern Erfolgsfaktoren von Unternehmen sind, wird auch die Vergütung nicht primär als Kostenfaktor, sondern als Führungsinstrument gesehen. Ziel der neueren Ansätze der Vergütungspolitik ist die nachhaltige Erhöhung der Effizienz der Vergütung bei möglichst konstanten Kosten. Die Leistungsmotivierung durch die monetäre Vergütung stehen daher im Mittelpunkt vergütungspolitischer Bestrebungen. Insbesondere die erfolgsorientierte Vergütung von Führungskräften hat die Förderung der Identifizierung von Führungskräften mit dem Unternehmen und seinen Aufgabenstellungen und damit die besondere Motivation zur Leistung zum Ziel. Mit steigendem hierarchischen Rang steigt die Anzahl der Führungskräfte mit variablen Vergütungsformen ebenso wie die Höhe der variablen Vergütungsanteile. Als Bewertungsbasis für die variable Vergütung kristallisieren sich insbesondere Systeme zielorientierter Leistungsbewertung heraus. Ein Teil der Ziele bezieht sich dabei auf zentrale Aufgaben der jeweiligen Führungsposition, ein anderer auf situationsbezogene, einmalige Projekt- und Aktionsziele.[1789] Grundsätzlich sind kurzfristige, langfristige und strategisch-orientierte materielle Anreizsysteme zu unterscheiden.[1790]

[1787]Vgl. Rahmentarifvertrag vom 29. Oktober 1996 über die Grundsätze zur Gewährung von Leistungszulagen und Leistungsprämien (TV-L).
[1788]Vgl. Kap. 9.5.3.3.
[1789]Vgl. Jung, Personalwirtschaft, 1999, S. 878 f.
[1790]Vgl. Schedler, Anreizsysteme in der öffentlichen Verwaltung, 1993, S. 127.

9.3.1.1 Kurzfristige Anreizsysteme

Die ersten Anreizsysteme ab ca. 1918 orientierten sich an kurzfristigen Faktoren und operativen Erfolgsgrößen, insbesondere am Betriebsgewinn. Langfristige Faktoren wie Markt- oder Branchenentwicklungen wurden weitgehend außer Acht gelassen. Ab 1940 bezog sich zwar die Erfolgsbeteiligung auch noch auf kurzfristige und operative Erfolgsfaktoren, wurde aber in Relation zu führenden Unternehmen der gleichen Branche gesetzt.
Da lediglich die Erreichung kurzfristiger Ziele monetär honoriert wurde, wurden langfristige oder strategische Ziele insbesondere von den Führungskräften wenig verfolgt.[1791]

9.3.1.2 Langfristige Anreizsysteme

Bei den langfristigen Anreizsystemen kann zwischen marktindizierten und leistungsbezogenen Anreizsystemen unterschieden werden.

Bei marktindizierten Anreizsystemen werden Mitarbeiteraktien verbilligt abgegeben oder die Mitarbeiter/innen, insbesondere die Führungskräfte, werden durch die verbilligte Abgabe von Aktienoptionen am Erfolg der Aktionäre/innen beteiligt.[1792] Die Interessen von Eigentümer/innen und Beschäftigten werden so in Einklang miteinander gebracht. Der entscheidende Anreiz besteht darin, dass insbesondere die Führungskräfte zum Interesse am langfristigen Unternehmenserfolg und den entsprechenden Leistungen motiviert werden sollen.[1793]
Langfristige, leistungsbezogene Anreizsysteme sind an operativen Unternehmenszielen (z. B. Wachstumszielen) ausgerichtet, beziehen aber die Leistungsergebnisse eines längerfristigen Zeitraums sowie teilweise das Leistungsverhalten ein. Voraussetzungen sind realistische Vorstellungen und Planungen über die längerfristige Entwicklung des Unternehmens. Gleichzeitig müssen die Interessen der verschiedenen Beteiligten wie Träger, Führungskräfte und Beschäftigte ausbalanciert werden. Die leistungsbezogenen Anreizsysteme können gruppenbezogen konzipiert sein und neben anderen Faktoren Aktienkurse einbeziehen.[1794]

[1791] Nach Baumgartner, dargestellt in: Schedler, Anreizsysteme in der öffentlichen Verwaltung, 1993, S. 127.

[1792] Zu verschiedenen Formen von Aktienoptionen vgl. Hofmann-Becking, Gestaltungsmöglichkeiten bei Anreizsystemen, in: Bühler/Siegert (Hrsg.), Unternehmenssteuerung und Anreizsysteme, 1999, S. 109 (119 ff.); Stelter, Wertorientierte Anreizsysteme, in: Bühler/Siegert (Hrsg.), Unternehmenssteuerung und Anreizsysteme, 1999, S. 207 (219 ff.).

[1793] Vgl. Schedler, Anreizsysteme in der öffentlichen Verwaltung, 1993, S. 128; ferner Siddiqui, Aktienoptionsmodelle als Instrument der unternehmenswertorientierten Vergütungsgestaltung, in: ZfP 2/1999, S. 162-187.

[1794] Vgl. Schedler, Anreizsysteme in der öffentlichen Verwaltung, 1993, S. 129 f.

9.3.1.3 Strategisch-orientierte Anreizsysteme

Unter den strategisch-orientierten Anreizsystemen können verschiedene Formen unterschieden werden.[1795]

Management Accounting-Konzepte teilen die erreichten Leistungsresultate, die sich aus der Gewinn- und Verlustrechung ergeben, in einen operativen und einen strategischen Teil auf. Beide Aspekte werden durch das Anreizsystem, insbesondere das der Führungskräfte, belohnt.

Bei den **strategieorientierten, langfristigen Anreizsystemen** kann die Leitung des Unternehmens aus verschiedenen Elementen diejenigen und diejenige Kombination aus ihnen wählen, die für die Strategie als geeignet betrachtet werden. Zu diesen Elementen gehören z. B.:

- Belohnungsmodus, d. h. die Art der Belohnung (z. B. sofortige oder spätere Zahlung),
- Leistungsbewertung (z. B. quantitative, qualitative, absolute oder zielgerichtete Verfahren),
- Willkürlichkeit der Bonusberechnung (z. B. im Vorhinein festgelegt oder im Nachhinein berechnet),
- Höhe und Häufigkeit der Zuteilung (z. B. zeitliche Staffelung, Verhältnis fixer zu den variablen Entgeltenteilen, absolute Beträge),
- Einheitlichkeit des Anreizsystems (z. B. einheitliche oder differenzierte Erfolgsbeteiligungspläne),
- Bonusfundierung (z. B. divisional oder unternehmensbezogen).

Im Mittelpunkt der **„Shareholder Wealth"-Ansätze** steht der ökonomische Wert des Unternehmens. Bei diesen Anreizsystemen soll durch entsprechende Investitionen oder das Leistungsverhalten der Manager/innen die Rendite höher als die Kosten des Eigenkapitals gehalten werden, was ein Ansteigen der Aktienkurse zur Folge hat. Das Anreizsystem honoriert dabei nicht die gestiegenen Aktienpreise, sondern die Differenz zwischen Rendite und Kosten des Eigenkapitals.

Bei dem Ansatz der **Strategischen Meilensteine** stehen zwar auch die strategischen langfristigen Ziele im Mittelpunkt. Diese werden jedoch operationalisiert auf kurz- und mittelfristiger Ebene. Die Erreichung dieser Teilziele als Meilensteine wird durch das Anreizsystem honoriert. Auch wenn es sich hierbei nicht um eine eigentliche Erfolgsbeteiligung handelt, verspricht man sich doch eine größere Motivationskraft durch Setzung und Honorierung von kurz- und mittelfristigen Zielen.

Duale Anreizsysteme messen operativen und strategischen Erfolgsfaktoren bei der Bemessung der Honorierung einen gleichen Wert zu. Orientierungspunkte können der Lebenszyklus der Branche oder Produkte, Portfoliokonzepte, Hierarchiestufen oder Aufgabenstellungen sein. Auf der Basis dieser strategischen und operativen Kriterien wird

---

[1795] Nach Becker, dargestellt in: Schedler, Anreizsysteme in der öffentlichen Verwaltung, 1993, S. 129 ff.; zur strategischen Vergütung vgl. ferner Jung, Personalwirtschaft, 1999, S. 881 f.

wird ein Anreizsystem entsprechend der strategischen Führung des Unternehmens gestaltet.

Auch in der Privatwirtschaft sind die Motivationswirkung und die Gestaltung von leistungsorientierten Entlohnungssystemen zentral diskutierte Themen.[1796]
Tendenziell sind in der Privatwirtschaft in den letzten Jahren folgende Entwicklungen zu erkennen:[1797]

- Zurücknahme der Lohndrift (Abbau freiwilliger übertariflicher Leistungen bzw. außertariflicher Vergütung),
- Leistungsabhängigkeit der verbleibenden Marge übertariflicher Bezahlung, d. h.
- individuelle oder teambezogene Differenzierung nach Erfolg, Ertragsbeiträgen, Zielerreichungsgraden etc.

9.3.2 Leistungsorientierte Entlohnung in der öffentlichen Verwaltung

9.3.2.1 Grundsätzliche Aspekte

Das Entlohungssystem in der öffentlichen Verwaltung enthielt in der Vergangenheit kaum leistungsorientierte Komponenten. Ursachen waren vor allem das Dienstrecht und der BAT. Der Systemunterschied zwischen der Entlohnung der Privatwirtschaft und des öffentlichen Dienstes besteht darin, dass in der Privatwirtschaft die tarifierte Vergütung vom jeweiligen Arbeitgeber bis z. T. 40 % aufgestockt wird (über außertarifliche Vergütung, Lohndrift), im öffentlichen Dienst die Vergütung bis in alle Einzelheiten und bis in die höchsten Eingruppierungsränge von den Tarifsvertragsparteien festgelegt ist.[1798] In der öffentlichen Verwaltung standen und stehen Anreize im Vordergrund, die das Sicherheitsbedürfnis und die niedrige Risikobereitschaft im öffentlichen Dienst förderten: „Das System lädt zum Überwintern statt zu Engagement ein."[1799] In der Konsequenz wurden oftmals leistungsstarke Beschäftigte nicht entsprechend entlohnt und dadurch demotiviert. Der traditionelle materielle Leistungsanreiz der öffentlichen Verwaltung ist die Beförderung. Diese verliert auf Grund des gesunkenen Ergänzungs- und Erweiterungsbedarfs und der Verknappung der Finanzmittel zunehmend an Bedeutung. Der daraus resultierende Beförderungsstau hat häufig Unzufriedenheit oder verdeckte Leistungsverweigerungen zur Konsequenz.[1800]

1796 Vgl. Dulisch, Leistungsprämien als Motivationsanreiz im öffentlichen Dienst, in: VR 2/1996, S. 50 (50 f.).

1797 Vgl. Vesper, Leistungsanreizsysteme und andere (auch nicht monetäre) Möglichkeiten der Mitarbeitermotivation, in: ZTR 4/1996, S. 150 (152).

1798 Vgl. Vesper, Leistungsanreizsysteme und andere (auch nicht monetäre) Möglichkeiten der Mitarbeitermotivation, in: ZTR 4/1996, S. 150 (152).

1799 Grawert, Thesen: Individuelle und flexible Vergütung – Leistungsanreize in der öffentlichen Verwaltung, in: Wagner (Hrsg.), Personal und Personalmanagement in der modernen Verwaltung, 1998, S. 107 (114).

1800 Vgl. Grawert, Thesen: Individuelle und flexible Vergütung – Leistungsanreize in der öffentlichen Verwaltung, in: Wagner (Hrsg.), Personal und Personalmanagement in der modernen Verwaltung, 1998, S. 107 (114).

Durch die Einführung unternehmensähnlicher Strukturen und damit auch des Wettbewerbs in die öffentliche Verwaltung gerät auch deren Besoldungs- und Vergütungssystem unter den Leistungsorientierungs- und Wettbewerbsgedanken. In diesem Zusammenhang soll die Entlohnung der Beschäftigten verstärkt leistungs- und erfolgsabhängig gestaltet werden. Ziele eines solchen Entlohnungssystems sind die Unterstützung des notwendigen Prozesses zur Steigerung der Effizienz und Effektivität des Verwaltungshandelns z. B. durch Senkung der Personalkosten und anderer Kosten und Erhöhung der Einnahmen, die Steigerung der Dienstleistungsqualität, die Steuerung und Kontrolle des Arbeitsprozesses und der Dienstleistungen, die Verbesserung der Personalsteuerung, die Beteiligung der Mitarbeiter/innen an der betrieblichen Produktivitätssteigerung, die Einkommenserhöhung der Beschäftigten, die Erhöhung der Einkommensgerechtigkeit und die Erhöhung der Motivation der Beschäftigten.[1801]
Die leistungsorientierte Entlohnung im öffentlichen Dienst steht jedoch in einem grundsätzlich anderen Kontext als in der Privatwirtschaft. Während in der Privatwirtschaft die leistungsgerechte Entlohnung der Produktivitätssteigerungen und damit der privaten Gewinnmaximierung dient, ergibt sich aus der Tatsache, dass die Arbeitseinkommen der Beschäftigten des öffentlichen Dienstes hauptsächlich aus Lohnabzügen anderer Arbeitnehmer/innen sowie aus Unternehmereinkommen finanziert werden, die politisch-gesellschaftliche Verpflichtung, diese Einnahmen möglichst effizient und effektiv zu verwenden. Diese Verpflichtung erhält eine besondere Brisanz in Zeiten knapper finanzieller Ressourcen. Unter diesem Gesichtspunkt ist eine leistungsorientierte Entlohnung auch im öffentlichen Dienst sinnvoll. Zu vermeiden sind dabei jedoch unsoziale Folgewirkungen und volkswirtschaftliche Ineffizienzen z. B. bei der Nutzung der leistungsorientierten Entlohnung für eine unzumutbare Leistungsverdichtung oder einen schnelleren Personalabbau mit einer möglichen Steigerung der Kosten für Arbeitslosigkeit, Sozialhilfe und frühzeitigem Verschleiß der Gesundheit der Beschäftigten.[1802] Wird leistungsorientierte Entlohnung wirkungsvoll eingesetzt, kann sie viele Vorteile haben: „Mit der Einführung einer leistungsorientierten Bezahlung im öffentlichen Dienst eröffnet sich aber auch die Möglichkeit, daß alle Beteiligten – Bürger/Kunden, Verwaltung, Politik und Beschäftigte – daraus einen Vorteil ziehen, wenn nämlich dieses Anreizinstrument dazu genutzt wird, die Dienstleistungen qualitativ besser, umfassender oder günstiger anzubieten und die Produktivitätsgewinne dafür verwendet werden, Arbeitsplätze zu erhalten oder Investitionen zu tätigen, die Beschäftigung schaffen und zu mehr Lebens- und Arbeitsqualität führen."[1803]

[1801] Vgl. Krutzki, Leistungszulagen und -prämien – ein „Muss" für den öffentlichen Dienst?, in: ZTR 10/2000, S. 445 (445); Tondorf, Leistungszulagen im öffentlichen Dienst – ein Instrument gegen den Strukturkonservatismus?, in: WSI Mitteilungen 3/1996, S. 182 (183 ff.).

[1802] Vgl. Tondorf, Leistungspolitik und Leistungsbezahlung im öffentlichen Dienst, in: WSI Mitteilungen 4/1997, S. 241 (242).

[1803] Tondorf, Leistungspolitik und Leistungsbezahlung im öffentlichen Dienst, in: WSI Mitteilungen 4/1997, S. 241 (242).

9.3.2.2 Ansätze in der Vergangenheit

Vorschläge für eine leistungsorientierte Entlohnung hat die „Studienkommission für die Reform des öffentlichen Dienstrechts" des Bundes im Jahre 1973 gemacht.
Die Studienkommission ging von folgenden Eckpunkten aus:[1804]

- Die staatlichen Aufgaben wachsen quantitativ und qualitativ, indem sie im Zuge der Wandlung der Verwaltung von der ausschließlich ordnenden zur leistenden und gestaltenden Verwaltung anspruchsvoller werden. Dies macht eine größere „Leistungsfähigkeit"[1805] der Verwaltung notwendig.
- In der gegenwärtigen Gesellschaft findet ein Werte- und Bewusstseinswandel statt. Dieser ist geprägt von Individualismus, der die Autoritätsgläubigkeit und Obrigkeitshörigkeit ablöst. In der Konsequenz werden Leistungserwartungen und -ansprüche an Staat und Verwaltung zunehmend mehr gestellt.[1806]
- Auch bei den Beschäftigten der Verwaltung bewirkt dieser Werte- und Bewusstseinswandel eine Mentalitätsveränderung: Die Arbeit der Beschäftigten ist nicht mehr vorrangig von völliger Unterwerfung und Hingabe geprägt, sondern von eigenen Arbeits- und Leistungsinteressen.[1807] Um dieses Potenzial zu aktivieren und zu erhalten, sind Bemühungen zur Motivation der Beschäftigten notwendig.

Die Kommission zog daraus folgende Schlussfolgerungen:[1808]

- Es ist zukünftig notwendig, Leistungsanreize aufzubauen mit einer Struktur und Wirkung entsprechend den entstandenen Leistungsanforderungen.
- Das Motivationssystem in den Verwaltungen muss so gestaltet sein, dass die Beschäftigten ihre Neigungen und Fähigkeiten wirkungsvoll in ihrer Arbeit einsetzen.
- Den Beschäftigten der Verwaltung müssen ausreichende Chancen zur Persönlichkeitsentfaltung, Bewährung und Mitverantwortung eröffnet und Initiative, Risikobereitschaft und innovatorisches Verhalten gefördert werden.

Konkret schlug die Kommission vor, hervorragende Leistungen durch Zulagen zu belohnen. So sollten 15 % der Beschäftigten für zwei Jahre Leistungszulagen erhalten. Bei schlechten Leistungen sollte der Aufstieg in den Steigerungsstufen hinausgeschoben werden.[1809] Die Reformvorschläge sollten bis 1982 umgesetzt werden, was jedoch bis zu diesem Zeitpunkt nicht geschehen war.
In der Folge dieser Reformvorschläge wurde der Ausbau immaterieller Leistungsanreize und eine leistungsorientierte Entlohnung in der öffentlichen Verwaltung gefordert.[1810]

[1804] Vgl. Studienkommission für die Reform des öffentlichen Dienstrechts, 1973, S. 102 ff.
[1805] Studienkommission für die Reform des öffentlichen Dienstrechts, 1973, S. 102.
[1806] Zum gesellschaftlichen Wertewandel vgl. auch Kap. 5.5.1.1.
[1807] Zum Wertewandel zu Arbeit und Beruf vgl. Kap. 5.5.1.2.
[1808] Vgl. Studienkommission für die Reform des öffentlichen Dienstrechts, 1973, S. 105.
[1809] Vgl. Studienkommission für die Reform des öffentlichen Dienstrechts, 1973, S. 290 ff.
[1810] Vgl. Koch, Dienstrechtsreform und Leistungsbereitschaft, in: Hoefert/Reichard (Hrsg.), Leistungsprinzip und Leistungsverhalten im öffentlichen Dienst, Stuttgart u. a. 1979, S. 200-218.

Im „Perspektivbericht“ der Bundesregierung im Dezember 1993 wurde die Absicht vorgestellt, Leistungszulagen als Motivationsanreize für Beamte/innen und Arbeitnehmer/innen des öffentlichen Dienstes einzuführen. Der Gedanke der Leistungszulagen und Leistungsprämien wird in den im April 1995 vom Bundesinnenminister vorgestellten „Eckpunkten zur Reform des öffentlichen Dienstrechts“ weiter konkretisiert. Dabei wurde besonders auf die vorliegenden Erfahrungen mit der Postleistungszulagenverordnung hingewiesen.[1811]

Der Perspektivbericht enthielt folgende Anhaltspunkte:[1812]

- Die Zahlungen sollen zeitlich befristet sein, da sie nicht zu einem festen Bezahlungsbestandteil werden sollten. Eine wiederholte Zahlung soll möglich sein.
- Die Leistungszulagen sollen sich auf einzelne Beschäftigte beziehen; für Gruppen sind sie nicht vorgesehen.
- Als Maßstab der finanziellen Zahlung gilt die erbrachte Leistung über einen Zeitraum von zwölf Monaten. Die „Eckpunkte zur Reform des öffentlichen Dienstrechts“ des Bundesinnenministeriums schlagen sowohl Leistungsprämien als rückwirkende Honorierung überdurchschnittlicher Leistungen sowie monatliche Leistungszulagen vor.
- Die „Eckpunkte zur Reform des öffentlichen Dienstrechts“ schlagen vor, dass die Höhe der Leistungsprämie bis zur Höhe des jeweiligen Anfangsgrundgehalts bemessen werden kann.
- Bei der Gewährung von Zahlungen fällt den Vorgesetzten eine besondere Verantwortung zu. Vorgeschlagen werden verkürzte Leistungsbewertungen.
- Die Ausgabenbeschränkung dient der Belohnung nur einer eingegrenzten Anzahl von besonders leistungsstarken Mitarbeiter/innen. Die „Eckpunkte zur Reform des öffentlichen Dienstrechts“ schlagen eine Begrenzung der Vergabe von Leistungszulagen und Leistungsprämien auf 10 % der Bediensteten vor.

Bis zur Umsetzung der vorgeschlagenen Neuerungen im Dienstrechtsreformgesetz im Jahre 1997 experimentierte eine Reihe von Kommunalverwaltungen mit Leistungszulagen und Leistungsprämien. Parallel wurden auch Möglichkeiten der leistungsorientierten Entlohnung im Tarifrecht geschaffen.[1813]

Die Situation der öffentlichen Verwaltung, insbesondere der Kommunalverwaltungen, hat in den letzten Jahren ein erneutes Nachdenken über eine leistungsorientierte Entlohnung in Gang gesetzt:

- Es wurden interne Mängel des Managements bei der Steuerung der Verwaltungsleistung und des Personals erkannt.[1814]
- Die öffentliche Verwaltung wurde als überbürokratisch und inflexibel kritisiert.[1815]

[1811] Auf beide Berichte wird verwiesen in: Dulisch, Leistungsprämien als Motivationsanreiz im öffentlichen Dienst, in: VR 2/1996, S. 50 (50 f.); zur Postleistungszulagenverordnung vgl. Kap. 9.3.2.4.

[1812] Dargestellt in: Dulisch, Leistungsprämien als Motivationsanreiz im öffentlichen Dienst, in: VR 2/1996, S. 50 (51).

[1813] Vgl. Kap. 9.5.3.3.

[1814] Vgl. Tondorf, Leistungszulagen als Reforminstrument?, 1995, S. 8.

[1815] Vgl. Tondorf, Leistungszulagen als Reforminstrument?, 1995, S. 8.

- o Die Beschäftigungsattraktivität des öffentlichen Dienstes sank zunehmend.
- o Unter den Beschäftigten wurde eine immer größere Unzufriedenheit mit der Entlohnung erkennbar.

Diese verschiedenen Entwicklungen bewirkten ein Aufnehmen früherer Überlegungen zu einer leistungsorientierten Entlohnung.

9.3.2.3 Internationale Erfahrungen

In einer Reihe von Ländern wird die Entlohnung im öffentlichen Dienst unter Berücksichtigung von Leistungsgesichtspunkten festgelegt. Dazu gehören Großbritannien, Irland, Frankreich, die Niederlande, Schweiz, Schweden, Dänemark, Finnland, Spanien, Italien sowie die USA, Kanada und Australien.[1816]
Beispielhaft werden nachfolgend die Entlohnungssysteme des öffentlichen Dienstes einiger dieser Länder dargestellt. Die Darstellungen beziehen sich auf den öffentlichen Dienst in diesen Ländern als Ganzen, da spezielle Untersuchungen für Kommunalverwaltungen nicht vorliegen.
In **Großbritannien** besteht seit Mitte der 80er Jahre des 20. Jahrhunderts ein an der individuellen Leistung orientiertes Bezahlungssystem (Performance Related Pay). Dieses System, dass zunächst nur für Beamten/innen galt, wurde Ende der 80er Jahre ausgeweitet auf fast den gesamten öffentlichen Dienst auf der Basis von Tarifverträgen zwischen der Regierung und den zuständigen Gewerkschaften. Ziel der Einführung der leistungsorientierten Entlohnung waren die Verbesserung der Effizienz des öffentlichen Dienstes sowie die stärkere Ankopplung der Besoldung der Beamten/innen an die Gehälter der Privatwirtschaft. Weiterhin sollten durch verhandelbare Höhergruppierungen qualifizierte Arbeitskräfte gewonnen und an den öffentlichen Dienst gebunden werden. In dem leistungsabhängigen Besoldungssystem existiert für jeden Dienstgrad eine bestimmte Gehaltsspanne mit einem Mindest- und einem Höchstbetrag. Ein Teil des Betrages wird nach Dienstalter vergeben, der andere nach Leistungsgesichtspunkten. Voraussetzung für die Erlangung dieser Zulagen ist die Erbringung mindestens durchschnittlicher Leistungen über mehrere Jahre. Die Feststellung der Leistungen basiert auf einer jährlichen Beurteilung, die die/der Dienstvorgesetzte mithilfe eines 16-seitigen Fragebogens zu erstellen hat. Die Zulagen dürfen an nicht mehr als 25 % des möglichen Personenkreises vergeben werden. Neben diesem Entlohnungssystem existiert das sog. Special Bonus System: Für besondere Verbesserungsvorschläge können einmalige Bonuszahlungen in Höhe von 250,- bis 1500,- DM vergeben werden. Diese können für besonders gute Zusammenarbeit auch an eine Gruppe von Beschäftigten ge-

---

[1816] Vgl. Böhm, Leistungsanreize im öffentlichen Dienst im internationalen Vergleich, in: ZBR 4/1997, S. 101-107; OECD, Private Pay for Public Work, 1993; OECD, Recent Trends in Performance Appraisal and Performans-Relates Pay Schemes in the Public Service, 1988; Schedler, Anreizsysteme in der öffentlichen Verwaltung, 1993, S. 259 ff.; Tondorf, Leistungszulagen als Reforminstrument?, 1995, S. 45 ff.

zahlt werden. Die Bonuszahlungen sind auf 0,02 % der gesamten Lohnsumme der jeweiligen Behörde begrenzt.[1817] Wenngleich das leistungsbezogene Zulagensystem offenbar von der Mehrheit der Beschäftigten akzeptiert wird, konnte es nach deren Einschätzung kaum zur Verbesserung der Motivation und der Leistung beitragen. Als Gründe wurden die als ungerecht erlebte Verteilung der Zulagen sowie die unzureichende Höhe der möglichen Besoldungssteigerungen angesehen. Da Teamfähigkeit kein Kriterium bei der Beurteilung war, wurde auch eine Zunahme von Neid und unproduktivem Konkurrenzverhalten beobachtet. Das Special Bonus System wurde positiver bewertet, da es einen Anreiz für Verbesserungsvorschläge darstellt und Teamarbeit berücksichtigt.[1818]

Die Zweiteilung zwischen einem allgemeinen Zulagensystem und einem speziellen Bonussystem für Verbesserungsvorschläge (cash awards) findet sich ebenfalls in den **USA**. In dem speziellen Bonussystem kann in Ausnahmefällen die Prämie bis zu 25.000 Dollar betragen. Nachteilig in diesem System wurde bewertet, dass die Leistungskriterien nicht eindeutig festgelegt und die Bewertungen nicht in sich schlüssig sind. Da die Beschäftigten kaum einen Zusammenhang zwischen der tatsächlich erbrachten Leistung und den gewährten Zulagen erkannten, wurde die beabsichtigte Wirkung des Zulagensystems hinsichtlich der Steigerung von Motivation und Leistung ebenfalls kaum erreicht. Das Bonussystem für Verbesserungsvorschläge wurde auch hier positiver bewertet.[1819]

Das in **Frankreich** seit längerer Zeit bestehende Zulagensystem für Teile des höheren Dienstes enthält besondere Besoldungselemente, die sich auf die konkreten Bedingungen der Dienstausübung von Beamten/innen beziehen. Die Höhe der Leistungszulagen bewegt sich zwischen 12 % bis zur Hälfte der Besoldung. Das Konzept wird zwar von den Beschäftigten zumindest in den Ministerien und regionalen Departments akzeptiert, Kritik wird jedoch geübt an der zu geringen Differenz der Zulagen für Beschäftigte im selben Bereich, an der Intransparenz der Zulagensysteme und an den Unterschieden zwischen Ministerien und anderen Beschäftigtenbereichen.[1820]

Alle Beschäftigten der Zentralregierung in den **Niederlanden** sind in das Leistungszulagensystem einbezogen; besondere Systeme für Führungskräfte existieren nicht. Bezahlungselemente für besondere Leistungen betragen normalerweise 20–25 % eines Monatsgehaltes, nach oben hin ist keine Grenze gesetzt. Es bestehen keine standardisierten Leistungsbeurteilungen; konkrete Regeln obliegen den verschiedenen Bereichen. Nach der Reform des Zulagensystems von 1989 zeigen sich Führungskräfte und Beschäftigte zufrieden mit dem System. Problematisch ist jedoch, dass vielen Beschäftig-

---

[1817] Vgl. Böhm, Leistungsanreize im öffentlichen Dienst im internationalen Vergleich, in: ZBR 4/1997, S. 101 (105); Tondorf, Leistungszulagen als Reforminstrument?, 1995, S. 45 f.

[1818] Vgl. Böhm, Leistungsanreize im öffentlichen Dienst im internationalen Vergleich, in: ZBR 4/1997, S. 101 (105).

[1819] Vgl. Böhm, Leistungsanreize im öffentlichen Dienst im internationalen Vergleich, in: ZBR 4/1997, S. 101 (105).

[1820] Vgl. Tondorf, Leistungszulagen als Reforminstrument?, 1995, S. 46 f.

ten das Funktionieren des Systems nicht klar ist und die mögliche Demotivation der Beschäftigten, die durch die Anwendung des Systems keine Zulagen erhalten.[1821]
Seit 1989 bestehen in **Dänemark** zwei Zulagensysteme, die als Bestandteil einer Reform des öffentlichen Dienstes eingeführt wurden. Ein System besteht für alle Beschäftigten (Ministerial Scheme). Kriterien zur Gewährung der Zulagen sind insbesondere Effizienz, Bereitschaft zum Wechsel und Kreativität. Dieses System ist mit den Gewerkschaften vereinbart worden. Es ist stark dezentralisiert, da es nur wenige Vorgaben enthält. Das andere System besteht für die spezifische Managementgruppe (Senior Manager's Scheme). Dessen Kriterien zur Vergabe sind unter anderem die Bereitschaft und Fähigkeit, ein motiviertes und ergebnisorientiertes Arbeitsteam zu schaffen, eine ressourcenbewusste Führung, die aktive Beteiligung an manageriellen Entwicklungen und die Orientierung auf Zukunftsaufgaben. In der Praxis wird beanstandet, dass die budgetierten Fonds mit 0,3 % des Gehaltsbudgets für das allgemeine Zulagensystem und 0,1 % des Gehaltsbudgets für Manager/innen zu gering sind für ein effektives leistungsorientiertes System.[1822]

Zusammenfassend lassen sich folgende Erfahrungen als Problempunkte leistungsorientierter Entlohnungssysteme in den verschiedenen Ländern benennen:[1823]

- Die Systeme werden wenig von den Betroffenen akzeptiert, da die Kriterien der Gewährung als unklar oder unfair eingestuft werden. Diese Einschätzung tritt insbesondere dort auf, wo kein Zusammenhang zwischen Beurteilung und Honorierung besteht.
- Der Zusammenhang zwischen der erbrachten Leistung und der Verteilung der Honorierung wird als zu klein betrachtet.
- Wenn Belohnungen nicht in direktem Zusammenhang zu den Leistungsbeurteilungen gebracht werden, führt dies ebenfalls zu Unzufriedenheit mit dem System.
- Der markante Unterschied von Anzahl und Größe der Boni in den verschiedenen Verwaltungsbereichen führt zu Gefühlen der Ungerechtigkeit.
- Ungereimtheiten (z. B. besserer Verdienst einer/s Beschäftigten gegenüber der/dem Vorgesetzten) haben negative Effekte, die die positiven Effekte eines leistungsorientierten Entlohnungssystems überstrahlen.
- Werden nur Leistungen Einzelner berücksichtigt, zeigen sich Befürchtungen, dass Teamgeist und Zusammenarbeit der Beschäftigten negativ beeinflusst werden.
- Die Gewerkschaften haben in einigen Ländern die Einführung leistungsorientierter Entlohnungssysteme zunächst verhindert aus Furcht, durch die Auflösung der zentralistischen Lohnbewirtschaftung Einfluss zu verlieren.

[1821] Vgl. Tondorf, Leistungszulagen als Reforminstrument?, 1995, S. 47.
[1822] Vgl. Tondorf, Leistungszulagen als Reforminstrument?, 1995, S. 47 f.
[1823] Vgl. Schedler, Anreizsysteme in der öffentlichen Verwaltung, 1993, S. 262 f.

Insbesondere hinsichtlich der Einführung leistungsorientierter Entlohnungssysteme in die Verwaltungen lassen sich aus internationalen Erfahrungen Schlüsse auch für die Einführung in Deutschland ziehen: „Eine der wichtigsten Lektionen, die es zu lernen gilt, ist, dass die Einführung von leistungsabhängigen Entlohnungssystemen nie überstürzt werden darf. Der Miteinbezug der Betroffenen, die Information, die Überzeugungsarbeit, das Austesten des Systems und andere Einführungstätigkeiten kosten Zeit und dürfen nicht vernachlässigt werden. Die Erfahrung zeigt, dass mehrere Jahre des Experimentierens und Revidierens notwendig sein können, um ein System in allen Details richtig zu konstruieren."[1824]

9.3.2.4 Ansätze im Umfeld von Kommunalverwaltungen

Im unmittelbaren oder entfernteren Umfeld von Kommunalverwaltungen in Deutschland sind bereits seit einigen Jahren Ansätze leistungsorientierter Entlohnung zu erkennen.

1989 sind bei der Post zunächst Leistungszulagen für Post-Beamte/innen vergeben worden. Später sind Tarifverträge für Angestellte und Arbeiter/innen abgeschlossen worden mit im Wesentlichen gleichen Regelungen.[1825]
Die Postleistungszulagenverordnung beinhaltete folgende Elemente:[1826]

- Bei der Zahlung der Leistungszulagen war (mit engen Ausnahmen) eine zeitliche Begrenzung auf längstens drei Jahre vorgesehen.
- Die Leistungszulagen waren auf einzelne Beschäftigte ausgerichtet; für Gruppen waren sie nicht vorgesehen.
- Maßstab der finanziellen Zahlung war die erbrachte Leistung über einen Zeitraum von zwölf Monaten. Die Zuwendung wurde rückwirkend als Jahresprämie ausgezahlt.
- Die Zulage wurde bis zur Höhe des Unterschiedsbetrages zwischen dem eigenen Endgrundgehalt und der zweithöheren Besoldungsgruppe gewährt.
- Voraussetzung der Zahlung war eine verkürzte Leistungsbewertung durch die Vorgesetzten, die auf der Basis standardisierter Verfahren, vergleichbar der der Personalbeurteilungen, auf einer siebener Skala Merkmale wie Zuverlässigkeit, Zusammenarbeit, Arbeitstempo oder Kundenakzeptanz beurteilte.
- Eine Ausgabenbeschränkung, z. B. 1/50 der Ausgaben für die Besoldung der Beamten/innen eines Bereichs, hatte die Belohnung nur einer eingegrenzten Anzahl von besonders leistungsstarken Mitarbeiter/innen zum Ziel.

[1824] Schedler, Anreizsysteme in der öffentlichen Verwaltung, 1993, S. 264.
[1825] Vgl. Tondorf, Leistungszulagen als Reforminstrument?, 1995, S. 7.
[1826] Dargestellt in: Dulisch, Leistungsprämien als Motivationsanreiz im öffentlichen Dienst, in: VR 2/1996, S. 50 (51).; Diese Elemente sind mit den Anhaltspunkten des „Perspektivberichts" der Bundesregierung vom Dezember 1993 vergleichbar, vgl. Kap. 9.3.2.2.

Im Auftrag des damaligen Bundesministeriums für Post und Telekommunikation wurden die Erfahrungen mit den Leistungszulagen wissenschaftlich untersucht durch eine Befragung von 3146 Mitarbeiter/innen der damaligen Deutschen Bundespost (DBP); die Studie wurde 1993 vorgelegt.[1827] Die Begleitstudie kam zu dem Ergebnis, dass die leistungsorientierten Bezahlungselemente nicht unbedingt zu besseren Leistungen, sondern sich die Nichtberücksichtigung eines Teils der Beschäftigten für diesen demotivierend auswirkte.[1828] Ebenfalls negative Auswirkungen zeigten sich auf Kollegialität und Betriebsklima.[1829] Die Studie zieht die Schlussfolgerung, dass die Leistungszulage beibehalten werden sollte, riet jedoch zu Änderungen der Vergabebedingungen, zu besserer Information der Beschäftigten sowie zu Maßnahmen wie mitarbeitergerechter Arbeitsgestaltung, verstärkter Qualifizierung der Mitarbeiter/innen, besseren Beförderungsmöglichkeiten, Anpassung der Grundbezüge, die Einführung einer regelmäßigen Leistungsbeurteilung und eine stärkere Berücksichtigung der unterschiedlichen Mitarbeitermotivation.[1830]

Zwischen der AOK und der ÖTV ist im Jahre 1995 ein Tarifvertrag abgeschlossen worden über die Zahlung leistungs- und erfolgsorientierter Zulagen an die Beschäftigten. Ziel der Zahlungen ist die Sicherung der Wettbewerbsfähigkeit. Grundlage der Vergabe sind die in einem Mitarbeitergespräch schriftlich vereinbarten Ziele. Die Zahlungen sind möglich in Form von Erfolgszulagen, Betriebsprämien und Projektzulagen. Die Summe der Erfolgs- und Projektzulagen darf 30 % der Grundvergütung nicht überschreiten. Die Aufwendungen für Zulagen dürfen 5 % der Gehaltssumme der jeweiligen AOK bzw. des Verbandes nicht übersteigen. Die Erfolgszulage wird monatlich einzelnen Beschäftigten oder Gruppen von Beschäftigten bei besonderen, objektiv messbaren Leistungen und Erfolgen ausgezahlt. Grundlage zur Bemessung der Leistungen und Erfolge sind die mit den Beschäftigten bzw. mit den Beschäftigtengruppen geschlossenen Zielvereinbarungen über einem Zeitraum von einem Jahr, in denen eine mit Punkten bewertete Zieldefinition vorgenommen wird. Die Zahlung der Zulage erfolgt nach Maßgabe des Grades der Zielerreichung. Ein Beitrag in Höhe von 15 % der jährlich gezahlten Erfolgszulagensumme wird als Erfolgsprämie zu gleichen Teilen an alle Beschäftigten der AOK bzw. des Verbandes verteilt und in einer Summe gezahlt. Bei Erreichung betriebswirtschaftlicher Erfolge erhalten alle Beschäftigten eine Betriebsprämie. Voraussetzung für die Gewährung ist der zu Beginn des Geschäftsjahres vom Arbeitgeber definierte betriebswirtschaftliche Erfolg sowie eine hierüber geschlossene Dienstvereinbarung. Die Betriebsprämie wird zu gleichen Teilen an alle Beschäftigten der AOK bzw. des Verbandes verteilt und in einer Summe gezahlt. Beschäftigte, denen ganz oder teilweise Aufgaben in einem Projekt übertragen werden, erhalten für die Dauer der Übertragung dieser zusätzlichen Aufgabe eine Projektzulage. Entsprechend dem Anteil an der Projektmitarbeit

[1827] Vgl. Ackermann, Leistungszulagen bei der deutschen Bundespost, 1993.
[1828] Vgl. Ackermann, Leistungszulagen bei der deutschen Bundespost, 1993, Hauptbericht, S. 55 ff.
[1829] Vgl. Ackermann, Leistungszulagen bei der deutschen Bundespost, 1993, Hauptbericht, S. 42.
[1830] Vgl. Ackermann, Leistungszulagen bei der deutschen Bundespost, 1993, Teilbericht Telekom, S. 104 ff.

beteiligten Beschäftigten wird die Zulage gestaffelt und monatlich für die Dauer der Übertragung gezahlt. Eine paritätisch besetzte Kriterienkommission hat die Aufgabe, Umsetzungshilfen für die Zahlung zu erstellen. Sie erarbeitet Grundsätze zur Vereinbarung von Zielen und deren Bemessung für die Zahlung von Erfolgszulagen, Vorschläge zur Definition des betriebswirtschaftlichen Erfolges für Betriebsprämien sowie Grundsätze für die Bemessung von Projektzulagen. Bei den AOK's bzw. den Verbänden wird eine betriebliche, paritätisch besetzte Kommission gebildet, die die Beschäftigten berät über Zielvereinbarungen und im Streitfall auf Antrag entscheidet über Erfolgszulagen oder Projektzulagen.[1831] Dieser Haustarifvertrag der AOK gilt als richtungsweisend für eine weitgehende tarifvertraglich geregelte Einbeziehung der Beschäftigten bei der leistungsorientierten Entlohnung.[1832]

Übertarifliche leistungsorientierte Entlohnung wird inzwischen ebenfalls bei den Flughäfen, den Sparkassen[1833] und den kommunalen Wirtschafts- und Versorgungsbetrieben praktiziert.[1834]

Die Erfahrungen aus den verschiedenen Ansätzen leistungsorientierter Entlohnung im Umfeld von Kommunalverwaltungen zeigen die Bedeutung von eindeutigen und nachvollziehbaren Kriterien bei der Vergabe von materiellen Leistungsanreizen auf. Ebenfalls wird der Stellenwert der Führungskräfte bei der Vergabe sowie der der Gewährung an Gruppen betont. Eine Verknüpfung mit immateriellen Leistungsanreizen oder sogar deren Vorrangstellung wird ebenfalls deutlich.

Da kommunale Wirtschafts- und Versorgungsbetriebe zur „kommunalen Familie" gehören, ist die leistungsorientierte Entlohnung auch für die Kernverwaltung in den letzten Jahren zunehmend diskutiert worden.

9.3.2.5 Leistungsorientierte Entlohnung in der Diskussion

Die leistungsorientierte Entlohnung in der öffentlichen Verwaltung wird aus juristischer Sicht, aus Sicht der Arbeitgeber und aus Sicht der Arbeitnehmer/innen und Gewerkschaften diskutiert.

Durch das Dienst- und Treueverhältnis der Beamten/innen, das über viele Jahre hinweg den öffentlichen Dienst prägte, wurde die grundsätzliche Berechtigung leistungsorientierter Entgeltbestandteile in der öffentlichen Verwaltung in früheren Jahren aus juristischer Sicht grundsätzlich in Frage gestellt. Die Motivation und Leistung des/der Beam-

---

[1831] Tarifvertrag (4 N – An/Ar IV – 1) zur Zahlung leistungs- und erfolgsorientierter Zulagen an Beschäftigte der AOK und ihrer Verbände vom 13. Oktober 1995.

[1832] Vgl. Tondorf, Zielvereinbarungen, in: WSI Mitteilungen 6/1998, S. 386 (389).

[1833] Vgl. Schröder/Schweizer, Anreizsysteme als Steuerungsinstrument in Sparkassen, in: zfbF 6/1999, S. 608-622.

[1834] Vgl. Plamper, Leistungsprämien in der Kommunalverwaltung, in: ZKF 8/1993, S. 175 (175).

ten/in soll sichergestellt werden durch das Erbringen einer „maximalen Dauermotivation"[1835], die die Gegenleistung für die vom Dienstherrn erbrachte Dauerleistung der Alimentation darstellt.[1836]
Die abnehmende Vormachtstellung des Beamtentums und der gesellschaftliche Wertewandel, der auch die Berufseinstellung der Beschäftigten des öffentlichen Dienstes prägt,[1837] führte verstärkt zu einer Kritik an dem Alimentationsprinzip dahingehend, dass die Beamtenbesoldung analog zum Angestelltengehalt als Gegenleistung für die geleistete Arbeit angesehen wurde.[1838] Eine Folge dieser Veränderungen war die Betonung der Notwendigkeit verschiedener Anreizkonzepte auch für den öffentlichen Dienst.[1839]
So hielten ebenfalls leistungsorientierte Bezahlungselemente Einzug sowohl in die Beamtenbesoldung in Form von Leistungsstufen (§ 27 Abs. 3 BBesG), Leistungszulagen und Leistungsprämien (§ 42 a BBesG) des Dienstrechtsreformgesetzes als auch in das Angestelltengehalt in Form von Leistungszulagen und Leistungsprämien.[1840]
In der Diskussion im Vorfeld zur Reform des öffentlichen Dienstrechts wurden leistungsorientierte Bezahlungsinstrumente in der Beamtenbesoldung als rechtswidrig betrachtet,[1841] da als einziger Weg einer mit dem Grundgesetz zu vereinbarenden leistungsgerechten Besoldung eine aussagefähige Ämterbewertung und eine Kappung der formalisierten Stellenobergrenzen[1842] betrachtet sowie der Beförderung die Funktion der Anerkennung erbrachter Leistungen[1843] zuerkannt wurde. Die Leistungen des öffentlichen Dienstes seien darüber hinaus nur schwer quantifizierbar und messbar; ebenfalls würden methodisch gesicherte Leistungsbeurteilungsverfahren fehlen.[1844] Der angeblichen Unvereinbarkeit von Leistungszulagen und Leistungsprämien mit dem Alimentationsprinzip wurde entgegengehalten, dass dies für ein vollständig leistungsorientiertes Entgelt, jedoch nicht auf einzelne ergänzende leistungsorientierte Bezahlungselemente

---

[1835] Klages/Hippler, Mitarbeitermotivation als Modernisierungsperspektive, 1991, S. 10.
[1836] Vgl. Kap. 8.4.
[1837] Vgl. Kap. 5.5.1.2.
[1838] Vgl. Summer/Rometsch, Alimentationsprinzip gestern und heute, in: ZBR 1/1981, S. 1 (1); zur Kritik am Alimentationsprinzip vgl. ferner Bull, Umsteuern im Beamtenrecht – aber wie?, in: DÖV 1995, S. 592 (593).
[1839] Vgl. Klages, Personalentwicklung in der öffentlichen Verwaltung, in: Schanz (Hrsg.), Handbuch Anreizsysteme in Wirtschaft und Verwaltung, 1991, S. 1147 (1157); Klages/Hippler, Mitarbeitermotivation als Modernisierungsperspektive, 1991, S. 11; ferner Reichard, Motivationsförderungssysteme in der öffentlichen Verwaltung, in: Klages (Hrsg.), Öffentliche Verwaltung im Umbruch, 1990, S. 56 (60); Summer, Leistungsanreize/Unleistungssanktionen, in: ZBR 5/1995, S. 125 (128 f.); Fugmann-Heesing, Mitarbeitermotivation – ein Fremdwort für die öffentliche Verwaltung? (Teil 1), in: VM, 5/1995, S. 270 (271).
[1840] Vgl. Kap. 9.5.3.3.
[1841] Vgl. Lecheler, Die Zukunft des Berufsbeamtentums, in: ZBR 1/1996, S. 1 (5); Mombaur, Besoldung nach erbrachter Leistung, in: Kommunalpolitische Blätter 2/1994, S. 9; ferner Brede, Grundzüge der Öffentlichen Betriebswirtschaftslehre, 2001, S. 165 f.; Wenger, Leistungsanreize für Beamte in Form von individuellen Zulagen, 1995, S. 98.
[1842] Vgl. Lecheler, Die Zukunft des Berufsbeamtentums, in: ZBR 1/1996, S. 1 (5); Mombaur, Besoldung nach erbrachter Leistung, in: Kommunalpolitische Blätter 2/1994, S. 9.
[1843] Vgl. Ruschmeier, Zwischen Alimentation und leistungsgerechter Bezahlung, in: Steger (Hrsg.), Lean Administration, 1994, S. 191 (197 f.).
[1844] Vgl. Oechsler/Steinebach, Leistung und Leistungsbegriff im höheren Dienst, in: Verwaltung und Leistung, 8/1983, S. 15 (16).

zutreffen würde, so dass das Grundprinzip der Alimentation erhalten bliebe.[1845] Das Alimentationsprinzip bliebe demnach gewährleistet, wenn die leistungsbezogenen Bezahlungselemente eine gewisse Bandbreite nicht überschritten, die zur Sicherung der amtsangemessenen Besoldung verfügbaren Haushaltsmittel durch den Einsatz individueller Zusatzleistungen nicht angetastet und unabweisbare Erhöhungen der allgemeinen Besoldung nicht mit dem Hinweis auf materielle Leistungsanreize abgewehrt würden.[1846] Das Leistungsprinzip, das den Zugang zum öffentlichen Amt und den Aufstieg im öffentlichen Amt beschreibt, bliebe dann gewährleistet, wenn Leistungszulagen und Leistungsprämien vorrangig als Individualprämien und nur in Ausnahmefällen als Gruppenanreize vergeben würden und das der Vergabe zu Grunde liegende Bewertungssystem der Differenzierung der Vergabe der materiellen Leistungsanreize entspräche.[1847] Die Einführung leistungsorientierter Bezahlungselemente in der Beamtenbesoldung diene demnach „dem im Grundgesetz besonders hervorgehobenen Leistungsprinzip ohne das Alimentationsprinzip zu berühren oder gar zu verletzen.“[1848]
Das bedeutet in der Schlussfolgerung: Leistungszulagen und Leistungsprämien werden neben dem bestehenden Grundgehalt und dem Familienzuschlag gezahlt, so dass das Alimentationsprinzip erhalten bleibt.[1849] Die Vereinbarkeit mit dem Leistungsprinzip muss durch die Ausgestaltung des Gesetzes durch die Landesverordnung und die Vergabepraxis gewährleistet sein.

Da die Gestaltung der Dienstaltersstufe im freien Ermessen des Gesetzgebers liegt, galt auch die Gewährung von Leistungsstufen als juristisch unbedenklich.[1850] Das bisherige Besoldungssystem mit Gehaltssteigerungen auf Grund des Zeitablaufs basierte auf der Annahme, dass die steigende Berufserfahrung auch ein Leistungs- und Wissenszuwachs zur Folge hat. Durch das Lebenszeitprinzip des Berufsbeamtentums ist zwar das Anciennitätsprinzip an sich, nicht aber seine konkrete Ausgestaltung zwingend in seiner bisherigen Form vorgegeben. Daher tragen die in den Leistungsstufen vorgesehenen leistungsabhängigen Gehaltssteigerungen zu einer amtsangemessenen Alimentation und dem Leistungsprinzip bei.[1851]

[1845] Vgl. Battis, Berufsbeamtentum und Leistungsprinzip, in: ZBR 7/1996, S. 193 (195); Summer, Leistungsanreize/Unleistungssanktionen, in: ZBR 5/1995, S. 125 (128).
[1846] Vgl. Schnellenbach, Leistungsprämien und Leistungszulagen im öffentlichen Dienst, in: DVBl. 1995, S. 1153 (1155).
[1847] Vgl. Schnellenbach, Leistungsprämien und Leistungszulagen im öffentlichen Dienst, in: DVBl. 1995, S. 1153 (1155).
[1848] Erhardt, Gesetz zur Reform des öffentlichen Dienstrechts, 1997, S. 111.
[1849] Vgl. Erhardt, Gesetz zur Reform des öffentlichen Dienstrechts, 1997, S. 111.
[1850] Vgl. Summer, Leistungsanreize/Unleistungssanktionen, in: ZBR 5/1995, S. 125 (135).
[1851] Vgl. Erhardt, Gesetz zur Reform des öffentlichen Dienstrechts, 1997, S. 100.

Im tarifrechtlichen Bereich ermöglichten die Richtlinien der kommunalen Arbeitgeberverbände[1852] sowie der ausgehandelte Rahmentarifvertrag[1853] die Vergabe von Leistungszulagen und Leistungsprämien. Die Arbeitgeberverbände einiger Bundesländer forcierten Pilotprojekte,[1854] andere rieten von der Einführung ab.[1855]

Die Bedeutung einer leistungsorientierten Entlohnung für die verschiedenen Beschäftigtengruppen des öffentlichen Dienstes ist aus Zweifeln an der Motivationswirkung umstritten.[1856] So wird insbesondere die Gefahr der Demotivation derjenigen, die die materiellen Leistungsanreize nicht erhalten, gesehen. Als Gegenargumente werden aufgeführt, dass z. B. bei Stellenbesetzungen auch eine Anzahl von Bewerber/innen nicht zum Zuge kommen würden.[1857] Aus Sicht der Arbeitnehmer/innen und Gewerkschaften werden Konkurrenz und Spaltungen unter der Belegschaft sowie eine größere Willkür der Vorgesetzten bei der Vergabe der materiellen Leistungsanreize befürchtet.[1858] Auf der Gegenseite wird betont, dass diese Gefahr verhindert werden könne, wenn materielle Leistungsanreize auf der Basis transparenter und leistungsorientierter Kriterien vergeben würden.[1859] Die Vergabe materieller Leistungsanreize wird ebenfalls aus Kostengründen abgelehnt. Hier lautet das Gegenargument, dass auch ein nicht aktiviertes Leistungspotenzial bei den Beschäftigten kostenintensiv sei und materielle Leistungsanreize dieses aktivieren könnten.[1860] Eine weitere Sorge besteht in einer möglichen Ablenkung von notwendigen arbeitsorganisatorischen und tariflichen Reformen durch die Einführung materieller Leistungsanreize. Die Einführung leistungsorientierter Entlohnung erfordert Rahmenregelungen auf zentraler Tarifebene, die konkrete Ausgestaltung kann auf Grund der verschiedenen Tätigkeiten und der unterschiedlichen leistungsorientierten Entlohnungsformen nur dezentral geschehen. Hier wird ein verstärkter Trend zur Dezentralisierung der Lohnpolitik befürchtet. Durch die Einführung der leistungsorientierten Entlohnung werden ebenfalls verstärkte Leistungskontrollen, eine sich negativ

---

[1852] Richtlinien der Vereinigung der kommunalen Arbeitgeberverbände (VKA) zur Gewährung von Leistungszulagen und Leistungsprämien.

[1853] Rahmentarifvertrag vom 29. Oktober 1996 über die Grundsätze zur Gewährung von Leistungszulagen und Leistungsprämien (TV-L); zu den vorrangegangenen Tarifverhandlungen vgl. die Darstellungen in: Frece, Leistungsbezogene Bezahlung im öffentlichen Dienst – Bewegung oder Stillstand?, in: Der Personalrat 1995, S. 357-361; Tondorf, Leistungspolitik und Leistungsbezahlung im öffentlichen Dienst, in: WSI Mitteilungen 4/1997, S. 241 (245); Tondorf, Leistungszulagen im öffentlichen Dienst – ein Instrument gegen den Strukturkonservatismus?, in: WSI Mitteilungen 3/1996, S. 182 (185); Vesper, Leistungsanreizsysteme und andere (auch nicht monetäre) Möglichkeiten der Mitarbeitermotivation, in: ZTR 4/1996, S. 150 (153 f.).

[1854] Vgl. z. B. KAV NW (Hrsg.), Übersicht: beim KAV NW angemeldete „Pilotprojekte" Leistungsanreizsysteme in der Verwaltung, Stand: 10. April 2000.

[1855] Vgl. Tondorf, Leistungszulagen als Reforminstrument?, 1995, S. 9.

[1856] Vgl. Brede, Möglichkeiten und Grenzen finanzieller Leistungsanreize im öffentlichen Dienst, in: Schanz (Hrsg.), Handbuch Anreizsysteme in Wirtschaft und Verwaltung, 1991 S. 1127 (1137 ff.); Tondorf, Leistungszulagen als Reforminstrument?, 1995, S. 9.

[1857] Vgl. Plamper, Leistungsprämien in der Kommunalverwaltung, in: ZKF 8/1993, S. 175 (176); Plamper, Leistungsprämien in Kommunen, in: der städtetag 12/1994, S. 797 (798).

[1858] So werden materielle Leistungsanreize oftmals als „Nasenprämien" oder die Kriterien der Vergabe als Verteilen mit der „Gießkanne" bezeichnet, vgl. Plamper, Leistungsprämien in der Kommunalverwaltung, in: ZKF 8/1993, S. 175 (176); Tondorf, Leistungszulagen als Reforminstrument?, 1995, S. 12.

[1859] Vgl. Plamper, Leistungsprämien in der Kommunalverwaltung, in: ZKF 8/1993, S. 175 (176).

[1860] Vgl. Plamper, Leistungsprämien in der Kommunalverwaltung, in: ZKF 8/1993, S. 175 (176).

auswirkende Arbeitsintensivierung und -verdichtung sowie die Abnahme der Autonomie der Beschäftigten befürchtet. Ungeklärt sind weiterhin die Auswirkungen materieller Leistungsanreize auf die Dienstleistungsqualität und -quantität und damit den Service für die Bürger/innen.[1861] Diese kritische Sichtweise der Gewerkschaft ÖTV zeigte sich u. a in dem Beschluss auf dem außerordentlichen Gewerkschaftstag im Jahr 1994, der nur mit knapper Mehrheit für tarifliche Rahmenvereinbarungen über leistungsorientierte Entlohnung gefasst wurde.[1862]
Auch nach Inkrafttreten der dienstrechtlichen und tarifrechtlichen Regelungen werden die vorhandenen leistungsorientierten Bezahlungselemente weiterhin kritisch diskutiert.[1863]

9.3.2.6 Derzeitiger Diskussionsstand

Es sind in den vergangenen Jahren grundlegende Entscheidungen getroffen worden zu Schritten einer leistungsorientierten Bezahlung in der öffentlichen Verwaltung:

- Durch das Reformgesetz des öffentlichen Dienstes vom 1.7.1997 erfuhr das Leistungsprinzip durch die Einführung leistungsorientierter Bezahlungselemente (Leistungsstufen, Leistungsprämien, Leistungszulagen) neben dem klassischen Instrument der Beförderung erstmals eine Erweiterung um Instrumente, die bislang im wesentlichen nur der freien Wirtschaft zugänglich waren. Inzwischen liegen die Rechtsverordnungen der Länder Nordrhein-Westfalen, Baden-Württemberg, Bayern, Niedersachsen,[1864] Schleswig-Holstein, Sachsen, Bremen und Hessen vor. Bislang bestehen jedoch erst in wenigen Verwaltungen Konzepte und Pilotprojekte zu materiellen Leistungsanreizen.[1865]
- Im tarifrechtlichen Bereich liegt neben den Richtlinien der kommunalen Arbeitgeberverbände[1866] der ausgehandelte Rahmentarifvertrag auf Bundesebene vor, der leistungsorientierte Bezahlungselemente in Form von Leistungszulagen und Leistungsprämien vorsieht.[1867] Diese leistungsorientierten Bezahlungselemente können nur auf der Grundlage bezirklicher Tarifverträge gewährt werden. Der

---

[1861] Vgl. Tondorf, Leistungszulagen als Reforminstrument?, 1995, S. 9 f.; 11 f.
[1862] Vgl. Tondorf, Leistungszulagen als Reforminstrument?, 1995, S. 9.
[1863] Die verschiedenen Aspekte werden bei der Erörterung der jeweiligen einzelnen materiellen Leistungsanreize dargestellt, vgl. Kap. 9.5.1.2, 9.5.3.3.
[1864] Die Rechtsverordnung des Landes Niedersachsen bezieht sich nur auf Leistungsprämien und Leistungszulagen, nicht auf die vorzeitige Gewährung/die Hemmung des Aufstiegs in den Stufen.
[1865] Vgl. Kap. 9.5.1.2, 9.5.3.3.
[1866] Richtlinien der Vereinigung der kommunalen Arbeitgeberverbände (VKA) zur Gewährung von Leistungszulagen und Leistungsprämien.
[1867] Rahmentarifvertrag vom 29. Oktober 1996 über die Grundsätze zur Gewährung von Leistungszulagen und Leistungsprämien (TV-L).

Rahmentarifvertrag ist bislang jedoch lediglich in einem Bundesland[1868] und in einigen lokalen Tarifverträgen[1869] umgesetzt.

Die derzeitige Diskussion zur leistungsorientierten Entlohnung in der öffentlichen Verwaltung verläuft in Wissenschaft und Praxis kontrovers und teilweise widersprüchlich. Im Ergebnis sind viele Kommunalverwaltungen ratlos und schrecken vor einer Einführung zurück. Hilfreich kann eine Entzerrung der Diskussion und eine Einordnung in unterschiedliche Gedankenebenen sein. Um diese Ebenen erkennen zu können, sind analog zu den Ebenen des kommunalen Managements[1870] folgende Unterscheidungen hilfreich:

- **normative, gesellschaftliche Ebene**
  Auf dieser Ebene der normativen und gesellschaftlichen Ausrichtung werden grundlegende Fragen gestellt, die die gesamte öffentliche Verwaltung betreffen wie z. B.: Wie kann die Leistungsorientierung der Verwaltung gestärkt werden? Welche materiellen Leistungsanreize dienen der Leistungsorientierung als einem zentralen Prinzip des Verwaltungshandelns? Sind die vorhandenen materiellen Leistungsanreize als Motivations- und Steuerungsinstrumente brauchbar? Wie stehen materielle Leistungsanreize im Zusammenhang mit der Verwaltungsreform und dem Neuen Steuerungsmodell? Soll die Verwaltung eine leistungsorientierte Entlohnung anstreben? Wie kann eine solche Entlohnung gestaltet sein? Welche Elemente der Privatwirtschaft hinsichtlich der leistungsorientierten Entlohnung können in die öffentliche Verwaltung übernommen werden? Inwieweit sind diese Elemente mit den derzeitigen dienst- und tarifrechtlichen Regelungen vereinbar? Inwieweit müssen sich Dienstrecht und Tarifrecht zukünftig verändern? Sollten sich diese nicht verändern, welche Konsequenzen sollten daraus die einzelnen Verwaltungen ziehen?
- **strategische Ebene**
  Auf der strategischen Ebene muss sich eine Verwaltung die folgenden Fragen stellen: Will diese konkrete Verwaltung leistungsorientierte Bezahlungselemente einführen? Zu welchen Zwecken sollen sie eingeführt werden (Steuerung der Leistung, Motivation der Mitarbeiter/innen)? Was soll belohnt werden: das Erreichen der Organisationsziele, das Erreichen der individuellen Leistungsziele, das Leistungsverhalten? Welche Formen leistungsorientierter Bezahlungselemente sollen eingeführt werden? Nach welchen Kriterien sollen leistungsorientierte Bezahlungselemente vergeben werden? Wie wird das gemessen, was belohnt werden soll: durch Mitarbeiterbeurteilungen, Zielvereinbarungen, Leistungsermittlun-

[1868] Tarifvertrag zur Gewährung von Leistungszulagen und Leistungsprämien in kommunalen Verwaltungen und Betrieben im Lande Sachsen-Anhalt (TV-LZ/LP-LSA kommunal) vom 30. Juni 1997.
[1869] Z. B. Tarifvertrag über leistungsbezogene Entgeltbestandteile zwischen der Landeshauptstadt Saarbrücken (LHS) und der Gewerkschaft Öffentliche Dienste, Transport und Verkehr – Bezirk Saar – (ÖTV) vom 29.6.1995.
[1870] Vgl. Kap. 6.1.2.1.

gen, Kennzahlen für die individuelle Leistung, die Leistung der Organisationseinheit oder Gesamtverwaltung?

- **operative Ebene**
  Sollen sich die leistungsorientierten Bezahlungselemente auf alle Bereiche der Verwaltung beziehen oder nur auf bestimmte, auf alle Beschäftigtengruppen oder auf bestimmte? Sollen leistungsorientierte Bezahlungselemente an Einzelpersonen oder an Teams vergeben werden? Sollen leistungsorientierte Bezahlungselemente (nur oder auch) Führungskräfte erhalten? Sollen zentrale oder dezentrale Konzepte erarbeitet werden? In welchem zeitlichen Abstand wird belohnt: sofort nach Erbringen der Leistung, in einigem zeitlichem Abstand? In welcher Zeitform wird belohnt: über dauerhafte feste Bestandteile der Vergütung, dauerhafte und flexible Bestandteile der Vergütung, Zulagen als regelmäßige Zahlungen über einen bestimmten Zeitraum (z. B. ein Jahr), Prämien als einmalige Zahlungen? Wonach wird die Höhe der Zahlungen berechnet: in Abhängigkeit zum monetären wirtschaftlichen Erfolg der einzelnen Organisationseinheit, der Gesamtverwaltung? Sollen leistungsorientierte Bezahlungselemente nur Organisationseinheiten mit Einnahmen bzw. monetärem wirtschaftlichem Erfolg erhalten? Woraus und wie sollen leistungsorientierte Bezahlungselemente finanziert werden? Sollen leistungsorientierte Bezahlungselemente flächendeckend oder zunächst in Pilotprojekten eingeführt werden?

Wenngleich die Grenzen zwischen den einzelnen Ebenen fließend sind, kann eine Unterscheidung dieser Ebenen helfen, die Diskussion um die leistungsorientierte Bezahlung in der öffentlichen Verwaltung zu systematisieren und nach Lösungsmöglichkeiten für die unterschiedlichen Fragestellungen zu suchen. Denn das Problem der leistungsabhängigen Bezahlung im öffentlichen Dienst ist „nicht nur ein sehr interessantes, sondern auch sehr wichtiges und wirksames Instrument der Verwaltungsreform“[1871], dessen Umsetzung in der Verwaltungspraxis eine Herausforderung darstellt: „Neben den Sackgassen, in die Politik und Praxis bisher geraten sind, gibt es Lösungsansätze, die durchaus Erfolg versprechen. Zwar ist derzeit kein Weg zu erkennen, der sozusagen mit einem Geniestreich alle Probleme auf einmal löst, vielmehr dürfte ein dornenvoller Weg kleiner Schritte eher geeignet sein, Bewegung in die festgefahrene Situation zu bringen. Hierzu bedarf es beherzter Partner auf allen Seiten, die sich zu Experimenten bereit finden und den Mut für diese kleinen Schritte aufbringen, um auszuprobieren, wo etwas geht, wie etwas geht, was man vermeiden muss, damit sich die befürchteten Risiken nicht realisieren.“[1872]
Auf einige dieser Fragen versuchen die nachfolgenden Ausführungen eine Antwort zu geben. Andere Fragen werden auch darüber hinaus offen bleiben.

[1871] Adamaschek/Oechsler, Zusammenfassung, in: Adamaschek/Oechsler (Hrsg.), Leistungsabhängige Bezahlung im öffentlichen Dienst, 2001, S. 43 (49).
[1872] Adamaschek/Oechsler, Zusammenfassung, in: Adamaschek/Oechsler (Hrsg.), Leistungsabhängige Bezahlung im öffentlichen Dienst, 2001, S. 43 (49).

9.4 Materielle Leistungsanreize im Überblick

Unter den materiellen Leistungsanreizen sind wenig motivationsbegründende Leistungsanreize zu finden. Einige materielle Leistungsanreize sind motivationsbegründend und steuerungssichernd (z. B. die leistungsgerechte Grundbesoldung/Grundvergütung). Bei den meisten materiellen Leistungsanreizen handelt es sich um belohnende und steuerungsvariable Anreize (z. B. Sachprämien oder finanzielle Zuwendungen in Form von Leistungsprämien).[1873] Die unterschiedlichen Kategorien sind in den verschiedenen Formen von Leistungsanreizen sind nicht immer eindeutig zu unterscheiden, so dass ein Leistungsanreiz in verschiedenen Kategorien einsetzbar ist.
Die Diskussion um materielle Leistungsanreize wird derzeit sehr eingeengt geführt lediglich im Hinblick auf die im Dienstrecht zur Verfügung gestellten leistungsorientierten Bezahlungselemente. Materielle Leistungsanreize sind jedoch viel weiter zu fassen.
Das folgende Schaubild gibt einen Überblick über verschiedene Anreizgruppen und die einzelnen materiellen Leistungsanreize.

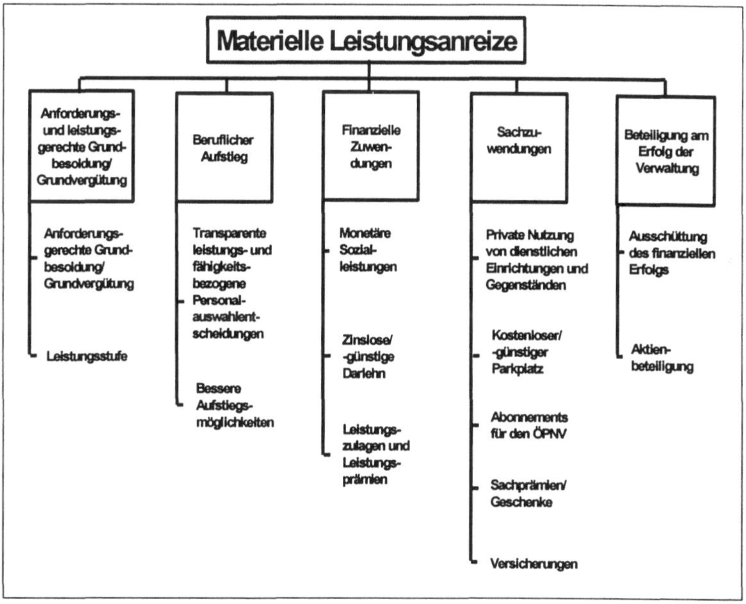

Abbildung 40: Materielle Leistungsanreize im Überblick[1874]

[1873] Zu den Unterscheidungskriterien vgl. Kap. 3.1.2.
[1874] In Anlehnung an: Stadt Nürnberg (Hrsg.), Projektgruppe Führung-Motivation, Erster Schwerpunkt: Leistungsanreize, Zwischenbericht, Teil II: Ausführungen, A. Überblick: Materielle und immaterielle Leistungsanreize, Stand: 1996.

9.5 Formen materieller Leistungsanreize

Nachfolgend werden die einzelnen materiellen Leistungsanreize nach den Gliederungspunkten beschrieben, nach denen bereits die Beschreibung der immateriellen Leistungsanreize erfolgt ist:[1875]

a. **Beschreibung**
b. **Erfolgsfaktoren**
c. **Praxis in Kommunalverwaltungen**

Einige dieser materiellen Leistungsanreize sind bereits wissenschaftlich erforscht worden. Andere Anreize existieren in den Kommunalverwaltungen, sind aber noch nicht wissenschaftlich aufbereitet worden. In diesen Fällen basieren die nachfolgenden Darstellungen auf Erfahrungen, die Kommunalpraktiker/innen der Verfasserin in Gesprächen, Seminaren, Arbeitsgruppen etc. mitgeteilt haben. Einige wenige materielle Leistungsanreize werden in der Privatwirtschaft, jedoch (noch) nicht in der öffentlichen Verwaltung eingesetzt. Hier werden die Übertragbarkeit überprüft und praktische Anwendungsmöglichkeiten in Kommunalverwaltungen entwickelt.

9.5.1 Anforderungs- und leistungsgerechte Grundbesoldung/Grundvergütung

Die anforderungs- und leistungsgerechte Grundbesoldung/Grundvergütung stellt die zentrale materielle Anreizgruppe und damit die Basis für alle weiteren materiellen Leistungsanreize dar. Die Anreizgruppe besteht aus der anforderungsgerechten Grundbesoldung/Grundvergütung und der Leistungsstufe.

9.5.1.1 Anforderungsgerechte Grundbesoldung/Grundvergütung

a. Beschreibung

Die subjektiv empfundene Gerechtigkeit hinsichtlich der Bezahlung in einer Verwaltung stellt einen hohen Anreiz für die Beschäftigten dar.[1876] Es ist bereits dargestellt worden, dass Untersuchungen in der öffentlichen Verwaltung empfundene Defizite in der leistungsgerechten Bezahlung aus der Perspektive der Bediensteten zum Ergebnis hatten.[1877] Diese von den Beschäftigten empfundenen Defizite zeigen fundamentale Probleme der Bezahlungsgerechtigkeit, die eine „schiefe“ und verbesserungswürdige Entgeltstruktur in der öffentlichen Verwaltung entstehen lassen: „Wer sich der Frage nach

---

[1875] Vgl. Kap. 8.3.
[1876] Vgl. Schedler, Anreizsysteme in der öffentlichen Verwaltung, 1993, S. 9 ff.; 149.
[1877] Vgl. Kap. 9.1.

der Motivation der Mitarbeiter/innen mit einer Interessenperspektive nähert, in welcher Entgeltfragen eine vorrangige Rolle spielen, ist angesichts dieses Ergebnisses aufgefordert, nicht sogleich an die Frage der Einführung von Leistungsanreizen zu denken, sondern sich zunächst einmal grundlegenden *vorgelagerten* Fragen der Bezahlungsgerechtigkeit zuzuwenden.“[1878] Geschieht dies nicht, sind die Folgen häufig Demotivation, Arbeitsunzufriedenheit, „innere Kündigung“ bis hin zu schweren psychosomatischen Beeinträchtigungen.[1879] Bei der näheren Beschreibung wurde unter anderem der folgende Mangel genannt: „Keine ausreichende Entsprechung zwischen der am Arbeitsplatz abgeforderten Leistung und der Wertigkeit der Stelle (ggf. in Verbindung mit dem Fehlen einer analytischen Arbeitsplatz- bzw. Dienstpostenbewertung)“[1880].

Grundlage für die gerechte Entgeltgestaltung in der öffentlichen Verwaltung und damit „Anreizbasis“[1881] ist die Arbeits- bzw. Dienstpostenbewertung, mit deren Hilfe das Entgelt festgelegt wird.

Ausgangspunkt für die Arbeitsbewertung stellt die Stellenbeschreibung dar. Sie wird erstellt mithilfe von Arbeitsanalyseverfahren, die die Anforderungen an die einzelnen Arbeitsplätze empirisch ermitteln. Die Arbeitsanalyse hat zum Ziel, Aufgaben, Kompetenzen, Verantwortung und Anforderungen an den/die Stelleninhaber/in und die vertikalen und horizontalen Beziehungen zu anderen Stellen zu ermitteln und darzustellen.[1882] Es ist zu unterscheiden zwischen psychologischen Arbeitsanalyseverfahren, die den Arbeitsplatz in seiner Gesamtheit analysieren und die daher für Verwaltungstätigkeiten sinnvoll sind, und technisch orientierten arbeitswissenschaftlichen Verfahren, die Zeit- und Bewegungsstudien einsetzen.[1883]

Auf der Basis der Stellenbeschreibung wird die Arbeitsbewertung durchgeführt. Die Arbeitsbewertung beinhaltet die Festlegung der unterschiedlichen Anforderungen an eine Stelle nach einheitlichem Maßstab durch Abstraktion von den individuellen Leistungen und Eigenschaften des/der Stelleninhabers/in. Die Tätigkeiten werden in Bezug auf diese Anforderungen in eine Rangfolge gebracht und auf Grund dieser Rangordnung einzelnen Bezahlungsgruppen zugeordnet.[1884]

Ziel der Arbeitsbewertung ist der Vergleich der verschiedenen Tätigkeiten in der Organisation, die Sicherung des Leistungsprinzips durch eine anforderungsgerechte Bewer-

---

[1878] Klages, Verwaltungsmodernisierung: "harte" und "weiche" Aspekte, 1997, S. 156 f.

[1879] Vgl. Klinkenberg, Anreizsysteme im Angestelltenbereich des öffentlichen Dienstes, in: Personal 1/1996, S. 23 (25).

[1880] Klages, Verwaltungsmodernisierung: "harte" und "weiche" Aspekte II., 1998, S. 105; ferner Kap. 8.1.

[1881] Ridder, Materielle und immaterielle Leistungsanreize, in: Bandemer/Blanke/Nullmeier/Wewer (Hrsg.), Handbuch zur Verwaltungsreform, 1998, S. 191 (194).

[1882] Vgl. Liebel/Oechsler, Handbuch Human Resource Management, 1994, S. 259 ff.; ferner Meixner, Personalpolitik, 1982, S. 256 ff; Thom, Stellenbildung und -besetzung, in: Frese (Hrsg.), Handwörterbuch der Organisation, 1992, Sp. 2321 (2328).

[1883] Zu einem Überblick über verschiedene Verfahren der Arbeitsanalyse vgl. Weinert, Lehrbuch der Organisationspsychologie, 1992; Zink, Arbeitsanalyse, in: Gaugler/Weber (Hrsg.), Handwörterbuch des Personalwesens, 1992, Sp. 39-50.

[1884] Vgl. Siepmann/Siepmann, Verwaltungsorganisation, 1996, S. 82.

tung der Stellen, die Gerechtigkeit des Entgelts und die Transparenz über die Besoldung bzw. Eingruppierung der Beschäftigten.[1885]

b. Erfolgsfaktoren

Der zentrale Erfolgsfaktor der Bezahlungsgerechtigkeit durch eine anforderungsgerechte Grundbesoldung bzw. Grundvergütung ist der Einsatz entsprechender Methoden zur Arbeits- bzw. Stellenbewertung. Bei diesen Methoden wird unterschieden zwischen summarischen und analytischen Verfahren.[1886] Summarische Verfahren bewerten die Anforderungen des Arbeitsplatzes als Ganzes, analytische Verfahren ermitteln den Arbeitswert, indem sie einzelne Anforderungsmerkmale unterscheiden und gewichten.[1887]
Bei der Wahl der Verfahren zur Dienstpostenbewertung für **Beamte/innen** sind die Dienstherrn frei.[1888] In der gesamten öffentlichen Verwaltung sowie insbesondere in Kommunalverwaltungen werden vorwiegend analytische Verfahren verwandt.[1889] Auf der Basis der Forderung nach einem einheitlichen System der Dienstpostenbewertung ist der Grundsatz der funktionsgerechten Besoldung in §§ 18-20 BBesG aufgenommen worden. So sollen nach § 18 BBesG die Funktionen nach den mit ihnen verbundenen Anforderungen sachgerecht bewertet werden, die bewerteten Funktionen bestimmten Ämtern zugeordnet und die Ämter nach ihrer Wertigkeit den Besoldungsgruppen zugewiesen werden.[1890]

Bei der Arbeitsbewertung für **Angestellte**[1891] werden summalytische Verfahren eingesetzt. Im analytischen Verfahrensteil werden die einzelnen Arbeitsvorgänge nach festgelegten Merkmalen bewertet. Zu diesen Merkmalen gehören der Schwierigkeitsgrad, Fachkenntnisse, selbstständige Leistungen, Verantwortung, besonders schwierige Tätigkeiten und die besondere Bedeutung der Tätigkeit. Im summarischen Verfahrensteil wird die Summe aller Arbeitsvorgänge zusammenfassend betrachtet. Die Einstufung geschieht unter Berücksichtigung beider Bewertungskomponenten.[1892]

[1885] Vgl. Zülch, Arbeitsbewertung, in: Gaugler/Weber (Hrsg.), Handwörterbuch des Personalwesens, 1992, Sp. 70 (70 f.); ferner Klinkenberg, Organisatorische Gestaltung und Stellenbewertung, in: Personal, Heft 3/1993, S. 120 (120); Liebel/Oechsler, Handbuch Human Resource Management, 1994, S. 261 ff.; Siepmann/Siepmann, Arbeits- und Stellenbewertung im öffentlichen Dienst, 1984, S. 12 f.; Reichard, Betriebwirtschaftslehre der öffentlichen Verwaltung, 1987, S. 248.

[1886] Zum Überblick über die verschiedenen Verfahren vgl. Siepmann/Siepmann, Arbeits- und Stellenbewertung im öffentlichen Dienst, 1984, S: 19 ff.; Zülch, Arbeitsbewertung, in: Gaugler/Weber (Hrsg.), Handwörterbuch des Personalwesens, 1992, Sp. 70 (73 ff.).

[1887] Vgl. Oechsler, BWL der öffentlichen Verwaltung, in: Mutius/Friauf/Westermann (Hrsg.), Handbuch für die öffentliche Verwaltung, 1984, S. 871 (923).

[1888] Vgl. Siepmann/Siepmann, Arbeits- und Stellenbewertung im öffentlichen Dienst, 1984, S. 39.

[1889] Vgl. KGSt-Bericht Nr. G 10/1982: Stellenplan – Stellenbewertung; KGSt-Bericht Nr. 2/1998: Bewertung von Beamtenstellen im Neuen Steuerungsmodell; zum Überblick über die in der öffentlichen Verwaltung eingesetzten Verfahren vgl. Siepmann/Siepmann, Arbeits- und Stellenbewertung im öffentlichen Dienst, 1984, S. 77 ff.

[1890] Vgl. Oechsler, Personal und Arbeit, 2000, S. 453 f.; ferner Scheerbarth/Höffken/Bauschke/Schmidt, Beamtenrecht, 1992, S. 243; Siepmann/Siepmann, Arbeits- und Stellenbewertung im öffentlichen Dienst, 1984, S. 38.

[1891] Vgl. grundlegend Kuß, Arbeitsplatzbewertung nach dem BAT, 1995.

[1892] Vgl. Oechsler, Personal und Arbeit, 2000, S. 453.

c. Praxis in Kommunalverwaltungen

Die Bewertung des Arbeitsplatzes findet grundsätzlich personenunabhängig statt. Dies hindert jedoch die Praxis nicht daran, „immer wieder Stellen höher zu bewerten, um den Inhaber zu befördern“[1893]. Die oben dargestellten Voraussetzungen sind daher in vielen Verwaltungen bislang noch nicht gegeben.[1894]

In den Kommunalverwaltungen sind drei grundsätzliche Situationen anzutreffen:[1895]

- Es werden keine Verfahren der Arbeitsplatzbewertung angewandt.
- Es werden zwar Verfahren der Arbeitsplatzbewertung angewandt; deren Ergebnisse entsprechen jedoch nicht immer ausschließlich objektiven Maßstäben.
- Es werden Verfahren der Arbeitsplatzbewertung angewandt mit dem Bemühen um möglichst große Objektivität der Bewertungskriterien.

Um eine möglichst große Bezahlungsgerechtigkeit durch die Arbeitsplatzbewertung sicherzustellen, haben viele Kommunalverwaltungen eine Bewertungskommission eingerichtet, die jede Neu- oder Höherbewertung berät. Mitglieder der Bewertungskommission sind unter anderem Vertretungen des Service Personal/Personalamtes, des Personalrates und die Gleichstellungsbeauftragte.

Einige wenige Kommunalverwaltungen flexibilisieren die Arbeitsplatzbewertung, um eine größere Bezahlungsgerechtigkeit zu erreichen, indem sie über die Gerechtigkeit der Arbeitsplatzbewertung zusätzlich persönliche Leistungsmerkmale miteinbeziehen.

Beispielhaft werden nachfolgend die Richtlinien für eine Flexibilisierung der Stellenbewertung für Beamte/innen der Stadtverwaltung Bad Kreuznach dargestellt.[1896] Die Stellenbewertungen der Stadtverwaltung Bad Kreuznach basieren auf der Grundlage des KGSt-Bewertungsmodells.[1897] Auf dieser Basis besteht zusätzlich die flexible Stellenbewertung als sachgerechte Bewertung nach § 18 BBesG: Als Ergänzung zu dem KGSt-Bewertungsmodell werden die Grenzen für die Zuordnung der Besoldungsgruppe A 10 und A 11 abgesenkt, wenn der/die Stelleninhaber/in bestimmte Kriterien erfüllt. Ziel dieser Flexibilisierung ist die Schaffung von zusätzlichen Möglichkeiten der Honorierung von Leistungen sowie von Leistungsanreizen und die Unterstützung der Fachbereiche bei der Umsetzung des Neuen Steuerungsmodells und der Ressourcenverantwortung.[1898] Das Verfahren der flexiblen Stellenbewertung wird wie folgt durchgeführt: Persönliche Leistungsmerkmale ergänzen die Merkmale des KGSt-Bewertungsmodells.

[1893] Reichard, Betriebwirtschaftslehre der öffentlichen Verwaltung, 1987, S. 248.
[1894] Vgl. Klages, Notwendige Voraussetzungen für eine erfolgreiche Einführung von Leistungsprämien im öffentlichen Dienstunveröffentlichtes Manuskript.
[1895] Nach Erfahrungen der Verfasserin in der Beratung von Kommunalverwaltungen.
[1896] Vgl. Stadt Bad Kreuznach (Hrsg.), Richtlinien für eine Flexibilisierung der Stellenbewertung bei der Stadtverwaltung Bad Kreuznach (Entwurf), Stand: 14.04.99.
[1897] Vgl. KGSt-Bericht Nr. G 10/1982: Stellenplan – Stellenbewertung; KGSt-Bericht Nr. 2/1998: Bewertung von Beamtenstellen im Neuen Steuerungsmodell.
[1898] Vgl. Stadt Bad Kreuznach (Hrsg.), Richtlinien für eine Flexibilisierung der Stellenbewertung bei der Stadtverwaltung Bad Kreuznach (Entwurf), Stand: 14.04.99, Punkt 1 und 2.

Diese persönlichen Merkmale beziehen sich auf die Leistung, Befähigung und Personalentwicklung des/der Stelleninhabers/in; sie werden bewertet auf der Grundlage einer Beurteilung durch den/die Amtsleiter/in. Leistung und Befähigung werden nach vorgegebenen Einstufungsskalen beurteilt und unterschiedlich gewichtet. Bei dem Merkmal der Personalentwicklung werden die Ergebnisse aus Personalentwicklungsgesprächen berücksichtigt, die die zukünftige Entwicklung der/des Beurteilten hinsichtlich bestimmter Führungskompetenzen (z. B. kooperativer Führungsstil, Delegationsfähigkeit, Kommunikationsfähigkeit, Verhandlungsgeschick, Informationsverhalten, Motivationsfähigkeit, soziale Kompetenz, Umsetzung des Gleichstellungsauftrags), die Fähigkeit und Bereitschaft, über das eigene Sachgebiet hinaus tätig zu werden, die Teilnahme an Seminaren, Angaben zum Dienstposten, Dienstalter und die Zeit seit der Laufbahnprüfung betreffen. Auf der Basis der Beurteilung beantragt die Organisationseinheit für Stellen, deren Stelleninhaber/innen wesentlich überdurchschnittliche Beurteilungsergebnisse aufweisen, die Einbeziehung in die flexible Stellenbewertung. Die Anzahl der vorgeschlagenen Stellen darf 20 % aller Beamtenstellen des gehobenen Dienstes dieser Organisationseinheit in fünf Jahren nicht übersteigen. Eine Bewertungskommission vergleicht die Beurteilungen, prüft die einzelnen Beurteilungen auf Plausibilität, gewichtet die weiteren Angaben und entwickelt daraus Vorschläge zur sachgerechten Stellenbewertung.[1899]

9.5.1.2 Leistungsstufen

a. Beschreibung

Durch das bisherige System der Dienstaltersstufen in der Beamtenbesoldung wird der Zuwachs an Erfahrung, von dem nach einer längeren Verwaltungspraxis ausgegangen wird, honoriert. Bislang wurden aber auch gute, weniger gute und schlechte Leistungen durch die amtsangemessene, nicht individualisierte, generell festgelegte Besoldung gleich behandelt.[1900] Durch das Dienstrechtsreformgesetz vom 1.7.1997 bestimmt sich der Aufstieg in den Stufen in der Besoldungsordnung A nun nicht mehr ausschließlich nach dem Besoldungsdienstalter, sondern auch nach der Leistung. Leistungsstufen bezeichnen den vorzeitigen Aufstieg in den Dienstaltersstufen nach § 27 Abs. 3 BBesG (Leistungsstufenverordnung). Die Leistungsstufe ist ein Instrument der variablen Gestaltung der Grundvergütung für beamtete Beschäftigte. Bei dauerhaft herausragender Leistung kann frühestens nach Ablauf der Hälfte der Zeit bis zum Erreichen des Grundgehalts bei maximal 10 % der Beamten/innen in der Besoldungsgruppe A einer Dienststelle (§ 27 Abs. 2 BBesG) im Kalenderjahr, die das Endgrundgehalt noch nicht erreicht haben, ein vorzeitiger Aufstieg gewährt werden. Dies bedeutet, dass die nächste Stufe

---

[1899] Vgl. Stadt Bad Kreuznach (Hrsg.), Richtlinien für eine Flexibilisierung der Stellenbewertung bei der Stadtverwaltung Bad Kreuznach (Entwurf), Stand: 14.04.99, Punkt 4.

[1900] Vgl. Battis, Berufsbeamtentum und Leistungsprinzip, in: ZBR 7/1996, S. 193 (195).

im Zwei-Jahres-Rhythmus höchstens ein Jahr, im Drei-Jahres-Rhythmus höchstens 18 Monate und im Vier-Jahres-Rhythmus höchstens zwei Jahre früher erreicht werden kann.[1901] Ziel der Leistungsstufe ist die Belohnung der dauerhaft über dem Durchschnitt liegenden Leistung. Verbunden ist diese Belohnung jedoch mit der sicheren Prognose, dass die über dem Durchschnitt liegende Leistung auch weiterhin von dem/der Beamten/in erbracht wird. Die Leistungsstufe wird nur für die Zeit vergeben, um die die Erhöhung des Grundgehalts vorgezogen ist. Nach Ablauf dieser Zeit kann wiederum die nächsthöhere Stufe als Leistungsanreiz erreicht werden.[1902] Ziel der Quotierung von 10 % ist die Vermeidung des „Gießkanneneffekts“, d. h. die Begrenzung der Vergabe und damit die Belohnung nur der wirklich herausragenden Leistungsträger/innen. Über die Vergabe von Leistungsstufen macht das Dienstrechtsreformgesetz keine Vorgaben. Das Vorziehen der Dienstaltersstufe ist ruhegehaltsfähig.[1903]

Das Dienstrechtsreformgesetz sieht diesen Leistungsanreiz nicht nur in belohnender Form, sondern auch in bestrafender Form vor: Bei Leistungen, die nicht den mit dem Amt verbundenen durchschnittlichen Anforderungen entsprechen, soll der/die Beamtin nach § 27 Abs. 3 BBesG in der bisherigen Stufe verbleiben, bis die Leistung den Aufstieg in die nächsthöhere Stufe rechtfertigt. Vor Ablauf des regulären Intervalls soll der/die Beamte/in auf die Leistungsmängel von den Personalverantwortlichen hingewiesen werden. Bei einer erneuten Überprüfung innerhalb eines Jahres nach Feststellung ist bei anforderungsgerechter Leistung ein Aufstieg in die nächsthöhere Stufe vorgesehen, bei nicht anforderungsgerechter Leistung ein Verbleiben in der bisherigen Stufe, bis die Leistung anforderungsgerecht ist.[1904] Die Entscheidung der Vergabe der Leistungsstufe oder der Hemmung in den Stufen liegt bei der obersten Dienstbehörde oder bei der von ihr bestimmten Behörde. Die entsprechende Stelle teilt nach § 27 Abs. 4 BBesG dem/der betroffenen Beamten/in die Gründe für die Leistungsstufe oder die Hemmung in den Stufen mit. Durch die Verordungsermächtigung in § 27 Abs. 3 BBesG können die Bundesregierung und die Landesregierungen Rechtsverordnungen erlassen. Inzwischen liegen die Rechtsverordnungen der Länder Nordrhein-Westfalen,[1905] Baden-Württemberg,[1906] Hessen,[1907] Bayern,[1908] Schleswig-Holstein[1909] und Sach-

[1901] Vgl. Erhardt, Gesetz zur Reform des öffentlichen Dienstrechts, 1997, S. 94.
[1902] Vgl. Erhardt, Gesetz zur Reform des öffentlichen Dienstrechts, 1997, S. 95.
[1903] Vgl. Erhardt, Gesetz zur Reform des öffentlichen Dienstrechts, 1997, S. 95.
[1904] Vgl. Erhardt, Gesetz zur Reform des öffentlichen Dienstrechts, 1997, S. 95 f.
[1905] Verordnung über das leistungsabhängige Aufsteigen in den Grundgehaltsstufen (Leistungsstufenverordnung – LSTuVO) vom 10. März 1998, in: Gesetz- und Verordnungsblatt für das Land Nordrhein-Westfalen 16/1998, S. 205.
[1906] Verordnung der Landesregierung über das leistungsabhängige Aufsteigen in den Grundgehaltsstufen (Leistungsstufenverordnung – LStuVO) des Landes Baden-Württemberg vom 30. März 1998, in: Gesetzblatt für Baden-Württemberg 7/1998, S. 214.
[1907] Hessische Verordnung über das leistungsabhängige Aufsteigen in den Grundgehaltsstufen (Hessische Leistungsstufenverordnung – HLStVO –) vom 4. November 1998, in: Gesetz- und Verordnungsblatt für das Land Hessen 23/1998, S. 470.
[1908] Verordnung über das leistungsabhängige Aufsteigen in den Grundgehaltsstufen (Leistungsstufenverordnung – LStuV) vom 20. Februar 1998, in: Bayerisches Gesetz- und Verordnungsblatt 5/1998, S. 62.
[1909] Landesverordnung über das leistungsabhängige Aufsteigen in den Grundgehaltsstufen (Leistungsstufenverordnung – LstuVO) vom 15. Juli 1999, in: Gesetz- und Verordnungsblatt Schleswig-Holstein 23/1999, S. 231.

sen[1910] vor. Beschäftigt eine Behörde weniger als zehn Beamte/innen, kann durch Rechtsverordnung zugelassen werden, dass in jedem Kalenderjahr einem/r Beamten/in eine Leistungsstufe gewährt wird. Ziel der Leistungsstufe und der Hemmung des Aufstiegs in den Stufen ist die Steigerung der Motivation des/der Beamten/in und die effizientere Gestaltung der Verwaltung.[1911]

Die Entlohnung für Angestellte sieht zwar nach § 27 Abs. c BAT ebenfalls eine vorzeitige Lebensaltersstufe vor; diese hat jedoch im Vergleich zur Leistungsstufe eine andere Zielsetzung: Sie dient nicht der Steigerung der Leistung der vorhandenen Beschäftigten, sondern ist für die Personalgewinnung und Personalerhaltung insbesondere in Arbeitsbereichen vorgesehen, in denen eine starke Konkurrenz zu anderen Arbeitgebern z. B. der Privatwirtschaft besteht. Die vorgezogene Lebensaltersstufe in der Angestelltenentlohnung hat daher eher den Charakter eines „Eintrittanreizes".[1912] Auf Grund dieser anderen Ausrichtung soll diese Möglichkeit in der Angestelltenentlohnung an dieser Stelle nicht weiter erörtert werden.

Durch folgende Aspekte gewinnt die Leistungsstufe bzw. die Hemmung des Aufstiegs in den Stufen an Bedeutung:[1913]
Die Leistungsstufe ist eine der wenigen Möglichkeiten im Dienstrecht, dauerhaft herausragende Leistungen zu belohnen. Damit stellt sie einen Einstieg in die leistungsorientierte Besoldung dar. Der Einsatz der Leistungsstufe lässt drei Effekte auf die Motivation und Leistung des/der Mitarbeiters/in vermuten:

- Im Rahmen regelmäßiger Gespräche mit dem/der Mitarbeiter/in gibt die Führungskraft eine Rückmeldung zur dauerhaft erbrachten Leistung. Hier kann der normale, der vorzeitige Aufstieg oder die Hemmung des Aufstiegs in den Stufen in Aussicht gestellt werden.
- Wird der vorzeitige Aufstieg vergeben, hat dies Belohnungscharakter für die in der Vergangenheit erbrachte dauerhaft herausragende Leistung.
- Da die Leistungsstufe bis maximal zwei Jahre anhalten kann, hat dies auch einen Anreiz- und Stabilisierungseffekt für die in dieser Zeit künftig zu erbringende Leistung.
- Durch die Möglichkeit einer erneuten Vergabe einer Leistungsstufe nach Ablauf der Hälfte der Regelzeit wird wiederum ein permanenter Leistungsanreiz aufrechterhalten.[1914]

[1910] Verordnung der Sächsischen Staatsregierung über das leistungsabhängige Aufsteigen in den Grundgehaltsstufen (Leistungsstufenverordnung – LStVO), vom 27. Oktober 1998, in: Sächsisches Gesetz- und Verordnungsblatt 21/1998, S. 596.

[1911] Vgl. Erhardt, Gesetz zur Reform des öffentlichen Dienstrechts, 1997, S. 97; zum Überblick über die dienstrechtlichen Grundlagen der Leistungsstufe und der Hemmung des Aufstiegs in den Stufen vgl. KGSt-Bericht Nr. 3/1999: Personalführung Teil 1: Leistungsermittlung, S. 101 f.

[1912] Zu Eintritts- und Bleibeanreizen vgl. Kap. 3.1.2.8.

[1913] Die folgende Darstellung erarbeitete die Verfasserin mit Beratung der von ihr geleiteten KGSt-Arbeitsgruppe „Immaterielle und materielle Leistungsanreize".

[1914] Vgl. auch Bönders, Neue Leistungselemente in der Besoldung – Anreiz oder Flop?, in: ZBR 1/1999, S. 11 (12).

Positiv ist weiterhin zu bemerken, dass bei einer Vergabe der Leistungsstufe sich Fehlentscheidungen nicht so gravierend auswirken wie bei Beförderungen, da Leistungsstufen im Gegensatz zu Beförderungen nur zeitlich begrenzt gewährt werden.[1915]

Folgende Aspekte lassen jedoch eine positive Wirkung dieses materiellen Leistungsanreizes bezweifeln:

- Die vorgezogene Dienstalterstufe kann nur einzelnen Personen und nicht Gruppen oder Teams gewährt werden. Es ist zu befürchten, dass dieser Anreiz dem Team- und Kooperationsgedanken, der gerade durch die Verwaltungsmodernisierung und das Neue Steuerungsmodell gestärkt werden soll, entgegenwirkt und eher das „Einzelkämpfertum“ stärkt.
- Die Quote von 10 % ist vorgesehen als Zwang zur Differenzierung und Hilfestellung für die Führungskräfte, um die Zahl der in Frage kommenden Personen nicht beliebig auszuweiten, sondern auf die eigentlichen Leistungsträger/innen zu beschränken. Werden jedoch die wirklich Leistungsstarken ermittelt, widerspricht eine Quotierung dem Grundgedanken der Leistungsorientierung, da durch sie eine Anerkennung der tatsächlichen Zahl der Leistungsträger/innen eingeschränkt werden kann.
- Dieser Anreiz produziert einige wenige „Gewinner/innen“, aber sehr viele „Verlierer/innen“. Dieser Effekt wird durch die Quotierung von 10 % verstärkt. Ein weiterer Verstärker ist in der in den Verwaltungen angestrebten Haushaltsneutralität zu vermuten: Diejenigen, die im Aufstieg gehemmt werden, „finanzieren“ den vorzeitigen Aufstieg ihrer Kollegen/innen. Es ist zu befürchten, dass nicht Motivation, sondern Demotivation die Folge ist.
- Weiterhin ist problematisch, dass dieser Leistungsanreiz nur an beamtete Beschäftigte und nicht an Angestellte vergeben werden kann; selten aber besteht eine Organisationseinheit nur aus beamteten Beschäftigten. Als Folgen sind Konkurrenz und Missgunst unter der Belegschaft zu vermuten.
- Die Motivationswirkung, die von der drohenden Hemmung des Aufstiegs in den Stufen ausgeht, ist sehr zweifelhaft, da drohende Sanktionen eher Angst als positiv ausgerichtete Motivation bewirken.[1916]
- Sowohl der vorzeitige Aufstieg als auch die Hemmung in den Stufen werden nicht unmittelbar im Anschluss an die erbrachte Leistung, sondern i. d. R. erst einige Zeit später gewährt. Belohnende Anreize entfalten ihre Motivationswirkung jedoch erst in möglichst nahem zeitlichen und sachlichen Zusammenhang mit der erbrachten Leistung.
- Die Vergabe dieses materiellen Leistungsanreizes hält dauerhaft an und kann nicht (außer bei Wegfall der Voraussetzung bei der/dem Beschäftigten) zurückgenommen werden. Da monetäre Anreize, werden sie dauerhaft gewährt, einen

[1915] Vgl. Erhardt, Gesetz zur Reform des öffentlichen Dienstrechts, 1997, S. 100.
[1916] Vgl. auch Kap. 5.5.3.

gewissen Gewöhnungseffekt bewirken, ist anzunehmen, dass die Motivationswirkung der Leistungsstufe im Laufe der Zeit nachlässt bzw. völlig absinkt.

- Auf Grund der dauerhaften Vergabe ist die Leistungsstufe als Instrument zur Steuerung der Leistung, bei dem Anreize gezielt eingesetzt werden, um in der Gesamtverwaltung oder einzelnen Organisationseinheiten die Leistung hinsichtlich Art oder Menge zu steuern, wenig brauchbar. Die Quotierung von 10 % trägt ebenfalls nicht dazu bei, gezielt in bestimmten Leistungsbereichen eine Leistungssteuerung zu erwirken.
- Gesetzlicherseits und in der kommunalen Praxis ist zwar eine Leistungsfeststellung notwendig. Da jedoch die Praxis der Personalbeurteilungen höchst unzufriedenstellend ist und neue Beurteilungsformen bislang kaum praktiziert werden,[1917] herrscht in der kommunalen Praxis große Unsicherheit, nach welchen Kriterien dieser materielle Leistungsanreiz vergeben werden soll.
- Wenngleich auch im Bereich der Privatwirtschaft die Motivationswirkung von finanziellen Anreizen immer wieder kontrovers diskutiert wird,[1918] so wird dort eine leistungsorientierte Bezahlung doch weithin praktiziert. Dennoch gibt es erhebliche Unterschiede zu der im Dienstrecht vorgesehenen leistungsorientierten Besoldung: Das ganze Organisations- und Personalsystem in der Privatwirtschaft ist gewinn- und profitorientiert ausgerichtet. Dazu gehören z. B. andere Grundlagen für Einstellungs- und Kündigungsmöglichkeiten ebenso wie die Verpflichtung zur Geheimhaltung der einzelnen ausgehandelten Gehälter. Der öffentliche Dienst ist jedoch mit seinem Dienst- und Tarifrecht ein eher auf Sicherheit und auf dem Alimentationsprinzip ausgerichtetes System. Daher ist das Dienstrechtsreformgesetz zwar ein Schritt in die richtige Richtung, doch die konkrete Ausgestaltung der leistungsorientierten Besoldung sowie die Rahmenbedingungen verhindern eine wirklich effektive Leistungsorientierung.

Aus dieser Darstellung wird deutlich: Dieser materielle Leistungsanreiz der Leistungsstufe bzw. der Hemmung in den Stufen, wie er im Dienstrechtsreformgesetz vorgesehen ist, ist hinsichtlich des Erreichens der Verwaltungsziele und damit für die Steuerung der Verwaltungsleistung sowie für Erhalt und Steigerung der Motivation der Beschäftigten vermutlich kaum einsetzbar. Ob die dargestellten möglichen positiven Wirkungen die befürchteten negativen Aspekte aufwiegen, bleibt abzuwarten.

b. Erfolgsfaktoren

Die mögliche Entfaltung einer positiven Wirkung dieses materiellen Leistungsanreizes ist an grundlegende Erfolgsfaktoren gebunden.

[1917] Vgl. Kap. 7.1.
[1918] Vgl. Kap. 9.3.1.

Dieser Anreiz sollte in ein Gesamtkonzept der Verwaltungsorganisation, des Personalmanagements, der Personalführung und eines Anreizsystems eingebunden sein. Dies gilt zwar prinzipiell für alle Leistungsanreize.[1919] Dennoch besteht bei der Gewährung der Leistungsstufe die besondere Gefahr einer isolierten Maßnahme, da eine Reihe von Verwaltungen die Umsetzung des Dienstrechtsreformgesetzes als alleiniges Ziel mit der Gewährung verbinden. Dies reicht jedoch nicht aus, um die ursprünglichen Ziele dieses Leistungsanreizes zu erreichen. Daher sollte die Gewährung dieses Anreizes mit eindeutigen Verwaltungszielen und den Bedürfnissen der Beschäftigten in Verbindung gebracht werden.

Empfehlenswert ist die Dezentralisierung der Gewährung dieses Anreizes insbesondere bei Verwaltungen, die im Rahmen der Verwaltungsreform die dezentrale Fach- und Ressourcenverantwortung eingeführt haben: Das Budget, das für den vorzeitigen Aufstieg in den Stufen vorgesehen ist, sollte entsprechend der Beschäftigtenzahl der einzelnen Organisationseinheiten (Fachbereiche, Dezernate, Ämter) aufgeteilt werden; die Entscheidung der Vergabe sollte dezentral geschehen.

Soll dieser Anreiz eine motivationssteigernde Wirkung erhalten, die nicht nur auf die begrenzte Zahl der Empfänger/innen abzielt, sollten gleiche rechtliche Bedingungen für alle Beschäftigtengruppen geschaffen werden. So wäre z. B. auch der Einsatz der Leistungsstufe sowie die Hemmung des Aufstiegs für Angestellte vorstellbar.

Zentrales Thema „sowohl der Kritik als auch der Praxis der Umsetzung stellt das Verfahren dar, mit dessen Hilfe die Leistungsträger ermittelt werden sollen."[1920] Die entscheidende Voraussetzung für das Erreichen der Ziele der Leistungsstufe ist eine möglichst objektivierte Beurteilung der erbrachten Leistung.[1921] Die Kriterien der Gewährung sollten klar, eindeutig und transparent sein. So sehen die Landesverordnungen die Gewährung der Leistungsstufe und das Verbleiben in der Stufe auf der Grundlage der letzten dienstlichen Beurteilung oder einer aktuellen Leistungsfeststellung vor, die die dauerhaft herausragenden Gesamtleistungen darstellen.[1922] Unabdingbar ist daher eine Verbesserung oder Reform des Beurteilungswesen;[1923] die bisher übliche Beurteilung

[1919] Vgl. Kap. 7.1.
[1920] Bönders, Neue Leistungselemente in der Besoldung – Anreiz oder Flop?, in: ZBR 1/1999, S. 11 (12).
[1921] Vgl. Erhardt, Gesetz zur Reform des öffentlichen Dienstrechts, 1997, S. 100 f.
[1922] § 5 der Verordnung über das leistungsabhängige Aufsteigen in den Grundgehaltsstufen (Leistungsstufenverordnung - LSTuVO) vom 10. März 1998, in: Gesetz- und Verordnungsblatt für das Land Nordrhein-Westfalen 16/1998, S. 205; § 4 der Verordnung der Landesregierung über das leistungsabhängige Aufsteigen in den Grundgehaltsstufen (Leistungsstufenverordnung - LStuVO) des Landes Baden-Württemberg vom 30. März 1998, in: Gesetzblatt für Baden-Württemberg 7/1998, S. 214; § 4 der Verordnung über das leistungsabhängige Aufsteigen in den Grundgehaltsstufen (Leistungsstufenverordnung – LStuV) vom 20. Februar 1998, in: Bayerisches Gesetz- und Verordnungsblatt 5/1998, S. 62; §§ 2-3 der Hessischen Verordnung über das leistungsabhängige Aufsteigen in den Grundgehaltsstufen (Hessische Leistungsstufenverordnung – HLStVO –) vom 4. November 1998, in: Gesetz- und Verordnungsblatt für das Land Hessen 23/1998, S. 470; §§ 2-3 der Landesverordnung über das leistungsabhängige Aufsteigen in den Grundgehaltsstufen (Leistungsstufenverordnung – LstuVO), vom 15. Juli 1999, in: Gesetz- und Verordnungsblatt Schleswig-Holstein 23/1999, S. 231; § 5 der Verordnung der Sächsischen Staatsregierung über das leistungsabhängige Aufsteigen in den Grundgehaltsstufen (Leistungsstufenverordnung – LStVO), vom 27. Oktober 1998, in: Sächsisches Gesetz- und Verordnungsblatt 21/1998, S. 596.
[1923] Vgl. Battis, Berufsbeamtentum und Leistungsprinzip, in: ZBR 7/1996, S. 193 (196); Erhardt, Gesetz zur Reform des öffentlichen Dienstrechts, 1997, S. 100 f.

ist dafür nicht geeignet.[1924] Eine Folge der Gewährung von Leistungsstufen bei nicht nachvollziehbaren und nicht leistungsbezogenen Gründen kann zwar eine Motivation derjenigen sein, die die Leistungsstufe erhalten, aber ebenfalls eine Demotivation eine Reihe anderer Beamter/innen mit vergleichbaren Qualifikationen und Leistungen. Dies würde der Steigerung von Leistungsbereitschaft und Leistung als Ziel der Leistungsstufe zuwiderlaufen.[1925] Empfehlenswert ist das Verfahren der Leistungsermittlung, das aus einer Zielfestlegung/-vereinbarung und der Überprüfung der Zielerreichung anhand vorher ermittelter Kriterien besteht.[1926] Dieses Verfahren kann bei der Vergabe der Leistungsstufe bzw. der Hemmung des Aufstiegs in den Stufen wie folgt aussehen: Zur Ermittlung der Leistungsvoraussetzung für den vorzeitigen Aufstieg bzw. die Hemmung des Aufstiegs in den Stufen wird nach Ablauf des vorher festgelegten Zeitraums die Zielerreichung überprüft. Bei Über- oder Unterschreitung der Zielfestlegung wird eine Begründung beigefügt. Auf dieser Basis wird entschieden, ob ein vorzeitiger Aufstieg oder eine Hemmung des Aufstiegs in den Stufen stattfindet. Die Ermittlung der bis zu 10 % der Beamten/innen nach dem Dienstrecht, denen der vorzeitige Aufstieg gewährt wird, ist sinnvollerweise eine Entscheidung auf örtlicher Ebene. Dabei muss die Verwaltungsleitung sicherstellen, dass dies nach möglichst objektiven und transparenten Gesetzmäßigkeiten geschieht.[1927]

c. Praxis in Kommunalverwaltungen

Bereits vor Inkrafttreten des Dienstrechtsreformgesetzes haben Verwaltungen in Modellprojekten Erfahrungen mit diesem materiellen Leistungsanreiz gesammelt.
So wurden z. B. in der Stadt Solingen für Kosteneinsparungen, die auf Grund persönlicher Leistungen entstanden waren, Beträge gezahlt, die der Höhe einer oder zwei vorgezogener Dienstaltersstufen in den tarifrechtlichen und besoldungsrechtlichen Eingruppierungsbestimmungen entsprachen. Eine Alternative bestand darin, beim Vorliegen besonderer Voraussetzungen für zwei Jahre (oder in Verlängerung um weitere zwei) den Unterschiedsbetrag zur nächsthöheren Besoldungs- bzw. Vergütungsgruppe als Zulage zu gewähren. Durch den Aufstieg im Dienstalter wurden diese Beträge wieder aufgezehrt. Eine erneute Gewährung war möglich sowie der Widerruf bei Nichtvorliegen der sachlichen Voraussetzungen.[1928]

[1924] Vgl. Kap. 7.1.

[1925] Vgl. Erhardt, Gesetz zur Reform des öffentlichen Dienstrechts, 1997, S. 101.

[1926] Vgl. Kap. 7.2; ferner Busse, Leistungserfassung als Grundlage leistungsorientierter Entlohnung - Notwendigkeiten und praktische Grenzen, in: Budäus (Hrsg.), Leistungserfassung und Leistungsmessung in öffentlichen Verwaltungen, 2000, S. 267 (281 ff.); Busse, Leistungsmessung - Leistungsermittlung – Leistungsbeurteilung, in: VM 4/1999, S. 207 (208 f.); KGSt-Bericht Nr. 3/1999: Personalführung Teil 1: Leistungsermittlung, S. 42 ff.

[1927] Vgl. KGSt-Bericht Nr. 3/1999: Personalführung Teil 1: Leistungsermittlung, S. 46 ff.; ferner Busse, Leistungserfassung als Grundlage leistungsorientierter Entlohnung - Notwendigkeiten und praktische Grenzen, in: Budäus (Hrsg.), Leistungserfassung und Leistungsmessung in öffentlichen Verwaltungen, 2000, S. 267 (281 ff.).

[1928] Vgl. Tondorf, Leistungszulagen als Reforminstrument, 1995, S. 56.

Durch Inkrafttreten des Dienstrechtsreformgesetzes am 1.7.1997 und der in einigen Bundesländern erlassenen Rechtsverordnungen hat eine Reihe von Kommunalverwaltungen Konzepte für das Aufsteigen bzw. die Hemmung in den Stufen entwickelt. Beispielhaft werden nachfolgend einige Konzepte vorgestellt.

Das Landsratsamt Enzkreis hat ein Konzept für materielle Leistungsanreize entwickelt, das die Leistungsstufe, die Hemmung des Aufstiegs in den Stufen, Leistungszulagen und Leistungsprämien beinhaltet. Als Ziele werden die Anerkennung, Bewahrung und Belohnung von herausragenden Leistungen sowie die dauerhafte Verbesserung von Minderleistungen genannt.[1929] Die Leistungsanreize sollen der Motivation der Mitarbeiter/innen dienen und damit die Gesamtleistung des Hauses verbessern.[1930] Im Sinne der Gleichbehandlung aller Beschäftigtengruppen soll die Leistungsstufe an 10 % der am 1. Januar des Kalenderjahres beschäftigten Beamten/innen, Angestellten und Arbeiter/innen vergeben werden, die das Endgrundgehalt noch nicht erreicht haben.[1931] Dauerhaft ausgenommen sind Auszubildende und Anwärter/innen, übertariflich bezahlte Mitarbeiter/innen, Dezernenten/innen und Amtsleiter/innen in den ersten beiden Jahren der Einführung. Die Leistungsstufe als „kleine Beförderung" soll die dauerhaft herausragende Gesamtleistung honorieren; sie stellt eine hohe Form der Anerkennung für dauernde Leistungsträger/innen dar.[1932] Die Leistungsstufe kann nicht vor Ablauf eines Jahres nach einer Beförderung oder einer Höhergruppierung festgesetzt werden. Sie kann nicht vergeben werden für Beamte/innen während der laufbahnrechtlichen Probezeit und für Angestellte und Arbeiter/innen (Berufanfänger/innen) in der Probezeit der der Beamten/innen entsprechenden Zeit.[1933] Bei Leistungen, die nicht den mit dem Amt verbundenen durchschnittlichen Anforderungen entsprechen, steigen Beamte/innen nicht in die nächsthöhere Stufe des Grundgehalts auf. Es werden nur Leistungsminderungen berücksichtigt, auf die die Betroffenen vorher schriftlich hingewiesen worden sind. Die Zuordnung zur nächsthöheren Stufe ist bei Leistungen, die den mit dem Amt verbundenen durchschnittlichen Anforderungen entsprechen, möglich. Bei Angestellten und Arbeitern/innen wird in diesen Fällen von den tariflichen Möglichkeiten wie Abmahnung oder Änderungskündigung Gebrauch gemacht.[1934] Vergabekriterium für die Leistungsstufe ist eine Beurteilung, die von dem/der Amtsleiter/in zum 1. März des Jahres

---

[1929] Vgl. Landratsamt Enzkreis (Hrsg.), Richtlinien für die Gewährung von Leistungsanreizen für die Beschäftigten im Landratsamt Enzkreis, Stand: 1.2.1999; Marqués Berger/Seeger, Leistung lohnt sich, wenn die Bedingungen stimmen, in: VOP 3/2000, S. 28-30.

[1930] Vgl. Landratsamt Enzkreis (Hrsg.), Richtlinien für die Gewährung von Leistungsanreizen für die Beschäftigten im Landratsamt Enzkreis, Stand: 1.2.1999, Punkt 1.

[1931] Vgl. Landratsamt Enzkreis (Hrsg.), Richtlinien für die Gewährung von Leistungsanreizen für die Beschäftigten im Landratsamt Enzkreis, Stand: 1.2.1999, Punkt 2; Marqués Berger/Seeger, Leistung lohnt sich, wenn die Bedingungen stimmen, in: VOP 3/2000, S. 28 (29). Über die rechtlichen Grundlagen der Vergabe an Angestellte und Arbeiter/innen wird keine Aussage gemacht.

[1932] Vgl. Marqués Berger/Seeger, Leistung lohnt sich, wenn die Bedingungen stimmen, in: VOP 3/2000, S. 28 (29).

[1933] Vgl. Landratsamt Enzkreis (Hrsg.), Richtlinien für die Gewährung von Leistungsanreizen für die Beschäftigten im Landratsamt Enzkreis, Stand: 1.2.1999, Punkt 3.11.

[1934] Vgl. Landratsamt Enzkreis (Hrsg.), Richtlinien für die Gewährung von Leistungsanreizen für die Beschäftigten im Landratsamt Enzkreis, Stand: 1.2.1999, Punkt 3.12.

erstellt wird. Hierzu ist das Beurteilungsverfahren im Enzkreis reformiert worden. Es beinhaltet mehrere Kontrollinstanzen, die die Einhaltung eines einheitlichen Maßstabs im Quervergleich der Ämter überprüfen. Ein Richtwert von maximal 25 % sehr guter Beurteilungen soll einer übermäßig große Anzahl von sehr guten Beurteilungen entgegenwirken.[1935] Das Beurteilungsergebnis muss eine bestimmte Punktzahl insgesamt sowie in der Kategorie „Sozialkompetenz" und „Leistung" und bei Führungskräften zusätzlich in der Kategorie „Führungskompetenz" beinhalten.[1936] Als Grundlage für die Aufstiegshemmung muss die Leistung überwiegend negativ bewertet worden sein.[1937] Auf der Basis der Beurteilungsergebnisse werden von den Amtsleitern/innen Vergabevorschläge gemacht. Der Vorschlag sowie die Einhaltung eines einheitlichen Beurteilungsmaßstabs wird von dem/der jeweiligen Dezernenten/in bestätigt. Beurteilung und Vergabevorschlag bei den Amtsleitern/innen werden durch den/die Dezernent/in gefertigt. Es besteht auch die Möglichkeit, dass die Mitarbeiter/innen sich selbst oder eine/n Kollegen/in vorschlagen. Eine „Kommission für die Vergabe von Leistungsanreizen", bestehend aus je einer Vertretung der Personalverwaltung, der Organisationsentwicklung, des Personalrates und der Gleichstellungsbeauftragten, sammelt die Vorschläge und macht ihrerseits einen Vergabevorschlag für die gesamte Verwaltung an den Landrat. Der Landrat entscheidet, wer die Leistungsstufe erhält.[1938]

Der Kreis Aachen gewährt die Leistungsstufe für Beamte/innen der Besoldungsgruppe A mit Ausnahme der Beamte/innen, die sich in der laufbahnrechtlichen Probezeit befinden, Beamte/innen auf Zeit gem. § 12 b BRRG in der ersten Amtsperiode, der kommunalen Wahlbeamten/innen und Beamte/innen, die bereits die letzte Grundgehaltsstufe ihrer Besoldungsgruppe erreicht haben. Die vorzeitige Gewährung von Leistungsstufen ist nur im Rahmen bereitstehender Haushaltsmittel zulässig. Die erforderlichen Mittel müssen in der Organisationseinheit nachweislich erwirtschaftet werden. In einem Kalenderjahr werden vorgezogene Leistungsstufen gemäß Dienstrechtsreformgesetz an insgesamt höchstens 10 % der am 1. Januar eines Kalenderjahres vorhandenen Beamten/innen mit Dienstbezügen der Besoldungsgruppen A, die das Endgrundgehalt noch nicht erreicht haben, gewährt. Dabei sollen alle Laufbahngruppen (mittlerer, gehobener und höherer Dienst) berücksichtigt werden. Das Verbleiben in einer Leistungsstufe kommt in Betracht, wenn und so lange die Gesamtleistungen des/der Beamten/in den mit seinem/ihrem Amt verbundenen durchschnittlichen Anforderungen nicht genügen. Da das derzeitige Beurteilungsverfahren im Kreis Aachen keine Aussagen zu den für die Leistungsstufe notwendigen Kriterien enthält, ist jeder Vorschlag ausführlich zu begründen. Ebenso ist die Feststellung des Verbleibens in der bisherigen Leistungsstufe

---

[1935] Vgl. Marqués Berger/Seeger, Leistung lohnt sich, wenn die Bedingungen stimmen, in: VOP 3/2000, S. 28 (30).

[1936] Vgl. Landratsamt Enzkreis (Hrsg.), Richtlinien für die Gewährung von Leistungsanreizen für die Beschäftigten im Landratsamt Enzkreis, Stand: 1.2.1999, Punkt 4.1; Marqués Berger/Seeger, Leistung lohnt sich, wenn die Bedingungen stimmen, in: VOP 3/2000, S. 28 (30).

[1937] Vgl. Marqués Berger/Seeger, Leistung lohnt sich, wenn die Bedingungen stimmen, in: VOP 3/2000, S. 28 (30).

[1938] Vgl. Landratsamt Enzkreis (Hrsg.), Richtlinien für die Gewährung von Leistungsanreizen für die Beschäftigten im Landratsamt Enzkreis, Stand: 1.2.1999, Punkt 6.1 und 7; Marqués Berger/Seeger, Leistung lohnt sich, wenn die Bedingungen stimmen, in: VOP 3/2000, S. 28 (30).

ausführlich zu begründen. Das Verfahren besteht in der Kreisverwaltung Aachen aus folgenden Schritten: Der entsprechende Personenkreis, der nach den rechtlichen Voraussetzungen generell für die vorzeitige Gewährung einer Leistungsstufe in Betracht kommt, wird vom Amt für zentrale Verwaltungsaufgaben ermittelt und den Ämtern zu Anfang eines jeden Jahres mitgeteilt. Die Entscheidung sowohl über die vorzeitige Gewährung einer Leistungsstufe als auch über das Verbleiben in einer Leistungsstufe erfolgt auf schriftlichen Vorschlag der Organisationseinheit. Stichtag für die Gewährung einer vorzeitigen Leistungsstufe ist jeweils der 1. Juli eines jeden Jahres. Innerhalb der Ämter und der Dezernate sind Prioritäten festzusetzen. Diese werden vom Amt für zentrale Verwaltungsaufgaben nochmals auf ihre Umsetzbarkeit geprüft. Die Entscheidung über die Umsetzung der Vorschläge trifft die Verwaltungskonferenz unter Beteiligung des Personalrates, der Gleichstellungsbeauftragten und der/des Schwerbehindertenbeauftragten. Über das Verbleiben in der Leistungsstufe entscheidet der Landrat nach Beteiligung des o. g. Gremiums.[1939]

Im Jahr 1999 hat auch die Stadt Mannheim die Möglichkeit von Leistungsstufen sowie der Aufstiegshemmung geschaffen. Ausgangspunkt der leistungsbezogenen Elemente ist die Bewertung der fachlichen Leistung in der letzten dienstlichen Beurteilung nach den Beurteilungsrichtlinien für Beamte/innen der Stadt Mannheim.[1940]
Die Stadt Nürnberg praktiziert den leistungsabhängigen Aufstieg in den Grundgehaltsstufen seit dem Jahr 1998. Die Entscheidung, welche Beamten/innen die Leistungsstufe erhalten, soll das Ergebnis eines Auswahlprozesses sein, der über die hierarchischen Ebenen der Aufbauorganisation des jeweiligen Referates bzw. Geschäftsbereiches von unten nach oben verläuft: Zunächst schlagen die Abteilungsleitungen ihrer Dienststellenleitung Beamte/innen vor, die für eine Leistungsstufe in Frage kommen. Danach einigen sich die Abteilungsleitungen mit der Dienststellenleitung auf die Dienststellenvorschläge. Aus den Vorschlägen ihrer Dienststellen ermitteln schließlich die Referats-/Geschäftsbereichsleiter/innen zusammen mit ihren Dienststellenleitern/innen die Empfänger/innen der Leistungsstufe (deren Anzahl darf nicht größer sein als die Zahl der Vergabemöglichkeiten). Grundlage der Vergabe ist die letzte dienstliche Beurteilung. Eine Leistungsstufe können nur Beamte/innen mit dem besten Gesamturteil innerhalb ihrer Besoldungsgruppe und Laufbahn im jeweiligen Referat bzw. Geschäftsbereich (relativ bestes Gesamturteil) erhalten. Übersteigt die Zahl der Beamten/innen mit den besten Gesamturteilen die Vergabemöglichkeiten, ist unter ihnen eine Auswahlentscheidung als Ermessensentscheidung zu treffen. Maßgeblich für diese Entscheidung ist eine aktuelle Einschätzung der Leistung der Beamten/innen anhand bestimmter Kriterien; diese bezieht sich auf das Leistungsverhalten in den letzten 12 Monaten. Im Interesse einer möglichst gerechten Entscheidung erfolgt die endgültige Auswahlentscheidung durch die Leitung des Referates/Geschäftsbereiches, und zwar auf der Grundlage einer

[1939] Vgl. Kreis Aachen (Hrsg.), Verfahren zu Leistungsstufen, Stand: 1999.
[1940] Vgl. Stadt Mannheim (Hrsg.), Leistungsbezogene Elemente in der Besoldung der Beamten/innen der Besoldungsgruppe A, Stand: 17.11.1998.

vergleichenden Zusammenschau der für eine Leistungsstufe vorgeschlagenen Beamten/innen des jeweiligen Referates/Geschäftsbereiches. Beamte/innen mit dem relativ besten Gesamturteil erhalten keine Leistungsstufe, wenn auf Grund der aktuellen Leistungseinschätzung ein anhaltender Leistungsabfall festgestellt wird. Beamte/innen, die in der letzten dienstlichen Beurteilung nicht das relativ beste Gesamturteil erreicht, seither ihre Leistung aber außerordentlich gesteigert und, auf der Grundlage der Einschätzung nach den o. g. Kriterien, auch in den letzten 12 Monaten eine „dauerhaft herausragenden Leistung" erbracht haben, können ebenfalls eine Leistungsstufe erhalten. Bei der Vergabeentscheidung sollen alle Laufbahngruppen berücksichtigt werden; einzelne Laufbahn- oder Besoldungsgruppen dürfen nicht von der Vergabe ausgeschlossen werden. Es ist darauf zu achten, dass die Entscheidung nicht nur sachgerecht ist, sondern auch von den betroffenen Mitarbeiter/innen nachvollzogen werden kann. Dies kann es rechtfertigen, die Vergabemöglichkeiten nicht auszuschöpfen, wenn andernfalls Beamte/innen in den Empfängerkreis einbezogen würden, deren Leistung nicht hinreichend deutlich über der Leistung anderer Beamten/innen ohne Leistungsstufe liegt, zumal eine noch mögliche Leistungssteigerung nicht zu erwarten ist, wenn bereits die bisherige, noch verbesserungsfähige Leistung honoriert wird. Die Transparenz des Entscheidungsverfahrens wird als wichtige Voraussetzung dafür betrachtet, dass die Entscheidungen von den Mitarbeiter/innen akzeptiert werden. Die Verfahrensweise bei der Auswahl der Empfänger/innen einer Leistungsstufe ist von den Referaten/Geschäftsbereichen auf Nachfrage gegenüber den betroffenen Mitarbeiter/innen offen zu legen. Aus diesem Grunde und auf Grund der Justiziabilität ist es erforderlich, den Entscheidungsweg schriftlich zu dokumentieren. An die Dokumentation werden besondere Anforderungen gestellt, wenn von den Vergabegrundsätzen abgewichen wurde. Entsprechen die Leistungen eines/r Beamten/in nicht den mit dem Amt verbundenen durchschnittlichen Anforderungen, verbleibt sie/er in der bisherigen Stufe. Das Verbleiben wird anlässlich eines bevorstehenden regelmäßigen Aufsteigens in den Stufen festgestellt. Grundlage ist die letzte dienstliche Beurteilung. Ist diese älter als 12 Monate, sind die Leistungen in einer aktuellen Leistungseinschätzung darzustellen. Diese bezieht sich auf das zurückliegende Jahr und erfolgt analog der dienstlichen Beurteilung. Ein Verbleiben in der Stufe setzt das Gesamturteil „entspricht nicht den Anforderungen" voraus und kann nur hinsichtlich der Leistungsminderungen festgestellt werden, auf die der/die Beamte/in zuvor hingewiesen worden ist. D. h. der Entscheidung zum Verbleib in der Stufe müssen Personalführungsmaßnahmen (z. B. Mitarbeitergespräche) vorangegangen sein, die dem/der betreffenden Mitarbeiter/in verdeutlicht haben, dass ihre/seine Leistungen den durchschnittlichen Anforderungen nicht entsprechen. Diese Personalführungsmaßnahmen müssen dokumentiert sein. Der Beamte/in verbleibt solange in der bisherigen Stufe, bis wieder anforderungsgerechte Leistungen vorliegen, mindestens jedoch ein Jahr. Stellt die aktuelle Leistungseinschätzung, die das Referat/der Geschäftsbereich in jährlichen Abständen vorzunehmen hat, fest, dass die Leistungen den durchschnittlichen Anforderungen des Amtes wieder entsprechen, wird die nächsthöhere Stufe des Grundgehalts von dem auf die Feststellung folgenden Monats an gewährt.

Ist eine aktuelle Leistungseinschätzung erforderlich, erstellt die/der unmittelbare Vorgesetzte einen Entwurf. Dieser geht über eventuelle Zwischenvorgesetzte an die Dienststellenleitung und von dort an die/den Entscheidungsberechtigte/n des jeweiligen Referates/Geschäftsbereiches. Der/die betroffene Beamte/in ist schriftlich von der/dem Entscheidungsberechtigten von seinem Verbleiben in den Stufen zu unterrichten. Ein Erfahrungsaustausch, der mit den in den Referaten/Geschäftsbereichen mit der Umsetzung der Leistungsstufenverordnung betrauten Personen durchgeführt wurde, hatte zum Ergebnis, dass bei der Umsetzung keine nennenswerten Probleme aufgetreten sind. In wenigen Fällen hätten Beamte/innen ihre Enttäuschung darüber geäußert, dass sie bei der Leistungsstufenvergabe nicht berücksichtigt worden seien. Fälle, in denen formale Schritte (Rechtsweg) gegen eine Vergabeentscheidung eingeleitet wurden oder geplant sind, seien bisher nicht bekannt geworden. Positive Wirkungen werden bei denjenigen Beschäftigten vermutet, die eine Leistungsstufe erhalten haben. Gesicherte Ergebnisse zur Auswirkung dieses Anreizinstruments liegen derzeit jedoch nicht vor.[1941] Bislang liegen erst wenige Erfahrungen in Kommunalverwaltungen mit diesem materiellen Leistungsanreiz vor. Es bleibt abzuwarten, ob dieser Anreiz tatsächlich die erwarteten Wirkungen zeigt.

9.5.2 Beruflicher Aufstieg

Der berufliche Aufstieg als Anreizgruppe hat materiellen Anreizcharakter durch den Einkommenszuwachs. Gleichzeitig beinhaltet er jedoch immaterielles Anreizpotenzial durch den Macht- und Prestigezuwachs und der Möglichkeit der Übernahme einer interessanteren Tätigkeit.[1942] Anreizformen sind bessere Aufstiegsmöglichkeiten und transparente leistungs- und fähigkeitsbezogene Personalauswahlentscheidungen.

9.5.2.1 Bessere Aufstiegsmöglichkeiten

a. Beschreibung

Der berufliche Aufstieg in Form der Beförderung bedeutet das Aufrücken im formalen Rang- und Bezahlungssystem einer Organisation. I. d. R. findet die Beförderung mit einem Wechsel des Arbeitsgebietes und der Übertragung einer schwierigeren Aufgabe statt.[1943] Während auf Bundes- und Landesebene die Beförderung oftmals auch ohne Funktionsveränderung stattfindet, ist sie in Kommunalverwaltungen meist daran gekoppelt.

[1941] Nach Informationen der Stadtverwaltung Nürnberg im Jahr 2000.
[1942] Vgl. Kriegesmann, Innovationsorientierte Anreizsysteme, 1993, S. 72; Reichard, Betriebwirtschaftslehre der öffentlichen Verwaltung, 1987, S. 279.
[1943] Vgl. Reichard, Betriebwirtschaftslehre der öffentlichen Verwaltung, 1987, S. 279.

Beförderungen haben zwei grundlegende Funktionen: die zielgerichtete Verteilung des Personals auf Stellen und Anreiz und Belohnung der Beschäftigten. Beförderungen steigern die Effizienz der Verwaltung, wenn die bestgeeignetste Person zur Besetzung einer Stelle oder durch die Beförderung eine Person zu besonderen Leistungen angespornt wird.[1944] Hinsichtlich der Anreizfunktion kann die Beförderung als „klassische *Belohnungsform* in bürokratischen Organisationen"[1945] bezeichnet werden. Deren Anreizwirkung ist abhängig von der Beförderungspraxis der jeweiligen Verwaltung, den Aufstiegschancen, der Arbeitszufriedenheit, dem jeweiligen Alter und dem Stellenwert der beruflichen Arbeit im Motiv- und Wertgefüge eines Menschen.[1946]

Empirische Forschungen in der öffentlichen Verwaltung zeigten bereits vor einigen Jahrzehnten, dass die ausschlaggebenden Kriterien für Beförderungen vor allem Dienstalter, Ausbildung, Parteibuch und Geschlecht sind.[1947] Während in den 70er und 80er Jahren des 20. Jahrhunderts auf Grund häufiger Beförderungen insbesondere jungen Personals eine große Aufstiegszufriedenheit zu verzeichnen war,[1948] ist diese auf Grund mangelnder Aufstiegsmöglichkeiten rapide gesunken.

Die von der Deutschen Hochschule für Verwaltungswissenschaften Speyer durchgeführten Mitarbeiterbefragungen zeigen, dass das Tätigkeitsmerkmal „Aufstieg möglich" in der Wichtigkeit zwar eher auf den unteren Rangplätzen eingeschätzt wurde, der Unterschied zur Realisierung jedoch als besonders gravierend wahrgenommen wurde.[1949]

Die Gründe für diese Unzufriedenheit sind in verschiedenen Bereichen zu sehen:

Zu den hergebrachten Grundsätzen des Berufsbeamtentums gehört das Laufbahnprinzip, d. h. das Aufrücken in den Besoldungsgruppen nach dem Dienstalter.[1950] Das Laufbahnprinzip hat zu schematischen Regelungen geführt, die folgende Charakteristika aufweisen:[1951]

- Es bestehen verschiedene Verwendungsgruppen: Hilfsdienst, mittlerer Dienst, Fachdienst, gehobener Dienst, höherer Dienst.
- Es existieren verschiedene Laufbahnen, die jeweils alle Ämter derselben Fachrichtung umfassen, die die gleiche Vor- und Ausbildung oder eine vergleichbare Befähigung erfordern.

[1944] Vgl. Pippke, Berufsbeamtentum, in: Chmielewicz/Eichhorn (Hrsg.), Handwörterbuch der Öffentlichen Betriebswirtschaft, 1989, Sp. 86 (90).

[1945] Reichard, Betriebwirtschaftslehre der öffentlichen Verwaltung, 1987, S. 279.

[1946] Vgl. Berthel, Karriereanreize für Mitarbeiter, in: Schanz (Hrsg.), Handbuch Anreizsysteme in Wirtschaft und Verwaltung, 1991, S. 481 (483).

[1947] Vgl. Pippke, Karrieredeterminanten in der öffentlichen Verwaltung, 1975.

[1948] Vgl. Reichard, Betriebwirtschaftslehre der öffentlichen Verwaltung, 1987, S. 279.

[1949] Vgl. Klages, Erfolgreich führen und motivieren, in: Wagner (Hrsg.), Personal und Personalmanagement, 1998, S. 57; Klages, Verwaltungsmodernisierung: "harte" und "weiche" Aspekte, 1997, S. 150; Klages, Verwaltungsmodernisierung: "harte" und "weiche" Aspekte II., 1998, S. 85; ferner Kap. 8.1.

[1950] Vgl. Merten, Dienstrecht, in: Chmielewicz/Eichhorn (Hrsg.), Handwörterbuch der Öffentlichen Betriebswirtschaft, 1989, Sp. 260 (264); Merten, Grundgesetz und Berufsbeamtentum, in: Merten/Pitschas/Niedobitek (Hrsg.), Neue Tendenzen im öffentlichen Dienst, S. 6-24; Pippke, Berufsbeamtentum, in: Chmielewicz/Eichhorn (Hrsg.), Handwörterbuch der Öffentlichen Betriebswirtschaft, 1989, Sp. 86 (87).

[1951] Vgl. Müller, Personalentwicklung in der öffentlichen Verwaltung, 1996, S. 147 f.

- Für die Einstellung, die verwaltungsinterne Ausbildung, die Laufbahnprüfungen und die Beförderungen bestehen formalisierte Grundsätze.
- Innerhalb dieser normierten Laufbahn werden Beförderungen i. d. R. unabhängig von der individuellen Qualifikation und Leistung vollzogen.

Das Laufbahnprinzip mit seinen starren ausbildungsbezogenen Voraussetzungen, der mangelnden vertikalen Durchlässigkeit, der Stellenobergrenzenverordnung und den laufbahnrechtlichen Wartefristen wird bereits seit langem kritisiert[1952] und erschwert die beruflichen Möglichkeiten insbesondere hinsichtlich Mobilität und Flexibilität, so dass dem Aufstieg in der öffentlichen Verwaltung bereits vor fast zwei Jahrzehnten bescheinigt wurde, dass er „nur beschränkt als Leistungsanreiz funktioniert“[1953].
Weitere Befragungen gaben Hinweise darauf, dass die Beschäftigten bei Höhergruppierungen/Beförderungen Leistungsgesichtspunkte als zu gering berücksichtigt fanden.[1954]
Die Entscheidungen für Höhergruppierungen/Beförderungen basieren i. d. R. auf den Ergebnissen von Personalbeurteilungen. Diese sind in der Praxis jedoch kaum brauchbar und geben Anlass zu großer Unzufriedenheit.[1955]
Das Leistungsprinzip ist zwar in den hergebrachten Grundsätzen des Berufsbeamtentums enthalten, z. B. im Zugang zu öffentlichen Ämtern oder in der Besoldung. Es steht jedoch in Konkurrenz mit den anderen hergebrachten Grundsätzen wie z. B. dem Anciennitätsprinzip und dem Alimentationsprinzip.[1956]
Auch dem BAT wird mangelnde Flexibilität und Leistungsorientierung vorgeworfen,[1957] die den Anreizcharakter des beruflichen Aufstiegs ebenfalls schmälern.
Im Rahmen der Verwaltungsreform und des Lean Managements auch in Kommunalverwaltungen[1958] verflachen sich die Organisationsstrukturen; Führungsebenen und -positionen werden abgebaut und in der Folge die Aufstiegsmöglichkeiten begrenzt.[1959]
Die Beförderung als der traditionelle materielle Leistungsanreiz der öffentlichen Verwaltung verliert auf Grund des gesunkenen Ergänzungs- und Erweiterungsbedarfs und der Verknappung der Finanzmittel zunehmend an Bedeutung. Auf Grund der finanziell schlechten Situation vieler Kommunalverwaltungen werden Personal und Stellen und damit auch berufliche Möglichkeiten abgebaut. Der daraus resultierende Beförderungs-

---

[1952] Vgl. Göser, Möglichkeiten und Grenzen finanzieller Leistungsanreize in der öffentlichen Verwaltung, in: Bildungsdienst, Sozialwerk und Akademie des Deutschen Beamtenbundes (Hrsg.), Leistungsanreize in der öffentlichen Verwaltung, 1996, S. 46 (46); Nentzel, Personalentwicklung, 1997, S. 97.
[1953] Mayntz, Soziologie der öffentlichen Verwaltung, 1982, S. 177.
[1954] Vgl. Klages, Verwaltungsmodernisierung: "harte" und "weiche" Aspekte, 1997, S. 156; Klages, Verwaltungsmodernisierung: "harte" und "weiche" Aspekte II., 1998, S. 105.
[1955] Vgl. Kap. 7.1.3.
[1956] Vgl. Oechsler, Personal und Arbeit, 2000, S. 269.
[1957] Vgl. Oechsler, Personal und Arbeit, 2000, S. 271.
[1958] Vgl. Hill, Lean Management in der Kommunalverwaltung, in: Der Bayerische Bürgermeister 1/1994, S. 13-14.
[1959] Vgl. Biehal, Dienstleistungsmanagement und die schlanke Organisation, in: Biehal, Lean Service, 1994, S. 50 (53 ff.).

stau bewirkt häufig Unzufriedenheit oder verdeckte Leistungsverweigerungen bei den Beschäftigten.[1960]
In den oben genannten, von der Deutschen Hochschule für Verwaltungswissenschaften Speyer durchgeführten Beschäftigtenbefragungen bemängelten die Beschäftigten weiterhin, dass Stellen des gehobenen Dienstes für Angestellte nicht ausgeschrieben wurden.[1961] Die Existenz dreier Beschäftigtengruppen (Beamte/innen, Angestellte und Arbeiter/innen) und die Begrenzung der Besetzung von Stellen in höheren Hierarchien auf Beamte/innen stellen weitere Beschränkungen des beruflichen Aufstiegs dar.

Klassische Laufbahnphasen mit Aufstiegsgarantien wandeln sich jedoch zunehmend zu vergangenen Karrierewegen. „Berufslaufbahnen gestalten sich zukünftig nicht mehr gradlinig aufstiegsorientiert mit langen Verweildauern auf hohem Hierarchieniveau, sie sind vielmehr als eine Sequenz von unterschiedlichen Erfahrungen zu begreifen. Die Mitarbeiter und die Personalentwicklung müssen sich einstellen auf Laufbahnen im Zick-Zack-Muster mit kürzeren Zyklen und Wechseln von Job-Rotation, Bereicherung der eigenen Arbeit und neuen Projekten.“[1962] Die klassische Form des materiellen Leistungsanreizes „Beförderung“ muss demnach um vielfältige weitere Anreize ergänzt werden.

b. Erfolgsfaktoren

Damit Beförderungen das Ziel der effektiven Verteilung des Personals auf die Stellen der Verwaltung erreichen, sind Personalmanagementinstrumente wie die Personalbedarfsplanung[1963] bzw. Personalstrukturplanung,[1964] Verwendungsplanungen, die analytische Stellenbewertung,[1965] Personalauswahlverfahren[1966] etc. notwendig
Um die Unzufriedenheit hinsichtlich der beruflichen Aufstiegsmöglichkeiten zu verbessern, sind die nachfolgend aufgeführten Erfolgsfaktoren zu berücksichtigen.
Eine Reform sowohl des Dienstrechts als auch des BAT in Bezug auf Flexibilität und Leistungsorientierung ist dringend notwendig. So werden die Egalisierung der Personalstruktur, die Beschränkung des Beamteneinsatzes nur auf hoheitliche Kernbereiche, Abbau und Umgestaltung des Laufbahngruppenprinzips in anforderungsorientierte Funktionsgruppen, die Besetzung von Führungspositionen auf Zeit, die Abschaffung der

---

[1960] Vgl. Grawert, Thesen: Individuelle und flexible Vergütung – Leistungsanreize in der öffentlichen Verwaltung, in: Wagner (Hrsg.), Personal und Personalmanagement in der modernen Verwaltung, 1998, S. 107 (114).
[1961] Vgl. Klages, Verwaltungsmodernisierung: "harte" und "weiche" Aspekte, 1997, S. 156; Klages, Verwaltungsmodernisierung: "harte" und "weiche" Aspekte II., 1998, S. 105.
[1962] Nentzel, Personalentwicklung, 1997, S. 97.
[1963] Vgl. Oechsler, Personal und Arbeit, 2000, S. 170 ff.; Scholz, Personalmanagement, 2000, S. 251 ff.
[1964] Vgl. Meixner, Personalstrukturplanung, Teil 1, 1987.
[1965] Vgl. KGSt-Bericht Nr. 2/1998: Bewertung von Beamtenstellen im Neuen Steuerungsmodell; KGSt-Handbuch Organisationsmanagement, 1999, Kap. 18; KGSt-Handbuch Organisationsmanagement, 1999, Kap. 19; ferner Kap. 9.5.1.1.
[1966] Vgl. KGSt-Bericht Nr. 15/1992: Personalauswahl.

Stellenobergrenzen, neue Beurteilungssysteme und eine leistungsorientierte Besoldung gefordert.[1967] Durch das Dienstrechtsreformgesetz ist zwar ein Schritt in diese Richtung gegangen worden, dennoch sind noch große Defizite hinsichtlich eines umfassenden Personalmanagementansatzes zu erkennen.[1968]
Darüber hinaus werden umfassendere Reformen des Dienst- und Tarifrechts gefordert, die für eine Abschaffung der Statusunterschiede zwischen den einzelnen Beschäftigtengruppen plädieren: „Die Einteilung der Beschäftigten in unterschiedliche Statusgruppen ist für weite Verwaltungsbereiche überholt“[1969].
Transparente leistungs- und fähigkeitsbezogene Personalauswahlentscheidungen stellen weitere Erfolgsfaktoren für den beruflichen Aufstieg als Leistungsanreiz dar.[1970]
Angesichts der verringerten Möglichkeiten des beruflichen Aufstiegs sind die Gestaltungsspielräume sowohl in der Organisation als auch bei den Wünschen und Zielen des/der Mitarbeiters/in auszuschöpfen.[1971] Alternative Förder- und Entwicklungsmaßnahmen können z. B. sein:[1972]

- Aufgabenwechsel auf gleicher Ebene,
- Wechsel zwischen Funktionsbereichen,
- Wechsel zwischen Verwaltungseinheiten,
- Einrichten von Parallelkarrieren,[1973]
- Besetzung auf Zeit von Fach- und Führungspositionen,
- Wechsel zwischen Fach- und Führungsaufgaben,
- Projektarbeit,[1974] Sonderaufgaben,
- Job Enlargement[1975]/Job Enrichment,[1976]
- frühe Projekt- und Führungsverantwortung,
- Stellvertretungen,
- Nachwuchsqualifizierung.

Inwieweit und in welchem Ausmaß die Maßnahmen mit materiellen Anreizen verbunden werden, wird im Einzelfall zu überprüfen sein. Vorstellbar wären neben Höhergruppierungen/Beförderungen Verknüpfungen mit materiellen Leistungsanreizen in der Form von finanziellen Zuwendungen (z. B. Leistungsprämien oder Leistungszulagen).[1977]

[1967] Vgl. Löhr, Qualifikation angesichts neuer Aufgaben, in: der städtetag 1/1995, S. 8-12; Wichmann/Hausen/Löhr, Anforderungen an die Reform des Dienstrechts aus kommunaler Sicht, in: Innovative Verwaltung, 1/1996, S. 20-24.
[1968] Vgl. Oechsler, Defizite bei der Personalentwicklung, in: VOP 1-2/1999, S. 8 (10).
[1969] Nentzel, Personalentwicklung, 1997, S. 101; vgl. ferner Oechsler, Personal und Arbeit, 2000, S. 271.
[1970] Vgl. Kap. 9.5.2.2.
[1971] Vgl. Berthel, Karriereanreize für Mitarbeiter, in: Schanz (Hrsg.), Handbuch Anreizsysteme in Wirtschaft und Verwaltung, 1991, S. 481 (484 ff.).
[1972] Vgl. Nentzel, Personalentwicklung, 1997, S. 98.
[1973] Vgl. Kap. 8.3.2.4.
[1974] Vgl. Kap. 8.3.3.5.
[1975] Vgl. Kap. 8.3.3.1
[1976] Vgl. Kap. 8.3.3.2.
[1977] Vgl. Kap. 9.5.3.3.

c. Praxis in Kommunalverwaltungen

Angesichts der Erfolglosigkeit umfassender Reformbemühungen des Dienst- und Tarifrechts rücken flexible und pragmatische Handlungsweisen insbesondere in Kommunalverwaltungen stärker in das Blickfeld.[1978]
So richten Kommunalverwaltungen z. B. Parallelkarrieren ein,[1979] entwickeln transparente, leistungs- und fähigkeitsbezogene Personalauswahlverfahren[1980] sowie leistungsbezogene Beförderungsverfahren.
Als Beispiel wird im Folgenden das Verfahren bei Beförderungen im Kreis Aachen zum Stellenplan im Jahr 2000 dargestellt.[1981] Im Vorfeld der Entwicklung von Beförderungsvorschlägen sollen die Vorgesetzten mit den Betroffenen offen und eindeutig über deren Vorstellungen und Wünsche diskutieren sowie Klarheit schaffen über die tatsächlichen Möglichkeiten z. B. im Zusammenhang mit der Wertigkeit der Stelle. Um Frustration und Resignation für die Betroffenen zu vermeiden, werden die Beförderungsvorschläge an die Beförderungsmöglichkeiten nach den Stellenobergrenzen angepasst. Die Beförderungsvorschläge werden unter Berücksichtigung des Leistungsgrundsatzes, d. h. nach Eignung, Befähigung und fachlicher Leistung, erarbeitet. Die zu Grunde liegenden Leistungen müssen nachweisbar sein, z. B. auf der Grundlage von Zielvereinbarungen oder des Jahresarbeitsprogramms. Dabei sollen die Leistungen über einen längeren Zeitraum konstant erbracht werden, und es kann eine sichere Zukunftsprognose zur Leistungsbereitschaft abgegeben werden. Der Beförderungsvorschlag sollte nicht im Widerspruch zu vorliegenden Beurteilungen stehen. Bei den Beförderungsvorschlägen ist weiterhin die erfolgreiche Wahrnehmung zusätzlicher Aufgaben wie z. B. als Ausbilder/in, Dozent/in, in Projektarbeiten oder durch Mitarbeit am Modernisierungsprogramm positiv zu berücksichtigen. Bei gleichwertigen Vorschlägen sind weitere Überlegungen wie Gesichtspunkte der Frauenförderung, der besondere Schutz für Schwerbehinderte sowie sonstige soziale Gesichtspunkte einzubeziehen.[1982]
Nach Einreichen der schriftlichen Beförderungsvorschläge werden diese mit Festlegung der amtsinternen Prioritäten an die Dezernenten/innen weitergeleitet. Diese erstellen eine dezernatsinterne Prioritätenliste unter beratender Teilnahme des Personalrates, der Gleichstellungsbeauftragten und der Vertrauensperson der Schwerbehinderten. Eine Kommission, bestehend aus Landrat/-rätin, den Dezernenten/innen, der/dem Personalratsvorsitzenden, der Gleichstellungsbeauftragten und der Vertrauensperson der Schwerbehinderten, erarbeitet auf dieser Basis den Verwaltungsvorschlag. Dieser wird mit dem Personalrat abgestimmt und abschließend in der Verwaltungskonferenz bera-

---

[1978] Vgl. Naschold, Modernisierung des Staates, 1995, S. 91; ferner Nentzel, Personalentwicklung, 1997, S. 101.
[1979] Vgl. Kap. 8.3.2.4.
[1980] Vgl. Kap. 9.5.2.2.
[1981] Vgl. Kreis Aachen (Hrsg.), Ablaufschema zur Erarbeitung der Beförderungsvorschläge zum Stellenplan 2000, Stand: 1999; Kreis Aachen (Hrsg.), Handlungsempfehlungen für das Verfahren bei Beförderungen, Stand: 1999.
[1982] Vgl. Kreis Aachen (Hrsg.), Handlungsempfehlungen für das Verfahren bei Beförderungen, Stand: 1999.

ten. Auf dieser Basis wird die Vorlage für die Kreisvertretung erstellt, die schließlich die Entscheidung über die Beförderungen trifft.[1983]

Im Zusammenhang mit der Einführung von materiellen Leistungsanreizen wie Leistungszulagen und Leistungsprämien betont das Landratsamt Enzkreis den Vorrang von Beförderungen und Höhergruppierungen, die sich stärker als bisher an der Leistung der Mitarbeiter/innen orientieren sollen.[1984]

9.5.2.2 Transparente leistungs- und fähigkeitsbezogene Personalauswahlentscheidungen

a. Beschreibung

Während im vorangegangenen Kapitel der Schwerpunkt auf der Anreizwirkung von Beförderungsmöglichkeiten innerhalb der Verwaltung lag, wird in diesem Abschnitt die Anreizwirkung von transparenten leistungs- und fähigkeitsbezogenen Personalauswahlentscheidungen bei dem beruflichen Aufstieg der Beschäftigten in den Vordergrund gestellt. Auch bei diesem Anreiz verbinden sich materielle und immaterielle Aspekte. In vielen Kommunalverwaltungen herrscht unter den Beschäftigten Unzufriedenheit mit den Personalauswahlentscheidungen.[1985] Die Auswahlentscheidungen werden als wenig transparent, objektiv und leistungs- und fähigkeitsbezogen erlebt. Oftmals wird den Ergebnissen von Personalbeurteilungen die ausschlaggebende Bedeutung in der Personalauswahl zugemessen. Der Grund liegt in der Rechtsprechung, die bei Konkurrentenklagen den Beurteilungsergebnissen größere Bedeutung als den Ergebnissen von Personalauswahlverfahren zugesteht.[1986] Bei Stellenbesetzungen insbesondere auf höheren Hierarchieebenen der Kommunalverwaltung wird oft festgestellt, dass parteipolitische Interessen einen stärkeren Ausschlag geben als Leistung und Eignung.[1987] Aus Sicht des Personalmanagements und hinsichtlich der Motivations- und Anreizwirkung sind diejenigen Personalentscheidungen transparent, leistungs- und fähigkeitsbezogen, die auf der Basis eines Abgleichs zwischen den Anforderungen der Stelle und den Fähigkeiten der Bewerber/innen leistungs- und fähigkeitsbezogene Entscheidungen er-

---

[1983] Vgl. Kreis Aachen (Hrsg.), Ablaufschema zur Erarbeitung der Beförderungsvorschläge zum Stellenplan 2000, Stand: 1999.

[1984] Vgl. Marqués Berger/Seeger, Leistung lohnt sich, wenn die Bedingungen stimmen, in: VOP 3/2000, S. 28 (28).

[1985] Vgl. Busse, Bedeutung der Beurteilung im Auswahlverfahren, in: Drescher (Hrsg.), Handbuch zur Personalauswahl in der modernen Kommunalverwaltung, 2001, S. 97-103.

[1986] Vgl. KGSt-Bericht Nr. 3/1999: Personalführung Teil 1: Leistungsermittlung, S. 57.

[1987] Vgl. KGSt-Bericht Nr. 15/1992: Personalauswahl, S. 11; Lorig/Mayer-Schlöder, Die Parteipolitisierung des öffentlichen Dienstes, in: Verwaltungsrundschau 2/1992, S. 55-60; Scheuch/Scheuch, „Cliquen erkaufen sich Duldung, wenn sie Minderheiten fördern", in: Frankfurter Rundschau Nr. 31, 6. Februar 1992, S. 14-15; ferner Kap. 5.4.3.

möglichen.[1988] Dadurch kann die Verwaltung „auch die Politik überzeugen, daß Bewerberinnen und Bewerber allein nach Leistungsgesichtspunkten und frei von anderen sachfremden Erwägungen ausgewählt werden."[1989]
Effektive Personalauswahlentscheidungen haben jedoch nicht nur für die Beschäftigten, sondern auch für die Verwaltung eine Anreizwirkung: Von den Mitarbeiter/innen und ihrer Motivation hängt ihre Leistungsfähigkeit ab; Fehlentscheidungen sind äußerst kostenintensiv, was insbesondere in Zeiten knapper Ressourcen von Bedeutung ist. Effektive Personalauswahlentscheidungen haben daher sowohl eine immaterielle als auch eine materielle Anreizwirkung für die Beschäftigten sowie die Verwaltung selber.

b. Erfolgsfaktoren

Zweck der Personalauswahl ist der Abgleich der Anforderungen der zu besetzenden Stelle mit den Befähigungen der Bewerber/innen und das Treffen der Entscheidung zugunsten eines/r Kandidaten/in.[1990] Die rechtliche Grundlagen zur Personalauswahl von Beamten/innen und Arbeitnehmern/innen ergeben sich aus Art. 33 Abs. 2 und 3 GG, wonach jede/r Deutsche nach Eignung, Befähigung und fachlicher Leistung ohne Rücksicht auf Geschlecht, Abstammung, Rasse, Glauben, religiöse oder politische Anschauungen sowie Herkunft und Beziehungen gleiche Zugangschancen zu jedem öffentlichen Amt hat.

Die entscheidende Voraussetzung für effektive Personalauswahlentscheidungen sind Auswahlverfahren. Es existiert eine Anzahl unterschiedlicher Auswahlverfahren. Das in Kommunalverwaltungen gebräuchlichste Verfahren ist die Durchführung von Auswahlgesprächen. Bei hochkomplexen Auswahlverfahren (z. B. bei Stellen mit Führungsverantwortung oder kommunalpolitischer Relevanz des Arbeitsfeldes) werden häufig Auswahlgremien gebildet. Sie bestehen aus Vertretungen der Facheinheit, des Service Personal/Personalamtes, der Gleichstellungsbeauftragten, ggf. dem/der Fachdezernenten/in bzw. dem/der Verwaltungschef/in.[1991]

[1988] Vgl. KGSt-Bericht Nr. 15/1992: Personalauswahl; KGSt-Bericht Nr. 4/1999: Personalführung Teil 2: Potentialermittlung, S. 23 f.

[1989] KGSt-Bericht Nr. 15/1992: Personalauswahl, S. 11.

[1990] Vgl. Scheerbarth/Höffken/Bauschke/Schmidt, Beamtenrecht 1992, S. 227; ferner Novak, Personal in der Verwaltung, in: Mattern (Hrsg.), Allgemeine Verwaltungslehre, 1989, S. 169 (183).

[1991] Vgl. KGSt-Bericht Nr. 15/1992: Personalauswahl, S. 15. Zu den verschiedenen Interessen der an Auswahlverfahren Beteiligten vgl. Schröter, Personalauswahl unter den Vorzeichen des Neuen Steuerungsmodells, in: Drescher (Hrsg.), Handbuch zur Personalauswahl in der modernen Kommunalverwaltung, 2001, S. 29 (31 ff.); ferner Hibbeler, Beteiligung des Personalrates – Beteiligungsrechte und Praxisempfehlungen, in: Drescher (Hrsg.), Handbuch zur Personalauswahl in der modernen Kommunalverwaltung, 2001, S. 40-48; Schreyögg, Gleichstellungspolitik als umfassender Handlungsansatz, in: Drescher (Hrsg.), Handbuch zur Personalauswahl in der modernen Kommunalverwaltung, 2001, S. 48-59.

Nachfolgend werden die einzelnen Schritte des Auswahlverfahrens dargestellt:[1992]

1. **Personalanforderung**
   Eine konkrete Personalanforderung, die i. d. R. aus den Fachämtern kommt, ist die Voraussetzung für das Einleiten eines Personalauswahlverfahrens. In Zeiten knapper finanzieller Ressourcen wird überprüft, ob eine Neubesetzung notwendig ist, oder ob die Arbeit auf dieser Stelle umverteilt werden kann. Fällt die Entscheidung für die Neubesetzung, beginnt das Auswahlverfahren.
2. **Erstellen von Anforderungsmerkmalen**
   Einer der ersten Schritte der Personalauswahl liegt in der Erstellung von Anforderungsmerkmalen. Diese ergeben in ihrer Gesamtheit das Anforderungsprofil der Stelle. Anforderungsmerkmale und Anforderungsprofil stellen den Ausgangspunkt von Auswahlverfahren dar.[1993] Grundlage für die Entwicklung von Anforderungsmerkmalen sind Stellenbeschreibungen, die regelmäßig aktualisiert werden müssen. Aus den in den Stellenbeschreibungen enthaltenen Tätigkeiten müssen die Anforderungsmerkmale an den/die zukünftige/n Stelleninhaber/in entwickelt und zu einem Anforderungsprofil zusammengefasst werden. Die Anforderungsmerkmale müssen schließlich operationalisiert, d. h. in konkreten Verhaltensweisen beschrieben werden.[1994]
3. **Stellenbeschreibung**
   Um allen potenziellen Bewerbern/innen die gleichen Chancen zu ermöglichen, sollte jede Stelle ausgeschrieben werden. Es muss eine Entscheidung getroffen werden, ob die Stelle intern und extern oder nur intern ausgeschrieben und besetzt werden soll. Bei einem funktionierenden Personalentwicklungskonzept sollten nur diejenigen Stellen extern ausgeschrieben werden, für die keine geeigneten internen Bewerber/innen zur Verfügung stehen. Ausnahmen können z. B. bei einem angestrebten höheren Frauenanteil sinnvoll sein. Ziel der Stellenausschreibung ist das Wecken des Interesses potenzieller Bewerber/innen. Darum sollte die Stellenbeschreibung neben der Ansprache Aussagen enthalten über die Verwaltung, die zu besetzende Stelle, ihren Tätigkeiten und Entwicklungsmöglichkeiten, Ausbildungs- und Laufbahnvoraussetzungen, evtl. die gewünschte Berufspraxis, stellenbezogene und weitergehende Anforderungen, die mögliche Teilbarkeit der Stelle, die Attraktivität der Stelle für Frauen, Bezahlung und Ne-

---

[1992] Die nachfolgend dargestellten Schritte der Personalauswahl stellen den idealtypischen Verlauf eines Auswahlverfahrens in Kommunalverwaltungen dar. Dieser Verlauf ist von der Verfasserin in der Beratung von Kommunalverwaltungen entwickelt worden. Zu den einzelnen Schritten des Auswahlverfahrens vgl. KGSt-Bericht Nr. 15/1992: Personalauswahl, S. 16 ff.; ferner Friedrich, Verfahren zur erfolgreichen Personalauswahl, in: VOP 7-8/2000, S. 38-41; Knebel, Das Vorstellungsgespräch, 1990, S. 16 ff.; Zimmer/Brake, Ganzheitliche Personalauswahl, 1993, S. 32 ff.

[1993] Vgl. Drescher/Maas/Krönert, Anforderungsprofil als Ausgangspunkt, in: Drescher (Hrsg.), Handbuch zur Personalauswahl in der modernen Kommunalverwaltung, 2001, S. 65-80.

[1994] Vgl. Kap. 7.3.2.

benleistungen, Ansprechpartner/innen, Ende der Bewerbungsfrist und die erforderlichen Bewerbungsunterlagen.[1995]

4. **Vorauswahl der Bewerber/innen**

Das Studium der Bewerbungsunterlagen stellt eine wichtige Voraussetzung für ein effektives Auswahlgespräch dar, da sich so das Gespräch auf die entscheidenden Punkte konzentrieren kann.[1996] Aus den schriftlichen Unterlagen erstellen viele Verwaltung Übersichten anhand der geforderten Anforderungen, die eine Vergleichbarkeit unter den Bewerbern/innen erleichtern. Um ein faires Auswahlverfahren zu gewährleisten, sollten die Bedingungen für interne und externe Bewerbungen angeglichen werden. So sollten auch interne Bewerber/innen ein Bewerbungsschreiben schicken und nicht nur (wie oft in der Praxis üblich) auf ihre Personalakte hinweisen. Hinsichtlich der Bedeutung der Beurteilung für Personalauswahlverfahren befinden sich die Kommunalverwaltungen in einem Dilemma: Viele Verwaltungen haben erkannt, dass die Beurteilungsergebnisse kaum einen Aussagewert für die Personalauswahl haben und bevorzugen die Ergebnisse von Auswahlverfahren gegenüber den Beurteilungsergebnissen. Andererseits wird der Personalbeurteilung im Rahmen von Personalauswahlverfahren in der Rechtsprechung eine große Bedeutung zugesprochen. Die Unzufriedenheit mit der Beurteilungspraxis hat in vielen Verwaltungen ein erneutes Nachdenken über das Beurteilungswesen in Gang gesetzt.[1997]

5. **Vorbereitung des Auswahlgesprächs**

Sowohl in der Privatwirtschaft als auch in der öffentlichen Verwaltung wird in Auswahlgesprächen das freie Interview dem standardisierten Interview vorgezogen, da es flexibel und leicht anzuwenden ist.[1998] Der Stellenwert von Auswahlgesprächen in Form von Einstellungsinterviews ist jedoch in der Praxis umstritten. Einerseits wurde in Untersuchungen festgestellt, dass die Validität von Auswahlgesprächen äußerst gering ist. Andererseits werden in der Praxis Auswahlgespräche häufig eingesetzt und sind sehr beliebt.[1999] Dies trifft auch für die kommunale Praxis zu.[2000] Studien belegen weiterhin, dass die Validität unstrukturierter und unvorbereiteter Auswahlgespräche sehr gering ist. Sie steigt erheblich an, wenn das Gespräch vorbereitet ist, die Interviewer/innen geschult, die Gesprächsregeln festgelegt sind und die Auswertung der Gespräche systematisch

---

[1995] Vgl. KGSt-Bericht Nr. 15/1992: Personalauswahl, S. 18 f.; Schröter, Stellenausschreibung – Bedeutung und Inhalt, in: Drescher (Hrsg.), Handbuch zur Personalauswahl in der modernen Kommunalverwaltung, 2001, S. 80-87.

[1996] Vgl. Drescher, Vorauswahl als wichtige Weichenstellung, in: Drescher (Hrsg.), Handbuch zur Personalauswahl in der modernen Kommunalverwaltung, 2001, S. 87-96.

[1997] Vgl. Busse, Bedeutung der Beurteilung im Auswahlverfahren, in: Drescher (Hrsg.), Handbuch zur Personalauswahl in der modernen Kommunalverwaltung, 2001, S. 97-103.

[1998] Vgl. Kompa, Personalbeschaffung und Personalauswahl, 1984, S. 160.

[1999] Vgl. Zimmer/Brake, Ganzheitliche Personalauswahl, 1993, S. 62.

[2000] Vgl. KGSt-Bericht Nr. 15/1992: Personalauswahl, S. 20.

erfolgt.[2001] Bei der Vorbereitung des Auswahlgesprächs sollten sich die am Verfahren Beteiligten auf eine Anzahl von Anforderungsmerkmalen einigen, die im Auswahlgespräch überprüft werden soll. Es werden zu diesen Anforderungsmerkmalen Instrumente wie Fragen, Fallbeispiele etc. entwickelt, die ermitteln sollen, ob der/die Bewerber/in über die notwendigen Fähigkeiten und über eine entsprechende Motivation verfügt. Ebenfalls sollten Bewertungsmöglichkeiten für die ermittelten Fähigkeiten entwickelt werden, die eine Vergleichbarkeit zwischen den Bewerbern/innen ermöglicht.

6. **Durchführung des Auswahlgesprächs**

Mit dem Auswahlgespräch werden folgende Ziele verfolgt:[2002]

- Gewinnung von zusätzlichen Informationen zur beruflichen Eignung (z. B. zur Qualifikation, beruflichen Erfahrung, Einsatzfähigkeit),
- Schaffung eines persönlichen Eindrucks über den/die Bewerber/in (z. B. äußere Erscheinung, Auftreten),
- Eindruck über Persönlichkeit und Motivation (z. B. Ansichten, Überzeugungen, geistige Beweglichkeit, Aufstiegs- und Leistungsmotivation),
- Eindruck über das soziale Verhalten des/der Bewerber/in,
- Förderung einer positiven Einstellung gegenüber der Verwaltung und des Interesses an der Stelle.

Das Auswahlgespräch sollte aus folgenden Abschnitten bestehen:[2003]

- **Aufwärmphase**
  Vorstellung der am Auswahlprozess Beteiligten, Erläuterung von Ziel und Zweck des Verfahrens, Selbstdarstellung der Behörde,
- **Hauptphase**
  Erhalt von Informationen über Motivation und Eignung des/der Bewerbers/in über Fragen, Fallbeispiele und Situationen aus der beruflichen Praxis,
- **Schlussphase**
  Klärung von offenen Fragen, Möglichkeit für Fragen des/der Bewerbers/in, Informationen über den weiteren Verlauf des Verfahrens.

7. **Eignungsfeststellung**

Nach der Auswertung der in dem Auswahlverfahren gewonnenen Daten werden diese zu einem Potenzialprofil zusammengefasst[2004] und in dem Auswahlgremium ausgetauscht. Dabei sollte beachtet werden, dass die gewonnenen Eindrücke zunächst immer subjektiv sind. Sie können jedoch zu einer möglichst objektiven Eig-

---

[2001] Vgl. Drescher, Das Auswahlinterview, in: Drescher (Hrsg.), Handbuch zur Personalauswahl in der modernen Kommunalverwaltung, 2001, S. 112 (112 f.); KGSt-Bericht Nr. 15/1992: Personalauswahl, S. 21; Klose-Diwo, Das strukturierte Interview zur Personalauswahl, in: VOP 6/2000, S. 31-33.

[2002] Vgl. KGSt-Bericht Nr. 15/1992: Personalauswahl, S. 20 f.; ferner Drescher, Das Auswahlinterview, in: Drescher (Hrsg.), Handbuch zur Personalauswahl in der modernen Kommunalverwaltung, 2001, S. 112 (112); Zimmer/Brake, Ganzheitliche Personalauswahl, 1993, S. 62 f.

[2003] Vgl. Drescher, Das Auswahlinterview, in: Drescher (Hrsg.), Handbuch zur Personalauswahl in der modernen Kommunalverwaltung, 2001, S. 112 (119 ff.); Zimmer/Brake, Ganzheitliche Personalauswahl, 1993, S. 62 f.; zu den einzelnen Schritten des Auswahlgesprächs vgl. Knebel, Das Vorstellungsgespräch. 1990, S. 95 ff.; ferner KGSt-Bericht Nr. 15/1992: Personalauswahl, S. 21 f.

[2004] Vgl. Kap. 7.3.3.

nungsfeststellung beitragen, indem sie begründet und damit transparent gemacht werden. Die gemeinsame Diskussion in dem Auswahlgremium hat ebenfalls das Ziel, zu einer möglichst objektiven Entscheidung kommen.

8. **Entscheidung**
Die Entscheidung sollte im Konsens gefällt werden; in jedem Fall sollte sie von der einstellenden Facheinheit mitgetragen sein. Wie bereits dargestellt, spielt in vielen Kommunalverwaltungen die Parteipolitisierung immer noch eine große Rolle. Das bedeutet, dass zumindest in Auswahlentscheidungen auf höheren Hierarchieebenen oder auf Stellen mit kommunalpolitischer Relevanz die Entscheidung der politischen Gremien anders ausfallen kann als die des Auswahlgremiums. Effektive Auswahlentscheidungen sind daher auch von dem Willen der politisch Beteiligten abhängig: „Bemühungen um ein leistungsorientiertes, faires und professionell durchgeführtes Auswahlverfahren sind von der Bereitschaft aller Parteien abhängig, der Eignung, Befähigung und fachlichen Leistung den Vorrang vor parteipolitischer Opportunität zu geben."[2005]

Über das Auswahlgespräch hinaus werden in Kommunalverwaltungen weitere Auswahlinstrumente angewandt, die das Auswahlgespräch ergänzen. Dazu gehören insbesondere Arbeitsproben/Situationstests in Form des Kurzvortrags, der Postkorb-Übung, der Einzelverfügung, der Gruppendiskussionen und des Rollenspiels.[2006] Diese Übungen sollten die Arbeitswirklichkeit abbilden und mit klaren Bewertungsmaßstäben beurteilt werden.[2007] Psychologische Testverfahren werden im Rahmen der Personalauswahl vor allem eingesetzt bei einer großen Anzahl von Bewerberzahlen.[2008] Es wird zwischen Persönlichkeits- und Leistungstest unterschieden. Persönlichkeitstest liefern ein Bild der gesamten Persönlichkeit. Leistungstest dagegen überprüfen bestimmte, klar abgegrenzte Teilbereiche wie Denkfähigkeit, Wahrnehmung, Motorik, Spezialwissen und Fertigkeiten.[2009] Assessment-Center sind systematische Verfahren, die Verhaltensleistungen bzw. -defizite feststellen gleichzeitig durch mehrere Beobachter/innen für mehrere Teilnehmer/innen im Vergleich zu vorher definierten Anforderungen.[2010] Hinsichtlich der Systematik weisen Assessment-Center folgende Merkmale auf:[2011]

- festgelegte gleichbleibende Spielregeln (z. B. für Beobachtung und Bewertung),
- strikte inhaltliche und zeitliche Trennung zwischen Beobachtung und Beschreibung (Datengewinnung),

[2005]KGSt-Bericht Nr. 15/1992: Personalauswahl, S. 8.
[2006]Vgl. Maas, Erweiterte Auswahlverfahren – Instrumente, Einsatzbereiche und Praxisbeispiele, in: Drescher (Hrsg.), Handbuch zur Personalauswahl in der modernen Kommunalverwaltung, 2001, S. 124-132.
[2007]Vgl. KGSt-Bericht Nr. 15/1992: Personalauswahl, S. 21; zu den verschiedenen eignungsdiagnostischen Verfahren vgl. Schuler/Funke (Hrsg.), Eignungsdiagnostik in Forschung und Praxis, 1991.
[2008]Vgl. Kompa, Personalbeschaffung und Personalauswahl, 1984, S. 119.
[2009]Vgl. Jeserich, Mitarbeiter auswählen und fördern, 1981, S. 27.
[2010]Vgl. Jeserich, Mitarbeiter auswählen und fördern, 1981, S. 33 f.; Mauch, Neue Wege der Personalrekrutierung, in: Bandemer/Blanke/Nullmeier/Wewer (Hrsg.), Handbuch zur Verwaltungsreform, 1998, S. 173 (178 ff.).
[2011]Vgl. Jeserich, Mitarbeiter auswählen und fördern, 1981, S. 34.

- gleiche Vorbildung aller Beobachter/innen,
- Erstellung aller Urteile und Empfehlungen ausschließlich auf der Basis aller Informationen von allen Beobachtern/innen aus allen Einzelverfahren.

Die qualifizierte Feststellung der Eignung in Assessment-Centern beinhaltet folgende Charakteristika:[2012]

- Einsatz verschiedenartiger Feststellungsverfahren wie z. B. Analyse des Verhaltens in verschiedenen sozialen Situationen (d. h. Situationstests als Gruppentests), standardisierte Interviews, Leistungs- und Eignungstest, Analyse von schriftlichen und mündlichen Einzelleistungen (Einzeltests),
- Beobachtung und Bewertung der Leistung zu gleichen Anforderungen in wechselnden Situationen mit wechselnden Verfahren, z. B. Fallstudien, Diskussionen, Postkorbübungen oder Rollenspielen,
- realitätsbezogene Übungsinhalte durch Simulation realitätsrelevanter Situationen,
- Ermittlung der Anforderungen, die das Assessment-Center beobachtet und bewertet, durch Analyse der relevanten Verhaltensweisen auf der zu besetzenden Stelle,
- systematischer Vergleich des beobachteten Verhaltens mit dem Anforderungsprofil.

Assessment-Center werden vor allem dann eingesetzt, wenn überfachliche Kompetenzen wie z. B. Führungskompetenz, Teamverhalten, Kundenorientierung, Konfliktverhalten oder die kommunikative Kompetenz von Auswahlkandidaten/innen überprüft werden sollen.[2013] Assessment-Center werden vor allem in größeren Kommunalverwaltungen zur Besetzung von Führungspositionen verwandt.
Bei allen eingesetzten Personalauswahlverfahren sind die Kosten des Verfahrens dem Nutzen gegenüberzustellen.[2014]

Ein weiterer Erfolgsfaktor ist die Aufgabenverteilung des Auswahlverfahrens auf verschiedene Verantwortungsebenen in der Verwaltung. Im Rahmen der dezentralen Fach- und Ressourcenverantwortung sind die Facheinheiten sind die eigentlichen Entscheidungsträger der Personalauswahl.[2015] Daher sind die Facheinheiten für Planung, Durchführung und Entscheidungsfindung verantwortlich.[2016] Damit die Fachbereiche ihr Auswahlverfahren und ihre Entscheidung nicht völlig willkürlich treffen, sondern sich an der

---

[2012] Vgl. Jeserich, Mitarbeiter auswählen und fördern, 1981, S. 33.

[2013] Vgl. Buhrfeind, Das Auswahlinstrument Assessment-Center, in: Drescher (Hrsg.), Handbuch zur Personalauswahl in der modernen Kommunalverwaltung, 2001, S. 133 (133).

[2014] Zu verschiedenen Methoden der Kosten-Nutzen-Analyse von Personalauswahlverfahren vgl. Siemers, Klassische Modelle zur Kosten-Nutzen-Analyse von Personalauswahlverfahren, in: Gerpott/Siemers, Controlling von Personalprogrammen, 1995, S. 115-138.

[2015] Zur zentralen und dezentralen Verantwortung in der Personalauswahl vgl. Burkert, Personalauswahl zwischen zentraler und dezentraler Verantwortung, in: Drescher (Hrsg.), Handbuch zur Personalauswahl in der modernen Kommunalverwaltung, 2001, S. 35-40.

[2016] Vgl. KGSt-Bericht Nr. 15/1992: Personalauswahl, S. 14.

Gesamtausrichtung der Verwaltung orientieren, ist die Festlegung eines Handlungsrahmens in Form von Strategien und Konzepten sinnvoll und notwendig. In größeren Verwaltungen haben sie oft die Form von Richtlinien. Diese können z. B. Orientierungen geben für die Vorbereitung, Durchführung und Nachbereitung der Phasen des Auswahlverfahrens und -gesprächs sowie für die Beteiligungen der verschiedenen zuständigen Stellen. Durch diese Rahmenregelungen kann ein für die Gesamtverwaltung einheitliches Verfahren sicher gestellt werden.[2017] Die Aufgabe des Steuerungsdienstes ist Vor- und Ausarbeitung der genannten Strategien und Konzepte. Gleichzeitig ist es seine Aufgabe, die Verfahren in den verschiedenen Fachbereichen zu koordinieren und zu einem Gesamthandeln der Verwaltung zu integrieren. Der Service Personal/das Personalamt kann den Facheinheiten bei Planung und Durchführung der Verfahren behilflich sein.[2018] Gleichstellungsbeauftragte, ggf. Schwerbehindertenvertretung und externe (z. B. psychologische) Sachverständige werden zu den Auswahlverfahren hinzugezogen.[2019]

c. Praxis in Kommunalverwaltungen

Da sich im Rahmen des Neuen Steuerungsmodells die Anforderungen an die Mitarbeiter/innen und damit auch an die Beschäftigten der neu zu besetzenden Stellen verändern, nehmen viele Kommunalverwaltungen die Verwaltungsreform zum Anlass, neue und effektivere Personalauswahlverfahren zu entwickeln. Aber auch wenn in einer Verwaltung keine Verwaltungsreform durchgeführt wird, erfordern ständige Veränderungen im Umfeld der Verwaltung eine fortlaufende Reflexion über Form, Inhalt und Verfahren der Personalauswahl.

So haben viele Verwaltungen Rahmenregelungen oder Richtlinien für ihre Auswahlverfahren entwickelt. Beispielhaft werden hier die Richtlinien für die Personalbeschaffung der Stadtverwaltung Bad Kreuznach dargestellt.[2020] Diese Richtlinien legen fest, dass Stellen nur dann besetzt werden dürfen, wenn der Bedarf durch eine methodische Personalbemessung innerhalb der letzten fünf Jahre festgestellt wurde, der Bedarf durch eine sonstige Festlegung gegeben ist oder bei vorübergehendem Bedarf die Zusätzlichkeit nachvollziehbar begründet ist. Gleichzeitig müssen die rechtlichen Voraussetzungen der Stellenbesetzung geschaffen sein und eine positive Aussage der Controllingstelle vorliegen. Ausnahmen von diesen Voraussetzungen stellen Bereiche dar, in denen im Rahmen des Neuen Steuerungsmodells eine produktbezogene Planung des Haushalts

[2017] Vgl. Drescher, Grundlagen zur Gestaltung des Verfahrens, in: Drescher (Hrsg.), Handbuch zur Personalauswahl in der modernen Kommunalverwaltung, 2001, S. 60 (60 f.); ferner KGSt-Bericht Nr. 4/2000: Rahmenregeln bei dezentraler Ressourcen- und Ergebnisverantwortung.

[2018] Vgl. KGSt-Bericht Nr. 15/1992: Personalauswahl, S. 14; KGSt-Bericht Nr. 4/1999: Personalführung Teil 2: Potentialermittlung, S. 23 f.

[2019] Vgl. KGSt-Bericht Nr. 15/1992: Personalauswahl, S. 15.

[2020] Vgl. Stadt Bad Kreuznach (Hrsg.), Richtlinien für die Personalbeschaffung innerhalb der Stadtverwaltung Bad Kreuznach vom 29.08.95.

im Zusammenhang mit der dezentralen Ressourcenverantwortung erfolgt.[2021] Die Verantwortung für die Stellenbesetzung liegt bei dem/der zuständigen Amtsleiter/in, in deren/dessen Bereich die Stellenbesetzung fällt, soweit nicht der Oberbürgermeister oder der/die Dezernent/in sich etwas anderes vorbehält. Der/die Amtsleiter/in bedient sich der Personalabteilung, die die Stellenbesetzung im Auftrag durchführt.[2022] Der/die Amtsleiter/in entscheidet, ob die Ausschreibung nur intern oder auch extern veröffentlicht wird und erstellt einen Ausschreibungstext. Dieser ist mit der Personalabteilung abzustimmen und wird von dort veröffentlicht. Der Text ist dem Personalrat und der Frauenbeauftragten zuzuleiten. Die Sammlung, Sichtung und damit zusammenhängende Arbeiten hinsichtlich der eingehenden Bewerbungen erfolgen durch die Personalabteilung. Diese bietet dem/der Amtsleiter/in im gewünschten Umfang eine Beurteilung bzw. Auswahl der eingegangenen Bewerbungen an. Soweit im Einzelfall durch den Oberbürgermeister oder den/die zuständige/n Dezernenten/in nichts anderes festgesetzt wird, weil sich dies aus der Wertigkeit der zu besetzenden Stelle ergibt, nehmen an den Vorstellungsgesprächen folgende Personen teil: je eine Vertretung des Fachamtes, der Personalabteilung, des Personalrates, der Frauenbeauftragten und, soweit Belange Schwerbehinderter berührt sind, die Schwerbehindertenvertretung. Vor der Einladung zu den Vorstellungsgesprächen informiert die Personalabteilung den Personalrat telefonisch, damit die Beteiligten die Möglichkeit erhalten, alle Bewerbungsunterlagen zu sichten. Die Entscheidung über die Einstellung trifft das Fachamt, wobei der Personalrat, die Frauenbeauftragte und die Personalabteilung beratend mit einem Hinweisrecht beteiligt sind; Zuständigkeiten bzw. Entscheidungsrechte der Dezernenten/innen bleiben unberührt. Gesetzlich oder durch sonstige Vorschriften vorgeschriebene Beteiligungen Dritter (z. B. Landesgleichstellungsgesetz) sind durch das Fachamt zu beachten, das sich zur Durchführung der Beteiligungen der Personalabteilung bedienen kann.[2023]

9.5.3 Finanzielle Zuwendungen

Zur Anreizgruppe der finanziellen Zuwendungen gehören monetäre Sozialleistungen, zinslose/-günstige Darlehen sowie Leistungszulagen und Leistungsprämien. Während monetäre Sozialleistungen und zinslose/-günstige Darlehen den Charakter von Eintritts- und Bleibeanreizen haben, sind Leistungszulagen und Leistungsprämien als belohnend und steuerungsvariabel zu charakterisieren.[2024]

[2021] Vgl. Stadt Bad Kreuznach (Hrsg.), Richtlinien für die Personalbeschaffung innerhalb der Stadtverwaltung Bad Kreuznach vom 29.08.95, Punkt 2.
[2022] Vgl. Stadt Bad Kreuznach (Hrsg.), Richtlinien für die Personalbeschaffung innerhalb der Stadtverwaltung Bad Kreuznach vom 29.08.95, Punkt 3.
[2023] Vgl. Stadt Bad Kreuznach (Hrsg.), Richtlinien für die Personalbeschaffung innerhalb der Stadtverwaltung Bad Kreuznach vom 29.08.95, Punkt 4.
[2024] Zu den Unterscheidungskriterien vgl. Kap. 3.1.2.3, 3.1.2.4.

9.5.3.1 Monetäre Sozialleistungen

a. Beschreibung

Sozialleistungen sind Leistungen des Dienstherrn bzw. Arbeitgebers über die Besoldung bzw. das Gehalt hinaus. Die monetären Sozialleistungen können aus gesetzlichen, tariflichen und betrieblichen Leistungen bestehen.[2025]
Ziel der **gesetzlichen** und **tariflichen** Sozialleistungen ist die soziale Sicherung der Beamten/innen und Angestellten. Die Systeme für die beiden Beschäftigtengruppen unterscheiden sich grundlegend hinsichtlich ihres Ursprungs, ihrer staats- und sozialpolitischen Ziele und ihrer Strukturprinzipien.[2026]
Die Krankenfürsorge und die Versorgung von Beamten/innen sind geprägt von der Vorsorge des Staates. Dieses System resultiert aus den hergebrachten Grundsätzen des Berufsbeamtentums. Das Alimentationsprinzip hat zur Konsequenz, dass der Dienstherr auch nach Beendigung der Dienstzeit in voller Höhe für den/die Beamten/in aufkommt. Dieses Ruhegehalt wird aus Haushaltsmitteln finanziert. Der Gedanke des sozialen Ausgleichs durch die Solidargemeinschaft prägt das System der Sozialversicherung für die Angestellten. Die gesetzliche Rentenversicherung finanziert sich durch die laufenden Beiträge der versicherungspflichtigen Arbeitnehmer/innen. Die Arbeitnehmer/innen erhalten über die gesetzliche Rentenversicherung hinaus eine tariflich geregelte zusätzliche Alters- und Hinterbliebenenversorgung der Versorgungsanstalt des Bundes und der Länder. Der Arbeitgeber hat die Verpflichtung zur Versicherung des/der Arbeitsnehmers/in und zur Zahlung einer Umlage, so dass der/die Arbeitnehmer/in eine Anwartschaft auf eine dynamische Versorgungsrente erwerben kann. Eine an die beamtenrechtliche Pension angenäherte Gesamtversorgung wird durch die Zusatzversorgung erreicht.[2027]
Für Beamte/innen besteht der Anspruch auf gesetzlich geregelte Sozialleistungen, welche für Angestellte im BAT und in Sondertarifverträgen weitgehend parallel bestehen. Zu diesen Sozialleistungen gehören:[2028]

- die Entgeltfortzahlung im Krankheitsfall,
- vermögenswirksame Leistungen,
- die jährliche Sonderzuwendung im Monat Dezember,
- das jährliche Urlaubsgeld,
- Jubiläumszuwendungen,

[2025] Vgl. Jung, Personalwirtschaft, 1999, S. 589; Oechsler/Kastura, Betriebliche Sozialleistungen – Entwicklungen und Perspektiven, in: Weber (Hrsg.), Entgeltsysteme – Lohn, Mitarbeiterbeteiligung und Zusatzleistungen, 1993, S. 342 (342); zu den verschiedenen gesetzlichen, tariflichen und betrieblichen Sozialleistungen vgl. Jung, Personalwirtschaft, 1999, S. 589 ff.

[2026] Zum Vergleich beider sozialen Sicherungssysteme vgl. Scheerbarth/Höffken/Bauschke/Schmidt, Beamtenrecht, 1992, S. 613 ff.

[2027] Vgl. Baßlsperger/Gerhard, Lexikon des öffentlichen Dienstrechts, 1993, S. 296 f.; 311 f.; Scheerbarth/Höffken/Bauschke/Schmidt, Beamtenrecht, 1992, S. 625 f.; 633 f.; Strötz, Beamtenversorgung und Rentenversicherung, in: ZBR, 3/1993, S. 65-84.

[2028] Vgl. Baßlsperger/Gerhard, Lexikon des öffentlichen Dienstrechts, 1993, S. 270; 280; Müller, Arbeitsrecht im öffentlichen Dienst, 1995, S. 225 f., 231 f., 270 f.

- o Umzugskostenvergütung und Trennungsgeld,
- o Beihilfen bei Geburts-, Krankheits- und Todesfällen.

Darüber hinaus erhalten Angestellte, die aus dem Arbeitsverhältnis ausscheiden, unter bestimmten Voraussetzungen ein Übergangsgeld, bis sie einen neuen Arbeitsplatz gefunden haben, maximal für vier Monate (§§ 62-64 BAT).[2029]

Bei den **betrieblichen** Sozialleistungen handelt es sich um gesetzlich oder tarifvertraglich nicht festgelegte, freiwillige Zuwendungen des Arbeitsgebers. Sie werden in Form von Dienstvereinbarungen oder einzelvertraglich vereinbart.[2030] Die Ausgestaltung betrieblicher Sozialleistungen ist auf Grund des Regelungsvorbehalts des Gesetzgebers in Besoldungsfragen sowie weitreichender tariflicher Regelungen relativ begrenzt.
Mitarbeiter/innen des öffentlichen Dienstes beklagen häufig das im Vergleich zur Privatwirtschaft niedrigere Gehaltsniveau. Das im öffentlichen Bereich gut ausgebaute Sozialsystem wird jedoch oftmals in den Vergleich nicht einbezogen. Diese an sich wichtigen Anreize verlieren einen Teil ihrer Anreizwirkung durch ihre fehlende Beziehung zur täglichen Arbeit.[2031]

b. Erfolgsfaktoren

Es bestehen derzeit keine Untersuchungen zur Anreizwirkung der durch die gesetzlichen und tariflichen Regelungen vorgegebenen Sozialleistungen im öffentlichen Dienst. Dennoch ist zu vermuten, dass die vorhandenen Sozialleistungen eine Wirkung höchstens als Eintrittsanreize haben, d. h. dazu motivieren, in den öffentlichen Dienst einzutreten, oder als Bleibeanreize, d. h. zu verhindern, dass Beschäftigte den öffentlichen Dienst verlassen.[2032] Eine Anreizwirkung, die den einzelnen individuellen Bedürfnissen oder den Zwecken der Steuerung der Verwaltungsleistung angepasst werden kann (als ein entscheidender Erfolgsfaktor für die Wirkung von Leistungsanreizen), ist in den Verwaltungen kaum möglich: „Trotz des gesellschaftlichen Wertewandels mit seinen Individualisierungstendenzen und des Nachweises multipler Wertemuster bei Beschäftigten im öffentlichen Dienst werden sowohl das Entgelt als auch die Sozialleistungen für die knapp 6,5 Millionen Beschäftigten einheitlich gestaltet."[2033] Darüber hinaus werden die vorhandenen Sozialleistungen durch den Gewöhnungseffekt für die Beschäftigten selbstverständlich und üben kaum noch eine Anreizwirkung aus.
Hilfreich ist ein Blick in die Privatwirtschaft: In den ersten Jahren der Industrialisierung hatten die betrieblichen Sozialleistungen vor allem soziale Funktionen. Im Zuge der ge-

[2029] Vgl. Baßlsperger/Gerhard, Lexikon des öffentlichen Dienstrechts, 1993, S. 272.
[2030] Vgl. Oechsler/Kastura, Betriebliche Sozialleistungen – Entwicklungen und Perspektiven, in: Weber (Hrsg.), Entgeltsysteme – Lohn, Mitarbeiterbeteiligung und Zusatzleistungen, 1993, S. 342 (342 f.).
[2031] Vgl. Klinkenberg, Anreizsysteme im Angestelltenbereich des öffentlichen Dienstes, in: Personal 1/1996, S. 23 (25).
[2032] Zu Eintrittsanreizen und Bleibeanreizen vgl. Kap. 3.1.2.8.
[2033] Vaanholt, Human Resource Management in der öffentlichen Verwaltung, 1997, S. 188.

setzlichen und tariflichen Fixierungen erhielt sie zunehmend ökonomische Funktionen mit dem Ziel der Steigerung der Attraktivität des Unternehmens auf dem Arbeitsmarkt und der Motivationssteigerung.[2034] Mit der Gewährung betrieblicher Sozialleistungen werden in der Privatwirtschaft heute folgende Ziele verbunden: Sie sollen Leistungsbereitschaft und -fähigkeit, Arbeitszufriedenheit und -moral, Integration und Bindung der Beschäftigten an das Unternehmen erhöhen, soziale Nachteile für bestimmte Mitarbeitergruppen ausgleichen und das Image des Unternehmens auf dem Arbeitsmarkt verbessern.[2035] Ob und inwieweit diese Ziele erreicht werden, kann kaum eindeutig überprüft werden. Vermutlich werden diese Ziele jedoch um so eher erreicht, je mehr die Sozialleistungen den individuellen Bedürfnissen der Beschäftigten und des jeweiligen Unternehmens entsprechen. So wird allgemein gefordert, betriebliche Sozialleistungen weniger gesetzlich und tariflich zu regeln und sie verstärkt dezentral den individuellen Gegebenheiten auf der betrieblichen Ebene anzupassen.[2036]

Würde man diese Forderung auf die öffentliche Verwaltung übertragen, könnten an die einzelne Verwaltung und an die Beschäftigten angepasste betriebliche Sozialleistungen im Rahmen der Kostenneutralität nur durch Verzicht auf bestimmte gesetzliche oder tarifliche Sozialleistungen geschaffen werden. Es müsste sich dabei um diejenigen Sozialleistungen handeln, die ihre Ziele nicht erreichen und von denen aus der Sicht der Beschäftigten keine Anreizwirkung ausgehen. Ziel von Tarifverhandlungen wäre demnach nicht länger die einheitliche Festlegung einzelner Leistungsbestandteile, sondern die Einigung über eine bestimmte Summe, die zur variablen Gestaltung für jede/n Beschäftigten zur Verfügung steht.[2037] Zur Flexibilisierung von Sozialleistungen würde sich dann z. B. ihr Einsatz als Auswahlkomponenten in Kombinationsmodellen und Cafeteria-Systemen eignen.[2038]

[2034] Allerdings konnten empirische Untersuchungen zur Anreizwirkung monetärer betrieblicher Zusatzleistungen in der Privatwirtschaft keine motivations- und/oder loyalitätssteigernde Wirkung nachweisen, vgl. Bellmann/Frick, Umfang, Bestimmungsgründe und wirtschaftliche Folgen betrieblicher Zusatz- und Sozialleistungen, in: Frick/Neubäumer/Sesselmeier (Hrsg.), Die Anreizwirkungen betrieblicher Zusatzleistungen, 1999, S. 95-120; Frick/Bellmann/Frick, Betriebliche Zusatzleistungen in der Bundesrepublik Deutschland, in: zfo, 2/2000, S. 83-91; Frick/Frick/Schwarze, Zusatzleistungen, Arbeitszufriedenheit und Fluktuationsneigung: Empirische Analysen mit dem „Sozio-ökonomischen Panel", in: Frick/Neubäumer/Sesselmeier (Hrsg.), Die Anreizwirkungen betrieblicher Zusatzleistungen, 1999, S. 9-31. Die Existenz einer betrieblichen Altersversorgung erhöht allerdings die Bindung der Mitarbeiter/innen an den Betrieb, vgl. Schnabel/Wagner, Betriebliche Altersversorgung: Verbreitung, Bestimmungsgründe und Auswirkungen auf die Personalfluktuation, in: Frick/Neubäumer/Sesselmeier (Hrsg.), Die Anreizwirkungen betrieblicher Zusatzleistungen, 1999, S. 69-93.

[2035] Vgl. Jung, Personalwirtschaft, 1999, S. 593; Oechsler/Kastura, Betriebliche Sozialleistungen – Entwicklungen und Perspektiven, in: Weber (Hrsg.), Entgeltsysteme – Lohn, Mitarbeiterbeteiligung und Zusatzleistungen, 1993, S. 342 (349).

[2036] Vgl. Oechsler/Kastura, Betriebliche Sozialleistungen – Entwicklungen und Perspektiven, in: Weber (Hrsg.), Entgeltsysteme – Lohn, Mitarbeiterbeteiligung und Zusatzleistungen, 1993, S. 342 (350 ff.).

[2037] Vgl. Vaanholt, Human Resource Management in der öffentlichen Verwaltung, 1997, S. 189 f.

c. Praxis in Kommunalverwaltungen

Es ist bereits unter Punkt a. dargestellt worden, dass der Spielraum betrieblicher Sozialleistungen auf Grund des Regelungsvorbehalts des Gesetzgebers in Besoldungsfragen sowie weitreichender tariflicher Regelungen relativ klein ist. Daher richten sich alle Kommunalverwaltungen nach diesen Grundlagen aus und haben kaum individuelle Prägungen.

9.5.3.2 Zinslose/-günstige Darlehen

a. Beschreibung

Die Beschäftigten erhalten die Möglichkeit, von der Verwaltung ein zinsloses/-günstiges Arbeitgeberdarlehen in einer bestimmten Höhe zu erhalten (z. B. für den Kauf eines PKW`s, für den Wohnungs- oder Hausbau/-kauf). Ziel dieses Anreizes ist der Erhalt von Arbeitszufriedenheit und Motivation sowie die Identifikation mit der Verwaltung. Hinsichtlich der Beschäftigten können persönliche Bedürfnisse, die mit finanziellen Investitionen verbunden sind, befriedigt werden. Da kein inhaltlicher Zusammenhang mit den Leistungszielen und der erbrachten Leistung besteht, ist dieser Anreiz kaum brauchbar zur Steuerung der Verwaltungsleistung.
Zinslose/-günstige Darlehen stellen gute Wahlmöglichkeiten im Rahmen von Kombinationsmodellen oder Cafeteriasystemen dar.[2039]

b. Erfolgsfaktoren

Verwaltungen, die Darlehen vergeben wollen, sollten zunächst den Bedarf bei den Beschäftigten ermitteln (z. B. durch Mitarbeiterbefragungen). Weiterhin sollte die Finanzierung geklärt sein. Finanziert werden können diese Darlehen über ein eigenes dafür vorgesehenes Budget, über die Umlage der beteiligten Fachbereiche/Ämter oder über erwirtschaftete Beträge der Gesamtverwaltung oder einzelner Verwaltungseinheiten.

c. Praxis in Kommunalverwaltungen

In Kommunalverwaltungen werden häufig zinslose oder -günstige Darlehen gewährt. Beispielhaft wird im Folgenden die Möglichkeit der Vergabe von zinslosen oder zinsgünstigen Arbeitgeberdarlehen der Stadtverwaltung Köln beschrieben. Im Rahmen städtischer Vorschussrichtlinien bzw. Ratsbeschlüsse können alle Beschäftigten der Ge-

---

[2038] Vgl. Kap. 10.2.
[2039] Vgl. Kap. 10.2.

samtverwaltung einen Vorschuss bzw. ein Darlehen beantragen. Ziel dieser Sozialleistungen ist die Mitarbeiterzufriedenheit, da persönliche Bedürfnisse realisiert werden können und wirtschaftlichen Notwendigkeiten begegnet werden kann. Die Beschäftigten können in Notlagen unterstützt werden, was unter anderem Ausdruck der Fürsorgepflicht des Arbeitgebers bzw. Dienstherrn ist. Vorschüsse/Darlehen können aus folgenden Anlässen (gegen Nachweis des Verwendungszweckes) beantragt werden:[2040]

- Erstbeschaffung von Kraftfahrzeugen durch Bedienstete, die wegen einer Behinderung von mindestens 50 % für das Zurücklegen des Weges zwischen Wohnung und Arbeitsstätte auf ein eigenes Kraftfahrzeug angewiesen sind,
- Möbel-/Hausratbeschaffung aus Anlass der Eheschließung, der erstmaligen Begründung eines eigenen Hausstandes oder der Ehescheidung,
- Aussteuer oder Ausstattung der eigenen Kinder, Adoptiv-, Pflege- und Stiefkinder bei deren Verheiratung oder erstmaliger Begründung eines eigenen Hausstandes,
- Ersatzbeschaffung bei Verlust von Möbeln, Hausrat und Bekleidung in Fällen, für die ein Versicherungsschutz nicht zu erlangen ist,
- schwere Erkrankung und Bestattung von bedürftigen, beihilferechtlich nicht berücksichtigungsfähigen Familienangehörigen,
- Einbau oder Erneuerung einer Heizung im Eigentum oder in der Mietwohnung,
- Beschaffung von Musikinstrumenten durch Mitglieder des städtischen Orchesters,
- Erwerb des Führerscheins Klasse II, wenn dies aus betrieblichen Gründen dringend erforderlich ist,
- Beschaffung von Kinderzimmermöbeln je Kind,
- Wohnungswechsel aus zwingendem Anlass,
- Restfinanzierung beim Bau oder Erwerb eines Eigenheimes oder einer Eigentumswohnung sowie zum familiengerechten Ausbau eines Eigenheims (Vorschuss in Höhe von 9.000,- DM),
- Arbeitgeberdarlehen für den Bau/Erwerb eines Eigenheims oder einer Eigentumswohnung (Höhe rund 32.500,- DM).

Die Rückzahlungsmodalitäten liegen bei Vorschüssen i. d. R. bei 100-200 DM monatlich. Die Rückzahlungsverpflichtung für das Arbeitgeberdarlehen tritt erst nach sieben Jahren ein. Bis dahin ist lediglich ein geringer Verwaltungskostenbeitrag zu zahlen. Das Darlehen wird – wie die Vorschüsse – zinslos gewährt. Ein Teil des Darlehensbetrages wird dem/der Mitarbeiter/in unter anderem „erlassen", wenn das Darlehen vorzeitig an die Stadt zurückgezahlt wird. Finanziert werden die Vorschüsse bzw. Darlehen über den zentralen Haushaltsansatz.[2041]

[2040] Nach Informationen der Stadtverwaltung Köln im Jahr 2000.
[2041] Nach Informationen der Stadtverwaltung Köln im Jahr 2000.

9.5.3.3 Leistungszulagen und Leistungsprämien

Da in der kommunalen Praxis Leistungszulagen und Leistungsprämien kombiniert oder zu gleichen oder ähnlichen Zwecken eingesetzt werden, werden sie im Folgenden zusammenhängend dargestellt.

a. Beschreibung

Durch Leistungszulagen und Leistungsprämien kann direkt und zeitnah auf besondere Leistungen reagiert werden; sie werden als besonders wirksames Instrument zur Steigerung der Motivation betrachtet.[2042]
Leistungszulagen können nach dem Dienstrecht (§ 42 a BBesG, Leistungsprämien- und -zulagenverordnung) als befristete monatliche Zahlungen bis zu einem Jahr für herausragende besondere Leistungen für maximal 10 % der Beamten/innen in der Besoldungsgruppe A einer Dienstelle im Kalenderjahr in Höhe bis zu 7 % des Anfangsgehaltes gezahlt werden. Leistungszulagen dienen der Belohnung herausragender Leistungen; sie setzen jedoch auch eine für die Zukunft positive Leistungsprognose voraus.[2043] Sie können nach Gewährung erneut bewilligt werden und bei Leistungsabfall widerrufen werden.
Im Tarifrecht können nach § 3 des ausgehandelten Rahmentarifvertrags[2044] Leistungszulagen und Leistungsprämien an Arbeiternehmer/innen für einen befristeten Zeitraum, höchstens ein Jahr, gezahlt werden. Sie werden gezahlt für Leistungen, die hinsichtlich der Arbeitsqualität oder -quantität erheblich über dem Durchschnitt der Leistungen liegen, die normalerweise zu erwarten sind und die nachweislich überdurchschnittlich zur Hebung der Leistung oder des wirtschaftlichen Erfolgs der Verwaltung oder des Betriebes bzw. des Teiles davon beigetragen haben. Bei Erfüllen der Voraussetzung ist erneute Gewährung möglich. Ein Widerruf ist jederzeit möglich.
Nach dem Dienstrecht (§ 42a BBesG, Leistungsprämien- und -zulagenverordnung) können **Leistungsprämien** als Einmalzahlung für herausragende besondere Leistungen für maximal 10 % der Beamten/innen in der Besoldungsgruppe A einer Dienstelle im Kalenderjahr bis zur Höhe des Anfangsgehaltes gezahlt werden. Sie können nach Gewährung erneut bewilligt werden.
Im Tarifrecht können nach § 4 des Rahmentarifvertrags Leistungsprämien als Einmalbetrag bei Erreichen der vereinbarten oder vom Arbeitgeber vorgegebenen besonderen Ziele als Bestandteil der Arbeitsaufgabe des/der Arbeitnehmers/in zur Steigerung der Leistung und des wirtschaftlichen Erfolges der Verwaltung oder des Betriebes sowie von Teilen davon gewährt werden. Die Höhe bemisst sich entsprechend dem unterschiedlichen Grad der Beteiligung des/der Arbeitnehmers/in an der Steigerung der Leistung o-

---

[2042] Vgl. Göser/Schlatmann, Leistungsbezahlung in der Besoldung, 1998, S. 58.
[2043] Vgl. Erhardt, Gesetz zur Reform des öffentlichen Dienstrechts, 1997, S. 109 f.
[2044] Rahmentarifvertrag vom 29. Oktober 1996 über die Grundsätze zur Gewährung von Leistungszulagen und Leistungsprämien (TV-L)

der des wirtschaftlichen Erfolgs. Leistungsprämien können auch an Gruppen von Arbeitnehmer/innen gewährt werden.
Im Dienstrecht werden keine ausdrücklichen Ziele genannt, die mit Leistungszulagen und Leistungsprämien verfolgt werden. In der Interpretation des Dienstrechtsreformgesetzes werden jedoch die Steigerung der Motivation besonders qualifizierter und leistungsbereiter Beschäftigter und die Schaffung eines weiteren Systems der Personalführung neben der Beförderung gesehen.[2045]
Im Dienstrecht ist eine eindeutige rechtliche Grundlage vorhanden. Nach § 42 a Abs. 1 BBesG werden die Bundesregierung und die Landesregierungen ermächtigt, für ihren Bereich die Vergabe von Leistungsprämien und Leistungszulagen durch Rechtsverordnung zu regeln. Es bleibt ihnen dabei die Art und Weise der Vergabe, die Regelungsdichte und das Verfahren der Vergabe im Einzelnen überlassen.[2046] Inzwischen liegen die Rechtsverordnungen der Länder Nordrhein-Westfalen,[2047] Baden-Württemberg,[2048] Hessen,[2049] Schleswig-Holstein,[2050] Niedersachsen,[2051] Sachsen,[2052] Bayern[2053] und Bremen[2054] vor.[2055] Nach § 42 a Abs. 2 BBesG ist für die Bewilligung von Leistungsprämien und Leistungszulagen die oberste Dienstbehörde oder die von ihr bestimmte Stelle zuständig. Leistungsprämien und Leistungszulagen können entsprechend § 42 a Abs. 3 BBesG nur im Rahmen besonderer haushaltsrechtlicher Regelungen gewährt werden; die Rechtsverordnungen haben Anrechnungs- und Ausschlussvorschriften zu andersartigen Zahlungen zur Abgeltung herausragender besonderer Leistungen vorzusehen. So sind nach § 42 a Abs. 2 BBesG Anrechnungs- und Ausschlussvorschriften zu Leistungszulagen vorgesehen; Leistungsprämien können dagegen in diesen Fällen gewährt

---

[2045] Vgl. Erhardt, Gesetz zur Reform des öffentlichen Dienstrechts, 1997, S. 111.
[2046] Vgl. Erhardt, Gesetz zur Reform des öffentlichen Dienstrechts, 1997, S. 109.
[2047] Verordnung über die Gewährung von Prämien und Zulagen für besondere Leistungen (Leistungsprämien- und -zulagenverordnung – LPZVO), in: Gesetz- und Verordnungsblatt für das Land Nordrhein-Westfalen 16/1998, S. 204.
[2048] Verordnung der Landesregierung über die Gewährung von Prämien und Zulagen für besondere Leistungen (Leistungsprämien- und -zulagenverordnung - LPZVO) des Landes Baden-Württemberg vom 30. März 1998, in: Gesetzblatt für Baden-Württemberg 7/1998, S. 215.
[2049] Hessische Verordnung über die Gewährung von Prämien und Zulagen für besondere Leistungen (Hessische Leistungsprämien- und -zulagenverordnung – HLPZVO –), vom 4. November 1998, in: Gesetz- und Verordnungsblatt für das Land Hessen 23/1998, S. 472.
[2050] Landesverordnung über die Gewährung von Prämien für besondere Leistungen (Leistungsprämienverordnung – LPVO –), vom 8. Februar 2000, in: Gesetz- und Verordnungsblatt Schleswig-Holstein 3/2000, S. 163.
[2051] Niedersächsische Verordnung über die Gewährung von Prämien und Zulagen für besondere Leistungen (Leistungsprämien- und -zulagenverordnung – NDS-VO –), vom 5. Februar 1999, in: Gesetz- und Verordnungsblatt für das Land Niedersachsen 19/1999, S. 359.
[2052] Verordnung der Sächsischen Staatsregierung über die Gewährung von Prämien für besondere Leistungen (Leistungsprämienverordnung – LPVO), vom 27. Oktober 1998, in: Sächsisches Gesetz- und Verordnungsblatt 21/1998, S. 597.
[2053] Verordnung über die Gewährung von Prämien und Zulagen für herausragende besondere Leistungen (Bayerische Leistungsprämien- und Leistungszulagenverordnung – BayLPZV) vom 15. Dezember 1998, in: Bayerisches Gesetz- und Verordnungsblatt 27/1998, S. 1020.
[2054] Bremische Verordnung über die Gewährung von Prämien und Zulagen für besondere Leistungen (Bremische Leistungsprämien- und -zulagenverordnung – BremLPZV –) vom 7. Juli 1998, in: Gesetzblatt der Freien Hansestadt Bremen 36/1998, S. 201.
[2055] Zum Überblick über die dienstrechtlichen Grundlagen von Leistungszulagen und Leistungsprämien vgl. KGSt-Bericht Nr. 3/1999: Personalführung Teil 1: Leistungsermittlung, S. 103; 105.

werden. Ist der Anlass der Vergabe von Leistungsprämien und Leistungszulagen derselbe wie der der Vergabe der Leistungsstufe, der Mehrarbeitsvergütung und zur Vertreterzulage nach § 46 Abs. 2 BBesG, tritt eine eindeutige Konkurrenzsituation zwischen den verschiedenen Zahlungen ein.[2056] Leistungsprämien und Leistungszulagen sind nicht ruhegehaltsfähig. Wie bei der Gewährung der Leistungsstufe dient die Quotierung von 10 % auch hier der Verhinderung des „Gießkannenprinzips"[2057]. Durch Rechtsverordnung kann geregelt werden, dass auch bei einem Dienstherrn mit weniger als 10 Beamten/innen Leistungsprämien und Leistungszulagen gewährt werden können. In den Landesverordnungen ist vorgesehen, dass Leistungszulagen oder Leistungsprämien auch an Gruppen vergeben werden können.[2058]

Der Deutsche Städtetag Nordrhein-Westfalen hat ein Hinweispapier zwecks Ausgleichs der inhaltlichen Unterschiede von Dienstrecht und Tarifrecht erarbeitet, das den Verwaltungen Hilfestellung bei der Gewährung von Leistungszulagen und Leistungsprämien für Beamte/innen geben und Missbrauch mit den neuen Instrumenten verhindern soll.[2059] In diesen Hinweisen wird verdeutlicht, dass es sich bei den leistungsorientierten Bezahlungselementen des Dienstrechts um „Steuerungsinstrumente zur Steigerung der Leistungsfähigkeit der Verwaltungen durch Belohnung"[2060] handelt. Es werden Eckpunkte der Gewährung von Leistungszulagen und Leistungsprämien erörtert hinsichtlich der Finanzierung, der Leistungsfeststellung, der Zieldefinition als Voraussetzung der Gewährung einer Prämie oder Zulage, der Gruppen- und Individualleistung, der 10 %-Quotierung, der Beteiligung der Personalvertretung, der Einführungsbreite und Pi-

[2056] Vgl. Erhardt, Gesetz zur Reform des öffentlichen Dienstrechts, 1997, S. 110.

[2057] Battis, Berufsbeamtentum und Leistungsprinzip, in: ZBR 7/1996, S. 193 (196).

[2058] § 2 Abs. 1 der Verordnung über die Gewährung von Prämien und Zulagen für besondere Leistungen (Leistungsprämien - und -zulagenverordnung - LPZVO), in: Gesetz- und Verordnungsblatt für das Land Nordrhein-Westfalen 16/1998, S. 204; § 2 Abs. 2 der Verordnung der Landesregierung über die Gewährung von Prämien und Zulagen für besondere Leistungen (Leistungsprämien- und -zulagenverordnung - LPZVO) des Landes Baden-Württemberg vom 30. März 1998, in: Gesetzblatt für Baden-Württemberg 7/1998, S. 216; § 2 Abs. 2 der Hessischen Verordnung über die Gewährung von Prämien und Zulagen für besondere Leistungen (Hessische Leistungsprämien- und zulagenverordnung – HLPZVO –), vom 4. November 1998, in: Gesetz- und Verordnungsblatt für das Land Hessen 23/1998, S. 472; § 4 der Landesverordnung über die Gewährung von Prämien für besondere Leistungen (Leistungsprämienverordnung – LPVO –), vom 8. Februar 2000, in: Gesetz- und Verordnungsblatt Schleswig-Holstein 3/2000, S. 163; § 2 der Verordnung der Sächsischen Staatsregierung über die Gewährung von Prämien für besondere Leistungen (Leistungsprämienverordnung – LPVO), vom 27. Oktober 1998, in: Sächsisches Gesetz- und Verordnungsblatt 21/1998, S. 597; § 2 Abs. 2 der Verordnung über die Gewährung von Prämien und Zulagen für herausragende besondere Leistungen (Bayerische Leistungsprämien- und Leistungszulagenverordnung – BayLPZV) vom 15. Dezember 1998, in: Bayerisches Gesetz- und Verordnungsblatt 27/1998, S. 1020; § 2 Abs. 1 der Bremischen Verordnung über die Gewährung von Prämien und Zulagen für besondere Leistungen (Bremische Leistungsprämien- und -zulagenverordnung – BremLPZV –) vom 7. Juli 1998, in: Gesetzblatt der Freien Hansestadt Bremen 36/1998, S. 201; § 2 Abs. 1 der Niedersächsischen Verordnung über die Gewährung von Prämien und Zulagen für besondere Leistungen (Leistungsprämien- und -zulagenverordnung – NDS-VO –), vom 5. Februar 1999, in: Gesetz- und Verordnungsblatt für das Land Niedersachsen 19/1999, S. 359.

[2059] Vgl. Städtetag Nordrhein-Westfalen (Hrsg.), Hinweise zur Gewährung von Leistungszulagen und Leistungsprämien für Beamtinnen und Beamte in den Städten vom 18.11.1998.

[2060] Städtetag Nordrhein-Westfalen (Hrsg.), Hinweise zur Gewährung von Leistungszulagen und Leistungsprämien für Beamtinnen und Beamte in den Städten vom 18.11.1998, Einleitung.

lotierung, der Abgrenzung zwischen Leistungsprämie und Leistungszulage, der Höhe der Zahlungen und der Justiziabilität.[2061]

Im Tarifrecht werden eindeutige Ziele genannt, die mit Leistungszulagen und Leistungsprämien verbunden werden. So wird insbesondere das Ziel der Steuerung der Verwaltungsleistung herausgestellt. In der Präambel des Rahmentarifvertrags wird verdeutlicht, dass die verstärkte leistungs- und erfolgsabhängige Bezahlung der Unterstützung des notwendigen Prozesses der Verwaltungen und Betriebe und ihrer Dienstleistungen, der Verbesserung der Personalsteuerung, der Einbeziehung der Arbeitnehmer/innen bei der Neugestaltung der Verwaltung, der Einnahmensteigerung und Ausgabenbegrenzung durch Zielvereinbarungen dient. Die Höhe der Leistungszulagen und Leistungsprämien bemisst sich nach § 2 des Rahmentarifvertrags entsprechend dem unterschiedlichen Grad der Beteiligung des/der Arbeitnehmers/in an der Steigerung der Leistung oder des wirtschaftlichen Erfolgs. Die Gewährung von Leistungszulagen und Leistungsprämien ist nur im Rahmen des beim Arbeitgeber für diesen Zweck verfügbaren Finanzvolumens möglich. Beide materielle Leistungsanreize sind nicht zusatzversorgungspflichtig und werden bei der Bemessung der Urlaubsvergütung und des Urlaubslohnes nicht berücksichtigt. Nach § 6 des Rahmentarifvertrags ist die gleichzeitige Bewilligung von Leistungszulagen und Leistungsprämien neben Zulagen mit gleicher oder ähnlicher Zweckbestimmung nicht zulässig.
Im Vergleich zum Dienstrecht ist die tarifrechtliche Grundlage der Gewährung von Leistungszulagen und Leistungsprämien derzeit (noch) in Bewegung. Die Vereinigung der Kommunalen Arbeitgeberverbände (VKA) hat bereits 1995 Richtlinien zur Gewährung von Leistungszulagen und Leistungsprämien herausgegeben.[2062] Diese Richtlinien gelten für Angestellte und Arbeitnehmer/innen, deren Arbeitsverhältnisse dem BAT und BMT-G unterliegen.[2063] Der Rahmentarifvertrag, der die Gewährung von Leistungszulagen und Leistungsprämien regelt, sieht eine Umsetzung von Leistungsprämien und Leistungszulagen nur auf der Grundlage bezirklicher Tarifverträge vor.[2064] Der Rahmentarifvertrag ist jedoch bislang in einem Bundesland[2065] und in einigen Haustarifverträgen (mit örtlichem Geltungsbereich)[2066] umgesetzt.[2067]

[2061] Vgl. auch Kappius, Leistungsabhängige Bezahlung aus der Sicht eines öffentlichen Arbeitgebers, in: Adamaschek/Oechsler (Hrsg.), Leistungsabhängige Bezahlung im öffentlichen Dienst, 2001, S. 11(12).

[2062] Richtlinien der Vereinigung der kommunalen Arbeitgeberverbände (VKA) zur Gewährung von Leistungszulagen und Leistungsprämien, 17. November 1995.

[2063] Vgl. Krutzki, Leistungszulagen und -prämien – ein „Muss" für den öffentlichen Dienst?, in: ZTR 10/2000, S. 445 (445).

[2064] § 2 Abs. 1 des Rahmentarifvertrags vom 29. Oktober 1996 über die Grundsätze zur Gewährung von Leistungszulagen und Leistungsprämien (TV-L).

[2065] Tarifvertrag zur Gewährung von Leistungszulagen und Leistungsprämien in kommunalen Verwaltungen und Betrieben im Lande Sachsen-Anhalt (TV-LZ/LP-LSA kommunal) vom 30. Juni 1997.

[2066] Z. B. Tarifvertrag über leistungsbezogene Entgeltbestandteile zwischen der Landeshauptstadt Saarbrücken (LHS) und der Gewerkschaft Öffentliche Dienste, Transport und Verkehr – Bezirk Saar – (ÖTV) vom 29.6.1995.

[2067] Zum Überblick über die tarifrechtlichen Grundlagen von Leistungszulagen und Leistungsprämien vgl. KGSt-Bericht Nr. 3/1999: Personalführung Teil 1: Leistungsermittlung, S. 104, 106.

Bislang scheiterte die Gewährung von Leistungsprämien und Leistungszulagen in den Verwaltungen daran, dass sich die Tarifparteien und/oder Verwaltungsleitung und Personalrat nicht auf einen Weg der Vergabe einigen konnten.[2068] Insbesondere die ÖTV-Forderung nach Einrichtung paritätischer Kommissionen, die eine gerechte Verteilung der materiellen Leistungsanreize gewährleisten sollte, stieß auf Arbeitgeberseite auf Kritik.[2069] Inzwischen zeichnen sich auf dem Weg zur tarifrechtlichen Verständigung folgende Entwicklungen ab: In den Tarifbereichen der Versorgungsbetriebe[2070] sowie der Nahverkehrsbetriebe Nordrhein-Westfalen[2071] ist eine Einigung über folgendes Vergabeverfahren von Leistungsprämien und Leistungszulagen erzielt worden: Die Kriterien über die Vergabe sowie das Verfahren werden in einem betrieblich zu vereinbarenden System festgelegt. Bei der Entwicklung und beim ständigen Controlling des Systems wirkt eine betriebliche Kommission mit, deren Mitglieder je zur Hälfte vom Arbeitgeber und vom Betriebs-/Personalrat benannt werden. Die Beratung von begründeten Beschwerden, die sich auf Mängel des Systems bzw. seiner Anwendung beziehen, ist ebenfalls Aufgabe dieser betrieblichen Kommission. Nach dem Spartentarifvertrag Nahverkehrsbetriebe entscheidet der Arbeitgeber auf Vorschlag der Kommission, ob und in welchem Umfang der Beschwerde im Wege der Korrektur des Systems bzw. von Systembestandteilen oder auch von einzelnen konkreten Anwendungsfällen abgeholfen werden kann.[2072]
Diese Einigung hat vermutlich eine Umsetzung des Rahmentarifvertrags zur Gewährung von Leistungszulagen und Leistungsprämien in weitere bezirkliche Tarifverträge im kommunalen Bereich zur Folge, so dass auch für die Kernverwaltung vergleichbare Grundlagen geschaffen werden. Auch die Regelungen des Dienstrechtsreformgesetzes dürften für den Tarifbereich den Druck wachsen lassen, klare Regelungen auch für Arbeitnehmer/innen zu schaffen.[2073]

Nachfolgend werden die verschiedenen Zieldimensionen dargestellt, nach denen finanzielle Zuwendungen vergeben werden können. Sie werden unterschieden entsprechend der unterschiedlichen Zielfelder des kommunalen Managements:[2074]

[2068] Die bisherigen außertariflichen Möglichkeiten waren bislang je nach Bundesland unterschiedlich. So ist z. B. in Niedersachsen der Gemeindehaushalt an das Tarifrecht gekoppelt; in Nordrhein-Westfalen ist eine Genehmigung durch den KAV NW für Verwaltungen notwendig, die Pilotprojekte durchführen wollen.

[2069] Vgl. Tondorf, Leistungspolitik und Leistungsbezahlung im öffentlichen Dienst, in: WSI Mitteilungen 4/1997, S. 241 (245).

[2070] Tarifvertrag Versorgungsbetriebe (TV-V) vom 5. Oktober 2000.

[2071] Spartentarifvertrag Nahverkehrsbetriebe (TV-N NW) (vereinbart, noch nicht abgeschlossen).

[2072] § 7 Abs. 5 des Spartentarifvertrags Nahverkehrsbetriebe (TV-N NW) (vereinbart, noch nicht abgeschlossen); § 6 Abs. 5 des Tarifvertrags Versorgungsbetriebe (TV-V) 5. Oktober 2000.

[2073] Vgl. Tondorf, Leistungspolitik und Leistungsbezahlung im öffentlichen Dienst, in: WSI Mitteilungen 4/1997, S. 241 (247).

[2074] Vgl. Kap. 6.1.2; Die folgende Darstellung erarbeitete die Verfasserin mit Beratung der von ihr geleiteten KGSt-Arbeitsgruppe „Immaterielle und materielle Leistungsanreize“. Vgl. ferner Tondorf, Leistungszulagen im öffentlichen Dienst – ein Instrument gegen den Strukturkonservatismus?, in: WSI Mitteilungen 3/1996, S. 182 (189).

- o **Bürger/innen, Kunden/innen**
  - Qualitätssteigerung der Wirkungen und Ergebnisse,
  - Leistungsintensivierung,
  - Verbesserungsvorschläge,
- o **Prozesse & Strukturen**
  - Fallzahlensteigerung,
  - Rückstandsaufarbeitung,
  - Verbesserungsvorschläge,
  - Projektarbeit,
  - Reduzierung des Krankenstandes, überdurchschnittliche Präsens,
  - besonderes Engagement,
  - besonderer Einsatz,
  - Bürgerfreundlichkeit,
- o **Ressourcen**
  - wirtschaftliches Handeln (im Rahmen der Budgetierung),
  - Erzielung von Mehreinnahmen,
  - Kosteneinsparungen (Personalkosten, Sachkosten),
  - Steigerung der Wettbewerbsfähigkeit.

b. Erfolgsfaktoren

Damit Leistungszulagen und Leistungsprämien ihre jeweiligen Funktionen erreichen können, sollten sie mit eindeutigen Verwaltungszielen in Verbindung gebracht werden. Wie der Rahmentarifvertrag herausstellt, sind diese beiden leistungsbezogenen Bezahlungselemente insbesondere zur Steuerung der Verwaltungsleistung geeignet. Sie sollten daher bewusst zur Erreichung der Verwaltungsziele in den unter Punkt a. dargestellten Zieldimensionen eingesetzt werden. Ebenfalls sollten sie in den Reformprozess der Verwaltungen eingebettet sein und diesen unterstützen.[2075]
Ein weiterer Erfolgsfaktor ist ein positiver Einsatz wichtiger immaterieller Leistungsanreize.[2076] Sie stellen sozusagen die Basis für die Wirksamkeit der materiellen Leistungsanreize dar.
Ein entscheidender Erfolgsfaktor für einen erfolgreichen Einsatz von Leistungsprämien und Leistungszulagen ist die Bezahlungsgerechtigkeit insgesamt in der jeweiligen Verwaltung, die aus einer Entsprechung zwischen Leistungsanforderung bzw. der geleisteten Arbeit und Einstufung bzw. Laufbahngruppenzugehörigkeit, beruflichen Aufstiegsmöglichkeiten, transparenten leistungs- und fähigkeitsbezogenen Personalauswahlentscheidungen sowie einer gerechten Verteilung der Arbeitsmenge besteht.[2077]

[2075] Vgl. Tondorf, Leistungszulagen im öffentlichen Dienst – ein Instrument gegen den Strukturkonservatismus?, in: WSI Mitteilungen 3/1996, S. 182 (188).
[2076] Vgl. Kap. 8.
[2077] Vgl. Kap. 9.1, 9.5.1, 9.5.2.

Auf dem Hintergrund einer solchen Ausgangslage könnten Leistungszulagen und Leistungsprämien sinnvolle Instrumente der Honorierung individueller Leistungsunterschiede sein. Diese leistungsbezogenen Bezahlungselemente können gewissermaßen als „Drehschrauben zur *Feinabstimmung* des Entgeltsystems"[2078] zur Honorierung besonderer, d. h. über das übliche und im Entgelt angemessen honorierte Maß hinausreichender Leistungen gewährleistet werden. Ist die Ausgangslage der „Grobstimmungsgrundlage" nicht gegeben, d. h. wenn für die Beschäftigten die Frage, ob andere zu Recht bei gleicher Leistung mehr oder bei geringerer Leistung gleich viel bekommen, umstritten ist, besteht vielmehr umgekehrt die Gefahr, dass das Hinzukommen von Leistungszulagen und Leistungsprämien „die ohnehin schon bestehenden Verwerfungen und die Ungerechtigkeitswahrnehmungen steigert und am Ende die Leistungsbereitschaft schwächt."[2079] Die Schaffung einer größeren Gerechtigkeit in der Entlohnung wird daher für viele Verwaltungen eine notwendige Aufgabe sein, die Priorität vor der Einführung leistungsbezogener Bezahlungselemente hat.
Damit diese materiellen Leistungsanreize motivations- und leistungssteigernd eingesetzt werden können, sind vergleichbare rechtliche Grundlagen für alle Beschäftigtengruppen notwendig. Dienstrecht und Tarifrecht sollten jeweils vergleichbare Zielsetzungen der Gewährung, eindeutige rechtliche Regelungen sowie vergleichbare Empfängerzahlen beinhalten.
Ein weiterer Erfolgsfaktor für die Gewährung dieser finanziellen Zuwendungen ist die leistungsorientierte Vergabe. Wenn immer eine besonders herausragende Leistung mit der Aussicht auf eine Zuwendung erbracht worden ist, sollte diese Zuwendung auch gezahlt werden. Um eine Motivations- und Leistungssteigerung nachhaltig zu erreichen, sollte die Gewissheit unter den Beschäftigten auf eine solche Zahlung bei der Erbringung der entsprechenden Leistung erfüllt werden. Dem widerspricht jedoch die Quote von 10 %, die durch das Dienstrecht vorgeben ist. Diese Quotierung ist vorgesehen, um die Zahl der in Frage kommenden Personen nicht beliebig auszuweiten, sondern auf die eigentlichen Leistungsträger/innen zu beziehen. Damit soll den Führungskräften eine Hilfestellung durch den Zwang zur Differenzierung gegeben werden.[2080] Werden jedoch die wirklich Leistungsstarken ermittelt, widerspricht eine Quotierung dem Grundgedanken der Leistungsorientierung, da durch sie eine Anerkennung der tatsächlichen Zahl der Leistungsträger/innen eingeschränkt und das Leistungsprinzip damit „ausgehebelt" werden kann.[2081] Wenn eine Steigerung des Erfolges denkbar ist, muss es möglich sein, diesen durch eine Prämie oder Zulage zu belohnen.[2082] Es ist davon auszugehen, „daß alle Grundlagen für eine erfolgreiche Einführung motivationsfähiger (!) Leistungs-

[2078] Klages, Notwendige Voraussetzungen für eine erfolgreiche Einführung von Leistungsprämien im öffentlichen Dienst, unveröffentlichtes Manuskript.
[2079] Klages, Notwendige Voraussetzungen für eine erfolgreiche Einführung von Leistungsprämien im öffentlichen Dienst, unveröffentlichtes Manuskript.
[2080] Vgl. Battis, Berufsbeamtentum und Leistungsprinzip, in: ZBR 7/1996, S. 193 (196).
[2081] Vgl. Tondorf, Leistungspolitik und Leistungsbezahlung im öffentlichen Dienst, in: WSI Mitteilungen 4/1997, S. 241 (244).
[2082] Vgl. Wichmann/Hausen/Löhr, Anforderungen an die Reform des Dienstrechts aus kommunaler Sicht, in: Innovative Verwaltung, 1/1996, S. 20 (23).

prämien *in Wegfall* geraten, wenn eine solche Quotierung besteht, denn die Beschäftigten können dann nicht davon ausgehen, daß eine sicher kalkulierbare Beziehung zwischen der eigenen Leistung und einer Leistungsprämie besteht. Gerade normale erfolgsorientierte Personen werden sich durch die extreme Erfolgs*ungewißheit,* die mit einer solchen Quotierung ins Spiel kommt, mit hoher Wahrscheinlichkeit davon abhalten lassen, überhaupt ins Rennen zu gehen. Die Motivierungswirkung der Prämie wird dementsprechend verpuffen. . . "[2083]. Darüber hinaus stellen Beurteilerschulungen und veränderte Beurteilungsverfahren wirksamere Maßnahmen dar, der Schwäche der Vorgesetzten zur willkürlichen Vergabe vorzubeugen als die Quotierung.[2084]
Will man die Quotierung dennoch beibehalten, wären folgende Verfahren sinnvoll:[2085]

- Die 10 %-Quote wird nicht personenbezogen berechnet, sondern budgetiert mit einer Obergrenze, die sich aus den sich aus § 42 a Abs. 2 BBesG ergebenden Höchstbeträgen für 10 % der beamteten Beschäftigten ergibt. Die/der Vergabeberechtigte hat im Rahmen der haushaltsrechtlichen Möglichkeiten einen bestimmten Maximalbetrag zur Verfügung, den sie/er auf eine unbestimmte Zahl von herausragenden Leistungen verteilen kann.[2086]
- Ein Teil der nicht verbrauchten Mittel kann zur Vermeidung von Zufälligkeiten sowie von nicht sachgerechten Entscheidungen im „Dezemberfieber" einmalig in das Folgejahr übertragen werden.
- Die Budgetierung steht im Einklang mit der Flexibilisierung des Haushaltsrechts, der Kosten- und Leistungsrechnung und dem Controlling.

Auch bei dieser Budgetlösung muss die Vergabe auf einer leistungsorientierten Basis geschehen.
Die Transparenz der leistungsorientierten Entscheidungen der Vergabe muss sicherstellen, dass auch diejenigen, die keinen materiellen Anreiz erhalten haben, den Grund sowie Möglichkeiten erkennen können, sich selber für einen Erhalt qualifizieren zu können.[2087] Einige Stimmen fordern, dass die Verwaltungsleitung darauf hinwirken sollte, dass die Vergabeberechtigten ihre Entscheidungen veröffentlichen (z. B. durch Hausbekanntmachung, Abteilungsinformation, mündliche Bekanntgabe etc.) oder zumindest die Kriterien abstrakt benennen, die zur Vergabe geführt haben.[2088]
Die Vergabe von finanziellen Zuwendungen an Teams kann positive Auswirkungen auf die Zusammenarbeit haben und lässt noch größere Potenzialaktivierungen erwarten.[2089]
Ein Erfolgsfaktor für einen effektiven Einsatz von Leistungsprämien und Leistungszulagen ist ein angemessenes Verhältnis zwischen der Höhe der finanziellen Zahlung und

---

[2083] Klages, Notwendige Voraussetzungen für eine erfolgreiche Einführung von Leistungsprämien im öffentlichen Dienst, unveröffentlichtes Manuskript.
[2084] Vgl. Vaanholt, Human Resource Management in der öffentlichen Verwaltung, 1997, S. 167 f.
[2085] Vgl. Bönders, Neue Leistungselemente in der Besoldung – Anreiz oder Flop?, in: ZBR 1/1999, S. 11 (18).
[2086] Vgl. auch Much, Leistungsanreize, in: iv 1/1996, S. 25 (29).
[2087] Vgl. Plamper, Leistungsprämien in der Kommunalverwaltung, in: ZKF 8/1993, S. 175 (176).
[2088] Vgl. Bönders, Neue Leistungselemente in der Besoldung – Anreiz oder Flop?, in: ZBR 1/1999, S. 11 (19).
[2089] Vgl. Plamper, Leistungsprämien in der Kommunalverwaltung, in: ZKF 8/1993, S. 175 (176).

dem erforderlichen Aufwand der Gewährung einerseits und dem Wert der Leistung andererseits.[2090] Zumindest muss die Höhe so beschaffen sein, dass sie einen ausreichenden Anreiz für die Beschäftigten zur Erbringung der entsprechenden Leistung darstellt. Um Erfahrungen über die Anreizwirkung zu sammeln, kann eine Experimentierphase bei der Einführung sinnvoll sein.[2091]

Die herausragende besondere Leistung, für die die finanzielle Zuwendung gezahlt werden soll, muss weiterhin für eine durchschnittlich leistungsfähige Person „erfolgreich und ohne Selbstschädigung“[2092] erbringbar und klar getrennt von der normal zu erbringenden Leistung sein. Um das richtige Anforderungsmaß herauszufinden, kann der Einsatz von Mitarbeiterbefragungen oder Experimentierphasen hilfreich sein.[2093]

Weiterhin muss die Finanzierung der materiellen Leistungsanreize geklärt sein: Werden Leistungsprämien und Leistungszulagen so eingesetzt, dass eine Leistungssteigerung erzielt wird, können die Ausgaben für die materiellen Leistungsanreize als Aufwand den erwartbaren Effizienzgewinn als Ertrag gegenübergestellt werden.[2094] Da diese Effizienzgewinne zumindest in der Erprobungszeit noch nicht eindeutig im Voraus kalkulierbar sind, kann eine „Anschubfinanzierung“ sinnvoll sein.

Das Papier des Deutschen Städtetages Nordrhein-Westfalen mit Hinweisen zur Gewährung von Leistungszulagen und Leistungsprämien benennt folgende Möglichkeiten der Finanzierung:[2095]

- **Einsparung von Personalkosten**
  Einsparungen von Personalkosten sind z. B. durch Verzicht auf oder Verzögerung von Stellenbesetzungen über die allgemeinen Vorgaben hinaus denkbar, soweit dies kausal zu einer Produktivitätssteigerung führt.
- **Einsparungen bei Sachkosten**
  Einsparpotenziale können sich sowohl bei einmaligen wie auch bei laufenden Sachmittelausgaben ergeben.
- **Erzielung von Mehreinnahmen**
  Mehreinnahmen können insbesondere durch quantitative Leistungssteigerungen oder die Vermarktung geeigneter Produkte im Rahmen der gesetzlichen Möglichkeiten erzielt werden.
- **Vermeidung von Mehrausgaben und Steigerung der Wirtschaftlichkeit**
  Dies bedeutet z. B., dass neue Aufgaben ohne zusätzlichen Personal- und Sachkostenaufwand erfüllt werden. Im Übrigen lässt sich die Wirtschaftlichkeit sowohl

[2090] Vgl. Klages, Motivieren Leistungsanreize unsere Leistungsanreize unsere MitarbeiterInnen?, 3.11.2000.
[2091] Vgl. Klages, Notwendige Voraussetzungen für eine erfolgreiche Einführung von Leistungsprämien im öffentlichen Dienst, unveröffentlichtes Manuskript, vgl. auch Kap. 12.2.2.5.
[2092] Klages, Notwendige Voraussetzungen für eine erfolgreiche Einführung von Leistungsprämien im öffentlichen Dienst, unveröffentlichtes Manuskript.
[2093] Vgl. Klages, Notwendige Voraussetzungen für eine erfolgreiche Einführung von Leistungsprämien im öffentlichen Dienst, unveröffentlichtes Manuskript.
[2094] Vgl. Klages, Notwendige Voraussetzungen für eine erfolgreiche Einführung von Leistungsprämien im öffentlichen Dienst, unveröffentlichtes Manuskript.
[2095] Vgl. Städtetag Nordrhein-Westfalen, Hinweise zur Gewährung von Leistungszulagen und Leistungsprämien für Beamtinnen und Beamte in den Städten, Punkt 1.

durch quantitative wie auch durch qualitative Dienstleistungsverbesserungen steigern.

Das Hinweispapier macht weiterhin deutlich, dass bei Einsparungen die Grenzen generell dort zu ziehen sind, „wo sie unausweichlich zu einer Verschlechterung der Leistung führen würden. Die Einsparung von Sachkosten darf nicht zu Beeinträchtigungen von einheitlichen technischen Standards, Datenschutz, Arbeitsschutz oder Arbeitssicherheit führen."[2096]

Zu beachten ist dabei, dass es Facheinheiten gibt, in denen eine Verbesserung der Wirtschaftlichkeit des Ressourceneinsatzes zur Grundlage einer erfolgsabhängigen Zahlung gemacht werden kann, und andere, in denen dies nicht oder kaum möglich ist (z. B. Bereiche ohne spezielle Einnahmen, mit ausgeschöpften Einsparpotenzialen). Grundsätzlich sind zwei Möglichkeiten vorstellbar:[2097]

- Materielle Leistungsanreize werden lediglich in denjenigen Verwaltungseinheiten gezahlt, in denen eine Finanzierung in oben beschriebener Weise möglich ist. Andere Verwaltungseinheiten können keine materiellen Leistungsanreize zahlen bzw. können nur immaterielle Leistungsanreize vergeben.
- Diejenigen Verwaltungseinheiten, in denen eine Finanzierung in oben beschriebener Weise möglich ist, zahlen einen Teil der erwirtschaften Mittel in einen Ausgleichsfonds. Aus diesem Fonds werden die materiellen Anreize derjenigen Verwaltungseinheiten finanziert, in denen eine Verbesserung der Wirtschaftlichkeit des Ressourceneinsatzes nicht zur Grundlage einer erfolgsabhängigen Zahlung gemacht werden kann.[2098]

Die Finanzierungswege in den Verwaltungen hängen von der jeweiligen finanziellen Situation sowie der konkreten Verwaltungskultur ab.

Im Rahmen der dezentralen Ressourcenverantwortung und der Budgetierung ist die Dezentralisierung der Gewährung dieses Anreizes und die Finanzierung durch die Facheinheiten selber sinnvoll.[2099] In der Gesamtverwaltung können die Rahmenbedingungen festgelegt werden.

[2096] Städtetag Nordrhein-Westfalen, Hinweise zur Gewährung von Leistungszulagen und Leistungsprämien für Beamtinnen und Beamte in den Städten, Punkt 1.

[2097] Die folgende Darstellung erarbeitete die Verfasserin mit Beratung der von ihr geleiteten KGSt-Arbeitsgruppe „Immaterielle und materielle Leistungsanreize".

[2098] So sieht z. B. das Konzept der Stadt Gütersloh vor, dass für materielle Leistungsanreize erwirtschaftete Mittel einer Verwaltungseinheit zu 40 % für erfolgsabhängige Zahlungen an die Mitarbeiter/innen der betreffenden Verwaltungseinheit gezahlt werden, 25 % in einen Ausgleichsfonds und 35 % zur Verbesserung des Haushaltsergebnisses in den Gesamthaushalt fließen, vgl. Stadt Gütersloh (Hrsg.), Leitlinien für erfolgsabhängige Zahlungen an Teams in der Stadtverwaltung Gütersloh, Stand: 27.1.1997, Punkt 7; ferner Punkt c. dieses Kap.

[2099] Vgl. Plamper, Leistungsprämien in der Kommunalverwaltung, in: ZKF 8/1993, S. 175 (176); ferner Städtetag Nordrhein-Westfalen (Hrsg.), Hinweise zur Gewährung von Leistungszulagen und Leistungsprämien für Beamtinnen und Beamte in den Städten vom 18.11.1998, Punkt 2.

Einer der grundlegendsten Erfolgsfaktoren ist die Leistungsfeststellung als Grundlage der Vergabe von Leistungszulagen und Leistungsprämien nach klaren, eindeutigen und transparenten Kriterien. Werden Leistungszulagen und Leistungsprämien nach nicht allgemein nachvollziehbaren, nicht leistungsbezogenen Gründen vergeben, ist zu befürchten, „daß nur wenige mit den Prämien und Leistungszulagen bedachte Beamte motiviert, dafür aber zahlreiche, möglicherweise in gleicher Weise qualifizierte Beamte demotiviert werden. Dies wäre mit dem verfolgten Ziel, die Leistungsbereitschaft der Beamten zu steigern und das Leistungsprinzip zu stärken, nicht zu vereinbaren."[2100] Diese Wirkung ist vergleichbar bei allen Beschäftigtengruppen zu erwarten: „Die Gewährung von betrieblichen Zusatzleistungen hat im Übrigen nur dann eine Motivationswirkung, wenn der Gratifikationszuweisung für alle Beteiligten eindeutig nachvollziehbare Verteilungskriterien zugrunde liegen. Ist dies nicht der Fall, können die Mitarbeiter Reaktanzerscheinungen zeigen, infolgedessen dann möglicherweise ihre Einsatzbereitschaft sinkt."[2101]
Von gesetzgebender Seite wurde bewusst eine Definition der herausragenden Leistung vermieden.[2102] Für die Gewährung von Leistungszulagen und Leistungsprämien sieht das Dienstrecht jedoch vor, dass die Entscheidungsberechtigten (aktenkundig) darlegen, was sie im Einzelnen als herausragende besondere Leistungen ansehen.[2103] Die Landesverordnung Nordrhein-Westfalen fordert als Grundlage eine aktuelle Leistungsfeststellung außerhalb eines geregelten Beurteilungsverfahrens.[2104]

[2100] Erhardt, Gesetz zur Reform des öffentlichen Dienstrechts, 1997, S. 112.

[2101] Stein/Hartmann, Führungsstil und Mitarbeiterverhalten – Lösungen -, in: Akademie 1/2001, S. 28(30).

[2102] Vgl. Göser/Schlatmann, Leistungsbezahlung in der Besoldung, 1998, S. 58, 72. Es herrscht in der Folge häufig Unklarheit darüber, was unter „herausragenden, besonderen Leistungen" zu verstehen ist, vgl. z. B. H.. J. A., Was ist eine herausragende besondere Leistung?, in: Deutsche Polizei 5/1997, S. 15-18.

[2103] § 2 Abs. 4 der Verordnung über die Gewährung von Prämien und Zulagen für besondere Leistungen (Leistungsprämien - und -zulagenverordnung - LPZVO), in: Gesetz- und Verordnungsblatt für das Land Nordrhein-Westfalen 16/1998, S. 204; § 3 Abs.1, § 4 Abs. 1 der Verordnung der Landesregierung über die Gewährung von Prämien und Zulagen für besondere Leistungen (Leistungsprämien- und -zulagenverordnung - LPZVO) des Landes Baden-Württemberg vom 30. März 1998, in: Gesetzblatt für Baden-Württemberg 7/1998, S. 215; § 3 Abs. 2, § 4 Abs. 2 der Hessischen Verordnung über die Gewährung von Prämien und Zulagen für besondere Leistungen (Hessische Leistungsprämien- und -zulagenverordnung – HLPZVO –), vom 4. November 1998, in: Gesetz- und Verordnungsblatt für das Land Hessen 23/1998, S. 472; § 6 der Landesverordnung über die Gewährung von Prämien für besondere Leistungen (Leistungsprämienverordnung – LPVO –), vom 8. Februar 2000, in: Gesetz- und Verordnungsblatt Schleswig-Holstein 3/2000, S. 163; § 2 Abs. 1, § 3 Abs. 1 der Niedersächsischen Verordnung über die Gewährung von Prämien und Zulagen für besondere Leistungen (Leistungsprämien- und -zulagenverordnung – NDS-VO –), vom 5. Februar 1999, in: Gesetz- und Verordnungsblatt für das Land Niedersachsen 19/1999, S. 359; § 3 Abs. 2 der Verordnung der Sächsischen Staatsregierung über die Gewährung von Prämien für besondere Leistungen (Leistungsprämienverordnung – LPVO), vom 27. Oktober 1998, in: Sächsisches Gesetz- und Verordnungsblatt 21/1998, S. 597; § 6 Abs. 2 der Verordnung über die Gewährung von Prämien und Zulagen für herausragende besondere Leistungen (Bayerische Leistungsprämien- und Leistungszulagenverordnung – BayLPZV) vom 15. Dezember 1998, in: Bayerisches Gesetz- und Verordnungsblatt 27/1998, S. 1020; § 6 Abs. 2 der Bremische Verordnung über die Gewährung von Prämien und Zulagen für besondere Leistungen (Bremische Leistungsprämien- und -zulagenverordnung – BremLPZV –) vom 7. Juli 1998, in: Gesetzblatt der Freien Hansestadt Bremen 36/1998, S. 201; vgl. ferner Kap. 7.2.

[2104] § 5 der Verordnung über das leistungsabhängige Aufsteigen in den Grundgehaltsstufen (Leistungsstufenverordnung - LSTuVO) vom 10. März 1998, in: Gesetz- und Verordnungsblatt für das Land Nordrhein-Westfalen 16/1998, S. 205.

Eine Möglichkeit bestände in einer möglichst objektivierten Beurteilung der erbrachten besonderen Leistung,[2105] die jedoch ohne eine das Dienstrechtsreformgesetz ergänzende Verbesserung des Beurteilungssystems nicht möglich ist.[2106] Eine Alternative besteht in der Festlegung von Kriterienkatalogen, die Kriterien für die Gewährung von Leistungszulagen und Leistungsprämien enthalten. Geeignet wären Kriterien, die sich an die in Punkt a. beschriebenen Zieldimensionen anlehnen. Darauf aufbauend, könnte ein konkreter Kriterienkaralog einer Verwaltung wie folgt aussehen:[2107]

- die Übernahme von Tätigkeiten erkrankter Kollegen/innen,
- arbeitsintensive Projektarbeit,
- Aufgaben, die vielen Mitarbeitern/innen der Verwaltung zugute kommen,
- organisatorische Tätigkeiten, die weit über den eigenen Aufgabenbereich hinausreichen,
- Verbesserungsvorschläge für den Reformprozess,
- Steigerung der Leistung und des wirtschaftlichen Erfolges der Verwaltung.[2108]

Gegen Kriterienkataloge sprechen jedoch andere Überlegungen:[2109]

- Kriterienkataloge lassen sich vermutlich in der Praxis nur als schwer konsensfähig entwickeln; auf Grund der verpflichtenden Beteiligungen von Personalrat, Schwerbehindertenvertretung und Frauenbeauftragten ist das zu beachtende Verfahren eher schwerfällig.
- Bei dem Einsatz von Kriterienkatalogen besteht die Gefahr des Entstehens von Rechtsansprüchen sowie der rechtlichen Bindung von Vergabeberechtigten.
- Kreativität, Spontanität und Phantasie bei dem Einsatz der leistungsorientierten Bezahlungselemente können durch die Konzentration auf bestimmte Kriterien eingeengt werden.
- Der Vielgestaltigkeit und der dauernden Veränderung öffentlicher Aufgaben werden festgelegte Kriterienkataloge kaum gerecht.
- Auch Kriterienkataloge sind keine Garantie für die Gerechtigkeit der Vergabe und den sachgerechten Umgang mit den leistungsorientierten Bezahlungselementen.
- Kriterienkataloge entbinden nicht von der Transparenz der Entscheidungen der Vergabe.

In den Kommunalverwaltungen stellen die Kriterien der Vergabe der Zahlungen einen Diskussionspunkt insbesondere zwischen Verwaltungsleitung und dem Personalrat dar.

Folgende Verfahren zur Vergabe von Leistungsprämien und Leistungszulagen sind vorstellbar und werden z. T. in Kommunalverwaltungen praktiziert:

[2105] Vgl. Battis, Berufsbeamtentum und Leistungsprinzip, in: ZBR 7/1996, S. 193 (196).
[2106] Vgl. Erhardt, Gesetz zur Reform des öffentlichen Dienstrechts, 1997, S. 111.
[2107] Vgl. KGSt-Bericht Nr. 3/1999: Personalführung Teil 1: Leistungsermittlung, S. 48.
[2108] Entsprechend § 2 Abs. 1 des Rahmentarifvertrags vom 29. Oktober 1996 über die Grundsätze zur Gewährung von Leistungszulagen und Leistungsprämien (TV-L).
[2109] Vgl. Bönders, Neue Leistungselemente in der Besoldung – Anreiz oder Flop?, in: ZBR 1/1999, S. 11 (17 f.).

- o Auf der Basis von Zielfestlegungen/-vereinbarungen, die besondere Einzelleistungen betreffen, wird nach einem entsprechenden Zeitraum überprüft, ob die Ziele erreicht, unter- oder überschritten sind (=Leistungsermittlung).[2110] Bei Erreichung eines bestimmten Ziels oder eines bestimmten Zielerreichungsgrads wird eine Leistungsprämie oder Leistungszulage vergeben.[2111] Je nach Zielsystem kann es sich dabei um die Zielerreichung oder die Überschreitung des Ziels handeln. Bei Überschreitung des Ziels wird diese Überschreitung als Ziel vereinbart.
- o Ranking-Verfahren: Der Service Personal/das Personalamt ermittelt den Personenkreis, der nach den rechtlichen Voraussetzungen generell für die Gewährung von Leistungsprämien und Leistungszulagen in Betracht kommt und teilt ihn den Fachbereichen/Ämtern mit. Die Verwaltungseinheiten legen schriftlich zu einem bestimmten Stichtag ihre Vorschläge mit einer ausführlichen Begründung vor. Unter den vorgeschlagenen Personen erarbeitet ein Gremium (z. B. die Verwaltungskonferenz unter Beteiligung des Personalrats, der Gleichstellungs-/Frauenbeauftragten und der/des Schwerbindertenbeauftragten) auf der Grundlage der schriftlichen Begründungen Vorschläge für die Personen, die eine Leistungsprämie oder Leistungszulage erhalten sollen. Die Verwaltungsführung trifft die Entscheidung über die Umsetzung der Vorschläge.[2112]
- o In Abwandlung zu diesem Verfahren kann statt der Begründung eine schriftliche Leistungsbeurteilung oder Leistungsfeststellung zu Grunde gelegt werden.[2113]
- o Eine weitere Abwandlung besteht darin, dass sich auch die Beschäftigten oder Gruppen/Teams selber für Leistungsprämien und Leistungszulagen vorschlagen können.[2114]

[2110] Vgl. KGSt-Bericht Nr. 3/1999: Personalführung Teil 1: Leistungsermittlung, S. 17-28, S. 46-50; ferner Kap. 7.2.

[2111] Dieses Verfahren zeichnet sich insbesondere in den bereits bestehenden regionalen Bezirkstarifverträgen im Land Sachsen-Anhalt, im Haustarifvertrag der Stadt Saarbrücken, in Konzepten der Städte Gütersloh und Nürnberg sowie in dem Papier des Städtetages Nordrhein-Westfalen "Hinweise zur Gewährung von Leistungszulagen und Leistungsprämien für Beamtinnen und Beamte in den Städten" ab, vgl. Tarifvertrag zur Gewährung von Leistungszulagen und Leistungsprämien in kommunalen Verwaltungen und Betrieben im Lande Sachsen-Anhalt (TV-LZ/LP-LSA kommunal) vom 30. Juni 1997; Tarifvertrag über leistungsbezogene Entgeltbestandteile zwischen der Landeshauptstadt Saarbrücken (LHS) und der Gewerkschaft Öffentliche Dienste, Transport und Verkehr – Bezirk Saar – (ÖTV) vom 29.6.1995; Stadt Gütersloh (Hrsg.), Leitlinien für erfolgsabhängige Zahlungen an Teams in der Stadtverwaltung Gütersloh, Stand: 27.1.1997; Städtetag Nordrhein-Westfalen (Hrsg.), Hinweise zur Gewährung von Leistungszulagen und Leistungsprämien für Beamtinnen und Beamte in den Städten vom 18.11.1998.

[2112] Dieses Verfahren wird z. B. im Kreis Aachen und im Enzkreis praktiziert, vgl. Punkt c. dieses Kap.

[2113] Dies ist z. B. im Enzkreis vorgesehen, vgl. Landratsamt Enzkreis (Hrsg.), Richtlinien für die Gewährung von Leistungsanreizen für die Beschäftigten im Landratsamt Enzkreis, Stand: 1.2.1999; Marqués Berger/Seeger, Leistung lohnt sich, wenn die Bedingungen stimmen, in: VOP 3/2000, S. 28-30; ferner Punkt c. dieses Kap.

[2114] Dies ist z. B. im Enzkreis vorgesehen, vgl. Landratsamt Enzkreis (Hrsg.), Richtlinien für die Gewährung von Leistungsanreizen für die Beschäftigten im Landratsamt Enzkreis, Stand: 1.2.1999; Marqués Berger/Seeger, Leistung lohnt sich, wenn die Bedingungen stimmen, in: VOP 3/2000, S. 28-30; ferner Punkt c. dieses Kap.

In Wissenschaft und Praxis zeichnet sich insbesondere das erstgenannte Verfahren der Leistungsermittlung als eine brauchbare und effektive Grundlage der Vergabe von Leistungszulagen und Leistungsprämien ab.[2115]
Die Ermittlung der "herausragenden Einzelleistungen" kann sich im Rahmen dieses Verfahrens in folgenden Phasen vollziehen:[2116]

Phase 1: Zielfestlegung
Die Zielbildung und die Zielformulierung für die herausragenden Leistungen können parallel zu denen für die "normalen" Stellentätigkeiten geschehen. Ebenso können die Ziele im gleichen Zielfestlegungsgespräch vereinbart werden. Dennoch sollte es sich um zwei voneinander getrennte Vorgänge handeln.
Soll der durch das Dienstrecht vorgegebenen Quotierung von 10 % entsprochen werden, bieten sich zwei Verfahren an:

- Es werden je nach Bedarf mit verschiedenen beamteten Beschäftigten Ziele festgelegt bzw. vereinbart. Nach der Zielerreichungsüberprüfung werden die 10 % Besten ermittelt. Dieses Verfahren ermöglicht, dass herausragende Einzelleistungen auch mit mehr als 10 % der beamteten Beschäftigten vereinbart werden können. Es birgt jedoch ebenfalls die Gefahr der Demotivation in sich bei denjenigen, die trotz Vereinbarung keine Leistungsprämien oder -zulagen erhalten.
- Die Quotierung wird bereits bei der Zielfestlegung vorgenommen, d. h. es werden nur mit bis zu 10 % der infragekommenden Personen Ziele zur Ermittlung der herausragenden Leistungen festgelegt. Aus Motivationsgründen ist dieses Verfahren sinnvoll: Es werden keine Hoffnungen geweckt, die später auf Grund der Quotierung nicht eingehalten werden können. Andererseits werden nicht alle Möglichkeiten genutzt, herausragende Leistungen zu vereinbaren und ggf. zu honorieren.

Sinnvoll ist eine Stichtagsregelung: Wer herausragende Einzelleistungen auf der Basis der gesonderten Zielfestlegungen bis zu einem Stichtag erreicht hat, dem wird die Prämie oder Zulage gewährt.

[2115] Vgl. Kap. 7.2; ferner Busse, Leistungserfassung als Grundlage leistungsorientierter Entlohnung – Notwendigkeiten und praktische Grenzen, in: Budäus (Hrsg.), Leistungserfassung und Leistungsmessung in öffentlichen Verwaltungen, 2000, S. 267 (282 ff.); KGSt-Bericht Nr. 3/1999: Personalführung Teil 1: Leistungsermittlung, S. 46 ff.; Klages, Motivieren Leistungsanreize unsere Leistungsanreize unsere MitarbeiterInnen?, 3.11.2000; Klages, Notwendige Voraussetzungen für eine erfolgreiche Einführung von Leistungsprämien im öffentlichen Dienst, unveröffentlichtes Manuskript; Städtetag Nordrhein-Westfalen (Hrsg.), Hinweise zur Gewährung von Leistungszulagen und Leistungsprämien für Beamtinnen und Beamte in den Städten vom 18.11.1998, Punkt 3; Tarifvertrag zur Gewährung von Leistungszulagen und Leistungsprämien in kommunalen Verwaltungen und Betrieben im Lande Sachsen-Anhalt (TV-LZ/LP-LSA kommunal) vom 30. Juni 1997.

[2116] Vgl. zum Folgenden: KGSt-Bericht Nr. 3/1999: Personalführung Teil 1: Leistungsermittlung, S. 46 ff.; ferner Busse, Leistungserfassung als Grundlage leistungsorientierter Entlohnung - Notwendigkeiten und praktische Grenzen, in: Budäus (Hrsg.), Leistungserfassung und Leistungsmessung in öffentlichen Verwaltungen, 2000, S. 267 (282 ff.).

Methodisch kann bei der Zielfestlegung und -überprüfung der herausragenden Leistung wie bei der Leistungsermittlung generell[2117] vorgegangen werden:

1. Schritt: Zielbildung

Zunächst wird überprüft, ob es neben den üblichen Stellenzielen/Tätigkeiten Ziele oder Arbeitsinhalte gibt, die so etwas wie besondere Ziele und Aufgaben darstellen. Diese können sich entweder auf besondere Ziele/Aufgaben der Verwaltung (z. B. im Rahmen der Verwaltungsreform) oder auf besondere Stellenziele/-aufgaben beziehen. Dazu können die Mitarbeit in oder die Leitung von Projektgruppen gehören, Projektaufträge außerhalb der Stellentätigkeit, Sonderaufgaben (saisonal bedingte Zeiten mit hohem Arbeitsaufkommen, spezielle Arbeiten innerhalb der Stellentätigkeit, außergewöhnliche Mehrbelastungen etc.). Zur Ermittlung dieser Leistungsart kann es sinnvoll sein, dass die Führungskräfte einer Verwaltung (bei kleineren Verwaltungen) oder eines Fachbereiches/Amtes (bei größeren Verwaltungen) grobe Orientierungskategorien entwickeln. Diese Orientierungskategorien können aus den dargestellten Zieldimensionen[2118] oder den Kriterienkatalogen bestehen.

2. Schritt: Zielformulierung

Auf dieser Basis können Ziele und Messkriterien formuliert werden. Es sollte ebenfalls die zeitliche Kategorie (z. B. einmalig oder die konkrete Dauer) festgelegt werden, um die Voraussetzung für die Möglichkeit einer Leistungsprämie (Einmalzahlung) oder Leistungszulage (befristete Zahlung) zu klären.

3. Schritt: Zielfestlegungsgespräch

In einem Gespräch werden diese Ziele zusätzlich zu den Zielen der “normalen” Tätigkeit festgelegt bzw. vereinbart.

Phase 2: Zielerreichungsüberprüfung

1. Schritt: Vergleich Zielfestlegung - Zielerreichung

Die Zielerreichungen lassen sich mit derselben Methode wie die “normalen” Tätigkeiten messen und bewerten, indem man zuerst einen Soll-Ist-Vergleich durchführt und anschließend das Ergebnis belegt und begründet.

2. Schritt: Beleg/Begründung

Notwendig ist eine konkrete Beschreibung der herausragenden Einzelleistung und eine Belegung durch Beispiele, Fakten etc. Für die Leistungsfeststellung für die Vergabe von Leistungszulagen oder Leistungsprämien im Rahmen des reformierten Dienstrechts ist

---

[2117] Vgl. Kap. 7.2.2.

[2118] Vgl. Punkt a. dieses Kap.

dies sogar in den Landesverordnungen gesetzlich vorgeschrieben.[2119] Außerdem ist eine ständige Beobachtung der herausragenden Einzelleistung insbesondere bei der Zahlung von Leistungszulagen notwendig, da diese nach § 42 a Abs. 2 BBesG bei Leistungsabfall zu widerrufen sind. Die Bewertung der "herausragenden Einzelleistung" sollte außerhalb der Ermittlung der "normalen" Leistung geschehen und auch nicht bei der Gesamtermittlung der "normalen" Leistung mitgezählt werden.

3. Schritt: Zielerreichungsgespräch

In einem Gespräch soll das Ergebnis dem/der Mitarbeiter/in mitgeteilt und mit ihr/ihm besprochen werden. In Ausnahmefällen ist es möglich, dass besonders herausragende Einzelleistungen erst im Nachhinein festgestellt werden, ohne dass vorher Zielvereinbarungen geschlossen werden konnten. Diese Ausnahmen können besondere Ereignisse sein, in denen einzelne Beschäftigte herausragende Leistungen gezeigt haben (z. B. besonderer Einsatz bei Katastrophen wie Hochwasser, Schweinepest etc.).[2120]
Anlage 2 enthält ein Musterformular für die Ermittlung der herausragenden Einzelleistung.

Um dem Effekt wenig motivierter, aber einer Reihe demotivierter Beschäftigter entgegenzuwirken, kann eine Einbindung der Vergabe von Leistungszulagen und Leistungsprämien in einen größeren Zusammenhang in der Verwaltung sinnvoll sein. So kann z. B. die Ausschüttung einer Prämie einmal jährlich zu einem bestimmten Termin am Jahresende stattfinden und in einen Jahresrückblick der Verwaltungsleitung und einer Belobigung aller derjenigen Mitarbeiter/innen eingebunden werden, die sich während des Jahres in einem besonderen Maße um die Verwaltung verdient gemacht haben. Innerhalb dieses breiteren Rahmens könnten die Erbringer/innen herausragender besonderer Leistungen eine Geldprämie entgegennehmen.[2121] Zu einer Motivierung einer größeren Zahl von Beschäftigten könnte weiterhin beitragen, wenn sich mit der einzelnen Auszeichnung möglichst viele andere Mitarbeiter/innen direkt oder indirekt identifizieren können. So wäre zu überlegen, Zulagen und Prämien bevorzugt an Einzelne oder Gruppen zu vergeben, die herausragende Leistungen im Dienste und Interesse zahlreicher anderer Gruppen und Organisationseinheiten innerhalb der Verwaltung erbracht haben, so dass sich möglichst viele der anderen Beschäftigten zumindest indirekt als Nutznießer/innen der Preisverleihung fühlen könnten. Dies könnte sogar ggf. zu einem ranghohen oder sogar entscheidenden Kriterium der Vergabe des Anreizes erhoben werden. Die Hervorhebung der Leistung Einzelner würde dann „auf einen besonders herausragenden Wertschöpfungsbeitrag im Dienst der Steigerung der Leistungs-

2119 Z. B. § 2 Abs. 4 der Verordnung über die Gewährung von Prämien und Zulagen für besondere Leistungen (Leistungsprämien - und -zulagenverordnung - LPZVO), in: Gesetz- und Verordnungsblatt für das Land Nordrhein-Westfalen - Nr. 16 vom 8. April 1998, S. 204.

2120 Vgl. auch Städtetag Nordrhein-Westfalen (Hrsg.), Hinweise zur Gewährung von Leistungszulagen und Leistungsprämien für Beamtinnen und Beamte in den Städten vom 18.11.1998, Punkt 3.

2121 Vgl. Klages, Notwendige Voraussetzungen für eine erfolgreiche Einführung von Leistungsprämien im öffentlichen Dienst, unveröffentlichtes Manuskript.

kraft des gesamten Hauses verweisen"[2122]. Ein weiteres oder alternatives Vergabekriterium mit einem Motivationseffekt für möglichst viele Beschäftigte könnte in der Prämierung von herausragenden Modernisierungsleistungen liegen, d. h. „die Erzielung von Innovationsleistungen mit potentieller Vorbildqualität"[2123]. Ein weiteres Kriterium mit diesem Effekt könnte – alternativ oder in Kombination mit den schon genannten – die Erbringung herausragender Beiträge zur Steigerung der Kundenorientierung der Verwaltung sein, von denen auch andere Beschäftigte mitprofitieren können.[2124]

c. Praxis in Kommunalverwaltungen

Es gibt noch wenige und kaum systematisch erfasste Erfahrungen mit der Vergabe von materiellen Leistungsanreizen in Form von finanziellen Zuwendungen in Kommunalverwaltungen.
Bereits seit ca. 1993 haben einige Kommunalverwaltungen auf Initiative der Kommunalen Arbeitgeber Modellversuche und Pilotprojekte zu materiellen Leistungsanreizen durchgeführt. Die Schwerpunkte lagen dabei in den Bundesländern Nordrhein-Westfalen und Hessen, in denen die Kommunalen Arbeitgeberverbände ihren Mitgliedern satzungsgemäße Ausnahmegenehmigungen für die Zahlung außertariflicher finanzieller Zuwendungen erteilten.[2125] Nach Inkrafttreten der Dienstrechtsreform erarbeiteten mehrere Verwaltungen Konzepte oder sammelten erste Erfahrungen mit den durch das Dienstrecht vorgesehenen finanziellen Zuwendungen in Form der Leistungsprämien und Leistungszulagen.

Im Folgenden werden verschiedenen Modelle dargestellt, finanzielle Zuwendungen zu vergeben. Diese Modelle werden systematisiert nach den Grundlagen, nach denen sie gewährt werden.[2126] Zu beachten ist, dass in diesen Modellen die Begriffe „Zulagen" und „Prämien" nicht eindeutig definiert und voneinander abgegrenzt werden.

2122 Klages, Notwendige Voraussetzungen für eine erfolgreiche Einführung von Leistungsprämien im öffentlichen Dienst, unveröffentlichtes Manuskript.

2123 Klages, Notwendige Voraussetzungen für eine erfolgreiche Einführung von Leistungsprämien im öffentlichen Dienst, unveröffentlichtes Manuskript.

2124 Vgl. Klages, Notwendige Voraussetzungen für eine erfolgreiche Einführung von Leistungsprämien im öffentlichen Dienst, unveröffentlichtes Manuskript.

2125 Vgl. Tondorf, Leistungszulagen im öffentlichen Dienst – ein Instrument gegen den Strukturkonservatismus?, in: WSI Mitteilungen 3/1996, S. 182 (186).

2126 Diese Systematisierung geschieht in Anlehnung an: Reichard, Thesen: Leistungsanreizkonzepte, in: Wagner (Hrsg.), Personal und Personalmanagement in der modernen Verwaltung, 1998, S. 103 (105 f.); Reichert/Stöbe/Wohlfahrt, Personalsteuerung durch Leistungsanreizsysteme, in: Reichard/Wollmann (Hrsg.), Kommunalverwaltung im Modernisierungsschub, 1996, S. 220 (232 f.); Tondorf, Leistung und Entgelt im öffentlichen Dienst, 1997, S. 178 ff.; Tondorf, Leistungszulagen als Reforminstrument?, 1995, S. 48 ff.; Vaanholt, Human Resource Management in der öffentlichen Verwaltung, 1997, S. 170 ff.; ergänzt durch KAV NW (Hrsg.), Übersicht: beim KAV NW angemeldete „Pilotprojekte" Leistungsanreizsysteme in der Verwaltung, Stand: 10. April 2000; Berichte und Konzepte der Mitglieder der KGSt-Arbeitsgruppe „Immaterielle und materielle Leistungsanreize"; Berichte und Konzepte aus verschiedenen Kommunalverwaltungen.

I. Mehrleistung zur Einsparung von Personalkosten

Als „Offenbacher Modell" bekannt geworden, sieht diese Form die Zahlung einer Zulage für Mehrleistungen zur Einsparung von Personalkosten und die Verringerung des Personalbestandes vor.[2127] Die Stadt Offenbach hat 1993 eine Richtlinie für die Zeit der Haushaltssanierungs- bzw. Umstrukturierungsphase verabschiedet, die die Gewährung einer persönlichen übertariflichen Zulage mit der Ausnahme von Führungskräften für Arbeiter/innen und Angestellte vorsieht. Dieses Modell wurde zunächst in einer Pilotphase in ausgesuchten Organisationseinheiten erprobt. Diese „Sanierungszulagen" wurden gezahlt für Mehrleistungen, durch die „nachweisbar und bezifferbar

a) die persönlichen Ausgaben durch Unbesetzen sonst zu besetzender Stellen gesenkt werden (als wiederzubesetzen gilt eine Stelle auch im Falle der krankheits- bzw. mutterschaftsbedingten Vakanz nach Ablauf der 6. Woche),
b) im sächlichen Verwaltungshaushalt der Zuschußbedarf reduziert, oder
c) der Überschuß erhöht wird"[2128].

Als Mehrleistung wird jene Leistung definiert, die „in Quantität und/oder Qualität über die durchschnittliche Leistung, die Normalarbeitsleistung, hinausgeht"[2129]. Indikatoren für die Mehrleistung sind zeitlicher Aufwand und schnellere bzw. intensivere Bearbeitung von Arbeitsvorgängen.
Die Höhe der Zulage muss in einem angemessenen Verhältnis zur Mehrleistung stehen. Im Falle des Verzichts auf Stellenbesetzungen beträgt die Zulage 30 % der eingesparten Mittel (durchschnittlicher Gesamtarbeitgeberaufwand der vakanten Stelle) Werden die Einsparungen durch Mehrleistung mehrerer Mitarbeiter/innen erzielt, werden die 30 % im Verhältnis der im Einzelfall erbrachten Mehrleistung aufgeteilt. In jedem Fall beschränkt sich die Zulage monatlich auf 1/12 eines Monatsgehalts je Mitarbeiter/in, der/die Mehrleistungen erbracht hat. Diese Zulage wird monatlich auf die Dauer der Vakanz der entsprechenden Stelle gezahlt. Zeigt sich in einem Zeitraum von längstens 12 Monaten, dass die vakante Stelle infolge organisatorischer Maßnahmen zukünftig wegfallen kann, so sollen Stellen, die hiervon qualitativ tangiert werden, neu bewertet werden. Ist eine auf Dauer zu vertretende quantitative Mehrbelastung von Stellen mit organisatorischen Maßnahmen verbunden, soll im Einzelfall die Eingruppierung bzw. die

[2127] Vgl. Stadt Offenbach am Main (Hrsg.), Richtlinie zur Gewährung einer Sanierungszulage bei der Stadtverwaltung Offenbach am Main vom 7.7.1993, Stand: 20.12.1995; ferner Kühnlein/Wohlfahrt, Zwischen Mobilität und Modernisierung, 1995, S. 59; Oechsler, Leistungsorientiertes Entgelt in der Kommunalverwaltung, 1995, S. 51 f.; Reichert/Stöbe/Wohlfahrt, Personalsteuerung durch Leistungsanreizsysteme, in: Reichard/Wollmann (Hrsg.), Kommunalverwaltung im Modernisierungsschub, 1996, S. 220 (233); Ruschmeier, Zwischen Alimentation und leistungsgerechter Bezahlung, in: Steger (Hrsg.), Lean Administration, 1994, S. 191 (199); Tondorf, Leistung und Entgelt im öffentlichen Dienst, 1997, S. 179 f.; Tondorf, Leistungszulagen als Reforminstrument?, 1995, S. 49 f.; Vaanholt, Human Resource Management in der öffentlichen Verwaltung, 1997, S. 168 f.

[2128] Stadt Offenbach am Main (Hrsg.), Richtlinie zur Gewährung einer Sanierungszulage bei der Stadtverwaltung Offenbach am Main vom 7.7.1993, Stand: 20.12.1995, Teil I, Ziffer 1.

[2129] Stadt Offenbach am Main (Hrsg.), Richtlinie zur Gewährung einer Sanierungszulage bei der Stadtverwaltung Offenbach am Main vom 7.7.1993, Stand: 20.12.1995, Teil I, Ziffer 3.

Gewährung einer Überstundenpauschalvergütung geprüft werden. In den Fällen der Reduzierung des Zuschussbedarfs im sächlichen Verwaltungshaushalt sowie bei Erhöhung des Überschusses beläuft sich die Zulage insgesamt auf 20 % der eingesparten Mittel bzw. der Erhöhung des Überschusses, höchstens jedoch auf ein Monatsgehalt je Mitarbeiter(in), der/die Mehrleistungen erbracht hat. Sollten Mehrleistungen im unterschiedlichen Umfang erbracht werden, ist eine entsprechende Gewichtung vorzunehmen. In diesen Fällen werden die Zulagen als einmalige Zuwendungen gewährt, sobald die eingesparten Mittel bzw. die Überschusserhöhung beziffert werden können.[2130] Entstehen Zeitguthaben in der Zeit, während der die Sanierungszulage gezahlt wird, können diese nur innerhalb dieser Zeit ausgeglichen werden. Freiwillige Überstunden sind mit der Sanierungszulage abgegolten. Für angeordnete Überstunden wird nicht die Sanierungszulage gezahlt, sondern sie werden mit der tariflich zustehenden Überstundenvergütung bezahlt.[2131] Die Sanierungszulage ist als erfolgsabhängige Prämie nicht zusatzversorgungspflichtig.[2132] Die Sanierungszulage geht in die Aufschlagsberechnung nach § 47 Abs. 2 BAT und die entsprechende Regelung im BMT-G ein.[2133] Wird die Mehrarbeit von Beamten/innen geleistet infolge der Stellenvakanz, erfolgt die Vergütung im Rahmen der Verordnung über die Gewährung von Mehrarbeitsvergütung für Beamte/innen.[2134] Die Entscheidung über die Gewährung der Sanierungszulage fällt die jeweilige Amtsleitung gemeinsam mit der zuständigen Personalvertretung im Einvernehmen mit dem Personalamt. In den Fällen der Reduzierung des Zuschussbedarfs im sächlichen Verwaltungshaushalt sowie bei Erhöhung des Überschusses ist darüber hinaus Einvernehmen mit der Kämmerei herzustellen.[2135]
Am 7.7.1993 wurde die entsprechende Richtlinie mit Zustimmung des Gesamtpersonalrats verabschiedet. In seiner Sitzung am 20.12.1995 hat der Magistrat der Stadt Offenbach mit Zustimmung des Gesamtpersonalrats beschlossen, diese Richtlinie zu unveränderten Bedingungen bis zum Ende des Umstrukturierungsprozesses anzuwenden. In diesem Zusammenhang wurde betont, dass mit der Richtlinie nicht nur ein Sanierungszweck verfolgt wird; sondern dass sie auch dazu dient, einer leistungsorientierteren und damit gerechteren Bezahlung den Weg zu bereiten. Dem Näherkommen dieses Ziels dient die Verlängerung der Laufzeit der Richtlinie.[2136] Die Inanspruchnahme der Richtlinie setzt bei allen Beteiligten Freiwilligkeit voraus. Basis ist ein Konsens zwischen den

---

[2130] Vgl. Stadt Offenbach am Main (Hrsg.), Richtlinie zur Gewährung einer Sanierungszulage bei der Stadtverwaltung Offenbach am Main vom 7.7.1993, Stand: 20.12.1995, Teil I, Ziffer 4-6.
[2131] Vgl. Stadt Offenbach am Main (Hrsg.), Richtlinie zur Gewährung einer Sanierungszulage bei der Stadtverwaltung Offenbach am Main vom 7.7.1993, Stand: 20.12.1995, Teil I, Ziffer 8.
[2132] Vgl. Stadt Offenbach am Main (Hrsg.), Richtlinie zur Gewährung einer Sanierungszulage bei der Stadtverwaltung Offenbach am Main vom 7.7.1993, Stand: 20.12.1995, Teil I, Ziffer 10.
[2133] Vgl. Stadt Offenbach am Main (Hrsg.), Richtlinie zur Gewährung einer Sanierungszulage bei der Stadtverwaltung Offenbach am Main vom 7.7.1993, Stand: 20.12.1995, Teil I, Ziffer 9.
[2134] Vgl. Stadt Offenbach am Main (Hrsg.), Richtlinie zur Gewährung einer Sanierungszulage bei der Stadtverwaltung Offenbach am Main vom 7.7.1993, Stand: 20.12.1995, Teil II, Ziffer 1.
[2135] Vgl. Stadt Offenbach am Main (Hrsg.), Richtlinie zur Gewährung einer Sanierungszulage bei der Stadtverwaltung Offenbach am Main vom 7.7.1993, Stand: 20.12.1995, Teil I, Ziffer 6.
[2136] Vgl. Stadt Offenbach am Main (Hrsg.), Richtlinie zur Gewährung einer Sanierungszulage bei der Stadtverwaltung Offenbach am Main vom 7.7.1993, Stand: 20.12.1995, Vorwort.

betroffenen Mitarbeiter/innen, der jeweiligen Amtsleitung und der zuständigen Personalvertretung.[2137]
Mit dem Einsatz der Sanierungszulage konnten folgende Erfolge erzielt werden: Aus bislang 65 Einzelprojekten konnten unmittelbare Einsparungen von 2.569.560,54 DM erzielt werden, denen Sanierungszulagen von 356.814,65 DM gegenüberstanden. Die Nettoeinsparung betrug hiernach 2.212.745,89 DM. Insgesamt wurden durch die Inanspruchnahme dieses Instruments bislang 42 Beschäftigte höhergruppiert bzw. befördert. Im Gegenzug konnten 31,5 Stellen dauerhaft eingespart werden. Dadurch reduzierten sich die Personalkosten jährlich um ca. 3,2 Mio. DM. Einbezogen wurden 176 Beschäftigte, darunter 129 Frauen, denen pro Person im rechnerischen Durchschnitt eine Sanierungszulage von 2.027,36 DM ausgezahlt wurde.[2138]

Dieses „Offenbacher Modell“ haben einige Kommunalverwaltungen übernommen, z. B. die Stadt Ennigerloh.[2139]

Andere Verwaltung übernahmen das Modell mit Variationen. So zahlt die Stadt Bielefeld bei Nicht-Wiederbesetzung einer Stelle mit Leitungsfunktion eine Leistungszulage in Höhe von insgesamt maximal einem Drittel der dadurch eingesparten Personalkosten. Fünf nachgeordnete Fachbereichsleiter/innen erhalten zeitlich befristet auf ein Jahr aus diesem „Topf“ einen nicht gesamtversorgungsfähigen Differenzbetrag zwischen der Vergütung ihrer derzeitigen Vergütungsgruppe und der darüber liegenden Vergütungsgruppe.[2140]

II. Einsparung von Energie- und Wasserkosten

Ein Ziel des Einsatzes materieller Leistungsanreize bei der Stadt Detmold ist die Einsparung von Energie- und Wasserkosten durch Beeinflussung des Nutzerverhaltens an Schulen. 22 Schulhausmeister erhalten einmal pro Jahr eine Prämie in Höhe von 5 % der jährlich eingesparten Energie- und Wasserkosten. Basisjahr der Berechnung ist das Jahr 1997; das Projekt wurde zunächst auf fünf Jahre befristet.[2141]

Auch die Gemeinde Extertal gewährt eine Energieeinsparungsprämie für Schulhausmeister: Fünf Schulhausmeistern wird bei vermindertem Energieverbrauch eine Energieeinsparungsprämie in Höhe von 10 % des eingesparten Betrages gezahlt; mindes-

[2137] Vgl. Stadt Offenbach am Main (Hrsg.), Richtlinie zur Gewährung einer Sanierungszulage bei der Stadtverwaltung Offenbach am Main vom 7.7.1993, Stand: 20.12.1995, Teil I, Ziffer 7.
[2138] Nach Informationen der Stadtverwaltung Offenbach am Main im Jahr 2000.
[2139] Vgl. KAV NW (Hrsg.), Übersicht: beim KAV NW angemeldete „Pilotprojekte“ Leistungsanreizsysteme in der Verwaltung, Stand: 10. April 2000, S. 3.
[2140] Vgl. KAV NW (Hrsg.), Übersicht: beim KAV NW angemeldete „Pilotprojekte“ Leistungsanreizsysteme in der Verwaltung, Stand: 10. April 2000, S. 1.
[2141] Vgl. KAV NW (Hrsg.), Übersicht: beim KAV NW angemeldete „Pilotprojekte“ Leistungsanreizsysteme in der Verwaltung, Stand: 10. April 2000, S. 2.

tens jedoch 100,- DM pro Jahr. Das am 1.1.1999 begonnene Projekt wurde auf zwei Jahre befristet.[2142]

III. Überschreitung von Fallzahlen

In einigen Kommunalverwaltungen werden Modelle mit materiellen Anreizen erprobt, deren Kriterium der Vergabe die Arbeitsmenge (z. B. Fallzahlen) ist. Auf Grund einer Ist-Erhebung werden Fallzahlen als Berechnungsgrundlage verwandt. Werden die Fallzahlen ab einer bestimmten Höhe täglich überschritten, werden sie mit einem festgelegten Geldbetrag pro Fall honoriert. Eine Alternative dazu stellen die durchschnittlichen Bearbeitungszeiten als Berechnungsgrundlage dar, deren Überschreitung honoriert wird.

Ein Beispiel ist der Kreis Kleve: Seit dem 1.1.1994 wurden im Kataster- und Vermessungsamt in der Arbeitsgruppe „Gebäudeeinmessung" Prämien gezahlt; die Teilnahme der Beschäftigten war freiwillig. Grundlage war die Arbeitszeit einer „Normalarbeitskraft", die sich aus dem Mittelwert der Leistungen der vergangenen drei bis vier Jahre errechnete und vom Arbeitgeber vorgegeben wurde. Für jeden zusätzlich erledigten Fall wurde eine Prämie von 60,- DM gezahlt, die sich aus ca. 30% der ersparten Arbeitsplatzkosten errechnete. Diese Leistungssteigerung durfte nicht im Rahmen von Überstunden erbracht werden. In einer Zwischenbilanz nach dem ersten Halbjahr war unklar, wie realistisch die errechnete „Normalleistung" war. Es stellte sich heraus, dass die Beschäftigten diese „Normalleistung" sehr unterschiedlich erreichten und dass die gesamte Beschäftigtengruppe hinter den Soll-Vorgaben zurückblieb. Daraufhin wurden die Regelungen nochmals verändert: Zusätzliche Aufgaben, die die Beschäftigten ebenfalls in einem geringen Umfang (ca. 10 %) ausführten, wurden auf andere Arbeitskräfte verteilt. Gleichzeitig wurde die ermittelte durchschnittliche Leistung um 10 % erhöht. Als Ergebnis konnte festgehalten werden, dass drei der vier Beschäftigten die Soll-Vorgaben überschritten. Die eingesetzten Leistungsanreize führten zu einem spürbaren Abbau der Rückstände bei den zu übernehmenden Gebäudeeinmessungen. Die Beschäftigten allerdings klagten über die Eintönigkeit der Arbeit vermutlich auf Grund der Verteilung der zusätzlichen Arbeit auf andere Arbeitskräfte.[2143]

In der Stadt Köln werden Zahlungen im Bereich Bauanträge/Prüfvermerke und bei Meldeauskünften auf der Basis von Fallzahlen gewährt. Ziel der Maßnahmen im Bauaufsichtsamt ist der Abbau von Rückständen von Bauanträgen bei gleichzeitiger Vermeidung der Einstellung von zusätzlichem Personal. Die Mehrarbeit wird durch Fallzahlen-

---

[2142] Vgl. KAV NW (Hrsg.), Übersicht: beim KAV NW angemeldete „Pilotprojekte" Leistungsanreizsysteme in der Verwaltung, Stand: 10. April 2000, S. 3.

[2143] Vgl. Tondorf, Leistung und Entgelt im öffentlichen Dienst, 1997, S. 181 f.; Tondorf, Leistungszulagen als Reforminstrument?, 1995, S. 50 f.; ferner Oechsler, Leistungsorientiertes Entgelt in der Kommunalverwaltung, 1995, S. 67.; Reichert/Stöbe/Wohlfahrt, Personalsteuerung durch Leistungsanreizsysteme, in: Reichard/Wollmann (Hrsg.), Kommunalverwaltung im Modernisierungsschub, 1996, S. 220 (237 f.); Vaanholt, Human Resource Management in der öffentlichen Verwaltung, 1997, S. 170.

vergütung abgegolten. Das Messkriterium ist die durchschnittliche Bearbeitungszeit für eine Baugenehmigung. Orientierungen stellen die tariflichen Überstundensätze bzw. die Verordnung über die Gewährung von Mehrarbeitsvergütung für Beamte/innen dar. Die Höhe der Zahlung beträgt bei einer einfachen Genehmigung 20,- DM, bei einer normalen Genehmigung 50,- DM; bei einer umfassenden Genehmigung ist die Zahlung je nach Schwierigkeit und damit verbundener längerer Bearbeitungszeit höher. Der Erfolg des Einsatzes dieses materiellen Leistungsanreizes zeigt sich darin, dass zusätzliche Einstellungen und Arbeitsplatzeinrichtungen vermieden wurden. Darüber hinaus wurde ein zusätzlicher Personalkredit eingerichtet. Als Vorteil dieser Maßnahme wurde nach Angaben des Arbeitsgebers die Aufgabenwahrnehmung durch eingearbeitetes Personal und ein vereinfachtes Abrechnungsverfahren gesehen. Ein Nachteil würde nur in dem Fall eintreten, wenn die Rückstände vermeidbar gewesen wären.[2144]
Ziele der Fallzahlenprämien im Bereich der Meldeauskünfte der Stadt Köln sind die Sicherung von Gebühreneinnahmen sowie der Abbau von Rückständen bei Meldeauskünften. Die Soll-Leistung für hauptamtliche Sachbearbeiter/innen wurde bei 230 Fällen pro Tag, pro Fall = 2,08 Minuten, pro Stunde = 28,8 Fälle errechnet. Die Rückstände sollten durch Mitarbeiter/innen aus anderen Sachgebieten abgebaut werden. Angestellte erhalten eine Zahlung von 0,85 DM brutto, Beamte/innen 0,65 DM. Die Zahlung liegt damit im Rahmen der tariflichen Überstundensätze bzw. der Mehrarbeitssätze der Verordnung über die Gewährung von Mehrarbeitsvergütung für Beamte/innen. Bei der Errechnung des wirtschaftlichen Erfolgs werden die Gebühreneinnahmen pro Meldeauskunft von 7,- DM dem Aufwand an Personalkosten von 1,- DM bei Angestellten inklusive des Arbeitgeberanteils der Sozialversicherungen und von 0,65 DM bei Beamten/innen gegenübergestellt.[2145] Die Vorteile dieses Anreizes werden darin gesehen, dass die geleisteten Fallzahlen monatlich korrekt bezifferbar sind. Der Nachteil wird darin gesehen, dass bei Sollerfüllung der hauptamtlichen Beschäftigten der zusätzliche Aufwand nicht erforderlich gewesen wäre und die vollen Gebühren der Stadt zugeflossen wären. Die Maßnahmen waren notwendig, um bestehende Rückstände abzubauen. Bei der Abrechnung bestand darüber hinaus zusätzlicher Verwaltungsaufwand.[2146]

Mitte der 90er Jahre des 20. Jahrhunderts wurden im Sozialamt der Stadt Dortmund Zulagen gezahlt für die Bearbeitung einer erhöhten Fallzahl von Akten im Sinne einer quantitativen Verdichtung der Arbeit.[2147] Diese Zulagen verstanden sich als „pauschalisierte Mehrarbeitsvergütung", wobei als Abrechnungsgrundlage 17 Mehrarbeitsstunden monatlich pauschal angerechnet wurden, ohne dass die Mehrarbeit im Einzelnen nachgewiesen werden musste. Mit dieser Maßnahme wurden folgende Ziele verfolgt: Senkung der Fluktuationsrate und damit Festigung des Personalkörpers, Qualitätssteige-

[2144]Nach Informationen der Stadtverwaltung Köln im Jahr 2000.
[2145]Nach Informationen der Stadtverwaltung Köln im Jahr 2000; vgl. ferner Tondorf, Leistungszulagen als Reforminstrument?, 1995, S. 51 f.
[2146]Nach Informationen der Stadtverwaltung Köln im Jahr 2000.
[2147]Vgl. Stadt Dortmund (Hrsg.), Leistungsprämien für Beschäftigte im Sozialamt und im Städt. Sozialdienst; ferner Tondorf, Leistungszulagen als Reforminstrument?, Stand: 1995, S. 52.

rung in der Sachbearbeitung, Einführung eines Einarbeitungskonzeptes für neue Mitarbeiter/innen, Intensivierung der berufsbegleitenden Fortbildung, Beitrag zur Haushaltskonsolidierung.[2148]

Als Ergebnis ließ sich feststellen, dass der Modellversuch, an dem die Mehrheit der Beschäftigten in diesem Bereich teilnahmen, auf breite Akzeptanz bei diesen stieß. Darüber hinaus konnten die mit dem Projekt verbundenen Ziele erreicht werden: Die Fluktuationsrate konnte von 13 % auf unter 5 % gesenkt werden. Das Sozialamt hatte erstmals eine positive Umsetzungsbilanz, bei der sich mehr Kräfte freiwillig zum Sozialamt umsetzen ließen als Abgänge zu verzeichnen waren. Der Prozentsatz derjenigen, die weniger als zwei Jahre in dieser Abteilung tätig waren, konnte von 50 % auf 36 % gesenkt werden. Im Rahmen eines komplexen Einarbeitungskonzeptes wurden neue Sachbearbeiter/innen bei verminderter Fallzahl und bei abgesenkter Leitungsspanne auf ihre künftige Arbeit vorbereitet. Ein qualifizierter Mitarbeiter wurde für eine berufsbegleitende Fachfortbildung von seinen früheren Tätigkeiten freigestellt. Der wirtschaftliche Erfolg zeigt sich darin, dass im ersten Jahr den Mehrkosten für die Zahlung der Mehrarbeitsvergütung in Höhe von ca. 450.000,- DM haushaltswirksame Einsparungen in Höhe von ca. 900.000,- DM gegenüberstanden. Bei einer Fortsetzung dieses Modellprojekts für ein weiteres Jahr konnte ein Andauern der positiven Auswirkungen festgestellt werden.[2149] Es lagen allerdings auch Bedenken des Personalrats vor, dass die Anhebung des Leistungsniveaus nach Abschluss des Projekts auch ohne Zulagen abgefordert würde.[2150]

IV. Senkung von krankheitsbedingten Fehlzeiten

Vom 1.1.1994 bis Ende des Jahres 1998 wurden im Bereich der Verkehrsüberwachung (Politessen) der Stadt Köln sog. „Präsenzzulagen" für ca. 200 Beschäftigte im Außendienst gezahlt, um Fehlzeiten auf Grund kurzzeitiger Ausfälle zu reduzieren. Durch Ausschöpfung des Arbeitskräftepotenzials und damit erhöhter Präsenz auf den Straßen sollten gleichzeitig die Einnahmen erhöht werden. Ausgehend von einem Normalwert von achtzehn Krankheitstagen pro Jahr erhielt jede/r Beschäftigte 18 Prämienfelder, die nach einem differenzierten System durch bestimmte Krankheitstage entwertet wurden. Dabei wurden Kurzzeiterkrankungen bis zu drei Tagen stärker gewichtet als längere, durch Attest nachgewiesene Krankheitszeiten. Berücksichtigt wurden weiterhin Lebensalter und Dauer der Außendiensttätigkeit sowie jahreszeitlich unterschiedliche Witterungsbedingungen. Aus der Anzahl der verbliebenen Prämienfelder ergaben sich persönliche Bonuspunkte als Messzahl für die Prämie. Die Prämie als Einmalbetrag wurde am Ende des Jahres ausgezahlt. Aus dem Verhältnis des Gesamtprämienbetrages von

---

[2148] Vgl. Stadt Dortmund (Hrsg.), Leistungsprämien für Beschäftigte im Sozialamt und im Städt. Sozialdienst, S. 3.

[2149] Vgl. Stadt Dortmund (Hrsg.), Leistungsprämien für Beschäftigte im Sozialamt und im Städt. Sozialdienst, Stand: 1995, S. 4.

[2150] Vgl. Tondorf, Leistungszulagen als Reforminstrument?, 1995, S. 52.

100.000,- DM pro Jahr zur Summe aller errichten persönlichen Bonuspunkte wurde der Bonuspunktwert (höchstens 5,- DM) ermittelt, der mit der persönlichen Punktzahl der/s einzelnen Beschäftigten multipliziert wurde. Im theoretischen Einzelfall lag die Höchstprämie bei 5.000,- DM pro Jahr. Die Ausgaben der Stadt betrugen 120.000,- DM einschließlich des Arbeitgeberanteils zur Sozialversicherung ca. 200 Beschäftigter. Diese Kosten waren nach Angaben des Arbeitgebers bereits ausgeglichen, wenn jede/r Beschäftigte 16 Verwarnungen à 37,50 DM = 600 DM pro Jahr zusätzlich erbringt. Dies wurde erzielt, wenn die Mitarbeiter/innen durchschnittlich zwei Stunden pro Jahr weniger Fehlzeiten haben und ihren Dienst verrichten. Vorteile der Präsenzzulage wurden darin gesehen, dass durch das differenzierte Leistungsanreizsystem die mit Attest erkrankten Beschäftigten geschont, soziale Aspekte berücksichtigt und die Kritik in der Öffentlichkeit eingegrenzt (keine „Kopfprämie") wurden. Als Nachteile von Arbeitgeberseite wurden der zusätzliche Verwaltungsaufwand für die Prämienfestsetzung, die mögliche Abnahme von Kurzzeiterkrankungen zu Lasten von längeren, mit Attest nachgewiesenen Erkrankungen, die Demotivation bei Beschäftigten mit keinem oder nur geringen Ausfallzeiten in Facheinheiten, in denen wegen fehlender Einnahmemöglichkeiten keine Prämien gezahlt werden konnten, gesehen.[2151] Auch aus Sicht des Regierungspräsidenten wurden rechtliche Bedenken hinsichtlich des arbeitsrechtlichen Gleichheitsgrundsatzes geäußert.[2152]

V. Steigerung der Wettbewerbsfähigkeit

Das umfassende Modernisierungskonzept „Duisburg 2000" legt den Schwerpunkt auf eine leistungsorientierte Mitarbeiterführung durch Zielvereinbarungen, Mitarbeitergespräche, Leistungsbewertungen und eine leistungsorientierte Entlohnung. In der Brückenbauabteilung des Tiefbauamtes der Stadt Duisburg wurde ein Leistungszulagen-System eingeführt mit dem Ziel der Steigerung der Wettbewerbsfähigkeit gegenüber Privatunternehmen. Dies soll erreicht werden durch wirtschaftliche Aufgabenerledigung mit den vorhandenen personellen Ressourcen. Ein zusätzliches Ziel stellt die Anreizwirkung für qualifizierte Bewerber/innen dar. Die Prämie in Form eines jährlichen Gesamtbetrages beträgt 10 % des in einem Leistungsvergleich ermittelten ersparten Aufwandes gegenüber der Fremdvergabe von Aufträgen. In den Genuss dieser Prämie kann maximal ein Drittel der Beschäftigten in der Abteilung kommen. Die Höhe der Prämie errechnet sich aus dem Unterschiedsbetrag zur nächsthöheren Vergütungsgruppe für jeweils ein Jahr. Die leistungsorientierte Entlohnung wird begleitet von Organisationsveränderungen: Starre Arbeitsteilungen und Geschäftsverteilungszuständigkeiten wurden

---

[2151] Nach Informationen der Stadtverwaltung Köln im Jahr 2000; vgl. ferner Reichert/Stöbe/Wohlfahrt, Personalsteuerung durch Leistungsanreizsysteme, in: Reichard/Wollmann (Hrsg.), Kommunalverwaltung im Modernisierungsschub, 1996, S. 220 (237 f.); Tondorf, Leistung und Entgelt im öffentlichen Dienst, 1997, S. 180 f.; Tondorf, Leistungszulagen als Reforminstrument?, 1995, S. 52 f.; Vaanholt, Human Resource Management in der öffentlichen Verwaltung, 1997, S. 170.

[2152] Vgl. Tondorf, Leistung und Entgelt im öffentlichen Dienst, 1997, S. 181; Tondorf, Leistungszulagen als Reforminstrument?, 1995, S. 53.

abgeschafft; es wurden projektähnliche Arbeitsformen geschaffen mit Möglichkeiten zu einem flexibleren Arbeitseinsatz bei Arbeitsschwankungen. Nach Angaben des Arbeitgebers zeigten sich Erfolge des Projekts in einer Steigerung der Produktivität in diesem Bereich um 15 % und der Einsparung von zwei Stellen.[2153]

VI. Steigerung von Geldbeitreibungen

Beschäftigte im Außendienst des Vollstreckungsamtes der Stadt Köln erhielten von 1996 bis 1999 finanzielle Zahlungen, wenn sie erhöhte Geldbeitreibungen erzielten. Ziele der Maßnahme waren die Leistungs- und Effizienzsteigerung im Vollstreckungsaußendienst (Erhöhung der Einziehungssummen) auch zu erfolgsversprechenden, ungewöhnlichen Zeiten und die Entlastung des Innendienstes durch Rückgang der nicht erledigten Aufträge. Die Höhe der Zulage war festgelegt durch die Vollstreckungs-Vergütungsverordnung (VollstrVergV § 9, Abs. 1 UA 2) und die Mehrarbeitsstunden-Vergütungs-Verordnung (MvergV). Maßstab für die Zuwendung war die Anzahl der Erledigungsfälle, durch die die Anzahl der nach der VollstrVergV mit dem Schwellenwert von 234,- DM voll vergütungsfähigen, erledigten Vollstreckungsaufträge überschritten wurde. Die Mehrarbeitsstundenvergütung war abhängig von der durchschnittlichen Forderungshöhe im Verhältnis zur Zahl der vergütungsfähig erledigten Vollstreckungsaufträge. Für die einzutreibenden Forderungsbeträge wurden unterschiedliche Stückvergütungen festgelegt:
0,60 DM bei einem Forderungsbetrag von bis zu 300,- DM,
0,90 DM bei einem Forderungsbetrag von bis zu 450,- DM,
1,20 DM bei einem Forderungsbetrag von bis zu 600,- DM,
1,54 DM bei einem Forderungsbetrag von bis zu 772,34 DM.

Die Leistungszulage errechnete sich aus der Formel: Stückvergütung x mehrerledigte Fälle. Sie durfte im Monat 200,- DM nicht überschreiten. Die besoldungsmäßige Regelung für Beamte/innen wurde auf die wenigen im Bereich der Vollstreckungsabteilung eingesetzten Angestellten im Rahmen der Gleichbehandlung übertragen.
Als wirtschaftlicher Erfolg wurde gesehen, dass die Stadt Köln ca. 99 % ihrer durch die besonderen Anstrengungen ihrer Mitarbeiter/innen zusätzlichen erzielten Geldeintreibungen erhielt. Die mit dem Modell anvisierte Leistungssteigerung der Beschäftigten sowie eine positive Entwicklung der Arbeitsergebnisse wurden verzeichnet.[2154]

[2153] Vgl. Tondorf, Leistung und Entgelt im öffentlichen Dienst, 1997, S. 182 f.; Tondorf, Leistungszulagen als Reforminstrument?, 1995, S. 53 ff.; vgl. ferner Oechsler, Leistungsorientiertes Entgelt in der Kommunalverwaltung, 1995, S. 65 f.; Vaanholt, Human Resource Management in der öffentlichen Verwaltung, 1997, S. 171.

[2154] Nach Informationen der Stadtverwaltung Köln im Jahr 2000; vgl. ferner Tondorf, Leistungszulagen als Reforminstrument?, 1995, S. 55 f.

VII. Übernahme besonderer Funktionen

Im Rahmen der Verwaltungsreform des Main-Kinzig-Kreises mit intensiver Mitarbeiterbeteiligung wurden Funktionszulagen eingeführt mit dem Ziel, einen materiellen Anreiz zur vorübergehenden Übernahme zusätzlicher, z. T. höherwertiger Aufgaben zu schaffen. Dabei kann es sich um Projektarbeit, die Mitarbeit in übergreifenden Arbeitsgruppen, kurzfristige Mehrarbeit, vorübergehend wahrgenommene Funktionen oder außergewöhnlich lange und schwierige Vertretungen handeln. Die Leistungskriterien wurden nicht genauer definiert; es soll sich lediglich um „überdurchschnittliche Leistungen" handeln. Welche Leistungen überdurchschnittlich sind, entscheiden die Führungskräfte vor Ort. Sie machen begründete Vorschläge, die in einer Steuerungsgruppe beraten und beschlossen werden. Zur Weiterentwicklung des Anreizsystems bestehen Überlegungen hinsichtlich der Voraussetzungen, die Arbeitsergebnisse in Form von Produkten zu beschreiben, die Anreize einzubinden in Mitarbeitergespräche mit Zielvereinbarungen und Personalentwicklungsgesprächen und die Herstellung des Bezugs zum Produkt.[2155]

VIII. Verbesserungsvorschlagswesen

Bereits in der Vergangenheit hat eine Reihe von Kommunalverwaltungen materielle Leistungsanreize im Rahmen des betrieblichen Vorschlagswesens gewährt. In diesen Verwaltungen existieren i. d. R. dazu Betriebsvereinbarungen.[2156]

Beispielhaft wird hier die Betriebsvereinbarung zwischen dem Gemeindevorstand der Gemeinde Biblis und dem Personalrat über die Einführung eines Vorschlagswesens dargestellt.[2157] Bei der Beurteilung des Wertes oder Nutzens eines Vorschlags finden folgende Maßsysteme Anwendung:

- **finanzielle Maßsysteme**
  z. B. Kapitalrendite, Rentabilität, Wertsteigerung (Verhältnis Qualität – Verwaltungsaufwand), Kosteneinsparungen,
- **prozessorientierte Maßsysteme**
  z. B. Mitarbeiterzufriedenheit, Teamarbeit, Führen und Betreuen, Bearbeitungszeit, Fortbildung, Qualitätsverbesserung, Betriebsklima, Innovation,
- **kundenorientierte Maßsysteme**
  z. B. Preis-Leistungs-Verhältnis, Qualität der Auskünfte, Serviceangebote im Vergleich zu anderen Verwaltungen derselben Größenordnung.

Bei der Festlegung des Nutzens eines Vorschlags sind möglichst alle Elemente wie Kosteneinsparung, Ertragssteigerung, Gesundheit, Sicherheit, Erfüllung der strategi-

---

[2155] Vgl. Tondorf, Leistung und Entgelt im öffentlichen Dienst, 1997, S. 183 f.
[2156] Vgl. Kap. 8.3.7.5.
[2157] Zu den Zielen des Vorschlagswesens der Gemeinde Biblis vgl. Kap. 8.3.7.5.

schen Ziele, Umweltgesichtspunkte, Qualität der Dienstleistung und Kundenzufriedenheit zu berücksichtigen.
Bei eindeutig quantifizierbaren Vorschlägen beträgt die Prämie 10 % der erzielten Einsparung, basierend auf den Haushaltsplandaten des laufenden bzw. folgenden Haushaltsjahres. Daten aus evtl. vorhandenen Kosten-Leistungs-Rechnungen in einzelnen Facheinheiten werden herangezogen. Werden Investitionen erforderlich, sind ab einer Investitionssumme i. H. v. 20.000 DM vor einer abschließenden Entscheidung Kosten-Nutzen-Analysen zu erstellen. Die Mindestprämie beträgt 100 DM, die Höchstprämie 10.000 DM je Einzelfall. Die Höchstprämie kann auch im Einzelfall für Innovationen gewährt werden, wenn bei der Beurteilung des Nutzens die Erfüllung der strategischen Ziele in höchstem Maße gewährleistet ist. Bei der wertmäßigen Einschätzung nichtquantifizierbarer Verbesserungsvorschläge wurde bewusst auf die Einführung eines Punkte- oder sonstigen Bewertungskatalogs verzichtet, da eine Standardisierung in diesem Bereich nach Auffassung beider Vertragsparteien nicht möglich ist und eine Benachteiligung gegenüber den quantifizierbaren Verbesserungsvorschlägen vermieden werden soll. Ggf. wird bei entsprechenden Erfahrungen mit dem Vorschlagswesen ein Bewertungskatalog für die sogenannten „weichen Faktoren" nachträglich erstellt.[2158] Angelegenheiten mit Auswirkungen nur auf den/die Antragsteller/in (z. B. Vereinfachung von Routinearbeiten, täglich wiederkehrende Tätigkeiten) und Verbesserungsvorschläge innerhalb des Fachbereichs, die sich nicht auf die „strategischen Ziele" der Gemeindeverwaltung beziehen und die weniger als 5.000 DM Kostenersparnis im laufenden bzw. darauffolgenden Haushaltsjahr ergeben, werden in der Abteilung entschieden. Bereichsübergreifende Angelegenheiten, Innovationen sowie Verbesserungsvorschläge, die sich erheblich auf die strategischen Ziele der Gemeindeverwaltung auswirken bzw. zu erheblichen Kosteneinsparungen – mehr als 5.000 DM im laufenden bzw. im darauf folgenden Haushaltsjahr – führen, werden in dem eingerichteten Arbeitskreis „Vorschlagswesen" behandelt.[2159]
Die Anerkennung von Verbesserungsvorschlagen ist nicht nur durch finanzielle Zuwendungen möglich, sondern durch zusätzliche Sachpreise, Dienstbefreiung etc.[2160]

Die Stadt Dortmund gewährt Geldprämien sowie Sachleistungen für haushaltswirksame Verbesserungen, die nach besonderen Richtlinien für die Behandlung von Verbesserungsvorschlägen „prämiert" wurden. Der Vorschlag muss nachvollziehbare, tatsächliche Einsparungen und Einnahmen haushaltswirksam erbringen. Die Prämie beträgt bis zu 10 % des finanziellen Erfolges eines Jahres.[2161]

[2158] Vgl. Gemeinde Biblis (Hrsg.), Betriebsvereinbarung zwischen dem Gemeindevorstand der Gemeinde Biblis und dem Personalrat über die Einführung eines Vorschlagwesens, Stand: 1.12.1998, Teil V.
[2159] Vgl. Gemeinde Biblis (Hrsg.), Betriebsvereinbarung zwischen dem Gemeindevorstand der Gemeinde Biblis und dem Personalrat über die Einführung eines Vorschlagwesens, Stand: 1.12.1998, Teil IV.
[2160] Vgl. Gemeinde Biblis (Hrsg.), Betriebsvereinbarung zwischen dem Gemeindevorstand der Gemeinde Biblis und dem Personalrat über die Einführung eines Vorschlagwesens, Stand: 1.12.1998, Teil V; ferner Kap. 9.5.4.4, 14.3.
[2161] Vgl. KAV NW (Hrsg.), Übersicht: beim KAV NW angemeldete „Pilotprojekte" Leistungsanreizsysteme in der Verwaltung, Stand: 10. April 2000, S. 2.

Eine Prämierung von Verbesserungsvorschlägen ist ebenfalls im Rahmen des Vorschlagswesens der Stadt Erlangen vorgesehen. Dort werden die Prämien aus den Budgetmitteln der jeweiligen Fachämter finanziert.[2162]

IX. Weitere Anreizmodelle

Einige Kommunalverwaltungen experimentieren mit multiplen Anreizsystemen. So kombinieren Kommunen, die am Projekt „Grundlagen einer leistungsfähigen Kommunalverwaltung“ der Bertelsmann-Stiftung beteiligt sind, Zulagen für realisierte Stelleneinsparungen mit Zulagen bei nachweislichen Mehrbelastungen und solchen für besonderen wirtschaftlichen Erfolg. Basis der Zuwendungen für Angestellte sind die Richtlinien der VKA,[2163] für Beamte/innen die Mehrarbeitsvergütungsordnung.[2164]
Durch Inkrafttreten des Dienstrechtsreformgesetzes und der in einigen Bundesländern erlassenen Rechtsverordnungen haben weitere Kommunalverwaltungen Konzepte für materielle Leistungsanreize in Form von Leistungszulagen und Leistungsprämien entwickelt. Diese Konzepte beziehen sich teilweise nur auf Beamte/innen, teilweise werden Angestellte auf der Basis der Richtlinien der VKA einbezogen. Z. T. werden diese Konzepte bereits in Pilotprojekten erprobt.
Beispielhaft werden nachfolgend einige Konzepte vorgestellt.

Eingebunden in den Verwaltungsreformprozess hat das Landsratsamt Enzkreis ein Konzept für materielle Leistungsanreize entwickelt, das die Leistungsstufe, die Hemmung des Aufstiegs in den Stufen, Leistungszulagen und Leistungsprämien beinhaltet.[2165] Als Ziele werden die Anerkennung, Bewahrung und Belohnung von herausragenden Leistungen sowie die dauerhafte Verbesserung von Minderleistungen genannt.[2166] Die Leistungsanreize sollen der Motivation der Mitarbeiter/innen dienen und damit die Gesamtleistung des Hauses verbessern.[2167] Der Kreistag hat der Kreisverwaltung im Jahr 1999 100.000 DM zur Verfügung gestellt.[2168] Leistungszulagen und Leistungsprämien oder Erfolgsprämien werden an 10 % aller beschäftigten Beamten/innen, Angestellten und Arbeiter/innen vergeben (die 10 % gelten für die Leistungszulage und die Leistungsprämie). Dauerhaft ausgenommen sind Auszubildende und Anwär-

---

[2162] Vgl. Stadt Erlangen (Hrsg.), Dienstanweisung Vorschlagswesen (DAVV), Stand: 1.12.1999.
[2163] Richtlinien der Vereinigung der kommunalen Arbeitgeberverbände (VKA) zur Gewährung von Leistungszulagen und Leistungsprämien, 17. November 1995
[2164] Vgl. Oechsler, Leistungsorientiertes Entgelt in der Kommunalverwaltung, 1995, S. 63 f.
[2165] Vgl. Landratsamt Enzkreis (Hrsg.), Richtlinien für die Gewährung von Leistungsanreizen für die Beschäftigten im Landratsamt Enzkreis, Stand: 1.2.1999; Marqués Berger/Seeger, Leistung lohnt sich, wenn die Bedingungen stimmen, in: VOP 3/2000, S. 28-30.
[2166] Vgl. Landratsamt Enzkreis (Hrsg.), Richtlinien für die Gewährung von Leistungsanreizen für die Beschäftigten im Landratsamt Enzkreis, Stand: 1.2.1999, Punkt 1; Marqués Berger/Seeger, Leistung lohnt sich, wenn die Bedingungen stimmen, in: VOP 3/2000, S. 28 (29).
[2167] Vgl. Landratsamt Enzkreis (Hrsg.), Richtlinien für die Gewährung von Leistungsanreizen für die Beschäftigten im Landratsamt Enzkreis, Stand: 1.2.1999, Punkt 1.
[2168] Vgl. Marqués Berger/Seeger, Leistung lohnt sich, wenn die Bedingungen stimmen, in: VOP 3/2000, S. 28 (28).

ter/innen, übertariflich bezahlte Mitarbeiter/innen, Dezernenten/innen, Amtsleiter/innen in den ersten beiden Jahren der Einführung. Es gilt der Grundsatz „Höhe vor Menge“: Die Leistungselemente sollen im Rahmen der gesetzlichen Möglichkeiten wenigen herausragenden Beschäftigten in spürbarer Höhe zugute kommen.[2169] Die Leistungszulage wird vergeben für eine über mindestens drei Monate erbrachte und auch weiterhin zu erwartende Einzelleistung. Beispiele für eine solche Leistung sind eine besonders engagierte Vertretungstätigkeit oder eine herausragende Leistung in einer Projektgruppe. Die Höhe der Grundlage beträgt 7 % des Anfangsgrundgehalts der Besoldungs-, Vergütung- oder Lohngruppe des/der Empfängers/in zum Zeitpunkt der Bewilligung. Die Leistungszulage kann bis zu drei Monate rückwirkend, längstens für ein Jahr und erneut frühestens ein Jahr nach Ablauf eines vorherigen Gewährungszeitraums gewährt werden; bei Leistungsabfall ist die Leistungszulage zu widerrufen.[2170] Grundlage der Gewährung der Leistungszulage ist eine formlose Leistungsbeschreibung der über mindestens drei Monate erbrachten und auch weiterhin zu erwartenden Leistung sowie eine Mindestnote der Beurteilung nach den reformierten Richtlinien des Enzkreises.[2171] Ziel der Leistungsprämie ist die Belohnung einer herausragenden besonderen Einzelleistung. Sie soll in engem zeitlichem Zusammenhang mit der besonderen Leistung stehen. Sie kann auch für eine besondere Leistung in einer Projekt- oder Arbeitsgruppe gewährt werden. Eine besondere Form der Prämie ist die Erfolgsprämie. Sie kann in besonderen Einzelfällen gewährt werden, wenn sich die herausragende Leistung auch am wirtschaftlichen Erfolg für die Verwaltung messen lässt, z. B. bei der dauerhaften Vermittlung von Sozialhilfeempfängern/innen in Arbeit. Die Erfolgsprämie wird aus den eingesparten Haushaltsmitteln finanziert.[2172] Die Höhe der Leistungsprämie beträgt maximal 84 % des Anfangsgrundgehalts der Besoldungs-, Vergütungs- oder Lohngruppe des/der Empfängers/in zum Zeitpunkt der Bewilligung. Die Leistungsprämie wird begrenzt, damit sie nicht höher ausfällt als eine Leistungszulage, die für eine über zwölf Monate erbrachte besondere Leistung gewährt wird. Für die Gewährung der Leistungsprämie genügt die Beschreibung der herausragenden besonderen Einzelleistung; eine förmliche Beurteilung ist nicht notwendig.[2173]

Zur Ermittlung der Empfänger/innen der Leistungszulagen werden von den Amtsleitern/innen Vergabevorschläge gemacht. Der Vorschlag sowie die Einhaltung eines einheitlichen Beurteilungsmaßstabes wird von dem/der jeweiligen Dezernenten/in bestätigt.

[2169] Vgl. Marqués Berger/Seeger, Leistung lohnt sich, wenn die Bedingungen stimmen, in: VOP 3/2000, S. 28 (29).

[2170] Vgl. Landratsamt Enzkreis (Hrsg.), Richtlinien für die Gewährung von Leistungsanreizen für die Beschäftigten im Landratsamt Enzkreis, Stand: 1.2.1999, Punkt 3.2; Marqués Berger/Seeger, Leistung lohnt sich, wenn die Bedingungen stimmen, in: VOP 3/2000, S. 28 (29).

[2171] Vgl. Landratsamt Enzkreis (Hrsg.), Richtlinien für die Gewährung von Leistungsanreizen für die Beschäftigten im Landratsamt Enzkreis, Stand: 1.2.1999, Punkt 4.2; Marqués Berger/Seeger, Leistung lohnt sich, wenn die Bedingungen stimmen, in: VOP 3/2000, S. 28 (30).

[2172] Vgl. Landratsamt Enzkreis (Hrsg.), Richtlinien für die Gewährung von Leistungsanreizen für die Beschäftigten im Landratsamt Enzkreis, Stand: 1.2.1999, Punkt 3.3; Marqués Berger/Seeger, Leistung lohnt sich, wenn die Bedingungen stimmen, in: VOP 3/2000, S. 28 (29).

[2173] Vgl. Landratsamt Enzkreis (Hrsg.), Richtlinien für die Gewährung von Leistungsanreizen für die Beschäftigten im Landratsamt Enzkreis, Stand: 1.2.1999, Punkt 4.3; Marqués Berger/Seeger, Leistung lohnt sich, wenn die Bedingungen stimmen, in: VOP 3/2000, S. 28 (30).

Beurteilung und Vergabevorschlag bei den Amtsleitern/innen werden durch den/die Dezernent/in gefertigt. Es besteht auch die Möglichkeit, dass die Mitarbeiter/innen sich selbst oder eine/n Kollegen/in vorschlagen. Eine „Kommission für die Vergabe von Leistungsanreizen", bestehend aus je einer Vertretung der Personalverwaltung, der Organisationsentwicklung, des Personalrates und der Gleichstellungsbeauftragten, sammelt die Vorschläge und macht ihrerseits einen Vergabevorschlag für die gesamte Verwaltung an den Landrat. Der Landrat entscheidet, wer die Leistungszulagen erhält.[2174]
Für die Gewährung der Leistungsprämien machen die Amtsleitungen Vergabevorschläge und Vorschläge zur Höhe der Prämien an die Kommission. Diese achtet auf die Gleichbehandlung und die Einhaltung eines einheitlichen Vergabemaßstabs; sie macht ihrerseits einen Vorschlag an den/die jeweilige/n Dezernenten/in. Diese/r entscheidet über die Gewährung einer Leistungsprämie. Bei den Amtsleitern/innen machen die Dezernenten/innen die Vergabevorschläge an die Kommission; der Landrat entscheidet über die Gewährung der Leistungsprämie.[2175]

Das Konzept der Stadt Gütersloh sieht erfolgsabhängige Zahlungen an Teams produktverantwortlicher Organisationseinheiten (Ämter, Abteilungen, Einrichtungen, Sachgebiete) vor. Ziel der Zahlungen ist die Schaffung von Anreizen zur Leistungsverbesserung der Verwaltung für die Mitarbeiter/innen.[2176] Basis der einmaligen Zahlungen ist eine Zielvereinbarung zwischen Verwaltungsleitung und Amtsleitung, die für ein oder mehrere Haushaltsjahre getroffen wird. Sie orientiert sich an Vergleichsdaten des Berichtswesens, welches im Projekt der Bertelsmann Stiftung „Grundlagen einer leistungsfähigen Kommunalverwaltung"[2177] oder im sog. Übertragungsprojekt der Stadt Gütersloh entwickelt wurde. Ggf. muss sich die Zielvereinbarung zwischen Verwaltungsleitung und Amtsleitung in eine etwaige übergreifende Zielvereinbarung zwischen Rat und Verwaltungsleitung einfügen.[2178] Die Zielvereinbarung enthält Vereinbarungen zu den Zielkategorien „Erfüllung des spezifischen Leistungsauftrages", „Kundengerechte Dienstleistung" und „Wirtschaftlichkeit des Ressourceneinsatzes". Vereinbarungen zu einem Teil der Zielkategorien können sich auf das Halten bisher erreichter Ergebniswerte beschränken. Möglich ist die Vereinbarung von Ergebnistoleranzen sowie die Vereinbarung von anteiligen Zahlungen, wenn Zielwerte nur teilweise erreicht werden. Ausnahmsweise kann eine Zielvereinbarung auch das Halten sämtlicher bisher erreichter

---

[2174] Vgl. Landratsamt Enzkreis (Hrsg.), Richtlinien für die Gewährung von Leistungsanreizen für die Beschäftigten im Landratsamt Enzkreis, Stand: 1.2.1999, Punkt 6.2 und 7; Marqués Berger/Seeger, Leistung lohnt sich, wenn die Bedingungen stimmen, in: VOP 3/2000, S. 28 (30).

[2175] Vgl. Landratsamt Enzkreis (Hrsg.), Richtlinien für die Gewährung von Leistungsanreizen für die Beschäftigten im Landratsamt Enzkreis, Stand: 1.2.1999, Punkt 6.3; Marqués Berger/Seeger, Leistung lohnt sich, wenn die Bedingungen stimmen, in: VOP 3/2000, S. 28 (30).

[2176] Vgl. Stadt Gütersloh (Hrsg.), Leitlinien für erfolgsabhängige Zahlungen an Teams in der Stadtverwaltung Gütersloh, Stand: 27.1.1997, Punkt 2 und 3.

[2177] Vgl. Adamaschek, Interkommunaler Leistungsvergleich, 1997; Oechsler, Leistungsorientiertes Entgelt in der Kommunalverwaltung, 1995.

[2178] Vgl. Stadt Gütersloh (Hrsg.), Leitlinien für erfolgsabhängige Zahlungen an Teams in der Stadtverwaltung Gütersloh, Stand: 27.1.1997, Punkt 4.

Ergebniswerte sein.[2179] Grundsätzlich unzulässig ist die Erfüllung von Zielvereinbarungen durch Mehrarbeitszeit der Mitarbeiter/innen.[2180] Die Zielvereinbarungen mit der Verwaltungsleitung werden von der jeweiligen Organisationseinheit, beraten von einer Arbeitsgruppe des Hauptamtes, des Personalamtes, der Kämmerei und des Personalrates, vorbereitet. Vor Abschluss der Zielvereinbarungen hat das Rechnungsprüfungsamt die Gelegenheit zur Stellungnahme.[2181] Erfolgsabhängige Zahlungen können nur aus finanziellen Mitteln geleistet werden, die als Folge einer Verbesserung der Wirtschaftlichkeit des Ressourceneinsatzes nach dem Ergebnis der Haushaltsrechnung zur Verfügung stehen. Diese Mittel werden zu 40 % für erfolgsabhängige Zahlungen an die Mitarbeiter/innen der betreffenden Organisationseinheit, zu 25 % für einen Ausgleichfonds und zu 35 % zur Verbesserung des Haushaltsergebnisses des Gesamthaushalts verwendet. Die angesammelten Mittel des Ausgleichsfonds sollen zur Finanzierung erfolgsabhängigen Zahlungen an solche Organisationseinheiten verwendet werden, in denen eine Verbesserung der Wirtschaftlichkeit des Ressourceneinsatzes nicht zur Grundlage einer erfolgsabhängigen Zahlung gemacht werden kann. In Ausnahmefällen sind Abweichungen von dieser Aufteilungsregelung möglich.[2182] Die Verteilung der erfolgsabhängigen Zahlungen auf die Mitglieder der produktverantwortlichen Organisationseinheit erfolgt grundsätzlich nach der Personenzahl unter Berücksichtigung der vereinbarten Wochenarbeitszeit. Abweichungen kann die Amtsleitung im Benehmen mit Dezernatsleitung, Verwaltungsleitung und Personalrat festlegen.[2183] Das vorgestellte Konzept ist Inhalt einer unterschriftsreifen Dienstvereinbarung. Das Verfahren ist jeodch zwischen die Fronten der Arbeitgeber- und Arbeitnehmerverbände geraten; Streitfragen wie eine paritätische Mitbestimmung, Dienstvereinbarungen oder Tarifvertrag als Vereinbarungsebene etc. haben bislang die Umsetzung verhindert.[2184]

Über die Zahlung von Prämien im Rahmen ihres TQM-Programms hinaus[2185] gewährt die Landeshauptstadt Saarbrücken Leistungsprämien und Leistungszulagen für in der Qualität erheblich über dem Durchschnitt liegenden Leistungen. Die Kriterien der Vergabe sind in Kriterienkatalogen festgelegt, die im Zuge eines kontinuierlichen Prozesses für die Organisationsgliederungen der Stadtverwaltung einschließlich der Eigenbetriebe erstellt wurden. Grundlage der Vergabe kann eine Zielvereinbarung sein. Über die Gewährung der Leistungsprämie bzw. Leistungszulage entscheidet eine betriebliche

2179 Vgl. Stadt Gütersloh (Hrsg.), Leitlinien für erfolgsabhängige Zahlungen an Teams in der Stadtverwaltung Gütersloh, Stand: 27.1.1997, Punkt 5.

2180 Vgl. Stadt Gütersloh (Hrsg.), Leitlinien für erfolgsabhängige Zahlungen an Teams in der Stadtverwaltung Gütersloh, Stand: 27.1.1997, Punkt 6.

2181 Vgl. Stadt Gütersloh (Hrsg.), Leitlinien für erfolgsabhängige Zahlungen an Teams in der Stadtverwaltung Gütersloh, Stand: 27.1.1997, Punkt 7.

2182 Vgl. Stadt Gütersloh (Hrsg.), Leitlinien für erfolgsabhängige Zahlungen an Teams in der Stadtverwaltung Gütersloh, Stand: 27.1.1997, Punkt 10.

2183 Vgl. Stadt Gütersloh (Hrsg.), Leitlinien für erfolgsabhängige Zahlungen an Teams in der Stadtverwaltung Gütersloh, Stand: 27.1.1997, Punkt 8.

2184 Vgl. Adamaschek, Innovative Vergütungssysteme in der öffentlichen Verwaltung, in: Adamaschek/Oechsler (Hrsg.), Leistungsabhängige Bezahlung im öffentlichen Dienst, 2001, S. 7 (10).

2185 Zum gesamten Anreizsystem der Landeshauptstadt Saarbrücken vgl. Kap. 10.3.

Kommission auf Vorschlag der Verwaltung. Die Mitglieder der betrieblichen Kommission bestehen je zur Hälfte aus Vertretern/innen der Verwaltung und des Personalrates. Die Höhe der Zahlungen darf 10 % der regelmäßigen Bezahlung der/des Beschäftigten nicht übersteigen. Diese Grundlagen sind in einem Tarifvertrag zwischen der Gewerkschaft der ÖTV und der Landeshauptstadt Saarbrücken[2186] vereinbart.

Bei der Stadtverwaltung Nürnberg werden Leistungsprämien ab dem 1.1.2000 zunächst in einer zweijährigen Erprobungsphase an Arbeiter/innen, Angestellte und Beamte/innen gewährt. Es wird betont, dass die Anwendung und Verfügbarkeit finanzieller Leistungsanreize nicht dazu führen darf, dass immaterielle Anreize (z. B. Verbesserung des Arbeitsklimas, der Vorgesetzten-Mitarbeiter-Beziehungen, Ermöglichen von Handlungs- und Entscheidungsspielräumen, berufliche Entwicklungsmöglichkeiten) vernachlässigt werden. Leistungsprämien werden als Steuerungsinstrumente zur Steigerung der Leistungsfähigkeit durch Belohnungen angesehen. Sie sollen ergebnisorientiert nur dort gewährt werden, wo ein vorab vereinbartes und konkret definiertes Verwaltungsziel erreicht oder überschritten wird. Die Gewährung von Leistungsprämien soll daher bei der Stadt grundsätzlich auf der Basis von Zielvereinbarungen erfolgen. Als anzustrebendes Ziel kommt die Steigerung einer konkreten Leistung oder das Erreichen eines wirtschaftlichen Erfolges in Betracht. Auch die erfolgreiche Bewältigung einer zusätzlichen Aufgabe kann Gegenstand einer Zielvereinbarung sein. Das Ziel muss dabei deutlich über der durchschnittlichen Leistung liegen. Die Zielvereinbarung wird zwischen der/dem unmittelbaren Vorgesetzten und einem/einer oder mehrerer ihrer/seiner Mitarbeiter/innen abgeschlossen. Die Vereinbarung ist zuvor mit dem/der Dienststellenleiter/in (als Budgetverantwortliche/m) abzustimmen.
Beispiele für mögliche vereinbarte Ziele sind:

- **Sozialamt**
  Abbau der Arbeitsrückstände, die sich auf Grund einer Verdoppelung der Fallzahlen ergeben haben, bis zu einem bestimmten Termin,
- **Kulturbereich**
  Durchführung einer Großveranstaltung (z. B. Bardentreffen) mit vergleichbarem Angebot wie in den Vorjahren (keine Senkung des Niveaus und des Angebotsumfangs) bei Verringerung des städtischen Zuschussbedarfs gegenüber dem Vorjahr um mindestens 5 %,
- **Bauverwaltung**
  Unterschreitung der tatsächlichen Baukosten gegenüber dem Planansatz um mindestens 10 % (Voraussetzung ist eine korrekte Schätzung der Kosten),
- **DV-Bereich**
  Einhaltung von kritischen (äußerst knappen) Fertigstellungsterminen für die Implementierung einer bestimmten Anwendungssoftware,

[2186] Tarifvertrag über leistungsbezogene Entgeltbestandteile zwischen der Landeshauptstadt Saarbrücken (LHS) und der Gewerkschaft Öffentliche Dienste, Transport und Verkehr – Bezirk Saar – (ÖTV) vom 29.6.1995.

- **Einwohnermeldeamt**
  Reduzierung der durchschnittlichen Wartezeiten für die Kunden in der Schalterhalle um mindestens x Minuten bis zu einem bestimmten Termin.

Aus der Diskussion mit den Dienststellen ergab sich der Wunsch, Leistungsprämien gelegentlich auch für besondere Leistungen bzw. Arbeitserfolge gewähren zu können, die in Situationen erzielt wurden, die nicht vorhersehbar waren und für die daher keine Zielvereinbarungen erstellt werden konnten (z. B. in Notfällen, Katastrophenfällen). Werden Leistungsprämien nicht auf der Grundlage von Zielvereinbarungen vergeben sondern auf der Grundlage einer situationsspezifischen herausragenden Leistung – dafür wurde der Arbeitsbegriff „Spontanprämie“ geprägt – ist die Vergabeentscheidung schriftlich zu begründen (Was ist die herausragende besondere Leistung, wer hat sie erbracht und zu welchem Zeitpunkt?). Vorwürfen, die Prämie sei nach „Gutsherrenart“ vergeben worden, kann dadurch begegnet werden.
Leistungsprämien dürfen nicht vergeben werden

- für Leistungen, die nach gesetzlichen oder tarifrechtlichen Bestimmungen besoldet, vergütet bzw. honoriert werden können (z. B. Überstunden, Vertretungszulagen),
- als Ersatz für eine nicht realisierbare Höhergruppierung/Beförderung.

Leistungsprämien können sowohl einzelnen Mitarbeiter/innen als auch Gruppen (Teams) gewährt werden. Letzteres ist im Hinblick auf die in der Stadtverwaltung zunehmende Team- bzw. Projektarbeit von besonderer Bedeutung. Von der Prämienvergabe ausgeschlossen sind Auszubildende sowie Praktikanten/innen.
Die Höhe der Prämie bemisst sich nach der erbrachten Leistung. Die Höchstgrenze einer Prämie, die auf Grundlage einer Zielvereinbarung einer Einzelperson gewährt wird, entspricht bei

- **Beamten/innen**
  dem Anfangsgrundgehalt der Besoldungsgruppe des/der Beamten/in,
- **Angestellten**
  der monatlichen Grundvergütung in Stufe 1 der Vergütungsgruppe der/des Angestellten (Diese Höchstgrenze ist in den VKA-Richtlinien nicht vorgegeben. Sie empfiehlt sich jedoch aus Gründen der Gleichbehandlung von Arbeitnehmern/innen und Beamten/innen),
- **Arbeitern/innen**
  dem Monatstabellenlohn der Lohngruppe des/der Arbeiters/in (Diese Höchstgrenze ist in den VKA-Richtlinien nicht vorgegeben. Sie empfiehlt sich jedoch aus Gründen der Gleichbehandlung von Arbeitnehmern/innen und Beamten/innen).

Erfolgen mehrere Prämienzahlungen an eine/n Mitarbeiter/in innerhalb eines Jahres, dürfen sie zusammengenommen diese Höchstgrenzen nicht überschreiten. Die Höhe

der Prämie im jeweiligen Einzelfall wird bereits in der Zielvereinbarung festgelegt. Über die Höhe der jeweiligen Spontanprämie entscheidet die Dienststellenleitung.
Hinsichtlich der Anzahl der Vergabemöglichkeiten ist für den Beamtenbereich rechtsverbindlich vorgeschrieben, dass im Kalenderjahr bei einem Dienstherrn höchstens 10 % der Beamten/innen der Besoldungsordnung A eine Leistungsprämie erhalten können. Die VKA-Richtlinien sehen dagegen keine Begrenzung der Anzahl der Empfänger/innen einer Leistungsprämie vor. Eine Regelung, nach der der Vergabeumfang für städtische Beamten/innen auf 10 % begrenzt wäre, für Arbeitnehmer/innen jedoch keine oder eine wesentlich höhere Grenze gelten würde, ist für die Stadtverwaltung nicht akzeptabel. Die Stadtverwaltung praktiziert eine einheitliche Personalwirtschaft, d. h. Stellen werden sowohl mit Angestellten als auch mit Beamten/innen besetzt. Insbesondere dann, wenn Prämien an Arbeitsgruppen vergeben werden, die sich aus Beamten/innen und Angestellten zusammensetzen, müssen die Vergabekriterien vergleichbar sein. Erfolgt die Vergabe von Prämien für Beamte/innen und Arbeitnehmer/innen nach unterschiedlichen Kriterien, werden die Statusgruppen auseinander dividiert und ein Nährboden für Arbeitsunzufriedenheit und Demotivation geschaffen. Da die Stadt Leistungsprämien grundsätzlich nur auf der Grundlage von Zielvereinbarungen vergibt, muss gewährleistet sein, dass bei Erreichen des Zieles in jedem Falle die vereinbarte Prämie gezahlt wird. Solange die 10 %-Quote im Beamtenbereich gesetzlich vorgeschrieben ist, können Zielvereinbarungen zur Gewährung von Leistungsprämien von vornherein nur in dieser Größenordnung abgeschlossen werden. Bei dieser Verfahrensweise kann jede/r Beschäftigte eine Prämie erhalten, die/der das festgelegte Ziel erreicht hat.
Die Prämien werden grundsätzlich aus dem Budget der Dienststelle finanziert. Sollten Prämienmodelle sinnvoll und nutzbringend für die Dienststellen und die Stadtverwaltung eingesetzt werden und eine Budgetfinanzierung nachweislich nicht möglich sein, erfolgt eine Finanzierung auf der Grundlage eines im Rahmen der Haushaltskonsolidierung und Verwaltungsreform eingerichteten „Innovationstopfs“. Erfahrungen mit der Vergabe von Leistungsprämien sollen zunächst in der zweijährigen Erprobungsphase gesammelt werden.[2187]

Die Stadt Erlangen vergibt Leistungsprämien an alle Beschäftigtengruppen mit einer regelmäßigen wöchentlichen Arbeitszeit von mindestens 10 Stunden. Grundlage für die Vergabe von Leistungsprämien sind Zielvereinbarungen, die auch im Rahmen des jährlich zu führenden Mitarbeitergesprächs abgeschlossen werden können. Leistungsprämien können gewährt werden, wenn ein vereinbartes und konkret definiertes Ziel erreicht wird und es sich nachweisbar um eine quantitativ und qualitativ herausragende Leistung handelt. Diese liegt nicht schon durch Übernahme zusätzlicher Aufgaben und deren sachgerechter Erledigung mit überdurchschnittlicher Belastung vor, sondern erst

[2187] Nach Informationen der Stadtverwaltung Nürnberg im Jahr 2000; zur Einführung von materiellen Leistungsanreizen in der Stadtverwaltung Nürnberg vgl. Kap. 12.3.2.

dann, wenn diese Belastung mit einer herausragenden besonderen Leistung verbunden ist.[2188]

Im Standesamt und in der Kraftfahrzeug-Zulassungsstelle der Stadt Köln erhalten Beschäftigte eine Leistungsprämie, die sich an Zusatzangeboten gegen Entgelt beteiligen. Das Ziel der Maßnahme ist die Erschließung neuer Einnahmequellen wie Samstagstrauungen oder Samstagszulassungen.[2189] In der gemeinsamen Betriebskrankenkasse der Stadt Köln werden Erfolgsprämien gezahlt, die sich aus Einzelprämien der Leit-Unternehmensziele und Einzel-Unternehmenszielen aufaddieren. Das Ziel ist die Beitragsstabilität und die Sicherung der Leistungsqualität der Betriebskrankenkasse.[2190]

Im Rahmen des „Projekts Bürgerbüro Bochum" ist ein Konzept entworfen worden, die Qualität des Dienstleistungsangebots durch eine Verbesserung des Arbeitsumfeldes der Mitarbeiter/innen und damit die Mitarbeiterzufriedenheit zu erhöhen. In diesem Konzept sind materielle Leistungsanreize ein Bestandteil.[2191]

9.5.4 Sachzuwendungen

Die Anreizgruppe der Sachzuwendungen beinhaltet Zuwendungen der Verwaltung, die materieller, aber nicht monetärer Art sind. Zu ihr gehören die private Nutzung von dienstlichen Einrichtungen und Gegenständen, ein kostenloser/-günstiger Parkplatz, Abonnements für den ÖPNV, Sachprämien/-geschenke und Versicherungen.

9.5.4.1 Private Nutzung von dienstlichen Einrichtungen und Gegenständen

a. Beschreibung

In einigen Verwaltung besteht für alle Beschäftigten oder in bestimmten Arbeitsbereichen die Möglichkeit, dienstliche Einrichtungen oder Gegenstände auch für den privaten Gebrauch ohne oder für ein geringes Entgelt zu nutzen. Beispiele sind Dienstwagen, Transportwagen/LKW`s (z. B. für Transporte/Umzüge), Dienstwohnung, Diensttelefone/Handys, Kopierer, Telefaxe, PC`s, Internetanschlüsse, Räumlichkeiten (z. B. für Feiern), kulturelle Einrichtungen und Veranstaltungen sowie Kantine.

Grundsätzlich sind mehrere Formen des Angebots durch den Arbeitgeber vorstellbar:

[2188] Nach Informationen der Stadtverwaltung Erlangen im Jahr 2000.
[2189] Nach Informationen der Stadtverwaltung Köln im Jahr 2000.
[2190] Nach Informationen der Stadtverwaltung Köln im Jahr 2000.
[2191] Vgl. KAV NW (Hrsg.), Übersicht: beim KAV NW angemeldete „Pilotprojekte" Leistungsanreizsysteme in der Verwaltung, Stand: 10. April 2000.

- o Die Benutzung der dienstlichen Einrichtungen ist für die Beschäftigten kostenlos.
- o Die Benutzung der dienstlichen Einrichtungen ist für die Beschäftigten bis zu einem bestimmten vereinbarten Maß kostenlos. Weitere Benutzungen sind kostenpflichtig.
- o Die Benutzung der dienstlichen Einrichtungen ist für die Beschäftigten kostenpflichtig.

Ziel des Anreizes ist die Befriedigung persönlicher Bedürfnisse der Beschäftigten, der Erhalt von Arbeitszufriedenheit und Motivation, die Identifikation der Beschäftigten mit der Verwaltung und die Bindung an sie.
Diese Anreize haben häufig den Charakter von Eintrittsanreizen, d. h. sie motivieren dazu, in den öffentlichen Dienst einzutreten. Oft verlieren sie jedoch ihre Anreizwirkung durch den Gewöhnungseffekt. Eine Anreizwirkung, die den einzelnen individuellen Bedürfnissen oder den Zwecken der Steuerung der Verwaltungsleistung angepasst werden kann, ist vorstellbar im Rahmen von Kombinationsmodellen oder Cafeteria-Systemen, da die Nutzung dienstlicher Einrichtungen sehr vielfältig ist.[2192]

b. Erfolgsfaktoren

Verwaltungen, die ihren Beschäftigten Sachzuwendungen gewähren wollen, sollten zunächst den Bedarf bei den Beschäftigten ermitteln (z. B. durch Mitarbeiterbefragungen). Ebenso sollte regelmäßig der Bedarf und die Zufriedenheit mit den Angeboten überprüft werden (z. B. durch Mitarbeiterbefragungen).

c. Praxis in Kommunalverwaltungen

Die in Kommunalverwaltungen übliche private Nutzung von dienstlichen Einrichtungen und Gegenständen ist z. B. vorhanden in Form von Dienstwohnungen bei Hausmeistern/innen, Dienstwagen i. d. R. nur bei Führungskräften, Sporthallen für Sport- und Gesundheitskurse oder dienstlichen Räumlichkeiten für private Feiern. Ebenso unterhalten viele Kommunalverwaltungen einen vergünstigten Kantinenbetrieb.

9.5.4.2 Kostenloser/-günstiger Parkplatz

a. Beschreibung

Den Beschäftigten wird ein kostenloser oder kostengünstiger Platz zum Parken ihres privaten PKW`s zur Verfügung gestellt.

[2192] Vgl. Kap. 10.2.

Grundsätzlich sind mehrere Formen des Angebots durch den Arbeitgeber vorstellbar:

- Der Parkplatz befindet sich auf verwaltungseigenem Gelände und wird für die Beschäftigten kostenlos zu Verfügung gestellt.
- Der Parkplatz befindet sich auf fremden Gelände und wird von der Verwaltung angemietet. Die/der Beschäftigte kann dort kostenlos oder kostengünstig parken.
- Die/der Beschäftigte parkt gebührenpflichtig auf verwaltungsfremden Gelände. Die Verwaltung übernimmt teilweise oder vollständig die Kosten.

Ziel des Anreizes ist der Erhalt von Arbeitszufriedenheit und Motivation sowie die Befriedigung des Sicherheitsbedürfnis hinsichtlich des Privateigentums (privater PKW). Darüber hinaus verfolgt die Verwaltung das Ziel der Entzerrung von Parkplatzproblemen in den Innenstädten.
Dieser Anreiz ist geeignet als Auswahlkomponente in Kombinationsmodellen oder Cafeteria-Systemen.[2193]

b. Erfolgsfaktoren

Verwaltungen, die ihren Beschäftigten kostenlose/-günstige Parkplätze zur Verfügung stellen wollen, sollten zunächst den Bedarf bei den Beschäftigten ermitteln (z. B. durch Mitarbeiterbefragungen). Des Weiteren sind die örtlichen Bedingungen in den Innenstädten zu beachten.
Die Finanzierung kann über ein eigenes dafür vorgesehenes Budget, über die Umlage der beteiligten Fachbereiche/Ämter oder über erwirtschaftete Beträge der Gesamtverwaltung oder einzelner Verwaltungseinheiten gesichert werden.

c. Praxis in Kommunalverwaltungen

Eine Reihe von Kommunalverwaltungen stellen ihren Beschäftigten kostenlose oder -günstige Parkplätze zur Verfügung. Beispielhaft wird hier der Landkreis Osnabrück genannt, der kostenlose Parkplätze seinen Beschäftigten zur Verfügung stellt.[2194]

9.5.4.3 Abonnements für den ÖPNV

a. Beschreibung

Den Beschäftigten wird kostenlos oder kostengünstig ein Abonnement für den Öffentlichen Personennahverkehr (ÖPNV) zur Verfügung gestellt.

[2193] Vgl. Kap. 10.2.
[2194] Nach Informationen der Kreisverwaltung Osnabrück im Jahr 2000.

Grundsätzlich sind zwei Formen des Angebots durch den Arbeitgeber vorstellbar:

- Die Beschäftigten erhalten ein kostengünstiges Job-Ticket.
- Die Beschäftigten abonnieren selber, die Verwaltung zahlt einen Zuschuss.

Ziele dieses Leistungsanreizes sind die Bindung der Beschäftigten an die Verwaltung durch Motivationserhalt, Ziele des Umweltschutzes durch Begünstigung von Nutzen des ÖPNV`s und die Entzerrung von Parkplatzproblemen in den Innenstädten.
Dieser Anreiz ist geeignet als Auswahlkomponente in Kombinationsmodellen oder Cafeteria-Systemen.[2195]

b. Erfolgsfaktoren

Verwaltungen, die ihren Beschäftigten Abonnements für den ÖPNV zur Verfügung stellen wollen, sollten zunächst den Bedarf bei den Beschäftigten ermitteln (z. B. durch Mitarbeiterbefragungen). Des Weiteren sind die örtlichen Bedingungen in den Innenstädten und des ÖPNV`s zu beachten.
Die Finanzierung kann über ein eigenes dafür vorgesehenes Budget, über die Umlage der beteiligten Fachbereiche/Ämter oder über erwirtschaftete Beträge der Gesamtverwaltung oder einzelner Verwaltungseinheiten gesichert werden.

c. Praxis in Kommunalverwaltungen

In vielen größeren Kommunalverwaltungen wird die Variante des Job-Tickets gewählt; Zuschüsse zu bereits bestehenden Abonnements sind seltener.

9.5.4.4 Sachprämien/-geschenke

a. Beschreibung

Die Beschäftigten können für besondere Leistungen oder bei besonderen Ereignisse (Dienstjubiläen, „runde" Geburtstage etc.) verschiedene Sachprämien oder -geschenke erhalten.
Beispiele sind:

- Buchgeschenke,
- Geschenkgutscheine,
- Gutscheine für den Besuch kultureller Veranstaltungen,
- Blumengeschenke,
- Sachgeschenke für Gebrauchsgegenstände, Luxusartikel etc.

[2195] Vgl. Kap. 10.2.

Durch Sachprämien kann die Belohnung von herausragenden Leistungen über die durch das Dienstrecht vorgesehene Quote von 10 % bei der Vergabe von Leistungsprämien und Leistungszulagen auf die wirkliche Zahl der Leistungsträger/innen der Verwaltung ausgeweitet werden.
Die dargestellten Formen der materiellen Anerkennungen erhalten eine hohe Motivationswirkung, wenn sie den Interessen und Bedürfnisse der Beschäftigten entsprechen und Belohnungscharakter haben.
Da Sachprämien in ihren Wahlmöglichkeiten sehr vielfältig sind, eignen sie sich gut als Wahlmöglichkeiten im Rahmen von Kombinationsmodellen oder Cafeteriasystemen.[2196]

b. Erfolgsfaktoren

Verwaltungen, die ihren Beschäftigten Sachprämien oder -geschenke vergeben wollen, sollten zunächst den Bedarf bei den Beschäftigten ermitteln (z. B. durch Mitarbeiterbefragungen). Bei der Vergabe von leistungsorientierten Sachprämien als Belohnung sollte Folgendes beachtet werden:

- Verbindung mit den Verwaltungszielen und Mitarbeiterbedürfnissen,
- zeitliche und sachliche Nähe zwischen Leistung und Zuwendung,
- Gleichbehandlung aller Beschäftigtengruppen,
- Dezentralisierung/Budgetierung der Vergabe,
- eindeutige und transparente Kriterien der Gewährung (z. B. durch Zielfestlegung/-vereinbarung oder Leistungsermittlung),
- Beginn in Pilotprojekten.

Sinnvoll ist eine Entscheidung über die Vergabe durch die Leitungen von Fachbereichen oder Ämtern. Mitarbeiter/innen können den Führungskräften entsprechende Vorschläge machen oder sich selber vorschlagen. Besteht eine betriebliche Kommission zur Vergabe von Leistungsanreizen, kann dieser eine Liste der Empfänger/innen mit den entsprechenden Begründungen vorgelegt werden.
Es ist sinnvoll, den Wert dieser Anerkennungen jeweils auf einen bestimmten Betrag zu begrenzen. Die Finanzierung kann über ein eigenes dafür vorgesehenes Budget, über die Umlage der beteiligten Fachbereiche/Ämter oder über erwirtschaftete Beträge der Gesamtverwaltung oder einzelner Verwaltungseinheiten sowie bei ereignisbezogenen Geschenken über ein dafür vorgesehenes Budget des Personalrats gesichert werden.
Die Gewährung von Sachprämien und -geschenken muss sich im rechtlichen Rahmen bewegen. Es muss wie bei finanziellen und sonstigen Zuwendungen z. B. darauf geachtet werden, dass es sich steuerrechtlich um einen geldwerten Vorteil handelt.

[2196] Vgl. Kap. 10.2.

c. Praxis in Kommunalverwaltungen

In einigen Kommunalverwaltungen werden Sachprämien im Rahmen des Vorschlagswesens vergeben. So bestehen neben Geldprämien in der Gemeinde Biblis weitere Möglichkeiten der Anerkennung von Verbesserungsvorschlägen durch Sachpreise zusätzlich zu Geldpreisen sowie durch die Verleihung einer Urkunde und die Übergabe eines Sachpreises im feierlichen Rahmen.[2197]

Auch bei der Stadt Dortmund werden neben Geld- auch Sachleistungen für haushaltswirksame Verbesserungen vergeben. Die Sachleistungen bestehen z. B. in besonderen Fortbildungen, die von der Stadt ganz oder teilweise finanziert werden, oder in diversen Gutscheinen.[2198]

Der Landkreis Osnabrück überreicht Buchgeschenke bei Verabschiedungen und Dienstjubiläen sowie Geschenkgutscheine für Bedienstete, denen aus Anlass des Dienstjubiläums keine Sonderzuwendungen gewährt werden dürfen.[2199]

Im Landratsamt Enzkreis können besondere Leistungen in allen Bereichen, z. B. auch soziales Engagement innerhalb eines Amtes, mit Anerkennungen wie Blumen, Theaterkarten u. ä. honoriert werden. Es wird betont, dass die genannten Aufmerksamkeiten keine finanzielle, sondern eine besondere persönliche Form der Anerkennung sein sollen. Sie sollen kein Ersatz für eine nicht erhaltende Leistungsstufe, -zulage oder -prämie sein. Es wird auf die Erfahrung verwiesen, dass solche persönlichen Anerkennungen die am längsten anhaltende Wirkung entfalten. Der Betrag für diese Anerkennungen soll im Einzelfall 200 DM nicht überschreiten. Für die Gewährung dieser Anerkennungen sind weder eine Leistungsbeschreibung noch eine Leistungsbeurteilung erforderlich. Über die Vergabe der Anerkennungen entscheiden die Amtsleitungen im Rahmen der zugewiesenen Mittel. Die Beschäftigten des Landratsamts Enzkreis sind aufgerufen, den Amtsleitungen Vorschläge zu unterbreiten. Die Amtsleitungen legen der „Kommission für die Vergabe von Leistungsanreizen" jährlich im Nachhinein eine Liste der Empfänger/innen mit dem Grund der Gewährung vor. Bei Mitarbeiter/innen, die direkt der Dezernatsleitung unterstellt sind, kommen die genannten Aufgaben der Amtsleitung der Dezernatsleitung zu.[2200]

[2197] Vgl. Gemeinde Biblis (Hrsg.), Betriebsvereinbarung zwischen dem Gemeindevorstand der Gemeinde Biblis und dem Personalrat über die Einführung eines Vorschlagwesens, Stand: 1.12.1998, Teil V; ferner Kap. 8.3.7.5.

[2198] Vgl. KAV NW (Hrsg.), Übersicht: beim KAV NW angemeldete „Pilotprojekte" Leistungsanreizsysteme in der Verwaltung, Stand: 10. April 2000, S. 2.

[2199] Nach Informationen der Kreisverwaltung Osnabrück im Jahr 2000.

[2200] Vgl. Landratsamt Enzkreis (Hrsg.), Richtlinien für die Gewährung von Leistungsanreizen für die Beschäftigten im Landratsamt Enzkreis, Stand: 1.2.1999.

9.5.4.5 Versicherungen

a. Beschreibung

In der Privatwirtschaft werden in einigen Unternehmen über die Beteiligung des Arbeitgebers an den Sozialversicherungen hinaus den Beschäftigten Angebote der Übernahme oder Beteiligung an weiteren Versicherungen gemacht.[2201] Grundsätzlich sind diese Anreizformen auch für die öffentliche Verwaltung vorstellbar.
Es könnten den Beschäftigten verschiedene Versicherungsangebote gemacht, z. B.:

- Berufsunfähigkeitsversicherung,
- zusätzliche Leistungen zur Krankenversicherung,
- Unfallversicherung,
- Rechtsschutzversicherung,
- Lebensversicherung.

Grundsätzlich sind zwei Formen des Angebots durch den Arbeitgeber vorstellbar:

- Die/der Beschäftigte schließt die Versicherung ab. Von der Arbeitgeberseite wird ein finanzieller Zuschuss gewährt.
- Von der Arbeitgeberseite werden Versicherungsangebote gemacht. Dabei müssen vergabe- und wettbewerbsrechtliche Gesichtspunkte beachtet werden (z. B. durch vorherige Ausschreibung).[2202]

Diese Form des Leistungsanreizes kann entweder als offenes Angebot für alle Beschäftigten oder in belohnender Form für besondere Leistungen vergeben werden. Da Versicherungsangebote in ihren Wahlmöglichkeiten sehr vielfältig sind, eignen sie sich gut als Wahlmöglichkeiten im Rahmen von Kombinationsmodellen oder Cafeteriasystemen.[2203] Es ist eine relativ hohe Wirkung auf den allgemeinen Motivationserhalt und die Identifikation mit der Verwaltung durch Belohnungscharakter und Bindung der Beschäftigten an die Verwaltung durch diesen Leistungsanreiz zu vermuten. Da die Gewährung dieses Leistungsanreizes nicht einmalig, sondern andauernd und ein inhaltlicher Zusammenhang mit den Verwaltungszielen kaum möglich ist, ist dieser Leistungsanreiz als Instrument zur Steuerung der Verwaltungsleistung jedoch wenig brauchbar.

b. Erfolgsfaktoren

Verwaltungen, die ihren Beschäftigten Versicherungsangebote machen wollen, sollten zunächst den Bedarf bei den Beschäftigten ermitteln (z. B. durch Mitarbeiterbefragun-

[2201] Z. B. im Rahmen von Cafeteria-Modellen, vgl. Oechsler, Vom Lohnempfänger zum Vergütungsgestalter, in: Personal 3/1996, S. 125 (128).
[2202] Vgl. KGSt-Bericht Nr. 1/1997: Organisation des Einkaufs.
[2203] Vgl. Kap. 10.2.

gen). Des Weiteren müssen vergabe- und wettbewerbsrechtliche Gesichtspunkte beachtet werden (z. B. durch vorherige Ausschreibung).[2204]
Soll dieser Leistungsanreiz in belohnender Form vergeben werden, ist die Ermittlung der Leistung z. B. durch die Überprüfung von Zielerreichungen sinnvoll.
Die Finanzierung kann über ein eigenes dafür vorgesehenes Budget, über die Umlage der beteiligten Fachbereiche/Ämter oder über erwirtschaftete Beträge der Gesamtverwaltung oder einzelner Verwaltungseinheiten gesichert werden.

c. Praxis in Kommunalverwaltungen

Erfahrungen mit Versicherungsangeboten in Kommunalverwaltungen sind derzeit nicht bekannt.

9.5.5 Materielle Mitarbeiterbeteiligung

In der Privatwirtschaft ist die Beteiligung der Beschäftigten am wirtschaftlichen Erfolg[2205] des Unternehmens ein Bestandteil des Konzeptes „Mitarbeiter/innen als Mitunternehmer/innen“[2206]. Die Bedeutung der materiellen Mitarbeiterbeteiligung steigt in der Privatwirtschaft zunehmend und wird in ein Gesamtsystem strategischen Managements integriert.[2207] Mit Mitarbeiterbeteiligungsmodellen werden in Unternehmen folgende Ziele hinsichtlich verschiedener Dimensionen verfolgt:[2208]

- **Motivation**
  - Verbesserung der Leistungsmotivation und Produktivität,
  - Förderung des Mitdenkens und Mitentscheidens,
  - Erhöhung des Kostenbewusstseins und des persönlichen Einsatzes,
  - Anregung des wirtschaftlichen Denkens,

2204 Vgl. KGSt-Bericht Nr. 1/1997: Organisation des Einkaufs.

2205 „Wirtschaftlicher Erfolg“ bezieht sich in diesem Zusammenhang auf den monetären Erfolg.

2206 Vgl. Kap. 8.3.7.1; ferner Gaugler, Mitarbeiter als Mitunternehmer, in: Klimecki/Remer (Hrsg.), Personal als Strategie, 1997, S. 507 (516 ff.); zur Entwicklung eines betrieblichen Erfolgsbeteiligungs-Systems in einem Mittelbetrieb vgl. Groenewald, Fallstudien zum Personal-Management, 1988, S. 293 ff.

2207 Vgl. Schneider, Anreizwirkungen von Mitarbeiter-Kapitalbeteiligungen, in: Schanz (Hrsg.), Handbuch Anreizsysteme in Wirtschaft und Verwaltung, 1991, S. 881-902; Schneider, Innovative Beteiligungsmodelle, in: Personal 10/2000, S. 514-516; Teltschik, Mehr Gewinn durch Mitarbeiterbeteiligung, 1999; ferner Busse, Erfolgsabhängige Mitarbeiterbeteiligung in der Mengler-Gruppe, in: Personal 3/1996, S. 118-123; Hahne/Schwarz Mitarbeiterbeteiligung bei Wilkhahn, in: Schanz (Hrsg.), Handbuch Anreizsysteme in Wirtschaft und Verwaltung, 1991, S. 983-993; Hardes/Wickert, Erfolgsabhängige Beteiligungsentgelte in vergleichender europäischer Perspektive, in: ZfP 1/2000, S. 52-77; Klötzl/Schneider, Mitarbeiter am Erfolg beteiligen, 1990, S. 18; Lezius, Kapitalbeteiligung als Zukunftsmodell, in: Personal 2/2000, S. 95-97; Löschner/Schuster, Neue Modelle der Mitarbeiterkapitalbeteiligung, in: Personal 11/1996, S. 604-609; Lurse, Erfolgsbeteiligung auf der Basis von Benchmarking, in: Personal 6/1996, S. 314-317; Schleef, Mitarbeiter-Erfolgsbeteiligung bei Audi – ein innovativer Ansatz, in: Bühler/Siegert (Hrsg.), Unternehmenssteuerung und Anreizsysteme, 1999, S. 243-254; Schneider, Mitarbeiter als Mitgesellschafter, in: Personal 3/1996, S. 112-116.

2208 Vgl. Jung, Personalwirtschaft, 1999, S. 595; ferner Berthel, Personalmanagement, 1997, S. 402 f.

- Verstärkung der Identifikation und des Interesses am Unternehmen,
- Schaffung zusätzlicher Leistungsanreize,

o **Finanzierung**
- Verbesserung der Eigenkapitalbasis und der Kapitalstruktur,
- Schaffung zusätzlicher Liquidität,
- Verbesserung der materiellen Situation der Mitarbeiter/innen,
- Etablierung eines erfolgsabhängigen Entgeltsystems,

o **Personalpolitik**
- Abrundung des Sozialleistungspakets,
- Unterstützung bzw. Neuordnung der betrieblichen Altersversorgung,
- Maßnahme der Personalpolitik,
- Anwendung als Führungsinstrument,

o **Partnerschaft**
- Abbau der Konfrontation zwischen Kapital und Arbeit,
- Teilnahme am Unternehmenserfolg,
- Erfüllung des Teilanspruchs auf erwirtschafteten Gewinn,

o **Gesellschaftspolitik**
- Beteiligung am Produktivvermögen,
- Sicherung und Ausbau der Wirtschaftsordnung,

o **Vermögensbildung**
- gerechtere Vermögensverteilung,
- Ergänzung der Geldvermögensbildung,

o **Mitarbeiterpotenzial**
- Reduzierung der Fluktuation,
- Bindung an den Betrieb,
- Verbesserung der Position des Unternehmens am Arbeitsmarkt,
- Fehlzeitenverringerung.

Empirische Untersuchungen in der Privatwirtschaft konnten nachweisen, dass die Erfolgsbeteiligung die innerbetriebliche Kooperation fördert, Anreize schafft, die arbeitsplatzübergreifenden Produktionszusammenhänge zu berücksichtigen, und zur Bildung und zum Erhalt von betriebsspezifischem Humankapitel beiträgt.[2209] Befragungen in der Privatwirtschaft zeigen, dass Führungskräfte der materiellen Mitarbeiterbeteiligung dem Erhalt und der Förderung der Motivation der Beschäftigten und der positiven Unternehmenskultur einen hohen Stellenwert zuerkennen.[2210]

Auf Grund der Besonderheiten der öffentlichen Verwaltung und damit auch der Kommunalverwaltungen kommen bei den verschiedenen Mitarbeiterbeteiligungsmodellen

[2209] Vgl. Jirjahn/Stephan, Betriebliche Sonderzahlungen: Theoretische Überlegungen und empirische Befunde, in: Frick/Neubäumer/Sesselmeier (Hrsg.), Die Anreizwirkungen betrieblicher Zusatzleistungen, 1999, S. 33-67.

[2210] Vgl. Bickenbach/Sotwedel, Trend in der Führungsphilosophie und Unternehmensorganisation, 1995.

wenige Formen[2211] in Frage, die hinsichtlich der Anwendungsmöglichkeiten für den öffentlichen Dienst in Theorie und Praxis überprüft werden müssen. Nachfolgend werden die Formen der Ausschüttung des finanziellen Erfolgs und die Aktienbeteiligung dargestellt.

9.5.5.1 Ausschüttung des finanziellen Erfolgs

a. Beschreibung

Der finanzielle Erfolg, der in der Gesamtverwaltung, einzelnen Verwaltungseinheiten oder kommunalen Beteiligungen erwirtschaftet worden ist, wird ganz oder teilweise an die Beschäftigten ausgeschüttet. Folgende Modelle sind vorstellbar:

- Der wirtschaftliche Erfolg einer Verwaltungseinheit (z. B. eines Fachbereichs mit Einnahmen) wird an die dort arbeitenden Beschäftigten in gleichen Beträgen in Form von Prämien oder Zulagen verteilt.
- Der wirtschaftliche Erfolg einer Verwaltungseinheit wird an die dort arbeitenden Beschäftigten in unterschiedlichen Beträgen je nach erbrachter Leistung (z. B. Grad der Zielerreichung) in Form von erfolgsorientierten Prämien oder Zulagen verteilt.
- Der wirtschaftliche Erfolg einer Gruppe/eines Teams wird an die dort arbeitenden Beschäftigten in unterschiedlichen Beträgen je nach erbrachter Leistung (z. B. Grad der Zielerreichung) in Form von erfolgsorientierten Prämien oder Zulagen verteilt.
- Der wirtschaftliche Erfolg einer Verwaltungseinheit wird z. T. in den Gesamthaushalt zurückgeführt, z. T. an die dort arbeitenden Beschäftigten in Form von erfolgsorientierten Prämien oder Zulagen verteilt.
- Der wirtschaftliche Erfolg einer Verwaltungseinheit wird z. T. in den Gesamthaushalt zurückgeführt, z. T. in einen Ausgleichsfonds eingezahlt, z. T. an die dort arbeitenden Beschäftigten in Form von erfolgsorientierten Prämien oder Zulagen verteilt. Die im Ausgleichsfond angesammelten Mittel werden zur Finanzierung erfolgsabhängiger Zahlungen an solche Verwaltungseinheiten verwendet, in denen eine Verbesserung der Wirtschaftlichkeit des Ressourceneinsatzes nicht zur Grundlage einer erfolgsabhängigen Zahlung gemacht werden kann.
- Der wirtschaftliche Erfolg der Gesamtverwaltung wird an alle Beschäftigten zu gleichen Teilen in einer Summe in Form einer Betriebsprämie gezahlt.[2212]

[2211] Zu den verschiedenen Formen der Mitarbeiterbeteiligung vgl. Jung, Personalwirtschaft, 1999, S. 596 ff.; Schneider, Mitarbeiterbeteiligung – Die materielle Komponente der betrieblichen Partnerschaft, in: Knebel/Wagner (Hrsg.), Management by Zander, 1997, S. 55 (57 ff.); Scholz, Personalmanagement, 2000, S. 757 f.

[2212] Eine solche Betriebprämie wird den Beschäftigten der AOK nach § 3 des Tarifvertrags (4 N – An/Ar IV – 1) zur Zahlung leistungs- und erfolgsorientierter Zulagen an Beschäftigte der AOK und ihrer Verbände vom 13. Oktober 1995 gezahlt; vgl. ferner Kap. 9.3.2.4.

- o Der wirtschaftliche Erfolg der Gesamtverwaltung wird z. T. in den Gesamthaushalt zurückgeführt, z. T. in einen Fond eingezahlt, aus dem die Beschäftigten Zahlungen in Form von erfolgsorientierten Prämien oder Zulagen erhalten. Dieser Fond kann z. B. je nach Beschäftigtenzahl der einzelnen Verwaltungseinheiten budgetiert werden.

Bei dem Einsatz dieses Leistungsanreizes ist die Verbesserung der Ergebnisorientierung sowie Zielerreichung, die Steuerung der Leistungsergebnisse sowie die Steigerung der Leistungsorientierung und Leistungsfähigkeit in wirtschaftlicher Hinsicht zu vermuten. Die Motivationswirkung für die Beschäftigten ist relativ hoch einzuschätzen, da ihr eigenes erfolgreiches Arbeiten den wirtschaftlichen Erfolg ihrer Verwaltungseinheit, ihrer Gruppe/ihres Teams oder der Gesamtverwaltung bewirkt. Zudem besteht zwischen der erbrachten Leistung und der Leistung der Beschäftigten ein enger inhaltlicher und zeitlicher Zusammenhang.
Die Ausschüttung des finanziellen Erfolgs der Verwaltung ist jedoch nur mit einseitiger Auswirkung als Anreiz in der öffentlichen Verwaltung einsetzbar. Denn im Unterschied zur Privatwirtschaft stellt der wirtschaftliche Erfolg der Verwaltung nur einen kleinen Teil des Verwaltungserfolges dar. Der eigentliche Erfolg liegt in dem Erreichen von Wirkungen und Ergebnissen für die Bürger/innen. Einen Anreiz zur verstärkten Leistung der Verwaltung hinsichtlich der angestrebten Wirkungen und Ergebnisse wird die Beteiligung am wirtschaftlichen Erfolg der Verwaltung vermutlich kaum bewirken.
Die in Kommunalverwaltungen zunehmend an Bedeutung gewinnende Form der Ausschüttung des finanziellen Erfolgs an die Beschäftigten stellen die erfolgsabhängigen Zulagen und Prämien dar. Sie eignen sich besonders für die Steuerung des wirtschaftlichen Verwaltungshandelns. In diesen Modellen erhalten die Beschäftigten Zulagen zu ihrem monatlichen Gehalt oder es wird ihnen regelmäßig, z. B. am Ende des Jahres, je eine Prämie gezahlt. Die Höhe der Zulagen oder Prämien richtet sich nach dem wirtschaftlichen Erfolg der einzelnen Organisationseinheit oder der Gesamtverwaltung. Der wirtschaftliche Erfolg errechnet sich durch Einsparungen (z. B. von Personal- oder Sachkosten), Erzielung von Mehreinnahmen, Vermeidung von Mehrausgaben und Steigerung der Wirtschaftlichkeit durch wirtschaftliches Handeln. Diese Zahlungen werden entweder allen betroffenen Beschäftigten in gleicher Höhe gewährt oder sie werden differenziert entsprechend einer Leistungsfeststellung auf der Basis einer Beurteilung.[2213]

b. Erfolgsfaktoren

Da die Ausschüttung des finanziellen Erfolgs derzeit durch erfolgsorientierte Zulagen und Prämien möglich ist und praktiziert wird, sind die Erfolgsfaktoren dieselben wie diejenigen für Leistungszulagen und Leistungsprämien generell:[2214] Erfolgsorientierte Leis-

---
[2213] Vgl. Kap. 7.2, 9.5.3.3.
[2214] Vgl. Kap. 9.5.3.3.

tungszulagen und Leistungsprämien sollten mit eindeutigen Verwaltungszielen in Verbindung gebracht werden. Insbesondere sollte der wirtschaftliche Erfolg im Vorhinein eindeutig definiert sein.[2215] Wie generell bei Leistungszulagen und Leistungsprämien ist eine Bezahlungsgerechtigkeit in der jeweiligen Verwaltung notwendig, damit die Anreize bei den Beschäftigten wirken können. Ein weiterer Erfolgsfaktor für einen wirkungsvollen Einsatz hinsichtlich der Verwaltungssteuerung sowie der Motivation der Mitarbeiter/innen sind gesicherte rechtliche Grundlagen für alle Beschäftigten. Eine notwendige Voraussetzung für einen erfolgreichen Einsatz von erfolgsorientierten Leistungsprämien und Leistungszulagen ist ein angemessenes Verhältnis zwischen der Höhe der finanziellen Zahlung, der erbrachten Leistung und dem wirtschaftlichen Erfolg. Bereits bei der Darstellung der Erfolgsfaktoren für Leistungszulagen und Leistungsprämien ist verdeutlicht worden, dass in den verschiedenen Organisationseinheiten in Kommunalverwaltungen unterschiedliche Möglichkeiten für die Erzielung eines wirtschaftlichen Erfolges bestehen. Hier können entweder nur diejenigen Organisationseinheiten berücksichtigt werden, in denen ein wirtschaftlicher Erfolg möglich ist, oder ein Teil der erwirtschaften Finanzen dieser Organisationseinheiten kommt auch denjenigen Organisationseinheiten zugute, in denen eine Erhöhung des wirtschaftlichen Erfolgs nicht möglich ist. Wie bei Leistungszulagen und Leistungsprämien allgemein ist die Dezentralisierung der Vergabe sinnvoll. Die Akzeptanz und Wirkungsweise sind vor allem abhängig von den Kriterien der Vergabe. Die leistungsorientierte Vergabe stellt daher eine weitere wichtige Bedingung für die Gewährung dieser finanziellen Zuwendungen dar. Wie für alle Leistungszulagen und Leistungsprämien bieten sich auch hier Zielfestlegungen/-vereinbarungen z. B. im Rahmen der Leistungsermittlung an.[2216] Diese sollten sich im Fall der erfolgsorientierten Zulagen und Prämien insbesondere auf wirtschaftliche Ziele beziehen.

c. Praxis in Kommunalverwaltungen

Derzeit bestehen erst einige wenige Erfahrungen mit diesem materiellen Leistungsanreiz.
Erste Versuche in Kommunalverwaltungen, die Beschäftigten der gesamten Verwaltung am ökonomischen Erfolg der Gesamtverwaltung zu beteiligen, scheiterten bislang.

Die Stadt Detmold hatte auf Grund einer managementbedingten Haushaltsverbesserung um über 8 Mio. DM den Mitarbeiter/innen eine Prämie von 100 DM pro Kopf (insgesamt 800.000 DM) ausgeschüttet. In der Folge hätten die Aufsichtsbehörden beinahe

---

[2215] Voraussetzung der Betriebsprämie bei der AOK ist nach § 3 Abs. 2 des Tarifvertrags (4 N – An/Ar IV – 1) zur Zahlung leistungs- und erfolgsorientierter Zulagen an Beschäftigte der AOK und ihrer Verbände vom 13. Oktober 1995 der zu Beginn des Geschäftsjahres vom Arbeitgeber definierte betriebswirtschaftliche Erfolg sowie eine hierüber geschlossene Dienstvereinbarung.

[2216] Vgl. Kap. 7.2, 9.5.3.3.

die Führungsspitze der Verwaltung in Regress genommen; die Beschäftigten mussten schließlich die Summe zurückzahlen.[2217]

Erfolgreicher sind Modelle, die die Mitarbeiter/innen einer Organisationseinheit der Verwaltung oder eines Eigenbetriebes/einer Eigengesellschaft an deren finanziellem Erfolg beteiligen.
In dem Modellversuch „Optimierter Regiebetrieb Gartenbau“ der Stadt Heidelberg erhalten die Mitarbeiter/innen mit dem tariflichen Monatslohn/der monatlichen Vergütung für die Erfüllung gleichwertiger Aufgaben einen einheitlichen Arbeitslohn/eine einheitliche Vergütung. Für persönliche Mehrleistungen soll über den Monatslohn/die monatliche Vergütung hinaus eine leistungsbezogene Zulage gezahlt werden. Dazu vereinbarten Oberbürgermeisterin, Betriebsleitung und Personalrat eine über die Regelungen der einschlägigen Tarifverträge (Bezirkslohntarifvertrag, BAT) hinausgehende Zahlung von Leistungszulagen. Voraussetzung für die Zahlung in Form einer monatlichen Leistungszulage sind die in der jährlichen Beurteilungsperiode oder während der Probezeit gezeigten Leistungen. Die Höhe der jeweiligen Zulage wird jährlich neu festgesetzt. Grundlage für die Bemessung der Leistungszulage ist eine Leistungsbeurteilung nach Punkten, die nach den Grundsätzen vorhandener Beurteilungsrichtlinien vorgenommen wird. Beurteilungskriterien sind Arbeitsgüte, Arbeitsmenge, Einsatzbereitschaft, betriebliche Erfahrung und geistige Beanspruchung. Dem Beurteilungsbereich steht als Vorgabe eine Gesamtpunktzahl zur Verfügung, die sich aus der Zahl der Planstellen (einschließlich des/der Betriebsleiters/in) multipliziert mit zehn ergibt. Es werden folgende Gruppen gebildet: Vorgesetzte (Meister/in,Vorarbeiter/in), Arbeitsgruppen (Kolonne); keiner Gruppe zugehörende Arbeitskräfte (AK) werden zusammengefasst. Jede Gruppe erhält pro AK 10 Punkte. Nicht verteilte Punkte fließen als Rücklage dem Betrieb zu. Die Beurteilung erfolgt durch die/den direkte/n Vorgesetzte/n. Sie/er muss sich dabei mit anderen Vorgesetzten (Meister/in) abstimmen, wenn diese den/die Mitarbeiter/in von der Arbeit her kennen und dadurch ein möglichst objektives Ergebnis erzielt werden kann. Die Höhe der Leistungszulage ist abhängig vom Erfolg des Betriebes. Nach Berechnungen aus dem Jahr 1996 betrug die jährliche Gesamtsumme für die nachfolgenden Jahre bei Erreichen des Einsparungsziels:

Jahr	Betrag	Einsparziel in %
1996	90.000 DM	8 %
1997	110.000 DM	13 %
1998	120.000 DM	17 %
1999	130.000 DM	20 %

Wird das Einsparziel übertroffen oder nicht erreicht, wird die Gesamtsumme um 10.000 DM je vollem Prozentpunkt erhöht bzw. verringert (Beispiel: 1996: 9 % ➔

[2217] Vgl. Adamaschek, Innovative Vergütungssysteme in der öffentlichen Verwaltung, in: Adamaschek/Oechsler (Hrsg.), Leistungsabhängige Bezahlung im öffentlichen Dienst, 2001, S. 7 (8).

100.000 DM). Die Abweichungen nach oben oder unten werden jeweils in das nächste Jahr übernommen. Bei der jährlichen Berechnung bleiben Abweichungen von weniger als einem Prozentpunkt unberücksichtigt (d. h. z. B. keine Veränderung für 1996 bei einer erreichten Einsparung von 7,4 % oder 8,7 %). Die Höhe der Leistungen je Bewertungspunkt errechnet sich wie folgt:

$$\frac{\text{Bereinigte Gesamtsumme}}{\text{Zahl der Planstellen x 10 Punkte}}$$

Eine Leistungszulage wird nur an die Beschäftigten gezahlt, welche in der Beurteilung eine bestimmte Punktzahl (6) erzielt haben. Für den nicht der Beurteilung unterliegenden Betriebsleiter ist die Durchschnittspunktzahl (10 Punkte) zu Grunde zu legen. Ergänzend dazu kann die Oberbürgermeisterin auf einvernehmlichen Vorschlag der Controlling-Konferenz mit dem Personalrat für den Betriebsleiter und den Amtsleiter des verbundenen Fachbereiches eine erfolgsabhängige, jederzeit widerrufliche Monatspauschale festlegen. Die hierfür aufzuwendenden Beträge werden nicht aus der für die Leistungszulagen errechneten Gesamtsumme bestritten.
Die Leistungszulagen werden mit dem Monatslohn/der monatlichen Vergütung ausgezahlt. Sollte der/die Mitarbeiter/in einen Freizeitausgleich (bis zu drei Tagen maximal) wünschen (dies muss vor Beginn der Auszahlung festgelegt werden), so wird der Verrechnungssatz der jeweiligen Lohn- bzw. Vergütungsgruppe zu Grunde gelegt. Etwaige Restsummen werden als Rücklage dem Betrieb zugeteilt und können zur Abdeckung von Ausfallstunden (erhöhte Krankheitszeiten, Betriebsausflug oder als Sonderbonus für Verbesserungsvorschläge sowie für besondere Fälle usw.) verwendet werden. Für die Beurteilung der Leistung behinderter Mitarbeiter/innen mit einer anerkannten Minderung der Erwerbsfähigkeit gelten keine besonderen Grundsätze, soweit es die Merkmale „Arbeitsgüte“ und „Einsatzbereitschaft“ betrifft. Wird die Arbeitsmenge durch die Behinderung nachteilig beeinflusst, gilt nicht der dafür ermittelte Wert, sondern das arithmetische Mittel der Bewertungen von Arbeitsgüte und Einsatzbereitschaft. Wenn die Einwirkung der Körperbehinderung auf die Arbeitsmenge zweifelhaft oder strittig ist, müssen vorliegende Gutachten in die Beurteilung miteinfließen. Ist ein/e Mitarbeiter/in durch familiäre Verpflichtungen (z. B. Versorgung und Erziehung von Kindern bzw. Pflege eines Angehörigen) in der zeitlichen Flexibilität Einschränkungen unterworfen, so darf dies beim Beurteilungskriterium "Einsatzbereitschaft" keine negative Berücksichtigung finden. Für den Schutz älterer Mitarbeiter/innen und für Leistungszulagen bei der Ruhegeldberechnung gelten die Regelungen der einschlägigen Tarifverträge.[2218] Die Ergebnisse dieses Modellprojekts, das aus mehreren miteinander verknüpften Maßnahmen

[2218] Vgl. Stadt Heidelberg (Hrsg.), Betriebsvereinbarung für den Optimierten Regiebetrieb Gartenbau über die Zahlung einer Leistungszulage, Stand: 9. 2.1996; Weber, Optimierter Regiebetrieb Gartenbau – Ein Modellprojekt der Stadt Heidelberg, in: Budäus (Hrsg.), Organisationswandel öffentlicher Aufgabenwahrnehmung, 1998, S. 375-392.

besteht, zeigen, dass die Zielvorgaben überschritten wurden, und weisen damit eine positive Bilanz auf.[2219]

Das Anreizmodell der Stadt Kevelaer verbindet die Erfolgsbeteiligung mit dem Element der Budgetierung des Neuen Steuerungsmodells. Hausmeister, Schwimmmeister und die Jugendheimleiterin werden an Einsparungen zu verschiedenen Prozentsätzen beteiligt.[2220]

Die Beschäftigten der Stadtwerke Solingen werden am Unternehmenserfolg beteiligt. Grundlage ist die Annahme, dass alle Beschäftigten der Stadtwerke Solingen nicht nur für ihren persönlichen Arbeitsbereich verantwortlich sind, sondern auch durch ihre spezifische Leistung sowie durch ihr Zusammenwirken zum Erfolg des Unternehmens als Ganzem beitragen. Darum wird die Honorierung der individuellen Leistung über Leistungszulagen durch eine Erfolgsbeteiligung aller Mitarbeiter/innen ergänzt. In diesem Modell, das die Stadtwerke Solingen als Gesellschafterin verabschiedet hat, fällt die Zahlung für alle Mitarbeiter/innen unterhalb der Ebene der leitenden Angestellten in gleicher Höhe aus. Primäres Ziel dieser Zahlung ist die Förderung der Identifikation der Beschäftigten mit dem Gesamtunternehmen.[2221]

9.5.5.2 Aktienbeteiligung

a. Beschreibung

Die bereits dargestellten, in der Privatwirtschaft üblichen langfristigen, marktindizierten Anreizsysteme,[2222] die eine Mitarbeiterbeteiligung durch die verbilligte Abgabe von Mitarbeiteraktien oder durch die verbilligte Abgabe von Aktienoptionen beinhalten, sind für die Kernverwaltung nicht bedeutsam, da kein Aktienkurs existiert. Eine Alternative wäre die Berechnung eines fiktiven Aktienkurses, der den inneren Wert einer Kommunalverwaltung darstellen würde. Selbst bei doppischer Rechnung für die öffentliche Verwaltung, die das Eigenkapital einer Verwaltung darstellen könnte, ist eine entsprechende Wertrechnung wenig sinnvoll: Der innere Wert eines Unternehmens bezieht sich unter anderem auf das erwartete, diskontierte Einkommen aufgrund der Marktsituation und des Leistungspotenzials des Unternehmens. Die Höhe des Einkommens eines Gemeinwesens, das größtenteils aus Steuern, Gebühren etc. besteht, ist jedoch in großen

---

[2219] Vgl. Weber, Optimierter Regiebetrieb Gartenbau – Ein Modellprojekt der Stadt Heidelberg, in: Budäus (Hrsg.), Organisationswandel öffentlicher Aufgabenwahrnehmung, 1998, S. 375 (386 ff.).

[2220] Vgl. KAV NW (Hrsg.), Übersicht: beim KAV NW angemeldete „Pilotprojekte" Leistungsanreizsysteme in der Verwaltung, Stand: 10. April 2000, S. 5; zur Beschreibung des Modells vgl. Kap. 11.1.2.

[2221] Vgl. Hören/Osenroth, Einführung variabler Vergütung bei den Stadtwerken Solingen, in: Personalführung 7/1999, S. 26 (30); zur Einführung materieller Leistungsanreize bei den Stadtwerken Solingen vgl. Kap. 12.3.3.

[2222] Vgl. Kap. 9.3.1.2.

Teilen nicht das Resultat einer leistungsfähigen Verwaltung, sondern das Ergebnis politischer Prozesse.[2223]
Eine Mitarbeiterbeteiligung über Aktien ist jedoch durchaus vorstellbar bei den kommunalen Eigengesellschaften, deren Zahl durch die in Kommunalverwaltungen vielfach vorgenommenen formalen Privatisierungen[2224] zunimmt und die unternehmensähnliche Strukturen haben. Diese Eigengesellschaften können neben einer GmbH auch die Form einer Aktiengesellschaft aufweisen.[2225] Der materielle Leistungsanreiz der Aktienbeteiligung ist vorstellbar über Aktien in einem tatsächlich vorhandenen oder einem fiktiven Aktienkurs. Große Motivationskraft sowie eine Erhöhung des wirtschaftlichen Handelns würde er insbesondere für die in den Eigengesellschaften beschäftigten Mitarbeiter/innen haben, da ihr eigenes erfolgreiches Arbeiten den wirtschaftlichen Erfolg ihrer Organisation bewirkt und dieser ihnen persönliche finanzielle Vorteile in Form von Aktien bringt. Die Wirkung für die Beschäftigten der Kernverwaltung, die sich an den Aktien der Eigengesellschaften beteiligen, ist vermutlich geringer, da die persönliche Leistung nicht in direktem Zusammenhang mit dem wirtschaftlichen Erfolg steht. Dennoch kann durch eine Aktienbeteiligung die Identifikation mit dem „Konzern Kommunalverwaltung" gestärkt werden.
Die Aktienbeteiligung wäre jedoch nur mit einseitiger Auswirkung als Anreiz in der öffentlichen Verwaltung einsetzbar. Denn im Unterschied zur Privatwirtschaft stellt der wirtschaftliche Erfolg der Verwaltung nur einen kleinen Teil des Verwaltungserfolges dar. Der eigentliche Erfolg liegt in dem Erreichen von Wirkungen und Ergebnissen für die Bürger/innen.[2226] Einen Anreiz zur verstärkten Leistung der Verwaltung hinsichtlich der angestrebten Wirkungen und Ergebnisse wird die Aktienbeteiligung vermutlich kaum bewirken.[2227]
Die Aktienbeteiligung kann ein offenes Angebot für alle Beschäftigten oder eine Belohnung mit vorheriger Vereinbarung der Aktienbeteiligung als Leistungsanreiz bzw. im Rahmen von Kombinationsmodellen oder Cafeteria-Systemen[2228] darstellen.

b. Erfolgsfaktoren

Voraussetzung für die Aktienbeteiligung ist der wirtschaftliche Erfolg der kommunalen Eigengesellschaften, der sich z. B. in der Rendite ausdrückt, sowie Aktien und ein vorhandener Aktienkurs. Wird die Aktienbeteiligung in belohnender Form gewährt, ist eine

---

[2223] Vgl. Schedler, Anreizsysteme in der öffentlichen Verwaltung, 1993, S. 128.
[2224] Zur Unterscheidung zwischen formaler und materieller Privatisierung vgl. Cronauge, Kommunale Unternehmen, 1995, Rdnr. 509 ff.
[2225] Vgl. Cronauge, Kommunale Unternehmen, 1995, Rdnr. 509.
[2226] Vgl. Kap. 3.1.2.1.
[2227] Zu den Zielen von Aktienbeteiligungen vgl. Klötzl/Schneider, Mitarbeiter am Erfolg beteiligen, 1990, S. 18.
[2228] Vgl. Kap. 10.2.

leistungsorientierte Vergabe z. B. auf der Basis der Überprüfung von Zielerreichungen oder der Leistungsermittlung sinnvoll.[2229]
Eine Leistungsorientierung für die Beschäftigten von kommunalen Eigengesellschaften würde vorrangig durch die Aktienbeteiligung geschehen. Es besteht die Gefahr, dass die Aufgabe der Leistungssteuerung und der Leistungsrückmeldung durch die Führungskräfte vernachlässigt wird. Bei dem Einsatz dieses Leistungsanreizes müsste die Führungskompetenz, insbesondere die der zielorientierten Führung, besonders ins Blickfeld gerückt werden.
Die Ausrichtung an gemeinsamen Zielen von Kernverwaltung und kommunalen Eigengesellschaften im Sinne einer strategischen Stadtsteuerung müsste ebenfalls gewährleistet sein.[2230]
Welche Möglichkeiten und welche Motivationswirkung sich für die in den Eigengesellschaften sowie in der Kernverwaltung arbeitenden Beschäftigten ergeben, müsste im Rahmen von Pilotprojekten erforscht werden.

c. Praxis in Kommunalverwaltungen

Derzeit sind keine Erfahrungen mit Aktienbeteiligungen im kommunalen Bereich bekannt.

9.6 Zusammenfassung und Bewertung

Abschließend werden die Bedeutung und die Darstellungen der einzelnen materiellen Leistungsanreize zusammengefasst und ihr gegenwärtiger Stand in den Kommunalverwaltungen bewertet.
Empirische Untersuchungen in der öffentlichen Verwaltung zeigen, dass ein wirkungsvoller Einsatz materieller Leistungsanreize in erster Linie bedeutet, die vielerorts bestehenden Ungerechtigkeiten in der Entlohnung zu überwinden. Während in der Privatwirtschaft eine zunehmende Tendenz zur leistungsorientierten Entlohnung zu erkennen ist, wird diese in der öffentlichen Verwaltung auf Grund der Besonderheiten ihrer Besoldungs- bzw. Vergütungsstruktur heftig diskutiert, aber ebenso deutlich gefordert. Ansätze leistungsorientierter Entlohnung im Umfeld von Kommunalverwaltungen sowie internationale Erfahrungen weisen keine überragend positiven Auswirkungen leistungsorientierter Entlohnung auf.
Entscheidende Schritte zur Überwindung der Bezahlungsungerechtigkeit bestehen in der **anforderungs- und leistungsgerechten Grundbesoldung/Grundvergütung**. Zu ihr gehören die anforderungsgerechte Grundbesoldung/Grundvergütung sowie der ma-

---

[2229] Vgl. Kap. 7.2, 9.5.3.3.
[2230] Zu Steuerungsproblematik vgl. Hill, Die verkaufte Stadt, in: Verwaltung und Management 2/1998, S. 81-87; Kelbling, Die neue Steuerung städtischer Beteiligungen, in: VOP 5/2000, S. 9-12.

terielle Anreiz der Leistungsstufe. Hinsichtlich des Erreichens einer anforderungsgerechten Grundbesoldung/Grundvergütung ist ein Bemühen um Arbeits- bzw. Dienstpostenbewertungen als Basis der gerechten Entgeltgestaltung in einer Reihe von Kommunalverwaltungen zu erkennen, dennoch ist eine breitflächigere Umsetzung in der Realität wünschenswert. Hinsichtlich der Leistungsstufe, die im Dienstrechtsreformgesetz als Leistungsorientierung der Grundbesoldung für Beamte/innen vorgesehen ist, bezweifeln viele Verwaltungen die Anreizwirkung. Gründe sind in der Unklarheit von Vergabekriterien und -verfahren, der 10 %-Quotierung und der mangelnden Möglichkeit der Vergabe für Arbeitnehmer/innen zu sehen. Besonders die Anreizwirkung der ebenfalls vorgesehenen Hemmung des Aufstiegs in den Stufen wird von vielen Verwaltungen bezweifelt.

Die Verbesserung des **beruflichen Aufstiegs** stellt einen weiteren Schritt zum Erreichen der Bezahlungsgerechtigkeit dar. Bessere Aufstiegsmöglichkeiten bedeuten einen zentralen motivationsfördernden Anreiz. Der traditionelle materielle Leistungsanreiz der Beförderung hat hinsichtlich wenig leistungsorientierter Beförderungskriterien, mangelnder Durchlässigkeit zwischen den Laufbahnen, mangelnder Aufstiegsmöglichkeiten auf Grund der Stellenobergrenzenverordnung, Finanzknappheit, Abbau von Hierarchieebenen, Personal- und Stellenabbau erheblich an Anreizpotenzial verloren. Personalentwicklungsmaßnahmen wie Parallelkarrieren, Job Rotation oder Projektarbeit gewinnen für Verwaltungskarrieren zunehmend an Relevanz. Transparente leistungs- und fähigkeitsbezogene Personalauswahlentscheidungen besitzen ebenfalls ein hohes Anreizpotenzial. Objektive, leistungs- und fähigkeitsbezogene Auswahlverfahren auf der Basis eines Abgleichs zwischen den Anforderungen der Stelle und den Fähigkeiten der Bewerber/innen tragen sowohl zur Verbesserung der Mitarbeiterzufriedenheit als auch zur Vermeidung von Auswahlfehlentscheidungen bei.

Die Anreizgruppe der **finanziellen Zuwendungen** ist vielfältig. Zu ihr gehören die monetären Sozialleistungen. Diese sind in der öffentlichen Verwaltung gesetzlich und tariflich festgelegt. Sie haben ihren Anreizcharakter lediglich als Eintritts- und Bleibeanreize. Durch den Gewöhnungseffekt und auf Grund der fehlenden Beziehung zur täglichen Arbeit verlieren sie jedoch ihre Anreizwirkung. Zinslose/-günstige Darlehen, die viele Verwaltungen ihren Mitarbeiter/innen gewähren, treffen zwar die persönlichen Bedürfnisse der Beschäftigten; ein Zusammenhang zur Verwaltungssteuerung kann jedoch kaum hergestellt werden. Zu Leistungszulagen und Leistungsprämien haben Kommunalverwaltungen bereits seit einigen Jahren Pilotprojekte durchgeführt. Obwohl einige Kommunalverwaltungen Richtlinien erarbeitet und Dienstvereinbarungen abgeschlossen haben, bestehen immer noch in zahlreichen Verwaltungen Unsicherheiten hinsichtlich der Kriterien der Vergabe, der 10 %-Quotierung im Dienstrecht, der uneinheitlichen Grundlagen in Dienst- und Tarifrecht und der Motivationswirkung dieser Leistungsanreize.[2231]

Zu den **Sachzuwendungen** als weiterer Anreizgruppe gehören die private Nutzung von dienstlichen Einrichtungen und Gegenständen, der kostenlose/-günstige Parkplatz, A-

---

[2231] Eine ausführliche Bewertung dieser leistungsorientierten Bezahlungselemente findet sich im Anschluss an diese Zusammenfassung.

bonnements für den ÖPNV, Sachprämien/-geschenke und Versicherungen. Die private Nutzung von dienstlichen Einrichtungen und Gegenständen, der kostenlose/-günstige Parkplatz und Abonnements für den ÖPNV werden i. d. R. allen Beschäftigten einer Verwaltung gewährt. Sie erhalten ihre Motivationswirkung insbesondere als Eintritts- und Bleibeanreize. Sie sind weniger geeignet als Belohnung oder zur Steuerung der Verwaltungsleistung. Einen ausgeprägt belohnenden Charakter haben dagegen Sachprämien/-geschenke, insbesondere wenn sie individuell und für besondere Leistungen vergeben werden. Der in der Privatwirtschaft praktizierte Anreiz von über die Beteiligung des Arbeitgebers an den Sozialversicherungen hinausgehenden zusätzlichen Abschlüssen von Versicherungen ist in Verwaltungen grundsätzlich vorstellbar, wird aber derzeit nicht praktiziert.

Die **materielle Mitarbeiterbeteiligung** gewinnt in der Privatwirtschaft zunehmend an Bedeutung. Die Ausschüttung des finanziellen Erfolgs an die Beschäftigten findet in Kommunalverwaltungen in Form erfolgsabhängiger Zulagen und Prämien statt, die an die Beschäftigten einer Organisationseinheit (z. B. im Rahmen der Budgetierung) oder an alle Beschäftigten (z. B. in Eigenbetrieben) vergeben werden. Dieser Anreiz kann insbesondere wirtschaftliches Handeln fördern; für Förderung anderer Ziele, z. B. hinsichtlich der beabsichtigten Wirkungen für die Bürger/innen, ist er auf Grund des mangelnden inhaltlichen Zusammenhangs weniger geeignet. Vergleichbares gilt für die Aktienbeteiligung. Sie ist z. B. vorstellbar für kommunale Eigengesellschaften, wird allerdings derzeit nicht praktiziert. Sie könnte vor allem eine hohe Motivationswirkung hinsichtlich des wirtschaftlichen Handelns haben.

Grundsätzlich ist zu den materiellen Leistungsanreizen anzumerken, dass die Bandbreite in der Praxis der öffentlichen Verwaltung zu wenig gesehen und eingesetzt wird.

Die neuen leistungsorientierten Bezahlungselemente wie Leistungsstufe, Leistungszulagen und Leistungsprämien stehen im Mittelpunkt der Diskussion. Sie haben eine besondere politische Relevanz, da sie entscheidende Schritte auf dem Weg zu einer leistungsorientierten Entlohnung in der öffentlichen Verwaltung darstellen. Sie werden daher abschließend hinsichtlich ihrer Bedeutung und ihres Standes in der Verwaltungspraxis noch einmal detailliert bewertet.

Die Pilotprojekte hinsichtlich der leistungsorientierten Entlohnung und der finanziellen Zuwendungen, die bereits vor Inkrafttreten des Dienstrechtsreformgesetzes durchgeführt wurden, lassen sich anhand der folgenden Kriterien bewerten:[2232]

- **Effizienz und Effektivität des Verwaltungshandels**

  Die erprobten Prämien- und Zulagensysteme haben zu beachtlichen Kosteneinsparungen geführt. Da sich die Leistungsanreizsysteme jedoch oftmals unmittelbar auf Stellenabbau, Vermeidung weiterer Stellen und Vermeidung von Vertretungen bezogen, wurden sie sowohl von Arbeitgebern selber, Beschäftigten, Per-

[2232] Vgl. Tondorf, Leistungszulagen als Reforminstrument?, 1995, S.60; Tondorf, Leistungszulagen im öffentlichen Dienst – ein Instrument gegen den Strukturkonservatismus?, in: WSI Mitteilungen 3/1996, S. 182 (187 f.).

sonalräten und Gewerkschaften kritisch betrachtet, da durch die Gewährung dieser Anreize bestimmte Beschäftigtengruppen vom Arbeitsplatzabbau profitierten. Nur selten wurden Zulagensysteme für die Verbesserung der Einnahmesituation der Verwaltung auf der Basis von mess- und zählbaren Leistungs- und Erfolgsgrößen genutzt.

- **Verbesserung von Dienstleistungsqualität, Bürgernähe und Bürgerfreundlichkeit**
  Die Bürger/innen profitierten bislang selten von materiellen Anreizsystemen. Lediglich bei mengenorientierten Zulagensystemen (z. B. Überschreitung von Fallzahlen) wurden Vorgänge schneller bearbeitet, so dass sich Wartezeiten verkürzen konnten.
- **Beschäftigtenbelange**
  Da die materiellen Anreizsysteme in der Vergangenheit ihren Schwerpunkt auf quantitative Leistungsaspekte gesetzt haben, hatte dies eine Leistungsverdichtung zur Folge mit den Risiken höherer psychischer und physischer Belastungen. Chancen für Arbeitsanreicherung, Qualifizierung und die Partizipation der Beschäftigten (bei der Vereinbarung der Soll-Leistung oder der Verteilung der Zulagen) waren zunächst nicht vorhanden. Dagegen war eine neue soziale Differenzierungslinie zwischen denjenigen Beschäftigten, die materielle Anreize erhielten, und denjenigen, die sie nicht erhielten, zu erkennen, so dass der Gleichbehandlungsgrundsatz in Frage gestellt wurde. Vorteile für die Empfänger/innen von materiellen Anreizen lagen in der Einkommensverbesserung.
- **interne und externe Arbeitsmärkte**
  Die interne Einkommensaufstiegsmobilität ist dadurch gestiegen, dass die Empfänger/innen materieller Anreize einen höheren Einkommensstatus erreichen konnten. Bei den ersten Modellen spielte eine höhere räumliche und funktionale Flexibilität der Arbeitskräfte kaum eine Rolle, da materielle Leistungsanreize i. d. R. nicht organisch mit Veränderungen der Arbeitsorganisation, der Personalentwicklung und der tariflichen Eingruppierung gekoppelt wurden und nur die einzelnen Arbeitsplätze betrafen. Durch Stelleneinsparungen verringern sich die Möglichkeiten in der öffentlichen Verwaltung für potenzielle Bewerber/innen des externen Arbeitsmarktes.
- **Arbeitsbeziehungen**
  Die ersten Modelle wurden i. d. R. von Arbeitgeberseite initiiert. Auch bei Zustimmung der Personalräte lagen häufig zunächst Dienstvereinbarungen nicht vor. Grundsätzlich war eine Tendenz zur Dezentralisierung zu erkennen, d. h. einzelne Verwaltung entwickelten und erprobten für ihre Organisation passende Modelle.

Zusammenfassend lässt sich sagen, dass in den ersten Pilotprojekten der Aspekt der Haushaltskonsolidierung bzw. -sanierung im Vordergrund stand. Sie enthielten in erster Linie quantitative Leistungsziele und keine Anreize z. B. zur Optimierung von Arbeits-

strukturen und Arbeitsabläufen.[2233] Weiterhin ist die materielle Honorierung von Gruppen- und Teamarbeit bislang stark vernachlässigt worden.[2234] Verknüpfungen mit anderen Reform- und Personalmaßnahmen fanden ebenfalls bislang kaum statt.[2235]
Durch den Rahmentarifvertrag und die Dienstrechtsreform haben weitere Verwaltungen Pilotprojekte durchgeführt und Betriebsvereinbarungen abgeschlossen. Einige Verwaltungen bemühen sich sowohl um die Partizipation der Beschäftigten bei der Konzepterstellung als auch bei der Definition der Soll-Leistung z. B. durch Zielvereinbarungen. Im dienst- und tarifrechtlichen Bereich sind Möglichkeiten der Honorierung auch von Gruppen- und Teamleistungen entstanden. In Einzelfällen werden in Kommunalverwaltungen Gruppen- und Teamleistungen honoriert. Eine Verknüpfung mit weiteren Reform- und Personalmaßnahmen fällt den meisten Verwaltungen jedoch noch immer schwer. Dies wird eine der wichtigsten zukünftigen Aufgaben bei dem Einsatz materieller Leistungsanreize sein: „Erst in effizient konstruierten und rational gesteuerten Prozessen können Zulagen zur Prozeßoptimierung beitragen."[2236]
Eine besondere Schwierigkeit stellen die Kriterien der Vergabe der materiellen Anreize und damit deren grundsätzliche Orientierung dar. Eine Verwaltung zeichnet sich bereits als fortschrittlich aus, wenn sie die materiellen Anreize nicht nur input-, sondern auch output-orientiert ausrichtet. Wird der Stand der materiellen Anreizsysteme der öffentlichen Verwaltung mit den Entwicklungen der Privatwirtschaft verglichen, könnte man zu dem Schluss kommen: "Damit wäre die öffentliche Verwaltung dort, wo die Privatwirtschaft 1918 begonnen hat"[2237] – nämlich bei Anreizsystemen, die sich an kurzfristigen, operativen und weniger an langfristigen und strategischen Erfolgsgrößen orientieren. Dabei wäre es für viele Verwaltungen bereits ein Fortschritt, wenn sie sich wenigstens am kurzfristigen Output orientieren würden. Viele Verwaltungen sind lediglich bestrebt, das Dienstrechtsreformgesetz umzusetzen oder nutzen materielle Leistungsanreize vorrangig zur Kosteneinsparung. Wenn einige dieser Verwaltungen über diesen Weg dahin kämen, sich am Output oder, besser noch, an den zu erreichenden Wirkungen im Sinne der Bürgerorientierung zu orientieren und entsprechend langfristige Strategien zu entwickeln, an denen sie die vorhandenen Möglichkeiten materieller Leistungsanreize sowie der leistungsorientierten Entgeltgestaltung ausrichten, wäre ein wichtiger Schritt hin zu einem leistungsorientierten Anreizsystem, das motivierend und leistungsfördernd wirkt, getan.
Für viele Verwaltungen stellt auch die Messbarkeit der Leistungsergebnisse eine besondere Schwierigkeit dar, da ihnen die herkömmlichen Beurteilungen als wenig brauchbar erscheinen und andere Instrumentarien nicht bekannt sind oder ihnen als zu aufwendig erscheinen.

[2233] Vgl. Tondorf, Leistungszulagen im öffentlichen Dienst – ein Instrument gegen den Strukturkonservatismus?, in: WSI Mitteilungen 3/1996, S. 182 (187).
[2234] Vgl. Vaanholt, Human Resource Management in der öffentlichen Verwaltung, 1997, S. 174.
[2235] Vgl. Tondorf, Leistungszulagen als Reforminstrument?, 1995, S.63 f.
[2236] Hein, Leistungszulagen: Ein Instrument der Verwaltungsreform?, in: VM 5/1995, S. 309 (310).
[2237] Schedler, Anreizsysteme in der öffentlichen Verwaltung, 1993, S. 128.

Positiv zu bemerken ist, dass seitens des Dienstrechts durch die neuen leistungsbezogenen Bezahlungselemente „erstmalig das starre Besoldungsrecht in Bewegung gebracht"[2238] worden ist. Es ist zu begrüßen, dass durch leistungsorientierte Bezahlungselemente individuelle Leistungsunterschiede honoriert werden können. Jedoch werden durch die Dienstrechtsreform nicht die personalwirtschaftlichen, methodischen und legitimitätsorientierten Voraussetzungen einer in der Tendenz objektiven Beurteilung als Voraussetzung für die Gewährung thematisiert.[2239] Beleuchtet man die Rahmenbedingungen der materiellen Leistungsanreize, die das Dienstrechtsreformgesetz vorsieht, kann „der Schluss gezogen werden, daß vor allem wegen konzeptioneller und instrumenteller Defizite die Dienstrechtsreform keine Basis für ein systematisches und professionalisiertes Personalmanagement darstellt. Das vordergründige Drehen an der Leistungsschraube hätte konzeptionell und instrumentell fundiert und auch durch Schulung von Beurteilern und Beurteilten vorbereitet werden müssen."[2240] Hinsichtlich der im Dienstrechtsreformgesetz vorgesehenen materiellen Leistungsanreize wurde sozusagen „das Pferd von hinten aufgezäumt": „Es wurden Anreizsysteme eingeführt, ohne den erforderlichen Unterbau in Form von Beurteilungsverfahren und dafür wiederum erforderlichen Mitarbeitergesprächen zu schaffen."[2241] Ein leistungsorientiertes Personalmanagement benötigt eine konzeptionelle Grundlage. Aber: „Diese Chance wurde im Rahmen der Dienstrechtsreform nicht wahrgenommen, was die öffentliche Verwaltung künftig vor eine Reihe von Problemen wegen mangelnder personalwirtschaftlicher Kenntnisse und interpersoneller Fähigkeiten stellen wird."[2242] Ein weiterer demotivierender Effekt bei der Umsetzung der leistungsorientierten Bezahlungselemente des Dienstrechts geht insbesondere von der 10 %-Quotierung aus. So finden sich im Dienstrechtsreformgesetz eine Fülle von Detailregelungen, die die Flexibilität und Experimentiermöglichkeit der öffentlichen Arbeitgeber einschränken, andererseits werden grundlegende, wichtige Fragen vollkommen offen gelassen: „Viele sprechen von einer ‚Reformruine', die auf der operativen Ebene aufgrund der Unsicherheiten und Einschränkungen eher Blockaden erzeugt, als dass sie ein hilfreicher Schritt in die richtige Richtung wäre."[2243] Die Folgen werden als weitreichend eingeschätzt: „Statt der erhofften Leistungssteigerung droht eine allgemeine Demotivierung des öffentlichen Dienstes."[2244]

Die unklaren und uneinheitlichen Regelungen für die Vergabe von Leistungszulagen und Leistungsprämien im tariflichern Bereich stellen vielerorts noch einen Unsicherheits-

---

[2238] Vgl. Bönders, Neue Leistungselemente in der Besoldung – Anreiz oder Flop?, in: ZBR 1/1999, S. 11 (20).

[2239] Vgl. Oechsler, Neue Anreizsysteme im öffentlichen Dienst, in: VM 1/1999, S. 11 (11).

[2240] Oechsler, Reform des öffentlichen Dienstrechts, in: Die innovative Verwaltung 3/1997, S. 30 (31).

[2241] Oechsler, Neue Anreizsysteme im öffentlichen Dienst. Anforderungen an die Beurteilung, in: VM 1/1999, S. 11 (13).

[2242] Oechsler, Reform des öffentlichen Dienstrechts. Aufbruch zu leistungsorientiertem Personalmanagement?, in: Die innovative Verwaltung 3/1997, S. 30 (32).

[2243] Adamaschek, Innovative Vergütungssysteme in der öffentlichen Verwaltung, in: Adamaschek/Oechsler (Hrsg.), Leistungsabhängige Bezahlung im öffentlichen Dienst, 2001, S. 7 (7); vgl. ferner Lezius/Oechsler/Adamaschek, Vorwort, in: in: Adamaschek/Oechsler (Hrsg.), Leistungsabhängige Bezahlung im öffentlichen Dienst, 2001, S. 5 (6).

[2244] Schulte, Leistungsabhängige Bezahlung aus der Sicht des Deutschen Beamtenbundes, in: Adamaschek/Oechsler (Hrsg.), Leistungsabhängige Bezahlung im öffentlichen Dienst, 2001, S. 21 (25).

und Unzufriedenheitsfaktor dar: „Abschließend läßt sich festhalten, daß die Zukunft einer leistungsbezogenen Bezahlung im öffentlichen Dienst noch weitgehend unsicher ist. Nicht alle ÖTV-Bezirke und Kommunalen Arbeitgeberverbände haben ein Interesse an bezirklichen Tarifverträgen, und auch bereits aufgenommene Verhandlungen können scheitern. Insofern hängt die weitere Entwicklung einer leistungsbezogenen Bezahlung maßgeblich davon ab, inwieweit gewerkschaftliche und betriebliche Funktionäre vom Konzept einer leistungsbezogenen Bezahlung überzeugt sind und inwieweit die öffentlichen Arbeitgeber bereit sind, sich trotz großer finanzieller Probleme auf eine reformorientierte Regelung der Leistungsbezahlung einzulassen."[2245]
Zur Unzufriedenheit führen weiterhin die ungleichen rechtlichen Grundlagen hinsichtlich der Leistungsstufe, die zwar für Beamte/innen, jedoch nicht für Arbeitnehmer/innen vorgesehen ist.
Grundsätzlich jedoch sind derzeit die Voraussetzungen, Leistung und finanzielle Honorierung miteinander zu verbinden, besonders günstig: Die Elemente des Neuen Steuerungsmodells „schaffen mehr als je zuvor Transparenz für eine objektive Leistungsbeurteilung. Der Pradigmenwechsel von der bisherigen Binnensicht (Struktur, Prozesse, Verhaltensweisen) zu einer ergebnisorientierten Betrachtung (Zielerreichung, Kontrakterfüllung, Einhaltung vorgegebener Ressourcenrahmen etc.) bietet eine neue und bessere Basis für eine differenzierte und gerechte Mitarbeiterbeurteilung und eine daran geknüpfte leistungsorientierte Entlohnung."[2246]

Bei der Betrachtung der verschiedenen Arten von materiellen Leistungsanreizen lassen diejenigen Anreize eine hohe Effektivität vermuten,[2247]

- die auf der Grundlage wirkungsvoller immaterieller Leistungsanreize eingesetzt sind,
- die die Einzelleistung oder Gruppenleistung honorieren,
- die zielgerichtet das Erreichen der Verwaltungsziele fördern,
- die klare Input-Output-Relationen aufweisen,
- die den Output der Verwaltung verbessern,
- die variabel, d. h. zu einem bestimmten Zeitpunkt, einsetzbar sind,
- die an den Bedürfnissen der Beschäftigten anknüpfen,
- die auf der Basis von Zielfestlegungen/-vereinbarungen mit eindeutigen Kriterien der Überprüfung vergeben werden,
- die einen Zusammenhang zwischen Mehrleistung und "Belohnung" sowohl inhaltlicher als auch zeitlicher Art herstellen,

[2245] Tondorf, Leistungspolitik und Leistungsbezahlung im öffentlichen Dienst, in: WSI Mitteilungen 4/1997, S. 241 (247).
[2246] Adamaschek, Innovative Vergütungssysteme in der öffentlichen Verwaltung, in: Adamaschek/Oechsler (Hrsg.), Leistungsabhängige Bezahlung im öffentlichen Dienst, 2001, S. 7 (7).
[2247] Vgl. Busse, Leitbild Lernende Verwaltung, in: Personalwirtschaft 1/2000, S. 21 (26); Klages, Notwendige Voraussetzungen für eine erfolgreiche Einführung von Leistungsprämien im öffentlichen Dienst (unveröffentlichtes Manuskript); Ridder, Die Motivationskraft materieller Leistungsanreize, in: VOP 3/2000, S. 9 (9).

- o bei denen eine Mehrleistung in einem angemessenen Verhältnis zur Höhe des Geldbetrages steht,
- o bei denen die Mehrleistung von der betroffenen Person zu bewältigen ist,
- o die der betroffenen Person als realistisch erreichbar erscheinen,
- o bei deren Konzeptentwicklung und Umsetzung die Betroffenen beteiligt sind.

Viele dieser Merkmale treffen insbesondere auf die Leistungsprämie zu. Durch ihre Variabilität hinsichtlich der zeitlichen Vergabe und der Höhe der Zahlung eignet sie sich besonders zur Verwaltungssteuerung und zur Belohnung einzelner herausragender Leistungen: „Die Zahlung von, ggf. auch einmaligen, Prämien, die einen außerordentlichen, belohnenden Charakter haben, ist zu bevorzugen.“[2248]
Sind diese Voraussetzungen nicht gegeben, haben materielle Leistungsanreize eine eher demotivierende und kontraproduktive Wirkung.[2249]
Die Diskussion um die leistungsorientierte Entlohnung konzentriert sich vor allem auf die Leistungszulagen und Leistungsprämien. Aber: „Unter der Berücksichtigung der organisatorischen Veränderungen sollten grundsätzlich auch andere Entgeltformen in Erwägung gezogen werden.“[2250] Folgende Modelle werden bereits diskutiert:

- o **Vereinbarung von Arbeitspensen**
  Zwischen Arbeitgeber bzw. Dienstherr und Mitarbeiter/in werden Arbeitspensen vereinbart, für die ein festes Leistungsentgelt zusätzlich zu einem garantierten Grundlohn gezahlt wird.[2251] Die in vielen Verwaltungen bereits existierenden Leistungskennzahlen könnten als Orientierungsgrößen herangezogen werden. Die Verwaltungsleitung erhält zusätzlich eine relativ zuverlässige und transparente Grundlage für finanzielle und personelle Planungen und Dienstleistungsprozesse.[2252]
- o **qualifikationsorientierte Entgeltgestaltung**
  Der Stellenwert der zur Aufgabenbewältigung verwertbaren Qualifikationen steigt. Die Arbeitgeberseite hat ein Interesse am qualifikationsgerechten Personaleinsatz; ungenutzte Qualifikationen stellen einen Kostenfaktor dar. Die qualifikationsorientierte Entgeltgestaltung kann Beschäftigte mit Schlüsselqualifikationen belohnen, die Effizienz und Geschwindigkeit bei der Bewältigung von Veränderungsprozessen erhöhen und die notwendige Qualifizierung bei Modernisierungsmaßnahmen unterstützen.[2253]
- o **verstärkte Honorierung von Teamleistungen**
  Die regelmäßige Honorierung von Gruppen- und Teamleistungen vermeidet nicht nur die individuelle Leistungskonkurrenz und erhöht damit die Akzeptanz von ma-

---

[2248] Löhr/Schöneich, Verwaltungsmodernisierung und notwendige Änderungen des Dienstrechtes, in: Verwaltungsrundschau 6/1995, S. 188 (191).
[2249] Vgl. Busse, Leitbild Lernende Verwaltung, in: Personalwirtschaft 1/2000, S. 21 (26).
[2250] Vaanholt, Human Resource Management in der öffentlichen Verwaltung, 1997, S. 173.
[2251] Zum Pensumlohn vgl. Kap. 9.2.1.3.
[2252] Vgl. Tondorf, Leistungszulagen als Reforminstrument?, 1995, S. 14 f.; Vaanholt, Human Resource Management in der öffentlichen Verwaltung, 1997, S. 173 f.
[2253] Vgl. Vaanholt, Human Resource Management in der öffentlichen Verwaltung, 1997, S. 173 f.

teriellen Anreizen. Die herausragende Bedeutung der gruppenorientierten Leistungserstellung, die in der Prozessorganisation einer modernisierten Verwaltung den „Normalfall“ darstellt, muss einer entsprechenden Berücksichtigung in der Entgeltgestaltung entsprechen.[2254]

- **variable Entgeltgestaltung**
  Hierbei handelt es sich um die am stärksten perspektivisch angelegten Modelle, da die Entgeltsumme strukturell verändert wird. Basis des Entgeltes ist eine pauschalisierte Grundeinstufung mit Bandbreiten für die Personaleinsatzflexibilität. Diese Grundeinstufung wird durch verschiedene Zulagen, z. B. für individuelle Leistungen und Teamleistungen, Qualität und/oder Qualifikationen, ergänzt. Im Unterschied zum bisherigen Grundentgelt, das ausschließlich in Abhängigkeit von den Anforderungen der jeweils ausgeübten Aufgabe steht, ist diese zukunftsorientierte Form arbeitsbereichsbezogen, honoriert die Einsatzflexibilität, die von dem/der Beschäftigten angebotene Qualifikation und die individuelle Leistungskomponente. Das Festhalten am Aufrücken in den Dienstaltersstufen als „automatischer“ Erfahrungszuwachs kann aufgegeben werden zugunsten einer stärkeren Leistungs-, Team- und Qualifikationsorientierung. Gesetze und Tarifverträge verzichten auf die detaillierte Festlegung der prozentualen Zusammensetzung und die Höhe der einzelnen Zulagen und legen lediglich das Grundentgelt, die Bandbreiten und den Anteil der Zulagen fest. Die konkrete Ausgestaltung des Zulagensystems bleibt der dezentralen Verantwortung der einzelnen Verwaltung überlassen. Ziel dieses Systems ist nicht die starre Aufteilung der verfügbaren Summe auf sämtliche Zulagenarten, sondern die punktgenaue Unterstützung der Organisationsziele mithilfe variabel einsetzbarer Anreize. Ein solches Entgeltsystem kann sinnvoll kombiniert werden mit einer flexiblen Gewährung von Sozialleistungen.[2255]

Damit diese Formen leistungsorientierter Entgeltgestaltung effektiv sind, müssen folgende Voraussetzungen gegeben sein:

- verstärkte Ergebnis- und Leistungsorientierung der dienst- und tarifrechtlichen Grundlagen,
- Veränderung und Angleichung der dienst- und tarifrechtlichen Grundlagen,
- Unterstützung der Verwaltungsziele durch das Entgeltsystem,
- verstärkte Ergebnis- und Leistungsorientierung des Verwaltungshandelns und des Personalmanagements.

Bei der Diskussion um das Thema „Leistungsanreize“ in der öffentlichen Verwaltung fällt grundsätzlich auf, dass der Schwerpunkt einseitig auf den materiellen Anreizen liegt. Dabei ist jedoch zu beachten: „Wer zur Motivation seiner Mitarbeiter ausschließlich auf den Faktor Geld setzt, wird nur geringen Erfolg haben, verzichtet er doch auf jene e-

[2254]Vgl. Vaanholt, Human Resource Management in der öffentlichen Verwaltung, 1997, S. 174 f.
[2255]Vgl. Vaanholt, Human Resource Management in der öffentlichen Verwaltung, 1997, S. 178 f.

normen Motivationschancen, die in nicht monetären Anreizen liegen. ... Prämien und Zulagen als ‚kapitalisierte' Anerkennung sowie Leistungsstufen als ‚kleine' Beförderung lassen sich nahtlos in diese Motivationsinstrumente einordnen; sie stellen sicherlich isoliert kein Allheilmittel dar, aber doch eine Chance, die man offensiv angehen sollte."[2256]
Derzeit ist eine hohe Erwartung in der öffentlichen Verwaltung zu erkennen, allein mit materiellen und insbesondere monetären Anreizen „einen Veränderungsmotor in die öffentliche Verwaltung zu implementieren."[2257] Es stellt sich die Frage, „ob die monetäre Orientierung in Teilen der öffentlichen Verwaltung nicht ein besonderes Artikulationsventil für empfundene Unzufriedenheit ist, das sich auf Grund enttäuschter Veränderungserfahrungen bei intrinsischen Motivatoren auf diese Artikulationsform konzentriert hat."[2258]
Verbleibt diese einseitige Konzentration auf die materiellen Leistungsanreize, ist nicht nur ein begrenzter Erfolg von Motivationsbemühungen zu vermuten,[2259] sondern möglicherweise eine kontraproduktive Wirkung auf die Motivation der Beschäftigten.
Materielle Leistungsanreize insbesondere in Form der leistungsorientierten Entlohnung haben nicht nur für die Entgeltpolitik eine Bedeutung, sondern in viel stärkerem Maße für die Leistungspolitik des öffentlichen Dienstes: *„Nicht in der Erhöhung der Entgelte, sondern in der Gestaltung der Leistungen und Leistungsbedingungen liegen die eigentlichen Chancen* dieses Instruments."[2260] Langfristig geht es darum, „den notwendigen Zusammenhang von Ergebnisverantwortung in dezentralisierten Arbeitszusammenhängen, systematisierter wie transparenter Personalführung und Personalbewertung und anforderungs- bzw. leistungsgerechter Besoldung aufzubauen."[2261]

10 Verknüpfungen und Kombinationsmodelle

Nachfolgend werden Bedeutung und Möglichkeiten der Verknüpfung von Leistungsanreizen untereinander sowie von Kombinationsmodellen dargestellt. Als eine konkrete Form eines Kombinationsmodells werden Cafeteria-Systeme beschrieben, deren Übertragbarkeit von der Privatwirtschaft auf die öffentliche Verwaltung diskutiert wird. Abschließend werden Kombinationsmodelle in der kommunalen Praxis vorgestellt.

[2256] Bönders, Neue Leistungselemente in der Besoldung – Anreiz oder Flop?, in: ZBR 1/1999, S. 11 (21).
[2257] Mauch, Leistungsanreize, in: iv 1/1996, S. 25 (25).
[2258] Mauch, Leistungsanreize, in: iv 1/1996, S. 25 (25).
[2259] Vgl. Mauch, Leistungsanreize, in: iv 1/1996, S. 25 (25).
[2260] Tondorf, Leistungspolitik und Leistungsbezahlung im öffentlichen Dienst, in: WSI Mitteilungen 4/1997, S. 241 (243).
[2261] Naschold, Modernisierung des Staates, 1995, S. 84 f.

10.1 Verknüpfungen von Leistungsanreizen

Die Unterscheidung von Leistungsanreizen nach bestimmten Kriterien ist zunächst eine gedankliche.[2262] In der Realität verschwimmen die Grenzen zwischen den unterschiedlichen Anreizarten, z. B. die zwischen immateriellen und materiellen Leistungsanreizen, die in der vorliegenden Arbeit als ausschlaggebendes Unterscheidungskriterium gewählt wurden. So hat eine Fortbildung mit Anreizcharakter durchaus materielle Aspekte, da die Kosten von der Verwaltung übernommen werden. Die Entlohnung als materieller Anreiz hat wiederum auch immateriellen Charakter, da sie Anerkennung und Status symbolisiert.
Im Sinne eines effektiveren Erreichens der Verwaltungsziele und eines ganzheitlichen Personalmanagements ist die bewusste Verknüpfung der immateriellen und der materiellen Leistungsanreize untereinander als auch jeweils miteinander sinnvoll.[2263] Eine nachhaltige Motivations- und Leistungssteigerung bei den Beschäftigten sowie ein effektiveres Erreichen der Verwaltungsziele kann erst durch eine gelungene Kombination der verschiedenen Anreizgruppen zu einem ganzheitlichen Anreizsystem bewirkt werden.[2264] Nachfolgend werden Verknüpfungsmöglichkeiten zwischen den einzelnen Leistungsanreizen sowie auf verschiedenen Verwaltungsebenen dargestellt.

10.1.1 Verknüpfungen der einzelnen Leistungsanreize

Zwischen den einzelnen Leistungsanreizen sind sowohl Verknüpfungen vorstellbar, bei denen verwandte Anreize kombiniert werden, z. B. wenn sie sich einander einschließen (etwa die personen- und verwaltungsbezogene Personalentwicklung und die Fortbildung), oder aber unterschiedliche Anreize werden dahingehend kombiniert, dass sie Wahlmöglichkeiten für die Beschäftigten darstellen (etwa ein zusätzlicher Urlaubstag alternativ zu einer Leistungsprämie). Im Folgenden werden verschiedene Verknüpfungsmöglichkeiten der einzelnen Anreize vorgestellt.[2265] Dabei handelt es sich lediglich um eine Auswahl; weitere Verknüpfungsmöglichkeiten sind darüber hinaus vorstellbar.
Der **interessenbezogene Arbeitseinsatz** und der **fähigkeitsbezogene Arbeitseinsatz** sind so grundlegende Anreize, dass sie mit allen anderen **immateriellen** und **materiellen Leistungsanreize** verknüpft werden können: Bei dem Einsatz aller Anreize spielen die Interessen und Fähigkeiten der Beschäftigten eine entscheidende Rolle; ohne deren Berücksichtigung kann kein Anreiz wirken. Der interessenbezogene Arbeitseinsatz und der fähigkeitsbezogene Arbeitseinsatz sind sozusagen den anderen immateriellen und materiellen Leistungsanreizen vorgeschaltet; sind sie nicht gewährleistet, können auch die anderen Anreize nicht wirken.

[2262] Zu den Unterscheidungskriterien vgl. Kap. 2.1.2.
[2263] Vgl. Kühnlein, Beschäftigung in Bürgerämtern, 1998, S. 45.
[2264] Vgl. Klinkenberg, Anreizsysteme im Angestelltenbereich des öffentlichen Dienstes, in: Personal 1/1996, S. 23-27; Schedler, Anreizsysteme in der öffentlichen Verwaltung, 1993, S. 7 f.
[2265] Zu den einzelnen Leistungsanreizen vgl. Kap. 8 und 9.

Vergleichbares gilt für die **personen- und verwaltungsbezogene Personalentwicklung**: Die Förderung der Fähigkeiten und der Motivation der Beschäftigten stellt die Basis für den Einsatz weiterer Leistungsanreize dar. Anreize, die die Fähigkeiten der Beschäftigten in besonderer Weise berücksichtigen und die daher besonders gut mit der personen- und verwaltungsbezogenen Personalentwicklung verknüpft werden können, sind die **Fortbildung**, die **Karriereplanung**, **Parallelkarrieren** und **Frauenförderung/Gleichstellungsarbeit**. **Job Enlargement**, **Job Enrichment**, **Job Rotation**, **Teamarbeit** und **Projektarbeit** benötigen einerseits entsprechende Fähigkeiten der Beschäftigten, fördern sie aber andererseits auch und stellen daher ebenfalls konkrete Personalentwicklungsmaßnahmen dar. Vergleichbares gilt für die **mitarbeiter- und zielorientierte Führung**, die **Rückmeldung durch Vorgesetzte**, die **Rückmeldung an Vorgesetzte** und das **Mitarbeitergespräch** als Führungsinstrument: Einerseits werden bei allen Beteiligten entsprechende Fähigkeiten vorausgesetzt, andererseits sollten diese Fähigkeiten durch Verknüpfung mit Personalentwicklungsanreizen wie z. B. Supervision/Coaching oder Trainings zum Mitarbeitergespräch gezielt gefördert werden. Die Mitarbeiterbeteiligung in Form des Konzepts **„Mitarbeiter/innen als Mitunternehmer/innen"**, der **Mitarbeiterbeteiligung in der Verwaltungsreform**, der mitarbeiterorientierten **Leitbildentwicklung**, der **Mitarbeiterbefragung**, des **Vorschlagswesens** und von **Qualitätszirkeln** setzen ebenfalls Fähigkeiten voraus, stellen aber auch Personalentwicklungsmaßnahmen dar, die Beteiligungsfähigkeiten entwickeln helfen. Auch die Entwicklung der **Verwaltungskultur** und mit ihr die **Information** und **Kommunikation** in einer Verwaltung fördern die kommunikativen Fähigkeiten der Beschäftigten. **Gesundheitsangebote** und **Soziale Personaldienstleistungen** können gezielt mit der Personalentwicklung verknüpft werden und integraler Bestandteil eines Personalentwicklungskonzeptes sein. **Transparente leistungs- und fähigkeitsbezogene Personalauswahlentscheidungen** sowie **bessere Aufstiegsmöglichkeiten** umfassen nicht nur monetäre Anreize, sondern insbesondere Personalentwicklungsanreize und sind Bestandteil einer umfassenden Personalentwicklung, die sowohl die Fähigkeiten der Beschäftigten als auch die Interessen der Verwaltung berücksichtigt.

Die **Fortbildung** als ein zentraler Bestandteil der Personalentwicklung ist ebenfalls mit einer Reihe von immateriellen und materiellen Anreizen verknüpfbar. So benötigt die **Karriereplanung** in vielen Fällen Fortbildungen, um gezielt Fähigkeiten zu fördern und Fähigkeitsdefizite zu beseitigen. Werden im Rahmen von **Parallelkarrieren** die verschiedenen Laufbahnen wie die Führungslaufbahn, die Fachlaufbahn oder die Laufbahn des Projektmanagements eingeschlagen, können Fortbildungen zur Förderung der Führungskompetenz, der Fachkompetenz oder der Kompetenz zum Projektmanagement sinnvoll und notwendig sein. Im Rahmen von **Gleichstellungsarbeit/Frauenförderung** können Fortbildungsmaßnahmen Fähigkeiten der weiblichen Beschäftigten fördern (z. B. eine Fortbildungsmaßnahme „Rhetorik für Frauen") sowie Bewusstseinsveränderungen bei männlichen Beschäftigten bewirken (z. B. eine Fortbildungsmaßnahme „Sexuelle Belästigung am Arbeitsplatz"). Sollten bisherige Kenntnisse und Fähigkeiten beim **Job Enlargement**, **Job Enrichment** und bei der **Job Rotation** nicht ausreichen bzw.

gefördert werden, sind gezielte Fortbildungen in den entsprechenden Bereichen notwendig. Bei der Bildung von **Teams** und **Projektgruppen**, aber auch während laufender Team- oder Projektarbeit können Fortbildungs- und Trainingsmaßnahmen den Gruppenbildungsprozess bzw. Gruppenprozess fördern und unterstützen. Steht eine Verwaltung zu Beginn der Einführung **flexibler Arbeitszeiten**, können Informations- und Fortbildungsmaßnahmen zu diesem Thema den Einstieg erleichtern. Insbesondere bei der Einführung von flexiblen Arbeitzeiten bei den Teams einer Organisationseinheit können Fortbildungs- und Trainingsmaßnahmen den Einführungs-, Team- und Einigungsprozess nachhaltig unterstützen. Fortbildungsmaßnahmen mit insbesondere technikunterstützenden Inhalten können weiterhin die Einführung und Durchführung von **Telearbeit** erleichtern. Fortbildungsmaßnahmen können die **mitarbeiter- und zielorientierte Führung** unterstützen. Dazu gehören die Führungskräfteausbildung, die insbesondere in großen Verwaltungen aus mehreren Fortbildungsmodulen besteht. Aber auch führungsbegleitende Fortbildungen zu Themen wie dem Führen mit Zielvereinbarungen, Konfliktmanagement, Mitarbeitergespräch etc. können wirkungsvoll die Personalführung unterstützen. Fortbildungen zu Themen des Mitarbeitergesprächs oder der Personalbeurteilung schulen die Fähigkeiten von Vorgesetzten, **den Beschäftigten Rückmeldungen** zu geben. Fortbildungen zu Vorgesetztenbeurteilungen oder Feedback-Gesprächen können Beschäftigte befähigen, **ihren Vorgesetzten Rückmeldungen** zu geben, und Vorgesetzte, diese Rückmeldungen anzunehmen und sich mit ihnen auseinander zu setzen. Die Einführung von **Mitarbeitergesprächen** benötigt häufig Fortbildung und Schulungen für alle Beteiligten. Sollen Mitarbeiter/innen in einer Verwaltung an entscheidenden Vorgängen **beteiligt** werden, benötigen sie häufig Informationen, die ihnen in vielen Fällen über Fortbildungen vermittelt werden können. Sollen **Mitarbeiter/innen als „Mitunternehmer/innen"** betrachtet und behandelt werden, brauchen sie entsprechende betriebswirtschaftliche und Managementkenntnisse und -fähigkeiten. Auch die **Beteiligung der Beschäftigten an der Verwaltungsreform** benötigt Kenntnisse über deren Kernelemente wie Kunden-/Outputorientierung, dezentraler Ressourcenverantwortung, Kontraktmanagement und den Wettbewerb, die ihnen in vielen Fällen über Fortbildungsmaßnahmen zu diesen Themen vermittelt werden können.[2266] **Mitarbeiterbefragungen** können mit entsprechenden Fragestellungen wichtige Hinweise liefern, wo die Beschäftigten Fortbildungsbedarf sehen und welche Fortbildungen besonders gewünscht werden. Um Beteiligungsformen wie das **Vorschlagswesen** oder **Qualitätszirkel** zu realisieren, können vorbereitende und begleitende Fortbildungen und Trainings hilfreich sein. Fortbildungen zu sozialen Themen können Bestandteil der **Sozialen Personaldienstleistungen** sein. Gewährleisten Fortbildungen, dass die Fähigkeiten der Beschäftigten und damit auch deren Leistungsfähigkeit erhalten und gefördert werden können, stellen sie eine wichtige Basis für dauerhaft herausragende Leistungen als Basis der **Leistungsstufe** sowie **verbesserte Aufstiegsmöglichkeiten** dar. Werden herausragende Einzelleistungen erbracht und sollen diese honoriert werden, kann den Be-

[2266] Vgl. auch Kap. 11.

schäftigten die Möglichkeit eingeräumt werden, statt monetären Anreizen wie **Leistungszulagen** oder **Leistungsprämien** Fortbildungsmaßnahmen zu wählen, die aus Verwaltungssicht prinzipiell nicht dringend notwendig wären, aber das berufliche Fortkommen oder weitere Fähigkeiten der/des Betreffenden fördern würden. Vergleichbares gilt für die Honorierung von Leistungen durch die **private Nutzung von dienstlichen Einrichtungen und Gegenständen**, den **kostenlosen/-günstigen Parkplatz**, das **Abonnement für den ÖPNV**, **Sachprämien/Geschenke** und zusätzliche **Versicherungsangebote**. Auch bei der **Ausschüttung des finanziellen Erfolgs** der Gesamtverwaltung oder einzelner Organisationseinheiten sowie der **Aktienbeteiligung** sind statt dieser monetären Anreize Fortbildungen als alternative Wahlmöglichkeiten vorstellbar.

Bei der **Karriereplanung** sollte die/der Vorgesetzte mit der/dem einzelnen Beschäftigten die drei alternativen Laufbahnen der Führungslaufbahn, der Fachlaufbahn oder des Projektmanagements im Rahmen von **Parallelkarrieren** als jeweils mögliche Laufbahn überprüfen und gezielte Maßnahmen wie z. B. **Personalentwicklungs- und Fortbildungsmaßnahmen** zum Erreichen der entsprechenden Laufbahn in die Wege leiten. Bei der Karriereplanung der weiblichen Beschäftigten im Rahmen der **Frauenförderung/Gleichstellungsarbeit** sollten Möglichkeiten der Übernahme von Führungs- und Fachpositionen auch in Bereichen, in denen Frauen unterrepräsentiert sind, überprüft werden. Die Karriereplanung für weibliche wie männliche Beschäftigte sollte Möglichkeiten der Vereinbarkeit von Beruf und Familie einschließen. Die Verknüpfung der Karriereplanung mit **flexiblen Arbeitszeiten**, **Teilzeitarbeit**, **Telearbeit** und der Inanspruchnahme des **Betriebskindergartens** bietet hier hilfreiche Möglichkeiten. Karriereplanung sollte gezielt mit Möglichkeiten des **Job Enlargements**, des **Job Enrichments**, der **Job Rotation** oder der **Team- und Projektarbeit** kombiniert werden, um neue Fähigkeiten zu erproben, die auf die Übernahme höherwertiger Stellen vorbereiten. Eine zentrale Aufgabe der **mitarbeiter- und zielorientierten Führung** besteht in der Karriereplanung mit den Beschäftigten: Hier werden idealerweise sowohl die Ziele und Interessen der Verwaltung als auch die der Beschäftigten berücksichtigt. Die **Rückmeldung von Vorgesetzen** an die Mitarbeiter/innen sollte sich insbesondere auf die Fähigkeiten und Kenntnisse der/des Beschäftigten beziehen, die für die Karriere der/des jeweiligen Beschäftigten von Interesse sind. **Rückmeldungen der Beschäftigten an die Vorgesetzten** sollten sich nicht negativ auf die Karrieren und deren Planungen der Beschäftigten niederschlagen. Die Vorgesetzten sollten daher in der Lage sein, sich mit den Rückmeldungen ihrer Mitarbeiter/innen konstruktiv auseinander zu setzen und diese für ihre eigene Personalentwicklung und Karriereplanung zu nutzen. Das **Mitarbeitergespräch** ist in besonderer Weise für die Karriereplanung geeignet: In dem Element der Zielvereinbarung und Überprüfung der Zielerreichung kann die erbrachte Leistung und damit auch Leistungsfähigkeit der/des Beschäftigten herausgestellt werden. Besonders das Element des Personalentwicklungsgesprächs ist für die Karriereplanung geeignet: Hier können sowohl erkannte Fähigkeiten als auch fehlende benannt, entsprechende Fördermöglichkeiten vereinbart und Karrierewege aufgezeigt werden. Die engagierte **Betei-**

ligung von Beschäftigten in der Verwaltungsreform, bei der **Leitbildentwicklung**, im **Vorschlagswesen** und in **Qualitätszirkeln** kann bei der Karriereplanung und der späteren Karriereverwirklichung berücksichtigt werden. Die gesamte **Kultur** einer Verwaltung, ihre **Information und Kommunikation** sollte darauf ausgerichtet sein, effektive Karriereplanungen zu ermöglichen. Die Karriereplanung sollte auch eine **anforderungsgerechte Grundbesoldung/Grundvergütung** im Blick haben sowie die Möglichkeit der Gewährung der **Leistungsstufe** bei dauerhaft herausragenden Leistungen. **Transparente leistungs- und fähigkeitsbezogene Personalauswahlentscheidungen** sowie **bessere Aufstiegsmöglichkeiten** sind die notwendige Voraussetzung für effektive Karriereplanungen und Karriereverwirklichungen.
Parallelkarrieren erweitern durch die Möglichkeit der Fachkarriere und des Projektmanagements zusätzlich zur traditionellen Führungslaufbahn die Karrierepfade innerhalb der Verwaltung. Durch diese Ausweitung vergrößern sich insbesondere in Zeiten knapper finanzieller Ressourcen auch für Frauen die Karrieremöglichkeiten; **Frauenförderung und Gleichstellungsarbeit** können gezielt insbesondere in Kombination mit **Karriereplanungen** unterstützt werden. In den Arbeitsgestaltungsanreizen des **Job Enlargements**, des **Job Enrichments**, der **Job Rotation**, der **Teamarbeit** und der **Projektarbeit** können Führungs-, Fach- und Projektmanagementkompetenzen für die jeweilige Laufbahn vorbereitend erprobt und erworben werden. Das Aufzeigen von Karrieremöglichkeiten, die Planung und Vorbereitung auf den entsprechenden Karrierewegen sind zentrale Aufgaben der **mitarbeiter- und zielorientierten Führung**. Durch die **Rückmeldung von Vorgesetzten** an die Mitarbeiter/innen hinsichtlich der gezeigten Fähigkeiten können Karrierewege gezielt entwickelt werden. Hierzu bietet sich insbesondere das Führungsinstrument des **Mitarbeitergesprächs** an. **Mitarbeiterbefragungen** können der Verwaltung mit Hilfe spezifischer Fragestellungen konkrete Hinweise geben, welche Karrierewege in der Verwaltung besonders gewünscht werden. Insbesondere die Fachlaufbahn und Aufstiegsmöglichkeiten im Rahmen des Projektmanagements müssen von einer entsprechenden **Verwaltungskultur** unterstützt werden; sie müssen als gleichwertige Karrieremöglichkeiten neben der traditionellen Führungslaufbahn anerkannt werden. Diese Unterstützung kann durch entsprechende **Information und Kommunikation** über Parallellaufbahnen und ihre Möglichkeiten geschehen. Jede Position innerhalb der drei Laufbahnen sollte mit einer entsprechenden **anforderungsgerechten Grundbesoldung/Grundvergütung** ausgestattet sein. Kann eine entsprechende anforderungsgerechten Grundbesoldung/Grundvergütung beim Einschlagen einer der Laufbahnen nicht gewährleistet werden (z. B. bei knappen finanziellen Ressourcen), kann bei herausragender dauerhafter Leistung die Gewährung der **Leistungsstufe** in Erwägung gezogen werden. Die **Personalentscheidungen** für Positionen in den verschiedenen Laufbahnen sollten **transparent** sein und sich an Leistung und Befähigung der Bewerber/innen orientieren. Der Anreiz von Parallelkarrieren verknüpft sich mit **besseren Aufstiegsmöglichkeiten**: Durch die Schaffung von Fachkarrieren und Aufstiegsmöglichkeiten im Rahmen des Projektmanagements können die Karrierewege in einer Verwaltung in Quantität und Qualität deutlich verbessert werden. Durch **Leistungszulagen und Leistungsprämien**

tungszulagen und Leistungsprämien können herausragende Einzelleistungen auf den Positionen der verschiedenen Laufbahnen honoriert werden. Inhaber der Positionen aller Laufbahnen sollten die Chance zum Erhalt **finanzieller Zuwendungen** sowie von **Sachzuwendungen** erhalten.

Frauenförderung und **Gleichstellungsarbeit** entfalten ihr Anreizpotenzial, indem sie eine Querschnittsfunktion zu den anderen Anreizen ausüben. Zusätzlich zu den bisher aufgezeigten Verknüpfungsmöglichkeiten sind bei allen Formen der Arbeitsgestaltung darauf zu achten, dass alle Beschäftigte die gleichen Chancen zu deren Wahrnehmung erhalten: Sowohl weibliche als auch männliche Beschäftigte sollten **Job Enlargement, Job Enrichment, Job Rotation, Teamarbeit** und –leitung sowie **Projektarbeit** und -leitung wahrnehmen können. Quotierungen können ggf. dieses Anliegen unterstützen. Eine besondere Verknüpfung besteht zwischen Frauenförderung/Gleichstellungsarbeit und der **Flexibilisierung der Arbeitszeit**: **Flexible Arbeitszeiten** sowie **Teilzeitarbeit** ermöglichen in besonderer Weise die zeitliche Vereinbarkeit von Beruf und Familie. Durch die Möglichkeit der teilweisen oder völligen Verlagerung des Arbeitsortes in den privaten Bereich mithilfe der **Telearbeit** wird über die zeitliche Flexibilität hinaus eine räumliche Flexibilität geschaffen, die maßgeblich zu einer besseren Vereinbarkeit von Beruf und Familie und damit zur verbesserten Frauenförderung/Gleichstellungsarbeit beitragen kann. Die **mitarbeiter- und zielorientierte Führung** sollte die Belange der Beschäftigten, die die Vereinbarkeit von Beruf und Familie zu bewältigen haben, sowie der weiblichen Beschäftigten berücksichtigen. Ebenfalls sollte eine Verwaltung dafür Sorge tragen (ggf. durch Quotierung), dass genügend weibliche Beschäftigte **Führungsaufgaben** übernehmen und als Nachwuchsführungskräfte qualifiziert werden. Sowohl bei der **Rückmeldung durch Vorgesetzte** als auch bei der **Rückmeldung an Vorgesetzte** sollte die Berücksichtigung von Frauen– und Gleichstellungsinteressen ein Kriterium darstellen. Bei der **Mitarbeiterbeteiligung in der Verwaltungsreform** sowie der **mitarbeiterorientierten Leitbildentwicklung** sollte dafür Sorge getragen werden, dass auch Beschäftigte, die in Teilzeit arbeiten oder die sich in Erziehungsurlaub bzw. in der Elternzeit befinden, die Möglichkeit der Beteiligung erhalten. In dem Leitbild selber sollten ebenfalls Frauenförderung und Gleichstellung als Ziele formuliert werden. **Mitarbeiterbefragungen** sollten Fragen zur Vereinbarkeit von Beruf und Familie, Gleichstellungsarbeit und Frauenförderung beinhalten und so die diesbezüglichen Interessen der Beschäftigten erkunden. Die **Verwaltungskultur** insgesamt sollte familien- und frauenfreundlich ausgerichtet sein. Die **Information und Kommunikation** sollte auch in Teilzeit arbeitende sowie sich in Erziehungsurlaub bzw. in Elternzeit befindende Beschäftigte einbeziehen. **Freizeit- und Beratungsangebote**, **Gesundheitsförderung** und **Soziale Personaldienstleistungen** sollten spezielle Angebote für Frauen beinhalten. Zu nennen wären bspw. Frauengesprächskreise, Rechtsberatung für Frauen, spezielle Sportangebote für Frauen, Beratungsangebote für Frauen in Führungspositionen etc. Der **Betriebskindergarten** stellt eine besondere Verknüpfung zur Frauenförderung/Gleichstellungsarbeit dar: Durch ihn wird Beschäftigten mit kleinen Kindern in besonderer Weise die Vereinbarkeit von Beruf und Familie ermöglicht, da die Kinder arbeitsplatznah betreut werden können. Bei der Gewährung von finanziellen Anreizen wie **Leistungsstufen, Leistungszulagen und Leistungsprämien** sowie leistungsbezogenen Sachzuwendungen wie **Sachprämien/Geschenke** muss sichergestellt werden, dass weibliche Beschäftigten und Teilzeitkräfte die gleichen Chancen zum Erhalt dieser materiellen Anreize haben wie die anderen Beschäftigten. **Transparente leistungs- und fähigkeitsbezogene Personalauswahlentscheidungen** können eine genügende Berücksichtigung auch weiblicher Beschäftigter sicherstellen. Insbesondere bei den **Aufstiegsmöglichkeiten** ist auf die Chancengleichheit für weibliche und männliche Beschäftigten zu achten.

Job Enlargement kann mit **Job Enrichment** verknüpft werden: Die Anreicherung durch gleichwertige in Verbindung mit der Anreicherung durch höherwertige Tätigkeiten kann den Arbeitsbereich eines/r Mitarbeiters/in in besonderer Weise interessant und reizvoll machen. Im Rahmen der **Teamarbeit** und **Projektarbeit** können durch eine flexiblere Verteilung von Arbeit in dem Team vielfältige Formen des Job Enlargements realisiert werden. Die Übernahme von Leitungsaufgaben in Teams und Projektgruppen stellt eine Form des Job Enrichments dar. Durch **mitarbeiter- und zielorientierte Führung**, **Mitarbeiterbefragungen** und **Mitarbeitergespräche** sind Interessen und Bedarfe zum Job Enlargement und Job Enrichment bei den Beschäftigten zu erkunden. Im Rahmen der **Rückmeldung durch Vorgesetzte** oder des **Mitarbeitergesprächs** kann den Mitarbeiter/innen ein Feedback zur Qualität der Ausführung der gleichwertigen oder höherwertigen Tätigkeiten gegeben werden. Die herrschende **Verwaltungskultur** sollte diese flexiblen Formen der Arbeitsgestaltung unterstützen; **Information und Kommunikation** sollten zu ihrer Ausbreitung und Akzeptanz beitragen. Job Enlargement und Job Enrichment stellen nicht nur eigenständige Anreizformen dar, sondern sie können darüber hinaus auch durch materielle Anreize unterstützt werden: Hat ein/e Beschäftigte/r gleich- oder höherwertige Tätigkeiten übernommen und zeigt dauerhaft herausragende Leistungen, kann ihr/ihm die **Leistungsstufe** gewährt werden. Vergleichbares gilt bei herausragenden Einzelleistungen im Rahmen des Job Enlargements und Job Enrichments: Hier können **Leistungszulagen**, **Leistungsprämien** oder leistungsorientierte Sachzuwendungen wie **Sachprämien oder Geschenke** vergeben werden. Job Enrichment kann auf der Basis der Erweiterung der Kompetenzen durch die Übernahme höherwertiger Aufgaben die **Aufstiegsmöglichkeiten** in der Verwaltung **verbessern**.

Eine Möglichkeit des Stellenwechsels im Rahmen der **Job Rotation** kann die Übernahme von Leitungspositionen in **Teams** oder **Projekten** sein. Auch **Teilzeitkräfte** sollten Möglichkeiten der Job Rotation erhalten. Durch mitarbeiter- und zielorientierte Führung, **Mitarbeiterbefragungen** und **Mitarbeitergespräche** sind die Wünsche der Beschäftigten hinsichtlich der Job Rotation zu erkunden. Im Rahmen der **Rückmeldung durch Vorgesetzte** oder des **Mitarbeitergesprächs** ist es Aufgabe der Führungskräfte, den Beschäftigten eine Rückmeldung zur Erledigung ihrer veränderten Aufgaben im Rahmen der Job Rotation zu geben. Die **Verwaltungskultur** sollte darauf ausgerichtet sein, dass diese Form der Arbeitsgestaltung unterstützt wird; **Information und Kommunikation** sollten Vorteile herausstellen und Nachteile überwinden helfen. Auch bei der Job Rotation besteht die Möglichkeit, bei dauerhaft herausragenden Leistungen die **Leistungsstufe**, bei herausragenden Einzelleistungen **Leistungszulagen, Leistungsprämien** oder leistungsorientierte Sachzuwendungen wie **Sachprämien oder Geschenke** zu vergeben. In jedem Fall **verbessert** die Job Rotation die **Aufstiegsmöglichkeiten**, da andere Aufgabenbereiche kennen gelernt und Kompetenzen erweitert werden konnten.

Teamarbeit ist mit vielfältigen weiteren Anreizen verknüpfbar. So bieten sich für die Durchführung von **Projekten** häufig eingespielte oder aber auch neu zu gründende Teams an. Die Verbindung mit **flexiblen Arbeitszeiten** ergibt ein besonders hohes Anreizpotenzial: Wenn Teams die Möglichkeit erhalten, die Arbeitszeiten selbständig zu regeln, fördert dies besonders den Teamgeist. Die **mitarbeiter- und zielorientierte Führung** kann ebenso die Teamleitung charakterisieren: Die Leitung eines Teams sollte sowohl die Ziele der Verwaltung und der zu erledigenden Aufgaben als auch die der Teammitglieder im Blick haben. Die Leitung sollte sowohl **Rückmeldungen an die Teammitglieder** geben als auch **Rückmeldungen an sich selber** zulassen. Teamarbeit kann das Konzept **„Mitarbeiter/innen als Mitunternehmer/innen"** in besonderer Weise unterstütztzen: Durch die Teamarbeit können sich die Beschäftigten häufig in besonderer Weise mit ihrer Arbeit und Verwaltung identifizieren und sich so als „Mitunternehmer/innen" verstehen. Die **Mitarbeiterbeteiligung in der Verwaltungsreform** sowie die **mitarbeiterorientierte Leitbildentwicklung** kann durch Teamarbeit wirkungsvoll unterstützt werden. Durch **Mitarbeiterbefragungen** können die Bedürfnisse nach Teamarbeit und die Beurteilung bisheriger Teamarbeit durch die Beschäftigten erfragt werden. Im Rahmen des **Vorschlagswesens** können Vorschläge durch Teams gemacht werden; von ihnen ist eine hohe Qualität zu erwarten, da vielfältige Kompetenzen genutzt werden konnten. **Qualitätszirkel** stellen eine besondere Form der Teamarbeit dar. Teamarbeit sollte durch eine teamfreundliche **Verwaltungskultur** unterstützt werden, deren **Information und Kommunikation** die Vorteile der Teamarbeit herausstellen. In einer Verwaltung mit einer teamfreundlichen Kultur können die Kompetenzen, die im Rahmen der Teamarbeit erworben wurden, zu einer **Verbesserung der beruflichen Aufstiegsmöglichkeiten** beitragen. Insbesondere herausragende Leistungen, die durch Teamarbeit erbracht worden sind, sind in besonderer Weise dazu geeignet, durch **Leistungszulagen, Leistungsprämien** oder durch leistungsorientierte Sachzuwendungen wie **Sachprämien oder Geschenke** honoriert zu werden. Durch diese Honorierung kann der Teamgeist des einzelnen Teams, aber auch der Wettbewerb zwischen den Teams besonders gefördert werden. Durch eine Verknüpfung von individuellen und gruppenbezogenen Anreizen können einzelne Beschäftigte belohnt und gleichzeitig teamorientierte Arbeitsformen gefördert werden. Im Rahmen der **Ausschüttung des finanziellen Erfolgs** wird dieser Effekt auch durch teambezogene Ausschüttungen erreicht.

Projektarbeit spielt in besonderer Weise in der Anreizgruppe der Mitarbeiterbeteiligung eine Rolle: Die **Mitarbeit der Beschäftigten in der Verwaltungsreform** sowie bei der **Leitbildentwicklung** in Projektgruppen stellt einen besonderen Anreiz zur Beteiligung dar. Die **Verwaltungskultur** kann die Arbeit in Projektgruppen fördern und deren Vorteile durch eine entsprechende **Information und Kommunikation** unterstützen. Wie die Teamarbeit kann auch die Projektarbeit die Kompetenzen der Beschäftigten erweitern und damit die **Aufstiegsmöglichkeiten verbessern**. Für die Honorierung von herausragenden Einzelleistungen von Projektgruppen sind **Leistungszulagen**, **Leistungsprämien** oder leistungsorientierte Sachzuwendungen wie **Sachprämien oder Geschenke** ebenfalls geeignet.

Flexible Arbeitszeiten können sinnvoll mit **Teilzeitarbeit** und **Telearbeit** verbunden werden: Auch für Teilzeitkräfte sowie Telearbeiter/innen ist es ein zusätzlicher Anreiz, ihre Arbeitszeit flexibler zu gestalten und ihre privaten Interessen mit den beruflichen verbinden zu können. Die **mitarbeiter- und zielorientierte Führung**, das **Mitarbeitergespräch** und **Mitarbeiterbefragungen** sollten die Interessen der Beschäftigten hinsichtlich flexibler Arbeitszeiten, Teilzeitarbeit und Telearbeit ermitteln, die mit dem Verwaltungsbedarf in Einklang zu bringen sind. Sie sind, ebenso wie die **Rückmeldung durch Vorgesetzte** und die **Rückmeldung an Vorgesetzte**, auch dazu geeignet, bisher praktizierte Flexibilisierungsformen zu evaluieren. Zur Verbesserung der Flexibilisierung der Arbeitszeit können auch Vorschläge im Rahmen des **Vorschlagswesens** und von **Qualitätszirkeln** beitragen. Die **Verwaltungskultur** sollte durch gezielte **Information und Kommunikation** Möglichkeiten und Vorteile flexibler Arbeitszeiten, der Teilzeitarbeit und der Telearbeit vermitteln. Die Öffnungszeiten eines **Betriebskindergartens** sollten mit den Flexibilisierungsmöglichkeiten innerhalb der Verwaltung abgestimmt sein. Bei der Vergabe von materiellen Leistungsanreizen wie der **Leistungsstufe**, **Leistungszulagen**, **Leistungsprämien** oder leistungsorientierten Sachzuwendungen wie **Sachprämien oder Geschenke** ist darauf zu achten, dass auch Teilzeitbeschäftigte und Telearbeiter/innen die Chance des Erhalts haben.

Die **Größe** sowie die **Gestaltung und Ausstattung des Arbeitsraumes** betreffen insbesondere die Interessen der Beschäftigten und damit den **interessenbezogenen Arbeitseinsatz**. Es ist Aufgabe der **mitarbeiter- und zielorientierten Führung**, des **Mitarbeitergesprächs** sowie von **Mitarbeiterbefragungen**, die Interessen und Wünsche der Beschäftigten zu ermitteln. **Vorschlagswesen** und **Qualitätszirkel** können ebenfalls Verbesserungsvorschläge zu diesen Themenbereichen beinhalten. Bei dauerhaft herausragenden Leistungen oder herausragenden Einzelleistungen ist es vorstellbar, statt der Vergabe der **Leistungsstufe**, von **Leistungszulagen**, **Leistungsprämien** oder leistungsorientierten Sachzuwendungen wie **Sachprämien oder Geschenke** eine individuellere Gestaltung und Ausstattung des Arbeitsraumes zu gewähren.

Die **mitarbeiter- und zielorientierte Führung** hat als Anreiz Querschnittscharakter: Sie durchzieht die anderen Leistungsanreize und stellt die Basis für die Entfaltung ihres Anreizpotenzials dar. Die Führung, die sich in der **Rückmeldung durch Vorgesetzte** an die Mitarbeiter/innen konkretisiert, hat aufgrund des Bedürfnisses der Beschäftigten nach einem Feedback einen hohen Anreizcharakter. Vergleichbares gilt für die **Rückmeldung an Vorgesetzte**: Sie entspricht dem Bedürfnis der Beschäftigten, die Führungskräfte positiv oder negativ kritisieren zu können. Das **Mitarbeitergespräch** stellt ein effektives Instrumentarium dar, das Anreizpotenzial der mitarbeiter- und zielorientierte Führung entfalten zu lassen. Werden **Mitarbeiter/innen als Mitunternehmer/innen** betrachtet, bedeutet dies für die mitarbeiter- und zielorientierte Führung: Den Beschäftigten wird ein hohes Maß an Eigenverantwortung zugetraut; sie werden als Mitunternehmer/innen betrachtet und behandelt und mit den entsprechenden Verantwortungsbereichen und Kompetenzen ausgestattet. Die mitarbeiter- und zielorientierte Führung ermutigt die Beschäftigten zur **Beteiligung an der Verwaltungsreform** und **Leitbildentwicklung**. Die Zufriedenheit der Beschäftigten mit der mitarbeiter- und zielorientierten Führung sowie deren Wünsche diesbezüglich können durch **Mitarbeiterbefragungen** ermittelt werden. Die **Verwaltungskultur** sollte die mitarbeiter- und zielorientierte Führung fördern. Die **Information und Kommunikation** einer Verwaltung sollten durch die mitarbeiter- und zielorientierte Führung unterstützt werden. Für jede Art der Honorierung von Leistungen ist die mitarbeiter- und zielorientierte Führung notwendig, da erst durch sie die Bedürfnisse der Beschäftigten ermittelt werden können. Jede Form der Honorierung durch materielle Leistungsanreize wie die Gewährung der **Leistungsstufe**, von **Leistungszulagen**, **Leistungsprämien** oder leistungsorientierten Sachzuwendungen wie **Sachprämien oder Geschenke** benötigt daher Führungskräfte, die sowohl die Verwaltungsziele wie auch die Mitarbeiterinteressen im Blick haben.

Eine effektive Form der **Rückmeldung durch Vorgesetzte** stellt das **Mitarbeitergespräch** dar: Durch das Mitarbeitergespräch kann die/der Vorgesetzte der/dem Beschäftigten Rückmeldungen zum Leistungs-, Vorgesetzten-, Teamverhalten etc. sowie zu erkennbaren Fähigkeiten geben. Die **Verwaltungskultur** sollte dahingehend ausgerichtet sein, dass Rückmeldungen durch Vorgesetzte regelmäßig geschehen und damit zur Normalität gehören. Die Rückmeldung durch Vorgesetzte kann auch in materieller Form geschehen: Die Gewährung der **Leistungsstufe** stellt eine Möglichkeit der Rückmeldung und Honorierung dauerhaft herausragender Leistungen dar; **Leistungszulagen**, **Leistungsprämien** und leistungsorientierte Sachzuwendungen wie **Sachprämien oder Geschenke** bedeuten jeweils Rückmeldungen und Honorierungen herausragender Einzelleistungen.

Der Anreiz der **Rückmeldung an Vorgesetzte** kann mit dem **Mitarbeitergespräch** verbunden werden: In dem Kooperationsgespräch als einem Element des Mitarbeitergesprächs besteht die Möglichkeit für die/den Beschäftigte/n, der Führungskraft eine Rückmeldung zu Führungsverhalten, Führungsstil etc. zu geben. Eine weitere Möglichkeit der Rückmeldung durch Vorgesetzte stellen **Mitarbeiterbefragungen** dar: Durch sie können die Beschäftigten ihre positive oder negative Kritik an den Führungskräften ausdrücken. Erst wenn die **Kultur einer Verwaltung** so ausgerichtet ist, dass Rückmeldungen an die Mitarbeiter/innen durch Vorgesetzte für alle Beteiligten in einem angstfreien Raum möglich sind, wird dieser Anreiz sein Potenzial entfalten können. Vorstellbar wäre weiterhin, bei der Vergabe von materiellen Leistungsanreizen wie der **Leistungsstufe**, **Leistungszulagen**, **Leistungsprämien** und leistungsorientierte Sachzuwendungen wie **Sachprämien oder Geschenke** als ein Kriterium die Rückmeldungen der Beschäftigten zum Führungsverhalten zu wählen, die mündlich oder schriftlich (anonym) erfragt werden.

Das **Mitarbeitergespräch** fördert die **Mitarbeiterbeteiligung in der Verwaltungsreform** insbesondere durch das Gespräch über die Modernisierung der Verwaltung: Hier legen die Beteiligten ihre Rolle im Modernisierungsprozess fest und erörtern die Auswirkungen der Reform auf den Arbeitsplatz. Durch **Mitarbeiterbefragungen** kann der Wunsch zur Einführung und der Erfolg praktizierter Mitarbeitergespräche in einer Verwaltung erfragt werden. Die Einführung oder Verbesserung von Mitarbeitergesprächen in einer Verwaltung kann ebenfalls Thema von Vorschlägen im Rahmen des **Vorschlagswesens** und von **Qualitätszirkeln** sein. Einerseits setzt das erfolgreiche Führen von Mitarbeitergesprächen eine offene **Verwaltungskultur** voraus; andererseits können Mitarbeitergespräche die Verwaltungskultur entsprechend prägen und verändern. Das Mitarbeitergespräch ist ein hervorragendes Instrument, das insbesondere die **Information und Kommunikation** in einer Verwaltung fördert. Das Mitarbeitergespräch ist geeignet, Wünsche und Bedürfnisse der Beschäftigten hinsichtlich der sozialen Leistungen wie die **Ausstattung der Sozialräume**, **Freizeitangebote**, **Beratungsangebote**, **Gesundheitsförderung**, **Soziale Personaldienstleistungen** oder eines **Betriebskindergartens** zu ermitteln. Wünsche und Interessen hinsichtlich materieller Anreize wie der **Leistungsstufe**, **monetärer Sozialleistungen**, **Leistungszulagen und Leistungsprämien**, **zinslose/-günstige Darlehn**, die **private Nutzung von dienstlichen Einrichtungen und Gegenständen**, ein **kostenloser/-günstiger Parkplatz**, **Abonnements für den ÖPNV**, **Sachprämien/Geschenke**, **Versicherungen** oder eine mögliche **Aktienbeteiligung** können ebenfalls erkundet werden. Das Mitarbeitergespräch kann aber ebenfalls durch das Element des Zielvereinbarungsgesprächs mit entsprechender Zielerreichungsüberprüfung und damit Leistungsermittlung die Grundlage einer leistungsorientierten Gewährung dieser materiellen Anreize darstellen.

Das Konzept **„Mitarbeiter/innen als Mitunternehmer/innen"** konkretisiert sich in der **Mitarbeiterbeteiligung in der Verwaltungsreform** und in der **mitarbeiterorientierten Leitbildentwicklung**. Auch Beteiligungsformen wie die **Mitarbeiterbefragung**, das **Vorschlagswesen** oder **Qualitätszirkel** stärken das Konzept. Soll das Konzept im Verwaltungsalltag umgesetzt werden, bedarf es einer entsprechenden **Verwaltungskultur**. Insbesondere genügend **Information und Kommunikation** über die Verwaltung und ihre Abläufe ermöglichen eine Realisierung des Konzepts. **Leistungsprämien** und **Leistungszulagen**, die vergeben werden auf der Basis eines gemeinsam erwirtschafteten Erfolges, sowie die **Ausschüttung des finanziellen Erfolges** auf der Ebene einzelner Verwaltungseinheiten oder der Gesamtverwaltung sowie die **Aktienbeteiligung** sind materielle Anreize, die in besonderer Weise dazu geeignet sind, die Beschäftigten als „Mitunternehmer/innen" zu betrachten.

Die **Mitarbeiterbeteiligung in der Verwaltungsreform** konkretisiert sich in der **mitarbeiterorientierten Leitbildentwicklung**, in deren Rahmen die strategischen Ziele der Verwaltung erarbeitet werden. Durch **Mitarbeiterbefragungen** können konkrete Reformbedarfe, die Zufriedenheit mit bisherigen Reformmaßnahmen sowie momentane Informationsstände erfragt werden. Das **Vorschlagswesen** sowie **Qualitätszirkel** können Vorschläge zu bisherigen oder zukünftigen Reformmaßnahmen beinhalten. Die Mitarbeiterbeteiligung in der Verwaltungsmodernisierung benötigt eine **Verwaltungskultur**, die beteiligungsorientiert ist. **Information und Kommunikation** sind zentrale Elemente der Mitarbeiterbeteiligung: Information über die Reform sowie geplante Maßnahmen und eine Kommunikation, bei der Wünsche und Ängste der Beteiligten vermittelt werden, stellen die Voraussetzungen für jede Beteiligung dar. Im Rahmen der Vergabe von materiellen Leistungsanreizen ist eine Honorierung von herausragenden dauerhaften Leistungen oder Einzelleistungen im Rahmen der Verwaltungsreform in Form der **Leistungsstufe**, **Leistungszulagen**, **Leistungsprämien** oder leistungsorientierte Sachzuwendungen wie **Sachprämien oder Geschenke** vorstellbar.

Vergleichbares gilt für die **mitarbeiterorientierte Leitbildentwicklung**: In **Mitarbeiterbefragungen** kann erfragt werden, welche zentralen Elemente im Leitbild enthalten sein sollen. Die mitarbeiterorientierte Leitbildentwicklung benötigt eine offene **Verwaltungskultur**, kann sie allerdings auch positiv prägen. Durch die **Information** zum Thema Leitbild sowie durch offene **Kommunikationsprozesse** bei seiner Entwicklung kann eine Mitarbeiterbeteiligung gewährleistet werden.

Der Anreiz, den **Mitarbeiterbefragungen** darstellen, kann mit dem Anreiz des **Vorschlagswesens** und von **Qualitätszirkeln** verknüpft werden, da alle drei Formen eine stärkere Mitarbeiterbeteiligung zum Ziel haben; ihre Ergebnisse können miteinander verbunden werden. Mitarbeiterbefragungen sind nicht nur ein eigenes Anreizinstrument, sie liefern auch die Basis für die anderen Leistungsanreize: Sie können Wünsche und Bedürfnisse der Beschäftigten nach den verschiedenen **immateriellen** und **materiellen Anreizen** erfragen. Sie prägen in besonderer Weise eine mitarbeiterorientierte **Verwaltungskultur**. Mitarbeiterbefragungen können **Informationen** über die Beschäftigten und deren Einschätzung momentaner Situationen, zukünftiger Planungen, über Ängste, Wünsche und Bedürfnisse liefern. Sie stellen ein **Kommunikationsmittel** dar, über das sich die Beschäftigten der Verwaltungsleitung und den Führungskräften gegenüber äußern können.

Das **Vorschlagswesen** und **Qualitätszirkel** stellen ebenfalls **kommunikative** Instrumente dar, die **Informationen** von den Beschäftigten über alle Bereiche und Leistungen der Verwaltung transportieren. Sie prägen daher eine offene und beteiligungsorientierte **Verwaltungskultur**. Im Rahmen des **Vorschlagswesens** und über **Qualitätszirkel** können ebenfalls Informationen und Verbesserungen zu allen **immateriellen** und **materiellen Leistungsanreizen** transportiert werden.

Die **Verwaltungskultur** stellt die Basis für die Gewährung aller **immateriellen** und **materiellen Leistungsanreize** dar: Erst in einer leistungsorientierten Kultur, in der sowohl die Verwaltungsziele als auch die Mitarbeiterinteressen Beachtung finden, und die von **Information und Kommunikation** geprägt ist, können Leistungsanreize ihr Anreizpotenzial entfalten.

Information und Kommunikation sind demnach für die Vergabe der verschiedenen Leistungsanreize notwendig, da erst durch sie das mögliche Anreizpotenzial eingeschätzt werden kann. Der informelle Informationsaustausch und die informellen Kommunikationsstrukturen können insbesondere mit den **sozialen Leistungen** verbunden werden: Eine kommunikationsfreudige **Ausstattung der Sozialräume**, **Freizeitangebote** wie z. B. Betriebsausflüge und Kommunikationsangebote im Rahmen von **Beratung**, **Gesundheitsförderung** und **Sozialer Personaldienstleistungen** können den informellen Informations- und Kommunikationsfluss fördern.

Die **Ausstattung der Sozialräume** kann sich dahingehend positiv auswirken, dass **Freizeitangebote** wie z. B. Betriebsfeiern, **Beratungsangebote**, Angebote der **Gesundheitsförderung** oder der **Sozialen Personaldienstleistungen** dort stattfinden.

Freizeitangebote können mit **Beratungsangeboten**, Angeboten der **Gesundheitsförderung** und **Sozialen Personaldienstleistungen**, die nicht in der Arbeitszeit stattfinden, verknüpft werden.

Beratungsangebote verbinden sich mit Angeboten der Gesundheitsberatung im Rahmen der **Gesundheitsförderung** und Beratungen z. B. bei Problemen am Arbeitsplatz, Führungsfragen, persönlichen, familiären, sozialen und psychischen Problemen, Suchtproblemen. Überschuldungsfragen, der Vorbereitung auf den Ruhestand etc. im Rahmen der **Sozialen Personaldienstleistungen**.

Die **Gesundheitsförderung** verknüpft sich mit ihren Gesundheitsangeboten und medizinischen Angeboten mit Angeboten zur physischen und psychischen Gesundheit im Rahmen der **Sozialen Personaldienstleistungen**.

Die **anforderungsgerechte Grundbesoldung/Grundvergütung** stellt die notwendige Basis für die Entfaltung des Anreizpotenzials aller weiterer **materiellen Anreize** dar: Ist sie nicht gegeben, richtet sich die Aufmerksamkeit der Beschäftigten zunächst auf diesen Mangel, so dass die positive Anreizwirkung der anderen Anreize sie nicht erreichen kann. Eine entscheidende Voraussetzung für die anforderungsgerechte Grundbesoldung/Grundvergütung stellen **transparente leistungs- und fähigkeitsbezogene Personalauswahlentscheidungen** dar.

Kann die **Leistungsstufe** als monetäre Honorierung der dauerhaft herausragenden Leistung nicht vergeben werden (z. B. aufgrund des Ausschöpfens der Möglichkeiten im Rahmen der Quotierung), kann überprüft werden, ob ein anderer dauerhaft wirkender materieller Anreiz als Belohnung in Frage kommt. Zu denken wäre bspw. an die leistungsorientierte Gewährung von **zinslosen/-günstigen Darlehn**, der **privaten Nutzung von dienstlichen Einrichtungen und Gegenständen**, eines **kostenlosen/-günstigen Parkplatzes**, eines **Abonnements für den ÖPNV**, von zusätzlichen **Versicherungen** oder einer **Aktienbeteiligung**. Sind in einer Verwaltung aufgrund finanzieller Engpässe keine oder kaum **Aufstiegsmöglichkeiten** vorhanden, kann die Leistungsstufe allerdings nur einen vorübergehend kurzfristigen „Ersatz" darstellen.

Transparente leistungs- und fähigkeitsbezogene Personalauswahlentscheidungen stellen die Basis für **bessere Aufstiegsmöglichkeiten** dar. Darüber hinaus haben sie grundlegende Bedeutung für die Zufriedenheit der Mitarbeiter/innen und stellen daher die Basis für die weiteren **materiellen Leistungsanreize** dar.

Bessere Aufstiegsmöglichkeiten können nur vorübergehend und nur in Ausnahmefällen durch leistungsorientierte materielle Anreizen wie **Leistungszulagen** oder **Leistungsprämien** „ersetzt" werden. Bestehen auf Dauer keine oder ungenügende Aufstiegsmöglichkeiten, wird die Zufriedenheit der Beschäftigten kaum durch kurzfristige materielle Anreize erreicht werden können.
Da **monetäre Sozialleistungen** ihre Anreizwirkung insbesondere als Eintritts- oder Bleibeanreize entfalten, können sie gut mit **immateriellen sozialen Leistungen** verbunden werden, da diese eine vergleichbare Wirkung enthalten. Weitere Kombinationsmöglichkeiten ergeben sich mit anderen **materiellen Anreizen**, die für alle Beschäftigten zur Verfügung gestellt und ggf. als Alternativen wählbar sind. Dazu gehören die Gewährung von **zinslosen/-günstigen Darlehn**, die **private Nutzung von dienstlichen Einrichtungen und Gegenständen**, ein **kostenloser/-günstiger Parkplatz**, ein **Abonnement für den ÖPNV**, **Sachprämien/Geschenke**, zusätzliche **Versicherungen** oder eine mögliche **Aktienbeteiligung**.
Können **Leistungszulagen und Leistungsprämien** als monetäre Honorierungen der herausragenden Einzelleistungen nicht vergeben werden (z. B. aufgrund des Ausschöpfens der Möglichkeiten im Rahmen der Quotierung), kann überprüft werden, ob neben oben bereits aufgezeigten leistungsorientierten **immateriellen Anreizen** (z. B. Fortbildung) andere leistungsorientierte **materielle Anreize** als Belohnung in Frage kommen. Zu denken wäre bspw. an die leistungsorientierte Gewährung von **zinslosen/-günstigen Darlehn**, der **privaten Nutzung von dienstlichen Einrichtungen und Gegenständen**, eines **kostenlosen/-günstigen Parkplatzes, eines Abonnements für den ÖPNV**, **Sachprämien/Geschenke**, von zusätzlichen **Versicherungen** oder einer **Aktienbeteiligung**. Diese verschiedenen materiellen Anreize sind untereinander als Alternativen kombinierbar.
Bei der Gewährung von **Leistungszulagen und Leistungsprämien** ist eine besonders hohe Anreiz- und Motivationswirkung zu erwarten, wenn sie mit der **Ausschüttung des finanziellen Erfolgs** an die Beschäftigten kombiniert werden: Die Mitarbeiter/innen gewinnen einen unmittelbar finanziellen persönlichen (bei personenbezogenen Anreizen) oder beruflichen (bei institutionell bezogenen Anreizen) Nutzen aus ihrem wirtschaftlichen Handeln. Eine vergleichbare Wirkung ist zu erwarten, wenn die Ausschüttung des finanziellen Erfolgs in der Form einer **Aktienbeteiligung** an die Mitarbeiter/innen in einer kommunalen Eigengesellschaft in Form einer Aktiengesellschaft geschieht.

10.1.2 Verknüpfungen auf verschiedenen Verwaltungsebenen

Verknüpfungen zwischen einzelnen Leistungsanreizen sind für verschiedene Ebenen der Verwaltung vorstellbar. Auf der Ebene der **Gesamtverwaltung** können sie z. B. wie folgt gestaltet werden: Für die Erledigung von Sonderaufgaben (z. B. Projekte im Rahmen der Verwaltungsreform) werden für herausragende Einzelleistungen mit einem Teil der Mitarbeiter/innen finanzielle Zuwendungen (z. B. Leistungsprämien, Leistungszulagen), mit anderen Sachzuwendungen, orientiert an den Verwaltungszielen, den Mitarbeiterbedürfnissen und den erbrachten Leistungen, vereinbart. Oder eine Verwaltung bildet Moderatoren/innen aus. Dies entspricht dem Verwaltungsbedarf, hat aber auch für die einzelnen Personen einen Anreizcharakter. Diese Moderatoren/innen übernehmen Moderatorenaufgaben in der Verwaltung und erhalten dafür eine einmalige Leistungsvergütung. Anstelle des materiellen Anreizes könnte auch ein immaterieller Anreiz in Form von zusätzlichen freien Tagen gewährt werden.[2267] Auf der Ebene der **Facheinheiten** (Fachbereich/Amt) ist folgendes Beispiel denkbar: In den Fachbereichen/Ämtern mit Bürgerkontakt (z. B. Einwohnermeldeamt, Bürgeramt) werden flexible Arbeitszeiten eingeführt. Die einzelnen Teams sind im Rahmen bestehender Dienstrechtsvorgaben selber für die Präsenz in den Öffnungszeiten verantwortlich. Die Teams, bei denen die Wartezeiten oder die Beschwerdehäufigkeit der Bürger/innen um eine bestimmte vereinbarte Prozentzahl zurückgegangen ist, werden mit einer Prämie honoriert. Auf der Ebene der **einzelnen Mitarbeiter/innen** übernimmt ein/e Mitarbeiter/in im Rahmen der Job-Anreicherung als Instrument der Personalentwicklung befristet höherwertige Tätigkeiten für einen bestimmten Zeitraum. Diese Übernahme kann bei erfolgreicher Leistung unabhängig von den tarifrechtlichen Ansprüchen mit einer zeitlich befristeten Leistungszulage honoriert werden.

10.2 Kombinationsmodelle

Kombinationsmodelle stellen nicht nur sporadische, sondern geplante und auf Dauer bestehende Verknüpfungen verschiedener Leistungsanreize dar. Es ist vorteilhaft, wenn Führungskräfte sowie Beschäftigte zwischen verschiedenen, systematisch vorliegenden Leistungsanreizen entsprechend dem Verwaltungsbedarf und den Mitarbeiterbedürfnissen wählen können: „Angesichts der Motivationsstruktur von Organisationsmitgliedern sowie auf Grund der Schwierigkeit, individuell-konkrete Verhaltenswirkungen von Anreizen voraussagen zu können, erscheint insgesamt ein relativ pluralistisches Anreizsystem angebracht, das ein breites Spektrum an Leistungsanreizen anbietet. Dadurch können unterschiedliche Werthaltungen und Motive angesprochen und aktiviert werden, und es kann am ehesten mit einem leistungsbezogenen Verhalten gerechnet werden"[2268]. So kann die Führungskraft z. B. der/dem Beschäftigten im Rahmen der Zielfestlegung/-vereinbarung verschiedene Möglichkeiten immaterieller und materieller Leistungsanreize bei Zielerreichung oder Zielüberschreitung anbieten, die sowohl den Verwaltungszielen als auch den Bedürfnissen der/des Beschäftigten entsprechen. Die verschiedenen Möglichkeiten sollten sich in ihrer Wertigkeit in etwa entsprechen. Beispielsweise kann eine/r Sachbearbeiter/in wählen zwischen einem zusätzlichen freien Tag, einer Prämie, die in der entsprechenden Besoldungs-/Vergütungsstufe der Höhe

[2267] Dieses Beispiel erarbeitete die Verfasserin mit Beratung der von ihr geleiteten KGSt-Arbeitsgruppe „Immaterielle und materielle Leistungsanreize".

[2268] Reichard, Ist ein neues Leistungsanreizsystem erforderlich?, in: Hoefert/Reichard (Hrsg.), Leistungsprinzip und Leistungsverhalten im öffentlichen Dienst, 1979, S. 119 (121 ff.).

eines Arbeitstages entspricht, einer Fortbildungsmaßnahme, die der Karriere der/der Beschäftigten dient und deren Kosten (inklusive Reise- und Übernachtungskosten) einem freien Tag entspricht. Bei allen Möglichkeiten sollten keine betrieblichen Gründe entgegenstehen und sie sollten den Verwaltungszielen entsprechen. So gestaltete Anreizmodelle können ausgebaut werden zu systematischen Anreizsystemen,[2269] die der Organisation oder Organisationseinheit ein spezifisches Anreizprofil verleihen.[2270] Ziel eines solches Anreizsystems hinsichtlich der Beschäftigten ist es, „daß Möglichkeiten geschaffen werden, an bestimmten Aufgaben, an der Konzeption von Entgeltbestandteilen partizipativ mitzuarbeiten, daß der Mitarbeiter, wenn er beurteilt wird, weiß wo er steht und einen Freiraum erhält, seine Aufgaben so zu gestalten, daß er sich mit ihnen identifizieren kann und nicht ausschließlich dafür belohnt wird, sich an bestimmte Regeln zu halten. Dazu gehört natürlich auch, daß gute Mitarbeiter besser entlohnt werden als schlechte."[2271]
Die Vergabe von Leistungsanreizen im Rahmen von Kombinationsmodellen sollte genauso wenig nach dem „Gießkannenprinzip" geschehen wie die Vergabe von Leistungsanreizen generell. Sinnvoll ist der leistungsorientierte Einsatz auf der Basis der Leistungsermittlung.[2272] Kombinationsmodelle ermöglichen es außerdem, Leistungsanreize über die im Dienstrecht vorgesehene Quote von 10 % auf die tatsächliche Anzahl der Leistungsträger/innen auszuweiten und damit Leistungsanreize wirklich leistungsorientiert zu vergeben.

10.2.1 Cafeteria-Systeme

Eine bekannte Form eines Kombinationsmodells sind sog. „Cafeteria-Systeme".[2273]

10.2.1.1 Der Cafeteria-Gedanke

„Cafeteria-Systeme" sind ein aus mehreren Elementen bestehendes pluralistisches Anreizkonzept, aus dem sich die Beschäftigten, wie aus einem Menü in einer Cafeteria, die ihren Bedürfnissen entsprechenden Anreize auswählen können.[2274] Die verschiedenen

---

[2269] Zum Begriff des Anreizsystems vgl. Kap. 3.1.3.
[2270] Vgl. Evers, Leistungsanreize für Führungskräfte, in: Schanz (Hrsg.), Handbuch Anreizsysteme in Wirtschaft und Verwaltung, 1991, S. 737 (739).
[2271] Grawert, Individuelle und flexible Anreizsysteme – eine Perspektive für die öffentliche Verwaltung?, in: Bildungsdienst, Sozialwerk und Akademie des Deutschen Beamtenbundes (Hrsg.), Leistungsanreize in der öffentlichen Verwaltung, 1996, S. 28 (30).
[2272] Vgl. Kap. 7.2.
[2273] Zum Überblick über die Konzeption von Cafeteria-Systemen vgl. Wagner, Anreizpotentiale und Gestaltungsmöglichkeiten von Cafeteria-Modellen, in: Schanz (Hrsg.), Handbuch Anreizsysteme in Wirtschaft und Verwaltung, 1991, S. 91-109; Wagner/Grawert/Langemeyer, Cafeteria-Modelle, 1993, S. 9 ff.; zu tarif-, steuer- und sozialversicherungsrechtlichen Grenzen von Cafeteria-Systemen vgl. Wagner, Organisation, Führung und Personalmanagement, 1991, S. 286; 293 ff.
[2274] Vgl. Föhr, Zur Vorteilhaftigkeit von Cafeteria-Systemen, in: ZfP 1/1994, S. 58 (59).

Leistungsarten, insbesondere Entgeltbestandteile sowie Firmen- und Sozialleistungen, können miteinander verknüpft werden. Ziele von Cafeteria-Systemen sind die Erhöhung der Attraktivität der Organisation, die Förderung der Motivation der Beschäftigten und die Erhöhung von wirtschaftlichen Vorteilen sowohl für die Organisation als auch für die Beschäftigten.[2275]

Cafeteria-Systeme charakterisieren folgende Merkmale:[2276]

- Wahlangebot mit mindestens zwei oder mehreren Alternativen: Jede/r Beschäftigte kann aus mehreren immateriellen und materiellen Leistungsanreizen (z. B. Geld, Arbeitszeitkomponenten, geldwerte Sachangeboten etc.) auswählen.
- Wahlbudget für den/die einzelne/n Mitarbeiter/in: Jeder/m Anspruchsberechtigten wird ein bestimmtes Budget zur Verfügung gestellt. Mit diesem Budget kann er aus den verschiedenen Möglichkeiten auswählen.
- periodisch wiederkehrende Wahlmöglichkeiten der Beteiligten: Diese Wahlmöglichkeiten werden regelmäßig angeboten, z. B. jedes Jahr.

Der Cafeteria-Gedanke stammt ursprünglich aus den USA.[2277] Dort bestehen Steuervergünstigungen für derartige Wahlmöglichkeiten. Diese sollen durch eine Substitution von öffentlichen Sozialleistungen durch betriebliche gefördert werden (z. B. private Krankenversicherung, Altersversorgung). Das Interesse an Cafeteria-Systemen insbesondere von Großunternehmen ist auf Grund dieser Vergünstigungen hoch.[2278]

In der Bundesrepublik Deutschland sind Cafeteria-Systeme zwar bekannt, es sind jedoch bei zunehmender Tendenz nur relativ wenige Praxisbeispiele zu finden.[2279] Der Grund liegt in dem wesentlich dichteren sozialen Netz im Vergleich zu dem in den USA. Weitere Ursachen liegen darin, dass das deutsche Steuerrecht die Möglichkeiten der Steuervergünstigungen für Nebenleistungen sowie die Wahlmöglichkeiten zwischen verschiedenen Vergünstigungsbestandteilen einschränkt. Beträge aus einem fest vereinbarten Gehalt dürfen nicht gegen andere Leistungen ausgetauscht werden (mit wenigen Ausnahmen wie z. B. der Direktversicherung). Variable Vergütungsbestandteile (Tantieme, Gewinnbeteiligungen, Zielerreichungsprämien etc.) können den Beschäftigten in allen Formen gewährt werden. Als Konsequenz dieser Einschränkungen werden in Deutschland kaum komplette Cafeteria-Systeme eingerichtet. Einige Unternehmen in Deutschland setzen Cafeteria-Systeme als integrativen Bestandteil eines innovativen

---

[2275] Vgl. Wolf, Variable Vergütung in Form eines Cafeteria-Plans, in: BB 13/1993, S. 928 (928).

[2276] Vgl. Grawert, Individuelle und flexible Anreizsysteme – eine Perspektive für die öffentliche Verwaltung?, in: Bildungsdienst, Sozialwerk und Akademie des Deutschen Beamtenbundes (Hrsg.), Leistungsanreize in der öffentlichen Verwaltung, 1996, S. 28 (29); Grawert, Thesen: Individuelle und flexible Vergütung – Leistungsanreize in der öffentlichen Verwaltung, in: Wagner (Hrsg.), Personal und Personalmanagement in der modernen Verwaltung, 1998, S. 107 (110).

[2277] Vgl. Jung, Personalwirtschaft, 1999, S. 882.

[2278] Vgl. Grawert, Individuelle und flexible Anreizsysteme – eine Perspektive für die öffentliche Verwaltung?, in: Bildungsdienst, Sozialwerk und Akademie des Deutschen Beamtenbundes (Hrsg.), Leistungsanreize in der öffentlichen Verwaltung, 1996, S. 28 (29 f.); Grawert, Thesen: Individuelle und flexible Vergütung – Leistungsanreize in der öffentlichen Verwaltung, in: Wagner (Hrsg.), Personal und Personalmanagement in der modernen Verwaltung, 1998, S. 107 (110).

[2279] Vgl. Jung, Personalwirtschaft, 1999, S. 882.

Anreizsystems insbesondere für Beschäftigte in höheren Gehaltsstufen ein. So werden oftmals einzelne Optionsmöglichkeiten in bestehende Anreizsysteme integriert.[2280] Die Attraktivität von Cafeteria-Systemen besteht einerseits für die Mitarbeiter/innen: Die/der Beschäftigte kann diejenigen Anreize auswählen, die den eigenen Bedürfnissen oder der finanziellen Situation am ehesten entsprechen, und auf diejenigen Komponenten verzichten, die für ihn/sie wenig Bedeutung haben.[2281] Die/der Beschäftigte hat damit nicht nur die Rolle des/der reinen Entgelt- und Anreizempfängers/in, sondern auch die des/der aktiven Entgelt- und Anreizgestalters/in inne. Mit Cafeteria-Systemen ist ein positiver sozialpsychologischer Effekt verbunden, da die unterschiedliche Wertigkeit von Anreizen je nach subjektiver Einschätzung der Beschäftigten Berücksichtigung findet.[2282] Die erbrachte Leistung steht aus Sicht der Beschäftigten in direkter Relation zu den Anreizoptionen. Dies kann in der Konsequenz eine hohe Anreizwirkung erzielen: „Durch diese direkte Kopplung der individuellen Leistung mit den Anreizoptionen kann eine höhere Arbeitsleistung erwartet werden, denn bei den Mitarbeitern wird zwangsläufig ein Bewußtseinsbildungsprozeß dahingehend einsetzen, daß nur über ein entsprechend leistungsorientiertes Verhalten der Zugang zu den Cafeteria-Optionen eröffnet ist."[2283] Aber auch für die Organisation hat die individuelle Ausrichtung der Personalkosten den ökonomischen Vorteil, dass diese Größe konstant bleibt, da nicht ihre Maximierung, sondern ihre optimale Aufteilung im Vordergrund steht.[2284] Es werden keine Anreize mehr vergeben, die von den Beschäftigten nicht als werthaft eingeschätzt werden. Trotz Individualisierung können also die Entgelt- und Anreizkosten konstant gehalten werden.[2285] Ebenfalls kann einer den Organisationszielen entgegenwirkende Nutzung von Optionen (z. B. zu starke Ausnutzung des zeitlichen Angebotes) durch die Verknüpfung der Optionen mit der Arbeitsleistung entgegengesteuert werden.[2286] Die personalpolitische Zielsetzung besteht darin, „über die individualisierten Entgeltsysteme das Verhalten der Arbeitnehmer im Sinne des Unternehmens zu beeinflussen."[2287]

[2280] Vgl. Grawert, Thesen: Individuelle und flexible Vergütung – Leistungsanreize in der öffentlichen Verwaltung, in: Wagner (Hrsg.), Personal und Personalmanagement in der modernen Verwaltung, 1998, S. 107 (110 f.).

[2281] Vgl. Wagner, Anreizpotentiale und Gestaltungsmöglichkeiten von Cafeteria-Modellen, in: Schanz (Hrsg.), Handbuch Anreizsysteme in Wirtschaft und Verwaltung, 1991, S. 91 (93).

[2282] Dies entspricht dem Erklärungsmodell der VIE-Theorie nach Vroom, vgl. Frey, Verwaltungs-Organisationskulturveränderung durch Personalentwicklung im Neuen Steuerungsmodell, 1998, S. 160; zur VIE-Theorie nach Vroom vgl. Kap. 5.3.2.1.3.

[2283] Frey, Verwaltungs-Organisationskulturveränderung durch Personalentwicklung im Neuen Steuerungsmodell, 1998, S. 160

[2284] Vgl. Grawert, Thesen: Individuelle und flexible Vergütung – Leistungsanreize in der öffentlichen Verwaltung, in: Wagner (Hrsg.), Personal und Personalmanagement in der modernen Verwaltung, 1998, S. 107 (111).

[2285] Vgl. Oechsler, Vom Lohnempfänger zum Vergütungsgestalter, in: Personal 3/1996, S. 125 (128); Schildknecht, Leistungsbezogenes Cafeteria-Konzept, in: io Management Zeitschrift 12/1995, S. 72 (73); Wagner, Anreizpotentiale und Gestaltungsmöglichkeiten von Cafeteria-Modellen, in: Schanz (Hrsg.), Handbuch Anreizsysteme in Wirtschaft und Verwaltung, 1991, S. 91 (97).

[2286] Vgl. Frey, Verwaltungs-Organisationskulturveränderung durch Personalentwicklung im Neuen Steuerungsmodell, 1998, S. 160.

[2287] Grawert, Thesen: Individuelle und flexible Vergütung – Leistungsanreize in der öffentlichen Verwaltung, in: Wagner (Hrsg.), Personal und Personalmanagement in der modernen Verwaltung, 1998, S. 107 (111).

10.2.1.2 Cafeteria-Budget

Bei Einrichtung des Cafeteria-Budgets kann unter der Maßgabe der Kostenneutralität der bisherige Sozialleistungsaufwand (d. h. bestehende freiwillige Sozialleistungen) bzw. der geplante zusätzliche Sozialaufwand auf das Cafeteria-System umverteilt werden. Darüber hinaus können in das Cafeteria-Budget weitere Entgeltbestandteile wie jährliche Gehaltserhöhungen und erfolgs- und leistungsabhängige Größen (Tantieme, Gewinnbeteiligung etc.) einfließen. Bestandteile des Cafeteria-Budgets können weiterhin immaterielle Bestandteile wie Zeitkomponenten sein. Die Beschäftigten können Urlaubsansprüche beisteuern, die über den gesetzlichen Mindesturlaub hinausgehen, Urlaubsansprüche über mehrere Perioden ansparen oder Zeitkontingente aus Arbeitszeitverkürzungen oder der Mehrarbeit aus Überstunden oder Projekteinsätzen für das Cafeteria-Budget einsetzen. Innerhalb des Budgets kann ein Austausch zwischen dem Direktentgelt und den Sozialleistungen sowie ein Zeit-Geld-Tausch stattfinden.[2288]

10.2.1.3 Cafeteria-Optionen

In den USA sind verschiedene Stufen von Cafeteria-Systemen zu erkennen: In einer ersten Stufe, in sog. Flexible-Benefit-Systemen, stehen bestimmte Sozialleistungen, insbesondere Versicherungsleistungen, zur Wahl. In Flexible-Benefit-Plans, einer weiteren Stufe, stellen auch Entgeltelemente Optionen dar. Hier können Urlaubstage oder Arbeitszeit mit Geldeinkommen verrechnet oder Entgeltzahlungen zeitlich verlagert werden. Bei den Flexible-Human-Resource-Systems als höchster Stufe von Cafeteria-Systemen haben die Beschäftigten auch Entscheidungsmöglichkeiten hinsichtlich der Lebensarbeitszeit, Ausbildungsgängen und Aufstiegschancen.[2289]

Als Cafeteria-Optionen kommen diejenigen Möglichkeiten in Frage, die der/dem Beschäftigten eine quantitativ messbare materielle Erhöhung des Nettoeinkommens über die Ausnutzung von Steuervorteilen bieten. Dies kann der Fall sein, wenn der sog. geldwerte Vorteil auf Grund spezieller steuerlicher Behandlung niedriger ist als die Kosten, die die/der Beschäftigte aufwenden muss für die gleichen Leistungen außerhalb des Unternehmens (z. B. Direktversicherung, Dienstwagen). Ein höheres Nettoeinkommen wird aber auch erzielt, wenn Kostenvorteile durch die Eigenanfertigung von Produkten an die Mitarbeiter/innen weitergegeben werden (z. B. Personalkauf der Kaufhäuser, Jahreswagen der Automobilhersteller). Die Vorteile der besseren Konditionen eines Unternehmens im Vergleich zu einer Privatperson (z. B. bei Leasingverträgen oder Gruppenversicherungen) gehören ebenfalls dazu.[2290]

[2288] Vgl. Grawert, Cafeteria-Systeme, in: Personalwirtschaft Spezial: Vergütung 2000, 1996, S. 25 (26).

[2289] Vgl. Wagner, Anreizpotentiale und Gestaltungsmöglichkeiten von Cafeteria-Modellen, in: Schanz (Hrsg.), Handbuch Anreizsysteme in Wirtschaft und Verwaltung, 1991, S. 93.

[2290] Vgl. Grawert, Thesen: Individuelle und flexible Vergütung – Leistungsanreize in der öffentlichen Verwaltung, in: Wagner (Hrsg.), Personal und Personalmanagement in der modernen Verwaltung, 1998, S. 107 (112 f.).

Immaterielle Cafeteria-Optionen können Anreize sein, die den Status (z. B. Firmenwagen) oder die eigene Selbstbestimmung (z. B. flexible Arbeitszeiten) erhöhen, die den Wissensstand erweitern oder den beruflichen Aufstieg erleichtern (z. B. Fortbildungsangebote).[2291]
Die Zusammenstellung der Cafeteria-Optionen hängt von der individuellen Situation des Unternehmens z. B. hinsichtlich Sortiment, Organisation oder Finanzkraft ab. Cafeteria-Optionen sollten bestimmten Kriterien entsprechen:[2292]

- Geeignet für Cafeteria-Optionen sind besonders diejenigen Anreize, die individuell zurechenbar vergeben werden. Dabei handelt es um alle monetären Anreize, die meisten Sachleistungen und einige immaterielle Anreize. Beispiele sind Deputate, Arbeitgeberdarlehen oder Verrechnung von Freizeit oder Direktgeld.
- Für Cafeteria-Optionen nur bedingt geeignet sind individuell zurechenbare Sozialleistungen mit Statuscharakter, da durch die Wählbarkeit die für die Anreizwirkung entscheidende Individualität des Symbols vermindert wird.
- Nicht individuell zurechenbare Sozialleistungen wie Betriebsausflüge, Betriebssportverein oder Betriebskindergarten sind ungeeignet.
- Bei Einbezug aller Beschäftigten eines Unternehmens in ein Cafeteria-System sollten Vergütungsbestandteile mit sozialer Grundfunktion ebenfalls nicht als Option angeboten werden.

Zu den Cafeteria-Optionen können z. B. folgende Elemente gehören:[2293]

- **Geldangebote**
  - Prämien,
  - Zulagen,
  - Schaffung von Kapitalkonten,
  - Zinssubventionen auf Hypotheken,
  - Gutscheine,
  - Aktienbeteiligung,
  - Kapitalanlagen,
  - Regelungen zur Altersvorsorge,

[2291] Vgl. Grawert, Thesen: Individuelle und flexible Vergütung – Leistungsanreize in der öffentlichen Verwaltung, in: Wagner (Hrsg.), Personal und Personalmanagement in der modernen Verwaltung, 1998, S. 107 (113).

[2292] Vgl. Grawert, Individuelle und flexible Anreizsysteme – eine Perspektive für die öffentliche Verwaltung?, in: Bildungsdienst, Sozialwerk und Akademie des Deutschen Beamtenbundes (Hrsg.), Leistungsanreize in der öffentlichen Verwaltung, 1996, S. 28 (35 f.); Grawert, Thesen: Individuelle und flexible Vergütung – Leistungsanreize in der öffentlichen Verwaltung, in: Wagner (Hrsg.), Personal und Personalmanagement in der modernen Verwaltung, 1998, S. 107 (113).

[2293] Vgl. Jung, Personalwirtschaft, 1999, S. 883; Grawert, Individuelle und flexible Anreizsysteme – eine Perspektive für die öffentliche Verwaltung?, in: Bildungsdienst, Sozialwerk und Akademie des Deutschen Beamtenbundes (Hrsg.), Leistungsanreize in der öffentlichen Verwaltung, 1996, S. 28 (36); Oechsler, Vom Lohnempfänger zum Vergütungsgestalter, in: Personal 3/1996, S. 125 (128); Wagner/Grawert/Langemeyer, Cafeteria-Modelle, 1993, S. 15; vgl. Schedler, Anreizsysteme in der öffentlichen Verwaltung, 1993, S. 167 f.; Schildknecht, Leistungsbezogenes Cafeteria-Konzept, in: io Management Zeitschrift 12/1995, S. 72 (73).

- o **Arbeitszeitkomponenten**
  Freizeit durch
  - flexible Arbeitszeitmodelle,
  - frühe Pensionierung,
  - Bildung eines Urlaubskontos,
- o **Vorsorge-/Beratungsangebote**
  - medizinische Betreuung,
  - Medical-Check-up,
  - Sportprogramme,
  - Rechtsberatung,
  - Steuerberatung,
  - Finanzberatung,
- o **Sachangebote**
  - Parkplatz,
  - Firmenwagen,
  - Abonnements für den ÖPNV,
  - Nutzen verwaltungseigener Wohnungen,
  - verbilligte Ferienreisen in verwaltungseigene Einrichtungen,
- o **Bildungsangebote**
  - Sprachkurse,
  - Bildungsurlaub,
  - Auslandsseminare,
  - EDV-Kurse,
- o **Versicherungsangebote**
  - Lebensversicherung,
  - Arbeitsunfähigkeitsversicherung,
  - Krankenversicherung,
  - Unfallversicherung,
  - Rechtsschutzversicherung.

Die Wahlmöglichkeiten sollten in einem einheitlichen Wert bemessen werden, etwa in Geldpreisen (z. B. sollte eine Prämie in einer bestimmten Höhe in etwa dem Wert eines zusätzlichen Urlaubstages in der entsprechenden Entlohnungsgruppe entsprechen).[2294] Die Verrechnungspreise richten sich nach den Selbstkosten für die Organisation.[2295] Die Zusammenstellung der Optionen sollte ein sorgfältig geplantes, systematisches, gut durchstrukturiertes und breit gefächertes Angebot darstellen.

[2294] Zu den Verrechnungsmöglichkeiten vgl. Dycke/Schulte, Cafeteria-Systeme, in: DBW 5/1986, S. 581.
[2295] Vgl. Schedler, Anreizsysteme in der öffentlichen Verwaltung, 1993, S. 164.

10.2.1.4 Cafeteria-Systeme in der öffentlichen Verwaltung

Durch die mangelnde Leistungsorientierung und die wachsende Unzufriedenheit unter den Beschäftigten (z. B. durch Unterrepräsentanz immaterieller Leistungsanreize, mangelnde leistungsorientierte Entlohnung, Beförderungsstaus) ist der Druck zu betriebswirtschaftlichem Denken, einer umfassenden Verwaltungsreform und damit auch zur Individualisierung und Flexibilisierung des Anreizsystems gestiegen. Neu zu gestaltende Anreizsysteme sollten unterschiedlichen Aspekten der Verwaltungssteuerung und der Motivation der Beschäftigten entsprechen. Zu diesen neuen Anreizformen gehören auch Cafeteria-Modelle mit unterschiedlichen Optionen, aus denen die Beschäftigten entsprechend ihren Bedürfnissen Anreize wählen können. Eine Individualisierung und Flexibilisierung ist insbesondere hinsichtlich der Entlohnung, der Arbeitszeitmodelle, der Altersversorgung und bestimmter Nebenleistungen (z. B. Dienstwagen) sowie materieller Sozialleistungen (z. B. Versicherungen) im öffentlichen Dienst sinnvoll und möglich.[2296] So kann z. B. einer/m Beschäftigten, dessen Bedürfnis nach Freizeit höher ist als das nach einem hohen Einkommen, durch Austauschmöglichkeiten beider Anreizkomponenten besser entsprochen werden als durch die traditionellen Festlegungen. Der Effekt der Erhöhung der Zeitsouveränität kann noch einmal dadurch gesteigert werden, dass sie mit der Leistungsorientierung des gesamten Anreizsystems verbunden ist.[2297] Durch die Möglichkeit der Beschäftigten, individuell über die Zusammensetzung der immateriellen und materiellen Anreize und ebenfalls des Einkommens mitzuentscheiden, ist die/der einzelne Beschäftigte gezwungen, sich mit Kosten und Nutzen der für sie/ihn möglichen Anreize auseinander zu setzen. Durch diese Möglichkeit der Mitbestimmung werden einerseits Selbstvertrauen und Identifikation mit der eigenen Arbeit der/des Beschäftigten sowie mit dem Dienstherrn/Arbeitgeber gestärkt. Andererseits werden die Eigenverantwortung, das Kostenbewusstsein und das ökonomische Denken durch die Kosten-/Nutzen-Abwägungen gefördert.[2298] Dadurch berücksichtigen Cafeteria-Systeme besonders den Gedanken der Partizipation, der sich auch in der Mitwirkung der Ausgestaltung des gesamten Systems zeigen kann.[2299]

[2296] Vgl. Grawert, Thesen: Individuelle und flexible Vergütung – Leistungsanreize in der öffentlichen Verwaltung, in: Wagner (Hrsg.), Personal und Personalmanagement in der modernen Verwaltung, 1998, S. 107 (114 ff.).

[2297] Vgl. Grawert, Individuelle und flexible Anreizsysteme – eine Perspektive für die öffentliche Verwaltung?, in: Bildungsdienst, Sozialwerk und Akademie des Deutschen Beamtenbundes (Hrsg.), Leistungsanreize in der öffentlichen Verwaltung, 1996, S. 28 (38 f.); Grawert, Thesen: Individuelle und flexible Vergütung – Leistungsanreize in der öffentlichen Verwaltung, in: Wagner (Hrsg.), Personal und Personalmanagement in der modernen Verwaltung, 1998, S. 107 (115).

[2298] Vgl. Grawert, Individuelle und flexible Anreizsysteme – eine Perspektive für die öffentliche Verwaltung?, in: Bildungsdienst, Sozialwerk und Akademie des Deutschen Beamtenbundes (Hrsg.), Leistungsanreize in der öffentlichen Verwaltung, 1996, S. 28 (39); Grawert, Thesen: Individuelle und flexible Vergütung – Leistungsanreize in der öffentlichen Verwaltung, in: Wagner (Hrsg.), Personal und Personalmanagement in der modernen Verwaltung, 1998, S. 107 (116 f.); ferner Frey, Verwaltungs-Organisationskulturveränderung durch Personalentwicklung im Neuen Steuerungsmodell, 1998, S. 162.

[2299] Vgl. Ridder, Materielle und immaterielle Leistungsanreize, in: Bandemer/Blanke/Nullmeier/Wewer (Hrsg.), Handbuch zur Verwaltungsreform, 1998, S. 191 (197).

Durch diese Ausrichtungen sind Cafeteria-Systeme geeignet, Verwaltungsreformen wie z. B. das Neue Steuerungsmodell zu unterstützen.[2300] Darüber hinaus können Cafeteria-Systeme im Rahmen des Personalmarketings eine Verbesserung des oftmals negativen Images der öffentlichen Verwaltung auf dem Arbeitsmarkt unterstützen.[2301]
Gegenüber der Einführung von Cafeteria-Systemen in der öffentlichen Verwaltung sind Skepsis seitens der Gewerkschaften sowie dienstrechtliche und tarifvertragliche Restriktionen zu erwarten.[2302] Vor allem für die beamteten Beschäftigten muss geklärt werden, unter welchen Voraussetzungen Cafeteria-Systeme mit dem Alimentationsprinzip verträglich sind. Hierbei wird die grundsätzliche Frage berührt, inwieweit das herkömmliche Alimentationsprinzip zukünftig in vollem Umfang beibehalten werden kann.[2303]

10.2.1.5 Erfolgsfaktoren

Ein entscheidender Erfolgsfaktor für effektive Cafeteria-Systeme sind Kenntnisse über die verschiedenen Interessen der Beschäftigten an den unterschiedlichen Komponenten von Cafeteria-Systemen. Die verschiedenen Optionen können z. B. durch Mitarbeiterbefragungen oder durch die Führungskräfte (z. B. in Mitarbeitergesprächen) ermittelt werden, in denen die Beschäftigten ihre Wünsche und Bedürfnisse benennen. Diese können durch ständige Vorschläge ergänzt werden.[2304] Durch die Möglichkeit, die Optionen jährlich neu wählen zu können (außer bei Optionen, bei denen dies nicht sinnvoll ist, z. B. Altersvorsorgeangebote), kann darüber hinaus auf die sich ändernde Bedürfnisstruktur der Beschäftigten reagiert werden.[2305]
Effektive Cafeteria-Systeme, die der Steigerung der Mitarbeiterzufriedenheit und der Steuerung der Leistung in der öffentlichen Verwaltung dienen, sollten leistungsabhängig gestaltet sein.[2306] Die Kriterien der Vergabe müssen klar und transparent sein. Vorstellbar sind Leistungspunkte, die kumuliert werden können. Dabei berechtigt eine bestimmte Anzahl von Punkten zum Bezug einer bestimmten Honorierung. Diese Punkte, die nicht auf Dritte übertragbar sind, jedoch in Teilbezüge aufgeteilt werden können, können unter den Möglichkeiten verteilt werden. Die Vorgesetzten erhalten Punktbudgets, die sie nach bestimmten Kriterien vergeben können. Auch hier bieten sich weniger die her-

[2300] Vgl. Reichert/Stöbe/Wohlfahrt, Personalsteuerung durch Leistungsanreizsysteme, in: Reichard/Wollmann (Hrsg.), Kommunalverwaltung im Modernisierungsschub, S. 220 (222 f.); Vaanholt, Human Resource Management in der öffentlichen Verwaltung, 1997.

[2301] Vgl. Oechsler, Vom Lohnempfänger zum Vergütungsgestalter, in: Personal 3/1996, S. 125 (128); Schedler, Anreizsysteme in der öffentlichen Verwaltung, 1993, S. 166.

[2302] Vgl. Wagner, Anreizpotentiale und Gestaltungsmöglichkeiten von Cafeteria-Modellen, in: Schanz (Hrsg.), Handbuch Anreizsysteme in Wirtschaft und Verwaltung, 1991, S. 91 (107 f.).

[2303] Vgl. Summer, Leistungsanreize/Unleistungssanktionen, in: ZBR 5/1995, S. 125 (126).

[2304] Vgl. Schedler, Anreizsysteme in der öffentlichen Verwaltung, 1993, S. 164; Wagner/Grawert/Langemeyer, Cafeteria-Modelle, 1993, S. 32 ff.

[2305] Vgl. Frey, Verwaltungs-Organisationskulturveränderung durch Personalentwicklung im Neuen Steuerungsmodell, 1998, S. 160

[2306] Vgl. Schedler, Anreizsysteme in der öffentlichen Verwaltung, 1993, S. 163; Schildknecht, Leistungsbezogenes Cafeteria-Konzept, in: io Management Zeitschrift 12/1995, S. 72 (72).

kömmlichen Beurteilungen an,[2307] sondern eher ziel- und leistungsorientierte Verfahren wie z. B. die Leistungsermittlung, die die Besser- oder Mehrleistung auf der Basis von Zielfestlegungen/-vereinbarungen feststellt.[2308] Bei Zielerreichung oder Zielüberschreitung kann die/der Beschäftigte aus dem Menü entsprechende Komponenten auswählen. Die Cafeteria kann „ausverkauft" sein, d. h. bestimmte Kumulationen könnten den Verwaltungsbetrieb gefährden. In diesem Fall kann der Bezug verweigert werden, ebenfalls, wenn eine größtmögliche Flexibilität erhalten bleiben soll.[2309]

10.2.1.6 Implementierung

Die Implementierung von Cafeteria-Systemen sollte schrittweise und partizipativ erfolgen. Die Federführung sollte beim Service Personal/Personalamt liegen. Zunächst sollte überprüft werden, welche Optionen möglich sind und welche angeboten werden sollten. Auf Grund der Übersichtlichkeit und der Praktikabilität sollte die Anzahl der Optionen zunächst auf ein gewisses Maß beschränkt bleiben. Mithilfe von Mitarbeiterbefragungen sollte innerhalb der Optionen eine Rangfolge erstellt werden. In einem weiteren Schritt sollte das Cafeteria-Angebot mit den Optionen definitiv festgelegt und strukturiert werden. Ebenfalls sollten Richtlinien und Rahmenbedingungen für die praktische Handhabung des Cafeteria-Systems festgelegt werden. Eine EDV-gestützte Bearbeitung sollte die Umsetzung erleichtern und sichern. Anschließend kann das Cafeteria-System den Beschäftigten zur Wahl gestellt werden.[2310]
Als Nachteil ist bei der Einführung von Cafeteria-Systemen in der öffentlichen Verwaltung zunächst der hohe Verwaltungsaufwand zu beachten, insbesondere hinsichtlich der Bewertung der immateriellen Optionen. Vor allem in der Einführungszeit ist mit einem hohen Betreuungs- und Schulungsaufwand für Beschäftigte und Führungskräfte zu rechnen.[2311]

10.3 Kombinationsmodelle in der kommunalen Praxis

Auch für Kommunalverwaltungen stellen Cafeteria-Systeme ein durchaus vorstellbares Anreizkonzept dar. Bislang fehlen jedoch Erfahrungen auf diesem Gebiet, da umfas-

---

[2307] Die Personalbeurteilung wird als Grundlage von Cafeteria-Systemen in der öffentlichen Verwaltung diskutiert, vgl. Schedler, Anreizsysteme in der öffentlichen Verwaltung, 1993, S. 164.

[2308] Vgl. Kap. 7.2.

[2309] Vgl. Schedler, Anreizsysteme in der öffentlichen Verwaltung, 1993, S. 164.

[2310] Vgl. Frey, Verwaltungs-Organisationskulturveränderung durch Personalentwicklung im Neuen Steuerungsmodell, 1998, S. 162 f.; Schedler, Anreizsysteme in der öffentlichen Verwaltung, 1993, S. 166 f.; 169 f.; Schildknecht, Leistungsbezogenes Cafeteria-Konzept, in: io Management Zeitschrift 12/1995, S. 72 (73 f.); Wagner, Anreizpotentiale und Gestaltungsmöglichkeiten von Cafeteria-Modellen, in: Schanz (Hrsg.), Handbuch Anreizsysteme in Wirtschaft und Verwaltung, 1991, S. 91 (94 ff.); Wagner, Organisation, Führung und Personalmanagement, 1991, S. 288 ff.

[2311] Vgl. Frey, Verwaltungs-Organisationskulturveränderung durch Personalentwicklung im Neuen Steuerungsmodell, 1998, S. 162.

sende systematische Anreizkonzepte wie Cafeteria-Systeme (noch) nicht erarbeitet und erprobt wurden. Dennoch existieren, wie die nachfolgenden Ausführungen zeigen, bereits einige Kombinationsmodelle in Kommunalverwaltungen. Diese wären in der Anlage auch dafür geeignet sind, zukünftig zu Cafeteria-Systemen ausgebaut zu werden.

In einigen Kommunalverwaltungen werden Kombinationsmodelle im Rahmen des Vorschlagswesens praktiziert.[2312]

So bestehen in der Gemeinde Biblis neben Geldprämien weitere Möglichkeiten der Anerkennung von Verbesserungsvorschlägen. Dazu gehören die unverzügliche Umsetzung der Verbesserungen im Fachbereich, Sachpreise zusätzlich zu Geldpreisen, die Verleihung einer Urkunde und Sachpreisen im feierlichen Rahmen, die Dienstbefreiung bis zu zwei Tagen z. B. für den „besonderen Vorschlag des Jahres“.[2313]

Bei der Stadt Dortmund werden Geld- und Sachleistungen für haushaltswirksame Verbesserungen vergeben. Geldleistungen sind Prämien, vorgezogene Lebensaltersstufen sowie die pauschalierte Zahlung von Überstunden-/Mehrarbeitsvergütung. Sachleistungen bestehen z. B. in besonderen Fortbildungen, die von der Stadt ganz oder teilweise finanziert werden, in diversen Gutscheinen oder Dienstbefreiung bei Fortzahlung der Vergütung.[2314]

In dem Leistungsanreizkonzept der Stadt Leverkusen sind sowohl Zulagen und Prämien sowie die Möglichkeit der Honorierung durch immaterielle Leistungsanreize vorgesehen. Dazu gehören z. B. die Gewährung von Freizeit, flexibleren Arbeitszeiten (ggf. Heimarbeit), attraktive Fortbildungen und die Möglichkeit zur Mitarbeit in Austauschkommunen.[2315]

Das Anreizkonzept im Total-Quality-Management(TQM)-Programm der Landeshauptstadt Saarbrücken setzt nicht auf isolierte Anreize, sondern integriert das Anreizkonzept in den Reformprozess. Dabei soll den Beschäftigten verdeutlicht werden, das nicht einseitig Einsparerfolge angestrebt werden, sondern eine Verbesserung der Qualität auf allen Ebenen. Es wird herausgestellt, dass die Mitwirkungsmöglichkeiten bei der Verbesserung der Schlüsselfaktoren Arbeitsbedingungen, Prozesse, Arbeitsverhalten, Führung und Kooperation allein deshalb schon Anreize zur Beteiligung bieten, weil Mängel an diesen Schlüsselfaktoren den Arbeitsalltag der Beschäftigten erheblich erschweren können. Ein weiterer Anreiz besteht in neuen Gestaltungsspielräumen der Mitglieder

---

[2312] Vgl. auch Kap. 8.3.7.5.

[2313] Vgl. Gemeinde Biblis (Hrsg.), Betriebsvereinbarung zwischen dem Gemeindevorstand der Gemeinde Biblis und dem Personalrat über die Einführung eines Vorschlagwesens, Stand: 1.12.1998, Teil V.; ferner Kap. 8.3.7.5.

[2314] Vgl. KAV NW (Hrsg.), Übersicht: beim KAV NW angemeldete „Pilotprojekte“ Leistungsanreizsysteme in der Verwaltung, Stand: 10.April 2000, S. 2.

[2315] Vgl. KAV NW (Hrsg.), Übersicht: beim KAV NW angemeldete „Pilotprojekte“ Leistungsanreizsysteme in der Verwaltung, Stand: 10.April 2000, S. 7 f.

von Qualitätsprojekten bzw. Qualitätsteams zur Qualitätsverbesserung des eigenen Arbeitsbereichs im Rahmen der Maßgabe des vereinbarten Handlungsauftrags. Das eigentliche Anreizsystem will die erhöhten Anforderungen, die an die Beschäftigten im Rahmen des TQM-Prozesses gestellt werden, angemessen honorieren. Dabei sollen Anreize nicht nur für die unmittelbar am Projekt Beteiligten geschaffen werden, sondern auch für diejenigen Arbeitseinheiten, deren Zuständigkeitsbereich von den geplanten Änderungen berührt wurden.[2316] Das Anreizkonzept verbindet die als erfolgreich bewertete Arbeit mit positiven Konsequenzen. Es enthält drei Ansatzpunkte, um bei den Beschäftigten Interesse zu wecken und die Beteiligung an erfolgreichen TQM-Aktivitäten lohnend zu machen:

1. den/die einzelne/n Mitarbeiter/in,
2. das Qualitätsteam/das Qualitätsprojekt,
3. soweit Sparerfolge realisiert werden sollen, die betroffene Arbeitseinheit oder die betroffenen Arbeitseinheiten.

In dem Konzept werden direkte Anreize zur Beteiligung (1) und zur erfolgsorientierten Teamarbeit (2) mit der indirekt wirkenden Anreizform (3) verbunden.
In dem Ansatzpunkt des/der einzelnen Mitarbeiters/in entstehen positive Konsequenzen erst, wenn die Arbeit eines Qualitätsteams oder Qualitätsprojekts insgesamt von einem der eingerichteten Steuerkreise als erfolgreich bewertet wird. Basis der Bewertung sind die vereinbarten Ergebnisse in Kontrakten des Qualitätsteams oder in Projektdefinitionen bei Qualitätsprojekten. Bei Teams mit amtsbezogenem Wirkungskreis hat die Amtsleitung, ansonsten die Projektleitung zu bestätigen, dass das jeweilige Mitglied mit Erfolg an den Arbeitsergebnissen mitgewirkt hat. Alle Team- oder Projektgruppenmitglieder erhalten ein Zertifikat über die erfolgreiche Teilnahme, das auf Wunsch in die Personalakte aufgenommen wird und der Karriereförderung dienen soll. Zu den Verwendungsbereichen der Zertifikate gehören Beförderungsvorschläge für Beamte/innen. Die Mitarbeit bei einer als erfolgreich bewerteten TQM-Aktivität zählt als besondere Leistung und wirkt sich aus als Kriterium bei Beförderungsvorschlägen im Falle von Konkurrenzen. Ein weiterer Verwendungsbereich ist die Zulassung zu Aufstiegsverfahren für Beamte/innen. Bei der Vergabe von Beförderungsstellen für Beamte/innen, Angestellte und Arbeiter/innen wirken sich die Zertifikate als Auswahlkriterium aus: Die bei den internen Bewerbern/innen notwendigen Einbeziehungen dienstlicher Leistungen sollen neben den Ergebnissen der dienstlichen Beurteilung auch die TQM-Zertifikate berücksichtigen.
Bei dem zweiten Ansatzpunkt, der das Qualitätsteam oder das Qualitätsprojekt betrifft, haben alle als erfolgreich bewerteten TQM-Aktivitäten eines Jahres die Chance, prämiert zu werden. Die Prämie für ein ausgezeichnetes Team oder Projekt beträgt einheitlich 10.000 DM. Jedes Team oder Projekt bestimmt die Aufteilung auf die Einzelpersonen selbst. Die Entscheidungen, welche Aktivität ausgezeichnet werden soll, trifft der

---

[2316] Vgl. Hoffmann und ein Autorenteam der Stadt Saarbrücken, „Motor Qualität“: Verwaltungsmodernisierung der Landeshauptstadt Saarbrücken, 1996, S. 122 f.

zuständige Steuerkreis der Gesamtverwaltung. Dem Personalrat steht das Recht zu, an den entsprechenden Sitzungen des Steuerkreises der Gesamtverwaltung teilzunehmen. Der Kriterienkatalog für die vergleichende Bewertung der Aktivitäten und das Bewertungsverfahren selber sind voll transparent und werden offen gelegt. Damit eine vergleichende Bewertung stattfinden kann, müssen im Bewertungszeitraum für jede Arbeitsform mindestens fünf erfolgreich abgeschlossene Aktivitäten anstehen. Sollte dies nicht gelingen, kommen die bis dahin abgeschlossenen Projekte oder Teams in das nächste Bewertungsverfahren.

Der Ansatzpunkt der betroffenen Arbeitseinheiten wirkt den Befürchtungen bei denjenigen TQM-Aktivitäten entgegen, die zu realisierten Einsparungen führen, ob man bei der nächsten Haushaltsaufstellung oder den anstehenden Sparrunden reduzierte finanzielle Mittel zugeteilt bekommt. Als Anreiz für Sparerfolge ist folgende Maßnahme entwickelt worden: Führt eine TQM-Aktivität zu einem nachweisbaren Sparerfolg, so muss dieser zunächst realisiert werden. Wenn dies von unabhängiger Stelle (z. B. durch die Organisationsabteilung) testiert und vom Kämmerer festgestellt worden ist, entsteht ein Anspruch auf Rückfluss im nächsten Jahr. Bei Sachmitteleinsparungen (die Realisierung erfolgt durch Sperrung der entsprechenden Haushaltsmittel und Rückgabe am Ende des Haushaltsjahres) beträgt der Rückflussanspruch einmalig 40 % der eingesparten Summe; bei Personaleinsparungen (die Realisierung erfolgt durch die Nichtwiederbesetzung der entsprechenden freigewordenen Stellen bzw. durch die Realisierung von KW-Vermerken) entstehen Ansprüche wie folgt: 40 % der durch den Stellenwegfall entstehenden Ersparnis im ersten folgenden Haushaltsjahr, 20 % im zweiten und 10 % im dritten Haushaltsjahr.[2317]

Darüber hinaus gewährt die Landeshauptstadt Saarbrücken Leistungsprämien und Leistungszulagen für in der Qualität erheblich über dem Durchschnitt liegende Leistungen.[2318]

10.4 Zusammenfassung und Bewertung

Für einen effektiven Einsatz von Leistungsanreizen müssen die verschiedenen Leistungsanreize untereinander verknüpft werden. Daraus ergeben sich vielfältige Verknüpfungs- und Einsatzmöglichkeiten von Leistungsanreizen. Systematische, geplante und auf Dauer eingerichtete Verknüpfungen stellen Kombinationsmodelle dar. Diese sollen sowohl den Verwaltungszielen als auch den Mitarbeiterbedürfnissen entsprechen und leistungsorientiert gewährt werden. Eine besondere Form von Kombinationsmodellen stellen Cafeteria-Systeme dar. In diesen pluralistischen Anreizkonzepten können Beschäftigte aus mehreren gleichwertigen materiellen und immateriellen Optionen ihren Bedürfnissen entsprechende Anreize auswählen. Auch in der öffentlichen

[2317]Vgl. Landeshauptstadt Saarbrücken (Hrsg.), Das Anreizkonzept im TQM-Programm der LHS, Stand: Juli 1997; Hoffmann und ein Autorenteam der Stadt Saarbrücken, „Motor Qualität": Verwaltungsmodernisierung der Landeshauptstadt Saarbrücken, 1996, S. 122 ff.

[2318]Vgl. Kap. 9.5.3.3.

Verwaltung werden Cafeteria-Systeme diskutiert, da sie unter Beachtung von Erfolgsfaktoren die Grundgedanken der Verwaltungsreform unterstützen durch ihre Flexibilität und Variabilität sowie durch die Stärkung der Eigenverantwortlichkeit und Partizipation der Mitarbeiter/innen. In einigen Kommunalverwaltungen werden bereits Kombinationsmodelle praktiziert, die unterschiedliche Anreizarten miteinander verknüpfen. Dennoch werden vorhandene Möglichkeiten bislang zu wenig ausgeschöpft.

IV Leistungsanreize in der Verwaltungsreform

11 Leistungsanreize im Neuen Steuerungsmodell

Bereits bei der Darstellung der einzelnen immateriellen und materiellen Leistungsanreize ist auf den Zusammenhang mit der Verwaltungsreform und dem Neuen Steuerungsmodell und seinen Elementen hingewiesen worden. In diesem Kapitel werden die Anreizwirkung der Elemente des Neuen Steuerungsmodells und die Möglichkeiten der Unterstützung durch weitere immaterielle und materielle Leistungsanreize herausgestellt. Ebenfalls finden mögliche Widerstände der Beschäftigten und deren Überwindung Beachtung. Abschließend wird das in Leistungsanreizen innewohnende Reformpotenzial beschrieben.

11.1 Anreizpotenziale des Neuen Steuerungsmodells und Unterstützung durch Leistungsanreize

Im Neuen Steuerungsmodell stehen Wirkungen und Ergebnisse des Verwaltungshandelns im Mittelpunkt. Für diese Wirkungen und Ergebnisse sind die Beschäftigten auf den unterschiedlichen Verwaltungsebenen in je ihrer speziellen Funktion und in veränderten Rollen stärker als bisher verantwortlich. Die immateriellen Leistungsanreize, die das Neue Steuerungsmodell bietet zu mehr Leistung, aber auch zu mehr Motivation, sind vielfältig. Die verschiedenen Elemente des Neuen Steuerungsmodells stellen immaterielle Anreize dar, diese Eigenverantwortlichkeit zu stärken. Die Elemente des Neuen Steuerungsmodells können jedoch auch durch weitere immaterielle und materielle Leistungsanreize unterstützt werden. So können diese Leistungsanreize Hilfen für die Steuerung des Verwaltungshandelns darstellen. Sie sollen dazu beitragen, die Ziele, die das Neue Steuerungsmodell verfolgt, besser zu erreichen. Nachfolgend wird die Anreizwirkung der einzelnen Elemente des Neuen Steuerungsmodells sowie die Unterstützungsmöglichkeiten durch weitere Anreize aufgezeigt.

11.1.1 Bürger- und Output-Orientierung

11.1.1.1 Anreizpotenzial der Bürger- und Output-Orientierung

Durch das Neue Steuerungsmodell wird das Verwaltungshandeln aus Bürgersicht betrachtet. Dadurch wird das Ergebnis des Verwaltungshandelns, der Output, in das Blickfeld gerückt, und zwar in Form des Produkts. Das Produkt wird beschrieben durch seine input- sowie output-orientierten Eigenschaften, die bestimmbar sind durch die Kategorien Menge, Ressourcenverbrauch, Finanzierung, Kosten, Qualität und Wirkung.[2319] Bereits diese Definition und Kalkulation der Produkte bewirkt einen Anreiz in vielfacher Hinsicht. Durch die Betrachtung der eigenen Tätigkeit und die Definition des Produkts aus Bürgersicht wird ein Anreiz geschaffen, das eigene Handeln bürgerorientierter und bürgerfreundlicher zu gestalten. Das Arbeiten nach Anweisung, das bislang die Arbeitsweise der öffentlichen Verwaltung weitgehend prägte, erhält darüber hinaus einen anderen Blickwinkel: Durch die Outputorientierung und mit ihr die eindeutige Mengen-, Qualitäts- und Wirkungsdefinition wird der Blick der Beschäftigten auf das Ergebnis und damit Endprodukt ihrer Leistung gerichtet. Die Erfahrung zeigt, dass Beschäftigte dann zu motivieren sind, wenn es ihnen ermöglicht wird, Vorgänge von Anfang bis Ende zu bearbeiten.[2320] Dadurch kann das Gefühl der Sinnhaftigkeit der eigenen Tätigkeit erheblich gesteigert werden. In der Konsequenz wachsen ebenfalls Motivation und Zufriedenheit, was wiederum Auswirkungen auf die Produktivität und damit den Output hat. Durch die Definition und Transparenz von Ressourcenverbrauch, Finanzierung und Kosten wird ein Anreiz geschaffen, das Produkt kostengünstig und wirtschaftlich zu erstellen. Notwendig ist dazu ein Haushalts- und Rechnungswesen, das diese Transparenz herstellt und daher idealerweise aus einer Ergebnis-, Finanz- und Vermögensrechnung sowie einer Kosten- und Leistungsrechnung besteht.

11.1.1.2 Unterstützung der Bürger- und Output-Orientierung durch Leistungsanreize

Zur Stärkung der Bürger- und Outputorientierung können über diese Anreizwirkung hinaus einzelne Leistungsanreize eingesetzt werden.
Im Rahmen der immateriellen Leistungsanreize sollte die Bürger- und Outputorientierung basieren auf dem **interessen- und fähigkeitsbezogenen Arbeitseinsatz**: Die Beschäftigten sollten sowohl das Interesse als auch die Fähigkeit besitzen, bürger- und outputorientiert zu handeln, und diese Handlungsmöglichkeit als einen Anreiz betrachten. Ein weiteres zentrales Element der Bürger- und Outputorientierung ist die **personen- und verwaltungsbezogene Personalentwicklung**. Dies kann sich konkretisieren in **Fortbildungen**, die die Bürger- und Outputorientierung in den Mittelpunkt stellen. Darüber hinaus sollte die Bürger- und Outputorientierung bei der **Karriereplanung** dahingehend Berücksichtigung finden, dass sie einerseits ein Auswahlkriterium für Karrieren darstellt, sie andererseits bei der Karriereplanung gezielt gefördert wird durch entsprechenden Personaleinsatz, Personalentwicklungsmaßnahmen etc. Die Bürger- und

---

[2319] Vgl. KGSt-Bericht Nr. 8/1994: Das Neue Steuerungsmodell: Definition und Beschreibung von Produkten; KGSt-Bericht Nr. 12/1997: Zwischenbilanz zur produktbezogenen Steuerung; ferner Busse, Leistungserfassung als Grundlage leistungsorientierter Entlohnung - Notwendigkeiten und praktische Grenzen, in: Budäus (Hrsg.), Leistungserfassung und Leistungsmessung in öffentlichen Verwaltungen, 2000, S. 267 (285).

[2320] Vgl. Löhr/Schöneich, Verwaltungsmodernisierung und notwendige Änderungen des Dienstrechtes, in: Verwaltungsrundschau 6/1995, S. 188 (190).

Outputorientierung stellt eine in der Verwaltungsreform bedeutende Form des **Job Enlargements** dar: Die bisherigen Tätigkeiten werden angereichert durch weitere Tätigkeiten, die zur ganzheitlichen Erstellung des Produkts notwendig sind. Die ganzheitliche Produkterstellung bewirkt aber auch das **Job Enrichment**, da z. B. Tätigkeiten, die bisher auf einer höheren Verwaltungsebene verrichtet wurden, nun auf einer Stelle durchgeführt werden. Ein immaterieller Anreiz, der besonders die Bürger- und Outputorientierung unterstützt, stellt die **Teamarbeit** dar: Eine Verwaltungseinheit mit Bürgerkontakt, z. B. ein Bürgerbüro, kann die Bürgerzufriedenheit nur gewährleisten, wenn ihre Beschäftigten optimal zusammenarbeiten und den Teamgeist fördern. Ebenso benötigt eine ganzheitliche Produkterstellung aufeinander eingespielte Produktteams. **Flexible Arbeitszeiten** fördern die Bürgerorientierung z. B. durch flexible Öffnungszeiten. Dabei muss die Balance zwischen Bürgerorientierung, Mitarbeiterinteressen und Wirtschaftlichkeit gefunden werden. Die **mitarbeiter- und zielorientierte Führung** stellt ebenfalls einen Anreiz für die Bürger- und Outputorientierung dar: Letztere sollte zentraler Bestandteil der Ziele einer Führungskraft sein; die Führungskraft sollte die Beschäftigten in diese Richtung führen. Dazu gehört, dass die Bürger- und Outputorientierung bei der **Rückmeldung durch die/den Vorgesetzte/n** (z. B. im Rahmen der Leistungsermittlung) ein zentrales Kriterium darstellt. Bürgerfreundliches und besonders am Output orientiertes Verhalten sollte durch Lob durch die Führungskraft gefördert werden; Verhalten von Beschäftigten, das entgegengesetzt ausgerichtet ist, sollte deutlich, aber konstruktiv kritisiert werden. Sinnvollerweise erarbeiten die Führungskraft und die/der Beschäftigte gemeinsam Maßnahmen zu Verbesserung der Bürger- und Outputorientierung. Aber auch die **Rückmeldung von den Beschäftigten an die Vorgesetzten** sollte deren Bürger- und Outputorientierung als Kriterium beinhalten. Zentraler Bestandteil des **Mitarbeitergesprächs** in einer reformierten Verwaltung ist in allen seinen Elementen die Bürger- und Outputorientierung: Sie sollte sowohl in dem Zielvereinbarungsgespräch als vorrangig zu erreichendes Ziel, in dem Kooperationsgespräch als Rückmeldungskomponente zwischen den Beteiligten, in dem Personalentwicklungsgespräch als wichtiges Entwicklungsziel und in dem Element des Gesprächs über die Modernisierung der Verwaltung als zentraler Bestandteil enthalten sein. Das Konzept, das **Mitarbeiter/innen als „Mitunternehmer/innen"** betrachtet und fördert, ist ohne Bürger- und Outputorientierung nicht vorstellbar: In jedem Unternehmen und somit auch in der Verwaltung und ihren Organisationseinheiten sind die Kunden/innen und das Produkt, das sie erhalten, Anfangs- und Endpunkt aller Unternehmensaktivitäten. Bei der **Beteiligung der Mitarbeiter/innen an der Verwaltungsreform** sowie bei der **Leitbildentwicklung** hat die Kompetenz und Sichtweise der Mitarbeiter/innen hinsichtlich der Bürger- und Outputorientierung eine hohe Bedeutung, denn viele von ihnen haben unmittelbaren Bürgerkontakt und sie sind unmittelbar an der Produkterstellung beteiligt. Diese Kompetenz kann auch durch **Mitarbeiterbefragungen** genutzt werden: Es können gezielte Fragen nach der Verbesserung der Bürgerzufriedenheit und des Outputs gestellt werden. Auch im Rahmen des **Vorschlagswesens** sollten Vorschläge zur Verbesserung der Bürgerzufriedenheit und des Outputs in besonderem Maße honoriert werden;

Qualitätszirkel sollten bei der Verbesserung der Qualität insbesondere die Verbesserung von Bürgerzufriedenheit und des Outputs im Blick haben. Bei diesen Unterstützungsmöglichkeiten durch die genannten immateriellen Anreize hat es darüber hinaus eine hohe Anreizwirkung auf die Beschäftigten, deren Kompetenz und das Nutzen dieser Kompetenz deutlich ihnen gegenüber zum Ausdruck zu bringen. Die **Verwaltungskultur** hat in besonders hohem Maß eine Unterstützungsfunktion: Die Verbesserung der Bürgerzufriedenheit und des Outputs kann ohne eine entsprechend ausgerichtete Verwaltungskultur nicht erreicht werden. Wichtige Elemente dieser Kultur sind **Information und Kommunikation**: Deren Verbesserung sollte nicht nur die Beschäftigtensicht, sondern auch die Bürgersicht beinhalten.
Im Rahmen der materiellen Leistungsanreize sollte die Bürger- und Outputorientierung das entscheidende Kriterium bei der Vergabe der **Leistungsstufe** sein: Bei der zuvor sinnvollerweise geschlossenen Zielvereinbarung und der darauf folgenden Leistungsermittlung stellt sie das vorrangige Beurteilungskriterium der dauerhaft herausragenden Leistung dar. Eine vergleichbare Bedeutung sollte dieses Kriterium ebenfalls bei **Personalauswahl- sowie Aufstiegsentscheidungen** haben. Bei der Gewährung von **Leistungszulagen und Leistungsprämien** sollte die Bürger- und Outputorientierung ebenso maßgeblich sein: Bei der zuvor erfolgten Zielvereinbarung sowie bei der Ermittlung der Einzelleistung sollte sie vorrangiges Beurteilungskriterium sein. So kann z. B. eine Einzelleistung finanziell honoriert werden, die in besonderer Weise zur Bürgerzufriedenheit oder zur Verbesserung eines Produktes beigetragen hat. Werden weitere materielle Anreize wie **zinslose/-günstige Darlehn**, die **private Nutzung von dienstlichen Einrichtungen und Gegenständen**, der **kostenlose/-günstige Parkplatz**, **Abonnements für den ÖPNV**, **Sachprämien/Geschenke** sowie **Versicherungen** leistungsbezogen vergeben, sollte auch bei diesen Anreizen die Bürger- und Outputorientierung zu den zentralen Beurteilungskriterien gehören. Die **Ausschüttung des finanziellen Erfolgs** ist für die Beschäftigten insbesondere ein Anreiz, die wirtschaftliche Seite des Outputs zu unterstützen.

11.1.2 Dezentrale Ressourcenverantwortung

11.1.2.1 Anreizpotenzial der dezentralen Ressourcenverantwortung

Das Tragen von Verantwortung im Arbeitsbereich stellt für viele Menschen einen hohen Anreiz dar: Die Möglichkeit, Entscheidungen zu treffen und die eigenverantwortliche und ganzheitliche Bearbeitung von Aufgabenbereichen hat für viele Menschen Arbeitszufriedenheit zur Konsequenz.

Es ist dargestellt worden, dass bereits die Outputorientierung dadurch einen Anreiz darstellt, dass die Verantwortung für ein Produkt übernommen wird. Die dezentrale Ressourcenverantwortung[2321] siedelt darüber hinaus die Verantwortung für die Ressourcen dort an, wo sich auch die Verantwortung für die Produkte der Verwaltung befindet. Durch die Dezentralisierung der Verantwortung im Rahmen der Budgetierung,[2322] der Dezentralisierung der Sach- und Personalmittel, der verwaltungsinternen Leistungsverrechnung[2323] und der dezentralen Personalverantwortung[2324] wird ein größerer Anreiz als bisher geschaffen, eigenverantwortlich mit diesen Ressourcen umzugehen.[2325] Die dezentrale Ressourcenverantwortung enthält ein hohes Anreizpotenzial:[2326] Ihr Anreiz besteht einerseits darin, die Verantwortung zu erweitern und ganzheitlich zu gestalten, indem die Fachverantwortung mit der Ressourcenverantwortung gekoppelt wird. Ein weiterer Anreiz besteht darin, diese Ressourcen wirtschaftlich einzusetzen. Voraussetzung für ein effizientes und effektives Verwaltungshandeln ist ein Haushalts- und Rechnungswesen, das Anreize zu einem solchen Handeln bietet und entsprechende Informationen bereitstellt. Diese Informationen werden nicht von der Geldverbrauchsrechnung der Kameralistik, sondern von der Ressourcenverbrauchsrechnung des kaufmännischen Rechnungswesens geliefert.[2327] Notwendig ist weiterhin eine Nettobudgetierung, die eine flexible Mittelbewirtschaftung ermöglicht.[2328] Als Ergänzung des finanziellen Rechnungswesens liefert die Kosten- und Leistungsrechnung Informationen über die erbrachten Leistungen und die dafür eingesetzten Ressourcen.[2329] Diese Reformen unterstützen die Anreizfunktion der dezentralen Ressourcenverantwortung.

11.1.2.2 Unterstützung der dezentralen Ressourcenverantwortung durch Leistungsanreize

Die dezentrale Ressourcenverantwortung kann darüber hinaus durch weitere immaterielle und materielle Leistungsanreize unterstützt werden.
Die dezentrale Ressourcenverantwortung benötigt einen **interessenbezogenen und fähigkeitsbezogenen** Arbeitseinsatz: Die Beschäftigten sollten sowohl das Interesse als auch die Fähigkeit haben, die Erweiterung ihrer Verantwortung und die Zusammenführung von Fach- und Ressourcenverantwortung zu übernehmen. Erst wenn sich Beschäftigte mit diesen Interessen und Fähigkeiten auf den entsprechenden Stellen mit Verantwortung befinden, kann die dezentrale Ressourcenverantwortung als Anreiz emp-

[2321] Vgl. KGSt-Bericht Nr. 12/1991: Dezentrale Ressourcenverantwortung.
[2322] Vgl. KGSt-Bericht Nr. 9/1997: Steuerung kommunaler Haushalte, S. 23, 70 ff.
[2323] Vgl. KGSt-Bericht Nr. 6/1998: Verwaltungsinterne Leistungsverrechnung, S. 9 f.
[2324] Vgl. KGSt-Bericht Nr. 13/1995: Personalkostenmanagement, S. 12 ff.
[2325] Zu Kooperationserfordernissen, Schnittstellenproblemen und Motivationsdefiziten der dezentralen Ressourcenverantwortung vgl. Göbel, Verwaltungsmanagement unter Veränderungsdruck, 1999, S. 216 ff.
[2326] Vgl. Busse, Leitbild Lernende Verwaltung, in: Personalwirtschaft 1/2000, S. 21 (26); Hill, Jetzt die Beschäftigten „modernisieren", in: Fisch/Hill (Hrsg.), Personalmanagement der Zukunft, 2001, S. 1 (2); Hill, Kompetenzentwicklung in der öffentlichen Verwaltung, 1997, S. 56.
[2327] Vgl. Lüder, Neues öffentliches Haushalts- und Rechnungswesen, 2001, S. 13.
[2328] Vgl. Lüder, Neues öffentliches Haushalts- und Rechnungswesen, 2001, S. 81.
[2329] Vgl. Lüder, Neues öffentliches Haushalts- und Rechnungswesen, 2001, S. 81.

funden werden und ihr Anreizpotenzial entfalten. Die **personen- und verwaltungsbezogene Personalentwicklung** trägt entscheidend dazu bei, dass die Fähigkeiten zur Übernahme der Verantwortung (weiter-)entwickelt werden können. Insbesondere **Fortbildungen** zur Verwaltungsreform, dem neuen öffentlichen Haushalts- und Rechnungswesen, Budgetierung, Personalmanagement etc. tragen zur Erweiterung der Kenntnisse und Fähigkeiten bei. Die dezentrale Ressourcenverantwortung kann und sollte sinnvoll mit der **Karriereplanung** verbunden werden: Karriere in einer reformierten Verwaltung wird nur möglich sein bei der Bereitschaft und Fähigkeit, mehr Verantwortung zu übernehmen und Fach- und Ressourcenverantwortung zu verbinden. **Frauenförderung/Gleichstellungsarbeit** ist zweifach mit der dezentralen Ressourcenverantwortung verknüpft: Einerseits ist darauf zu achten, dass auf Positionen mit erweiterter Verantwortung sich genügend weibliche Beschäftigte befinden. Andererseits sollten bei Verlagerung von Verantwortung in die dezentralen Einheiten die Grundsätze der Frauenförderung/Gleichstellungsarbeit sichergestellt werden. Dies kann z. B. durch zentrale Rahmenrichtlinien geschehen. Die dezentrale Ressourcenverantwortung stellt einerseits eine Form des **Job Enlargements** dar, da Aufgabenbereiche zu den bisherigen hinzukommen. Die dezentrale Ressourcenverantwortung stellt aber vor allem eine besondere Form des **Job Enrichments** dar: Im Vergleich zu den bisherigen Tätigkeiten werden den Aufgabenbereichen höherwertige Tätigkeiten und eine vergrößerte Verantwortung durch die Dezentralisierung der Ressourcenverantwortung hinzugefügt. Die **Job Rotation** kann zu einem effektiven Instrument der Personalentwicklung im Rahmen der dezentralen Ressourcenverantwortung werden: Durch den Wechsel auf verschiedenen Positionen können Kenntnisse sowie Fähigkeiten zur Übernahme erweiteter Verantwortung und Ressourcenverantwortung erlernt und erprobt werden. Auch wenn die dezentrale Ressourcenverantwortung zunächst von einzelnen Personen übernommen werden, stellt deren Basis doch die Produkterstellung dar, die i.d.R. am effektivsten im **Team** geschieht. Teamarbeit ist daher das Fundament der dezentralen Ressourcenverantwortung. Die dezentrale Ressourcenverantwortung wird in den Verwaltungen häufig in Pilotprojekten eingeführt. **Projektarbeit** kann für die Beschäftigten daher in Verbindung mit der dezentralen Ressourcenverantwortung einen hohen Anreiz haben: In Pilotprojekten werden neue Verhaltensweisen erprobt, die Betreffenden können sich als Lernende begreifen, eventuelle negative Konsequenzen aus Fehlverhalten können begrenzt werden. Die dezentrale Ressourcenverantwortung erhält durch die gleichzeitige Dezentralisierung der Personalarbeit größere Freiheiten, Personalangelegenheiten wie die Flexibilität der Arbeitszeit in Form von **flexiblen Arbeitszeiten, Teilzeitarbeit** oder **Telearbeit** im Rahmen allgemeiner Vorgaben selbstständig zu regeln. Verteilung und **Größe von Arbeitsräumen** sowie deren **Gestaltung und Ausstattung** können ebenfalls im Verantwortungsbereich der Verantwortlichen dezentraler Einheiten liegen. Die **mitarbeiter- und zielorientierte Führung** erhält durch die dezentrale Ressourcenverantwortung aus zweierlei Hinsicht einen besonderen Anreiz: Die Führung der Führungskräfte mit dezentraler Verantwortung erfordert bei den nächsthöheren Vorgesetzten eine besondere Führungskompetenz, da in den Mittelpunkt der Führungstätigkeiten Managementaufgaben gerückt sind und die Führungskräfte hierin besonders unterstützt werden sollten. Die mitarbeiter- und zielorientierte Führung der Führungskräfte mit dezentraler Ressourcenverantwortung selber erhält erweiterte Kompetenzen durch die Dezentralisierung der Personalarbeit: Von der Auswahl über die Personalentwicklung bis zum Personalkostenmanagement liegt die volle Verantwortung auch in finanzieller Hinsicht bei der Leitung der Verwaltungseinheit. Die Personalverantwortung kann daher auch nicht in schwierigen Situationen an die Personalämter zurückgegeben werden. So war es bislang relativ leicht möglich, Mitarbeiter/innen mit geminderten Leistungen in das Personalamt oder in einen Personalpool „abzuschieben", damit sie von dort aus in einem anderen Bereich eine andere Verwendung fanden. Im Rahmen der dezentralen Personalverantwortung ist dies kaum noch möglich. Die Führungskräfte sind gezwungen, sich mit den Ursachen der Minderleistungen zu beschäftigten und, im besten Fall gemeinsam mit dem/ Mitarbeiter/in, Maßnahmen zur Verbesserung der Leistung zu entwickeln. Dies ist einerseits ein Anreiz zur Leistungsverbesserung, aber auch in den meisten Fällen zur Motivationssteigerung bei dem/der leistungsgeminderten Mitarbeiter/in. Für Führungskräfte mit dezentraler Ressourcenverantwortung stellt die **Rückmeldung ihrer Vorgesetzten** einen besonderen Anreiz dar: Sie bekommen im Idealfall eine Rückmeldung zu ihren Managementleistungen und -fähigkeiten. Auch für ihre Führung der Mitarbeiter/innen in ihrem Verantwortungsbereich spielt die Rückmeldung eine wichtige Rolle: Durch die volle Personalverantwortung muss zum Erhalt oder zur Verbesserung der Leistungen sowie der Wirtschaftlichkeit der Verwaltungseinheit den Beschäftigten eine Rückmeldung zu ihren Leistungen gegeben werden. Aber auch die **Rückmeldung an die Vorgesetzten** ist bei dezentraler Ressourcenverantwortung besonders wertvoll: Die Führungskräfte erhalten von ihren Mitarbeiter/innen ein Feedback zur Führung ihres Verantwortungsbereichs sowie zu ihren Managementleistungen und –fähigkeiten. Für beide Arten der Rückmeldung, d.h. durch und an die Vorgesetzten bieten sich in besonderer Weise das **Mitarbeitergespräch** an. Da die Personalführung im Rahmen der dezentralen Personalverantwortung einen besonderen Stellenwert erhält, erhält auch das **Mitarbeitergespräch** als zentrales Führungsinstrument eine wichtige Aufwertung. Die dezentrale Ressourcenverantwortung ist in besonderer Weise dazu geeignet, **Mitarbeiter/innen als „Mitunternehmer/innen"** zu betrachten: Durch die Zusammenführung von Fach- und Ressourcenverantwortung und damit die Dezentralisierung der Ressourcenverantwortung werden die einzelnen Verwaltungseinheiten zu kleinen „Unternehmen" im „Konzern Kommune" und die Leitungen der Verwaltungseinheiten zu „Manager/innen" und damit zu „Mitunternehmer/innen" der Verwaltung. Durch die Ausweitung des Verantwortungsbereichs werden die Mitarbeiter/innen in stärkerem Maße als bisher in das Verwaltungsgeschehen und damit auch in die **Verwaltungsreform einbezogen**. Durch **Mitarbeiterbefragungen**, **Vorschlagswesen** und **Qualitätszirkel** können die Beschäftigten gezielt zur Verbesserung der dezentralen Ressourcenverantwortung befragt bzw. um Verbesserungsvorschläge gebeten werden. Die Kultur in der traditionellen Verwaltung war geprägt vom „Zuständigsein" und vom Ressortdenken; die Kultur einer reformierten Verwaltung ist geprägt vom „Verantwortlichsein" und von ganzheitlicher Verantwortung. Erst wenn die **Verwaltungskultur** dieses veränderte Denken unterstützt und honoriert, werden die Betroffenen die erweiterte Verantwortung als Anreiz erleben. Zur Wahrnehmung dieser erweiterten Verantwortung ist **Information** notwendig: Um die dezentrale Ressourcenverantwortung wahrnehmen zu können, sind bspw. Informationen über den Ressourcenverbrauch notwendig, die das neue Haushalts- und Rechnungswesen liefern kann. Weiterhin ist die **Kommunikation** über Verwaltungsleistungen, Ressourcenverbräuche etc. auf allen Verwaltungsebenen notwendig. Bei konsequenter dezentraler Personalverantwortung kann in der Verwaltungseinheit entschieden werden, inwieweit soziale Leistungen wie die **Ausstattung der Sozialräume**, **Freizeitangebote**, **Beratungsangebote**, Angebote der **Gesundheitsförderung**, der **sozialen Personaldienstleistungen** oder der **Betriebskindergarten** den Mitarbeiter/innen als Anreiz angeboten werden. Diese können entweder von der Facheinheit selber angeboten oder von einem externen oder internen Leistungsanbieter (gegen Leistungsverrechnung) eingekauft werden. Auch Positionen mit einer erweiterten Verantwortung sollten den Grundregeln der **anforderungsgerechten Grundbesoldung/Grundvergütung** entsprechen. Die häufig in diesem Zusammenhang erhobene Forderung nach einer Höhergruppierung steht konträr zur gegenwärtigen Finanzkrise. In diesem Zusammenhang ist zu überprüfen, inwieweit die Dezentralisierung der Ressourcenverantwortung tatsächlich eine Höhergruppierung rechtfertigt, oder inwieweit die Verantwortung lediglich an die Stellen zurückgegeben werden, auf denen sie eigentlich zu tragen ist. Werden auf einer Stelle dauerhaft herausragende Leistungen erbracht, kann die **Leistungsstufe** vergeben werden. Ein Kriterium zur Beurteilung sollten Leistungen im Rahmen der dezentralen Ressourcenverantwortung sein. Die Kriterien für **transparente leistungs- und fähigkeitsbezogene Personalauswahlentscheidungen** ändern sich dahingehend, dass Leistungen und Fähigkeiten hinsichtlich der dezentralen Ressourcenverantwortung ein Kriterium zur Beurteilung der Bewerber/innen sind. Ebenso sollten die Bereitschaft und Fähigkeit zur Übernahme von dezentraler Fach- und Ressourcenverantwortung ein Kriterium für den **beruflichen Aufstieg** sein. Werden im Rahmen der dezentralen Ressourcenverantwortung herausragende Einzelleistungen erbracht, können diese durch **Leistungszulagen und Leistungsprämien** oder leistungsbezogene **Sachprämien/Geschenke** honoriert werden. Eine Verwaltung kann, zumindest für einen bestimmten Zeitraum, den Schwerpunkt ihrer Honorierungen auf Leistungen im Bereich der dezentralen Ressourcenverantwortung legen, um bewusst einen Anreiz zu schaffen, die erweiterte Verantwortung zu übernehmen. Insbesondere von **Leistungszulagen und Leistungsprämien**, die aus erwirtschafteten Beträgen finanziert werden, ist eine hohe Anreizwirkung zu erwarten, da Belohnung und Belohnungsgrund in einem unmittelbaren inhaltlichen Zusammenhang stehen. Vergleichbares gilt für die **Ausschüttung des finanziellen Erfolgs**: Resultiert der finanzielle Erfolg aus einer einem wirtschaftlichen Ressourceneinsatz und wird er anteilig an die Beschäftigten ausgeschüttet, ist zu vermuten, dass diese Honorierung zu weiterem wirtschaftlichen Handeln anspornt. **Institutionell bezogene und personenbezogene Leistungsanreize** können in diesem Zusammenhang miteinander verbunden werden: Wenn

bspw. ein Fachbereich im Rahmen der Budgetierung unter Erhalt seiner Leistungen durch Einsparungen und Vermeidung von Mehrausgaben seine Wirtschaftlichkeit steigern kann, kann der erwirtschaftete Betrag am Ende des Jahres zu einem Teil in den Gesamthaushalt fließen, zu einem anderen Teil in den Fachbereich zurück (institutionell bezogene Leistungsanreize) und wird zu einem weiteren Teil als Leistungsprämien an die Beschäftigten des Fachbereichs vergeben (personenbezogene Leistungsanreize).[2330]
Eine **Aktienbeteiligung** könnte ähnliche Anreizeffekte auf wirtschaftliches Handeln zumindest für die Beschäftigten der entsprechenden Aktiengesellschaft haben.
Die Dezentralisierung beinhaltet allerdings auch Gefahren vor allem hinsichtlich materieller Leistungsanreize: Es kann in den verschiedenen Facheinheiten zu einem „Wildwuchs unterschiedlichster Leistungsvergütungsregelungen“[2331] kommen. Der Gefahr der Ungleichbehandlung kann durch für die Gesamtverwaltung geltende Rahmenregelungen begegnet werden.[2332]

11.1.3 Kontraktmanagement

11.1.3.1 Anreizpotenzial des Kontraktmanagements

Das eigenverantwortliche Handeln soll durch Zielvereinbarungen im Rahmen des Kontraktmanagements[2333] gestärkt werden. Ein wichtiger Motivationsfaktor besteht allein darin, dass den Beschäftigten auf allen Verwaltungsebenen die Ziele deutlich werden, die für ihren Arbeitsbereich wichtig sind und dass sie sich an diesen Zielen orientieren können. Motivierend kann weiterhin sein, dass die Ziele des eigenen Aufgabenbereichs im Zielsystem der Gesamtverwaltung erkennbar werden. Zielvereinbarungen sind hilfreich, die Mitarbeiter/innen den Sinn des eigenen Handelns und seine Einordnung in das gesamte Verwaltungssystem erkennen zu lassen.[2334] Wenngleich die Ziele der eigenen Tätigkeiten aus dem Zielsystem der Gesamtverwaltung abgeleitet werden, so kann doch ein weiterer Anreiz darin bestehen, dass durch den Charakter der Vereinbarung zumindest bestimmte Gestaltungsräume auch durch die Beschäftigten beeinflussbar sind. Dies gilt insbesondere für die Wege, wie die Ziele erreicht werden können.

[2330] Ein Beispiel ist das Anreizmodell der Stadt Kevelaer: Im Rahmen der Budgetierung von Schulen, Jugendheim, Frei- und Hallenbad werden die „Budgetierer/innen“, d. h. Hausmeister, Schwimmmeister und Jugendheimleiterin, an Einsparungen, die durch Eigeninitiative entstanden sind (z. B. Übernahme von Arbeiten des Bauhofes oder der Gärtnerei als eigene Arbeitsleistung) mit 50 % beteiligt. Bei Einsparungen der übrigen Kosten (z. B. Heizung, Beleuchtung) erfolgt eine Beteiligung mit 25 % der eingesparten Mittel. Zur Steigerung der Besucherzahlen des Hallenbades werden die Schwimmmeister am Eintrittsgeld pro Besucher/in nach einer Staffelung beteiligt, wenn die Besucherzahl von 30.000 pro Jahr überschritten wird; vgl. KAV NW (Hrsg.), Übersicht: beim KAV NW angemeldete „Pilotprojekte“ Leistungsanreizsysteme in der Verwaltung, Stand: 10. April 2000, S. 5.

[2331] Tondorf, Leistung und Entgelt im öffentlichen Dienst, 1997, S. 203.

[2332] Vgl. Tondorf, Leistung und Entgelt im öffentlichen Dienst, 1997, S. 203; ferner KGSt-Bericht Nr. 4/2000: Rahmenregeln bei dezentraler Ressourcen- und Ergebnisverantwortung.

[2333] Vgl. KGSt-Bericht Nr. 4/1998: Kontraktmanagement.

[2334] Vgl. Hill, Kompetenzentwicklung in der öffentlichen Verwaltung, 1997, S. 56.

Dieser Eigenverantwortlichkeit setzen Berichtswesen und Controlling einerseits Grenzen, indem Rechenschaft über die eigene Tätigkeit und deren Ergebnisse gegeben werden muss. Sie bilden andererseits jedoch den Anreiz, das eigene Handeln in das Verwaltungshandeln des Fachbereiches/Amtes und der Gesamtverwaltung einzubinden.

11.1.3.2 Unterstützung des Kontraktmanagements durch Leistungsanreize

Internationale Studien lassen verschiedene Anreize und Sanktionen im Zusammenhang mit dem Kontraktmanagement erkennen. Die Politik oder übergeordnete Stellen haben z. B. die Macht, eine Einrichtung aufzulösen, zu reorganisieren oder die Führung abzulösen, wenn die Einrichtung die vereinbarten Ziele nicht erreicht hat. Reputation und Anerkennung stellen Möglichkeiten dar, die Leistung der/des Einzelnen mit der der Organisation zu erhöhen.[2335]
Die nachfolgend dargestellten einzelnen Leistungsanreize können das Kontraktmanagement unterstützen.
Der **interessen- und fähigkeitsbezogene Arbeitseinsatz** sollte das grundsätzliche Interesse und die Fähigkeit oder zumindest die Bereitschaft der Beschäftigten beinhalten, ihre Tätigkeiten zielorientiert und im Rahmen des Kontraktmanagements zu gestalten. Die **personen- und verwaltungsbezogene Personalentwicklung**, insbesondere die **Fortbildung**, sollte die Entwicklung dieser Fähigkeiten unterstützen und fördern. Bei der **Karriereplanung** sollte bedacht werden, dass ein Aufstieg die zunehmende Fähigkeit bedeutet, sich sowohl zielorientiert führen zu lassen als auch als Führungskraft selber zu führen. Auch im Rahmen von **Parallelkarrieren** sollte beachtet werden, dass nicht nur die Führungskräfte in den Führungslaufbahnen, sondern auch die Experten in den Fachlaufbahnen sowie im Projektmanagement ihre Tätigkeit in das Kontraktmanagement der Gesamtverwaltung einbinden und Zielvereinbarungen in ihrem Aufgabenfeld treffen. Der Anreiz der **Frauenförderung/Gleichstellungsarbeit** kann sich im Rahmen des Kontraktmanagements darin zeigen, dass gezielt zur Frauenförderung und zur Gleichstellungsarbeit Zielvereinbarungen mit den Verantwortlichen getroffen werden (z. B. zur Anzahl der weiblichen Führungskräfte in Führungspositionen). Sowie **Job Enlargement** und **Job Enrichment** eine Ausweitung der Verantwortung in horizontaler als auch vertikaler Ebene bedeuten, wird diese Ausweitung durch Zielvereinbarungen und das Kontraktmanagement geleitet und gesteuert. Durch **Job Rotation** kann das Vereinbaren von Zielen in verschiedenen Aufgabenbereichen gelernt werden. Für die Arbeit und Leitung von **Teams** ist es wichtig, dass sie in das Kontraktmanagement der Gesamtverwaltung eingebunden werden. Da insbesondere Teams einen hohen Grad an Selbstständigkeit aufweisen, ist die Zielvereinbarung mit Teams von besonderer Wichtigkeit. Vergleichbares gilt für die Arbeit von **Projektgruppen**: Sie sollte durch Zielver-

---

[2335] Vgl. Plamper, Kontraktmanagement, in: VM 4/2000, S. 234 (238).

einbarungen gesteuert und in das Gesamtzielsystem der Verwaltung eingebunden werden.

Fundament des Kontraktmanagements ist die **mitarbeiter- und zielorientierte Führung**: Sie steuert die Tätigkeit der Beschäftigten im Sinne der Verwaltungsziele und bindet sie in das Gesamtzielsystem der Verwaltung ein. Gleichzeitig werden dabei die Mitarbeiterinteressen nicht außer Acht gelassen. Die Zielüberprüfung im Rahmen von Kontraktmanagement, Berichtswesen und Controlling stellt eine institutionalisierte Form der **Rückmeldung der Vorgesetzten** hinsichtlich der Leistung der Beschäftigten sowie von Teams und Organisationseinheiten dar. Das **Mitarbeitergespräch** stellt ein besonders geeignetes Instrument dar, das Kontraktmanagement auf der Ebene der Beschäftigten zu realisieren: In dem Zielvereinbarungsgespräch des Mitarbeitergesprächs vereinbaren Vorgesetzte/r und Mitarbeiter/in die zentralen Ziele der Tätigkeit des/der Mitarbeiters/in. Die Aufgabe der/des Vorgesetzten besteht in diesem Zusammenhang in der Berücksichtigung der Gesamtziele der Verwaltung und der Einbindung in das Kontraktmanagement auf den verschiedenen Verwaltungsebenen. Durch das konsequente Weiterführen des Kontraktmanagements werden die Mitarbeiter/innen dauerhaft in die **Verwaltungsreform** und in das Verwaltungsgeschehen **eingebunden** durch die Integration ihrer Tätigkeitsziele in den Gesamtzusammenhang der Verwaltung. Das zielorientierte Handeln und Führen einer Verwaltung sollten in ihrem **mitarbeiterorientierten Leitbild** als Leitidee festgehalten werden. In **Mitarbeiterbefragungen** kann die Zufriedenheit der Beschäftigten mit dem derzeit praktizierten Kontraktmanagement erfragt werden. In Mitarbeiterbefragungen können ebenso wie durch das **Vorschlagswesen** und durch **Qualitätszirkel** Vorschläge zur Verbesserung des Kontraktmanagements gemacht werden. Die **Verwaltungskultur** sollte das Kontraktmanagement unterstützen: Zielvereinbarungen auf allen Verwaltungsebenen sollten zur Selbstverständlichkeit werden, Zielvereinbarungen zum zentralen Bestandteil der Führung. Das Kontraktmanagement ist das maßgebliche Instrumentarium für die **Information und Kommunikation** in einer Verwaltung: Durch Zielvereinbarungen werden die Verwaltungsziele von den verschiedenen Verwaltungsebenen bis auf die Ebene der Mitarbeiter/innen kommuniziert; im Gegenstromverfahren werden die Ziele der Basistätigkeiten bis zur Leitungsebene weitergetragen. Im Rahmen des Berichtswesens und Controllings werden Informationen über die Zielerreichungen transportiert. Bei der Stellenbewertung zur Ermittlung der **Anforderungen für die Grundbesoldung/Grundvergütung** sollte die Anforderung hinsichtlich des Führens durch Zielvereinbarungen berücksichtigt werden. Zeigt sich im Rahmen von Zielvereinbarungen, die für die normale Tätigkeit einer Stelle geschlossen wurden, bei der Zielüberprüfung eine dauerhafte Leistung, die die Zielerreichung bei weitem übertrifft, kann die **Leistungsstufe** vergeben werden. Als ein Kriterium bei **leistungs- und fähigkeitsbezogenen Auswahlentscheidungen** sowie bei dem **beruflichen Aufstieg** wie z. B. Beförderungen sollten die Fähigkeiten zum zielorientierten Führen, zum Vereinbaren von Zielen wie zur Zielüberprüfung gelten.

Einzelne materielle leistungsorientierte Leistungsanreize wie **Leistungszulagen und Leistungsprämien**, **Sachprämien/Geschenke**, die **Ausschüttung des finanziellen**

Erfolgs an die Beschäftigten oder eine mögliche **Aktienbeteiligung** können insbesondere bei Zielerreichung oder Zielüberschreitung als Belohnung eingesetzt werden. So kann z. B. im Rahmen des Kontraktmanagements bei Zielerreichung/-überschreitung bei gleichzeitiger Einhaltung des Budgets eine Prämie für alle oder differenziert für bestimmte Beschäftigte der Verwaltungseinheit vereinbart werden. Oder diese Prämie wird für die Beschäftigten vereinbart, wenn das Leistungsziel erreicht, das Budget aber um x % nicht ausgeschöpft wurde.

11.1.4 Wettbewerb

11.1.4.1 Anreizpotenzial des Wettbewerbs

Durch den Wettbewerb[2336] soll ein Anreiz geschaffen werden, qualitativ und quantitativ gute Produkte zu erstellen mit möglichst geringem Ressourcenverbrauch. Dies gilt entweder für den echten Wettbewerb bei Produkten, die auch auf dem Markt erhältlich sind, oder für den Als-ob-Wettbewerb bei Produkten, die nur in Kommunalverwaltungen erstellt werden. Bei letzteren entsteht der Wettbewerb über Kennzahlen im interkommunalen Vergleich. Der Wettbewerb selber stellt einen Leistungsanreiz dar: „Der Wettbewerb mit anderen Verwaltungen sowie die Kundenorientierung spornen zur Leistungssteigerung und Qualitätsverbesserung an."[2337] So wird die Gesamtverwaltung angeregt, sich dem Vergleich mit dem Markt oder anderen Verwaltungen zu stellen. Ebenso können sich einzelne Verwaltungseinheiten mit vergleichbaren Einheiten anderer Verwaltungen vergleichen (z. B. die Fachbereiche „Jugend" verschiedener Kommunalverwaltungen). Aber auch die Verwaltungseinheiten innerhalb einer einzelnen Verwaltung stehen zumindest in vergleichbaren Kriterien im Wettbewerb. Teams innerhalb einer Verwaltung oder einer Verwaltungseinheit können ebenfalls im Wettbewerb stehen. Die Vergleichbarkeit ist insbesondere zwischen denjenigen Teams gewährleistet, die das gleiche Produkt erstellen.

11.1.4.2 Unterstützung des Wettbewerbs durch Leistungsanreize

Der Wettbewerb kann durch weitere immaterielle und materielle Leistungsanreize wirksam unterstützt werden.
Da die Tätigkeiten und damit auch die Arbeitsplätze in der öffentlichen Verwaltung zunehmend unter Wettbewerbsdruck stehen, sollte bei den Beschäftigten auf allen Arbeitsplätzen das Interesse am sowie die Fähigkeit zum Wettbewerb vorhanden sein bzw. gefördert werden. Insbesondere auf Arbeitsplätzen mit Tätigkeiten, die unmittelbar dem Wettbewerb ausgesetzt sind, sollte im Rahmen des **interessenbezogenen** sowie

[2336] Vgl. KGSt-Bericht Nr. 8/1996: Kommune und Wettbewerb.
[2337] Hill, Kompetenzentwicklung in der öffentlichen Verwaltung, 1997, S. 56.

des **fähigkeitsbezogenen Arbeitseinsatzes** das Interesse am sowie die Fähigkeit zum Wettbewerb einen hohen Stellenwert einnehmen. Die **personen- und verwaltungsbezogene Personalentwicklung** sollte die Förderung der Wettbewerbsfähigkeiten zu eines ihrer strategischen Ziele erklären und in Personalentwicklungsmaßnahmen realisieren. Dazu gehören z. B. **Fortbildungen**, die über den Wettbewerb, seine Prinzipien und Strukturen informieren, sowie Fortbildungen und Trainings, die Wettbewerbsfähigkeiten wie z. B. die Durchführung von Marktanalysen vermitteln und fördern. Bei der **Karriereplanung** sollte der Wettbewerb ebenfalls einen zentralen Stellenwert einnehmen: Der Aufstieg in höhere Positionen und die Karriere in einer Verwaltung benötigen ein Denken und Handeln in Wettbewerbskategorien; dieses Denken und Handeln muss durch gezielte Personalentwicklungsmaßnahmen gefördert werden. Der Wettbewerb kann in allen Laufbahnen im Rahmen von **Parallelkarrieren**, d. h. sowohl in der Führungslaufbahn, in der Fachlaufbahn als auch im Projektmanagement, relevant werden, da Verwaltungstätigkeiten aller Art zur Produkterstellung und damit zum Wettbewerb beitragen. **Frauenförderung und Gleichstellungsarbeit** kann von einer Verwaltung bewusst unter Wettbewerbsgedanken gestellt werden: Über Kennzahlen und Indikatoren kann der Grad der Frauenförderung gemessen und zwischen den Verwaltungen verglichen werden (z. B. Anzahl der weiblichen Führungskräfte in den verschiedenen Hierarchieebenen). Das **Job Enlargement** sowie das **Job Enrichment** kann bewusst so gestaltet werden, das eine Stelle zunehmend um Tätigkeiten im Wettbewerb angereichert wird, die einen Anreiz darstellen, Produkte mit optimaler Qualität und Quantität mit geringem Ressourcenverbrauch zu erstellen. Durch **Job Rotation**, der bewusst einen Wechsel auf Stellen beinhaltet, die intensives Denken und Handeln im Wettbewerb benötigen, können entsprechende Fähigkeiten geschult und trainiert werden. **Teamarbeit** und **Projektarbeit** bieten sich besonders an, den Wettbewerbsgedanken zu stärken: Insbesondere Teams und Projektgruppen, die vergleichbare Produkte erstellen, können in ihren Ergebnissen untereinander verglichen werden. In diesem Zusammenhang kann der Anreiz des Wettbewerbs nicht nur mit Teamarbeit und Projektarbeit verbunden werden, sondern es kann eine Verknüpfungen mit weiteren Leistungsanreizen stattfinden: So kann z. B. mehreren Teams, die das gleiche Produkt unter gleichen Rahmenbedingungen erstellen, eine **Leistungszulage**, **Leistungsprämie**, leistungsorientierte **Sachprämien/Geschenke** oder die **Ausschüttung des finanziellen Erfolgs** für das Team in Aussicht gestellt, das das bessere Produkt oder das Produkt mit dem geringsten Ressourcenverbrauch erstellt. Führungskräfte als „Verwaltungsmanager/innen" stehen mit den Produkten ihres Fachbereichs unter dem Druck des Wettbewerbs. Eine der Aufgaben der **mitarbeiter- und zielorientierten Führung** ist einerseits die Stärkung des Wettbewerbsgedankens durch die Ermutigung und Anleitung der Mitarbeiter/innen, sich dem Wettbewerb bewusst zu stellen, andererseits durch die Erweiterung von Fähigkeiten durch Hilfestellungen und Unterstützungen durch die Führungskräfte sowie entsprechende Personalentwicklungsmaßnahmen. Vorgesetzte können **ihren Mitarbeiter/innen** gezielt **Rückmeldungen** zu deren Wettbewerbsverhalten geben. Aber auch Beschäftigten sollte die Möglichkeit eingeräumt werden, **ihren Vorgesetzten Rückmel-**

dungen zu deren Verhalten im Wettbewerb sowie zu der Unterstützung zu geben, die sie selber durch ihre Vorgesetzten im Wettbewerb erhalten. Ein effektives Instrument für diese Formen der Rückmeldung stellt das **Mitarbeitergespräch** dar. Das Konzept **„Mitarbeiter/innen als Mitunternehmer/innen"** stärkt in besonderer Weise den Wettbewerbsgedanken: Verstehen sich die Beschäftigten als Mitunternehmer/innen, verstehen sie die Gesamtverwaltung als den „Konzern Kommune", der sich am Markt gegenüber der Konkurrenz behaupten muss. Ebenso verstehen sie aber auch ihre Verwaltungseinheit als ein eigenes kleines Unternehmen, das mit anderen Einheiten im Wettbewerb steht. Die **Mitarbeiterbeteiligung in der Verwaltungsreform** sowie die **mitarbeiterorientierte Leitbildentwicklung** können unter Wettbewerbsgesichtspunkten betrachtet werden: Qualität und Qualität der Mitarbeiterbeteiligung und ihrer verschiedenen Formen können zwischen den verschiedenen Verwaltungen verglichen werden. Ebenso sollte der Wettbewerbsgedanke im Rahmen dieser Beteiligungsformen thematisiert werden: Es sollten Vorschläge der Beschäftigten gesammelt werden, wie sich die Verwaltung und ihre Organisationseinheiten am effektivsten dem Wettbewerb stellen kann. **Mitarbeiterbefragungen**, das **Vorschlagswesen** und **Qualitätszirkel** bieten dafür hilfreiche Instrumentarien: Die Mitarbeiter/innen können nach Verbesserungen des Wettbewerbs befragt sowie ermutigt werden, Vorschläge zur Verbesserung des Wettbewerbs zu machen. Auch diese Vorschläge können wiederum unter den Wettbewerbsgedanken gestellt werden: Die besten Vorschläge zur Verbesserung des Wettbewerbs können **immateriell** oder **materiell** honoriert werden. Mitarbeiterbefragungen liefern darüber hinaus Kennzahlen und Indikatoren zum Vergleich zwischen einzelnen Verwaltungen und Verwaltungseinheiten insbesondere im Bereich des Personalmanagements (z. B. Quote der Mitarbeiterzufriedenheit). Die Stärkung des Wettbewerbs benötigt eine Arbeitsatmosphäre, die wettbewerbsfreundlich ist: Die **Verwaltungskultur** sollte darauf ausgerichtet sein, Wettbewerbsverhalten zu unterstützen. **Informationen** zu den Grundsätzen des Wettbewerbs, zur Marktsituation etc. sowie die **Kommunikation** zwischen den Verwaltungseinheiten und einzelnen Verwaltungen (z. B. im Rahmen von Vergleichringen[2338]) tragen entscheidend zu einer wettbewerbsfreundlichen Verwaltungskultur bei. Auch hinsichtlich ihrer sozialen Leistungen für die Mitarbeiter/innen (auch wenn diese nicht unmittelbar an dem Endprodukt anknüpfen) können die einzelnen Verwaltungen in den Wettbewerb treten: Qualität und Quantität der **Ausstattung der Sozialräume**, der **Freizeit- und Beratungsangebote**, der **Gesundheitsförderung**, der **Sozialen Personaldienstleistungen** und eines möglichen **Betriebskindergartens** können zwischen den einzelnen Verwaltungen verglichen werden. Da die Zufriedenheit der Beschäftigten mit der **anforderungsgerechten Grundbesoldung/Grundvergütung** (ermittelt z. B. durch Mitarbeiterbefragungen) einen hohen Stellenwert hat, kann sie durch Vergleiche zwischen den einzelnen Verwaltungen oder Verwaltungseinheiten unter Wettbewerb gestellt werden. Bei dauerhaft herausragenden Leistungen, die auch Leistungen im Rahmen des Wettbewerbs betreffen oder die im Wettbewerb z. B. über

---

[2338] Solche Vergleichringe sind im Rahmen des IKO-Netzes der KGSt aufgebaut worden, vgl. KGSt-IKO-Netz, Ziele finden, Zahlen kennen, Handeln können, 1997.

Kennzahlen als herausragende Leistung erkannt werden, kann die **Leistungsstufe** vergeben werden. Bei **transparenten leistungs- und fähigkeitsbezogenen Auswahlentscheidungen** sollte die Bereitschaft und Fähigkeit zu wettbewerbsorientiertem Denken und Handeln ein Auswahlkriterium darstellen. Vergleichbares gilt für den **beruflichen Aufstieg** innerhalb der Verwaltung, der die Wettbewerbsorientierung als ein Aufstiegskriterium enthalten sollte. Leistungsorientierte materielle Leistungsanreize wie **Leistungszulagen und Leistungsprämien**, leistungsorientierte **Sachprämien/Geschenke** oder die leistungsorientierte **Ausschüttung des finanziellen Erfolgs** fördern den Wettbewerb zwischen den einzelnen Beschäftigten, indem sie besondere Einzelleistungen honorieren. Dabei verspricht insbesondere die Gewährung dieser **materiellen Anreize an Teams** eine hohe Anreizwirkung: Es wird nicht nur der Wettbewerb gefördert, sondern gleichzeitig auch der Teamgeist und die Zusammenarbeit zwischen den einzelnen Beschäftigten. Finanzielle Zuwendungen wie **monetäre Sozialleistungen** und **zinslose/-günstige Darlehn** und Sachzuwendungen wie die **private Nutzung von dienstlichen Einrichtungen und Gegenständen, kostenlose/-günstige Parkplätze, Abonnements für den ÖPNV** oder **Versicherungen** können im Rahmen des Wettbewerbs zwischen den einzelnen Verwaltungen insbesondere die Attraktivität für das zukünftige Personal als Eintritts- und Bleibeanreize stärken. Die Beteiligung am Erfolg der Verwaltung in der Form der **Ausschüttung des finanziellen Erfolgs** an die Beschäftigten sowie die **Aktienbeteiligung** übertragen Wettbewerbselemente aus der Privatwirtschaft auf die öffentliche Verwaltung: Durch diese Anreize sollen die Beschäftigten motiviert werden, wirtschaftlich zu handeln und die Produkte mit möglichst geringem Ressourceneinsatz zu erstellen.

11.2 Widerstände der Beschäftigten und Möglichkeiten ihrer Überwindung

Die Situation hinsichtlich der Motivations- und Anreizwirkung des Neuen Steuerungsmodells ist in der Einschätzung und aus Sicht der Beschäftigten sehr zwiespältig. Häufig entstehen bei den Beschäftigten Widerstände gegen die Verwaltungsreform und ihre Instrumente. Inzwischen liegen weitergehende Erfahrungen aus Verwaltungen vor, welche konkrete Form Widerstände der Beschäftigten haben und wie man mit ihnen konstruktiv umgehen kann.[2339] Es ist sinnvoll, Widerstände ernst zu nehmen und sie auf ihre (legitimen) Gründe hin zu überprüfen. Eine weitere wichtige Maßnahme des Umgangs mit Widerständen ist die Verdeutlichung der Zielsetzung, die mit Veränderungsprozessen verbunden ist,[2340] und das Verständnis der Modernisierung als ein „normales

---

[2339] Vgl. Fisch, Widerstände gegen Veränderungen in Behörden – sozialpsychologische Perspektiven, in: König (Hrsg.), Verwaltung und Verwaltungsforschung, 2000, S. 117 (159); ferner Stratemann/Wottawa, Bürger als Kunden, 1995, S. 99 ff.

[2340] Vgl. Fisch, Widerstände gegen Veränderungen in Behörden – sozialpsychologische Perspektiven, in: König (Hrsg.), Verwaltung und Verwaltungsforschung, 2000, S. 117 (160).

Geschehen..., dem unvoreingenommen, ohne Verwirrung der Sinne, in einem natürlichen (Lern-)Prozess begegnet werden kann."[2341]
Die Widerstände der Beschäftigten und die Möglichkeiten ihrer Überwindung setzen an den einzelnen Elementen des Neuen Steuerungsmodells an.
Wenngleich die **Output- und Bürgerorientierung** einen Anreiz darstellt, die Verwaltungstätigkeit von der Binnensicht aus der Sicht der Bürger/innen zu betrachten, fällt dies vielen Beschäftigten schwer, da das bisherige Verwaltungsdenken und -handeln rein binnen- und inputorientiert war. Werden nun ihre Leistungen nach Outputkriterien beurteilt, setzt dies ein grundlegendes Umdenken voraus. Zur Überwindung dieser Widerstände ist insbesondere Überzeugungsarbeit durch die Vorgesetzten notwendig, die durch die dargestellten immateriellen und materiellen Leistungsanreize unterstützt werden kann. Auch die Aufnahme von Output- und bürgerorientierten Kriterien bei der Beurteilung von Leistungen im Rahmen von Personalbeurteilungen, Überprüfung von Zielerreichungen im Rahmen von Mitarbeitergesprächen oder Leistungsermittlungen kann dieses Umdenken unterstützen.
Das Element, das bei den Beschäftigten besonderen Widerstand bewirkt, ist die Erweiterung der Eigenverantwortung im Rahmen der **dezentralen Ressourcenverantwortung**. Einerseits zeigen Mitarbeiterbefragungen, dass eigenverantwortliche Tätigkeiten und mehr Verantwortlichkeit gewünscht werden.[2342] Andererseits sind zunehmend Widerstände und Ängste zu erkennen hinsichtlich dieser teilweise neuen, größeren und oftmals nicht gewohnten Verantwortung.[2343] Die Verwaltungsmodernisierung wird häufig als Bedrohung oder Zwang aufgefasst.[2344] Die tieferliegenden Gründe sind einerseits kultureller Art, d.h. die Übernahme von größerer Verantwortung ist in der Vergangenheit nicht belohnt worden, sondern eher sanktioniert worden. Andererseits verhinderte die bisherige streng hierarchische Linienorganisation die Übernahme von Eigenverantwortung. Die Widerstände der Beschäftigten können wiederum durch Überzeugungsarbeit, aber auch durch die Veränderung der Strukturen im Rahmen der Verwaltungsmodernisierung, insbesondere in Form der dezentralen Ressourcenverantwortung sowie von Teamarbeit, überwunden werden. Das Beurteilungskriterium der Eigenverantwortlichkeit sollte auch hier bei Personalbeurteilungen, der Überprüfung von Zielerreichungen im Rahmen von Mitarbeitergesprächen oder Leistungsermittlungen einen zentralen Stellenwert einnehmen.
Widerstände hinsichtlich Zielvereinbarungen und des **Kontraktmanagements** sind ebenfalls unter den Beschäftigten der öffentlichen Verwaltung zu finden. Die Mitarbeiter/innen schwanken häufig zwischen der Lust an der Leistung und der Befürchtung, dass Leistungen und damit auch Minderleistungen bei Zielerreichungsüberprüfungen of-

---

[2341] Hill, Modernisieren im Mind Age, in: Fisch/Hill (Hrsg.), Personalmanagement der Zukunft, 2001, S. 5 (13).
[2342] Vgl. Kap. 8.1.
[2343] Vgl. Fisch, Widerstände gegen Veränderungen in Behörden – sozialpsychologische Perspektiven, in: König (Hrsg.), Verwaltung und Verwaltungsforschung, 2000, S. 117-166.
[2344] Vgl. Hill, Modernisieren im Mind Age, in: Fisch/Hill (Hrsg.), Personalmanagement der Zukunft, 2001, S. 5 (13).

fengelegt werden. Viele Mitarbeiter/innen scheuen sich, sich verbindlich im Rahmen von messbaren Zielvereinbarungen festzulegen. Als Argument wird häufig die Nichtmessbarkeit von Verwaltungsleistungen genannt. Auch hier ist es eine Führungsaufgabe, zu verdeutlichen, dass Verwaltungsleistungen häufig weniger messbar sind als Leistungen der Privatwirtschaft, da in erster Linie nicht die monetäre Messbarkeit, sondern die Messbarkeit hinsichtlich der Wirkungen für die Bürger/innen im Vordergrund steht. Dennoch sind in vielen Verwaltungsbereichen Zielvereinbarungen und das Kontraktmanagement notwendig, um die Verwaltungsleistungen wirkungsvoll steuern zu können. Die aufgezeigten immateriellen und materiellen Leistungsanreize können ein Umdenken bei den Beschäftigten unterstützen.
Auch die Verstärkung des **Wettbewerbs** löst bei vielen Beschäftigten kein ungeteilt positives Echo aus: Es werden eine Verstärkung des Leistungsdrucks und eine größere Leistungsdichte befürchtet sowie eine Verstärkung des Einzelkämpfertums. Hier ist einerseits die überzeugende Darstellung notwendig, dass sich bereits jede Verwaltung im Wettbewerb befindet und dass es zum wettbewerbsorientierten Verwaltungshandeln keine Alternativen gibt. Der Wettbewerb kann jedoch durch die aufgezeigten immateriellen und materiellen Leistungsanreize ein größeres und positives Anreizpotenzial für die Beschäftigten erhalten. Zudem ist es ratsam, dass jede Verwaltung sich bemüht, mögliche negative Folgen des Wettbewerbs in Grenzen zu halten. Durch verstärkte Wahrnehmung von Personalführung kann einer Überforderung entgegengewirkt werden. Durch verstärkten Einsatz von Team- und Projektarbeit und deren Honorierung kann dem Einzelkämpfertum Gemeinschaftssinn und Zusammenarbeit entgegengesetzt werden.

Grundsätzlich stellt sich die Frage, ob das Anreizpotenzial des Neuen Steuerungsmodells nur unzureichend wirken kann auf Grund falsch gesetzter Anreizwirkungen in diesem Modell oder ob diese Widerstände nicht häufig durch Fehler bei der Umsetzung des Neuen Steuerungsmodells in der Praxis oder auch durch Führungsschwächen entstanden sind.
Anreizsysteme müssen den gewandelten Anforderungen durch die Verwaltungsmodernisierung Rechnung tragen.[2345] Immaterielle und materielle Leistungsanreize können dazu beitragen, dass das Anreizpotenzial des Neuen Steuerungsmodells sich bei den Beschäftigten entfalten kann.

11.3 Reformpotenzial von Leistungsanreizen

Leistungsanreize haben ein hohes Reformpotenzial. Dies gilt in besonderem Maß für immaterielle Leistungsanreize: „Die Verwaltungsmodernisierung eröffnet sich hier ein

[2345] Vgl. Hill, Jetzt die Beschäftigten „modernisieren“, in: Fisch/Hill (Hrsg.), Personalmanagement der Zukunft, 2001, S. 1 (2).

Betätigungsfeld, das bisher noch kaum erschlossen ist."[2346] Damit Leistungsanreize die Verwaltungsmodernisierung unterstützen können und das ihnen innewohnende Reformpotenzial genutzt werden kann, müssen bestimmte Voraussetzungen beachtet werden:[2347]

- o **organisatorische Einbettung in den Modernisierungsprozess**
  Leistungsanreize müssen konzeptionell und organisch in den Reformprozess eingebunden werden. Die oben aufgeführten einzelnen Elemente der Verwaltungsreform müssen selbst als Anreize begriffen und praktiziert werden, andererseits müssen immaterielle und materielle Leistungsanreize diese unterstützen. Die Schaffung grundsätzlicher attraktiver und motivierender Arbeitsbedingungen erhöht auch die Wirksamkeit von Leistungsanreizen.
- o **reformorientierte Bezugsgrößen**
  Leistungsanreize, insbesondere belohnende, müssen nach Kriterien vergeben werden, die sich an Bezugsgrößen der Modernisierung orientieren. Dazu gehören z. B.:
  - Leistungsqualität, die definiert wird z. B. über Qualitätsmerkmale der Dienstleistungen/Produkte, Bürger-/Kundenorientierung und -freundlichkeit sowie über Qualitätsmerkmale des gesamten Bearbeitungsprozesses,
  - Kooperation und Koordination, z. B. Bereitschaft und Fähigkeit zu Kooperation, Denken in organisatorischen Zusammenhängen, Weitergabe von Berufserfahrungen, Einarbeitung neuer Arbeitskräfte, Teamfähigkeit und Teamverhalten,
  - kostenbewusstes Arbeiten, z. B. Verbrauch und Behandlung von Arbeitsmitteln aller Art, Abfallvermeidung, schonende Energieverwendung, Vorschläge für Änderungen, die zu Verbesserungen und Kostenreduzierungen führen,
  - vielseitiger Arbeitseinsatz, z. B. die Bereitschaft und Fähigkeit zum flexiblen Arbeitseinsatz innerhalb eines Teams, einer Abteilung oder eines Bereichs sowie eine weiterreichende Bereitschaft zu räumlicher Mobilität wie der Einsatz in anderen Dienststellen,
  - Qualifizierung, z. B. das Weiterbildungsverhalten bei betrieblicher Notwendigkeit und die Lernfähigkeit bei technischen, organisatorischen und berufsfachlichen Veränderungen.

  Damit diese Bezugsgrößen erfolgreich für den Einsatz von Leistungsanreizen angewandt werden können und Leistungsanreize ihr Reformpotenzial entfalten können, müssen die personellen, qualifikatorischen und arbeitsorganisatorischen Bedingungen für die Leistungserbringung tatsächlich gegeben sein. Zu wenig Personal oder hoher Zeitdruck stellen z. B. erschwerte Bedingungen dar. Die reformorientierten Bezugsgrößen sollten z. B. in Zielfestlegungen/-vereinbarungen ermittelt und festgelegt werden.[2348]

[2346] Klages, Zwischenbilanz zur Verwaltungsmodernisierung in Deutschland, in: VM 3/1997, S. 132 (138).
[2347] Vgl. Tondorf, Leistungszulagen als Reforminstrument?, 1995, S. 76 ff.; die für die materiellen Leistungsanreize aufgeführten Voraussetzungen werden hier auf immaterielle und materielle Leistungsanreize ausgeweitet.
[2348] Vgl. Kap. 7.2.

- **gerechte Verteilung**
  Die gerechte und angemessene Verteilung von Leistungsanreizen stellt eine wichtige Voraussetzung für die Akzeptanz bei den Beschäftigten dar. Notwendig sind klare, eindeutige und transparente Kriterien der Vergabe. Ebenfalls müssen Leistungsanreize und die erbrachte bzw. zu erbringende Leistung in einem angemessenen Verhältnis zueinander stehen.
- **Partizipation**
  Partizipative Verfahren bei Einführung und Umsetzung von Anreizsystemen stellen die Voraussetzung dafür dar, Unzufriedenheiten entgegenzuwirken und die Identifikation mit dem Anreizsystem und seinen Zielen zu fördern. Insbesondere Ziel- und Leistungsvereinbarungen fördern den Dialog über die zu erbringende Leistung, deren Rahmenbedingungen etc.

Das Nutzen der in Leistungsanreizen vorhandenen Reformpotenziale stellt hohe Anforderungen an alle Beteiligten. Dabei stehen nicht nur Wissen und Technik von Verfahren und Systemen im Vordergrund: „Eine höhere Barriere stellen möglicherweise seit Jahrzehnten gewachsene Gewohnheiten im Führungs- und Arbeitsverhalten, herkömmliche Einstellungen sowie Vorbehalte gegenüber Veränderungen dar, die nur über eine behutsame und umsichtige Vorgehensweise zu überwinden sind.“[2349]
Die Entfaltung der Reformpotenziale von Leistungsanreizen benötigt reformorientierte organisatorische, personelle und kulturelle Rahmenbedingungen: Leistungsanreize können nur das unterstützen, was bereits vorhanden ist, dies aber, bei Beachtung der oben genannten Voraussetzungen, wirkungsvoll.

11.4 Zusammenfassung und Bewertung

Das Neue Steuerungsmodell enthält mit seinen Elementen Bürger- und Output-Orientierung, dezentrale Ressourcenverantwortung, Kontraktmanagement und Wettbewerb hohe Anreizpotenziale. Diese können durch weitere immaterielle und materielle Leistungsanreize unterstützt werden. Insbesondere die neuen Rollen der Beschäftigten, die größere Eigenverantwortlichkeit beinhalten, stellen einen Anreiz hinsichtlich der von vielen Beschäftigten gewünschten größeren Selbstständigkeit dar. Gleichzeitig können diese Veränderungen aber auch Widerstände bei den Mitarbeiter/innen auslösen, denen mit vorbeugenden und begleitenden Maßnahmen begegnet werden kann. Unter Beachtung verschiedener Voraussetzungen der Verwaltungsmodernisierung kann das in Leistungsanreizen enthaltende Reformpotenzial sich entfalten und den Reformprozess unterstützen.
Die Anreizpotenziale der Elemente des Neuen Steuerungsmodells wurden in Kommunalverwaltungen bislang nur teilweise genutzt und den Beschäftigten verdeutlicht. Auch

[2349]Tondorf, Leistungszulagen als Reforminstrument?, 1995, S. 81.

die Einbindung von Leistungsanreizen ist bislang erst in einigen Verwaltungen geschehen.

V Praktische Umsetzung

12 Aufbau eines Anreizsystems in der kommunalen Praxis

Bei dem Aufbau und der Gestaltung eines Anreizsystems stellt der Einführungsprozess einen wichtigen Faktor für den Erfolg eines Systems dar.[2350] Auf Grund der Anfangs- und Aufbruchsituation zum Thema „Leistungsanreize“ sind jedoch seitens der Wissenschaft diese Einführungs- und Umsetzungsprozesse bislang kaum aufgearbeitet und ausgewertet worden.

In diesem Kapitel werden die ersten vorliegenden Erfahrungen mit unterschiedlichen Einführungs- und Umsetzungsstrategien ausgewertet und ein Prozess dargestellt, der idealtypisch für viele Verwaltungen sein kann. Abschließend werden die Einführungsprozesse beispielhaft in drei Kommunalverwaltungen vorgestellt.

12.1 Herangehensweisen

Bislang liegen kaum Berichte aus Kommunalverwaltungen vor, die Erfahrungen bei der Einführung und der Umsetzung von Leistungsanreizen beschreiben.[2351]

Für immaterielle Leistungsanreize existieren zwar oftmals Konzepte und Erfahrungsberichte (z. B. für die Personalentwicklung), dennoch werden sie selten als Anreize betrachtet; es wird kaum ihr Anreizcharakter herausgestellt noch werden sie eingebunden in ein gesamtes Anreizsystem.
Hinsichtlich der materiellen Leistungsanreize haben zwar einige Kommunalverwaltungen mit der Erprobung von Pilotprojekten begonnen, dennoch zögern andere Verwaltungen mit der Umsetzung auf Grund mangelnder finanzieller Möglichkeiten, unklarer (tarif)rechtlicher Grundlagen oder mangelnder Einigung mit dem Personalrat und/oder den Gewerkschaften.

Hinsichtlich materieller Leistungsanreize lassen sich zwei unterschiedliche Herangehensweisen beobachten:[2352]

- **isolierte, technokratische Herangehensweise**
  Bei dieser Vorgehensweise werden Anreizsysteme auf bestehende Organisationsstrukturen und Personalführungskonzepte aufgesetzt. Ziel des Anreizsystems und zentraler Leitgedanke ist die Senkung von Personalkosten über Leistungsin-

---

[2350] Dies zeigen z. B. internationale Erfahrungen in der öffentlichen Verwaltung, vgl. Kap. 9.3.2.3; ferner Schedler, Anreizsysteme in der öffentlichen Verwaltung, 1993, S. 245 ff.
[2351] Vgl. auch Vaanholt, Human Resource Management in der öffentlichen Verwaltung, 1997, S. 169.
[2352] Vgl. Tondorf, Leistung und Entgelt im öffentlichen Dienst, 1997, S. 214 ff.

tensivierung. Die Ressource Personal wird betrachtet als Rationalisierungsreserve, die durch Anreizsysteme weiter ausgeschöpft werden kann.
Es fehlen mittel- und langfristige Personalplanungen. Leistungsanreize werden weder mit organisatorischen und technischen Strukturen der Verwaltung noch mit Aktivitäten der Verwaltungsreform oder des Personalmanagements verknüpft. Anreizsysteme werden isoliert und aktionistisch eingeführt, ihre eigentlichen Potenziale bleiben aber weitgehend unausgeschöpft. Bereits im Vorfeld der Einführung kommt es zu Konflikten innerhalb der Organisation.

- **strategische, integrative Herangehensweise**
  Die Einführung von Leistungsanreizsystemen orientiert sich an dem Leitbild und den zukünftigen Aufgaben der Verwaltung. Sie berücksichtigt Zusammenhänge und Wechselwirkungen zwischen Personal, Organisation und Technik.
  Das grundlegende Verständnis des Personals ist nicht das des Kostenverursachers und der Rationalisierungsreserve, sondern das der humanen Ressource und des Trägers des Reformprozesses. Basis der Anreizsysteme sind personalwirtschaftliche Analysen und Prognosen über die zukünftige personelle Entwicklung. Anreizsysteme werden mit anderen Elementen des Personalmanagements verbunden. Anreizsysteme wirken verstärkend und stabilisierend an erfolgskritischen Punkten.

Die strategische, integrative Herangehensweise ist nicht nur für die Beschäftigten, sondern auch für die Organisation und damit letztlich für die Bürger/innen tragfähiger und Erfolg versprechender.

12.2 Strategische, integrative Einführung von Leistungsanreizen

Nachfolgend werden Möglichkeiten der strategischen, integrativen Herangehensweisen erörtert und ein idealtypischer Weg dargestellt.

12.2.1 Ausgangssituationen

Hinsichtlich der Einführung und der Umsetzung von Leistungsanreizen kann von zwei unterschiedlichen Ausgangssituationen in Kommunalverwaltungen ausgegangen werden:[2353]

- Es sind bereits unterschiedliche immaterielle und materielle Leistungsanreize, geplant oder ungeplant, in der Verwaltung vorhanden.

[2353] Die folgende Darstellung erarbeitete die Verfasserin mit Beratung der von ihr geleiteten KGSt-Arbeitsgruppe „Immaterielle und materielle Leistungsanreize".

Um neue Leistungsanreize zielgerichtet einsetzen zu können, ist hier zunächst eine Analyse der vorhandenen Anreize notwendig. Im Anschluss daran kann ein Gesamtkonzept erarbeitet werden, das Rahmenbedingungen für die einzelnen Verwaltungseinheiten darstellt. In den einzelnen Verwaltungseinheiten können Leistungsanreize dann in Pilotprojekten erprobt und ggf. Teilkonzepte erarbeitet werden. Diese Ausgangssituation und dieser Weg werden vorrangig für große Verwaltungen zutreffen.

- Leistungsanreize sind kaum oder nur punktuell vorhanden.
  Hier ist es sinnvoll, Leistungsanreize zunächst in Pilotprojekten zu erproben und später ein systematisches (Teil-)Konzept zu erarbeiten. Diese Situation und dieser Weg treffen vor allem auf kleinere oder mittlere Verwaltungen zu.

Entscheidend für beide Wege ist, dass der Einsatz von Leistungsanreizen systematisch erfolgt. Bei der Erarbeitung von Konzepten ist zu beachten, dass es nicht zu Überregelungen kommt, so dass Spielräume für Lernprozesse und flexible Lösungsmöglichkeiten entstehen.

12.2.2 Idealtypischer Weg

Der nachfolgend dargestellte Einführungsprozess beinhaltet verschiedene Phasen. Eine solche Einteilung ermöglicht einerseits Lernprozesse, andererseits eine größere Beteiligung alle Betroffenen.[2354] Die dargestellten Phasen stellen eine idealtypische Abfolge dar. Diese Abfolge ist in der Praxis vorstellbar, gleichzeitig sind jedoch Varianten und unterschiedliche Schrittfolgen möglich. Die verschiedenen Phasen des Einführungsprozesses sind in folgender Abbildung zusammengefasst und werden in den nachfolgenden Ausführungen erläutert.

[2354] Vgl. Schedler, Anreizsysteme in der öffentlichen Verwaltung, 1993, S. 232.

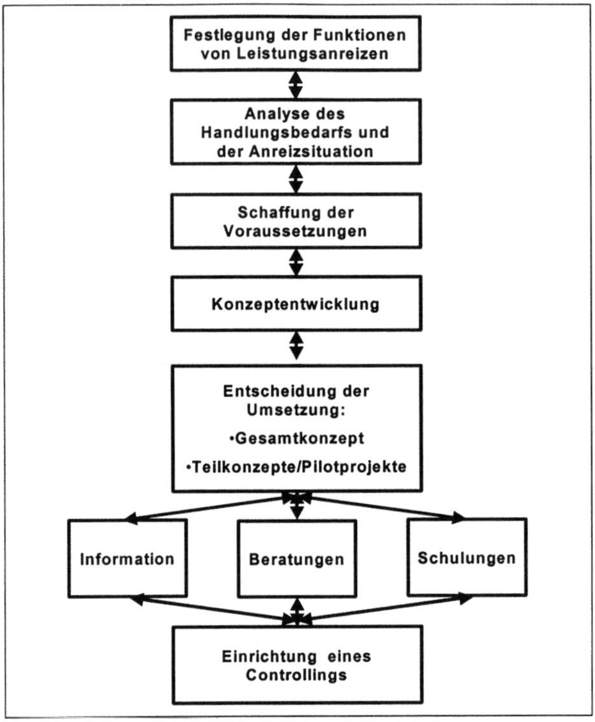

Abbildung 41: Der Einführungsprozess von Leistungsanreizen[2355]

12.2.2.1 Festlegung der Funktionen von Leistungsanreizen

Derzeit gibt es verschiedene Anlässe in den Kommunalverwaltungen, Leistungsanreize einzuführen.

- o In einigen Verwaltung entsteht die Nachfrage nach Leistungsanreizen aus den politischen Gremien (Rat, Kreistag).
- o In anderen Verwaltungen werden Leistungsanreize eingesetzt, um wirtschaftlicher zu arbeiten oder Kosten einzusparen.
- o In wieder anderen Verwaltungen sollen mit Leistungsanreizen Leistungsverbesserungen oder -steigerungen erreicht werden.

[2355] In Anlehnung an einen von der Verfasserin mit Beratung der von ihr geleiteten KGSt-Arbeitsgruppe „Immaterielle und materielle Leistungsanreize" erarbeiteten Weg; vgl. ferner Schedler, Anreizsysteme in der öffentlichen Verwaltung, 1993, S. 232 f.; vgl. auch Kappius, Leistungsabhängige Bezahlung aus der Sicht eines öffentlichen Arbeitgebers, in: Adamaschek/Oechsler (Hrsg.), Leistungsabhängige Bezahlung im öffentlichen Dienst, 2001, S. 11(13).

- o Der Grund weiterer Verwaltungen für die Einführung von Leistungsanreizen ist Erhalt und Steigerung von Motivation und Zufriedenheit der Beschäftigten.
- o Schließlich gibt es Verwaltungen, die Leistungsanreize einführen wollen, weil sie eine (dienst-)rechtliche Verordnung für materielle Leistungsanreize umsetzen wollen.

Auf Grund welcher Anlässe auch immer Leistungsanreize eingeführt werden, der Einstieg oder Ausbau von Leistungsanreizen sollte sich grundsätzlich an den Verwaltungszielen orientieren und diese unterstützen.[2356] Es sollte abgeschätzt werden, welchen Beitrag die Leistungsanreize zur Erreichung der Verwaltungsziele und zum Erhalt und zur Steigerung der Motivation der Beschäftigten leisten können. Dabei sollten sowohl die verschiedenen einzelnen Leistungsanreize als auch ein systematisches Anreizsystem in die Verwaltungs- und Personalpolitik einbezogen und von dieser getragen sein.[2357] Zu welchen Zwecken und mit welchen Funktionen Leistungsanreize eingesetzt werden, kann durch die politischen Gremien, die Verwaltungsleitung oder die Leitungen der dezentralen Verwaltungseinheiten festgelegt werden.

12.2.2.2 Analyse des Handlungsbedarfs und der Anreizsituation

In diesem Schritt wird der konkrete Handlungsbedarf, z. B. das Problemfeld oder das Verwaltungsziel, für das die Leistungsanreize eingesetzt werden sollen, näher analysiert (z. B. hohe Zahl der Beschwerden der Bürger/innen, zu lange Wartezeiten in Fachbereichen/Ämtern mit Bürgerkontakten, zu hoher Krankenstand, geringe Motivation der Beschäftigten).

Für die Analyse des Handlungsbedarfs ist die Beantwortung folgender Fragen sinnvoll:

- o Welches Problem soll genau gelöst, welches Ziel in diesem Handlungsbereich erreicht werden?
- o Welche Maßnahmen sind dafür notwendig?
- o Können immaterielle oder materielle Leistungsanreize diese Ziele effektiv unterstützen? Wenn ja, welche Leistungsanreize? Sind diese Leistungsanreize sinnvoll und realisierbar?

Vor dem Einsatz der Leistungsanreize sollte ebenfalls die Anreizsituation in der Verwaltung untersucht werden anhand folgender Fragen:

- o Welche unbewussten oder bewussten Anreize (im Sinne von Belohnungen oder Bestrafungen bestimmter Verhaltensweisen) existieren bereits in der Verwaltung?
- o Wie ist die grundsätzliche Situation hinsichtlich der Motivation und Arbeitszufriedenheit der Mitarbeiter/innen?

[2356] Vgl. Kap. 4.3.1.

[2357] Vgl. Kap. 6.1.

- o Welche immateriellen und materiellen Leistungsanreize bevorzugen die Mitarbeiter/innen? Mit welchen Leistungsanreizen sind sie zufrieden, mit welchen unzufrieden? Welche weiteren Leistungsanreize wünschen sie sich?
- o Sind Leistungsanreize, die eingesetzt werden sollen, bereits in der Verwaltung vorhanden (evtl. wurden diese nicht unter dem Begriff „Leistungsanreize" gefasst)?
- o Inwieweit sind die Rahmenbedingungen für Leistungsanreize gegeben (Einbindung in Konzepte, Führungskompetenz, Ermittlung der Verwaltungsziele, Ermittlung der Motivation, der Bedürfnisse und der Leistung der Beschäftigten, Wahl der passenden Leistungsanreize, Finanzierbarkeit etc.)?

Folgende Instrumente sind für die Analyse sowohl des Handlungsbedarfs als auch der Anreizsituation zu Beginn des Prozesses hilfreich:

- o Dienstbesprechungen,
- o Mitarbeitergespräche,
- o Mitarbeiterbefragungen,
- o Befragungen der Führungskräfte,
- o Analyse bereits vorhandener Konzepte (z. B. Personalentwicklungs- und Fortbildungskonzepte),
- o Einzelinterviews,
- o moderierte Workshops.

12.2.2.3 Schaffung der Voraussetzungen

Die Analyse zu Beginn des Prozesses kann zum Ergebnis haben, dass die Voraussetzungen sowohl hinsichtlich der Verwaltungsziele als auch hinsichtlich der Anreizsituation für einen erfolgreichen Einsatz von Leistungsanreizen noch nicht ausreichend sind. Dabei ist zu beachten, dass in einer Verwaltung die Rahmenbedingungen wohl niemals vollständig erreicht werden. Dennoch sollten gewisse Grundlagen vorhanden sein.[2358] Ist dies nicht der Fall, sollten diese Grundlagen zunächst geschaffen werden. Zeigt sich z. B., dass keine klaren Verwaltungsziele vorhanden sind, sollten diese zunächst ermittelt werden. Eine entscheidende Voraussetzung liegt in der Ermittlung der Leistungen und Potenziale der Beschäftigten.[2359] Insbesondere die Einführung materieller Leistungsanreize setzt eindeutige Kriterien zur Vergabe voraus. Sind diese nicht gegeben, sollte eine Verwaltung zunächst Zielfestlegungen/-vereinbarungen bzw. die Leistungsermittlung einführen und mit ihr Erfahrungen sammeln. Ansonsten besteht die Gefahr, dass der Einsatz von Leistungsanreizen kontraproduktiv und demotivierend wirkt.

[2358] Vgl. Kap. 6.
[2359] Vgl. Kap. 6.3, 6.4; ferner Schedler, Anreizsysteme in der öffentlichen Verwaltung, 1993, S. 323 f.

12.2.2.4 Konzeptentwicklung

Sind die Voraussetzungen geschaffen, kann ein Konzept entwickelt werden. Den Auftrag für die Erarbeitung eines systematischen Konzepts kann entweder einer einzelnen Person, einer Projektgruppe oder einer Kommission bzw. einem Gremium übertragen werden. In jedem Fall sollte eine frühzeitige Einbindung der Vertretungen der verschiedenen Verwaltungsbereiche (Verwaltungsleitung, Service Personal/Personalamt, Steuerungsunterstützung), der verschiedenen Interessen- und Beschäftigtengruppen (Personalrat, Schwerbehindertenvertretung, Frauen-/Gleichstellungsbeauftragte) sowie der künftigen "Anwender/innen" (z. B. Beamten/innen, Angestellten, Arbeiter/innen, Fachbereiche/Ämter und Führungskräfte) gewährleistet sein. Bei Bedarf kann eine externe Beratung hinzugezogen werden.

Das Konzept kann je nach Auftrag und Situation in der Verwaltung entweder einzelne Leistungsanreize oder ein ganzes Anreizsystem beinhalten.

Die nachfolgend dargestellten Elemente können Bestandteile eines Konzeptes sein. Die aufgeführten Fragen sollten in dem Konzept beantwortet werden:[2360]

- **Verwaltungsziele**
  Welche Verwaltungsziele sollen mit Leistungsanreizen unterstützt werden? Welche Problembereiche sollen durch die Unterstützung von Leistungsanreizen gelöst werden?
- **Anwendungsbereich**
  Auf welche Verwaltungseinheit, welchen Verwaltungsbereich sollen die Leistungsanreize angewandt werden?
- **Zielgruppe**
  Welcher Zielgruppe, welchen Mitarbeiter/innen sollen die Leistungsanreize gewährt werden?
- **Mitarbeitermotivation und -bedürfnisse**
  Welche Mitarbeitermotivation und -bedürfnisse sollen mit den Leistungsanreizen angesprochen werden?
- **Beschreibung des Leistungsanreizes/Anreizsystems**
  Wie sehen die Leistungsanreize, das Anreizsystem konkret aus? Welche dienst- und tarifrechtlichen Grundlagen sind vorhanden?
- **Einschätzung der Wirkungsmöglichkeiten**
  Wie ist die voraussichtliche Wirkung der Leistungsanreize einzuschätzen? Werden die Verwaltungsziele voraussichtlich erreicht? Ist ihr Einsatz wirtschaftlich? Wirken die Leistungsanreize nach bisheriger Erfahrung in der eigenen oder in anderen Verwaltungen motivationssteigernd?
- **Vorteile/Nachteile**
  Welche Vorteile haben die Leistungsanreize? Welche Nachteile haben sie?

[2360] Die folgende Darstellung erarbeitete die Verfasserin mit Beratung der von ihr geleiteten KGSt-Arbeitsgruppe „Immaterielle und materielle Leistungsanreize“.

- o **Finanzierungsmöglichkeiten**
  Wie können die Leistungsanreize finanziert werden?
- o **Kriterien der Gewährung**
  Nach welchen inhaltlichen Kriterien sollen die Leistungsanreize vergeben werden? Nach welcher Methode sollen die Kriterien ermittelt werden (z. B. Zielfestlegungen/-vereinbarungen, Leistungsermittlung)?
- o **Verantwortlichkeit**
  Wer ist für Umsetzung und für die Gewährung verantwortlich (Fachbereichs-/Amtsleitung, Vorgesetzte, Gruppen-/Teamleitung)?
- o **Verknüpfung mit anderen Leistungsanreizen**
  Mit welchen anderen immateriellen und materiellen können die Leistungsanreize verknüpft werden? Wie können die verschiedenen immateriellen und materiellen Leistungsanreize eines Anreizsystems untereinander verknüpft werden?
- o **Controlling**
  Wie kann überprüft werden, ob die angestrebten Verwaltungsziele erreicht wurden? Wie kann der Beitrag der Leistungsanreize zur Zielerreichung überprüft werden? Welche Wirkung hatten die eingesetzten Leistungsanreize auf die Motivation der Mitarbeiter/innen?
- o **Umsetzungs- und Einführung**
  Wie können die Leistungsanreize umgesetzt und eingeführt werden (Gesamtkonzepte, Teilkonzepte/Pilotprojekte) etc.)?

Bei der Konzeptentwicklung sind grundsätzliche Erfolgsfaktoren für den Einsatz von Leistungsanreizen in der jeweiligen konkreten Verwaltung zu beachten. So sollten z. B. Anreize gewählt werden, die für die Mehrzahl der Beschäftigten attraktiv sind, deren subjektive Wahrscheinlichkeit des Erreichens von den Mitarbeiter/innen als relativ hoch eingeschätzt wird und deren Weg zur Erlangung des Anreizes klar erkennbar ist.[2361]

12.2.2.5 Entscheidung der Umsetzung

Die Entscheidung der Umsetzung kann sich sowohl auf die Gesamtverwaltung als auch auf einen begrenzten Verwaltungsbereich beziehen. Je nach Verwaltungsziel, zu lösendem Problemfeld oder Leistungsanreiz kann sich ein Gesamtkonzept oder ein Konzept für einen begrenzten Verwaltungsbereich bzw. Pilotbereich anbieten. Eine flächendeckende Einführung oder Verbesserung vorhandener Anreize bietet sich insbesondere bei den meisten immateriellen Leistungsanreizen an. Bei einigen materiellen Leistungsanreizen kann eine flächendeckende Einführung sinnvoll sein (z. B. bei den Leistungsstufen) oder der gezielte Einsatz in bestimmten Verwaltungsbereichen. Kriterien für einen flächendeckenden oder begrenzten Einsatz sind die Verwaltungsziele, zu deren Er-

[2361] Vgl. Reichard, Ist ein neues Leistungsanreizsystem erforderlich?, in: Hoefert/Reichard (Hrsg.), Leistungsprinzip und Leistungsverhalten im öffentlichen Dienst, 1979, S. 119 (123).

reichen die Leistungsanreize eingesetzt werden, sowie die Bedürfnisse der Mitarbeiter/innen.
Hilfreich sind häufig Pilotprojekte: In ihnen können die Wirkung und die Praktikabilität der neuen Anreize in der Anwendung getestet werden. Nach Auswertung dieser Erfahrungen können, so weit nötig, sinnvoll und gewünscht, Richtlinien zur Anwendung der Leistungsanreize für die gesamte Verwaltung oder Verwaltungseinheit erstellt werden.

12.2.2.6 Information, Beratungen, Schulungen

Der Prozess der Einführung und Umsetzung von Leistungsanreizen sollte für Mitarbeiter/innen transparent und nachvollziehbar durch breit angelegte Informationsmaßnahmen sein (schriftliche Informationen, Mitarbeiterzeitung, Personal(teil)versammlungen, Workshops, Informationen über die Führungskräfte etc.). Ein systematisches Anreizmarketing kann die Mitarbeiter/innen ebenfalls informieren und „werben" für Ziel und Inhalt sowohl des Anreizsystems als auch des Umsetzungsprozesses. Besonders bei der Einführung neuer Anreize kann es hilfreich sein, eine Anlaufstelle für die Koordinierung und Beratung der Vorgesetzten und Mitarbeiter/innen z. B. im Service Personal/Personalamt, der zentralen Steuerungsunterstützung oder im Gremium bzw. der Kommission einzurichten. Bei der Einführung von Leistungsanreizen können interne und externe Beratungen, Schulungen, Coaching oder Supervision sinnvoll sein.

12.2.2.7 Einrichtung eines Controllings

Es ist bereits dargestellt worden, dass die Überprüfung der Zielerreichung (z. B. im Rahmen der Leistungsermittlung) die Voraussetzung für das Anreizcontrolling ist.[2362] Ein Anreizcontrolling ermittelt darüber hinaus den Beitrag von Leistungsanreizen zur Erreichung von Verwaltungszielen. Für diese Ermittlung sind folgende Möglichkeiten vorstellbar:

- Im Rahmen der Überprüfung der Zielerreichung wird ermittelt, welchen Beitrag die gewährten Leistungsanreize zur Zielerreichung geleistet haben. Insbesondere bei Nichterreichung der vereinbarten bzw. festgelegten Ziele ist eine Ursachenanalyse angebracht.
- Ein Gremium oder eine Kommission, die bereits das System zur Vergabe erarbeitet haben, dient gleichzeitig als Beschwerdeinstanz, an die sich die Beschäftigten bei Beschwerden zum System, zu einzelnen Leistungsanreizen o. ä. wenden können.
- Ein organisierter Erfahrungsaustausch der Führungskräfte kann die Akzeptanz von Leistungsanreizen als Führungsinstrument ermitteln.

[2362] Vgl. Kap. 6.7.

- o Sowohl Mitarbeiter/innen als auch Führungskräfte werden regelmäßig befragt (durch Mitarbeiterbefragungen, Einzelinterviews, moderierte Workshops etc.), ob sie die eingesetzten Leistungsanreize zur Erreichung der Verwaltungsziele für geeignet halten, ob die Leistungsanreize Akzeptanz finden, ob die Kriterien transparent sind, ob die Beschäftigten mit den gewährten Leistungsanreizen zufrieden sind und ob sie Verbesserungsvorschlägen haben.
- o Der Personalrat wird nach seinem Eindruck und seinen Erfahrungen hinsichtlich der eingesetzten Leistungsanreize befragt.

Zusammenfassend lässt sich die Bedeutung des Einführungsprozesses von Leistungsanreizen wie folgt beschreiben: „Der Weg ist lang, und die Einführung ist in jedem Fall ein evolutionärer Prozeß. Dabei stellt sich nicht die Frage, *ob* ein Anreizsystem eingeführt werden soll, sondern *wie* das Anreizsystem der öffentlichen Verwaltung ausgestaltet ist. Das Vorhandensein ist eine Tatsache. Die Ausgestaltung hingegen ist eine Frage des politischen Willens, der letztlich über Erfolg oder Misserfolg der Leistungsorientierung in der öffentlichen Verwaltung entscheidet."[2363]

12.3 Einführung von Leistungsanreizen in der Praxis von Kommunalverwaltungen

Nachfolgend werden drei der wenig vorliegenden Erfahrungsberichte der Einführung von Leistungsanreizen in Kommunalverwaltungen vorgestellt. Es handelt sich um die Erfahrungsberichte des Landratsamts Enzkreis, der Stadtverwaltung Nürnberg und der Stadtwerke Solingen. Da immaterielle Leistungsanreize als solche kaum als ganzheitliche Anreizsysteme eingeführt werden, legen diese Erfahrungsberichte ihren Schwerpunkt auf die Einführung materieller Leistungsanreize, die jedoch mit immateriellen Anreizen verknüpft werden. Die vorgestellten Berichte sind vorläufig, da sich die Verwaltungen noch im Experimentierstadium befinden.

12.3.1 Landratsamt Enzkreis

Das Landratsamt Enzkreis betrachtet Leistungsanreize im Zusammenhang mit der Gesamtmotivation der Beschäftigten. Es betont, dass in erster Linie motivationsfördernde Rahmenbedingungen geschaffen und Leistungshemmnisse in sachlicher und personeller Hinsicht abgebaut werden müssen. Daher wurde im Landratsamt dauerhaft besondere Aufmerksamkeit den Arbeitsbedingungen sowie dem Betriebs- und Führungsklima gewidmet.[2364] In diesem Gesamtzusammenhang wurden auch materielle Leistungsan-

---

[2363] Schedler, Anreizsysteme in der öffentlichen Verwaltung, 1993, S. 324.

[2364] Vgl. Marqués Berger/Seeger, Leistung lohnt sich, wenn die Bedingungen stimmen, in: VOP 3/2000, S. 28-30.

reize eingeführt. Der nachfolgende Bericht stellt den Einführungsprozess eines materiellen Anreizsystems im Landratsamt Enzkreis dar.[2365]

12.3.1.1 Anlass

Die Motivation der Beschäftigten und mehr Leistungsgerechtigkeit in der Bezahlung waren von jeher Anliegen der Verwaltungsleitung des Landratsamts Enzkreis. Konkret aufgegriffen wurde das Thema „Leistungsanreize" als Reaktion auf die Forderung der Mitarbeiter/innen in der Mitarbeiterbefragung vom Juni 1997 nach mehr Leistungsgerechtigkeit bei Beförderungen und in der Besoldung. In den „Leitlinien zur Führung und Zusammenarbeit" wurde daraufhin das Ziel formuliert, ein Leistungsanreizsystem zu schaffen. Nachdem die rechtlichen Voraussetzungen durch das Besoldungsanpassungsgesetz vom 30.1.1997 und in Baden-Württemberg durch den Erlass der Leistungsstufen-, Leistungszulagen- und Leistungsprämienverordnung vom 30.3.1998[2366] geschaffen waren, widmete sich die Verwaltung im Rahmen eines Projektes dem Thema „Leistungsanreize".

12.3.1.2 Projekt

Die in der Verwaltung bestehende Lenkungsgruppe erteilte, wie es sich auch bei anderen Reformthemen bewährt hat, einen Arbeitsauftrag: Im Rahmen eines dreimonatigen Projektes sollte ein Vorschlag für ein Leistungsanreizsystem erarbeitet werden mit der Berücksichtigung folgender Aspekte:

- alle zur Verfügung stehenden Instrumente des Dienst- und Tarifrechts,
- materielle und immaterielle Anreize,
- notwendige finanzielle Mittel,
- sachliches und persönliches/soziales Engagement,
- Minderleistungen,
- Adressaten (einzelne Gruppen, Projekte),
- Leistungsbeurteilung,
- Vergabeverfahren.

Ein Projektleiter (in diesem Fall der stellvertretende Leiter des Hauptamtes) wurde bestimmt, der entsprechendes fachliches Know-how für dieses Thema mitbrachte.

[2365] Vgl. zum Folgenden Landratsamt Enzkreis, Organisationsentwicklung (Hrsg.), Erfahrungsbericht über die Einführung von Leistungsanreizen im Landratsamt Enzkreis, unveröffentlicht, Stand: Frühjahr 2000.

[2366] Verordnung der Landesregierung über das leistungsabhängige Aufsteigen in den Grundgehaltsstufen (Leistungsstufenverordnung – LStuVO) des Landes Baden-Württemberg vom 30. März 1998, in: Gesetzblatt für Baden-Württemberg 7/1998, S. 214; Verordnung der Landesregierung über die Gewährung von Prämien und Zulagen für besondere Leistungen (Leistungsprämien- und -zulagenverordnung – LPZVO) des Landes Baden-Württemberg vom 30. März 1998, in: Gesetzblatt für Baden-Württemberg 7/1998, S. 215.

Die Mitarbeit im Projekt wurde im Haus ausgeschrieben, die Projektgruppe folgendermaßen besetzt:

- o Federführung durch den stellvertretenden Leiter des Hauptamtes,
- o Vertretung der Organisationsentwicklung,
- o Vertretung des Personalrats,
- o Gleichstellungsbeauftragte,
- o zwei Amtsleiter,
- o ein stellvertretender Amtsleiter,
- o vier Mitarbeiter/innen.

Die Projektergebnisse, d. h. die konkreten Anreizmöglichkeiten, wurden als Vorschlag der Lenkungsgruppe zugeleitet und nach Prüfung dem Landrat zur Entscheidung vorgelegt. Der Kreistag billigte die künftige Gewährung von Leistungsanreizen und stellte 100.000 DM für das Jahr 1999 zur Verfügung.

12.3.1.3 Projektergebnisse

Die Projektergebnisse mit den konkreten Anreizmöglichkeiten[2367] wurden in den „Richtlinien für die Gewährung von Leistungsanreizen für die Beschäftigten im Landratsamt Enzkreis" beschrieben.
Ergänzend wurde im Laufe des Projektes die Notwendigkeit erkannt, ein neues Beurteilungssystem zu schaffen, das es besser ermöglicht, den Leistungsstand der Mitarbeiter/innen zu definieren. So sind als zweites Projektergebnis die „Richtlinien für die Beurteilung der Beschäftigten im Landratsamt Enzkreis" entstanden.

12.3.1.4 Umsetzung

Um diese neuen Instrumente kennen zu lernen und auf Grund ihrer Komplexität wurden alle Mitarbeiter/innen sowie Führungskräfte in Dienstbesprechungen und in der Mitarbeiterzeitung ausführlich informiert. Jedem/r Mitarbeiter/in wurden die Richtlinien in einem „Handbuch für Personalführung, Personalentwicklung und Organisation im Landratsamt Enzkreis" zur Verfügung gestellt.
Die „Richtlinie für die Gewährung von Leistungsanreizen" trat zum 1.2.1999 in Kraft. Bis zum Ende des Jahres 1999 wurden folgende Leistungsanreize vergeben:

o	**Leistungsstufen**	
	Beamte/innen	0
	Angestellte	5
o	**Leistungszulagen**	
	Beamte/innen	1

[2367] Dargestellt in Kap. 9.5.1.2, 9.5.3.3.

	Angestellte	2
o	**Leistungsprämien**	
	Beamte/innen	10
	Angestellte	18
	davon vier Teams	
o	**sonstige Anreize**	
	Beamte/innen, Angestellte	80
o	**zurückgewiesene Vorschläge**	5
	(Gründe: formale Voraussetzungen nicht erfüllt, Leistungen in Vorjahren)	

Die Kosten betrugen im ersten Jahr 37.356 DM (ohne Leistungsstufen, die dafür notwendigen 7.000 DM wurden aus dem laufenden Personalhaushalt finanziert). Nach dem Grundsatz, dass leistungsgerechte Höhergruppierungen Vorrang haben, wurden darüber hinaus vier Mitarbeiter/innen befördert.

12.3.1.5 Erfahrungen

Die Belegschaft erwartete die erste Vergaberunde mit großer Spannung, aber auch mit großer Skepsis. In den durchgeführten Dienstbesprechungen wurden Leistungsanreize grundsätzlich begrüßt. Befürchtungen wurden dahingehend geäußert, dass Neid, Unruhe und Demotivation entstehen könnten. Dies hat sich aber bislang nicht bewahrheitet. Die Rückmeldungen nach der ersten Vergaberunde waren überwiegend positiv, die betroffenen Mitarbeiter/innen bedankten sich, waren überrascht und teilten die erhaltenen Anreize auch mit Kollegen/innen, die an der Leistung in irgendeiner Form beteiligt waren. Enttäuscht zeigten sich die Mitarbeiter/innen über den Nettobetrag der einzelnen Anreize.

Die Führungskräfte fühlten sich anfänglich unsicher im Umgang mit diesen neuen Instrumenten und machten nur zögerlich davon Gebrauch. Am einfachsten schien die Vergabe „sonstiger Anerkennungen“ (d. h. die persönliche Anerkennung in Form von Büchern, Konzertkarten etc.) und der Leistungsprämie (vergebbar ohne formale Beurteilung, eine Leistungsbeschreibung genügt). Finanziell betrachtet ist die Leistungsprämie der „spürbarste“ Anreiz.

Für die Vergabe von Leistungsstufen und Leistungszulagen ist im Landratsamt Enzkreis eine Leistungsbeurteilung erforderlich, die in dieser Form zu Beginn neu war. Die Messlatte wurde in der Verwaltung bewusst hoch gesteckt, um zu verhindern, dass das neue Leistungsanreizanreizsystem durch das „Gießkannenprinzip“ ad absurdum geführt wird. Diese hohen Maßstäbe und der vorsichtige Umgang der Führungskräfte führten dazu, dass sowohl die 10 %-Quote als auch das zur Verfügung gestellte Budget nicht ausgeschöpft wurden.

Mithilfe des neuen Beurteilungssystems und der im Frühjahr 2000 erstmals nach einheitlichen Maßstäben durchgeführten Regelbeurteilung soll im Laufe der Jahre erreicht

werden, dass es für die Führungskräfte immer einfacher wird, die Leistungsträger/innen (für die Leistungsstufe) oder die Leistungsschwachen (für die Aufstiegshemmung) herauszudeuten. Es wird in der Verwaltung die Gauß'sche Normalverteilung in den Beurteilungsergebnissen angestrebt. Insoweit werden keine Probleme mit der 10 %-Quote erwartet.
Die „Richtlinien für die Gewährung von Leistungsanreizen" sollen drei Jahre, nachdem sie in Kraft getreten sind, auf ihre Anwendung und ihren Inhalt hin überprüft werden. Auch für das Jahr 2000 hat der Kreistag für Leistungsanreize 100.000 DM zur Verfügung gestellt.

12.3.2 Stadt Nürnberg

Auch die Stadtverwaltung Nürnberg hat sich sowohl den immateriellen als auch den materiellen Leistungsanreizen gewidmet. Der nachfolgende Erfahrungsbericht stellt den Einführungsprozess von materiellen Anreizen, insbesondere von Leistungsprämien, dar.[2368]
Das Thema „Leistungsanreize" wurde in der Stadtverwaltung bereits seit einigen Jahren diskutiert. Die Ergebnisse der Mitarbeiterbefragung, die im Jahr 1993 mit der Hochschule für Verwaltungswissenschaften Speyer durchgeführt wurde, zeigten, dass im Feld der Mitarbeitermotivation Handlungsbedarf bestand. Viele Mitarbeiter/innen waren der Meinung, dass sich Leistung nicht lohne.
Die Lenkungsgruppe hat im Sommer 1995 dieses Thema aufgegriffen und eine Projektgruppe mit dem Schwerpunkt „Leistungsanreize" eingesetzt. Diese setzte sich in ihrem im Januar 1996 erschienenen Abschlussbericht grundsätzlich mit materiellen wie nichtmateriellen Leistungsanreizen auseinander und stellte auch Vorüberlegungen für die Einführung von Leistungsprämien/Leistungszulagen bei der Stadt an.[2369]
Bereits bei den Arbeitstagungen für städtische Dienststellen- und Schulleiter/innen im Herbst 1997, bei denen Vor- und Nachteile finanzieller Leistungsanreize diskutiert wurden, war klar, dass für alle städtischen Mitarbeiter/innen eine Möglichkeit geschaffen werden sollte, um herausragende Leistungen finanziell besonders belohnen zu können. Dabei wurden Leistungsprämien gegenüber Leistungszulagen der Vorzug gegeben, weil von Prämien als Einmalzahlungen ein größerer Motivationseffekt erwartet wurde. Konkrete Schritte zur Einführung finanzieller Leistungsanreize waren aber erst möglich, nachdem die rechtlichen Voraussetzungen hierfür geschaffen wurden. Dies geschah mit dem Dienstrechtsreformgesetz von 1997, der bayerischen Leistungsstufenverordnung

[2368] Die nachfolgende Darstellung beruht auf Informationen der Stadtverwaltung Nünberg in den Jahren 1999 und 2000.
[2369] Vgl. Stadt Nürnberg (Hrsg.), Projektgruppe Führung-Motivation, Erster Schwerpunkt: Leistungsanreize, Zwischenbericht, Teil I: Grundsätzliches, Nürnberg 1996; Stadt Nürnberg (Hrsg.), Projektgruppe Führung-Motivation, Erster Schwerpunkt: Leistungsanreize, Zwischenbericht, Teil II: Ausführungen, Stand: 1996.

von 1998[2370] und der Leistungsprämien- und Leistungszulagenverordnung von 1999[2371].
Eine Zahlung von Leistungszulagen und Leistungsprämien an Tarifbeschäftigte war auf der Grundlage der VKA-Richtlinien zur Gewährung von Leistungsprämien und Leistungszulagen von 1995[2372] möglich.
Der Personal- und Organisationsausschuss hat in seiner Sitzung vom 16.11.1999 einem Vorschlag der Verwaltung zugestimmt, nachdem ab 01.01.2000, zunächst in einer zweijährigen Erprobungsphase, Leistungsprämien an Arbeiter/innen, Angestellte und Beamt/innen gewährt werden konnten. Diese Erprobungszeit wurde als notwendig betrachtet, da die Stadtverwaltung keine Erfahrungen mit Leistungsprämien hatte, ideale Anreizsysteme nicht existieren und nur durch systematische Erprobung festgestellt werden konnte, welche Anreizmodelle erfolgversprechend sind.
Zum praktischen Vollzug wurde eine Arbeitsgruppe unter Beteiligung des Referats II, des Personalamtes, des Organisationsamtes und des Gesamtpersonalrats eingerichtet. Aufgabe der Arbeitsgruppe war es, die Modellvorschläge der Dienststellen zu prüfen, Rahmenbedingungen für die Umsetzung der vorgeschlagenen Prämienmodelle in Kooperation mit den Dienststellen festzulegen, die Dienststellen bei der Umsetzung zu beraten und die Erfahrungen mit den unterschiedlichen Prämienmodellen auf gesamtstädtischer Ebene auszuwerten. Die Dienststellen können im Erprobungszeitraum nur Prämienmodelle anwenden, die von Referat I auf der Grundlage des Vorschlags der Arbeitsgruppe genehmigt wurden.
Seit dem Jahr 2000 werden auch Leistungsstufen für Beamte/innen vergeben.
Da sich die Gewährung von materiellen Leistungsanreizen noch in der Erprobungsphase befindet, liegen konkrete Erfahrungen noch nicht vor.[2373]

12.3.3 Stadtwerke Solingen

Als dritten Erfahrungsbericht wird nachfolgend die Einführung variabler Vergütung eines kommunalen Eigenbetriebes, der Stadtwerke Solingen GmbH, dargestellt.[2374] Die Einführung ist eingebunden in die Organisationsentwicklung hin zu einem kunden- und marktorientierten Unternehmen und in ein neues Führungssystem. Die Ausgangssituation war dadurch gekennzeichnet, dass die Mitarbeiter/innen (mit Ausnahme der Leitenden Angestellten) nach dem Tarifrecht des Öffentlichen Dienstes (BAT und BMT-G) entlohnt wurden. Die Arbeiter/innen erhielten zusätzlich die tariflichen Leistungszuschläge, die Angestellten Zulagen entsprechend der tariflichen Zusatzregelung zum BAT für die

---

[2370] Verordnung über das leistungsabhängige Aufsteigen in den Grundgehaltsstufen (Leistungsstufenverordnung – LStuV) vom 20. Februar 1998, in: Bayerisches Gesetz- und Verordnungsblatt 5/1998, S. 62.
[2371] Verordnung über die Gewährung von Prämien und Zulagen für herausragende besondere Leistungen (Bayerische Leistungsprämien- und Leistungszulagenverordnung – BayLPZV) vom 15. Dezember 1998, in: Bayerisches Gesetz- und Verordnungsblatt 27/1998, S. 1020.
[2372] Richtlinien der Vereinigung der kommunalen Arbeitgeberverbände (VKA) zur Gewährung von Leistungszulagen und Leistungsprämien, 17. November 1995.
[2373] Nach Informationen der Stadtverwaltung Nürnberg im Jahr 2000.
[2374] Vgl. zum Folgenden Hören/Osenroth, Einführung variabler Vergütung bei den Stadtwerken Solingen, in: Personalführung 7/1999, S. 26-30.

Versorgungsbetriebe jeweils nach einer Leistungseinschätzung der Vorgesetzten. Die Anstellungsverträge der Leitenden Angestellten enthielten eine Zusage auf eine Tantieme in Anlehnung an die Geschäftsführung.
Das Projekt, das 1997 startete, hatte die Aufgabe, ein Führungssystem mit variabler Vergütung zu entwickeln mit folgenden Zielen:[2375]

- o als wirksames Führungs- und Steuerungsinstrument für die nachhaltige Förderung der Erreichung anspruchsvoller Unternehmens-, Abteilungs- und Gruppenziele,
- o Führung der Mitarbeiter/innen zu besseren Ergebnissen und Leistungen durch erhöhte Motivation,
- o Steigerung der Attraktivität der Stadtwerke Solingen für qualifizierte, unternehmerisch denkende Mitarbeiter/innen,
- o Erreichung einer hinreichenden Flexibilität gegenüber wechselnden Wirtschaftslagen und daraus resultierenden unterschiedlichen Leistungserfordernissen sowie finanziellen Möglichkeiten,
- o Gestaltung eines überschaubaren Aufbaus und einer nachvollziehbaren Wirkungsweise für die betroffenen Mitarbeiter/innen.

Eine Projektgruppe erhielt den Auftrag zur Erarbeitung und Konkretisierung des Systems. Sie setzte sich zusammen aus der Geschäftsführung, dem Personalwesen, je eine/m Leitenden Angestellten aus dem Verkehrs- und dem Versorgungsbereich, vier Betriebsratsmitgliedern und externen Beratern/innen. Kennzeichen der Projektarbeit war, dass Konzeptionierung und Implementierung nicht sukzessive erfolgten, sondern die Umsetzung bereits sehr früh begann. Der Grund lag einerseits in dem Problem der Entwicklung eines Systems variabler Vergütung unter den Restriktionen der Tarifverträge des öffentlichen Dienstes, andererseits in der Herausarbeitung entscheidender Kriterien zur Leistungsbemessung. Letztere sollte eingebunden werden in das Prinzip des Führens mit Zielvereinbarungen, das bis dahin weder den Beschäftigten noch den Führungskräften vertraut war. Parallel zur Projektgruppenarbeit wurden mehrere Workshops in den verschiedenen Unternehmensbereichen durchgeführt, in denen die Ziele des Gesamtunternehmens spezifisch für die einzelnen Organisationseinheiten operationalisiert wurden. So waren die Oberbegriffe der Leistungskriterien unternehmensweit ähnlich, doch es wurden für die einzelnen Organisationseinheiten spezifische Kriterien entwickelt, die auf die jeweiligen Aufgaben konkret zugeschnitten waren und deren Erfüllung in vielen Fällen direkt messbar oder anhand von Indikatoren beurteilbar waren. Darüber hinaus sollten die Workshops bereits frühzeitig die Funktionsweise zielorientierter Führung breit im Unternehmen verankern und somit die Akzeptanz des neuen Systems fördern. Gleichzeitig dienten sie als Zielvereinbarungsprozess für das Jahr 1998. So konnten trotz noch nicht abgeschlossener Betriebsvereinbarungen die Voraussetzungen für die Realisierung im Jahr 1998 bereits geschaffen werden.

[2375] Vgl. Hören/Osenroth, Einführung variabler Vergütung bei den Stadtwerken Solingen, in: Personalführung 7/1999, S. 26 (27).

Auf der Basis der Erkenntnis der Projektgruppe, dass das Vereinbaren von Zielen und die funktionsbezogene Spezifikation von Leistungserwartungen Prozesse sind, die sich nicht in einem Schritt durchsetzen lassen, waren Zielvereinbarungen in der ersten Phase nur für die Leiter/innen der Organisationseinheiten verbindlich vorgesehen. Dabei sollten die Führungskräfte einerseits nicht überfordert werden, andererseits sollte das bisherige System der Leistungseinschätzung deutlich von einem neuen abgelöst werden, das so weit wie möglich unternehmenseinheitlich gestaltet sein und die Unternehmenszielerreichung spürbar fördern sollte. In einer weiteren Phase ist für alle Beschäftigten unterhalb der Ebene der Leiter/innen der Organisationseinheiten eine kriteriengestützte Leistungsbeurteilung als Basis für die Vergabe von leistungsorientierten Bezahlungselementen vorgesehen.
Auf der Basis von Zielvereinbarungen wurden im Folgejahr, je nach Höhe der erreichten Ziele, auf der Basis von § 2 des Tarifvertrages zur Änderung der Anlage 1 a zum BAT vom 25. April 1991 Leistungszulagen gezahlt. Darüber hinaus wurden die Beschäftigten am Unternehmenserfolg beteiligt.[2376]
Eine Reihe von Regularien sollten eine adäquate und faire Handhabung des Systems gewährleisten:[2377]

- Schulung der Vorgesetzten für den konkreten Umgang mit dem System der Zielvereinbarung und Leistungsbeurteilung,
- Möglichkeit für jede/n Beschäftigte/n, sich an eine paritätisch besetzte betriebliche Kommission zu wenden, wenn sie/er mit der Beurteilung nicht einverstanden ist,
- Aufgabe der betrieblichen Kommission der Auswertung von Erfahrungen mit dem System und seiner Weiterentwicklung.

Die Stadtwerke Solingen verstehen diesen Prozess der Einführung variabler Vergütung als einen Einstieg in eine Entwicklung, die sich mit der Veränderung des Wettbewerbsumfeldes, der institutionellen Gegebenheiten und der tarifrechtlichen Grundlagen beschleunigen wird. Sie betrachten dabei weniger die Details der Realisierung des Anreizsystems als entscheidende Faktoren als vielmehr den Wandel in den Methoden der Mitarbeiterführung und –vergütung.[2378]

12.4 Zusammenfassung und Bewertung

Den bisher nur spärlich vorliegenden Erfahrungsberichten der Einführung insbesondere materieller Leistungsanreize ist zu entnehmen, dass Leistungsanreize in den Verwaltung tendenziell isoliert und technokratisch mit wenig Verbindung zur Verwaltungsreform

---

[2376] Vgl. Kap. 9.5.5.1.
[2377] Vgl. Hören/Osenroth, Einführung variabler Vergütung bei den Stadtwerken Solingen, in: Personalführung 7/1999, S. 26 (30).
[2378] Vgl. Hören/Osenroth, Einführung variabler Vergütung bei den Stadtwerken Solingen, in: Personalführung 7/1999, S. 26 (30).

und dem Personalmanagement oder strategisch und integrativ im Rahmen ganzheitlicher Konzepte eingeführt werden. Ein idealtypischer Weg der strategischen und integrativen Vorgehensweise besteht aus folgenden Phasen: Festlegung der Funktionen von Leistungsanreizen, Analyse des Handlungsbedarfs und der Anreizsituation, Schaffung der Voraussetzungen, Konzeptentwicklung, Entscheidung der Umsetzung hinsichtlich eines Gesamtkonzepts oder Teilkonzepte bzw. Pilotprojekte, Information, Beratungen und Schulungen und Einrichtung eines Controllings. Die Erfahrungsberichte des Landratsamts Enzkreis, der Stadtverwaltung Nürnberg und der Stadtwerke Solingen zeigen ein systematisches und planvolles Vorgehen bei der Einführung, eine Einbindung in Motivations- und Führungskonzepte sowie eine Verknüpfung mit Maßnahmen in diesen Bereichen. Dieses Vorgehen stellt bislang eher die Ausnahme sowohl in den Kommunalverwaltungen als auch in der gesamten öffentlichen Verwaltung dar. Leistungsanreize können jedoch erst dann die mit ihnen verbundenen Ziele erreichen, wenn sie systematisch und strategisch eingeführt und in die Gesamtverwaltung, ihre unterschiedlichen Bereiche und Aktivitäten integriert sind.

13 Zusammenfassung und Ausblick

In diesem Kapitel werden die wichtigsten Ergebnisse der vorliegenden Untersuchung zusammengefasst. In einer abschließenden Bewertung wird ein Ausblick auf mögliche zukünftige Entwicklungen des Themas gegeben.

Die Ausgangssituation zum Thema „Leistungsanreize" wird durch vergangene und gegenwärtige Entwicklungen in Wissenschaft und Praxis geprägt (Kap. 2). Themen wie die Motivation der Beschäftigten, die wachsende Bedeutung des Personals und Personalmanagements, Leistungsorientierung und Leistungsanreize wurden in den 70er/80er Jahren des 20. Jahrhunderts diskutiert und empirisch untersucht, die daraus folgenden Forderungen jedoch erst in den 90er Jahren bis zum Beginn des 21. Jahrhunderts, ausgelöst durch Finanzkrise und Verwaltungsreform, in Pilotprojekten sowie Dienst- und Tarifrecht konkretisiert. Umsetzungen in Kommunalverwaltungen finden jedoch noch immer sporadisch statt.

Für den wirkungsvollen Einsatz von Leistungsanreizen müssen Grundlagen beachtet werden (Teil I).
Dazu gehört zunächst eine Klärung von Begriff, Bedeutung und Zielen von Leistungsanreizen (Kap. 3). Der Leistungsbegriff ist uneinheitlich und wird in den verschiedenen wissenschaftlichen Disziplinen nicht eindeutig definiert. Diese Mehrdimensionalität spiegelt sich ebenfalls im Leistungsbegriff der öffentlichen Verwaltung wieder, der sich sowohl auf die Gesamtleistung der Verwaltung als auch auf die Einzelleitung einer/s Beschäftigten beziehen kann. Diese Mehrdimensionalität des Leistungsverständnisses ist Ursache vielfältiger Unklarheiten im Zusammenhang mit der Vergabe von Leistungsan-

reizen. Klarheit kann eine Systematik schaffen, die die Gesamtleistung und die Einzelleistung miteinander in Beziehung setzt. Leistungsanreize können sowohl an den verschiedenen Dimensionen der Verwaltungsleistung als auch der individuellen Leistung ansetzen und diese unterstützen. Der Begriff „Leistungsanreize“ bezieht sich im engeren Sinn auf Versprechungen, die ein Verhalten attraktiver oder unattraktiver machen, und im weiteren Sinn auf die Ausgestaltung von Arbeitsbedingungen. Der vorliegenden Untersuchung liegt der weitere Sinn zu Grunde, der den engeren einschließt. Leistungsanreize können unterschieden werden in immaterielle und materielle, geplante und ungeplante, steuerungssichernde und steuerungsvariable, motivationsbegründende, motivationsfördernde und belohnende Leistungsanreize, Leistungsanreize, die die intrinsische oder die extrinsische Motivation betreffen, dauerhafte, regelmäßige und punktuelle Leistungsanreize, Leistungsanreize für alle Beschäftigten, Gruppen oder Einzelne, Eintrittsanreize und Bleibeanreize sowie personenbezogene und institutionell bezogene Leistungsanreize. Anreizsysteme bestehen aus zielgerichtet eingesetzten und in Beziehung zueinander gesetzten Leistungsanreizen sowie aus deren Zielen, Rahmenbedingungen und Voraussetzungen. Verwaltungen verfolgen mit dem Einsatz von Leistungsanreizen zwei Ziele, die in Zusammenhang stehen: die Verwaltungssteuerung und die Erhöhung der Motivation, Zufriedenheit und damit Leistung der Mitarbeiter/innen.

Die Verwaltungssteuerung stellt eine der Grundlagen und Zielrichtungen des Einsatzes von Leistungsanreizen dar (Kap. 4). Im Mittelpunkt des Neuen Steuerungsmodells steht die ziel- und ergebnisorientierte Steuerung der Verwaltung. Kontraktmanagement mit Zielvereinbarungen, Controlling, Kennzahlen und Kennzahlenvergleichen im intra- oder interkommunalen Wettbewerb sind Elemente der Verwaltungssteuerung. Das Erreichen der Verwaltungsziele und die Steuerung der Verwaltungsleistung kann durch den Einsatz von Leistungsanreizen in Verbindung mit diesen Steuerungselementen unterstützt werden.

Die Motivation der Beschäftigten als eine weitere Zielrichtung des Einsatzes von Leistungsanreizen macht die Beschäftigung mit den Grundlagen der Leistungs- und Arbeitsmotivation notwendig (Kap. 5). Damit Motivation entstehen und der Motivationsprozess in Gang gesetzt werden kann, sind eine motivierte Person sowie eine motivierende Situation mit Anreizen, die auf die Motive der Person einwirken, notwendig. Bei den Motiven menschlichen Handelns handelt es sich um physische, psychische und soziale, primäre und sekundäre sowie intrinsische und extrinsische Motive. Das Leistungsmotiv, das Kompetenzmotiv, das Geselligkeitsmotiv, das Geldmotiv, das Sicherheitsmotiv und das Prestigemotiv sind für die Arbeitsmotivation bedeutsam. In der Motivationsforschung ist keine einheitliche Motivationstheorie zu erkennen. Während die Inhaltstheorien sich mit Motiv und Ursache eines Verhaltens auseinandersetzen, beschreiben die Prozesstheorien die kognitiven Prozesse der Verhaltensaktivierung, die Faktoren ihrer Lenkung und Erhaltung und das Zusammenwirken der Faktoren. Die Bedeutung der Motivation der Beschäftigten in Organisationen ist auf Grund des gesellschaftlichen Wandels gewachsen. Auch das spezifische „Motivationskonzept“ des öffentlichen Dienstes auf der Basis des Dienst- und Treueverhältnisses verliert vor dem Hintergrund des gesellschaftlichen Wertewandels und gegenwärtiger Entwicklungen seine Wirkung, so dass auch in der öffentlichen Verwaltung Erhalt und Förderung der Motivation der Beschäftigten zunehmend als entscheidende Aufgabe betrachtet werden. Vor dem Hintergrund dieser Veränderungen wandelt sich auch die Anreizattraktivität: Während in früheren Jahren materielle Anreize, hierarchische Strukturen oder Pflichtbewusstsein zu beruflicher Leistung anspornten, sind es heute Selbstentfaltungsmotive und damit Anreize wie eine interessante und eigenverantwortliche Tätigkeit, Geselligkeit, Status und Organisationsziele, mit denen sich die Beschäftigten identifizieren können. Den Bedürfnissen der Beschäftigten müssen Anreizangebote der Organisation entsprechen. Dies trifft insbesondere auf motivationsfördernde Systembedingungen schaffende immaterielle Anreize zu. Materielle Leistungsanreize dagegen können nur unter Beachtung bestimmter Risikofaktoren effektiv eingesetzt werden. Erhalt und Steigerung der Motivation und Arbeitszufriedenheit sind die Ziele, die Organisationen mit dem Einsatz von Leistungsanreizen hinsichtlich der Beschäftigten verbinden. Der Einsatz von Leistungsanreizen zur Mitarbeitermotivation bietet Möglichkeiten, aber Grenzen.

Die Berücksichtigung und Schaffung von Rahmenbedingungen sind notwendig, damit Leistungsanreize ihre Ziele erreichen können. (Teil II).
Für einen effektiven Einsatz von Leistungsanreizen müssen bestimmte Voraussetzungen beachtet werden (Kap. 6). Zur Einbindung in die Gesamtverwaltung gehört die Integration von Leistungsanreizen in Reformmaßnahmen, in das kommunale Management sowie in das Personalmanagement und seine Aufgabenfelder und Einzelkonzepte. Eine weitere Voraussetzung stellt eine Führung, die die Motivation der Beschäftigten erkennt und fördert, dar. Insbesondere der aktivierende Führungsstil ist für eine motivationsfördernde Führung geeignet. Leistungsanreize sollten bewusst als Führungsinstrumente eingesetzt werden. Leistungsanreize für Führungskräfte können die Führungsqualität unterstützen. Die Ermittlung der Verwaltungsziele als auch der Motivation und der Bedürfnisse der Beschäftigten stellt eine weitere Voraussetzung dar. Die Wahl der passenden Leistungsanreize hinsichtlich der Verwaltungsziele, der Motivationslage und Bedürfnisse der Beschäftigten, des Adressatenkreises und der zu erbringenden oder erbrachten Leistung ist ein weiterer Erfolgsfaktor. Ein in das Personalcontrolling und schließlich Gesamtcontrolling eingebundenes Anreizcontrolling ist darüber hinaus eine Voraussetzung für den effektiven Einsatz von Leistungsanreizen.
Die Ermittlung der Leistungen und Potenziale der Beschäftigten stellt eine zentrale Voraussetzung für Leistungsanreize dar (Kap. 7). Auf Grund gravierender Mängel, insbesondere hinsichtlich der Vermischung von Leistungs- und Befähigungsbeurteilung, ist die herkömmliche Personalbeurteilung in der öffentlichen Verwaltung dafür nicht geeignet. Die funktionelle und methodische Trennung der Ermittlung der Leistung und der Potenziale stellt den entscheidenden Reformansatz dar. Ein Verfahren der Leistungsermittlung auf der Basis von Zielfestlegungen/-vereinbarungen mit Zielerreichungsüberprüfungen anhand vorher festgelegter Kriterien kann in vielen Funktionsbereichen und als Grundlage der Gewährung von Leistungsanreizen verwandt werden. Eine effektive Methode der Potenzialermittlung, die je nach Funktionsbereich

Methode der Potenzialermittlung, die je nach Funktionsbereich unterschiedlich sein kann, ist der Abgleich von Anforderungsprofilen und Potenzialprofilen.

Anreizgruppen und einzelne immaterielle und materielle Leistungsanreize stellen das Kernstück des Themas dar (Teil III).
Empirische Untersuchungen in der öffentlichen Verwaltung lassen nicht nur auf ein hohes, bisher noch ungenutztes Leistungspotenzial schließen, sondern auch auf eine Vorrangstellung intrinsischer Tätigkeitsmerkmale und damit Ansatzpunkte für immaterielle Leistungsanreize (Kap. 8). Zu der Anreizgruppe des personenbezogenen Arbeitseinsatzes gehören der interessenbezogene und der fähigkeitsbezogene Arbeitseinsatz, zur Anreizgruppe der Personalentwicklung die personen- und verwaltungsbezogene Personalentwicklung, die Fortbildung, Karriereplanungen, Parallelkarrieren und die Frauenförderung/Gleichstellungsarbeit. Die Anreizgruppe der Arbeitsgestaltung beinhaltet das Job Enlargement, das Job Enrichment, die Job Rotation sowie Teamarbeit und Projektarbeit, die Anreizgruppe der Flexibilisierung der Arbeitszeit die flexiblen Arbeitszeiten, die Teilzeitarbeit und die Telearbeit. Die Anreizgruppe der Arbeitsplatzausstattung hat Anreizpotenziale hinsichtlich der Größe, Gestaltung und Raumausstattung. Die Führung als Anreizgruppe konkretisiert sich in der mitarbeiter- und zielorientierten Führung, der Rückmeldung durch und der Rückmeldung an Vorgesetzte und dem Mitarbeitergespräch. Die Anreizgruppe der Mitarbeiterbeteiligung beinhaltet ein Verständis, das die Mitarbeiter/innen als „Mitunternehmer/innen" betrachtet und sie sowohl in der Verwaltungsreform als auch bei der Leitbildentwicklung beteiligt. Mitarbeiterfragungen, das Vorschlagswesen und Qualitätszirkel enthalten ebenfalls hohe Anreizpotenziale hinsichtlich der Mitarbeiterbeteiligung. Zur Anreizgruppe der Arbeitsatmosphäre gehören die Verwaltungskultur sowie Information und Kommunikation, zur Anreizgruppe der sozialen Leistungen die Ausstattung der Sozialräume, Freizeitangebote, Beratungsangebote, die Gesundheitsförderung, die Sozialen Personaldienstleistungen und der Betriebskindergarten. Ein Teil dieser immateriellen Leistungsanreize ist in Kommunalverwaltungen realisiert, wenn auch meist nicht unter dieser Bezeichnung; weite Teile sind jedoch (noch) nicht verwirklicht.
Empirische Untersuchungen in der öffentlichen Verwaltung zeigen, dass die eigentlichen materiellen Leistungsanreize in der Überwindung der vielerorts bestehenden Ungerechtigkeiten in der Entlohnung zu finden sind (Kap. 9). Die leistungsorientierte Entlohnung in der öffentlichen Verwaltung wird einerseits seit langem gefordert, andererseits kontrovers diskutiert. Die Anreizgruppe der anforderungs- und leistungsgerechten Grundbesoldung/Grundvergütung mit der anforderungsgerechten Grundbesoldung/Grundvergütung und der Leistungsstufe stellen Möglichkeiten zur Überwindung der Bezahlungsungerechtigkeit dar. Die Anreizgruppe des beruflichen Aufstiegs beinhaltet bessere Aufstiegsmöglichkeiten sowie transparente leistungs- und fähigkeitsbezogene Personalauswahlentscheidungen. Zur Anreizgruppe der finanziellen Zuwendungen gehören die monetären Sozialleistungen, zinslose/-günstige Darlehn sowie Leistungszulagen und Leistungsprämien, zur Anreizgruppe der Sachzuwendungen die priva-

te Nutzung von dienstlichen Einrichtungen und Gegenständen, der kostenlose/-günstige Parkplatz, Abonnements für den ÖPNV, Sachprämien/-geschenke und Versicherungen. Die materielle Mitarbeiterbeteiligung konkretisiert sich in der Ausschüttung des finanziellen Erfolgs an die Beschäftigten und in der Aktienbeteiligung. Insbesondere die neuen leistungsorientierten Bezahlungselemente wie Leistungsstufe, Leistungszulagen und Leistungsprämien stehen im Mittelpunkt der Diskussion. Dabei wird die Bandbreite der materiellen Leistungsanreize in der Praxis derzeit wenig gesehen und praktiziert.
Für einen effektiven Einsatz von Leistungsanreizen müssen die verschiedenen Leistungsanreizarten untereinander verknüpft und zu systematischen Kombinationsmodellen verbunden werden (Kap. 10). Bei Cafeteria-Systemen als besonderer Form eines Kombinationsmodells können Beschäftigte aus mehreren gleichwertigen materiellen und immateriellen Optionen ihren Bedürfnissen entsprechende Anreize auswählen. Auch in der öffentlichen Verwaltung sind Cafeteria-Systeme sinnvoll, da sie die Grundgedanken der Verwaltungsreform und die Eigenverantwortlichkeit der Mitarbeiter/innen unterstützen können.
Leistungsanreize haben in der Verwaltungsreform einen hohen Stellenwert (Teil IV). Das Neue Steuerungsmodell enthält mit seinen Elementen Output-Orientierung, dezentrale Ressourcenverantwortung und Budgetierung, Kontraktmanagement und Wettbewerb hohe Anreizpotenziale (Kap. 11). Unterstützt werden können diese durch weitere immaterielle und materielle Leistungsanreize. Leistungsanreize können das in ihnen enthaltende Reformpotenzial unter Beachtung verschiedener Voraussetzungen entfalten und den Reformprozess fördern.

Überlegungen zur Umsetzung von Leistungsanreizen in der Praxis schließen die Untersuchung ab (Teil V).
Der Aufbau eines Anreizsystems in der kommunalen Praxis ist für einen wirkungsvollen Einsatz von Leistungsanreizen notwendig (Kap. 12). Kommunalverwaltungen führen Leistungsanreize tendenziell isoliert und technokratisch mit wenig Verbindung zur übrigen Verwaltung oder strategisch und integrativ im Rahmen ganzheitlicher Konzepte ein. Ein idealtypischer Weg der strategischen und integrativen Vorgehensweise besteht aus folgenden Phasen: Festlegung der Funktionen von Leistungsanreizen, Analyse des Handlungsbedarfs und der Anreizsituation, Schaffung der Voraussetzungen, Konzeptentwicklung, Entscheidung der Umsetzung hinsichtlich eines Gesamtkonzepts oder Teilkonzepte bzw. Pilotprojekte, Information, Beratungen und Schulungen und Einrichtung eines Anreizcontrollings. Ein systematisches und planvolles Vorgehen bei der Einführung, eine Einbindung in Motivations- und Führungskonzepte sowie eine Verknüpfung mit Maßnahmen in diesen Bereichen stellen bislang in der Praxis jedoch eher die Ausnahme dar.

Abschließend lässt sich der gegenwärtige Stand der Diskussion und die Umsetzung immaterieller und materieller Leistungsanreize in der öffentlichen Verwaltung, die am

Beispiel von Kommunalverwaltungen verdeutlicht wurden, am treffendsten mit der aus der Theologie stammenden Wendung „Schon, aber noch nicht“[2379] umschreiben:

- o Schon denkt die öffentliche Verwaltung bürger- und leistungsorientierter, aber noch werden die entsprechenden betriebswirtschaftlichen Instrumente nicht in ihrer effektivsten und konsequentesten Form umgesetzt.
- o Schon spielt die Motivation der Beschäftigten auch in der öffentlichen Verwaltung eine bedeutsamere Rolle als in den letzten Jahrzehnten, aber noch wird der Faktor „Mensch“ im Leistungserstellungsprozess nicht genügend berücksichtigt.
- o Schon wird die Bedeutung der ziel- und mitarbeiterorientierten Personalführung erkannt, aber noch haben Führungskräfte häufig nicht das Gespür für zielorientiertes Handeln sowie die Motivations- und Bedürfnislage ihrer Mitarbeiter/innen.
- o Schon sind Leistungsanreize ein Thema in den Verwaltungen geworden, aber noch werden sie vielfach nicht in die Praxis umgesetzt.
- o Schon werden einige Leistungsanreize eingesetzt, aber noch geschieht dies nicht systematisch zur Steuerung der Verwaltungsleistung und zur Erhöhung der Motivation und Arbeitszufriedenheit der Beschäftigten.
- o Schon wird die besondere Bedeutung immaterieller Leistungsanreize erkannt, aber noch entzünden sich viele Diskussionen nicht an den Möglichkeiten der Gewährung immaterieller, sondern häufig ausschließlich materieller Anreize.
- o Schon ist die Umsetzung einiger immaterieller Leistungsanreize in der Verwaltungspraxis zu erkennen, aber noch geschieht dies nicht häufig, systematisch und umfassend genug.
- o Schon sind in Dienst- und Tarifrecht leistungsorientierte Elemente grundgelegt, aber noch sind ganzheitliche, systematische und grundlegende Konzepte des Personalmanagements, die insbesondere die intrinsische Motivation der Beschäftigten berücksichtigen, nicht zu erkennen.
- o Schon sind in Dienst- und Tarifrecht erste Schritte auf dem Weg zu einer leistungsorientierten Entlohnung zu verzeichnen, aber noch ist das Besoldungs-/Vergütungssystem der öffentlichen Verwaltung in seiner Gesamtheit nicht auf eine effektive leistungsorientierte Entlohnung ausgerichtet.
- o Schon werden in einigen Verwaltungen bestimmte materielle Leistungsanreize eingesetzt, aber noch sind Gesamtkonzepte häufig nicht zu erkennen.
- o Schon wird die Notwendigkeit neuer Beurteilungsformen erkannt, aber noch sind die rechtlichen und verwaltungspraktischen Rahmenbedingungen hinderlich für Reformmaßnahmen.
- o Schon wird die Bedeutung von Verknüpfungen und Kombinationsmodellen von immateriellen und materiellen Leistungsanreizen gesehen, aber noch werden diese fast nicht praktiziert.
- o Schon wird die Bedeutung von Leistungsanreizen für die Verwaltungsmodernisierung erkannt, aber noch werden Anreizpotenziale der Reformmaßnahmen oft-

[2379] Diese Wendung beschreibt in der neutestamentlichen Exegese den Anbruch des Gottesreiches durch die Menschwerdung Jesu Christi; dieses Gottesreich wird aber erst in der Endzeit vollendet sein.

mals nicht genutzt und immaterielle und materielle Leistungsanreize zu ihrer Unterstützung eingesetzt.

Die vorliegende Untersuchung hat verdeutlicht, dass für einen effektiven Einsatz von Leistungsanreizen viele Voraussetzungen zu schaffen sowie Rahmenbedingungen und Erfolgsfaktoren zu beachten sind. Die zukünftige Entwicklung des Themas „Immaterielle und materielle Leistungsanreize“ setzt genau an den aufgezeigten Aspekten des „Schon“ an. Die Beschäftigung mit und die Umsetzung von Leistungsanreizen in der öffentlichen Verwaltung bedeuten daher nicht eine kleine Maßnahme neben vielen anderen, sondern einen entscheidenden Schritt auf dem Weg zu einer leistungsorientierten Verwaltung. Das Thema „Immaterielle und materielle Leistungsanreize“ hat vor dem skizzierten Hintergrund eine geschichtliche Entwicklung, gewinnt in der Gegenwart eine große Bedeutung und lässt weitreichende Entwicklungen für die Zukunft erahnen.

Literaturverzeichnis

Ackermann, K. F., Leistungszulagen bei der Deutschen Bundespost. Abschlußbericht. Studie im Auftrag des Bundesministers für Post und Telekommunikation, Stuttgart 1993

Ackermann, K. F., Kundenorientierung im Personalmanagement – auf dem Weg zum Dienstleistungszentrum Personalabteilung, in: Ackermann, K. F./Meyer, M./Mez, B. (Hrsg.), Die kundenorientierte Personalabteilung. Ziele und Prozesse des effizienten HR-Management, Wiesbaden 1998, S. 3-28

Ackermann, K. F./Meyer, M./Mez, B. (Hrsg.), Die kundenorientierte Personalabteilung. Ziele und Prozesse des effizienten HR-Management, Wiesbaden 1998

Adamaschek, B., Interkommunaler Leistungsvergleich: Leistung und Innovation durch Wettbewerb. Eine Dokumentation zu dem Projekt des Deutschen Beamtenbundes und der Bertelsmann Stiftung „Grundlagen einer leistungsfähigen Kommunalverwaltung, 2. Auflage, Gütersloh 1997

Adamaschek, B., Halbzeit für die Neue Steuerung. Wie geht es weiter?, in: Demokratische Gemeinde 12/1998, S. 9-10

Adamaschek, B., Hoheitsverwaltung und/oder Dienstleistungsunternehmen, in: Bandemer, S. v./Blanke, B./Nullmeier, F./Wewer, G. (Hrsg.), Handbuch zur Verwaltungsreform, Opladen 1998, S. 32-41

Adamaschek, B., Innovative Vergütungssysteme in der öffentlichen Verwaltung, in: Adamaschek, B./Oechsler, W. (Hrsg.), Leistungsabhängige Bezahlung im öffentlichen Dienst, Gütersloh 2001, S. 7-10

Adamaschek, B., Partizipation. Die Bedeutung von Teamstrukturen für die Organisationskultur, in: VOP-Sonderheft 1/2001, S. 37-39

Adamaschek, B./Grymer, H./Meyer-Pries, D. (Hrsg.), Managementhandbuch Kommunalverwaltung, Heidelberg, Stand: Oktober 1997

Adamaschek, B./Oechsler, W., Zusammenfassung, in: Adamaschek, B./Oechsler, W. (Hrsg.), Leistungsabhängige Bezahlung im öffentlichen Dienst, Gütersloh 2001, S. 43-49

Adamaschek, B./Oechsler, W. (Hrsg.), Leistungsabhängige Bezahlung im öffentlichen Dienst, Gütersloh 2001

Adams, J. S., Toward An Understanding of Inequity, in: Journal of Abnormal and Social Psychology 1963, S. 422-436

Adrian, G./Albert, I./Riedel, E., Die Mitarbeiterbeurteilung. Hinweise und Hilfen für Beurteiler, Stuttgart, München 1994

Alderfelder, C.P., An empirical test of a new theory of human needs, in: OBHP 4/1969, S. 142-175

Alderfelder, C.P., Existence, relatedness, and growth. Human needs in organizational settings, New York, London 1972

Aldering, C., Benchmarking von Management- bzw. Führungsqualitäten, in: Kienbaum, J., Benchmarking Personal. Von den Besten lernen, Stuttgart 1997, S. 183-190

Althoff, K./Thielepape, M., Psychologie in der Verwaltung, 5., überarbeitete und ergänzte Auflage, Hamburg 1995

Antoni, C. H., Gruppenarbeit: mehr als ein Ansatz zur betrieblichen Flexibilisierung, in: Antoni, C. H./Eyer, E./Kutscher, J., Das flexible Unternehmen. Arbeitszeit. Gruppenarbeit. Entgeltsysteme, 02.01, Düsseldorf 2000, S. 1-46

Antoni, C. H./Eyer, E./Kutscher, J., Das flexible Unternehmen. Arbeitszeit. Gruppenarbeit. Entgeltsysteme, Düsseldorf 2000

Anwander, A./Fleck, T., Planspiele und Lernprogramme als Beitrag zur Personalentwicklung, in: Walsh, I./Papmehl, A. (Hrsg.), Personalentwicklung im Wandel, Wiesbaden 1991, S. 186-195

Arbeitskreis Nonprofit-Organisationen (Hrsg.), Nonprofit-Organisationen im Wandel. Ende der Besonderheiten oder Besonderheiten ohne Ende?, Schriften des Deutschen Vereins für öffentliche und private Fürsorge, Allgemeine Schrift 274, Frankfurt am Main 1998

Arnim, H. H. v., Das Verhältnis von Bürger und Staat in Deutschland und in den ausgewählten Ländern: Versuch eines Vergleichs, in: Lüder, K. (Hrsg.), Öffentliche Verwaltung der Zukunft. Vorträge der 65. Staatwissenschaftlichen Fortbildungstagung 1997 der Hochschule für Verwaltungswissenschaften Speyer, Schriftenreihe der Hochschule Speyer Bd. 124, Berlin 1998, S. 123-126

Arx, S. v., Das Wertschöpfungs-Center-Konzept als Strukturansatz zur unternehmerischen Gestaltung der Personarbeit – Darstellung aus Sicht der Wissenschaft, in: Wunderer, R./Kuhn, T. (Hrsg.), Innovatives Personalmanagement. Theorie und Praxis unternehmerischer Personalarbeit, Neuwied, Kriftel, Berlin 1995, S. 424-441

Ast, S., Chancen und Grenzen des Neuen Steuerungsmodells im öffentlichen Bereich, in: VM 5/2000, S. 289-294

Atteslander, P., Methoden der empirischen Sozialforschung, 8. Auflage, Berlin, New York 1995

Autenrieth, C., Wandel im Personalmanagement. Differenzierung und Integration im Interesse weiblicher Führungskräfte, Neue betriebswirtschaftliche Forschung Bd. 187, Wiesbaden 1996

Bach, A., Qualitätsmanagement – Managementqualität, in: Biehal, F., Lean Service. Dienstleistungsmanagement der Zukunft für Unternehmen und Non-Profit-Organisationen, 2. Auflage, Bern, Stuttgart, Wien 1994, S. 76-96

Backes-Gellner, U./Kräkel, M./Grund, C. (Hrsg.), Entlohnung und Arbeitszeitgestaltung im Rahmen betrieblicher Personalpolitik, München 1999

Badelt, C. (Hrsg., unter Mitarbeit von Bachstein, W.), Handbuch der Nonprofit Organisation. Strukturen und Management, 2., überarbeitete und erweiterte Auflage, Stuttgart 1999

Badura, B./Münch, E./Ritter, W., Partnerschaftliche Unternehmenskultur und betriebliche Gesundheitspolitik, Gütersloh 1997

Baldin, J., Bildungscontrolling in der Weiterbildung, in: Walsh, I./Papmehl, A. (Hrsg.), Personalentwicklung im Wandel, Wiesbaden 1991, S. 161-172

Bals, H., Die zentrale Rolle des Haushalts- und Rechnungswesens für Verwaltungsreform und Haushaltskonsolidierung, in: der städtetag, 12/1998, S. 785-791

Balzereit, B., Personalwesen im öffentlichen Dienst, in: Gaugler, E./Weber, W. (Hrsg.), Handwörterbuch des Personalwesens, 2. Auflage, Stuttgart 1992, Sp. 1839-1853

Bamberg, U., Argumente zum Leistungsprinzip, in: Hoefert, H.-W./Reichard, C. (Hrsg.), Leistungsprinzip und Leistungsverhalten im öffentlichen Dienst, Stuttgart u. a. 1979, S. 26-40

Bandemer, S. v./Blanke, B./Nullmeier, F./Wewer, G. (Hrsg.), Handbuch zur Verwaltungsreform, Opladen 1998

Bandemer, S. v./Hilbert, J., Vom expandierenden zum aktivierenden Staat, in: Bandemer, S. v./Blanke, B./Nullmeier, F./Wewer, G. (Hrsg.), Handbuch zur Verwaltungsreform, Opladen 1998, S. 25-32

Banner, G., Der menschliche Faktor. Unterwegs zu einer intensiven Verwaltungskultur?, in: Böhret, C. u. a. (Hrsg.), Planung in öffentlicher Hand, Opladen 1977, S. 79-92

Banner, G., Von der Behörde zum Dienstleistungsunternehmen. Die Kommunen brauchen ein neues Steuerungsmodell, in: VOP 1/1991, S. 6-11

Banner, G., Von der Behörde zum Dienstleistungsunternehmen. Brauchen wir ein neues Steuerungsmodell?, in: Ebell, P./Fischer, D./Frey, R. (Hrsg.), Brauchen die Kommunen neue Steuerungsmodelle? Zur Handlungsfähigkeit der kommunalen Selbstverwaltung am Ende des 20. Jahrhunderts, Beckum 1992, S. 19-44

Banner, G., Konzern Stadt, in: Hill, H./Klages, H. (Hrsg.), Qualitäts- und erfolgsorientiertes Verwaltungsmanagement. Aktuelle Tendenzen und Entwürfe. Vorträge und Diskussionsbeiträge der 61. Staatswissenschaftlichen Fortbildungstagung 1993 der Hochschule für Verwaltungswissenschaften Speyer, Berlin 1993, S. 57-67

Banner, G., Neue Trends im kommunalen Management, in: VOP 1/1994, S. 5-12

Banner, G., Verwaltungsreform als Staatsdilemma, in: VM 6/1997, S. 337-341

Banner, G., Von der Ordnungskommune zur Dienstleistungs- und Bürgerkommune. Kommunale Verwaltungsmodernisierung zwischen Bürgerschaft, Markt und Staat, in: Der Bürger im Staat 4/1998, S. 179-186

Banner, G./Reichard, C. (Hrsg.), Kommunale Managementkonzepte in Europa, Köln 1993

Barthel, E./Hein, H./Römer, H., Mitarbeiterbeurteilung als Instrument der Personalentwicklung, in: Schuler, H. (Hrsg.), Beurteilung und Förderung beruflicher Leistung, Beiträge zur Organisationspsychologie Bd. 4, Stuttgart 1991, S. 81-89

Bass, B.M., Organizational Psychology, Boston 1965

Baßlsperger, M./Gerhard, D., Lexikon des öffentlichen Dienstrechts, Bonn 1993

Batsching, T., Kundenorientiertes Personalmanagement. Die Herausforderung gestalten, in: Ackermann, K. F./Meyer, M./Mez, B. (Hrsg.), Die kundenorientierte Personalabteilung. Ziele und Prozesse des effizienten HR-Management, Wiesbaden 1998, S. 29-43

Battis, U., Berufsbeamtentum und Leistungsprinzip, in: ZBR 7/1996, S. 193-198

Baumbach, R./Kretschmann, J., Personalentwicklung durch Kleingruppenarbeit, in: Schanz, G. (Hrsg.), Handbuch Anreizsysteme in Wirtschaft und Verwaltung, Stuttgart 1991, S. 465-480

Baumgartner, P./Bricio, W., Beteiligung mit Verantwortung. Ein neuer Weg zu flexiblen Arbeitsformen durch Beteiligung der Mitarbeiter, in: io management 3/2000, S. 60-65

Beck, U., Das Modell der Bürgerarbeit, in: Politische Studien, 366/1999, S. 119-130

Becker, E./Knemeyer, F.-L./Münstermann, E./Pappermann, E., Gemeinde, politische, in: Görres-Gesellschaft (Hrsg.), Staatslexikon. Recht. Wirtschaft. Gesellschaft Bd. 2, 7., völlig neu bearbeitete Auflage, Freiburg im Breisgau, Basel, Wien 1986, Sp. 821-846

Becker, F., Grundlagen betrieblicher Leistungsbeurteilungen, Stuttgart 1992

Becker, F. G., Anreizsysteme für Führungskräfte, Stuttgart 1990

Becker, F. G., Innovationsfördernde Anreizsysteme, in: Schanz, G. (Hrsg.), Handbuch Anreizsysteme in Wirtschaft und Verwaltung, Stuttgart 1991, S. 567-593

Becker, F. G., Strategisch-orientierte Anreizsysteme – beispielhaft dargestellt am „Incentive Compensation System" der General Electric Company, in: Schanz, G. (Hrsg.), Handbuch Anreizsysteme in Wirtschaft und Verwaltung, Stuttgart 1991, S. 753-776

Becker, F. G., Die Leistungsbeurteilung: Instrument für die Vergabe von Leistungszulagen?, in: Reinermann, H./Unland, H. (Hrsg.), Die Beurteilung – Vom Ritual zum Personalmanagement, Baden-Baden 1997, S. 73-86

Becker, F. G., Leistungsbeurteilung versus Mitarbeitergespräch in der öffentlichen Verwaltung. Vier Thesen, in: VM 5/1998, S. 270-271

Becker, H., Gibt es den idealen Führungsstil?, in: VM 5/1999, S. 295-297

Becker, K./Eyer, E./Fremmer, H./Hofmann, A., Einführung von Gruppenarbeit. Ein Leitfaden für Führungskräfte, Köln 1995

Becker, K.-D., Formen des Arbeitsentgelts, in: Luczak, H. (Hrsg.), Handbuch der Arbeitswissenschaft, Stuttgart 1997, S. 988-999

Becker, M., Personalentwicklung und Organisationsentwicklung als Führungsaufgabe – eine Einführung in die Thematik, Betriebswirtschaftliche Diskussionsbeiträge Nr. 97/10, Halle (Saale), 1997

Becker, M., Personalentwicklung. Bildung, Förderung und Organisationsentwicklung in Theorie und Praxis, 2., überarbeitete und erweiterte Auflage, Stuttgart 1999

Becker, M./Lang, R./Wagner, D., Sechs Jahre danach: Personalarbeit in den neuen Bundesländern, München, Mering 1996

Becker-Melching, M./Vorsteher, P., Verwaltungsumbau durch „Business Reengineering“, in: das rathaus 11/1994, S. 648-651

Bellmann, L./Frick, B., Umfang, Bestimmungsgründe und wirtschaftliche Folgen betrieblicher Zusatz- und Sozialleistungen, in: Frick, B./Neubäumer, R./Sesselmeier, W. (Hrsg.), Die Anreizwirkungen betrieblicher Zusatzleistungen, München, Mering 1999, S. 95-120

Below, K./Ehrenfeld, H., Ökonomisches Kalkül und Public Management. Symposion über Alternativen der betriebswirtschaftlichen Ausbildung von Fachkräften für öffentliche Aufgaben, Fachhochschule Hildesheim/Holzminden, Hildesheim 1995

Benkenstein, M./Güthoff, J., Typologisierung von Dienstleistungen, in: ZfB 12/1996, S. 1493-1510

Benölken, H./Greipel, P., Strategische Organisationsentwicklung. Langfristige Unternehmenssicherung durch integrierte Strategie- und Organisationsentwicklung, in: zfo 1/1989, S. 15-22

Benz, M., Partizipation und Kommunikation als Motivatoren. Wie Unternehmen implizite Arbeitsverträge verbessern können, in: zfo 1/2000, S. 92-96

Berger, P., Psychotherapie von Karriereleiden, in: Gross, W. (Hrsg.), Karriere(n) in der Krise. Die seelischen Kosten des beruflichen Aufstiegs, Bonn 1997, S. 174-193

Berkel, K., Konflikttraining, Arbeitshefte Führungspsychologie Bd. 15, Heidelberg 1999

Berndt, G., Einführung und Standortbestimmung – Die Bedeutung der Personalentwicklung als Qualifizierungsinstrument –, in: Berndt, G. (Hrsg.), Personalentwicklung. Ansätze – Konzepte – Perspektiven, Köln, Berlin, Bonn, München 1986, S. 1-59

Berndt, G. (Hrsg.), Personalentwicklung. Ansätze – Konzepte – Perspektiven, Köln, Berlin, Bonn, München 1986

Bertelsmann Stiftung (Hrsg.), Carl Bertelsmann-Preis 1993. Demokratie und Effizienz in der Kommunalverwaltung, Gütersloh 1993

Bertelsmann Stiftung (Hrsg.), Demokratie und Effizienz in der Kommunalverwaltung, Bd. 1: Dokumentationsband zur internationalen Recherche, Gütersloh 1993

Bertelsmann Stiftung (Hrsg.), Demokratie und Effizienz in der Kommunalverwaltung, Bd. 2: Dokumentation zu Symposium und Festakt, Gütersloh 1994

Bertelsmann Stiftung/Hans-Böckler-Stiftung (Hrsg.), Fortschreibung der Unternehmenskultur. Vorteil Unternehmenskultur: Leitfaden für die Praxis, Heft 6, Gütersloh 1996

Bertelsmann Stiftung/Hans-Böckler-Stiftung (Hrsg.), Unternehmensleitbild und Unternehmensverfassung. Vorteil Unternehmenskultur: Leitfaden für die Praxis, Heft 1, Gütersloh 1996

Bertelsmann Stiftung/Institut für Wirtschaft und Gesellschaft Bonn e.V. (Hrsg.), Arbeitsmotivation und Führung. Ergebnisse einer gemeinsamen Arbeitstagung der Bertelsmann Stiftung, Gütersloh, und des Instituts für Wirtschaft und Gesellschaft Bonn e.V. – IWG Bonn – am 9. und 10. Juli 1987 in Gütersloh, Gütersloh 1988

Berthel, J., Karriereanreize für Mitarbeiter, in: Schanz, G. (Hrsg.), Handbuch Anreizsysteme in Wirtschaft und Verwaltung, Stuttgart 1991, S. 481-498

Berthel, J., Fort- und Weiterbildung, in: Gaugler, E./Weber, W. (Hrsg.), Handwörterbuch des Personalwesens, 2. Auflage, Stuttgart 1992, Sp. 883-898

Berthel, J., Laufbahn- und Nachfolgeplanung, in: Gaugler, E./Weber, W. (Hrsg.), Handwörterbuch des Personalwesens, 2. Auflage, Stuttgart 1992, Sp. 1203-1213

Berthel, J., Personalmanagement. Grundzüge für Konzeptionen betrieblicher Personalarbeit, 5., aktualisierte und korrigierte Auflage, Stuttgart 1997

Berthel, J. (Hrsg.), Unternehmen im Wandel. Konsequenzen für und Unterstützung durch die Personalwirtschaft, München, Mering 1998

Berthel, J./Koch, H.-E., Karriereplanung und Mitarbeiterförderung, Sindelfingen, Stuttgart 1985

Beutel, K./Fischer, H.-P, Fragestellungen für Führungskräfte zur PE-Bedarfserfassung, in: Sattelberger, T. (Hrsg.), Innovative Personalentwicklung. Grundlagen, Konzepte, Erfahrungen, 2. Auflage, Wiesbaden 1991, S. 59-65

Beyer, L., Reengineering, in: Bandemer, S. v./Blanke, B./Nullmeier, F./Wewer, G. (Hrsg.), Handbuch zur Verwaltungsreform, Opladen 1998, S. 106-115

Bickenbach, F./Sotwedel, R., Ordnung, Anreize und Moral. Ethik und wirtschaftliches Handeln in der modernen Gesellschaft. Abschlußbericht zum Schwerpunkt „Ethik und Markt“ (hrsg. von der Bertelsmann Stiftung, Heinz Nixdorf Stiftung, Ludwig-Erhard-Stiftung), Gütersloh 1996

Bickenbach, F./Sotwedel, R., Trend in der Führungsphilosophie und Unternehmensorganisation. Ergebnisse eine Führungskräftebefragung. Bericht aus dem Forschungsprogramm „Weiterentwicklung und Perspektiven der Sozialen Marktwirtschaft“ (hrsg. von der Bertelmann Stiftung, Heinz Nixdorf Stiftung, Ludwig-Erhard-Stiftung), Gütersloh 1995

Biehal, F., Dienstleistungsmanagement und die schlanke Organisation, in: Biehal, F., Lean Service. Dienstleistungsmanagement der Zukunft für Unternehmen und Non-Profit-Organisationen, 2. Auflage, Bern, Stuttgart, Wien 1994, S. 50-74

Biehal, F., Lean Service. Dienstleistungsmanagement der Zukunft für Unternehmen und Non-Profit-Organisationen, 2. Auflage, Bern, Stuttgart, Wien 1994

Bieker, J., Von der Personal- zur Persönlichkeitsentwicklung, in: Walsh, I./Papmehl, A. (Hrsg.), Personalentwicklung im Wandel, Wiesbaden 1991, S. 44-54

Bihl, G., Anreizaspekte einer Werteorientierten Personalpolitik in einem neuen Automobilwerk der BMW AG, in: Schanz, G. (Hrsg.), Handbuch Anreizsysteme in Wirtschaft und Verwaltung, Stuttgart 1991, S. 933-964

Bieler, F., Die dienstliche Beurteilung. Beamte, Angestellte und Arbeiter im öffentlichen Bereich, Berlin 1998

Bildungsdienst, Sozialwerk und Akademie des Deutschen Beamtenbundes (Hrsg.), Leistungsanreize in der öffentlichen Verwaltung. Fachtagung 11/10/95, BiSoWe-Reihe 1, Bonn 1996

Bischoff, D./Reichard, C., Vom Beamten zum Manager? Herausforderungen und Perspektiven der Verwaltungsausbildung, Reihe Verwaltung, Recht und Gesellschaft Bd. 5 (hrsg. von der Fachhochschule für Verwaltung und Rechtspflege Berlin), Berlin 1994

Bitzer, B., Innovationshemnisse in Unternehmen, Wiesbaden1990

Birkenbihl, V. F., Kommunikationstraining. Zwischenmenschliche Beziehungen erfolgreich gestalten, 12. Auflage, München 1992

Blanchard, K./Carlos, J. P./Randolph, A., Kursbuch Selbstverantwortung. So führen Sie Ihre Mitarbeiter zu mehr Motivation und Leistung (aus dem Englischen von Künzel, P.), Frankfurt am Main 2000

Blanke, T., Verwaltungsmodernisierung. Direktionsrecht des Arbeitgebers, Mitwirkungsrechte des Personals und Tarifautonomie. Rechtsgutachten im Auftrag der Hans-Böckler-Stiftung, Schriften der Hans-Böckler-Stiftung Bd. 32, Baden-Baden 1998

Bleicher, K., Leitbilder. Orientierungsrahmen für eine integrative Management-Philosophie, Entwicklungstendenzen im Management Bd. 1, Stuttgart 1992

Bleicher, K., Führungsmodelle im Überblick, in: Berthel, J./Groenewald, H., Personal-Management. Zukunftsorientierte Personalarbeit, 10. Nachlieferung, Landsberg am Lech 1993, S. 1-26

Bleicher, K., Das Konzept Integriertes Management. Visionen – Missionen – Programme, 5., revidierte und erweiterte Auflage, Frankfurt am Main, New York 1999

Blödorn, C., Professionalisierung der Personalführung notwendig. Motivations- und Leistungsgefüge ist nicht mehr zeitgemäß, in: VOP 1-2/2000, S. 38-40

Blumenstock, H./Lober, R., Ziel- und kundenorientiertes Personalmanagement in dezentralen Strukturen, in: Ackermann, K. F./Meyer, M./Mez, B. (Hrsg.), Die kundenorientierte Personalabteilung. Ziele und Prozesse des effizienten HR-Management, Wiesbaden 1998, S. 47-73

Böhm, H., Herausforderungen an ein unternehmerisches Personalmanagement, in: Knebel, H./Wagner, D. (Hrsg.), Management by Zander. Konzepte – Erfahrungen – Perspektiven, München, Mering 1997, S. 3-15

Böhm, H., Unsere Unternehmen brauchen die Potenziale der Älteren!, in: Kayser, F./Uepping, H. (Hrsg.), Kompetenz der Erfahrung. Personalmanagement im Zeichen des demographischen Wandels, Neuwied, Kriftel, Berlin 1997, S. 219-221

Böhm, M., Leistungsanreize im öffentlichen Dienst im internationalen Vergleich, in: ZBR 4/1997, S. 101-107

Bögel, R./Rosenstiel, L. v. und eine interministerielle Arbeitsgruppe unter Leitung des Staatsministerium des Innern, Mitarbeiterbefragung im öffentlichen Dienst, (hrsg. vom Bayerischen Staatsministerium für Arbeit und Sozialordnung, Familie, Frauen und Gesundheit), München 1999

Böhnisch, W., Anreize für passiv Innovierende, in: Schanz, G. (Hrsg.), Handbuch Anreizsysteme in Wirtschaft und Verwaltung, Stuttgart 1991, S. 705-731

Böhret, C. u. a. (Hrsg.), Planung in öffentlicher Hand, Opladen 1977

Bönders, T., Neue Leistungselemente in der Besoldung – Anreiz oder Flop?, in: ZBR 1/1999, S. 11-21

Börsch, K./Mathy, A., Controllingsystem für die Aus- und Weiterbildung. Notwendige Qualifizierung der Beschäftigten unterliegt hohem Kostendruck, in: VOP 6/2000, S. 17-19

Bösterling, B., Interne und externe Promotion von Verwaltungsreformprojekten – Ein produktives Zusammenspiel?, in: Steinle, C./Bruch, H./Lawa, D. (Hrsg.), Projektmanagement – Instrument moderner Dienstleistung, Frankfurt am Main 1995, S. 199-214

Bogumil, J., Implementationsprobleme in fortgeschrittenen Modernisierungsstädten und Schritte zu ihrer Überwindung, in: Bogumil, J.,/Kißler, L. (Hrsg.), Stillstand auf der „Baustelle"? Barrieren der kommunalen Verwaltungsmodernisierung und Schritte zu ihrer Überwindung, S. 131-149

Bogumil, J./Kißler, L., Vom Untertan zum Kunden? Möglichkeiten und Grenzen von Kundenorientierung in der Kommunalverwaltung, Berlin 1995

Bogumil, J./Kißler, L. (Hrsg.), Verwaltungsmodernisierung und lokale Demokratie. Risiken und Chancen eines neuen Steuerungsmodells für die lokale Demokratie, Baden-Baden 1997

Bogumil, J./Kißler, L. (Hrsg.), Stillstand auf der Baustelle? Barrieren der kommunalen Verwaltungsmodernisierung und Schritte zu ihrer Überwindung, Baden-Baden 1998

Bogumil, J./Holtkamp, L., Die Neugestaltung des kommunalen Kräftedreiecks. Grundlegende Konzeption zur Bürgerkommune, in: VOP 4/2001, S. 10-12

Bogumil, J./Vogel, H. J. (Hrsg.), Bürgerschaftliches Engagement in der kommunalen Praxis. Initiatoren, Erfolgsfaktoren und Instrumente (hrsg. Vom Netzwerk: Kommunen der Zukunft. Eine Gemeinschaftsinitiative der Bertelsmann-Stiftung, der Hans-Böckler-Stiftung und der KGSt), Köln 1999

Bonarius, S., Statt Allmachtsphantasie viel Überzeugungsarbeit in den Vorstandsetagen. Personalentwickler wollen Führungskräfte dafür gewinnen, die Personalentwicklung der Mitarbeiter selbst zu übernehmen, in: Management & Seminar 6/1992, S. 18-21

Bonin, H. E. G., Informationstechnik als Erfolgsfaktor der lernenden Organisation, in: VM 3/1997, S. 155-158

Bonorden, V./Rieger, R., Dienstrechtsreform, in: Bandemer, S. v./Blanke, B./Nullmeier, F./Wewer, G. (Hrsg.), Handbuch zur Verwaltungsreform, Opladen 1998, S. 209-216

Bontrup, H.-J./Hansen, K. u. a. (Hrsg.), Problemfelder eines zukunftsorientierten Personalmanagements, Köln 1998

Borg, I./Bergmaier, R., Über die zweifelhafte Strategie, Leistung durch monetäre Anreize erhöhen zu wollen, in: Personalführung 8/1992, S. 640-649

Borszcz, A., Profit-Center-Ergebnisrechung in der Personalentwicklung, in: Walsh, I./Papmehl, A. (Hrsg.), Personalentwicklung im Wandel, Wiesbaden 1991, S. 81-89

Bosbach, H., Die Mitarbeiter fundiert beurteilen können. 5-Schritte-Konzept zur systematischen Personalbeurteilung, in: VOP 7-8/2000, S. 42-46

Bosetzky, H./Heinrich, P., Mensch und bürokratische Organisation, in: Hesse, J. J. (Hrsg.), Politikwissenschaft und Verwaltungswissenschaft, Sonderheft 13 der Politischen Jahresschrift, Opladen 1982, S. 222-236

Bosetzky, H./Heinrich, P., Bürokultur. Eindrücke aus dem Lebensraum „Verwaltung", in: VR 2/1986, S. 37-41

Bosetzky, H./Heinrich, P., Mensch und Organisation. Aspekte bürokratischer Sozialisation. Eine praxisorientierte Einführung in die Soziologie und Sozialpsychologie der Verwaltung, Schriftenreihe Verwaltung in Praxis und Wissenschaft Bd. 15 (hrsg. von Banner, G./Pappermann, E.), 5., überarbeitete und erweiterte Auflage, Köln 1994

Braak, H. t., Delft: Organisationserneuerung nach menschlichem Maß, in: Banner, G./Reichard, C. (Hrsg.), Kommunale Managementkonzepte in Europa, Köln 1993, 131-141

Braun, G. E., Ziele in öffentlicher Verwaltung und privatem Betrieb. Vergleich zwischen öffentlicher Verwaltung und privatem Betrieb sowie eine Analyse der Einsatzbedingungen betriebswirtschaftlicher Planungsmethoden in der öffentlichen Verwaltung, Schriften zur öffentlichen Verwaltung und öffentlichen Wirtschaft, Bd. 76, Baden-Baden 1988

Braun, G. E., Konzept des integrierten Kommunalmanagements. Betriebswirtschaftliches Plädoyer für eine stärkere Berücksichtigung normativer und strategischer Elemente, in: Die Verwaltung 3/1999, S. 377-402

Braun, H., Leistung und Leistungsprinzip in der Industriegesellschaft. Soziale Normen im Wandel, Freiburg, München 1977

Braun, W., Qualitative Personalentwicklung, in: io management 1/1991, S. 74-78

Brede, H., Ziele öffentlicher Verwaltungen, in: Chmielewicz, K./Eichhorn, P. (Hrsg.), Handwörterbuch der Öffentlichen Betriebswirtschaft, Stuttgart 1989, Sp. 1867-1877

Brede, H., Möglichkeiten und Grenzen finanzieller Leistungsanreize im öffentlichen Dienst, in: Schanz, G. (Hrsg.), Handbuch Anreizsysteme in Wirtschaft und Verwaltung, Stuttgart 1991, S. 1127-1145

Brede, H., Betriebswirtschaftslehre. Einführung, 6. Auflage, München, Wien 1997

Brede, H., Grundzüge der Öffentlichen Betriebswirtschaftslehre, München, Wien 2001

Breisig, T., Personalbeurteilung als Führungsinstrument. Eine betriebliche Sozialethik: wie sie funktioniert – und wie man sie pariert, Berlin 1989

Breisig, T., Personalbeurteilung – Mitarbeitergespräch – Zielvereinbarungen. Grundlagen, Gestaltungsmöglichkeiten und Umsetzung in Betriebs- und Dienstvereinbarungen, Frankfurt am Main 1998

Breisig, T., Entlohnen und Führen mit Zielvereinbarungen. Orientierungs- und Gestaltungshilfen für Betriebs- und Personalräte sowie für Personalverantwortliche, Frankfurt am Main 2000

Breisig, T./Krone, F., Job Rotation bei der Führungskräfteentwicklung, in: Personal 8/1999, S. 410-414

Bretschneider, M., Die Mitarbeiterbefragung in der Kommunalverwaltung. Eine Methodenanalyse von Praxisbeispielen, Deutsches Institut für Urbanistik (Hrsg.), Berlin 1997

Briam, K.-H., Unternehmenskultur, Partizipation und Mitbestimmung, in: Bontrup, H.-J./Hansen, K. u. a. (Hrsg.), Problemfelder eines zukunftsorientierten Personalmanagements, Köln, Wien, Aarau 1998, S. 183-198

Brinkmann, R. D., Vorgesetzten-Feedback. Rückmeldung zum Führungsverhalten, Heidelberg 1998

Brinkmann, R. D., Techniken der Personalentwicklung. Trainings- und Seminarmethoden, Heidelberg 1999

Brixner, H. K., Leistungs- und Qualitätserfassung im Rahmen eines öffentlichen Dienstleistungsmanagements – Anforderungen und Perspektiven, in: Budäus, D. (Hrsg.), Leistungserfassung und Leistungsmessung in öffentlichen Verwaltungen. 2. Norddeutsche Fachtagung zum New Public Management, Wiesbaden 2000, S. 291-312

Bruch, H., Strategisches Personalmanagement in partnerschaftlichen Outsourcingbeziehungen, in: Klimecki, R./Remer, A. (Hrsg.), Personal als Strategie. Mit flexiblen und lernbereiten Human-Ressourcen Kernkompetenzen aufbauen, Neuwied, Kriftel, Berlin 1997, S. 458-484

Brückmann, F./Walther, N., Controlling, Kennzahlen und Berichtswesen. Mit Hinweisen auf die Praxis in Offenbach, in: Goller, J./Maack, H./Müller-Hedrich, B. W./Schad, T. (Hrsg.), Verwaltungsmanagement. Handbuch für öffentliche Verwaltungen und öffentliche Betriebe, Stuttgart, Stand: April 1992, B 2.9

Brunner, J./Sprich, O., Performance Management und Balanced. Zur Verbesserung wertschöpfungsorientierter Leistungs-Indikatoren, in: io management 6/1998, S. 30-36

Bruns, D./Mohnen, E., Eine Stadt ohne Bürger? Neue Steuerungsinstrumente in Recht, Politik und Verwaltung – ein Appell für eine „bürgerbasierte" Verwaltungsreform, in: VR 1/1999, S. 2-10

Bruse, D. u. a., BAT und BAT-Ost. Bundes-Angestelltentarifvertrag. Kommentar für die Praxis, 2. Auflage, Köln 1993

Bsirske, F., Besonderheiten der Personalauswahl bei der Besetzung von Führungspositionen auf Zeit, in: Drescher, A. (Hrsg.), Handbuch zur Personalauswahl in der modernen Kommunalverwaltung. Praxisberichte, Entscheidungshilfen, Checklisten, Stuttgart u. a. 2001, S. 174-180

Budäus, D., Konzeptionelle Grundlagen und strukturelle Bedingungen für die organisatorische Institutionalisierung, in: Weber, J./Tylkowski, O., Controlling. Eine Chance für öffentliche Unternehmen und Verwaltungen, Stuttgart 1988, S. 101-117

Budäus, D., Public management. Konzepte und Verfahren zur Modernisierung öffentlicher Verwaltungen, Modernisierung des öffentlichen Sektors Bd. 2, 3., unveränderte Auflage; Berlin 1995

Budäus, D. (Hrsg.), Organisationswandel öffentlicher Aufgabenwahrnehmung, Baden-Baden 1998

Budäus, D. (Hrsg.), Leistungserfassung und Leistungsmessung in öffentlichen Verwaltungen. 2. Norddeutsche Fachtagung zum New Public Management, Wiesbaden 2000

Budäus, D./Buchholtz, K., Konzeptionelle Grundlagen des Controllings in öffentlichen Verwaltungen, in: DBW 3/1997, S. 322-337

Budäus, D./Oechsler, W. A., Die Steuerung von Verwaltungseinheiten, in: Lüder, K. (Hrsg.), Betriebswirtschaftliche Organisationstheorie und öffentliche Verwaltung – Einige neuere Erkenntnisse und Entwicklungen der Organisationstheorie mit besonderer Berücksichtigung ihrer Bedeutung für Verwaltungsorganisationen, Speyerer Forschungsberichte Nr. 46, Speyer 1985, S. 165-186

Bühler, W./Siegert, T. (Hrsg.), Unternehmenssteuerung und Anreizsysteme. Kongress-Dokumentation/52. Deutscher Betriebswirtschafter-Tag 1998, Stuttgart 1999

Bürger, M./Polte, R., Instrumente einer integrierten und umfassenden Personalentwicklung. Gezielte und geschäftsbezogene Karrieregestaltung über Abteilungs-, Bereichs- und Ländergrenzen hinweg verspricht Wettbewerbsvorteile, in: Personalführung 4/2000, S. 20-25

Bull, H. P., Umsteuern im Beamtenrecht – aber wie? Thesen zur Reform der Beamtenbesoldung und –versorgung, in: DÖV 1995, S. 592-596

Bullinger, M. (Hrsg.), Von der bürokratischen Verwaltung zum Verwaltungsmanagement. Kolloquium des Frankreich-Zentrums an der Albert-Ludwigs-Universität in Freiburg im Breisgau am 26. Und 27. Juni 1992, Baden-Baden 1993

Bundesbeauftragte für Wirtschaftlichkeit in der Verwaltung (BWV), Beamte oder Arbeitnehmer. Vergleichende Untersuchung über Auswirkungen der alternativen Verwendung von Beamten oder von Arbeitnehmern im Bundesdienst, Schriftenreihe der Bundesbeauftragten für Wirtschaftlichkeit in der Verwaltung, Stuttgart, Berlin, Köln 1996

Bundesfachverband Betriebliche Sozialarbeit e.V. (Hrsg.), Rahmenkonzeption für das Arbeitsfeld Betriebliche Sozialarbeit, bbs-forum, Sonderheft, Waiblingen 1995

Bundesministerium für Arbeit und Sozialordnung, Mobilzeit – Ein Leitfaden für Arbeitgeber und Arbeitnehmer, Bonn 1997

Bundesministerium für Bildung und Forschung (Hrsg.), Weiterbildungsinstitutionen, Medien, Lernumwelten, Bonn 1999

Bungard, W./Jöns, I. (Hrsg.), Mitarbeiterbefragungen, Weinheim 1997

Buhrfeind, M., Das Auswahlinstrument Assessment-Center, in: Drescher, A. (Hrsg.), Handbuch zur Personalauswahl in der modernen Kommunalverwaltung. Praxisberichte, Entscheidungshilfen, Checklisten, Stuttgart u. a. 2001, S. 133-142

Burkert, U., Personalauswahl zwischen zentraler und dezentraler Verantwortung, in: Drescher, A. (Hrsg.), Handbuch zur Personalauswahl in der modernen Kommunalverwaltung. Praxisberichte, Entscheidungshilfen, Checklisten, Stuttgart u. a. 2001, S. 35-40

Burla, S., Rationales Management in Nonprofit-Organisationen, Schriftenreihe des Instituts für Betriebswirtschaft, Wirtschaftswissenschaftliches Zentrum der Universität Basel Bd. 19, Bern, Stuttgart 1989

Busch, R. (Hrsg.), Mitarbeitergespräch – Führungskräftefeedback. Instrumente in der Praxis, Forschung und Weiterbildung für die betriebliche Praxis, Bd. 21, München, Mering 2000

Busse, B., Moderne Steuerungskonzepte – Zielvereinbarungen – Beurteilungen, in: ÖTV (Hrsg.), Reform des Beurteilungswesens – Workshop: Konzepte – Projekte – Perspektiven, Stuttgart 1998, S. 1-4

Busse, B., Leistungsmessung - Leistungsermittlung - Leistungsbeurteilung. Praktische Umsetzungsmöglichkeiten, in: VM 4/1999, S. 207-211

Busse, B., Leistungserfassung als Grundlage leistungsorientierter Entlohnung - Notwendigkeiten und praktische Grenzen, in: Budäus, D. (Hrsg.), Leistungserfassung und Leistungsmessung in öffentlichen Verwaltungen. 2. Norddeutsche Fachtagung zum New Public Management, Wiesbaden 2000, S. 267-290

Busse, B., Leitbild Lernende Verwaltung, in: Personalwirtschaft 1/2000, S. 21-26

Busse, B., Bedeutung der Beurteilung im Auswahlverfahren – bisherige Praxis und Reformansätze, in: Drescher, A. (Hrsg.), Handbuch zur Personalauswahl in der modernen Kommunalverwaltung. Praxisberichte, Entscheidungshilfen, Checklisten, Stuttgart u. a. 2001, S. 97-103

Busse, M. G., Erfolgsabhängige Mitarbeiterbeteiligung in der Mengler-Gruppe, in: Personal 3/1996, S. 118-123

Carstensen, V., Die Anreizwirkungen betrieblicher Qualitfizierungspolitik, in: Frick, B./Neubäumer, R./Sesselmeier, W. (Hrsg.), Die Anreizwirkungen betrieblicher Zusatzleistungen, München, Mering 1999, S. 147-170

Chmielewicz, K./Eichhorn, P. (Hrsg.), Handwörterbuch der Öffentlichen Betriebswirtschaft, Stuttgart 1989

Chowdhuri, I., Kooperation mit dezentralen Personalentwicklern. Fortbildungspraxis am Berliner Institut für Verwaltungsmanagement, in: VOP 4/2000, S. 25-27

Chowdhuri, I., Auswahl von Führungskräften – ihre Bedeutung und ihr Stellenwert für die Veränderungsfähigkeit der öffentlichen Verwaltung, in: Drescher, A. (Hrsg.), Handbuch zur Personalauswahl in der modernen Kommunalverwaltung. Praxisberichte, Entscheidungshilfen, Checklisten, Stuttgart u. a. 2001, S. 164-170

Clausen, H./Jung, S., Teamentwicklung: Leistungspotentiale gemeinsam erkennen und nutzen, in: Fröhlich, W. (Hrsg.), Effiziente Personalarbeit. Neue Ansätze zu Organisationsentwicklung, Leistungsverbesserung und Mitarbeiterdialog, Neuwied, Kriftel 1998, S. 168-193

Coester, M., Rechtliche Rahmenbedingungen der Gestaltung von Entgeltsystemen, in: Schanz, G. (Hrsg.), Handbuch Anreizsysteme in Wirtschaft und Verwaltung, Stuttgart 1991, S. 305-325

Collisi, B., Auswahl von Führungskräften – ihre Bedeutung und ihr Stellenwert für die Veränderungsfähigkeit der öffentlichen Verwaltung, in: Drescher, A. (Hrsg.), Handbuch zur Personalauswahl in der modernen Kommunalverwaltung. Praxisberichte, Entscheidungshilfen, Checklisten, Stuttgart u. a. 2001, S. 170-174

Comelli, G./Rosenstiel, L. v., Führung durch Motivation. Mitarbeiter für Organisationsziele gewinnen, München 1995

Conradi, W., Personalentwicklung, Stuttgart 1983

Cronauge, U., Kommunale Unternehmen. Eigenbetriebe – Kapitalgesellschaften – Zweckverbände, 2., aktualisierte und erweiterte Auflage, Berlin 1995

Csikszentmihalyi, M., Das flow-Erlebnis. Jenseits von Angst und Langeweile: im Tun aufgehen, aus dem Amerikanischen übersetzt von Aeschbacher, U., 6. Auflage, Stuttgart 1996

Csikszentmihalyi, M., Flow. Das Geheimnis des Glücks, aus dem Amerikanischen übersetzt von Charpentier, A., 6. Auflage, Stuttgart 1998

Damkowski, W./Precht, C., Neue Steuerungsmodelle für die Kommunalverwaltung, in: VOP 6/1994, S. 412-416

Damkowski, W./Precht, C., Public Management. Neue Steuerungskonzepte für den öffentlichen Sektor, Stuttgart, Berlin, Köln 1995

Dejung, K./Moog, M., Team- und Gruppenarbeit: Mit Geld allein nicht zu bezahlen. Immaterielle Leistungsanreize wie Zeitautonomie und Eigenverantwortlichkeit entscheiden als zentrale Faktoren über Erfolg und Misserfolg von Teamarbeit, in: Personalführung 4/98, S. 50-53

Denninger, E./Frankenberg, G., Grundsätze zur Reform des öffentlichen Dienstrechts, Baden-Baden 1997

Deppe, J., Quality Circle und Lernstatt. Ein integrativer Ansatz, 2. Auflage, Wiesbaden 1990

Deppe, J., Anreizpotentiale von Qualitätszirkeln, in: Schanz, G. (Hrsg.), Handbuch Anreizsysteme in Wirtschaft und Verwaltung, Stuttgart 1991, S. 637-666

Deutscher Genossenschafts- und Raiffeisenverband e.V. (Hrsg.), Sonderdruck aus Genossenschaftsforum. Raiffeisenrundschau & Blätter für Genossenschaftswesen 6/1990

Dick, P., Frauenförderung als Ansatzpunkt zur unternehmerischen Gestaltung der Personarbeit – Darstellung aus Sicht der Wissenschaft, in: Wunderer, R./Kuhn, T. (Hrsg.), Innovatives Personalmanagement. Theorie und Praxis unternehmerischer Personalarbeit, Neuwied, Kriftel, Berlin 1995, S. 333-351

Diekmann, A., Empirische Sozialforschung. Grundlagen, Methoden, Anwendungen, Reinbek bei Hamburg, 5. Auflage 1999

Dieners, R. C., Effizienzbremse interne Kommunikation, in: Betriebswirtschaftliche Blätter 1/1999, S. 41-43

Diergarten, E., Lob und Anerkennung verbessern die Arbeitseffektivität, in: Beamte Heute 1/1991, S. 6-7

Djarrahzadeh, M., Internationale Personalentwicklung für ausländische Führungskräfte deutscher Unternehmen, in: Scholz, C./Djarrahzadeh, M., Strategisches Personalmanagement. Konzeptionen und Realisationen, Stuttgart 1995, S. 263-279

Dmuß, K., Gemeinschaftsaufgabe Frauenförderung, in: Wrangel, U. v., So arbeiten Frauenbüros. Ein Reader, Bielefeld 1996, S. 73-79

Doerken, W., Teambeurteilung und Teamvergütung, in: Personal 4/1996, S. 208-211

Dohmen, G., Einleitung: Das selbstgesteuerte Lernen als unterstütztes Selbstlernen, in: Bundesministerium für Bildung und Forschung (Hrsg.), Weiterbildungsinstitutionen, Medien, Lernumwelten, Bonn 1999, S. 16-38

Domsch, M., Qualitätszirkel – Baustein einer mitarbeiterorientierten Führung und Zusammenarbeit, in: ZfbF 37, 1985, S. 428-441

Domsch, M., Qualitätszirkel – Bausteine einer mitarbeiterorientierten Führung und Zusammenarbeit, in: Rosenstiel, L. v./Einsiedler, H. E./Streich, R./Rau, S. (Hrsg.), Motivation durch Mitwirkung, Stuttgart 1987, S. 126-137

Domsch, M., Vorgesetztenbeurteilung, in: Selbach, R./Pullig, K.-K. (Hrsg.), Handbuch Mitarbeiterbeurteilung, Wiesbaden 1992, S. 255-298

Domsch, M./Ladwig, D., Zielbildungs- und Konzeptionsphase, in: Hoffmann, K./Köhler, F./Steinhoff, V., Vorgesetztenbeurteilung in der Praxis – Konzepte, Analyse, Erfahrungen, Weinheim 1995, S. 23-35

Domsch, M./Schneble, A., Mitarbeiterbefragungen, in: Gaugler, E./Weber, W. (Hrsg.), Handwörterbuch des Personalwesens, 2. Auflage, Stuttgart 1992, Sp. 1375-1387

Donat, M., Selbstbeurteilung, in: Schuler, H. (Hrsg.), Beurteilung und Förderung beruflicher Leistung, Beiträge zur Organisationspsychologie Bd. 4, Stuttgart 1991, S. 135-145

Doppler, K., Von der Personal- zur Persönlichkeitsentwicklung, in: Walsh, I./Papmehl, A. (Hrsg.), Personalentwicklung im Wandel, Wiesbaden 1991, S. 93-102

Dostal, W., Wandel der Generationen – Alterung der Gesellschaft und die Perspektiven, in: Kayser, F./Uepping, H. (Hrsg.), Kompetenz der Erfahrung. Personalmanagement im Zeichen des demographischen Wandels, Neuwied, Kriftel, Berlin 1997; S. 15-31

Dotzauer, K./Eigner, R., Modernisierungsprozeß mit qualifizierter Personalentwicklung, in: Der Landkreis 4/1997, S. 12-14

Drescher, A., Das Auswahlinterview, in: Drescher, A. (Hrsg.), Handbuch zur Personalauswahl in der modernen Kommunalverwaltung. Praxisberichte, Entscheidungshilfen, Checklisten, Stuttgart u. a. 2001, S. 112-124

Drescher, A., Grundlagen zur Gestaltung des Verfahrens, in: Drescher, A. (Hrsg.), Handbuch zur Personalauswahl in der modernen Kommunalverwaltung. Praxisberichte, Entscheidungshilfen, Checklisten, Stuttgart u. a. 2001, S. 60-65

Drescher, A. (Hrsg.), Handbuch zur Personalauswahl in der modernen Kommunalverwaltung. Praxisberichte, Entscheidungshilfen, Checklisten, Stuttgart u. a. 2001

Drescher, A., Moderne Verwaltungen erfordern eine professionelle Personalauswahl, in: Drescher, A. (Hrsg.), Handbuch zur Personalauswahl in der modernen Kommunalverwaltung. Praxisberichte, Entscheidungshilfen, Checklisten, Stuttgart u. a. 2001, S. 19-23

Drescher, A., Vorauswahl als wichtige Weichenstellung, in: Drescher, A. (Hrsg.), Handbuch zur Personalauswahl in der modernen Kommunalverwaltung. Praxisberichte, Entscheidungshilfen, Checklisten, Stuttgart u. a. 2001, S. 87-96

Drescher, A./Hoff, A., Flexible Arbeitszeiten in der Kommunalverwaltung. Ein weitgehend noch unerschlossenes ökonomisches Potenzial, in: der städtetag, 7/1995, S. 498-500

Drescher, A./Kühnlein, G., Auf dem Weg zur lernenden Verwaltung. Ergebnisse aus Workshops für kommunale Verwaltungen, in: VOP 7-8/2000, S. 13-15

Drescher, A./Maas, P./Krönert, S., Anforderungsprofil als Ausgangspunkt, in: Drescher, A. (Hrsg.), Handbuch zur Personalauswahl in der modernen Kommunalverwaltung. Praxisberichte, Entscheidungshilfen, Checklisten, Stuttgart u. a. 2001, S. 65-80

Drewello, H., Die neue Methode der Personalentwicklung. Bestimmung des Fortbildungsbedarfs von Verwaltungsmitarbeitern am Beispiel der transnationalen Zusammenarbeit, in: der städtetag 1/1999, S. 5-9

Drosten, S., Integrierte Organisations- und Personalentwicklung in der Lernenden Unternehmung. Ein zukunftsweisendes Konzept auf der Basis einer Fallstudie, Bielefeld 1996

Dulisch, F., Leistungsprämien als Motivationsanreiz im öffentlichen Dienst, in: VR 2/1996, S. 50-56

Dulisch, F., Sozialwissenschaftliche Aspekte der Personalbeurteilung, in: VM 1/1999, S. 15-20

Dulisch, F., Multiplikatorenschulungen in der öffentlichen Verwaltung – Erfahrungsbericht –, in: VuF 1/2000, S. 16-24

Dworatschek, S./Griesche, D./Meyer, H., Projektmanagement als wirksames Instrument für ein erfolgreiches Verwaltungsmanagement, in: VOP 17/1995, S.277-288

Dycke, A./Schulte, C., Cafeteria-Systeme. Ziele, Gestaltungsformen, Beispiele und Aspekte der Implementierung, in: DBW 5/1986, S. 577-589

Ebell, P./Fischer, D./Frey, R. (Hrsg.), Brauchen die Kommunen neue Steuerungsmodelle? Zur Handlungsfähigkeit der kommunalen Selbstverwaltung am Ende des 20. Jahrhunderts, Beckum 1992

Eberspächer, H., Ressource Ich. Der ökonomische Umgang mit Streß, München, Wien 1998

Eckardstein, D. v., Personalmanagement in NPOs, in: Badelt, C. (Hrsg., unter Mitarbeit von Bachstein, W.), Handbuch der Nonprofit Organisation. Strukturen und Management, 2., überarbeitete und erweiterte Auflage, Stuttgart 1999, S. 257-276

Eckermann, M., Kommunale Reform in Wuppertal als Gemeinschaftsaufgabe, in: Hill, H./Klages, H. (Hrsg.), Modernisierungserfolge von Spitzenverwaltungen. Eine Dokumentation zum 3. Speyerer Qualitätswettbewerb 1996, Stuttgart u. a. 1997, S. 285-299

Edeling, T./Jann, W./Wagner, D. (Hrsg.), Öffentliches und privates Management. Fundamentally Alike in All Unimportant Respects?, Opladen 1998

Ehlers, U., Die innovative Bürokratie. Informationstechnik für eine neue Verwaltungsorganisation, in: VM 4/1995, S. 240-243

Ehlers, U., Die Organisation und ihr Gehirn. Wissensmanagement und organisatorisches Lernen als Erfolgsfaktoren intelligenter Verwaltungssteuerung, in: VM 5/2000, S. 306-311

Eichhorn, P., Immaterielle Leistungsanreize im öffentlichen Dienst, in: VOP 3/1991, S. 152-156

Eichhorn, P., Aus- und Weiterbildung im öffentlichen Dienst – Bestandaufnahme und Anforderungen, in: VuF, 1/2000, S. 25-32

Eichhorn, P./Böhret, C./Derlien, H.-U./Friedrich, P./Püttner, G./Reinermann, H. (Hrsg.), Verwaltungslexikon, 2. Auflage, Baden-Baden 1991

Ellwein, T., Grundfragen einer Verwaltungsreform, in: Ipsen, J. (Hrsg.), Verwaltungsreform. Herausforderung für Staat und Kommunen. Symposium des Instituts für Kommunalrecht der Universität Osnabrück am 22.1.95, 6. Bad Iburger Gespräche, Kommunalrecht – Kommunalverwaltung, Bd. 18, Baden-Baden 1996, S. 55-67

Ellwein, T., Kommunale Selbstverwaltung am Ende dieses Jahrhunderts. Ist das politische Konzept noch tragfähig?, in: Freiherr-vom-Stein-Gesellschaft e.V. (Hrsg.), Kommunale Selbstverwaltung am Ende dieses Jahrhunderts. Ist das politische Konzept noch tragfähig? Ein Cappenberger Gespräch, veranstaltet am 2. Oktober 1997 in Dortmund, Köln 1998, S. 18-38

Elschen, R. (Hrsg.), Unternehmenssicherung und Unternehmensentwicklung, Stuttgart 1995

Elsik, W., Strategisches Personalmanagement. Konzeptionen und Konsequenzen, München, Mering 1992

Empter, S./Kluge, N. (Hrsg.), Unternehmenskultur in der Praxis. Aspekte und Beispiele einer Neuorientierung, Güterloh 1995

Engelhard, J., Leistungsdeterminanten, in: Gaugler, E./Weber, W. (Hrsg.), Handwörterbuch des Personalwesens, 2. Auflage, Stuttgart 1992, Sp. 1254-1264

Englich, B./Fisch, R., Projektgruppen in der öffentlichen Verwaltung. Aktuelle Verbreitung, Chancen, Modernisierungsaspekte, Speyerer Forschungsberichte 198, 2. Auflage, Speyer 1999

Erhardt, A., Gesetz zur Reform des öffentlichen Dienstrechts, Berlin 1997

Erhardt, M., Öffentliche Aufgaben, in: Chmielewicz, K./Eichhorn, P. (Hrsg.), Handwörterbuch der Öffentlichen Betriebswirtschaft, Stuttgart 1989, Sp. 1003-1011

Erkens, E./Bruns, J. G. F./Seibt, G./Mader, N., Integration einer Projektkultur in eine starre Organisation, in: VM 5/1999, S. 289-294

Erpenbeck, J., Die Kompetenzbiographie: Strategien der Kompetenzentwicklung durch selbstorganisiertes Lernen und multimediale Kommunikation, Münster 1999

Esser, W., Chancen und Formen der Mitarbeiterbeteiligung. Der Krefelder Prozeß der Verwaltungsmodernisierung, in: VOP 11/1997, S. 31-34

Etschenberg, H., Führungsfunktionen auf Zeit und Vorgesetztenbeurteilung, in: iv 2/1995, S. 10-13

Evers, H., Leistungsanreize für Führungskräfte, in: Schanz, G. (Hrsg.), Handbuch Anreizsysteme in Wirtschaft und Verwaltung, Stuttgart 1991, S. 737-751

Ewert, D., Kienbaum-Studie. Erfolgsabhängige Formen der Vergütung als Anreizinstrument nehmen zu. Wichtige Einflußfaktoren für die Entgelthöhe sind die persönliche Voraussetzung sowie Ertragslage und Größe des Unternehmens, in: FAZ Nr. 208 vom 29.10.1997, S. 1-2

Ewert, W./Janßen, W./Kirschnick-Janssen, D./Papenheim-Tockhorn, H./Schwellach, G., Handbuch Projektmanagement Öffentliche Dienste. Grundlagen, Praxisbeispiele und Handlungsanleitungen für die Verwaltungsreform durch Projektarbeit, Praxisreihe VerwaltungsReform Bd. 1 (hrsg. von Dopatka, F.-W.), Bremen 1996

Eyer, E., Vergütung von Teamarbeit in Dienstleistungsunternehmen. Erst wenn leistungs- und ergebnisbezogene Vergütungskonzepte „stimmen", kann die Teamarbeit ihre Potentiale voll entfalten, in: Personalführung 4/98, S. 34-37

Eyer, E./Webers, T., Leistungsbeurteilung bei der Gruppenarbeit: Kombination aus Selbst- und Fremdbeurteilung, in: Personal 2/2000, S. 74-79

Färber, G.., Möglichkeiten der Schaffung finanzieller Handlungsspielräume, in: Lüder, K. (Hrsg.), Öffentliche Verwaltung der Zukunft. Vorträge der 65. Staatwissenschaftlichen Fortbildungstagung 1997 der Hochschule für Verwaltungswissenschaften Speyer, Schriftenreihe der Hochschule Speyer Bd. 124, Berlin 1998, S. 137-147

Falldorf, J., Telearbeit – eine Arbeitsform der Zukunft? Erfahrungen aus einem Pilotprojekt in einem Bremer Eigenbetrieb, in: VOP 1-2/2000, S. 41-43

Farr, J. L., Leistungsfeedback und Arbeitsverhalten, in: Schuler, H. (Hrsg.), Beurteilung und Förderung beruflicher Leistung, Beiträge zur Organisationspsychologie Bd. 4, Stuttgart 1991, S. 57-80

Feix, W. E. (Hrsg.), Personal 2000. Visionen und Strategien erfolgreicher Personalarbeit, Wiesbaden 1991

Felsch, A., Personalentwicklung und Organisationales Lernen. Mikropolitische Perspektiven zur theoretischen Grundlegung, Berlin 1999

Feuerstein, H.J./Fischer, J., Teamarbeit – Chancen und Schwierigkeiten in der öffentlichen Verwaltung, in: Klartext – das Magazin der Fachhochschule Kehl, Hochschule für öffentliche Verwaltung, 2000, S. 26-28

Feurer, A./Gehlenborg, H., Coaching und Co – Soziale Personaldienstleistungen in kleinen und mittleren Kommunen, in: Kommunalpraxis 9/1996, S. 12-14

Fiedler, M., Dezentrale Organisation und marktorientierte Steuerung der Personalentwicklung. Betriebliche Personalentwicklung nach der Profit-Center-Konzeption, Bergisch-Gladbach, Köln 1994

Fiedler-Winter, R., Unsere Arbeit bestimmt die Zukunft – Mit neuen Arbeitszeiten Leben und Leistung verbessern, in: Knebel, H./Wagner, D. (Hrsg.), Management by Zander. Konzepte – Erfahrungen – Perspektiven, München, Mering 1997, S. 79-84

Findeisen, M./Gustmann, H., Rechtliche Fragen und Rechtsprechung bei der Vorbereitung des Auswahlverfahrens, in: Drescher, A. (Hrsg.), Handbuch zur Personalauswahl in der modernen Kommunalverwaltung. Praxisberichte, Entscheidungshilfen, Checklisten, Stuttgart u. a. 2001, S. 103-111

Fingerle, K., Faktor Führung. Um Reformen erfolgreich zu gestalten, bedarf es mehr als nur guter Instrumente, in: der gemeinderat 3/1999, S. 23

Fisch, E., Neue Herausforderungen für Führung und Mitarbeiter, in: Reinermann, H./Unland, H. (Hrsg.), Die Beurteilung – Vom Ritual zum Personalmanagement, Baden-Baden 1997, S. 107-110

Fisch, R., Führungsautorität, in: Lüder, K. (Hrsg.), Staat und Verwaltung. Fünfzig Jahre Hochschule für Verwaltungswissenschaften Speyer, Berlin 1997, S. 447-453

Fisch, R., Ein Ekel in der Arbeitsgruppe?. Konfliktanalyse mit Hilfe eines gruppendiagnostischen Verfahrens, in: VM 4/1999, S. 196-203

Fisch, R., Widerstände gegen Veränderungen in Behörden – sozialpsychologische Perspektiven, in: König, K. (Hrsg.), Verwaltung und Verwaltungsforschung - Deutsche Verwaltung und Verwaltungsforschung an der Wende zum 21. Jahrhundert, Speyerer Forschungsberichte 211, Speyer 2000, S. 117-166

Fisch, R., Eine neue Kultur der Zusammenarbeit für Organisationen, in: Fisch, R./Hill, H. (Hrsg.), Personalmanagement der Zukunft. Person – Team – Organisation, Speyerer Arbeitsheft Nr. 134, Speyer 2001, S. 115-139

Fisch, R., Projektgruppen in Behörden: Eine ergänzende Organisationsstruktur, in: Fisch, R./Hill, H. (Hrsg.), Personalmanagement der Zukunft. Person – Team – Organisation, Speyerer Arbeitsheft Nr. 134, Speyer 2001, S. 83-112

Fisch, R./Hill, H. (Hrsg.), Personalmanagement der Zukunft. Person – Team – Organisation, Speyerer Arbeitsheft Nr. 134, Speyer 2001

Fischer, G., Möglichkeiten und Grenzen Moderner Technologien zur Unterstützung des Selbstgesteuerten und Lebenslangen Lernens, in: Bundesministerium für Bildung und Forschung (Hrsg.), Weiterbildungsinstitutionen, Medien, Lernumwelten, Bonn 1999, S. 95-146

Fischer, W., Thesen: Personalentwicklung, in: Wagner, D. (Hrsg.), Personal und Personalmanagement, Schriftenreihe des Kommunalwissenschaftlichen Instituts der Universität Potsdam, Bd. 3, Berlin 1998, S. 121-122

Fleschhut, P., Beschleunigung von Unternehmensprozessen: Mit Benchmarking die notwendigen Organisations- und Personalfähigkeiten entwickeln, in: Kienbaum, J., Benchmarking Personal. Von den Besten lernen, Stuttgart 1997, S. 147-157

Föhr, S., Zur Vorteilhaftigkeit von Cafeteria-Systemen, in: ZfP 1/1994, S. 58-86

Forster, J., Teams und Teamarbeit in der Unternehmung, Bern, Stuttgart 1978

Fortmann, J., Aufgabe und Stellung von Personalentwicklern. Erfolg von Personalentwicklung ist auch personenabhängig, in: VOP 6/2000, S. 30-33

Franz, G./Herbert, W., Wertorientierte Arbeits- und Organisationsgestaltung als Motivierungskonzept, in: Personalwirtschaft 1/1987, S. 13-19

Frece, N., Leistungsbezogene Bezahlung im öffentlichen Dienst – Bewegung oder Stillstand?, in: Der Personalrat 1995, S. 357-361

Freie Hansestadt Bremen, Senatskommission für das Personalwesen (Hrsg.), Projekt „Personalcontrolling in der Freien Hansestadt Bremen". Bewerbung für den Projektpreis beim 4. Speyerer Qualitätswettbewerb 1998, Bremen 1998

Freie und Hansestadt Hamburg, Finanzbehörde (Hrsg.), Projekt Verwaltungsinnovation – ProVi (Hrsg.), Verwaltungsmodernisierung in Hamburg. 2. Hamburger Modernisierungsmesse am 25. März 1999, Bremen 1999

Freiherr-vom-Stein-Gesellschaft e.V. (Hrsg.), Kommunale Selbstverwaltung am Ende dieses Jahrhunderts. Ist das politische Konzept noch tragfähig? Ein Cappenberger Gespräch, veranstaltet am 2. Oktober 1997 in Dortmund, Köln 1998

Fremmer, H., Zeitgemäße Entgeltformen. Grundlagen, Rahmenbedingungen, Beispiele (hrsg. vom Institut für angewandte Arbeitswissenschaft e.V.), Bachem 1996

Frese, E. (Hrsg.), Handwörterbuch der Organisation, 3. Auflage, Stuttgart 1992

Friedrich, C., Motivation durch eine neue Personalbeurteilung. Kriterien einer reformierten und zeitgemäßen Leistungsbewertung, in: VOP 3/1998, S. 32-34

Friedrich, C., Verfahren zur erfolgreichen Personalauswahl. Assessment-Center und strukturiertes Interview als Maßnahmen, in: VOP 7-8/2000, S. 38-41

Frey, B. S./Osterloh, M., Sanktionen oder Seelenmassage? Motivationale Grundlagen der Unternehmensführung, in: DBW 3/1997, S. 307-321

Frey, B. S./Osterloh, M., Pay for Performance – Immer empfehlenswert?, in: zfo 2/2000, S. 64-69

Frey, H. Personalkosten-Management. Wege zur Produktivitätssteigerung, München 1997

Frey, M., Hergebrachte Verwaltungskultur und Neues Steuerungsmodell. Ergebnisse einer empirischen Untersuchung, in: iv 1/1996, S. 32-37

Frey, M., Wege einer neuen Verwaltungskultur. Die neue Steuerung erfordert eine andere Qualität der internen Prozesse, in: VOP 12/1997, S. 12-14

Frey, M., Verwaltungs-Organisationskulturveränderung durch Personalentwicklung im Neuen Steuerungsmodell, Stuttgart u. a. 1998

Frick, B./Bellmann, L./Frick, J., Betriebliche Zusatzleistungen in der Bundesrepublik Deutschland: Verbreitung und Effizienzfolgen, in: zfo, 2/2000, S. 83-91

Frick, B./Frick, J./Schwarze, J., Zusatzleistungen, Arbeitszufriedenheit und Fluktuationsneigung: Empirische Analysen mit dem „Sozio-ökonomischen Panel", in: Frick,

B./Neubäumer, R./Sesselmeier, W. (Hrsg.), Die Anreizwirkungen betrieblicher Zusatzleistungen, München, Mering 1999, S. 9-31

Frick, B./Neubäumer, R./Sesselmeier, W. (Hrsg.), Die Anreizwirkungen betrieblicher Zusatzleistungen, München, Mering 1999

Frick, B./Speckbacher, G./Wentges, P., Arbeitnehmermitbestimmung und moderne Theorie der Unternehmung. Zugleich einige Anmerkungen zum Aufsatz von Schmid und Seger, in: ZfB 7/1999, S. 745-763

Fried, A./Wetzel, R./Baitsch, C., Wenn zwei das Gleiche tun. . . Diskriminierungsfreie Personalbeurteilung (hrsg. vom Eidgenössischen Büro für die Gleichstellung von Frau und Mann), Zürich 2000

Friedrich, C., Motivation durch eine neue Personalbeurteilung. Kriterien einer reformierten und zeitgemäßen Leistungsbewertung, in: VOP 3/1998, S. 32-34

Friedrichs, J., Methoden empirischer Sozialforschung, Opladen 1990

Friehling, E./Grote, S., Fachlaufbahnen durch konkrete Entwicklungschancen gestalten. Die Gestaltung von Fachlaufbahnen mit einem Zehn-Punkte-Programm am Beispiel von Ingenieuren eines Industriebetriebes, in: Personalführung 4/2000, S. 30-37

Frieß, P./Schmidt, A., Organisations-Projektmanagement – Projekterfolg steigern mit systemischen Konzepten, in: FB/IE 6/1999, S. 281-286

Fröhlich, W., Personalentwicklung als Ansatzpunkt zur unternehmerischen Gestaltung der Personalarbeit, in: Wunderer, R./Kuhn, T. (Hrsg.), Innovatives Personalmanagement. Theorie und Praxis unternehmerischer Personalarbeit, Neuwied, Kriftel, Berlin 1995, S. 117-131

Fröhlich, W., Personalmanagement und Führung. Visionen zur Gestaltung eines erfolgreichen Human Resources Management, in: Klimecki, R./Remer, A. (Hrsg.), Personal als Strategie. Mit flexiblen und lernbereiten Human-Ressourcen Kernkompetenzen aufbauen, Neuwied, Kriftel, Berlin 1997, S. 301-318

Fröhlich, W. (Hrsg.), Effiziente Personalarbeit. Neue Ansätze zu Organisationsentwicklung, Leistungsverbesserung und Mitarbeiterdialog, Neuwied, Kriftel 1998

Fuchs, J., Die neue Art Karriere im schlanken Unternehmen, in: Harvard Business Manager 4/1998, S. 83-91

Fürstenberg, W., Fehlzeitenreduzierung in der öffentlichen Verwaltung. Motivationsförderung durch Gesundheitsgespräche und Fehlzeitenreduzierung durch ganzheitliche Organisationsentwicklung, in: VuF 3/4/1997, S. 220-238

Fugmann-Heesing, A., Mitarbeitermotivation – ein Fremdwort für die öffentliche Verwaltung? (Teil 1), in: VM, 5/1995. S. 270-274

Fugmann-Heesing, A., Mitarbeitermotivation – ein Fremdwort für die öffentliche Verwaltung? (Teil 2), in: VM, 6/1995. S. 365-370

Gabele, E./Liebel, H. J./Oechsler, W. A., Führungsgrundsätze und Mitarbeiterführung. Führungsprobleme erkennen und lösen, Wiesbaden 1992

Galberg, C., Leistungssteigerung von Mitarbeitern durch Zielvorgaben. Empfehlungen zur erfolgreichen Gestaltung von Zielvorgaben, der Mitarbeiterpartizipation daran und des sich anschließenden Feedbacks über deren Erreichung, in: zfo 2/2000, S. 97-101

Gasch, B./Antoine, J./Köpperschmidt-Bau, C., Psychologische Organisationsentwicklung im öffentlichen Dienst. Ergebnisse und Erkenntnisse aus einem dreijährigen Modellversuch unter besonderer Berücksichtigung von Fort- und Weiterbildungskonzepten (hrsg. von Hill, H./Klages, H.), Stuttgart u. a. 1998

Gaugler, E., Personalmanagement in wirtschaftlich schwierigen Zeiten, in: Scholz, C./Djarrahzadeh, M., Strategisches Personalmanagement. Konzeptionen und Realisationen, Stuttgart 1995, S. 35-49

Gaugler, E., Mitarbeiter als Mitunternehmer. Die historischen Wurzeln eines Führungskonzepts, in: Klimecki, R./Remer, A. (Hrsg.), Personal als Strategie. Mit flexiblen und lernbereiten Human-Ressourcen Kernkompetenzen aufbauen, Neuwied, Kriftel, Berlin 1997, S. 507-520

Gaugler, E., Neue Herausforderungen an das Konzept der betrieblichen Partnerschaft, in: Personal 10/2000, S. 511-513

Gaugler, E./Weber, W. (Hrsg.), Handwörterbuch des Personalwesens, 2. Auflage, Stuttgart 1992

Gawlik, W., Brauchen wir ein Neues Steuerungsmodell?, in: Städte- und Gemeinderat 8/1996, S. 275-277

Gebert, D., Mitarbeiterführung, in: Hoefert, H.-W./Reichard, C. (Hrsg.), Leistungsprinzip und Leistungsverhalten im öffentlichen Dienst, Stuttgart u. a. 1979, S. 159-173

Gebert, D., Führung im MbO-Prozess, in: Kieser, A. (Hrsg.), Handwörterbuch der Führung, Stuttgart 1995, Sp. 426-436

Gehlenborg, H., Leistungsminderungen: Vorbeugung, Früherkennung und Umgang, Vortrag auf dem KGSt-Forum 99 in Leipzig am 5.11.2000

Geilhardt, T., Assessment-Center und Mitarbeiterportfolios als Bausteine einer strategischen Personalentwicklung, in: Walsh, I./Papmehl, A. (Hrsg.), Personalentwicklung im Wandel, Wiesbaden 1991, S. 252-261

Geising, R./Schanz, G., Farbgestaltung in der Arbeitswelt, in: Schanz, G. (Hrsg.), Handbuch Anreizsysteme in Wirtschaft und Verwaltung, Stuttgart 1991; S. 1065-1082

Geißler, H./Behrmann, D./Petersen, J. (Hrsg.), Lean Management und Personalentwicklung, Frankfurt am Main, Berlin, Bern, New York, Paris, Wien 1995

Geißler, K./Orthey, F. M., Lebenslanges Lernen: Die große Illusion, in: Psychologie Heute 3/2000, S. 36-41

Gemeinde Biblis (Hrsg.), Betriebsvereinbarung zwischen dem Gemeindevorstand der Gemeinde Biblis und dem Personalrat über die Einführung eines Vorschlagwesens, Stand: 1.12.1998

Gensike, T., Deutschland am Ausgang der neunziger Jahre – Lebensgefühl und Werte, in: Klages, H./Gensicke, T. (Hrsg.), Wertewandel und bürgerschaftliches Engagement an der Schwelle zum 21. Jahrhundert, Speyerer Forschungsberichte 193, Speyer 1999, S. 21-52

Gerpott, T. J., Gleichgestelltenbeurteilung: Eine Erweiterung traditioneller Beurteilungsansätze in Unternehmen, in: Selbach, R./Pullig, K.-K. (Hrsg.), Handbuch Mitarbeiterbeurteilung, Wiesbaden 1992, S. 211-254

Gerpott, T. J., Controlling von Personalprogrammen als Teilfeld des operativen Personal-Controlling, in: Gerpott, T. J./Siemers, S. H., Controlling von Personalprogrammen, Stuttgart 1995, S. 3-56

Gerpott, T. J./Domsch, M., Anreize im Bereich der industriellen Forschung und Entwicklung, in: Schanz, G. (Hrsg.), Handbuch Anreizsysteme in Wirtschaft und Verwaltung, Stuttgart 1991, S. 999-1023

Gerpott, T. J./Siemers, S. H., Controlling von Personalprogrammen, Stuttgart 1995

Georgopoulus, B./Mahoney, G./Jones, N., A path-goal approach to productivity, in: Journal of Applied Psychology, 1957, S. 345-353

Gester, P.-W., Systemisches Coaching, in: Walsh, I./Papmehl, A. (Hrsg.), Personalentwicklung im Wandel, Wiesbaden 1991, S. 103-117

Glück, A./Magel, H. (Hrsg.), Neue Wege in der Kommunalpolitik. Durch eine neue Bürger- und Sozialkultur zur Aktiven Bürgergesellschaft, München 2000

Gmelin, V., Effizientes Personalmanagement durch Personalcontrolling. Von der Idee zur Realisierung, Kontakt & Studium Bd. 480, Renningen-Malmsheim 1995

Göbel, M., Nachtrag: Vom Ende der Mißtrauensorganisation: Modernisierungsbestrebungen in Saarbrücken, in: Hoffmann, H. und ein Autorenteam der Stadt Saarbrücken, „Motor Qualität“: Verwaltungsmodernisierung der Landeshauptstadt Saarbrücken (hrsg. von Hill, H./Klages, H.), Düsseldorf 1996, S. 139-152

Göbel, M., Verwaltungsmanagement unter Veränderungsdruck. Eine mikropolitische Analyse, München, Mering 1999

Görres-Gesellschaft (Hrsg.), Staatslexikon. Recht. Wirtschaft. Gesellschaft, Bd. 2, 7., völlig neu bearbeitete Auflage, Freiburg im Breisgau, Basel, Wien 1986

Göser, H., Möglichkeiten und Grenzen finanzieller Leistungsanreize in der öffentlichen Verwaltung, in: Bildungsdienst, Sozialwerk und Akademie des Deutschen Beamtenbundes (Hrsg.), Leistungsanreize in der öffentlichen Verwaltung. Fachtagung 11/10/95, BiSoWe-Reihe 1, Bonn 1996, S. 46-65

Göser, H./Schlatmann, A., Leistungsbezahlung in der Besoldung, München, Berlin u.a. 1998

Göser, H./Schlatmann, A., Neue Leistungsbezahlungselemente in der deutschen Beamtenbesoldung, in: VuF 2/1998, S. 133-143

Golemann, D., Emotionale Intelligenz, aus dem Amerikanischen übersetzt von Griese, F., München, Wien 1996

Goller, J./Maack, H./Müller-Hedrich, B. W./Schad, T. (Hrsg.), Verwaltungsmanagement. Handbuch für öffentliche Verwaltungen und öffentliche Betriebe, Stuttgart, Stand: April 1992

Gomez, P./Rüegg-Stürm, J., Teamfähigkeit aus systemischer Sicht – zur Bedeutung und den organisatorischen Herausforderungen von Teamarbeit, in: Klimecki, R./Remer, A. (Hrsg.), Personal als Strategie. Mit flexiblen und lernbereiten Human-Ressourcen Kernkompetenzen aufbauen, Neuwied, Kriftel, Berlin 1997, S. 136-157

Gräsel, C./Mandl, H., Problemorientiertes Lernen: Anwendbares Wissen fördern. Das problemorientierte Lernen bietet die besten Voraussetzungen dafür, dass Gelerntes später in neuen und komplexen Situationen angewendet werden kann, in: Personalführung 6/1999, S. 54-62

Grass, B., Die Rolle der Betriebsräte in der Aus- und Weiterbildung: Erhebungen zur Mitbestimmungspraxis, in: ZfP 2/1997, S. 140-160

Grawert, A., Individuelle und flexible Anreizsysteme – eine Perspektive für die öffentliche Verwaltung?, in: Bildungsdienst, Sozialwerk und Akademie des Deutschen Beamtenbundes (Hrsg.), Leistungsanreize in der öffentlichen Verwaltung. Fachtagung 11/10/95, BiSoWe-Reihe 1, Bonn 1996, S. 28-44

Grawert, A., Strategische Anreizsysteme – Grenzen extrinsicher Motivation, in: Knebel, H./Wagner, D. (Hrsg.), Management by Zander. Konzepte – Erfahrungen – Perspektiven, München, Mering 1997, S. 39-54

Grawert, A., Thesen: Individuelle und flexible Vergütung – Leistungsanreize in der öffentlichen Verwaltung, in: Wagner, D. (Hrsg.), Personal und Personalmanagement in der modernen Verwaltung, Schriftenreihe des Kommunalwissenschaftlichen Instituts der Universität Potsdam, Bd. 3, Berlin 1998, S. 107-117

Grawert, A., Cafeteria-Systeme, in: Personalwirtschaft Spezial: Vergütung 2000, 1996, S. 25-26

Grieger, J./Bartölke, K., Beurteilungen als Systembestandteil wirtschaftlicher Organisationen, in: Selbach, R./Pullig, K.-K. (Hrsg.), Handbuch Mitarbeiterbeurteilung, Wiesbaden 1992, S. 67-105

Griesche, D., Verwaltungsmanagement by Projects – das Führungskonzept des Wandels für die öffentliche Verwaltung, in: Schleiken, T./Winkelhofer, T. (Hrsg.), Unternehmenswandel mit Projektmanagement, München 1997, S. 78-97

Griesche, D., Verwaltungsmanagement by Projects. Steuerung des Innovationsprozesses der öffentlichen Verwaltung, in: VM 4/1998, S. 119-123

Grimmer, K., Die Gestaltbarkeit von Verwaltungen, in: Die Verwaltung 4/1998, S. 481-503

Grömig, E., Zur Lage der Kommunen in den neuen Ländern, in: das rathaus 4/2000, S. 100-103

Grömig, E./Gruner, N., Reform in den Rathäusern, in: der städtetag, 8/1998, S. 581-587

Grömig, E./Thielen, H., Städte auf dem Reformweg. Zum Stand der Verwaltungsmodernisierung, in: der städtetag 9/1996, S. 596-600

Groenewald, H., Fallstudien zum Personal-Management, Stuttgart 1988

Gross, W. (Hrsg.), Karriere(n) in der Krise. Die seelischen Kosten des beruflichen Aufstiegs, Bonn 1997

Gross, W., Schöne neue Arbeitswelt: Die alltägliche Überforderung zwischen „leanmanagement" und „mobbing", in: Gross, W. (Hrsg.), Karriere(n) in der Krise. Die seelischen Kosten des beruflichen Aufstiegs, Bonn 1997, S. 15-40

Großmann, J./Trümper, J., Telearbeit: Arbeitsform der Zukunft, in: REFA-Nachrichten 3/1998, S. 8-12

Gude, R./Klanovsky, M., Coaching von Führungskräften, in: Fröhlich, W. (Hrsg.), Effiziente Personalarbeit. Neue Ansätze zu Organisationsentwicklung, Leistungsverbesserung und Mitarbeiterdialog, Neuwied, Kriftel 1998, S. 151-167

Gustmann, H., Die Bürgerkultur muss neu entwickelt werden. Reformmodell Bürgerkommune: die Bürger gewinnen, in: VOP 4/2000, S. 10-12

Gusy, B./Kleiber, D., Ist Burnout ein Karriereleiden?, in: Gross, W. (Hrsg.), Karriere(n) in der Krise. Die seelischen Kosten des beruflichen Aufstiegs, Bonn 1997, S. 84-104

Gutschelhofer, A., Koordinierendes Personal-Controlling. Entwicklungslinien und Barrieren, Wiesbaden 1999

Haase, G./Stier, F./Avenarius, A., Bezahlung nach Leistung, Bergisch Gladbach 1978

Hager, C./Stary, C./Totter, A., Management-by-Objectives als Führungskonzept in der betrieblichen Praxis bei Telearbeit, in: Zeitschrift für Arbeitswissenschaft 1/2000, S. 25-36

Hager, E., Ein Personalbereich im Wandel von der Verwaltung zu Dienstleistung und Beratung, in: Personal 5/2000, S. 228-234

Hager-van der Laan, J./van der Laan, K., Beurteilungsverfahren in kooperativen Arbeitsbeziehungen, in: Selbach, R./Pullig, K.-K. (Hrsg.), Handbuch Mitarbeiterbeurteilung, Wiesbaden 1992, S. 165-194

Hahne, F./Schwarz, R., Mitarbeiterbeteiligung bei Wilkhahn, in: Schanz, G. (Hrsg.), Handbuch Anreizsysteme in Wirtschaft und Verwaltung, Stuttgart 1991, S. 983-993

Hampp, R., Perspektivenwechsel in der Personalbeurteilungsforschung, in: Hampp, R./Hilgenfeld, C. (Hrsg.), Beurteilungspersonal. Perspektivenwechsel in der Personalbeurteilung, Großhesselohe 1985, S. 7-21

Hampp, R./Hilgenfeld, C. (Hrsg.), Beurteilungspersonal. Perspektivenwechsel in der Personalbeurteilung, Großhesselohe 1985

Hanau, P., Arbeitszeitflexibilisierung im öffentlichen Dienst, in: ZBR 7/1996, S. 199-202

Hardes, H.-D./Wickert, H., Erfolgsabhängige Beteiligungsentgelte in vergleichender europäischer Perspektive: Empirische Befunde und Erklärungsansätze, in: ZfP 1/2000, S. 52-77

Harms, B., Die Verwaltung auf dem Weg zum Unternehmen. Innovative Reformen in der Kreisverwaltung Pinneberg, in: VOP 12/1998, S. 12-14

Hasenritter, K.-H., Organisationsentwicklung als Entwicklungsstrategie für ADV-Lösungen – Das PROSOZ-Projekt, in: VR 7/1991, S. 220-224

Haßelmann, U., Krankenstand, Führungsverhalten und Gesundheitsförderung, in: VR 8/1999, S. 275-278

Haunschild, A., Koordination und Steuerung der Personalarbeit, Personal – Organisation – Management Bd. 7, Hamburg 1998

Hausen, B. v., Leistung – nur mit Zulage? Erfahrungen mit leistungsabhängigen Vergütungssystemen, in: Der Landkreis 7/1995, S. 317-318

Havranek, C./Niedl, K., Gehaltsmanagement. Stellenbewertung, Entgeltsysteme, leistungsorientierte Vergütung, Prämien- und Bonusmodelle, Wien 1999

Heckhausen, H., Motivation und Handeln, 2., völlig neu überarbeitete und ergänzte Auflage, Berlin 1989

Heckhausen, H., Leistung und Chancengleichheit, Göttingen 1994

Heeg, F. J./Meyer-Dohm, P. (Hrsg.), Methoden der Organisationsgestaltung und Personalentwicklung. Vorgehensweisen, Methoden und Techniken bei der Umsetzung von Lean-Management-Konzepten und der Einführung gruppenorientierter Strukturen, München, Wien 1994

Heibutzki, H. J., Die Pragmatiker der Fiktion. Personalentwickler: Der Spaß ist vorbei, in: ManagerSeminare, 1/1994, S. 26-32

Heidack, C., Vorschlagswesen, Betriebliches, in: Gaugler, E./Weber, W. (Hrsg.), Handwörterbuch des Personalwesens, 2. Auflage, Stuttgart 1992, Sp. 2299-2316

Heider, F., The Psychology of Interpersonal Relations, New York 1958

Hein, A., Leistungszulagen: Ein Instrument der Verwaltungsreform?, in: VM 5/1995, S. 309-310

Heintel, P./Krainz, E. E., Projektmanagement. Eine Antwort auf die Hierarchiekrise, Wiesbaden 1988

Heinz, R., Kommunales Management. Überlegungen zu einem KGSt-Ansatz, Stuttgart 2000

Heinz, R., Strategisches Management – ein Muss für Kommunen. Erfolgsfaktor der Unternehmen muss auch Standard der Verwaltung werden, in: VOP 11/2000, S. 13-16

Heinz, R., Mit Strategischem Management erfolgreich steuern. Die Qualität der Strategie entscheidet über den Erfolg des Managements, in: VOP-Sonderheft 1/2001, S. 9-11

Heitger, B., Chaotische Organisationen – organisiertes Chaos? Der Beitrag des Managements zur lernenden Organisation, in: Sattelberger, T. (Hrsg.), Die lernende Organisation. Konzepte für eine neue Qualität der Unternehmensentwicklung, Wiesbaden 1994, S. 111-124

Henneke, H.-G., Leistungsanreizsysteme und interkommunale Leistungsvergleiche, in: Die Neue Verwaltung 4/1997, S. 8-11

Henneke, H.-G., Perspektiven der kommunalen Selbstverwaltung an der Schwelle zum 21. Jahrhundert, in: Der Landkreis 1/2000, S. 3-11

Hentze, J., Personalwirtschaftliche Instrumente, in: Gaugler, E./Weber, W. (Hrsg.), Handwörterbuch des Personalwesens, 2. Auflage, Stuttgart 1992, Sp. 1893-1909

Hentze, J., Personalwirtschaftslehre, Bd. 1, Grundlagen, Personalbedarfsermittlung, -beschaffung, -entwicklung, -bildung und -einsatz, 6. Auflage, Bern, Stuttgart 1994

Hentze, J., Personalwirtschaftslehre, Bd. 2, Personalerhaltung und Leistungsstimulation, Personalfreistellung und Personalinformationswirtschaft, 6. Auflage, Bern, Stuttgart 1995

Herbert, W., Wertewandel und Anreizattraktivität, in: Schanz, G. (Hrsg.), Handbuch Anreizsysteme in Wirtschaft und Verwaltung, Stuttgart 1991, S. 53-69

Hermle, F./Löhmer, A., Wirksame Führung in Veränderungsprozessen. Ablehnung und Widerstand als Anzeichen für falsche Führung, in. VOP 12/2000, S. 35-38

Herzberg, F., Work and the Nature of Man, Cleveland 1966

Herzberg, F., Was Mitarbeiter wirklich in Schwung bringt, in: Harvard manager 2/1988, S. 42-55

Herzberg, F./Mausner, B. M./Snydermann, B. B., The motivation to work, New York 1959

Hesse, J. J. (Hrsg.), Politikwissenschaft und Verwaltungswissenschaft, Sonderheft 13 der Politischen Jahresschrift, Opladen 1982

Heymann, H.-H./Müller, K.G., Betriebliche Personalentwicklung, in: WiSt 4/1982, S. 151-156

Hibbeler, H., Beteiligung des Personalrates – Beteiligungsrechte und Praxisempfehlungen, in: Drescher, A. (Hrsg.), Handbuch zur Personalauswahl in der modernen Kommunalverwaltung. Praxisberichte, Entscheidungshilfen, Checklisten, Stuttgart u. a. 2001, S. 40-48

Hilb, M., Integriertes Personal-Management. Ziele – Strategien – Instrumente, 5., neubearbeitete Auflage, Neuwied 1998

Hilbertz, H.-J., Der Stuttgarter Weg aus der Finanz- und Funktionskrise, in: Goller, J./Maack, H./Müller-Hedrich, B. W./Schad, T. (Hrsg.), Verwaltungsmanagement. Handbuch für öffentliche Verwaltungen und öffentliche Betriebe, Stuttgart, Stand: April 1992, B 1.9

Hilgenfeld, C., Controlling, Kontrolle ist gut – Vertrauen ist besser. Das Ende der traditionellen Personalbeurteilungsforschung, in: Hampp, R./Hilgenfeld, C. (Hrsg.), Beurteilungspersonal. Perspektivenwechsel in der Personalbeurteilung, Großhesselohe 1985, S. 119-152

Hill, H., Qualität in der öffentlichen Verwaltung – Annäherungen und Zugänge aus juristischer Sicht, in: Hill, H./Klages, H. (Hrsg.), Spitzenverwaltungen im Wettbewerb. Eine Dokumantation des 1. Speyerer Qualitätswettbewerbs 1992, Baden-Baden 1993, S. 13-31

Hill, H., Strategische Erfolgsfaktoren in der öffentlichen Verwaltung, in: Die Verwaltung 2/1993, S. 167-181

Hill, H., Strategische Erfolgsfaktoren in der öffentlichen Verwaltung, in: Hill, H./Klages, H. (Hrsg.), Qualitäts- und erfolgsorientiertes Verwaltungsmanagement. Aktuelle Tendenzen und Entwürfe. Vorträge und Diskussionsbeiträge der 61. Staatswissenschaftlichen Fortbildungstagung 1993 der Hochschule für Verwaltungswissenschaften Speyer, Berlin 1993, S. 19-35

Hill, H., Verwaltung neu denken, in: VOP 1/1993, S. 15-20

Hill, H., Lean Management in der Kommunalverwaltung, in: Der Bayerische Bürgermeister 1/1994, S. 13-14

Hill, H., Personal als Schlüsselfaktor für Effizienzsteigerung, in: der Landkreis 7/1994, S. 310-313

Hill, H., Staatskonzeption. Auf dem Weg zu einem neuen Staat, in: VOP 5/1994, S. 301-309

Hill, H., Dienstrecht im Wandel: Überblick über aktuelle Reformvorhaben, in: iv 2/1995, S. 23 f.

Hill, H., Einführung eines neuen Steuerungsmodells, in: Verwaltungsorganisation 1995, S. 6-11

Hill, H., Wir müssen zuerst die Köpfe und Herzen der Mitarbeiter gewinnen, in: Kommunalpolitische Blätter 4/1995, S. 233-235

Hill, H., Ziele der Verwaltungsmodernisierung. Hilfen zur Kursbestimmung, in: Der Landkreis 8-9/1995, S. 357-360

Hill, H., Multimedia. Chancen und Herausforderungen für Verwaltungen und Bürger, in: VM 4/1996, S. 196-201

Hill, H., Qualität in der öffentlichen Verwaltung, in: Stadt und Gemeinde 1996, S. 180-184

Hill, H., Reengineering hinterfragt bisherige Strukturen. Chancen der Übertragung auf den öffentlichen Sektor, in: VOP 10-11/1996, S. 10-14

Hill, H., Strategisches Controlling in der Kommunalverwaltung, in: Controlling 4/1996, S. 232-237

Hill, H., Vergeßt die Bürger nicht! Entwicklung einer bürgerorientierten Kommunalverwaltung, in: Schückhaus, U. (Hrsg.), Kommunen in Not – Wege aus der Krise. Reformansätze aus der kommunalen Praxis, Stuttgart 1996, S. 3-17

Hill, H., Verwaltungsreform und öffentlicher Dienst, in: Ipsen, J. (Hrsg.), Verwaltungsreform. Herausforderung für Staat und Kommunen. Symposium des Instituts für Kommunalrecht der Universität Osnabrück am 22.1.95, 6. Bad Iburger Gespräche, Kommunalrecht – Kommunalverwaltung, Bd. 18, Baden-Baden 1996, S. 83-88

Hill, H., Das nächste Jahrhundert – Ein Jahrhundert der Kommunen, in: Lüder, K. (Hrsg.), Staat und Verwaltung. Fünfzig Jahre Hochschule für Verwaltungswissenschaften Speyer, Berlin 1997, S. 345-361

Hill, H. (Hrsg.), Die kommunikative Organisation. Change Management und Vernetzung in öffentlichen Verwaltungen, Staatskommunikation Bd. 4, Köln u. a. 1997

Hill, H., Die kommunikative Organisation, in: Hill, H. (Hrsg.), Die kommunikative Organisation. Change Management und Vernetzung in öffentlichen Verwaltungen, Staatskommunikation Bd. 4, Köln u. a. 1997, S. 11-16

Hill, H., Kompetenzentwicklung in der öffentlichen Verwaltung, QUEM-report, Heft 48 (hrsg. von der Arbeitsgemeinschaft Qualifikations-Entwicklungs-Management, Geschäftsstelle der Arbeitsgemeinschaft Betriebliche Weiterbildungsforschung e.V.), Berlin 1997

Hill, H., Verwaltung im Umbruch, Speyerer Arbeitshefte Nr. 9, Speyer 1997

Hill, H., Verwaltungsmodernisierung als Demokratiechance in der Kommune, in: Bogumil, J./Kißler, L. (Hrsg.), Verwaltungsmodernisierung und lokale Demokratie. Risiken und Chancen eines neuen Steuerungsmodells für die lokale Demokratie, Baden-Baden 1997, S. 23-31

Hill, H., Die öffentliche Verwaltung als Teil der Informationsgesellschaft, in: Der Landkreis 4/1998, S. 224-228

Hill, H., Die verkaufte Stadt, in: Verwaltung und Management 2/1998, S. 81-87

Hill, H., Koordinator Kommune, in: der gemeinderat 7-8/1998, S. 10-11

Hill, H., Modernes Management in Kommunalverwaltungen. Weg aus unorganisierter Unverantwortlichkeit, in: Das Parlament, Ausgabe „Kommunale Selbstverwaltung in Deutschland“ vom 6. März 1998, S. 6

Hill, H., Potentiale und Perspektiven der Verwaltungsmodernisierung, in: Lüder, K. (Hrsg.), Öffentliche Verwaltung der Zukunft. Vorträge der 65. Staatwissenschaftlichen Fortbildungstagung 1997 der Hochschule für Verwaltungswissenschaften Speyer, Schriftenreihe der Hochschule Speyer Bd. 124, Berlin 1998, S. 129-135

Hill, H., „Schlanker Staat“ – ein Modernisierungskonzept, in: Siedentopf, H. (Hrsg.), Europäische Integration/Modernisierung des Staates. Dokumentation zum 5. Deutsch-Französischen Verwaltungskolloquium der Deutschen Hochschule für Verwaltungswissenschaften Speyer und der Ecole Nationale d'Administration (ENA), Strasbourg/Paris in Speyer am 25. und 26. Juni 1998, Speyerer Arbeitshefte 117, Speyer 1998, S. 111-112

Hill, H., Die Rolle der Städte und Gemeinden im 21. Jahrhundert, in: BayGTzeitung 10/1999, S. 275–278

Hill, H., Qualitätsmanagement in der öffentlichen Verwaltung, in: Masing, W. (Hrsg.), Handbuch Qualitätsmanagement, München 1999, S. 799–809

Hill, H., Von der Einbeziehung der Mitarbeiter zum Wissens- und Energiemanagement, in: Hill, H./Klages, H., Innovationen durch Spitzenverwaltungen. Eine Dokumentation zum 4. Speyerer Qualitätswettbewerb 1998, Stuttgart u. a. 1999, S. 49-56

Hill, H., Wie Erfahrungsschätze geborgen werden. Wissensmanagement hat eine rationale und eine emotionale Komponente, in: Stadt und Gemeinde 4/1999, S. 130-133

Hill, H., Zur Veränderung von Handlungsspielräumen durch Kontraktmanagement, in: VM 2/1999, S. 75-78

Hill, H., Bürgerorientierung als Eckpfeiler der Staatsmodernisierung. Festvortrag anlässlich der Preisverleihung zum Wettbewerb „Innovative Verwaltung 2000“ am 9. Oktober 2000 in München

Hill, H., Die Bürgerkommune im 21. Jahrhundert, in: Glück, A./Magel, H. (Hrsg.), Neue Wege in der Kommunalpolitik. Durch eine neue Bürger- und Sozialkultur zur Aktiven Bürgergesellschaft, München 2000, S. 11–22

Hill, H., Gelebte Verantwortung. Die Beteiligung der Bürger als Voraussetzung zur Pflege und zum Erhalt des Gemeinwesens wird wiederentdeckt. Die neue Bürgerkultur verändert die Rollen von Verwaltung, Rat und Einwohnern in den Kommunen, in: der gemeinderat 3/2000, S. 24-26

Hill, H., Über Binnenmodernisierung zu Good Governance. Aktivierung und Einbeziehung gesellschaftlicher Mitglieder als Staatsaufgabe, in: VOP 12/2000, S. 9-12

Hill, H., Die Neue Selbständigkeit fördern, in: Fisch, R./Hill, H. (Hrsg.), Personalmanagement der Zukunft. Person – Team – Organisation, Speyerer Arbeitsheft Nr. 134, Speyer 2001, S. 47-49

Hill, H., Die Neue Selbständigkeit fördern: „Modernisierte“ Mitarbeiter in der öffentlichen Verwaltung, in: Fisch, R./Hill, H. (Hrsg.), Personalmanagement der Zukunft. Person – Team – Organisation, Speyerer Arbeitsheft Nr. 134, Speyer 2001, S. 31-44

Hill, H., Jetzt die Beschäftigten „modernisieren“. Veränderungen in der Verwaltung ergeben ein neues Anforderungsprofil, in: Fisch, R./Hill, H. (Hrsg.), Personalmanagement der Zukunft. Person – Team – Organisation, Speyerer Arbeitsheft Nr. 134, Speyer 2001, S. 1-3

Hill, H., Modernisieren im Mind Age, in: Fisch, R./Hill, H. (Hrsg.), Personalmanagement der Zukunft. Person – Team – Organisation, Speyerer Arbeitsheft Nr. 134, Speyer 2001, S. 5-20

Hill, H., Neue Anforderungen an die Mitarbeiterinnen und Mitarbeiter, in: Drescher, A. (Hrsg.), Handbuch zur Personalauswahl in der modernen Kommunalverwaltung. Praxisberichte, Entscheidungshilfen, Checklisten, Stuttgart u. a. 2001, S. 23-28

Hill, H. (Hrsg.), Die kommunikative Organisation. Change Management und Vernetzung in öffentlichen Verwaltungen, Staatskommunikation Bd. 4, Köln u. a. 1997

Hill, H./Frey, M., Motivationsinstrumente für eine Innovation der öffentlichen Verwaltung, in: VM, 1/1997, S. 7-13

Hill, H./Klages, H., Bewerber-Information für die Interessenten am 3. Speyerer Qualitätswettbewerb 1996 mit Anleitung zur Selbstbewertung und Kriterienliste, Speyer 1996

Hill, H./Klages, H. (Hrsg.), Spitzenverwaltungen im Wettbewerb. Eine Dokumentation des 1. Speyerer Qualitätswettbewerbs 1992, Baden-Baden 1993

Hill, H./Klages, H. (Hrsg.), Qualitäts- und erfolgsorientiertes Verwaltungsmanagement. Aktuelle Tendenzen und Entwürfe. Vorträge und Diskussionsbeiträge der 61. Staatswissenschaftlichen Fortbildungstagung 1993 der Hochschule für Verwaltungswissenschaften Speyer, Berlin 1993

Hill, H./Klages, H. (Hrsg.), Trends in public sector renewal. Recent developments and concepts of awarding excellence, Beiträge zur Politikwissenschaft Bd. 58, Frankfurt am Main 1995

Hill, H./Klages, H. (Hrsg.), Erfahrungen mit dem Modernisierungsprozeß. Anforderungen an zukünftiges Prozeßmanagement, Stuttgart 1997

Hill, H./Klages, H. (Hrsg.), Modernisierungserfolge von Spitzenverwaltungen. Eine Dokumentation zum 3. Speyerer Qualitätswettbewerb 1996, Stuttgart u. a. 1997

Hill, H./Klages, H. (Hrsg.), Zwischenbilanz der Verwaltungsmodernisierung. Eine Dokumentation zur 66. Staatswissenschaftlichen Fortbildungstagung vom 18. Bis 20. März 1998, Stuttgart u. a. 1998

Hill, H./Klages, H. (Hrsg.), Innovationen durch Spitzenverwaltungen. Eine Dokumentation zum 4. Speyerer Qualitätswettbewerb 1998, Stuttgart u. a. 1999

Hill, H./Klages, H. (Hrsg.), Good Governance und Qualitätsmanagement – Europäische und internationale Entwicklungen, Speyerer Arbeitsheft Nr. 132, Speyer 2000

Hill, H./Klages, H. i. V. m. dem Deutschen Landkreistag (Hrsg.), Kreisverwaltung der Zukunft. Vergleichende Untersuchung aktueller Modernisierungsansätze in ausgewählten Kreisverwaltungen (im Rahmen des Innovationsrings Kreisverwaltung der Zukunft), Stuttgart u. a. 1995

Hill, H./Rembor, R.-P., Einstieg in das Kontraktmanagement in der Kommunalverwaltung, in: iv 5/1995, S. 42-46

Hirsch, H., Öffentliche Güter, in: Chmielewicz, K./Eichhorn, P. (Hrsg.), Handwörterbuch der Öffentlichen Betriebswirtschaft, Stuttgart 1989, Sp. 1077-1084

Hirsch, U., Exoten im Management. Ein aktuelles Personalkonzept für lernende Organisationen, München, Wien 1998

Hirschfelder, R., Leistungsanreize in der Praxis, in: Bildungsdienst, Sozialwerk und Akademie des Deutschen Beamtenbundes (Hrsg.), Leistungsanreize in der öffentlichen Verwaltung. Fachtagung 11/10/95, BiSoWe-Reihe 1, Bonn 1996, S. 66-89

Hirschfelder, R., Leistungsanreize in der öffentlichen Verwaltung am Beispiel der Stadt Saarbrücken, in: Reinermann, H./Unland, H. (Hrsg.), Die Beurteilung – Vom Ritual zum Personalmanagement, Baden-Baden 1997, S. 87-92

Hirschfelder, R., Ziele vereinbaren, Zielerreichung messen und belohnen. Die Umsetzung in Saarbrücken, in: VM 5/1998, S. 272-275

H. J. A., Was ist eine herausragende besondere Leistung? Leistungsstufen, Leistungsprämien und Leistungszulagen werden konkretisiert, in: Deutsche Polizei 5/1997, S. 15-18

Hoefert, H.-W., Die Diskussion um das Leistungsprinzip – ein Prinzipienstreit?, in: Hoefert, H.-W./Reichard, C. (Hrsg.), Leistungsprinzip und Leistungsverhalten im öffentlichen Dienst, Stuttgart u. a. 1979, S. 14-25

Hoefert, H.-W., Leistungsverhalten im öffentlichen Dienst aus motivationspsychologischer Sicht, in: Hoefert, H.-W./Reichard, C. (Hrsg.), Leistungsprinzip und Leistungsverhalten im öffentlichen Dienst, Stuttgart u. a. 1979, S. 55-78

Hoefert, H.-W./Reichard, C. (Hrsg.), Leistungsprinzip und Leistungsverhalten im öffentlichen Dienst, Stuttgart u. a. 1979

Höhn, R., Führungsbrevier der Wirtschaft, 12. Auflage, Bad Harzburg 1986

Höhn, R., Die innere Kündigung in der öffentlichen Verwaltung. Ursachen, Folgen, Gegenmaßnahmen, Stuttgart, München 1989

Höhn, R./Böhme, G., Der Weg zur Delegation von Verantwortung im Unternehmen – ein Stufenplan, 5. Auflage, Bad Harzburg 1979

Hölzle, P., Prozeßorientierte Personalarbeit. Vom Personal- zum Führungs-Controlling, Arbeitswissenschaft in der betrieblichen Praxis Bd. 13, Frankfurt am Main 1999

Hören, M. v./Osenroth, K., Einführung variabler Vergütung bei den Stadtwerken Solingen. Traditionelle Führungs- und Vergütungskonzepte des Öffentlichen Dienstes sowie die am Beamtenrecht orientierte Vergütung sind korrekturbedürftig, in: Personalführung 7/1999, S. 26-30

Hoff, A./Weidinger, M., Erfolgsfaktoren der Vertrauensarbeitszeit, in: Personal 8/1999, S. 380-384

Hoffmann, H. und ein Autorenteam der Stadt Saarbrücken, „Motor Qualität“: Verwaltungsmodernisierung der Landeshauptstadt Saarbrücken, hrsg. von Hill, H./Klages, H., Düsseldorf 1996

Hoffmann, K./Köhler, F./Steinhoff, V., Vorgesetztenbeurteilung in der Praxis – Konzepte, Analyse, Erfahrungen, Weinheim 1995

Hofmann, M., Psychopathologie der bürokratischen Organisations'kultur', in: Hofmann, M./Zapotoczky, K./Strunz, H. (Hrsg.), Gestaltung öffentlicher Verwaltungen, Heidelberg 1993, S. 175-194

Hofmann, M./Zapotoczky, K./Strunz, H. (Hrsg.), Gestaltung öffentlicher Verwaltungen, Heidelberg 1993

Hofmann-Becking, M., Gestaltungsmöglichkeiten bei Anreizsystemen, in: Bühler, W./Siegert, T. (Hrsg.), Unternehmenssteuerung und Anreizsysteme. Kongress-Dokumentation/52. Deutscher Betriebswirtschafter-Tag 1998, Stuttgart 1999, S. 109-128

Hohner, H.-U./Hoff, E.-H., Beurteilung als Persönlichkeitsförderung? – Aspekte einer entwicklungsorientierten Diagnostik –, in: Selbach, R./Pullig, K.-K. (Hrsg.), Handbuch Mitarbeiterbeurteilung, Wiesbaden 1992, S. 39-66

Holl, H.-E., Landkreise als moderne Dienstleister, in: Der Landkeis 1/2000, S. 16-19

Hopp, H./Göbel, A., Management in der öffentlichen Verwaltung. Organisations- und Personalarbeit in modernen Kommunalverwaltungen, Stuttgart 1999

Horak, C., Controlling in Nonprofit-Organisationen. Erfolgsfaktoren und Instrumente, 2. Auflage, Wiesbaden 1995

Horstmann, A., Weniger Hierarchie und mehr Verantwortung – Innovation folgt aus Mitarbeiterkompetenz, in: Schückhaus, U. (Hrsg.), Kommunen in Not – Wege aus der Krise. Reformansätze aus der kommunalen Praxis, Stuttgart 1996, S. 163-174

Hortmann, W., Der Balanced Scorecard-Ansatz als Instrument der Umsetzung von Unternehmensstrategien, in: Controlling April/Mai 1999, S. 193-199

Horváth, P., Die Methode der Kritischen Tätigkeitsmerkmale als Führungsinstrument für die öffentliche Verwaltung – Bericht über ein Praxisprojekt, in: Weber, J./Tylkowski, O., Controlling. Eine Chance für öffentliche Unternehmen und Verwaltungen, Stuttgart 1988, S. 139-159

Horváth, P., Controlling, 4. Auflage, München 1991

Horváth, P., Die Methode der Kritischen Tätigkeitsmerkmale. Ein wirksames Führungsinstrument und Leistungsbeurteilungsverfahren für die öffentliche Verwaltung?, in: Goller, J./Maack, H./Müller-Hedrich, B. W./Schad, T. (Hrsg.), Verwaltungsmanagement. Handbuch für öffentliche Verwaltungen und öffentliche Betriebe, Stuttgart, Stand: April 1992, C 7.7

Horváth, P., Balanced Scorecard: Wie Sie Strategien erfolgreich umsetzen, in: Gablers Magazin 6/1998, S. 22-25

Horváth, P./Kaufmann, L., Balanced Scorecard – ein Werkzeug zur Umsetzung von Strategien, in: Harvard Business manager 5/1998, S. 39-48

Huber, S., Strategisches Personalcontrolling als Unterstützungsfunktion des strategischen Personalmanagements, München, Mering 1998

Hübbe, E., Personalentwicklung in der öffentlichen Verwaltung. Motor zur Veränderung oder Bewahrer des Status Quo?, in: Personal 5/2000, S. 242-248

Hummel, T. R., Erfolgreiches Bildungscontrolling. Praxis und Perspektiven, Hamburg 1999

Inglehart, R., Kultureller Umbruch. Wertewandel in der westlichen Welt, Frankfurt 1989

Innerhofer, C./Innerhofer, P./Lang, E., Leadership Coaching. Führen durch Analyse, Zielvereinbarung und Feedback, Neuwied, Kriftel 1999

Ipsen, J. (Hrsg.), Verwaltungsreform. Herausforderung für Staat und Kommunen. Symposium des Instituts für Kommunalrecht der Universität Osnabrück am 22.1.95, 6. Bad Iburger Gespräche, Kommunalrecht – Kommunalverwaltung, Bd. 18, Baden-Baden 1996

Jäckering, W., Verwaltung und öffentliche Aufgaben, in: Mattern, K.-H. (Hrsg.), Allgemeine Verwaltungslehre, 4. Auflage, Berlin, Bonn, Regensburg 1994, S. 15-31

Jäckering, W., Methoden der Evaluierung von Fortbildung, in: VuF 3/4/1998, S. 206-217

Jäger, W./Buck, D., Aspekte der Personalentwicklung in der öffentliche Verwaltung, Wiesbaden 1997

Jähler, H.-D., Folgen der „geleanten" Hierarchie – Wo ist die Karriereleiter?, in: REFA-Nachrichten 2/1999, S. 17-21

Jann, W., Moderner Staat und effiziente Verwaltung. Zur Reform des öffentlichen Sektors in Deutschland. Gutachten für die Friedrich-Ebert-Stiftung, Bonn 1994

Jann, W., Public Management in Germany. A Revolution without a Theory?, in: Kickert, W. (Hrsg.), Public Management and Administrative Reform in Western Europe, Cheltenham und Lyme 1997, S. 83-102

Jann, W., Lernen vom privaten Sektor – Bedrohung oder Chance? Oder: Wer hat Angst vor Public Management?, in: Edeling, T./Jann, W./Wagner, D. (Hrsg.), Öffentliches und privates Management. Fundamentally Alike in All Unimportant Respects?, Opladen 1998, S. 11-51

Jann, W., Neues Steuerungsmodell, in: Bandemer, S. v./Blanke, B./Nullmeier, F./Wewer, G. (Hrsg.), Handbuch zur Verwaltungsreform, Opladen 1998, S. 70-80

Janning, H., Rahmenbedingungen neuer Steuerungsmodelle und dezentraler Organisationsstruktur in der Kommunalverwaltung, in: VOP 4/1994, S. 239-245

Jeserich, W., Mitarbeiter auswählen und fördern. Assessment-Center-Verfahren, München, Wien 1981

Jeserich, W., Qualitative Personalarbeit. Der Beitrag von Personal- und Organisationsentwicklung zur Entstehung moderner Personalarbeit, in: Berndt, G., (Hrsg.), Personalentwicklung. Ansätze – Konzepte – Perspektiven, Köln, Berlin, Bonn, München 1986, S. 61-111

Jirjahn, U./Stephan, G., Betriebliche Sonderzahlungen: Theoretische Überlegungen und empirische Befunde, in: Frick, B./Neubäumer, R./Sesselmeier, W. (Hrsg.), Die Anreizwirkungen betrieblicher Zusatzleistungen, München, Mering 1999, S. 33-67

Jochmann, W., Optimierung von Geschäftsprozessen im Personalbereich, in: Kienbaum, J., Benchmarking Personal. Von den Besten lernen, Stuttgart 1997, S. 129-146

Jochmann-Döll, A., Interne Lohngerechtigkeit durch gleichen Lohn für gleichwertige Arbeit, in: Schanz, G. (Hrsg.), Handbuch Anreizsysteme in Wirtschaft und Verwaltung, Stuttgart 1991, S. 275-294

Jochum, E., Gleichgestelltenbeurteilung – ein Instrument zur Personalführung und Teamentwicklung, in: Schuler, H. (Hrsg.), Beurteilung und Förderung beruflicher Leistung, Beiträge zur Organisationspsychologie Bd. 4, Stuttgart 1991, S. 107-134

Joerger, G., Sind deutsche Verwaltungen lernfähig? Anmerkungen zur Lernfähigkeit und –bereitschaft des öffentlichen Sektors, in: VOP 11/2000, S. 9-12

Johannsen, D., Verwaltungsgeschichte, in: Strutz, H. (Hrsg.), Handwörterbuch der Verwaltung und Organisation, Köln 1982, S. 493-497

Joswig-Kühl, G./Arentzen, U./Damerau, K., Gabler Wirtschaftslexikon, Bd. 4, 12. Auflage, Wiesbaden 1988

Jourdan, R., Ein Verwaltungsleitbild für die Kommunalverwaltung, in: Goller, J./Maack, H./Müller-Hedrich, B. W./Schad, T. (Hrsg.), Verwaltungsmanagement. Handbuch für öffentliche Verwaltungen und öffentliche Betriebe, Stuttgart, Stand: April 1992, G 5.6

Jung, H., Personalwirtschaft, 3. Auflage, München, Wien 1999

Jung, W., Coaching im Unternehmen – Beratung zwischen Therapie und Training, in: Walsh, I./Papmehl, A. (Hrsg.), Personalentwicklung im Wandel, Wiesbaden 1991, S. 134-140

Kakabadse, A./Fricker, J., Anreize und Pfade zur lernenden Organisation, in: Sattelberger, T. (Hrsg.), Die lernende Organisation. Konzepte für eine neue Qualität der Unternehmensentwicklung, Wiesbaden 1994, S. 67-77

Kaldewey, A./Küpper, G., Den Wiedereinstieg planen – Eine empirische Studie zur Qualifizierung von Berufsrückkehrerinnen während des Erziehungsurlaubs (hrsg. vom Ministerium für die Gleichstellung von Frau und Mann des Landes Nordrhein-Westfalen), Düsseldorf 1994

Kaplan, R. S./Norton, D. P., Balanced Scorecard. Strategien erfolgreich umsetzen, Stuttgart 1997

Kappius, G., Leistungsabhängige Bezahlung aus der Sicht eines öffentlichen Arbeitgebers, in: Adamaschek, B./Oechsler, W. (Hrsg.), Leistungsabhängige Bezahlung im öffentlichen Dienst, Gütersloh 2001, S. 11-13

Kaschube, J./Rosenstiel, L. v., Motivation von Führungskräften durch leistungsorientierte Bezahlung. Psychologische Befunde zur Wirkung von und zum Wunsch nach finanziellen Leistungsanreizen, in: zfo 2/2000, S. 70-76

Kasper, H./Mayrhofer, W. (Hrsg.), Personalmanagement, Führung, Organisation, 2. Auflage, Wien 1996

Kastner, M., Organisatorisches Lernen als Herausforderung, in: Scholz, C./Djarrahzadeh, M., Strategisches Personalmanagement. Konzeptionen und Realisationen, Stuttgart 1995, S. 281-293

Kastner, M., Personalentwicklung im Spannungsfeld von Organisations- und Führungskräfteentwicklung, in: Personalführung 11/1992, S. 878-890

KAV NW (Hrsg.), Übersicht: beim KAV NW angemeldete „Pilotprojekte" Leistungsanreizsysteme in der Verwaltung (konkrete Konzepte; modellhaft typisiert) aufgrund des Rundschreibens „V" 15/93 vom 10.11.1993, Stand: 10. April 2000

Kayser, F./Uepping, H. (Hrsg.), Kompetenz der Erfahrung. Personalmanagement im Zeichen des demographischen Wandels, Neuwied, Kriftel, Berlin 1997

Kelbling, G., Die neue Steuerung städtischer Beteiligungen. Kontrakte und Controlling verhindern „unvertretbare Verselbständigungen", in: VOP 5/2000, S. 9-12

Kelley, H. H., Causal schemata and the attribution process, in: Jones, E. E. (Hrsg.), Attribution. Perceiving the causes of behavior, Morristown, New York 1972, S. 161-174

Kellner, H./Lange, V./Töpfer, A., Mitarbeiterbefragungen in der öffentlichen Verwaltung – Konzeptionen und Konsequenzen, in: Töpfer, A./Zander, E. (Hrsg.), Mitarbeiterbefragungen. Ein Handbuch, Frankfurt am Main, New York 1985, S. 344-385

Ke[illegible]tzer, S., Die menschliche Gefühlswelt im Veränderungsprozess. Berücksichtigung des Faktors „Mensch" im Neuen Steuerungsmodell, in: VOP 11/1999, S. 35-38

Kempf, R./Lühr, H., Arbeitsprogramm für das Personalmanagement. Maßnahmen zur Personalentwicklung im Konzern Freie Hansestadt Bremen, in: VOP 4/2001, S. 29-31

Keßler, D., Bildungserfolg transparent machen, in: Walsh, I./Papmehl, A. (Hrsg.), Personalentwicklung im Wandel, Wiesbaden 1991, S. 143-149

Kessler, K., Personalaktenrecht. Führung von Personalakten im öffentlichen Dienst, Neuwied, Kriftel, Berlin 1997

Kewenig, W. A., Chancen und Notwendigkeit des Controlling für die öffentliche Verwaltung, in: Weber, J./Tylkowski, O., Controlling. Eine Chance für öffentliche Unternehmen und Verwaltungen, Stuttgart 1988, S. 15-19

KGSt-Gutachten: Verwaltungsorganisation der Gemeinden. Aufgabengliederungsplan. Verwaltungsgliederungsplan, Köln 1979

KGSt-Bericht Nr. G 10/1982: Stellenplan - Stellenbewertung, 6. Auflage, Köln 1982

KGSt-Gutachten: Verwaltungsorganisation der Kreise. Aufgabengliederungsplan. Verwaltungsgliederungsplan, 2. Auflage, Köln 1982

KGSt-Bericht Nr. 4/1984: Lernen am Arbeitsplatz, Köln 1984

KGSt-Bericht Nr. 11/1984: Verbesserung der Arbeitsergebnisse durch die Mitarbeiter. Arbeit im Qualitätszirkel, Köln 1984

KGSt-Bericht Nr. 12/1986: Wertanalyse nach DIN 69910: Hinweise zur Anwendung in der Kommunalverwaltung, Köln 1986

KGSt-Bericht Nr. 8/1988: Alkohol und Arbeitsplatz. Wege zu einer Suchtkrankenhilfe, Köln 1988

KGSt-Bericht Nr. 2/1990: Personalbedarfsplanung bei der Stadt Bochum (Mitgliederbericht), Köln 1990

KGSt-Bericht Nr. 7/1990: Heranbildung von Führungskräften, Köln 1990

KGSt-Bericht Nr. 12/1991: Dezentrale Ressourcenverantwortung: Überlegungen zu einem Neuen Steuerungsmodell, Köln 1991

KGSt-Bericht Nr. 6/1991: Flexible Arbeitszeiten, Köln 1991

KGSt-Bericht Nr. 2/1992: Bürgernahe Verwaltung in den neuen Bundesländern. Leitbild, Köln 1992

KGSt-Bericht Nr. 10/1992: Gespräche führen, Köln 1992

KGSt-Bericht Nr. 11/1992: Chefbericht Marketing. Einführung in das Personalmarketing, Köln 1992

KGSt-Bericht Nr. 12/1992: Arbeitshilfe Personalmarketing. Vorsorge für erfolgreiche Personalgewinnung und -erhaltung, Köln 1992

KGSt-Bericht Nr. 13/1992: Das Mitarbeitergespräch, Köln 1992

KGSt-Bericht Nr. 15/1992: Personalauswahl: Besetzung einzelner Stellen, Köln 1992

KGSt-Bericht Nr. 19/1992: Wege zum Dienstleistungsunternehmen Kommunalverwaltung. Fallstudie Tilburg, Köln 1992

KGSt-Bericht 1/1993: Organisation der Fortbildung in den Neuen Bundesländern, Köln 1993

KGSt-Bericht Nr. 5/1993: Das Neue Steuerungsmodell. Begründung, Konturen, Umsetzung, Köln 1993

KGSt-Bericht Nr. 6/1993: Budgetierung: Ein neues Verfahren der Steuerung kommunaler Haushalte, Köln 1993

KGSt-Bericht Nr. 10/1993: Ausbildung und Entwicklung von Personal mit betriebswirtschaftlichem Aufgabenschwerpunkt, Köln 1993

KGSt-Bericht Nr. 3/1994: Externe Organisationsberatung, Köln 1994

KGSt-Bericht Nr. 6/1994: Haushaltskonsolidierung und Aufgabenkritik. Erfahrungsberichte der Städte Bergisch Gladbach, Dortmund, Mannheim, Stuttgart und Bochum (Mitgliederbericht), Köln 1994

KGSt-Bericht Nr. 7/1994: Dezentrale Personalarbeit. Der Beitrag der Personalwirtschaft zur Modernisierung der Verwaltung, Köln 1994

KGSt-Bericht Nr. 13/1994: Personalentwicklung. Grundlagen für die Konzepterarbeitung, Köln 1994

KGSt-Bericht Nr. 15/1994: Verwaltungscontrolling im Neuen Steuerungsmodell, Köln 1994

KGSt-Bericht Nr. 6/1995: Qualitätsmanagement, Köln 1995

KGSt-Bericht Nr. 8/1995: Das Neue Steuerungsmodell in kleineren und mittleren Gemeinden, Köln 1995

KGSt-Bericht Nr. 10/1995: Das Neue Steuerungsmodell: Erste Zwischenbilanz, Köln 1995

KGSt-Bericht Nr. 13/1995: Personalkostenmanagement. Einbeziehung der Personalkosten in die Budgetierung, Köln 1995

KGSt-Bericht Nr. 1/1996: Produktpläne und Produktbeschreibungen für die Kommunalverwaltung. Zwischenbericht Februar 1996, Köln 1996

KGSt-Bericht Nr. 6/1996: Personalentwicklung im Neuen Steuerungsmodell. Anforderungen an vorrangige Zielgruppen, Köln 1996

KGSt-Bericht Nr. 11/1996: Zentrale Steuerungsunterstützung, Köln 1996

KGSt-Bericht Nr. 1/1997: Organisation des Einkaufs, Köln 1997

KGSt-Bericht Nr. 8/1997: Qualitätsmanagement II: Der Einstieg in die Praxis über die Selbstbewertung, Köln 1997

KGSt-Bericht Nr. 7/1997: Auf dem Weg in das Ressourcenverbrauchskonzept: Die kommunale Bilanz. Erste Überlegungen und Empfehlungen, Köln 1997

KGSt-Bericht Nr. 9/1997: Steuerung kommunaler Haushalte: Budgetierung und Finanzcontrolling in der Praxis, Köln 1997

KGSt-Bericht Nr. 12/1997: Zwischenbilanz zur produktbezogenen Steuerung. Ein Diskussionsbeitrag, Köln 1997

KGSt-Bericht Nr. 13/1997: Kundenbefragungen. Ein Leitfaden, Köln 1997

KGSt-Bericht Nr. 1/1998: Führungsunterstützung: Von betriebswirtschaftlichen Aufgabenschwerpunkten zum Fortbildungsrahmenplan, Köln 1998

KGSt-Bericht Nr. 2/1998: Bewertung von Beamtenstellen im Neuen Steuerungsmodell, Köln 1998

KGSt-Bericht Nr. 4/1998: Kontraktmanagement: Steuerung über Zielvereinbarungen, Köln 1998

KGSt-Bericht Nr. 6/1998: Verwaltungsinterne Leistungsverrechnung, Köln 1998

KGSt-Bericht Nr. 8/1998: Geschäftsprozeßoptimierung: Eine Wegbeschreibung, Köln 1998

KGSt-Bericht Nr. 9/1998: Führungsstrukturen im Neuen Steuerungsmodell, Köln 1998

KGSt-Bericht Nr. 2/1999: Flexible Arbeitszeiten in der Praxis – Ein Beitrag zur Kundenorientierung, Wirtschaftlichkeit und Mitarbeiterorientierung, Köln 1999

KGSt-Bericht Nr. 3/1999: Personalführung Teil 1: Leistungsermittlung. Ermittlung von Leistung in einer ergebnisorientierten Verwaltung, Köln 1999

KGSt-Bericht Nr. 4/1999: Personalführung Teil 2: Potentialermittlung. Erkennen von Eignung und Befähigung, Köln 1999

KGSt-Bericht Nr. 6/1999: Bürgerengagement – Chance für Kommunen, Köln 1999

KGSt-Handbuch Organisationsmanagement, Köln 1999

KGSt-Bericht Nr. 1/2000: Kommune im Internet, Köln 2000

KGSt-Bericht Nr. 3/2000: Personalentwicklung im Veränderungsprozess, Köln 2000

KGSt-Bericht Nr. 4/2000: Rahmenregeln bei dezentraler Ressourcen- und Ergebnisverantwortung, Köln 2000

KGSt-Bericht Nr. 5/2000: Fortbildung im Wandel – Aufgaben, Anforderungen, Entwicklungen, Köln 2000

KGSt-Bericht Nr. 8/2000: Strategisches Management I: Leitbericht für Politik und Verwaltungsführung, Köln 2000

KGSt-Bericht Nr. 9/2000: Strategisches Management II: Wege zur Gesamtstrategie, Köln 2000

KGSt-Bericht Nr. 3/2001: Steuerung mit Zielen: Ziele entwicklen und präzisieren, Köln 2001

KGSt-Bericht 4/2001: Arbeit mit Kennzahlen. Teil 1: Grundlagen, Köln 2001

KGSt-Bericht 5/2001: Arbeit mit Kennzahlen. Teil 2: Empfehlungen für die Praxis, Köln 2001

KGSt (Hrsg.), Das Neue KGSt-Politikerhandbuch, Köln 1999

KGSt-IKO-Netz, Ziele finden, Zahlen kennen, Handeln können, Köln 1997

Kickert, W. (Hrsg.), Public Management and Administrative Reform in Western Europe, Cheltenham und Lyme 1997

Kienbaum, J. (Hrsg.), Benchmarking Personal. Von den Besten lernen, Stuttgart 1997

Kienbaum, J./Schröder, A., Benchmarking in der Praxis, in: Kienbaum, J., Benchmarking Personal. Von den Besten lernen, Stuttgart 1997, S. 3-16

Kirstein, A./Kirstein, R., Money Can't Buy Me Love: Soziale Anerkennung als Motivationsfaktor, in: Backes-Gellner, U./Kräkel, M./Grund, C. (Hrsg.), Entlohnung und Arbeitszeitgestaltung im Rahmen betrieblicher Personalpolitik, München 1999, S. 185-203

Kieser, A. (Hrsg.), Handwörterbuch der Führung, Stuttgart 1995

Kißler, L./Bogumil, J./Greifenstein, R./Wiechmann, E., Moderne Zeiten im Rathaus? Reform der Kommunalverwaltungen auf dem Prüfstand der Praxis, Modernisierung des öffentlichen Sektors, Sonderband 8, Berlin 1997

Kißler, L./Bogumil, J./Wiechmann, E., Anders verwalten. Praxis und Perspektiven kommunaler Gestaltungsprojekte, Berlin 1993

Kißler, L./Bogumil, J./Wiechmann, E., Das kleine Rathaus, Baden-Baden 1994

Kißler, L./Bogumil, J./Wiechmann, E., Moderne Zeiten im Rathaus, Berlin 1997

Kißler, L./Graf, M./Wiechmann, E., Nachhaltige Partizipation. Beschäftigtenbeteiligung als Beitrag für mehr Chancengleichheit, Modernisierung des öffentlichen Sektors Bd. 14, Berlin 2000

Kißler, L./Wiechmann, E. (Hrsg.), Gleichstellungspolitik und kommunale Verwaltungsreform, Baden-Baden 1999

Klages, H., Überlasteter Staat – verdrossene Bürger? Zu den Dissonanzen der Wohlfahrtsgesellschaft, Frankfurt am Main, New York 1981

Klages, H., Wertorientierung im Wandel. Rückblick, Gegenwartsanalyse, Prognosen, Frankfurt am Main, New York 1984

Klages, H., Vorwort, in: Klages, H./Schäfer, P. (Hrsg.), Leistungsmotivation und Leistungsanreize im öffentlichen Dienst. Rechtliche Rahmenbedingungen, empirische Grundlagen und Entwicklungsperspektiven, Speyerer Arbeitshefte 65, Speyer 1985, S. I-VI

Klages, H., Führung und Arbeitsmotivation in der öffentlichen Verwaltung. Vorläufige Ergebnisse eines Projektes, in: Klages, H. (Hrsg.), Öffentliche Verwaltung im Umbruch – neue Anforderungen an Führung und Arbeitsmotivation, Gütersloh 1990, S. 7-28

Klages, H., Personalentwicklung in der öffentlichen Verwaltung, in: Schanz, G. (Hrsg.), Handbuch Anreizsysteme in Wirtschaft und Verwaltung, Stuttgart 1991, S. 1147-1166

Klages, H., Wertewandel: Rückblick, Gegenwartsanalyse, Ausblick, in: Feix, W. E. (Hrsg.), Personal 2000. Visionen und Strategien erfolgreicher Personalarbeit, Wiesbaden 1991, S. 51-77

Klages, H., Grundsätze und Erfordernisse einer grundlegenden Erneuerung und Modernisierung der öffentlichen Verwaltung, in: Goller, J./Maack, H./Müller-Hedrich, B. W./Schad, T. (Hrsg.), Verwaltungsmanagement. Handbuch für öffentliche Verwaltungen und öffentliche Betriebe, Stuttgart, Stand: April 1992, B1.2

Klages, H., Vernetzung als Qualitätsmerkmal der Personalentwicklung, in: VOP 4/1992, S. 206-210

Klages, H., Häutungen der Demokratie, Zürich, Osnabrück 1993

Klages, H., Möglichkeiten der Qualitätsmessung und -bewertung in der öffentlichen Verwaltung, in: Hill, H./Klages, H. (Hrsg.), Qualitäts- und erfolgsorientiertes Verwaltungsmanagement. Aktuelle Tendenzen und Entwürfe. Vorträge und Diskussionsbeiträge der 61. Staatswissenschaftlichen Fortbildungstagung 1993 der Hochschule für Verwaltungswissenschaften Speyer, Berlin 1993, S. 37-56

Klages, H., Traditionsbruch als Herausforderung. Perspektiven der Wertewandelsgesellschaft, Frankfurt, New York 1993

Klages, H., Wertewandel in Deutschland in den 90er Jahren, in: Rosenstiel, L. v. u. a. (Hrsg.), Wertewandel. Herausforderungen für die Unternehmenspolitik in den 90er

Jahren, USW-Schriften für Führungskräfte, Bd. 13, 2. überarbeitete Auflage, Stuttgart 1993, S. 1-15

Klages, H., Verwaltungsmodernisierung durch „neue Steuerung"?, in: AfK II/1995, S. 203-228

Klages, H., Vorwort, in: die innovative Verwaltung, 2/1995, S. 3

Klages, H., Chancen des Wertewandels, in: Teufel, E. (Hrsg.), Was hält die moderne Gesellschaft zusammen?, Frankfurt am Main, 1996, S. 45-49

Klages, H., Funktionswert von Mitarbeiterbefragungen. Qualitätsmerkmale und Erfolgsfaktoren bei Mitarbeiterbefragungen, in: VOP 1-2/1997, S. 34-38

Klages, H., Motivierung von Mitarbeitern durch Anreize? Ein Beitrag zum Thema „Human Resource Management in der öffentlichen Verwaltung", in: Lüder, K. (Hrsg.), Staat und Verwaltung. Fünfzig Jahre Hochschule für Verwaltungswissenschaften Speyer, Berlin 1997, S. 455-476

Klages, H., Die Situation des öffentlichen Dienstes, in: König, K./Siedentopf, H. (Hrsg.), Öffentliche Verwaltung in Deutschland, 2. Auflage, Baden-Baden 1997, S. 517-538

Klages, H., Neue Herausforderungen und Möglichkeiten der Leistungsmessung und -beurteilung, in: Reinermann, H./Unland, H. (Hrsg.), Die Beurteilung – Vom Ritual zum Personalmanagement, Baden-Baden 1997, S. 21-34

Klages, H., Verwaltungsmodernisierung: "harte" und "weiche" Aspekte, Speyerer Forschungsberichte 172, Speyer 1997

Klages, H., Zwischenbilanz zur Verwaltungsmodernisierung in Deutschland, in: VM 3/1997, S. 132-139

Klages, H., Auf dem Weg zu mehr Kundenorientierung. Analyse und Bewertung von Maßnahmen für mehr Bürgernähe, in: VOP 11/1998, S. 11-15

Klages, H., Erfolgreich führen und motivieren, in: Wagner, D. (Hrsg.), Personal und Personalmanagement in der modernen Verwaltung, Schriftenreihe des Kommunalwissenschaftlichen Instituts der Universität Potsdam Bd. 3, Berlin 1998, S. 51-67

Klages, H., Verwaltungsmodernisierung: "harte" und "weiche" Aspekte II., Speyerer Forschungsberichte 181, 2. Auflage, Speyer 1998

Klages, H., Verwaltungsmodernisierung - Zwischenbilanz 1998, in: Hill, H./Klages, H. (Hrsg.), Zwischenbilanz der Verwaltungsmodernisierung. Eine Dokumentation zur 66. Staatswissenschaftlichen Fortbildungstagung vom 18. Bis 20. März 1998, Stuttgart u. a. 1998, S. 25-39

Klages, H., Leistungsmessung und Leistungsbeurteilung. Antik oder modern?, in: VM 4/1999, S. 204-206

Klages, H., Qualitätsfaktoren bei Mitarbeiterbefragungen. Neue Maßstäbe bei der Vergabe, in: der städtetag 2/1999, S. 67-71

Klages, H., Standorte und Strukturen des Engagementpotentials in Deutschland, in: Klages, H./Gensicke, T. (Hrsg.), Wertewandel und bürgerschaftliches Engagement an der Schwelle zum 21. Jahrhundert, Speyerer Forschungsberichte 193, Speyer 1999, S. 99-125

Klages, H., Zerfällt das Volk?, in: Klages, H./Gensicke, T. (Hrsg.), Wertewandel und bürgerschaftliches Engagement an der Schwelle zum 21. Jahrhundert, Speyerer Forschungsberichte 193, Speyer 1999, S. 1-20

Klages, H., Good Governance in entwickelten Ländern? Erfordernisse und Möglichkeitsspielräume „aktivierender" Politik, in: Hill, H./Klages, H. (Hrsg.), Good Governance und Qualitätsmanagement – Europäische und internationale Entwicklungen, Speyerer Arbeitsheft Nr. 132, Speyer 2000, S. 1-15

Klages, H., Motivieren Leistungsanreize unsere MitarbeiterInnen?, Vortrag auf dem KGSt-Forum in Leipzig am 3.11.2000

Klages, H., Verwaltungsmodernisierung aus der Sicht der Wertewandelsforschung, in: König, K. (Hrsg.), Verwaltung und Verwaltungsforschung – Deutsche Verwaltung und Verwaltungsforschung an der Wende zum 21. Jahrhundert, Speyerer Forschungsberichte 211, Speyer 2000, S. 89-115

Klages, H., Notwendige Voraussetzungen für eine erfolgreiche Einführung von Leistungsprämien im öffentlichen Dienst, unveröffentlichtes Manuskript

Klages, H. (Hrsg.), Öffentliche Verwaltung im Umbruch – neue Anforderungen an Führung und Arbeitsmotivation, Gütersloh 1990

Klages, H./Franz, G./Haas, H./Hippler, H., Führung und Arbeitsmotivation in der Kommunalverwaltung. Ergebnisse einer empirischen Untersuchung (hrsg. von dem Forschungsinstitut für öffentliche Verwaltung bei der Hochschule für Verwaltungswissenschaften Speyer), Speyer 1988

Klages, H./Gensicke, T., Führungsstil der Verwaltung im Wandel. Untersuchungsergebnisse des Forschungsinstituts der Hochschule Speyer, in: VOP 8/1996, S. 34-39

Klages, H./Gensicke, T., Bürgerschaftliches Engagement im Ost-West-Vergleich, in: Klages, H./Gensicke, T. (Hrsg.), Wertewandel und bürgerschaftliches Engagement an der Schwelle zum 21. Jahrhundert, Speyerer Forschungsberichte 193, Speyer 1999, S. 53-72

Klages, H./Gensicke, T., Mit immateriellen Anreizen motivieren, in: iv 5/1997, S. 30-33

Klages, H./Gensicke, T. (Hrsg.), Wertewandel und bürgerschaftliches Engagement an der Schwelle zum 21. Jahrhundert, Speyerer Forschungsberichte 193, Speyer 1999

Klages, H./Gensicke, T./Haubner, O., Die Mitarbeiterbefragung. Ein kraftvolles Instrument der Verwaltungsmodernisierung, in: VOP 5/1994, S. 322-327

Klages, H./Hippler, G., Führung und Arbeitsmotivation in Kommunalverwaltungen. Ergebnisse einer empirischen Untersuchung, Gütersloh 1989

Klages, H./Hippler, G., Mitarbeitermotivation als Modernisierungsperspektive. Ergebnisse eines Forschungsprojekts über „Führung und Arbeitsmotivation in der öffentlichen

Verwaltung" (hrsg. von der Akademie des deutschen Beamtenbundes, Bertelsmann Stiftung), Gütersloh 1991

Klages, H./Schäfer, P. (Hrsg.), Leistungsmotivation und Leistungsanreize im öffentlichen Dienst. Rechtliche Rahmenbedingungen, empirische Grundlagen und Entwicklungsperspektiven, Speyerer Arbeitshefte 65, Speyer 1985

Klages, H./Schäfer, P./Schmittel, W., Kontakt zum Bürger als Verwaltungsleistung. Bericht über die Publikumsbefragung Philippsburg 1982, Speyerer Arbeitshefte 48, Speyer 1983

Klaus, H., Leistungsbeurteilung bei Beamten. Grundlegende Zusammenhänge und Probleme, in: Goller, J./Maack, H./Müller-Hedrich, B. W./Schad, T. (Hrsg.), Verwaltungsmanagement. Handbuch für öffentliche Verwaltungen und öffentliche Betriebe, Stuttgart, Stand: April 1992, C 7.2

Kleinbeck, U., Die Wirkung von Zielsetzungen auf die Leistung, in: Schuler, H. (Hrsg.), Beurteilung und Förderung beruflicher Leistung, Beiträge zur Organisationspsychologie Bd. 4, Stuttgart 1991, S. 41-56

Kleinbeck, U., Arbeitsmotivation. Entstehung, Wirkung und Förderung. Grundlagentexte Psychologie, München 1996

Kleingarn, H., Change Management. Instrumentarium zur Gestaltung und Lenkung einer lernenden Organisation, Wiesbaden 1997

Klimecki, R., Auf dem Weg zu einer lernenden Verwaltung – Verwaltungsreform als institutioneller Lernprozeß und die Rolle der Personalentwicklung, in: Wagner, D. (Hrsg.), Personal und Personalmanagement, Schriftenreihe des Kommunalwissenschaftlichen Instituts der Universität Potsdam Bd. 3, Berlin 1998, S. 69-91

Klimecki, R. G./Gmür, M., Personalmanagement. Funktionen – Strategien – Entwicklungsperspektiven, UTB für Wissenschaft: Uni-Taschenbücher 2025, Grundwissen der Ökonomik/Betriebswirtschaftslehre, Stuttgart 1998

Klimecki, R./Müller, W. R. (Hrsg.), Verwaltung im Aufbruch. Modernisierung als Lernprozeß, Zürich 1999

Klimecki, R./Remer, A. (Hrsg.), Personal als Strategie. Mit flexiblen und lernbereiten Human-Ressourcen Kernkompetenzen aufbauen, Neuwied, Kriftel, Berlin 1997

Klinkenberg, U., Organisatorische Gestaltung und Stellenbewertung. Zusammenhänge dargestellt am Beispiel des BAT, in: Personal, Heft 3/1993, S. 120-124

Klinkenberg, U., Anreizsysteme im Angestelltenbereich des öffentlichen Dienstes, in: Personal 1/1996, S. 23-27

Klötzl, G./Schneider, H., Mitarbeiter am Erfolg beteiligen, München 1990

Klose-Diwo, K., Das strukturierte Interview zur Personalauswahl. Positive Erfahrungen für Personalverantwortliche und Bewerber, in: VOP 6/2000, S. 31-33

Knebel, H., Das Vorstellungsgespräch. Die erfolgreichste Art, Mitarbeiter auszuwählen, 12. Auflage, Freiburg im Breisgau 1990

Knebel, H., Taschenbuch Personalbeurteilung, 10. überarbeitete Auflage, Heidelberg 1999

Knebel, H./Wagner, D. (Hrsg.), Management by Zander. Konzepte – Erfahrungen – Perspektiven, München, Mering 1997

Knemeyer, F.-L., Bürgerbeteiligung und Kommunalpolitik. Mitwirkungsrechte von Bürgern auf kommunaler Ebene, Geschichte und Staat Bd. 307, 2., erweiterte Auflage mit Bayern-Bilanz, Landsberg am Lech 1997

Kniehl, A. T., Motivation und Volition in Organisationen. Ein Beitrag zur theoretischen Fundierung des Motivationsmanagements, Wiesbaden 1998

Knopp, A., Dialog ohne Partner. Bürgerbeteiligung gegen Politikverdrossenheit, Münster 1999

Knorr, F., Personalbeurteilung in der öffentlichen Verwaltung und in Nonprofit-Organisationen. Leistungsbezogen vergüten, Motivation fördern, Wiesbaden 1999

Knorr, F./Scheppach, M., Leistungsbezogene Entgeltsysteme. Für Wohlfahrtsverbände und Non-Profit-Organisationen, Regensburg, Bonn 1998

Kobi, J.-M., Human Resource-Management aus einem Guss, in: VM 1/2001, S. 40-41

Koch, R., Dienstrechtsreform und Leistungsbereitschaft: Zur Wirkungsweise eines leistungsbezogenen Anreiz- und Belohnungssystems, in: Hoefert, H.-W./Reichard, C. (Hrsg.), Leistungsprinzip und Leistungsverhalten im öffentlichen Dienst, Stuttgart u. a. 1979, S. 200-218

Koch, R., Leistungsorientierte Mitarbeiterführung in der öffentlichen Verwaltung, in: Schanz, G. (Hrsg.), Handbuch Anreizsysteme in Wirtschaft und Verwaltung, Stuttgart 1991, S. 1167-1183

Koch, S., Freiwilliges und unkonventionelles Arbeitsengagement – auch in der Verwaltung, in: Fisch, R./Hill, H. (Hrsg.), Personalmanagement der Zukunft. Person – Team – Organisation, Speyerer Arbeitsheft Nr. 134, Speyer 2001, S. 141-161

Köllner, A./Dietz, G., Der Kommunalhaushalt mit Bürgerbeteiligung. Bestandener Praxistest in Mönchweiler als Beispiel für Städte und Gemeinden, in: VOP 1-2/2000, S. 34-36

König, K., „Neue" Verwaltung oder Verwaltungsmodernisierung. Verwaltungspolitik in den 90er Jahren, in: DÖV 9/1995, S: 349-358

König, K. (Hrsg.), Verwaltung und Verwaltungsforschung – Deutsche Verwaltung und Verwaltungsforschung an der Wende zum 21. Jahrhundert, Speyerer Forschungsberichte 211, Speyer 2000

König, K./Siedentopf, H. (Hrsg.), Öffentliche Verwaltung in Deutschland, 2. Auflage, Baden-Baden 1997

König, R./Haßelmann, U., Kooperativ führen mit Kritik?, in: VR 10/1999, S. 351-355

König, W./Schuhmacher, H.-D., Beschäftigtenbeteiligung als Kernpunkt bürgerfreundlicher Verwaltung – Der Bürgerladen Hagen aus der Sicht der Personalvertretung, in:

Kißler, L./Bogumil, J./Wiechmann, E. (Hrsg.), Anders verwalten, Marburg 1993, S. 73-77
Koetz, A. G., Motivation im öffentlichen Dienst, in: Schückhaus, U. (Hrsg.), Kommunen in Not – Wege aus der Krise. Reformansätze aus der kommunalen Praxis, Stuttgart 1996, S. 205-225
Kötzle, A. (Hrsg.), Strategisches Management. Theoretische Ansätze, Instrumente und Anwendungskonzepte für Dienstleistungsunternehmen, Stuttgart 1997
Kompa, A., Personalbeschaffung und Personalauswahl, Basistexte Personalwesen Bd. 4, Stuttgart 1984
Korintenberg, W., Strategisches Personalmanagement für die öffentliche Verwaltung. Erfolgs- und Mißerfolgsfaktoren im Reformprozeß, Wiesbaden 1997
Kraemer-Fieger, S./Roerkohl, A./Kölsch, R. (Hrsg.), Qualitätsmanagement in Non-Profit-Organisationen. Beispiele, Normen, Anforderungen, Funktionen, Formblätter, Wiesbaden 1996
Kreikebaum, H., Strategische Unternehmensplanung, 3., erweiterte Auflage, Stuttgart, Berlin, Köln 1989
Kreis Aachen (Hrsg.), Ablaufschema zur Erarbeitung der Beförderungsvorschläge zum Stellenplan 2000, Stand: 1999
Kreis Aachen (Hrsg.), Handlungsempfehlungen für das Verfahren bei Beförderungen, Stand: 1999
Kreis Aachen (Hrsg.), Verfahren zu Leistungsstufen, Stand: 1999
Kreis Düren (Hrsg.), Kreisverwaltung 2000 – Ein moderner Dienstleistungsbetrieb. Leitbild zur Einführung „Neuer Steuerungsmodelle" im Kreis Düren, Stand: 1997
Kreisverwaltung Pinneberg (Hrsg.), Unser Leitbild, Stand: 1996
Krell, G., Neues Steuerungsmodell und kommunale Gleichstellungsarbeit, in: Zeitschrift für Frauenforschung, 1-2/1995, S. 28-38
Krell, G., Ecksteine einer erfolgsversprechenden Gleichstellungspolitik, in: Personal, 3/1997, S. 143-145
Krell, G., Gleichstellungspolitische Aspekte der Personalbeurteilung, in: ÖTV (Hrsg.), Reform des Beurteilungswesens – Workshop: Konzepte – Projekte – Perspektiven, Stuttgart 1998, S. 1-11
Krell, G. (Hrsg.), Chancengleichheit durch Personalpolitik. Gleichstellung von Frauen und Männern in Unternehmen und Verwaltungen. Rechtliche Regelungen – Problemanalysen – Lösungen, Wiesbaden 1997
Krell, G./Leutner, B., Kommunale Verwaltungsmodernisierung und Gleichstellungspolitik, in: Krell, G. (Hrsg.), Chancengleichheit durch Personalpolitik. Gleichstellung von Frauen und Männern in Unternehmen und Verwaltungen. Rechtliche Regelungen – Problemanalysen – Lösungen, Wiesbaden 1997, S. 37-46

Krell, G./Tondorf, K., Leistungsabhängige Entgeltdifferenzierung: Leistungslohn, Leistungszulagen, Leistungsbeurteilung auf dem gleichstellungspolitischen Prüfstand, in: Krell, G. (Hrsg.), Chancengleichheit durch Personalpolitik. Gleichstellung von Frauen und Männern in Unternehmen und Verwaltungen. Rechtliche Regelungen – Problemanalysen – Lösungen, Wiesbaden 1997, S. 263-277

Krieg, H.-J./Ehrlich, H., Personal. Lehrbuch mit Beispielen und Kontrollfragen, Stuttgart 1998

Kriegesmann, B., Innovationsorientierte Anreizsysteme. Ein empirisch fundierter Beitrag zur Gestaltung und Umsetzung typenspezifischer Anreizstrukturen für innovative Mitarbeiter, Bochum 1993

Kriest, B., Führungskonzepte für die Verwaltung. Mitarbeiter möchten mitdenken und mitgestalten, in: der städtetag 1999, S. 26-28

Krüger, G., Interne Prüfungen im Personalwesen. Personalwirtschafts-Controlling, Frechen-Königsdorf 1997

Krüger-Basener, M., Kooperative Elemente im Assessment Center bei unterschiedlichen Zielsetzungen und Teilnehmergruppen, in: Selbach, R./Pullig, K.-K. (Hrsg.), Handbuch Mitarbeiterbeurteilung, Wiesbaden 1992, S. 195-209

Krulis-Randa, J. S., Strategisches Denken im Personalbereich, in: Scholz, C./Djarrahzadeh, M., Strategisches Personalmanagement. Konzeptionen und Realisationen, Stuttgart 1995, S. 19-34

Krumbach, P./Hübbe, E., Trends im Markt – Folgen für Personalentwicklungsinstrumente, in: Kienbaum, J., Benchmarking Personal. Von den Besten lernen, Stuttgart 1997, S. 183-190

Kruppe, E., Viele Möglichkeiten der Telearbeit noch unbekannt. Neue Arbeitsformen unterstützen den Reformprozess, in: VOP 9/2000, S. 41-43

Krutzki, J., Leistungszulagen und -prämien – ein „Muss" für den öffentlichen Dienst?, in: ZTR 10/2000, S. 445-447

Kübler, H., Personalverantwortung als Aufgabe der Fachbereiche. Dezentralisierung, ein noch wackeliger Eckpfeiler des Neuen Steuerungsmodells, in: VOP 6/2000, S. 28-30

Kühnlein, G., Beschäftigung in Bürgerämtern. Ein Projekt der Gewerkschaft Öffentliche Dienste, Transport und Verkehr und der Hans Böckler Stiftung, Stuttgart, 1998

Kühnlein, G., Bürgerämter: mehr als ein Modetrend. Ergebnisse einer Umfrage bestätigen die Einrichtung von Serviceeinheiten, in: VOP 5/1999, S. 11-14

Kühnlein, G., Neue Typen betrieblicher Weiterbildung – Arbeitshilfe für Betriebs- und Personalräte, Düsseldorf 1999

Kühnlein, G./Wohlfahrt, N., Leitbild lernende Verwaltung? Situation und Perspektiven der Fortbildung in westdeutschen Kommunalverwaltungen, Berlin 1995

Kühnlein, G./Wohlfahrt, N., Zwischen Mobilität und Modernisierung. Personalentwicklungs- und Qualifizierungsstrategien in einer Kommunalverwaltung, Berlin 1995

Küpper, W., Moderne Verwaltungskultur. Bausteine einer lernfähigen Verwaltung, in: VM 2/1997, S. 72-75

Kuhl, J., Die Bedeutung materieller Leistungsanreize für die Arbeitsmotivation, in: Bertelsmann Stiftung/Institut für Wirtschaft und Gesellschaft Bonn e.V. (Hrsg.), Arbeitsmotivation und Führung. Ergebnisse einer gemeinsamen Arbeitstagung der Bertelsmann Stiftung, Gütersloh, und des Instituts für Wirtschaft und Gesellschaft Bonn e.V. – IWG Bonn – am 9. und 10. Juli 1987 in Gütersloh, Gütersloh 1988, S. 69-81

Kuhn, T., Flexibilisierung und Individualisierung als Ansatzpunkte zur unternehmerischen Gestaltung der Personarbeit – Darstellung aus Sicht der Wissenschaft, in: Wunderer, R./Kuhn, T. (Hrsg.), Innovatives Personalmanagement. Theorie und Praxis unternehmerischer Personalarbeit, Neuwied, Kriftel, Berlin 1995, S. 233-243

Kuhn, T., Lean Production und Gruppenarbeit als Ansatzpunkte zur unternehmerischen Gestaltung der Personarbeit – Darstellung aus Sicht der Wissenschaft, in: Wunderer, R./Kuhn, T. (Hrsg.), Innovatives Personalmanagement. Theorie und Praxis unternehmerischer Personalarbeit, Neuwied, Kriftel, Berlin 1995, S. 383-393

Kumar, B. N., Kulturabhängigkeit von Anreizsystemen, in: Schanz, G. (Hrsg.), Handbuch Anreizsysteme in Wirtschaft und Verwaltung, Stuttgart 1991, S. 127-148

Kurz, M./Kuhn, T., Arbeitsplatzflexibilisierung – Außerbetriebliche Arbeitsstätten bei der IBM Deutschland GmbH, in: Wunderer, R./Kuhn, T. (Hrsg.), Innovatives Personalmanagement. Theorie und Praxis unternehmerischer Personalarbeit, Neuwied, Kriftel, Berlin 1995, S. 244-262

Kuß, W., Arbeitsplatzbewertung nach dem BAT – Angestellte des Verwaltungsdienstes – Handbuch, 5., überarbeitete und erweiterte Auflage, Stuttgart, München, Berlin 1995

Kutscher, J./Weidinger, M./Hoff, A., Flexible Arbeitszeitgestaltung. Praxishandbuch zur Einführung innovativer Arbeitszeitmodelle, Wiesbaden 1996

Landeshauptstadt Saarbrücken (Hrsg.), Das Anreizkonzept im TQM-Programm der LHS, Stand: Juli 1997

Landkreis Göttingen (Hrsg.), Dienstvereinbarung über flexible Arbeitszeiten für die Beschäftigten beim Landkreis Göttingen, Stand: 1998

Landratsamt Enzkreis (Hrsg.), Richtlinien zur Förderung der Gleichstellung von Frauen und Männern im Landratsamt Enzkreis, Stand: 7.10.1996

Landratsamt Enzkreis (Hrsg.), Richtlinien für die Gewährung von Leistungsanreizen für die Beschäftigten im Landratsamt Enzkreis, Stand: 1.2.1999

Landratsamt Enzkreis, Organisationsentwicklung (Hrsg.), Erfahrungsbericht über die Einführung von Leistungsanreizen im Landratsamt Enzkreis, unveröffentlicht, Stand: Frühjahr 2000

Landratsamt Enzkreis (Hrsg.), Leitlinien für Führung und Zusammenarbeit im Landratsamt Enzkreis, o. J.

Lang, H., Selbstreflexion durch Mitarbeiterbefragungen. Ergebnisse und Erfahrungen der Städtischen Wirtschaftsschule Ansbach, in: VOP 5/1998, S. 36-38

Lange, R., Geschlechterverhältnisse im Management von Organisationen, München, Mering 1998

Lappé, W., Personalentwicklung als strategischer Ansatz – Leitlinien und Zielrichtungen in Zeiten knapper Ressourcen, in: Bertelsmann Stiftung (Hrsg.), Carl Bertelsmann-Preis 1993. Demokratie und Effizienz in der Kommunalverwaltung, Gütersloh 1993, S. 249-268

Lattmann, C., Anreizaspekte der Leistungsbeurteilung, in: Schanz, G. (Hrsg.), Handbuch Anreizsysteme in Wirtschaft und Verwaltung, Stuttgart 1991, S. 853-876

Lattmann, C., Die Leistungsbeurteilung als Führungsmittel, 2., verbesserte Auflage, Heidelberg 1994

Laukmann, T., Personalentwicklung in strategischen Geschäftseinheiten, in: Walsh, I./Papmehl, A. (Hrsg.), Personalentwicklung im Wandel, Wiesbaden 1991, S. 18-32

Laux, E., Führung und Führungsorganisation in der öffentlichen Verwaltung – Beiträge zur Diskussion –, Stuttgart u. a. 1975

Laux, E., Verwaltungsmanagement, in: Chmielewicz, K./Eichhorn, P. (Hrsg.), Handwörterbuch der Öffentlichen Betriebswirtschaft, Stuttgart 1989, Sp. 1678-1690

Lecheler, H., Die Zukunft des Berufsbeamtentums, in: ZBR 1/1996, Sp. 1-6

Lenk, H., Eigenleistung in Beruf und Gesellschaft, in: Schuler, H. (Hrsg.), Beurteilung und Förderung beruflicher Leistung, Beiträge zur Organisationspsychologie Bd. 4, Stuttgart 1991, S. 1-10

Lenzen, A., Erfolgsfaktor Schlüsselqualifikationen. Mitarbeiter optimal fördern, Heidelberg 1998

Leonhardt, W., Das Mitarbeitergespräch als Alternative zu formalisierten Beurteilungssystemen, in: Schuler, H. (Hrsg.), Beurteilung und Förderung beruflicher Leistung, Beiträge zur Organisationspsychologie Bd. 4, Stuttgart 1991, S. 91-104

Leutner, B., Führungspositionen in den Stadtverwaltungen, DST-Beiträge zur Kommunalpolitik, Reihe A, Heft 20, Köln 1994

Lezius, M., Kapitalbeteiligung als Zukunftsmodell, in: Personal 2/2000, S. 95-97

Lezius, M./Oechsler, W./Adamaschek, B., Vorwort, in: Adamaschek, B./Oechsler, W. (Hrsg.), Leistungsabhängige Bezahlung im öffentlichen Dienst, Gütersloh 2001, S. 5-6

Lichtsteiner, R. A., Meßgrößen zur strategischen Führung im Personalmanagement, in: Klimecki, R./Remer, A. (Hrsg.), Personal als Strategie. Mit flexiblen und lernbereiten Human-Ressourcen Kernkompetenzen aufbauen, Neuwied, Kriftel, Berlin 1997, S. 319-337

Liebel, H. J./Oechsler, W. A., Personalbeurteilung. Neue Wege zur Beurteilung von Leistung, Verhalten und Potential, Wiesbaden 1992

Liebel, H. J./Oechsler, W. A., Handbuch Human Resource Management, Wiesbaden 1994

Liesenfeld, J., Vom Steuern und Gesteuert-Werden. Mitarbeiterbeteiligung fördert Modernisierungsprozess, in: VOP 9/2000, S. 34-37

Locke, E. A., Toward a Theory of Task Motivation and Incentives, in: Organizational Behavior and Human Performance, 1968, S. 157-189

Löhner, M., Ethik und strategisches Personalmanagement im Widerspruch, in: Scholz, C./Djarrahzadeh, M., Strategisches Personalmanagement. Konzeptionen und Realisationen, Stuttgart 1995, S. 77-90

Löhr, U., Qualifikation angesichts neuer Aufgaben. Verwaltungsmodernisierung sowie Aus- und Fortbildung in den Kommunen, in: der städtetag 1/1995, S. 8-12

Löhr, U./Schöneich, M., Verwaltungsmodernisierung und notwendige Änderungen des Dienstrechtes, in: Verwaltungsrundschau 6/1995, S. 188-193

Loesch, A. v., Gemeinwirtschaftlichkeit, in: Chmielewicz, K./Eichhorn, P. (Hrsg.), Handwörterbuch der Öffentlichen Betriebswirtschaft, Stuttgart 1989, Sp. 464-472

Löschner, P./Schuster, H., Neue Modelle der Mitarbeiterkapitalbeteiligung. Erfahrungen aus dem Projekt Conti 100, in: Personal 11/1996, S. 604-609

Loewenfeld, W. v., Die Beurteilung – Zwischen Motivationsförderung und Disziplinierung, in Reinermann, H./Unland, H. (Hrsg.), Die Beurteilung – Vom Ritual zum Personalmanagement, Baden-Baden 1997, S. 63- 68

Loewenfeld, W. v., Thesen zum Thema „Anreizsysteme – Beurteilungen in der gewerkschaftlichen Praxis“, in: ÖTV (Hrsg.), Reform des Beurteilungswesens – Workshop: Konzepte – Projekte – Perspektiven, Stuttgart 1998, S. 1-13

Loewenfeld, W. v. (Hrsg.), Die Beurteilung. Vom Ritual zum sozialen Management im öffentlichen Dienst, Stuttgart 1993

Lombriser, R./Abplanalp, P. A., Strategisches Management. Visionen entwickeln, Strategien umsetzen, Erfolgspotentiale aufbauen, 2., durchgesehene und ergänzte Auflage, Zürich 1998

Lorig, W. H./Mayer-Schlöder, G., Die Parteipolitisierung des öffentlichen Dienstes, in: Verwaltungsrundschau 2/1992, S. 55-60

Luczak, H., Arbeitswissenschaft, 2. Auflage, Berlin u. a. 1998

Luczak, H. (Hrsg.), Handbuch der Arbeitswissenschaft, Stuttgart 1997

Lüder, K., Öffentliche Verwaltungen, in: Chmielewicz, K./Eichhorn, P. (Hrsg.), Handwörterbuch der Öffentlichen Betriebswirtschaft, Stuttgart 1989, Sp. 1152-1164

Lüder, K., Verwaltungscontrolling, in: DÖV 7/1993, S. 265-272

Lüder, K., Neues Steuerungsmodell und öffentliches Rechnungswesen, in: Lüder, K. (Hrsg.), Öffentliches Rechnungswesen 2000. Vorträge und Diskussionsbeiträge einer

Wissenschaftlichen Arbeitstagung der Hochschule für Verwaltungswissenschaften Speyer, Schriftenreihe der Hochschule Speyer Bd. 117, Berlin 1994, S. 189-195

Lüder, K., Innovationen im öffentlichen Rechnungswesen, in: Lüder, K. (Hrsg.), Staat und Verwaltung. Fünfzig Jahre Hochschule für Verwaltungswissenschaften Speyer, Berlin 1997, S. 249-267

Lüder, K. (Hrsg.), Betriebswirtschaftliche Organisationstheorie und öffentliche Verwaltung – Einige neuere Erkenntnisse und Entwicklungen der Organisationstheorie mit besonderer Berücksichtigung ihrer Bedeutung für Verwaltungsorganisationen, Speyerer Forschungsberichte Nr. 46, Speyer 1985

Lüder, K. (Hrsg.), Öffentliches Rechnungswesen 2000. Vorträge und Diskussionsbeiträge einer Wissenschaftlichen Arbeitstagung der Hochschule für Verwaltungswissenschaften Speyer, Schriftenreihe der Hochschule Speyer Bd. 117, Berlin 1994

Lüder, K. (Hrsg.), Staat und Verwaltung. Fünfzig Jahre Hochschule für Verwaltungswissenschaften Speyer, Berlin 1997

Lüder, K. (Hrsg.), Öffentliche Verwaltung der Zukunft. Vorträge der 65. Staatwissenschaftlichen Fortbildungstagung 1997 der Hochschule für Verwaltungswissenschaften Speyer, Schriftenreihe der Hochschule Speyer Bd. 124, Berlin 1998

Luge, A., Anforderungen an ein neues Management. Ansätze und Empfehlungen für die Ausgestaltung in Kommunalverwaltungen, in: VOP 1-2/2001, S. 14-17

Lurse, K., Erfolgsbeteiligung auf der Basis von Benchmarking, in: Personal 6/1996, S. 314-317

Luther, S., Die „Modellversuche Bürgerarbeit in Bayern" – Eine Möglichkeit zur Stärkung unseres Gemeinwesens, in: Politische Studien 366/1999, S. 114-118

Maas, P., Erweiterte Auswahlverfahren – Instrumente, Einsatzbereiche und Praxisbeispiele, in: Drescher, A. (Hrsg.), Handbuch zur Personalauswahl in der modernen Kommunalverwaltung. Praxisberichte, Entscheidungshilfen, Checklisten, Stuttgart u. a. 2001, S. 124-132

Maasch, J., Zentrales und dezentrales Personalcontrolling, in: Scholz, C./Djarrahzadeh, M., Strategisches Personalmanagement. Konzeptionen und Realisationen, Stuttgart 1995, S. 105-118

Machura, S., Leistungsmessung in der öffentlichen Verwaltung, in: Die Verwaltung 3/1999, S. 403-427

Mai, H., Neue Herausforderungen für öffentliche Unternehmen, in: ZögU 4/1998, S. 498-505

Malik, F., Führen. Leisten. Leben, 2. Auflage, Stuttgart, München 2000

Manstein, R. v., Perspektiven eines strategisch-orientierten Incentive Systems, in: Schanz, G. (Hrsg.), Handbuch Anreizsysteme in Wirtschaft und Verwaltung, Stuttgart 1991, S. 777-793

March, J. G./Simon, H. A., Organizations, 7. Auflage, New York 1967

March, J. G./Simon, H. A., Organisation und Individuum. Menschliches Verhalten in Organisationen, Wiesbaden 1976

Marqués Berger, E./Seeger, R., Leistung lohnt sich, wenn die Bedingungen stimmen. Leistungsanreize und -beurteilung im Landratsamt Enzkreis, in: VOP 3/2000, S. 28-30

Marr, R./Göhre, O., Die Entwicklung eines Qualitätskonzeptes für das Personalmanagement, in: Klimecki, R./Remer, A. (Hrsg.), Personal als Strategie. Mit flexiblen und lernbereiten Human-Ressourcen Kernkompetenzen aufbauen, Neuwied, Kriftel, Berlin 1997, S. 367-395

Marr, R./Stitzel, M., Personalwirtschaft. Ein konfliktorientierter Ansatz, München 1979

Marré, R., Die Bedeutung der Unternehmenskultur für die Personalentwicklung, Europäische Hochschulschriften, Reihe 6, Psychologie Bd. 590, Frankfurt am Main u. a., 1997

Masing, W. (Hrsg.), Handbuch Qualitätsmanagement, München 1999

Maslow, A. H., Motivation und Personality, New York 1954

Maslow, A. H., Psychologie des Seins, München 1973

Maslow, A. H., Motivation und Persönlichkeit, Olten 1977

Mattern, K.-H., Anforderungen an die öffentliche Verwaltung, Regensburg 1991

Mattern, K.-H. (Hrsg.), Allgemeine Verwaltungslehre, 4. Auflage, Berlin, Bonn, Regensburg 1994

Mauch, H., Werkstattzirkel heißt: vor Ort lernen und Probleme lösen, in: Sattelberger, T. (Hrsg.), Innovative Personalentwicklung. Grundlagen, Konzepte, Erfahrungen, 2. Auflage, Wiesbaden 1991, S. 201-210

Mauch, S., Leistungsanreize. Anmerkungen zum Entwurf eines Gesetzes zur Reform des Öffentlichen Dienstrechts, in: iv 1/1996, S. 25-31

Mauch, S., Mitarbeitergespräch versus Beurteilung, in: VM 4/1998, S. 216-217

Mauch, S., Neue Wege der Personalrekrutierung, in: Bandemer, S. v./Blanke, B./Nullmeier, F./Wewer, G. (Hrsg.), Handbuch zur Verwaltungsreform, Opladen 1998, S. 173-181

Mauch, S., Zielorientiertes Führen – ein Umsetzungsmodell für die öffentliche Verwaltung. Eine alternative Wegbeschreibung zu mehr Effizienz und Effektivität in der öffentlichen Verwaltung, Stuttgart u. a. 1999

Maukisch, H./Schmidt, P./Strunz., C. M., Selbst- und Fremdbeurteilung im Assessment Center, in: Schuler, H. (Hrsg.), Beurteilung und Förderung beruflicher Leistung, Beiträge zur Organisationspsychologie Bd. 4, Stuttgart 1991, S. 147-169

Mayer, E., Überwindung der Kontrolle durch das Controlling-Führungskonzept, in: Weber, J./Tylkowski, O., Controlling. Eine Chance für öffentliche Unternehmen und Verwaltungen, Stuttgart 1988, S. 21-34

Mayntz, R., Soziologie der öffentlichen Verwaltung, 2., durchgesehene Auflage, 1982

Mayrhofer, W., Motivation und Arbeitsverhalten, in: Kasper, H./Mayrhofer, W. (Hrsg.), Personalmanagement, Führung, Organisation, 2. Auflage, Wien 1996, S. 225-255

Mayrhofer, W., Personalentwicklung, in: Kasper, H./Mayrhofer, W. (Hrsg.), Personalmanagement, Führung, Organisation, 2. Auflage, Wien 1996, S. 451-491

Mc Clelland, D. C., Power. The Inner Experience, New York 1975

Mc Clelland, D. C., Human Motivation, Glenview 1985

Mc Clelland, D. C./Atkinson, J. W./Clark, R. A./Lowell, E. L., The Achievement Motive, New York 1953

Mc Gregor, D., The human Side of Enterprise, New York 1960

Mc Gregor, D., Der Mensch im Unternehmen, Düsseldorf, Wien 1970

Mehde, V., Das dienstliche Beurteilungswesen vor der Herausforderung des administrativen Modernisierungsprozesses, in: ZBR 7/1998, S. 229-236

Mehrmann, E., Projektmanagement, in: Adamaschek, B./Grymer, H./Meyer-Pries, D. (Hrsg.), Managementhandbuch Kommunalverwaltung, Nr. 1360, Heidelberg, Stand: Oktober 1997, S. 1-41

Meier, H., Handwörterbuch der Aus- und Weiterbildung: 425 Methoden und Konzepte des betrieblichen Lernens mit Praxisbeispielen und Checklisten, Neuwied, Kriftel, Berlin 1995

Meier, R., Lernmedien und Selbstlernen in der Fortbildung von Führungskräften, in: VuF 1/2000, S. 3-15

Meier, R./Edel, M., Alternative Lernwege. Möglichkeiten des Selbstlernens mit Medien, in: VuF, 3/4/1998, S. 189-205

Meifert, M./Piehl, C., Integrierte Vermittlung von Fach- und Sozialkompetenz durch multimedial unterstütztes Training, in: Personal 1/2000, S. 18-21

Meixner, H.-E., Personalpolitik, Köln 1982

Meixner, H.-E., Personalstrukturplanung. Leistung und Motivation durch Beförderungs- und Verwendungskonzepte, Teil 1: Ursachen und Folgen verbauter Berufs- und Karrierewege, Training Bd. 3, Köln, Berlin, Bonn, München 1987

Meixner, H.-E., Personalstrukturplanung. Leistung und Motivation durch Beförderungs- und Verwendungskonzepte, Teil 2: Kosten und Konzeptionen zur Behebung eines Beförderungs- und Verwendungsstatus, Training Bd. 3, Köln, Berlin, Bonn, München 1987

Meixner, H.-E., Personalpolitik und -führung. Personal-Management (Teil 1), Reihe Personal, Management und Verwaltung Bd. 4, Vieselbach, Erfurt 1993

Meixner, H.-E., Personal- und Organisationsentwicklung – Eine strategische und operative Herausforderung, Bonn 1996

Meixner, H.-E., Lust statt Frust in der öffentlichen Verwaltung. Wege aus der Führungskrise, Köln, Berlin, Bonn, München 1998

Meixner, H.-E., Mehr Dienstleistung durch die öffentliche Verwaltung!, in: Die Neue Verwaltung 2/1999, S. 22-24

Mentzel, W., Unternehmenssicherung durch Personalentwicklung, 7. Auflage, Freiburg im Breisgau 1997

Mentzel, W./Grotzfeld, S./Dürr, C., Mitarbeitergespräche. Mitarbeiter motivieren, richtig beurteilen und effektiv einsetzen, Planegg 1998

Merten, D., Bürgerverantwortung im demokratischen Verfassungsstaat, in: VM 4/1997, S. 202-207

Merten, D., Dienstrecht, in: Chmielewicz, K./Eichhorn, P. (Hrsg.), Handwörterbuch der Öffentlichen Betriebswirtschaft, Stuttgart 1989, Sp. 260-269

Merten, D., Grundgesetz und Berufsbeamtentum, in: Merten, D./Pitschas, R./Niedobitek, M. (Hrsg.), Neue Tendenzen im öffentlichen Dienst, Speyerer Forschungsberichte 189, Speyer 1998, S. 6-24

Merten, D./Pitschas, R./Niedobitek, M., Neue Tendenzen im öffentlichen Dienst, Speyerer Forschungsberichte 189, Speyer 1998

Metelmann, K., Marktorientierte Abrechnung von Dienstleistungen, in: Bühler, W./Siegert, T. (Hrsg.), Unternehmenssteuerung und Anreizsysteme. Kongress-Dokumentation/52. Deutscher Betriebswirtschafter-Tag 1998, Stuttgart 1999, S. 255-267

Meyer, T., Was kann Gruppenarbeit leisten?, in: Personalführung, 5/1994, S. 426-431

Möller, H. W., Das gewandelte Führungsverständnis in der öffentlichen Verwaltung im Rahmen grundlegender Modernisierungsprozesse, in: VR 4/2000, S. 110-113

Möltgen, K, Mit dem Bürger Leitbilder für die Stadt erarbeiten. Unternehmen Stadt Kulmbach: Konsens als breite Basis der Reform, in: VOP 12/1998, S. 22-24

Mohr, R., Wie soziale Kompetenzen trainierbar sind. Qualifizierung der Beschäftigten als Gewinn für die Organisation, in: VOP /2000, S. 34-37

Mombaur, P. M., Besoldung nach erbrachter Leistung, in: Kommunalpolitische Blätter 2/1994, S. 9

Momm, C., Die intelligente Unternehmung. Management von Information, Wissen und Werten, Wiesbaden 1997

Mohr, R., Wie soziale Kompetenzen trainierbar sind. Qualifizierung der Beschäftigten als Gewinn für die Organisation, in: VOP 4/2000, S. 34-37

Morsbach, G., Qualifizierungsbedarf bei den Führungskräften. Weiterbildungskonzept als Beitrag zur Nachhaltigkeit der Modernisierung, in: VOP 5/1999, S. 36-38

Motsch, P., Anmerkungen zu „Das Modell der Bürgerarbeit" von Ulrich Beck, in: Politische Studien 366/1999, S. 132-136

Mühge, G., Vereinbarungen zur kommunalen Verwaltungsreform – Auswertung (hrsg. von der ÖTV), Stuttgart 1997

Müller, B., Arbeitsrecht im öffentlichen Dienst. Ein Handbuch für Studium und Praxis, 3. Auflage, München 1995

Müller, E., Personalentwicklung in der öffentlichen Verwaltung. Qualifizierung und Motivierung von Mitarbeitern als Führungsaufgabe, Wien 1996

Müller, G. B., Einrichtung von Bürgerbüros/Verbesserung der Dienstleistungsorientierung, in: VuF 1/2000, S. 33-49

Müller, M., Organisation und Entlohnung industrieller Arbeit, in: Kasper, H./Mayrhofer, W. (Hrsg.), Personalmanagement, Führung, Organisation, Wien 1996, 2. Auflage, S. 493-593

Müller-Demary, P./Przygodda, M., Mitarbeiter in Entscheidungen einbeziehen. Erfahrungen mit Arbeitsschutzzirkeln und ihre motivierende Wirkung, in: Personalführung 8/1992, S. 15-17

Müller-Stewens, G./Pautzke, G., Führungskräfteentwicklung und organisationales Lernen, in: Sattelberger, T. (Hrsg.), Die lernende Organisation. Konzepte für eine neue Qualität der Unternehmensentwicklung, Wiesbaden 1994, S. 183-205

Müller-Stewens, G./Scholl, H., Dezentralität und Wandel. Skizzen zu einem veränderten Führungsverständnis, in: Klimecki, R./Remer, A. (Hrsg.), Personal als Strategie. Mit flexiblen und lernbereiten Human-Ressourcen Kernkompetenzen aufbauen, Neuwied, Kriftel, Berlin 1997, S. 121-135

Mundhenke, E./Kreft, W. (Hrsg.), Modernisierung der Bundesverwaltung. Aktueller Stand und Perspektiven, Fachhochschule des Bundes für öffentliche Verwaltung, Schriftenreihe 28, Brühl 1997

Mungenast, M., Grenzen merkmalsorientierter Einstufungsverfahren und ihre mögliche Überwindung durch zielorientierte Leistungsbeurteilungsverfahren, München 1990

Mungenast, M., Leistungsbeurteilung und Ziele, in: Personal 2/1994, S. 56-59

Mutius, A. v./Friauf, K. H./Westermann, H. P. (Hrsg.), Handbuch für die öffentliche Verwaltung Bd. 1, Neuwied 1984

N. N., Transparente Kriterien für Beurteilungen erforderlich. VOP-Redaktionsgespräch mit Verwaltungsfachleuten in Kiel, in: VOP 10-11/1996, S. 15-19

N. N., Expertengespräch, in: ÖTV-Argumente 1/1998, S. 19-22

N. N., Mit der Familie zum Unternehmenserfolg – Impulse für eine zukunftsfähige Personalpolitik, in: Personalführung 4/1998, S. 89

N. N., Führungskräfte und das NSM. Pflichtfach oder wohlverstandenes Eigeninteresse?, in: Freie und Hansestadt Hamburg, Finanzbehörde, Projekt Verwaltungsinnovation – ProVi (Hrsg.), Verwaltungsmodernisierung in Hamburg. 2. Hamburger Modernisierungsmesse am 25. März 1999, Bremen 1999, S. 137-139

N. N., Leistung und Lebensgenuß. „Sanfte Karriere“ – der neue Trend, in: UnicumBeruf 1/1999, S. 28

N. N., Modellversuch zur Erprobung der alternierenden Telearbeit in der Hamburger Verwaltung, in: Freie und Hansestadt Hamburg, Finanzbehörde, Projekt Verwaltungsinnovation – ProVi (Hrsg.), Verwaltungsmodernisierung in Hamburg. 2. Hamburger Modernisierungsmesse am 25. März 1999. Dokumentationsband, Bremen 1999, S. 140-142

N. N., Wie sind Leistungen im öffentlichen Dienst zu messen?. KGSt empfiehlt Zielvereinbarungen – In den Rathäusern besteht hoher Schulungsbedarf, in: Bayerischer Städtetag, Informationsbrief 7/1999, S. 15-16

Nagel, K./Rasner, C., Einführung: Organisation und Personalmanagement, in: Nagel, K./Rasner, C. (Hrsg.), Organisations-Management, Berlin 1994

Nagel, K./Rasner, C. (Hrsg.), Organisations-Management, Berlin 1994

Nagel, K./Schlegendal, G., Flexible Entgeltsysteme. Fair entlohnen – besser motivieren, Landsberg am Lech 1998

Naschold, F., Ergebnissteuerung, Wettbewerb, Qualitätspolitik. Entwicklungspfade des öffentlichen Sektors in Europa, Modernisierung des öffentlichen Sektors, Sonderband 1, Berlin 1995

Naschold, F., Modernisierung des Staates. Zur Ordnungs- und Innovationspolitik des öffentlichen Sektors, Modernisierung des öffentlichen Sektors Bd. 1, 3. Auflage, Berlin 1995

Naschold, F. (bearbeitet und gekürzt von Gohlke, R.), Das strategische Management fehlt. Neues Steuerungsmodell (NSM) – neue Folgeprobleme: Leerstellen des NSM und Ansätze des strategischen Managements, in: Demokratische Gemeinde 12/1998, S. 6-7

Naschold, F./Oppen, M./Wegener, A., Kommunale Spitzeninnovationen. Konzepte, Umsetzungen, Wirkungen in internationaler Perspektive, Berlin 1998

Naschold, F./Oppen, M./Wegener, A. (Hrsg.), Innovative Kommunen. Internationale Trends und deutsche Erfahrungen, Stuttgart, Berlin, Köln 1997

Neumann, M., Zum Ansehensverlust der öffentlichen Verwaltung – Ursachen und Folgerungen -, in: Der Öffentliche Dienst 7/1999, S. 145-168

Nerdinger, F.W., Motivation und Handeln in Organisationen, Stuttgart 1995

Nentzel, B., Personalentwicklung. Ergebnisse des Projektes „Neue Instrumente für Innovationsprozesse zur Gestaltung von Arbeit und Technik in öffentlichen Büro- und Verwaltungsbereichen“, (hrsg. von Grimmer, K.), Düsseldorf 1997

Netzwerk: Kommunen der Zukunft (Hrsg.), Mitarbeiterorientierte Zielvereinbarungen in der Kommunalverwaltung, Unna o. J.

Neuberger, O., Personalentwicklung, Basistexte Personalwesen Bd. 2, Stuttgart 1991

Neuberger, O., Mikropolitik. Der alltägliche Aufbau und Einsatz von Macht in Organisationen, Basistexte Personalwesen Bd. 7, Stuttgart 1995

Neuberger, O., Mitarbeiterbefragungen als symbolische Politik, in: Bungard, W./Jöns, I. (Hrsg.), Mitarbeiterbefragungen, Weinheim 1997, S. 423-434

Neuberger, O., Vertrauen ist Mißtrauen! Ein Plädoyer für Mikropolitik, in: Klimecki, R./Remer, A. (Hrsg.), Personal als Strategie. Mit flexiblen und lernbereiten Human-Ressourcen Kernkompetenzen aufbauen, Neuwied, Kriftel, Berlin 1997, S. 215-243

Neumeier, W., Mehr als nur Statistik. Die Mitarbeitermeinungsumfrage als strategisches Führungsinstrument, in: Personalführung 3/1995, S. 214-218

Nieder, P., Management von Absentismus und Fluktuation durch Anwesenheits- und Bleibeanreize, in: Schanz, G. (Hrsg.), Handbuch Anreizsysteme in Wirtschaft und Verwaltung, Stuttgart 1991, S. 1048-1064

Nieder, P., Erfolg durch Vertrauen. Abschied vom Management des Misstrauens, Wiesbaden 1997

Novak, E., Personal in der Verwaltung, in: Mattern, K.-H. (Hrsg.), Allgemeine Verwaltungslehre, 4. Auflage, Regensburg 1994, S. 169-199

Ochs, P., Zielvereinbarung mit dem Team (hrsg. von der Bertelsmann Stiftung und der Bundesanstalt für Arbeit), Gütersloh, Nürnberg 1998

Oebbecke, J., Kommunale Selbstverwaltung am Ende dieses Jahrhunderts. Ist das politische Konzept noch tragfähig?, in: Freiherr-vom-Stein-Gesellschaft e.V. (Hrsg.), Kommunale Selbstverwaltung am Ende dieses Jahrhunderts. Ist das politische Konzept noch tragfähig? Ein Cappenberger Gespräch, veranstaltet am 2. Oktober 1997 in Dortmund, Köln 1998, S. 39-65

Oebbecke, J., Verwaltungssteuerung im Spannungsfeld von Rat und Verwaltung. Kommunalverfassungsrechtliche Grenzen der Einführung neuer Steuerungsmodelle, in: DÖV 20/1998, S. 853-859

OECD, Recent Trends in Performance Appraisal and Performans-Relates Pay Schemes in the Public Service, Paris 1988

OECD, Private Pay for Public Work. Performance-related Pay for Public Sector Managers, PUMA - Public Management Studies, Paris 1993

Oechsler, W. A., BWL der öffentlichen Verwaltung, in: Mutius, A. v./Friauf, K. H./Westermann, H. P. (Hrsg.), Handbuch für die öffentliche Verwaltung Bd. 1, Neuwied 1984, S. 871-943

Oechsler, W. A., Tendenzen der Personalentwicklung in der öffentlichen Verwaltung aus internationaler Sicht, in: VOP 4/1991, S. 200-204

Oechsler, W. A., Personalführung durch tätigkeitsbezogene Leistungsbewertung, in: Liebel, H. J./Oechsler, W. A., Personalbeurteilung. Neue Wege zur Beurteilung von Leistung, Verhalten und Potential, Wiesbaden 1992, S. 11-102

Oechsler, W. A., Systeme der Organisation und Führung, in: Gabele, E./Liebel, H. J./Oechsler, W. A., Führungsgrundsätze und Mitarbeiterführung. Führungsprobleme erkennen und lösen, Wiesbaden 1992, S. 61-105

Oechsler, W. A., Leistungsorientiertes Entgelt in der Kommunalverwaltung. Ergebnisse der Arbeitsgruppe im Projekt „Grundlagen einer leistungsfähigen Kommunalverwaltung der Bertelsmann-Stiftung", Bamberger Betriebswirtschaftliche Beiträge Nr. 104, Bamberg 1995

Oechsler, W. A., Ist Leistung objektiv meßbar? Leistungsbeurteilung als Voraussetzung für die Einführung von Leistungsanreizen, in: Bildungsdienst, Sozialwerk und Akademie des Deutschen Beamtenbundes (Hrsg.), Leistungsanreize in der öffentlichen Verwaltung. Fachtagung 11/10/95, BiSoWe-Reihe 1, Bonn 1996, S. 8-26

Oechsler, W. A., Leistungsorientiertes Personalmanagement in der Kommunalverwaltung, in: Voitel, Roland Dumont du (Hrsg.), New Public Management. Internationale Erfahrungen und Beiträge, Heidelberg 1996, S. 125-144

Oechsler, W. A., Vom Lohnempfänger zum Vergütungsgestalter. Entgeltfindung im Wandel, in: Personal 3/1996, S. 125-129

Oechsler, W. A., Dienstrechtsreform und leistungsorientiertes Personalmanagement, in: Mundhenke, E./Kreft, W. (Hrsg.), Modernisierung der Bundesverwaltung. Aktueller Stand und Perspektiven, Fachhochschule des Bundes für öffentliche Verwaltung, Schriftenreihe 28, Brühl 1997, S. 43-52

Oechsler, W. A., Reform des öffentlichen Dienstrechts. Aufbruch zu leistungsorientiertem Personalmanagement?, in: Die innovative Verwaltung 3/1997, S. 30-32

Oechsler, W. A., Die öffentliche Verwaltung im Wandel – Herausforderungen an die Personalarbeit -, in: Berthel, J. (Hrsg.), Unternehmen im Wandel. Konsequenzen für und Unterstützung durch die Personalwirtschaft, München, Mering 1998, S. 145-156

Oechsler, W. A., Stärkung des Leistungsprinzips durch das Dienstrechtsreformgesetz – Regelungen, personalpolitische Defizite und Handlungsbedarf – Gutachten für die Arbeitsgemeinschaft höherer Dienst in Bonn-Bad Godesberg, in: Verantwortung und Leistung, 35/1998, S. 1-24

Oechsler, W. A., Defizite bei der Personalentwicklung. Die Rolle der Personalarbeit im Reformprozess der öffentlichen Verwaltung, in: VOP 1-2/1999, S. 8-10

Oechsler, W. A., Leistungsanreize im Dienstrechtsreformgesetz, in: ZfPR 5/1999, S. 170-174

Oechsler, W. A., Neue Anreizsysteme im öffentlichen Dienst. Anforderungen an die Beurteilung, in: VM 1/1999, S. 11-14

Oechsler, W. A., Personal und Arbeit. Grundlagen des Human Resource Management und der Arbeitgeber-Arbeitnehmer-Beziehungen, 7., grundlegend überarbeitete und erweiterte Auflage, München, Wien 2000

Oechsler, W., Methodische Grundlagen der Leistungsbeurteilung unter Einbeziehung von interkommunalen Leistungsvergleichen, in: Adamaschek, B./Oechsler, W. (Hrsg.), Leistungsabhängige Bezahlung im öffentlichen Dienst, Gütersloh 2001, S. 29-41

Oechsler, W. A./Kastura, B., Betriebliche Sozialleistungen – Entwicklungen und Perspektiven, in: Weber, W. (Hrsg.), Entgeltsysteme – Lohn, Mitarbeiterbeteiligung und Zusatzleistungen, Stuttgart 1993, S. 342-363

Oechsler, W. A./Kühne, D./Kneissler, N., Traditionelle Frauenförderung – ein Weg zum Erfolg? Empirische Untersuchung anhand des öffentlichen Dienstes und Unternehmen der Privatwirtschaft, Bamberger Betriebswirtschaftliche Beiträge Nr. 103, Bamberg 1994

Oechsler, W. A./Steinebach, N., Leistung und Leistungsbegriff im höheren Dienst, in: Verwaltung und Leistung, 8/1983, S. 15-17

Oechsler, W. A./Vaanholt, S., Dienstrechtsreform – klein, aber auch nicht fein, in: DBW 4/1997, S. 529-540

Opaschowski, H. W., Von der Geldkultur zur Zeitkultur, in: Schanz, G. (Hrsg.), Handbuch Anreizsysteme in Wirtschaft und Verwaltung, Stuttgart 1991, S. 35-51

ÖTV (Hrsg.), Reform des Beurteilungswesens. Thesenpapier, Schriftenreihe „Beamte und Demokratie", Stuttgart 1993

ÖTV (Hrsg.), Reform des Beurteilungswesens – Workshop: Konzepte – Projekte – Perspektiven, Stuttgart 1998

ÖTV (Hrsg.), Qualifizierungsstrategien und Personalentwicklungskonzepte in der „modernen Verwaltung", Schriftenreihe Berufsbildung 12, Frankfurt am Main o. J.

Oldenburg, S./Wakiel, B., Telearbeit (Teil 3), in: Verwaltung und Management, 1/2000, S. 57-59

Olesch, G., Personalentwicklung vom Berufseinstieg zur Führungskraft, in: Personal Heft 2/1992, S. 78-82

Olesch, G., Schwerpunkte der Personalarbeit. Personalmanagement zur Jahrtausendwende, Heidelberg 1997

Olesch, G., Gestaltung von Laufbahnen in Zeiten flacher Hierarchien. „Fachleiter" und „stellvertretende Führungskraft" heißen zwei Alternativen zur klassischen Führungslaufbahn bei der Phoenix Contact GmbH & Co, in: Personalführung 4/2000, S. 26-28

Olfert, K./Steinbuch, P.A., Personalwirtschaft, 7. Auflage, Ludwigshafen (Rhein), 1998

Oppen, M./Wegener, A., Kommunale Spitzeninnovationen. Konzepte, Umsetzung, Wirkungen in internationaler Perspektive, Berlin 1998

Osthorst, W./Kahrs, M., Bürgerbeteiligung sorgt für eine Qualitätssteigerung. Professionalisierung des Dialogs mit dem Bürger ist erforderlich, in. VOP 10/2000, S. 9-12

Ott, E., Sind Beurteilungen für die Vergabe von Leistungszulagen geeignet?, in: Reinermann, H./Unland, H. (Hrsg.), Die Beurteilung – Vom Ritual zum Personalmanagement, Baden-Baden 1997, S. 93-97

Palm, H., Verwaltungsreform und Mitbestimmung, in: Bandemer, S. v./Blanke, B./Nullmeier, F./Wewer, G. (Hrsg.), Handbuch zur Verwaltungsreform, Opladen 1998, S. 216-221

Panse, W./Stegmann, W., Kostenfaktor Angst, Landsberg am Lech 1996

Papmehl, A., Personal-Controlling. Human-Ressourcen effektiv entwickeln, 2., überarbeitete und erweiterte Auflage, Arbeitshefte Personalwesen Bd. 19, Heidelberg 1999

Papmehl, A./Walsh, I., Vom Monopolisten zum Intrapreneur, in: Walsh, I./Papmehl, A. (Hrsg.), Personalentwicklung im Wandel, Wiesbaden 1991, S. 57-61

Pechbrenner, P., Personalentwicklung in der kommunalen Verwaltung, in: der städtetag 1/1994, S. 8-11

Pedler, M./Boydell, T./Burgoyne, J., Auf dem Weg zum „Lernenden Unternehmen", in: Sattelberger, T. (Hrsg.), Die lernende Organisation. Konzepte für eine neue Qualität der Unternehmensentwicklung, Wiesbaden 1994, S. 57-65

Peters, K./Obermeyer, K., Verfahren zur Überprüfung der Führungsqualität. Dialogorientierte Managementbewertung stellt Kompetenzen auf den Prüfstand, in: VOP 10/2000, S. 31-34

Peters, T. J./Watermann, R. H., Auf der Suche nach Spitzenleistungen, 4. Auflage, München, Landsberg am Lech 1993

Pfreundschuh, G., Führung und Verantwortungsdelegation in Kommunen (Teil 1), in: VM 3/2000, S. 149-153

Pfreundschuh, G., Führung und Verantwortungsdelegation in Kommunen (Teil 2), in: VM 4/2000, S. 240-245

Piber, H., Bildungsmarketing, in: Biehal, F., Lean Service. Dienstleistungsmanagement der Zukunft für Unternehmen und Non-Profit-Organisationen, 2. Auflage, Bern, Stuttgart, Wien 1994, S. 76-96

Pichert, P.-H., Voraussetzungen für wirksames Benchmarking, in: Kienbaum, J., Benchmarking Personal. Von den Besten lernen, Stuttgart 1997, S. 17-40

Pieper, J., Schlüsselpersonen erwerben Schlüsselqualifikationen, in: Sattelberger, T. (Hrsg.), Innovative Personalentwicklung. Grundlagen, Konzepte, Erfahrungen, 2. Auflage, Wiesbaden 1991, S. 97-107

Pippke, W., Karrieredeterminanten in der öffentlichen Verwaltung, Baden-Baden 1975

Pippke, W., Berufsbeamtentum, in: Chmielewicz, K./Eichhorn, P. (Hrsg.), Handwörterbuch der Öffentlichen Betriebswirtschaft, Stuttgart 1989, Sp. 86-93

Pippke, W., Neues Steuerungsmodell, Bürgerkommune und lokale Lebensqualität, in: VM 5/2000, S. 284-288

Pitschas, R., Verwaltungsförderung als Personalentwicklung?, in: Die Verwaltung 1989, S. 75-91

Pitschas, R., Neues Personalmanagement im Wandel des deutschen Verwaltungsstaats und Beamtenrechts, in: Merten, D./Pitschas, R./Niedobitek, M., Neue Tendenzen im öffentlichen Dienst, Speyerer Forschungsberichte 189, Speyer 1998, S. 29-58

Plamper, H., Leistungsprämien in der Kommunalverwaltung, in: ZKF 8/1993, S. 175-176

Plamper, H., Leistungsprämien in Kommunen, in: der städtetag 12/1994, S. 797-799

Plamper, H., Kontraktmanagement. Neues aus neuen Untersuchungen, in: VM 4/2000, S. 234-239

Plamper, H., Vom Ausland lernen? Der richtige Weg des Public Management, in: VM 1/2001, S. 36-39

Plumeier, W., Bildungs-Informations-Systeme, in: Walsh, I./Papmehl, A. (Hrsg.), Personalentwicklung im Wandel, Wiesbaden 1991, S. 175-185

Pook, M., Ausbildung und Entwicklung von Personal mit betriebswirtschaftlichem Aufgabenschwerpunkt, in: Below, K./Ehrenfeld, H., Ökonomisches Kalkül und Public Management. Symposion über Alternativen der betriebswirtschaftlichen Ausbildung von Fachkräften für öffentliche Aufgaben, Fachhochschule Hildesheim/Holzminden, Hildesheim 1995

Pook, M., Controlling: Verwaltungscontrolling im Neuen Steuerungsmodell – Einführung, in: Adamaschek, B./Grymer, H./Meyer-Pries, D. (Hrsg.), Managementhandbuch Kommunalverwaltung, Nr. 520, Heidelberg, Stand: Oktober 1997, S. 1-27

Poppelreuter, S., „Arbeit ist das Ganze leben". Eine empirische Studie zum Thema Arbeitssucht, in: Gross, W. (Hrsg.), Karriere(n) in der Krise. Die seelischen Kosten des beruflichen Aufstiegs, Bonn 1997, S. 68-83

Porter, L. W./Lawler, E. E., Managerial attitudes and performance, Homewood 1968

Preiser, S., Beurteilungen in sozialen Interaktionen, in: Selbach, R./Pullig, K.-K. (Hrsg.), Handbuch Mitarbeiterbeurteilung, Wiesbaden 1992, S. 3-38

Preiser, S., Anforderungen an Beurteilungsverfahren, in: Reinermann, H./Unland, H. (Hrsg.), Die Beurteilung – Vom Ritual zum Personalmanagement, Baden-Baden 1997, S. 53-57

Pröhl, M., Von der Binnenmodernisierung zur Politikreform. Strategisches Management zur Bündelung kommunalen Handelns, in: VOP-Sonderheft 1/2001, S. 6-8

Pröhl, M. (Hrsg.), Internationale Strategien und Techniken für die Kommunalverwaltung der Zukunft. Innovationen und Reformbeispiele von Praktikern für Praktiker, Gütersloh 1997

Pröhl, M. (Hrsg.), Die lernende Organisation – Vertrauensbildung in der Kommunalverwaltung. Internationale Recherchen und Fallbeispiele, Gütersloh 1998

Pühler, K.-P., BAT 99. Bundesangestelltentarifvertrag, München 1999

Pullig, K.-K., Selbstbeurteilung im Rahmen der Personalentwicklung, in: Selbach, R./Pullig, K.-K. (Hrsg.), Handbuch Mitarbeiterbeurteilung, Wiesbaden 1992, S. 145-164

Quandt, A., Deformierte Verwaltungen und Verwaltungsreformen im Spannungsfeld mikropolitischer Aktivitäten, in: Verwaltungsrundschau 3/2000, S. 80-85

Radtke, B., Entwicklung des Leitbildes parallel zur Reform. Wandel in den Köpfen der Beschäftigten aktiv unterstützen, in: VOP 5/1998, S. 16-19

Rahmentarifvertrag vom 29. Oktober 1996 über die Grundsätze zur Gewährung von Leistungszulagen und Leistungsprämien (TV-L), abgedruckt in Anlage 7

Rank, B./Wakenhut, R., (Hrsg.), Sicherung des Praxistransfers im Führungskräftetraining, München, Mering 1998

Rau, T., Betriebswirtschaftslehre für Städte und Gemeinden, München 1994

Regnet, E., Der Weg in die Zukunft – Neue Anforderungen an die Führungskraft, in: Rosenstiel, L. v./Regnet, E./Domsch, M. (Hrsg.), Führung von Mitarbeitern. Handbuch für erfolgreiches Personalmanagement, 3. Auflage, Stuttgart 1995, S. 43-53

Reichard, C., Ist ein neues Leistungsanreizsystem erforderlich?, in: Hoefert, H.-W./Reichard, C. (Hrsg.), Leistungsprinzip und Leistungsverhalten im öffentlichen Dienst, Stuttgart u. a. 1979, S. 119-126

Reichard, C., Personalentwicklung, in: Hoefert, H.-W./Reichard, C. (Hrsg.), Leistungsprinzip und Leistungsverhalten im öffentlichen Dienst, Stuttgart u. a. 1979, S. 174-197

Reichard, C., Betriebwirtschaftslehre der öffentlichen Verwaltung, 2. völlig neubearbeitete und erweiterte Auflage, Berlin, New York 1987

Reichard, C., Motivationsförderungssysteme in der öffentlichen Verwaltung, in: Klages, H. (Hrsg.), Öffentliche Verwaltung im Umbruch – neue Anforderungen an Führung und Arbeitsmotivation, Gütersloh 1990, S. 56-74

Reichard, C., Auf dem Weg zu einem neuen Verwaltungsmanagement, in: Goller, J./Maack, H./Müller-Hedrich, B. W./Schad, T. (Hrsg.), Verwaltungsmanagement. Handbuch für öffentliche Verwaltungen und öffentliche Betriebe, Stuttgart, Stand: April 1992, B.1.1

Reichard, C., Kommunales Management im internationalen Vergleich, in: der städtetag 12/1992, S. 843-845

Reichard, C., Umdenken im Rathaus. Neue Steuerungsmodelle in der deutschen Kommunalverwaltung, Modernisierung des öffentlichen Sektors Bd. 3, Berlin 1994

Reichard, C., Das Dienstrechts-Reförmchen, in: DBW 1997, S. 727-730

Reichard, C., Deutsche Trends der kommunalen Verwaltungsmodernisierung, in: Naschold, F./Oppen, M./Wegener, A. (Hrsg.), Innovative Kommunen. Internationale Trends und deutsche Erfahrungen, Stuttgart, Berlin, Köln 1997, S. 49-74

Reichard, C., Personalmanagement, in: Bandemer, S. v./Blanke, B./Nullmeier, F./Wewer, G. (Hrsg.), Handbuch zur Verwaltungsreform, Opladen 1998, S. 166-173

Reichard, C., Thesen: Leistungsanreizkonzepte, in: Wagner, D. (Hrsg.), Personal und Personalmanagement in der modernen Verwaltung, Schriftenreihe des Kommunalwissenschaftlichen Instituts der Universität Potsdam Bd. 3, Berlin 1998, S. 103-107

Reichard, C./Wollmann, H. (Hrsg.), Kommunalverwaltung im Modernisierungsschub, Stadtforschung aktuell Nr. 58, Basel, Boston, Berlin 1996

Reichert, J./Stöbe, S./Wohlfahrt, N., Personalsteuerung durch Leistungsanreizsysteme. Gestaltungsmöglichkeiten, Positionen, Modelle, in: Reichard, C./Wollmann, H. (Hrsg.), Kommunalverwaltung im Modernisierungsschub, Stadtforschung aktuell Nr. 58, Basel, Boston, Berlin 1996, S. 220-240

Reichert, J./Stöbe, S./Wohlfahrt, N., Leistungsanreizsysteme im öffentlichen Dienst. Stand und Perspektiven der Einführung von Motivations- und Leistungsanreizen in der Kommunalverwaltung, Graue Reihe – Neue Folge Nr. 92 der Hans-Böckler-Stiftung, 2. Auflage, Düsseldorf 1997

Reichwein, A., Erfahrungen mit dem Modernisierungsprozeß – Anforderungen an zukünftiges Prozeßmanagement, in: Hill, H./Klages, H. (Hrsg.), Erfahrungen mit dem Modernisierungsprozeß. Anforderungen an zukünftiges Prozeßmanagement, Stuttgart 1997, S. 23-40

Reichwein, A./Möltgen, K./Padberg, E., Leitbild, in: Adamaschek, B./Grymer, H./Meyer-Pries, D. (Hrsg.), Managementhandbuch Kommunalverwaltung, Nr. 1080, Heidelberg, Stand: Oktober 1997, S. 1-19

Reinermann, H., Ein neues Paradigma für die öffentlichen Verwaltung? Was Max Weber heute empfehlen dürfte, Speyerer Arbeitsheft Nr. 97, Speyer 1993

Reinermann, H., Die Krise als Chance. Wege innovativer Verwaltungen, Speyerer Forschungsberichte 139, 4. Auflage, Speyer 1995

Reinermann, H., Ergebnisorientierte Führung und Schlanke Verwaltung. Schlagwörter oder Herausforderungen für die öffentlichen Verwaltung? (Teil 1), in: VM 3/1995, S. 169-173

Reinermann, H., Ergebnisorientierte Führung und Schlanke Verwaltung. Schlagwörter oder Herausforderungen für die öffentlichen Verwaltung? (Teil 2), in: VM 4/1995, S. 246-251

Reinermann, H., Die Krise als Chance. Wege innovativer Verwaltungen, 5., unveränderte Auflage, Speyerer Forschungsberichte Nr. 139, Speyer 1995

Reinermann, H./Unland, H. (Hrsg.), Die Beurteilung – Vom Ritual zum Personalmanagement, Baden-Baden 1997

Reinhardt, H.-H., Lerntransfer in die Praxis. Warum der Seminarerfolg auch vom Vorgesetzten abhängt, in: Deutscher Genossenschafts- und Raiffeisenverband e.V. (Hrsg.), Sonderdruck aus Genossenschaftsforum. Raiffeisenrundschau & Blätter für Genossenschaftswesen 6/1990, S. 48-56

Remer, A., Personal und Management im Wandel der Strategien, in: Klimecki, R./Remer, A. (Hrsg.), Personal als Strategie. Mit flexiblen und lernbereiten Human-Ressourcen Kernkompetenzen aufbauen, Neuwied, Kriftel, Berlin 1997, S. 399-417

Ressmann, W., Erfolgsfaktoren für bürgerschaftliches Engagement, in: Die Neue Verwaltung 1/2000, S. 28-31

Reuß, A., Aufgabenerledigung durch Projekte in der Verwaltung. Erfolgsfaktoren aufgrund von Erfahrungen mit Hamburger Verwaltungsprojekten, in: VOP 14/1992, S. 94-100

Rheinberg, F., Motivation, Grundriß der Psychologie Bd. 6, 2., überarbeitete und erweiterte Auflage, Stuttgart, Berlin, Köln 1997

Richter, H./Krause, D., Führungskräfte-Entwicklung im internationalen Unternehmen, in: Walsh, I./Papmehl, A. (Hrsg.), Personalentwicklung im Wandel, Wiesbaden 1991, S. 291-304

Richtlinien der Vereinigung der kommunalen Arbeitgeberverbände (VKA) zur Gewährung von Leistungszulagen und Leistungsprämien, 17. November 1995, abgedruckt in Anlage 6

Rickards, R. C., Ungeschminkte Meinungen der Mitarbeiter abfragen. Befragungsergebnisse in Ämtern der Kölner Stadtverwaltung, in: VOP 6/1998, S. 36-38

Ridder, B., Erfahrungen als Kapital verstehen – Die Chancen neuer Kompetenzen erkennen, in: Kayser, F./Uepping, H. (Hrsg.), Kompetenz der Erfahrung. Personalmanagement im Zeichen des demographischen Wandels, Neuwied, Kriftel, Berlin 1997, S. 42-50

Ridder, H.-G., Materielle und immaterielle Leistungsanreize, in: Bandemer, S. v./Blanke, B./Nullmeier, F./Wewer, G. (Hrsg.), Handbuch zur Verwaltungsreform, Opladen 1998, S. 191-199

Ridder, H.-G., Die Motivationskraft materieller Leistungsanreize. Erfahrungen der privaten Wirtschaft nicht ungeprüft übernehmen, in: VOP 3/2000, S. 9-12

Ridder, H.-G./Bruns, H.-J., Zur Rolle von Führungskräften bei der Konzeption und Durchführung von Mitarbeiterbefragungen, in: ZfP 1/2000, S. 28-51

Ridder, H.-G./Hoon, C., Strategisches Personalmanagement in der öffentlichen Verwaltung, in: VM 2/2001, S. 76-83

Ridder, H.-G./Schirmer, R., Führung, in: Bandemer, S. v./Blanke, B./Nullmeier, F./Wewer, G. (Hrsg.), Handbuch zur Verwaltungsreform, Opladen 1998, S. 199-208

Rieckmann, H., Organisationsentwicklung – von der Euphorie zu den Grenzen, in: Sattelberger, T. (Hrsg.), Die lernende Organisation. Konzepte für eine neue Qualität der Unternehmensentwicklung, Wiesbaden 1994, S. 125-143

Riekhof, H.-C., Anreize im Innovationsprozeß, in: Schanz, G. (Hrsg.), Handbuch Anreizsysteme in Wirtschaft und Verwaltung, Stuttgart 1991, S. 685-703

Rienaß, U., Die Vielseitigkeit von Führungskräften fördern. Berufliche Perspektiven vor allem für das mittlere Management entwickeln, in: VOP 11/2000, S. 31-34

Riese, S., Ängste und Vorbehalte müssen abgebaut werden. Sieben verschiedene Workshops brachten Fragen, Probleme und Lösungsansätze auf den Punkt, in: VMimpulse. Informationen zur Verwaltungsmodernisierung, 1/2000, S. 2-3

Riese, S., Schlüssel zum Erfolg liegt bei den Mitarbeitern. Symposium in Herne gab vielfältige Anstöße – Kommunikation als Engpassfaktor von Reformbemühungen, in: VMimpulse. Informationen zur Verwaltungsmodernisierung, 1/2000, S. 2-3

Röber, M., Auf der Suche nach betriebswirtschaftlich orientierten Anreizsystemen in neueren Konzepten zur Verwaltungsreform, in: Schanz, G. (Hrsg.), Handbuch Anreizsysteme in Wirtschaft und Verwaltung, Stuttgart 1991, S. 1103-1128

Rosenstiel, L. v., Die motivationalen Grundlagen des Verhaltens in Organisationen. Leistung und Zufriedenheit, Berlin 1975

Rosenstiel, L. v., Grundlagen der Organisationspsychologie, 2. Auflage, Stuttgart 1987

Rosenstiel, L. v., Wandel in der Karrieremotivation. Neuorientierungen in den 90er Jahren, in: Rosenstiel, L. v. u. a. (Hrsg.), Wertewandel. Herausforderungen für die Unternehmenspolitik in den 90er Jahren, USW-Schriften für Führungskräfte Bd. 13, 2. überarbeitete Auflage, Stuttgart 1993, S. 47-81

Rosenstiel, L. v., Grundlagen der Führung, in: Rosenstiel, L. v./Regnet, E./Domsch, M. (Hrsg.), Führung von Mitarbeitern. Handbuch für erfolgreiches Personalmanagement, 3. Auflage, Stuttgart 1995, S. 3-24

Rosenstiel, L. v., Motivation von Mitarbeitern, in: Rosenstiel, L. v./Regnet, E./Domsch, M. (Hrsg.), Führung von Mitarbeitern. Handbuch für erfolgreiches Personalmanagement, 3. Auflage, Stuttgart 1995, S. 161-203

Rosenstiel, L. v., Wertewandel, in: Kieser, A. (Hrsg.), Handwörterbuch der Führung, Stuttgart 1995, Sp. 2175-2189

Rosenstiel, L. v., Motivationale Grundlagen von Anreizsystemen, in: Bühler, W./Siegert, T. (Hrsg.), Unternehmenssteuerung und Anreizsysteme. Kongress-Dokumentation/52. Deutscher Betriebswirtschafter-Tag 1998, Stuttgart 1999, S. 47-77

Rosenstiel, L. v. u. a. (Hrsg.), Wertewandel. Herausforderungen für die Unternehmenspolitik in den 90er Jahren, USW-Schriften für Führungskräfte Bd. 13, 2. überarbeitete Auflage, Stuttgart 1993

Rosenstiel, L. v./Einsiedler, H. E./Streich, R./Rau, S. (Hrsg.), Motivation durch Mitwirkung, Stuttgart 1987

Rosenstiel, L. v./Molt, W./Rüttinger, B., Organisationspsychologie, Grundriß der Psychologie Bd. 22, 8., überarbeitete und erweiterte Auflage, Stuttgart u. a. 1995

Rosenstiel, L. v./Regnet, E./Domsch, M. (Hrsg.), Führung von Mitarbeitern. Handbuch für erfolgreiches Personalmanagement, 3. Auflage, Stuttgart 1995

Rother, G., Personalentwicklung und Strategisches Management. Eine systemtheoretische Analyse, Wiesbaden 1996

Rothgang, E., Parallelkarrieren – Aufstiegsalternativen für den Nachwuchs, Vortrag auf dem KGSt-Forum 1996 am 17.10.1996 in Hannover

Rothländer, C., Rechtliche Grundlagen von Beurteilungen, in: Loewenfeld, W. v. (Hrsg.), Die Beurteilung. Vom Ritual zum sozialen Management im öffentlichen Dienst, Stuttgart 1993, S. 81-112

Rürup, B., Effizienzrevolution in der öffentlichen Verwaltung. Wann, wenn nicht jetzt?, in: VM 5/2000, S. 265-268

Ruschmeier, L., Zwischen Alimentation und leistungsgerechter Bezahlung – Gedanken zur Reform des öffentlichen Entlohnungssystems, in: Steger, U. (Hrsg.), Lean Administration – Die Krise der öffentlichen Verwaltung als Chance, Frankfurt am Main, 1994, S. 191-210

Sandner, K., Prozesse der Macht. Zur Entstehung, Stabilisierung und Veränderung der Macht in Unternehmen, Berlin u. a. 1990

Sandner, K., Politische Prozesse in Unternehmen, 2. Auflage, Heidelberg 1992

Sassen, H. v., Die Bedeutung der Dienstleistung im menschlichen Zusammenleben, in: Biehal, F., Lean Service. Dienstleistungsmanagement der Zukunft für Unternehmen und Non-Profit-Organisationen, 2. Auflage, Bern, Stuttgart, Wien 1994, S. 68-75

Sattelberger, T., Gedankenskizze zu Nachwuchsermittlung, Projektarbeit und Coaching, in: Sattelberger, T. (Hrsg.), Innovative Personalentwicklung. Grundlagen, Konzepte, Erfahrungen, 2. Auflage, Wiesbaden 1991, S. 155-174

Sattelberger, T., Innovative Förderprogramme benötigen innovative Architekturen, in: Sattelberger, T. (Hrsg.), Innovative Personalentwicklung. Grundlagen, Konzepte, Erfahrungen, 2. Auflage, Wiesbaden 1991, S. 90-114

Sattelberger, T., Kulturarbeit und Personalentwicklung: Ansätze einer integrativen Verknüpfung, in: Sattelberger, T. (Hrsg.), Innovative Personalentwicklung. Grundlagen, Konzepte, Erfahrungen, 2. Auflage, Wiesbaden 1991, S. 239-258

Sattelberger, T., Lernen in der Organisationsfamilie, in Sattelberger, T. (Hrsg.), Innovative Personalentwicklung. Grundlagen, Konzepte, Erfahrungen, 2. Auflage, Wiesbaden 1991, S. 175-185

Sattelberger, T., Personalentwicklung als strategischer Erfolgsfaktor, in: Sattelberger, T. (Hrsg.), Innovative Personalentwicklung. Grundlagen, Konzepte, Erfahrungen, 2. Auflage, Wiesbaden 1991, S. 15-37

Sattelberger, T., Die lernende Organisation im Spannungsfeld von Strategie, Struktur und Kultur, in: Sattelberger, T. (Hrsg.), Die lernende Organisation. Konzepte für eine neue Qualität der Unternehmensentwicklung, Wiesbaden 1994, S. 11-55

Sattelberger, T., Lebenszyklusorientierte Personalentwicklung, in: Sattelberger, T. (Hrsg.), Die lernende Organisation. Konzepte für eine neue Qualität der Unternehmensentwicklung, Wiesbaden 1994, S. 287-305

Sattelberger, T., Personalentwicklung neuer Qualität durch Renaissance helfender Beziehungen, in: Sattelberger, T. (Hrsg.), Die lernende Organisation. Konzepte für eine neue Qualität der Unternehmensentwicklung, Wiesbaden 1994, S. 207-227

Sattelberger, T., Personalarbeit in der „Lean Organization". Zwischen blinder Anpassung und Management of change, in: Geißler, H./Behrmann, D./Petersen, J. (Hrsg.), Lean Management und Personalentwicklung, Frankfurt am Main, Berlin, Bern, New York, Paris, Wien 1995, S. 111-140

Sattelberger, T. (Hrsg.), Innovative Personalentwicklung. Grundlagen, Konzepte, Erfahrungen, 2. Auflage, Wiesbaden 1991

Sattelberger, T. (Hrsg.), Die lernende Organisation. Konzepte für eine neue Qualität der Unternehmensentwicklung, Wiesbaden 1994

Satzger, G., Zur Komplexität von Leistungen als Basis von Marketing-Entscheidungen, in: ZfB 12/1996, S. 781-784

Sauer, H. F., Die Ermittlung des betrieblichen Bildungsbedarfs als Voraussetzung einer systematischen Personalentwicklung. Grundsätzliche Überlegungen und praktische Ansätze, Egelsbach, Frankfurt am Main, St. Peter Port 1995

Schaal, W., Die ganzheitlicher Personalarbeit. Wertorientierte Personalauswahl, Unternehmensführung und Personalentwicklung, Heidelberg 1992

Schanz, G., Motivationale Grundlagen der Gestaltung von Anreizsystemen, in: Schanz, G. (Hrsg.), Handbuch Anreizsysteme in Wirtschaft und Verwaltung, Stuttgart 1991, S. 3-30

Schanz, G., Vorwort, in: Schanz, G. (Hrsg.), Handbuch Anreizsysteme in Wirtschaft und Verwaltung, Stuttgart 1991, S. V

Schanz, G., Personalwirtschaftslehre, 2. Auflage, München 1993

Schanz, G. (Hrsg.), Handbuch Anreizsysteme in Wirtschaft und Verwaltung, Stuttgart 1991

Schanz, G./Klein, M./Wunderlich, L., Europäisierung der Unternehmenstätigkeit und Gestaltung von Anreizsystemen, in: Schanz, G. (Hrsg.), Handbuch Anreizsysteme in Wirtschaft und Verwaltung, Stuttgart 1991, S. 149-170

Schaper, N./Sonntag, K., Aufgabenanalysen und arbeitsplatzbezogene Lernprozesse, in: Zeitschrift für Arbeitswissenschaft 3/1998, S. 132-143

Schedler, K., Anreizsysteme in der öffentlichen Verwaltung, Bern, Stuttgart, Wien 1993

Schedler, K., Ansätze einer wirkungsorientierten Verwaltungsreform. Von der Idee des New Public Management (NPM) zum konkreten Gestaltungsmodell: Fallstudie Schweiz, Bern, Stuttgart, Wien 1995

Schedler, K., Die Kultur der wirkungsorientierten Verwaltung, in: VM 1/1996, S. 14-18

Scheer, R., Frauenpolitik: ein Prüfstein für die Städte, in: der städtetag 11/1999, S. 6-9

Scheerbarth, H. W./Höffken, H./Bauschke, H.-J./Schmidt, L., Beamtenrecht, 6. Auflage, Siegburg 1992

Scheidl, K., Die Bedeutung der Entgeltgerechtigkeit für die Leistungsmotivation, in: Schanz, G. (Hrsg.), Handbuch Anreizsysteme in Wirtschaft und Verwaltung, Stuttgart 1991, S. 257-273

Scherf, H., Dezentral und selbständig – Ziele der Bremer Reform. Wirtschaftliche und fachliche Verantwortung für die Verwaltungseinheiten, in: VOP 12/1998, S. 8-10

Schettgen, P., Über den Hinter-Sinn der Mitarbeiterbeurteilung: Eine Kritik aus unternehmenskultureller Perspektive, in: Selbach, R./Pullig, K.-K. (Hrsg.), Handbuch Mitarbeiterbeurteilung, Wiesbaden 1992, S. 107-141

Schettgen, P., Arbeit, Leistung, Lohn: Analyse und Bewertungsmethoden aus sozioökonomischer Perspektive, Stuttgart 1996

Schettgen, P., Die Akzeptanzproblematik von Beurteilungssystemen – Ein Beitrag zur Strukturierung der Debatte, in: Reinermann, H./Unland, H. (Hrsg.), Die Beurteilung – Vom Ritual zum Personalmanagement, Baden-Baden 1997, S. 121-130

Schettgen, P., Personalbeurteilung und Mitarbeitergespräch als Disziplinierungsverfahren, in: VM 4/1998, S. 218-222

Scheuch, E. K./Scheuch, U., „Cliquen erkaufen sich Duldung, wenn sie Minderheiten fördern". Oder: In den Städten ist die Politik von Ideologie durchtränkt/Über die Vorteilnahme der Berufspolitiker/Aus der Scheuch-Studie, in: Frankfurter Rundschau Nr. 31, 6. Februar 1992, S. 14-15

Schierenbeck, U., Tätigkeitsgestaltung, in: Hoefert, H.-W./Reichard, C. (Hrsg.), Leistungsprinzip und Leistungsverhalten im öffentlichen Dienst, Stuttgart u. a. 1979, S. 127-158

Schildknecht, P., Leistungsbezogenes Cafeteria-Konzept, in: io management 12/1995, S. 72-74

Schlagenhaufer, P., Personal-Controlling als Ansatzpunkt zur unternehmerischen Gestaltung der Personalarbeit – Darstellung aus Sicht der Wissenschaft, in: Wunderer, R./Kuhn, T. (Hrsg.), Innovatives Personalmanagement. Theorie und Praxis unternehmerischer Personalarbeit, Neuwied, Kriftel, Berlin 1995, S. 173-186

Schleef, A., Mitarbeiter-Erfolgsbeteiligung bei Audi – ein innovativer Ansatz, in: Bühler, W./Siegert, T. (Hrsg.), Unternehmenssteuerung und Anreizsysteme. Kongress-Dokumentation/52. Deutscher Betriebswirtschafter-Tag 1998, Stuttgart 1999, S. 243-254

Schleiken, T./Winkelhofer, T. (Hrsg.), Unternehmenswandel mit Projektmanagement, München 1997, S. 78-97

Schlicksupp, H., Anreize zur Entfaltung von Kreativität, in: Schanz, G. (Hrsg.), Handbuch Anreizsysteme in Wirtschaft und Verwaltung, Stuttgart 1991, S. 525-545

Schlüter, S./Bögmann, H., Erst innere Kündigung, dann vorzeitiger Ruhestand. Was Verwaltungen tun können, um hohe Fehlzeiten zu reduzieren, in: VOP 4/2000, S. 36-38

Schmidt, A., Motivation und Unternehmenssteuerung, in: Bühler, W./Siegert, T. (Hrsg.), Unternehmenssteuerung und Anreizsysteme: Kongress-Dokumentation/52. Deutscher Betriebswirtschafter-Tag 1998, Stuttgart 1999, S. 3-15

Schmidt, C., Personalmanagement-Konzepte für Dienstleistungsunternehmen, München, Mering 1996

Schmidt, H.-J., Betriebswirtschaftslehre für die Verwaltung, 4., völlig neubearbeitete und erweiterte Auflage, Heidelberg 1998

Schmidt, K./Beutel, R. C., Ganzheitliche Steuerung in den Kommunen. Lebensqualität im kommunalen Umfeld sicherstellen, in: VOP-Sonderheft 1/2001, S. 16-18

Schmidt, U., Balanced Scorecard – Von Kennzahlen zur Handlungssteuerung, in: Organisationsentwicklung 2/1998, S. 28-40

Schmidt, W., Praktische Personalführung und Führungstechnik. Ein Handbuch für die Übernahme von Führungsverantwortung, Heidelberg 1999

Schmöller, W., Drei Jahre Leitbild Unternehmen der Stadt Passau. Modernisierung findet breite Akzeptanz und Anerkennung, in: VOP 5/1997, S. 14-18

Schnabel, C./Wagner, J., Betriebliche Altersversorgung: Verbreitung, Bestimmungsgründe und Auswirkungen auf die Personalfluktuation, in: Frick, B./Neubäumer, R./Sesselmeier, W. (Hrsg.), Die Anreizwirkungen betrieblicher Zusatzleistungen, München, Mering 1999, S. 69-93

Schnabel, H., Wertorientierte Vergütung von Führungskräften, Wiesbaden 1998

Schneck, M. H., Strategische Personalführung. Entwicklung eines integrativen Managementkonzepts, Betriebswirtschaftliche Forschungsergebnisse Bd. 117, Berlin 2000

Schneck, O., Management-Techniken. Einführung in die Instrumente der Planung, Strategiebildung und Organisation, Frankfurt am Main, New York 1996

Schneider, G., Profit-Center-Orientierung in der Personalentwicklung, in: Walsh, I./Papmehl, A. (Hrsg.), Personalentwicklung im Wandel, Wiesbaden 1991, S. 62-80

Schneider, H., Lexikon zu Team und Teamarbeit. 237 Stichwörter. Von „Ad-hoc-Team“ bis „Zeitfaktor für die Arbeit im Team“, Köln 1996

Schneider, H., Innovative Beteiligungsmodelle, in: Personal 10/2000, S. 514-516

Schneider, H./Knebel, H., Team und Teambeurteilung. Neue Trends in der Arbeitsorganisation, Köln 1995

Schneider, H. J., Anreizwirkungen von Mitarbeiter-Kapitalbeteiligungen, in: Schanz, G. (Hrsg.), Handbuch Anreizsysteme in Wirtschaft und Verwaltung, Stuttgart 1991, S. 881-902

Schneider, H. J., Mitarbeiter als Mitgesellschafter. Die materielle Seite des Mitunternehmers, in: Personal 3/1996, S. 112-116

Schneider, H. J., Mitarbeiterbeteiligung – Die materielle Komponente der betrieblichen Partnerschaft, in: Knebel, H./Wagner, D. (Hrsg.), Management by Zander. Konzepte – Erfahrungen – Perspektiven, München, Mering 1997, S. 55-62

Schnell, R./Hill, P. B./Esser, E., Methoden der empirischen Sozialforschung, 6., völlig überarbeitete und erweiterte Auflage, München, Wien 1999

Schnellenbach, H., Beamtenrecht in der Praxis, 3. Auflage, München 1994

Schnellenbach, H., Leistungsprämien und Leistungszulagen im öffentlichen Dienst, in: DVBl. 1995, S. 1153-1158

Schnellenbach, H., Die dienstliche Beurteilung der Beamten und Richter, 3. Auflage, Heidelberg 2000

Schönbucher, G., Telearbeit: Eine neue Arbeitsform – Erfahrungen eines Pilotprojektes, in: Landkreisnachrichten aus Baden-Württemberg, 1/1999, S. 23-30

Scholz, C., Strategische Personalentwicklung (Überblick), in: Scholz, C./Djarrahzadeh, M., Strategisches Personalmanagement. Konzeptionen und Realisationen, Stuttgart 1995, S. 231-245

Scholz, C., Strategisches Personalmanagement als Konzept zwischen Fata Morgana und aufkommender Morgenröte (Überblick), in: Scholz, C./Djarrahzadeh, M., Strategisches Personalmanagement. Konzeptionen und Realisationen, Stuttgart 1995, S. 3-18

Scholz, C., Strategisches Personalmanagement und ein Ausblick auf ein neues Rollenbewußtsein, in: Scholz, C./Djarrahzadeh, M., Strategisches Personalmanagement. Konzeptionen und Realisationen, Stuttgart 1995, S. 297-300

Scholz, C., Personalmanagement. Informationsorientierte und verhaltenstheoretische Grundlagen, 5., neubearbeitete und erweiterte Auflage, München 2000

Scholz, C./Djarrahzadeh, M., Strategisches Personalmanagement. Konzeptionen und Realisationen, Stuttgart 1995

Schreuder, S./Elert, H./Weber, M., Einsatz rechnergestützter Lernmedien am Arbeitsplatz, QUEM-report, Heft 49 (hrsg. von der Arbeitsgemeinschaft Qualifikations-Entwicklungs-Management, Geschäftsstelle der Arbeitsgemeinschaft Betriebliche Weiterbildungsforschung e.V.), Berlin 1997

Schreyögg, F., Reform des Beurteilungswesens – gleichstellungspolitische Aspekte, in: ÖTV (Hrsg.), Reform des Beurteilungswesens – Workshop: Konzepte – Projekte – Perspektiven, Stuttgart 1998, S. 1-10

Schreyögg, F., Gleichstellungspolitik als umfassender Handlungsansatz, in: Drescher, A. (Hrsg.), Handbuch zur Personalauswahl in der modernen Kommunalverwaltung. Praxisberichte, Entscheidungshilfen, Checklisten, Stuttgart u. a. 2001, S. 48-59

Schreyögg, G., Strategische Diskurse: Strategieentwicklung im organischen Prozess, in: Organisationsentwicklung 4/1998, S. 33-43

Schrijvers, F., Das Tilburger Modell in Deutschland, in: iv 3/1995, S. 37-42

Schröder, G. A./Schweizer, T., Anreizsysteme als Steuerungsinstrument in Sparkassen, in: zfbF 6/1999, S. 608-622

Schröder, W., Personalentwicklung: Strategische Grundlagen und praktische Umsetzungen, in: Walsh, I./Papmehl, A. (Hrsg.), Personalentwicklung im Wandel, Wiesbaden 1991, S. 225-239

Schröter, E./Wollmann, H., New Public Management, in: Bandemer, S. v./Blanke, B./Nullmeier, F./Wewer, G. (Hrsg.), Handbuch zur Verwaltungsreform, Opladen 1998, S. 59-70

Schröter, M., Personalauswahl unter den Vorzeichen des Neuen Steuerungsmodells, in: Drescher, A. (Hrsg.), Handbuch zur Personalauswahl in der modernen Kommunalverwaltung. Praxisberichte, Entscheidungshilfen, Checklisten, Stuttgart u. a. 2001, S. 29-35

Schröter, M., Stellenausschreibung – Bedeutung und Inhalt, in: Drescher, A. (Hrsg.), Handbuch zur Personalauswahl in der modernen Kommunalverwaltung. Praxisberichte, Entscheidungshilfen, Checklisten, Stuttgart u. a. 2001, S. 80-87

Schückhaus, U. (Hrsg.), Kommunen in Not – Wege aus der Krise. Reformansätze aus der kommunalen Praxis, Stuttgart 1996

Schütz, J., Leistungsgerechte Vergütung und öffentliche Verwaltung – (k)ein Gegensatz, in: Landkreisnachrichten aus Baden-Württemberg 2/1998, S. 58-60

Schuler, H., Der Funktionskreis „Leistungsförderung" – eine Skizze, in: Schuler, H. (Hrsg.), Beurteilung und Förderung beruflicher Leistung, Beiträge zur Organisationspsychologie Bd. 4, Stuttgart 1991, S. 171-189

Schuler, H., Leistungsbeurteilung – Funktionen, Formen und Wirkungen, in: Schuler, H. (Hrsg.), Beurteilung und Förderung beruflicher Leistung, Beiträge zur Organisationspsychologie Bd. 4, Stuttgart 1991, S. 11-40

Schuler, H. (Hrsg.), Beurteilung und Förderung beruflicher Leistung, Beiträge zur Organisationspsychologie Bd. 4, Stuttgart 1991

Schuler, H. (Hrsg.), Lehrbuch Organisationspsychologie, Bern u. a. 1993

Schuler, H./Funke, U. (Hrsg.), Eignungsdiagnostik in Forschung und Praxis, Beiträge zur Organisationspsychologie Bd. 10, Stuttgart 1991

Schuler, H./Stehle, W. (Hrsg.), Assessment Center als Methode der Personalentwicklung, Beiträge zur Organisationspsychologie Bd. 3, Stuttgart 1987

Schulte, T., Leistungsabhängige Bezahlung aus der Sicht des Deutschen Beamtenbundes, in: Adamaschek, B./Oechsler, W. (Hrsg.), Leistungsabhängige Bezahlung im öffentlichen Dienst, Gütersloh 2001, S. 21-27

Schulz, E., Kompetenz und Erfahrung älterer Erwerbspersonen, in: Kayser, F./Uepping, H. (Hrsg.), Kompetenz der Erfahrung. Personalmanagement im Zeichen des demographischen Wandels, Neuwied, Kriftel, Berlin 1997, S. 222-225

Schuppert, D., „Face-to-Face-Leadership" – Nachdenkenswertes über Coaching, in: Walsh, I./Papmehl, A. (Hrsg.), Personalentwicklung im Wandel, Wiesbaden 1991, S. 134-140

Schuster, F., Einführung in die Betriebswirtschaftslehre der Kommunalverwaltung, in: DVP 9/1998, S. 362-373

Schwab, S., Führung und Motivation in der öffentlichen Verwaltung, Pfaffenweiler 1988

Schwabe, G./Falkenstein, F./Krcmar, H., Bürgerinformation an der Schwelle zur Informationsgesellschaft, in: VM 5/1997, S. 276-281

Schwalbach, J., Motivation, Kompensation und Performance, in: Bühler, W./Siegert, T. (Hrsg.), Unternehmenssteuerung und Anreizsysteme. Kongress-Dokumentation/52. Deutscher Betriebswirtschafter-Tag 1998, Stuttgart 1999, S. 169-182

Schwarz, G./Beck, R., Personalmanagement. Schwerpunkt Management, Alling 1997

Seibel, W., Entbürokratisierung in der Bundesrepublik Deutschland, in: Die Verwaltung 1/1986, S. 137-161

Seibel, W., Verwaltungsreformen, in: König, K./Siedentopf, H. (Hrsg.), Öffentliche Verwaltung in Deutschland, 2. Auflage, Baden-Baden 1997, S. 87-106

Selbach, R./Pullig, K.-K. (Hrsg.), Handbuch Mitarbeiterbeurteilung, Wiesbaden 1992

Semmer, N./Udris, I., Bedeutung und Wirkung von Arbeit, in: Schuler, H. (Hrsg.), Lehrbuch Organisationspsychologie, Bern u. a. 1993, S. 133-165

Senge, P. M., Die fünfte Disziplin. Kunst und Praxis der lernenden Organisation, 3. Auflage, 1996

Siddiqui, S., Aktienoptionsmodelle als Instrument der unternehmenswertorientierten Vergütungsgestaltung. Aktuelle Durchführungsformen und neue Entwicklungen, in: ZfP 2/1999, S. 162-187

Siedentopf, H. (Hrsg.), Europäische Integration/Modernisierung des Staates. Dokumentation zum 5. Deutsch-Französischen Verwaltungskolloquium der Deutschen Hochschule für Verwaltungswissenschaften Speyer und der Ecole Nationale d'Administration (ENA), Strasbourg/Paris in Speyer am 25. und 26. Juni 1998, Speyerer Arbeitshefte 117, Speyer 1998

Siegert, T., Humankapital: Erfolgsmessung und Partizipation, in: Bühler, W./Siegert, T. (Hrsg.), Unternehmenssteuerung und Anreizsysteme: Kongress-Dokumentation/52. Deutscher Betriebswirtschafter-Tag 1998, Stuttgart 1999, S. 17-46

Siemers, S. H., Klassische Modelle zur Kosten-Nutzen-Analyse von Personalauswahlverfahren, in: Gerpott, T. J./Siemers, S. H., Controlling von Personalprogrammen, Stuttgart 1995, S. 115-138

Siepmann, H./Siepmann, U., Arbeits- und Stellenbewertung im öffentlichen Dienst, Köln 1984

Siepmann, H./Siepmann, U., Verwaltungsorganisation, Schriftenreihe Verwaltung in Praxis und Wissenschaft Bd. 18, 5., überarbeitete Auflage, Köln 1996

Simon, F. B., Lernen – und wie man sich davor schützt. Oder: die „Speicher"-Metapher und ihre Folgen, in: Personalführung 7/1998, S. 12-13

Smith, K. G./Locke, E. A., Goal Setting, Planing and Organizational Performance. An Experimental Simulation, in: Organizational Behavior and Human Performance 1968, S. 118-134

Sommerhoff, B., Mitarbeiterbeurteilung. Leistung messen – Mitarbeiter fördern – Personal entwickeln, Landsberg am Lech 1999

Sonntag, J., Die Eingruppierung nach dem BAT. Leitfaden mit Bewertungsbeispielen, Definitionen, Urteilsanalyse und Text des BAT im Anhang, Neuwied 1994

Sonntag, K., Lernen im Unternehmen. Effiziente Organisation durch Lernkultur, München 1996

Sozialforschungsstelle Dortmund Landesinstitut (Hrsg.), Beschäftigtenbefragung bei der Stadt Gütersloh, Dortmund 1995

Spartentarifvertrag Nahverkehrsbetriebe (TV-N NW) (vereinbart, noch nicht abgeschlossen)

Sperling, H.-J., Verwaltungsmodernisierung und Partizipation. Trendreport Partizipation und Organisation III, Reihe Standortdebatte (hrsg. von der Hans-Böckler-Stiftung), Marburg 1999

Spieß, G., Frauen in Führungspositionen. Studie zu Denkmustern bei Führungskräften in Städten, in: der städtetag 3/1999, S. 113-118

Spitzer, M., Bürgeraktivierung und Verwaltungsmodernisierung, in: Bandemer, S. v./Blanke, B./Nullmeier, F./Wewer, G. (Hrsg.), Handbuch zur Verwaltungsreform, Opladen 1998, S. 131-139

Sprenger, R. K., Das Prinzip Selbstverantwortung. Wege zur Motivation, 5. Auflage, Frankfurt am Main, New York 1996

Sprenger, R. K., Mythos Motivation. Wege aus einer Sackgasse, 12. Auflage, Frankfurt am Main, New York 1997

Sprenger, R. K., Aufstand des Individuums. Warum wir Führung komplett neu denken müssen, Frankfurt u. a. 2000

Stadelhofer, C., Selbstgesteuertes Lernen und Neue Kommunikationstechnologien, in: Bundesministerium für Bildung und Forschung (Hrsg.), Weiterbildungsinstitutionen, Medien, Lernumwelten, Bonn 1999, S. 147-208

Stadt Arnsberg (Hrsg.), Dienstvereinbarung über Telearbeitsplätze bei der Stadt Arnsberg, Stand: 1998

Stadt Bad Kreuznach (Hrsg.), Richtlinien für die Personalbeschaffung innerhalb der Stadtverwaltung Bad Kreuznach vom 29.08.95

Stadt Bad Kreuznach (Hrsg.), Richtlinien für eine Flexibilisierung der Stellenbewertung bei der Stadtverwaltung Bad Kreuznach (Entwurf), Stand: 14.04.1999

Stadt Bochum (Hrsg.), Flexible Arbeitszeiten – Dienstvereinbarung – Dienstanweisung, Stand: 1.8.1995

Stadt Dortmund (Hrsg.), Leistungsprämien für Beschäftigte im Sozialamt und im Städt. Sozialdienst, Stand: 1995

Stadt Dortmund, Frauenbüro (Hrsg.), Berufliche Perspektiven von Frauen und Männern. Empirische Untersuchung bei der Stadtverwaltung Dortmund, Dortmunder Berichte, 1996

Stadt Düsseldorf (Hrsg.), Gesprächsleitfaden Förder- und Beratungsgespräch zur Zusammenarbeit und Zukunftsplanung, Stand: 31.12.1997

Stadt Duisburg (Hrsg.), Duisburg 2000. Perspektiven der Stadtverwaltung. Personalentwicklung, o. J.

Stadt Erlangen (Hrsg.), Dienstanweisung Vorschlagswesen (DAVV), Stand: 1.12.1999

Stadt Erlangen (Hrsg.), Richtlinien über die Gewährung von Leistungsprämien an Beamtinnen/Beamte, Angestellte und Arbeiter/innen, Stand: 1.3.2000

Stadt Essen (Hrsg.), Personalentwicklungskonzept für alle Beschäftigten der Stadtverwaltung Essen. Strategische Aussagen und konkrete Ansätze der Umsetzung, Stand: 2000

Stadt Gütersloh (Hrsg.), Leitlinien für erfolgsabhängige Zahlungen an Teams in der Stadtverwaltung Gütersloh, Stand: 27.1.1997

Stadt Hannover (Hrsg.), Dienstvereinbarung. Leitlinien für eine flexible Arbeitszeitgestaltung in Einstiegsbereichen bei der Stadtverwaltung Hannover, Stand: 1998

Stadt Heidelberg (Hrsg.), Betriebsvereinbarung für den Optimierten Regiebetrieb Gartenbau über die Zahlung einer Leistungszulage, Stand: 9. 2.1996

Stadt Köln (Hrsg.), Dienstvereinbarung zur Pilotierung von Heim-/Telearbeit bei der Stadtverwaltung Köln, in: stadt intern. Mitteilungen für die Beschäftigten der Stadt Köln, Ausgabe 32 vom 21. Juli 1998, Köln 1998, S. 155-159

Stadt Leverkusen (Hrsg.), Das Leitbild der Stadt Leverkusen, o. J.

Stadt Mannheim (Hrsg.), Leistungsbezogene Elemente in der Besoldung der Beamten/innen der Besoldungsgruppe A, Stand: 17.11.1998

Stadt Neuss (Hrsg.), Wir kümmern uns um Neuss. Leitbild der Stadtverwaltung, o. J.

Stadt Nürnberg (Hrsg.), Projektgruppe Führung-Motivation, Erster Schwerpunkt: Leistungsanreize, Zwischenbericht, Teil I: Grundsätzliches, Stand: 1996

Stadt Nürnberg (Hrsg.), Projektgruppe Führung-Motivation, Erster Schwerpunkt: Leistungsanreize, Zwischenbericht, Teil II: Ausführungen, Stand: 1996

Stadt Offenbach am Main (Hrsg.), Richtlinie zur Gewährung einer Sanierungszulage bei der Stadtverwaltung Offenbach am Main vom 7.7.1993, Stand: 20.12.1995

Stadt Wolfsburg (Hrsg.), Dienstvereinbarung über die „Vertrauensarbeitszeit", Stand: 24.11.1998

Stadt Wuppertal (Hrsg.), Thema: Personalentwicklung, Stand: 1996

Stadtverband Saarbrücken (Hrsg.), Bausteine eines modernen Personal-Managements. Personalwirtschaftliche Maßnahmen im Rahmen des Reformprozesses beim Stadtverband Saarbrücken, Stand: 1998

Städtetag Nordrhein-Westfalen (Hrsg.), Hinweise zur Gewährung von Leistungszulagen und Leistungsprämien für Beamtinnen und Beamte in den Städten vom 18.11.1998, abgedruckt in Anlage 5

Stäbler, S., Die Personalentwicklung der „Lernenden Organisation". Konzeptionelle Untersuchung zur Initiierung und Förderung von Lernprozessen, Betriebswirtschaftliche Schriften Heft 147, Berlin 1999

Staehle, W. H., Management. Eine verhaltenswissenschaftliche Perspektive, überarbeitet von Conrad, P./Sydow, J., 8. Auflage, München 1999

Staffelbach, B., Strategisches Personalmarketing (Überblick), in: Scholz, C./Djarrahzadeh, M., Strategisches Personalmanagement. Konzeptionen und Realisationen, Stuttgart 1995, S. 143-158

Starke, F. C., Ohne die Mitarbeiter geht gar nichts... Beschäftigtenbeteiligung als Managementinstrument im kommunalen Modernisierungsprozeß, in: Podium Kommunen der Zukunft, 1/99, S. 1

Steckmeister, G., Verwaltungsreform als Hebel für eine neue Geschlechterpolitik? Die Verwaltungsreformdiskussion im Blick auf Frauenförderung und Frauenpolitik, Beiträge aus dem FB 1 der Fachhochschule für Verwaltung und Rechtspflege Berlin Heft 58, Berlin 1997

Steger, U. (Hrsg.), Lean Administration – Die Krise der öffentlichen Verwaltung als Chance, Frankfurt am Main 1994

Stein, F. A./Hartmann, A., Führungsstil und Mitarbeiterverhalten – Lösungen –, in: Akademie 1/2001, S. 28-30

Steinbichler, E., Personal-Controlling als Serviceangebot der Personaleinheit, in: Wunderer, R./Kuhn, T. (Hrsg.), Innovatives Personalmanagement. Theorie und Praxis unternehmerischer Personalarbeit, Neuwied, Kriftel, Berlin 1995, S. 187-227

Steinebach, N., Verwaltungsbetriebslehre. Für Studium und Praxis, 5., neubearbeitete Auflage, Regensburg 1998

Steiner, W., Personalentwicklung – Gedanken zu einem lebenslangem Prozeß, in: Kayser, F./Uepping, H. (Hrsg.), Kompetenz der Erfahrung. Personalmanagement im Zeichen des demographischen Wandels, Neuwied, Kriftel, Berlin 1997; S. 127-140

Steinhoff, V., Vorgesetztenbeurteilung: Grundlagen – Philosophie – Anwendung, in: Hoffmann, K./Köhler, F./Steinhoff, V., Vorgesetztenbeurteilung in der Praxis – Konzepte, Analyse, Erfahrungen, Weinheim 1995, S. 7-14

Steinle, C., Anreizaspekte der Mitarbeiterführung, in: Schanz, G. (Hrsg.), Handbuch Anreizsysteme in Wirtschaft und Verwaltung, Stuttgart 1991, S. 795-821

Steinle, C./Bruch, H./Lawa, D. (Hrsg.), Projektmanagement – Instrument moderner Dienstleistung, Frankfurt am Main 1995

Steinmann, H./Löhr, A., Lohngerechtigkeit, in: Gaugler, E./Weber, W. (Hrsg.), Handwörterbuch des Personalwesens, 2. Auflage, Stuttgart 1992, Sp. 1284-1294

Steinmann, H./Schreyögg, G., Management. Grundlagen der Unternehmensführung, 3. Auflage, Wiesbaden 1993

Steinort, U., Soll die Personalbeurteilung gerecht sein?, in: VOP 1/1995, S. 32-37

Steinort, U., Mitarbeiterbeteiligung – Gute Zeiten für Beschäftigtenbeteiligung an der Verwaltungsmodernisierung?, in: Reinermann, H./Unland, H. (Hrsg.), Die Beurteilung – Vom Ritual zum Personalmanagement, Baden-Baden 1997, S. 139-148

Steinort, U., Leistungsabhängige Bezahlung aus der Sicht der Gewerkschaft ötv, in: Adamaschek, B./Oechsler, W. (Hrsg.), Leistungsabhängige Bezahlung im öffentlichen Dienst, Gütersloh 2001, S. 15-20

Steinort, U./Unland, H., Perspektiven für eine Reform des Beurteilungswesens im öffentlichen Dienst, in: VM 3/1998, S. 166-171

Stelter, D., Wertorientierte Anreizsysteme, in: Bühler, W./Siegert, T. (Hrsg.), Unternehmenssteuerung und Anreizsysteme. Kongress-Dokumentation/52. Deutscher Betriebswirtschafter-Tag 1998, Stuttgart 1999, S. 207-242

Stengel, M., Wertewandel, in: Rosenstiel, L. v./Regnet, E./Domsch, M. (Hrsg.), Führung von Mitarbeitern. Handbuch für erfolgreiches Personalmanagement, 3. Auflage, Stuttgart 1995, S. 785-805

Steyrer, J., Theorien der Führung, in: Kasper, H./Mayrhofer, W. (Hrsg.), Personalmanagement, Führung, Organisation, Wien 1996, 2. Auflage, S. 153-223

Stiefel, R. T., Erarbeitung von Vorgaben und Bedarfen im Rahmen strategieumsetzender Personalentwicklung, in: Sattelberger, T. (Hrsg.), Innovative Personalentwicklung. Grundlagen, Konzepte, Erfahrungen, 2. Auflage, Wiesbaden 1991, S. 54-58

Stiefel, R. T., Strategieumsetzendes Lernen, in: Sattelberger, T. (Hrsg.), Innovative Personalentwicklung. Grundlagen, Konzepte, Erfahrungen, 2. Auflage, Wiesbaden 1991, S. 38-41

Stiefel, R. T., Personalentwicklung in Klein- und Mittelbetrieben. Innovationen durch praxiserprobte PE-Konzepte, 2., bearbeitete und ergänzte Auflage, Leonberg 1999

Stöbe, S., Mitarbeiterbeteiligung, in: Bandemer, S. v./Blanke, B./Nullmeier, F./Wewer, G. (Hrsg.), Handbuch zur Verwaltungsreform, Opladen 1998, S. 150-159

Straka, G. A.,/Nieder, P., Selbstgesteuertes Lernen, Motivation und Lernen in der Projektgruppe. Das Instrument „Projektgruppe“ kombiniert Prinzipen des Veränderungsmanagements mit Ansätzen des selbstgesteuertes Lernens, in: Personalführung 2/1999, S. 56-58

Stratemann, I./Wottawa, H., Bürger als Kunden. Wie Sie Reformkonzepte für den öffentlichen Dienst mit Leben füllen, Frankfurt am Main, New York 1995

Streibl, U., Organisationsgestaltung in der Kommunalverwaltung. Aufgaben – Ziele – Strukturen, Wiesbaden 1996

Streich, R. K., Persönlichkeitsentwicklung, in: Scholz, C./Djarrahzadeh, M., Strategisches Personalmanagement. Konzeptionen und Realisationen, Stuttgart 1995, S. 247-262

Strötz, H. Beamtenversorgung und Rentenversicherung. Unterschiede, Gemeinsamkeiten, Berührungspunkte, in: ZBR, 3/1993, S. 65-84

Strombach, M. E., Personalentwicklung, Würzburg 1992

Strunz, H., Der Verwaltungsbegriff, in: Hofmann, M./Zapotoczky, K./Strunz, H. (Hrsg.), Gestaltung öffentlicher Verwaltungen, Heidelberg 1993, S. 3-35

Strunz, H., Einführung in das Management von Organisationen, München, Wien, Oldenbourg 1993

Strutz, H., Verwaltung, in: Strutz, H. (Hrsg.), Handwörterbuch der Verwaltung und Organisation, Köln 1982, S. 479-485

Strutz, H. (Hrsg.), Handwörterbuch der Verwaltung und Organisation, Köln 1982

Studienkommission für die Reform des öffentlichen Dienstrechts, Bericht der Kommission, Baden-Baden 1973

Summer, R., Leistungsanreize/Unleistungssanktionen, in: ZBR 5/1995, S. 125-138

Summer, R./Rometsch, G., Alimentationsprinzip gestern und heute, in: ZBR 1/1981, S. 1-20

Tarifvertrag Versorgungsbetriebe (TV-V) vom 5. Oktober 2000

Tarifvertrag über leistungsbezogene Entgeltbestandteile zwischen der Landeshauptstadt Saarbrücken (LHS) und der Gewerkschaft Öffentliche Dienste, Transport und Verkehr – Bezirk Saar – (ÖTV) vom 29.6.1995

Tarifvertrag (4 N – An/Ar IV – 1) zur Zahlung leistungs- und erfolgsorientierter Zulagen an Beschäftigte der AOK und ihrer Verbände vom 13. Oktober 1995

Tarifvertrag zur Gewährung von Leistungszulagen und Leistungsprämien in kommunalen Verwaltungen und Betrieben im Lande Sachsen-Anhalt (TV-LZ/LP-LSA kommunal) vom 30. Juni 1997

Taubert, R./Piorr, R., Feedback-orientierte Potentialerhebung: Anhaltspunkte für Leistungsprognosen, in: Personalführung 4/1999, S. 46-53

Tebbe, G., Kernkennzahlen in der Kommunalverwaltung. Wettbewerb und Qualitätsmanagement im öffentlichen Sektor, in: VOP-Sonderheft 1/2001, S. 20-21

Teltschik, N., Mehr Gewinn durch Mitarbeiterbeteiligung. Zeitgemäßes Entgeltmanagement als Erfolgsfaktor der Unternehmensführung. Grundlagen – Modelle - Beispiele, Europäische Hochschulschriften, Reihe V, Volks- und Betriebswirtschaft Bd. 2438, Frankfurt am Main u. a. 1999

Teufel, E. (Hrsg.), Was hält die moderne Gesellschaft zusammen?, Frankfurt am Main, 1996

Thieme, W., Verwaltungswissenschaften, in: Chmielewicz, K./Eichhorn, P. (Hrsg.), Handwörterbuch der Öffentlichen Betriebswirtschaft, Stuttgart 1989, Sp. 1760-1760

Thienel, A., Innovatives Change Management auf der Basis von Benchmarking, in: Kienbaum, J., Benchmarking Personal. Von den Besten lernen, Stuttgart 1997, S. 77-89

Thom, N., Personalentwicklung als Instrument der Unternehmensführung, Stuttgart 1987

Thom, N., Anreizaspekte im Betrieblichen Vorschlagswesen, in: Schanz, G. (Hrsg.), Handbuch Anreizsysteme in Wirtschaft und Verwaltung, Stuttgart 1991, S. 595-614

Thom, N., Personalentwicklung und Personalentwicklungsplanung, in: Gaugler, E./Weber, W. (Hrsg.), Handwörterbuch des Personalwesens, 2. Auflage, Stuttgart 1992, Sp. 1676-1690

Thom, N., Stellenbildung und -besetzung, in: Frese, E. (Hrsg.), Handwörterbuch der Organisation, 3. Auflage, Stuttgart 1992, Sp. 2321-2333

Thom, N./Ritz, A., Wandel im öffentlichen Sektor – Der Veränderungsprozess zum New Public Management, in: Akademie 2/2000, S. 39-43

Thomann, C., Klärungshilfe 2. Konflikte im Beruf, Reinbek 1998

Tietze, C., Planbarkeit des Faktors „Mensch" im Arbeitssystem. Instrumente zur Differenzierung von Leistungen, in: VOP 12/1998, S. 30-32

Tönnesmann, M./Coers, J., Systematische Laufbahnplanung, Köln 1982

Töpfer, A./Zander, E. (Hrsg.), Mitarbeiterbefragungen. Ein Handbuch, Frankfurt am Main, New York 1985

Tondorf, K., Leistungszulagen als Reforminstrument? Neue Lohnpolitik zwischen Sparzwang und Modernisierung, Modernisierung des öffentlichen Sektors Bd. 7, Berlin 1995

Tondorf, K., Leistungszulagen im öffentlichen Dienst – ein Instrument gegen den Strukturkonservatismus?, in: WSI Mitteilungen 3/1996, S. 182-189

Tondorf, K., Leistung und Entgelt im öffentlichen Dienst. Rechtliche Grundlagen und Handlungsmöglichkeiten, Köln 1997

Tondorf, K., Leistungspolitik und Leistungsbezahlung im öffentlichen Dienst, in: WSI Mitteilungen 4/1997, S. 241-247

Tondorf, K., Zielvereinbarungen. Zum Mitbestimmungspotential eines dezentralen Regulierungsmodus, in: WSI Mitteilungen 6/1998, S. 386-392

Tondorf, K., Zielvereinbarungsgespräche – Probleme der Anwendung an Beispielen aus dem öffentlichen Dienst, in: Busch, R. (Hrsg.), Mitarbeitergespräch – Führungskräftefeedback. Instrumente in der Praxis, Forschung und Weiterbildung für die betriebliche Praxis Bd. 21, München, Mering 2000, S. 64-73

Tondorf, K./Krell, G., „An den Führungskräften führt kein Weg vorbei!". Erhöhung von Gleichstellungsmotivation und -kompetenz von Führungskräften des öffentlichen Dienstes, edition der Hans Böckler Stiftung 23, Düsseldorf 1999

Tonnesen, C., Kundenorientiertes Personalcontrolling, in: Ackermann, K. F./Meyer, M./Mez, B. (Hrsg.), Die kundenorientierte Personalabteilung. Ziele und Prozesse des effizienten HR-Management, Wiesbaden 1998, S. 236-282

Trott zu Solz, L. v. (Hrsg.), Bürgerorientierte Kommune – Wege zur Stärkung der Demokratie. Projektdokumentation Bd. 1: Hearing und Auftaktveranstaltung, Gütersloh 1998

Tschauder, G., Führungskonzepte für den öffentlichen Dienst. Holzwege und Hilfestellungen für mehr Führungskompetenz, in: VOP 12/2000, S. 28-30

Tümmers, H.-J., Europäischen Nachwuchs entwickeln, in: Walsh, I./Papmehl, A. (Hrsg.), Personalentwicklung im Wandel, Wiesbaden 1991, S. 279-290

Tüns, M., Aktivierung der Bürger für ihre ureigenen Belange. Kommunales Handeln nicht nur im Rahmen von Verwaltungsmaßnahmen, S. 8-10

Tüns, M., Politik, Verwaltung und Bürger, in: VM 5/1996, S. 272-276

Ueberschaer, N., Leistung, Motivation und Vergütung in der Team- und Gruppenarbeit. Bei der Wahl von Vergütungsmodellen gilt es, den Zusammenhang von Leistungsanforderungen, Beurteilung, Motivation und Belohnung zu beachten, in: Personalführung 4/98, S. 14-21

Ueping, H., Die Leistung der Erfahrung. Altersorientierte Personalentwicklung, in: Kayser, F./Uepping, H. (Hrsg.), Kompetenz der Erfahrung. Personalmanagement im Zeichen des demographischen Wandels, Neuwied, Kriftel, Berlin 1997; S. 166-185

Ulich, E./Conrad-Betschart, H., Anreizwirkungen von neuen Formen der Arbeitsgestaltung, in: Schanz, G. (Hrsg.), Handbuch Anreizsysteme, Stuttgart 1991, S. 73-89

Ulrich, H./Fluri, E., Management. Eine konzentrierte Einführung, Bern Stuttgart 1995

Ulich, E., Arbeitspsychologie, 4., neubearbeitete und erweiterte Auflage, Zürich, Stuttgart 1998

Universität Bremen (Hrsg.), Personalentwicklung und Personalpolitik der öffentlichen Dienste in der Bundesrepublik Deutschland – Eine Auswertung der amtlichen Personalstatistik von 1950-1993, Bremen 1996

Unland, H., Qualifikation – Neue Herausforderungen und Perspektiven für Mitarbeiterinnen, Mitarbeiter sowie Vorgesetzte, in: Reinermann, H./Unland, H. (Hrsg.), Die Beurteilung – Vom Ritual zum Personalmanagement, Baden-Baden 1997, S. 111-114

Unland, H., Modernisierungsfall Personalbeurteilung. Vom Ritual zum Personalmanagement, in: Akademie 4/1999, S. 133-134

Unternehmen Stadt Passau/MarketingPartner-Unternehmensberatung, Erläuterungen zur Leitbildarbeit in der Stadt Passau, in: Unternehmen Stadt Passau/MarketingPartner-Unternehmensberatung (Hrsg.), Die Leitbildarbeit der Stadt Passau, Passau 1993, S. 1-8

Urban, C., Das Vorschlagswesen und seine Weiterentwicklung zum europäischen Kaizen, Konstanz 1993

Vaanholt, S., Human Resource Management in der öffentlichen Verwaltung, Wiesbaden 1997

Vaubel, D., Personalführung in der Verwaltung, in: Mattern, K.-H. (Hrsg.), Allgemeine Verwaltungslehre, 4. Auflage, Regensburg 1994, S. 199-210

Vesper, E., Leistungsanreize für den finanziellen Ernstfall, in: Kommunalpolitische Blätter 2/1994, S. 97-99

Vesper, E., Leistungsanreizsysteme und andere (auch nicht monetäre) Möglichkeiten der Mitarbeitermotivation, in: ZTR 4/1996, S. 150-155

Vogelsang, K./Lübking, U./Jahn, H., Kommunale Selbstverwaltung. Rechtsgrundlagen – Organisation – Aufgaben, 2., überarbeitete und erweiterte Auflage, Berlin 1997

Voigt, H.-W., Führungskräftebeurteilung. Führungsgespräche – Vorgehensweise und Erfahrungen bei der SIEMENS AG, in: Busch, R. (Hrsg.), Mitarbeitergespräch – Führungskräftefeedback. Instrumente in der Praxis, Forschung und Weiterbildung für die betriebliche Praxis Bd. 21, München, Mering 2000, S. 153-158

Voitel, Roland Dumont du (Hrsg.), New Public Management. Internationale Erfahrungen und Beiträge, Heidelberg 1996

Volk, H., Führungsqualität als Mittel der Effizienz-Steigerung, in: VR 10/1998, S. 346-347

Volk, H., Lustvoll Leisten oder: Wie gehen Sie eigentlich mit sich selber um?, in: VR 2/2000, S. 59-60

Vopel, K. W./Kirsten, R. E., Kommunikation und Kooperation. Ein gruppendynamisches Trainingsprogramm, Reihe leben lernen Nr. 11, 6. Auflage, München 1988

Vroom, V. H., Work and Motivation, New York, London, Sydney 1964

Vroom, V. H./Jago, A.G., Vom Vroom/Yetton- zum Vroom/Jago-Führungsmodell: Neue Überlegungen zur Partizipation in Organisationen, in: Die Betriebswirtschaft 1989, S. 5-17

Vroom, V. H./Yetton, P.W., Leadership und Decision-Making, Pittburgh 1973

Wächter, H., Einführung in das Personalwesen. Darstellung, Kontrollfragen und Lösungen, Herne, Berlin 1979

Wächter, H., Tendenzen der betrieblichen Lohnpolitik in motivationstheoretischer Sicht, in: Schanz, G. (Hrsg.), Handbuch Anreizsysteme in Wirtschaft und Verwaltung, Stuttgart 1991, S. 195-214

Wächter, H./Metz, T. (Hrsg.), Professionalisierte Personalarbeit? Perspektiven der Professionalisierung des Personalwesens, München, Mering 1995

Wagenhofer, A., Anreizkompatible Gestaltung des Rechnungswesens, in: Bühler, W./Siegert, T. (Hrsg.), Unternehmenssteuerung und Anreizsysteme. Kongress-Dokumentation/52. Deutscher Betriebswirtschafter-Tag 1998, Stuttgart 1999, S. 183-205

Wagner, D., Anreizpotentiale und Gestaltungsmöglichkeiten von Cafeteria-Modellen, in: Schanz, G. (Hrsg.), Handbuch Anreizsysteme in Wirtschaft und Verwaltung, Stuttgart 1991, S. 91-109

Wagner, D., Organisation, Führung und Personalmanagement. Neue Perspektiven durch Flexibilisierung und Individualisierung, 2., überarbeitete Auflage, Freiburg 1991

Wagner, D. (Hrsg.), Personal und Personalmanagement in der modernen Verwaltung, Schriftenreihe des Kommunalwissenschaftlichen Instituts der Universität Potsdam Bd. 3, Berlin 1998

Wagner, D., Personalmanagement als elementarer Bestandteil des Public Management, in: Wagner, D. (Hrsg.), Personal und Personalmanagement, Schriftenreihe des Kommunalwissenschaftlichen Instituts der Universität Potsdam Bd. 3, Berlin 1998, S. 23-50

Wagner, D., Personalmanagement in der Verwaltung, in: Personal 5/2000, S. 220-226

Wagner, D./Dominik, E., Mitarbeiterbefragung als Reformbarometer. Situationsanalyse im Landkreis Potsdam-Mittelmark, in: VOP 11/1997, S. 35-37

Wagner, D./Grawert, A./Langemeyer, H., Cafeteria-Modelle. Möglichkeiten der Individualisierung und Flexibilisierung von Entgeltsystemen für Führungskräfte, Stuttgart, Zürich 1993

Wahren, H.-K. E., Das lernende Unternehmen. Theorie und Praxis des organisationalen Lernens, Berlin, New York 1996

Wald, A., Personalmanagement für die kommunale Praxis. Grundlagen – Methoden – Ziele, Berlin 1996

Wallerath, M., Verwaltungserneuerung. Auf dem Weg zu einer neuen Verwaltungskultur?, in: Verwaltungsarchiv 1/1997, S. 1-22

Walsh, I./Papmehl, A. (Hrsg.), Personalentwicklung im Wandel, Wiesbaden 1991

Walsh, I./Papmehl, A., Internationales Personalmarketing, in: Walsh, I./Papmehl, A. (Hrsg.), Personalentwicklung im Wandel, Wiesbaden 1991, S. 305-308

Walsh, I./Papmehl, A., Personalentwicklung: Strategischer Faktor für die Wettbewerbsfähigkeit der Unternehmung, in: Walsh, I./Papmehl, A. (Hrsg.), Personalentwicklung im Wandel, Wiesbaden 1991, S. 13-17

Warburg, W., Modernes Personalmanagement als Chance für die Verwaltungsreform, in: Reinermann, H./Unland, H. (Hrsg.), Die Beurteilung – Vom Ritual zum Personalmanagement, Baden-Baden 1997, S. 35-45

Waskewitz, B., Personalwirtschaft, Gernsbach 1980

Waskewitz, B., Verfahren und Formulare zur arbeitswirtschaftlichen Personalarbeit, Stuttgart 1998

Weber, B., Optimierter Regiebetrieb Gartenbau – Ein Modellprojekt der Stadt Heidelberg, in: Budäus, D. (Hrsg.), Organisationswandel öffentlicher Aufgabenwahrnehmung, Baden-Baden 1998, S. 375-392

Weber, H, L. & C. Steinmüller GmbH, Zur Evaluation von Weiterbildungsmaßnahmen, in: Personalführung 11/1992, S. 944-947

Weber, J., Controlling in öffentlichen Unternehmen und Verwaltungen – Chancen und Restriktionen, in: Weber, J./Tylkowski, O., Controlling. Eine Chance für öffentliche Unternehmen und Verwaltungen, Stuttgart 1988, S. 35-48

Weber, J./Tylkowski, O., Controlling. Eine Chance für öffentliche Unternehmen und Verwaltungen, Stuttgart 1988

Weber, W., Anreize für Mitarbeiter zur Weiterbildung, in: Schanz, G. (Hrsg.), Handbuch Anreizsysteme in Wirtschaft und Verwaltung, Stuttgart 1991, S. 331-351

Weber, W., Personalcontrolling im strategischen Kontext, in: Scholz, C./Djarrahzadeh, M., Strategisches Personalmanagement. Konzeptionen und Realisationen, Stuttgart 1995, S. 93-103

Weber, W. (Hrsg.), Entgeltsysteme – Lohn, Mitarbeiterbeteiligung und Zusatzleistungen, Stuttgart 1993

Weber, W./Klein, H., Strategische Personalplanung, in: Gaugler, E./Weber, W. (Hrsg.), Handwörterbuch des Personalwesens, 2. Auflage, Stuttgart 1992, Sp. 2142-2154

Weber, W./Festing, M./Dowling, P. J./Schuler, R. S., Internationales Personalmanagement, Wiesbaden 1998

Weber, W./Mayrhofer, W./Nienhüser, W., Grundbegriffe der Personalwirtschaft, Stuttgart 1993

Wedde, P., Telearbeit, in: Arbeitsrecht im Betrieb 3/1992, S. 125-132

Weibler, J., Die Vorgesetztenbeurteilung, in: Goller, J./Maack, H./Müller-Hedrich, B. W./Schad, T. (Hrsg.), Verwaltungsmanagement. Handbuch für öffentliche Verwaltungen und öffentliche Betriebe, Stuttgart, Stand: April 1992, C 7.7

Weibler, J., Vertrauen und Führung, in: Klimecki, R./Remer, A. (Hrsg.), Personal als Strategie. Mit flexiblen und lernbereiten Human-Ressourcen Kernkompetenzen aufbauen, Neuwied, Kriftel, Berlin 1997, S. 185-214

Weidmann, T., Verwaltungsreform und öffentliches Dienstrecht, in. VR 3/1999, S. 90-96

Weiner, B., Human motivation, New York u. a. 1980

Weinert, A. B., Lehrbuch der Organisationspsychologie. Menschliches Verhalten in Organisationen, 3. Auflage, München 1992

Weinert, A. B., Motivation, in: Gaugler, E./Weber, W. (Hrsg.), Handwörterbuch des Personalwesens, 2. Auflage, Stuttgart 1992, Sp. 1430-1442

Weiß, K.-P./Steinmeier, K., Arbeitsrecht für den öffentlichen Dienst, 3., überarbeitete Auflage, Stuttgart u. a. 1996

Weller, E., Die neue Finalität in der Beurteilung. Der Imperativ des „Reformgesetzes“: Leistungsorientierte Führung und Beurteilung im Systemzusammenhang – am Beispiel des Beamtenrechts in Baden-Württemberg, in: VM 5/2000, S. 269-274

Welsing, B., Neue Anforderungen an die Personalentwicklung. Moderne Informationssysteme entlasten von Routinetätigkeiten, in: VOP 10-11/1996, S. 38-42

Wenger, A., Leistungsanreize für Beamte in Form von individuellen Zulagen. Grundlagen, rechtstechnische Möglichkeiten, Grenzen, Diss., Tübingen 1995

Werner, C., Die Phase der Konzeptionen ist vorbei. Praxisempfehlungen und Handlungskonzepte sind jetzt gefragt, in: VOP 1-2/2000, S. 14-16

Weskamp, Y., Die Dimension „Ertrag" im betriebswirtschaftlichen Bildungscontrolling und in der pädagogischen Evaluation – eine Abgrenzung, in: VuF 3/4/1998, S. 218-235

Westermayer, G./Wellendorf, J., Führungskräftefeedback bei der AOK Berlin, in: Busch, R. (Hrsg.), Mitarbeitergespräch – Führungskräftefeedback. Instrumente in der Praxis, Forschung und Weiterbildung für die betriebliche Praxis Bd. 21, München, Mering 2000, S. 159- 173

Wewer, G., Leitbilder und Verwaltungskultur, in: Bandemer, S. v./Blanke, B./Nullmeier, F./Wewer, G. (Hrsg.), Handbuch zur Verwaltungsreform, Opladen 1998, S. 141-150

Wewer, G., Mitarbeitergespräche, in: Bandemer, S. v./Blanke, B./Nullmeier, F./Wewer, G. (Hrsg.), Handbuch zur Verwaltungsreform, Opladen 1998, S. 160-166

Wichmann, M./Hausen, B. v./Löhr, U., Anforderungen an die Reform des Dienstrechts aus kommunaler Sicht, in: iv 1/1996, S. 20-24

Wiendieck, G., Teamarbeit, in: Frese, E. (Hrsg.), Handwörterbuch der Organisation, 3. Auflage, Stuttgart 1992, S. 2375-2384

Wimmer, A., Unterwegs zur Bürgerkommune. Erste Erkenntnisse aus dem Wettbewerb „Bürgerorientierte Kommune – Wege zur Stärkung der Demokratie" der Bertelsmann Stiftung sowie des Vereins „Aktive Bürgerschaft", in: VM 6/1999, S. 348-351

Wimmer, R., Was können selbstreflexive Lernformen in der öffentlichen Verwaltung bewirken? Zum Entwicklungspotential bürokratischer Systeme, in: Gruppendynamik, 1/1988, S. 7-27

Wimmer, R., Die Steuerung komplexer Organisationen. Ein Reformulierungsversuch der Führungsproblematik aus systemischer Sicht, in: Sandner, K., Politische Prozesse in Unternehmen, 2. Auflage, Heidelberg 1992, S. 131-156

Withauer, K. F., Menschen führen: Mit praxisnahen Führungsaufgaben und Lösungswegen, 5. Auflage, Ehningen, Stuttgart, Zürich 1989

Witt, F.-J., Personalentwicklung mit Personalportfolios, in: Walsh, I./Papmehl, A. (Hrsg.), Personalentwicklung im Wandel, Wiesbaden 1991, S. 240-251

Wrangel, U. v., So arbeiten Frauenbüros. Ein Reader, Bielefeld 1996

Wolf, C., Variable Vergütung in Form eines Cafeteria-Plans, in: BB 13/1993, S. 928-936

Wolf, C., Verwaltungsmodernisierung in Deutschland – Aktueller Stand auf kommunaler Ebene, in: VR 10/1998, S. 335-338

Wolf, G./Draf, D., Leiten und Führen in der öffentlichen Verwaltung. Ein Handbuch für die Praxis, 5., überarbeitete und ergänzte Auflage, München, Berlin 1999

Würtenberger, T., Wege zu einem Verwaltungsmanagement in Deutschland, in: Bullinger, M. (Hrsg.), Von der bürokratischen Verwaltung zum Verwaltungsmanagement. Kolloquium des Frankreich-Zentrums an der Albert-Ludwigs-Universität in Freiburg im Breisgau am 26. Und 27. Juni 1992, Baden-Baden 1993, S. 43-50

Würtenberger, T., Die Akzeptanz von Verwaltungsentscheidungen, Baden-Baden 1996

Wulff-Nienhüser, Telearbeit – mehr als eine alternative Arbeitsform. Experten erwarten eine deutliche Zunahme der neuartigen Heimarbeit, in: VOP 5/1997, S. 36-40

Wunderer, R., Entwicklung von Arbeitnehmern zu Mitunternehmern, in: Elschen, R. (Hrsg.), Unternehmenssicherung und Unternehmensentwicklung, Stuttgart 1995, S. 32-52

Wunderer, R., Führung und Zusammenarbeit. Beiträge zu einer unternehmerischen Führungslehre, 2., vollständig überarbeitete und erweiterte Auflage, Stuttgart 1997

Wunderer, R. (Hrsg.), Mitarbeiter als Mitunternehmer. Grundlagen, Förderinstrumente, Praxisbeispiele, Neuwied 1998

Wunderer, R./Arx, S. v., Personalmanagement als Wertschöpfungs-Center. Integriertes Organisations- und Personalentwicklungskonzept, Wiesbaden 1998

Wunderer, R./Grunwald, W., Führungslehre Bd. I: Grundlagen der Führung, Berlin 1980

Wunderer, R./Kuhn, T., Unternehmerische Mitarbeiterführung als Ansatzpunkt zur unternehmerischen Gestaltung der Personalarbeit – Darstellung aus Sicht der Wissenschaft, in: Wunderer, R./Kuhn, T. (Hrsg.), Innovatives Personalmanagement. Theorie und Praxis unternehmerischer Personalarbeit, Neuwied, Kriftel, Berlin 1995, S. 25-42

Wunderer, R./Kuhn, T., Unternehmerisches Personalmanagement – zentraler Ansatzpunkt zur Förderung unternehmerischen Verhaltens, in: Wunderer, R./Kuhn, T. (Hrsg.), Innovatives Personalmanagement. Theorie und Praxis unternehmerischer Personalarbeit, Neuwied, Kriftel, Berlin 1995, S. 3-20

Wunderer, R./Kuhn, T. (Hrsg.), Innovatives Personalmanagement. Theorie und Praxis unternehmerischer Personalarbeit, Neuwied, Kriftel, Berlin 1995

Wunderer, R./Mittmann, J., Identifikationspolitik. Einbindung des Mitarbeiters in den unternehmerischen Wertschöpfungsprozeß, Stuttgart 1995

Wyss, W., Der Einfluß veränderter Wertvorstellungen auf die Human Resources, in: io management, 2/1990, S. 31-34

Zacharias, D., Die Entwicklung der kommunalen Aufgaben seit 1975, in: DÖV 2/2000, S. 56-63

Zander, E./Femppel, K., Leistungsorientierte Vergütung, Köln 2000

Zander, E./Knebel, H., Praxis der Leistungsbeurteilung. Leistung – wieder gefragt, 3., neubearbeitete und erweiterte Auflage, Heidelberg 1993

Ziegenbein, K., Controlling, 6. Auflage, Ludwigshafen 1998

Zielinski, H., Kommunale Selbstverwaltung im modernen Staat. Bedeutung der lokalen Politikebene im Wohlfahrtsstaat, Opladen, Wiesbaden 1997

Zimmer, D./Brake, J., Ganzheitliche Personalauswahl. Grundüberlegungen, Instrumente und praktische Hinweise für Führungskräfte, Bamberg 1993

Zink, K. J., Arbeitsanalyse, in: Gaugler, E./Weber, W. (Hrsg.), Handwörterbuch des Personalwesens, 2. Auflage, Stuttgart 1992, Sp. 39-50

Zülch, G., Arbeitsbewertung, in: Gaugler, E./Weber, W. (Hrsg.), Handwörterbuch des Personalwesens, 2. Auflage, Stuttgart 1992, Sp. 70-83

Zürn, P., Persönlichkeitsbildung als Personalentwicklung, in: Kayser, F./Uepping, H. (Hrsg.), Kompetenz der Erfahrung. Personalmanagement im Zeichen des demographischen Wandels, Neuwied, Kriftel, Berlin 1997, S. 229-244

Abkürzungsverzeichnis

Abs.	Absatz
AfK	Archiv für Kommunalwissenschaften
AG	Aktiengesellschaft
AK	Arbeitskraft, Arbeitskräfte
Anm. d. Verf.	Anmerkung der Verfasserin
BAT	Bundesangestelltentarif
BayGTzeitung	die Zeitschrift des Bayerischen Gemeindetags
BB	Betriebs-Berater
BBesG	Bundesbesoldungsgesetz
BBG	Bundesbeamtengesetz
bbs-forum	Mitgliederzeitschrift des Bundesfachverbands Betriebliche Sozialarbeit e.V.
Bd.	Band
bes.	besonders
BeschFG	Beschäftigungsförderungsgesetz
BLV	Bundeslaufbahnverordnung
BMT-G	Bundesmanteltarifvertrag
BRRG	Bundesrechtsrahmengesetz
bzgl.	bezüglich
ca.	circa
d. h.	das heißt
DBP	Deutsche Bundespost
DBW	Die Betriebswirtschaft
Diss.	Dissertation
DÖV	Die öffentliche Verwaltung
DST	Deutscher Städtetag
DV	Datenverarbeitung
DVBl.	Deutsches Verwaltungsblatt
DVP	Deutsche Verwaltungspraxis
etc.	et cetera
EU	Europäische Union
evtl.	eventuell
FAZ	Frankfurter Allgemeine Zeitung
FB/IE	Zeitschrift für Unternehmensentwicklung und Industrial Engineering
Fn.	Fußnote
GG	Grundgesetz
ggf.	gegebenenfalls
GmbH	Gesellschaft mit beschränkter Haftung
Hrsg.	Herausgeber/in
hrsg.	herausgegeben

i. d. R.	in der Regel
i. H. v.	in Höhe von
i. V. m.	in Verbindung mit
iv	die innovative Verwaltung
Jg.	Jahrgang
Kap.	Kapitel
KAV NW	Kommunaler Arbeitgeberverband Nordrhein-Westfalen
KGSt	Kommunale Gemeinschaftsstelle
KW	kann wegfallen
LHS	Landeshauptstadt
Mio.	Millionen
MvergV	Mehrarbeitsstunden-Vergütungs-Verordnung
N. N.	nomen nescio
NPM	New Public Management
NSM	Neues Steuerungsmodell
o. ä.	oder ähnliches
o. g.	oben genannten
o. J.	ohne Jahresangabe
OBHP	Organizational Behavior and Human Decision Processes
OECD	Organization for Economic Cooperation and Development
ÖPNV	Öffentlicher Personennahverkehr
ÖTV	Gewerkschaft Öffentliche Dienste, Transport und Verkehr
PC	Personal Computer
PKW	Personenkraftwagen
Rdnr.	Randnummer
REFA	Verband für Arbeitsstudien
S.	Seite
s. u.	siehe unten
sog.	sogenannte(n)
Sp.	Spalte
Städt.	Städtischen
StGB	Strafgesetzbuch
TQM	Total Quality Management
u. ä.	und ähnliches
u. a.	und andere
u. U.	unter Umständen
UA	Unterabschnitt
USA	United States of America
usw.	und so weiter
v.	von
vgl.	vergleiche
VKA	Vereinigung der kommunalen Arbeitgeberverbände

VM	Verwaltung und Management
VollstrVergV	Vollstreckungs-Vergütungsverordnung
VOP	Verwaltung Organisation Personal
VR	Verwaltungsrundschau
VuF	Verwaltung und Fortbildung
WiSt	Wirtschaftswissenschaftliches Studium
WSI-Mitteilungen	Monatszeitschrift des Wirtschafts- und Sozialwissenschaftlichen Instituts der Hans-Böckler-Stiftung
z. B.	zum Beispiel
z. T.	zum Teil
ZBR	Zeitschrift für Beamtenrecht
ZfB	Zeitschrift für Betriebswirtschaft
ZfbF	Schmalenbachs Zeitschrift für betriebswirtschaftliche Forschung
Zfo	Zeitschrift Führung + Organisation
ZfP	Zeitschrift für Personalforschung
ZKF	Zeitschrift für Kommunalfinanzen
ZögU	Zeitschrift für öffentliche und gemeinwirtschaftliche Unternehmen
ZTR	Zeitschrift für Tarif-, Arbeits- und Sozialrecht des öffentlichen Dienstes
zzgl.	zuzüglich

Abbildungsverzeichnis

Tabellenverzeichnis

Anlagen

Anlage 1: Musterformular für die Zielfestlegung und Zielerreichungsüberprüfung (= Leistungsermittlung)

Anlage 2: Musterformular für die Ermittlung der herausragenden Einzelleistung

Anlage 3: Musterformular für ein Anforderungsprofil

Anlage 4: Musterformular für den Abgleich zwischen Anforderungsprofil und Potenzialprofil

Anlage 5: Deutscher Städtetag Nordrhein-Westfalen: "Hinweise zur Gewährung von Leistungszulagen und Leistungsprämien an Beamtinnen und Beamte in den Städten"

Anlage 6: Richtlinien der Vereinigung der kommunalen Arbeitgeberverbände (VKA) zur Gewährung von Leistungszulagen und Leistungsprämien

Anlage 7: Rahmentarifvertrag vom 29. Oktober 1996 über die Grundsätze zur Gewährung von Leistungszulagen und Leistungsprämien (TV-L)

Anlage 1: Musterformular für die Zielfestlegung und Zielerreichungsüberprüfung (=Leistungsermittlung)[2380]

Name der/s Mitarbeiters/in:
Name der/des Vorgesetzten:
Fachbereich/Amt:
Datum:

Zielfestlegung | **Zielerreichungsüberprüfung**

Zielfestlegung	**Realisierungszeitraum**	**Meßgröße/ Kriterien**	Ziel **nicht erreicht** (evtl.: 1 Punkt)	Ziel **erreicht** (evtl.: 2 oder 3 Punkte)	Ziel **übererfüllt** (evtl.: 3 oder 5 Punkte)	**erreichte Punktzahl** (evtl.)
vorher: *genaue Beschreibung der Ziele*	*vorher:* *genaue Zeitangaben, z. B. 15.1.-31.12.*	*vorher:* *Festlegung der Kriterienart (Wirkung, Ergebnis, Finanzen, Struktur- und Prozeßqualität, Kundenzufriedenheit).*	*nachher:* *Belege und Begründung beifügen*	*vorher:* *Meßgröße festlegen* *nachher:* *Belege beifügen*	*nachher:* *Belege und Begründung beifügen*	*nachher:* *Punktzahl 1-3 oder 1-5 möglich*
2.						
3.						
4.						
5.						
6.						

Summe: *nachher:*
(evtl.) *erreichte Gesamtzahl dividiert durch die Anzahl der Ziele*

[2380] KGSt-Bericht Nr. 3/1999: Personalführung Teil 1: Leistungsermittlung, S. 101.

Anlage 2: Musterformular für die Ermittlung der herausragenden Einzelleistung[2381]

Name der/s Mitarbeiters/in:
Name der/des Beurteilenden:
Fachbereich/Amt:
Datum:

<u>Herausragende Einzelleistung</u>

Zielfestlegung	**Realisierungszeitraum**	**Meßgröße/ Kriterien**	Ziel **nicht erreicht** (evtl.: 1 Punkt)	Ziel **erreicht** (evtl.: 2 oder 3 Punkte)	Ziel **übererfüllt** (evtl.: 3 oder 5 Punkte)	**erreichte Punktzahl** (evtl.)
vorher: *genaue Beschreibung der Zielfestlegung* *(oder in Ausnahmefällen: nachher: genaue Beschreibung der erbrachten Leistung)*	*vorher (oder in Ausnahmefällen nachher): genaue Zeitangaben der erbrachten Leistung*	*vorher: Festlegung der Kriterienart* *(oder in Ausnahmefällen nachher: Darstellung der Leistung anhand von Kriterien)*	*nachher: Belege und evtl. Begründung beifügen*	*nachher: Belege und evtl. Begründung beifügen*	*nachher: Belege und Begründung beifügen*	

[2381] KGSt-Bericht Nr. 3/1999: Personalführung Teil 1: Leistungsermittlung, S. 107.

Anlage 3: Musterformular für ein Anforderungsprofil[2382]

Anforderungsprofil

Anforderungsmerkmale Ausprägung

Formale Voraussetzungen:	o	+	++
• *Ausbildung* • *Berufserfahrung*			
Fachkompetenz	o	+	++
• *Fachkenntnisse*			
Methodenkompetenz	o	+	++
• *Anwendung von Fachwissen und Kenntnissen*			
Sozialkompetenz	o	+	++
• *Geschick im sozialen Umgang* • *Beziehungsverhalten* • *evtl. Führungskompetenzen*			
Persönlichkeitskompetenz	o	+	++
• *innere Einstellungen* • *Persönlichkeitsmerkmale*			

2382 KGSt-Bericht Nr. 4/1999: Personalführung Teil 2: Potentialermittlung, S. 53.

Anlage 4: Musterformular für den Abgleich zwischen Anforderungsprofil und Potenzialprofil[2383]

Abgleich: Anforderungsprofil – Potenzialprofil

Anforderungsmerkmale	Ausprägung			Begründung/ Beispiele
Formale Voraussetzungen:	o	+	++	
• *Ausbildung* • *Berufserfahrung*				
Fachkompetenz	o	+	++	
• *Fachkenntnisse*				
Methodenkompetenz	o	+	++	
• *Anwendung von Fachwissen und Kenntnissen*				
Sozialkompetenz	o	+	++	
• *Geschick im sozialen Umgang* • *Beziehungsverhalten* • *evtl. Führungskompetenzen*				
Persönlichkeitskompetenz	o	+	++	
• *innere Einstellungen* • *Persönlichkeitsmerkmale*				

X = Anforderungsprofil
o = Potenzialprofil

[2383] KGSt-Bericht Nr. 4/1999: Personalführung Teil 2: Potentialermittlung, S. 54.

Anlage 5: Deutscher Städtetag Nordrhein-Westfalen: "Hinweise zur Gewährung von Leistungszulagen und Leistungsprämien an Beamtinnen und Beamte in den Städten"[2384]

Hinweise zur Gewährung von Leistungszulagen und Leistungsprämien an Beamtinnen und Beamte in den Städten

Einleitung

Mit der Einfügung von § 42 a Abs. 1 in das Bundesbesoldungsgesetz hat der Bundesgesetzgeber die Rechtsgrundlage für den Erlaß von Landesverordnungen zur Gewährung von Prämien und Zulagen für besondere Leistungen geschaffen. Das Land Nordrhein-Westfalen hat von dieser Ermächtigungsgrundlage Gebrauch gemacht und zum 9. April 1998 die Leistungsprämien- und -zulagenverordnung - LPZVO - erlassen.

Anlaß für die Forderung nach Einführung von Leistungsprämien und -zulagen in das Beamtenrecht war, durch Ergänzung des anforderungsorientierten Besoldungssystems Anreize für Effizienzsteigerungen geben zu können. Vom Charakter her handelt es sich bei den Leistungszulagen und -prämien um Steuerungsinstrumente zur Steigerung der Leistungsfähigkeit der Verwaltungen durch Belohnung. Leistungsanreize sollten ergebnisorientiert also nur dort gewährt werden, wo ein vorab vereinbartes und konkret definiertes Verwaltungsziel erreicht oder überschritten wird. Um die monetären Leistungsanreize wirksam als Steuerungsinstrumente einsetzen zu können, ist es erforderlich, daß sie Ausnahmecharakter haben. Dies fordert Leistungsdifferenzierung. Eine Handhabung nach den Prinzipien der Gießkanne oder des Wanderpokals wäre ein Führungsfehler!

Auch wenn die Gewährung von Leistungsanreizen in der Privatwirtschaft durchaus verbreitet ist, wird der Einsatz dieses Instrumentariums in den städtischen Verwaltungen kritisch beobachtet werden. Akzeptanz werden diese zusätzlichen Leistungen im öffentlichen Dienst insbesondere nur dann erhalten, wenn sie erkennbar zur Steigerung der Wirtschaftlichkeit oder zur Verbesserung der Dienstleistungen für die Bürgerinnen und Bürger eingesetzt werden.

Die Leistungsprämien- und -zulagenverordung eröffnet einen Gestaltungsspielraum, der jeder Stadt die freie Entscheidung ermöglicht, ob und wenn ja, wofür sie Leistungsanreize vergeben will. Allerdings sprechen zwei Gründe für eine abgestimmte Vorgehensweise: Zum einen bewirkt dies eine weitgehend vergleichbare Handhabung der Leistungsanreize in den Städten.

Zum anderen ist zu berücksichtigen, daß die LPZVO lediglich für den Beamtenbereich gilt. Im Tarifbereich gibt es zwar einen Rahmentarifvertrag vom 29.10.1996, der aber zur

[2384] abgedruckt in: KGSt-Bericht Nr. 3/1999: Personalführung Teil 1: Leistungsermittlung, S. 110 ff.

Zahlungsermächtigung noch der bezirklichen Umsetzung bedarf[2385]. Die Verhandlungen hierzu sind in Nordrhein-Westfalen bisher nicht zu einem Abschluß gelangt. Eine tarifliche Vereinbarung muß sich aber am Rahmentarifvertrag orientieren. Es ist deshalb sinnvoll, die Gewährung von Prämien und Zulagen nach der LPZVO in den Eckpunkten gleichfalls am tariflichen Regelwerk orientiert auszurichten.

Eckpunkte

1. Finanzierung

Den rechtlichen Rahmen zur Finanzierung von Prämien und Zulagen bildet § 2 Abs. 3 der Leistungsprämien- und -zulagenverordnung. Danach können Leistungsprämien und Leistungszulagen nur im Rahmen bereitstehender Haushaltsmittel gewährt werden.

Die Mittel zur Finanzierung von Leistungsprämien und -zulagen müssen erwirtschaftet werden. Ausgehend von dieser Prämisse, können sie finanziert werden durch:

- Einsparung von Personalkosten Einsparungen von Personalkosten sind z. B. durch Verzicht auf oder Verzögerung von Stellenbesetzungen über die allgemeinen Vorgaben hinaus denkbar, soweit dies kausal zu einer Produktivitätssteigerung führt.
- Einsparungen bei Sachkosten
  Einsparpotentiale können sich sowohl bei einmaligen wie auch bei laufenden Sachmittelausgaben ergeben.
- Erzielung von Mehreinnahmen
  Mehreinnahmen können insbesondere durch quantitative Leistungssteigerungen oder die Vermarktung geeigneter Produkte im Rahmen der gesetzlichen Möglichkeiten erzielt werden.
- Vermeidung von Mehrausgaben und Steigerung der Wirtschaftlichkeit im übrigen
  Dies bedeutet z. B., daß neue Aufgaben ohne zusätzlichen Personal- und Sachkostenaufwand erfüllt werden. Im übrigen läßt sich die Wirtschaftlichkeit sowohl durch quantitative wie auch durch qualitative Dienstleistungsverbesserungen steigern.
  Bei Einsparungen ist die Grenze generell dort zu ziehen, wo sie unausweichlich zu einer Verschlechterung der Leistung führen würden. Die Einsparung von Sachkosten darf nicht zu Beeinträchtigungen von stadteinheitlichen technischen Standards, Datenschutz, Arbeitsschutz oder Arbeitssicherheit führen

2. Leistungsfeststellung

Regelungen zur Leistungsfeststellung enthält § 2 Abs. 4 LPZVO. Danach muß die Gewährung der Leistungsprämie oder -zulage begründet werden. Die Begründung

[2385] Aufgrund außertariflicher Ermächtigung des KAV NW besteht allerdings auch jetzt schon unter bestimmten Bedingungen die Möglichkeit, im Angestelltenbereich Zulagen und Prämien zu gewähren

ist aktenkundig zu machen. Die Leistungsfeststellung muß außerhalb des normalen Beurteilungsverfahrens erfolgen und aktuell auf den Anlaß bezogen sein.
Um den mit der Leistungsfeststellung verbundenen Aufwand so gering wie möglich zu halten, sind an ihre Form nur minimale Anforderungen zu stellen. Im Kern sollte sie unter Beachtung der unter Ziffer 3 beschriebenen Grundsätze lediglich das Verhältnis zwischen Zieldefinition und Zielerreichung dokumentieren.
Nach § 6 Abs. 2 LPZVO ist in den Gemeinden und Gemeindeverbänden die nach dem Kommunalverfassungsrecht für die beamtenrechtlichen Entscheidungen zuständige Stelle auch für die Entscheidung über die Gewährung der Leistungsprämien und -zulagen zuständig. Nach § 74 Abs. 1 S. 2 GO ist dies der Bürgermeister. Die konkrete Entscheidungszuständigkeit sollte ergänzend auf die kommunalen Führungskräfte delegiert werden. Dies würde auch dem Gedanken der Verwaltungsmodernisierung entsprechen, die Personalführungsverantwortung zu stärken. Jedenfalls müssen vor Ort klare Regelungen darüber getroffen werden, wer für die Leistungsbeurteilung zur Gewährung von Prämien und Zulagen zuständig ist.

3. **Zieldefinition als Voraussetzung der Gewährung einer Prämie oder Zulage**

Nach § 2 Abs. 1 der LPZVO können Leistungsprämien oder Leistungszulagen gewährt werden, wenn der Beamte / die Beamtin eine **herausragende besondere Leistung** erbringt oder erbracht hat. Der Einsatz von Leistungsprämien und -zulagen als Steuerungsinstrument erfordert es, das prämienrelevante Ziel vorab zu definieren. Anknüpfungspunkte für die Leistungsdefinition sind in der Regel - zweckmäßigerweise - die Produkte der Verwaltung.
Als anzustrebendes Ziel kommen dabei die Steigerung einer konkreten Leistung oder die Erreichung eines wirtschaftlichen Erfolges in Betracht, d. h. ein wirtschaftlicher Mehrwert muß erzielt werden. Bei der Bestimmung des Zieles ist von dem auszugehen, was **bisher** im Durchschnitt geleistet wird. Die Bestimmung des prämienrelevanten Ziels obliegt der jeweils zuständigen Stelle, d. h. den Führungskräften. Als herausragende besondere Leistung im Sinne der LPZVO sind die Erreichung eines bestimmten Ziels bzw. ein bestimmter Zielerreichungsgrad anzusehen. Gegenüber dem Mitarbeiter kann das Ziel einmal im Wege einer Zielvereinbarung festgelegt werden. Möglich ist aber auch, daß das Ziel einseitig durch die zuständige Führungskraft vorgegeben wird.
Grundsätzlich setzt eine Leistungsfeststellung voraus, daß die Leistung definierbar und meßbar ist. Bei vielen Arbeitsabläufen in den Stadtverwaltungen ist es aber schwierig, die Leistung meßbar zu machen. Dies ist beispielsweise der Fall, wenn es um die Realisierung von Verhaltenszielen, Imagezielen oder Qualitätszielen geht. Überall dort, wo es um solche, nicht unmittelbar monetär erfaßbare Erfolge geht, müssen deshalb Indikatoren zur Leistungsbestimmung formuliert werden. Als solche kommen z. B. Bürger- oder Mitarbeiterbefragungen (diese insbesondere bei Team- oder Gruppenleistungen) Anzahl der begründeten Widersprüche oder

der realisierten Rückgriffsansprüche, Reduzierter Mittelaufwand etc. (bei Einzelleistungen) in Betracht.
Die Zieldefinition sollte schriftlich fixiert werden und klarstellen, ob und in welchem Umfang durch die besondere Leistung eine Prämie oder eine Zulage erlangt werden kann. Sie sollte konkrete und transparente Angaben zu dem definierten Ziel, der Qualität der Leistung und über den zeitlichen Rahmen, in dem das Ziel erreicht werden soll, enthalten.
Abweichend von diesen Grundsätzen sollten Regelungen getroffen werden, nach denen in Sonderfällen auch nachträglich Leistungsprämien gewährt werden können. Dafür kommen Situationen in Betracht, die eine vorherige Zieldefinition nicht zulassen (z. B. Katastropheneinsätze). Um dabei nicht den Belohnungsgedanken in den Vordergrund zu rücken, sollte aber auch in diesen Fällen möglichst darauf abgestellt werden, ob z. B. zusätzliche Kosten verhindert wurden.

4. **Gruppen-/ Individualleistung**

Nach § 2 Abs. 1 LPZVO können Leistungsprämie oder Leistungszulage sowohl an einzelne Beamte als auch an eine Gruppe vergeben werden. Die heutigen Arbeitsstrukturen der städtischen Verwaltungen lassen nicht immer eine Individualisierung der Leistung zu. Deshalb wird die Gewährung an eine Gruppe der häufigste Fall sein. Wenn eine Prämie oder Zulage an eine Gruppe vergeben werden soll, sollte die Zielbestimmung mit der gesamten Gruppe erfolgen und von vornherein auf die Gruppenleistung und nicht auf den Individualbeitrag abgestellt werden.

5. **10% Quotierung**

Nach § 5 LPZVO dürfen Leistungsprämien und Leistungszulagen in einem Kalenderjahr an insgesamt höchstens 10 % der vorhandenen Beamten des jeweiligen Dienstherrn in der A - Besoldungsgruppe gewährt werden, wobei alle Laufbahngruppen berücksichtigt werden sollen. Diese Quotierungsregelung soll gewährleisten, daß Leistungsprämien und -zulagen nur für Spitzenleistungen vergeben werden.
Problematisch an dieser Regelung ist ihr Bezug auf das gesamte Haushaltsjahr. Um eine zielgerichtete Verteilung der Prämien für besonders herausragende Leistungen zu erreichen, erscheint deshalb die Festlegung eines **Stichtags** für die Entscheidung, wer eine Leistungsprämie oder -zulage erhalten soll, angebracht. Auf diese Weise läßt sich verhindern, daß die 10 % Quote bereits in der ersten Jahreshälfte ausgeschöpft wird und damit diejenigen benachteiligt werden, die erst in der zweiten Jahreshälfte eine besonders herausragend Leistung erbringen können.
Neben der fragwürdigen Wirkung eines quotierten Motivationssystems dürfte die 10%-Quote in der praktischen Handhabung einige Probleme aufwerfen. Grundsätzlich sind zwei Wege zur Umsetzung der Quote möglich. Denkbar ist, insgesamt mehr Ziele zu bestimmen als nach der Quotenregelung Prämien und Zulagen vergeben werden können. Zum vorbestimmten Stichtag wird dann unter denjenigen, die die Ziele erreicht haben eine Bestenauslese vorgenommen. Die Schwie-

rigkeit dürfte bei diesem Verfahren darin bestehen, Kriterien zu finden, die eine gerechte Auswahl ermöglichen. Eine andere Möglichkeit ist, von vornherein nur im Rahmen der 10% Quote Ziele festzulegen. Bei diesem Verfahren kann jeder eine Prämie oder Zulage erhalten, der das festgelegte Ziel erreicht. Es kann aber auch dazu führen, daß die Quote nicht ausgeschöpft wird.

Bereits im Gesetzgebungsverfahren zur Dienstrechtsreform haben sich die kommunalen Spitzenverbände gegen eine Quotierung der Leistungsanreize ausgesprochen. Wegen der geschilderten Anwendungsschwierigkeiten muß auch weiterhin gegenüber Bundes- und Landesgesetzgeber auf eine Aufhebung der 10% Quote gedrungen werden.

6. **Personalvertretung**

Die LPZVO enthält keine Mitbestimmungsregelungen. Dies bedeutet, daß mit der Einführung der Anreizsysteme eine Ausweitung der Mitbestimmung nicht vorgesehen ist. Personalvertretungsrechtlich unterliegt die Einführung von Leistungszulagen und / oder Leistungsprämien, also die generelle Anwendung der LPZVO innerhalb einer bestimmten Verwaltung oder in Teilen davon, der Mitbestimmung des Personalrats (§ 72 Abs. 4 Nr. 5 LPVG) Die davon zu trennende Entscheidung über die Individualvergabe an einzelne Beamte oder einzelne Gruppen / Teams ist dagegen **nicht** mitbestimmungspflichtig.

7. **Einführungsbreite / Pilotierung**

Um zunächst Erfahrungen im Umgang mit diesem Instrument sammeln zu können, empfiehlt sich zunächst die begrenzte Einführung im Rahmen von Pilotprojekten. Dabei sollte aber darauf geachtet werden, daß alle Organisationsbereiche der Verwaltung gleichberechtigt in die Pilotprojekte einbezogen werden. Zum einen kann sich herausstellen, daß die Anforderungen an die Inhalte von Zieldefinitionen und die Bestimmung von Kriterien zur Leistungsmessung für Querschnitts- und Fachämter unterschiedlich auszugestalten sind. Zum anderen würde eine Einführung ausschließlich im Bereich von Fachämtern bzw. Querschnittsämtern die Akzeptanz bei den Beschäftigten von vornherein einschränken.

8. **Abgrenzung Leistungsprämie und Leistungszulage**

Nach § 3 Abs. 1 LPZVO soll die Leistungsprämie der Anerkennung einer herausragenden besonderen Einzelleistung dienen und mit der Leistungszulage eine in einem Zeitraum von mindestens drei Monaten erbrachte und auch für die Zukunft zu erwartende herausragende besondere Leistung anerkannt werden (§ 4 Abs. 1 LPZVO). Während die Prämie als Einmalzahlung entsprechend dem Grad der besonderen Leistung erfolgt, kann die Zulage für längstens 12 Monate gewährt werden, wobei auch eine rückwirkende Gewährung für bis zu drei Monate möglich ist. Der Anwendungsbereich der beiden Instrumente bestimmt sich also über die Leistungsdauer. Für die Gewährung einer Prämie muß der Beamte / die Beamtin ein vereinbartes Ziel erreichen, womit dann die Zielvereinbarung erfüllt und abgeschlossen ist.

Um eine Zulage zu erhalten, muß nicht nur ein bestimmtes Leistungsziel realisiert werden, sondern auch eine gewisse Dauerhaftigheit der Leistungssteigerung prognostizierbar sein. Da mit der Leistungszulage eine dauerhafte Leistungssteigerung honoriert werden soll, verlangt § 4 Abs. 3 LPZVO einen Widerruf bei erheblichem Leistungsabfall. Ein erheblicher Leistungsabfall ist gegeben, wenn nicht mehr die Leistung erbracht wird, die zur Zielerreichung erforderlich ist und die Grundlage der Prognoseentscheidung war. Da der Widerruf nur für die Zukunft und nicht rückwirkend erfolgen kann, ist grundsätzlich eine zeitnahe Leistungskontolle erforderlich.

Gegenüber der Gewährung von Leistungszulagen wird bei der Prämiengewährung die Bindung an die Realisierung des festgelegten Ziels besonders deutlich. Die aufgezeigte Widerrufsproblematik besteht bei der Prämiengewährung nicht. Die Gewährung einer Leistungszulage erfordert eine kontinuierliche Leistungskontrolle, um bei einer z. B. durch den Gewöhnungseffekt eintretenden Leistungsminderung unverzüglich die Gewährung der Zulage widerrufen zu können.

9. Höhe

Die Höhe der Leistungsprämie bestimmt sich nach § 3 Abs. 2 LPZVO. Danach kann eine Leistungsprämie bis zur Höhe des Anfangsgrundgehaltes der Besoldungsgruppe, der der Beamte / die Beamtin zum Zeitpunkt der Entscheidung angehört, gewährt werden. Die Leistungsprämie soll dabei dem Grad der besonderen Leistung entsprechen. Wird an einen Beamten / eine Beamtin innerhalb eines Kalenderjahres mehrmals eine Leistungsprämie vergeben, dürfen diese insgesamt nicht die Höhe des Anfangsgrundgehalts seiner Besoldungsgruppe überschreiten.

Nach § 4 Abs. 2 LPZVO kann die Leistungszulage maximal 7 % des Anfangsgrundgehalts der Besoldungsgruppe des Beamten / der Beamtin betragen. Die Höhe und die Dauer der Zulage sollen der erbrachten Leistung entsprechen. Dem Beamten / der Beamtin kann frühestens ein Jahr nach der letzten Zulagenzahlung erneut eine Zulage bewilligt werden.

10. Justiziabilität

Auch wenn kein individueller Anspruch auf die Gewährung einer Zulage oder Prämie besteht, ist davon auszugehen, daß die Entscheidungen über die Gewährung oder Versagung einer Leistungsprämie oder -zulage grundsätzlich gerichtlich überprüfbar sind. Da es sich bei der LPZVO um ein neues Instrumentarium handelt, liegt noch keine Rechtsprechung vor, die gesicherte Rückschlüsse auf die gerichtlichen Anforderungen an die Beurteilung der "herausragenden besonderen Leistung" oder die Kriterien bei der Auswahl für die Eingrenzung auf die 10% Quote zulassen. Bei der Entwicklung der Rechtsprechung wird darauf zu achten sein, daß auf diese neuen Instrumente nicht einfach die bisher für das Beurteilungswesen geltenden Grundsätze übertragen werden. Die politische Intention zur Einführung von Leistungsanreizen war, Gestaltungsspielräume für eine effizientere Verwaltungssteuerung zu eröffnen. Um dieser Absicht gerecht werden zu können, muß die Justiz den Führungskräften ausreichende Entscheidungsspielräume zugestehen, die dann lediglich im Hinblick auf Ermessensmiß oder -fehlgebrauch überprüft werden dürfen. Besondere Bedeutung wird deshalb der Eindeutigkeit der Zieldefinition und der Qualität der Meßindikatoren zur Überprüfung der Zielerreichung zukommen.

Anlage 6: Richtlinien der Vereinigung der kommunalen Arbeitgeberverbände (VKA) zur Gewährung von Leistungszulagen und Leistungsprämien

Richtlinien der Vereinigung der kommunalen Arbeitgeberverbände (VKA) zur Gewährung von Leistungszulagen und Leistungsprämien

(Leistungszulagen und Leistungsprämien - Richtlinien - VKA)
vom 17. November 1995

I. Geltungsbereich

Diese Richtlinien gelten für Angestellte/Arbeiter der Mitglieder der Arbeitgeberverbände, die der Vereinigung der kommunalen Arbeitgeberverbände angehören und die unter den BAT, BAT-O, BMT-G oder den BMT-G-O fallen.
Ausgenommen sind Angestellte in Versorgungsbetrieben sowie Angestellte und Arbeiter der Sparkassen.

II. Leistungszulagen und Leistungsprämien

Zur Steigerung der Leistung und des wirtschaftlichen Erfolgs der Verwaltung/des Betriebes bzw. von Teilen der Verwaltung/des Betriebes können Angestellten/Arbeitern Leistungsprämien und Leistungszulagen gewährt werden. Diese sind entsprechend dem unterschiedlichen Grad der Beteiligung des Angestellten/Arbeiters an der Steigerung der Leistung und des wirtschaftlichen Erfolgs zu bemessen.

Erfolgsbezogene Leistungsprämien können in der Regel in Orientierung an vereinbarten bzw. vom Arbeitgeber vorgegebenen Zielen an einzelne Angestellte/Arbeiter oder an Gruppen von Angestellten/Arbeitern gewährt werden.

Erfolgsbezogene Leistungszulagen können Angestellten/Arbeitern, deren Leistung hinsichtlich der Arbeitsqualität und/oder der Arbeitsquantität dauernd erheblich über dem Durchschnitt der Leistungen liegen, die normalerweise von Angestellten/Arbeitern der Vergleichsgruppe zu erwarten sind, gewährt werden, wenn die Leistungen des Angestellten/Arbeiters feststellbar überdurchschnittlich zur Hebung der Leistung und des wirtschaftlichen Erfolges der Verwaltung/des Betriebes bzw. des Verwaltungs-/Betriebsteils beigetragen. Über ihre Gewährung ist jährlich neu zu entscheiden.

Leistungszulagen und Leistungsprämien können nur im Rahmen des vom Arbeitgeber vorgegebenen Finanzvolumens gewährt werden.

Die Leistungszulagen und Leistungsprämien sind widerruflich. Sie sind in DM-Beträgen festzulegen.

Die Leistungszulagen sind nach einem leistungsbezogenen System zur Leistungsfeststellung und -bewertung festzulegen. Im Kalenderjahr dürfen höchstens 10 v. H. der Angestellten/Arbeiter der Verwaltung/des Betriebes bzw. von Teilen der Verwaltung/des Betriebes Leistungszulagen erhalten.

Die Leistungszulagen des einzelnen Angestellten/Arbeiters dürfen 10 v. H. des Zwölffachen der monatlichen Grundvergütung der Stufe 1 seiner Vergütungsgruppe bzw. des Zwölffachen des Monatstabellenlohns der Stufe 1 seiner Lohngruppe nicht übersteigen. Wird die Leistungszulage ausnahmsweise nicht jährlich, sondern für einen anderen Zeitraum gewährt, gilt der entsprechende Höchstbetrag.

III. Zusatzversorgung

Leistungszulagen und Leistungsprämien nach diesen Richtlinien sind nicht zusatzversorgungspflichtig und ausdrücklich als solche zu bezeichnen.

IV. Inkrafttreten/Außerkrafttreten

Diese Richtlinien treten am 1. Januar 1996 in Kraft. Sie treten zu dem Zeitpunkt außer Kraft, an dem eine tarifvertragliche Regelung zu Leistungszulagen und Leistungsprämien in Kraft tritt.

Anlage 7: Rahmentarifvertrag vom 29. Oktober 1996 über die Grundsätze zur Gewährung von Leistungszulagen und Leistungsprämien (TV-L)

Rahmentarifvertrag

vom 29. Oktober 1996

über die Grundsätze

zur Gewährung von Leistungszulagen und Leistungsprämien

(TV-L)

zwischen

der Vereinigung der kommunalen Arbeitgeberverbände,
vertreten durch den Vorstand

und

der Gewerkschaft Öffentliche Dienste, Transport und Verkehr,
vertreten durch den Hauptvorstand

wird folgendes vereinbart:

Präambel

Die Bezahlung der Arbeitnehmer soll verstärkt leistungs- und erfolgsabhängig gestaltet werden. Damit sollen der notwendige Prozeß zur Modernisierung der Verwaltungen und Betriebe und ihrer Dienstleistungen unterstützt, die Personalsteuerung verbessert, die Arbeitnehmer bei der Neugestaltung einbezogen und durch Zielvereinbarungen und Erfolgsorientierung die Einnahmen gesteigert und die Ausgaben begrenzt werden.

§ 1
Geltungsbereich

(1) Dieser Tarifvertrag gilt für die Arbeitnehmer (Angestellte und Arbeiter), die in einem Arbeitsverhältnis zu einem Mitglied des Arbeitgeberverbandes stehen, der der Vereinigung der kommunalen Arbeitgeberverbände (VKA) angehört, und die unter den Geltungsbereich des
a) Bundes-Angestelltentarifvertrages (BAT),
b) Tarifvertrages zur Anpassung des Tarifrechts – Manteltarifliche Vorschriften – (BAT-O),
c) Bundesmanteltarifvertrages für Arbeiter gemeindlicher Verwaltungen und Betriebe – BMT-G-II,
d) Tarifvertrages zur Anpassung des Tarifrechts – Manteltarifliche Vorschriften für Arbeiter gemeindlicher Verwaltungen und Betriebe – (BMT-G-O)

fallen.

(2) Dieser Tarifvertrag gilt nicht für Angestellte in Versorgungsbetrieben sowie für Angestellte und Arbeiter der Sparkassen. Er gilt ferner nicht für den Bereich der Arbeitsrechtlichen Vereinigung Hamburg e.V.

§ 2
Grundsätze

(1) Zur Steigerung der Leistung und des wirtschaftlichen Erfolges der Verwaltung oder des Betriebes sowie von Teilen davon können nur auf der Grundlage bezirklicher Tarifverträge an die Arbeitnehmer Leistungszulagen und Leistungsprämien gewährt werden. Diese sind entsprechend dem unterschiedlichen Grad der Beteiligung des Arbeitnehmers an der Steigerung der Leistung oder des wirtschaftlichen Erfolges zu bemessen.

(2) Leistungszulagen und Leistungsprämien können nur im Rahmen des beim Arbeitgeber für diesen Zweck verfügbaren Finanzvolumens gewährt werden.

(3) Leistungszulagen und Leistungsprämien sind nicht zusatzversorgungspflichtig. Sie werden bei der Bemessung der Urlaubsvergütung und des Urlaubslohnes nicht berücksichtigt.

§ 3
Leistungszulagen

(1) Leistungszulagen können Arbeitnehmern, deren Leistungen hinsichtlich der Arbeitsqualität oder –quantität erheblich über dem Durchschnitt der Leistungen liegen, die normalerweise zu erwarten sind, gewährt werden, wenn ihre Leistungen nachweislich überdurchschnittlich zur Hebung der Leistung oder des wirtschaftlichen Erfolges der Verwaltung oder des Betriebes bzw. des Teiles davon beigetragen haben.

(2) Leistungszulagen können nur für einen begrenzten Zeitraum, der höchstens ein Jahr betragen kann, gewährt werden. Soweit die Voraussetzungen erfüllt sind, ist die erneute Gewährung möglich.

(3) Leistungszulagen können jederzeit widerrufen werden.

§ 4
Leistungsprämien

(1) Leistungsprämien können Arbeitnehmern, deren Arbeitsaufgabe die Erreichung von vereinbarten oder vom Arbeitgeber vorgegebenen besonderen Zielen umfaßt und die diese Ziele erreicht haben, gewährt werden. Leistungsprämien können auch an Gruppen von Arbeitnehmern gewährt werden.

(2) Leistungsprämien werden als Einmalbetrag gewährt.

§ 5
Weitere Bestimmungen

Weitere Bestimmung zur Ausfüllung der Vorgaben des Tarifvertrages, z. B. über die Bewertung der Arbeitsleistung und des Arbeitserfolges sowie über das Verfahren, werden in bezirklichen Tarifverträgen festgelegt. Die personalvertretungs- und betriebsverfassungsrechtlichen Regelungen werden durch diesen Tarifvertrag und die Regelung in bezirklichen Tarifverträgen nicht berührt.

§ 6
Konkurrenzvorschriften

(1) Neben Zulagen mit gleicher oder ähnlicher Zweckbestimmung, ist die Bewilligung von Leistungszulagen oder Leistungsprämien nicht zulässig.

(2) Soweit aufgrund bezirklicher Tarfiverträge Leistungszulagen gezahlt werden, werden diese auf die nach diesem Tarifvertrag gewährten Leistungszulagen angerechnet.

§ 7
Übergangsregelung

Zum Zeitpunkt des Inkrafttretens dieses Tarifvertrages bereits bestehende betriebliche oder örtlichen Regelungen bleiben, soweit sie von diesem Tarifvertrag abweichen, unberührt.

§ 8

Inkrafttreten, Außerkrafttreten

(1) Dieser Tarifvertrag tritt mit Wirkung vom 1. Januar 1996 in Kraft.

(2) Dieser Tarifvertrag kann mit einer Frist von sechs Wochen zum Schluß eines Kalendervierteljahres, erstmals zum 31. Dezember 1998, gekündigt werden.

Köln, den 29. Oktober 1996

Für die
Vereinigung der kommunalen Arbeitgeberverbände
Der Vorstand

Unterschriften

Für die
Gewerkschaft Öffentliche Dienste, Transport und Verkehr
Der Hauptvorstand

Unterschriften